王晓东
水利部发展研究中心主任

王昕朋
国务院研究室副局长

王忠明
国务院国资委研究中心主任

邓征宇
《中日中国论坛》杂志社总编室主任

冯晓燕
《今日中国论坛》杂志社特邀编委

卢　昆
中国人民大学博士

田小宝
劳动和社会保障部中国劳动保障科学研究院院长

李连仲
中共中央政策研究室经济政策局局长

李青原
中国证监会规划研究中心主任

李正辉
中国人民大学博士

刘　佐
国家税务总局税收科学研究所所长

邵厥年
国土资源部储量司司长

陈　君
中国政策科学研究会文化政策委员会秘书长

宋诺成
《今日中国论坛》杂志社副社长

杨泽军
中央财经领导小组办公室局长

是做好调查研究工作的根本要求。人民群众是创造历史的真正英雄，人民群众既是我们调查研究工作的对象，更是我们调查研究服务的主体，我们的一切调查研究工作，都是围绕着人民群众的切身利益来展开的，离开了人民群众，任何调查研究都会成为无源之水、无本之木。

四是坚持系统和细密的调研工作。任何事物都不是孤立静止的，而是相互联系的，有些问题往往涉及到经济社会生活的方方面面。粗略的调查研究可能发现问题，但是难以真正解决问题。要解决问题，需要做系统的周密的调查工作和研究工作。因此，做好调查研究工作，必须学会分析和综合，才能去伪存真，由此及彼，由表及里。

五是坚持与时俱进和运用先进手段。也就是与时代同行，与客观事物发展变化同行。要用广阔的视野和发展的眼光认识事物发展变化。世界在不断发展，现代科技日新月异，我们既要保持和发扬传统的调查研究方法的长处和优势，同时也要及时吸收先进的科技成果，要把传统的调研方法与现代科技手段结合起来，使之相得益彰，取长补短。

当前，我国经济社会发展已站在新的历史起点上。面对全面建设小康社会和现代化建设的新形势新任务，调查研究工作更加重要。我国是在更加开放和更加复杂的国际环境中推进现代化建设的，可以利用的机遇在增加，制约我国发展的外部因素也在增多。从国内看，随着改革开放不断深入，经济市场化程度不断提高，社会经济结构发生着广泛而深刻的变化。经济成分、组织形式、就业途径、利益关系和分配方式等日益多样化、复杂化。经济社会发展的各种矛盾相互交织，各种思想文化相互激荡，新事物、新情况层出不穷。与过去相比，目前影响决策的因素增多了，决策的时效性增强了，决策的风险性增大了，决策所需的信息量也增加了。这些都对调查研究工作提出了新的更高的要求；同时，也赋予了政策研究和咨询机构更为重要的使命。

由中国政策科学研究会组织有关专家和学者共同编写的这本《新时期调查研究工作全书》，内容丰富，脉络清晰，条理清楚，系统性强，既有理论，又很务实，还收集了一些典型范例，具有一定的参考价值，是一部不可多得的调查研究工具书。相信这本书的出版，对我国广大干部和研究人员做好调查研究工作，写好调查研究报告，一定会有所帮助。

祝愿广大干部和科研工作者练好调查研究这门基本功，在调查研究工作中取得更大的成绩。

魏礼群

二〇〇五年十二月七日

目　录

第一编　调查研究工作的理论与方法(理论编)

第一篇　调查研究工作概论

第三篇　调研工作基本类型

第五篇 调查资料的整理与分析

第六篇 调研工作报告撰写

第七篇　调研工作管理

第二编 调查研究工作实用指南(应用编)

第八篇 经济调查

第九篇 社会调查

第十篇　农业调查

第十一篇 工业调查

第十二篇　市场调查

第一编　调查研究工作的理论与方法（理论编）

第一篇　调查研究工作概论

第一章　调查研究的科学内涵及其实践意义

调查研究是人们认识世界和改造世界的工具和手段。在人类发展的历史长河中,调查研究作为一种人们认识事物的方法长期存在。在近代社会,随着工业化与现代化的发展,人们认识到只有对社会问题和现象有深入的认识和了解才能有效的认识社会、制定解决问题的政策、降低社会发展中的消耗、进行社会管理、促进社会发展。在这样的背景下,调查研究得到了人们的重视和深入研究并作为一门学科发展起来。在当代社会中,调查研究已经被应用到社会的各个领域,成为人们认识和解决社会问题的主要工具之一。

第一节　调查研究的科学内涵

一、调查研究的含义

调查研究作为人们认识和改造世界的工具已经有很长的历史了,要进行调查研究首先应该深刻理解和把握调查研究的科学内涵。调查研究包括调查和研究两个阶段,所以在明确调查研究的含义之前先来分别看一看调查和研究的内涵。

首先让我们来看调查与研究的含义。先是调查的含义,"调"指度量、计算;"查"指查究、寻检、查核、考查。调查主要是指通过观察、考证、计算等方式来认识社会现象和客观事物的一种感性认识活动。那什么是研究呢?"研"指细磨、审察;"究"指穷尽、终极、追根究底。研究主要是指通过对调查阶段所获得的感性材料进行的去粗取精、去伪存真、由此及彼、由表及里的整理与分析,以获得对社会现象和客观事物本质认识的一种理性认识活动。

通过上面对调查和研究含义的认识,我们可以把调查研究的含义概括为:调查研究是指人们为了达到一定的目的而有意识地对社会现象和客观事物进行考察、了解和整理、分析以达到对其本质的科学认识的一种社会认识活动。要完整地认识调查研究的含义,我们必须把握以下几方面:

1. 调查研究包括两个阶段

这两个阶段分别是调查和研究,单独的调查和单独的研究都不是完整的调查研究,只有调查没有研究就会局限于对社会现象和客观事物的感性认识,无法认识其本质,也就没法解决存在的问题;只有研究而没有调查就会只存在抽象的理性思维,缺少感性材料的研究只能是空中楼阁,也就不会达到对社会问题解决的目的。

2. 并不是人们进行的一切调查研究都是真正意义上的社会调查研究

对单纯个人的特殊现象的调查研究不是实质意义上的调查研究，真正意义上的调查研究是对群体性的普遍社会现象的调查研究。也就是说要分清基于个人利益和基于公共利益基础上的调查研究，我们所说的和真正意义上的调查研究是指基于公共利益基础上的调查研究。

3. 区别于日常观察和实地考察

日常观察和实地考察是一种感性认识活动。而调查研究则是在一定的理论指导下有目的、有计划、系统地认识社会现象和客观事物，并对此做出本质认识的实践活动，它不同于日常观察和实地考察。调查研究必须遵循一定的科学方法和程序，必须以事实为依据。调查研究不能仅仅停留在考察社会、搜集感性材料阶段，而要从对社会现象和客观事物的感性认识阶段上升到理性认识阶段，并提出解决问题的政策建议和措施。

二、调查研究的特点

作为人们认识社会现象和客观事物并进而解决社会问题的一种方法，调查研究具有以下特点：

1. 调查研究的对象是社会现象和客观事物，即社会自身

调查研究不仅要研究以人和人群共同体为重点的各种社会要素，还要研究以生产方式为基础的各个方面的社会结构，特别注重研究社会系统的整体功能和具有决定性作用的全社会的总体联系、总体协调和总体控制①。

2. 调查研究是一个实践上升为理论的过程

人们对社会现象和客观事物的认识是一个复杂的过程，是从实践中获得感性认识并逐步上升为理性认识的过程。在实际的调查研究过程中，一切研究对象都和社会生活与实践密切相关。调查研究从一开始就同人们认识世界的客观实践活动联系在一起。调查研究要以科学的理论为指导，只有这样我们才能对所做的社会调查研究的结果形成新的概括，从而形成新的理论并达到解决社会问题的目的。此外，实践和理论的统一要求我们实事求是，反对就事论事、人云亦云，反对对调查所得到的感性材料的非理性分析。

3. 调查研究的范围具有广泛性、调查研究的工作具有细致性

调查研究是一个复杂的认识过程，社会调查研究的范围具有广泛性，它涉及社会的各个主体和各个方面。从个人到群体、从国家各部门到企事业单位、从工厂到家庭、从国内到国外、从城市到农村、从家庭到社会，从经济领域、政治领域到文化领域等等都是调查研究的范围。同时每个具体的调查研究又是很具体和细致的，它包括各个细致而具体的因素，这些具体、细致的因素主要有每个调查研究所涉及的特定的人物、时间、地点、事件、行业领域等。调查研究因素的细致性决定了具体的调查研究必须是细致的、严密的。总之，在实际的调查研究过程中既要注意调查研究事物的广泛性又要兼顾每一个调查研究因素的细致性。

4. 调查研究注重实地工作和第一手资料

在研究社会现象时不一定都要通过实地的调查来获得资料，若他人的现有文献资料可以满足研究的需要，那么研究人员就可以利用别人的二手资料来进行研究。然而，在大多数社会领域，特别是当前出现新问题的社会领域往往缺乏及时的、系统的资料，同时利用别人的第二手资料也会使研究人

---

① 赵春福主编：《社会调查研究理论与方法》，中国政法大学出版社 1992 年版，第 2 页。

员无法准确、全面和系统地理解和认识社会现象与客观事物。这就要求研究人员要多开展实地工作，多接触社会现实，直接面向社会搜集研究工作所需的资料。

5. 调查研究是一个调查者与被调查者相互作用的过程

在调查研究的过程中，调查者和被调查者相互作用、相互发生影响。调查者的职业、身份、思想认识和价值观等将对被调查者的行为产生影响；同时被调查者的调查反映状况、思想和价值观念等也将影响到调查者。在调查者与被调查者的互动过程中，调查者在大多数情况下处于主导地位，这就需要调查者在调查过程中以科学的世界观、价值观和方法论为指导，以此来保证调查研究所获得的感性材料是对社会现象和客观事物的真实反映，从而为高质量的调查研究打下基础。

6. 调查研究过程中调查人员的主观能动性

调查人员是调查研究中最活跃的因素，具有主观能动性。社会现象具有客观性，其产生和发展不以人的意志为转移。调查研究受种种客观条件的制约，这种制约作用直接影响人们对社会现象和客观事物的认识深度。在这种情况下就要求发挥调查者自己的主观能动性，克服各种主客观因素的干扰，使调查研究工作成为一种主动性的认识活动。此外，对同一社会现象的调查研究，由于调查人员自身具备的认识社会现象的知识、能力、所持的价值观和使用的方法等不同，会造成调查研究结果的不同，这就要求调查研究人员努力提高自身的素质，来提高调查研究的质量。

三、调查研究的分类

从不同的角度、按照不同的标准可以把调查研究分成不同的类型。由于各种类型的调查研究在方式、方法、程序、适用范围等方面存在很大的不同，所以在本章明确调查研究的各种分类对于在实际的调查研究活动中有效的明确调查研究对象、制定调查研究方案、确定调查研究程序具有基础性和前提性意义。在这里大体介绍一下几种较常见的分类方式：

1. 按照调查研究的范围可以分为普遍调查研究、抽样调查研究、典型调查研究、重点调查研究、个案调查研究

普遍调查研究是指为了了解总体的一般性的情况而对较大范围的地区或部门中的每一个对象无一遗漏的所进行的调查研究。抽样调查研究是指从总体调查研究对象中抽取一些单位或个人作为样本，以样本的状况来推断出整体状况的一种调查研究。典型调查研究是指从总体调查研究对象中选取一个或几个代表性的单位或个人进行的全面而深入的调查研究。重点调查研究是指从总体调查研究对象中主观的选取少数单位或个人进行调查研究，并通过这些调查研究结果来反映总体状况的一种调查研究。个案调查研究是指从总体调查研究对象中选取一个或几个对象进行深入细致调查研究的一种调查研究。

2. 按照调查研究的时间可以分为一次性调查研究、经常性调查研究、跟踪性调查研究

一次性调查研究是指只进行一次或只能进行一次的调查研究。例如，为解决某一具体问题而进行的调查研究，这一问题解决了，以后就不需要再进行该调查研究了。经常性调查研究是指需要不断进行的、不可废止的一种调查研究。它主要包括阶段性调查研究、周期性调查研究和不定期的经常性调查研究，其中阶段性调查研究是指不以时间，而以事物的发展阶段为依据所进行的连续型调查研究。周期性调查研究是指每月、每季、每年、乃至数年进行的调查研究。不定期的经常性调查研究是指根据实际情况的需要而不定期进行的调查研究。跟踪性调查研究是指在不同时期对同一调查研究

对象所进行的一种定点调查研究。

3. 按照调查研究的性质可以分为应用性调查研究和学术性调查研究

应用性调查研究是指为了解决实际过程中各个工作部门或社会领域中出现的具体问题而进行的调查研究。应用性调查研究的范围涉及社会治安、社会犯罪、环境污染、劳动保障、社会失业、社会福利等诸多方面。随着经济的发展和社会的变迁,应用性调查研究越来越受到人们的重视,成为解决社会具体问题的必经之路。学术性调查研究是指学者们为了论证某个观点或理论而对社会现实问题进行调查研究的一种认识活动。学术性调查研究不同于单纯的学术研究,学术性调查研究是一种经验性研究,而学术研究是一种哲学性研究。在当代,学术性调查研究已经应用于各个学术领域,成为了促进学术发展和学科建设的主要工具,同时学术性调查研究也促成了理论的发展与完善,为现实的社会实践提供了丰富的理论指导。

4. 按照调查研究的地域可以分为国际性调查研究、全国性调查研究、地区性调查研究、社区性调查研究

国际性调查研究是指以整个国际领域为范围而进行的调查研究。这样的调查研究一般由国际性的组织发起,目的大多是解决一些关系到全人类的全球性问题。全国性调查研究是指以全国为范围而进行的调查研究。这种调查研究一般由全国性的政府或民间组织发起。地区性调查研究是指以省、自治区、市、县为范围而进行的调查研究。社区性调查研究是指以相对独立的居民生活区为范围开展的调查研究。社区调查研究在我国主要包括城市社区调查研究和农村社区调查研究两种。

此外,根据调查研究的领域可以分为市场调查研究、企业调查研究、家庭调查研究、犯罪调查研究、人口调查研究、舆论调查研究、劳动问题调查研究、教育问题调查研究等等;根据调查研究的方式可以分为直接性调查研究和间接性调查研究;根据调查研究的深度可以分为预测性调查研究、因果性调查研究和描述性调查研究;根据调查研究对象的状态可以分为静态性调查研究和动态性调查研究;根据调查研究资料的性质可以分为定量调查研究和定性调查研究;根据调查研究的层次可以分为微观性调查研究、中观性调查研究和宏观性调查研究。

四、调查研究的目的和任务

调查研究是人们认识世界和改造世界的主要手段。虽然人们在不同的认识和实践活动中调查研究的具体目的和任务各不相同,政府机构、科研机构、企事业单位、民间组织所进行的调查研究的目的和任务是特定的,但我们可以把调查研究的目的和任务归纳为以下几方面:

1. 认清存在的问题

这是调查研究最基础的目的,也是制定政策、解决问题和丰富理论的基础。调查研究就是把社会事实开一个清单,将社会里面所有的社会状况,如人口、卫生、教育、犯罪、经济、文化等等,详细地开一笔账目。在这个账目内,可以找出一切社会问题的优点与缺点,形成因果①。社会问题是在社会中凸显的、关系到大多数社会成员利益的、引起公众注意的问题。个人问题不是社会问题。在我国现阶段存在很多社会问题需要政府或其他公共部门去解决,而解决这些社会问题的前提就是对这些社会问题的正确认识。调查研究是认清社会问题的工具和途径。调查研究就是以科学客观的态度、方法为

① 宋林飞著:《社会调查研究方法》,上海人民出版社 1990 年版,第 7 页。

指导，遵循合理的步骤，在确定范围内对社会问题进行实地考察，搜集资料，进行分析以达到对社会问题的认识。所以说，调查研究首先是认清问题，其第一目的就是达到对社会问题的认识。如人们对经济进行调查研究首先就是对国家的经济现状，如国有企业、集体企业、私营企业的数量和基本运营情况有一个基本的认识和了解；人口调查研究首先就是要对全国范围内或地区范围内人口的数量、质量、结构、就业等基本问题有一个基本的认识和理解。

2. 制定和执行政策来解决社会问题

在认清问题、描述和分析问题之后，调查研究就应提出解决问题的政策性建议了。调查研究的根本目的是通过对社会问题的认识和研究来制定出有效的政策，达到对社会问题的解决。在实际中，调查研究存在的意义就是它能为制定和执行正确的政策、方针、措施，解决现实中存在的各种社会问题提供可靠的依据。列宁曾说过：马克思主义的政策是以现实的东西、而不是以可能的东西为依据的。这句话告诉我们，政策要符合实际情况和客观发展规律，制定的政策要能够解决具体的社会问题。这也就是调查研究所追求的目的。任何调查研究都是有针对性的，都是为了达到解决特定问题的目的。

3. 检验政策和理论的正确性

世界上不存在完全的真理，同样任何政策也不可能完全符合现实，即使是通过调查研究制定出来的政策在执行过程中也会有偏差。所以我们在实践中就需要通过对政策执行情况的调查研究来检验政策的正确性与合理性，达到对政策的修改和完善。对政策的修改和完善是应用性调查研究所要达到的目的，而对于学术性调查研究来说，其目的就是通过调查研究来论证某个观点或理论的正确性。同时，政策实际上是以某种理论为依据的，它们是理论的具体应用。对政策的检验实际上也就是对其理论基础的检验。有关政策部门可以通过报表、下级的口头汇报、下基层等方式来了解政策的执行情况。然而，这些方式与调查研究相比都不全面、都不系统、都不可靠。调查研究是反馈政策执行情况的一种全面、系统和可靠的手段与工具。总之，调查研究的根本性目的就是在实践中检验政策、方针、路线和理论的正确性，并且根据不断变化的实际情况对其进行修正和完善。

4. 建立科学的理论来指导社会实践

人们认识和改造世界的活动都要以一定的理论为指导，缺乏理论指导的实践活动是盲目的。作为人们理性认识形式的理论是建立在对客观事物规律性认识的基础上的，理论只有通过反复的调查研究才能不断发展，才能符合变化着的社会实际。所以说，调查研究的目的和任务之一就是建立符合社会现实的科学理论来指导人们的社会实践。在我国，理论研究既不能照搬西方的理论，也不能仅满足于对马列主义的引用，我们要创出符合我国国情、体现我国特色的理论，而这就需要运用调查研究的方法对我国的现实问题进行细致深入的调查研究。改革开放以来我国出现了很多以前从未出现过的新问题，由于缺乏深入的调查研究和理论指导，造成了实际工作的盲目性。当前我们就应该重视调查研究的作用，广泛开展调查研究工作，以此来继承和发展具有中国特色的科学理论，用正确的、合乎我国国情的理论来指导我们的社会实践，这也是当前调查研究的主要目的与任务。

第二节 调查研究的实践意义

调查研究作为一种科学的方法，是辩证唯物主义认识论的生动体现和具体运用，在认识世界和改造世界中具有极其重要的意义。中国共产党成立以来，就把调查研究作为自己的优良传统和作风，从我们领导的结果；第二，组织对正确决定的执行，但是要做到这一点，就非有群众方面的直接帮助不可；第三，组织对这种决定的执行情况的检查，要做到这一点，还是非有群众的直接帮助不可。”①这就说明了党的方针政策执行的顺利与否与人民群众的支持是密切相关的，不论是制定决策，了解政策执行情况，还是检查工作，每一个环节都是和人民群众的反映分不开的，因此在调查研究中，要坚持走群众路线；也只有调查研究，才能更好地走群众路线。

四、调查研究是发现和解决问题的重要条件

人类认识世界的根本目的是为了更好地改造世界，调查研究是我们认识社会的基本方法，是在实践中发现问题的重要条件。美国著名的社会学家卡罗尔·亚罗诺维西指出：“社会调查是对于某一个地方社会情形的成分的全体考察，其目标在于创造合理的计划，实行建设性的社会改造。A. 莫克林汉说：‘社会调查是从根本上研究社会问题与社会资料以及两者之间的相互关系。’我国的一些社会学家也持相似观点。我国社会学家言心哲认为，社会调查就是把社会事实开一个清单，将社会里面所有的社会状况，如人口、卫生、教育、犯罪、经济、文化等，详细地开一笔账目。在这个账目内，可以找出一切社会问题的优点和缺点，形成因果及改良的途径，作为实施社会建设的根据。社会学家龙观海还认为，社会调查是应用客观的态度、科学的方法和合理的步骤，对某种社会情况或问题，以确定范围内，作实地考察，并收集大量资料，予以统计分析，以资明了及改进该情况或问题为目的。”②

社会学家郑杭生认为：“社会问题是指在社会运行过程中，由于存在某些是社会结构和社会环境失调的障碍因素，影响社会全体成员或部分成员的共同生活，对社会正常秩序甚至社会运行安全构成一定的威胁，需要动员全体社会力量进行干预的社会现象。”③社会问题存在于任何社会任何时代之中。我国目前正处于社会转型时期，出现了许多十分棘手十分复杂的新问题，各种历史遗留问题和转型中出现的新问题叠加，随着转型的不断深入，社会保障问题、贫富分化问题、失业问题、犯罪问题等等开始涌现出来。而社会调查正是用科学的方法来发现这些问题，并依据科学的调查结果来寻找和分析这些问题的现状、成因、发展趋势与对策。

五、调查研究是培养优秀人才的有效途径

调查研究是一项科学性、实践性很强的工作，它要求调研人员具有较高的理论水平和文化素质，同时还要具有良好的道德品质和较强的专业技能。最为重要的是，作为一名调研工作者，还要在研究工作中刻苦学习、不断提高，在实践中增长自己的知识和才干，只有经过多年的调查研究实践，才能取得卓越成就。

随着社会的发展，对人才的要求也有很大变化，特别是党政机关的工作人员，由于工作范围涉及的很广，所以要求“通用型”人才。调查研究正是培养这种人才的工具，由于经常的调查研究，才能发现问题，为决策提供依据，并不断寻找原因、探究解决办法，并将结果落实到文字上，能够培养出较强

---

① 《斯大林文选》(1934—1952)，人民出版社1962年版，第145—146页。

② 宋林飞著：《社会调查研究方法》，上海人民出版社1990年版，第7—8页。

③ 郑杭生主编：《社会学概论新修》，中国人民大学出版社2003年版，第358页。

的分析综合能力；由于能经常深入基层，更能了解群众的疾苦，广泛听取群众的意见，所以能树立群众观点，想群众所想，急群众之急，培养密切联系群众的工作作风；通过深入的调查研究还能培养调研人员的科学工作态度，踏踏实实地完成工作任务。因此，调查研究工作对于培养人才效果是很明显的。

六、调查研究是形成优良党风的有力武器

党风问题是关系到党的生死存亡的大问题。毛泽东曾指出："在全党推行调查研究的计划，是转变党的作风的基础一环。"①党风问题最突出的是官僚主义和贪污腐败，它们都是与脱离实际、脱离群众的作风有着密切的联系的。而调查研究是密切联系实际的基本途径，也是密切联系群众的桥梁。大力提倡社会调查，就必然有利于克服形形色色的官僚主义，有利于克服各种以权谋私的贪污腐败行为，端正党风。

自1978年我们实行和坚持改革开放的政策以来，我国的综合国力大大增强，全国人民的生活水平也显著提高。但是我们也应该清醒地看到，全方位的对外开放也带来了不少新问题。资产阶级拜金主义、享乐主义、极端个人主义已严重地侵蚀了一部分人的灵魂，建国后早已绝迹的吸毒、卖淫、嫖娼、黑社会性质的团伙等旧社会的丑恶现象又死灰复燃，社会上假冒伪劣商品充斥市场，党内腐败现象大有蔓延之势，大案要案急剧上升等，这些问题已严重地危害到人民生命财产的安全，败坏了党的声誉。要解决这些问题，单靠坐在办公室里发号施令，在文山会海中忙忙碌碌是不行的。需要深入实际进行调查研究，找到这些问题的原因，最终发现解决问题的办法，端正党风，加强党的建设，时时刻刻保持党的先进性。

总之，调查研究工作具有多方面的认识功能和社会实践功能。我国目前正处于从传统社会向现代社会转型和从计划经济向市场经济转轨的时期，各种矛盾日益凸显，社会问题也纷纷涌现，这就要求我们在工作中坚持调查研究，深入实际，及早发现问题并找出解决问题的办法，解决各种矛盾和冲突，真正为建立社会主义和谐社会打下深厚基础。

---

① 《毛泽东著作选读》(下册)，人民出版社1986年版，第479页。

计算。这与当前的现代化的调查研究方法和手段来比是十分落后的、原始的和带有局限性的。

最后,调查研究结果的准确性不高,缺乏对社会现象的本质认识。由于调查研究缺乏系统的思想指导,方法和手段又简单、粗糙和有限,这就使得调查研究所得到的结果的准确程度不高,很多结果和结论只是停留在对社会现象和客观事物的表面认识,没有深入到其实质部分。

二、中国20世纪初到新中国成立前的调查研究

近代科学意义上的调查研究开始于20世纪初,这也是中国调查研究的真正开始。这一阶段的调查研究有了很大的发展,许多社会学者开始引进了国外在调查研究方面的先进成果,政府也尝试着组织了一系列的调查研究活动,毛泽东的调查研究实践活动也在这一时期蓬勃地发展起来。总之,这一阶段中国的调查研究开始跨越式的发展起来,这成为中国调查研究发展的一个良好势头,为以后调查研究的继续发展奠定了良好的基础。在这里我们主要从三个方面来看调查研究的发展历程:社会学者们开展的调查研究活动、政府尝试着组织的调查研究活动、毛泽东进行的调查研究活动。

(一)社会学者们开展的调查研究活动

在20世纪初,随着帝国主义的入侵,西方一些先进的科学文化知识也开始进入了我国,这些先进的科学文化知识就包括了西方社会在调查研究方面所取得的成果。在当时最早采用近代的调查研究方法进行调查研究的是在中国的一些传教士和学者。1878年到1905年在我国山东传教的传教士史密斯是当时最早开展调查研究活动的外国人,他对我国山东农民的生产生活进行了十分广泛的调查研究,并且完成了《中国农民的生活》一书,在西方社会十分有影响力。除他之外,也有很多在我国从事教学和其他科研活动的学者也开展了各种各样的调查研究活动。主要的代表有:清华大学教授狄德莫在1917年带领学生对北京西郊的195户居民的生活费用进行过调查研究;1918年到1919年传教士甘博和燕京大学教授步济时对北京的历史、地理、经济、贫穷、政府、人口、健康、娱乐等问题进行了调查研究;上海沪江大学教授古尔普两次带领学生到广东潮州凤凰村进行调查研究。这一时期我国的调查研究的特点是:调查研究工作都是由外国人员组织开展,没有我国学者和政府的介入;所采用的方法和技术都是西方的调查研究方法和技术,而不是中国历史上遗留下来的方法和技术;每次调查研究都撰写了调查研究报告,并且在国外受到了高度的重视,成为外国了解中国的一个途径。

中国社会学者独立进行调查研究活动开始于20世纪20年代。当时中国正处于社会急剧变化的历史时期,社会矛盾尖锐,大量社会问题涌现出来,人民生活在水深火热之中。要解决出现的问题,必须要对国情有一个清楚的认识,基于这一点,一些有救国心的学者们开始翻译和撰写了许多社会学专著,组织了大量的调查研究活动,成立了很多调查研究机构,培养了很多调查研究的人才。调查研究的范围进一步扩大和深入到政治、经济、社会、文化等多个更加具体的领域。这一时期开展的调查研究活动和取得的调查研究成果有:在经济领域,景汉是主要代表,他在调查研究中采取实地调查和统计调查相结合的方法,使用随机和分层抽样的调查研究方法。他主要的调查研究活动和成果有:1929年组织对北平郊外乡村进行调查研究,并撰写出《北平郊外乡村调查》;从1930年开始对定县进行调查研究,在调查研究过程中他使用了采用当时先进的调查研究方法如个案调查的方法、统计学的随机抽样、分层抽样等方法,但他又兼顾到当时我国的具体国情,采用一些符合中国农民习惯和心理的一些方法。为了得到准确的数据,他还配合农村的扫盲夜校。但到抗日战争爆发,该调查研究活动被迫结束。在这期间,他在1933年撰写出《定县社会概况调查》和《实地社会调查方法》,对当时的调查研

究有很大的推动作用。同时还与别人合作进行了很多关于物价、工厂状况、农产品贩卖等社会问题的调查研究活动。陈翰笙是当时南方比较有影响力的一个调查研究学者和活动家。他曾组织和领导过多次的调查研究活动,其中影响最大的是他在1929年到1930年间,运用马克思主义的思想对无锡、广东、保定进行了三次大规模的农村调查研究。在调查研究的过程中,当时的生产关系成为调查研究的重点,并撰写了《封建社会的农村生产关系》等调查研究的报告,对了解我国当时的农村状况有很大的作用,同时也批判了当时的一些错误的观点,论证了中国半殖民地半封建社会的性质。此外,陶孟和通过调查研究撰写了《北平生活费之分析》,费孝通通过对江苏吴江开弦弓村的调查研究撰写了《江村经济》,史国衡撰写了《昆厂劳工》。在政治领域,严景耀在1927年到1930年期间对我国当时的犯罪问题进行了调查研究,在调查研究中,他采用参与观察的方法,深入到监狱、牢房中去收集第一手的资料,获得了对当时中国犯罪问题的较清晰认识。在这一时期建立的调查研究机构主要有:李景汉和陶孟和在北平建立的北平社会调查所、陈达在清华大学建立的清华大学国情调查所、陈翰笙在南京建立的南京社会科学研究所社会学组、成立于1926年的中华教育文化基金董事会社会调查部。这一时期翻译和撰写的著作主要有:许德珩翻译的迪尔凯姆的《社会学方法论》,李景汉的《实地社会调查方法》等。

抗日战争和内战时期,由于战争的原因,社会动荡不安使得正常的调查研究工作无法开展,极少数开展调查研究的学者也把调查研究的范围限定在西南边远地区,他们从事的也只是局部的农村和少数民族的调查研究。总之,这一时期受战争的影响,我国的调查研究活动处于停滞不前的状态。

(二)政府尝试着组织的调查研究活动

从20世纪初到建国前的这段时间里,清政府和国民党政府也尝试着组织了几次调查研究活动。这时期政府组织的调查研究主要以人口的调查研究为主,由于种种原因,对政治、经济、社会其他方面的调查研究受到忽略。1908年清政府曾组织过一次以五年为期的人口调查,但由于辛亥革命的爆发而无果而终。1928年,国民党政府也组织过一次全国性的人口调查,但由于军阀割据和混战,人民不支持,而仅限在13个省份得到开展。这一阶段政府组织的调查研究的特点为:由于帝国主义的入侵、政府的腐败、军阀的混战、科学的调查研究理论和方法的缺乏等种种原因,最终都以失败告终或半途而废;政府组织的这些调查研究数量极其有限,由于没有结果,对社会治理也没有什么参考价值。

(三)毛泽东的进行的调查研究活动

毛泽东对马克思主义调查研究理论的发展和中国化做出了巨大的贡献,毛泽东开展的调查研究活动一方面发展了马克思主义调查研究的理论和实践,另一方面又达到了对我国国情的全面、深入了解,为我国革命事业的发展和革命理论的创立奠定了坚实的实践基础。在这一章我们主要侧重从史的角度来介绍毛泽东在这一时期的调查研究实践活动,而毛泽东的具体调查研究思想和理论将在后边的章节介绍。这一时期毛泽东的调查研究实践可以分为青年时期的调查研究活动、1920年到长征之前的调查研究活动、抗日战争时期和解放战争时期的调查研究活动。下边我们将详细的来看一看。

毛泽东青年时期的调查研究活动主要集中在1920年之前。毛泽东在他青年时期的学习过程中十分注重从实地考察中学习新知识,注重从调查研究中获得第一手资料。从1917年到1918年夏,毛泽东曾三次以“游学”的方式考察了湖南长沙、长江附近和洞庭湖滨的广大农村地区。通过这次的调查研究,他对农村广大人民群众的生活、生产和思想状况有了全面的了解。1918年冬到1919年夏他曾两次到北京郊区的长辛店铁路工厂进行调查研究。通过这次的调查研究,他对中国的工人阶级的生活、生产和思想状况有了一个基本的认识。此外,毛泽东也十分注重间接调查研究的作用,重视向国外学习。这主要表现在:他常阅读湖南、上海、北京等地的报纸;组织新民学会的成员去法国勤工俭学,了解国外的情况、学习国外的经验。青年时期的调查研究活动使毛泽东接触到了马克思主义,为他后来走上革命道路奠定了实践和理论基础。

1920年到长征之前是毛泽东调查研究实践最活跃和成果最丰富时期,在这一阶段毛泽东的调查研究理论基本形成。从党的一大到上井冈山之前这段时间里,毛泽东进行了大量的实地调查研究,其中对我国的工人和农民进行了广泛和深入的调查研究,对我国社会各阶级的情况和关系有了进一步的认识。在调查研究中他还撰写了大量的调查研究报告,其中主要的有1925年12月发表的《中国社会各阶级的分析》,1927年3月发表的《湖南农民运动考察报告》,在这两篇报告中,毛泽东科学地阐述了中国半殖民地半封建社会的性质,指出农民问题是中国民主革命的基本问题。在到达井冈山之后长征之前的这段时间里,毛泽东又开展了众多开创性的调查研究活动。1928年在井冈山永新、宁国两县进行调查研究。1930年在江西寻乌进行调查研究。1930年以开调查会的形式,做了八个家庭典型调查,10月又开调查会。这阶段毛泽东写的调查研究报告主要有《中国的红色政权为什么能够存在?》、《井冈山的斗争》、《寻乌调查》、《兴国调查》、《长冈山乡调查》、《才溪乡调查》等。在这一时期,除了实地调查所取得的成绩之外,毛泽东在调查研究的理论方面也取得了很大的进展,主要是他的《反对本本主义》的完成和发表,提出了著名的"没有调查,就没有发言权"和"不做正确的调查研究同样没有发言权"两个论断,进一步强调了调查研究的重要性。

抗日战争和解放战争时期是毛泽东调查研究理论的成熟和发展时期。在一时期毛泽东主要以理论创作为主,实地调查研究为辅。1937年毛泽东发表了《实践论》、《矛盾论》,为其调查研究理论奠定了哲学基础。之后,毛泽东还发表了《"农村调查"的序言和跋》、《改造我们的学习》、《关于农村调查》、《整顿党的作风》、《反对党八股》、《关于领导方法的若干问题》、《在晋绥干部会议上的讲话》等。在这些著作和文章中,毛泽东对调查研究的指导思想、意义、态度、具体方法等进行了进一步的阐述,并把这些理论用于党的整风活动中。毛泽东在战争时期也开展了一些实地调查研究活动,1947年,他在陕北期间对佳县谭家坪的十多个农户进行了调查研究,1948年3月对山西兴县蔡家崖的土改和党的政风情况进行了调查研究,并写出了《在晋绥干部会议上的讲话》等一系列的调查研究报告。在毛泽东的倡导和组织下,这一时期在全党和全军范围内调查研究工作蓬勃发展。在1941年8月,党中央发布了《中共中央调查研究的决定》、《中共中央关于实施调查研究的决定》,此后,按照这两个决定,在党中央所在地的各级机关、各中央分局、各省委、市委设置了很多专门机构组织,开展广泛的调查研究活动,撰写出了《绥德、米脂土地问题初步研究》、《米脂县杨家沟调查》、《沙滩坪调查》等众多的调查研究报告。

三、新中国成立后到现在的调查研究的发展历程

建国后到现在,由于新中国的建立使得政局稳定、社会治安良好、经济发展迅速、与国外的交流加大,这些促成了调查研究在我国的迅猛发展。在这里我们主要以党的十一届三中全会为界线,分别说一说建国后到党的十一届三中全会以前和党的十一届三中全会至今这两个阶段的调查研究的发展。

(一)建国后到党的十一届三中全会以前的调查研究的发展

这一时期的调查研究主要是指在毛泽东的领导下,在全国范围开展的各种调查研究。新中国成立之后,毛泽东也十分注重调查研究的作用,他把调查研究作为党和国家的一项主要工作来做,他还

常身体力行,亲自到各地考察,并且还亲自组织了几次大规模的调查研究活动。在建国初期的农业合作化过程中,他曾多次到全国各地的农村进行广泛的调查研究活动,并在此基础上编辑出版了《中国农村的社会主义高潮》。1956 年在毛泽东的领导下,中央政治局听取了三十多个部门的工作汇报。此外,他还做了大量的调查研究工作,在此基础上创作了《论十大关系》,这是建国后党和国家领导人对经济建设形势和问题作的一次时间较长、规模较大、内容全面的调查研究。1961 年,为纠正浮夸风,毛泽东提出了"大兴调查研究之风"的号召,为克服党内存在的"左"倾思潮,提出了"要搞个实事求是年"的号召,同时中共中央印发了《关于认真进行调查工作问题给各中央局,各省、市、区党委的一封信》。之后,党中央、各省、市、区的主要领导深入农村基层进行了一年多的调查研究工作,并在此基础上制定了《农村人民公社工作条例修正草案》。在以后的调查研究中又制定了有关工业、商业、科学、教育、文艺方面工作条例草案。

在"文化大革命"中,林彪、"四人帮"以调查研究作为他们开展反革命活动的借口,调查研究工作和理论研究受到了严重的创伤。同时,毛泽东晚年没有把调查研究的理论始终坚持和贯彻下去,也没做真正的调查研究工作。在这一时期,我国的调查研究工作处于停滞状态,政治和社会的动荡再次阻碍了调查研究在我国的发展,使我国的调查研究又落后于西方社会调查研究的发展。

(二)党的十一届三中全会至今的调查研究的发展

党的十一届三中全会至今,在党和政府的倡导和促使下,我国的调查研究迅速从"文革"中恢复过来,并取得了巨大的历史性发展。这一时期正是我国的调查研究取得丰硕成果的历史时期。在这一阶段,党和政府更加重视我国的调查研究,调查研究工作开展得更加广泛和深入,调查研究理论更加完善,调查研究方法更加科学,党和政府的调查研究组织和机构更加健全,调查研究人员更加专业化,调查研究工作更加经常化。下面我们就来看看取得这些成绩的历程。

这一时期我国开展了多次大型的调查研究。这些工作是以 1978 年为文革中的冤假错案平反昭雪为开端的,通过这些调查研究工作,党和政府的很多干部恢复到了以前的工作岗位上。1979 年之后,邓小平多次强调实事求是的重要性,为我国调查研究今后的发展打下了良好的思想基础。1979 年开始的农业生产责任制调查,促进了农村经济体制的改革。1981 年开始的全国农业资源调查为农业区划工作提供了依据。1982 年对工人阶级状况的调查为认清中国工人具体情况提供了依据。1982 年开展的全国人口普查为了解我国的人口状况打下了基础。之后,还进行了全国第一次工业普查、全国第一次城镇房屋普查、全国第一次残疾人抽样调查、全国第一次城市经济体制改革调查、社会主义精神文明建设调查等一系列的调查研究活动。

近些年,我国从中央到地方的各级党政机关建立和健全了各种各样的调查研究机构、咨询机构,有很多部门还在各基层单位设置了长期的信息站和观察点。同时,我国的各种科研机构、高等院校、党校等也在调查研究中开始发挥重要的作用。我国的调查研究工作朝着制度化、专业化、科学化和经常化的方向发展。此外,我国在调查研究上还加强了同国外的交流,从国外引进了很多先进的调查研究的方法和技术,如普查、抽样调查、问卷调查、民意测验等。开始注重把我国传统的和现代的调查研究方法结合起来,注重把国内的和国外的调查研究方法结合起来,使得调查研究的现代性、科学性、准确性大大提高。

总之,在党的十一届三中全会之后,由于指导思想的正确、党和政府的重视与引导、同国外交流的加强、机构的建立与健全、人员的专业化,我国的调查研究工作取得了巨大的历史性进步,为国家、地区、部门和单位的决策和政策制定提供了重要的依据。

第二节 调查研究在西方的发展历史

调查研究不仅是在我国有很悠久的历史,在西方国家也是一直受到重视,作为一门方法性很强的应用性学科,与整个人类文明的发展相伴相生。

一、西方古代的调查研究

西方古代的调查研究是从简单的统计调查开始的。在公元前三千年左右,正当埃及第一、第二王朝时期,法老为了征税的需要,每两年左右时间就要清查一下全国的人口、土地、牲畜、财富;古罗马帝国时期,国王为了增强对国力的了解,要求每户每五年要申报一次人口、土地、牲畜、家奴等,为了便于管理,政府还依据财富的多少将居民划分为几个不同程度的等级。古巴比伦和古印度也都做过许多关于人口、土地和财产等情况的调查。政府也只有对社会情况有较为详细的了解,才能更好地实现自己的统治,这些最初的调查都是政府统治人民的需要,也是调查研究在古代西方社会的萌芽。

古代的调查研究没有自觉的系统的理论指导,充其量也只是调查研究的萌芽,往往是就事论事,并且使用的方法也过于简单,只是简单的观察、访问和有限的文献调查,并且也没有专门的调查机构和人员,这些都决定了古代调查研究具有原始性。

二、西方近代的调查研究

调查研究起源于公元前数千年前的古埃及,但较为系统的调查研究则是从近代开始的,而近代西方的调查研究则起源于18世纪的欧洲。

(一)调查研究产生的原因分析

1. 资本主义生产力的发展和大量社会问题的出现。当时的西欧,由于资本主义生产关系已经逐渐占据了统治地位,资本主义的发展大大解放了生产力,推动了资本主义社会各个方面的进步,但同时资本主义生产方式的固有矛盾也显露出来。出现了各种各样的社会问题,如城市人口急剧膨胀,贫富两极分化,犯罪现象层出不穷等等。严重的社会问题激化了资产阶级和无产阶级之间的矛盾,严重威胁着资本主义社会的稳定性。为了解决各种社会矛盾,寻求解决社会问题的途径,以缓和阶级矛盾和社会矛盾维护资产阶级固有的统治,许多学者和政治家开始调查研究,特别是围绕着贫民阶层的生活状况展开了许多专门的调查,整个社会掀起了一股调查研究的热潮。

2. 近代科学技术的发展也为调查研究准备了科学的方法。随着数学、物理学等自然科学的长足进步,一些学者开始主张将自然科学的研究方法运用到社会科学研究中去。许多自然科学家则直接用自然科学的方法来研究社会,其中统计方法的发展及其在调查研究中的运用在调查研究方法的产生过程中起到了突出的推动作用。

3. 调查研究任务的复杂化,大大推动了研究方法的进步。随着早期资本主义社会的迅速发展,社会发生急剧分化,社会结构也日益复杂化。因此调查研究所面临的任务也日趋复杂,原来的一些简单的定性方法已经不能适应日益复杂的调查任务,迫切需要将定量分析方法运用到调查研究中来,定量分析方法逐步开始在调查研究中得到运用,大大推动了研究方法的革新。

（二）西方近代调查研究的概况

1.17 世纪的调查研究概况

17 世纪下半叶,欧洲国家,尤其是最早进入工业化的英国、法国和德国,资本主义已经相当发达,一些思想家已经意识到,要想有效地进行社会管理,就必须客观、准确地了解社会状况,而要全面地了解社会状况只有不断地进行调查研究。这些以社会管理和社会改良为目的的社会调查是从 17 世纪英国 W. 配第的《政治算术》(1660 年)和法国政府的实地调查开始的。配第被马克思称为“政治经济学之父”,在某种程度上可以说是统计学的创始人。他首先运用定量方法来分析社会经济与政治问题,并在研究中采用了统计分组法、图表法和一些社会经济指标。法国的 B. 柯尔柏最早将人口统计学用于行政管理,倡导和主持了一系列大规模的社会调查如:1664 年的法国社会概况普查、1665 年的制造业调查以及不定期的人口状况调查。另外英国著名的慈善家和社会改革家霍华德,他被誉为使用访谈法进行调查的先驱,他在“监狱调查”中使用访谈法,直接与犯人交谈,广泛收集英国和欧洲各地监狱的情况。1774 年他用调查中获得的确凿事实,说服了众议院,并通过了监狱改革方案。这些统计调查标志着调查研究的科学方法逐渐形成,但由于历史的局限,他们所使用的定量分析方法还比较简单,他们的调查研究缺乏正确的理论指导,但是这些调查研究为以后的调查研究奠定了基础。

2.18 世纪调查研究发展概况

18 世纪期间,欧洲国家逐渐建立了统一的国内市场,开辟了日益广阔的国际市场,使他们有可能从整个世界的角度对某种社会现象进行广泛的调查和对比研究。随着人口统计学的建立和国家行政管理的完善,欧洲各国的行政统计调查盛行一时,并逐步制度化。英国和法国都于 1801 年开始了全国性的人口普查,英国规定了每 10 年普查 1 次。其后,欧洲各国也纷纷开始仿效。并且,继法国 1801 年建立了国家统计局以后,各国的行政统计机构也陆续开始建立并完善。这一时期的代表人物有英国的查理斯·布斯,他出生于英国工业革命时期,由于处于时代的巨变中,深刻了解工人的疾苦并决心投入到英国工人生活的调查研究中去。他对英国伦敦社会作了剖析,对各阶层人民的生活状况作了认真的调查研究,共出版了 17 卷本的《伦敦居民的生活和劳动》,按贫困状态、人口、出生率、死亡率、早婚率等方面制定了一系列综合指标加以对照分析,取得了一定的成果,布思借鉴和总结了以往社会调查的丰富经验,在调查中采用了多种调查方法,如人口统计学方法、个案法、访谈法、观察法、问卷法等等。他的这种独创性的调查为以后城市的发展和调查起到了一定的引导作用。孔德是这一时期伟大的社会学家,法国实证主义的最大代表,他为资产阶级在研究种种社会现象时提供了经验主义和实用主义的思想武器,要求人们用实在、确定和精确的知识来作为人的认识的重要任务,来指导实际行动和社会调查。

3. 调查研究蓬勃发展的 19 世纪

到 19 世纪,由于资本主义工业化和城市化的发展迫切需要解决一系列新的社会问题,由此促进了经验社会调查的发展。其中社会问题调查,如犯罪调查、贫民调查、监狱调查、工业调查、城市调查等都得到了广泛开展,这些调查的主要目的是进行一些社会问题的诊断,找出社会问题的症结所在,以便找出应对之策。因此可以说,这一时期的调查研究还是为国家行政管理、为医治社会弊病、为社会改良服务的。

第一,这一时期经验调查方法已得到很大发展。它的发展则直接来源于这样一些需求:首先,为了提高行政效率和制定公共政策,政府部门有必要了解基本的人口和资源信息;其次,在工业化和城市化过程中，由于快速的社会变迁产生了一系列严重的社会问题（如城市膨胀、人口高速增长、阶级差异加大、下层的贫困化、犯罪率持续不辍的上升），解决或对应这些问题需要掌握广泛和细致的资料；再次，为了检验科学理论、了解社会过程的实质，也对获取经验数据的社会研究提出了需要。在这些需要的刺激下，政府的行政机构、各类业务公司、社会福利机构、慈善组织以及对社会问题予以关注的研究部门和个人都对社会调查产生了不同程度的兴趣。这样，到了19世纪初，在后来的学院社会学或理论社会学在孔德和斯宾塞等人的头脑中孕育的同时，与了解社会问题、社会状况有关的各种调查报告、个案描述、统计分析也在政府官员、慈善组织、医生、教师、企业经营者、社会名流以及独立从事研究的科学家手中热腾起来，并逐渐出现了专门化的趋势：单在英国，从事经验社会研究的专门人员就从1834年至1854年间的2%，上升到1855年至1874年间的14%，接着，又在1875年至1900年间上升到24%。

经验社会学的创始人是比利时的L. A. 凯特莱，凯特莱认为社会现象具有统计规律性，因而将概率论和数理统计引入社会研究，并依据“统计均值”的概念提出“平均人”的概念，为研究集体行为和人群特征提供了方法论基础。而理论研究与经验社会调查的结合是以迪尔凯姆的《自杀论》（1897年）为标志的。在《自杀论》中，迪尔凯姆建立理论假设——经验调查——理论检验这一实证研究程序，他采用了多种统计技术，并将变量分析和多因素相关分析引入社会研究，为如何利用统计调查资料建立社会理论提供了范例。迪尔凯姆还试图建立社会学方法的一般原则，他在《社会学方法的规则》（1895年）一书中提出，社会研究最基本的原则是，把社会事实作为客观事物来看待。这样就能采用自然科学方法对社会现象进行科学研究。迪尔凯姆学派发展了孔德的实证主义，开创了客观分析社会整体及其宏观结构的实证研究传统。

在社会学方法论方面，德国的M. 韦伯做出了显著的贡献。韦伯提出了社会学与自然科学和人文科学的区别，认为对社会现象虽然不能像对自然现象那样做客观的因果解释，但是通过对行为的意义和动机的理解也同样能认识社会历史事件的因果关系。他所倡导的理解的社会学主张运用“理解类型”和“主观（投入）理解”的方法对社会现象做出历史的因果解释。他的《新教伦理与资本主义精神》（1905年）就是运用这些方法进行历史比较分析的典范。韦伯和迪尔凯姆的方法论思想确立了社会学在社会科学中的独立地位。在他们之后，G. H. 米德、B. K. 马林诺夫斯基、R. E. 帕克、T. 帕森斯等人在不同领域进一步发展了社会学的理论和方法论。

第二，在这一时期，在欧洲启蒙思想的影响下，在理性化和世俗化潮流的冲击下，调查研究也进入了政治领域。很多启蒙思想家为改革社会制度，开展了一系列社会试验，比如伟大的思想家圣西门、傅立叶等，同时还有伟大的革命导师马克思和恩格斯。

马克思十分重视调查研究，坚持实事求是的思想路线，同时也都积累了许多调查研究的经验和方法。马克思在实际斗争中进行了详细的调查研究，概括后得到的结论又拿到实际斗争中去加以证明，他早年担任《莱茵报》编辑期间，有机会深入社会，进行调查研究，实地考察农民的贫困状况，广泛调查研究社会各方面的问题，写出了许多维护劳动人民利益、揭露普鲁士国家法律反动本质的著作。在流亡英国期间，他在《资本论》的写作过程中，收集了世界各国的资料，他还通过对英国工厂和产业工人的考察和访谈，收集到大量的资料，在这些资料的基础上，他深入分析了资本主义的生产关系和运行机制，并对其发展趋势做出预测。在巴黎公社期间，马克思仍然密切关注着革命的发展状况，从各方面收集关于巴黎局势和公社活动的情报，从许多报纸和巴黎来信中摘取大量材料，认真研究公社的每一项政策和措施，在充分调查研究的基础上，写出了著名的《法兰西内战》。

恩格斯也曾长期深入到工人住宅区进行实地考察，了解工人生活和斗争情况，并写成了《英国工人阶级状况》一书。欧洲大革命失败以后，恩格斯被迫先后流亡到比利时、法国和瑞士，在流亡途中，仍然坚持调查研究，亲自访问了大约三四百名工人。

马恩在晚年也都一直坚持调查研究，他们的一生，不仅是革命的一生，战斗的一生，也是不断对社会进行调查研究的一生。在调查研究中，他们带着认识社会、改造主观世界和客观世界的明确目的进行调查研究，也正是通过早期的调查研究活动，了解了社会，认识了社会的发展规律，转变了世界观，并创立了科学共产主义理论。马恩虽然没有对调查研究的理论和方法做出系统的总结，但他们能在正确思想的指导下，坚持实事求是，相信群众、依靠群众，既注重社会实际，又注重文献资料的调查研究实践活动，给我们提供了很好的学习和研究内容。

在调查方法上，马克思和恩格斯主要采用实地观察法、文献法和访谈法等。在方法论上，马克思和恩格斯创立的唯物史观和唯物辩证法为科学地研究社会奠定了基础。

综上所述，西方近代时期的调查研究的主要目的在于解决当时社会中的问题，如贫困、犯罪、工人生活等，但是这一时期的调查方法上的主要缺陷是，理论研究缺乏系统的研究方法，经验社会调查则缺乏理论的指导，因此调查结果很难上升到理论高度。但是，这些调查研究对于了解社会现实、认识社会现象、解决社会问题起到了相当大的作用，为以后的理论研究和社会改革作了很好的准备。

三、西方现代的调查研究

19 世纪末 20 世纪初，随着社会调查方法的广泛运用，以及数学方法在调查领域的长足进步，调查研究方法逐渐演变成为一门专门的方法性学科。而且在近半个世纪以来，这门学科获得了迅速的发展。

（一）西方现代调查研究迅速发展的原因

1. 现代调查研究方法的兴起，首先应该归功于数理统计学的发展。19 世纪中叶比利时的凯特勒把概率论引入统计学，成为数理统计的奠基人，并进而创立了社会统计学。在数理统计获得长足进步的同时，一些学者开始尝试着将数理统计技术运用于调查研究。1912 年至 1914 年，英国人鲍莱主持了英国五个城镇的比较研究。在这次调查研究中作了抽样方法的最初尝试。第二次世界大战后，美国社会学家斯托福将数理统计的方法运用到社会问题的研究中，在研究设计、抽样方法、问卷设计和假设检验等方面都有重要发展，对现代调查研究发展产生重大影响。

2. 调查研究方法的科学化、现代化与电子计算机技术的发展是分不开的。20 世纪 50 年代，电子计算机技术日趋成熟并得到广泛运用，美国的拉查私费尔德率先倡导在调查研究中将数理统计与电子计算机技术结合起来，实现资料处理的自动化。1966 年，社会科学软件统计包（SPSS）开发成功，很快就成为调查研究中统计分析的有效手段。电子计算机在调查研究中的运用实现了调查研究方法的变革，大大提高了调查数据处理的效率和准确性。今天，电子计算机已经广泛地运用到我们生活的每一个角落，各种大型、复杂的调查研究都离不开电子计算机。

（二）西方现代调查研究的发展概况

1. 20 世纪以来，美国的经验调查研究得到迅速的发展，早期的研究性调查是从美国社会学的芝加哥学派开始的，这一学派于 20 世纪 20 年代前后对美国的移民问题和城市的贫民、种族、社区规划等问题进行了大量的调查，如托马斯、兹那涅茨基的《欧洲和美国的波兰移民》，人类学家林德夫妇也将人类学的社区研究方法运用于现代城镇的研究。

2. 20世纪二三十年代，由于经济政治发展的需要，舆论调查和市场调查空前盛行，一些国家相继建立了专门的民意调查机构，1932年美国总统选举预测失败，迫使人们改进过去用报纸、杂志作民意测验的方法，于是产生了科学的舆论调查。其中以美国1935年创办的“盖洛普民意测验所”最为出名，1936年总统选举前进行抽样测验，以1%左右的样本准确地预测罗斯福当选，它使“盖洛普民意测验所”名声大振。从此，各种各样的民意测验机构、市场调查机构和像兰德公司那样的智囊机构纷纷确立起来，承担着越来越广泛的调查研究任务。民意调查在很大程度上得益于费希尔1928年创立的抽样理论，此后抽样理论逐渐在调查研究中占重要地位。

3. 20世纪40年代到六七十年代是调查研究数量化方法发展最为迅速的时期。这些数量化的方法和技术来源于多个学科，如社会学、统计学、人类学、心理学、经济学、政治学、人口学等。抽样理论和统计检验的引入，社会测量法的推广等都进一步推动了调查研究方法的定量化，使调查研究方法日益科学化和精密化。

4. 20世纪六七十年代开始，以现场观察和主观洞察为手段的实地调查方法又得到进一步的发展。如现象学方法和民俗方法学，前者试图通过主观理解和实地调查来解释人们是如何在熟悉的生活世界里建立起一种意识中的共同世界，并在这种共同意识的假定下行动的；后者主张考察人们日常生活中的交往规则，通过对交往过程中的方式、姿势、语言、动作的细致观察与分析来理解真实的社会行为。尽管这两种方法并未产生很大的影响，但它们使研究人员意识到，在了解和认识社会现象方面，主观理解和现场观察也具有相当重要的作用①。

（三）西方现代调查研究的主要特点

1. 社会学的经验调查方法逐步系统化、精确化。这主要得益于现代科学技术手段的发展和引进。社会调查技术的主要进展是：统计调查方法更为完善，统计学的各种方法大量应用到社会研究中。例如，英国古典统计分析创始人R. 费希尔的抽样理论和英国现代统计学创始人K. 皮尔逊的“相关系数”法，促进了抽样统计调查、问卷调查和民意测验的广泛应用。此外，计算机技术的发展有助于处理和分析大量调查数据，并且使复杂的多变量统计分析成为可能。借鉴和引入了心理学的实验法和人格测验方法等。实验法在社会研究中起初运用于个人，后来又被美国社会学家R. F. 贝尔斯、R. 利克特等人用于研究小群体的互动关系和行为特征。基于实验法的思想，社会心理学家J. L. 莫雷诺所创建的社会计量法为测量群体内部的人际关系和结构特征提供了有效的工具。人格测验被应用于精确测量人们的社会态度等方面也收到了明显的效果。实地调查技术的精密化、系统化。其主要表现是：问卷设计和测量技术的精确化；结构化的访问、观察方法的应用；由人类学和历史学引入的参与观察、个案研究、生活史研究、历史文献分析等方法的系统化；新式调查工具的应用等等。

2. 第二次世界大战以后，社会调查研究的数量化倾向日益明显。P. F. 拉扎斯菲尔德的《社会研究的语言》(1955年)一书建立了较完善的调查数据分析方法，社会统计学和数理社会学的发展也为社会研究的数量化分析奠定了理论基础。同时，社会理论的发展也日益取决于科学方法的应用。例如，路径分析方法促进了社会阶层、社会流动理论的发展，策论和计算机模拟方法的引入推进了社会组织理论的发展②。

---

① 袁方主编：《调查原理与方法》，高等教育出版社1990年版，第29页。

② 《中国大百科全书》(社会学卷)，中国大百科全书出版社1991年版，第337—339页。

3. 尽管社会学家们越来越多地借鉴和引进自然科学方法，但是人文科学的方法在社会学研究中仍发挥着重要作用。尤其是在20世纪60年代以后，人们对19世纪兴起的理性主义思潮产生怀疑，对社会研究中实证主义方法的局限性有了更深刻的认识，一些社会学家试图从现象学、语言学、语义哲学等学科中寻求更有效的分析手段或思想方法。H. 加芬克尔的民俗学方法论就是这种尝试之一，他强调对人和社会交往关系的主观理解，主张通过日常观察、思辨和阐释来研究社会现象。从发展过程上看，社会调查技术的精密化，社会研究的数量化确实是社会学方法的主要发展方向，这种发展有助于精确地分析社会现象。但另一方面，历史方法、哲学方法及其他人文科学的方法，在洞察事物本质、理解人及其行为意义方面仍然是不可取代的研究手段。

4. 随着现代调查方法的发展和广泛运用，调查研究方法逐渐成为一门研究和讲授的学问。1920年前后，美国的查平出版了《实地调查与社会研究》一书，这本书是第一部系统探讨研究调查研究方法的教科书。20世纪50年代以后，各种各样的调查研究方法、统计学等课程都成为各大高校的基础课程，这也反过来对研究方法作为一门方法科学的形成起到了重大的推动作用。

总体来看，随着人们对经验资料积累的增多和对社会现象认识的深入，现代的调查研究已经不仅仅是提供经验材料和统计数据，而是更多地担负起理论研究和政策研究的功能。在研究方法上，也已经形成了一套具有科学化特点的调查研究方法体系。当然，要有效地发挥调查研究的功能，还需要在调查研究方法上进一步发展和完善。

（四）西方现代调查研究的个案分析

1. 匹兹堡调查。课题：都市化的社会结果。使用的方法主要有：个案调查法、区域划分法、图示描写法、实地观察法、访问法、调查表法等。1909年至1914年间，罗素·塞奇基金会出资1.5万美元，资助保罗·凯洛格指导完成了这项规模较大的社会调查。这项研究的参与者全部是训练有素的学生和社会机构的工作人员。匹兹堡调查不仅涉及工资、工时、工伤事故以及与工业关系有关的其他各种问题，同时还研究了工人的家庭收支、健康问题、住宅和环境卫生，甚至还将研究的视角伸入当地的税务系统、学校、医院，以及司法和犯罪方面的特殊机构。这是一项巨大的工作，规模很大，内容包括得也很广。1914年，匹兹堡调查出版了六卷本的调查报告，每卷的主题依序为：匹兹堡区域；挣工资的匹兹堡人；妇女和贸易；一个厂区家庭；工伤事故和法律；炼钢工人。

2. 芝大调查。时间是1925年至1929年，课题：美国的外来移民及其问题。芝加哥学派的关键人物是托马斯，他和波兰学者兹纳涅茨基（F. Znaniecki）合作研究在美国的波兰移民为社会学树立了一个里程碑。在这项浩大的研究里，他们使用了许多研究方法，包括征集信件、日记、报纸等个人文件，控制观察法等，把移居美国波兰农民的生活同在家乡的波兰农民的生活进行比较，最终写成了《在欧洲和美洲的波兰农民》。

这些调查研究都取得了一定的成果，对调查研究方法和研究视野的开阔都有很大的推动作用，是调查研究史上具有里程碑意义的事件。

纵观整个西方社会调查研究的发展历程，每一个进步都是与社会发展和社会需求分不开的，调查研究方法的演进也是随着自然科学的进步而不断完善的。调查研究本身的发展又对社会进步有着很重要的推动作用，它为发现社会问题、探究解决社会问题的方法起到了不可抹杀的作用。

第三章 调查研究的指导思想与基本原则

作为人们认识世界和改造世界的一种工具和手段的调查研究是一项要求严谨、科学性强的活动，所以要做好调查研究工作就必须以科学的思想理论为指导，就必须遵循一定的指导原则。只有这样才能保证调查研究的严谨性、科学性和准确性；相反，缺乏思想理论和原则指导的调查研究是没有质量保证的。在这一章里我们主要介绍调查研究的指导思想和基本原则，其中指导思想包括马克思主义哲学、实证主义理论和人文主义理论；基本原则主要包括客观性原则、科学性原则、系统性原则、理论与实际相结合的原则、群众性原则、实践性原则、全面性原则、长期性原则、动态性原则、预测性原则、伦理性原则和开拓性原则等。

第一节 调查研究的指导思想

人类的社会活动总是在一定的思想理论指导下进行的，缺乏思想理论指导的人类活动是没有行动指南的活动，是缺乏人类主动性和能动性的活动。作为人类活动之一的调查研究也必须在一定的思想理论指导下进行。近现代社会指导人们调查研究活动的思想理论主要有马克思主义哲学、实证主义理论和人文主义理论。马克思主义哲学是我国当前调查研究的指导思想，而实证主义理论和人文主义理论则是西方社会主流的调查研究指导思想。下面就来一一阐述。

一、马克思主义哲学是调查研究的根本指导思想

马克思主义哲学是指导我们进行调查研究的主要的和根本的指导思想，我们先来看一下马克思主义哲学基本内容对调查研究的指导作用，然后再介绍马克思哲学中对调查研究有指导作用的具体思想，主要包括实事求是的观点、辩证的观点、系统的观点、社会基本矛盾的观点、群众的观点、质与量相结合的观点。

（一）马克思主义哲学基本内容对调查研究的指导

马克思主义是马克思和恩格斯在人类无产阶级的实践中创造出来的科学的理论，是人们认识世界和改造世界的指导思想和理论。而马克思主义哲学则是整个马克思主义的重要组成部分，是马克思主义的理论基础，对马克思主义具有价值观的指导作用。马克思主义哲学中的辩证唯物主义和历史唯物主义为人们认识和改造世界提供了科学的世界观和方法论，成为人们各种具体实践活动的指导思想，当然调查研究也包括在这个范围内。在调查研究中，我们必须坚持以马克思主义哲学为指导思想，只有这样才能把握调查研究的正确方向。人类的行动都是以一定的世界观和方法论为指导的，

人们在调查研究活动过程中所持有的世界观规定了人们的活动方向和方式，规定了人们用何种方法去开展调查研究，用何种方法去分析和总结调查研究的结果。鉴于指导思想对调查研究的重要指导作用，我们必须重视调查研究的指导思想，强调调查研究指导思想的作用。马克思主义哲学是科学的世界观和方法论，是人们进行调查研究的主要的和基本的指导思想，只有在马克思主义哲学指导下的调查研究活动才能科学的、正确的认识社会现象和客观事物，才能有效地从纷繁复杂的现象背后发现社会现象和客观事物的本质和规律。所以，在实际的调查研究活动中，我们必须高度重视马克思主义哲学对调查研究的指导作用。

作为马克思主义哲学重要组成部分的辩证唯物主义认为，世界的本原是物质，物质第一性，意识第二性，物质决定意识，意识反作用于物质，这阐明了物质和意识的关系，也就是存在和思维的关系，这是对哲学基本问题的科学和正确回答。同时这也是我们在实际的调查研究工作中必须首先解决的根本问题，这是调查研究工作在思想准备中的第一步。辩证唯物主义要求我们的调查研究要深入到社会实践中，通过实践活动来认识社会现象和客观事物，而不是通过抽象的思维来达到对世界的认识。辩证唯物主义的认识论是马克思和恩格斯继承和发展人类认识史上一切积极成果的结果，它是我们进行调查研究的主要的指导思想，它要求我们要客观地认识和反映社会现象和客观事物。历史唯物主义是马克思主义的两大发现之一，是人类哲学史上的里程碑。历史唯物主义关于社会存在与社会意识、经济基础与上层建筑、生产力与生产关系、社会意识的作用等方面的理论对我们实践中的调查研究也有重要的指导作用。

在实际的调查研究活动中，只讲调查研究的具体操作性的技术和方法，而忽视其指导思想就会迷失调查研究的方向；而在调查研究中以不科学的理论为指导就会把调查研究活动引入反方向或歧途。马克思主义哲学是科学的世界观和方法论的统一，对调查研究具有主要的和根本的指导作用。所以，在实际的调查研究活动中要坚持马克思主义哲学，以马克思主义的哲学理论为基础，以辩证唯物主义和历史唯物主义为行为依据，以此作为调查研究的指导依据和具体科学方法；同时排除唯心主义和形而上学的影响，来加深对马克思主义哲学对调查研究作用的认识。

（二）马克思主义哲学具体内容对调查研究的指导

在前面我们先看了马克思主义哲学基本内容对调查研究的指导意义，接下来就介绍一下马克思哲学中对调查研究有特别指导意义的几种理论观点。这些理论观点主要包括实事求是的观点、辩证的观点、系统的观点、社会基本矛盾的观点、群众的观点、质与量相结合的观点。其中辩证的观点又包括普遍联系的观点、发展的观点和矛盾的观点。

1. 实事求是的观点

辩证唯物主义对人们实践活动的根本要求就是从实际出发，实事求是，按照客观规律办事。社会现象和客观事物是具有客观性的，它们不以人的意志为转移，我们要正确认识社会现象和客观事物就需要坚持实事求是的观点，从社会现象和客观事物的实际状况出发来认识和研究它们。实事求是是马克思主义哲学的根本原则，是毛泽东思想的活的灵魂，是调查研究的科学的指导思想。毛泽东认为，“实事”是客观存在着的一切事物，“是”就是客观事物的内部联系，即规律性，“求”就是我们去研究。物质世界是不以人的意志为转移的客观实在，它按照自身的规律运动着。这要求我们在开展调查研究活动时要立足于社会实际，客观地、如实地反映客观实际，从而达到对社会现象和客观事物本质和规律的掌握。

具体来说，实事求是的观点对我们调查研究的指导要求主要体现在以下几个方面：

(1)要如实地、客观地反映社会现象和客观事物,不能主观想象,也不能主观猜测。实事求是的理论中包含着物质统一性的理论,该理论认为,物质是世界的本原,世界统一于物质,人类社会是具有客观性的。在调查研究的过程中我们要如实地、客观地反映社会现象和客观事物,不能主观想象和猜测事物之间存在的各种关系和事物的本质与规律,要反对先入为主的做法。我们要注重事物发展的客观规律,客观的认识事物,否则我们的调查研究工作就会因此而受到限制。

(2)调查研究要透过社会现象和客观事物的表象来认识背后隐藏的客观规律。实事求是一方面承认客观事物的客观性,另一方面它又承认人们活动的主观能动性,认为人们不但能够如实、客观地认识和反映客观事物,而且能够透过现象发现背后的规律。也就是说调查研究工作不能仅仅停留在调查的阶段,不能仅仅停留在社会现象和客观事物的描述上,而是要对通过调查得到的感性材料进行理性的分析和研究,达到对社会现象和客观事物本质和规律的认识。

(3)要根据不断变化的社会实践来不断地开展调查研究活动。人们的认识和实践是具体的和历史的,而不是抽象的、一成不变的,人们的认识和实践活动是和一定的时间、地点、人物、条件联系在一起的。同时随着时间的发展人们的认识活动也是要不断发展的,只有这样才能跟上时代。这一理论告诉我们,在调查研究中我们得出的某种理论或结论在特定的、具体的社会和历史条件下是正确的,其运用要以一定的条件为基础,而脱离开它特定的环境就有可能是错误的。所以我们要根据不断变化的社会现实来不断地推动我们的调查研究向前发展,一劳永逸的调查研究是不存在的。

坚持实事求是,要求我们在调查研究中反对各种各样的主观主义思想,要做到不唯上、不唯己、不唯书、不唯外、不唯众、不唯先。“不唯上”就是不能为了迎合上级领导机关或某些权威人士的意图而任意裁剪或歪曲事实真相;“不唯己”就是不能为了证实自己的某一观点或维护自己的某种利益而否定客观事实,提出不符合现实的理论;“不唯书”就是不能让书中已有的理论或观点禁锢了自己的调查研究的思想,要敢于创新,敢于突破;“不唯外”就是不能盲从国外的理论与实践,要结合自己的国情开展具有本国特色的调查研究活动;“不唯众”就是不能被大多数人的不客观的、不科学的观点所阻碍,要勇于追求真理;“不唯先”就是今天开展的调查研究活动不能局限于前人活动的范围和领域,要勇于开拓。

在具体的调查研究工作中,我们一方面要以实事求是的观点为指导,另一方面又要避免各种各样的与实事求是相违背的主观主义的行为方式。只有这样,才会求得对社会现象和客观事物的科学、客观与正确认识。

2. 辩证法的观点

辩证唯物主义告诉我们世界是客观存在的,唯物辩证法指出世界不但是客观存在的,而且是普遍联系的、发展的和对立统一的。调查研究只有以辩证法为指导思想,辩证地、全面地认识和分析社会现象和客观事物才能通过事物纷杂的现象来认识本质。辩证法包括很多内容,在这里主要介绍几个在实践中对调查研究比较重要的观点。

(1)普遍联系的观点。马克思主义的唯物辩证法认为,联系是事物或现象之间的相互影响、相互制约和相互作用。普遍联系是事物的客观本性,世界是普遍联系的,世界中的每一事物都与其周围的事物相互联系、相互影响、相互制约。同时,事物内部的各要素之间也是相互联系、相互影响和相互制约的,世界上不存在绝对孤立的事物。事物之间的联系是多种多样的,是纷繁复杂的。事物之间的联系主要有直接联系与间接联系、主要联系与次要联系、本质联系与非本质联系、内部联系与外部联系、必然联系与偶然联系、整体联系与局部联系等等。事物之间联系性质的不同对事物的发展和人们的认识活动的影响也不同。其中规律是事物之间和事物内部的本质的、必然的联系，规律决定了事物的基本性质和发展方向。人们只有通过现象才能认识事物的规律，人们对规律的认识不能离开事物内部和事物之间的偶然的、非本质的联系。此外，在实际中，具体现象之间的联系是个别的，有条件的、偶然的，人们只有通过对大量的、零散的现象的认识和分析才能抓住事物的本质，进而发现事物之间存在的本质的、必然的规律。社会现象之间的联系是多层次的、多方面的，不仅有数量的联系还有性质的联系，不仅有历史的联系还有结构的联系，不仅有纵向的联系还有横向的联系，不仅有主观因素之间的联系还有客观因素之间的联系，不仅有个人之间的联系，还有个人与集体之间的联系、集体与集体之间的联系、集体与国家之间的联系、国家与社会之间的联系、国家与市场之间的联系、国家与国家之间的联系等等。

在实际的调查研究工作中，根据事物之间联系的客观性我们要认识到社会生活各个领域、各种现象都是紧密的联系在一起的，要客观的认识社会现象和客观事物之间的联系，在调查研究中用联系的观点观察和分析问题，用科学的态度对待事物之间的客观联系，而不能主观臆断，要克服主观随意性，反对形而上学的孤立观；由于事物之间的联系是多种多样的，那么我们在调查研究过程中要根据事物之间联系的种类和特性来使用合理的调查研究方法和技术，对不同的联系要进行具体的分析，反对简单化，而不能搞一刀切、一律化，不顾特定事物之间联系的特殊性；规律是事物之间的本质的、必然的联系，这要求我们在调查研究工作重要透过事物外部的、非本质的、偶然的联系来认识其内部本质的、必然的联系；联系是一定条件下的具体的联系，要反对离开一定条件的抽象的联系，在调查研究中要把握特定时间和地点下的社会现象和客观事物之间的具体的联系。

(2)发展的观点。唯物辩证法认为物质世界不仅是普遍联系的，而且还是永恒发展着的。发展是事物由小到大、由简到繁、由低级到高级，由旧质到新质的运动变化过程。物质世界是不断运动、变化和发展着的，都是作为有生有灭的过程而存在。恩格斯说："世界不是既成事物的集合体，而是过程的集合体。"①过程是指一个事物发生、发展、灭亡的过程。事物的运动和发展不是绝对的，而是相对的，事物的发展过程是有限的、有始有终的，在过程没有结束之前，事物总会保持质的稳定性，这时事物处于相对静止状态。事物的发展是由事物内部的矛盾引起的，而事物矛盾的发展具有渐进性，从而导致了事物发展的阶段性，然而事物内部矛盾最终会发生质的变化直到事物本质的变化，这是事物发展的飞跃性，事物的发展是阶段性与飞跃性的统一、是前进性与曲折性的统一、是质变与量变的统一。同时，社会现象是在历史过程中产生、运动和发展。因此，只有把社会现象放在一定的历史过程中才能准确地做出说明和解释。恩格斯在考察自然界、人类历史或精神活动时指出：首先呈现在我们眼前的，是一幅有种种联系和相互作用无穷无尽地交织起来的画面，其中没有任何东西是不运动的和不变的，而是一切都在运动、变化、产生和消灭的。

世界是运动、变化和发展的，所以在调查研究中要坚持用发展的、运动的、变化的观点来观察和分析社会现象和客观事物，要克服静止的、停滞的、僵化的观点；事物的发展是质变与量变的过程，是新事物代替旧事物的过程，这要求我们在调查研究过程中不仅要调查研究事物数量的增减，还要研究事物性质的变化，弄清事物量变与质变之间的关系，不仅要看到旧事物的简单性的重复与循环，还要研究事物运动过程中出现的新事物和新问题；事物的运动和发展不是绝对的，而是相对的，任何事物都具有相对定性，只是程度不同而已，我们要明白社会现象和客观事物的动态和静态都是相对的，是社

① 《马克思恩格斯选集》第4卷，人民出版社1995年版，第244页。

会现象的两种表象,调查研究既要看到事物动态的一面,还要看到事物静态的一面;在实际的调查研究工作中,特别是在认识社会现象时,我们不但要把握事物的现状,还要弄清事物的发展历史,考察事物的来龙去脉和历史演变过程,研究事物的历史发展趋势。

(3)矛盾的观点。矛盾的观点又称对立统一的观点。矛盾是指客观事物本身所固有的既对立又统一的关系,以及这种关系在人们头脑中的正确反映。要用矛盾的和对立统一的观点来看待问题,要在对立中把握统一,要在统一中把握对立。矛盾具有普遍性,矛盾无时不有、无处不在,任何事物都是矛盾的统一体,是对立统一的;同时矛盾又具有特殊性,事物是普遍性与特殊性的统一体。既要坚持矛盾的普遍性,又要具体分析不同矛盾的各自特点。此外,矛盾还具有不平衡性,矛盾可以分为主要矛盾和次要矛盾,矛盾内部又包括矛盾的主要方面和矛盾的次要方面,其中主要矛盾和矛盾的主要方面决定着事物的性质和事物发展的方向与趋势,而次要矛盾和矛盾的次要方面只决定事物发展的规模、程度等,但在一定条件下主要矛盾和次要矛盾、矛盾的主要方面和矛盾的次要方面可以相互转化,造成事物性质和发展方向的改变。在实践中既要抓主要矛盾和矛盾的主要方面,又不能忽视次要矛盾和矛盾的次要方面。

在实际的调查研究活动中,社会现象和客观事物具有多重性、多面性,其内部的各种性质、各个方面既对立又统一,它们共同构成了对立统一的整体。所以在调查研究中我们要采用矛盾的分析方法,把对立统一的观点运用于实际活动中,在对立面的统一中认识社会现象和客观事物的每一个方面,要反对片面的调查研究方法。既要把握复杂矛盾系统的整体,又要分析系统中的各个方面。矛盾是普遍性与特殊性的统一,那么在调查研究中我们一方面要对社会现象采取"一分为二"的观点,既要认识到矛盾处处存在,又要认识到具体事物的矛盾是各不相同的,要分析每个事物的特定矛盾。矛盾是具有不平衡性的,在调查研究中分析和调查要有重点,要抓住问题的主要矛盾和主要方面,这样才能给事物定性,概括出同类事物的共同特性,从而将这类事物与其他类事物区分开来。但又不能只注重事物的某一属性或某一方面而忽略事物的其他属性或其他方面。最后需要指出的是,对于社会现象和客观事物的各种性质,如个性与共性、特殊性与普遍性、偶然性与必然性、主观性与客观性、抽象与具体、微观与宏观、局部与整体等等,也要采取矛盾的分析方法。

到这里我们已经介绍完了辩证法中对调查研究最具指导意义的几个观点。在具体的调查研究实践中,调查研究人员要在实际行动中切实做到用普遍联系的、发展的和矛盾的观点来观察和分析社会现象和客观事物,只有这样调查研究人员才能透过事物纷繁复杂的表象来认识事物的本质。

3. 系统的观点

马克思主义哲学认为,社会不仅是一个客观存在的、充满矛盾的客观实体,而且更是一个非常复杂的系统。系统是指具有特定功能的相互之间具有有机联系的许多要素所构成的整体,其中这些有机联系的构成整体的要素是按照一定方式组合起来的,是相互联系、相互作用的,同时各要素组成的统一体与外界环境不断地进行物质、能量和信息的交换。在由各要素组成的系统中,每个要素的性质和行为影响整体的性质和行为;每个要素的性质和行为反过来又受到整体性质和行为的影响。由此可见,系统并不是各要素简单相加的和,系统所具有的整体性的特征和功能是组成它的要素在孤立状态下所不具有的,只有当各个要素有机的组成整体时,才会出现整体性的特征和功能。系统具有层次性,根据构成要素的不同性质,系统可以分成不同的层次。系统在大多数情况下被分为纵向与横向两种层次,这两种层次相互联系又形成交错的系统网络。系统性是客观事物的根本属性,系统的存在具有普遍性,它作为客观事物的存在方式,密布于客观物质世界的每一个领域,世界上的每一个客观事物都可以被看成是一个相对独立的系统。

在马克思主义哲学中我们知道系统性是客观事物的根本属性,那么我们在实际的调查研究活动中不仅要运用实事求是的观点、辩证法的观点,还要运用系统的观点。在调查研究中运用系统的观点来分析社会现象和客观事物,应该做好以下几方面:

(1)要系统分析构成社会现象和客观事物的各个要素。系统是由相互联系、相互作用的各种要素构成的,没有不存在要素的系统。所以,调查研究社会现象和客观事物要从分析和研究它们的构成要素入手,正确认识和分析社会现象和客观事物的构成要素是正确认识和分析社会现象和客观事物的基础与开始。没有对要素的正确认识和分析,就不能达到对事物的整体性认识和了解。

(2)要分析和研究社会现象和客观事物各构成要素之间的关系。构成系统的各个要素不是杂乱无章的排列在一起的,各要素是按照一定的规则排列组合在一起的,各要素的有机排列组合使整体形成一个有机的结构。系统的功能和特征取决于各构成要素之间的有机排列方式,也就是取决于系统的结构。即使是同样的构成要素,它们的排列组合方式不同,也会导致事物性质和功能的不同。所以,在实际的调查研究活动中不仅要研究构成系统的各要素的特征和功能,更重要的是研究各要素之间的排列组合方式,研究它们的有机组成的结构,这是认识和分析社会现象和客观事物的中间环节。

(3)要分析、归纳和研究作为系统的社会现象和客观事物的整体功能。虽然要素对系统有很重要的作用,但各个要素只是系统的不同侧面和不同部分而已,单个的要素并不能决定系统的功能和性质,各要素的性质和功能的简单相加也不是系统的性质和功能。各要素只有按一定方式排列起来,通过系统的联系、协调和控制才能形成一个具有整体性性质和功能的有机体。在构成系统的各要素和其基本结构相同的情况下,系统的整体性的性质和功能主要取决于系统总体联系、总体协调和总体控制。所以在实际的调查研究中,不仅要研究系统的各构成要素和其结构,还要通过系统的总体联系、总体协调和总体控制来认识和研究系统的整体性质和整体功能。① 研究系统的整体性质和功能是我们进行调查研究的最终目的。

(4)要研究社会现象和客观事物所处的环境,特别是外部环境。任何系统都不是孤立的和封闭的,都在与周围环境进行着物质、能量和信息等方面的交换,通过与外界的交换,系统保持了自身的平衡稳定和发展。所以在调查研究中我们不仅要分析和研究社会现象和客观事物所处的内部环境,还要分析和研究其发生、发展所处的外部环境,这里的外部环境主要是指政治环境、经济环境、文化环境、国际环境等等。只有分析和研究内部环境之外的这些外部环境才能完整地认识和分析社会现象和客观事物。

在现实的调查研究中,很多调查研究人员不懂得系统观点的运用,孤立地看待某个社会现象和社会问题,把视野局限在某一狭小的范围内,找不到造成社会问题产生的真正和正确根源,从而也就不能制定出正确的方案和政策来解决社会问题。所以调查研究要反对孤立地看待社会现象和客观事物,要系统地、多方面地寻找引起社会问题的相关因素,找到真正的症结。

4. 社会基本矛盾的观点

马克思主义哲学中的历史唯物主义认为,生产力和生产关系的矛盾、经济基础和上层建筑之间的矛盾是人类社会的基本矛盾,这一矛盾存在于一切社会形态之中,并且贯穿于每个社会形态的始终,任何社会都是建立在一定发展阶段的生产力之上的经济基础和上层建筑的统一体。生产力和生产关

---

① 水延凯编著:《社会调查教程》,中国人民大学出版社1988年版,第56页。

系的矛盾、经济基础和上层建筑之间的矛盾及其运动制约着其他各种社会矛盾的发展,决定着社会的性质和发展进程,推动着社会不断向前发展。社会基本矛盾的观点是唯物论和辩证法在社会历史领域的具体运用,是我们研究社会历史问题的根本指导思想,也是科学的调查研究的基本指导思想。

在实际的调查研究中我们要坚持社会基本矛盾的观点,具体体现为以下几点:

(1)要把生产力作为衡量和评价一切社会现象和客观事物的最高标准。生产活动是人类社会存在和发展的前提条件,采取一定的生产方式进行生产劳动,是人类社会赖以存在和发展的基础,是人类从事其他一系列社会活动的基础和前提。人类的生产活动是通过一定的生产方式进行的。我们都知道生产方式包括生产力和生产关系两方面,其中生产力是社会发展的最终决定力量。生产力是一种客观的物质力量,生产力决定生产关系,并决定人们的政治关系、思想关系等全部社会关系,同时生产力还决定其他社会要素,生产力的发展水平决定社会分工的程度、规模和特征,生产力的发展程度决定着科学和教育发展的规模,决定着人类社会的文明程度等等。所以,在调查研究中我们要重视生产力的作用,把生产力作为衡量一切社会现象和客观事物的最高标准。

(2)要以生产力决定生产关系,生产关系要适应生产力发展,经济基础决定上层建筑,上层建筑要适应经济基础发展为调查研究的指导思想。在生产力和生产关系这对矛盾中,生产力是矛盾的主要方面,处于支配地位,生产力决定生产关系的性质、形式、结构及其发展变化的趋势,同时生产关系又反作用于生产力,生产关系适应生产力就能促进生产力的发展,反之,就阻碍生产力的发展。在经济基础和上层建筑这对矛盾中,经济基础是矛盾的主要方面,处于支配的地位,经济基础决定上层建筑的性质、形式、结构及其发展变化的趋势,同时上层建筑又反作用于经济基础,上层建筑可以促进,也能阻碍和延缓经济基础的巩固和发展。在调查研究中,我们分析和研究社会现象和客观事物就要以其所处的生产力与生产关系、经济基础与上层建筑的关系的现状为出发点和背景,只有这样才能更加深入地认识和了解社会现象和客观事物。

(3)在坚持两对社会基本矛盾的基础上,要认识到它们各自的地位与作用。生产力和生产关系的矛盾、经济基础和上层建筑的矛盾相互联系、相互作用,同为社会的基本矛盾,但生产力和生产关系的矛盾是更具有根本性的矛盾,这一矛盾是主要的,它决定和制约着经济基础和上层建筑的矛盾;同时,生产力和生产关系矛盾的解决还有依赖于经济基础和上层建筑矛盾的解决。我们的社会就是在这两对矛盾的相互联系和相互作用中得以发展的。所以,在进行范围广的、规模大的调查研究中,要从分析这两对社会基本矛盾出发,它是我们正确认识各种社会现象和客观事物的基础。

(4)在调查研究中,要认识到社会主义的政治经济体制改革是社会主义制度的自我完善。我国社会的基本矛盾是由生产力不发达造成的,我们进行政治经济体制改革就是为了改革体制中不适宜经济发展的方面,使生产关系和生产力相匹配,使上层建筑和经济基础相匹配,使社会主义制度的优越性更好地发挥出来。随着改革开放的深入和全面建设小康社会和和谐社会的开展,会出现很多我们以前在社会主义建设中没遇到过的问题,这是改革中不可避免要出现的,需要我们正视和解决研究,而不能否认改革的积极作用。

社会的基本矛盾是我们从事调查研究工作的宏观大背景,是调查研究工作根本的经济条件和政治条件,在搜集数据、整理和分析数据、研究数据和由此得出结论时要考虑到社会现象和客观事物所处的生产力和生产关系、经济基础和上层建筑的关系环境,只有这样才能实现对社会问题的全面和正确认识。

5. 群众的观点

群众的观点是历史唯物主义的基本观点，也是当前调查研究的主要指导思想之一。历史唯物主义认为，人民群众是社会的主题，是历史的创造者，是推动社会历史发展的根本动力。毛泽东曾说过："群众是真正的英雄，而我们自己则往往是幼稚可笑的，不了解这一点，就不能得到起码的知识。"①这是他对人民群众作用和地位的高度评价。人民群众的历史作用和地位决定了我们要相信人民群众，依靠人民群众，虚心向人民群众学习。毛泽东也曾讲过，调查研究没有满腔热情，没有眼睛向下的决心，没有求知的欲望，没有放下臭架子，甘当小学生的精神是一定做不好的。所以在调查研究中，调查研究人员要有群众观点，要虚心向群众学习，倾听群众的反映。尊重群众，虚心向群众请教是做好调查研究工作的首要前提。

在调查研究中坚持群众观点，应该做好以下几方面的工作：

(1)要到人民群众中去深入开展调查研究工作。人民群众是调查研究资料的来源，人民群众对调查研究人员的信任是获得可靠资料的保证。费孝通先生指出："建立调查者与被调查者之间的信任关系对于他们取得真实可靠的访问资料是非常重要的。信任是感情交流的基础，有了信任和感情，才能相互合作，才能得到真心话，才能保证资料的真实性。"②调查研究人员要想取得群众的信任就必须深入到群众中去开展调查研究工作。调查研究人员要深入到社会基层中去，深入到人们生产和工作的第一线中去，要深入工厂、学校、医院、社区、村庄等。上级领导不能把到下面听取下级的汇报当成是深入群众，这不是真正的调查研究，只有真正走到社会最基层民众中进行的调查研究才是真正意义上的调查研究。

(2)要充分发挥人民群众的积极性和主观能动性。人民群众是社会财富的创造者，是社会的主人翁，最了解社会问题。所以我们要在调查研究中发挥它们的积极性和能动性。有时调查研究不能取得应有的效果，可能是调查研究人员没有采取合理的方式或持有的态度不正确。这就需要我们在调查研究的过程中，用宣传、教育的语气和方法开展工作，只有这样才能让群众有一种亲切和信任感，才能获得可靠的材料，才能取得尽可能满意的效果。与此相对，不能采取行政的或强制性的手段和语气去获得调查研究资料，这样做只能增加群众的抵触情绪，得到负面或假的材料。

(3)要具有艰苦和勤奋的精神。深入到群众中去获得调查研究材料要求调查研究人员必须有艰苦和勤奋的精神。调查人员在生活上要艰苦，深入基层进行调查研究时，要能与群众同甘共苦，不能搞形式化、特殊化。工作中调研人员要不怕苦、不怕累、不怕挫折、不怕看冷眼；要眼勤、手勤、口勤、脑勤、脚勤，要勤于思考、勤于研究、勤于记录、勤于倾听意见。工作懒散、马马虎虎、浅尝辄止和让人代劳都是与艰苦勤奋的调查研究精神相悖的。

在新时期，坚持群众观点指导调查研究是"三个代表"重要思想的本质要求，也是全面建设小康社会和构建社会主义和谐社会的根本要求。我们的调查研究人员只有深入到基层中，才能了解社会问题的现状，才能发现社会问题产生的原因，才能知道群众的需要，才能对整个社会或社会某一方面有全面而深入的认识。

二、实证主义理论与人文主义理论

在当代西方社会，对人们的调查研究活动有指导作用的思想和观点很多，但有根本指导作用的思

① 《毛泽东著作选读》(下册)，人民出版社1986年版，第467页。

② 费孝通：《社会调查自白》，知识出版社1985年版，第14页。

想主要是实证主义理论和人文主义理论。这两种理论对人们认识、分析社会现象与客观事物有显著的作用。可以说现在西方社会的调查研究大多体现了这两种理论。下面我们就分别来看一下这两种理论。

(一)实证主义理论

在西方社会,实证主义以孔德、杜尔克姆、韦伯等为代表,他们对调查研究比较有影响的观点有:

1. 社会现象是有其自身规律性的。杜尔克姆认为社会现象是在各种社会力量作用下产生的客观事实,是受一定的社会规律支配的,社会现象有其规律可循。韦伯认为,社会现象都是与人的行动和主观动机相关的,与自然现象有不同之处,但人们对社会现象的有意识、有目的的认识行为是有一定规律的。人们通过对社会行为的外部原因和内部动机的认识和分析可以发现社会现象背后隐藏的本质规律。

2. 人们可以通过对样本的调查与统计来研究社会现象。杜尔克姆认为社会现象表现为多数社会成员的共同行动,这种行动的规律性可以通过统计分析的方法来发现。人们认识社会现象的目的是达到对社会整体特征的认识。生产力发展水平、社会结构和制度、地理自然条件等因素决定社会现象的产生、发展和变化。在调查研究中,要坚持价值中立的原则,以经验作为衡量真理的标准。

3. 对社会现象进行客观的、静态的、数量的分析。调查研究人员要客观地说明社会现象产生、发展和变化的内、外部原因。根据对原因的说明,人们可以预测事物发展的趋势和未来。在分析社会现象和客观事物要采用静态的和数量的分析方法,社会结构和其内部的各个部分之间的联系是相对稳定的,采用静态分析方法就能认识规律;只要剖开社会的横断面,通过对大量样本的调查与数量的分析就可以找到各种联系,就可以认识社会现象和客观事物的本质。

(二)人文主义理论

在西方社会,人文主义以狄尔泰等人为代表,他们对调查研究比较有影响的观点有:

1. 社会现象是没有其自身规律性可循的。在狄尔泰看来,社会现象不具有自然现象的规律性,原因在于人的行为是有意识的,是带有很大主观性的,是不能被预测的,这不同于物体运动基于其规律的可预测性。各个具体的社会现象是特定的条件和人的主观行为造成的,是特定条件下的特定产物,是具有非重复性的,是无规律可循的。

2. 主张以具体的个人为主的实地调查研究。人文主义者在如何认识社会现象上不同于实证主义者,他们认为实证主义者倡导的通过大量的抽样调查研究来认识社会现象容易忽视具体的个人行为,没法完整、准确地反映社会现象的本来面目,要想具体地了解社会现象的本质就要在微观层面上通过实地调查研究来直接认识具体的社会现象。同时,社会最主要的是人,社会是由人来组成的,社会现象是人的行为的集合,而人又是具有价值观和主观偏好的,所以要研究社会现象就要先了解与这种社会现象有关的社会个人的价值观和主观偏好。在调查研究中,调查研究人员是很难做到价值中立的,其世界观、价值观、偏好、信仰、社会地位等都会影响到调查研究的各个阶段和调查研究的结果。不同调查研究人员在指导思想、所持的方法论、对具体概念等的认识上有很大的不同。所以,很难有一个客观的标准对调查研究的结果进行检验,只能依赖于调查研究人员的主观判断来检验调查研究的结果。

3. 对社会现象进行主观的、动态的、定性的分析。与实证主义者对社会现象的客观解释不同,人文主义者认为,除客观因素之外,影响社会现象的还有主观因素,这就要求调查研究人员要设身处地的从被调查研究者的角度和立场来理解和解释他们的行为,而不能仅从客观的角度来做出判断。一定的社会现象是发生在特定的环境中的,分析社会现象就要在其特定的历史进程中进行,而不能不顾事物的发展静态地做出解释,动态分析和定性分析是和事物的发展过程相适应的。

从上面的介绍我们可以看出,实证主义者和人文主义者都是仅仅从单一的角度来阐述人们该如何认识、解释和分析社会现象和客观事物,而在现实中,社会现象是复杂多样的、多方面、多层次的,需要人们从多个角度来认识、解释和分析。所以,实证主义理论和人文主义理论作为一种调查研究的指导思想是有其片面性的。同时,这两种理论中的一些思想对我们的调查研究也有一定程度的借鉴作用,这需要我们的调查研究人员根据调查研究的具体状况来汲取这两种理论中的合理观点。

第二节　调查研究的基本原则

调查研究工作除了以一定的思想理论为指导外,还要以各种科学的具体原则为指导。思想理论为调查研究指明方向,形成人们的观念和意识,对调查研究的指导作用是间接的,而具体原则是思想理论的具体化,为调查研究提供具体而直接的行动指南。有效的调查研究工作是遵循科学原则指导的结果,仅停留在对指导思想的抽象认识阶段而不具体到实际的调查研究工作中,那么这些思想就无法真正指导调查研究工作。作为指导思想具体化的基本原则对调查研究有直接的指导作用,我们必须予以重视。在这一节我们主要介绍调查研究的基本原则,主要包括客观性原则、科学性原则、系统性原则、理论与实际相结合的原则、群众性原则、实践性原则、全面性原则、长期性原则、动态性原则、预测性原则、伦理性原则和开拓性原则等。

一、客观性原则

客观性原则是任何科学调查研究活动都必须遵循的。客观性原则的具体含义是:坚持物质第一性,意识第二性;坚持客观、全面、具体,认真而深入的去认识客观事物,了解事物之间的联系,反对主观、片面、肤浅地认识客观事物。在调查研究中,客观性原则要求调查研究人员要排除主观因素的影响,客观地观察、真实地反映和分析社会现象和客观事物。

客观性原则要求我们在调查研究中要做到以下几方面:

1. 客观、准确和真实地反映社会现象和客观事物,排除各种不利因素的影响

要想得到对社会现象和客观事物的正确认识,调查研究人员就要客观地、准确地和真实地反映社会实际情况,做到调查的情况是真实的,调查得到的数据是准确的,对数据的分析和研究是不掺杂个人主观因素的。在调查研究中常会出现一些不利于保证其客观性的因素,一方面被调查者的立场、观点、思想水平、认识能力和理解问题的能力等会对调查研究的客观性、准确性和真实性形成制约。一些下级部门为了迎合上级的工作、确保本部门的利益和个人的仕途发展或曲解调查研究的根本目的,总会制造一些虚假的现象来蒙蔽调查研究人员,如在九年义务教育普及情况的调查研究活动中,有些地区的学校常会出现为应付调查活动而四处借学生、借教师和借教室的情况,这严重地造成了调查研究数据的不真实性。这就要求我们的调查研究人员多到基层进行调研活动,向人们宣传调查研究的目的是解决社会存在的问题,而不是仅仅为了督促下级工作或为惩罚下级来找借口;另一方面调查研究时的社会大环境、调查研究时的具体情况,尤其是调查人员的主观因素也会影响到调查研究数据和

结果的准确性。调查研究人员在调查过程中所使用的语言、所做出的行为都会影响到被调查对象的行为和提供的资料。调查研究人员提问的问题的种类、数量及先后顺序也会对被调查者形成一定的影响。要保证得到的资料和分析的客观性、准确性就需要调查研究人员克服各种客观的和主观的不利因素。

2. 逐步建立统一的、标准化的衡量指标

统一的、标准化的衡量指标是保证调查研究客观性的一个重要工具。在现实的调查研究活动中，总存在由于衡量标准不一致而带来的调查研究结果不同的例子，例如同是调查研究一个地区的发展状况，一个衡量标准是该地区的GDP，而另一衡量标准则包括经济发展、社会治安、教育事业、公共卫生、环境保护等多个指标，很显然，通过这两个衡量标准得到的结论是不同的，这一地区较高的GDP，可能是以牺牲环境为代价的，可能是以减少对教育、公共卫生的资金投入为代价的；再如，人们对生活质量、生活水平、民主化等的衡量标准也是不一致的。所以，在分析调查研究的数据和资料、研究调查研究的结果时，必须要尽最大努力确立统一的、标准化的指标，只有这样才能最大限度的消除主观因素的影响，保证调查研究工作的客观性，增强各地区和同类调查研究之间的可比性和互通性，增加调查研究工作的效能。当前我们已经在一些比较宏观的领域建立起了一些统一的、标准化的衡量指标，这些领域主要包括社会经济的发展水平以及工业化的水平。今后我们还要把这项工作推向更加微观的领域，在尊重事物的客观性的前提下建立更多统一的、标准化的衡量指标。

3. 正确区分实例和事实总和的关系，从整体上把握社会现象和客观事物的事实

社会现象是通过社会中的一个个具体的实例来体现的，无数的实例构成了整个社会现象的事实。事实的实质就是现实各个不同环节的总和，而每一个能够单独成立的实例则是具体环境中的个别情况，是全局中的局部。我们要分清整体的事实总和和局部实例的关系，从整体上把握社会现象和客观事物。社会现象是十分复杂的，任何的从社会现象和客观事物的假象中找出个别实例来说明某种观点，并夸大和绝对化的做法都是对客观性原则的背离，只注意某个独立事件，而忘记事物之间的整体性联系都会带来调查研究结果的片面性和不准确性，甚至是错误。

4. 反对抱着主观设想的结论去选择实例的做法

这是对调查研究人员自身素质的要求，是保证调查研究正确性和真实性的主观前提。在现实中有些调查研究人员为了能证实自己主观设想的结论，只搜集对证实自己观点有利的资料，而与证实自己观点无关或相悖的资料则不搜集或故意毁掉。这样搜集起来的资料虽然来自现实，但并不是客观的、全面的，这样就使得真正的事实得不到反映，根据这种片面的、主观的材料得出来的结论也就是不准确的、不科学的，甚至是错误的。调查研究人员在资料的搜集方面应该有强烈的责任心，资料的搜集要以客观事实，而不是以自身利益和主观偏好为依据，更不能以原有的主观设想的结论为依据。

5. 要深入到社会基层去开展调查研究活动

调查研究的数据和材料的获得不是通过下级的工作报告而得到的，也不是通过召集下属开会而得到的，而是通过深入社会基层开展实地调查得到的。坚持客观性原则就要求调查研究人员要客观实际的深入到调查研究的基层中去，在基层中搜集第一手资料。深入基层的调查研究活动必须仔细、认真、有深度，而不能走马观花、蜻蜓点水、浅尝辄止、浮于社会现象的表面；必须有始有终，这样才能培养起人民群众对调查研究人员的信任感，在今后的调查研究活动中人民群众才能提供更加全面和真实的材料，调查研究工作的质量才会更进一步地得到提高。徒有虚名的调查研究必须坚决的予以制止，以此来保证调查研究的质量、维护政府和公共组织在人民群众心目中的形象。

6. 要反对各种各样主观主义的做法

在坚持客观性原则的同时我们必须反对各种各样的主观主义做法。首先是要反对经验主义，带有经验主义色彩的调查研究人员认为只要是从第一线得到的材料就是可信的，凡是获得的第一手资料就是正确的。这种盲目崇拜现象、盲目崇拜事实的行为会使人忽略事物整体性的联系，造成对社会现象和客观事物认识的片面性。其次是不唯书、不唯上、不唯己、不唯外、不唯下，调查研究活动要从社会现象和客观事物的客观情况出发，而不能从书本、上级的意志、自己的主观偏好、国外的例子和下级的工作汇报出发。这些主观主义做法是对调查研究客观性的严重危害，调查研究人员要在实际工作中竭力避免，从而保证调查研究的准确性、科学性。

二、实践性原则

实践性原则表明了调查研究的根本出发点，说明了调查研究的归宿。实践性原则的具体含义是：调查研究人员要从实践的需要出发来确定调查研究的课题，回答并解决实践中出现的问题，然后把调查研究的成果或理论用于指导实践。也就是说，调查研究的目的和归宿是解决社会中出现的问题，为我国的改革和社会主义建设服务，调查研究人员要从实际的工作需要出发，以工作中的主要环节作为调查研究的出发点。再具体一些就是，调查研究的目的是为解决本地区、本系统、本部门或本单位的实际问题或推广某一或某些经验。社会现象和客观事物是纷繁复杂的，是多层次、多方面的，这就使得每一个具体的调查研究无法完全去认清社会现象和客观事物的一切方面，对什么进行调查研究，在什么范围内对社会现象和社会事务进行调查研究，怎样开展调查研究等一系列问题的确定都取决于人们的实践需要。所以说实践性原则表明了实调查研究的根本出发点，说明了调查研究的归宿。

实践性原则对实际调查研究工作的具体要求主要体现在以下几方面：

1. 调查研究工作要同影响社会发展的各种社会现象和社会问题相联系

调查研究的目的是解决社会中出现的问题，所以调查研究工作的开展就要和影响社会发展的各种社会现象和社会问题联系起来，只有这样才能通过调查研究来预测社会发展的倾向，才能把握社会发展的趋势，以便适时的调整我们的政策、法规。只有结合实际的调查研究才具有价值，而脱离实际的调查研究是徒劳的。例如我国现在是市场经济体制了，在这种条件下我们就要研究各种经济成分的发展状况，就要研究怎样的政策才能促进各种经济成分的发展，就要研究政府对公有制经济应该采取什么样的管理体制才合理等问题，而不能调查研究在计划经济体制下的一些问题了；又如，随着现代化的进程的加快和农业生产现代化水平的提高，农村越来越多的人口来到城市，农村人口向城市流动带来了城市社会治安、城市基础设施、计划生育、城市住房、城市医疗、城市交通等一系列问题，这就要求我们进行调查研究时要切实关注这些社会问题，而不能再调查研究如何更好地把农村人口束缚在土地上了。以上这些是我们在调查研究中应该密切关注的问题，我们的调查研究只有与现实中的实际问题紧密结合起来才具有意义和价值。

2. 调查研究工作要始终以解决社会问题为出发点，要将工作的核心问题、工作的重点、难点、要点作为调查研究工作的主要方向

目的对于人类活动是极为重要的，只有以目的为指导的人类活动才是积极的，做工作要有的放矢，调查研究工作也要有明确的目的，没有目的就缺乏针对性，也不能准确的把握住调查研究的方向。在现实中，有的调研人员有调查研究的热情、积极性和能力，但由于目的不明确，使得调查研究工作很

难得出一定的结论。调查研究的目的是非常重要的,只有明确的目的,才能推动调查研究人员采取科学的调查研究方法,才能使调查研究工作有重点。目的不明确往往带来不科学的调查研究方法,使调查研究工作流于形式或无果而终。此外,一些调查研究人员虽然懂得调查研究的重要性,但由于缺乏明确的目的而只顾搜集资料,记录成流水账,不知道搜集资料的侧重点在哪。

3. 调查研究要同有关部门的决策联系起来

调查研究的目的就是解决社会中出现的问题,就是为政府、本地区、本系统、本部门、本单位的决策提供依据,就是要把调查研究中得到的资料和得出的结果提供给有关部门,来提高决策部门制定正确的路线、方针、政策、措施的能力。一句话,调查研究要为决策服务。同决策的结合要求我们的调查研究不能一味地提出问题,而是要通过深入细致的分析研究,提出解决社会问题的具体方案、方法、措施来,要把调查研究工作和人们的实际工作统一起来。要反对那种只反映社会情况,提出问题的所在,而不进一步提出解决办法的做法,也要反对调查研究工作没有重点,与实际相脱节的做法。

三、全面性原则

社会现象和客观事物是多方面、多层次的,是处于一系列的相互联系之中的,调查研究要准确的反映社会现象和客观事物,就要在实践中坚持全面性原则。社会现象和客观事物的复杂性、多面性决定了调查研究要遵循全面性原则。全面性原则的具体含义是:调查研究的对象是复杂多样的,调查研究工作就要尽可能穷尽社会现象和客观事物的方方面面,按照社会现象和客观事物色本来面目来反映它们。

在调查研究中坚持全面性原则就要做好以下几方面的工作:

1. 要全面地对待调查研究的对象

客观事物是复杂的,要真正认识客观事物就要认识和研究它的一切方面、一切联系。在实际的调查研究活动中坚持全面性原则就要详细地了解事物的各个方面的具体情况,就要把握事物多方面的内在与外在联系,倾听各个方面不同的意见,就要搜集反映事物不同侧面的材料。不仅要搜集正面的情况和成功的经验,还要搜集反面的情况和失败的教训;不仅要听报喜的话,还要听报忧的话;不仅要听专家的意见,也要兼顾一般群众的看法。在研究阶段,调查研究人员要多方面地听取意见来决定材料的取舍,既要清楚为什么有些人反对,又要明白为什么有些人赞成,反对方和赞成方各自的出发点是什么,而自己又应该坚持什么样的取舍方向和取舍标准。总之,搜集资料要做到不能遗漏、不能敷衍了事,分析资料要做到听取多方面的意见,最后根据调查研究的目的来决定听取哪方意见才是合乎目的的。

2. 要防止调查研究中的片面性

客观地说,社会现象和客观事物是复杂的、多方面、多层次的,与其他事物的联系又是纷繁复杂的,要掌握社会现象和客观事物的一切方面和一切联系是很难做到的,这就要求调查研究人员要尽最大可能地做到全面,防止片面性的行为。这里讲的片面性主要是指调查研究中,调查研究人员认识上的片面性。片面性就是只看到事物的一个方面,而忽略事物的其他方面,通俗地讲就是只见树木,不见森林。片面性会导致调查研究人员只凭借自己的主观想象去开展工作,不正确地对待调查研究的对象和调查研究的客观事实。在当代,工作中的片面性对实际的工作影响极大,现代社会联系日益密切,事物越来越复杂,某一社会现象可能与诸多问题相联系,要想解决这一问题就要考虑到与该问题相联系的其他问题,如果我们不注意到这些问题,不注重事物之间的联系,就会走向片面性。例如,我国现在的城市社会治安问题,人们往往把社会治安问题归结为社会上的闲散人口过多和维护治安的警力不够两个原因,这就是对问题的片面和肤浅认识。当前我国城市的社会治安问题是由多方面原因造成的,仅仅增加警力、疏导社会闲散人员并不能真正解决问题,而是要分析与此相关的其他问题,这些其他问题包括下岗职工的问题、农民工的城市归属感问题、农民工的心理问题、社会贫富分化问题、社会公平问题、教育问题等等,只有全面地分析了这些问题,我们才可能真正找到解决问题的方案。所以,调查研究工作要做到全面,只有这样才能全面地认识、分析社会现象和客观事物,才能真正找到解决问题的办法。

3. 调查研究中坚持全面性原则并不是要面面俱到,事无巨细

由于调查研究部门的人力、物力、财力是有限的,调查研究人员的能力、时间、精力是有限的,决定了把某一社会现象和客观事物调查研究的清清楚楚是不可能的,也是不切实际的。在调查研究中做到深入细致的开展工作,做到既注意矛盾的普遍性,又更注重矛盾的特殊性,做到抓主要矛盾和矛盾的主要方面,做到根据实践需要有选择地进行调查研究活动,就能最大限度地把握社会现象和客观事物的全面性。由于受时间、地点和环境等条件的影响和限制,我们在调查中所得到的材料也有可能是不全面的。比如,被调查者由于种种原因有可能提供一些不全面,甚至是不真实的材料;有些关系到国家或某部门机密的材料是无法获得的;调查研究活动相对于社会发展是有一定滞后性的,今天预设的调查研究问题明天可能就不具有意义了,可能会出现新的变化和材料,等等。因此,我们在调查研究中,要坚持全面性的原则,但并不是要面面俱到,事无巨细而过分追求完美。

四、长期性原则

世界是不断发展变化的,人们认识世界和改造世界的过程也是永无止境的。社会现象和社会问题是层出不穷的,这要求调查研究的实践活动不断地发展和深入,坚持长期性原则。长期性原则的含义是:人们对社会现象和客观事物的调查研究活动应该是一个长期的过程,对社会现象和客观事物要反复不断地进行调查研究。毛泽东在提到调查研究工作的长期性时曾说过,认识世界不是一件容易的事情。作为人们认识世界和改造世界的基本手段,调查研究既存在于一定的路线、方针、政策产生之前,又存在于一定的路线、方针、政策产生之后,是永无止境的,是一种长期性的活动。

长期性原则要求调查研究人员做好以下几方面的工作:

1. 对社会现象和客观事物要反复认识和分析,要在实践中不断修正对它们的认识,不能急于得出某种结论

世界的不断运动、变化和发展,实践的不断深入与发展决定了调查研究作为一个具体的认识过程的长期性。只有对社会现象和客观事物进行反复地调查研究,才能获得对它们的本质认识。调查者和被调查者都会存在一些危害调查研究结果正确性的因素,调查者与被调查者存在的社会环境也是不断变动的,同时社会现象和客观事物本身也是不断发展的,也有一个发展变化过程,其本质不可能一次性地表现出来,这些决定了我们的调查研究工作应该是长期开展的,而不是一次性的活动。我们要反对那种认为可以一劳永逸的调查研究活动,反对对社会现象和客观事物的一次性肤浅认识。当然了,我们也承认存在只进行一次或只能进行一次的调查研究活动。例如,为解决某一具体问题而进行的调查研究,这一问题解决了,以后就不需要再进行该调查研究了。

2. 要认识到调查研究知识的离散性特点

调查研究作为一种社会实践活动，是以非常复杂的社会现象和客观事物为对象的，要想获得对它们的本质认识就必须在众多的、十分分散的大量表象中找出实质性的内容。这有别于那些间接获得资料的人类活动，比如听报告、读书等活动。要想获得最及时的第一手资料就要花费较多的时间、精力，这决定了调查研究活动是一个长期的过程。对于一些重要性强、对社会发展影响突出的社会问题，我们更要进行长期性的调查研究，以便得到对社会现象不断的新认识、修正或完善解决问题的方案和政策，更好地促进社会的发展与人类的进步。只有认识到调查研究知识的离散性才会使我们更加感受到调查研究工作长期性的重要性与必要性。

3. 要开展追踪调查研究

追踪调查研究是对调查研究对象向前运动的状态、过程做持续的调查和研究，以便从动态过程中把握事物发展变化规律的一种调查研究。这种调查研究的对象具有固定性，时间具有持续性。社会现象和客观事物是复杂多样的，只有按照事物的发展规律，步步深入地通过追踪调查研究才能认识事物的本质，才能够达到一次性调查研究和短期调查研究所不能达到的要求和深度。做追踪性调查研究就要从调查研究的目的设计、程序、反馈，到分析调查研究的数据和资料，得出结论都要始终贯彻追踪原则。此外，还要综合利用其他各种方法、技术手段，动态的、系统的认识事物发展的过程。

五、预测性原则

预测就是对客观事物未来发展的预料、估计、分析、判断和推测。预测性原则要求在调查研究过程中对客观事物的发展趋势和结局做出预测①。预测性原则的理论基础为现实性和客观可能性的各种条件、原因和结果的范畴。可能性是社会事物发展会出现的各种趋势，由于不具备条件，一些潜在的东西不能成为现实，一旦条件具备就会成为现实。事物的这种可能性是能够被人们所预测的。事物之间是存在因果关系的，没有无果之因，也没有无因之果，人们可以依据一定的原因来推测出事物发展可能出现的结果。随着经济全球化的到来，各国之间、各地区之间、各部门之间的竞争不断激烈，社会瞬息万变，人们对未来的预测显得越来越重要，同时伴随着技术的进步、科技的创新、人类认识能力的提高，人们对社会的预测能力也越来越强。我们在调查研究中也要不断的预测事物发展的未来，提高调查研究活动的实用性。

坚持预测性原则要做好以下几方面的工作：

1. 不仅要注重对社会现象和客观事物的历史和现状研究，还要把握事物发展中的未来性因素

调查研究要注意把握事物发展的趋势和事物发展有可能带来的各种后果，要体现对事物的历史、现实和未来连续性和一致性研究，只有这样才能全面地把握事物发展的过程。了解事物的历史是为了对事物有基本的背景认识，考察事物的现状是为了能够找出解决问题的办法，而预测事物的未来则是为了减少人类行为的盲目性，降低社会发展的成本。把握事物发展中的未来因素是我们降低方案、政策修改率的有效途径，是提高方案、政策使用期的有利方法。

2. 要善于发现社会现象和客观事物中的新事物和新因素，要善于关注新事物和新因素的发展趋势，支持正面事物和因素的发展

---

① 高凤歧、陆军恒编著：《调查研究理论与艺术》，中国政法大学出版社 1987 年版，第 55 页。

在社会中,一种新事物一般会代表一种新的发展趋势,反映时代未来发展的方向,调查研究人员不但要注意社会中早已存在的现象和事物,还要注意观察和研究新出现的事物和现象,它们可能代表了一种新的未来,可能引起社会向其他方向发展。调查研究人员一定要有这种发现新现象和事物的意识,一定要有这种好奇心。既要反对对新事物的置之不理,更要反对对影响调查研究结果的新事物的掩饰。

3. 查研究人员要有追求真理、探索事物发展规律的强烈心理要求

调查研究人员是调查研究工作的开展者,是调查研究中的人的因素和主观能动的因素,调查研究人员的心理状态对调查研究工作的进行有重要的影响作用,调查研究人员对真理和事物发展规律的态度影响着调查研究工作的深度与质量。所以,调查研究人员要有追求真理、探索事物发展规律的强烈心理要求,只有具有这种内心的驱动力,才会使调查研究取得深入的成果。追求真理、探索事物发展规律的强烈心理要求表现为对新事物和新现象的观察、认识与研究。

六、质与量相结合的原则

质与量相结合的方法是人们分析事物最基本的方法。质与量相结合的原则要求调查研究人员对调查研究数据和资料,既要进行质的分析,又要进行量的分析,把质的分析与量的分析结合起来。质与量相结合的原则为我们深刻地认识社会现象和客观事物提供了实践性的方法原则。任何事物都是质与量的统一,质与量密切相连,并统一于事物的发展过程中。人们要全面的认识、分析事物就要从对事物的定性分析和定量分析入手,不能忽略任何一种分析方法。

坚持质与量相结合的原则应该做到以下几方面:

1. 要确保调查研究所得到的材料是准确的、较完整的

质的分析和量的分析都是建立在调查研究所获得的材料的基础上的,对虚假的材料、不完整的材料、不可靠的材料的分析和研究不会得出对事物的正确与科学认识,只会是浪费人力、物力、实践,只会是贻误解决问题的时机,只会给社会造成更大的损失和破坏。所以,调查研究人员要保证用于质与量的分析材料是正确的、完整的和可靠的,只有这样才能从质与量的分析中真正找到问题的所在,才能达到调查研究的真正目的与预期结果。

2. 要正确认识质的分析与量的分析这两种分析方法

质的分析就是定性的分析方法,是指对调查研究对象的性质、结构、类型、与外界事物的联系进行总体把握和分析的一种分析方法。量的分析就是定量的分析方法,是指对调查研究的对象进行计量,通过对调查研究对象的数量及各种数量之间的关系,数量与各种相关因素的联系的分析研究来认识事物本质的一种分析方法。明确质的分析与量的分析的内涵是对调查研究对象进行质的分析与量的分析相结合的前提与基础。

3. 坚持质与量相结合的原则要首先从量的分析开始

坚持质与量的结合要遵循一定的顺序,量的分析是质的分析的基础,要先对调查研究的对象进行量的分析,再进行质的分析。一般来说,对事物的定性分析是很难的,只有逐步掌握了准确的量,才能渐渐地认识到事物的质。对事物质的认识是以对事物部分量的认识为前提条件的,没有对事物量的认识,也就无法达到对事物质的认识。只有从量出发,逐步过渡到质的分析才能在实践中从易到难,省时间、精力,高效率地达到对事物本质的科学与正确认识。

4. 坚持质与量相结合要反对主观主义

调查研究人员要客观地分析各种数据和资料，而不能主观臆断；要恰如其分地把质的分析与量的分析结合起来，而不能随意建立二者之间的联系；不能把一些不充分或者是错误的量的分析结果当作质的分析的前提条件。主观上随意地把质与量结合起来的做法只会导致对事物本质的歪曲。

七、依法原则

在当代社会，人们的各种活动都受到法律、法规的规范、制约和调节，政府部门要依法行政。调查研究作为一种主要由政府部门和公共部门发起的活动也要依法进行，遵循依法原则。调查研究中，调查研究主体和客体之间存在着不以人的主观意志为转移的权利和义务关系。我国的宪法虽然没有明确规定调查研究法，但它是调查研究中法律关系的基本依据。1983 年通过的《中华人民共和国统计法》从社会统计调查的角度规定了统计调查主体和客体之间的权利和义务，它是正确处理调查研究中法律问题的一项重要法律依据。《统计法》对统计调查客体的规定是："国家机关、社会团体、企事业单位组织和个人工商业户，以及在中国境内的外资、中外合资和中外合作经营的企事业组织，必须依照本法和国家规定，提供统计资料，不得虚报、瞒报、拒报，不得伪造、篡改"；"基层群众性自治组织和公民有义务如实提供国家统计调查所需要的情况"；还规定："对违反本法和国家规定编制发放的统计调查表，有关单位有权拒绝填报"。对统计调查主体的规定是：国家统计调查部门有权"要求有关单位和人员依照国家规定，提供资料"，"检查统计资料的准确性，要求改正不确实的统计资料"；"揭发和检举统计调查工作中破坏国家法律和国家计划的行为"，"属于国家机密的统计资料必须保密"，"属于个人、家庭的单项调查资料，非经本人同意，不得泄密"。《统计法》还规定，在进行社会统计调查过程中凡违反社会调查主体和客体应尽权利和义务者，都应根据其情节轻重予以批评、教育，给予纪律处分，直至追究其刑事责任。

尽管不能在统计调查和调查研究之间直接画等号，《统计法》不能直接运用于调查研究之中，但它也为调查研究中一些法律纠纷的解决提供了法律依据。按照有关法律的规定，我们可以把调查研究客体的违法表现归纳为以下几种：1. 谎报、瞒报、拒报、伪造、篡改重大调查研究事实，造成恶劣后果的要负法律责任。2. 阻挠依据国家规定进行的调查研究活动，对调查研究人员进行人身攻击的要负法律责任。也可以把调查研究主体的违法行为归纳为以下几种：1. 侵犯调查研究客体的人权。2. 实施调查研究和调查研究手段违法。3. 渎职行为。依法原则要求调查研究人员在工作中要避免违法行为，被调查研究者要依法提供调查研究所需的资料。

在过去的调查研究活动中人们不善于用法律手段解决出现的问题，使得调查研究工作受阻，调查研究者与被调查研究者之间关系恶化。在当代的法治大环境下，依法原则在调查研究中的具体要求是：

1. 树立和加强调查研究者和被调查研究者的法律意识。在我国长期以来存在着调查研究人员和被调查研究者法律意识的缺失问题，他们不知道自己在调查研究活动中应有的权利与义务，特别是被调查者。这就需要调查研究人员在工作中遵循法律、法规，依法开展调查研究工作，在树立和提高自身法律意识的同时向被调查研究者宣传国家在这方面的法律、法规来提高被调查研究者的法律意识。

2. 在实际调查研究工作中要善于运用法律的手段来解决问题，以便保证调查研究的顺利进行和保护被调查研究者的人身、财产权。由于调查研究工作不像一些行政行为和准行政行为那样具有强制性，一些部门和个人基于部门和个人利益可能拒绝向调查研究人员提供资料或提供虚假的资料，在这种情况下，调查研究人员除耐心劝说之外，还要借助于法律手段来获得调查研究的资料。此外，有时调查研究人员为获得调查研究所需资料而采用蒙骗、威胁等违法手段，这时就需要被调查研究者通过法律途径来维护自身的合法利益。

八、科学性原则

科学性原则是保证调查研究正确性的最好原则。科学性原则是指调查研究和调查研究结论的实证性和逻辑性。科学是建立在系统的经验观察和正确的逻辑推理之上的。科学结论所依据的事实应当是全面的、具有内在逻辑联系的，而不应当是个别的或偶然的①。列宁曾指出："在社会现象领域，没有哪种方法比胡乱抽出一些个别事实和玩弄实例更普遍、更站不住脚的了。挑选任何例子是毫不费劲的，但这没有任何意义，或者有纯粹消极的意义，因为问题完全在于，每一个别情况都有其具体的历史环境。如果从事实的整体上、从它们的联系中去掌握事实，那么，事实不仅是'顽强的东西'，而且是绝对确凿的证据。如果不是从整体上，不是从联系中去掌握事实，如果事实是零碎的和随意挑出来的，那么它们就只能是一种儿戏，或者连儿戏也不如。"②列宁的这句话说明了把握事物内在联系的重要性，指出了调查研究必须坚持科学性原则。

在调查研究中坚持科学性原则需要做好以下几方面：

1. 只有对调查研究得到的材料进行正确地逻辑推理才能得出准确的结论。逻辑推理是人们从感性认识到理性认识的一个重要途径。调查得到的材料大多是感性资料的集合，要得到对事物本质的理性认识就要借助于逻辑推理这一工具来分析感性材料。只有感性材料，而没有科学的思维方法，那科学的结论是无从得出的。在调查研究的研究阶段一定要重视逻辑推理的作用。

2. 调查研究的结论只有经过实践的检验才知道是否科学，科学的结论是能经受住实践检验的。调查研究的结论必须源于人们对客观事物的考察，必须以明确的方式表达出来，必须经受住实践的检验。由已有的观察，我们可以说所有的乌鸦都是黑色的，但以后人们发现一只白乌鸦，那么原有的结论就会被推翻。可见，一种科学的结论除了是源于人们对客观事物的考察，必须以明确的方式表达出来，还必须能经受住实践的检验，否则就是不科学的。

3. 反对调查研究中的各种非科学的做法。这些不科学的做法主要包括：单凭某个个别的事例得出某种结论，以偏概全，以树木盖森林；不系统、不全面地搜集资料，不能占有与反映事物本质相关的绝大多数材料；调查研究结论含混不清，表达不明确，不能准确地反映事物的本质；只搜集对证明自己观点有利的材料，而忽略其他材料，甚至是怀着某种主观假设去搜集材料。在调查研究的实践工作中只有排除这些非科学性的做法，才能保证调查研究工作本身的科学性，才能保证调查研究结论的科学性，才能保证人们科学地认识社会现象和客观事物，才能保证人们制定出科学的解决问题的方案、政策来。

---

① 袁方主编：《社会调查原理与方法》，高等教育出版社 1990 年版，第 12 页。

② 《列宁全集》第 28 卷，人民出版社 1990 年版，第 364 页。

第四章　调查研究的程序

调查研究是人们认识各种社会现象的一种自觉的活动,它必须依据人们的认识规律,科学地安排调查研究的工作程序。调查研究是一项科学的认识活动,如果要达到预期的目的,必须按照一定的程序,有计划有步骤地进行。调查研究课题的选择和研究方案的设计是调查研究准备阶段的重要环节,是成功进行调查研究的前提。

第一节　调查研究的一般过程

一、准备阶段

准备阶段的工作主要包括以下三个方面:(一)通过对现实问题的观察和思考,来选择和确定研究课题,明确调查任务。(二)进行探索性研究,提出研究假设,明确调查研究的内容和范围。(三)调查研究方案的设计和对研究方案的可行性研究。

准备阶段是调查研究和决策的基础阶段,对整个调查研究具有重要意义,它是整个调查研究工作的起点和基础。合理地选择调查研究的课题是做好调查研究的前提,科学地设计调查研究方案是保证调查研究成功的关键。实践证明,充分做好准备工作,可以使调查研究过程避免盲目性和人力、财力和物力的浪费,使调查研究成果更具有科学性,并最终达到预期效果。因此,调查研究工作者必须要花大力气做好这一阶段的各项工作。

二、调查阶段

调查阶段是调查研究方案的执行阶段,也是整个调查研究最为重要的阶段,这一阶段的主要任务是利用各种调查方法收集有关资料。

调查阶段是调查者与被调查者直接接触的惟一阶段,需要直接深入社会生活。要顺利完成调查任务,对于调查研究的领导者和组织者来说,要特别注意搞好组织的协调工作,包括外部协调和组织内部的指导工作。在这一阶段中,要求按照设计的内容系统、客观、准确地获取资料。

资料的客观性、准确性是一项研究成功的基本保证,为了获得真实可靠的资料应该注意以下四个问题:

1. 争取获得被调查地区、单位和个人的支持与协助,要尽可能地在不影响他们正常工作的前提下,合理安排调查的任务和进程;

2. 根据当地的具体环境和条件,确定适当、有效的调查方式和具体方法;

3. 做好观察、访问的记录,做到勤问、勤看、勤记,善于捕捉问题,不仅要收集口头资料,还要收集相关的文字资料;

4. 及时集中、整理和分析调查材料。要随时检查事先确定的调查对象和各个调查项目的资料是否齐全,如果发现缺少的地方要及时补齐。因一些特殊原因不能补齐的也要在资料上注明原因和情况,以便在分析研究时引起注意。个人单独进行或人数较少的调查团体,也要在调查地点将有关方面的材料及时集中,以加深对材料的印象和了解,从中发现需要深入调查的问题。及时整理调查资料,做到边收集边整理,使其逐步系统化,这样便于随时发现问题,以便进行资料的收集和补充工作。要随时对材料进行分类,按照制定的分类方案分门别类地排列出来,使其看起来一目了然,并将类似或相近的材料集中在一起,便于查找。在整理材料的过程中还要校正材料,及时发现问题,为进一步深入调查做准备。分析材料是一个长期的逐步完成的过程,需要边调查边研究。

在整个调查研究过程中,调查阶段是获取第一手资料的关键阶段。在这一阶段中,调查人员要全面地接触社会,工作量很大,情况也变化很大,面临的实际问题也很多。做好这一阶段的工作,力求以最少的实力、最短的时间、最好的质量完成任务,才能为以后的研究工作打下良好的基础。

三、研究阶段

研究阶段是在实地调查结束后,在全面占有资料的基础上,对资料进行系统的整理、分类、统计和分析。这一阶段的主要任务是:

(一)资料的整理。包括对文字资料和数据资料进行检查、核对、归类,进行去粗取精、去伪存真的全面审核工作,将大量的原始资料简化、系统化和条理化,以保证资料的真实、准确和完整。

(二)资料的统计分析。即运用统计学的方法来研究现象之间的数量关系,进而揭示事物的发展规模、发展水平以及事物之间的数量关系,然后从事物的联系中入手进行综合、抽象和分析,从整体上把握事物之间的本质特征和必然联系。通过统计分析,还可以证明或推翻假设,可以为理论研究或提出解决问题的方案提出系统的数据资料。在信息社会高度发达的今天,对数据的占有和处理能力往往关系到决策的成败,因此要善于利用科技成果,发挥计算机的数据处理能力强的优势,提高研究的效率和准确性。

(三)理论分析。理论分析要运用有关的科学理论对数据进行分析,说明事物的前因后果,找出事物发展的规律和趋势,并在此基础上提出对实际工作的建议。对资料的分析要符合人类的认识规律,即采取由此及彼、由表及里、层层深入的方式,针对研究假设的检验成果展开讨论,这有助于深化原有的理论假说,得出新的理性认识。

研究阶段是调查研究的深化和提高阶段,调查研究能否出成果,能出多大的成果在很大程度上取决于这一阶段的工作,在这一阶段中,需要动手动脑的事情大大增加,对于调研人员来说,工作量会很大。对于整个认识过程而言,研究阶段就是从感性认识发展到理性认识的过程,是认识过程的一个飞跃,它不仅能为解答实际问题提供认识的客观依据,提出问题的症结所在,而且能为社会理论的发展做出贡献。

四、总结阶段

总结阶段的主要任务是：

(一)撰写调查研究报告。调查研究报告是调查研究成果的集中体现，是调查研究工作最重要的总结。通过撰写调查研究报告，说明调查研究结果或研究结论，并对调查过程、研究方法以及研究中的一些问题或下一步的研究计划进行系统的说明。

(二)将调查研究的成果运用到实践中。主要是指通过政策论证、学术讨论、公开出版等一系列方式把研究的成果发掘和利用起来，而不是将其束之高阁，或仅仅停留在向上级或领导汇报这一层面上。

(三)总结调查工作。包括对整个调查工作的总结和每个参与者个人总结，总结本次调查研究工作的优点与不足，积累成功的经验，同时也要吸取教训，还要寻求改进调查研究工作的途径和方法，为以后的调查研究工作提供正反两方面的经验和教训。

(四)对调查研究报告及其成果进行评估。对调查结果进行评估的过程实际上是将理论运用于实践并在实践中检验的过程，主要从科学性和研究价值两个方面进行评估。从科学性方面来看，调查研究评估要检查研究方法、程序、事实、逻辑分析、研究结论等是否有错误，并对其做出客观的评价；从研究价值来看，要对调查研究结论对实际工作的指导作用，做出实事求是的评估。

总结阶段是调查研究的最后阶段，实际上是对某一问题进行解答或加深认识的过程，以便制定解决问题的方法、政策及措施。认真做好总结阶段的工作，对提高调查研究的水平，具有十分重大的意义。

以上是调查研究所要经历的一般过程，但并不是一个阶段结束才进入下一阶段，这几个阶段是密切联系在一起的，在实际调查研究中，各个阶段往往要交错进行，互相连接，它们共同构成了调查研究的完整过程。只有认真完成每一个阶段的工作，才能达到调查研究的预期效果。

第二节 调查研究课题的选择

研究课题的选择，是准备阶段的主要任务之一，也是确定调查研究工作任务的首要工作。选择什么样的调查题目，是更好地开展实际的调查研究工作的需要。因此有必要专门探讨一下如何选择调查课题的问题。

一、选题的重要性

研究课题是说明意向调查所要解答的具体问题，选择研究课题对于整个调查研究工作具有重要的意义。

1. 调查课题的选择，决定着调查研究总的方向和水平

选择调查课题不仅是调查目的的集中体现，也是调查者学识水平和洞察能力的具体反映。提出问题往往比解决问题更重要，系统地提出一个课题，常常比一项研究的其他工作花费更多的时间和精

力,尤其是在复杂的社会现象背后,隐藏着这样那样的问题,及时发现这些问题,能将其扼杀在萌芽状态,及早解决。同时还要用新的眼光看待旧的问题,不仅需要有创新的能力,还要有发展的眼光。正像一个保守主义教条主义者绝不会去调查市场经济一样,一个没有创新精神的人也不会选出有创造力的课题,不会提出创造性的意见和解决问题的思路。因此,课题的选择,从总体上规定了调查研究总的方向。

2. 调查课题的选择,直接决定着调查方案的设计,制约着调查研究的全过程

调查课题的不同,调查的内容、方法和调查对象就不同,调查工作的安排就不同,例如,对贫困地区儿童失学状况调查和城市教育发展水平的调查这两个不同的选题,设计的调查方案就会完全不同,进行调查的对象和范围也有很大的不同。前者主要是调查贫困地区,后者主要以城市为调查对象;前者主要调查儿童失学的现状、原因,为解决这一问题提供可靠的数据信息和资料信息,为决策提供科学依据。而后者主要调查城市教育的各种办学条件、师资力量、教育水平及存在的问题等等,为教育的改革和进一步的改进提出政策性的建议。

3. 选题是否正确、恰当直接影响到调查研究的价值

一个正确的选题虽然不能保证调查研究一定取得成功,但它却是取得成功的重要条件。选题如果能抓住要害,其调查成果就有可能有重大的理论意义和现实意义,就可能能有效地解决生活中的问题。而如果选题不恰当,调查方案设计的再周密、调查工作做的再认真,都会不可避免地导致失败,就会浪费人力、物力和财力,在调查中也只能收集到一些无价值或作用很小的材料,也不可能产生好的社会收益,这样就会背离调查研究的初衷。

二、选题的基本原则

选题对于整个调查工作的意义是如此巨大,所以要谨慎地进行,一般来说,要遵循以下一些基本原则:

1. 选题首先要有价值

包括理论价值和实用价值两个方面。理论角度的需要,是指要能重新验证已经被证明的理论,或对某一理论的某一方面进行补充论证,证明某一理论的适用范围,探索理论发展的新的问题等等;就实用价值而言,调查研究要对目前工作具有现实的指导意义,主要是为了解决社会经济发展、政治生活和社会生活中的重要问题。要做到这一点,首先要根据社会发展的需要来选择调查课题,如果离开了解决问题的客观需要,仅仅是为调查而调查,就不能正确地选题。

调查研究就是对某一具体的、目标十分明确的、内容很集中的问题通过去收集材料,然后进行学术性和科学性的论证。这些资料的收集,必然要求调研人员深入实际部门,了解当前工作中遇到的困难和问题,人们需要解决的与单位、国家和地区发展相关的迫切问题,以便从中找出需要调查的题目,这些题目就是有价值的选题。而一些研究课题与当前迫切解决的问题没有很直接的关系,但同长远的发展战略有密切的联系,因而具有一定的学术研究价值的也应该纳入研究的范围。从根本上说,调查研究的题目是来自于实践的发展,只有符合社会发展需要的课题,才能具有现实意义和价值。

对于政务调研来说,选题要有目的、有针对性地开展调查研究,政治性、政策性、综合性的题目会更多一些,一般要考虑实际调研的价值所在。在制定政策时,为了避免“打架”的情形,要了解重大政策、法规产生、演变的过程和实施效果,以及各项政策、法规之间的关系,就应该有计划地选择这方面

的课题。

我国目前由于改革开放步伐的加快和社会主义市场机制的建立，一些新的问题、新矛盾层出不穷：一方面我们要建立与市场经济体制相一致的社会制度和各种规则，所以政府体制改革、教育体制改革、医疗体制改革、分配制度改革和贫富差距的问题等等都尖锐地摆在我们面前，需要我们不断地进行调查研究，探求适合我国国情和民情的改革方式，最大限度地解放和发展生产力，为社会主义现代化建设服务；另一方面我们在改革开放的过程中也出现了一些新的从未遇见过的问题。研究这些新情况，解决这些新问题，直接关系到社会主义现代化建设的进程和各项改革的进一步深化。我们必须在调查研究中及时发现问题，并使这些问题得到妥善的解决。

2. 可行性原则

选择调研课题必须要切实可行，能够完成。调查人员要根据客观形势的需要和要求，正确估计各方面的条件，最终确定调查研究的题目。在实际工作中要注意以下几点：

(1)全面分析调查主体和客体的条件。就调查主体来说，选择的题目必须与调查者的知识水平、实践经验以及人力、物力、财力和时间等条件相适应；从调查客体方面来说，选择的课题必须考虑到客观事物的成熟程度、群众的组织和觉悟程度、有关党政机关对调查研究机构的支持程度以及社会环境的种种因素，然后再确定题目。不具备这些条件，就不宜选择与这些条件相适应的课题。当然，如果缺乏必要的条件，而研究者却有志于研究这一方面的课题，就应该积极创造条件。只有这种与调查主体和客体的现实条件相适应、相符合的课题，才是有可能研究出成果的课题。有些课题尽管具有很重大的现实意义，但由于现实条件不具备，如调查主体不能胜任，或调查客体的条件不具备，整个调查研究工作就会无法进行。

(2)调研题目不能过大，过空，应力求具体。选题时我们可以从时间、空间、范围上做出一定的限定。只有把题目定的比较具体，调查目的才能明确，资料才能有针对性的收集，结论也容易做的可靠性强，也才有实际意义。我们可以通过考虑调查题目的影响、调查的对象、时间等等因素来把题目确定的比较具体。一些小的课题牵涉的范围小，情况比较单纯、具体、实在，调查研究就容易抓住重点，容易深入下去。但由于社会现象总是密切联系，很少是孤立存在的，所以一般的选题都具有一定的综合性，题目自然也就比较大，但是大并不可怕，可怕的是空，对于很空的课题就会觉得无从下手，无法提出调研方案，那样就会提不出解决的方案。一般大课题比较复杂，涉及面广，内容也比较复杂，要想出成果，在实际调查过程中，要把它分解成若干个小题目，化泛为专，化整为零，化繁为简。先把各个小问题搞清楚了，再把具有内在联系的问题连贯起来，从整体上考察。例如研究青少年犯罪的原因时就可以分为家庭原因、社会原因和学校的原因几个方面加以思考，这样就比较好收集资料，内容自然也会比较充实和全面，也就是从大处着眼，从小处着手。

一般来说，调查的题目来自于两个方面：一方面是政府和其他工作部门提出来交给调查研究工作者去调查；另一方面是调查研究工作者自己在工作中发现并提出来。这两个方面也各有自己的长处和短处，政府和其他部门一些从事实际工作的人员比较了解实际需要，但一般缺乏调查研究的专业知识和训练；而研究工作者虽然具有良好的专业知识，但又缺乏对实际的了解。所以要求双方协调、共同磋商，以使确定的选题更加合理可行。

3. 科学性原则

所谓科学性原则，也就是要在科学理论的指导下选择研究课题。我们所说的科学理论，首先是指马克思列宁主义、毛泽东思想、邓小平理论和“三个代表”重要思想，同时也包括与调查研究课题相关的科学理论。我们可以想象，如果选择的课题直接违背了以上理论的基本原则，那样这样的课题绝不是正确的选题，也不会调查得出什么科学的结论。马克思列宁主义、毛泽东思想、邓小平理论和"三个代表"重要思想是经过实践证明了的，指导中国革命和建设一步一步走向成功的科学理论，不仅在大的方向上要坚持这些科学理论，在实际工作中也要贯彻执行这些理论，调查研究当然也不能例外。

调查研究同时还要使用科学的研究方法，因为只有在科学方法的指导下，才能提高调查研究的效率，节省人力、物力和财力，争取用最少的资源办最多的事。科学的研究方法有助于科学地分析数据，得出科学的研究结论，尤其是要采用电子计算机技术。

4. 创造性原则

在世纪之交的重要历史时刻，江泽民同志明确指出："创新是一个民族进步的灵魂，是国家兴旺发达的不竭动力，一个没有创新能力的民族难以屹立于世界先进民族之林。"创新是我们在国际上抢占科技和经济制高点、在国际竞争中立于不败之地的基本保证。创造性的本质要求新颖性、独特性和先进性。坚持创造性原则，也就是要按照新颖、独特和先进的要求来选择调查课题，要能够提供新知识、新方法、新观点和新思路，或能够解决"空白"领域的问题。如果选择的课题是已经很陈旧的话题或是别人已经研究的很清楚的课题，那就会使研究结果缺乏新意、缺乏深度甚至没有多大价值，从根本上说也就失去了调查研究的意义。

在选题中要培养想象力和创新的思维，从更新的角度来考察问题，提出全新的观察视角和解决问题的思路。当然，对创造性原则也要做广泛的理解，有的是别人从未涉及过的全新课题，有的是国外做过而国内没有做过的移植性课题，有的是从新的角度去研究老问题的扩展性课题，这些都是创造性的研究课题。

5. 优势原则

优势原则主要是针对研究者来说的，对于研究而言，其优势主要表现在两个方面：一是指研究者具有较为扎实的专业知识，或者较为丰富的调查研究经验；二是研究者比较熟悉社会现象领域。科学的研究是以已知为基础去探求未知的过程，研究者要根据自己的优势，调查研究自己基础比较扎实的相关课题。从研究者比较熟悉的对象、知识准备相对充分的方面着手，就很容易取得研究成果。

优势原则还表现在客观方面的条件，也就是研究者所在的地区、部门的自然与社会条件。应当充分利用本地区、本部门和本单位的优势条件，选择恰当的课题。比如一个公安机关的人员调研当地交通事故的情况，就可以充分利用本部门丰富的资源，包括资料的占有和工作的便利条件，这样调查起来就会很省力，并且得到的材料也会很真实，调研的结果就会很可靠。

三、题目的类型

(一)按照调查目的，可分为理论性课题和应用性课题

理论性课题是指通过调查研究，从大量的社会现象中找出规律，以提出解决某种社会问题的具体方案和对策为目的的课题。例如社会主义初级阶段的理论研究、我国社会分层状况研究、改革开放理论研究等都可以作为理论性研究的课题。

应用性课题是指为了解决现实的社会问题而去查明现象，寻求内在的联系和发展趋势，提出建议和对策的课题。由于我国现在处于社会结构转型和经济形态转轨的时期，各种问题增多，各个工作部门都要不断了解新情况和新问题，不断得到解决问题的方案。所以许多运用性的课题需要去调查研

批判和继承,可以使我们的调查工作少走很多弯路,使自己的研究处在一个较高的起点上。而不至于在很原始的路上摸索,那样就大大降低了调研的效率。查阅文献可以了解前人研究的角度、得出的结论和经验教训,通过学习借鉴,可以提出本次调研的角度,明确调查的中心和重点,抓住关键问题和前人未能解答的问题进行深入研究,从而开阔视野,打开思路。

第二,查阅文献可以了解以往的研究成果,可以避免重复调查。当一些社会热点性的问题出现时,就会有许多人把目光转向这些问题的研究,这时就需要及时查阅一些相关资料来了解它人研究的角度和进度,避免重复劳动。对于别人研究的课题,我们仍然能进行研究,因为认识是不断深化的,没有任何一次调查能使对某一事物或现象的认识穷尽,但我们不能跟在别人后面简单的模仿,那样研究不出什么结果,而是要从新的角度提出新意。这就需要了解他人已经做了什么工作,正在做什么工作,研究的重点是什么,已经得到了哪些结论等等。这样就可以确定自己的研究重点,借鉴别人的经验,避免他人犯的错误,从而避免了简单的重复。

第三,查阅文献可以了解与课题相关的理论和方法,为制订调研方案做准备。制订调研方案之前,必须深入了解与课题相关的理论和方法,研究前人是采用何种方法研究这一课题的。这就需要查阅相关资料,通过这种了解就能确定本次调查的指导思想,还可以借鉴同类课题的研究方法和思路,选择适合此次调研的研究方法,以便提出自己的研究假设,并制订出研究方案。

第四,查阅文献可以了解调查地区、调查对象的历史状况,为制定调研计划提供依据。在进行实际的调研之前,必须了解调研地区和调研对象的历史状况,才能制定适合当地情况的调研计划。查阅调查地区的历史、地理、政治、经济、文化等方面的材料,可以了解一个地区的特点和调查对象的历史背景,这样才能更好地了解现实的由来和根源,才能有效地制定调查方案,确定抽样样本,设计调查问卷,制定调研计划。

第五,查阅文献可以了解和学习相关的政策、文件,为调查研究工作制定大的方向。相关的政策和文件,包括与之相关的党和国家的各项方针政策、法律法规、文件等等,学习了解这些文件有助于掌握调研的立场、观点和思想方法,不至于在调研中迷失方向;同时还有利于提高政策水平和业务水平,明确调查研究的关键问题和重点内容。通过查阅相关文件,可以从中发现不同的政策对一些问题的历史和现状的影响。

2. 查阅文献的方法

文献包括储有信息的文字、音响,其中包括书、报、期刊、档案、照片、图像、电影、录音、网上资料等等。

第一,图书馆、资料室是查阅文献的主要途径。图书馆、资料室是各种资料的集中地,各种图书目录、期刊目录、分类索引要经常使用,从中可以找出有关问题的书、报和刊物,这是一条比较方便的路。同时各种工具书,如百科全书、专业辞典,还有从相关书籍中所引用的书中也能受到很大的启发。在目前网络时代,我们还要善于利用网络资源,充分使用搜索引擎和数据库,这样不仅能大大提高查阅资料的速度还能实现知识的及时更新,因为网络上提供的资源是最新的,运用好丰富的网络资源对于调查研究有着十分重要的意义。

第二,各行政机关、部门的统计资料、年鉴,也是查阅文献应该重视的对象。国家统计局每年要出版一本《统计年鉴》,主要内容包括国民经济、人口、工业、农业、财政、邮电运输、教育、卫生、体育、人民生活等等内容,每月出版《统计月报》等,这些都可以反映某一方面的基本事实情况,是了解现实、进行调查研究不可多得的材料,在确定了研究课题后,调研员应该对一些相关领域的基本情况有所了解，这样才能有针对性地设计调查方案和选择调查研究方法。

第三，到调查地区、单位去查找相关资料。调研人员可以结合实地初步考察来查阅和收集文献资料。许多文献材料在图书馆是找不到的，如调查地区的历史资料、档案资料等，因此调研人员还要下到基层去查找文献资料。另外，在调查地区、单位了解情况时，还可以收集到一些个人文献资料，如家谱、自传等，这些材料对于了解现状也有很大的帮助。

第四，在查阅资料时，要学会采用快读和精读相结合的方法。因为文献资料浩如烟海，这样大量的文献是不可能全部细读的，毕竟调查者的精力有限，再说也不是所有的文献都需要精读，细致的了解，只有很少量的需要精读。在查找大量的资料时，首先要粗略的浏览一遍，有些资料不需要细看，只需要用眼睛扫描关键词语，然后从中筛选出重要的有价值的文献。觉得有用的再精读，边思考边摘取主要论点并坚持做笔记，摘取与调查研究课题相关的重要信息，然后进行整理和分类。只有这样做，才能节省大量宝贵的时间，筛选出重要信息，为下一步的调研服务。

第五，阅读文献是要有批判精神。在查阅资料时，不能盲信别人写成的书就是完全正确的，于是墨守成规，缺乏创新精神，读文献必须保持独立思考的能力，保持批判的眼光，要随时对文献的科学性和真实性加以分析。一定要考虑到，该文献介绍的内容是在什么时间、地点和条件下才用的；依据的理论是什么，是否合理和具有代表性；作者本人的价值观念是什么，与研究对象有无利害关系等，通过批判地继承，才能从前人那里吸取有价值的东西，为己所用，这样才不至于被他们的思想所束缚，保持自己冷静的头脑和勇于创新的精神。

总之，查阅文献应当有目的、有选择，要针对调查目的和研究课题，而不能泛泛地、不加选择地摘录文献。既要查历史上的相关资料，又要查当今的最新著述；既要查本国的文献，也要查国外的研究成果；既要研究本国政府的路线、方针和政策，又要研究反映基层状况的各种材料。要弄清每一份文献的参考意义，它对形成理论是否有帮助等等。查阅文献要始终坚持为调研服务的精神。

（二）其他探索途径

1. 查阅文献之后，还要向知情人进行咨询

因为文献是被记录下来的过去的知识，但是，事实上许多过去的知识没有被记录下来，记录在文献里的知识也不全是正确的，特别是有大量正在发生、正在变化的事实，还没有记在文献里。所以要了解这些知识，还必须向知情人进行咨询和学习。

咨询的对象是广泛的，主要包括：理论方面的专家和具有丰富实践经验的实际工作者；上级机关的领导者和最基层的干部群众。咨询的目的在于向处于不同地位、不同观点的人民进行多方面的交流，广泛听取他们的意见，了解他们的经验和知识。咨询的方法主要有登门造访、开座谈会，或听报告等。

咨询工作是需要有准备的，在咨询之前，要对咨询的对象和问题有较多的了解，这样才能有的放矢，从而做到向最适合的对象咨询最适合的问题，以最短的时间获得最好的咨询效果。咨询还应该保持谦虚的态度，尊重被咨询人，得到他们的配合，这样才能得到更客观的资料。

2. 实地考察

实地考察是进行探索性研究的又一重要方法，它既不同于查阅文献资料，因为查阅文献都是对过去信息的了解和掌握，并且是间接经验；也不同于向知情人咨询，咨询的结果也是经过被咨询人的主观因素裁减或改造过的东西，与客观现实总会有一定的距离。要提出新观点决不能紧紧依靠这些第二手、第三手的资料，而要更加贴近实际，深入实地进行现场考察，全面近距离的接触现实，获取调查

研究需要的一些第一手的资料,从而对调查地区的环境和其他条件进行了解。

实地考察的范围不宜太广,那样可以节省时间,但是考察范围一定要有一定的选择,选择那些有代表性的地区作为考察的重点,有目的、有计划地进行实地考察。实地考察的人员也不要太多,但是调查研究的领导者和组织者,尤其是调查方案的设计者必须参加。在实地调查中,要努力把调查和研究结合起来,把提出问题和研究解决问题的方案结合起来,把虚心学习与大胆探索结合起来,最终形成自己的观点和看法。

二、研究假设的提出

在进行上述的探索性研究之后,应当把从文献、咨询和实地考察中得到的资料加以综合分析,在此基础上形成研究假设。科学的调查研究都是在收集资料之前针对研究课题提出具体的研究假设,然后收集事实来检验假设,并对所要研究的问题提出解答。

(一)研究假设的概念与特点

研究假设是在调查之前,对调查对象的特征及有关现象之间相互关系做出的尚未经过实践检验的推测性判断和设想,它是对问题的尝试性回答。研究假设的主要来源有三种:一是由以往的实践经验和初步探索得出的,在调查之前研究者就已经观察到了一些现象,研究课题就是依据这些现象而提出的;二是由理论文献中得出假设,理论的作用就是概括地解释各类现象,因此可以通过查阅文献来找出对同一现象的不同理论解释,然后选择和判断,就能依据某一种或几种理论得出研究假设;三是从猜测中得到,有些现象属于以往的理论未能接触的领域,如果简单地直接套用形成理论不利于解决问题,这时就需要思考得出一些猜测性的设想。

研究假设概括地说明了社会现象的特征及其相互关系,它具有以下特点:1. 科学的假设必须是以一定的客观事实为依据,而不是纯主观的猜测;必须以一定的科学理论为指导,而不能与反复证明了的科学的世界观相矛盾;是在调研人员初步掌握资料的基础上,在前人或他人研究成果的启发下形成的科学假设。2. 研究假设是针对所要调查的课题而做出的判断和尝试性的预测,体现调查研究的目的,具有很强的目的性,不同于一般的假设。3. 研究假设必须是可以被证实或证伪的,而不能是一个无法被实践检验的虚幻的设想和说明。假设被调查研究结果证实,就成为科学结论;被证伪,部分被推翻;或被修改、补充和完善。

(二)研究假设在调查研究中的作用

人类对客观世界的认识活动是永无止境的,从实践上升到理论,理论又指导新的实践。科学的调查研究不是有意识的重复人类的认识过程,它从根本上要求寻求事物变化的规律,并在这种规律的指导下发现新事物、新现象。而从研究的过程来说是先有假设而后才去收集资料的,假设在调查研究中具有重要的作用,主要表现在以下几个方面:

1. 研究假设是设计调查指标和方案的主要依据。任何调查研究方案的设计,特别是调查指标的设计,在客观上都是以一定的研究假设为指南的。有了假设,就能明确要去哪些地区调查、要调查哪些人、如何抽取样本、采取何种方法去调查等等。例如研究一个地区经济发展状况,可以假设工业增长、农业增长、第三产业的发展状况、GDP 和人民的生活水平、基础设施建设等作为经济发展的指标,那么在调查研究中,工作人员就会收集这些方面的数据材料,以及决定制定研究方案和采用什么样的研究方法。

2. 研究假设指导调查研究。调查研究的具体认识目的和途径，往往是以提出假设和验证假设的方式进行的，有了研究假设，就可以明确研究的重点和主要方向，使调查任务具体化，并明确针对什么问题去收集资料、要收集哪些资料，这样就能避免收集资料的盲目性。

3. 研究假设能将抽象的概念和具体的经验事实联系起来。人们对事物的认识是从感性认识上升到理性认识，运用一些抽象的概念来概括同类事物，而研究假设就是对这些概念之间的关系加以尝试性的说明。抽象的概念都是反映了事物的共性、一般性和普遍性，它与个别的、具体的和特殊的现象之间有很大距离。调查研究需要往返于抽象的概念和具体的事实之间，研究假设中的概念是经过清晰定义的，因此通过逻辑推理，就能从抽象的理论推到具体的现象上去，所以它能把理性认识和感性认识、抽象层次和经验层次、理论和实践联系起来。

4. 建立研究假设能够探求新的理论知识。在科学研究中，研究假设不管是被实验证实还是证伪，都可以促进科学知识的发展。人们通过调查研究，可以检验假设，在检验过程中，原有的假设可能被证实也可能被证伪，但大多数情况下是被修改或补充完善。随着调查的逐步深入，原有的假设不断被修改、补充和完善，人们的认识也越来越接近实际，直到最后发现真理或进一步发展真理。因此可以说检验假设、修改假设、完善假设的过程实际上是探求新的理论知识的过程，是不断发现真理的过程。

（三）研究假设的构成和形式

研究假设是由变量构成的，它是“以一种可检验的形式加以陈述，并对两个获两个以上的变量之间的特定关系进行预测的命题。”①这种特定关系可能是相关关系也可能是因果关系。要有效地提出假设、运用假设，必须要认识假设的构成。一般情况下，假设是由概念、变量、相关关系而组成的命题。

概念是人们抽象思维的产物和基本单位，是对事物本质的反映。人们通过大量的观察，从同类事物或现象中可归纳、抽象出他们的属性，也即是综合概括同一类事物或现象的抽象含义，如法治国家、少数服从多数原则、自由和民主等，每一个概念都有丰富的含义。

变量是通过对概念的定义和解说而转换来的，它是对概念的具体化。变量有具体的量值的区别。研究假设都要以变量的语言说明现象的特征及其关系。

研究假设是关于变量间关系的尝试性说明，他的陈述形式主要有两种，条件式陈述和差异式陈述。条件式陈述是说明两个变量之间的因果关系，有时也说明相关关系。差异式陈述只说明两个变量之间有没有相关关系。

第四节　调查方案设计

研究设计的最后一项任务是制定一个详细而周密的调查研究方案。在探索性研究的基础上，设计调查方案一般分为两个步骤，首先是设计调查指标，然后才是通过对一项研究的程序和实施过程中的各种问题进行详细、全面地考虑，制定出总的计划和切实可行的调查大纲。为了提高调查方案的可行性和实用性，还应该对设计的调查方案进行可行性的研究。调查指标是调查研究的目的、指导思想和理论假设的集中体现，是整个调查方案的核心部分，因此设计调查方案，一般都从设计调查指标开始。

---

① K. 贝利著，许真译：《现代社会研究方法》，上海人民出版社 1986 年版，第 55 页。

一、调查研究指标的设计

（一）调查指标的概念及其分类

调查指标是指在调查研究中反映事物现象的性质、状态、规模、水平等特性的指标。在设计指标时，一般包括名称、内容、性别、年龄、产值、增长速度和发展速度等，这是反映社会总体现象数量特征的概念。然后经过收集资料、汇总整理、加工计算，得到指标的具体数值，用来说明总体现象的实际数量状况及其发展变化的状况。

调查指标按照数字特性的不同，一般可以分为定类指标、定序指标、定距指标和定比指标。

定类指标是反映社会现象和类别的指标，定类指标的数学性最低，但也是最基础的定量指标。例如性别、婚姻状况、家庭出身、职业、政治面貌等，都是定类指标。在我们进行统计时为了方便起见，也用一定的数字来代表某类事物，例如男用“1”代表，女用“0”代表，但是这些数字都是人们赋予的识别标志，而不反映事物的本质状况。

定序指标是反映社会现象和等级顺序的指标。例如奖学金分为一等、二等和三等，人口的质量分为优、良、中、差几个等级，这些指标不仅能反映社会现象在性质或类别上的差异，还能反映出各类社会现象在高低强弱等程度上的差别。

定距指标是指能反映社会现象之间的数量差别和相隔的距离大小的指标。例如年龄、寿命、人口数量等指标，这些不仅能反映社会现象的分类和顺序，而且还能反映一些具体数量，其数学特性要比定类指标高一个层次，也可以进行加减法的数学运算。

定比指标是指能反映社会现象之间的比率关系的指标，这类指标一般用百分比来表示，例如男女性别比率、出生率、死亡率等指标，它们可以做各种统计分析。

此外，按照不同的标准，调查指标还可以有其他的分类方法，例如，按照调查的内容，可以分为经济指标、政治指标、技术指标；按照调查的地点可以分为农村指标、城镇指标、社区指标等。

在实际的调查研究中，如果要客观地分析和研究社会，牵涉的面非常广，内容也极其复杂，一个概念或一个研究课题往往需要通过一系列的调查指标才能反映某一完整的社会现象，指标就可以分为若干个级，这样就组成了一个指标体系。这种体系是由各种不同的指标组成，彼此之间密切联系，全面系统地反映社会全貌。

（二）调查指标设计的内容和原则

1. 调查指标设计的内容

第一，要确定调查指标的名称、含义、计算范围。我们无论设计任何指标，首先要弄明白它是什么，怎样划定界限和适用范围，例如在评定一个地区教育发展水平时，我们会制定出一系列的指标，其中包括适龄儿童入学率、学生辍学率、师资力量、校园基础设施建设情况等，在这些指标中，首先要明确界定各个指标的含义、范围和界限。

第二，确定指标的计量单位和计算方法。对于工人的劳动量是按时计算还是按日计算还是按月计算，采用什么样的计算方法等。

第三，确定指标的计算时间和范围。计算时间一般有两种，一种是以一般时期计日、月、季、年来计算；一种是以某一个标准时刻来计算。

2. 设计指标时应该坚持的原则

第一,科学性原则。调查指标的设计必须符合客观事物的实际情况和对象本身的性质和特点。无论是指标的种类、数量、核心指标还是制表的计算方法的设计都要考虑其科学性,否则就会使认识发生偏差,给工作带来不便甚至损失。实际情况是不断发展变化的,调查指标的设计也要适时发生变化,一切从实际出发。同时要使调查指标所反映的社会现象力求减少调查人员的主观因素,从而使不同的调查人员运用该调查指标与同一调查对象或相似调查对象的调查结果能基本一致。

第二,准确性原则。准确性是调查研究的重要条件,没有准确性保证的调查研究其结果再客观,也是南辕北辙,也就不可能获得正确的调查结果。设计的调查指标要有明确的定义,定量的指标还要有统一的计算方法,在设计指标时,应根据调查的目的、要求,明确使用哪一种计算方法。例如在对某一工厂的生产总值进行调查时,既要明确规定计算生产总值的范围,又要明确规定计算生产总值的单位,可以以"元"为单位,有的以"百元"、"千元"、"万元"为单位,一般的调查指标要真正做到完全准确不是一件容易的事,但是应该力求在误差范围最小的情况下达到最大限度的准确。

第三,简明性原则。也就是说设计调查指标时要力争简单、明了,以能说明问题为原则。调查指标不是越多越好,相反,是越简明越好,因为如果多一个指标就会在调查工作中增加工作量,特别是在定量调查中,对简明性的要求应该更高,所以要坚决删去一些可要可不要的调查指标,那样就会减少统计分析的工作量。

第四,完整性原则。即设计的调查指标要全面、正确地反映调查对象的整体。为此,必须使设计的调查指标既简明又完备,既不能残缺不全,有所遗漏,又不能相互重复。例如我们调查中学生健康状况时可以测试一些指标,如身高、体重等一些生理因素,除此之外还有心理因素也应该考虑在内,这样才能全面反映中学生的健康状况。

第五,可行性原则。即设计调查指标要充分考虑其在实际调查中的可行性,它包括两个方面的含义,一是被调查者能否知道你所要调查的情况和能否回答你提出的问题,如"北京城区的加油站有多少?"这类问题,这是很多人没有关注过的情况,他们也不可能给出正确的回答;二是被调查者能否愿意回答你所提出的问题,例如"你们领导本月搞了多少次公款大吃大喝?",显然这种问题是被调查者不愿意回答的问题。

为了坚持以上几条原则,使调查指标的设计更加科学、完整、准确、可行,应该努力做到:首先,对研究假设的每一个概念的内涵要做出科学的说明,界定概念的内涵和外延。由于在实际调查中,调查者和被调查者对调查指标的理解不同,往往发生调查误差,明确这些概念以后,不同的调查人员对不同调查对象进行调查时,就可以按照统一的标准和方法进行调查,从而提高调查结果的准确性;其次,对反映每一概念的调查指标,要设计出相对称的操作定义,这样就有利于提高调查研究的客观性,因为操作定义是用看得见、摸得着具体事物、现象或方法来界定和说明调查指标。

二、调查总体方案的设计

调查之前的最后一项准备工作是,通过对一项研究程序和实施过程中各种问题进行全面系统的考虑,制定出详细、周密的调查研究计划。这样的计划可以协调所有调查人员的工作,减少盲目性。调查工作越详细、周密,对调查的每一个步骤和可能出现的问题考虑的越周到,实行起来就会越顺利。反之,由于调查前没有对调查做出周密的计划方案,调查中就容易出现缺陷和误差,往往等到事后发现已来不及补救。调查研究的总体方案是整个调查工作的行动纲领,它对调查研究工作的顺利进行具有重要的指导作用。

(一)调查研究方案的内容

通过本章第一节的介绍,我们已经知道,调查研究的各个步骤不是孤立的,而是相互依赖、紧密联系的,所以调查研究方案要把调查研究各个阶段统筹起来考虑,一定要瞻前顾后,纵观全局,不仅要考虑调查研究的最终目的,还要各个阶段的目的,也就是说要仔细考虑调查研究的整体安排以及各个阶段的相互衔接,然后再考虑细节安排。其主要内容包括以下几个方面:

1. 说明调查研究的目的、意义和解释研究课题

调查方案首先要说明调查什么,本次调查的目的何在,即通过本次调查要解决什么问题;解决到什么程度,是要了解一般情况,还是进一步深入了解某一单位某一地区的情况,进而探究现象之间的因果关系;这次调查研究究竟要起到什么作用,是供领导决策者参考,还是要影响社会的舆论;然后是阐明研究课题,说明这一研究要解决哪些问题,这些问题是如何形成的,是从哪些角度出发提出来的等等。做好这些工作是为了使每一个参与调查的人员都知道要调查什么问题,达到什么目的,有什么意义。

2. 确定调查范围和调查对象,主要包括调查的时间、地点和调查的分析单位

说明在什么时间、在哪些地区进行调查;分析单位是什么,个人还是组织或群体;调查对象范围有多大,是普查还是抽样调查等。

调查时间的选择,即调查研究在什么时间进行,需要多少时间完成。对调查时间的选择要进行科学的设计。它主要包括调查时期和调查时点的选择,调查时期是指调查工作何时开始,何时结束;调查时点是指调查哪一个确定时间的社会状况。在制定调查研究方案时,要根据每一阶段和每一具体的步骤所需要的时间进行统筹安排,必须根据调查的目的和要求选择调查时间,最后制定时间进度表以控制整个调查研究活动的进程。

调查地点的选择,是指调查研究在什么地区进行,在多大范围内进行。地点的选择不仅要考虑调查的需要,而且要考虑被调查者的具体情况,为了有利于达到调查目的,要选择那些具有代表性的地区,有利于实地调查工作的进行,有利于节约人力、物力、财力和时间的地区。通常情况下,要根据调查工作的主客观条件,先确定一个合适调查范围,并尽可能使调查的地区相对集中一些。

调查对象的选择,是指对实施调查工作基本分析单位的选择。实施调查工作的分析单位可以是单个人,也可以是家庭,也可以是部门、单位和地区,也可以是社区。

3. 确定调查研究的类型和调查的方式、方法

首先说明调查研究是描述性研究、因果性还是预测性课题,是综合研究还是专题研究;采用何种调查方式,是指根据调查研究课题的需要及客观条件,确定采用普查还是典型调查或是抽样调查的方式,还是采取一种方式为主,辅之以其他的方式;调查方法既包括收集资料的方法,也包括研究资料的方法。一般来说,调查方法应适应调查课题的客观需要,但同一调查课题往往可以采取不同的调查方法,是采取问卷法还是实地观察法,要根据课题的需要。如何选择最有效的调查方法,也就成了设计调查方案的一个重要内容。

4. 确定调查内容和研究方法

调查内容主要是指根据研究课题提出的问题,并通过对概念的分解和界定,从而确定出调查的现象有哪些方面以及要收集哪些方面的资料。在确定了调查内容以后,还要进一步设计调查提纲、表格、问卷等工具。

研究方法包括收集材料和整理分析材料的方法,统一调查课题可以采取不同的方法,在一项调查中往往是采取一种方法为主,辅之以其他的方法。例如在收集材料时,可以同时采用问卷法、访问法、观察法,也可以主要采用问卷法,辅之以访问法和观察法。这些方法都各有优点和缺点,综合使用一般比单独使用要好。在进行方法的选择中,应该对即将进行的调查做一些估计,充分估计各种情况,才能选择合适的方法。

5. 调查研究经费的筹措

开展任何一项调查,都需要一定的经费。如调查人员的差旅费、课题资料费、调查人员的劳务费和资料处理费用等等。调研经费的来源要看调查任务的性质和目的,如果是科学研究性质,都由研究经费中开支;如果是行政性的调查研究,则由政府部门拨款;教学单位的调查研究,在教育经费中开支。在进行每一次调查研究时,都必须落实经费的来源,编制切实可行的经费预算,并对经费的使用做出规划和安排。

6. 调查人员的组织和培训

任何调查研究,都要依靠人去完成,要根据调查研究的目的和任务,来确定调查人员的人选,接受专门的培训。正确选择和配备调查员,是调查研究之前极为重要的准备工作。因为调查人员的专业知识水平、思想作风、调查态度及调查方法往往会直接关系到调查质量的好坏。一般来说,大型的调查研究所需要的人员较多,所以不可能要求他们都受过专业的训练或具有实际调查的经验,也只有专门的调查机构有专门的调查人员,很少有专门从事调查的调查人员。

选好了调查人员以后还要对他们进行培训,使其明确调查的目的和要求,掌握调查的步骤和方法,从而保证调查的顺利进行和取得圆满的成功。调查人员的培训有多种方式,如请有经验的人员和专家系统讲授调查研究知识,或进行现场示范,或由研究人员带队,边工作边学习。同时还可以制定调查研究指导手册,详细讲解本次调查的事项和调查的记录规则。

(二)制定调查研究方案应该遵循的原则

调查研究方案制定的质量如何,直接关系到整个调研工作的成败,因此,要科学地设计调查研究方案,必须坚持以下基本原则:

1. 实用性原则。在设计调查方案时,首先要从实际出发,围绕调查课题的实际需要,根据调查工作的主客观条件,来制定调查研究方案,也只有实用性强的调查方案才能真正成为调查研究的行动指南。例如,调查对象都是没有文化的文盲,那么我们收集材料时就不能采用问卷式调查,可以采用访问式。调查范围的大小、调查对象的多少也直接影响调查研究方案的设计,如果调查时间长,就可以调查更大范围、更多人群,从而得到更为广泛的材料;反之,则应该缩小调查范围和减少调查人数。

2. 经济性原则。调查方案的设计必须考虑到经济的原则,尽可能地减少人力、物力和财力的浪费,力争用最少的人力、物力和财力的投入,获得最大限度的回报。在收集资料时能运用图书馆、网络等文献资料的,就争取不用去做现场调查;在调查类型的选择上,能做抽样调查的就不做普遍调查,能做典型调查的就不做抽样调查;在调查人员的选择上,能少则少,尽量从多方面减少人力、财力和物力的耗费。

3. 弹性原则。任何一项调查研究方案都是一种事前的设想和安排,它与客观现实之间存在着或大或小的差距。并且在实际的调查过程中,一些意想不到的新情况和新问题也会出现,在设计调查方案时,要有一定的弹性,充分考虑到一些可能出现的问题,对于调查研究工作的具体安排和要求也要有一个可以上下滑动的幅度,有一定的伸缩性,只有这样,才能应付调查研究过程中出现的新情况和新问题。

4. 时效性原则。任何调查研究都要讲究实践效果，特别是实用性较强的研究课题，往往具有很强的时间性。例如一些政策性课题的研究，尤其是预测性的研究，如果在事发之后才出成果，也就失去了研究的意义。当然这里所说的时效性原则也不是说越快越好，很多基础性的课题往往需要深入、持久的调查，如果单纯强调时间快，就不能保证调查研究的质量。其实即便是这种课题，也要求有时间观念，否则就适应不了瞬息变幻的客观世界。在调查方案的设计中要安排好时间，对各个步骤的时间进度做统筹的安排，尽可能减少时间的浪费。

（三）调查研究方案的可行性研究方法

一般来说，设计调查方案并不都是只设计一套调查方案，对于一些重大的、复杂的调查课题来说，大多是需要设计几套不同的调查方案，对这些不同的调查方案要先进行可行性研究，然后从中筛选出最佳方案作为调查工作的实施方案。可行性研究是进行科学决策的必经阶段，对于调查研究方案的制定也不例外。

1. 经验判断的方法。也就是用以往的调查研究设计的经验来判断其可行性，经验是人们认识事物的很重要的方法，也是解决问题经常采用的手段，经验判断在很多时候是正确的。在设计调查研究方案时，要重视经验判断，这是对于那些经常作调查研究的人员来说的，他们有着丰富的实践经验和理论基础。例如，在做农村的调查研究时，不应该安排在农忙季节，这是一般的常识。而对于没有调查研究经验的来说，也可以在设计调查方案时，多征求那些有经验人的意见，让他们对调查方案的可行性作一些初步的研究和判断。

2. 采用逻辑分析的方法来检验调查方案的可行性。也就是说要用我们已经讨论过的方法和原则来分析调查方案的可行性。例如研究改革开放以来人民的生活水平变化的状况的研究，仅仅选择一些用户，调查其拥有的电脑、电视机、空调、洗衣机的数量来衡量居民的生活水平，而忽视了作为精神享受的健身设备、书籍等文化方面的需求，这就不能反映人民生活水平的总体状况，这种方案的设计就缺乏可行性。

3. 通过小范围的实验来检验调查方案的可行性。正像一些政策出台以前都要选择一些地方作试点，然后向全国推开。例如，家庭联产承包责任制最初是在安徽省凤阳小岗村试验，成功了以后再向全国推广。但是选择的调查对象要力求规模小、数量少、类型多、代表性强，要采用灵活的多样的调查方法，并根据调查研究的成果来不断修改和完善原来设计的调查方案。

小范围的试验的目的是检验调查目标的设计设否恰当，调查指标的设计是否正确，调查人员的能力是否适应调查工作的需要等，是对调查研究方案的可行性研究。在实验研究时，首先要组织精干的调查队伍。调查方案的设计者、调查的领导者和组织者都必须参加，同时要选择有经验的调查人员参加，及时发现调查方案和指标设计中的问题，积累和总结实际调查研究的经验和教训。其次要采取灵活的调查方法，在实验中发现最适合本次调查的方法，问卷调查不合适就可以改为访谈法，集体访谈不行，就采用个别访问。这样试验以后，发现调查指标不合适，就按照实际情况修改；调查日程安排不合理，就要进行调整等等。也就是说，什么样的方法好就采用什么样的方法。再次，还要进行多次的对比调查。选择不同的地点、时间，对同一调查方案进行反复试验，也可以对不同的方案在同一时间和地点进行对比，这样反复运作，就会发现其中比较好的方案，也可以对方案的可行性进行研究判断。最后，还要对实验研究的结果进行总结，要认真分析试验调查的结果，找出成败得失的原因，全面客观地评价调查研究成果，逐步完善原来的调查研究方案。

通过经验判断和逻辑分析的方法来研究调查方案的可行性,比较简单、易行,因此是比较常用的方法。但是,这种方法也具有很大的局限性。经验判断研究中,由于人们的实践经验不同,判断能力也不同,即使判断力再强、经验再丰富也只能判断较为熟悉的事物,但是新事物、新情况出现后,就很难用经验判断来研究。而逻辑分析的方法也只适合对调查指标的设计进行可行性研究,而对其他方面的设计则很难用这种方法进行可行性研究。所以仅仅用逻辑分析和经验研究的方法,还不能说明调查研究的可行性的,只有通过实践才能对研究方案进行科学研究,因为实践是检验真理的惟一标准,只有不断的实践,不断的完善方案,才能最终说明调查设计的可行性。

第二篇　马克思主义社会调查研究理论

第一章　马克思恩格斯的调查研究理论

马克思主义理论是我们党和国家的指导思想,我国社会调查研究工作必须坚持以马克思主义理论为指导。马克思和恩格斯是马克思主义学说的创立者和科学社会主义理论的奠基人。在过去一百多年的时间里,马克思和恩格斯以自己的科学理论引导无产阶级运动不断向前发展,深刻改变了东西方世界的社会面貌和历史发展进程,对社会发展和人类进步做出了巨大贡献。马克思和恩格斯之所以能创立影响如此巨大的科学理论,一个重要原因就是他们对社会现实作了大量的调查研究。他们始终把理论创造工作和社会调查研究工作结合在一起,把社会调查研究作为创造革命理论的基本方法。对此,毛泽东曾评价道:"马克思、恩格斯努力终生,作了许多调查研究工作,才完成了科学的共产主义。"①

对于调查研究在理论创造中的重要作用,恩格斯指出:"即使只是在一个单独的历史实例上发展唯物主义的观点,也是一项要求多年冷静钻研的科学工作,因为很明显,在这里只说空话是无济于事的,只有靠大量的、批判地审查过的、充分地掌握了的历史资料,才能解决这样的任务。"②马克思和恩格斯不是在个别观点和历史实例上发展了唯物主义,而是从根本上发展了唯物主义。他们把唯物论和辩证法运用于自然界和人类历史的研究,作出了唯物史观和剩余价值理论的"两大发现",创立了自己独特的学说,由此实现了哲学和社会科学的伟大变革。马克思和恩格斯之所以能建立如此的丰功伟绩,根本原因之一就是他们对纷繁复杂的现实状况和浩如烟海的历史资料作了科学的调查研究和分析。

第一节　马克思恩格斯与调查研究实践

一、注重实践和调查研究,是马克思实现两个转变的关键

马克思从青年时代起,就十分重视对社会问题的调查研究。1842 年 5 月,马克思成为《莱茵报》的撰稿人,同年十月,他又担任该报主编。马克思刚主持这份报纸的工作,就遇到了在马克思主义思想发展史上颇为有名的"林木盗窃问题"。事情是这样的,在德国西部有大片的森林和草地,原来生活在这里的居民都可以在这些地方砍柴、放牧。可是后来,一些贵族地主把这大片的森林和草地都霸占了,不许居民们靠近一步。不少居民想到山林中去拾些柴草,却被认为是"盗窃"。由此引发广大

---

① 《毛泽东农村调查文集》,人民出版社 1982 年版,第 21 页。

② 《马克思恩格斯全集》第 13 卷,人民出版社 1962 年版,第 527 页。

居民的不满,德国议会不得不认真审议这些事情。可是,他们只为贵族地主考虑,审议结果是:居民们的行为确为盗窃!如果再持续下去,要用法律手段来解决!这样一来,引起全国民众对议会的强烈不满,人们愤怒谴责议会的不公平处理。马克思也感到十分气愤,他对摩塞尔地区农民的状况进行了实地的考察,并且在调查研究的基础上先后发表了《关于林木盗窃法的辩论》和《摩塞尔记者的辩护》等文章。在文中,他站在劳动人民的立场上,为捍卫政治上备受压迫的贫苦农民的利益进行斗争;他抨击封建地主对农民的压迫和剥削行为,揭露了普鲁士国家是封建统治阶级立场保护者的真面目。由于这次的调查研究和辩论,马克思接触了现实、了解了群众、开始重视对经济关系的研究。后来马克思不止一次的对恩格斯说过"正是他对林木盗窃法和摩塞尔河地区农民处境的研究,推动他由纯政治转向研究经济关系,并从而走向社会主义。"①对于《莱茵报》所发表的观点,普鲁士政府非常气愤,他们立刻派人查封了《莱茵报》,迫使它停止印刷。马克思一气之下,于1843年辞去了该报纸的主编职务。

从1843年10月到1845年2月,马克思在巴黎生活了15个月。巴黎是资本主义工业比较发达和工人阶级比较集中的地方,同时也是法国工人运动和社会主义运动的中心。在此期间,马克思居住在工人住宅区,经常深入工人群众,了解他们的疾苦和要求。同时他还同法国社会主义者和民主主义者经常接触,出席他们的集会,发表革命演说。通过这些实践活动和进一步的科学研究,马克思发表了《论犹太人问题》和《黑格尔法哲学批判导言》等文章。在这些文章中马克思指出不但要实现推翻封建制度的政治革命,而且要实现推翻一切剥削制度的全人类的革命,才能彻底解决犹太人问题和德国革命前途等问题。政治革命和人类解放之间是一个"不断革命"的过程,而所要依靠的力量正是无产阶级。由此马克思完成了由唯心主义向唯物主义、革命民主主义向共产主义的过渡。1846年,马克思和恩格斯一起创立了布鲁塞尔共产主义通讯委员会,通过它的活动了解欧洲各国工人运动的状况,开展国际性的通讯调查。后来又领导共产主义者同盟的活动,直接参加了1848年欧洲革命。在革命中,马克思十分注重德国革命形势的发展,写下了《共产党在德国的要求》一文。1849年8月马克思流亡到伦敦,从此马克思一直留在英国,直到逝世。在此期间,马克思同各国各工人运动的活动家始终保持不断的通信联系。从1864年到1876年,马克思在领导国际工人协会期间,更是从事大量的革命实践活动,强调组织国际性的广泛的社会调查是总委员会的一项经常性的工作。马克思十分注意调查和研究各国工人运动的经验、发展程度及不同阶段上出现的错误倾向,认为"一个不了解社会现状的人,更不会了解力求推翻这个社会的运动和这个革命运动在文献上的表现。"②为了总结1848年革命的经验,马克思于1850年至1852年写了《中央委员会告共产主义者同盟书》、《1848年至1850年的法兰西阶级斗争》和《路易·波拿巴的雾月十八日》等著作。在普法战争期间,马克思写了《国际工人协会总委员会关于普法战争的两篇宣言》。巴黎公社革命失败后,马克思立即写成了《法兰西内战》这篇光辉著作。在德国拉萨尔派和爱森纳赫派合并问题上,马克思写了《哥达纲领批判》予以指导。总之,马克思一直密切注视革命运动的发展,切实进行调查研究,并随时给工人阶级予以支持与指导。

---

① 《马克思恩格斯全集》第39卷,人民出版社1974年版,第446页。
② 《马克思恩格斯全集》第27卷,人民出版社1972年版,第487页。

二、工人阶级调查与国际联合行动

马克思一直主张对工人阶级的具体状况进行深入的调查。因为“由工人阶级自己所进行的对各国工人阶级状况的统计调查将是‘国际联合行动’的伟大范例。为了行动起来有些把握,应该熟悉所要涉及的资料。工人一旦开始这项巨大的劳动,就会证明:他们能够把自己的命运掌握在自己手中。”①在国际工人协会创立之初,马克思就提出开展工人阶级自己的调查研究活动,并系统地提出了调查的目的、要求和具体的调查大纲。在1871年的国际工人协会伦敦代表会议上,又做出“关于工人阶级的普遍调查工作的决定”。在马克思和恩格斯的支持下,把对“工人阶级状况的统计调查”作为“国际联合行动”的必备条件而提出,并列为协会的“共同章程和组织条例”的重要内容之一。后来,马克思应《社会主义评论》杂志的出版人贝·马隆(法国社会党人)的请求,于1880年制定了一份详细的《工人调查表》。这份调查表是以国际工人协会组织条例中“关于对劳动的普遍统计”项内的“调查大纲”为基础而写成的。这一“调查大纲”要求设有协会分部的每个地区都侧重调查不同生产部门工人在工厂的劳动条件和被剥削的情况。工人调查表在此基础上提出了99个问题,结构严谨周密,内容具体详尽,对我们今天设计调查问卷具有重要的参考价值。这份调查表分为以下四个部分:

第一部分共29个问题。主要包括(1)工人及其所在企业的基本信息。其中包括工人数目及性别、年龄构成,童工、学徒工和季节工的情况。(2)企业的工作方式及伤残补偿情况。其中包括企业分工、工作场所数目、使用机器和蒸汽动力情况,以及工作场所的卫生状况、安全措施、照明、消防设备情况,重大伤、残、死亡事故及对其赔偿等。

第二部分共16个问题。主要调查工人的作息制度,如工作日长度、周工作日、休息和吃饭时间、假日、童工工作时间、换班制度和上下班规则,企业保证工人准时上班的制度以及从家到工作地点的往返时间等。

第三部分共36个问题。其中包括了企业雇用制度、工资制度和工资水平指标,还特别调查了工人的实际工资,包括家庭成员的收入、支出和日必需品的价格,经济繁荣时期和萧条时期的工资变化状况,生产产品价格、消费品价格和工资改变情况的对比等。

第四部分共18个问题。主要是关于劳资斗争的状况,包括行业工会及其活动,罢工次数、持续时间、目的和结果等,有无工人互助团体和工人合作企业,企业是否组织联合会来对付工人,有无采用分红笼络工人的情况,政府对有关法律的执行情况。

制定这份调查表主要是为了掌握不断变化的工人阶级的状况,以便为各国的工人运动交换信息,制定斗争策略,作为行动的依据。因此,马克思认为仅仅停留在调查阶段是不够的,因为调查只能得到一些表面的事实和外在的现象,必须对调查的结果进行进一步的加工才能把握事物的内在本质。“研究必须充分地占有材料,分析它的各种发展形式,探寻这些形式的内在联系。只有这项工作完成以后,现实的运动才能适当地叙述出来。”②

① 《马克思恩格斯全集》第16卷,人民出版社1964年版,第214页。

② 《马克思恩格斯全集》第23卷,人民出版社1972年版,第23—24页。

三、恩格斯与《英国工人阶级状况》调查报告

恩格斯的社会调查研究工作集中体现在其早年进行的对英国工人阶级状况的调查中。从1842年11月到1844年8月的21个月的时间内，恩格斯利用在父亲的曼彻斯特纺纱厂实习经商的机会，在马克思主义的历史上首次进行了规模巨大、内容丰富的英国工人阶级状况调查。恩格斯在曼切斯特工人区，对英国工人阶级的劳动条件、工资收入、衣食住行、健康状况、教育水平进行了实地考察。同时他收集了大量的英国官方的调查统计资料和有关的多种调查报告材料，诸如：工厂视察员报告、工人调查委员会报告、童工调查委员会报告、“大城市及人口密集区情况调查委员会报告”和出生、死亡、婚姻登记处的年度报告等。在对这些直接调查和广泛收集来的材料进行科学分析的基础上，恩格斯于1845年写成了《英国工人阶级状况——根据亲身观察和可靠材料》这一调查报告。在这一书的序言中，恩格斯说“我有机会在二十一个月内从亲身的观察和亲身的交往中直接研究了英国的无产阶级，研究了他们的要求、他们的痛苦和快乐，同时又以必要的可靠的材料补充了自己的观察。”①在“致大不列颠工人阶级”中，恩格斯同样说道“我寻求的并不仅仅是和这个题目有关的抽象的知识，我愿意在你们的住宅中看到你们，观察你们的日常生活，同你们谈谈你们的状况和你们的疾苦，亲眼看看你们为反抗你们的压迫者的社会的和政治的统治而进行的斗争。我是这样做了。”②此书对我们今天调查研究工作仍有重要的学习和借鉴意义。

1. 恩格斯对英国工人阶级状况调查的目的

恩格斯在调研报告《英国工人阶级状况——根据亲身观察和可靠材料》的序言中就写道：“工人阶级的状况是当代一切社会运动的真正基础和出发点。因为它是我们目前社会一切灾难的最尖锐最露骨的表现……所以，为了给社会主义理论，同时给那些认为社会主义理论有权存在的见解提供坚实的基础，为了肃清(赞成和反对)社会主义理论的一切空想和臆造，研究无产阶级的境况是十分必要的。”③而资产阶级“他们当然不这样做；所有这些都是他们不喜欢谈论的事情。他们宁可让一个外国人来把你们所处的屈辱的状况报道给文明世界。”④可见，恩格斯认为当时工人的实际状况是建立一切社会主义理论的基础而资产阶级又不愿进行真正的调查，所以才亲身走到工人中间，真正弄清工人阶级的生活、工作状况。恩格斯进行这次调查绝不是仅仅为了解英国一个国家工人阶级的状况，而是为了弄清工人阶级作为一个阶级的整体状况，由此分析工人阶级的特点和工人运动的发展趋势。但是恩格斯是以英国为典型代表来分析整个欧洲无产阶级的状况。这是因为“只有在英国，才能就无产阶级的一切相互关系来全面地研究这个阶级。”⑤“只有在大不列颠，特别是在英国本土，无产阶级的境况才具有完备的典型的形式；而且也只有在英国，才能搜集到这样完整的并为官方的调查所证实的必要材料，这正是对这个问题进行稍微详尽的阐述所必需的”⑥，而“德国和西欧大陆其他国家的社

① 《马克思恩格斯全集》第2卷，人民出版社1957年版，第278页。
② 同上书，第273页。
③ 同上书，第278—279页。
④ 同上书，第274页。
⑤ 同上书，第281页。
⑥ 同上书，第278页。

会统计，与英国相比是很贫乏的。"①

2. 恩格斯对英国工人阶级状况调查的特点

首先，恩格斯是以大城市为重点来研究工人阶级的状况的。因为由于工业日益集中，人口也像资本一样集中起来。大工业城市迅速成长，这里工业发达，竞争激烈，对无产阶级所造成的后果也最为明显，因此恩格斯抓住了绝大部分居民的大城市的无产者来研究无产阶级的生活和大城市对他们所产生的影响。

其次，恩格斯对工人的研究是有一定的次序的。根据工人阶级在各个部门中如何因产业革命而产生和发展的历史，恩格斯得出研究工人阶级各个部分时所应遵循的顺序：首先要研究的是产业工人，即从事原料加工的那些人；其次是"从事工人材料及原料和燃料的生产"的"新型的无产阶级，即煤矿和金属矿的工人"；"第三是工业的发展影响了农业，第四工业的发展影响了爱尔兰"。这是因为在工人阶级内部，各个部门工人阶级的发展程度是不同的。"各种工人（也许爱尔兰是例外）的发展水平是直接取决于他们和工业的联系的……在工业无产阶级本身的队伍中也会发现这样的顺序：……工厂工人，产业革命的这些初生子，始终是工人运动的核心，而其他工人的参加运动，都要看他们的手工业被产业革命侵害的程度如何而定。"

最后，恩格斯研究了各个部门工人阶级状况的相同点和不同点。"目前几乎整个工业无产阶级都已经卷入了运动，而且它的各个部分的状况，正由于他们都从事工业，就有许多共同的地方，所以我们先来考察这些共同点，然后再就各个部分的特点来更详细地研究这些部分。"②对不同部门工人共同点方面调查的内容有：（1）工人阶级的社会生活条件，即住宅、衣着和饮食方面都极端恶劣的状况。（2）揭示形成这些状况的原因，如工人阶级内部竞争，破产农民进城，女工、童工排挤成年男工，爱尔兰移民的涌入和失业工人后备军导致了工人工资水平的低下。（3）对工人造成的后果，从工人的肉体方面、智力方面、道德方面调查工人已沦为什么样的人。对工人不同点方面的调查内容有：工人的劳动条件、工作日和工资情况，以及围绕工厂法的斗争情况等。

3. 恩格斯调查英国工人阶级状况的理论价值

在《英国工人阶级状况——根据亲身观察和可靠材料》中，恩格斯深刻分析了大工业怎样产生了现代工人阶级，又把他们变成了一些生活条件极端低下，无论肉体上还是精神上都备受折磨的群体。并指出无产阶级要获得自己的彻底解放，就必须团结起来，共同战斗，去推翻资产阶级所建立的资本主义制度。这为以后的工人阶级斗争指明了出路，促进了国际工人运动的发展，为工人阶级的解放点燃了指路明灯。

对于《英国工人阶级状况》一书，马克思给予极高的评价。在马克思以后从事的政治经济学的研究中，为了研究工人阶级的状况，揭示资本主义社会的发展规律，他一再重读这部著作，并多次引用其中的观点和材料。马克思在《资本论》第一卷第三篇中讲道："不断地提供关于资本家对剩余劳动贪欲的官方统计材料"时，专门指明："英国从大工业产生到1845年这段时期，我只在某些地方提到，详细情况，请阅读弗里德里希·恩格斯的《英国工人阶级状况》（1845年莱比锡版）。1845年以后发表的工厂视察员报告、矿山视察员报告等，都说明了恩格斯对资本主义生产方式了解得多么深刻；把他的著作和过了18年至20年以后才发表的童工调查委员会（1863年至1867年）的官方报告稍加比较

① 《马克思恩格斯全集》第23卷，人民出版社1972年版，第11页。

② 《马克思恩格斯全集》第2卷，人民出版社1957年版，第299、300页。

就可以看出,他对工人阶级状况的详细入微的描写是多么令人惊叹。童工调查委员会的报告所谈的恰好是1862年以前尚未实施工厂法的那些工业部门的情形,其中有些部门直到现在还没有实施工厂法。因此,恩格斯所描写的状况在这些部门内并没有受外因影响而发生多大变化。"①可见,这部著作的成果已经成为马克思以后进行理论研究的基础性材料。

总之,《英国工人阶级状况》是国际社会主义在胚胎发育中的第一个划时代的伟大文献,是马克思主义调查研究史上的开篇之作。

第二节 马克思恩格斯调查研究理论的基本特征

一、调查研究和社会实践是一切科学理论的源头和出发点

马克思、恩格斯一生都在进行理论创造工作,都在分析、研究、探索人类社会发展规律。在这一过程中,他们虽然十分重视对工人运动中实际情况的直接调查,但他们的主要工作是收集和整理资产阶级所积累的各种文献材料。按照马克思主义认识论的观点,任何人都不能把自己的知识仅仅建立在直接的经验之上,人们只能在亲身实践和间接经验的学习的相互补充中获得对世界的认识。马克思和恩格斯特别注重对当时资产阶级政府、资产阶级经济学家和资产阶级社会学家所积累的材料作调查研究。正是在收集、分析、研究这些材料的过程中,他们才创作出许多不朽的著作,用以指导革命的实践。

马克思十分注重收集时事材料和了解实际知识。在马克思生活的年代,报刊这一先进的传媒方式已普遍普及。它提供了许多工业和世界市场贸易的发展进程以及科学技术、生产工艺发展变化的丰富资料。马克思就把科学研究工作和为报刊写评论结合在一起,密切注视主要资本主义国家重大的政治经济事件,几乎是逐月逐周甚至是每天收集和积累大量事实材料。从马克思和恩格斯的书信中,我们可以看到马克思的勤奋精神。他说:"我的工作量很大,多半都工作到凌晨四五点来收集有关经济危机的材料。我备了三大本笔记簿——英国、德国、法国。至于美国,全部材料《论坛报》上都有,这些材料可以以后整理。"他还说:"我在笔记本中利用各种来源收集了一切可能收集到的统计资料。"②1869年马克思收到俄国友人寄给他的一本弗列罗夫斯基写的《俄国工人阶级状况》的书,此书是作者亲自到各地旅行考察、花了15年时间写成的。为了阅读这本书,时年52岁的马克思开始自学俄文。过了一段时间后,他说我很高兴,现在能够查着字典相当快地阅读它。另外,马克思还经常向熟悉具体情况的人请教,了解有关的实际知识。恩格斯长期在曼彻斯特的企业任职,马克思就经常向他了解有关工商业方面的实际知识,他曾对恩格斯说:"实践胜于一切理论,因此,请你把你们同银行家等等进行业务联系的办法完全准确地(举例)告诉我。"③马克思对许多情况都了解得很详细,例如工厂工人的各个工种以及他们的数量比例;工人平均周工资是多少;平均每周纺纱多少;棉花和纱的价格是多少等等,马克思都力求得到准确的数字。

---

① 《马克思恩格斯全集》第23卷,人民出版社1972年版,第268页。
② 《马克思恩格斯全集》第28卷,人民出版社1973年版,第621页。
③ 《马克思恩格斯全集》第32卷,人民出版社1974年版,第191页。

(10)政府有没有通过控制童工劳动的**法令**?企业主是不是严格遵守这些**法令**?

(11)有没有为在你的工业部门劳动的童工和少年设立学校?如果有,那末一天中哪些时间孩子们是在学校度过的?他们学习些什么?

(12)在生产日夜进行的地方,采用怎样的换班制度,是不是由一班工人换另一班工人?

(13)在生产繁忙时期,工作日通常延长多久?

(14)机器是专门雇工人来擦拭的呢,还是由使用机器的工人在工作日内无报酬地擦拭的?

(15)采用哪些规则和处分来保证工人在工作日开始时和午休后准时上工?

(16)你每天从家里到工作地点以及工作后回家要花多少时间?

三

(1)你的老板规定了怎样的雇佣制度?你是按日、按周、按月雇佣的呢,还是按其他办法雇佣的?

(2)规定解雇或离职要在多长时间以前通知?

(3)如果由于企业主的过错而违反了合同,是不是追究他的责任,什么责任?

(4)要是工人违反合同,会遭到怎样的处罚?

(5)要是使用学徒劳动,那末和他们订的合同有哪些条件?

(6)你的工作是固定的还是不固定的?

(7)你的企业主要是在一定的季节进行生产呢,还是通常相当均衡地全年进行生产?如果你的工作是有季节性的,那末在其他时间你靠什么收入生活?

(8)你的工资是怎么计算的?是计时还是计件?

(9)如果是计时,那么怎样同你结算?是按钟点还是按整个工作日?

(10)加班是不是补发工资?

(11)如果你的工资是**计件**的,请说明是怎么计算的?如果在你工作的生产部门里完成的工作是用尺量或过磅计算的(如煤矿),那么,你的老板或他的帮手是不是用欺诈手段剥夺你的部分工资?

(12)如果你的工资是计件的,那有没有拿产品质量作为欺诈的借口,来克扣工资呢?

(13)不论是计时工资还是计件工资,你过**多长时间**领工资?换句话说,在你领取已经完成的工作的工资以前,你给老板的贷款有多长时间?什么时候发工资:一星期以后,一个月以后,或还要长?

(14)你是不是感到:这样拖延发工资,就迫使你经常跑当铺,付出高额利息,同时使你失去你所需要的物品,或者迫使你向小铺老板借钱,变成他们的债户,成为他们的牺牲品?

(15)工资是由“老板”直接发给,还是经过中间人或“包工头”等等?

(16)如果工资是经过“包工头”或其他中间人付给的,请列举你的合同条件。

(17)请说明你一天或一周有多少。

(18)请说明和你在同一工场工作的女工和童工在上述时间内的规定工资。

(19)请说明最近一个月内最高和最低的日工资。

(20)请说明最近一个月内最高和最低的计件工资。

(21)请说明在上述时间内你的实际工资;如果你有家,也请说明你妻子和孩子的工资。

(22)工资是付给现金,还是一部分付给别的东西?

(23)如果你向你的企业主租房屋,请说明有哪些条件。企业主是不是队从你的工资扣除房租?

(24)请说明下列日用必需品的价格:

(a)房租和租房条件;有几个房间;多少人住;房屋修缮和保险;家具购置和修理;寄宿;取暖、照明和用水等等;

(b)食品、面包、肉类、蔬菜(马铃薯等);乳制品、鸡蛋、鱼;黄油、植物油、脂肪;糖、盐、调味香料、咖啡、茶叶、菊苣;啤酒、西得尔酒、葡萄酒等;烟草;

(c)衣服(父母和孩子的);洗衣;卫生用品,洗澡,肥皂等等;

(d)其他开支:如邮资,还债和付给当铺的保管;孩子在学校学习的各种开支,学费,买报、买书等等。交给互助会,罢工基金会、各种联合会、工会等等的会费;

(e)和你从事的职业有关的开支(如有这种开支);

(f)捐税。

(25)请尽量算出你每周和一年的收入(如果你有家,也请算出家庭的收入)以及每周和一年的支出。

(26)根据你个人的经验,你是不是觉得日用必需品的价格(如房租、食品价格等等)比工资提高得更快?

(27)请说明你所记得的历次工资变动情况。

(28)请介绍一下在萧条或危机时期工资降低的情况。

(29)请提供在所谓繁荣时期工资提高的情况。

(30)请介绍一下产品式样改变以及局部或普遍的危机所造成的生产停顿的情况。

(31)请对照地谈谈**你生产的产品价格**或你提供的服务的价格改变情况和工资**同时改变**或不变的情况。

(32)在你工作以来是不是有过由于采用机器或其他改进而解雇工人的情况?

(33)由于机器生产的发展和劳动生产率的提高,劳动强度、劳动时间是减少了还是增加了?

(34)你是不是知道,什么时候有过由于生产改进而提高工资的情况?

(35)你是不是知道,有哪个普通工人在年满50岁时可以脱离工作而靠他做雇佣工人时挣的钱过活?

(36)在你的生产部门里一个中等健康水平的工人可以工作多少年?

四

(1)在你的行业中有没有工会?它们是怎样活动的?

(2)在你工作以来你们行业的工人举行过几次罢工?

(3)这些罢工的时间有多长?

(4)是局部罢工还是总罢工?

(5)罢工的目的是不是提高工资,或是反对降低工资的做法?或是关于工作日的长短,或是由于其他原因?

(6)罢工的结果怎样?

(7)你们行业的工人是不是支持其他行业工人的罢工?

(8)请谈谈你的老板为了管理他的雇佣工人而规定的规章以及违反规章的处分。①

(9)企业主有没有结成联合会,以便强迫工人接受降低工资、延长工作日、干涉罢工,总之,是要把自己的意志强加于工人阶级?

(10)在你工作以来,你是不是知道省政府方面滥用国家权力来帮助老板反对工人的情况?

(11)在你工作以来,这个政府是不是曾经帮助过工人反对企业主的勒索和非法的欺诈手段?

(12)这个政府是不是要求不顾老板的利益贯彻执行工厂法(如果有这样的工厂法)?工厂视察员(如果有这样的视察员)是不是严格履行自己的职责?

(13)在你的企业或你的行业中有没有对不幸事故——疾病、死亡、短期丧失劳动力、年老等等进行互助的团体?

(14)加入这些团体是自愿的还是强迫的?这些团体的基金是不是完全受工人监督?

(15)如果缴纳会费是强迫的并且是受企业主监督的,企业主是不是从工资中扣除这些会费?他是不是支付这笔款项的利息?被解雇或辞职的工人,能不能收回自己所交的钱?

(16)在你的生产部门有没有工人合作企业?他们是怎样管理的?它们是不是也像资本家那样从外面雇用雇佣工人?

(17)在你的生产部门里有没有这样一种企业,在这种企业中,付给工人的报酬一部分是工资,另一部分则是所谓分红?请把这些工人的总收入和没有所谓分红的工人的收入作一比较。这种制度下的工人有些什么义务?是不是容许他们参加罢工等活动,还是只许他们做老板的忠实奴仆?

(18)在你的生产部门里的工人(男工和女工)一般的体力智力和精神状况怎样?

卡·马克思起草于1880年4月上半月
载于1880年4月20日“社会主义评论”
杂志第4期
原文是英文和法文

① 在手稿上删去了下列字句:“自然,在他的工厂里,他把最高的立法权、审判权和行政权都集中在自己手里。”——《马克思恩格斯全集》编者注。

第二章 毛泽东调查研究的实践与理论

毛泽东是毛泽东思想的主要创立者和中华人民共和国的缔造者。从事持续的、大规模的调查研究活动是毛泽东同志伟大一生的重要方面和显著特征。正如邓小平所说:“毛泽东同志从参加共产主义运动、缔造我们党的最初年代开始,就一直提倡和实行对于社会客观情况的调查研究,就一直同理论脱离实际、一切只从主观愿望出发、一切只从本本和上级指示出发而不联系具体实际的错误倾向作坚决的斗争。”①毛泽东所进行的调研次数之多、时间之长、范围之广、内容之系统在马克思主义历史上是独一无二的。通过社会调查研究活动,毛泽东深刻认识和把握了中国国情,领导中国革命不断从胜利走向胜利。在长时间的社会调查研究活动中,毛泽东形成了其独特而完整的社会调查研究的理论。这一理论系统的阐述了社会调查研究的重要性以及原则和方法,是对马克思主义调研理论的突出贡献。

一切从实际出发,实事求是,把马克思列宁主义的普遍真理同中国革命实践相结合,这是马克思主义哲学的根本要求和毛泽东思想的精髓所在。而毛泽东认为把理论和实践相结合的根本途径就是进行调查研究。中国几千年来的封建势力和外国列强侵略势力的相结合,使中国成为一个性质特殊的半殖民地半封建社会。中国的资产阶级异常软弱,中国革命的敌、我、友等问题也和西欧有着根本的不同。只有通过调查研究才能真正认识中国复杂的国情。正如毛泽东所说:“一般地说,中国幼稚的资产阶级还没有来得及也永远不可能替我们预备关于社会情况的较完备的甚至起码的材料,如同欧美日本的资产阶级那样,所以我们自己非做搜集材料的工作不可。特殊地说,实际工作者须随时去了解变化着的情况,这是任何国家的共产党也不能依靠别人预备的。”②因此,为了真正了解中国的实际情况,毛泽东一生中都极为重视调查研究工作,正是他开创了中国共产党调查研究事业的先河和一代新风。同时在调查研究的实践中,毛泽东形成了自己独立和完整的社会调查研究理论。这是毛泽东思想极为重要的一个组成部分,是我们党极为宝贵的理论财富,也是对马克思主义理论的重要发展和贡献。

第一节 毛泽东调查研究理论的产生与发展

一、毛泽东调查研究思想的萌芽

从毛泽东长沙求学到中国共产党成立是毛泽东调查研究思想萌芽时期。在20世纪初,毛泽东还

① 《邓小平文选》第二卷,人民出版社1994年版,第114—115页。

② 《毛泽东农村调查文集》,人民出版社1982年版,第17页。

在求学之时,马克思主义还没有传到中国,但他就已经自觉地对社会进行调查研究。因此毛泽东在接受马克思主义之前就意识到调查研究的重要性。毛泽东认为"闭门求学,其学无用",不仅要读有字之书,还有读无字之书。于是毛泽东一方面发愤图强,大量阅读古今中外各种图书,吸收了许多先进思想,另一方面他又走出书斋,了解社会生活实际知识,考察和体验民众生活。

1. 游学考察、逐步了解农村状况

所谓"游学考察",就是毛泽东由于是一个穷学生,支付不起到各地考察的费用,于是他就带着纸、笔、墨,每到一处就给别人写对联或写信函,把接受的馈赠作为生活费和路费。毛泽东 1913 年进入长沙第一师范学院学习,就坚持不懈的在学校周围进行调查研究活动。1917 年,他和同学肖子升离开学校,用 1 个多月的时间到长沙、宁乡、益阳、安化和沅江等五县进行游学考察;同年 12 月,他又到浏阳县的文家市进行考察;1918 年夏天,毛泽东和蔡和森一起,到湖南的益阳、岳阳、汉寿等县进行了半个多月的考察;1918 年 8 月,毛泽东组织一批赴法勤工俭学的青年去北京的途中,行至郾城时因铁路被洪水冲断而暂停,毛泽东还利用这个间隙组织同学们去附近农村看看。通过这一系列的游学考察,毛泽东看到农民虽然无日无夜、终年劳动却吃不饱、穿不暖的极为不平等的社会现实。并认识到其原因不仅仅是由于干旱、洪涝等自然灾害影响收成,更主要的是由于受到地主乡绅残酷的剥削与压迫,掠夺农民的劳动果实。这引起了毛泽东对农民的无限同情和对剥削阶级极端仇视,坚定了他改造不合理社会的决心。

2. 主动接触工人,注重解决社会实际问题

长沙师范学院附近有许多工厂,比如电灯公司、造币厂等。毛泽东在和工人的交往中发现大部分工人都是破产的农民,他们不识字,文化素质低下,因此经常受工厂老板的欺负。于是毛泽东就提议举办工人夜校,帮助工人学习文化知识。他克服了工人对夜校的疑惑状况,亲自给工人上课,逐渐了解了工人的生活、思想状况。1918 年和 1919 年,毛泽东先后两次到北京近郊的长辛店铁路工厂进行调查。由于这里的机械化程度比较高,毛泽东在此深深感到工人阶级的先进性和组织性。通过对工人阶级的不断了解,毛泽东认为只要把工人阶级组织起来并向他们传输科学文化知识,他们就能成为社会的中坚,成为拯救中华民族的力量。针对当时社会上存在的一种脱离实际的空谈习气,毛泽东提出了批评,主张人们要"踏着人生社会的实际说话",应当根据实际情况去研究事实和真理。在 1919 年 7 月《民众的大联合》一文中,他提出了农民的土地和地租问题,工人的工资和工时问题以及学校教育等问题。1919 年 9 月,毛泽东发起了"问题研究会",并起草了《问题研究会章程》。在章程中他列举了政治、经济、社会、文化、国际形势等 150 多个问题。正是对中国社会问题的深刻认识,促使他不断寻求救国救民的真理,毛泽东先后借鉴了康有为与梁启超的思想和胡适与陈独秀的思想,最终接受了马克思主义。

3. 既要了解中国的现实,也要了解外国的情况

毛泽东早在青年时期,就开始认识到,要在中国进行革命斗争,就必须把握中国的国情。1920 年 3 月 14 日,在给周世剑的信就表示:"我想暂时不出国去,暂时在国内研究各种学问的纲要……吾人如果要在现今的世界稍为尽一点力,当然离不开'中国'这个地盘。关于这个地盘内的情形似不可不加以实地的调查及研究。"①后来他回忆这个情形时说:"我陪同一些湖南学生去北京。虽然我协助组织了这个运动,而且新民学会也支持这个运动,但是我并不想去欧洲,我觉得我对自己的国家还了解

① 《毛泽东给周世钊的信》(1920 年 3 月 14 日),载《新民学会资料》,人民出版社 1980 年版,第 63 页。

得不够，我把时间花在中国会更有益处。”①对中国社会有着深刻的了解，正是毛泽东的独特优势和他能够领导中国革命成功的重要原因。但同时毛泽东又十分重视了解国外各种思想学说和发展状况，以对解决中国的问题有所借鉴。他说“我觉得我们要有人到国外去，看些新东西、学些新道理、研究些有用的问题，拿回来改造我们的国家。”②他一直非常积极的支持青年学生出国勤工俭学，并亲自到上海送走了第一批赴法勤工俭学的新民学会的会友蔡和森等人。

二、毛泽东调查研究理论的形成

大革命时期和土地革命时期是毛泽东调查研究理论的形成时期。在这一时期，毛泽东接受了马克思主义理论，转变为一个共产主义者。毛泽东自觉运用马克思的基本原理和方法，对中国的阶级状况、农民运动、建立根据地等进行更加深入和广泛的调查，写了许多优秀的调查报告和著作，对中国国情有了科学的认识。

1. 1925 年的《中国社会各阶级的分析》

对中国国情的科学认识首先建立在对中国社会各阶级及其相互关系的分析之上。1925 年初，毛泽东因病回韶山休养。在此期间，他广泛深入群众，对韶山地区农村的政治、经济状况进行了详细的调查研究，写了许多调查笔记。同时他用马克思主义的观点对当时众多的有关工农运动方面的资料进行了批判的吸收。在这些直接调查和文字资料的基础上，毛泽东写成了《中国社会各阶级的分析》一文。在这篇著作中，毛泽东对中国的民族资产阶级、农民阶级和工人阶级的地位和作用都作了独具中国特色的分析，他指出：“可知一切勾结帝国主义的军阀、官僚、买办阶级、大地主阶级以及附属他们的一部分反动知识界，是我们的敌人。工业无产阶级是我们革命的领导力量。一切半无产阶级、小资产阶级，是我们最接近的朋友。那动摇不定的中产阶级，其右翼可能是我们的敌人，其左翼可能是我们的朋友。”③这就回答了中国革命的性质、任务、动力、对象等一系列问题，解决了新民主主义革命的领导权问题，创造性地发展了马克思主义阶级分析和阶级斗争理论。

2. 1927 年的《湖南农民运动考察报告》

北伐战争时期，许多农民加入了农民协会，中国的农民运动蓬勃发展起来。这严重侵害了地主阶级的利益，于是武汉、长沙的一些大地主、大资产阶级诬蔑农民运动为“痞子运动”、“土匪行动”。统一战线中的国民党右派也随声附和，指责农民运动“过火”。中国共产党本来是被压迫民众的代表，应当坚决支持农民。但是由于右倾思想的影响，他们只注重同资产阶级合作，指责农民运动是“幼稚行动”，要求取消农民的革命权。毛泽东为了支持伟大的农民运动，驳斥党内外怀疑和指责农民运动的论调。在 1927 年，用 32 天的时间，步行 1 400 多里，亲自深入湘潭、湘乡、衡山、醴陵、长沙五县农村，对农民运动的情况进行了全面的考察，搜集了大量的第一手材料。《湖南农民运动考察报告》就是在这次调查研究的基础上写成的。《考察报告》以调查所得的大量事实，分析了农民中的贫农、中农、富农三个不同的阶层对革命的不同态度，并指出土豪劣绅、不法地主阶级是革命的对象。毛泽东还看到了农民中间蕴藏的巨大力量，他指出：“孙中山先生致力国民革命凡四十年，所要做而没有做

---

① 斯诺：《西行漫记》，上海复社 1938 年版，第 126 页。

② 周世钊：《湘江的怒吼——“五四”前后毛主席在湖南》，载《五四时期的社团》第 1 辑，人民出版社 1979 年版，第 96 页。

③ 《毛泽东选集》第一卷，人民出版社 1991 年版，第 9 页。

到的事,农民在几个月内做到了。”①毛泽东科学指出农民问题在中国革命中的重要地位和无产阶级领导农民斗争的极端重要性,批评了党内右倾思想的错误。

3. 在井冈山革命根据地进行调查研究活动

大革命失败以后,在革命的紧急关头,毛泽东带领秋收起义的部队上了井冈山。为了弄清井冈山是否适合做革命根据地,它有哪些有利条件和不利条件,毛泽东率领红军部队对罗霄山脉的自然条件和政治、经济状况做了详细的调查。认为井冈山地势险要、易守难攻,有良好的经济条件和群众基础,可以作为革命根据地。井冈山革命根据地建立以后,人们对其是否能存在和发展下存在疑问,提出“红旗能打多久”。针对这些疑问,在极其艰难的环境下,毛泽东对湘赣边界各县进行了广泛的社会调查。于 1927 年 11 月写出宁冈、永新两县的调查报告。对当地群众斗争的情况,反动派的状况,当地经济生活,土地分配的情况等进行了全面的分析,基于这些社会调查,写出了《中国的红色政权为什么能够存在?》。其中论证了中国红色政权发生发展的原因、条件,提出了“工农武装割据”的光辉思想。针对部队存在的各种问题,毛泽东于 1929 年起草了《关于纠正党内的错误思想》的决议。为了克服党内的主观主义思想倾向,毛泽东十分明确地把调查研究工作写进了这一决议。决议指出:“教育党员用马克思列宁主义的方法去作政治形势的分析和阶级势力的估量,以代替主观主义的分析和估量”,“使党员注意社会经济的调查和研究,由此来决定斗争的策略和工作的方法,使同志们知道离开了实际情况的调查,就要堕入空想和盲动深坑。”②这是毛泽东把马克思主义普遍真理和中国革命实践相结合的思想雏形,同时他把调查研究提到了解决政治路线的思想基础的高度,促进了红四军调查研究工作的制度化、经常化。通过这一系列的调查研究,毛泽东提出了建立农村革命根据地,实行工农武装割据,走农村包围城市的道路等一系列主张。这表明中国共产党已经找到了中国革命的正确道路,是对马克思主义关于无产阶级革命理论的创造性贡献。

4. 1930 年的寻乌调查与兴国调查和 1933 年的长冈、才溪乡调查

毛泽东非常重视农村问题,但他同时也密切关注城市问题,一直想找机会了解城市。为此,毛泽东于 1930 年对寻乌县城进行调查。寻乌县位于福建、江西和广东三省的交界处,而各省交界各县的情况都差不多,明了了这个县的情况,对其他县的情况也可以有所了解。毛泽东采取登门拜访、直接观察和开调查会三种方式,对各行各业的调查对象进行深入了解。写成了 8 万余字的《寻乌调查》一书,其中不仅涉及到农村,也介绍了城市的状况。特别是调查了城镇商业和手工业的历史和现状,为我党制定正确的对待贫民和商业资产阶级的政策提供了依据。1930 年 8 月,毛泽东又进行了著名的兴国调查。他从兴国县第十区——永丰区当红军的农民中找了 8 个人,在罗坊开了一星期的调查会。详细询问了 8 户农民家庭的土地、财产、收支、劳动力、婚姻和文化状况等。进一步了解了土地革命的政策在农村的实行情况,了解了农民在土改前后政治和经济地位的变化。1933 年,正是中央革命根据地的困难时期。但有些领导机关不去调查实际工作内容是什么,只知道发布命令和决议,结果造成干群关系紧张。面对这种情况,毛泽东对江西兴国县的长岗乡和福建上杭县的长溪乡进行了深入细致的调查。总结了这两个乡进行群众工作的先进经验,指出:“他们把群众生活和革命战争联系起来了,他们把革命的工作方法问题和革命的工作任务问题同时解决了。”③在随后写下的《长冈乡调查》

---

① 《毛泽东选集》第一卷,人民出版社 1991 年版,第 15 页。

② 同上书,第 92 页。

③ 同上书,第 140 页。

和《才溪乡调查》中,毛泽东把调查研究和党的群众路线联系起来,批评了党内存在的官僚主义倾向,阐述了党的群众路线的重要性。

5. 制定和完善土地政策

农民的土地问题是中国革命的基本问题。中国共产党从1927年起就领导农民进行土地革命斗争。为了引导土地革命的正确进行,毛泽东经过一系列调查研究,于1928年亲自主持制定了井冈山"土地法"。这是中国共产党制定的第一个土地法,使各地的土地革命有了统一的标准。这部法规定"没收一切土地归苏维埃政府所有"。在实施这部土地法的过程中,毛泽东经过调查发现"没收一切土地,而不是只没收地主土地"有原则性错误,这样侵犯了中农的利益,不利于联合中农。1929年,毛泽东主持颁布兴国"土地法"时,纠正了这一错误,把"没收一切土地"改为"没收一切公共土地及地主阶级的土地"。这样就可以集中打击地主阶级,消灭封建土地关系。1930年,毛泽东又对"土地法"进行了补充,提出对豪绅地主及反动派的家属,应酌量分配土地。1930年6月,又制定了"苏维埃土地法",补充规定分田必须按照"抽多补少"、"抽肥补瘦"的原则,不许地主和富农把持肥田。在土改过程中出现了企图一下子消灭剥削制度和从肉体上消灭地主阶级的"左"倾错误,同时在分田过程中也有偏向富农不利于贫农的右倾错误。针对这种情况,毛泽东经过反复的调查研究,制定了一条比较完整的土地路线,就是依靠贫农、联合中农、限制富农、保护中小工商业者、消灭地主阶级的革命土地路线。经过实践证明,这条路线是正确的,使革命根据地得到巩固和发展。

6. 1930年的《反对本本主义》一书

此书原来叫《调查工作》,1964年收入《毛泽东著作选读》(甲种本)时,毛泽东把它改题为《反对本本主义》。1961年3月11日,毛泽东将此文印发给他在广州召集的一次会议,并写了以下的说明:这是一篇老文章,是为了反对当时红军中的教条主义思想而写成的。那时没有用"教条主义"这个名称,我们叫它"本本主义"。看来还有些用处,印若干份供同志们参考。《反对本本主义》全面系统地论述了调查研究的理论,提出了若干科学的论断,比如,"中国革命斗争的胜利要靠中国同志了解中国情况。""无产阶级要取得胜利,就完全要靠他的政党——共产党的斗争策略的正确和坚决。共产党正确而不动摇的斗争策略,决不是少数人坐在房子里能够产生的,它是要在群众的斗争过程中才能产生的。这就是说要在实际经验中才能产生的。因此,我们需要时时了解社会情况,时时进行实际调查。""一切结论产生于调查情况的末尾,而不是在它的先头。""马克思主义的'本本'是要学习的,但是必须同我国的实际情况相结合",并提出了"没有调查,没有发言权"①的著名口号。如果说,毛泽东以前只是进行了调查研究的实践的话,那么,这便是对长期调查研究实践的科学总结,是从认识论的高度对调查研究所作的理论上的深刻阐述,标志着毛泽东调查研究理论的形成。

三、毛泽东调查研究理论的成熟

抗日战争和解放战争时期,是毛泽东同志的调查研究理论的成熟时期。遵义会议以后,确立了毛泽东在红军和党中央的领导地位,从此,中国革命开创了胜利发展的新局面,顺利实现了土地革命战争到抗日战争的转变。为了总结党成立以来中国革命两次胜利,两次失败的经验教训,红军长征到达延安以后,毛泽东集中精力从事理论工作。他在一系列作品中深刻阐明了调查研究的重要性、目的、

---

① 《毛泽东农村调查文集》,人民出版社1982年版,第1—11页。

态度和方法，形成了自己独具特色的调查研究理论。

1.《农村调查》一书的序言和跋

毛泽东在百忙中，亲自整理了经过长征保存下来的调查材料，编为《农村调查》一书，并写了《〈农村调查〉的序言和跋》。在序言中，毛泽东指出做社会调查是了解情况、获得对中国问题的最基础知识的惟一方法。要做好调查，第一要眼睛向下，不要只是昂首望天；第二要开调查会。在这里，毛泽东着重讲了调查研究应采取的态度和方法。他指出：调查研究没有满腔热情，没有眼睛向下的决心，没有求知的渴望，没有放下臭架子甘当小学生的精神，是一定不能做，也一定做不好。他还引用斯大林的话指出调查研究的重要性"理论若不和革命实践联系起来，就会变成无对象的理论"，而"实践若不以革命理论为指南，就会变成盲目的实践。"①在本书的跋中，他指出由于我们革命形势的变化，我们党的路线方针和土地政策都发生了一定的变化，作为一个马克思主义者要理解党的策略路线的变化。

2.《关于农村调查》讲话

1941年9月，毛泽东向妇女生活调查团做了重要讲话，这就是后来正式发表的《关于农村调查》一文。在文中，毛泽东进一步强调了调查研究的重要性和长期坚持调查研究的必要性。他首先指出，情况是逐渐了解的，需要继续不断的努力。"中国革命也需要调查研究工作，首先要了解中国是个什么样(中国的过去、现在及将来)。"②但是，认识客观世界有一个过程，不能一次完成，因此，调查研究也不能一劳永逸。"事物是运动的，变化着的，进步着的。因此，我们的调查，也是长期的。今天需要我们调查，将来我们的儿子、孙子，也要做调查，然后，才能不断地认识新的事物，获得新的知识。"③在第二部分中，他介绍了调查研究应注意的方法。一是要用对立统一观点进行调查研究。它主要介绍了认识事物的综合——分析——综合的地认识过程，并重点介绍了分析中"四面受敌"法。二是要详细的占有材料，抓住要点。他指出："一定要抓住要点或特点(矛盾的主导方面)。""假若丢掉主要矛盾，而去研究细微末节，犹如见树木而不见森林，仍是无发言权的"④。这些关于调查研究的基本观点和方法，表明了毛泽东的调查研究理论已达到成熟、是其理论完全形成的标志。

3.延安整风与大兴调研之风

针对我党内存在的一些不正确的思想作风——主观主义、宗派主义、党八股，毛泽东领导全党开展轰轰烈烈的整风运动。这是一次全党范围的马克思主义思想教育运动。为了给整风运动提供正确的思想，毛泽东在1941年做了《改造我们的学习》的报告，1942年做了《整顿党的作风》和《反对党八股》的报告。毛泽东认为无论是教条主义还是经验主义，都是主观主义的表现，主观主义是"左"倾冒险主义和右倾机会主义的认识论根源。而要克服主观主义，调查研究是根本方法，"在全党推行调查研究的计划，是转变党的作风的基础一环。"⑤毛泽东把调查研究和党的思想建设结合起来，是对马克思主义和党的建设理论的重大发展。党中央于1941年8月向全党发布了《中共中央关于调查研究的决定》和《中共中央关于实施调查研究的决定》，推动全党兴起了调查研究之风。在党内设立了专门的调查研究机构，组织了各类调查团下去进行调查。在调查中，人们提高了认识，写了许多调查报告，

---

① 《毛泽东农村调查文集》，人民出版社1982年版，第17页。
② 同上书，第21页。
③ 同上书，第21页。
④ 同上书，第25—26页。
⑤ 《毛泽东选集》第三卷，人民出版社1991年版，第802页。

取得了丰硕的理论成果。

四、新中国成立后毛泽东调查研究理论的继续发展

新中国成立后,毛泽东的调查研究思想继续发展。我党成为执政党后,面临着如何搞社会主义建设的崭新课题。因此,毛泽东多次号召全党,要继续保持和发扬革命战争年代的优良传统,进行系统的周密的调查研究,尽快熟悉情况,了解新问题,获得领导工作的主动权。虽然在探索社会主义建设的过程中,毛泽东虽然犯了严重的错误,但他的调查研究活动仍然继续进行,并取得了很大的成果。

1.《论十大关系》

1956 年,生产资料私有制的社会主义改造完成以后,我国开始进入社会主义社会。面对全新的形势,毛泽东向全党提出了总结以往的经验教训,探索适合我国国情的经济发展道路。为此,从 1956 年 2 月起,他利用一个半月的时间,进行了系统而周密的调查研究工作。他亲自听取了农业、商业、财政等 34 个部门的工作汇报,认真思考各个部门取得的成绩和存在的问题,对各种理论和政策进行反复研究。同时他还查阅了大量的有关资料,特别是注重吸收和借鉴苏联东欧国家进行社会主义建设历史经验。正是在经过调查研究的基础上,并经过政治局的数次讨论,经过毛泽东的概括,才形成了关于正确处理十大关系的重要思想。在《论十大关系》中,毛泽东深刻指出了我国社会主义建设中需要处理好的十个重要问题,并提出了正确处理这些问题的方针原则,对我国社会主义建设具有重要的指导意义。这篇报告是毛泽东通过调查研究,把马列主义普遍真理同我国的具体国情结合起来的典型代表。

2. 把 1961 年搞成"调查研究年","实事求是年"

"大跃进"和人民公社化运动,发生了以高指标、瞎指挥、浮夸风和"共产风"为标志的"左"倾错误,使国民经济遭受巨大损失。为了纠正 1958 年以来我国农村工作和经济工作中的"左"倾错误,毛泽东向全党重申党的一切从实际出发、实事求是的思想路线,强调要贯彻群众路线,大兴调查研究之风,为国民经济的调整、制定其他各项工作的方针政策提供了客观依据。毛泽东反复号召全党,要大兴调查研究之风,把 1961 年搞成"调查研究年","实事求是年"。为此,毛泽东亲自南下,到南方各省调查人民公社中存在的一系列问题,经过认真的分析研究,制定了《农村人民公社工作条例(草案)》(简称《农业六十条》)。毛泽东还指示各级党委、政府深入基层,认真研究《农业六十条》(草案)试行中存在的问题。通过反复的修改和总结,不断充实和完善,中共中央才于 1962 年发出了《关于改变人民公社基本核算单位问题的指示》,对纠正"左"倾错误,促进农村经济的好转具有重大作用。

第二节 毛泽东调查研究理论的基础与核心

毛泽东的《矛盾论》、《实践论》等著作揭示了毛泽东调查研究理论的指导思想。在《反对本本主义》、《农村调查序言》、《关于农村调查》和《改造我们的学习》等著作中,毛泽东对自己长期进行的调查研究经验进行了科学的总结,阐述了调查研究的目的、作用、方法等基本问题。在党的十二大胜利召开后,中央文献研究室在《农村调查》一书的基础上增订出版了《毛泽东农村调查文集》,编辑和整

理了毛泽东农村调查的成果和关于调查研究的重要著作,为我们研究毛泽东调查研究理论提供了重要依据。

一、"没有调查,就没有发言权"

"没有调查,就没有发言权"是毛泽东关于调查研究地位和作用的最著名的论断。由于王明"左"倾教条主义的影响,我党在20世纪30年代初形成了一切从本本出发,不作调查研究,闭着眼睛瞎说、瞎指挥的思想倾向。为此,毛泽东写了《反对本本主义》一文予以批驳,指出只有深入实际、深入群众,做好调查研究,弄清问题的来龙去脉,才能形成正确的认识,进而找到解决问题的方法。文章的开头毛泽东便提出"没有调查,就没有发言权",并解释说"你对那个问题的现实情况和历史情况既然没有调查,不知底里,对于那个问题的发言便一定是瞎说一顿。瞎说一顿之不能解决问题是大家明了的,那末,停止你的发言权有什么不公道呢?"①毛泽东的这一正确的论断当时不但没有被党中央所接受,反而被指责为"狭隘经验论"。毛泽东后来在谈到这件事时说:"'没有调查,就没有发言权'这句话,虽然曾经被人讥为'狭隘经验论'的,我却至今不悔;不但不悔,我仍然坚持没有调查是不可能有发言权的……除了盲目的、无前途的、无远见的实际家,是不能叫做'狭隘经验论'的。"②实践也证明,只有我们遵照毛泽东所教导的思想路线,我们才能取得革命的胜利。反之,我们会犯教条主义的错误,给革命带来重大损失。"没有调查,就没有发言权"是毛泽东调查研究理论的基础与核心,集中体现了调查研究的重要地位与作用,把调查研究提高到马克思主义认识论和党的思想路线的高度,是毛泽东创造性的贡献。

二、调查研究的重要地位与作用

毛泽东对于调查研究的重要地位与作用的认识是不断深化的。

1. 调查研究是认识中国国情的基本手段

毛泽东在《反对本本主义》一文中就讲"社会经济调查,是为了得到正确的阶级估量,接着定出正确的斗争策略。为什么要做社会经济调查?我们就是这样回答。"③在《农村调查》序言中,他又说:"要了解情况,惟一的方法是向社会做调查,调查各阶级的生动情况。"④毛泽东在《关于农村调查》中也强调指出:"中国革命也需要做调查研究工作,首先就要了解中国是个什么东西(中国的过去、现在及将来)。"⑤正是通过调查研究,毛泽东才深刻了解了中国的实际情况,弄清了中国特殊的阶级结构和各阶级的特点。在此基础上找到了在农村建立革命根据地,以农村包围城市,最后夺取城市的武装革命斗争的特殊道路。从而正确制定和完善了党的路线、方针、政策以及战略、战术,不断推动我国革命从胜利走向胜利。

2. 调查研究是理论和实践相结合的中心环节

---

① 《毛泽东农村调查文集》,人民出版社1982年版,第1页。

② 同上书,第17—18页。

③ 《毛泽东选集》第一卷,人民出版社1991年版,第113页。

④ 《毛泽东农村调查文集》,人民出版社1982年版,第15页。

⑤ 同上书,第21页。

理论是灰色的，而实践之树长青。任何理论都要随实践的发展而与时俱进，才能保持长久的生命力，马克思主义同样如此。中国革命取得胜利的根本经验就是实现马克思主义与中国的实际情况相结合，走自己的路。马克思列宁主义为无产阶级和劳动人民提供了争取自身解放的普遍原理和一般的指导原则，但他们不是万能的钥匙，不是包治百病的灵药。各国无产阶级必须从本国具体实际出发来运用和发展马克思主义。“正确的理论必须结合具体情况并根据现存条件加以阐明和发挥。”①而要认识本国的国情，惟一的方法就是坚持调查研究。“对于只懂得理论不懂得实际情况的人，这种调查工作尤有必要，否则他们就不能将理论和实际相联系。”②调查研究正是实现理论和实践相结合的桥梁。

3. 把调查研究和群众路线、民主集中制统一起来

新中国建立后，我党成为执政党，开始领导人民进行社会主义建设。毛泽东十分注意把调查研究同党的领导结合起来，指出调查研究同群众路线和民主集中制是一致的。党的群众路线就是指一切为了群众，一切依靠群众，从群众中来，到群众中去。民主集中制是民主基础上的集中和集中指导下的民主相结合的工作方法。他们和调查研究虽然有各自特定的含义，但他们在面对的对象和实施过程上都是相同的。三者都要面向群众，面向实际以求得真理；三者都要在了实际情况的基础上，把群众的意见集中起来，形成对客观世界的正确认识，然后用于指导我们的工作，回到群众中去。在1962年，毛泽东在扩大的中央工作会议上说：“没有民主，就不可能正确地总结经验。没有民主，意见不是从群众中来，就不可能制定出好的路线、方针、政策和办法。我们的领导机关，就制定路线、方针、政策和办法这一方面说来，只是一个加工工场。大家知道，工厂没有原料就不可能进行加工。没有数量上充分的和质量上适当的原料，就不可能制造出好的成品来。”③

正是由于认识到调查研究的极端重要性，毛泽东从马克思思主义认识论的高度把它作为党的思想路线，把它作为执政党重要的工作方法，把是否进行调查研究上升到党性纯与不纯的高度。同时毛泽东还把它作为反对“左”倾教条主义和右倾机会主义的重要武器，作为制定党的大政方针的基础。正是由于毛泽东的反复强调，调查研究才成为我党的优良作风，成为全党的自觉行动，成为我们的事业不断前进的保证。

第三节 毛泽东调查研究的基本原则与方法

毛泽东不仅于1930年提出了“没有调查，就没有发言权”，而且随后于1931年在《总政治部关于调查人口和土地状况的通知》中又对这一口号做了重要补充，这就是“不做正确的调查同样没有发言权。”④调查研究是一项能动地认识客观世界的活动，必须有科学方法的指引才能达到目的。有时我们做了调查，但如果是盲目的、不讲究方法的调查，我们就得不到正确的认识，也“同样没有发言权”。因此，毛泽东在调查研究中是非常强调和重视运用调查的基本原则与方法的。

① 《马克思恩格斯全集》第27卷，人民出版社1972年版，第433页。

② 《毛泽东农村调查文集》，人民出版社1982年版，第17页。

③ 《毛泽东著作选读》（下册），人民出版社1986年版，第819页。

④ 《毛泽东农村调查文集》，人民出版社1982年版，第13页。

一、调查研究中运用矛盾分析法和阶级分析法

矛盾分析法是马克思主义的根本方法,阶级斗争法是分析阶级社会的主要方法。毛泽东在《矛盾论》中指出:“社会的变化,主要的是由于社会内部矛盾的发展,即生产力和生产关系的矛盾,阶级之间的矛盾,新旧之间的矛盾。”①因此,他在《关于农村调查》一文中的第二部分谈到调查方法是说:“对立统一,阶级斗争,是我们办事的两个出发点。”②

在调查研究中运用矛盾分析法,最重要的就是抓住主要矛盾。“事物的性质,主要地是由取得支配地位的矛盾的主要方面所规定的。”③因此,在调查研究中,主题必须明确集中,有的放矢。主题即客观事物发展过程中的主要矛盾,抓住了这个主要矛盾,一切问题就迎刃而解了。“详细地占有材料,抓住要点。材料是要搜集得愈多愈好,但一定要抓住要点或特点(矛盾的主导方面)。马克思研究资本主义,列宁研究帝国主义,都是收集了很多统计和材料,但并不是全部采取,而只是采取最能表现特点的一部分。”④调查若无主题,犹如瞎子摸象,随便到一个地方去乱抓一把,不但不能收到效果,反而会浪费人力物力。如果十样事物调查了九样,但都是次要的,把主要的东西丢掉了,仍然是没有发言权。“假若丢掉主要矛盾,而去研究细微末节,犹如见树木而不见森林,仍是无发言权的。”⑤

当时中国是半殖民地半封建社会,如果不能正确认识各阶级的特点和作用,处理好各个阶级之间错综复杂的关系,就不能取得革命的胜利。1956 年,毛泽东在《我们党的一些历史经验》的谈话中,回忆大革命时期时曾说道:“我们党当时也还没有找到了解农村的方法。后来再去,找到了了解农村的方法,分析了农村各阶级,了解了农民的革命要求”。“我们许多同志从平面看农村,不是立体地看农村,就是说,不懂的用阶级观点看农村。后来掌握了马克思主义,才用阶级观点看农村。原来农村不是平面的,而是有富的,有贫的,也有最贫的,有雇农、贫农、中农、富农、地主之分。”⑥毛泽东同志对农村阶级斗争的认识也是逐步深入的。毛泽东在《反对本本主义》中就说道:“我们调查工作的主要方法是解剖各种社会阶级。”⑦在《农村调查》序言中强调要用“马克思主义的基本观点,即阶级分析的方法”⑧进行周密的调查。为了弄清农村各阶级之间的关系,制定正确的土地政策,毛泽东做了著名的寻乌、兴国调查。他说:“到井冈山之后,我做了寻乌调查,才弄清了富农与地主的问题,提出解决富农问题的办法。”⑨至于“贫农与雇农的问题,是在兴国调查之后才弄清楚的,那时才使我知道贫农团在分配土地过程中的重要性。”⑩

① 《毛泽东选集》第一卷,人民出版社 1991 年版,第 302 页。
② 《毛泽东农村调查文集》,人民出版社 1982 年版,第 23 页。
③ 《毛泽东选集》第三卷,人民出版社 1991 年版,第 322 页。
④ 《毛泽东农村调查文集》,人民出版社 1982 年版,第 25 页。
⑤ 同上书,第 26 页。
⑥ 《毛泽东文集》第七卷,人民出版社 1999 年版,第 132 页。
⑦ 《毛泽东农村调查文集》,人民出版社 1982 年版,第 6 页。
⑧ 同上书,第 15 页。
⑨ 同上书,第 22 页。
⑩ 同上书,第 23 页。

二、观察、分析与综合三步法

毛泽东在《改造我们的学习》中指出:“应当从客观存在的实际事物出发,从中引出规律,作为我们行动的向导。为此目的,就要像马克思所说的详细地占有材料,加以科学的分析和综合的研究。”① 这里,毛泽东揭示了在调查研究中认识客观事物的一般过程与步骤:观察、分析与综合。观察是调查研究的第一步,就是用人的感觉器官感知事物,收集资料,形成对客观事物笼统地的认识。这是感性认识阶段,必须对这些材料进行加工,才能上升到理性认识。分析是进行加工的重要一步,就是把复杂的事物分解为各个组成部分,然后分别加以研究。这是一个“去粗取精、去伪存真”的过程,把材料中偶然的、非本质的东西去掉,留下真正能反映事物本质的东西。分析还仅仅是对事物局部的研究,为了能全面把握事物还必须对各个部分加以综合。也就是“由此及彼、由表及里”,把各个部分、各种因素联系起来,在思维中再现具体,把握事物的本质。毛泽东在《关于农村调查》中详细地阐明了这一点:“当我们观察一件事物时,第一步的观察只能看到这件事物的大体轮廓,形成一般概念。好比一个初来延安的人,开始他对延安的认识只是一般的、笼统地。可是当他参观了抗大、女大以及延安的各机关学校以后,他采取了第二个步骤,用分析方法把延安的各部分有秩序地加以细细的研究和分析。然后,第三步再用综合法把对各个部分的分析加以综合,得出整体的延安……现在他对延安就有了科学的认识和具体的了解。观察一个农村,也同样是如此。”②

人们对客观世界的认识也不是一次完成的,必须经过多次从实践到认识再到实践的过程。“人类的认识总是这样循环往复地进行的,而每一次的循环(只要是严格地按照科学的方法)都可能使人类的认识提高一步,使人类的认识不断地深化。”③因此,我们的调查研究也应当是一个长期的、反复的过程,应当随着形势的发展不断进行调研。

三、要有眼睛向下,甘当小学生的态度

历史唯物主义认为,人民群众是历史的创造者,是实践的主体,是推动社会发展的决定力量。“真正的铜墙铁壁是什么? 是群众,是千百万真心实意地拥护革命的群众。这是真正的铜墙铁壁,什么力量也打不破的,完全打不破的。反革命打不破我们,我们却要打破反革命。”④共产党人必须坚决相信人民群众的力量,做到权为民所用,情为民所系,利为民所谋。把人民群众的利益作为自己一切工作的出发点和归宿。在调查研究中,我们也必须谦虚地向人民群众学习和请教。

客观事物是错综复杂地发展变化的,事物本质的暴露有一个过程,因此,调查研究是一种艰苦的劳动,要搜集大量材料与数据,要反复思考与分析,否则是得不到真理的。“要做这件事,第一是眼睛向下,不要只是昂首望天。没有眼睛向下的兴趣和决心,是一辈子也不会真正懂得中国的事情的。”⑤ 所以我们要善于倾听群众和接近基层干部的意见,恭恭敬敬地、老老实实地向群众学习,不懂就是不

① 《毛泽东选集》第三卷,人民出版社 1991 年版,第 799 页。
② 《毛泽东农村调查文集》,人民出版社 1982 年版,第 23—24 页。
③ 《毛泽东选集》第三卷,人民出版社 1991 年版,第 310 页。
④ 《毛泽东选集》第一卷,人民出版社 1991 年版,第 139 页。
⑤ 《毛泽东农村调查文集》,人民出版社 1982 年版,第 15—16 页。

懂,不要装懂。毛泽东指出:调查研究“没有满腔的热忱,没有眼睛向下的决心,没有求知的渴望,没有放下臭架子、甘当小学生的精神,是一定不能做,也一定是做不好的。必须明白:群众是真正的英雄,而我们自己则往往是幼稚可笑的,不了解这一点,就不能得到起码的知识。”①甘当小学生就要有满腔的热情,要站在人民大众的立场上,一切从人民利益出发,同群众打成一片,关心和解放群众生产和生活中的问题。而要做到这些“主要的一点是要和群众做朋友,而不是去做侦探,使人家讨厌。群众不讲真话,是因为他们不知道你的来意究竟是否于他们有利。要在谈话过程中和做朋友的过程中,给他们一些时间摸索你的心,逐渐地让他们能够了解你的真意,把你当作好朋友看,然后才能调查出真情况来。群众不讲真话,不怪群众,只怪自己。”②

针对教条主义者不去了解中国实际,却自以为马克思主义的本本学得好,到处瞎指挥的现象。毛泽东指出:“有许多人,‘下车伊始’,就哇喇哇喇地发议论,提意见,这也批评,那也指责,其实这种人十个有十个要失败。因为这种议论或批评,没有经过周密调查,不过是无知妄说。我们党吃所谓‘钦差大臣’的亏,是不可胜数的。而这种‘钦差大臣’则是满天飞,几乎到处都有。”③这样只会使群众望而生畏,根本不愿理睬,得不到真正的知识。只有眼睛向下,平等待人,才能知道许多“闻所未闻”的东西。

四、要胸中有数,注重对事物的数量分析

事物的质和量是统一的。质是事物内部的特殊矛盾决定的,是一事物区别于其他事物的内在规定性。量是事物的规模或发展程度和速度以及它的构成成分在空间上的排列组合等可用数量表示的规定性。任何事物的质都表现为相应的量的规定性。只有具体的了解事物的量,特别是规定着事物质的数量界限,我们才能更深刻地把握事物的质。因此,要正确地反映事物的本质,就必须做到心中有“数”。毛泽东在1949年写的《党委会的工作方法》一文中就表达了这一思想。“对情况和问题一定要注意到它们的数量方面,要有基本的数量的分析。任何质量都表现为一定的数量,没有数量也就没有质量。我们有许多同志至今不懂得注意事物的数量方面,不懂得注意基本的统计,主要的百分比,不懂得注意决定事物质量的数量界限,一切都是胸中无‘数’,结果就不能不犯错误。”④

毛泽东不仅是这样说的,也是这样做的。他在农村做调查时,就非常注意对农村的各阶级状况做出精确的数量分析,以得出正确的阶级估量。“我在兴国调查中,知道地主占有土地达百分之四十,富农占有土地达百分之三十,地主、富农所共有的公堂土地为百分之十,总计地主与富农占有土地百分之八十,中农、贫农只占有百分之二十。但是,地主人口不过百分之一,富农人口不过百分之五,而贫农、中农人口则占百分之八十。一方面以百分之六的人口占有土地百分之八十,另方面百分之八十的人口则仅占有土地百分之二十。因此得出结论,只有两个字:革命。因而也益增革命的信心,相信这个革命是能获得百分之八十以上人民的拥护和赞助的。”⑤正是因为明了农村的阶级关系,毛泽东才认为农民是中国革命的主力军,始终对革命充满信心。在掌握农村阶级比例和土地分配的比例后,

① 《毛泽东农村调查文集》,人民出版社1982年版,第16—17页。
② 同上书,第27页。
③ 同上书,第17页。
④ 《毛泽东选集》第四卷,人民出版社1991年版,第1442页。
⑤ 《毛泽东农村调查文集》,人民出版社1982年版,第26页。

毛泽东才制定了团结中农的土地革命路线。“中农人口占百分之二十，土地却只占百分之十五。平分土地中农是需要的，因为他们土地不足，平分土地对于他们是增加而不是减少土地。那些平分要损及中农的说法是不对的。”①可见，毛泽东是通过精心的调查研究而对事物做出精确的数量分析，以此为基础才制定出具有强大的生命力的路线、方针、政策。

五、“走马观花”与“下马看花”

事物的共性与个性，矛盾的普遍性与特殊性都是对立统一的。矛盾的普遍性寓于特殊性之中，而任何个别无论怎样都是一般。毛泽东在《矛盾论》中精辟的阐述了对个别与一般的认识：“就人类认识运动的秩序说来，总是由认识个别的和特殊的事物，逐步地扩大到认识一般的事物。人们总是首先认识了许多不同事物的特殊本质，然后才有可能更进一步的进行概括工作，认识诸种事物的共同的本质。当人们已经认识了这种共同的本质以后，就以这种共同的认识为指导，继续地向着尚未研究过的或者尚未深入地研究过的各种具体的事物进行研究，找出其特殊的本质，这样才可以补充、丰富和发展这种共同的本质的认识，而使这种共同的本质的认识不致变成枯槁的和僵死的东西。这是两个认识过程：一个是由特殊到一般，一个是由一般到特殊。”②正是根据这一认识论原理，毛泽东简明而通俗地提出了“走马看花”和“下马看花”两种调查研究方法。“调查有两种方法，一种是走马观花，一种是下马看花。走马看花，不深入，因为有那么多花嘛……看一看望一望就走，这是很不够的，还必须有第二种方法，就是下马看花，过细看花，分析一朵‘花’，解剖一个‘麻雀’。”③

“走马看花”指的是普遍调查的方法，就是抽出一点时间，到下面的工厂、农村去看看，“周游列国”，到处转转。但是“走马观花”不深入，只能了解表面现象，得到比较肤浅的材料，不能对事物的内部联系有深刻的了解。而“下马看花”意为典型调查，是深入到具有代表性的一点或若干点上，分析一朵“花”，解剖一两个“麻雀”，取得更为详细的具体的丰富的第一手材料，然后综合起来，对“麻雀”得出总的概念。这种方法正确地处理了个别与一般的辩证关系。毛泽东极为重视并经常使用这种方法。从个别性中找出带有普遍性、规律性的东西，由此了解面上的东西，用于指导一般性的工作。但如果仅仅局限于典型调查，了解一两个地方的情况也是不够的。因为在一个典型材料中，未必有完全的代表性，而且只研究一个典型材料，有时也可能把它所特有的现象，误认为一般，出现以点带面，以偏概全的毛病。因此有了详细的典型调查，还应该结合面上的情况。这就是说，只有采取普遍调查与典型调查相结合，“走马观花”与“下马看花”相结合的方法，才能了解全面的情况，得出深刻的结论。

总之，毛泽东的调查研究涉及到中国的政治、经济、文化、地理、历史等各个方面，但重点是集中在农村地区，主要是为了弄清农村的阶级状况，最终带领中国人民走出了一条具有中国特色的革命道路。在亲身的实践中，毛泽东切实感觉到调查研究的重要性，他不断发动各级领导干部进行调研，并总结出了一套具有普遍意义的调查研究的原则与方法，从而对调查研究做出了直接的、明确的理论概括，形成了自己独具特色的调查研究理论。这些都是毛泽东留给我们的极为宝贵的精神财富，是我们认识世界和改造世界的伟大工具。

---

① 《毛泽东农村调查文集》，人民出版社 1982 年版，第 200 页。
② 《毛泽东选集》第一卷，人民出版社 1991 年版，第 309—310 页。
③ 《毛泽东文集》第七卷，人民出版社 1999 年版，第 134 页。

第三章　马克思主义调查研究理论在新时期的发展

自进入改革开放新时期以来,国际国内的政治经济文化形势发生了深刻的变化,社会调查研究工作面临着一系列新的问题和挑战。从国内看,党的十一届三中全会后,我国进入了改革开放,进行社会主义现代化建设的新时期。党的十四大确定我国经济体制改革的目标是建立社会主义市场经济,我国的政治体制改革也在逐步进行。当前我们正致力于构建一个民主法治、公平正义、诚信友爱、充满活力、安定有序、人与自然和谐相处的“和谐社会”;从国际情况看,冷战结束以后,国际形势发生深刻变化,和平与发展取代战争与革命成为时代的主题。一场全方位的、深层次的科技革命席卷世界各地,全球化无孔不入的渗透到人们的生产和生活中。我们积极推动世界多极化和国际关系民主化,努力建立适应各国发展水平和要求的国际经济新秩序。面对国内外剧烈变化的形势和我们肩负的新的历史任务,一方面我们应该坚持不懈地做好调查研究工作,密切关注和把握国际、国内各种情况的动态发展,以探索适合我国国情的现代化建设道路,应对国际形势的严峻挑战;另一方面要看到我们进行调查研究的条件和任务与革命时期相比,有了很大变化,调查研究的内容、方法和手段上也与过去也有了很大的不同,因此我们在坚持调查研究的同时,也应该与时俱进的推动调查研究理论自身的创新。

面对新的形势和新的任务,我们党和国家的领导人邓小平、江泽民、胡锦涛一方面继承马克思、恩格斯和毛泽东调查研究的思想,继续强调坚持调查研究工作的极端重要性,另一方面又对我国的社会调查研究工作做出了新的指示、提出了新的要求。因此社会调查研究在新的时代有了新的任务和新的内涵,这就进一步坚持和发展了马克思主义的调查研究理论。

第一节　邓小平的社会调查研究理论

邓小平是邓小平理论的创造者和改革开放的总设计师。邓小平对调查研究的重视集中体现在他始终把实践放在首位,重申了党的实事求是的思想路线。邓小平自己也做了许多具有重大意义的调查研究工作,并反复号召各级领导干部深入群众进行调查。

一、坚持实事求是,必须重视调查研究

在“文化大革命”刚刚结束、我们的国家处于历史抉择的重要关头,教条主义、本本主义却严重干扰着我们的工作,集中表现在“两个凡是”的论断上。在此关键的历史时刻,邓小平坚决地批判了“两个凡是”,提出必须科学的对待马克思主义、毛泽东思想的问题。他说“我们必须世世代代地用准确

的完整的毛泽东思想来指导我们全党、全军和全国人民，把党和社会主义的事业，把国际共产主义运动的事业，胜利地推向前进。”①这是邓小平对毛泽东思想精髓问题的最初表达。1978年6月，邓小平进一步明确指出：“实事求是，是毛泽东思想的出发点、根本点。”②同年12月，在《解放思想，实事求是，团结一致向前看》这篇著名的讲话中，邓小平指出：“实事求是，是无产阶级世界观的基础，是马克思主义的思想基础。过去我们搞革命所取得的一切胜利，是靠实事求是；现在我们要实现四个现代化，同样要靠实事求是。”③邓小平后来这样评价党的十一届三中全会：“三中全会确立了，准确地说是重申了党的马克思主义的思想路线。马克思、恩格斯创立了辩证唯物主义和历史唯物主义的思想路线，毛泽东同志用中国语言概括为‘实事求是’四个大字。实事求是，一切从实际出发，理论联系实际，坚持实践是检验真理的标准，这就是我们党的思想路线。”④就这样邓小平否定了“两个凡是”的错误思想，确立了党的实事求是的思想路线。这为我们打破教条主义的束缚，开辟社会主义建设崭新的道路奠定了思想基础。1992年初，邓小平说：“实事求是是马克思主义的精髓……过去我们打仗靠这个，现在搞建设，搞改革也靠这个。我们讲了一辈子马克思主义，其实马克思主义并不玄奥，马克思主义是很朴实的东西，很朴实的道理。”⑤这是邓小平同志学习马克思主义的心得，同时也是对自己哲学思想的重要概括。实事求是是邓小平理论的精髓和根本。

“什么是社会主义，怎样建设社会主义？”，是邓小平一生致力于解决的问题。如何在落后国家进行实现社会主义，马克思没有说过，前人也没有做过，我们只有在实践中摸索。因此我们要抛弃一切条条框框的限制，用实践来检验一切理论，而不能用理论来束缚实践。在1978年，邓小平就在各种场合反复提出实践是检验真理的标准这一问题。1978年底，邓小平高度评价了当时正在进行的关于真理标准问题的大讨论，指出：“关于真理标准问题的争论，的确是个思想路线问题，是个政治问题，是个关系到党和国家前途命运的问题。”⑥正是基于实践标准的原则，邓小平提出了“生产力标准”，最后提出了“三个有利于”的标准。所有这些都成为邓小平理论的重要组成部分，都是对实践标准认识的深化。邓小平还指出，任何理论都要回到实践，解决实际问题。“马列主义、毛泽东思想的基本原则，我们任何时候都不能违背，这是毫无疑义的。但是，一定要和实际相结合，要分析研究实际情况，解决实际问题。”⑦“我们开会，作报告，作决议，以及做任何工作，都为的是解决实际问题。我们说的做的究竟能不能解决问题，问题解决得是不是正确，关键在于我们是否能够理论联系实际，是否善于总结经验，针对客观现实，采取实事求是的态度，一切从实际出发。”⑧

实事求是和实践标准本身就内在地要求对实际情况的调查研究。实事求是就是从实际出发，探寻事物规律性，按客观规律办事。实践标准指实践是认识的源头，实践高于理论，一切认识正确与否都要由实践来检验。我们要做到实事求是和坚持实践标准，就必须对客观存在的实际情况进行系统、科学、周密的调查研究。因为离开调查研究，就谈不上理论与实际的结合和统一，也就谈不上实事求是。因此，坚持实事求是和真理标准必然要重视调查研究。

---

① 《邓小平文选》第二卷，人民出版社1994年版，第39页。
② 同上书，第114页。
③ 同上书，第143页。
④ 同上书，第278页。
⑤ 《邓小平文选》第三卷，人民出版社1993年版，第382页。
⑥ 《邓小平文选》第二卷，人民出版社1994年版，第143页。
⑦ 同上书，第114页。
⑧ 同上书，第113—114页。

二、离开调查研究，任何天才的领导者也不可能进行正确的领导

邓小平提出："离开群众经验和群众意见的调查研究，那末，任何天才的领导者也不可能进行正确的领导。"①因此在他领导我国进行社会主义现代化建设期间，一再宣传和号召各级领导干部进行调查研究工作。党中央多次强调，调查研究是各级领导干部的基本功，是联结理论和实际的桥梁，是马克思主义认识世界的根本方法。为了帮助广大干部重新认识和学习毛泽东调查研究理论，学会调查研究的基本方法，中央出版了许多毛泽东调查研究的重要论著。1978 年 12 月，《中国妇女》杂志发表了毛泽东 1941 年的《关于农村调查》的讲话一文；1979 年，《人民日报》刊登了毛泽东 1931 年写成的《〈兴国调查〉前言》和《〈寻乌调查〉前言》；1982 年，中共中央文献研究室综合毛泽东农村调查的成果出版了《毛泽东农村调查文集》。由于一系列的宣传，学习调查研究在当时蔚然成风。邓小平还身体力行，做出表率。在十一届三中全会以后，邓小平在全党进行拨乱反正、总结历史经验教训的基础上，对一系列关系经济和社会发展全局的重大问题，进行深入的调查研究，为形成建设有中国特色社会主义的理论，做出了巨大贡献。1992 年春，他不顾 80 多岁的高龄，亲自到武昌、深圳、珠海、上海等地视察，发表了重要谈话，为加快中国的改革开放和经济发展提出了重要的指导方针。在他的带动下，中央各级领导干部亲自到基层做调查研究工作，研究新情况，解决新问题。受到调查之风的感染，党和政府实际部门和社会科学工作者，也纷纷深入群众，在广阔的社会领域内进行各种专题调查。

邓小平曾经说过："过去搞民主革命，要适合中国情况，走毛泽东同志开辟的农村包围城市的道路。现在搞建设，也要适合中国情况，走出一条中国式的现代化道路。"②为了探索中国社会主义前进的道路，就必须认真了解中国国情，也就是要重视调查研究。邓小平正是做到了这一点，才带领人民走出了一条具有中国特色的社会主义道路，谱写了中国现代化建设的新篇章。

第二节　新时期调查研究理论的新内涵

一、加强调查研究不仅是一个工作方法问题，而且是一个关系党和人民事业得失成败的大问题

江泽民十分重视调查研究工作。1993 年他在全国省、自治区、直辖市党委政策研究室主任会议的讲话中，郑重指出：重视和坚持调查研究，是辩证唯物主义认识论的基本要求，是我们党的基本工作方法和优良传统，是党保持同人民群众密切联系的重要渠道。各种问题的解决都取决于正确的决策，而正确的决策来源于对客观实际周密的调查研究。没有调查就没有发言权，没有调查就更没有决策权。坚持做好调查研究这篇大文章，是我们的谋事之基，成事之道。

重视调查研究，是我们党的优良传统。坚持理论与实际相结合，由此制定和执行正确的路线方针政策，是我们党领导革命、建设和改革的基本经验。我们党过去领导全国人民走出了一条有中国特色

---

① 《邓小平文选》第一卷，人民出版社 1994 年版，第 219 页。

② 《邓小平文选》第二卷，人民出版社 1994 年版，第 163 页。

的民主革命和社会主义革命道路,现在又走出了一条有中国特色的社会主义现代化建设道路,最根本的是把马克思主义的基本原理同中国的具体实际结合起来,运用马克思主义的立场、观点、方法,正确地认识中国的国情,创造性地解决革命和建设中的问题。这个结合的过程,始终是以调查研究为前提、为依据的。也就是说,是在调查研究的基础上,实现并不断深化马克思主义基本原理同中国具体实际的结合和统一的。毛泽东为我们党的调查研究优良传统的形成和发展,做出了巨大贡献。邓小平在我国革命、建设和改革的过程中,也一贯重视调查研究工作,为党的调查研究优良传统的形成和发展也做出了重大贡献。无论在调查研究的理论方面还是在实践方面,毛泽东和邓小平都是我们学习的楷模。

坚持调查研究是辩证唯物主义认识论的基本要求,是党保持同人民群众密切联系的重要渠道,也是我们党的一项基本工作方法和领导制度。回顾我们建设党历史,什么时候全党从上到下重视调查研究,工作指导方针符合客观实际,党的事业就顺利发展;什么时候忽视调查研究,就会导致主观与客观相脱离,造成工作中的失误,使党和人民的事业遭受损失甚至挫折。因此,加强调查研究不仅是一个工作方法问题,而且是一个关系党和人民事业得失成败的大问题。为此,在新的历史时期,我们肩负着改革开放和现代化建设的历史重任,全党同志首先是各级领导干部更要重视和加强调查研究。尽管我们现在进行调查研究的对象、内容、手段、条件都发生了新的变化,但是调查研究在党的决策工作和全部领导工作中的地位和作用,不仅丝毫没有改变,而且显得更为重要。为了适应改革和发展的需要,调查研究的工作只能全面加强,决不可有任何削弱。建设有中国特色的社会主义事业任重道远,在前进中会遇到许多复杂的新情况新问题,需要不断探索和解决。而对任何问题的探索和解决,须臾也离不开调查研究。江泽民郑重告诫全体党员:越是在形势好的情况下,越要头脑清醒,不骄不躁,善于及时发现和解决新的矛盾和问题;越要注意把干部和群众的积极性引导好、保护好、发挥好;越要坚持科学的态度和务实的作风,精心指导,过细工作,掌握驾驭经济和社会发展全局的主动权。

针对当时我国社会发展中存在的经济、治安和精神文明等方面的问题,江泽民指出:我们既不要惊慌失措,也不能麻痹大意。发展是硬道理,我们要坚持党的一个中心、两个基本点的基本路线不动摇。我们要不失时机地集中力量把经济建设搞上去,关键在于深化改革。而正确地解决前进中的矛盾和问题,也在于深化改革。他号召全党同志必须在邓小平建设有中国特色社会主义理论和党的基本路线的指导下,深入各个领域的实际,大兴调查研究之风。因为各种问题的解决都取决正确的决策,而正确的决策来源于对客观实际的周密调查研究。如果不了解实际情况,凭老经验、想当然、拍脑袋,把自己的主观愿望当作客观现实,就不可能做出正确的决策。因此,江泽民指出:越是领导职务高的同志,越要亲自下工夫对重大问题进行调查研究,这是别人无法代替的。没有调查就没有发言权,没有调查就更没有决策权。他还提议,县以上的各级领导同志,尤其是一二把手,一定要带头大兴调查研究之风。1. 每年至少抽出一两个月的时间,深入基层调查研究。这样,在工作指导上才有可能真正做到急群众所急,想群众所想,真正切合实际;2. 要对本地区本部门迫切需要解决的重要问题,进行系统的调查研究,提出解决的正确对策;3. 每个领导干部都应亲自动手写调查报告。报告中要有自己了解的真实情况,要有自己对问题的见解,要提出解决问题的主张和办法。

总之,在新的历史时期,做好调查研究工作对我们党完成自身所肩负的历史任务具有重要的意义。全党同志特别是各级领导干部,真正把调查研究这一最基础性的工作做深做透了,不仅可以使我们的领导机关、领导干部保持同群众同实际生活的密切联系,有利于防止和减少工作中的官僚主义、形式主义、主观主义;可以使我们的领导干部通过对实际情况的调查,增加共识,减少分歧,有利于统一认识、统一步调；可以为领导机关的决策工作提供充分的第一手材料，有利于做出切合实际的科学分析和判断，形成正确的方针政策；而且还可以通过调查及时发现新的问题，包括带倾向性的问题，以便及早采取对策加以解决，减少和避免失误，等等。谋事在人，成事也在人。可以这样说，坚持做好调查研究这篇文章，是我们的谋事之基，成事之道。

二、调查研究是构建社会主义和谐社会的前提与基础

胡锦涛非常重视调查研究工作。在党的十六大胜利召开之后，胡锦涛同志接任了中共中央总书记。随后，胡锦涛就带领新选出的中央政治局9位常委来到西柏坡，重温党的七届二中全会上毛泽东的报告。胡锦涛告诫大家要牢记毛泽东教导的“两个务必”，继续发扬艰苦奋斗的精神。在2003年四五月间，我国突然发生大规模的“非典”疫情，这场突如其来的可怕疫情使全国人民陷入极大的恐慌之中。这时胡锦涛亲自到广东看望“非典”病人，和群众亲切地握手。在广东非典病毒研究的第一线，胡锦涛亲临现场，毫无防护，零距离地了解治疗和研究的进展，慰问夜以继日工作在病房和实验室的白衣战士；在干部会上胡锦涛凝重又深情地说：“我们为人民的生命安危揪心啊……”胡锦涛不但深入疫区，还从组织上及时、有力地做出重大决策，以雷厉风行的果断作风付诸实施。表率就是无声的命令，它影响到全党、全国；奠定了万众一心、众志成城，获得抗击“非典”战斗阶段性胜利的基础。361号潜艇失事事件出现后，党中央、中央军委对此的处理工作高度重视，极为关注。胡锦涛随同当时的中央军委主席江泽民专程赶赴部队驻地，亲自调查了解有关情况，夜以继日地工作。他们亲自登上361艇，下到每一个舱室，仔细查看每一个战位，详细询问有关细节。江泽民、胡锦涛等中央军委领导同志广泛听取各方面的意见，与部队领导和有关专家座谈，一起分析失事原因，并反复强调，要本着实事求是、尊重科学的精神，认真总结吸取教训。胡锦涛还多次到各省查看情况，深入基层，指导工作。胡锦涛通过这一系列的调查视察活动了解各种问题的症结所在，有针对性地提出了解决问题的办法，给予各级领导以及时的指导。充分做到了“情为民所系，权为民所用，利为民所谋”。

为了贯彻党十六大和党的十六届三中全会精神，2003年11月18日，中共中央在中南海召开党外人士座谈会，征求各民主党派中央、全国工商联的领导人和无党派人士对做好当前我国经济社会发展工作的意见和建议。中共中央总书记胡锦涛主持座谈会并发表重要讲话。他指出，围绕国家经济社会发展的重大问题开展考察调研活动，提出做好工作的意见和建议，是坚持和完善中国共产党领导的多党合作和政治协商制度的重要内容，是实现决策科学化民主化的重要途径，是各民主党派、工商联和无党派人士发挥参政议政作用的重要形式，也是各民主党派同中国共产党团结合作、共同致力于中国特色社会主义事业的具体体现。做好改革发展稳定的各项工作，既需要集中中国共产党人的智慧，也需要集中各民主党派和党外人士的智慧。多年来，各民主党派、工商联和无党派人士围绕深化改革、扩大开放、促进发展、保持稳定积极建言献策，为改革开放和现代化事业做出了重要贡献。我们要坚持这种好传统、好做法，同心同德，群策群力，共同把我们国家的事情办好。他号召党外人士结合完善社会主义市场经济体制和其他各方面的体制积极调查研究、建言献策；发挥人才荟萃的优势，积极推动科技进步和创新；多做了解民情、反映民意、集中民智的工作，为巩固和发展民主团结、安定和谐、生动活泼的政治局面做出贡献。

党的十六届四中全会提出加强党的执政能力建设，并把提高构建社会主义和谐社会的能力作为党执政能力的一个重要方面明确提出，随后构建和谐社会逐渐成为当前社会的热点和我党的主要目

标。2005 年 2 月 21 日，胡锦涛主持中共中央政治局进行第二十次集体学习。他强调，要加强对构建社会主义和谐社会重大问题的调查研究和理论研究，着力提高构建社会主义和谐社会的本领，把社会主义和谐社会建设的各项工作落到实处。胡锦涛又一次强调调查研究是我们的谋事之基、成事之道。各级党委、政府和领导干部要切实加强对本地区本部门和谐社会建设有关情况和工作的调查研究，全面分析和把握社会建设和管理的发展趋势，为制定政策、开展工作奠定坚实的基础。要加强对社会结构发展变化的调查研究，深入认识和分析阶层结构、城乡结构、区域结构、人口结构、就业结构、社会组织结构等方面情况的发展变化和发展趋势，以利于深入认识在发展社会主义市场经济和对外开放的条件下我国社会发展的特点和规律，更好地推进社会建设和管理。要加强对社会利益关系发展变化的调查研究，深入认识和分析我国社会利益结构、利益关系等方面情况的发展变化和发展趋势，以利于完善政策措施，更好地统筹各方面的利益关系和利益要求。要加强对维护社会稳定工作的调查研究，深入认识和分析公共安全、社会治安等方面情况的发展变化和发展趋势，以利于健全维护社会稳定的有效机制，保证广大人民群众安居乐业。各级领导干部要深入基层、深入群众、深入实际，通过开展广泛深入的调查研究，切实提高思想认识水平，切实提高政策水平，切实提高工作水平，努力把构建社会主义和谐社会的各项工作落实好。

胡锦涛指出：做好任何一项工作都离不开理论指导。与社会主义经济、政治、文化建设一样，我们对社会主义社会建设的理论研究和实践探索还有大量工作要做，因而尤其需要在实践的基础上加强理论研究。要加强马克思列宁主义、毛泽东思想、邓小平理论和"三个代表"重要思想关于社会主义社会建设理论的研究，并用来指导我们构建社会主义和谐社会的各项工作。要加强对我国历史上关于社会建设理论的研究，按照去伪存真、去粗取精的要求，努力做到古为今用。要注意研究国外社会建设理论，借鉴其积极成果。要通过深入系统的理论研究，深化对构建社会主义和谐社会的规律性认识，使我们关于新形势下构建社会主义和谐社会的理论更加完备，使我们推进社会主义和谐社会建设的工作更加富有成效。

构建一个和谐社会，就必须解决各种导致"不和谐"的问题，而各种问题能否解决则取决于能否正确的决策。而调查研究是正确决策的前提和基础，没有系统的调查研究，就很难形成科学的决策。在当前科学决策越来越重要的情势下，我们有些干部仍然不注重调查研究，脱离群众，脱离实际，使决策概念化、庸俗化、简单化和形式化。盲目的决策不但不能解决各种问题，反而导致社会矛盾激化。胡锦涛同志提出调查研究对构建和谐社会的意义是非常必要和及时的。进行科学决策，必须坚持一切从实际出发、实事求是，弘扬求真务实精神、大兴求真务实之风，在工作中做到知实情、出实招、求实效，这就要求我们要搞好调查研究。应该看到，随着形势的变化以及新情况、新问题的不断出现，影响决策的因素增多了，决策的时效性增强了，决策的风险性增大了，决策所需的信息量增加了，这就更需要把调查研究贯穿于决策的全过程。通过调查研究，决策前，掌握全面、系统、真实的决策背景和依据；决策中，在多种方案的比较分析中实行优中选优；决策后，跟踪决策的实施，不断地加以修订和完善。实践证明，科学而正确的决策必须是建立在对实际情况和社情民意进行深入了解和科学分析的基础上。只有准确掌握全面而不是片面的实际情况，才能确保决策的科学周密和正确。因此，调查研究对于我们增强科学决策能力，提高执政本领，构建和谐社会都具有至关重要的意义。

总之，从马克思主义的经典作家到我国新时期的各代领导人都一如既往而又与时俱进的强调和坚持调查研究。坚持调查研究，是辩证唯物主义和历史唯物主义世界观、方法论的必然要求，是马克思主义认识论的基本观点，是把马克思列宁主义基本原理与我国国情相结合，实现我国革命、建设、改革胜利的保证。调查研究是我们党一项基本的工作制度和工作方法，也是我们党的优良传统，我们要坚持以邓小平理论、江泽民同志“三个代表”重要思想、科学的发展观为指导，继承和发扬这一优良传统。我们要充分认识新的历史条件下加强调查研究的必要性和重要性，把调查研究这一最基础性的工作落到实处。通过各类调查研究，努力掌握新情况，研究新问题，总结新经验，推进决策的科学化、民主化，切实解决现实生活提出的各种亟待解决的新问题，推进马克思主义的中国化，使之为建设有中国特色社会主义经济、政治、文化事业服务。

第三篇　调研工作基本类型

第一章　普遍调查

第一节　普遍调查的意义与基本原则

一、普遍调查的含义

普遍调查是为了了解调查对象总体的情况而专门组织的一次性、逐个的、全面的调查。普遍调查又称全面调查、全体调查,简称普查。普遍调查可以是全面性的,也可以是地区性的,以及行业性的或部门性的,但普遍调查一般是指宏观调查,在一个单位、工厂内部进行的调查属于微观范畴,虽然遍及每一位成员,但一般还是被认为是典型调查,而不单独视为普查。事实上,普遍调查的最小范围到底如何界定,现在并无明确的说法,因此其定义的实际使用还有一定的模糊性。

全面理解普遍调查,要注意理解以下三层含义:1. 调查对象是什么? 调查对象是指被调查的总体。如一个国家、一个省、一个城市或者一个行业;2. 对调查对象的哪些方面进行调查,即调查的内容是什么? 如调查人口,调查工业状况,调查文化教育等方面的情况;3. 被调查的对象是由什么样的个体单位组成的? 比如要调查人口,则要调查地区的每个个人就是调查单位,调查对象则由全部人口构成。

普遍调查虽然是为了解被调查对象的总体情况进行的调查,但"总的情况"和"全面",并不是指一切情况和所有方面。"总的情况"可以是一个方面的总体情况,也可以是两个以上的方面的总体情况,也可以是多个方面的总体情况,但不管怎么说都不可能包括所有情况。例如,作为普遍调查典型的人口调查,一般都只包括姓名、性别、年龄、职业、文化程度、民族、宗教信仰、婚姻状况等十几个项目,多的也可能包括政治面貌、健康状况(是否残疾人)、住房、收入等另外一些项目,但无论如何也无法囊括一个国家人口的全部信息。任何一种普遍调查,都不会追求这种全面无遗的调查。但普遍调查应尽可能做到不遗漏任何调查对象,就"调查对象"这一点来说,其要求是全面的。这也是普遍调查被称其为"全面调查"的真正含义。

概括地说,普遍调查具有如下特点:范围极广,所需时间较长,兴师动众,花费的人力、物力较多,经费开支大,因此普遍调查不可能经常进行。例如全国性的人口普查、物资普查、土地普查、资源普查等,都是在一定的时间间隔后才进行的。

二、普遍调查的意义

普遍调查不仅仅是了解对象总体情况的基本方法,也可以为认识事物全貌和整体规划提供可靠依据。早在1920年,列宁在倡议全俄人口普查时指出:“我再一次提醒你们,全俄普查乃是一件非常重要的国家大事。”“普查资料是共和国有计划地组织生产和苏维埃工作所必需的。”普查常用于行政统计工作中,比如统计部门和政府部门进行的人口普查、工业普查、农业普查等,它可以对社会的一般状况做出全面、准确的描述,其目的在于通过了解基本国情和社会总体面貌而做出具有普遍意义的结论,从而为国家或部门制定政策、发展规划提供可靠的依据。例如,我国2000年开始的第五次人口普查,在普查数据处理结束后,我们得到非常丰富的数据,包括人口总量、性别构成、年龄构成、民族构成、行业职业构成、受教育程度人口及构成、就业失业等经济状况、人口迁移流动状况、教育婚姻、城镇化进程、居住环境等方面的内容。通过交叉汇总,得到的信息更为翔实。这些数据可以用于人口再生产及社会经济各方面的研究。我们也可以比较准确地得出我国人口变化的规律和总趋势,正确制定21世纪人口政策和社会经济发展规划,同时还可以更好地解决与人口相关的劳动就业、城镇建设和管理、教育发展、环境保护、生活保障体系完善等问题,从而促进社会、经济的协调发展,推动可持续发展战略的实施。

三、普遍调查的基本原则

组织普遍调查工作应该遵循以下一些基本原则:

1. 调查对象总体与研究对象重合,对象总体与调查单位总数等同。例如,一个省的县镇、乡镇、村镇构成一项调查研究的对象总体,实际的调查单位总数是该省的所有县镇、乡镇、村镇。从理论上讲,调查总体与实际调查单位在数量上是完全相等的。假设该省的县、乡、村镇总共2000个,则普遍调查单位也应该是2000个。但是在实际操作过程中,特别是在规模较大的普遍调查中,或多或少总会有所遗漏。从已完成的普查结果来看,遗漏的可能性比不遗漏的可能性大得多。在这样的情况下,一般我们需要进行抽样检查,用抽样的结果来补充和修正普查资料。

2. 调查的时间要统一。任何普查项目都统一规定调查登记的资料所属的标准时点,以避免因为时间不统一而发生的重复和遗漏现象。实际登记时间一般的标准时点之后,而在标准时点到实际登记这段时间中的任何变动,都一律不登记。以人口普查为例。我国每天约出生5.87万人,死亡0.18万人(1982年日平均数),如若各地登记时间相差一天,全国人口的误差就会有几万人之多,因此普查必须规定统一的时间点。如2000年我国进行的第五次人口普查统一规定以2000年11月1日零时作为人口登记的标准时间,凡从这一时间到登记时间死亡的人口仍需要在人口普查中登记上,而在这一时间内出生的婴儿则不登记。

调查时间有“时点”和“时期”的区别。“时点”是某一确定的具体时间,如2000年11月1日零时就是一个严格的时间概念。“时期”是指两个时间点之间的一段时间,如1999年的生育状况,是指1999年1月1日零点到1999年12月31日24点这两个时点之间的一段时间的生育状况。普查时,必须根据普查内容规定普查的时点或时期,不可将两者混淆。

3. 正确选择调查时间。普查工作进行的具体时间,一般应选择在普查对象最集中、变动最小和普查登记、填报最方便的时间。如以前我国人口最集中、最稳定的时期的每年的二季度末、三季度初,这段时间工人、农民、知识分子、干部的流动性都小,因此我国前四次人口普查都选择在6月下旬到7月上旬之间的时间登记。第五次人口普查因为具体情况的不同而选在第四季度,但都是从避免人口的大规模流动为出发点,这样就减少了工作的困难程度,也有助于提供调查工作的准确性。

4. 各调查点必须同时进行,期限不宜过长。普查在实际的组织过程中,各个调查点是在同一时间内开始和完成的,亦即总体各单位几乎同时被调查,即使有先后之别,其间隔时间也很短,以数小时或数天计。调查应该尽量讲求效率,期限越长,误差越大。

5. 项目应该统一规定。普查指标不宜多,宜少而精。普查所涉及被调查者人数众多,调查的队伍也十分庞大。调查指标不适宜多,应该简单明了,这也是普遍调查的特点之一。指标越多,调查的难度和工作量越大,误差也越大。我国1953年第一次全国人口普查,只有姓名、与户主的关系、性别、年龄、民族、住址6个指标,1982年第三次人口普查有19个指标,1990年增加了2个。同时,调查指标一经确定,不得随便改变和增减。

6. 尽可能按一定周期进行。周期性普查可以把历次普查资料进行动态对比、分析,从而研究某一社会现象发展变化的规律及其发展趋势,为生产、生活及社会建设服务。同时周期性普查也有利于提高普查资料的利用率和价值。各国的人口普查几乎都是周期性进行的。美国的人口普查始于1790年,以后每10年普查一次,英国的人口普查周期也是10年,德国、法国人口普查周期是5年。联合国建议在逢零的年份进行人口普查,其目的就是在于进行国际性的人口资料汇总与比较。我国解放后在1953年、1964年、1982年、1990年、2000年先后进行过5次人口普查,除了文化大革命因为种种原因中断外,一直有序地周期性进行着。这些普查翔实地提供了我国不同时期人口总数、性别比例、年龄构成、出生率、死亡率、家庭户规模、在业人口的行业和职业构成等资料,对我国国情的了解和制定正确的方针政策、更好地开展政府工作具有重要意义。

7. 普遍调查必须坚持群众路线。普查工作是一项广泛的群众工作,走群众路线非常重要。普查工作往往庞大而复杂,又需要在一定的期限内完成,没有广大群众的参加与支持,仅靠普查机构和调查人员不可能获得全面、准确的数据资料,难以推断出科学的总体结论。因此普查工作必须发动广大群众予以积极配合,才能收到令人满意的结果。如我国1990年和2000年的人口普查时,党中央和国务院的领导人曾进行过动员,把开展这项工作的目的、意义和方法等一系列问题向全国人民进行宣传。

四、普遍调查的应用条件

由于普查规模大、耗费的人力、物力、财力都比较大,组织难度大,因此其应用受到局限。

1. 普查只适用于宏观调查,如国情、国力调查,或某一行业、部门的全面调查。普查在应用中的典型有人口普查、经济普查等。

2. 只有调查目的十分明确,调查项目十分简单,方可采用普查方式。例如我国人口普查登记项目第一次是6项,第二次是9项,第三次是19项,第四次21项,第五次40项。

3. 需要一个有权威的,高度统一的领导集体,并且有统一部署、统一计划、统一行动的客观条件,方可实施普查。

4. 需要有政府在人力、物力、财力上的支持。普查是一种高耗费的社会调查,没有政府的支持,是没有办法进行下去的。在很多的环节中,没有政府的参与,也是无法执行的。

5. 需要群众基础,国民支持。

普遍调查的适用范围相对狭窄,但还是在很多方面发挥着它的独特作用。普查并不局限与国家统计部门的人口普查和统计报表,它也可以应用到其他政府部门或其他领域。工业方面,我国20世纪50年代和80年代在有关部门的支持下，进行了两次全国工业调查，调查涉及几十万个工业企业，调查内容也包括计划、生产、技术、劳动、物资、财务等各个方面。在农业方面，除了已经列入国民经济统计报表的调查项目外，政府有关部门还需要了解其他项目或更加深入的情况。例如1983年国务院决定深入开展土地资源调查。其后，在全国的1600多个县开始进行农业资源的普查工作。在其他领域，我国近年来做过的普查有，工人阶级状况普查、知识分子健康状况普查、残疾人普查、教育普查等。

由于普查所需的时间、人力、经费都很多，因此除了统计部门和政府部门外，在一般的社会调查中很少用。

第二节 普遍调查的基本形式与方法、步骤

一、普查的基本形式

从理论上说，普遍调查可以分为专门的科研性普遍调查和实用性普遍调查，但是事实上专门性的科研普查几乎没有，因而普遍调查基本上是用于实用性调查。不过由于实用性普遍调查搜集的资料很广、很全，也很准确，因而也可以为各种科学研究所利用，人口普查就是如此。现在很多学科的发展，在很大程度上都是依赖着政府部门进行的实用性普遍调查（如各种年度或时期的全国、全省、全市、全县性的经济调查统计、犯罪情况统计以及结婚和离婚率，出生率和死亡率等年度或时期性的统计），特别是经济学和法学等社会性较强学科。

实用性的普遍调查在实践中又可以分为两种常用形式：逐级普查和快速普查。逐级普查是中央或中央以下的行政部门，对其所辖地区或范围的单位，逐级布置调查任务，然后又逐级汇总调查结果。快速普查，是指上级部门直接的、越级的向被调查的单位布置调查任务，并直接收集和汇总调查结果。由于它省略了很多中间环节，直接使用电话、电报或电传的形式迅速布置调查任务，又迅速收集整理调查资料（多为数据资料），所以称做快速普查。

快速普查除了具有普查的全面、准确的特点外，还有快速的特点，进行快速普查，需要做好如下工作：

1. 在调查项目上，要尽可能的少，不宜多项，最好是一项到两项。

2. 在调查方法上，尽量采用直达方式，即由组织快速普查的最高机关向基层单位直接布置调查任务，直接收集资料，而不经过任何中间环节。

3. 在调查手段上，尽量使用先进工具，如电话、电报、电视传真、电子计算机等。如1956年4月，我国曾进行过钢材快速普查，整个过程仅用了20天。又如1977年，以7月30日为普查标准时间的全民所有制单位和集体所有制单位的实用工人数的快速普查，9月15日就汇总完毕。快速普查能尽快收集到所需要的资料，但是调查项目有限，而且同样要花费很大的人力、物力、财力，因此，只有在特殊的情况下才会使用。

两种普查形式在应用上各有其特点。许多逐级普查项目，如年度或时期（季、月）的各种生产进度、经济效益、出生和死亡状况、交通事故、社会治安情况等，实际上都是通过政府的各级机构以报表的形式不断搜集和积累资料，因而变成可经常性调查或常规性调查。逐级普查中的某些特定调查（如人口普查）才是布置进行的。快速普查也都是专门性的，并往往因一时的急需而进行。因其采用

快速的形式,所以其调查项目大大少于逐级普查,有的只是简单的一项(如国家主管交通的部门想调查分析某节假日内全国大城市的车流量)。

普遍调查的组织形式也可以分为两种:一种是设立专门的调查班子或机构;一种是依靠原有的组织机构。当然,也可以把这两种组织形式有机结合起来。凡重大的专门性调查(如经济普查),都要设立专门的调查机构,以专门组织和领导普查工作的进行,保证调查质量。不管采取什么调查方式,普遍调查都必须采取集中统一领导,整个调查一定要按照统一的调查方案、统一的设计、统一的标准和要求,并在统一规定的时间内根据统一的部署有计划地进行,绝对反对违反上述原则的自行其是的做法。当一项普遍调查在一个相当大的范围内进行时(如全国),组织领导该项调查的部门,还应建立一套协调、联络的制度,专门抽调人员从事此项工作。另外,为了保持调查步调一致和真正统一,保证调查结果的质量和及时发现、回答、解决问题,纠正各种错误做法和偏向,还必须建立巡回性的督导小组,成员必须是很懂行的人员。只有这样,一项大的普遍调查才能真正顺利的、保质保量完成。

二、普遍调查的方法和步骤

普遍调查搜集资料的方法主要有以下三种:

1. 颁发统一印制的调查表,由各地区各单位自行填报,比如物资库存普查大多采用这种报表形式。统一印制的调查表按其分发方式,可以分为邮寄书面报表和电讯报表。

2. 由调查人员直接对调查单位进行观察与计量。如牲畜普查,调查人员直接参与清点牲畜头数和称重量。

3. 派人询问被调查者,搜集有关资料。人口普查多用这种方法。

普遍调查一般有以下步骤:

(1)课题选择与操作化。普查是一项任务庞大的工作,进行前要经过慎重的考虑;

(2)建立统一的领导与工作机构;

(3)制定和颁发普查方案、调查表及其说明;

(4)对普查队伍进行训练;

(5)普查试点,修订普查方案、工作流程和其他细节;

(6)宣传与动员;

(7)着手调查登记,并及时将信息上报;

(8)汇总、分析普查资料,报送有关部门;

(9)总结。通常普查工作在全面展开以前,先进行试点或在进行过程中抓典型、抓重点,及时总结经验,组织交流推广。

第三节　普遍调查的优势与局限

一、普遍调查的优势

从近代各国已经进行的普查结果来看,这种社会调查与其他类型的社会调查相比,具有以下优点：

1. 资料所反映的面最广，最全。普查是对总体所有单位的调查，因此汇总的情况就是总体的情况。由于普遍调查的资料是从所有对象那里逐一搜集来的，处于不同层次、不同状况的调查对象的有关情况，都会在资料中得到反映。但是对象总体规模较大时，也会发生遗漏和重复现象，需要进行抽样检查，用抽样的结果来补充和修正普查资料。例如，1953 年我国的人口普查，全国总人口公布数字是 6. 01938035 亿人，其中直接调查登记的人口是 5. 74205940 亿人，用其他办法调查的人口（包括中国台湾省、海外华侨和留学生）有 277. 2095 万人。这个公布出来的全国总人口，就是通过在各个地区抽取若干居民点（共计 5295 万多人口，约占直接调查登记人口的 9%），进行抽样复查后的修正数字。具体的方法是：根据对 5295 万多人口的抽样调查。复查的人口为总数的 1. 39‰，遗漏人口为直接调查登记人口的 2. 55‰。用这个比例相减（2. 55‰ ~ 1. 39‰），求出差错比例为 1. 16‰，用（1 + 1. 16‰）乘以直接登记的人口数，即得修正数字。

2. 标准化程度、精确度高。普查没有那些通过样本来反映总体的社会调查必然出现的误差，普查资料的收集是利用统一的统计报表或调查表格，每一个调查对象都按统一要求填写。而且，调查资料和从中得出的结果直接来源于所有调查对象，因而它消除了样本代表性误差，以及用样本的情况和数据去推断总的情况和数据可能犯的错误，调查资料和从中取得的结果，就直接代表了所有调查对象的有关情况，精确性和标准化程度都较高，可以统计汇总和进行分类比较。

3. 普查的结论具有普遍性、概括性。个案或者典型调查可能存在只反映社会个别事例、特殊或极端情况的狭隘性，普查可以避免这种狭隘性，因此不会导致某种可能的片面性认识，并有助于克服人们认识上的片面性、狭隘性（如把个别、特殊认为普遍、一般）。

二、普遍调查的局限性

普查因为其特殊的形式，因此也存在一定的局限性，表现在以下几方面：

1. 工作量大，组织工作异常复杂，在人力、物力、财力及时间耗费上超过其他一切形式的调查方式，且调查范围越大，耗费越大。如 1982 年第三次人口普查为例，政府共组织了 518 万普查人员、109 万普查指导员、13 万编码人员，正式普查期间还动员了 1000 多万干部和群众参加，花费人民币约 4 亿元（包括联合国资助的 1560 万美元），全部调查数据 400 亿字符，前后历时 6 年之久。而第五次人口普查恰逢世纪之交，千年交替，根据联合国的建议，世界上有 200 多个国家都在 2000 年左右进行人口普查。因此，2000 年度的普查更是具有了全球性的特点。我国进行了人类有史以来规模最大、范围最广的普查，涉及每家每户，约 12. 6 亿人。全国仅普查表用纸就达一万多吨。全国共印发了 4 亿封《致被调查户的一封信》、100 万册《人口普查宣传手册》、上千万张宣传画。动用了 100 多万名普查指导员，500 多万名普查员，再加上各级普查机构的工作人员以及公安干警、街道和居委会的干部，直接参与普查工作的人员有近千万。

由于普查人力、资金、时间耗费巨大，一般个人和单位无力实施，只能由政府部门主持，组织专门调查机构或利用统计机构日常的统计报表，编制专门调查经费，进行社会动员，由各部门通力合作才能完成。另外，由于普查代价大，因此不能频繁进行，一般有一定周期。如我国人口普查定为 10 年一次，平时以抽样调查的方式来弥补空白。

2. 由于上述缺陷，又导致了某些普遍调查使用上受限制（如人口普查），只适用于对全局性的基本情况进行调查,不能根据需要而进行,甚至因条件限制而无法进行或无法进行彻底(如国民党统治时期于1928年至1930年进行的惟一的一次人口普查,就没有进行到底)。因此,普查的应用范围比较窄,适用性较小。

3. 调查内容受到极大限制,对情况的了解不如其他形式的调查那么深入、细致,缺乏深度,且一般只限于对最一般现象和最基本情况的调查,无法反映社会现象深层的变化、细微的差别和本质的原因,这一缺陷和第一点相关。我国1953年第一次全国人口普查,只有姓名、与户主的关系、性别、年龄、民族、住址6个指标,1964年增加了3个指标,1982年第三次人口普查有19个指标,1990年又增加了2个,到21个,2000年全国人口普查时的指标才40个。

普遍调查的性质和特点,决定了它最适宜用于对各种较大范围内基本情况与最普遍现象的认识和了解。

第四节 普遍调查实例分析

一、典型的普遍调查——第三次人口普查

现代意义上的人口普查始于1790年的美国。我国真正意义上的人口普查是在解放后才有的,到2000年我国已经进行了5次人口普查。下面我们仅就1982年的第三次人口普查进行分析。

第三次人口普查符合普遍调查的原则和特点:

(1)对全国所有人口进行调查,全面;

(2)逐人进行的,调查到了每个单位;

(3)按统一规定的项目进行调查,每个项目都有标准、细致的分类;

(4)对一个特定时点的人口状态进行调查,体现了时间的一致性;

(5)对调查资料按统一的方法进行整理,并予以公布;

(6)用抽样的方法检验普查的质量,并用这种方法提前汇总部分资料。

二、第三次人口普查经过及总结

这次普查分为3个阶段,24项工作,91个细目。

第一个阶段是准备阶段,从1979年底到1982年6月。期间国务院、各省、直辖市、自治区政府、地区行署、市、县、市辖区政府,都设置了人口普查领导小组及办公室;镇、城市街道办事处设立人口普查办公室;大队、居委会设置人口普查小组。中央在江苏省无锡市和无锡县进行了普查试点工作,全国各省、地区、自治区政府也进行了各自的试点工作,制定了误差最小的普查方案,训练了50万名普查骨干。颁发《人口普查工作进度图》,《人口普查工作统筹示意图》、《人口普查各主要环节工作流程图》、《普查员和普查指导员选调及训练细则》、《县市所辖行政区域地址编码细则》、《人口普查登记和复查工作细则》、《人口普查登记质量抽查细则》、《人口普查资料手工汇总细则》、《人口普查编码工作细节》、《人口普查资料装订、包装、运输和管理细则》、《行政区划代码》(国家标准)、《民族分类标准》、《国民经济行业分类标准》、《职业分类标准》等一系列规范化操作文件。

第二阶段是普查登记复查阶段。从1982年7月至11月，这是普查工作中最关键、最重要的一个阶段，这一阶段的主要工作有：

(1)居民登记普查。居民以户为单位申报，调查员登记，可由居民到登记站登记，也可由调查员到户访问登记，实际登记时间是7月1日—7月10日。第一次人口普查的登记项目是6个，第二次是9个，这次是19个(2000年增加到40个)。其中按人登记的有姓名、性别、年龄、文化程度、民族、行业、职业、不在业人口状况、婚姻状况、妇女生育状况等13项；按户登记的有住址、人数等。

(2)登记的复查核实工作。对于登记中可识别的差错，专门编制了《人口逻辑检查规则》，由调查员分组复查，从逻辑关系上判断出误填差错，如5岁的人上大学、夫妻双方性别一致、父母双方至少有一方与子女年龄相差不足15岁，发现错误后，都应到户再次实际核查，如属错登，即予改正，如属特殊情况，应在备注栏里予以注明。对于不可识别性差错(如一户5口人只填了4口人)，采用群众议查的办法来发现。一般是由普通指导员邀请熟悉当地情况的老住户、居民组长、村队干部、计划生育人员参加议查，并将各户人数张榜公布，请群众提意见。问题提出后，予以复查更改。对于应当保密的情况，不应向群众公布。

(3)登记质量的抽样检查。复查结束后，由县、市普通办公室指导，公社(街道)、普查办公室派人，在每个普查区，随机抽取1/10生产队(居民小组)作为样本，邀请老住户等共同核查，并进行人工逻辑核查。

(4)手工汇总主要数字，包括总人口、性别、民族、文化程度等，在1982年10月份公布。

(5)为提前抽样汇总做必要的工作。

(6)编码。把普查表上需要编码的项目按编码规定填上数字代码，为计算机机器汇总做准备。这一工作集中在县市一级进行。

(7)普查表中上交到各省、市、自治区普查资料库。

由于这一阶段的工作是整个人口普查的基础和关键，因此必须严格防止和减少误差，这是人口普查质量控制的重点。所以，对于这一阶段的工作要反复检查、核实，规定了详细、严密的质量控制方法。

第三阶段是电子计算机汇总和整理公布阶段，从1982年12月至1985年11月。在人口普查中应用电子计算机，这样，在资料的收集量和处理量大大增加的同时提高了准确性，而处理的时间却大大缩短了。这是我国第一次在人口普查中使用计算机。我们在吸取国外先进经验的基础上，创造性地采用了分散式两级数据处理方法。由于我国的特点是人口众多、地域辽阔，不能像国外那样集中处理数据，改为在各省建立了28个电子计算站，负责输入数据和制定县、地、省的、三级表格，然后再由国家统计局的电子计算中心将省站表格汇总。全部数据有400亿字符、259种表格、信息资料共计20万页，工作时间约两年。对于整个汇总、整理工作，根据系统工程理论进行了总体设计，规定了统一的工作流程和工作制度，制定了统一的质量控制标准，统一研制了电子计算机数据处理程序系统(包括编辑、制表、控制等程序53个，40000多条语句)。1984年下半年提前完成并出版公布人口普查机器汇总的全部资料。1983年12月提前出版了10%人口普查资料，以便各部门能及时利用人口普查资料。

综观这次人口普查，各级政府的统一领导和广大群众的支持配合是第三次全国人口普查高质量完成的原因。

事后抽样检查的结果显示这次人口普查是一次高质量的普查：申报人口净差仅为总人口数的

0.15‰，性别误差率为0.3‰、年龄误差率为6.15‰，这表明中国的人口普查已经达到世界先进水平。人口普查的成功首先要归功于各级政府的领导。党中央、国务院就认真做好第三次人口普查工作做出专门指示，各级政府组织了专门机构，并从人力、物力、财力方面给予了保证，在人口普查工作最紧张的登记阶段，各级政府都把人口普查当作中心工作来抓，这就使有关方面能够一起动员，协同合作。普查成功的第二个原因是人民群众的理解和合作。普查登记前和登记期间，通过标语、传单、墙报、招贴画、广播、电视、幻灯、电影、文娱演出、口头宣传等种种形式，向人民群众广泛宣传了人口普查的意义和办法，宣传力度很大，做到了家喻户晓。不仅要求居民如实申报，还着重说明普查登记不影响居民的权利和义务；过去未如实申报的，欢迎这次自动报出，不予追究；家庭中不便公开的情况（如不合法婚姻），要求个别登记、保守秘密的，也可以照办，解除了一些居民的种种顾虑。由于宣传工作广泛深入，广大人民理解到人口普查的意义，一般都乐于合作，如实申报，态度是积极、认真的。

以上是对第三次全国人口普查比较详细的介绍，分析了其中的程序、步骤、方法等，相信能给读者一些感性认识，并对普遍调查有更加深入的理解。

第二章　典型调查

第一节　典型调查的涵义、依据与特点

一、典型调查涵义

典型调查是现阶段内一种比较常用的、比较有效的调查方法，属于一种非全面调查。在我国，典型调查的应用面很广。所谓典型调查，是指根据调查目的，在对实际情况和被研究对象进行全面分析的基础上，有意识的、有目的地选择一个或几个具有代表性的单位，进行全面、系统、深入、细致的调查，探索其内在规律性，然后以具有代表性的典型单位的调查结果推论全面情况。它是社会调查中的一种行之有效的非全面调查方式。

对于典型调查的具体涵义，有两个层面上的理解。一是异质性理解，就是从不同性质的事物中，找出一种特别的、特殊的、突出个性特征的典型进行全面、系统的调查；二是同质性理解，就是从基本性质相同的事物中，找出其中某个或几个具有共同性特征的代表典型，或某类具有共同发展趋势的代表作典型，进行深入、细致的调查。总的说来，前者是从现实存在的状况理解异质性代表的典型调查，后者是从发展趋向理解同质性代表的典型调查。尽管这两种理解存在一些明显的差异，但是，有意识的选择不同典型进行调查的方法，却有共同的理论依据。

二、典型调查的理论依据

典型调查是认识事物的一种科学的方法，它的理论依据是辩证唯物论认识论关于特殊与普遍、个别与一般的辩证统一关系的原理。

唯物辩证法认为：任何事物都是个性和共性，个别和一般的统一。共性存在于个性之中，一般存在于个别之中，共性与个性，一般与个别的关系是对立统一的。从人类认识事物运动的过程来看，一般都是由认识个别的特殊的事物，逐步推广到认识一般的普遍的事物，然后又以这种概括出来的共同认识为指导，继续深入的研究更加广泛的、个别的、特殊的东西，找出其特殊本质，从而进一步补充、丰富和发展已经取得的一般认识。

典型调查就是通过对特殊的典型的了解，推断总体的一种方法。这种方法之所以科学，而且被广泛的认同和采纳，主要是因为人们对客观事物的共同本质的认识，是从许多个别事物的特殊本质中概括出来的。人们不可能通过认识客观世界内所有的具体事物后再去概括它们的共同本质。一方面人们受时间、空间条件等客观因素的制约无法做到，另一方面也受到人类自身生理条件、知识储备和能

力等因素的限制,不可能做到。而且,更主要的是也没有这种必要。每个个别事物都包含着同类事物中共同的本质,中国有句俗语叫“麻雀虽小,五脏俱全”,要想认识所有的麻雀,只要分析一两只麻雀就可以了,没有必要也不可能去捕捉所有的麻雀来解剖。同样的道理,典型调查科学的原因就在于此。

三、典型调查的特点

典型调查从形式上看类似“解剖学”的个案调查,从目的上看又与个体典型样本的抽样调查相似。典型调查相比其他的有关调查,由于该种研究方法能够克服深入性差的缺陷,因此,是了解情况的最基本的方法之一。典型调查有以下几个特点:

1. 从本质上看,典型调查是一种选样调查。典型调查在调查之前,用比较分析的方法有意识地选择若干代表事物本质的典型单位来进行调查。这种典型单位的选择不是按随机原则抽选,带有主观随意性。但典型单位的选择是在人们对事物总体有全面的、基本的认识的基础上进行的,所以,典型单位对总体仍具有一定的代表性,是比较科学的。

2. 从选择的数量上看,典型调查属于一种小型调查。由于典型调查在实施之前,要根据调查的目的和要求,对所要调查的单位要进行一些初步的分析比较,然后是有意识的选择具有代表性的典型单位来开展调查的,因此,一般来讲,典型调查所选的调查单位数目少,调查面不大,时间上可长可短,多为小型调查,比较节省人力、物力和财力。

3. 从具体方法和过程上看,典型调查比较细致。进行典型调查时一般采用个别谈话,开小型座谈会等方法搜集资料,同时参看典型单位的历史资料。整个调查过程穿插了观察法、会议法、文献法、访问法等多种调查研究的方法。其调查方法机动灵活,既可收集数据资料,又可收集活动情况,是一种综合性的研究方法。由于典型调查主要是深入到调查单位进行深入细致的调查,因而能取得全面的、系统的、可靠的、具体的第一手资料,有利于探求对事物本质特征的认识。

4. 从调查的结果看,典型调查推断有其限制性。由于调查单位的选择带有一定的随机性,即调查者对总体难以作全面了解和比较,往往遇到一定单位就确定下来作为典型的调查单位;再者由于选出的具有代表性的典型调查单位,代表性总是相对的,它与总体总是存在差距;还由于在所选代表单位不是很准确的情况下,典型调查的结论也很难说有普遍意义。因此,若仅从一两个或者若干个典型调查单位的结论推断总体,难免会出现以偏概全的片面性。

5. 典型调查的结果,适合大体上估计总体。典型调查的调查单位被抽取的概率一般无法确定,总体各单位的平均差异也往往没有精确的测定,因而取样误差无法计算,不能确定调查结果的置信区间。用典型调查的综合指标推断总体时,只是近似地使用点估计,但不能确定推断结果精确度。在总体各单位的差异比较小的情况下,典型有较高的代表性,以典型调查资料推断总体指标,也可能得到较为满意的结果。一般来说,典型调查结果可以对总体做出正确但不精确的估计。例如,对某地区农户的典型调查结果显示:农民人均年收入(2001 年)为 6820 元。结果选取的农户代表较强,可以做出大体的推断:该地区农民人均收入年收入为 6500 多元。如果该地区农户人均收入真实的数字是 6700 元,现在说是 6500 多元,则是正确的,但又是不精确的。

6. 典型调查有利于质性分析。典型调查多是为政府或有关上级部门决策而进行的,调查的主要目的是为了解决现实的问题。在调查中选取的调查单位是很具有代表性的,可以达到对事物性质的深入了解，所概括的共性结论对总体的质性分析有直接意义。

第二节 典型调查单位的选择

典型调查的主要目的是通过少量典型来真实、迅速地了解全局情况，因此，所选取的典型对于全体来讲必须具有一定的代表性，这是确保典型调查科学性的关键所在。如果典型单位选取的不科学，或者选取的不具有代表性，那么调查后所得到的结果是极容易以偏概全的，最后得到不精确甚至错误的结论。所谓典型，即同类中最具代表性的人或事物。所谓代表性，从静态上讲是指同类事物的共同属性；从动态上讲是指事物的发展趋势。作为典型单位，共性越大，其代表性就越强，从而调查所得的结论就越可靠，越能说明调查对象总体的情况。因此，在典型调查的具体实施过程中，如何选准典型调查单位就成为最后调查结果是否科学的最重要的因素。

一、选择典型单位的途径

选择典型单位的途径，是指调查者通过什么途径来实现典型单位的选择。一般有以下几种途径：

1. 组织推荐与调查者酌情选择相结合。所谓组织推荐与调查者酌情选择典型单位，是指由有关组织推荐典型调查单位，调查者根据调查目的、调查要求酌情选择典型调查单位。此种方法虽然比通过组织选择典型单位的方法要费时费力，但是可以避免单方面选择典型的偏差。因此，此种选择典型比较准确。

2. 调查者自行选择典型单位。这是指由有关调查人员经过探索调查后选定典型调查单位。此种方法属于调查人员直接了解情况后做出的选择，但是最终选择之前也要配合相关信息，以便证实判断正确。

3. 组织选择典型单位。这是指调查者直接按照有关组织的意见选定典型调查单位。虽然这种选择方法使调查者对所选先行单位的情况不太了解，但是组织对其所属单位的人员以及本地情况是了如指掌的。因此，此种选择典型单位的方法要依靠熟悉者安排。不过，需要让有关负责安排选择典型单位的组织及其联络人员对调查目的、要求有明确的了解，才有利于选择好典型单位。

二、典型单位的分类方法

1. 划类选典。这是在总体内部差异较大的情况下选择特殊性典型的方法。先将总体按照一定的标志分成若干类。分类可以采用“三级三分法”，即把总体按一定的标志分成三大类，再将每一类按同一标志（或按别的单位）分成三小类，然后，在每一小类种选择个别的单位作为调查单位。

2. 多标志综合选典。这是在总体差异较小的情况下选择全面型典型的方法。用多种标志综合选典，就是选择在多种标志上对于总体均有代表性的单位。例如，调查一个发展较为平衡的县，可分别从务工人员比重、人均收入、住房条件等方面进行衡量与比较，选择在这些方面均有代表性的一两个村(或者三四个村)作为调查单位。

3. 典型调查的结果拿到面上来印证与检查。典型调查容易犯以点代面、片面性的错误。为了防止这种错误的发生,典型调查以后,再做一些面上的调查,即对更多的类似或不同于典型的单位进行简单的调查,用于印证与检查典型调查的结果。这种方式,有了典型调查所得到的丰富的第一手材料,又把它拿到面上进行同类型、不同类型的比较,还在更大范围内进行讨论,最后从典型调查中抽出一般结论,就能够使结论更加切合实际。

4. 蹲点进行典型调查。就是在典型选定之后,调查者较长时间生活在该典型单位进行面对面的调查。不是所有的典型调查都需要采用蹲点调查的形式,但是蹲点调查是中国共产党人创造的行之有效的典型调查方法。领导干部对自己所管理的范围内的单位进行的调查研究,尤其适合使用蹲点调查的方法。在我国体制改革的过程中,流行"摸着石头过河"的说法。从调查研究的角度来看,"石头"就是典型;"摸着石头"就是典型调查,是亲手获得的第一手资料,而不是只满足于听汇报、看简报,其中最佳方式就是蹲点调查;"摸着石头过河"就是摸深、摸透典型的实际情况,从个别认识一般、从一时一地推想到今后更广泛的范围,从而决定或修正方针政策,或者推广点上的经验。

三、选择典型单位应注意的几个问题

调查典型的选择虽然具有很强的主观性,但是典型单位的选择并不是人们主观意图随意选取的。典型单位是有一定客观要求和标准的。当我们选择的单位合乎这个客观标准,选出的典型单位就是科学的,就具有代表性,就可反映被调查对象的特点和规律性。为使我们在选典型时尽量的做到客观、科学,选择典型时应注意以下几个问题:

1. 选择典型前应对所要调查的对象有一个概括的全面的了解和分析,以此作为抽取典型的基础,使调查者在确定典型单位时尽可能的避免盲目性和主观随意性,保证所选择的典型具有代表性。实际工作中有的人搞调查往往盲目性较大,缺乏对通盘情况的调查、考虑和研究,往往只是根据基层单位的一份报告,一次讲座,一次汇报,就凭主观印象确定典型单位,这样选择的典型往往具有片面性,不具有代表性。因此,典型抽取之前的一般调查是非常必要的。一般性调查可以通过搜集各种资料、背景材料、汇报,实地的了解,开座谈会等方法进行。

2. 要根据调查目的选择典型单位。调查目的不同,选择的典型单位也不同。如果调查目的是为研究新生事物或总结先进经验,就应选择那些有先进经验的单位做典型,如果调查目的是为了揭露矛盾,解决问题,那就应该选择那些矛盾暴露较为充分的单位做典型单位。

3. 要根据调查对象本身的特点选择典型单位,使选出的典型具有客观代表性。有时候调查对象的各种特征、表现复杂多样,不容易找到具有代表性的典型。这时可以采取"划类选典"的方法,即先把被调查对象按不同特征划分为若干类型,再从各类型中选择各种典型。这样选出的典型单位具有客观性、代表性。

4. 要根据调查对象所包括的单位多少、差异大小选择典型单位。假若被调查对象所包括的单位很少,差异也小,那么可选择一两个单位作典型。反之,则需要多确定几个单位作典型单位。

5. 要根据需要及时更换典型单位。典型单位可以长期固定。但也可以更换。前者是对某个典型单位做长期的固定的观察,以摸索经验,后者是为了发现新的典型,以利于推广经验。

第三节 典型调查的作用及局限性

一、典型调查的作用

1. 典型调查可以弥补一般性统计的不足。典型调查得来的生动丰富的活的资料是对统计报表数字资料的补充。作为领导机关如果不作深入、细致的调查研究工作，只靠日常报表来指导工作，肯定会出偏差。

2. 典型调查深入细致。典型调查往往要了解调查对象的各个方面，对其进行全面深入的解剖，与普查和抽样调查相比是一种深度调查。典型调查可以通过认真的、有意识的选择典型的调查单位进行深入的、有针对性的调查，摸清存在的问题和情况，摸出或者总结出存在的经验，找到对症下药的解决办法，从而可以为领导部门的决策提供科学的比较权威的依据，同时，也可以检验政策和策略实施的经济和社会效益。

3. 典型调查省时省力省钱。由于调查面小，所需调查人员少，相对普查省时省力省费用。

4. 典型调查资料可以对总体上进行估算。这种估算有以下两种形式：一是利用典型资料作为推算全面数字的依据。例如，可以用中间典型班组产量推算全厂的预计产量；二是可以利用典型资料来推测未来。如可以利用典型调查资料研究新产品的发展趋势，做出科学的预见，做出准确的决策，进而指导生产。

二、典型调查的局限性

典型调查虽然是一种很好的、具有较广的应用范围的调查研究类型，但是在具体的应用过程中也有一定的缺点和局限性，对此，应用时应有足够的认识。

1. 典型调查缺乏科学的定量分析手段，不能科学的对现象总体进行定量分析。在典型调查的过程中尽管也会做一些定量调查，比如计算一些百分数、比例数等，通过这些数字虽然也可以推断总体的情况，但是这只是对定性研究的一些辅助手段，只能作为参考。因为这些数量的最大特征是主观所选用的典型单位的特殊性的反映，包含着很多偶然性因素的影响，如果用其推断总体数量特征就会缺乏严密的科学的依据。

2. 典型调查最易受人的主观因素的干扰。这是因为：第一，典型单位的选择是由人的主观决定的。尽管在确定典型单位前，调查者已经对被调查对象做了初步调查和仔细分析，但是仍然难免带有主观随意性。因为直至目前为止，还没有检测典型单位代表性程度的科学手段；第二，典型调查目的和调查结论的主观倾向性较大，由于典型调查时调查者虽然尽可能的客观，但是仍然难免带有领导者或者操作者的主观意愿，难免带有调查者思想上的某些偏见，所以，调查结论也难免带有较大的倾向性。

3. 典型调查所代表的总体范围和调查结论的适用范围不易统一。典型调查时的典型是一定总体范围上的典型，这个典型一旦离开了它们所依托的总体范围，就失去了其代表性，变成了非典型。但是作为一种调查方法，典型调查不像抽样调查那样，它没有确定总体范围的科学手段，因而使其调查结论在时间、空间上受主观影响扩大或缩小,从而使典型所代表的总体范围和调查结论运用范围不统一,也就失去了典型调查的作用。比如,用A企业的经验去指导B企业的经营管理,因具体的客观条件不同,可能并不适用,因此,典型调查的结论也要谨慎使用。

4. 典型调查只适用于同质性较强的对象。所谓同质性是指具有相同的性质。如果调查对象各单位具有相同性质较多,同质性就强,选出的典型单位的代表性也就大。如果调查对象各单位之间差异很大,同质性就弱,所选的典型就不具有很好的代表性。随着社会的发展,各种社会现象变得越来越复杂,多元化、多选择已成为基本事实和一种基本的趋势,所以,对典型调查应用的要求也变得越来越高。

第四节　典型调查的应用及实例

一、典型调查的应用

典型调查在实际工作中的应用,是十分常见和有效的。

1. 由于典型调查是一种简便的、经济的方法,比较容易推广;

2. 我国的经济发展相对来说比较落后,很多的研究对象同质性较强,比较适合采用典型调查的方法;

3. 我国现在还没有足够的专职调查人员,调查者的整体素质不高,所使用的调查手段还比较落后,一些调查课题和内容还无法采用先进的科学研究方法。

因此,总的来说,典型调查在我国的用武之地还是比较大的。

二、典型调查实例

1998年大水之后,“移民建镇”作为一项防洪减灾政策在长江流域的洪水高风险区开始实施。1995年5月结合国家自然科学基金98洪水调查项目,中国水利水电科学研究院项目组人员于1998年12月就长江流域的湖北、湖南和江西等省的“移民建镇”情况开展了面上调查,并于1995年5月在湖北省水利厅防汛总指挥部办公室的配合下,对位于湖北省洪湖市龙口镇的移民建镇试点村宝塔村的15户居民进行了移民建镇情况的典型调查。

宝塔村原为位于洪湖分洪区龙口镇长江大堤外洲滩民垸,人口967人,190户,经济不发达,生活艰苦,洪灾时的受害程度较深。对宝塔村的典型调查表明:(1)90%的农户对移民建镇持肯定态度;(2)移居后,移民的生产方式不变,仍以务农为主;(3)国家资助的户均1.5万元的移居费中0.5万元由当地政府掌握,作为平整房基,修路等基础建设之用,其余1万元到调查之日已全部落实到各户;(4)所有农户都需自我承担相当部分的移居费用,平均约1万元;(5)移民后农户的耕地面积大幅度减少,耕地减少;(6)认为移居后生活水平会提高和会降低的农户各占五成左右,认为生活水平会提高主要出于安全和今后洪水发生时家庭财产损失会减少方面的考虑,另一方面,从移居前后家庭收入的变化看,移居后家庭收入显著降低,主要是由于耕地减少造成的,单靠人均几分地,即使只维持温饱尚有困难;(7)被住宅占用的耕地已无生产能力,由于国家没有相应的政策,这部分耕地仍需支付国家和地方的有关税费;(8)移居地的用水问题未得到妥善解决。

通过分析对宝塔村的典型调查,得出长江流域的“移民建镇”尚属安全建设的范畴,即在较安全处建设集中式居住点,将位于洪水高风险区的居民移出原地,并未改变其生产和生活方式,受利益驱动,移民有可能出现反复,这种情况在淮河和黄河曾有发生。分析认为洪水高风险区移民的基本原则是:(1)就近安置;(2)脱离对土地的依存;(3)配合城市化进程,对于生活在洪水高风险区有碍防洪的农村人口,各级政府可以给予适当的资金支持和优惠政策,鼓励他们移到城镇,弃农务工经商;(4)移民后的原有土地可在不妨碍防洪大局的条件下考虑采取较低防洪标准的集约化经营。

第三章　个案调查

第一节　个案调查及其特征

一、个案调查的涵义

所谓个案调查,是指对某个特定的社会单位做深入细致的调查研究的一种调查类型。任何一种社会现象,如一个人、一个家庭、一个团体、一个事件,都可以当做个案来进行详尽的研究,做出社会诊断,并加以治理。

个案调查作为一种科学研究活动,原出于心理学和医学中个别案例和病例的研究。心理学的个案研究是广泛地收集有关研究对象的家庭、社会地位、教育影响、职业经历、事业成就、健康状况等多方面的资料,从而探究其心理特征及形成和发展过程,然后提出治疗方案。医学的个案研究则是指对个别病人作详尽的临床检查,判明病理和病因,提出治疗方案。社会学研究借鉴个案研究的方法,应用于个人、群体、组织和社区的调查研究,逐步形成了个案调查方式,即把调查对象放在一定的社会背景之下,分析其生活过程的细节以及其生活各阶段与社会结构、文化环境的关系,从而详尽地了解一个具体单位的全貌和具体的社会过程。

二、个案调查的特征

个案调查具有如下一些特征：

1. 个案调查是在对总体没有全面了解的情况下确定调查单位的。在个案调查中,调查对象不存在选择问题,不要求调查对象具有代表性或典型性。举例说明,我们把某市集团犯罪的组织者和领导者作为个案进行调查,并不需要事先对全国各城市集团犯罪的组织者和领导者做全面调查,也并不需要有意识地选择有代表性地集团犯罪地城市与集团犯罪组织者和领导者。调查者生活在 A 市,对 A 市的集团犯罪组织者和领导者调查起来比较方便,那么就可以把 A 市的集团犯罪的组织者和领导者作为调查研究的个案。

2. 调查结果不能对总体推论。个案调查的目的主要不是用来说明它所能代表的同类事物,而是为了了解和认识个案本身的问题。个案研究一般不存在是否要考虑它有没有代表性的问题。虽然,调查者在调查了若干个案之后,往往有一种试图推论一般的自发倾向,但是这种倾向不是个案调查本身所具有的。当然这也并不是意味着个案调查就一点儿也没有普遍的意义。个案调查的结果对于调查者定性认识更多的个案乃至总体,是颇具启发意义的。因为只有通过各个个案的综合研究,才能从中推导出总体性的结论。个案调查这一特点使它既区别于抽样调查,也区别于典型调查。

3. 对特定对象的调查比典型调查更为深入、具体、细致。这一特点主要表现在纵向上,即要对调查对象作历史的研究,进行较详细的过程分析,以弄清其来龙去脉,具体而深入地把握个案的全貌。一般还要求作追踪调查,以掌握其发展变化的情况和规律。例如,对一个人进行个案调查,就要多方面收集有关这个人的资料,如个人的经历、物质、精神生活状况,心理特征,个人习惯,爱好,各成长阶段的表现,家庭环境甚至遗传因素等等。

4. 调查时间、活动安排上有一定的弹性,研究者可采取的方法比较多样,有观察、访问、文献法等形式,便于灵活掌握。主要应用于社会反常个体、事件或新生事物的调查。例如,家庭个案(如离婚家庭),儿童个案(如娇生惯养)、老年个案(如老而无养)、少年个案(如少年犯罪)、学校个案(如聚众闹事)、社区个案(如物业管理不善)、社会组织个案(如效率低下)、新事物个案(如转基因食品),等等。

5. 侧重个人的生活史与社会背景。个人作为一种调查单位,在个案调查中被调查的内容最为详细。例如,个人在人口普查中,被调查的内容一般只涉及几个或十几个指标值;个人在典型调查中,一般不是基本单位,基本单位一般是社会组织或社区,个人作为其中的分子而被调查,也并不涉及过多的内容。而在个案调查中,个人的生活经历、爱好、家庭背景、与哪些人交往等,往往都要被调查者所注意与搜集。个案调查类似于医学研究中的病例调查。医学研究者通过对个别病例全面与详细的检查记录,弄清个别病例发生与发展的过程,借以推测某些疾病的病理。社会研究者在个案调查中对于个案的社会生活细节及其社会环境因素,都是比较重视的。

第二节 个案调查的步骤

个案调查一般可分为确定个案、立案、收集资料、分析研究、社会治疗、维护个案调查者的隐私六个阶段。

一、确定个案

进行个案调查,首先要先确定个案。所谓确定个案,就是指根据调查的课题与目的以及调查者的需要与条件来选择个案。比如我国著名社会学家严景耀先生为对犯罪问题进行研究时就曾调查了许多犯罪个案,而这些个案的确定又都是根据他的研究目的来定的。

一般地,个案调查的对象可以分为三类:

1. 各类人员个案。这是指对社会中的个人或按一定标志分类的人群所做的个案调查。例如,某人个案,可以是优秀的企业领导者、青年科技人员个案、青少年个案、犯罪分子个案,等等。对形形色色的个人或者人群进行个案研究,可以了解认识各类人员的生活、心理特征、社会背景、人格特点等,以利于有的放矢的做好工作。

2. 各类社会组织或社会群体个案。例如,家庭个案、学校个案、研究机构个案、机关个案、报社个案、企业个案等。通过对这些在社会生活中起着不同作用的社会团体的个案调查,可以把握各种团体的组织状况和发展趋势,使其更好地发挥职能作用。

3. 各类事件个案。指对那些对人们日常生活和正常的社会运行带来一定负面影响甚至是起阻碍作用的现象所做的个案调查。例如,公务员受贿个案、青少年犯罪个案等。通过这些事件个案或社会问题个案调查,可以发现事件或问题产生的历史根源和背景,了解问题的性质和危害,以便提出解决问题的办法,及时阻止事件的蔓延,并为预防类似事件的发生提供相应的对策。

二、立案

个案对象确定之后,就要立案了。建立档案的方法有两种:一是依靠被调查所在单位或部门帮助调查者立案;二是调查者自己依理论要求和实际需要主动立案。无论那种立案,都需要办登记、编号、制卡、分发手续,以及在档案的第一页上注明案主的个人自然状况、立案理由、有待调查的问题等。

三、搜集资料

个案收集的资料包括自传、回忆录、著作、日记、信函、报刊、会议记录、档案、地方志等等。除此之外,一切有关该个案的零星的事项,只要能用来说明被调查者的个性特征和行为方式的都要收集。收集资料时,要求深入、细致,掌握尽可能多的历史资料。要使所得到的资料能证明所调查的问题,并且可以相互印证。

四、分析诊断

在取得调查资料的基础上,进行分析和研究,找出问题的症结所在,做出客观的社会诊断。取得调查资料后,必须对资料进行整理和分析,这与典型调查所使用的方法基本相同。所不同的是个案调查并不着眼于对事物和现象的描述,而是着眼于事物和现象之间的因果联系,找出问题的症结所在,为下一步进行社会诊治做好准备,这就要求调查者具备一定的判断、分析和推理能力。

五、社会治疗

针对存在的问题,提出治理的建议或方案,进行社会治疗。找出问题症结所在,就要设法诊治。这一步要求调查者针对发现的问题,寻找妥善解决的方案,对症下药,以便彻底根治。或者在对一些个案的变化发展过程及方向做深入细致的分析后,提出一些富有建设性的意见,促其自我改变。

六、维护个案调查者的隐私

在搜集资料中涉及案主一些不宜公开的隐私事情,调查者如果遇到拒绝提供资料或发现提供的资料不真实时,可以通过组织正式渠道,也可以透过知情人提供信息,还可以争取案主本人信任途径获得真实情况的反映;当获得后,调查者应尊重并且保障案主的隐私权,要使案主安心并充分提供信息。

总之,个案调查通过对个别事物和现象的分析,可以把握事物的特殊矛盾,了解其真实状况,有针对性的提出解决问题的方案。但个案调查法也有其不足,主要是代表性差。个案的特征可能是同类事物共有的,也可能是个案特有的。因此,从个案研究中得出的结论不能直接代表全体,另外,这种调查所需时间也较多。所以,在社会调查中,个案调查法常作为其他研究方法的辅助方法来使用。

第三节 个案调查的优势与局限

一、个案调查的优势

个案调查方法能独立成为一项研究调查的方式,是因为它具备了其他社会调查所不及的优点,主要表现在以下几个方面:

1. 个案调查分析更为细致、深入,并可做出相应诊断。由于个案调查没有时间限制,因而除了通过文献调查搜集静态资料之外,还可以对案主的动态资料作较长时间收集,这样在掌握整个过程的来龙去脉后,就能做出细致深入的分析和相应的诊断,从而会避免做出泛泛而论的结论。

2. 个案调查的调查单位少,有利于进行深入且详尽地调查了解。由于个案调查单位只是一个一个的个案案主,因此可以围绕与案主的主题有关的各方面情况做详尽的调查,从而取得对案主综合的全貌了解。主要表现在纵向上,即要对调查对象做历史的研究,进行较详细的过程分析,以弄清其来龙去脉,具体而深入地把握个案的全貌。一般还要求做追踪调查,以掌握其发展变化的情况和规律。例如,对一个人进行个案调查,就要多方面收集有关这个人的资料,如个人的经历、物质、精神生活状况,心理特征,个人习惯,爱好,各成长阶段的表现,家庭环境甚至遗传因素等等。

3. 个案调查方法灵活多样,有利于搜集全面、完整、系统的资料。个案确定后,对个案资料的搜集方法不拘一格,可运用当面访谈、参与观察、开座谈会等直接调查方法,也可以运用阅读文献、查找资料、邮寄问卷等间接调查方法,进行广泛地搜集资料。这样所获取的个案资料就会全面、周详、完整与系统。

二、个案调查的局限性

尽管个案调查有以上优点,但是我们应看到它也有不足的一面。个案调查的局限主要表现在:

1. 个案调查一般限于质性分析,定量分析较少,个案调查的目的主要不是用来说明它所能代表的同类事物,而是为了了解和认识个案本身的问题。个案研究一般不存在是否要考虑它有没有代表性的问题;个案调查所得出结论也缺乏很强说服力,以个案调查的质性结论也无法推论总体。

2. 个案调查对调查人员的专业要求较高,如果个案调查人员的知识和经验不丰富,在杂乱无章的大量原始资料中难以理出头绪来,甚至会出现偏差现象。

3. 个案调查的单位属于特定的个别案主,对其所做的一系列调查、分析、诊断,只是反映个案的情况特征,并不能代表其他个案的情况特征。因此,不能以个案调查的诊断推论总体的情况特征。

第四章　抽样调查

第一节　抽样基础

一、什么是抽样调查

抽样调查是社会调查研究中的重要方法，它的主要特点就是其"非全面性"。我们在调查过程中，针对调查总体中的一部分单位，并且用这一部分单位的指标数值来推断总体的指标数值的方法，我们就称之为抽样调查。例如某灯泡制造厂需要检验灯泡出厂的合格率，那么，对所有的灯泡进行检验是一种办法，但显然这种办法是不可取的，因为那样需要耗费大量的财力和物力，因此我们就需要抽取若干的产品进行检验分析，看它们的合格率是多少，以此来推断所有灯泡的合格率。如果抽样方法使用得当的话，可以准确得知该产品的合格率，而且可以大致推断合格或不合格灯泡的总量。

现代社会中，很多现象是纷繁复杂的，因此，对于范围较大和历时较长的社会现象，采用普查的方式显然是无法进行的，并且对于可以采用普查方式进行的社会调查，有时采用抽样的方法更能节约时间，提高效率。

目前，抽样调查的方法在很多领域发挥了巨大的作用：

1. 经济领域。这是抽样应用的一个主要领域。在宏观的政府统计工作方面，在我国国家统计系统，已成立了农村、城市和企业三支调查队伍，分别从事农产量、农村经济、城市住户、物价及小型工商业等抽样调查；在微观领域，各项商品的消费物价指数的调查中，也广泛应用抽样方法。

2. 人口普查。作为一个大规模的全面调查，工作量大，历时长，情况复杂，各种各样的原因导致最终的调查结果产生差错。并且对于普查的评估工作当然不可能用另外一次普查去验证，这就需要进行一次较小规模的抽样调查，其结果与普查相对照，可以对普查进行一次较为有效的评估。事实上1802年法国人拉普拉斯就用抽样方法估计当时法国总人口，随后英国人格朗特用抽样的方法研究了人口的性别比和死亡率等。现在我国除了每年一次人口变动的抽样调查以外，在两次普查中间还进行一次1%人口的抽样调查，内容包括妇女生育、儿童出生、人口死亡及迁移等内容。

3. 社会调查。我国目前已建立了城市和农村的住户调查系统。在社会转型时期，出现了一些新的社会问题，如失业问题、三农问题等，因此开展这方面的抽样调查也势在必行。民意测验是一种特殊的社会调查，目的是了解人们对各种社会、政治、经济等重大问题的观点、态度和倾向。

4. 收视率调查。每个电视台都会十分重视自己的收视率，因此像中央电视台和很多地方电视台也都建立了电视收视率的抽样调查系统。这些调查能够及时反馈观众对于电视节目的喜好程度，以便进行节目的安排，并根据收视率的高低确定各时段的广告费用。

二、抽样调查的优点

抽样调查作为一项应用广泛的调查技术,它的核心理念就是用“局部”来推断“整体”,其优点体现在:

1. 适应当前市场经济条件下调查工作的需要。解放后的一段时间内,我国的调查工作学习苏联,实行全面报表制度,这是为适应计划经济的需要而建立的,因为一方面调查是制定计划的依据和检查计划执行情况的重要工具;另一方面计划经济的经济成分比较单一,以国营和集体经济为主,企业由国家主管部门管理,有关重大事件需经上级主管部门批准,并向主管部门报送报表,这就为全面调查提供了可能性。随着我国的改革开放,由计划经济转向市场经济,经济结构多样化,特别是小型的私营和个体工商业的迅速发展,全面报表制度执行起来出现困难,而抽样调查只需对抽中的样本进行调查,比较适应市场经济的形势,又能搜集到必要的数据。

2. 抽样调查能节省人力、费用和时间,并且比较灵活。抽样的样本数目要远远小于全面调查的调查对象,因此既节约了时间,又可以比较迅速地得到调查的结果。比如说,农产品的全面调查数字一般要等到收割完毕以后一段时间才可以得到,而如果采用抽样调查的话,基本数据在收获的同时就能得到,一般要早两个月左右,这对于统筹农产品的收购、储存、运输都是非常有利的。

3. 可以搜集很难进行全面调查的数据。很多社会经济现象需要了解全面情况,但是很难进行全面调查。例如,一个地区或一个国家的居民收入和消费情况、某种产品的市场需求情况、儿童的营养状况和各个年龄段儿童的平均身高体重、电视的收视率以及一些大规模的民意测验等都是很难做到全面调查的,因此世界各国都普遍采用抽样的方法。

4. 在很多情况下,抽样调查的结果要更为准确。大多数人认为进行了全面调查的结果当然要比只进行部分调查来得准确,其实不完全是这样。在调查数据和客观实际情况之间会有很多的差别,称之为误差。造成误差的因素有很多,其中主要的有两种:调查误差和代表性误差。所谓调查误差,顾名思义,是指在调查登记、汇总计算的过程中发生的操作性误差,这一部分误差与工作量的大小成正比,与工作人员的素质也有很大关系。所谓代表性误差是指我抽选出来的样本对于总体的代表程度,由于各种原因,我们选取的样本总会小于甚至大大小于总体,那么这部分误差是不可避免的。

全面调查是不存在代表性误差的,因为它的调查对象就是总体本身,而抽样调查则两种误差都存在。在实际调查过程中,由于全面调查总体数量庞大,涉及面广,参与人员素质参差不齐,因此调查误差的值会非常大;而抽样调查涉及的调查对象少,参与人员也大多接受了严格的培训,因而调查误差可以大大减少,并且如果技术上处理恰当的话,代表性误差也能够降到非常小的水平。

当然,抽样调查并不能完全取代其他调查方法,它们各有其特殊的作用。抽样调查也有其局限性。一般说来,如果数据都是可靠的,则全面调查的信息量比较多,可以取得各种分组的详细数据,从全国来说可以得到分省、分地区、分县的各级资料。而抽样调查往往不可能把各个总体划分得过细。因此,在调查中为了获取各个层次、各个方面的诸多资料,就需要使用各种调查方法来相互补充。

三、抽样调查中使用的基本概念

1. 总体

总体在调查研究中也称母体,它是指所要研究对象的全体。总体是由研究对象中的所有元素组成的,是具有同一性质的单位的集合体,组成总体的元素称作总体单位或总体单元。例如我们要研究某工厂职工的生活水平,那么该工厂全部的职工就构成了总体,而每一个职工都可以称作为总体的单位。

总体按照各单位的标志性质不同,又可以分为变量总体和属性总体两类。变量总体是指构成总体的各单位可以用一定的数量标志加以标注,例如研究大学生的消费水平,每个大学生的月消费或者年消费就是它的数量标志,那么诸如此类的单元的集合,我们就称之为变量总体;当然,并不是所有的标志都可以用数量表示的,如在谈到某企业员工对于企业满意度的时候,就只能用“满意”、“比较满意”等文字作属性上的标志,那么这一类单位的集合,我们就叫做属性总体。在实际操作过程中,区分好变量总体和属性总体是很重要的,由于总体的类型不同,对待的方法也就不同。当然,在一些特殊情况下,我们也可以适当处理,使属性总体具备变量总体的一些特性,以使用量化的方法进行解释。

总体中包括的总体单位数目,称作总体容量。当总体容量能明确确定,并且单位数目是有限时,我们称作有限总体。如某一时间某一空间的人口数、家庭数目等。若总体中包括总体单位是无限的,例如在一定条件下对某行星的观察数据,则称之为无限总体。在抽样中把总体划分为有限总体和无限总体,主要是为了判别在每次抽取样本单元之间是否相互独立。在无限总体中,每抽取一个单位并不影响下一次的抽取结果,因此可以看作是相互独立的;当有限总体时,从中抽出一个单元后,往往要影响到下一次的抽选结果,因而是不独立的。

在调查中对于总体的确定是非常重要的,并且往往是非常困难的,尽管看上去这是一件非常轻松的事情。比如说,当我们研究一片森林中的树木时,那么显然这个森林所有的树木就构成了一个研究的总体。但是对于一棵树的定义并不简单,灌木长到什么程度成为树,被锯了只剩下树桩的能否称为树?已经死了的树是否也在总体之内,等等。所以对于总体的定义必须包括:(1)单位;(2)内容;(3)时间;(4)范围。如在做一个消费者需求的调查设计时,我们就需要规定:a. 以家庭为消费单位;b. 所有的人;c. 2004 年;d. 北京市内。这是对于总体进行约束的四个必要条件,而且很多时候,这四个要素会进一步缩小范围,例如以上例子中的时间会进一步限制到 2004 年 4 月上旬等。

2. 样本

样本是指抽样时按照抽样的规则从总体中抽选出来的所有单位的集合。样本中包括的总体单元数称作样本容量或样本大小,简称样本量。它是决定抽样误差大小的重要因素,同时也是影响调查费用的一个重要因素。从误差的角度看,总是希望误差要小,从而样本量应该大一些;但从费用角度看,一项调查总是希望调查费用要低,从而样本量应该小一些。因此样本量的大小应该在误差和费用之间进行平衡,这是抽样设计中的一个重要问题。

在调查方案设计的过程中,总体是惟一确定的,但是样本却是不惟一的,一个总体可能会产生很多个样本,全部样本的可能数目与每一个样本的容量有关系,也和抽样的方法有关。不同的样本量和抽样方法、还有样本的可能数目都会有非常大的差别。但是我们要明确的就是,抽样本身只是一个手段,根本目的就在于对总体做出科学的判断,因此抽样的方法、样本量的决定、所取样本的数目,以及它们的分布,都直接关系到对总体预测的准确度,必须认真加以研究。一般来讲,样本单位数达到或超过 30 个即为大样本,小于 30 个称为小样本。在大多数的社会调查中,样本单位数为大样本。样本的大小,即样本单位数,称为样本容量,用 n 表示。它与总体容量 N 的比值称为抽样比。

3. 抽样框和抽样单元

抽样框是调查总体的具体体现。在实际调查方案的操作过程中,面对庞杂的调查总体,我们是无法下手进行抽样的,那么我们就需要对总体中的每一个单位、元素做标记,抽样框就是包含了所有抽样元素号码的"大名单",其中应当包含抽样单位的名称和地理位置,以便调查人员能够迅速及时地找到需要的单位。在信件寻访的调查中,所有总体的地址就是我们要制作的抽样框,制作一份精确的抽样框,不仅要与抽样总体保持好的对应关系,而且要尽可能多的提供与研究目的相联系的信息,以便提高工作人员的效率。

抽样框中的每一个部分称作抽样单元,抽样单元并不一定就要是总体中的单个元素,也可以包含若干个元素或者就是某一类元素的集合。而且抽样单元可以进行分层,在这样的情况下,总体是由若干个较大规模的抽样单元组成的,这些规模较大的抽样单元称为初级单元,每个初级单元下面又可以包含很多的较小规模的单元,我们称为二级单元,以此类推还可以得到三级单元等。例如要对北京市大学生的消费水平进行调查,那么可以把每一所高校作为初级单元,把高校中的每一个学院作为二级单位,学生作为三级单位。抽取样本的过程中,先抽取高校,再抽取学院,最后抽取学生。在一个实际的调查中,单元的分级并不是惟一的和一成不变的,我们可以根据调查的需要选择最优的分层方式,例如上面的例子中,我们也可以把北京的文科、工科和理科作为初级单元,然后是专业,最后到学生,当然这要取决于调查的实际需要,而不是随意的。

4. 总体指标和样本统计量

根据总体各个单位的标志值和标志特征计算、反映总体某种属性的综合指标,我们称为总体指标,因为在一次特定的调查中,总体是惟一和确定的,那么根据这个总体所计算出来的总体指标也应当是惟一的。

假设总体有 N 个基本单元,Y_1, Y_2, L, Y_n 为各级基本单元的数值,根据总体中基本的数学原理能够得到以下几个指标:

(1)总体之和,即总体中所有变量所构成的总和,譬如说某学校所有学生的数学成绩之和、身高之和等。数学表达式为:

$$\bar{Y} = \sum_{i=1}^{n} Y_i$$

(2)总体均值,我们也把它叫做总体平均数,对应以上例子则是该学校学生的平均数学成绩、平均身高。数学表达为:

$$\bar{Y} = \frac{1}{N}\sum_{i=1}^{n} Y_i$$

(3)总体比例,是指总体中符合某项条件的元素占总体的百分比,例如某城市月收入3000元以上的居民的百分比为60%。数学表达为:

$$P = \frac{\sum_{i=1}^{n} Y_i}{N}$$(当第 i 个单位符合月收入3000元以上这一条件时,$Y_i=1$,否则,$Y_i=0$)

样本统计量是由样本中所有的基本单位的特征值构造而成的,以此来对总体的特征作估计。统计量是样本的函数,它是随机变量,其结果取决于抽样方案的设计和被选入样本的特定组合方式。我们计算并得到样本统计量的真正价值不在于得到的最后结果是多少,而在于提供了对于总体的预测数据,因此样本统计量并不要求绝对精确。

5. 抽样误差和非抽样误差

抽样误差是指由于抽取样本过程中的随机性因素导致的样本估计和总体之间的差异，只要我们进行的不是全面调查，这样的误差就一定是会存在的。在抽样的过程中，虽然这样的误差是不可以消除的，但我们可以尽量减少误差的量，其中根本的方法就是改变样本量，很明白的一点就是，在控制其他条件不变的情况下，样本量越大则抽样误差越小，成反比关系，如图 3—4—1：

图 3—4—1 抽样误差与样本量关系图

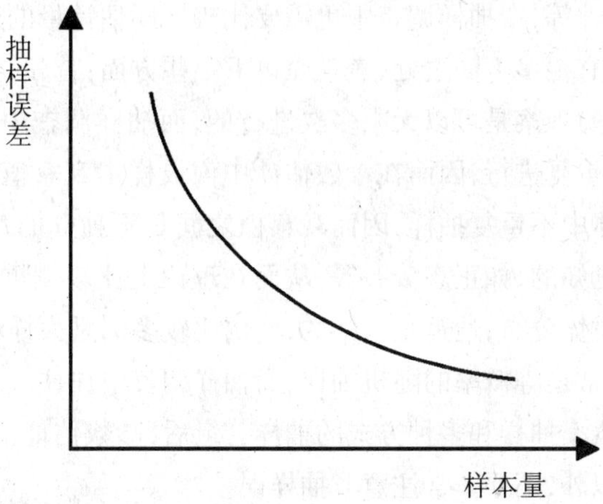

在图中我们可以发现，抽样误差随着样本量的增大而显著减小，但是经过一段时间以后便趋于稳定了，这就是说，虽然说样本量越大，抽样误差越小，不过在到达一定限度以后，抽样误差受样本量的影响显然减小了，所以在实际的抽样调查过程中，我们是不会无限度增加样本的容量的，而是认为到达一个特定界限以后，抽样误差就已经可以容忍了，一般的大型调查中，根据大家的共识，这个界限一般定在 3000 份。这样可以有效减少样本数量，节省了大量费用和人力资源。

非抽样误差是和抽样误差相对而言的，它的产生不是因为样本不能代表总体的全部，而是因为其他各种原因导致的样本预测和总体之间的差异，譬如说调查对象的模糊；调查计划的设计存在缺陷；调查人员的素质并不能胜任调查工作；被访人员对于调查的消极配合，有意隐瞒或者无回答；以及登记汇总过程中的粗心大意等等原因。这一部分的误差是需要在调查过程中努力克服的。

6. 精度和可靠性

抽样调查中经常用精度来表达调查中误差的大小，以说明调查的成功与否。如果我们不考虑非抽样误差的话，那么精度的直接反映就是抽样误差，抽样误差越小，就说明用样本统计量预测总体的能力越强，精度越高。当然抽样误差是与样本量相联系的，样本量越大，在其他条件一定的情况下，抽样误差就越小，则抽样的精度就越高。而同时，我们发现，样本量的大小很多情况下是取决于调查用的多少，样本量越大，则需要的费用也就越高。当然正如上面所说，当样本量到一定数量时，精度的上升也变得很不明显，所以抽样的实际过程中，应该双重考虑精度和费用对样本量的决定作用。

可靠性指的是在作数理估计时的置信概率，又称置信度。因为即使精确性很高的抽样方案，在进行参数估计时，由于抽样的随机性，其结论也是不确定的，要采用一种概率的陈述方法，即总体参数被包括在由样本做出的区间范围内的相应概率有多大。我们限定的这个区间越小的话，则允许的误差就越小，反之则越大。

四、抽样数理理论

1. 参数估计

抽样调查是通过对样本的观察来估计推断总体的某些特征的,实际上就是根据参数估计的原理。例如,参数估计中一个理论问题是怎样选择一个比较好的估计量来推断总体指标。评价估计量的标准有无偏性、一致性和有效性等,在抽样调查中也需要比较不同估计量的选择。而且抽样调查在运用参数估计时,实际意义上又有很多不同之处,表现在以下一些方面:首先,在参数估计中往往假设被研究的总体是无限的,或者试验观察是可以无限多次进行的,而抽样调查中的总体通常是有限的总体,而且大都是社会现象,无法重复进行,因而在参数估计中假设样本观察值是独立分布的,而抽样调查的观察值通常是从有限总体中不重复抽样,因而观察值之间是不独立的;其次,参数估计的理论中通常假设总体分布的形态是已知的,如正态分布等,从而在理论上比较侧重于讨论小样本的精确分布,而抽样调查中研究对象的总体分布,通常是未知的,使用比较多的是大样本情况下的近似分布;再次,参数估计中讨论的样本,通常是等概率的随机抽样,而抽样调查中往往由于抽样单位的大小不等或分层抽样等原因而实施不等概率抽样和多种方式的抽样。最后,参数估计主要是考察抽样误差,而抽样调查中除了考察抽样误差以外,还要非常注意非抽样误差。

2. 大数定律和中心极限定理

大数定律和中心极限定理是抽样原理中的两类重要的定理。其中大数定律奠定了用样本来估计总体的理论基础,其直观含义是随机事件的规律性总是在大量观察中才能显现出来,随着观察次数的增大,随机影响将相互抵消而使规律性有稳定的性质。大数定律就是这种规律性命题的总称。例如,掷一枚均匀的硬币,出现正面的概率为1/2,但当掷的次数比较少时,由于受偶然因素的影响,其频率会偏离1/2,当掷的次数越来越多时,这种偶然影响会相互抵消,其频率会接近概率。因此大数定律证明了试验次数n无限增大时,其频率可以无限接近概率。这就给抽样调查的估计提供了理论基础,即样本比例和样本均值在n比较大时可以作为总体比例和总体均值的一个近似估计。同样的原理也适用于其他估计量,如用样本方差来估计总体方差等。

中心极限定理则奠定了样本估计量对总体参数进行区间估计的理论基础。因为中心极限定理证明了不论总体服从何种分布,只要方差有限,在观察值足够多时,许多估计量的抽样分布,就趋向正态分布。利用它可以对总体参数做区间估计及确定其相应的置信概率,也即它可以作为抽样结论可靠性的理论依据。

3. 抽屉原理

在实际的抽样调查过程中,一般面临的总体就是由无限个单元组成的,从总体中抽取样本的过程实际上就是从抽屉里面抽取若干张票的过程,抽屉中的票由于上面的记号就成为了该单元的特征指标,也就构成了操作过程中的抽样框。

假设抽屉中的票数总体为N,分别为Y_1, Y_2, L, Y_n。

那么,抽屉中票的平均数为:$\overline{Y} = \frac{1}{N}\sum_{i=1}^{n} Y_i$,这个参数表达了抽屉中所有票存在的中点。另外一个我们需要的参数就是抽屉中所有的票距离这个中点的离散程度,我们用所有单元相对于这个中点距离的平方和的均数来表示,即:$S^2 = \frac{1}{n-1}\sum_{i=1}^{n}(Y_i - \overline{Y})^2$,这实际上是总体的方差(大多数情况我

们会使用 $S^2 = \frac{1}{n-1}\sum_{i=1}^{n}(Y_i - \bar{Y})^2$ 表达)。

从抽屉中抽取实际上可以分为两种不同的方式:随机有放回抽取和随即无放回抽取。顾名思义,随机有放回就存在着一张票被重复抽中的可能性,而随机无放回就不会存在这样的可能性。在实际操作过程中,人们也不会愿意花费两倍或者更多的时间去访问同样的一个个体,所以相对于有放回来说我们更多的考虑无放回的情况。而且当抽屉中票数绝对多,而抽取的数量相对较少时,无放回和有放回的差距显得不是很明显,因此一般我们都是在随机无放回抽取上着手。

这里讨论的抽屉模型是针对简单随机抽样而言的,涉及到分层抽样以及多重抽样等复杂抽样时,实际上就是简单随机的复杂化,也就是抽屉套抽屉的问题。

五、抽样的几种方法

1. 简单随机抽样(simple random sampling)

简单随机抽样我们又称作纯随机抽样,它是在不作技术处理的总体中,直接、随机抽选样本的过程。换句话说,就是当我们需要从数量为 N 的抽样框中随机抽取 n 个单元作为样本的时候,所有未抽中的单元被抽中的概率都是相等的,所有 n 个被抽取的单元就构成了简单随机样本。

简单随机抽样是一种最简单、最基本的抽样方法,是整个抽样调查的基础。其中最大的特点就是保证纯粹的随机化,不管我们在制作抽样框上采用了什么方法,比如数字标注,或者制作数码表格,我们需要保证的仅仅是在视野以内的所有单元,都有相同的可能性进入样本。所以简单随机抽样的优点就表现在直观、简单、操作性强上。

当然,简单随机抽样也因此体现了它的局限性,首先,抽样过程中,所有的备选单位都必须进入抽样框,那么当 N 很大的时候,制作这样的抽样框是很困难的;其次,当我们进行历时长、范围广的调查时,得到的样本通常会分散得很厉害,这样调查过程中我们就会碰到很多困难;最后,由于这样的抽样方法对于各单元其他方面的特征体现不明显,比如说一次全国收入调查中,简单随机抽样仅仅是随机化抽取获得收入的人员,但事实上,我们还必须考虑年龄、工种等其他特征。所以,一般涉及到范围较广、技术较复杂的抽样问题时,是不会仅仅使用简单随机调查的。只有在时间比较紧迫,调查本身的精确程度又不要求很高的情况下,我们会选择这样的调查方法。

2. 分层抽样

分层抽样又叫做类型抽样,它的主要原理就是先针对总体各单元的特征加以分层,然后再从每个层中按照随机抽样的方法抽取样本,由所有层中的样本组成一个总的样本。用这样的方法进行抽样,有很多的优点,其一,在样本中具备了所有我们需要的特征的样本,这样样本的结构与总体结构就会比较接近,在用样本量估计总体特征的时候,精确度也相应会得到提高;其二,在实施调查的过程中,分层的方法能够为调查的组织提供方便,如果分层的内容是行政区划或者行业进行的话,那么我们就可以借用现有的资源;其三,调查所得的结论不仅仅适用于总体,而且还能够对每个层进行解释。这些优点使得分层抽样在实际调查中得到广泛运用。

3. 系统抽样

系统抽样又叫做机械抽样或者等距抽样。它的主要方法是将总体按照一定的顺序编号,并且每隔一定的间隔抽取一个或者若干个单位,然后将这些单位组成样本,进行对总体的预测。

系统抽样之所以在抽样方法中运用广泛，就是因为它的操作很简单，另外如果配合我们对总体的其他信息的了解，那么就可以科学有效地对总体进行排序，大大提高了抽样的精度。

4. 整群抽样

整群抽样指的是在抽样过程中，将总体划分为若干个群，然后以每个群为单位，从总体中抽取几个群作为样本，对抽出的群进行全面调查的抽样方法。例如，我们在调查某省企业发展状况时，基本单元其实应该是企业，但在操作过程中，我们可以先以市为单位，抽取若干个市，在对这些市的企业进行全面调查。

整群抽样的优点就在于：(1)简化了编制抽样框的过程，在进行规模较大的调查中，对抽样框的编制就是一项繁琐的工作，例如上述例子中我们需要得到该省所有企业的名单和特征，然后才能进行简单随机抽样，此时如果我们以市为抽样单位，这就大大简化了编制抽样框的过程；(2)简单，节省费用。当我们对总体进行简单随机抽样时，如果总体中的单元很分散，比如进行全国调查时，样本会出现在全国各个地区，当资金和人员不能满足调查要求时，采用整群抽样能够大大节约费用，因为我们可以把调查范围缩小到某几个省市。

当然，由于整群抽样的方法本身也带来了一定的局限性，最重要的一点就是牺牲了抽样的精度，因为当我们划分总体为若干个群的时候，其实每个群的特征都是有差异的，那么被我们放弃的群显然在调查成果中就体现不出那些特征来。所以在其他条件一定的情况下，通常整群抽样的误差较大。

5. 多阶段抽样

顾名思义，多阶段抽样就是指在抽样过程中并不是一步到位地直接从总体中抽取样本，而是分为两个或者多个阶段来进行。比如说，我们先从总体中抽取若干群，但并不对这些群进行全面调查，而是进一步抽样，从选取的群中运用简单随机抽样的方法抽取若干单位进行调查，这样抽样其实是分成了两个步骤进行，我们称之为二阶段抽样。以此类推，如果我们在抽取的群中，再抽取次级群，就可以得到三阶段、四阶段的抽样方法。

多阶段抽样相比于整群抽样，使得最后的样本基本能够具备总体的所有特征，与其他抽样方法相比，比较简约可行，节省费用。因此，现在的大规模调查中，一般都会使用多阶段调查方法。

6. 其他抽样方法

除了上述五种抽样方法使用较为广泛以外，在一些特殊条件下，我们也会使用一些其他的抽样方法。

(1)偶遇抽样。是指在自己方便的形式下，以最先碰到或者得到的调查对象作为样本的抽样调查方法。

(2)滚雪球抽样。是指在调查过程中很难找到总体成员时，先搜集部分成员的信息，然后向这部分成员询问其他成员的有关信息，以实现对总体其他成员的调查。

(3)判断式抽样。是指依据自己对于总体的了解，主观地选择具有较强异质性的个体单位。

(4)配额抽样。如果事前我们了解到总体中各部分所占的百分比，那么我们也可以定额地要求样本中各部分的百分比，例如调查某区人均收入水平时，我们已经知道男女所占比例分别为55%和45%，那么我们也极具可以按照这个定额去抽取男女的样本。

六、抽样的基本步骤

不同的调查，有不同的抽样方法，当然也就有不同的操作步骤，不过大致上，这样几个步骤是必不可少的。

1. 确定调查的问题，弄清楚目的与要求。这是进行抽样的第一步，也是最重要的一步。在这个过程中要明确对整个问题的完整叙述和所研究问题的组成部分。首先我们要搞清楚的是“要调查什么?”，回答了这个问题，被抽样的总体也就基本确定了，正如上文所说，总体的确定需要包括总体所涉及的所有特征，与我们所要研究的信息联系在一起。

还有就是“为什么要做这样的研究?”，结合研究的目的，相关的背景材料，所需要的信息以及如何使用这些信息，调研人员和有关专家进行认真讨论，分析以往的二手材料，必要时还要结合访谈等定性的研究。

在这个过程中，需要纳入考虑范围的还有费用问题，访问员素质问题，技术分析问题等等。

2. 抽样方案的设计。抽样方案解释的是如何从那么多的总体中抽取出有效的样本的问题。在调查过程中，存在着很多的方法，譬如电话调查、邮寄调查等等，那么针对不同的调查方法，我们就必须制定不同的抽样框，如电话调查就必须有详细的电话号码信息。确定了抽样框以后，就是抽样方法的设计，这期间既要考虑到可行性，又要考虑科学性，一方面确保抽样的方法科学地预测总体，另一方面基层的操作者又要能够很好的领会和运用。当然设计过程中还要包括针对意外情况的处理办法，比如说调查对象的失访、拒访等等。

3. 问卷设计。问卷设计是把抽样调查的目的和要求完全表达的过程，把我们需要研究和知道的问题细化为一个个的问题，如我们想知道目前年轻人对于雷锋的认识，那么问卷中就必须包括被访人员的年龄，被访人员对于雷锋的态度，甚至假设碰到类似事件时的选择情况等等。这是整个调查过程中技巧性最强的部分，一份设计精巧的问卷，应当是被访者很好的理解问卷的内容，并且能够愿意和正确回答问卷中的问题，而且要方便问卷的回收处理、数据汇总。

问卷设计由于涉及日常生活各个方面，因此要求设计者能够拥有各方面知识，能够把握被访者心理，通常一份问卷的设计需要进行试调查，以检验问卷中是否有遗漏或错误。

4. 进行调查。在开始调查之前，对访问员的培训是是否取得成功的关键之一，访问员必须熟悉调查的目的和对象，在访问过程中，一般应当将包括不符合条件的被访对象在内的所有人记录在案，通常需要做到在访问过程中不使用诱导性言语；忠实记录被访者回答；详细记录被访者个人资料；访问完成时，浏览问卷，补充遗漏的地方。

5. 数据处理。数据分析是利用调查得来的基本素材，运用软件和数学理论进行分析的过程。首先要核对检查原始数据，并对合格的问卷进行编码和录入。录入后对数据进行预处理，包括调整编码顺序、再编码、设计新变量，使之符合统计软件的要求。最后就是利用 SAS 或者 SPSS 等专业社会统计软件进行模型构造，深入分析。

6. 调查报告的撰写。调查报告是整个调查的收获阶段，在类型上，调查报告可以分为探索性和描述性报告；在性质上分为普通调查报告和学术研究报告；在技术上又可以分为一般报告和技术报告。调查报告通常应当具有以下一些内容和特征：(1)主题。包括调查的目的、方法等；(2)对象。调查所有表达的事物主体是什么；(3)范围。包括调查的范围、区域；(4)资料获得的方法。叙述出调查过程中所使用的方法；(5)抽样特征量。包括抽样总体、抽样框等抽样调查特征；(6)结论的表达。由调查所得出的结论，应结合调查资料和合理推理所得出的结论；(7)调查责任承担者。调查主持的个人、机构等；(8)参考书目。列出所有参考的书籍文献。

第二节 抽样调查方法

一、简单随机抽样

1. 简单随机抽样的基本概念

简单随机抽样是指从含有 N 个单元的总体中随机化抽取 n 个样本的抽样方法。那么很容易理解,所有可能的样本就有 C_N^n 个,那么每一个样本被抽到的概率就为$\frac{1}{C_N^n}$,这样的抽样方法我们称之为不放回的抽样方法,在社会经济调查中,简单随机抽样一般是指无放回的抽样。具体操作时,我们只需逐个抽取样本,直到抽满 n 个为止。

举个简单的例子,如果我们要考察某市下辖县区的国民生产总值,假设研究的总体 $N=6$,且 $Y_1=10, Y_2=20, Y_3=30, Y_4=40, Y_5=50$。要从其中抽取 $n=2$ 的样本,那么非常明显可以得到所有的样本可能数为 $C_5^2=10$ 个,参照下表:

样本编号	样本单元	样本数值	样本均值$\bar{y}$	抽样误差$\bar{y}-\bar{Y}$
1	1,2	10,20	15	−15
2	1,3	10,30	20	−10
3	1,4	10,40	25	−5
4	1,5	10,50	30	0
5	2,3	20,30	25	−5
6	2,4	20,40	30	0
7	2,5	20,50	35	5
8	3,4	30,40	35	5
9	3,5	30,50	40	10
10	4,5	40,50	45	15

2. 抽样符号表示方法

在抽样调查过程中,我们一般用大写字母表达有关于总体的特征值,用小写字母表达样本的特征值。如:总体中 N 个单元的表示方法是 Y_1, Y_2, L, Y_n,样本中 n 个单元的表示方法为 y_1, y_2, L, y_n。

当涉及到总体的一些特征量时,我们也成为总体指标,包括总体总量 Y,总体均值$\bar{Y}$,总体中具有某种特征的单位占总体的比例 P,两个总体总量或者总体均值之间的比 R,以及总体方差 S^2,样本方差 s^2,抽样比 f 等指标量。具体的表达方式:

$$Y = \sum_{i=1}^{N} Y_i;$$

$$\bar{Y} = \frac{1}{N}\sum_{i=1}^{N} Y_i;$$

$P = \frac{C}{N} = \frac{1}{N}\sum_{i=1}^{N} Y_i$；（$C$ 表示具有某特征的单元的个数）

$R = \frac{\sum_{i=1}^{N} Y_i}{\sum_{i=1}^{N} X_i} = \frac{Y}{X} = \frac{\overline{Y}}{\overline{X}}$；

$S^2 = \frac{1}{N-1}\sum_{i=1}^{N}(Y_i - \overline{Y})^2$ ；

$f = \frac{n}{N}$

总体指标中也运用诸如 Y^{μ}，P^{μ}，R^{μ} 来表达对 Y、P、R 的估计。

3. 随机抽样方法

要从总体为 N 的单元中抽取 n 个样本，在操作过程中，有这么几种方法可以使用：

(1)抽签法

当总体总量 N 的值并不是很大时，我们可以制作无差别的 N 个签，并且保证充分混合，然后运用随机方法抽取 n 个单元。所抽中的号码即为我们事前编码的样本单元。其实这样的抽样方法，我们在日常生活中经常可以看到，比如说摸彩、摇奖等。当然，这种抽样方法知适合总体 N 较小时，如果 N 的值较大，这种方法就会显得很不方便。

(2)随机数码表

随机数码表是由计算机或其他随机方法制成的，它由 0，1，2，…，9 这十个数字组成，这十个数字出现的机会是等概率的。具体操作办法是：

首先是为总体中所有的单元编上号码，比如说 $N=670$ 时，则编码为 1—670。接下来就是从随机数码表中抽取 n 个单元作为样本，如 $n=100$。

那么这时候我们就从三位数的随机数码表中抽取 100 个单位，其中的过程是随机的，包括从哪个数字开始，按什么规则选择，关键是我们要一如既往地按照这个原则做下去。比如说，我们决定从第一行的第三个数字开始，一直往下，碰到大于 670 的数字时，就换到下一行，那么整个过程都必须遵照这个原则抽取。

如图所示：

随机数码表

542	374	849	273
103	640	208	907
465	135	652	198
702	823	428	918
364	292	404	582
154	450	781	574
291	756	693	390
321	409	586	361

……

当然,在实际操作过程中,我们会碰到这样的问题,就是当 N 的值比较小,比如只有 250(主要是最高位较小时),并且需要抽取的样本 n 相对又较大,如需要 100,那么抽取的过程中我们就会发现大量出现了大于 250 的数字,于是我们就必须不断的舍弃这些数字,换到下一行,这对于我们的整体效率影响是很大的。因此我们可以采取这样的方式解决,当我们抽到大于 250 的数字时,我们可以用它除以 250,所得到的余数作为单元标志进入样本,这样就避免了频繁舍值的情况,提高了效率。

为了克服个人习惯对于随机数码表抽取的影响,增强操作的随机性,我们还会运用一些运气的办法,比如闭上眼睛用铅笔尖随便点,扔火柴头等方法。简单随机抽样应用方法简单,主要用在对调查对象特征了解较少且总体中排列没有秩序时。

(3)计算机随机生成

现在很多的计算机软件都能随机产生数据,运用这样的方法较为快捷,方便。当然由于软件制作本身的特点,其实计算机产生的随机数并不是绝对随机的,它存在相对的循环周期,在对随机性要求不高的调查中,这是一个快速获得随机样本的好办法。

4. 几个重要的估计量

(1)总体均值的估计

对一个未知总体,估计其平均值是最常见的情况,也就是说,我们进行一项调查的时候,得到了对于抽样样本的一些信息,包括样本量、样本均值等,这时候我们需要对总体的平均值做出估计。例如,在农业调查中需要估计某一地区的粮食平均单产,在某城市的收入水平调查中需要估计某一群体的平均收入、平均消费等,在调查青少年体育水平时,要测定某一年龄组学生的跳高、跑步成绩等。

在简单随机抽样中,如果没有其他的特征量,我们通常认为样本的均值就是我们对总体均值的估计。这一点在直观上是容易理解的。因为在简单随机抽样的情况下,每一个总体单元都有一样的概率被抽中,所以抽中的样本应该是代表了总体的所有特征,从而我们可以用样本均值来估计总体均值。但是,我们还必须认识到,因为抽取样本是随机的,所以样本均值$\bar{Y}$是一个随机变量,它的取值随着抽到的样本而定,但是从所有可能样本来看,它的数学期望等于总体均值,所以我们称样本均值是总体均值的无偏估计量。

(2)总体总量的估计

在调查中,我们除了需要通过样本对总体的均值做出估计外,很多情况下,我们还需要对总体的总量做出估计。比如进行工业产量抽样调查时,虽然要估计平均产量,但往往通过平均单产要得到的是总的产量,一些农业产量的调查,目的是要了解某村或者城镇有关指标的总量。

当总体单元数 N 在抽样时是已知的,估计总体总量比较简单,也就是说,我们只要用前面总体均值的估计乘以总体容量 N 即可。

当然,我们还会碰到抽样框不完整的情况,比如说对于抽样的总体本身了解不全面,或者样本中存在一些无回答的情况,那么我们应当尽可能预测出总体的容量 N,包括使用抽样比 f 等方法。

总之,简单随机抽样在调查史上发展的时间较长,其理论也较为成熟,它是整个抽样部分的基础,其他的抽样方法一般都是在简单随机抽样的基础上发展而来的。在总体较小,要求不太高的调查中,我们经常使用简单随机调查,它的缺陷就在于在抽样之前需要一份完整的抽样框,并且给每一个抽样框都编上号。这一点在一些大规模的调查中是很难实现的,因为当 N 较大时,这一步简直就是不可能的。另一个缺点就在于简单随机抽样所抽出的样本都较为分散,这就给调查本身带来了很大的难度,需要花费很长的时间去寻找这些样本单元。在实际调查中,我们通常运用其他调查方法配合简单随机调查进行。

二、分层抽样

1. 什么是分层抽样

分层抽样也称分类抽样或者类型抽样，这种抽样方法是在抽样之前将总体的 N 个单元划分为互不交叉重叠的若干层，每一层又包含一定的单元数，然后再从各层中独立地抽取一定数量的总体单元组成样本，如果每层中的抽样都是简单随机的，那么这种分层抽样称作分层随机抽样。

2. 分层抽样的作用

分层抽样是利用有关信息改善抽样设计的最常用方法，它的作用也是多方面的：

(1)当抽样调查不仅需要估计总体的特征，而且还需要估计有关子总体的特征时，通常需要按子总体来分层。例如，我国要进行全国使用语言文字的调查，要估计讲普通话、少数民族语言以及地方方言等人数和情况。我国有十三亿多人口，样本量相对很少，如果采用简单随机抽样，很难抽到一个代表使用各种语言文字的样本，比如说抽取一个 10 万人的样本，对那些人数很少的少数民族，仍可能抽不到样本，即使能抽到，由于样本量不够，就很难保证精度的要求。在这种情况下采用分地区、分民族的分层抽样可以满足估计子总体的要求，并获得对总体更有代表性的样本。

(2)分层抽样另一个重要作用是为了提高抽样效率，即在一定精确性和可靠性的要求下减少样本量、节约费用，或者在相同样本量的前提下提高估计精度。在简单随机抽样一章中，曾经提到抽样误差的大小取决于总体内部的差异大小和抽取样本量大小这两个因素。而在实际的抽样调查工作中，总体的差异是客观存在的，要达到降低抽样误差的目的，就要增大样本容量，而增大样本容量，就会使调查的费用增加。为了解决这个矛盾，分层抽样就是方法之一。如果人们事先对研究的客观总体有一定的了解，就可以把总体中性质相同的单位，即研究的标志值比较接近的单位归并在一起，形成若干层，这样各层内的差异就可以大大缩小，各层就能以较小的样本量达到预期的精确度。从整个样本来说，由于这些样本单元对各层都有较好的代表性，因此由它们构成的总样本也就有较好的代表性，在分层时只要把性质相近的单位放在同一层，不同性质的单元分在不同层，也就是扩大层间差异，缩小层内差异，这样就可以提高抽样效率。

(3)分层抽样便于抽样调查的组织管理。因为分层既可以按行政隶属系统来分层，也可以按地理的区划来分层，这样在我国的体制下可以利用条条的组织系统和块块的地方行政组织的力量来组织管理和监督抽样的进程，会使抽样的组织工作比较方便。

(4)分层抽样还可以根据各层不同的情况，在不同的层中采用不同的抽样比例或不同的抽样方式，实施起来比较灵活。

举个例子来说明分层抽样在实际调查过程中对于缩小抽样误差，提高抽样效率的重要作用：

假设总体为某辖区内 6 座工厂，3 座较大，3 座较小，现在需要做的是通过抽样调查预测他们的工业产值。

	小厂 1	小厂 2	小厂 3	大厂 1	大厂 2	大厂 3	平均
工业产值	2	4	6	20	22	24	13

当然这些在抽样之前是未知的，现在我们要抽取2座工厂作为样本，分别调查他们的工业产值，然后根据样本的平均数来推断总体的平均数。在未知任何信息的条件下，采用简单随机抽样，这时任意2个人抽中的概率都是相同的，这样就有可能抽中工业产值最少的2个人，即小厂1和小厂2，他们分别为2和4，平均为3，但也有可能抽中工业产值最多的2座工厂，即大厂2和大厂3，他们分别为22和24，平均为23。这两个样本的均值和总体的均值13相比，其抽样误差都是很大的，其余样本的抽样误差都是在这两个样本之间。如果我们在抽样前知道辖区内有3个小厂和3个大厂，而且知道他们之间工业产值的数目差别比较大，那么就可以采用分层抽样，即划分为小厂和大厂两层，在小厂这一层和大厂这一层各抽取一个作样本。那么抽中工业产值最少的样本是小厂1和大厂1，分别为2和20，平均为11，最大的样本是小厂3和大厂3，分别为6和24，平均为15，其抽样误差就会小得多。

通过这个直观的例子我们就可以看出分层抽样在缩小抽样误差，提高抽样效率上起的巨大作用，也可以看到简单随机抽样有可能抽到极端的样本，而分层抽样可以使样本的分布更均匀，避免极端样本的产生。从这个例也可以看到分层抽样需要有先验的信息。

3. 分层抽样的步骤

(1)了解并掌握总体中单位尽可能多的信息和特征，得到一些先验性的基本资料。并制作一份适合于分层抽样的抽样框。

(2)确定分层的标准。在进行分层之前，我们必须确定运用什么标志将总体分为若干层，当然这要视不同的调查而言，下面我们会谈到一些技巧。

(3)确定在以上的分层标准下需要对总体分为多少层。在实际调查过程中，我们需要得到比较多的样本量，以充分代表总体的特征，但是如果我们分层太多又会影响到实际操作过程。因此分的层数也不宜过多。

(4)在每个层内实施最适宜的抽样方法，得到每个层的样本。

(5)综合所有的样本，形成我们抽样调查需要的样本。

4. 分层抽样中的几个问题

(1)分层的标准。一个相同的总体可以根据不同的标准从而分成不同的类别和层次，那么我们如何选择分层的标准呢？通常以下几个原则是我们需要遵守的：

第一，运用我们所要研究的主要变量或者与之相关的一些变量作为分层的标准。比如说我们在研究城市交通状况时，可以运用省级公路长度作为分层的标准；我们研究社会对于抵制日货的看法时，可以根据不同的职业人群进行分层。

第二，保证最终的分层结果是各层内部同质性强，层之间的异质性强。突出分层在划分不同属性单位上的重要作用。比如说研究学校时，就可以按照学生、教师、职工来划分人群，以达到突出差异的目的。

第三，运用现成的、已被证实的特征进行分层，如年龄、职业、文化程度，还有地域、民族等，都可以运用到分层中来。

(2)分层中的比例问题。分层抽样在抽样过程中会存在按比例抽样和不按比例抽样两种方法。按比例抽样是指按照该层在总体中的百分比来抽样的方法，也就是说每层中出现的样本数是取决于该层的总体占整个总体的比例的。举个例子，当我们要研究某地区居委会工作状况时，如总体为200，其中按照重点与非重点分层，重点为120，非重点为80，那么当我们要抽取20个居委会作为研究对象时，我们就会在标记为重点的居委会中抽取12个，同样非重点的就有8个。

运用按比例抽样的方法，有一个非常大的优点就是可以确保样本结构和总体结构的一致性。当然，并不是所有的情况下，我们都可以运用这样的方法，在一些特殊情境下，采取按比例的分层抽样方法，反而不利于我们了解情况，如上述例子中，如果非重点只有 20 个，那么最终按比例我们只能得到 2 个单位的样本，这在抽样理论上是不能说明问题的，也不利于我们了解情况，这时候反而是不按比例抽取更科学一点。

分层抽样方法可以确保分层变量的代表性，也使其他相关的变量更具有代表性。换句话说，分层变量在针对某些变量，凸显差异性方面，可以得到比简单随机抽样更有代表性的样本。

三、系统抽样

1. 系统抽样的概念

在实际研究中，如果我们手头上已经有了一份包含所有总体单元的名单时，我们就很少选择简单随机抽样，而通常会选择系统抽样的方法。

系统抽样我们也叫做等距抽样或者机械抽样。是指将总体中所有单元按照某种方式排队，并且编上号码，然后确定一个固定和具体的间隔距离，按照这个距离每隔多少个单位抽取一个样本单元组成样本。正如上面所说，系统抽样仍然需要我们拥有一份翔实的抽样框。

比如说当我们需要从容量为 10000 的总体中抽取 1000 个单位作为样本时，那么我们制定的间隔就应该是 10。当然为了避免人为的编号偏好，第一个开始的单元必须是随机的，我们可以从 1 ~ 10 的数字中随机选取一个作为我们抽取样本的开始。

系统抽样中存在两个重要的概念。一是抽样间距，是指两个被选择单元之间的统一距离，比如上述例子中抽样间距就为 10；第二就是抽样比率，指的是我们需要抽取的单元数与总体容量的比值，在上一个例子中，抽样比率就为 1/10。

具体公式为：

$$k(\text{抽样间距})=\frac{N(\text{总体容量})}{n(\text{样本容量})};$$

$$c(\text{抽样比率})=\frac{n(\text{样本容量})}{N(\text{总体容量})};$$

2. 系统抽样的具体步骤

（1）制定翔实的抽样框。与简单随机抽样相似，在进行抽样前我们需要得到一份包括尽可能多个体信息的抽样框，只有这样才能够有效对总体进行排序。在此之后，将这份抽样框按照一定的方法排列顺序。

（2）计算出抽样间距 k。在得知总体容量以及我们需要得到的样本数量以后，我们就可能计算出抽样的间距，从而在下面的抽样过程中使用，具体计算方法见上文。

（3）寻找随机起点。为了确保在下面的抽样过程中能够充分体现随机的原则，我们需要在起点的寻找上严格遵循随机抽取的前提，如果没有特殊要求，我们一般采用摇奖法等充分的非人格方法体现随机原则。这时候记下这个单位，作为下面我们系统抽样的起点。

（4）间隔抽取。在确定了抽样起点以后，从这个单位开始，每间隔 k 个单位，再抽取一个单位，那么最终我们就可以得到所需要的样本数量。

(5)再将这些抽取出来的单位组合就得到了该总体的一个样本。

举个例子,当我们要对包含3000户居民的社区进行调查,需要样本量100的时候,那么首先我们可以向当地的居民委员会索取一份包含所有居民基本资料的抽样框,并且按照顺序给予编号。

根据上面我们谈到的公式可以得到抽样间距:

$k=\frac{3000}{100}=30$;

也就是说,在操作的过程中,我们需要每间隔30个单位抽取一个个体,所以我们首先要在1~30的编号中运用随机抽样的方法抽取一个数字,譬如说这时候我们选择到的是15,那么第二个选取的号码就是45,然后是75,105,…,总共可以得到100个编号。对照抽样框,我们可以针对性地得到100户居民作为我们进行调查的样本。

3. 系统抽样中的几个问题

在进行系统抽样的过程中,编号顺序看上去是很不经意的一个过程,非常简单,也非常易于操作,但是在影响抽样信度方面这一过程却起着至关重要的作用。因此我们在制作抽样框的过程中,要注意这几个问题:

(1)如果总体名单中,个体的排列具有某种次序上的先后顺序的话,将对最终的结果产生很大的影响。也就是说总体中的个体本质上就会有等级化的排序时,比如说以上例子中,如果我们研究这3000户家庭的消费水平时,而我们在索取抽样框时又发现,居民委员会不知道因为什么原因将居民按照消费水平高低排序了,这时候如果我们为了方便,不对抽样框进行调整直接使用,那么造成的直接结果就是,当有的研究者选择抽样起点时,如若选取了1~30的前几个数字时(如4号),相比较于他选择26,在最后得到的样本中,前者的消费水平无疑要比后者高很多。在实际调查过程中,有的时候我们需要得到很多的变量值,所以可能碰到的情况不会这样明显,所以当我们涉及到这样类似的情况时,一定要对抽样框进行一个全面的调整。

(2)另外一种情况就是在总体名单中,个体的排列本身就带有周期性,这样的问题在抽样理论中称为周期性问题。如果单位的周期性与我们的抽样间距存在一定程度的一致性的话,就会对最终的抽样结果造成很大的影响。如以上例子中,如果我们拿到的抽样框中是按这样的顺序排列的:每30户作为一个楼道,并且按照消费水平高低排列,而这时候非常巧合的是我们的抽样间距也是30,所以造成的直接结果就是当抽样起点靠前时,我们选择到的都是消费水平较高的家庭,当起点靠后时,选择到的都是消费水平较低的家庭。很明显,这样是不能代表整个总体的情况的,所以我们事前得知这样的情况时,应当及时对总体的排列顺序作调整。

4. 抽样框的编制方法

正如上文所说,抽样框的编制在整个系统抽样的过程中,看似无关紧要,实则影响深远。当然这也并不是说抽样框的编制就有多么的复杂,只不过在研究调查过程中我们需要借鉴一些方法和原则:

(1)无关的标志排序

在对总体进行排序的过程中,为了方便调查的进行,并且也没有对调查结果有特殊要求的时候,我们可以运用一些方便易得的标志进行排序,如姓氏笔画、人口名册、户口本等。这在大规模调查中运用得较为普遍。

(2)相关标志排序

相关标志排序是指运用与调查项目相关的一些标志量对整个总体中的单位进行排序。譬如我们调查辖区内工厂的运营状况时，那么我们就可以选择与之相关程度较高的年产量，按照顺序排序。

5. 系统抽样的评价

系统抽样方法在实际调查过程中，受到广大调查工作者的欢迎，并得到了应用广泛。首先在于它操作非常方便，而且还可以保证抽取样本的代表性。很多时候我们运用系统抽样的方法时，是不必要重新编制抽样框的，如以上例子中我们的3000户居民就可以直接从居民委员会获得名册。尤其是我们在进行一些本身就是自然排序，随机性较高的调查工作时，体现得更为明显，比如我们要调查北京市的车辆状况时，直接对车牌号码进行编号即可。可以说，系统抽样是一种较为方便、理论上又得到大家认可的抽样方法。

当然，系统抽样也存在着大量的不足之处，一般来说，系统抽样并不是严格意义上的概率抽样，所以我们进行方差计算时就会遇到比较大的理论困境。

四、整群抽样

1. 整群抽样的概念

整群抽样是将总体划分为由总体中若干单位组成的群，然后将这些群作为抽样对象，从中抽取若干群形成样本，进行调查研究的抽样方法。比如说我们需要调查某大学学生对于某件事情的看法时，就可以以该学校所有的班级和学院为抽样对象，从中抽取几个完整的班级或学院作为调查对象，对这些班或者学院的学生进行整体调查。

整群抽样和其他抽样方法最大的区别就在于它抽取的不是单个的个体，而是由这些个体构成的集合，是成群的个体。当然在对群的抽取过程中，我们也会运用简单随机抽样、分层抽样或者系统抽样的方法。

2. 整群抽样的作用

(1)当总体缺乏包括全部总体单位的抽样框，无法进行抽选的时候，我们需要运用整群抽样的方法。

因为我们无论是运用简单随机抽样、分层抽样或者是系统抽样，我们都必须准备一个抽样框，其中包括总体单位的大部分信息，这样才能为其编号，形成抽样框。然而当我们进行一次大规模调查时，要准备完备的抽样框是十分困难的，甚至是不可能的。

比如说我们要调查全国街道的组织架构时，就必须获得全国所有街道的全称、地址、电话等，然后进行抽样框的编号，这一项工作本身就是非常繁琐和困难的。那么如果我们能够选择北京市、江苏省、云南省等几个省进行全面调查，就要方便很多。

(2)操作性较强，节约费用。即使像以上例子中，我们在国家政府的支持下拿到了这样一份抽样框，对于我们来说，调查的成本也是非常高的。由于我们抽取的样本将分布在全国各个省市，调查时需要大量的调查员，需要包括食宿在内的大量经费，不仅费力，而且耗费大量财力。如果能够仅仅针对某几个代表性的省市进行调查，就会方便很多，也会节省很多费用。

3. 整群抽样的具体步骤

(1)认识和理解所要调查的总体所包含单位的基本信息。这一步骤会影响到我们对于群的划分和挑选。

(2)根据调查的需要，以某个变量为标准将总体单位划分不同的群，当然与上面谈到的分层不同的是,这里的群要求群之间的同质性越高越好。

(3)运用我们讨论过的几种抽样方法对群进行抽样。这一个过程和我们所谈到的对于个体的抽样方法大体上是一致的。

(4)组合已挑选出来的群中的所有单位构成我们所要调查的样本。

4. 整群抽样中构建群的原则

(1)群的划分

整群抽样中的"群"大约可以分为两类,第一类是根据天然存在的界限所作的划分,比如说地域、行政区划、人种、街道等,这样的划分方法非常方便,也能够节省费用;第二类是调查人员主观上为其划分的,比如将45岁以下的人群和45岁以上的人群作为两个群,这一种方法主要取决于调查的需要,对调查设计者的要求较高。

群的划分在抽样原理上可以用方差分析来说明。当总体划分为若干个群以后,总体的方差就被分解成了群间方差和群内方差两部分,这两部分是此消彼长的关系,如果群间方差大,则群内方差就一定小,反之亦然。由于我们划分群的目的是对所有人选的群中的所有单位进行调查,因此我们可以知道影响最终误差的主要就是群间方差。所以为了提高我们调查研究的精度,划分群的时候,就应当使群内误差尽可能的大,从而达到群间误差小的目的。通俗一点说就是需要让群内部各单位的差异越大越好,以避免不同的单位提供了相同的信息。这一个原则与我们讨论过的分层的原则刚好是相反的。因此这两种抽样方法刚好是针对结构上存在较大差异的不同总体提出来的,当然,很多情况下它们也可以结合使用。

(2)群的大小

群的大小指的是组成群的单位的数量多少。在整群抽样过程中,我们不能简单地规定包含多少个单位就是最优的,其数量是灵活的。当群的规模较大的时候,从样本对总体预测的角度看,准确程度要差一点儿,但同时费用要节省一些;当然规模较小的时候,预测的准确程度要高,但付出的代价是需要花费更多的费用。

在实际调查过程中,确定群的大小,通常需要考虑多个因素,如群的具体结构、需要达到的预测精度、准备花费的费用等等。

通常情况下,群的规模最好不要过大,因为大规模的群内部结构仍然很复杂,调查面临的困境仍然存在。当然,一些情况下不得不面对这样大规模的群的时候,我们可以在这个大规模群的下面继续使用其他的抽样方法。

在确定群的大小的时候,还会碰到一种情况,就是总体内部群的大小是一样的,或者大小不一样,这是我们在进行群的分割时,主要考虑不同群的重要程度的原因,当然相对应的,当我们进行估计和预测时,也要考虑不同群在总体中的权重。

5. 整群抽样与其他抽样方法的比较

为了更好地理解整群抽样的特点,我们将整群抽样和前几种抽样方法作一个比较。假设我们的总体是全国所有的城市,这时候我们需要从中抽取出60个城市作为我们调查的样本。那么如果是简单随机抽样或者系统抽样的话,首先我们就需要准备一份完善的、包含所有城市资料的抽样框。而后简单随机抽样就根据随机数表进行随机抽样,系统抽样就计算出抽样间距,直接从抽样框中得到60个城市的样本;而如果是分层抽样的话,我们就可以先将所有城市划分为大城市、中等城市、小城市三类,然后根据实际情况从每一类中抽取一定数量的城市,并组合得到我们需要的样本。我们采用整群抽样的时候,就可以利用全国的行政区划(省、自治区、直辖市)作为抽样单位,从全国所有的省级行政区划中抽取6个,再以这些省级区划中的城市作为我们的抽样样本。

可以看出,整群抽样的抽样方法是比较简便,操作性较高的,而且也比较节省费用,在很多调查中都被广泛使用的。但同时它付出的代价也使其样本分布范围不广,样本对于总体的代表性较差。由于抽取样本的过程中,我们得到的样本大多数是比较集中的,所以由于地域、范围的限制,造成得到的样本就会具有相当程度上的同质性,导致预测结果较差。一般说来,整群抽样在较为严格的抽样中,通常与其他抽样方法结合使用。

五、多阶段抽样

1. 多阶段抽样的定义

顾名思义,多阶段抽样就是指并不是一次性就完成抽样的抽样方法。先从总体单位中抽出若干个单位,但是并不对这些单位进行调查,而是在其中再抽取若干个单位形成样本进行调查,我们把这样的方法称之为二阶段抽样,当然如果我们继续抽取下一级的单位,就会形成三阶段抽样、四阶段抽样,这些抽样方法,我们统称为多阶段抽样。

比如我们要进行一项某市居民电视机使用的调查时,设计者打算采用入户调查的方法。不过由于经费方面的原因,调查者又希望样本能够比较集中,所以准备选择整群抽样的方法。目前调查者手头有一份全市所有街道特征的名单,如果采用整群抽样的话,那么抽取出来的将是以街道为群的抽样单位,这时候如果调查街道内所有的居民,显然工作量太大;如果以街道下的居民委员会为抽样群的话,手头上又没有居委会的名单。

在这样的情况下,显然编制包含所有居委会的抽样框已经来不及了。调查者准备对上述方案作一个调整。第一步他决定抽取部分街道,并建立抽取出来的街道下属的居民委员会的名单;第二步根据这些名单抽取出部分居民委员会;第三步在这些居民委员会下面调查部分居民户。

所以最后确定的方案就是先抽取部分街道,再在街道下面抽取部分居委会,最后在居委会下抽取部分居民组成抽样样本进行调查。这个方案是由三个阶段组成的,我们就称之为三阶段抽样。

当然,上述例子中非常明显的三阶段是根据行政区划来完成的。在实际调查过程中,我们完全可以不必拘泥于行政区划的级别,如完全可以跳过区级行政单位,或者跳过街道等等,这都要视我们的调查需要和精力而言。

2. 多阶段抽样的作用

由于多阶段抽样的方法实质上是其他几种抽样方法的组合应用,所以可以说它具有了其他抽样方法的优点和缺点,而关键就在于如何对以上所有抽样方法进行组合运用,扬长避短。

(1)当抽样范围非常广的时候,我们很难或者说根本不可能得到完整的抽样框,或者总体实在是过于庞大,无法直接抽取样本的时候,我们会选择多阶段抽样的方法。

比如我们进行全国农民收入水平调查的时候,一方面我国农村分布广阔,根本不可能做到全国性的入户调查;另一方面制作全国性农民的调查抽样框也是非常困难的。显然不能够通过一次性的抽样得到我们所需要的样本,这时候我们就需要分为几个阶段来实施抽样过程了。

(2)可以利用现行的行政区划、政府组织机构以及地域、民族等特征为各阶段的抽样依据,提供方便。

在我国多年的传统中,各级政府、党政领导都会统计本地区的统计数字,所以全国性的调查数字往往不能够被各级政府直接使用,所以调查过程中如果能够很好结合地方调查数字和国家调查数字,在抽样的各个阶段加进补充样本,把多阶段抽样和各地方统计数字结合起来,就会得到很好的效果。

(3)可以相对节省人力、财力。

在进行大规模的调查中,我们会发现,按照随机抽样得到的样本通常很分散,尤其在进行入户调查的时候,需要花费大量的往返路费,以及数量众多的调查人员。比如上述例子中,调查全国农民收入水平时,来回于全国的农村将是一件不可想象的事情。如果我们分阶段进行,现抽取部分省级地区,然后部分市级地区,在往下抽到户的话,就可以相对集中样本的分布范围,达到节约人力、财力和物力的目的。

3. 多阶段抽样的实施步骤

由于多阶段抽样本质上只是多种抽样方法的组合,因此在实施步骤上并没有严格的要求,但作为一次完整的多阶段抽样,有几个步骤是必不可少的:

(1)大致了解总体中各单位的个体特征以及总体的结构状况。因为在多阶段的抽样方法中,其实每一个阶段的操作选择的余地都是很大的,所以充分了解个体特征和结构组成对于我们选择每阶段的抽样方法帮助是很大的。

(2)确定分阶段的标准。前面已经叙述过大部分情况下,我们都可以借助现有的行政区划、地域特征、民族等标志进行阶段的划分,当然一些特殊的情况需要我们根据一些变量特征构造阶段的人为划分。

(3)为每一个阶段选择最合适的抽样方法。因为确定了阶段的划分以后,我们都可以得到包含不同总体单位的抽样总体,因此根据我们前面所介绍的每一种抽样方法适用的抽样总体,我们就可以选择最合适的抽样方法。

(4)按照比例或者权重抽选个体单位,构成我们调查所需要的样本。

以上所说的抽样步骤仅仅是大体逻辑上的顺序,在实际调查过程中,由于面对的抽样总体差异很大,另外我们享有的资源、调查设计人员的个人素质等等,在步骤设计上都有着灵活调整的余地,最重要的是,多阶段抽样作为一种开放式的抽样方法,需要调查设计者不断思考,努力创新,才能取得最佳的效果。

4. 多阶段抽样中的几个问题

(1)每个抽样阶段中子总体的同质性程度可以决定我们在该阶段的抽样方法和抽样规模。当子总体的同质性程度很高时,通常我们抽样的数目就应当少一点儿,相反,就应该多一点儿。比如一个区中如果大部分企业都是作坊式镀金企业,那么在作抽样时,我们通常会减小在这个子总体中抽取样本的规模,当然如果企业类型很多,我们就需要选择多一点儿的样本量。其次,当子总体之间相互差别很大的时候,我们就应当适当减少这个阶段的抽样规模,而适当加大下一阶段抽样的规模。

(2)在研究过程中,要考虑人力和经费。通常大型的调查中我们大量使用多阶段调查,而这样的调查中经费问题和调查人员的数量、质量问题是我们比较多考虑的。如果仅仅从理论上考虑,样本相对于总体的覆盖面越大时,对总体的代表性也就越强,因此从这个角度看,我们应当是加大首阶段抽选的规模,而适当减少下面几次抽选的规模。但是我们从抽样实际的角度来看,大量抽取首阶段的单位,就会造成样本分布很分散,也就意味着调查员需要往返于大量的地区之间,增加了人力和经费上的负担,这通常是调查人员所不愿意看到的。所以,从经费角度来看,我们应该适当减少首阶段的抽样个数,而适当加大后面几个阶段的抽样规模。

(3)多阶段抽样虽然在理论上可以不断地往下划分阶段,但是从抽样实践来看,抽样阶段不宜过多,一般划分2个~4个为好,最多5个阶段。

(4)在多阶段抽样中,我们注意到,除了最后一次抽样以外,其他的几个步骤都类似于整群抽样。所以每一个阶段都会存在着抽样误差。为了提高抽样的准确程度,每个阶段的抽样规模和抽样方式,都应当注意到样本的均匀分布。

首先,综合考虑总体结构和经费限制,找到首阶段抽样规模的均衡点,一方面要让样本充分均匀分布,另一方面又不能不考虑经费的限制,这是调查设计者要考虑的首要问题;其次,根据方差的大小决定每个阶段抽取样本个数的多少,如果群组之间的方差较大,我们需要多抽取一些个体单位,反之,则可以少抽取一些;还有就是多阶段抽样过程中应当灵活运用各种现有的资源和资料,将各种抽样方式灵活组合。

多阶段抽样和分层抽样、整群抽样有一个共同点就是它们在实施抽样之前都需要先对总体加以分组,然后才抽取单位。它们之间的不同点在于,在第一阶段,多阶段抽样和整群抽样实际上是从所有的群中选择了部分群,而分层抽样则是选择了所有的群;进入第二阶段,分层抽样和多阶段抽样都会在下一级别的单位中选择部分单位,而整群抽样则是调查所有的单位。多阶段抽样当然还可以继续深入下去作进一步的抽样,因此我们可以说,在技术层面上,多阶段抽样是综合了分层抽样和整群抽样的结果。

六、其他抽样方法

1. 偶遇抽样

偶遇抽样,我们又称作为自然抽样或者方便抽样。很容易理解,偶遇抽样指的是调查研究者在抽样过程中,并不拥有完整的、翔实的抽样框,也不进行严格的抽样,而是选择以自己方便的形式抽取偶然遇到的人作为对象,或者是距离自己较近的人作为研究对象。譬如说我们要进行一项关于大家对本市交通状况的认识的调查,我们就可以在离自己较近的公共汽车站,去选择那些等车的人们,进行问卷或者访谈。我们经常会在街上碰到拿着问卷做调查的调查者们,其实那是最常见的偶遇调查,其他的形式还有报刊杂志所作的读者调查、机关以所辖部门人员作为对象进行的调查等等。

其实,我们很多人在思考偶遇抽样的时候,总觉得这与我们所论及的简单随机抽样是一致的,表面上看,两者有很大的相似之处。但最根本的区别就在于偶遇抽样不能够保证总体内所有的单位都有机会被抽取到,而简单随机抽样的一个最重要前提就是保证所有总体单位都有一个不为零的概率被抽取到。

正是这个原因,偶遇抽样作为一种抽样方法,在严格程度上是不易被人们接受的,通常我们会在一些单位间差异不大,调查精度不高的调查中使用偶遇抽样的方法,因为毕竟它简单、易于操作。

2. 滚雪球抽样

滚雪球抽样是一种较为特殊的抽样技术,它适用于当我们抽样时特定的目标总体难以找到的时候。譬如我们调查流浪乞讨人员,或者外来流动劳务人员时,通常情况下,我们很难掌握包括所有总体的资料,这个时候我们就可以采用滚雪球的方式,先搜集到少数目标群体的信息,然后由这些群体询问其他人的信息,或者征得同意,直接对其他人进行调查研究。因此,所谓滚雪球抽样,就是根据现有研究对象的信息找出其他被访者信息的积累过程。由于这种方法产生的样本可信度不高,因此通常利用这种抽样方法,作探索性的调查研究。

在滚雪球抽样的过程中,我们会发现其实很快就可以拥有大量具有较高同质性的样本,在实施过程中,很快我们就会发现靠后访问的人向我们提供的信息,已经指向了刚开始我们调查的个体。

例如,我们需要调查某社区老年人的生活状况,我们就可以清晨到公园找老人聊天,从他们口中得知一些关于其他老年人的信息,然后再寻找那些老人,很快我们就会成为这些老人的共同朋友。

当然,这种抽样方法最大的缺点就是,它很容易忽视掉那些与我们访问群体接触不频繁的个体单位,例如以上例子中,很可能我们调查的对象中就缺少了那些平时不出门,喜欢在室内活动的老年人。而这时候他们所代表的正好是另外一种属于老年人的生活方式。

3. 判断式抽样

很多情况下,当我们对总体认识提高时,尤其是对总体的个体特征以及结构特征有了一定认识的时候,我们就可以根据自己的认识和理解,有选择性地抽取我们认为是区别于其他个体的单位,作为我们的调查对象。也就是说,这样的抽样方法是依靠我们对于总体的认识程度,以及对个体特征的判断力的,很多时候,一些异质性较强的个体单位通常会由这样的方法抽取出来。

例如,我们要进行一项关于某地领导人员工作方式的调查,这时候,一方面定义和获取所有领导干部的任务就很繁重,另一方面领导人员在工作方式上会存在很大的差异,也就是说,如果我们通过前面叙述的几种抽样方式抽取样本的话,很有可能一些工作方式很个性的领导人员就会进入不了样本,而这些个体正是我们想要获得的调查对象。这时候我们就会采取先了解领导的具体情况,再根据自己的认识和他人的评价,有目的、有判断地选择我们需要的样本对象。

判断式抽样的最大的优点就是能够很快挑选出异质性很强的个体单位,当然,其最大的缺点就在于这是一种完全凭借主观感受进行抽样的方法,有时候我们对总体了解其实不是很深刻的时候,就容易犯一些错误。所以,这样的调查方法,通常会在一次大规模的调查之前使用,以获得一些关于总体的客观信息,为下面的调查设计做准备。

4. 配额抽样

配额抽样很多情况下也叫做定额抽样。它主要是指调查设计人员在调查过程中,需要首先寻找出影响调查结果的几个因素,并且计算出这些因素在总体中的百分比,而后根据这些比例我们去总体中寻找具有相同比例的样本。最终的结果就是使得样本的结构组成能够与总体的结构组成基本一致。

配额抽样在操作过程上,一般从建立包括目标总体特征比例的表格或者矩阵开始。很简单的例子,我们要调查某机关内工作人员对于某项改革的看法时,我们就需要建立男性比例,女性比例,教育程度比例等等;要进行全国调查时,我们的配额样本还需要包括城市比例,东西部比例等等。

这样的表格一旦建立了,表格中每一项就对应了相应的比例,这时候调查者就可以按照表格中的配额数量去选择样本。而当每一个适合比例的样本出现的时候,我们还需要对此进行加权,最终取得的结果在结构上就与总体达到了一致。

例如我们要调查某单位内工作人员情况,准备运用配额抽样的方法。样本容量为50人,调查有以下两个要求:男20名,女30名;文科毕业25人,理科毕业25人。

首先我们先得到计算配额的公式:

各情况的配额数目 = 样本容量 × 男女比例 × 文理科比例

如:男性文科毕业的人数为:50×40%×50%＝10;

女性理科毕业的人数为:50×60%×50%＝15;

如此类推得到我们需要的表格:

	文科	理科	合计
男	10	10	20
女	15	15	30
合计	25	25	50

配额抽样的方法保证了样本结构和总体结构最大程度上的一致性,但同时,它又有着很大的不足。首先,配额比例的精确性难以保证,在样本配额的过程中,我们必须保证各特征量在比例上和总体一致,为了做到这一点,我们需要对总体有一个全面的、系统地了解,掌握最新的资料,要做到这一点,对于一次较大规模的调查就是很困难的;其次,即使我们能够在比例上保证一致性,在下面的抽样过程中仍然会存在较大的偏误,因为调查人员只能够保证数量上在某特征的一致性,会回避一些难以找到的具有较大异质性的个体,这样就使得样本对总体的代表性出现了较大的偏误。

当然,抽样实践中,我们经常会将配额抽样与其他的抽样方法结合起来使用,这样既能够保证结构上的一致性,又能够最大程度保证样本对于总体的代表性。

第三节　抽样理论的几个要点

一、样本规模的选择

1. 样本规模在抽样中的重要性

样本规模我们也叫做样本容量,指的是样本中所包含个体单位的多少。我们都知道,在实际社会调查中,之所以要采用抽样的方法,一个重要原因就是总体实在太大,我们无法进行普遍调查,所以抽取出来的样本就担负起代表总体的重要任务来,那么我们要思考的问题就是,社会调查中样本的容量究竟多少才既能节省调查费用,又能很好地代表总体。

在统计学上,一般以30个单位为界线,小于30称之为小样本,大于30称作大样本。之所以会作这样的划分,是因为在统计学原理中,当样本容量大于30的时候,样本均值的分布是接近于正态分布的。

当然,在社会调查中,我们会发现,以30个单位作为样本显然是不够的。根据很多研究者的观点,他们认为社会研究的样本容量最少需要100个。这其实是因为,在统计学上,通常只需要对样本这一个总体计算均值、方差等等,而社会调查则需要对样本中不同的特征量进行计算。例如,我们研究某城市居委会建设情况时,我们就需要了解新建设居委会、单位式居委会等不同特征的居委会,那么每一个特征都需要一定数量的样本进行计算,如果我们再在这个分类下面划分城东、城西、城南、城北,那么我们需要的样本量就更要成倍增长了。

2. 影响样本规模的几个因素

通常情况下，在我们所进行的社会经济调查研究中，确定样本规模会受到这样几个因素的影响：(1)总体的规模；(2)总体内部的异质性；(3)估计的精确程度；(4)调查研究者手头掌握的经费、人力状况。

(1)总体的规模

样本规模受到总体规模的影响，这一点很容易理解。通常我们都会认为，当总体规模越来越大的时候，样本规模也需要越来越大，这样才能够保证样本对于总体的代表性。但是，这样的观点只是在一定程度上是正确的，因为当总体的规模大到一定程度的时候，样本规模的增长速度并不随之保持同等的增长速度。而事实上是，当总体规模到达一定数量的时候，样本规模基本上就趋于稳定了，换句话说，样本规模的增长在初期是迅速的，而当总体在很高的程度上时，样本的增长量就很小了，如图3—4—2所示：

图3—4—2　样本规模与总体规模关系图

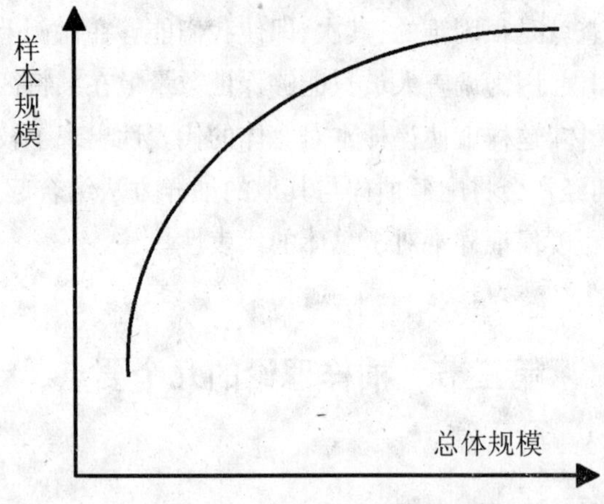

(2)总体内部的异质性

总体的异质性前面已经提到过，它指的是总体内部各单位的差异程度。其实这一点是十分好理解的，当总体中很多单位相互之间不存在差异的时候，从抽样的角度看，我们只需要对其中一个或者很少的单位进行描述和研究就可以了；而当总体内部单位之间差异很大的时候，显而易见，我们就需要对总体中大部分的单位进行调查研究。一般来说，为了达到一定的精确程度，在异质性较大的总体中，我们需要选择的样本规模就要大一点儿，当异质性较小的时候，我们抽样的样本规模也就可以小一点儿。其主要原因就在于，同质性程度越高，就预示着总体在各种变量上的分布越集中，波动性越小，相同规模的样本对总体的反映程度也就越准确；而异质性程度越高时，也就意味着总体在各种变量上的分布越分散，波动性越大，相同规模的样本反映总体的能力也就越差。

和总体异质性相关的另外一个因素是：总体中各单位对于某个问题的选择或者回答的平均程度。举个例子，当我们需要研究辖区内企业法人代表对于某次改革的意见时，如果这个时候有80%的人选择了赞同，而20%的人选择了反对，这时候我们发现总体内部的意见还是比较集中的，这个时候可能我们选择样本时就可以小一点儿，而当有50%的人选择赞成，50%的人选择反对，这时候直接反映的问题就是，其实总体内部对于这一个问题还有较大程度的争议，一般来说，这时候就需要选取规模较大一点的样本。

(3)估计的精确程度

我们都知道，抽样的一个最直接目的就是用样本的特征去推断总体的特征。因此在抽样中会影响到抽样规模的另外一个因素就是我们估计的精确性程度。在社会调查研究中，我们经常运用置信水平或者置信度来表达样本代表总体的可靠性和精确程度。比如说，当我们确定置信水平为95%的时候，也就是说总体的一些特征量落在样本区间内的概率为95%，或者简单一点儿说，我们进行多次抽样的时候，总体将有95%的概率落在样本值的范围之内。一般说来，当我们规定其他条件不变的时候，置信程度越高，就说明我们进行样本推测总体的时候的水平是比较高的，那么当然我们也就需要选择更多的样本。同样地，当我们仅要求置信度为90%的时候，相应需要的样本规模就要比95%要小。

以上概念仅仅是我们进行数据处理时运用到的，其实我们讨论抽样样本规模和估计的精确程度的关系时，是很容易理解的，因为从理论上说，当我们选择了总体的所有单位时，这时候，样本与总体的差异为零，当样本逐渐减少的时候，与总体的差别也就越来越大了，所以仅从理论上探讨的话，我们选择样本规模时，应当与估计的精确程度成反比。

（4）调查研究者手头掌握的经费、人力状况

在实际调查研究中，通常让我们最头痛的不是上面谈到的理论问题，更多思考的是如何协调好手头上掌握的经费以及人力状况。其实，如果没有以上条件的限制的话，我想大多数人会选择进行普查，而且，抽样的理论也不可能发展到今天这么完善的程度。正因为大多数调查中，我们不可能动员所有的力量去获得广大的数据，因此我们才会选择抽取一部分单位，并运用抽样理论预测总体。从抽样的可行性来说，一方面我们需要考虑样本对总体估计的精确程度，另一方面我们仍然需要考虑抽样调查的简便性。

3. 抽样误差与样本规模的关系

在本章第一节中，我们已经谈到，抽样误差指的是抽样过程中由于随机性因素导致的样本估计和总体之间的差异。这样的差异只要不是进行全面的普查，就一定会存在，是不可避免的。只是我们在抽样的过程中，可以通过抽样设计中的一些技术性手段来减小。

样本的规模是影响抽样误差的重要因素，因为可以说随着样本规模的增大或减小，抽样误差也是会随着减小、增大的，这一点非常容易理解。当然，其中有两个问题是应当注意的：

（1）对于调查研究中比较小的样本来说，只要是稍微增加一点点的样本量，就会在抽样的精确程度上带来很明显的提高。比如说我们抽样样本为60的时候，只要我们将样本规模提高到70，那么抽样的精确性将带来飞跃性的提高。

（2）当样本规模本来就比较大的时候，我们增加样本量，其实对于整个预测过程影响是很小的。在抽样理论中，想要将抽样误差从2%下降到1.5%，需要将样本量增加2000个，所以很多的社会调查中，一般样本量都会在2000个～3000个，因为超过这个水平线，对于减少抽样误差的贡献其实是不大的。

二、调查中的非抽样误差

1. 非抽样误差的特点

在抽样调查中，存在着两个层面上的误差，一个是抽样误差，一个就是非抽样误差。前面已经介绍了抽样误差在抽样过程中的出现和减小方法。当然，其实在抽样过程中，还有大量的非抽样误差存在。

非抽样误差是指除了在抽样过程中出现的误差以外的各种误差。在我们介绍的各种抽样方法，以及典型调查、全面调查中，非抽样误差都会大量存在。

和抽样误差相比，非抽样误差有这样几个特点：

首先，非抽样误差并不是由于抽样过程中的随机性带来的。也就是说，非抽样误差并不会由于我们加强了抽样过程的随机性就减小。有时候，当我们为了增强抽样的随机性，而增大样本规模的时候，非抽样误差反而会随之增大。

其次，在实际调查过程中，我们会碰到大量的无回答现象，而我们在使用样本估计总体的过程中，很有可能就被这些无回答的单位所蒙蔽，造成估计的偏差。

最后，很多的非抽样误差是很难发现和辨别的。例如，抽样框是不完善的，这时候调查设计人员却没有意识到，直接造成抽样过程的不完善。这时候如果数据处理人员在技术上并没有采取措施屏蔽这些不完善，最终就将导致研究结果的完全偏离。

在社会调查过程中，影响非抽样误差的来源是广泛的，来自于人本身、社会因素、经济因素最终都将直接影响调查的误差。并且，我们也说过，抽样误差是可以通过很多技术上的手段减小的，而非抽样误差由于其不稳定性，很多情况下难以做出技术上的处理，通常会对研究结果产生不同程度的影响。

2. 非抽样误差的产生

在调查研究的各个阶段都会产生非抽样误差，包括抽样设计阶段、数据获取阶段以及数据处理阶段。

(1)抽样设计阶段。抽样的设计是一项繁琐并且充满技术性的研究工作，不管是哪一个环节出了问题，都可能最终对调查结果产生重大的影响。例如，总体的认识模糊、问卷设计的漏洞等等。当然，这个阶段最容易产生误差并且起着重大作用的环节就是抽样框的不完善问题。当抽样框中的单位与总体中的单位产生了不对应的关系时，这时候就称之为抽样框的不完善。譬如说，总体中的单位没有在抽样框中得到体现，总体中没有的单位却在抽样框中无故出现等等，更严重的问题就是，抽样框中单位的特征信息和现实总体中的信息产生了重大的偏误，对我们产生了严重的误导。

(2)数据获取阶段。这个阶段是调查实践与被调查者直接接触的阶段，通常也是非抽样误差的“高发阶段”。在这一个阶段产生的误差一般有两种情况。一种是调查过程中，调查人员并没有能够从被调查者身上获取所需要的信息，或许是因为调查者掌握的地址或详细信息有误，或者被调查者搬家，或者不愿意接受调查等等情况，这部分原因我们一般称之为无回答。还有一种情况就是数据获取的过程中，被调查者虽然回答了问题，但却与真实的情况不一致。这一类问题大都是针对一些敏感性话题或者涉及到主流道德品质等方面。针对这一部分信息的误差，调查人员需要在问卷设计阶段提前设想，并在数据处理阶段加以处理，以达到对整体数据影响的最小化。

我们发现，在这一部分误差中，大部分都来自于回答者，当然一些情况下，调查人员的失误也会带来误差，例如，调查人员在提问时所作的诱导，或者纪录时的主观决定等等，都会带来最终数据获得的偏误。

(3)数据处理阶段。当我们获得了第一手的资料以后，需要进行资料的审核、编码、录入等工作，这一过程中也会出现一些非抽样性质的误差。譬如我们对变量进行匹配时，将不同性质的变量合并等等，都会直接导致误差的产生。

3. 抽样框误差

(1)抽样框误差的概念

在我们对抽样过程进行具体操作的过程中,我们经常谈到总体这一个概念,其实,实际抽样中,我们会碰到有关总体的两个概念:目标总体和抽样总体。目标总体指的是作为调查研究的所有单位的集合,也就是我们通常所说的总体。抽样总体是指我们抽样时面对的所有单位的集合,具体表现为抽样框这个概念。比较完美的抽样框应当与目标总体完全重合,并且一一对应。与此相反,抽样框就是不完善的,就会出现抽样框误差。

(2)抽样框误差的类型

第一种是总体单位的丢失。也就是说抽样框中并没有能够包括所有的总体单位。有一些单位是应该被列入调查对象的,只是由于它没有出现在抽样框中,因此失去了进入样本的机会。很多情况下,总体单位的丢失是不容易被发现的,而且有些情况下即使我们知道了抽样框对总体覆盖的不完全,我们去寻找那些丢失了的单位依然是很困难的。一般来说,这种类型是比较严重的抽样框误差。

第二种是包含了非总体单位。也就是说,抽样框中本不应该出现这一类调查对象的。比如说我们进行家庭消费水平调查时,以门牌号码为抽样框,那么就会出现一些学校、单位也进入了我们的抽样范围。这时候抽样单位的数量就要大于总体的数量,当然,由于我们可以剔除这些多余的抽样单位,因此与上一种类型相比,影响相对要小一点儿。

第三种是连接的不对应性。这是指抽样框中的单位与总体中的单位并不呈现明显的一一对应关系,或者是一个抽样单位联系了多个总体单位,或者多个抽样单位对应了一个总体单位。例如我们进行一项电话调查时,采用的是电话簿组成的抽样框,这时候就会发现有的一个电话对应了两个单位,或者一个单位对应了两三个电话。这样的对应关系错乱如果很严重的话,将完全影响实际抽选和调查设计的要求,一般我们就需要更换或重新制作抽样框了。

第四种是抽样框提供了不正确的特征信息。我们知道,在进行分层抽样、多阶段抽样的时候,都需要根据抽样框提供的关于个体单位的特征进行分层,那么当抽样框提供了错误的信息以后,我们整个的抽样设计就会出现偏误,严重影响调查的结果。

(3)端正对抽样框误差的认识

在讨论了抽样框误差的基本类型以后,我们应当端正对这种误差的认识:

首先,抽样框中出现的问题有的是很容易被发现的,而有的则不容易被发现,即使对于被发现的问题,有的也很难解决。因此在一些规律性的调查中,有必要对抽样框进行不断的研究和总结,以实现对抽样框的巩固和维护。

其次,很多误差是来自于我们获取的资料本身,而不在于我们对抽样的设计过程,所以这时候,这一部分误差是无法避免的。

还有,抽样框不完善并不意味着就不能够使用。很多调查中,我们都不能够获得完善的抽样框,但运用一些技术手段对抽样框进行修补、调整,完全可以使用。当然,最终决定不完善的抽样框能否被使用,主要取决于不完善的程度、所用来修补的时间经费、调查需要达到的精度等等。

(4)不完善抽样框的使用

前面已经说过,不完善的抽样框并不一定就不能使用,在运用了一些技术性的手段后,完全可以达到抽样的效果。

我们可以利用现有的资料,掌握误差情况,对不完善的抽样框进行调整,包括修补缺失部分,剔除多余的个体单位,当然这一个过程需要花费一定的时间和经费。

针对总体单位在抽样框中缺失的情况,我们可以采用建立连接的方法解决。具体操作方法为:在实行抽样之前,我们就规定一套规则,规定那些没有进入抽样框的单位应当如何解决。比如说当我们拿着两个星期前准备好的抽样框调查某市企业的经营状况时,会发现这期间又有一些企业建立了起来,那么这部分新建立的企业该如何处理呢? 我们可以事前规定,将这些新建立的企业与编号为101的企业相连接,当我们抽取样本时,如果抽到101,那么这部分企业将自动进入样本。

其实,在一些要求较为严格,规模较大的抽样调查中,经常使用两个或者多个抽样框来解决问题。当一个抽样框并不能覆盖所有总体单元的时候,我们就可以用多个抽样框来组成比较全面的抽样框实现抽样过程。比如说,很多调查实践中,我们并不是仅仅运用电话簿来进行电话抽样,我们还会结合地址簿作为抽样框,这样一般就能够覆盖到所有的总体单位了。

4. 无回答误差

无回答误差是指在调查过程中,由于各种原因,调查人员没有能够从样本中的单位中获得调查所需要的信息,造成了数据缺失上的偏误。无回答误差是一种很重要的非抽样误差,会对最终的调查结果产生较为重大的影响。

无回答现象根据不同的产生情况,可以做如下分类:

(1)从无回答的性质上看,可以分为有意无回答和无意无回答。有意无回答出现的情况一般是涉及到敏感性问题或者被调查者不愿意透露的个人隐私问题;无意无回答通常与提问的问题没有关系,主要是被调查者很忙或者不在家等等。有意无回答对最终的数据处理影响较大。

(2)从无回答的内容上看,我们可以将其分为单位无回答和项目无回答。单位无回答指的是被调查单位没有参与或者拒绝接受调查,属于完整性的缺失;而项目无回答指的是虽然接受了调查,但是对其中的一些调查项目选择了拒绝回答。两者的区别就在于,项目无回答在其他项目上毕竟提供了一些信息。

无回答的外在表现形式主要有以下几种:

(1)遗漏。由随机抽样所确定的被调查单位出现"找不到"现象,或者因为一些其他原因而找不到需要访问的调查对象。

(2)被调查者不在家。当我们发现事先确定的被调查者并不在家,而再来一次进行访问显然代价又比较高的时候,我们可以选择家庭中的其他成员代替。当然,这在一定程度上就破坏了随机性的原则。在严格的抽样调查中,这部分就成为典型的"无回答"。

(3)不能够回答。在问卷设计中若是出现了一些超出被调查者能够理解的问题,被调查者就不能够做出回答。

(4)拒绝回答。当涉及到社会敏感性问题或者自身隐私问题时,被调查者会坚决拒绝回答。这时候就出现了"无回答"。

在调查中,调查者对于这些出现的无回答现象,需要认真研究,在调查设计过程中、调查实施过程中以及数据处理过程中采取措施,尽量避免无回答现象,提高实际调查中的回答率。这就需要在调查中采用一些预防措施:

(1)有效利用调查者所在组织的社会经济影响力,调动被调查者的参与意识。一般来说由政府组织进行的社会调查,大家的参与意识比较强烈,而由公司或者非政府组织进行的调查容易碰到一些调查障碍。

(2)针对可能找不到被调查者的情况,调查人员最好是前采取措施,准确定位被调查者的具体地址和工作时间。

(3)设计更有吸引力的问卷。事实证明,当我们与被调查者交谈的时候,有趣的话题总能够获得精彩的回答。所以一方面我们要设计能够吸引被调查者的问题,另一方面在措词上也要充分考虑被调查者的喜好。

(4)选择最合适的调查员。通常来说,与被调查者身份地位越接近,进行调查的过程中遇到的阻碍就会越小,因此寻找居委会人员、在读大学生、下岗职工等都是不错的调查人员,当然必须对他们进行专业的调查培训,因为事实上,调查访问是一种充满艺术的过程。

(5)进行调查过程的监控。一次调查并不能在决定调查方案后就一成不变,而是需要不断对不成功的调查进行总结,及时调整调查方案,以获得最好的调查结果。一般针对被调查人员的拒访,考虑调查时间、调查方式等,毕竟别人是义务回答调查人员的问题。

(6)我们还可以适当采取一些奖励措施。一次比较全面的调查,可能会耗费被调查者半个小时左右的时间,因此对被调查者进行适当的奖励是很必要的。如入户访问时,我们可以携带一些小礼品或者贺卡之类的东西,他们不会在乎东西的贵重与否,只是会觉得自己受到了关怀和重视。

(7)对不在家或者不方便的个体单位采取再次调查。在第一轮调查中,不可避免我们会碰到很多不在家或者当时不方便回答的单位,那么有必要再进行一次调查。事实证明,在这种情况下采用再次调查的方法,效果是很明显的。一般来说,我们可以对被调查者尝试3次调查,如果仍然不成功,我们才能够选择放弃。

(8)敏感问题的设置。调查问卷中应当尽量少的出现敏感性问题,如果因为调查目的本身就是针对敏感性问题的,那么在措词的表达上应当注意,避免带有价值偏向或者偏激性较强的表达。

(9)替换被调查者。一些情况下,被调查者坚决拒绝回答调查人员的提问,那么我们可以按照事前定好的原则进行替换,譬如简单随机抽样调查中,我们可以规定只要出现了拒访的,就选择该单位后的第二个单位进行替换。惟一要注意的是这个原则必须是事前定好的,而且不能改变的。

第四篇　调研工作基本方法

第一章　访谈调查法

第一节　访谈调查法的特点与类型

一、访谈调查法的概念和特点

访谈调查法也称访谈法，是最普遍也是最重要的社会调查方法之一。访谈调查法指的是调查员通过有计划地与调查对象进行口头交谈，以了解有关社会实际情况的一种方法。该方法是通过研究者与被研究者的直接接触和交谈的方式来收集资料。与其他方法相比，访谈调查法有其独特的重要功能，比如与观察法相比，访谈可以直接了解到受访者的思想、心理、观念等深层内容；与问卷法相比，访谈可以直接询问受访者本人对研究问题的看法，并提供机会让他们用自己的语言和概念来表达他们的观点。访谈法应用范围非常广泛，是每一位进行社会调查研究学习的人都应该掌握的方法。另外，访谈调查法要采用对话、讨论等面对面的交往方式，在访谈过程中，访谈员不仅与被访谈者进行交换，而且可以观察到被访谈者周围的环境，是访谈法兼有观察法的优点。这种访谈与观察相结合的调查方法，可以搜集到更加丰富的资料。

访谈是一个调查者和被调查者互动交流的过程，在进行访谈的整个过程中，调查者和被调查者相互作用，相互影响，由此产生了访谈法的种种优点，当然，局限性也是存在的。

二、访谈调查法的优点

访谈调查法具有以下几个优点：

1. 适用范围广泛。访谈调查是一种面对面的口头调查，它不仅可以了解当时当地正在发生的社会现象，还可以通过讯问的方式从被访者身上了解过去发生的社会现象；它不仅可以采用标准化的访谈方式进行定量研究，还可以采用非标准化的访谈方式进行定性研究；既可以了解被访谈者的主观动机、感情、价值观念等方面的问题，也可以了解被访谈者的各种客观问题。因此，访谈法得到的资料丰富程度是其他方法所不能比的。正是由于这一点，与其他调查方法相比，访谈调查的应用范围更广泛。在日常生活中，常常可以发现访谈法的应用实例。比如组织上找人谈话，企业市场部开展的客户调查等等，都是应用了访谈调查法，诸如此类的事例不胜枚举。

另外，只要没有语言表达上的障碍，任何人都可以作为访谈对象。这一点是访谈调查法最独特的地方。与其他的调查方法相比，如问卷调查法，这种方法就受到调查对象文化程度的限制。因为受教育程度低的人是无法自己填写问卷的，而且，对比较复杂的问卷，如果没有调查研究者做当面解释或者解释不够明白详细的话,调查对象可能嫌麻烦而不予回答或做不负责任的回答,使调查的信度、效度降低,从而降低调查的质量。而访谈法可以使访谈员当面向被访者有针对性地解释疑问,澄清被调查者关于调查的一切疑惑,这样就可以避免调查对象因嫌费事而拒绝回答或不认真合作的问题。这个优点是访谈调查法非常明显的优点之一。

2. 控制性强。主要体现在访谈员对访谈经过的控制上。在访谈中,当被访谈者对访谈有顾虑时,访谈员可以通过诚恳的语言打消他的担忧;如果对方一时无法理解所提的问题,访谈员可以重复提问和给短暂的思索时间;访谈员还可以控制自己的提问次序和谈话节奏,以使访谈对象能够方便地回答问题。因此,在访谈中,访谈者始终居于主动地位,控制访谈过程的顺利进行。而且方便发挥访谈者的主动创造精神,针对不同访谈对象的特点来控制和引导访谈的进行,这样就激发了他们对问题产生更多的新想法、新认识、新发现,从而加强调查研究的深入性和资料获取的全面性。

3. 成功率高。访谈通常是面对面的社会交往过程,是访谈员和访谈对象相互交流和相互作用的过程,这种信息双向交流和沟通的方式能够极大地减少信息的不确定性、模糊性和防止信息的失真现象,更加避免了信息流通不畅的问题。能够很好地保证访谈的效率和效果。

4. 可以进行双向沟通。一方面,访谈员收集到的资料,形成的意见和看法要受到访谈对象的回答和态度的影响,同样地,被访谈者的回答也会受到他本人对访谈员的看法和想法的影响。具体而言,在访谈中,访谈者能够把访谈对象的回答与访谈者对他了解的情况进行对比,如果发现不实之处,可以及时识别并予以纠正或澄清。同时,访谈者发现对方谈话中的疑点或不清楚的地方,也可以当场请对方谈明白。

5. 灵活性大。面对面的访谈调查使访谈者可以根据被访谈者和访谈过程的具体情况,采取灵活多样的方法。访谈者能够及时解释被访谈者的疑问,对于被访谈者的误解,也能够及时予以纠正,从而保证了信息的双向交流。访谈者还可根据被访谈者的态度和反应及时引导访谈内容,有效地控制访谈过程。另外,与调查问卷相比,访谈提纲更加显得松散和灵活,尤其是在无结构式访谈中,结构更加松散,访谈员只有一个访谈主题,这给访谈员留下了机动发挥的余地,使访谈员可以就某个问题进行深入的考察,还可能在调查中发现新情况、新问题。当被访谈者回答不完整、不准确时,访谈者可以当面追问。这一切均有利于保证访谈调查的成功,有利于对被访谈者回答的可靠性做出正确评价。

三、访谈调查法的局限性

访谈调查法也具有其自身的局限之处,这主要表现为:

1. 受调查员的影响很大。访谈调查的结果和质量,在很大程度上取决于访谈者的素质,取决于被访谈者的合作态度和回答问题的能力。一个有高度责任感和熟练访谈技巧的访谈者,可以了解到许多真实的社会情况;反之,一个理论素养比较低、对研究目的了解程度和人际交往能力比较差的访谈者,可能只了解到了一些表面的,甚至不真实的社会现象。从资料来源——被访谈者来说,一个积极合作而又有较强回答能力的被访谈者,可以提供许多有价值的社会信息;反之,就可能提供很少的社会信息,甚至提供一些虚假的社会信息。这说明,访谈结果的差异主要是来自两个方面,访谈结果的差异可能是客观社会现象之间的真实差异,也可能是由于访谈者或被访谈者主观素质不同而造成的虚假差异。因此,对访谈结果作判断时,一定要充分考虑访谈者和被访谈者主观状况这一重要因素。

2. 匿名性差。由于访谈是面对面进行的,尽管访谈者一再向对方保证对他的谈话内容给予保密,但被访者有时还是难以确信,由此可能出现不做真实回答的问题。特别是对于某些敏感、尖锐、隐秘的问题,或者是被访谈者不愿当面回答或不做真实回答的问题,这些都会对访谈调查的结果带来不利影响。而且面对面的交谈也会对访谈者构成一定的思想压力,特别是涉及到一些比较尖锐和敏感话题时,所以对于这类问题不适宜采用访谈法进行调查。

3. 调查成本高。访谈调查费时、费力、费用较高,这就限制了它的规模。访谈需要较多的访谈者,并且需要对这些访谈者进行专门的培训。当访谈展开之后,寻找访谈对象常常要花费很多时间,一访、二访、再访还找不到访谈对象或一再遭到拒访的事很常见。访谈成功有赖于访谈者的素质、能力和经验,而培养一个合格的访谈员也非一日之功,需要投入较大的力量。另外,一次访谈所耗费的时间也较长,这些都限制了访谈法在更大范围的推行。

4. 难以进行定量研究。由于访谈的标准不一致,访谈结果难以进行定量研究。访谈法,尤其在无结构访谈中,访谈完全依赖于访谈员的个人兴趣和能力,这就容易形成不同的访谈员对同一个研究主题,收集到不同的资料,得出不同结论的现象,造成所得资料对总体缺乏代表性,且无法定量分析。

另外,在访谈的过程当中,人们无法用语言确切表达的经验、情感经历和各种不同的情绪,如同情、回避、厌恶等等一些社会测量的资料,使用访谈调查法是无法获取到的,而需要用观察法或者其他的调查方法获得。鉴于访谈法的上述特点,它比较适用于探索性调查,如果能与其他调查方法(如问卷法)结合使用,调查效果更好,同时在做定性研究时也可使用访谈方法。

四、访谈调查法的分类

根据访谈的目的、对象、方式等方面的不同,可以对访谈调查法做不同的分类。根据访谈过程的控制程度,可以分为结构访谈与非结构访谈;根据一次被访谈对象的数量,又可以分为个别访谈和集体访谈;根据访谈过程中的交流方式,可分为直接访谈和间接访谈。

第二节 结构访谈与非结构访谈

一、结构访谈及其特点

结构访谈也称标准化访谈。访谈员需要按照统一设计的、有一定结构的调查表或问卷表来对调查对象进行访谈。结构访谈所使用的问卷通常包括以下几个部分的内容:导语、表头、正题、结束语和附记。结构访谈最明显的优点是访谈内容容易统计汇总,进行定量分析,但访谈内容一般不易深入,如果需要进行定性分析的话,还需要进行进一步的访谈调查。

在结构式访谈中,问卷是访谈者的主要工具,访谈者必须严格按照问卷上的问题顺序发问,自己不能随意对问题作解释。当被问人表示不明白或听不懂时,访谈者只能重复问题或按规定的统一口径解释,通常这类访谈都有一份访谈指南,其中对问卷上可能发生误解的题目都有说明,这些说明规定了访谈者对这些问题进行解释的口径。结构访谈在形式上控制也比较严格,即按照事先设计好的,有一定结构的访谈问卷或访谈提纲进行。它对于选择访谈对象的标准和方法,访谈中提问的问题、问题的排列顺序及记录方法都有统一的要求。在访谈中,访谈员只需按照访谈问卷进行顺序提问和记录就行了。用这种方法所得到的资料具有较高的可比性,易于进行统计分析,所以,也有人把它看作是一种面谈式的问卷调查。这种方法常被用于验证一种假设或理论,所以访谈中不必考虑与这个理论或假设无关的因素。

结构访谈最明显的特点是标准化,即选择被访谈者的标准和方法、访谈中提出的问题、提问的方式和顺序,以及对被访谈者回答的记录方式都是统一的。访谈中由访谈者按照事先制作的问卷提问,问卷上的问题可以是封闭式的,也可以是开放式的。在结构访谈过程中,能够对调查过程加以控制,从而提高调查结果的可靠程度。采用结构访谈还可以有效地避免由于访谈者个人因素造成的干扰或影响,便于对调查资料进行统计处理和对比分析。由于能使被访谈人听清所提的问题,并能当场核实答案,因而减少了误答和因问题不清而不回答的数量。标准化访谈不受被访谈者的范围限制,不管被访谈者的文化水平高低、身体健康状况如何,标准化访谈均可以进行。

另外需要注意的是,结构访谈作为统计调查的一种,常被用于研究一个难以直接观察的大总体,它的特点是需要大规模的样本。为保证结果可比,需要使用统一的问卷和表格。这种统一的问卷和表格显然无法囊括社会发生事件的全部,因此只能调查社会事件中的几个方面的内容。这样一些特点使得标准化访谈具有一定的局限性。而且结构访谈的规定性强不利于充分发挥访谈者与被访谈者的积极性、主动性,在一定程度上可能使复杂的问题流于表面,并且很难触及社会生活的背景,很难对所调查的问题进行深入的探讨,给统计结果的解释也带来一定的困难。同时,标准化访谈费用高、时间长,使调查的规模受限。

下面这份关于食品安全的调查问卷是比较典型的结构化问卷调查,从问卷的结构和问题的设置可以看出结构化调查问卷的特点。

食品安全调查问卷

带 * 为必填项

在日常生活中,您关注“食品安全”吗? *

○关注

○无所谓

○不关注

您对当前食品安全形势的看法是: *

○问题太多,令人失望

○问题存在,但有信心解决

○问题不大,无所谓

在食品安全方面,您第一担心的问题是: *

○蔬菜中农药高残留问题

○食品中违规使用添加剂(如防腐剂、色素)

○注水肉问题

○病死牲畜肉问题

○非食用油(如地沟油、泔水油、垃圾肉油)流入餐桌

○食物中毒问题

对于食品添加剂,您的观点是: *

○添加剂也有害,食品中不该用

○即使是食品添加剂,食品中也应尽量少用

○为了色香味,使用添加剂无所谓

在购买食品时,您最常遇到的食品安全问题是: *

○食品过期问题

○以假充真、以次充好问题

○虚假或错误标签标识

○虚假或夸大宣传问题

○其他

为了搞好"食品安全",以下措施您认为哪一项最有效? *

○企业规范生产

○倡导诚信经营

○开展消费者教育

○行业自律

○加大处罚力度

○严格检验检疫

○曝光典型案件

○其他措施

对于目前食品安全的监管工作,您认为: *

○到位

○一般

○不到位

目前食品安全管理方面亟待解决的问题是: *

○管理体制

○管理人员素质

○处罚力度

一年以来,您本人或家人是否有因食品问题而致病或致伤的经历? *

○无

○有

二、非结构访谈及其主要形式

非结构性访谈也称非标准化访谈。这种访谈方式事先不必制定统一格式的访谈问卷或访谈提纲,而是按照一个粗线条的提纲或一个题目,由访谈者和被访谈者进行自由交谈。即访谈者就所要调查的课题向被访谈者进行开放性提问,答案不限范围,以获取更丰富的信息,挖掘研究者所忽视的深度资料,无结构访谈所以又被称作是非标准化访谈或深度访谈。这种访谈方式事先不必制定统一格式的访谈问卷或访谈提纲,而只是确定一个访谈题目,由访谈者就此题目自由交谈。与结构式访谈一问一答的简单互动行为不同,访谈者可以根据需要提出问题,被访谈者也可以随意地提出自己的意见。访谈员在访谈时有很大的主动性,对于问题的提问也有弹性,有利于主动和创造性提问,但对调查者的要求较高，结果难以进行定量分析。

非结构访谈往往就某个研究主题进行全面、深入的了解，同时也希望通过访谈发现一些重要因素，这些因素不是用表面的观察和访谈问卷所能获取的。这种访谈方法特别适用于探索性研究，因为在这种不拘泥形式的交谈中，访谈者往往可以得到许多他意想不到的信息，对于访谈者理解问题有很大的启发，有助于加深对问题的认识，并找到解决问题的关键。

非结构访谈不同于结构式访谈，对于后者，访谈员在访谈中照"本"（访谈问卷）宣科就可以了，他不要求也不允许访谈者进行主观发挥，随意提问；而进行非结构访谈，很多程度上依赖于访谈员驾驭访谈过程的能力，如果访谈者没受过一定的专业训练（如具有有关研究主题的专业知识，一定的访谈技巧及对访谈对象一定程度的了解等），很难完成非结构访谈的任务。许多人在访谈中有这样的经验，如果访谈者不懂得生意经，就无法与商人深谈；不懂得工人的行话，就无法了解工人的内心世界；不懂得农民的习惯，就无法使农民信任你。因此非结构访谈对访谈者的要求颇高，访谈者事先应做好各方面的准备。

非结构式访谈的主要形式有重点访谈、深度访谈和非引导性访谈三种。

1. 重点访谈。重点访谈所强调的不是对调查对象的重点挑选，而是访谈所侧重的内容。这是使用重点访谈法所必须澄清的问题。重点访谈是集中于某一经验及其影响的访谈，首先，访谈者将被访谈对象安排到一定的情景当中；然后，请被访谈者自由说明他在这一情景中的主观经验，即个人对情景的认识。这种主观经验就是重点访谈的重点所在。重点访谈的一个决定性因素是某一特定情景的提供，对于这一情景，研究人员事先要进行分析，找出它的主要因素、模式以及过程和整体结构，并决定将要调查哪些方面，然后制定假设并根据这些假设建立标准的访谈程序。由于问题的内容是事先确定了的，当访谈者将被访谈对象投入一种情景后，提出一些问题让其回答。

虽然这些问题通常是不完整的或完全没有结构，而且也不一定是事先准备好的，但访谈者会把问题重点集中在事先确定了的内容上。因此，虽然被访谈者可以自由地回答问题，但由于问题的范围是由访谈者控制的，所以严格地说这种访谈是半结构式的，而不是完全无结构的。而且，一位好的访谈员会通过运用特殊的访谈技巧发掘出事先没有预料的大量新资料。但是，由于重点访谈所得到的是许多不能进行比较的材料，给分析和解释工作带来较大的困难，而且运用这一方法需要高度的技巧和想象力，这些都限制了重点访谈的广泛应用。

2. 深度访谈。深度访谈是为搜寻特定经验及其行为动机的主观资料所做的访谈，一般是选择个人生活历史的某些方面向被访谈者提问题，访谈是机动的或结构松散的。当然，由于对不同的人提出不同的问题，因而资料的可比性受到损害，但这一损害可在偶然的重大发现里得到补偿。这种偶然的重大发现往往带来问题的突破。深度访谈的应用非常广泛，特别是在企业的人力资源管理中，经常用到深度访谈法，也是众多咨询公司所喜爱用的调查方法。例如对某企业营销人员素质测评采用深度访谈法。专家认为这种方法的信度和效度较高，基本能反映被测人员的素质状况。深度访谈一般是测评者与被测评者直接交谈，了解被测评者素质状况、专业知识、工作能力与个性特征等情况，从而完成对被测评者适应职位的可能性和发展潜力的评价。

深度访谈与重点访谈相似，属于半结构式访谈，主要是选取研究问题的某些方面向调查对象提问题，访谈比较机动或结构松散，但重点和焦点是有的。另外，访谈者很可能在访问中得到一些意外的信息，通过对这些因素进行探索和深究，研究者很可能由此获得某种重大发现，这种偶然的重大发现往往能够给研究带来重大的突破。

3. 非引导性访谈。非引导性访谈是让被访谈者对他自己和他所处的社会环境进行一番考察,再客观陈述出来,即访谈者鼓励被访谈者把自己的信仰、价值观念、行为以及他所生活的社会环境客观地加以描述。例如"根据您的观察,您认为我国经济运行目前存在的最大问题是什么,为什么您这样认为?"在这种类型的访谈中,访谈者不是主动地提出问题,而是几乎完全依赖于插问,提问的问题通常很简短,所扮演的角色接近于听众,其用意在于了解被访谈者最深层的思想感情,它可以引出甚至连回答者都不知道或连自己都不愿承认的感情和事实来。访谈者从被访谈者那里获得的不仅是资料,还包括对资料的某种解释。当然,这些解释也许会受到被访谈者观念的影响。为了避免这一点,访谈者必须对被访谈对象的背景、价值观念、态度有较为深入的了解,否则就无法判断资料的真伪程度。此外,对被访谈者的地位与处境等,也应加以考察。如果被访谈者根本没有机会观察研究对象,或没有能力批判他的社会环境,就要谨慎地考虑资料的可用性。非引导性访谈是一种能让被访谈人发表意见的方法,是一种能使访谈者直接接触被访谈者的观念、价值观或动机的方法。

总之,非结构化访谈的目的在于克服标准化访谈的束缚,弹性大,有利于充分发挥访谈双方的主动性和创造性;有利于适应千变万化的客观情况,了解最初调查方案没有考虑到的新情况,获得标准化访谈无法获得的丰富资料;有利于开拓问题的深度和广度,访谈双方既有一个既定的交流中心,也有一定的发挥余地。但非标准化访谈对访谈者的素质要求较高,访谈结果也难以进行深入的定量分析。因此,非结构式访谈适于实地研究,特别是个案研究,它不是通过客观分析的方法把结果普遍化,而是主观地、洞察性地由个别事例概括出结论。

因此,一般来说结构性访谈更适合于较大范围的抽样调查,或者需要作严格定量研究的课题,而非结构性访谈更适合进行一般的探索性研究,或者深度探讨的研究课题。

第三节　集体访谈与个别访谈

一、集体访谈及其特点

集体访谈就是邀请若干被调查者,通过集体座谈的方式收集有关资料的方法,也就是开座谈会的方法。由于受调查者与被调查者之间社会互动的影响,对社会敏感性问题不易采用这种方法。集体访谈的最大特点就是访问过程中,不仅有访问者与被访问者之间的相互作用,相互影响,而且在访问对象之间也会发生相互作用与影响,即访问过程是双重互动过程,这一特点对访问者即座谈会主持人提出了更高的要求,他要能够熟练地组织好众人的互动行为,控制得住会议局面。

座谈会的最大特点是,访谈过程不仅是访谈者与被访谈者之间相互影响、相互作用的过程,而且也是被访谈者之间的社会互动过程。座谈会中所能搜集的资料受到以上两种社会互动因素的影响。要使座谈会成功,不仅要组织好访谈者与被访谈者之间的互动,而且还要组织好被访谈者之间的互动。这就要求访谈者有更熟练的访谈技巧及组织会议的能力。通过集体访谈所搜集的资料较其他访谈方式所获得的信息更为广泛,而且通过互相启发、互相补充、互相核对和互相修正,使所访谈的资料更为系统全面和真实可靠。毛泽东同志说过,开调查会是最简单易行又最忠实可靠的方法,我用这个方法得到了大益处。虽然座谈会的形式不断在变化,但是其实际一直没有改变。在现代组织和企业管理当中,关于组织发展的长远问题或者关系全局的重大问题往往采用座谈会的方式来进行讨论,在这种集思广益的气氛之下,大家畅所欲言,献计献策,调查者往往得到非常多的意想不到的信息和有用的建议。

以开座谈会的方式来搜集资料应注意以下几点:(1)参加座谈会得人数不宜太多,一般不要超过10人。如果研究者有丰富的组织座谈会的经验,人数可以适当多一些。(2)要对参加座谈会的人进行选择,使他们具有各方面的代表性,这样才能使意见不会过于集中和出现偏向的情况。(3)参加座谈会的人要比较了解与调查者的研究目的有关的情况。(4)参加者要敢于发表意见。(5)与会者之间要有共同语言。(6)与调查无关的人或权威人士不必在座。这一点是为了避免由于权力的原因而使被调查者感到压力。

访问者是座谈会的核心人物,访问者所具备的组织技巧和与人沟通的技能是非常必要的,在组织座谈会时,要注意在开始就能够形成座谈的气氛,比如大家见面后先互相介绍或问候一下,做一些轻松的寒暄,然后再自然地转入谈话主题。另外访问员还要注意控制座谈会的方向,对于可能出现的一些争论或个别人离开讨论主题侃侃而谈的现象,组织者要能够巧妙地将讨论拉回到原定计划上来。

集体访谈的优点是可以收集到对同一问题的不同看法。如果访问对象的意见不一致,在某些情况下可以通过争论使意见得到统一。如果他们的认识一致,也有助于在讨论中不断相互启发,充实丰富原有的观点,使研究者得到一份比较完备的资料。此外,座谈会是同时访问若干人,可以节约人力、时间,迅速地获得社会状况得各方面信息,有时还可能得到意外收获。但集体访谈也容易产生反向效应,即在座谈中由于“团体压力”而使访谈效果降低。所谓团体压力是指在座谈中相互产生干扰而使某些人不敢说出自己的真实想法或个人顺从多数人意见的一种现象。在座谈会中也极易发生类似的情况:先发言的人提出自己的意见,接着有一些人赞成他的观点,于是座谈会很快就对某一个问题的看法形成一种主流,这样就可能使那些持与此相反观点的人不敢说出自己真实的想法。因此对于某些敏感的问题,是不适宜采用这种访问方法的。与个别访谈相比,集体访谈难以做到深入细致的交谈。如果预先能估计到所讨论的问题可能争议很大时,为避免出现“团体压力”,让与会者都能充分发表自己的意见,可采用“头脑风暴法”。“头脑风暴”原意是指精神病患者在精神错乱时的胡言乱语,后来人们将它们的意思转用为另一种无拘无束的思考问题和讨论问题的方式。“头脑风暴”是一种座谈会的形式,会议主持者不说明会议的明确目标,而只就某一方向的主题请大家自由的发表意见,主持者不表态,更不对别人的意见提出批评,这种座谈会是在非常融洽、轻松的气氛下进行的,对某一个问题的讨论不受任何条条框框的限制。采用“头脑风暴法”有三条规则:(1)畅所欲言;(2)不互相批判;(3)善于结合别人的意见作进一步的发挥。因此,其主要特点是防止互相干扰,促进互相启发。国外经验表明,采用此方法提出方案的数量,比同样的人单独提出的方案多70%。

另外一种旨在寻求解决问题的途径的座谈会方式是与上述方法相反的“反向头脑风暴法”,主持人首先提出某方面的问题,要求参加者不仅自己就这个问题发表见解,且必须针对别人的意见展开评价或批评,以求最终找到解决问题的最佳方案。这种专题性很强的座谈会,参加者必须是敢于直言者,以抵住或不受“团体压力”的影响。

由此可见,集体访谈是较个别访谈层次更高、难度更大的调查方法。但对一些涉及个人情况或敏感问题,通常不适宜采用集体访谈的方式。同时,集体访谈也不利于访谈者与被访谈者之间进行深入细致的交流。介于以上特征,集体访谈常被用于验证或调查集体行为与群体关系的倾向以及心理治疗和组织诊断。此外,典型调查也常采用此法,深入解剖一个典型,召集各种代表人物座谈,即简便易行又收效快。此外,在座谈会上要避免让某些权威人士的发言左右其他人员的发言或受座谈会议主持人意见的左右,而要使各种意见都能得到充分的表述。座谈会最好使用非标准式访谈,这样才能把握重点,否则容易流于空泛,而且与会者一旦争论起来,访谈者有可能不知如何控制局面。

二、个别访谈及其主要环节

个别访谈是针对单个调查对象的访谈,只限于访谈人与被访人之间的信息传递,是调查研究者与某个调查对象的交谈过程。个别访谈十分适合于无结构访谈获取资料,常常在无结构访谈中大显身手。个别访谈一般来说可分为四个步骤或称为四个环节:访问员与访问对象见面,访问员赢得访问对象的合作态度,进行正式访问,结束访问。

1. 访问员与被访者见面

在实地访问之前,访问者有必要先与访问对象取得联系,在获得对方的允许和支持后,才能进入该地区访问。否则,访问员如果贸然地闯入访问对象家中进行访问,极有可能遭到拒绝。当调查者调查的是一个社区(如街道、居委会)或组织(如一个企业、学校)时,通常先要与其有关负责同志洽谈,以争取他们的配合。如果他们能派人参加调查活动,帮你引见访问对象,效果会更好。不少缺乏调查经验的人以为访问员与访问对象见面很简单,似乎只要把自己介绍一下就算完了,其实不然。如果访问者不能在第一时间得到被访者的认可和信任的话,访问可能遭到拒绝。所以在访谈前,与被访者初次见面,访问员亲切友好的微笑是改善互不相识境况的有效方法。一位著名的政治家说过:"一个人的微笑,值百万美元"。行动胜过语言,微笑可以表示:"我很喜欢你,见到你心里很高兴。"如果访问员见到访问对象时,板着面孔,会使对方感到很不舒服,甚至产生反感、拒绝接受访问。

接下来访问者要做自我介绍和调查说明。访问员要向对方说明自己的姓名,来自哪个单位,并将有关的介绍信件和身份证明出示给访问对象,使他对你有一个初步的了解,然后向他说明来访的目的,请求他的支持与合作。此外,还要向访问对象解释他是如何被选出来的,为什么找他(而不是找其他人)做访问对象,使其感到自身被赋予了一定的代表意义和重要性,从而消除疑虑和担心。

最后,要认真地向被访问者承担为其保密的责任,说明两个人的交谈情况不会泄露给第三者知道,以使访问对象安心地回答问题。这一阶段的主要任务是解除被访问者对访问者的不信任或戒备心理,对访问有一个初步的了解。在双方见面时,最好采用肯定方式。假如访问对象不是很忙,访问员可以说"希望和您谈谈这个问题,相信你一定会尽力相助的。"而不要采用"我能和您谈谈吗?"或"您现在有空吗?"等能使被调查者马上拒绝回答的否定式方式。

从某种意义上说,自我介绍是一门艺术,呆板的表情和献媚的语言都是不可取的,最易打动人的,还是热情、诚恳的态度,也就是说做到不亢不卑,使对方了解你的访问是善意的、有意义的,这样才可能争得对方的合作。

2. 赢得访问对象的合作

访问是互动的过程,因此访问者与访问对象是否在短时间内建立起融洽的关系,是访问能否成功的关键。有的访问对象在了解了访问者的来意后,可能会马上表示积极的兴趣并且答应合作;但也有的人可能由于各种原因对接受访问犹豫不决或断然拒访。因此,在正式访谈开始前,访问者除了对访问对象表示礼貌外,还要尽量主动地采取一些手段来消除拘束感,创造出一种有利于访谈的气氛。那么,怎样才能建立融洽、友善的关系呢?下面提供几种值得参考的做法:

(1)发掘被访者值得称赞的地方,并直言相告。俗话说"美言一句三冬暖",若听到别人的称赞,会感到十分的愉快和喜悦。美国口才学专家威廉·詹姆斯说:“人性最深刻的原则,就是恳求别人对自己加以赏识。”作为访问者只要注意观察,是容易发现被访问者某方面的优点的,如果你能诚恳地把自己的发现告诉对方,那么不管他是否知道这一优点,都会感到欣喜,进而会对访问员和访问活动产生好感和兴趣。自然,访问者与访问对象之间的关系就拉近了。有些访问者认为发现并直言人的优点是困难的,其实人们值得称道的优点是多方面的,如相貌、健康、气质,穿着打扮,言谈举止,家庭成员,居室布置风格等等,总可以看到访问对象某一个方面的可爱之处。当然,每个人都是渴望别人重视自己的,但是也一定要分清楚,露骨的奉承是没有任何作用的,发自内心的真诚赞美才能打动人心。

(2)热诚地关怀访问对象。美国著名的成人教育家戴尔·卡内基曾经说:“只要我们真心地关怀别人,多忙的人也会抽空来帮助我们。”比如,我们到某个访问对象家中去访问,在作了自我介绍以后,不妨关心地询问一下对方的健康、工作,或者他的子女情况等,并对被访者的烦恼和困难表示同情,会赢得对方的好感,起到融洽双方关系的作用。

(3)以被访者关心或感兴趣的事为话题。大部分人都喜欢与人谈论自己关心或有兴趣的事情,所以从这里入手来缩短双方的关系距离,也不失为一个有效的途径。有位记者采访著名的京剧演员裘盛戎,记者了解到裘盛戎特别爱踢足球,就先从几天前的一次大型足球赛聊起,一下子在两个人中间搭起了沟通的桥梁,访问十分顺利。有的访问者认为谈论对方感兴趣或关心的话题是浪费时间,因为它与正式访问题目毫无关系。事实并非如此,有时就是因为短短的几句看似无用的话,为访谈的顺利进行起到非常好的效果。

除了上述方面之外,与访问对象建立融洽关系的方法还有很多,如曾在同一个地方从事工作,从事同种类的工作,这些都可以成为融洽关系的契机。当然,最初的为创造访谈气氛而选择的话题并无一定之规,需要访问者本人的随机应变,现场发挥,投其所好。为此,有经验的访谈研究人员,非常重视在访问前做认真的准备,比如了解一下对方的兴趣爱好和喜怒哀乐,以便在初次见面时,找到对方喜欢的话题。社会心理学的研究表明:两个陌生人见面,第一印象的好坏对于能否使双方交往下去是至关重要的,要获得融洽的关系,最初的四分钟是关键。所以访问者要善于积累这方面的经验,找到切入话题的途径,并得心应手地在访问中创造最佳气氛。

应当注意的是,尽管我们花了不少的篇幅说明建立融洽关系的重要,但以上做法仅仅是为正式访谈顺利进行打下一个良好的基础,所以不能在这个阶段耽搁的时间太久,更不能由被访人牵着鼻子走,以致干扰或延误访问的进行,关键还是下面的正式访谈环节。

3. 正式访谈。正式访谈是访问员可以提出访谈的第一批问题。由于正式访谈刚开始,被访者的意识还没有转向访问主题,他必须有一个心理上的调适过程,因此不要立即提出一些大而复杂的问题,而应提一些小而简单的问题。经验证明,开始回答问题顺利,能使被访者增强信心。随着访问的进行,访问员可以循序渐进的与访问对象交谈一些较深入的问题。为使访谈顺利进行,在访谈中应注意下列一些问题:

(1)运用正确的访谈语言。访问员使用的交谈语言越简单越好,以能准确的表达意思为原则。不要使用过于抽象地语言和专业术语,也不要使用带有感情的字眼,这些都会造成被访者的困扰而不知所答。

(2)访问人员在访谈中应始终坚持中立态度。访问员对人、对事都不抱任何偏见,也不希望左右对方的思想。为此,他在访谈中要始终注意保持公正的立场。如果是使用访问问卷进行交谈,访问员则要按照统一地规定来阐释问题。在非结构访谈中,访问员更要注意提问、插话不要带有倾向或诱导性,引导被访问者回答问题。

(3)耐心地听被访人的谈话。在访谈中,被访人无法保证他所有的回答都非常符合访问者或访问提纲的要求,有时可能碰到的访问对象特别健谈,把话题扯远了仍滔滔不绝地谈。这时访问员不能贸然地打断对方,而只能耐心地听下去,找一个恰当地时机把话题转回正路上来。这样做会让被访人感到他的话有价值,而愿意继续谈下去。

(4)入乡随俗。每一个地区,每一个民族都有自己地风俗习惯、思想和行为方式,访问员应注意这一点,否则可能会挫伤被访人的感情,失去对方的信任。

4. 结束访问。在访问将要结束的时候,访问员应适时地终止谈话,向被访者告别。调查者应在访问结束之时向对方付出了时间和精力表示诚挚的谢意。千万不能在这个时候显示出一副很累的样子,即使访谈结束了,也应该对访谈对象表示友好和尊重。有的访谈还会给调查对象赠送小礼物,这个时候就可以把礼物送给被访者,一定要双手尊重地送上,以表示对对方的尊重。

第四节　直接访谈与间接访谈

一、直接访谈及其特点

直接访谈就是访谈者与被访谈者之间进行面对面的交谈。最明显的特点是现场参与性。在这种情况下,被访者和访谈者之间有着最直接的交流,访问者能够获得最直接的、第一手的资料,而且访谈者在直接访谈中占有的主动性比间接访谈要大。在进行直接访谈的时候,既可以请被访谈者到访谈者安排的地方进行访谈,也可以由访谈者深入实地与被访谈者交谈;形式非常灵活。直接访谈的使用非常频繁,在现实生活中到处可见直接访谈的例子。比如对小区物业管理情况的住户访谈,工会对职工福利要求的情况了解等。直接访谈的优点是访谈调查的计划性比较强,能够同时询问多个问题;访谈过程中可以更清楚地了解访谈对象的行为、特征、动机等一些间接访谈中得不到的资料。但直接访谈的结果容易受到访谈人员主观因素的影响,有时访谈对象由于种种原因,对一些问题当面可能不愿做出真实全面的回答。另外,进行直接访谈之前必须对访问提纲做好必要的充分的准备,这样才能保证在访谈过程中不出现重大的错误和偏离访谈目的的情况。

一个著名的直接访谈成功案例是去年中国经济时报高级记者王克勤用近半年时间,历尽艰辛,扎扎实实深入社会底层,先后采访100多位出租车司机及众多出租公司和政府相关部门。以前所未有的深度、广度和力度披露了北京出租车业垄断黑幕,受到中央主要领导的高度肯定。正如经济学家余晖所言:"王克勤先生凭借着记者高尚的职业道德,通过半年多的艰难细致的调研所撰写的这篇《北京出租车业垄断黑幕》调查,堪称政府管制失灵的一个经典案例。我断定,不管它对北京市政府未来出租车行业的管理将产生怎样的影响,它都将被载入我国政府管制改革的史册。"此文不仅推动了北京市乃至全国出租汽车行业市场化的改革,同时也对中国行政管理体制改革具有重要的案例价值。在这段调查时间里,访问者充分利用直接访谈的一切机会,而深入到访谈对象中,把握住每一次访谈所获得的信息,并进行多次慎重的考察和验证,终于取得了直接访谈的成功。

可见,直接访谈并不像平时聊天,必须做好充分的准备,这些准备不仅包括对访谈对象的了解、正确把握访谈对象的特点,还包括运用什么方式开展访谈,包括如何安排访谈场所、访谈程序如何进行、如何处理突发情况、在访谈过程中如果发生意想不到的事情如何应对等等问题,所有这些都需要做好相应的准备,这样才能保证访谈的顺利进行。所以,好的准备工作,以及熟练掌握一些接近被访谈者的技巧、应对拒绝的技巧、谈话和提问的技巧、追问技巧等等,都会使访谈更加得心应手。

二、间接访谈及其应用

间接访谈就是访谈者借助于某种工具对被访谈者的访谈,如电话访谈。间接访谈是指访谈者与被访谈者不直接见面,而是通过电话、书面问卷等工具向被访谈者进行的访谈。间接访谈的优点是省时、省力、节约费用,保密性强,被访谈者有充足的时间进行考虑,回答问题比较真实可靠。但间接访谈只能询问比较简单的问题,对没有电话者无法使用,访谈范围受到限制。在发达国家,电话访谈已经成为一种重要的访谈方式。近些年,我国农村邮电通信事业得到很大的发展,间接访谈在农村社会调查中的用途将越来越大。

在应用间接访谈方法的时候,非常值得一提的是要尽可能地运用多种渠道,积极主动地利用现有资源和发掘新的资源为获得信息服务。因为间接访谈有的时候不是访问员本人直接进行访谈,而是请别人代劳,或者是不直接和被访谈者接触,这个时候更要注意信息的真实性问题。而且间接访谈的一个很明显缺点是,不太容易获得被访者的支持,因此间接访谈在同样的时间内往往获得的数据量比直接访谈要少得多。因此,在获得授权下的间接访谈更能获得较多的支持。比如上级对下级进行的间接访谈,在权力实施影响的范围内,间接访谈效果比较好。在间接访谈中,技巧的使用也是必要的。比如积极倾听的技巧。最典型的例子是电话调查。积极倾听需要访谈者全神贯注,尽力达到全面和准确的理解被访者直接或间接表达出来的重要信息,迅速记录听到的内容,并及时地总结出来向对方反馈,以确定收集到的信息能够准确地表达被访者的意思。有效倾听是最重要的访谈技巧之一,无论运用哪一种访谈方法都要熟练掌握倾听的技巧。倾听技巧运用成功与否与实现预期的访谈目标有密切联系。

第五节 访谈的一般程序与方法

为了使访谈能够有效地进行,既能取得预定的结果,获得所需的数据,也能够省时省力地有效率地进行,必须对整个访谈过程和各个环节都要做好需要做的工作。一般来说,访谈的整个过程可以划分为设计访问提纲、了解并确定访问对象、拟定访谈实施计划、进入访问现场、整理访谈数据这几个过程。这几个过程在时间上形成先后衔接的逻辑关系,前者为后者做准备,而每个环节都是相互关联的。

一、设计访谈提纲

访谈提纲一般包括以下的内容要素:确定访谈调查目的,即为什么谈;确定访员,即谁去谈;确定访谈对象,即与谁谈;确定访谈时间,即何时谈;确定访谈地点,即何地谈;确定访谈种类,即怎么谈;确定访谈记录方式,即怎么记;确定访谈报告方式,即怎么写。如果是标准化访谈,必须用组织统一设计的访谈问卷;如果是非标准化访谈,提纲则无须有严格的分类和固定的回答方式,但要求必须把与调查主题相关的主要项目和问题列出,问题要简练、明确。访谈提纲中必须明确访谈的目的和所要获得的信息,列出所要访谈的内容和提问的主要问题。一个好的访谈提纲是成功访谈的开始。

二、了解并确定访谈对象

选择哪些人作为访问对象直接决定了访谈收集到的数据和资料是否能够为调查所用,是否符合调查者的初衷和调查研究的要求,因此在选择访问对象的时候一定要特别注意。假如不加选择地或者对被访问者的选择不恰当、不符合要求,就会产生不合格的数据和信息,这些信息都会成为我们所要结果的噪音,影响调查的整体结果。因此,建议设定一个统一标准作为访问对象进行挑选的标尺,特别是需要大量访问对象的调查中,更应该有统一的标准。访谈对象选定之后,就要尽可能充分地了解被访谈者,如性别、年龄、职业、文化程度、经历等等。对于顺利进入访谈,与访谈者建立更好的交谈气氛,提高访谈的信度和效度大有好处。

三、拟定访谈实施计划

访谈计划的内容包括:如何安排被访问者、如何与访谈对象取得联系、访谈地点的确定、访问时间、访谈的控制方法等等,对可能出现的问题也要提前做出估计并提出应付办法。另外,同时也应该准备好访谈需要的工具。普通的工具如纸张和笔一定要准备充分,调查表格、调查说明书也要准备好。另外,特殊的工具如地图、照相机、录音机、计算器、录音笔和相关的介绍信、证件等等也要准备好,以防需要。

四、进入访问现场

如何进入访问现场呢?首先,应该拉近与被访者之间的距离。接近方式包括正面接近、求同接近、友好接近、自然接近、隐蔽接近等等。访谈法收集资料的主要形式是"倾听"。"倾听"可以在不同的层面上进行。在态度层面上,访谈者应该是"积极关注的听",而不应该是"表面的或消极的听";在情感层面上,访谈者要"有感情的听"和"共情的听",避免"无感情的听";在认知层面上,要随时将受访者所说的话或信息迅速地纳入自己的认知结构中加以理解和同化,必要时还要与对方进行对话,与对方进行平等的交流,共同建构新的认识和意义。另外"倾听"还需要特别遵循两个原则:一是不要轻易地打断对方和容忍沉默;二是适当地做出回应。访谈者不只是提问和倾听,还需要将自己的态度、意向和想法及时地传递给对方。回应的方式多种多样,可以是诸如"对"、"是吗"、"很好"等言语行为,也可以是点头、微笑等非言语行为,还可以是重复、重组和总结;及时做好访谈记录,一般还要录音或录像。要善于察言观色,以获得访问对象的积极配合。访问中重要的是要掌握对方的心理活动,并帮助他们打消对访问的顾虑,当对方没有了心理压力时,应抓住时机及时访问。

为了使访谈能够有效的顺利进行,还应注意一般要尽可能自然地结合受访者当时的具体情形开始访谈;访谈的问题应该是由浅入深、由简入繁,而且要自然过渡;在有充分的准备的前提下,为避免谈话跑题,有时需要适当的调节和控制;无论是提问还是追问,问的方式、内容都要适合受访者;在回应中要避免随意评论,同时还要特别地注意在访谈中自己的非言语行为。

五、整理访谈数据

访问调查的资料是由访问员记录而来的,在访问中要选择使用恰当的记录方式。对于结构式访问来说,记录比较简单,访问员只需将被访者的答案记录在访问问卷或访问提纲上就行了。无结构访问的记录比较困难,访问员可以采用当场记录的方式,即边询问边记录,这需要征得调查对象的同意。现场记录时可以考虑逐字逐句地记下调查对象的回答,这样可能得到的资料比较完整,但由于埋头记录,会影响双方的交谈,同时遗漏掉对方通过表情动作表达出来的信息。现场记录也可以采取重点记录的方法,访问员在经过自己的判断和筛选后将他认为有意义的话记录下来。这样做可以方便双方的交谈,但主观随意性较大,完全凭调查者的兴趣和需要进行记录,资料的完整性可能要受到损失。如果有条件的话,也可以两个访谈员组成一组,访问一个调查对象,一个人提问一个人记录。

除了当场记录以外,还可以采用事后记录的方式,即在访问之后凭回忆将访问对象的回答记录下来。这种记录方式对访谈过程没有影响,可以提高访谈的匿名性,但事后记录可能会由于访问员的记忆误差或个人偏向使资料受到损失。所以访问员应事先列好提问顺序,依序提问,访问后再依序回忆。上述记录方式各有利弊,访问员在访问中应权衡轻重,采用比较适当的记录方式。

第六节 访谈员的访谈技巧与要求

访问是访谈的中心任务,访谈调查的结果很大程度上取决于访问者的品质和能力。一个好的访问员除了能获得大量丰富可信的资料之外,还可以发现新问题,获得对问题的更新认识与理解。因此,挑选和训练符合研究要求的访问员是一件非常重要的工作。

访问员应该具有哪些方面的素质才能胜任访谈工作呢?一般来说,对访问员的要求有两个条件,一个是由一项具体的访谈主题、访谈内容决定的,可称为特殊条件;另一个是任何访问都要求访问员本身具有的个人品行方面的条件,称为一般条件。

一、选择访问员的标准

(一)特殊条件

1. 年龄。人们一般比较强调长幼有序的人际关系。所以,除了对年轻人访谈之外,访问员一般以年龄略大于被访问者为好。尤其对身份较高、影响力较大的人物进行访问,访问员的年龄要与被访者相仿或大于他们。在对政治、经济等严肃问题的访谈中,也不宜以年轻人做访问员,因为这会给人不稳重的感觉。

2. 性别。研究表明,访问者的性别对访问结果的影响一般通过下列方式表现出来:(1)女性较男性更容易建立非正式关系。(2)男性访问员比女性访问员更倾向于对自己的访问对象发问。(3)访问者和回答者在性别上的差异能引起被访者的拘束感,因此,访问者与访问对象最好是同一性别的。

在访问领导人时,男性访问员较合适;访问诸如经济、政治问题时,宜选用男性访问员;在访问婚姻、家庭、日常生活问题时,最好让女性做访问员。

3. 教育水平。访问题目的难度与访问员文化水平的要求成正比,即访问的问题越复杂,对访问员文化水平的要求越高,同时也对访谈经验的要求越高。知识水平对访谈的重要性还表现在对访谈技巧的灵活运用和对访问对象的迅速而准确的反应上。一般来说,访问员的文化水平越高,其对访问的适应性及控制能力越强。

4. 背景。访问者与被访问者双方的背景,即生活地区、语言、职业、社会地位、民族、生活习惯等越接近,访问效果越好。所以,访问者如果到一个陌生的地方进行访问调查,可考虑请当地的人作访问员协助进行访问活动。

(二)一般条件

1. 诚实的品质和一丝不苟的作风。这是访问员必须具备的最基本的品行,即忠实于访谈的原始资料。如果把自己的主观臆测或不确定的事自作主张确立下来,甚至替被访者圈选答案,或直接造假记录等均属不诚实。诚实的结果是认真的工作态度,即对访问记录做到精确、完整,不能出现不负责任的现象。

2. 对工作的兴趣和能力。访问员若对访谈工作无所谓,甚至厌烦,就不可能把工作干好。能力不等于兴趣,但有兴趣可以提高能力。一个访问员应具备对事物的观察能力,分清真伪的识别能力,语言表达能力,对于困难环境的适应能力及与人打交道的交往能力。

3. 勤奋负责的工作态度和开朗的性格。实际访问调查是一件艰苦的工作,不仅要面对物质上的困难(路途遥远,生活条件差等),还要面对精神上的磨难(访问对象的冷漠、拒斥等)。因此要求访问者要有百折不挠的勤奋负责的工作态度及蔑视困难的乐观豁达的性格。

4. 谦虚和蔼的待人方式。在访问中,访问员无论遇到什么样的访问对象,都要虚心求教,尊重对方的方式与人家交谈和来往。对比自己职位高者不应自卑自贱,对比自己职位低者也不能盛气凌人,采取一视同仁的友善态度对待访问对象。此外,访问员在访问时还要注意自己的衣着要整洁朴实,举止仪表要大方得体,杜绝任何不良习性和嗜好,给访问对象一个端庄稳重,可以信赖的印象。

二、访问员的访谈技巧

访谈技巧是指在进行访谈调查的过程中,为克服交谈障碍所采取的策略、手段和方法。访谈技巧可分为语言技巧与非语言技巧两种。语言技巧是调查者使用巧妙的语言打动对方或控制对方,使其按访问员的要求去做。

(一)语言技巧

语言技巧可以在下面几种情况中使用:

1. 对拒绝访问的处理。访问员可以通过述说自身的窘境引起调查对象的同情,从而支持调查。如对拒之不理的调查对象说:“我好不容易才找到您,您如果不支持我,我就无法……”唤起对方的怜悯,使对方同意访问。

2. 对跑题的处理。访问中经常会出现访谈对象所谈的内容离开主题的情况,此时访问员当然不能粗鲁地打断对方的谈话,也不能直接指出对方跑题,这样做会伤害对方的自尊心。此时可采取“总结法”,即将他谈的那些与主题无关的话归纳一下,对他说:“您刚才谈的很好,现在我们再谈××问题(指访问主题)好吗?”也可以采用“淘金法”,即从对方所谈的不着边的材料中挑出一两句跟正题有关的话,对他说“您说到××问题(正题),请您继续说下去。”这样,在调查对象不知不觉中将话题转到正题上来。

3. 对不清楚问题的处理。当访问对象不明白或看起来没理解访谈者的提问时,访问员可以将问题再复述一遍,复述时可以放慢速度,以使对方听得真切,且有时间对提问做出反应。当访问员不能肯定自己已经理解访问对象的回答时,可以复述一下对方的回答,以使回答者确认对回答的理解准确无误。

总之,在访谈中,访问员要特别注意以下事项:在访谈中,调查员要保持中立的态度,不要把自己的意见暗示给被调查者,否则会影响资料的真实性;要把握访谈的方向和主题焦点,防止谈话偏离调查主题,以免影响效率;使用的语言要简明扼要;根据被调查者的特点,灵活掌握问题的提法和口气。

(二)非语言技巧

在访谈中除了主要运用语言技巧外,访问员也可以通过表情,动作传达一些信息,以达到对访问过程控制的目的。

1. 动作技巧。当调查对象的谈话跑题时,也可以采取动作转换的方法,即给他递烟或送水,在不知不觉中中断谈话,当谈话再开始时,访问员可按自己的计划提出问题。访问员亦可以采用停止记录的方法暗示对方。访问员一直在边提问边记录对方的谈话,如果发现对方的谈话无关紧要,可以停止记录,对方发现这一动作后,可从中得出自己可能说了无关的话,从而调整自己的谈话内容。

2. 运用表情。在访谈中,访问员与访问对象是相互影响,相互作用的,这种互动不仅是语言上的,而且还包括情感交流。因此在对方谈到自己的各种处境和感触时,访问员应当有相应的表情,如对方谈到挫折或不幸时,要有同情的表情;谈到成就时,要有高兴的表示等等。

总之,在人与人的交往过程中,有不少东西是很细致微妙的。访谈是一门艺术,没有一成不变的规则,全在于访问者不断总结,积累经验并机智灵活、审时度势地运用。

第二章 文献研究法

第一节 文献研究法概述

一、文献的含义及分类

文献研究法和其他调查方法有一个显著的区别——资料的来源不同。文献研究法不是直接从研究对象那里获取所需要的材料,而是收集和分析现有的、主要以文字形式为主的文献资料。社会调查除了使用实地调查的方法来搜集可供研究的素材之外,还注重从现有文献中寻找社会研究的资料,所以,文献研究法在社会调查研究方法中也占有重要的一席。

文献是进行文献研究的基础,因此首先弄懂文献的具体含义以及相关内容,对于了解文献研究方法是非常必要的。

什么是文献? 有关文献的定义非常多,有的从文献的内涵去分析,有的从文献外延去概括,现行的比较通用的文献定义为"已发表过的或虽未发表但已被整理、报道过的那些记录有知识的一切载体"。这里所说的一切载体不仅包括图书、期刊、学位论文、科学报告、档案等常见的纸面印刷品,也包括实物形态在内的各种材料。

文献资料的种类很多,按照不同的分类标准,可以分为不同的类型。

1. 按文献的载体形式和记录技术的不同,大体可将文献分为:书面文献,视听文献、缩微文献、机读文献等。

(1)书面文献,指用文字或数字记录的资料,包括各种公开发行或不公开发行的报刊、书籍、科研报告、会议文献、个人资料及各种数字统计资料等,是一种最广泛的文献形式。

(2)视听文献,指运用录音、录像和摄影技术直接记录声音与图像的文献形式,包括电影、电视、录像、录音、唱片、照片、绘图等。

(3)缩微文献,指以感光材料为载体,利用光学记录技术,使书面型文献缩小许多倍的文献。查阅时,通过一定的仪器放大还原成文字或图像。

(4)机读文献,指用电子计算机阅读的文献,它以一定的磁体为介质,以磁盘、光盘为载体形式,以计算机作为记录和查阅手段,将它转换成文字或图像。与书面文献的物质载体形式相比,它具有信息容量大、保存时间长、占用空间小、查阅摘取方便等特点。

2. 按照文献内容加工程度的不同,可将文献分为一次文献、二次文献、三次文献等。

(1)一次文献,指由亲身经历某一事件或行为的人所写的资料,也称为原始文献。

(2)二次文献,指对一次文献进行加工整理并使之有序化和浓缩化的文献,如索引、目录、文摘等。

(3)三次文献,指在二次文献的基础上,经过分类、综合而编写的文献,如综述、评述、年鉴、手册、辞典、字典、百科全书等。文献调查一般可从二次或三次文献入手,尽可能全面了解调查课题所涉及的各种文献,然后再根据调研需要查阅所需的一次文献。

此外,还有正式文献与非正式文献之分。非正式文献资料的内容和种类以及载体形式都非常广泛,其中包括私人日记、笔记、信件、个人的声明、启示和档案、家书等等。这些非正式的文献当中往往含有很多我们在一般的正式公开发表物中难以找到的信息。对于调查研究有一定的作用。因此我们在利用文献时应该注意利用好非正式文献资料。当然,由于这些非正式文献的真实性和可利用性是一件非常敏感的事情,所以使用时又要特别慎重。

统计资料在文献资料中也占有一定的分量。统计资料是通过具体的数字反映社会的现象和过程,文字资料则是用文字形式反映社会的现象和过程,它们互相补充,从不同的角度反映现实。所以要重视文字资料和统计资料的整理、搜集、保管、充实和提高,为调查研究服务。

在社会调查中,应特别注意利用我国特有的一种文献资料——地方志。地方志是对某一地区的自然、地理、历史、人物、政治、经济、文化等社会各方面情况进行全方位记述的一种文献资料,它记载的资料一般都比较详细和真实客观,成为了解一个地区社会发展变迁过程、历史和现状等资料的一种重要参考文献。所以在进行地方研究的过程中,参考地方志是一种必不可少的研究环节。

此外,按文献涉及的学科领域,可将其分为社会科学文献、自然科学文献、综合文献;按文献设定的密级划分,又可将其划分为公开文献、内部文献、秘密文献等。

总之,在文献调查过程中,应根据研究的需要,选择相应类型的文件,同时要从不同类型文献的特点出发,选择适当的调查方法和途径进行研究。

二、文献研究法的内涵

文献研究法是指搜集、鉴别、整理文献,并通过对文献的研究形成对事实的科学认识的方法,是通过以现存文献记载为资料来研究社会。在进行现状研究时,研究人员仅仅通过观察与调查来获取资料是不够的,也是不科学不完善的方法,还需要对与现状有关的种种文献做出分析。特别是当第一手资料——直接收集资料不够用或者不可能取得直接调查资料的情况下,就需要考虑使用第二手资料的方法,文献研究就是收集资料的有效方法之一。文献研究不是单纯地引用现有的文献,而是从搜集的资料中提炼、选择、提取、整理分析信息的过程,这样得到的文献才是研究所要求的素材。文献研究是现代信息加工常用的方法之一。

文献研究具有深度回顾的功能。文献研究可以利用历史资料对已经成为历史的社会现象再进行研究。对于已经得出一定结论的历史事实,还有可能因为时间的推移产生更多的关于过去的历史材料,得到新的结论和认识。这里跟观察法和实地访谈调查法相比,能够在较短的时间内获得更多的信息,从而为现在的研究和理论提供一定的假设前提和研究基础。而且,文献研究由于可以跨越时空限制,因此最适合于长时期的研究。

文献法属于历史研究方法。如果不去继承和借鉴前人的研究成果,那么科学研究就必须每次都从零开始,就不能得到迅速的发展。这种历史和发展的普遍规律决定了人们在研究先前的历史事实时需要借助于文献的记载,需要继承文献中的优秀成果。现代科学研究既需要以人之间协作为条件,也需要以利用前人的研究劳动成果为条件。运用文献研究的方法充分占有资料，这是科学、有效、少走弯路地进行任何科学工作的必经阶段。从科学研究的全过程来看，文献法在科学研究的准备阶段和进行过程中，是一种使用最普遍的研究方法。

三、文献研究法的优点

与其他研究方法相比，文献研究法的最大特点是把对研究对象的调查由直接方式转变为间接方式，访问员不需要和访问对象直接接触，而是通过文献的方式来获得所需要的信息，所以文献研究法与其他实地搜集资料的方法相比，具有其他方法所不可比拟的优势。

1. 不受时空条件限制

文献调查法可以超越时空，广泛了解古今中外的文献。而且，由于文献调查具有的间接性的特点，这意味着调查者必须尽可能广泛地搜集各种文献。文献调查所得的资料反映的是过去的状况、观点、思想方法，因而具有历史性的特点。就时间跨度而言，可以调查了解几十年、上百年，甚至上千年的社会现象；就空间跨度而言，不仅可以了解国内各个地区的社会状况，也可以跨越国界，了解到其他国家或地区的社会政治、经济、文化等的发展状况。这一优点是其他任何一种社会调查方法所不可比拟的。

2. 具有无反应性的优点

由于各种形式的文献调查研究都不需要直接同人打交道，因此，不会受调查者的主观好恶或被调查者的心理因素所带来的反应性问题，也不会由于外界条件的变化而影响调查。某种情况下，文献调查的结果可能更真实、准确和可靠。

3. 质量高，花费低

搜集到的文献当中有相当一部分是由造诣高的专家学者所撰写的，显然这些资料都具有比较高的研究价值和学术水平，利用其他研究方法搜集到的资料则无法达到这种水平。另外，文献法比实地观察、口头访问等直接调查的方法，更方便易行，只要找到文献可随时随地查阅，较少受外界因素的干扰。相对于其他调查法而言，文献法更具有省钱、省时、省力的优点，并可获得比其他调查法更多的资料。

4. 干扰因素小

由于文献研究方法不需要与调查对象直接接触，所以研究人员和访问员不需要对环境进行控制和调查，一般不会受到外界因素和被调查对象心理因素的干扰。

5. 研究成果具有继承性

文献调查必然要根据其研究目的有选择的采用其中的资料、观点、思想、方法，是在前人研究基础上的进一步深化或者向前推进，向前发展。因而文献资料具有继承性的特点。

6. 文献研究具有横向比较的功能

如果研究者搜集到足够的资料，那么利用文献研究的方法就可以进行多方面的、大范围内的比较研究，多方面的区域比较研究等等。而且还可以进行国内外的同类研究，这是其他调查方法所不能比拟的。

四、文献研究法的局限性

由于文献作者的调查和研究内容不可能完全与调查者试图了解的内容完全一致，而且，各种报道文章、官方的统计材料，都常常隐含着由于个人偏见、作者主观意图和文献形成过程中的客观限制而形成各种各样的偏误，从而影响到文献的准确性、全面性和客观性。所以对于社会调研工作来说，文献总是一种不完全的调查资料，那么应用文献法必然存在着一定的缺点与不足：

1. 缺乏现实性

文献法所获得的资料往往与现实情况之间存在着一定的差距，缺乏现实性，这是文献法的最大缺陷。首先，文献资料是历史性的，不是即时的；其次，文献资料从形式到内容都是固定的；而现实社会无时无刻不在发生着变化，新事物、新现象、新问题总是不断地涌现，其中总有一些来不及记录的社会现象。文献法所取得的调查资料往往缺乏现实性、生动性和具体性。

2. 受时代和个人素质的限制

这是受到调查者本人的主观因素影响。由于文献中不可避免地会包含作者个人的个人倾向，比如情感、喜好、爱恶等等。特别是第二手文献，如果作者带有强烈的主观倾向，就会给真实反映客观事实带来一定的困难，使研究者无法辨别原来事物的真相，也就是在一定程度上受限于时代和个人素质的限制。

3. 资料难以找齐全

当今社会是信息爆炸的社会，靠个人的能力和条件，很难将资料搜集齐全，对于文化知识水平有限的调查者，往往感到寸步难行，更难以充分利用文献调查法。

4. 文献法的调查方向和最终结果难以控制

由于文献法的调查对象是既有的文献资料，调查者虽然可以确定调查文献的大致范围和种类，但能否从中搜集到所需要的调查资料往往难以把握。有时，可以轻而易举地查找到所需要的资料；有时，经过长期艰苦的搜寻，最终可能很难发现有参考价值的资料。

基于文献法的上述优缺点，在社会调研工作中，文献调查法可作为一种先导调查法，主要是了解与调查研究课题有关的前人研究成果，所收集的资料也主要是对整个社会调查工作起参考和借鉴作用，而不能作为调查结论的现实依据。要真正了解现实社会的发展变化情况，必须深入到实际当中，深入基层，进行直接的实地调查。

第二节　收集文献的途径和方法

一、搜集文献的要求

运用文献法获得文献资料的途径非常多，特别是在现代化的网络条件下，我们所查找到的材料往往比实际需要的材料多得多。很容易让搜寻者陷入信息的海洋，而找不到自己所需要的东西，迷失了方向。所以，了解并掌握文献研究搜集文献的主要方式和途径，并知道这些途径和方法各自的优势、劣势就成为掌握文献研究法的重要前提。

文献一般包括：官方公布的人口普查、生命统计、国民经济统计、疾病统计、死亡统计等资料；有关组织（如世界卫生组织）、团体、研究机构的各种统计年报、调查报告、记录、案卷等资料；有关期刊、杂志、报纸、通讯、简讯、专著资料等。搜集文献不是越多越好，而是在数量和质量上都要兼顾。文献搜索最好要制定一个计划，按照一定要求，有目的、有计划地进行。文献的搜集应尽可能全面、多样，最重要的是求精、求准。具体说来，搜集文献有以下一些基本要求：

（一）对文献资料的要求

一般来说，从满足调研工作需要的角度出发，所搜集的文献要符合以下几点要求：

1. 文献的相关性。指所搜集的文献要包含对调查课题有用的知识。一定要注意文献所包含的知识与所研究的问题相关性。一种文献，无论其科学价值多么高、内容多么丰富，如果与调查者所进行的调研课题无关，就不具有任何意义。在分析知识有用性的同时，还要注意考究内容的真实性，关于同一件事情或同一个现象，不同的作者由于掌握的资料不同、观点和角度不同，因此描述的内容和评价肯定不同。

2. 文献内容全面、丰富。从文献内容上来看，搜集的文献种类越丰富越好，对调查课题的认识越深入，收集到的内容越能贴近主题，研究结果也就更具价值性。围绕调查主题，从不同方面、不同角度、不同层次全方位地搜集与调查课题有关的文献，使所搜集的文献在内容上要尽可能地系统、丰富。对某一调研课题而言，既要搜集正面的材料，又要搜集反面的材料；既要有典型材料，又要有综合材料；既要有本学科的专业文献，又要有相关专业的文献。

3. 文献形式多样性。不同形式的文献材料可能包括的内容也不尽相同，这样研究者就可以获得各个方面的信息以丰富文献内容。所以，既要搜集书面文献，也要搜集图片、声像资料；既要搜集公开出版物，也要搜集内部资料和各种档案文件。所搜集的文献形式越多，将来可以选择利用的资料的余地越大。

4. 时间上的连续性和及时性。在搜集文献资料时，要按照调查问题的发展变化过程，尽可能地搜集各个历史阶段的有关文献，使搜集的文献资料在时间上保持着连续性和积累性，能够反映社会现象的发展变化过程。同时，对于与课题有关的各种新资料新信息，要尽快的及时了解、及时搜集、及时研究、及时利用，以提高调研的时效性和调研成果的实际应用价值。

（二）对调查者的基本要求

主要从语言能力和研究课题的专业知识方面进行要求。首先，应具备一定的语言文字知识，如搜集古代资料，需要有一定的古文阅读能力；搜集国外文献资料，必须具备一定的外语水平。这样才能读懂文章的内容要表达的意思。其次，应具备一定的专业知识，能够从数量众多的文献资料中去伪存真、除莠存良，选择对调研课题有较大参考价值的资料。最后，应学习和掌握必要的文献查阅知识和技术，以提高搜集文献的工作效率。同时，一个研究人员的文化底蕴和积淀也是非常重要的。如果研究者对本研究领域的知识非常精通，而且也具有广博的知识面，这无疑为研究打下非常好的研究基础，既博又精，会使研究的课题不仅有理论深度，而且具有实用价值，能从更高的角度和更广的视角出发去进行调查，当然得到的结论更有高度。

二、查找文献的方法

文献调查是从查找文献开始的，文献查找是使用文献调查法的第一步。而查找到的资料质量好坏、数量多少直接决定了文献调查的结果。一般地，查找文献有以下几种方法：

1. 检索工具查找法。检索工具查找法即利用已有的检索工具查找文献资料的方法。包括手工检索工具和机读检索工具两种。手工检索工具主要是采用目录和索引的方式进行的。利用手工检索工具查找文献虽然方便，内容也比较广泛和全面，但是所得到的文献内容较为松散。下面分别介绍目

录、索引和文摘等检索工具:

(1)目录。又可以分为分类目录、主题目录、书名目录、著者目录等几种形式。常用的目录有《全国总书目》、《全国新书目》、《科技新书目》等。

(2)索引。我国的报刊索引种类非常多,而且有很多都是有知名度的,常用的有《全国报刊索引》、《国内内部期刊索引》、《复印报刊资料索引》等。此外,各种报刊和经济情报部门还编有专用索引,这些专业的索引在专业领域中发挥很大的作用,特别是对于那些刚进入专业领域研究的研究者,利用索引比较省时省力就能获得好的资料。比较有权威的如《人民日报索引》、《光明日报索引》、《国外经济文献索引》等。

(3)文摘。文摘和其他类型的检索工具相比,文摘的数量和种类非常多,不管是专业文章还是介绍日常生活的领域,都可见到文摘。在选择文摘的时候需要注意的一点是,一定要选择有权威的、专业的出版机构文摘或权威的组织所编写和挑选的文摘,因为它能够使调查者在最短的时间内得到比其他文摘更丰富、更好的文章。这里推荐几类比较优秀的畅销的文摘:《经济学文摘》、《国外经济文献摘要》、《工业经济文摘》等。

其他的手工检索工具还包括年鉴、辞典和地方志。年鉴有综合性年鉴,如《世界知识年鉴》;专科性年鉴,如《中国经济年鉴》;地区性年鉴,如《上海市年鉴》等。年鉴是经济写作中搜集统计数据的主要渠道之一。辞典则是我们常常要用的检索工具,用好辞典、会用辞典是很好的技能,对研究工作很有帮助,对于撰写研究报告非常有帮助。研究者常常用到的词典有《汉语大词典》、《经济科学大辞典》、《经济大辞典》等。地方志的内容非常丰富,可以说是了解一个地方的百科全书,在进行实地研究之前,如果借助于阅读地方志的方法,可以让调查者了解到当地的很多风俗习惯,这些对于进行实地的调查研究是非常有帮助的。

下面再谈谈如何利用检索工具查找文献资料。一般来说,有顺查法、倒查法、追溯法、抽查法等等。顺查法,即按照时间的先后顺序,由远到近,逐年逐月按时间的顺序进行查找;倒查法,和顺查法相反,时间顺序由近至远,回溯而上,以最近的时间点往前查找。相比较而言,顺查法有利于在时间上有条理、有顺序地了解与调查课题有关的各类问题发展过程,了解整个发展的历史全貌,不足之处是要花费较多的时间和精力;倒查法可以克服这个缺点,大大地节省时间和精力,并且能够较快地了解到与调查课题有关的各类问题的最新动态,让研究者掌握最新的信息,对于前沿问题的研究来说,倒查法有自己独特的优势。但缺点是查找的文献可能不系统、不全面。无论是顺查还是倒查,都应该注意查找文献的时间跨度问题。必须遵循调查课题研究的需要和调查的时间跨度来决定查找文献的时间跨度。例如,要调查我国农村专业户的有关情况,就要查找20世纪70年代末、80年代初出现专业户以后的文献,这样从文献中获得的资料才比较具有说服力和针对性。抽查法则是利用学科发展一般是波浪式的特点查找文献的一种方法。当学科处于兴旺发展时期,科技成果和发表的文献一般也很多。因此,只要针对发展高潮进行抽查,就能查获较多的文献资料。这种方法针对性强,节省时间。但必须是在熟悉学科发展阶段的基础上才能使用,有一定的局限性。

机读检索,多以计算机信息检索为主。目前,机读检索在一些大学、科研机构、公共图书馆等应用广泛。在机读目录中设立的主题检索点无形中为各个图书馆建立起廉价的主题目录;而在自动化、网络化带来的新的信息环境中,人们更倾向于使用直观的关键词、主题词检索信息资源。分类法在我国图书馆一统天下的传统地位被彻底动摇了,在新的信息环境中主题法咄咄逼人的气势使分类法日渐处于下风,目前国内不少图书馆中分类法已主要用于组织馆藏了。

机读检索的内容和方式(以北京图书馆的检索为例)主要有:

(1)快速查找馆藏论文及英文原版书。具体方法是:选择"快速检索"或"词组短语"检索方式→输入主题词→选择"主题"字段→点击"限制检索"按钮→选择"馆藏位置"等参数→点击"主题"字段按钮。

(2)查找馆藏期刊。具体方法是:选择"复杂检索"方式→选择参数 serials→输入期刊题名→点击"检索目录"按钮。

(3)查找馆藏丛书。具体做法是:选择"复杂检索"方式→选择参数 mono series →输入丛书题名→点击"检索目录"按钮。

(4)主题检索。具体做法是:选择"快速检索"方式,然后点击"主题"按钮。

(5)著者检索。具体做法是:中文著者姓名检索,可选择"快速检索"或"拼音检索"方式。英文著者姓名检索,可选择"快速检索"方式,然后输入著者姓、名或名、姓;另外,还可选用"词组短语"检索方式,输入著者姓、名。

(6)题名(书名)检索。如果只记得部分题名(关键词),可选用"快速检索"方式;如果能记得准确题名,可选用"词组短语"检索方式。

除了上面所提到的主要检索路径之外,按时间检索、机构检索也是常用的检索入口之一。在网络化日益发达的今天,计算机检索的途径和方式越来越多,现在还出现搜索引擎、网络目录等形式的检索方式,能够为用户提供非常丰富的网络信息。因此,能否熟练地使用计算及检索方法,能否在较短的时间内查找到高质量的文献,也是研究人员应该具备的技能之一。

2. 参考文献查找法。参考文献查找法也称追溯查找法或"扩展法",就是利用已有的与课题相关的文献所附参考文献、夹注、脚注、辅助索引等进行追溯查找的方法。这种方法利用已知文献进行链式扩展,以查找到相关的其他原始文献。具体做法是,从已经掌握的文献资料开始,根据文献中所开列的参考文献和所提到的文献名目,直接去查找较早一些的文献,再利用较早文献中所开列的参考文献和提到的文献名目,去查找更早一些的文献。如此一步一步向前追溯,直到查找出比较完整的文献资料为止。

在缺乏检索工具的情况下,运用追溯法可以扩大文献来源;缺点是查到的文献不够全面,有些甚至与课题相关性不大,易出现误检和漏检,也比较费时。这是一种扩大信息来源最简单的方法,在没有检索工具或检索工具不完整时可借助此获得相关文献。由于参考文献的局限性和相关文献的不同,会产生漏检。同时,由近及远的回溯法无法获得最新信息,而利用引文索引进行追溯查找则可弥补这一缺点。

另外值得注意的还有一点,就是用追溯调查法查找参考文献的资料,不如用检索工具查找法所得的文献那样全面和广泛,但它查找的文献比较集中,有效性相对很高,而且能及时了解一些最新的科研成果。

3. 循环查找法。循环查找法也称为"分段法",它是一种在检索过程中将间接法和追溯法交替使用的综合性检索方法。这种方法先利用检索工具检索到一批相关文献,然后精选出与课题针对性强的文献,再按其参考文献等提供的线索进行追溯查找,两种方法交替使用,直到满意为止。此种方法检全率和检准率都比较高。循环查找法,可以先采用检索工具查找法,查找出有用的文献资料,然后再根据文献中所开列或提到的参考文献名目,去查找更早一些的文献;也可以先采用参考文献查找法,查找出更早一些的文献,然后再采用检索工具查找法,去扩大查找文献的线索,如此分阶段的交替使用两种查找文献的方法,直到查找出自己所需要的文献为止。这个过程比较繁琐,一定要弄清先后的步骤安排:首先利用检索工具查出一批文献资料,再利用这些文献资料所附的参考文献追溯查找相关文献。如此交替、循环使用常规法和追溯法,不断扩检,直到满足检索要求为止。分段法的优点在于:当检索工具缺期、缺卷时,也能连续获得所需年限以内的文献资料。

4. 浏览法。浏览法就是通过检索工具搜索文献,它是科技人员获得文献的主要途径。只要方法得当,往往可以事半功倍,在短时间里获得大量切合课题需要的文献。但是,由于任何一种检索工具都只能收录有限的期刊和图书,而且检索工具与原始文献之间往往有半年左右的时间差。为了弥补这些缺陷,科技人员还必须借助其他方法来收集文献。其中,浏览法就是科技人员平时获取信息的重要方法。具体地说就是科技人员对本专业或本学科的核心期刊每到一期便浏览阅读的方法。该方法的优点是:能最快地获取信息;能直接阅读原文内容;基本上能获取本学科发展的动态和水平。缺点是:科技人员必须事先知道本学科的核心期刊;检索的范畴不够宽,因而漏检率较大。因此,在开题或鉴定时还必须进行系统地检索。

总之,各种检索方法在使用上各具特色,可根据检索的需要和所具备的条件灵活选用,以便达到较好的检索效果。

三、文献查找注意事项

调查者在进行文献查找时要注意以下几点:

1. 应紧密围绕研究课题收集文献,提高收集的效率。特别是需要大量用到网络资源和查找热点问题的文献时,必须紧密围绕着研究主题和文献需求来进行查找,否则很容易迷失在大量的文章海洋中,不清楚自己究竟需要什么文献、主题是什么。这样非常浪费时间,同时耗费人力物力和资源。

2. 应尽量注意收集原始的文献、原文资料,提高资料的权威性和可靠性。一篇好的文章,应该是学术性高、实用性强,对后人的研究有着充分的指导和参考作用,并且能给后人进行一定启发的好文献。无论是在内容的真实性还是研究的深度、填补研究领域的空白点上,都应该有所贡献。研究者在进行文献研究的时候要特别花心思和脑力去鉴别这样的文章,并且要研究它、吃透它。做到了这一点就等于把自己的研究基础牢固地打好,为以后的研究省了不少力,也能够少走弯路。

3. 应重视文献资料的鉴别与筛选,注意资料的可靠性和有效性。这个问题是在前面一再强调的问题。虽然资料的收集只是研究当中的一个环节,但是资料质量的好坏直接决定了研究结果的高低。我们不妨假设一下,由虚假的、臆造的资料研究中得到的结论会对现实有帮助吗?会给我们提供实际工作的好指导和建议吗?答案是不言而明的。所以,在注意资料的质量和数量的同时,也要对资料的真实性、有效性、可靠性进行必要的考证和辨别,以保证将来的研究结果的可靠性。

4. 应及时做好资料的摘录工作,注明原文出处。资料的摘录工作可以体现出研究的严谨性和可靠性。这样利用你的研究成果的读者就可以有据可依,一直往上寻找结论的起点,同时也让研究显得连贯,体系明确。

第三节 文献研究的主要环节

文献研究一般过程主要包括以下四个基本环节:提出课题或假设、研究设计、搜集文献、整理文献及进行文献综述。由于文献研究是进行其他调查研究的前提方法,因此文献研究的好坏当然会影响实地研究或者其他研究的进行。所以,了解文献研究主要环节的内容,每个环节容易出现的问题以及注意事项,是有效保证研究顺利进行的前提和保障。

一、提出课题或假设

文献法的提出课题或假设是指依据现有的理论、事实和需要,对有关文献进行分析整理或重新归类研究的构思。也就是说,研究课题或者研究假设不是靠拍脑瓜子想出来的,有的时候,研究人员依靠自己的生活经验或者学习经历中存在的问题自己提出一些研究课题,这往往是和现实脱节的,或者是与现实存在的情况截然相反的。而我们也不提倡由研究人员自己想象出来一个课题,然后从生活中寻找资料和事实去支撑自己的假设。这是不严谨的学术作风,是每个进行社会研究的人员应该摒弃和避免的问题。那么研究假设和课题来自哪里? 答案只有一个——来自于生活事实。研究人员必须在仔细地客观地观察生活的前提下,发现实际存在的问题,这需要研究人员的发现问题和总结问题的能力,到了这一步还不能立即提出自己的研究假设,还需要使用我们前面介绍的访谈法以及后面即将介绍的问卷调查法,来对研究假设进行验证。在充分验证了研究假设的前提下,才能形成最终的研究假设和研究课题。

二、研究设计

如果说好的计划是成功的一半,那么对文献研究过程进行设计就是保证文献研究成功的必不可少的因素。文献研究设计的内容主要为:首先要建立研究目标。研究目标是指使用可操作的定义方式,将课题或假设的内容设计成具体的、可以操作的、可以重复的文献研究活动,它能解决专门的问题,具有重要的意义。有了研究的目标,所有的后续文献研究的活动都必须紧紧围绕着目标进行,以免出现研究过程的偏差。设定好目标之后,接着就是要提出可供选择的收集文献的途径和方法。

三、搜集文献

由于信息时代的来临,文献传播和交流的速度加快,文献数量急剧增加,出现文献数量庞杂、可靠性、有效性不一的情况,因此在明确目标之后,确定研究所需要的文献就成为决定研究的质量乃至研究成败的关键。能否选择适当的文献,取决于研究人员对研究题目本身及现存文献资料的熟悉和把握的程度。此外,还应考虑研究可行性,包括获得资料所需的时间、经费、人力,是否有能力对其进行分析和处理。

(一)搜集文献的渠道和方式

搜集研究文献的渠道多种多样,文献的类别不同,其所需的搜集渠道也不尽相同。搜集教育科学研究文献的主要渠道有:图书馆,档案馆,博物馆,社会、科学、教育事业单位或机构,学术会议,个人交往和计算机互联网(internet)。搜集研究文献的方式主要有两种:检索工具查找方式和参考文献查找方式。检索工具查找方式指利用现成(或已有)的检索工具查找文献资料。现成的工具可以分为手工检索工具和计算机检索工具两种。手工检索工具主要有目录卡片、目录索引和文摘。这些内容前面已经介绍的比较详细，在这里就不再赘述。

这个环节的关键之处和需要特别注意的地方是，如何在质量上和数量上确保搜集到足够的文献资料，并且对文献资料的可靠性和真实性进行检测，保证文献的真实性、准确性和完整性。这个问题是任何文献研究过程中不可回避的问题，也是衡量文献搜集环节质量高低的重要指标。如果是由多个人参加收集文献的情况，还需要建立一套监督和检查程序，以确保每个人搜集文献所使用方法的正确性和文献的可用性。

这里举一个简单的小例子来说明现代企业制度下如何搜集竞争情报的问题，这也是市场经济下文献研究的一个比较热门的问题。首先，明确竞争情报的来源。比如在房地产业界，竞争情报的来源非常广泛，基本上可以说是无处不在，只是需要有心人和思考的大脑。一般而言，竞争情报大致可以分三类：

1. 正式出版物。这里的正式出版物和下面所划分的非正式出版物的界线为是否能够以正常的、公开的渠道获得需要的信息。比如报纸和杂志是由专业的组织编写的，在市面上发行的可以公开购买的商品。比如以北京房地产业界为例，就有北京青年报的《广厦时代》、北京晚报的《楼宇周刊》、精品购物指南的《理想家园》等十几种报纸的房地产专刊。此外，行业杂志和直投杂志也是风起云涌、各显身手，《北京房地产》、《生活速递》、《目标》、《安家》、《新地产》等十几种杂志对北京房地产市场进行了多角度、全方位的报道和宣传。如果想搜集北京房地产走势、政策法规、市场竞争环境、区域热点、营销概念以及行业精英人物等方面的情报，那么这些报纸和杂志应该是最好的情报源。虽然电视和广播媒体在房地产行业内的应用也越来越广泛，但是电视和广播发布信息的形式不便于信息收集，一般只作为辅助情报源。

2. 非正式出版物。有许多行业的非正式出版物很多，主要有企业内部刊物、海报、客户通讯、企业内刊、电子楼书等。这些都是企业为了展示项目资料、宣传企业文化、促进房屋销售所制作的销售展示工具。非正式出版物是竞争对手非常重要的情报源，不仅可以了解竞争项目的产品资料，还能了解竞争项目的企业背景、实力信誉、运作模式、决策特征等。

3. 互联网。随着互联网的全面普及，网络情报源正显示着其独特的魅力。互联网上的情报不仅覆盖面广，而且信息及时，同时还能提供其他媒体无法提供的情报。例如要想了解竞争项目或者区域销售状况，北京房地产交易信息网可以提供有偿服务，其权威性保证了信息准确可靠；如果想了解行业预警信息，中房指数和各类机构的分析可以作为很好的情报资料；如果想要了解竞争对手的客户纠纷或竞争劣势，那么就去这个项目的网上论坛里寻找一下，肯定会让你有所收获。

另外，文献研究在有的情况下是一个十分耗费时间的工作，特别是一些信息发布周期比较长、信息量比较小的研究领域，对这些领域进行文献研究就需要对文献进行积累。积累文献也是搜集文献的一种工作形式。每一个研究课题都需要汇集、积累一定的文献资料，而每一个课题的研究过程同时也是一个新文献资料的积累过程。在文献积累的过程中也有一些需要注意的事项。首先，文献积累内容应努力做到充实和丰富。其次，积累文献应该有明确的指向性。即与研究目标，或课题假设有关。第三，积累文献应该全面。所谓全面，要求研究者不仅搜集课题所涉及的各方面的文献，还应注意搜集由不同人或从不同角度对问题的同一方面做出记载、描述或评价的文献。不仅搜集相同观点的文献，还应搜集不同观点，甚至相反观点的文献。尤其需要防止研究者自己已有观点或假设对积累指向的影响，不要轻易否定或不自觉地忽视与自己观点相左的材料。一般情况下，积累文献可从先从那些就近的、容易找到的材料着手，再根据研究的需要，陆续寻找那些分散在各处、不易得到的资料。

积累文献是一个较为漫长的过程,为了使整个过程进行得更有效,可以根据实际情况分为若干阶段进行整理。每一阶段,把手头积累到的文献作一些初步的整理,分门别类,以提高下一阶段搜集文献的指向性和效率。此外,还可以使用现代教育情报系统的检索方法,在具有相应条件的环境中,快速查找、获取所需要的文献资料。积累文献,不只是在有了具体的研究任务以后才需要做,更重要的是在平时经常注意积累和搜集各种文献资料、养成习惯,持之以恒。

其他的一些搜集文献的小方法也可以按照研究的需要和时间以及使用的习惯配合使用。如果平时注意积累这些小的内容并且持之以恒、坚持不懈,下了工夫肯定能积累别的研究者所不能得到的资料。如通过做卡片、写读书摘要、做笔记等方式,有重点的采集文献中与自己研究课题相关的部分。常用的卡片有目录卡、内容提要卡、文摘卡三种形式。写读书摘记与读书笔记既是积累文献的方法,在某种意义上又是制作文献的方法。因为在读书摘记和笔记中渗透了更多的制作者的思维活动,它有时是第二手文献的构成部分,有时又是新的第一手文献的创造过程,是在研究过程中形成的"半成品"。另一种方式是读书摘记,以摘记文献资料的主要观点为任务。因不受篇幅限制,它比卡片式的内容提要详细得多。研究者在读到一些较有价值的文献,或者读到一些在主要观点和总体结构上很有启发的资料时,就可采用读书摘记的方式,把其主要观点和结构的框架摘记下来。总的说来,摘记的重点在"摘记",不在于"评价"。与摘记不同,读书笔记的重点在"评"。评论的方式有总评、分章节评和重点选评。写得好的读书笔记,即能提出新思想和新观点的读书笔记,本身就是一种科研成果。

四、文献整理

在搜集文献的工作完成之后,接着进行的是文献整理工作。文献整理是文献研究的重要环节,文献整理工作包括文献的阅读、鉴别、分类、记录以及撰写文献综述等几个方面的内容。

(一)文献的阅读

在文献的搜集过程中也包含有文献阅读的成分,属于粗线条的文献阅读,可能只需关注文献的主题、摘要等。那么在整理环节中,文献阅读是属于精读的范围,需要研究者准确地提炼文献的主题、研究假设、研究方法以及研究结论。阅读方法是否得当,直接影响阅读的速度、时间和质量。因此在这里有必要简单介绍关于文献阅读方面需要注意的内容:

首先,明确阅读原则并严格遵循。阅读时要遵循计划性原则、顺序性原则、批判性原则和客观性原则。计划性原则强调阅读要有计划地进行,这是保证文献阅读过程能够按时按量保质完成的前提。顺序性原则要求的是文献的具体阅读方法,哪些文献用顺查法,哪些用倒查法等等。针对研究的特点和需要,正确的使用阅读顺序可以节省研究人员更多的时间和精力。批判性原则针对的是文献的内容。没有批判,没有质疑就没有学术上的进步和提高。研究人员既要用学习和借鉴的精神来利用前人的研究成果,又要用批判的眼光和怀疑的态度对其中的结论进行反复地、认真细致严谨的论证,只有这样的态度才能取得学术上的研究成果。客观性原则和批判性原则有异曲同工的作用。客观性原则要求研究者在阅读文献时对于文献的内容、对文献的作者不能带有任何喜恶的感情,更不能够按照自己的偏好去选择文献中的内容作为自己的研究依据,以中立性的态度和眼光去思考和利用文献。二者的区别是,批判性原则更侧重于不盲目崇拜某个领域的学者、专家,以怀疑的、批判的态度去理解和研究利用。

21世纪是文献信息爆炸的时代,新知识、新技术层出不穷,掌握科学的文献信息快速阅读方法,能使文献阅读达到事半功倍的效果,特别是当研究人员在阅读海量的网络资源时,掌握快速阅读法才能在较短的时间内从大量信息中获取自己需要的有用信息。阅读研究文献的方法一般有浏览、粗读和精读三种。这三种阅读方法各有所长和不足,对于研究工作者阅读分析文献来说,均为非常有用的方法,都应当很好地掌握,并善于在研究过程中综合、灵活地运用。这三种方法都可以归入快速阅读方法的范畴,为了让研究人员更好地掌握快速阅读法,下面把目前使用的比较广泛的快速阅读法介绍一下。

快速阅读方法的目的是尽快抛弃多余信息,吸收有用信息。是从文字中间迅速吸收有用信息的一种阅读方法。快速阅读可使阅读速度达到每分钟100字至150字。快速阅读的方法很多,比较主要的有:

1. 概念阅读法。科学研究证明,决定一个人阅读速度的关键是对所感知信息的加工方法。加工信息的方法,包括按照字母顺序阅读;按照音节顺序阅读;按照词汇顺序阅读;按照概念阅读(即从文中挑选出单个概念,然后综合包含在一个或几个句子的思想中,很快理解)四种。这四种阅读方法,代表着四种阅读水平。一般来说,知识水平有限、阅读能力较低的人采用前两种加工方法;知识面较宽、阅读能力较高的人采用第三种加工方法;有较高文学修养、会写文章、记忆力又较强的人采用第四种加工方法。使用概念阅读法,不仅可以提高阅读速度,还可提高综合思维能力。

2. 垂直阅读法。又称纵向扫描法。是指在读横排版文献时,眼睛以较少振幅,沿每页书的中心设想线,由上而下垂直扫描,迅速阅读。这种阅读方法的缺陷是会遗漏很多细节方面的信息。

3. 一目十行法。一目十行法在信息爆炸的今天,不失为一种有用的读书法。对内容不太重要的完全可以一目十行,但对经典著作,重要的专业书,不能用这种方法。一目十行,实际上是对信息的浏览筛选过程,当发现有价值的观点材料时,再仔细阅读或做摘记。一目十行与鲸吞法不同,前者是十行十行的浏览,后者则一页一页甚至几页几页地往后翻。

4. 三遍读书法。这是许多著名学者提倡的一种读书方法。第一是读大概,是"鸟瞰"式的,对整篇文章先有个印象;第二遍是"精读"式的,仔细考察、慢慢体味,读一点思考一点,这个时候做读书笔记是必要的,也是很有用的;第三遍实际上是建议读多遍的意思,而不是数量上的三。

5. 五步阅读法。是创始于美国后流行于英美等国的一种综合性读书法。五步按照顺序依次是浏览、发问、阅读、复述、复习。这种阅读方法将阅读过程分为五个步骤:(1)浏览。通过看前言、序跋、目次、内容摘要及正文中的大小标题、注释、附录等,概括地把书看一遍,从整体上对全书有个印象,明确书、文的重点和难点。(2)发问。对书、文中的重点、难点之处进行阅读,提出问题以备在深入阅读中思考,寻求答案。(3)阅读。带着所提问题,对书、文进行深入细致地阅读,并作读书笔记,以加深理解、增强记忆。(4)复述。在阅读理解的基础上,对阅读中所获取的知识信息进行回忆检查,掌握重点,突破难点,以提高阅读效果。(5)复习。对阅读过的内容,不断地进行复习,以巩固记忆,保证学习成效。五步阅读法符合感知、记忆与思维相联系的规律,因而是一种行之有效的读书方法。

另外,还有以写带读法和内容交叉法。以写带读法就是在阅读过程中把读书与写作结合起来,将阅读中获得的知识、理论,马上用文章的形式表达出来,边读书边写作,以写带读,学以致用。内容交叉法则是指一个人在连续读书的过程中,感到疲倦时,可换读另一种内容的书,增强阅读效果。

以上是向读者介绍的几种主要的快速阅读方法,希望研究者根据自己的实际研究需要的情况,在文献阅读过程中有意识地做一些方法上的尝试。除了注意阅读方法的使用以外,还有些小小的阅读要求需要注意:(1)注意力要高度集中。(2)克服出声朗读、逐字阅读和回归倒读的习惯,而采用无声视读法。(3)运用概念阅读法组读。(4)运用垂直阅读法作纵向扫描。(5)采取跳读技巧,根据文献结构,抓住概要、掌握中心和重点。可见,快速阅读法并不仅是单独追求速度的快读,而且是注重质量的一种创造性的理解过程。

(二)文献的鉴别

文献的鉴别并不是一项专业性非常强的工作,有时候局限于研究的经费和时间限制,不能请到专家来对我们搜集到的文献进行一一鉴别,当然,即使能够请得到,如果让专家一一进行文献鉴别的话,这也将会是一项非常庞大且耗费时间和金钱的工作。因此在文献的搜集阶段我们就可以教给文献搜集人员一些比较基本的方法,让他们可以在搜集文献的同时对文献进行初步的鉴别,这样就能够在一定程度上保证文献的质量。鉴别文献真伪的方式分为表面审查和内容审查两类。

表面审查指的是从文献的载体形式、文献的外在形式和内容来鉴别文献的真伪。表面审的四种方法分别是:辨别版本真伪、分析该书的语言风格、分析文献的体例和分析文献中的基本观点、思想。"外审"还可以通过专业的技术和工具对文献物质载体的物理性质的技术测定来判断文献形成的年代。这种方法常常用于对历史原件的真实性辨别上。内容审查则有以下四种方法:文字性文献的互证分析、用真品实物来验证文字性文献、从文献产生的历史背景上分析和通过对作者的生平、立场与基本思想进行研究来鉴别文献。后一种方法更类似于经验,操作起来难度也比较大,如果没有对作者的详细研究和足够时间的积累,是很难进行鉴别的。所以,内容审查更适合于请教专家帮忙鉴别。

无论是表面审查还是内容审查,都是通过比较的方法来实现鉴别,没有比较就无法区别,比较的标准必须是真实的可靠的文献,鉴别的目标和前面所介绍的文献阅读是一致的,都是为了去伪存真,以提高搜集的文献的质量,得到更高质量的文献。

(三)文献的记录及方法

什么是文献的记录?文献记录具体指记录哪些内容?记录就是把通过阅读找到的有价值的资料保留下来,以供进一步分析研究之用。记录可以帮助记忆、锻炼思维、提高文字表达能力,有利于研究新问题。日积月累的文献记录就可以形成文献积累,不仅有利于现在的研究顺利进行,而且记录的成果也可以用在别的研究课题之中或者是以后的研究之上。所以不能忽略文献的记录环节,否则这就像故事中掰了玉米就丢了西瓜的小猴子,最后虽然花费了很多时间和精力,但是由于没有积累,得到的很少。文献的记录相当于一点一滴的积累,有了这些积累,以后你会发现收获很多"玉米"和"西瓜"。

记录研究文献的方法和形式主要有三种可供选择:提纲、摘录和摘要。各种研究文献在质量上有很大差别,在形式上和表达方式上也各有千秋,研究者应注意批判性阅读,根据自己的研究需要,总结其中的研究方法和结论。提纲是用纲要的形式将文中论点或基本内容记下来,原文的摘要可以收编为文献的提纲。摘录是将需要直接引用的重要内容按原文抄写下来。引用某位作者的深刻见解,常常可以帮助研究者阐明其观点,或从另一方面补充说明其观点。在阅读中及时摘录引文同书目登记一样重要。另外,要避免写作时误把别人的语言当作自己的来用,并注意摘录在自己的论文中所占比例不能太大。摘要是将切合自己研究所用的要点和内容以自己的语言简明扼要地记下来,一般包括以下内容:宗旨与假说,研究方法,结果或结论。摘要的长度视研究文献的复杂性、与研究课题的相关程度而定,尽可能浓缩主要的相关信息,又要注意包括所需的所有细节。摘要书写格式必须严格地统一格式,这不仅方便阅读,也是研究作风严谨的一种体现。

另外,还可以对文献进行标记与批语,随时记录下阅读者的灵感和一时的思考火花,把这些火花集中起来,很有可能得到启发性的研究内容。如果文献内容比较精辟和独到,可以使用抄录的方式对文献进行记录。如果文献中涉及的内容比较多,行文结构比较复杂的话,那么使用提要是非常有帮助的。撰写文献综述不仅可以帮助调查者对文献进行更深一步的思考,还可以对同一类文献进行总结,方便研究的进行。

(四)文献的论证

对文献的论证主要是对文献的可靠性与完备性的论证。可靠性主要指文献能否客观地反映实际情况,不带有文献作者的任何主观偏见或者蓄意伪造的内容,以及文献记载过程中的偏差,对于这些问题研究者都必须一一进行考虑和确认,以确保研究过程的真实性,不产生偏差。完备性指文献能否反映事物的全貌,而不是从某一角度、某一方面去描述和评论问题。一般来说,文献资料都不可避免地因为文献作者主观的因素和客观的学术水平在可靠性和完备性上存在一定的局限,对于存在的问题应该实事求是地指出,并且尽量在研究中弥补和避免这些缺陷,比如为了增加研究的可靠性,可以对不同种类或者来源的文献资料加以对比研究和论证。

第四节 文献的定性研究与定量研究

查阅文献可以帮助选题。为什么这么说呢?很简单,阅读已有的文献可以了解这个领域,然后你就可能发现资料中可能存在许多疏漏之处,你想找到这些问题的答案,但是文献中又没有现成的解释。这时候你就要注意,也许这就是一个值得研究的问题。有时候你可能觉得整理文献资料非常困难,但是说不定最重要的工作你已经完成了。仔细研究文献是为了寻找支持研究的相关研究和资料。我们一般情况下查阅资料都是为了证明前人对这个问题没有做过太多的研究,这样我们就会觉得这个问题很有意义,也为自己做这个研究找到了一个充分的理由。所以,很多人都是在文献中寻找漏洞,便于自己的研究能填补这些漏洞。但是,要注意一个问题,你的研究也许是帮助寻找问题的解决方案,但是不一定能回答每一个问题。很多人对同一个问题做出不同的研究,各种问题和答案就构成了一个领域体系,这对于整个知识体系都是很重要的。在查找完文献之后,接下来一个重要的工作是进行文献的研究。这里可以分为定性研究和定量研究两种。

定性研究主要体现了人文主义方法论的倾向,它包括实地研究和文献研究两种类型。定量研究则体现实证主义方法论的倾向,主要包括实验研究、调查研究和部分的文献研究。那么二者的区别和侧重点在哪里?一般来说,定性研究方法,能使研究者获得对新现象的初步印象和感性认识,也有助于研究者深入揭示某种现象的本质规律。比如像文献研究,就常常被用于探讨那些其他研究方法在时间和空间上无法达到的社会现象和问题;像实地研究,更多的是在深入理解社会现实,提炼和建构理论方面发挥作用。而定量研究方法,则能够描述现象的主要规律和特征,有时甚至能有力地颠覆人们习以为常的见解。像调查研究,就经常被用来描述一个大总体的状况,或者探究不同变量之间的关系;而实验研究则更多被用来探索和证明两个变量之间的因果关系。

研究方法没有好坏之分,只有是否合适和能否正确使用的区别而已。定量研究和定性研究都是对文献内容进行研究的有效方法,他们分别从不同的侧面对文献中包含的信息进行加工处理,从而得到研究结论。选取哪一种研究方法完全取决于调查者本身的研究需要和研究目的,并不是只有实证的、定量的研究方法才符合科学的要求，只要选择的方法使用正确，得到的结论正确可靠，就是有价值的。

一、文献的定性研究

1. 定性研究的含义

定性研究是对某一社会现象以现有的文献资料或经验材料为依据，运用演绎、归纳、比较、分类、矛盾分析等方法，对某种事物进行研究的一种类型。总的来说，定性分析方法就是以思辩的方式来比较事物间的异同，理性地概括事物的类型，以便于能确切地把握事物的规律。定性分析法能够揭示事物发展的一般规律。文献的定性分型方法包括归纳分析法、矛盾分析法、综合分析法、比较分析法、历史研究法、科学抽象法、因素分析法、假设方法等等。

2. 文献定性研究的特点和环节

文献定性研究的特点有：第一，注重对文献的个案研究，不太强调所用文献资料的样本大小与完整程度；第二，注重文献作者的动机与影响效果，而不过分注意内容的表达形式；第三，在方法上具有一定的灵活性，因此它的分析有效性也比较强；第四，在研究人员的素质要求上更为注重理解能力和研究水平。在网络资源日益丰富的今天，利用定性研究方法能从多个侧面获得研究对象的更多信息。这使得定性研究大大地向前发展。比如对特定问题的研究具有相当的深度；信息更真实、生动和详尽，尤其是人们主观性的信息（如偏好、要求、满意、评价、习惯等）；可以发现和界定未知或模糊的问题和现象等等优点。文献定性研究的一般步骤包括确定研究文献、进行文献摘录、分析文献资料与研究主题的关系、说明主题等三个步骤。在确定了研究主题和掌握文献资料之后，要对文献资料进行摘选。通常采用通读文献，然后把与研究相关的内容标注出来或者摘录下来做成卡片的方法，不仅便于提取文献主题，而且方便检索。这一步骤要求研究人员具有敏锐的判断力和认真细致的工作态度。下一步是寻找与研究主题相关的文献。可以把摘录来的文献按照与研究主题的关系分成若干类别，然后用所摘选的文献资料来分析、论证研究主题。

3. 文献定性研究的常用方法

文献定性研究的常用方法主要有：

（1）归纳分析法。归纳是定性研究方法中最常用也是最重要的方法。归纳是指从许多同类的特殊或个别的事物中精炼地概括一般原则的思维方法。在调查的过程中，研究人员会遇到许多个别的事物，在多次的接触和观察中会感觉到这些个别事实中多次出现的或者共同出现的东西，那么采用归纳方法，常常可以清楚地认识事物原本的面貌和发掘事物的本质。

（2）矛盾分析法。矛盾分析注重从事物内部具有的矛盾出发，通过研究其内部矛盾和运动状况，达到正确全面地认识事物的目的。具体而言，在做到客观仔细地分析事物的基础上，发现事物蕴含的内在矛盾，然后对事物矛盾的特征、形式、因素、过程、结果等做出科学的分析，并得到最终的结果。强调矛盾分析方法是和客观、全面的观点分不开的，既要看到事物的正面，又要看到事物的反面；既要看到优点，也要看到缺点，研究建立在这样的观察和分析问题的基础上，才能得到正确的、客观的研究结果。

（3）综合分析方法。该方法也称为分析综合法，强调分析的思路和综合的思路结合使用。分析是把思维对象的整体分解为各个部分，这样利于化繁为简，比较方便于研究的进行。在分析的过程中要特别注意各个因素和部分在总体中占有的特定地位，它们各自发挥的作用，然后对各个方面进行综合把握，从整体出发，进行系统的分析和综合，从而掌握事物整体运动的规律。综合分析法也可以采取分析——综合——分析——综合的顺序，也可以采取综合——分析——综合——分析的顺序。顺序不同，但共同点都一样，这就是切实把握和运用好系统分析和系统综合两个分析方法，用发展的、联系的观点看事物，用纵向和横向综合分析方法相结合。

(4)比较分析法。比较法是研究人员在研究当中会不自觉地、自发地采用的方法，也是研究当中必不可少的方法。在将两个或两个以上不同的事物进行分析、对比、鉴别的基础上，得到事物属性、要素和特点的结论，从而总结出不同事物的不同点和共同点以及它们之间的内在联系的方法，称为比较分析法。没有比较就没有进步，没有对比就无法鉴别。比较的方法是人们认识事物和评价事物的起点，也是鉴别真伪、是非、善恶的一种手段，所以没有比较就谈不上真正的认识。

(5)历史研究方法。历史研究法注重对文献进行纵向的分析研究，主要从文献的历史事件和脉络上对文献进行搜集和分析。这种方法强调用历史唯物主义的观点去探求背景、因果关系和前后关联，然后掌握社会现象的历史发展脉络和发展水平，这样研究者和读者都可以通过了解过去和现在有关的社会现象之间的联系，来更加深刻和系统地把握一个问题。当然，历史研究法使用的研究资料大都是过去的史料或史实，研究者接触的是间接的文献资料，并不能够清楚地看到当时具体环境下人们的行为和想法。因此在研究分析的过程中容易带上个人主观观点和思想以及情绪等成分。同时，在利用文献资料的时候也会面临资料不完全，无法进行对比研究等情况，这些都会使研究人员受到历史条件的限制。

总之，文献定性研究的具体方法各有其侧重点，有不同的优点和不可避免的缺陷。在使用的过程中，研究人员应根据研究主题和能够获得的文献的特点，然后选择恰当的研究方法。当然，多种方法结合使用，能够互相补充，效果更好。

二、文献的定量研究

1. 定量研究的含义

文献的定量研究是运用概率、统计原理对社会现象的数量特征、数量关系、事物发展过程中的数量变化等方面进行的研究。当掌握了足够数量的文献之后，如果仅仅停留于对文献的性质、特征和属性的划分的基础上，就难以达到对文献资料中不同单位的全面认识和了解。这里提供文献的定量研究方法，特别适用于样本数量庞大的文献研究。文献的定量研究也称为内容分析法，实际是将文献中的文字或其他形式表示的信息进行量化处理的基础上进行的研究方法。定量分析的目的主要是为了研究当今社会问题中较为复杂的相互作用的诸多因素，并为更深层次、更准确完整地认识事物的属性和为其他各类调查方法提供数量、数据之间的关系。

2. 定量研究的特点

定量研究最明显的特点是针对文献之间各因素的数量关系研究。它将文字的、非定量的文献转化为定量的数据，定量分析方法和定性研究方法是互为补充的。相比于定性研究方法，定量法具有以下几个特点：(1)排除人为偏见。在定量研究当中，研究的结果依赖于大量的研究定量数据，用数据来说话，而不是依赖于研究人员驾驭资料、分析资料的能力，因此它排除了研究人员的主观偏见对研究结果的影响；(2)具有客观性。定量研究是对文献资料进行系统的结构分析，弥补了定性研究的不系统和不够确切的缺点,在定量研究中采用大量的样本材料,通过分析论证得到的结果往往具有更大的代表性和说服力;(3)适用于解释性研究。定量研究虽然局限于文献资料,但是研究过程和其他社会调查方法一样,首先提出理论假设,然后确定分析框架,在这个基础上对文献中的信息进行量化处理和系统的分析,再验证前面的理论假设是否成立或提出新的理论。这使得它不再局限于对文献中独立的信息进行描述,而是跳出一个个独立的信息内容,站在总体的高度围绕着研究的目的对文献进行分析,能更好地把握文献的结构。

3. 文献定量研究常用分析方法

定量分析一般有模式分析、相关分析、数学模型法和统计分析法。在样本数量庞大的情况下,统计分析法的使用非常必要而且普遍。

(1)统计分析法。使用性很强,在社会调查研究中作用非常大,因为它能精确、有效地从量的方面研究社会经济现象并揭示其固有的规律与现象的关系,客观地反映出调查研究的结果。而且用于统计研究的数据分析和总结的工具日益增长,特别是计算机统计软件的发展,更为统计方法的前进作了非常大的贡献,所以统计方法也已经成为研究人员必须掌握的方法。

(2)多因素分析法。在进行有关经济调查研究时,研究人员往往发现,某个经济指标的实现是多个相互联系和制约的因素共同影响和作用的结果。只有运用多因素分析方法才能够更深刻地揭示经济活动的本质。运用计算机强大的数据处理和运算功能,我们可以从大量的看似无关的数据中看出一定的经济运行状况和运行规律。这对于进行研究假设有非常大的参考和启发作用。多因素分析法侧重点是研究社会变量的多对一关系,即考察多个变量一起作用的时候,对于最终结果的影响。当自变量个数增加的时候,研究路径就形成了一种错综复杂的关系。这种分析方法常常需要使用大量的图形和研究模型,对数学建模的要求比较高,当然,有了计算机统计软件的帮助,这些都问题不大。在这里只给大家简单地介绍一下相关的概念即可,至于复杂的模型、研究路径和绘图法等等,读者对这些感兴趣的话可以自己找相关资料进一步了解。多因素分析方法需要对多重变量的模型进行分析,其中需要进行多元回归分析和复相关系数的计算,多重变量的计算模型建立在大量的简单变量计算结果之上,采用两级制表的工作方法。

(3)结构分析法。结构分析法是在统计分组的基础上,通过对那些能够反映事物内部结构特征的数据和指标分析考察事物的内部结构特征。它是通过计算结构相对指标的方式来分析事物内部结构特征及其内部结构发展规律和发展变化的方法。该方法在分析企业总体结构和分析事物各项相对指标及变化发展情况中使用非常广泛。

(4)平均数分析法。利用平均值来分析社会现象的方法称为平均数分析法。这个方法通常可以在数量上反映出不同事物的一般水平,并且由此出发揭示各类现象在不同空间的差异程度,同时可以将数据运用在数量的推算和预测上。但运用的时候一定要注意平均数分析不是一般的折中法和中庸法,而是建立在客观现实和数据分析基础上的平均,是具有现实意义的平均,而不是中庸的看法和评价。

(5)内容分析法。从文献中获得常规阅读时无法获取的信息,是研究工作者长期追求的目标之一。要达到这一目的,除了依赖于研究人员良好的感觉和敏锐的判别力以外,主要是要有不同于常规阅读的分析研究方法。量化方法若不涉及文献内容,则必然难以在社科文献分析中广泛采用。本世纪初,人们针对这一状况,逐渐采用一些半定量的方法来对文献所包含的内容做进一步分析。此后几十年里,人们不断在社会调查、心理研究和战时情报工作等许多领域中对这种半定量方法加以改进,并从实践和理论两方面加以总结和概括,从而形成了一个较为完整的文献定量研究方法——内容分析法。内容分析法通过将文献内容消化、整理、有序化等步骤,可以实现文献内容的部分量化。这就使分析工作在一定的客观性基础上增添了一个新的观察问题的角度,增加了分析的客观性和准确性。同时,内容分析法也是一种定性和定量结合得十分紧密的方法,其结果绝不仅仅是频数统计值,也是对文献内容进行透彻理解和分解的过程。内容分析并不试图取代定性分析,相反,它促进定性分析的系统化。

内容分析法是当代社会科学研究中采用的一种主要以文献为研究对象的研究方法。目前,它已发展为一种独立、完整的研究方法。内容分析法是对被抽取出来的资料样本做量化处理,它需要把内容分解为一系列的分析单元,按预先制定的分析类目,严格按一定的顺序做系统的评判记录,其结果是以统计量来描述的。

(6)引文分析法。学术研究活动不是孤立进行的,而是在继承、借鉴以往研究成果的基础上得到提高和发展的。在各学科之间、论文之间、研究人员之间及学术期刊之间是相互联系的,这种关系最集中地表现在学术论文的相互引证之中。学术论文是社会科学研究成果的主要表现之一,是研究人员学术思想和研究水平的具体体现。所构成的引文网络,不受时间和空间约束,定量地、立体地反映着社会科学的纵向继承发展和横向渗透交叉。也就是说,研究者通常要参考早期发表的有关文献,从中援引一些客观事实和论据并在论文结尾列出引用文献的来源,以备读者做更进一步研究时查找,同时也体现了作者对科学研究的严谨和对他人研究成果的尊重。因此,一篇完整的科学论文一般是由作者的正文部分和附于其后的引用文献所构成。规范引文结构应包括文内引文、页下引文和末尾引文,依引用性质分为图书、期刊等。引文分析与其他计量法一样,都是利用数理统计方法来揭示文献群内存在的某些数学规律的。在社会科学研究中,运用引文分析,我们可以确定学科核心期刊、分析学科交叉渗透关系、评定研究人员与科研机构及计算文献的老化速度等。学科期刊引文量不仅表明学科研究者对学科情报信息的吸收能力,而且反映学科研究的积累程度与发展水平,并且反映这一学科对知识产权管理的成熟程度。引文分析是当前科学计量学的热点,地位类似于库恩所说的科学理论研究中的范式,它在计量研究中发挥着重要作用。引文分析的内容十分广泛,具体包括引文量、引文时间、引文类型、引文语种等等。

4. 文献定量研究的过程

(1)抽取文献的样本。定量研究一般面对的是较大数量的研究总体,但鉴于研究能力和实际调查所限,任何一种研究都不可能对所有的研究个体作一一研究,特别是在定量分析当中。因此需要抽样。采用抽样方法从大量的文献当中选取一部分文献进行研究,比如抽取与研究项目有关的研究文献,包括期刊、著作、会议论文、学位论文等。

(2)确定分析类目和归类标准。分析类目又称为分析的维度,是研究者根据课题研究的需要而设计的,将资料内容系统判断后进行分类的项目、方面或角度。分析类目确定得是否得当、精确适度,对于文献资料分析能否成功是至关重要的,也就是说,它是对文献内容进行定量研究的一个重要前提。通常分析类目的形成有两种方法:一是依据传统的理论、以往的经验,或对某个问题已有的研究成果发展而成;二是由研究者根据研究假设自行设计而成。对文献中的信息进行分类之后,下一步就是制定具体的归类标准,以便于各种信息都能够被归入一个合适的分类体系下,便于利用和查找。研究者确定分析类目的过程,实际上就是建立分类体系的过程。要做到分析类目的准确、客观,在分类时需要遵循以下一些要求:在分类中,分类标准必须而且只能有一个;分析类目必须是在进行具体的评判记录前事先确定,不能边分析边适应性地修改补充;不能出现一个分析对象既可归入这个类目,又可归入那个类目的现象,各个分析类目(项目)之间必须具备一定的独立性。

(3)对研究对象进行编码。在利用计算机辅助处理数据的情况下,编码是一项非常必要的工作,它可以节省研究者大量的人力和物力。而且定量研究采用编码方式也可以很方便地对大量文献资料进行分析。

(4)信息的统计与分析。这一阶段是研究的关键,可以帮助研究者加深对研究主体的认识和理解,如果这个时候发现研究主题不够恰当,还可以马上进行修整和改变,可以非常有效地防止以后所做的研究工作都是无用功。因为这里实际上做的是对文献内容的质的把握,这里不仅对文献内容进行分析,还要将其归类、统计分析。这就要求研究者具备一定的文献分析能力和统计技术。

(5)得出研究结论。有了完善的统计分析结果,我们就要对研究各变量给予描述和解释,但这并不是一件容易的工作。一般往往需要熟悉研究领域的专家参与,以得出科学合理的研究结论。

总之,文献定量研究必须满足以下几方面的要求:一是注意形成对文献源及种类等统计对象给予明确的说明的习惯;二是尽量使文献的统计年限、统计数据达到研究所需的准确度;三是文献统计必须遵循一定的程序和步骤,计量方法尽可能规范,术语选择要根据研究对象选择最贴近主题的术语概念。此外,文献入选要有统一和规范化的标准。这个问题解决不好,将直接导致研究结论的一致性(即信度)太差,会使实际研究者和其他应用者无所适从,难以接受和理解。因此,文献定量研究要按一定步骤严格进行。如果研究者能够充分注意这些方面并努力做到,就可以充分保证研究的严谨性和可靠性。

第三章　实地观察法

第一节　观察法及其运用的基本原则

一、观察法的含义及其作用

观察法是指在自然状态下，根据预定的目的、计划，对对象进行观察，并记录、分析有关感性资料的一种收集资料的方法。观察法和访谈法、文献法一起，被称为搜集事实资料常用的三大方法。观察法是以感官活动为先决条件，与积极的思维相结合，系统地运用感官对客观事物进行感知、考察和描述的一种研究方法。所谓的"在自然条件下"，是指观察者对对自然现象不加控制，不施以人为影响；而"一定目的"，则是指观察总是为了解决一定的问题，带有明确的任务、目的和观察对象。科学的有效的观察，不但是综合运用感官的结果，而且还需借助于科学仪器，并且对所观察对象具有一定的预备知识，对客观事物具有一定的分析和综合能力，有记录和整理材料的具体方法等。

科学的观察不同于日常生活中的观察，社会调查研究中的观察也不同于自然科学中使用的观察。日常生活中的观察和科学观察有着本质上的区别。日常生活中的观察大多是随意性的，一般是对周围环境的无目的性的观察，而不是用于进行研究的，结果也不能得出什么科学结论。与日常生活中的观察相比，作为科学研究方法的观察具有目的性、计划性、系统性和可重复性的特点。在科学实验和调查研究中，观察法作用主要体现在以下几个方面：

1. 扩大人们的感性认识。通过观察可以十分具体形象和真实地获得研究的第一手材料，这种调查得到的资料的真实性和现实性是其他社会调查方法所不能比拟的。

2. 启发人们的思维。理论来源于实践，而后指导实践。先有了对实际的观察和思考，才能得到有用的理论。研究人员仅仅呆在办公室里是不可能得到真正的详细的材料，需要深入基层，仔细观察，才能激发灵感和思考，为工作带来活力和动力。

3. 导致新的发现。如果研究人员不去观察，不去思考，怎么会有科学上的和理论上的新发现？事物每天都在发生变化，只有不断思考和观察的人才能把握住变化，创造新的天地。

二、观察法运用的基本原则

在具体实施观察法的过程中，要注意把握好客观性、典型性、全面性、可重复性、敏感性和持续性等原则。

1. 客观性原则。客观事物的复杂性和人类感官的局限性往往造成错觉，错觉是在对客观事物观察过程中形成的一种主观歪曲的知觉。人类很早就已经发现了错觉现象。《列子·汤问》中说有两个儿童争论太阳初升和升至中天(正午)时的远近,孔子不能回答。东汉学者王充对这个问题进行过研究,古希腊学者亚里士多德也注意过这个错觉,即使今天看来,如果单凭感觉,人们也会被错觉所欺骗,一般人也会直觉认为太阳围着地球转,“月亮走,我也走”。所以要获得正确的客观的知觉,避免错觉和类似“视而不见”、“听而不闻”的情况,在观察过程中往往需要借助于必要的仪器设备。同时,科学的观察要避免先入之见,不能受既定思想的束缚,要尊重客观现象,将观察到的情况详细记录下来。布朗运动的发现者——植物学家布朗先生,最初认为花粉在静止水面上的不规则运动与花粉的交配能力有关,是生命运动的结果,但他没有想当然的认为无生命的微粒不会动,当他用已死的植物体上的微粒、无机物微粒再做这一观察时,发现均有不规则的无休止的运动,于是揭示了自然界普遍存在的分子运动的规律。

2. 典型性原则。观察对象的选择要有典型性,把握住典型往往使得观察过程简化、易化。孟德尔的杂交实验之所以选择豌豆的原因之一,就是因为豌豆有易于观察区分的相对性状;用苔藓植物作为观测环境污染的指示植物也是因为其对环境污染的反应相当明显。暂时地、有条件地撇开次要过程和干扰因素,让事物的主要过程充分暴露,是选择观察对象过程中非常重要的环节。

3. 全面性原则。科学的观察,根据观察对象的不同,还应注意把持好对事物全体的观察,避免一叶障目,不见森林。“盲人摸象”这则寓言故事中的盲人,之所以对大象产生了种种荒谬的认识,就在于其对大象的感觉是片面的、局部的,因而也是不正确的。科学史上著名的自由落体实验,其要驳斥的也是人们经过不全面的观察后所形成的错觉,认为轻的东西比重的东西降落的速度要慢。

4. 可重复性原则。只有被观察对象在相同的情景下可以重复出现时,观察才有科学意义。对于事过境迁、转瞬即逝的现象一般不宜用观察法。物候观测中选取的大量的植物、动物,均具有一个重要的特征:可重复观察。世界上的“野人之谜”、“不明飞行物”之争在科学界引起广泛的疑义,就是因为其不可重复观察造成的。

5. 敏感性原则。敏感性是观察者观察能力的重要体现。敏感性往往产生于长期的、有目的的观察之中。从古希腊阿基米德的浮力和相对密度原理的提出,到近代树上掉下的苹果对牛顿的启示,以及弗莱明对青霉素及其药用价值的发现,都离不开观察的敏感性。弗莱明在无意中发现被助手丢掉的受到青霉污染的葡萄球菌的培养基上,在青霉的周围,葡萄球菌不能生长。这在一般人可能不会太在意的现象,对弗莱明而言,他敏感地意识到了青霉中可能含有某种抑制或杀死葡萄球菌的物质存在。正是这一敏感的观察,导致了青霉素的发现,并延续使用至今,弗莱明也因此而获得诺贝尔奖。

6. 持续性原则。自然界的纷繁复杂,往往要求人们做出长期的不懈的努力,才有可能在某个领域有所收获,作为科学观察,具有同样的特点。著名科学家竺可桢的物候观测,几十年如一日,从不间断;天文学家们对宇宙星体的观测更是代代相传;美国斯坦福大学的心理学教授特尔蒙对1528名智力超常者进行了长达50余年的追踪观察;英国人类学家珍妮对黑猩猩习性的长期观察等等都堪为持续性观察的典范。

第二节 观察法的类型

在实际社会调查研究过程中,许多研究人员都用过观察的方法来收集资料,但由于研究目的的不同,所需资料性质的不同,所采取的观察形式和方法往往也有着很大的区别。为了更好地掌握和熟练运用观察法,更好地进行研究调查,下面从四个方面来对观察的方式进行分类,并了解和熟悉各自的内容和侧重点。依据不同的角度,观察法可以分为不同的类型。

一、自然情境观察与实验室观察

依据观察的情境条件,可把观察分为"自然情境中的观察"与"实验室观察"。前者是在自然条件下对对象的观察;后者是对某些变量加以控制,在实验中的观察。自然情境中的观察法包括自然行为的系统现象观察以及偶然现象的观察,它的特点是收集到的材料较为客观真实,但观察对象本质上的东西把握不够。实验室观察,则是按照一系列严密的观察计划进行的,这种观察能捕捉到较为深层次的东西,是在有意控制的环境下进行的有目的、有步骤的观察,通过对变量和环境的控制来探讨事物内在的因果关系。有时,这种实验室观察法是在具有摄像机、录音机等设备的实验室中进行的,参加实验者可能事先知道,也可能不知道自己正在处于被观察的状态。

二、参与观察与非参与观察

按观察者是否直接参与被观察者所从事的活动,可分为"参与式观察"与"非参与式观察"。在参与式观察中,观察者参与到被观察者的工作、学习以及生活当中去,与被观察者建立比较密切的关系,在相互接触与直接体验中倾听和观察被观察者的言行。如直接参加企业活动,察看组织的文件资料,与有关人员一起探讨有关问题,随时向组织中的内部人员询问自己想要了解的问题等。这样,观察者既是研究者又是参与者。

而非参与式观察,不要求研究者直接进入被研究者的日常活动,而是以"旁观者"的身份来了解事物发展的动态。在条件允许的条件下,观察者可以采用录像的方式对现场进行录像和录音。非参与式观察操作起来比较容易,也易于获得较为"真实"的资料,而且不涉及到环境条件的改变,得到的材料比较客观真实。

三、结构观察与非结构观察

按观察实施的方法,可分为结构式观察与非结构式观察。结构式观察法是有明确目标、问题和范围,有详细的观察计划、步骤和合理设计的可控性观察。结构式观察法易于获得真实的材料,并能对观察资料进行定量分析和对比研究。结构式观察的计划涉及内容主要包括:对这些观察范畴的详细分类,加以标准化以便于客观地测量和记录,然后选择对记录进行定量分析的方法。常用于对研究对象有较充分了解的情况。

非结构式观察则是一种开放式的观察活动,允许观察者根据当时的情境调整自己的观察视角和内容。观察者可以事先设计一个观察提纲,但这个提纲的形式比较开放,内容也比较灵活,可以根据当时的情形进行修改。无结构观察是一种比较灵活的观察方法,在社会科学研究中常被人类学家用来研究原始部落或比较独特的群体的生活状态。如美国人类学家就是用无结构观察法来观察和研究印第安人的生活方式以及风俗习惯。非结构式观察是对研究问题的范围目标取弹性态度,观察内容项目与观察步骤不预先确定,亦无具体记录要求的非控制性观察。其方法较灵活,但获取材料不系统完整。多用于探索性研究,用于对观察对象不甚了解的情况下进行观察。

第三节 观察法的优势与局限

一、观察法的优势

观察法的优越性总的来说,主要包括以下几点:

1. 它能通过观察直接获得资料,不需其他中间环节。因此,观察的资料比较真实。研究人员与它的研究对象处于同一情境之中,调查者搜集资料的活动和研究对象的行为活动是同步进行的,所以获得的资料比较直接和真实,而相比于问卷法和访谈调查法等,它们获取资料的方式基本上是由被调查者的表述得到的,其中由于各种主客观原因,这些资料可能会偏离实际情况。而人们的行为表现则是客观真实的,观察者看到的情况是可信的。

2. 在自然状态下的观察,观察法可以搜集到生动、具体的资料。语言和文字很难把客观的、丰富的现实世界完整地描述出来,比如我们想要了解某个机关的工作效率情况,可以查阅该单位的各种表格和其他文字材料,但得到的印象总是抽象的,不够明确具体和清晰。如果我们是直接到这个单位考察呢?通过亲身体验它的工作程序,亲眼观看工作人员的办事方式和速度,那么我们对此的体验就要深刻和丰富得多。如果研究者采用无结构参与观察法,研究者和观察对象一起生活很长一段时间,通过与观察对象密切接触,观察者能够对所研究的问题有切身的体会,从而能够洞察问题的实质和关键或微妙之处。这是其他方法所达不到的效果。

3. 观察具有及时性的优点,它能捕捉到正在发生的现象。这个优点是观察法最独特的优点,最先获得第一手资料进行调查研究,对于那些竞争性比较大的课题是很重要的。这不仅需要观察者的敏锐眼光,也需要非常迅速的反应速度。及时捕捉和记录信息,分辨真实的、需要的信息用于调查研究,将会产生很大的影响。

4. 观察法灵活,容易进行。观察方式和时间安排非常灵活,可以由观察者根据研究需要决定。在采用非参与观察时,观察者处于局外人的状态,如果不被观察对象察觉的话,可以了解到在自然状态下的被观察者的真实行为表现,收集到较为可靠的资料。

二、观察法的局限性

观察法同其他调查研究方法一样,也有自身的局限性和缺陷:

1. 观察对象的行动范围对观察结果有一定限制。一般而言,人们的行为有些是可以公开观察的,比如那些属于人们工作、生活中一般性的、公开表现的行为可以被观察,但有些属于纯粹个人隐私的行为和秘密是不能直接观察到的,这些也是当事人不允许的,那么对于这类行为反映的信息和包含的内容应该怎样处理?可能通过问卷或访谈的方式间接了解更加有效。

2. 对某些特定的观察难以控制。有些观察对象是属于敏感人群,他们不愿意接受观察,拒绝和观察者合作。而且对某些特定的观察对象难以控制,有的时候观察者只能消极地等待期望观察的现象发生,而不能施加任何外力作用。如研究青少年犯罪问题,有些秘密团伙一般不会让别人观察的。

3. 受观察者本身限制。一方面人的感官都有生理限制,超出这个限度就很难直接观察。另一方面观察结果也会受到主观意识的影响。每个观察者对于共同观察到的现象会有自己不同的解释,因此亲眼所见在一定程度上也不一定完全正确。观察者只能观察外表现象和某些物质结构,不能直接观察到事物的本质和人们的思想意识。

4. 观察者会对观察对象产生影响。虽然观察者本意不想干涉被观察者的活动,但在多数情况下观察者的参与或被观察对象所发觉,必然会影响被观察者的正常行为。比如观察对象可能会做出使观察者满意的举动,从而掩饰他真实的面目,使得调查资料缺乏信度。另外一种影响是观察者本身所带有的不可去除的经验和主观意识会干扰观察过程和结果。

5. 观察法不适用于大面积调查。与问卷调查和访谈法相比,观察法需要更多的时间和精力,整个过程十分耗费精力,因此当需要调查的客户数量非常庞大时,观察法并不能在较短的时间内有效地进行。

基于以上的分析,观察者在使用观察法的时候,要注意扬长避短,发挥观察法的优点,而把它的缺点和不利影响降低到最小程度,从而尽可能得到真实准确的资料和信息。同时,观察者需要不断提高自己的观察能力,包括准确的感觉能力、正确的判断能力、快捷地记录能力、敏捷的反应能力和牢固的记忆能力。此外,观察者还要善于控制自己,使自己尽可能少地左右观察对象,排除个人主观意识对观察过程以及观察结果的作用和影响。一般来讲,观察应符合以下一些要求:养成观察习惯,形成观察的灵敏性,集中精力勤奋、全面、多角度进行;观察与思考相结合;制定好观察提纲。观察提纲因只供观察者使用,应力求简便,只需列出观察内容、起止时间、观察地点和观察对象即可。为使用方便还可以制成观察表或卡片;按计划(提纲)实行观察,做好详细记录,最后整理、分析、概括观察结果,得到结论。

第四节 观察法的一般使用步骤

观察法虽然包含的内容和研究目的不同,但基本上研究过程都包括下面几个步骤:

一、明确研究问题

明确问题即选择和确定研究问题。当然,在选定参与观察的研究问题的同时,也基本上确定了观察者与观察对象。因为问题的选择和确立必须考虑到在某一特定的情境里观察者是否能进行自然观察。例如,要研究“提高税收标准对中小企业发展的影响”这个主题,就需要考虑在什么样的企业进行研究,观察者应具备哪些知识、能力和观察技能。当研究题目确定后,要对观察对象按照典型性原则进行选择,这一工作是建立在对观察对象的一般性了解基础上的,即掌握了有关的必备知识后的活动。这一点非常重要,有了相关的知识准备,才能在以后的观察过程中做出正确判断,避免出现“外行看热闹”的情况。

二、确定观察内容

选择好观察对象后,可根据观察的全面性和可重复性确定观察的内容,并通过表格等形式对拟观察的内容及进程做好安排,做到有计划性。这个阶段可以通过制定观察计划的方法来进行。一个良好的观察计划不仅能够将大家的时间和工作进度很好地协调和规划,而且也便于负责人对项目进行总的宏观调控。这里提供观察计划一般要包括的内容,读者们可以作为参考,当然,在实际的调查中建议根据调查的具体情况对观察计划进行有侧重点的规定。一般而言,在观察计划中要规定明确:观察目的、重点、范围以及要搜集的材料、观察的次数,每次观察的时间、采用的仪器、制订哪些表格以及填写的要求等等。

三、观察前期准备工作

观察前的准备工作主要包括:

1. 选择观测方法。根据观察对象和观察内容选择适宜的观测方法,若需要使用仪器,应对仪器的落实、使用方法、常见故障的排除等加以了解,一人不能操作需要协作的,应提前物色协作者,以免因不能正确使用仪器而造成观察时机的错失。观察准备是否充分,往往影响观察的成败。只有周密的观察准备,才有可能准确地收集观察材料。

2. 确定观察的项目和指标。根据课题和研究计划的要求,将要观察的方面具体化和指标化。具体化就是将要观察的方面具体成几个可以加以观察的项目。指标化就是给需要观察的项目选定一个可以评价记录并显示出不同程序与水平的指标体系。在确定观察的项目和指标时,应注意以下问题:尽量将观察项目具体化,并给以明确的限定,同时,所确立的观察项目与观察的目的应有本质的联系,能较全面地反映与研究课题有关的某些特征的变化。确定的项目是便于观察记录的具体内容。最后还要确定观察的指标,除定性以外可以定量的要尽可能量化。此外,要考虑便于日后的分析处理。对定性的材料,要考虑如何归纳与分类,对定量的材料,要考虑所选用的统计处理方式。确定的指标不可以模棱两可,不可以提出几个是交叉关系的指标,以避免观察与记录时无所适从,避免产生某一答案归入这类与归入那类均可的现象。

总之,对于选择观察的途径和方法没有惟一确定的标准。观察的途径与方法可因人而异,因课题而定。一般的途径有实地调查、参观、参加活动、列席会议等。观察的方法通常与观察途径有关联,常用的方法是直接的参与观察。由于受到调查的人力物力所限,调查者往往使用观察取样的方法。观察往往不能面向所有的观察对象取样。表4—3—1是几种常用的取样方法。

表4—3—1 常用的观察取样方法

取样方法	特点
对象取样	选取特定的对象进行观察,如教室中的一列学生
时间取样	在特定时间内观察所发生的行为
场面取样	有意识地选择一个自然的场面,如儿童的游戏场面
事件取样	观察一个事件的完整过程,如幼儿争吵
阶段取样	选择某一阶段(如期中、期末)进行有重点的观察
追踪观察	对观察对象作长期的、系统的观察,以了解其发展的全过程

3. 设计观察表格及记录方法。为了便于观察记录和观察材料的整理,项目设计应符合如下要求:

每个项目均是研究所需要的指标；项目数以10个以下为好，并按其逻辑顺序排列；项目的答案应是确定的，排除那些对不同的观察者可能会做出不同解释的推断性词语。设计观察表格时，要规定观察材料的记录方法。

此外，其他方面的准备还包括仪器、人员培训、分工及应变措施等。

四、进入现场实施观察与记录

在前期工作准备充分后，即可按照计划实施观察。在观察过程中力求按计划完成所确定内容，具体操作过程中出现未考虑到的因素时，应对计划做适当的调整，对观察到的现象予以及时、客观的记录，对理论预期外的现象做好详尽的记录。首先，进入现场要注意两点，第一是选好观察位置，有较好的角度和光线以保证观察有效、全面、精确；第二是不惊扰观察对象或与观察对象打成一片。如果间接观察、非参与性观察，最好不让观察对象知道。如果是直接观察、参与性观察，要与观察对象建立和谐良好的关系，以免被观察者产生戒备心理。

实施观察要注意看、听、问、思、记等互相配合，达到最佳效果。观看——这是最主要的方式。凡是与观察目的有关的行为反应和各种现象都要仔细察看。凡是现场发现的声音都要听，特别是观察对象的发言更要仔细地听。内部观察时，观察者可面对面询问观察对象有关问题。例如这个问题你是怎么想的？思考，从现场开始获取信息时就要进行思考、分析，随着观察活动的深入进行，观察资料的积累，逐步形成自己的初步看法。另外还要灵活运用触、摸、品尝、嗅闻等方式。

观察时还要及时做好现场记录。记录要注意以下几点：

1. 记录要准确。要尊重客观事实，有什么记什么，不能凭主观想象，更不能凭空捏造。

2. 记录要全面。要根据观察内容将全部情况都记录下来，不能随便丢掉一些现象，否则，就可能导致整个观察的失败。

3. 记录要有序。要按事情发展的固有顺序记录，不能随意颠倒。记录的有序性不仅能为下一步研究工作打下基础，而且很可能从中揭示出观察对象内部的联系和规律。

五、整理与分析观察资料

对观察的原始记录予以整理，并根据所记录的内容，对文字性记录做归纳性描述，对数据资料做出定量统计，形成观察结果，为下一步撰写研究报告论文作准备。首先，要把所有记录的材料，详细地加以检查，看分类是否恰当；如果有遗漏和错误，要设法补做记录和改正错误，以免时间久了，无法补充和修正。其次，所有材料整理好后，加以全面考虑；如果需要的材料还没有搜集到，那就要延长观察时间继续观察，一直到所需材料基本齐全为止。再次，观察记录的材料，如果数量较少，按观察记录的时间顺序存放保管即可；如果观察的项目较多，记录材料繁多，就要分类存放以便查阅。最后，记录材料整理后，需要加以说明的，要详细地加以说明。要及时清理搜集的材料，以免时间久了，容易忘记或发生疑问。

六、撰写观察报告

在整理与分析观察资料之后，要分析观察结果。对于上面几个步骤的研究得出的结果在这一步要进行进一步的思考和论证,特别是对于研究数据得出的趋势和比较明显的结论,必须进行反问和深入探讨,验证重要的环节是否有错,以保证研究过程和结果的准确性。在此基础上,根据对观察资料的分析研究,提出自己的认识,并加以理论的论证,最后撰写成研究报告。需要注意的是,在调查研究中,仅借助自然观察法往往不能完成对一个课题的系统研究,通过观察所收集的资料常常要与其他研究方法所获得的信息融为一体之后,才能提出观点并加以阐述。

第五节 参与观察

参与观察常常在无结构观察中使用,即无结构参与观察,这是一种比较灵活的观察方法,它通过观察者与被观察者进行长期的、全面的接触和思想感情上的沟通,来使观察者看到观察对象的有关情况。运用参与观察法最重要的是强调观察者的能力和技巧。因为无结构观察并没有对观察的进程和观察手段进行严格的规定,而只是让观察者带着一个比较宏观、粗略的观察计划进入观察现场,需要观察者不仅把当时发生的情况记录下来,还要试图在观察的过程中把握事物之间的联系,洞察现象背后的实质内容,因此参与观察对观察者的能力和技巧要求是比较高的。

一、观察者的能力与技巧要求

具体地,观察者应该具备下列的能力和观察技巧:

1. 能在较短的时间内迅速消除观察对象的戒备心理。一般而言,每个人对陌生的环境和陌生人都会有本能的抗拒和防备心理。当观察者以局外人的身份进入观察现场,会引起观察对象的恐慌和防备心理,特别是进行农村调查时,常常发生观察对象不愿意合作的情况。这个时候就需要观察者运用自己的沟通能力和说服能力,发挥个人的魅力,尽最大努力拉近与观察对象的距离,获得他们的认可和接受。这里有几种方法可以让观察者比较迅速地得到观察对象的支持和理解:如果到各社区或单位进行调查,先向该地区或单位的主管部门出示证明信件,说明调查目的和意义,征得他们的同意之后再通过当地政府或在群众中比较有威望的人物做必要的引荐和介绍,通过这种方式得到观察对象的理解和合作。

2. 与观察对象共同生活,努力与他们尽快建立友好融洽的关系。只有建立了相互之间信任友好的关系,才能了解观察对象的生活习惯、价值观和爱好等等,获得观察对象的全方位资料。可以通过参加观察对象各项活动,特别是非正式群体活动,扩大交往范围方法,在条件许可的情况下还可以对观察对象提供帮助和服务,以增进相互之间的关系。比如提供医药,帮助解决纠纷,资助生活物质的方法,只要不扰乱观察对象的关系状态,观察者就可以取得对方的信任和好感,自然也能够获得平常无法得到的资料。

3. 尽量尊重观察对象的风俗习惯和生活方式。在长期形成的固定生活环境中,观察对象会在饮食起居、服饰打扮、礼仪社交、价值观和世界观等方面形成自己独特的方式,而这些内容极有可能是和观察者所持有的价值观直接抵触的。这时,观察者必须学着从不同的角度去理解和适应这种不同,这样才不会因为偏见或者其他因素对观察行为造成影响。

4. 思维灵活,考虑周到、全面,洞察力强。一个思维敏捷,能够从别人看不到的角度出发提出问题的观察者，往往会使研究有新颖的发现，甚至可以极大地推进研究的进行。强调考虑问题从全局出发，从长远出发，用更冷静更深刻的眼光去思考和观察，是一个高素质的观察者应具备的条件。

二、观察者的角色定位

上面向大家介绍了观察者应具备的能力和技巧，那么观察者在实地研究中扮演什么角色？观察者该如何给自己定位？这个问题也是必须认识清楚的。实地研究的观察者必定是完全参与者或参与观察者，或观察的参与者。这三种角色，都在不同的程度上参与到观察对象的群体和组织中，并作为其中一员参与活动，目的是掌握第一手材料。但是对于观察的参与者和参与的观察者两种角色，由于他们表明了自己的身份和观察的目的，从而会对观察者和观察的客观性造成影响。

如果观察者扮演完全参与者的角色，意味着观察者不向被观察者透露自己是研究者的身份，却积极参与观察对象活动并进行观察。他是完全融入观察对象的活动之中。由于观察对象不了解观察者的真实身份，观察者可能获得非常真实的第一手资料。但这种角色可能会遇到道德和伦理的问题，由于观察者像其他的真正的参与者那样行动，别人只知道你是参与者而不知道你是研究者。这里便有了一个伦理的问题：当你进行研究时，设法获取人们的信任而使他们告诉你一些绝不肯向身份明确的研究者吐露的事情，这种做法是否符合道德？这里还有一个科学性的问题。假如你是个完全参与者，就会对正在研究的事物发生影响。作为一个参与者将必须参与活动，而这种参与就可能影响研究对象。例如，别人问你下一步该如何行动，不管你怎么样都会影响事情的进程。假如全组听从了你的建议，你明显地影响了事情的进程；假如大家拒绝了你的建议，这一否决又可能对下一个决定产生影响；如果你不表态，则有可能在组内增加一种犹豫不决的气氛。这种影响是完全不可避免的。如果活动时间长了，参与观察者也很可能会因“入乡随俗”，从而丧失了科学的超然态度。

因此，在实地研究中，观察者究竟应该采取何种角色是一个没有固定答案的问题。作为调查研究者，我们必须根据观察对象的情况与自己对情况的判断作出采用何种观察角色的选择。

三、参与观察的主要问题

参与观察除了要注意所有其他观察方法应该注意的问题之外，还要基于参与观察本身的特点，注意下面一些问题：

1. 参与观察的观察内容方面。任何观察都包括了下面的内容：观察现场的情景，观察对象的角色、地位、身份、数量以及相互之间的关系，人们行动的目的、动机、态度等，社会行为的类型、产生发展的过程、细节等等，时间和行为发生的时间、频率等等。但是参与观察对这些内容是无法准确预计和计划的，特别是在无结构参与观察的过程中。可能是全面的观察也可能是对某些方面的内容进行观察，对于具体的观察范畴和观察内容不可能进行明确的规定，这些都需要研究者和观察者在实际的研究过程中针对不同的情况，灵活安排和变动。

2. 观察的准确性问题。参与观察的成果主要为观察记录。而观察记录的准确性大体上取决于两个方面：一是如何正确和详细地做记录；二是如何对记录进行科学地整理和分析。

为了使记录到的信息能够准确地全面地反映观察对象的行为和过程，应当尽量在当场或短时间内记笔记，减少记忆的遗漏和错误，同时使自己的行为不要被观察对象所注意和了解，以免他们改变自己的正常行为。此外，对于那些突发事件或者在短时间内发生非常大的变化的事件，观察者往往不能在较短的时间内同时完成观察和记录的任务。这个时候，如果是经验丰富的观察者通常会利用记忆技术在较短时间内记住行为的细节，或是用一些简单的符号注明时间的过程和重要事项，以提醒自己在事后记起尽可能多的关于事件的细节。这个时候形成的笔记往往是潦草的杂乱的，它需要观察者在每天的观察工作结束之后对观察笔记进行整理，重新写一份详细的事件记录或工作日记。内容既包括对客观事件的描述，还有观察者个人对于事件的解释、印象和感想等内容。为了保证观察记录的客观性和准确性，常常需要两个或两个以上的观察者分别同时记录一个现象，以便于相互考证、补充和对照。这里还要注意把记录中的客观描述内容和观察者个人的解释区分开，把事实和观点区分开。

第六节　观察法的信度和效度

一、观察研究的信度

评价一种研究方法时，人们通常使用两个指标，一是信度（Reliability），这个概念对应于研究中的一致性的水平。所谓一致性，是指不同研究者在不同的时间、地点，在理论假设所确定的同等研究条件下做同样的研究所得出结论是否一致；它与研究结论的可再现性相关。观察的信度包括三种类型：不同观察者的相关度；稳定系数即同一观察者在不同时间观察的符合度；新度系数，即不同观察者在不同时间内观察的符合度。国外研究者通过大量的研究数据表明，不同观察者或同一观察者在不同时间对日常现象的观察是很难完全一致的。

信度也称为可靠性，一般是指量度的稳定性与一致性。如果我们把可靠性的概念具体应用到观察研究上去，那么，不管哪位研究工作者承担研究的任务，在相似的观察点就相似的观察对象进行实地研究的结果应该相似。但是，这恰恰是实地研究存在的问题，由于研究者的结论源于他们对被观察对象的语言、行为、举止的诠释，而这种诠释往往也是因人而异的。所以从某种程度上看，观察的信度并不是一个很坚固的概念，因为观察的信度很难检验，它依靠具体观察者的感官和主观描述，这种主观描述是没有统一的固定数量表示的，也不是标准化的，因此很难相互对比。观察的可靠性取决于不同观察者都集中注意于某些事项，他们不仅要看到而且必须探求每一个细节，并且要求用标准化的语言记录出来，如果一定要对信度进行精确评估的话，必须运用统计检验的方法，而这种方法只有在结构式观察中才有可能进行。美国的社会学家西尔斯等人曾经对结构式观察的信度进行了研究，研究结果表明，观测信度是随着时间递增的，而且有效多记录的行为类别的观察，其信度也较高。

如何提高观察的信度？一种方法是通过在不同时间内进行重复观察，另一种方法是增加观察者的人数。但前一种更为可信。另外，还要注意选择有经验的受过专业训练的观察者以及对观察的类别有较为清楚的认识，这些都可以在某种程度上提高观察的信度。另外，在对不同时间的行为进行观察时，还要注意环境和情境变化对观察对象的影响，特别是同一个观察对象在不同的时期中行为的变化，因为这些都对观察的信度造成影响。

二、观察研究的效度

有效性也是评价观察法的一个重要标准。对应于研究中的相关性(Correlation)的水平。为了保证观察过程的效度,首先在准备阶段要选择适当的观察方法和确定观察方案。有效性有三种类型:一是结构有效性(Construct Validity),指理论假设(理论研究中对社会经济现象的抽象形式)在研究中被具体化(为不同变量之间关系)的有效性;二是内部有效性(Internal Validity),指不同变量之间关系的有效性,如因变量与自变量之间因果关系的有效性;三是外部有效性(External Validity),指特定条件下,就特定样本所得出的研究结论的普遍性(General liability),也就是,这一研究结论被推广应用到理论假设所确定的现实环境条件中去的有效性。

效度分为内部效度与外部效度。内部效度指用量度手段量度我们欲量度对象的程度,而外部效度则指我们把一项研究的结果推广到一个大范围的能力。实地观察研究一般具有较高的内部有效度,因为实地研究者在研究某一课题时,例如一项研究当地税收状况的课题,研究者不但会做深入的访问,还可能住到被观察者的工作、会议和办公环境,对其进行全方位的观察。在这种情况下,许多工作上的细节很难逃过研究者的观察。比如使用的语气,观察对象的想法,价值观等等。从这种细微深入的观察获得的资料当然在内部有效度上大大优于问卷调查的结果。问卷调查在研究同样的课题时,仅能提出一些表面的问题,诸如"每星期花多少小时间上网?"、"浏览最多的是什么类型的网站?"、"是否有利用网上资源进行学习?"等等。另外,问卷调查对于回答的真实程度也没有任何程度上的控制。

就研究中的效度而言,每一种研究方案都有其特定的优点与缺点,因此,在一般的意义上说,不存在哪一种方案优于另外的方案的问题。但是,在研究具体的课题时,有时,问卷调查可能优于实地研究;有时,实地研究可能优于问卷调查;有时,实验研究可能优于问卷调查与实地研究;有时,内容分析是一个更好的选择。究竟选取哪一种方案,还是要视研究者的课题、经费、时间和对可靠性与有效度的要求这些因素来决定。为了保证观察的效度,观察地点的选择应考虑是否适合于研究目的,对观察对象的选择要考虑研究地和观察者角色的影响,另外还必须考虑观察者本人是否适合于从事这种观察工作。例如,要研究下岗妇女的再就业情况,研究样本的年龄分布在35岁至55岁之间,而观察者本人才20多岁,因此当观察者在场时,观察对象的交往活动大多以母亲对待儿子的方式同他交往,结果他获得的资料并不是研究目的所需要的,而是经过研究对象思考和过滤后的信息。

外部效度的问题在一定程度上也与可靠性有关,导致实地研究较低可靠性的原因同时也是导致实地研究较低外部效度的原因。第一,实地研究的结果是基于个人的观察与量度之上的,这种个人的观察与量度不可避免地带有主观的色彩,其结果是不同的实地研究者可能就相似的课题得出不相似的结论。当实地研究的结论有可能互相矛盾的时候,我们当然不能把它们推广到一个较大的范围中去。否则,我们就面临着以哪一种结论为准的问题。第二,实地研究往往没有抽样的过程与标准化的量度手段,有些较大规模的实地研究虽然有抽样这一环节,但是,抽样方式无一例外的都是非概率抽样,我们无从给样本的总体定义,当然更无从判断样本是否具有典型的代表性。因此,从实地研究得出的结论在应用方面具有很大的局限性,这类结论所起的作用是提议性的,而非定义性的。

对内在效度影响较大的是理论准备过程,即观察范畴的选择和操作化。例如,研究对象的婚姻状况、社会阶层等特征对于研究目的来说是否重要和有效,然后要考虑所确定的操作化指标是否能表示

上述范畴。在实施观察的阶段中,影响内在效度的因素非常多,总的来说它们主要来自于:

(1)观察对象的反映。当被观察者意识到有人对他们进行观察时,总是会在不同程度上有意识或无意识地改变他们的行为习惯。尤其是在某些敏感性的问题上。

(2)观察者本人的价值观和期望的影响。观察者要做到完全客观的观察是不可能的,他们总是多少带有一些个人偏见,此外,不同的观察者可能会注意到不同的事物,这取决于他们的兴趣和期望。

(3)观察者本人感官和记忆力的影响。在紧张、疲劳的时候,观察者有时候会出现错觉。他们会对某些经常出现的现象熟视无睹,甚至不留下任何记忆。最后在资料整理阶段,研究者有可能依据自己的偏好来决定资料的取舍,或者挑选有力的数据来构造自己喜好的理论,这些都有可能影响观察结论的准确性。观察者要在各个阶段上注意消除干扰因素的影响,才可以达到较高的内在效度,总的来说,无结构观察和间接观察的内在效度不容易进行检验,但它们的外在效度却是比较高的。

第四章　实验调查法

第一节　实验调查法概述

一、实验调查法及其特点

社会科学中的实验是一种获得信息的重要方法。自然科学通过实验建立了理论与经验事实的联系,从此得到逐步发展和取得不断的进步。这些年来,社会科学家也越来越认识到实验方法对于社会科学的发展也有着非常重要的意义。美国著名社会学家索罗金在六十年前说过,发展一门真正的社会学是大势所趋的事情。对社会行为和社会现象的发展变化做出解释、预测和控制,只能通过实验,其他方法是无法完全达到这些目的和效果的。

社会科学中研究现象之间相互关系的方法有两种——相关分析法和实验法。相关分析法主要局限于对过去的统计资料进行处理,对研究环境很少进行控制,实验法则是在研究现场中进行的资料搜集和研究过程同步的方法,对研究环境实行一定的控制,因此实验法不仅可以根据原因去预测结果,还可以通过控制原因去发现结果。这正是实验法的主要特征。控制情境和变量来研究社会行为和社会现象的变化,以建立变量之间的因果关系。

所谓实验调查法,就是实验者有目的、有意识地改变或控制某些社会环境条件下的实践活动,进而来认识和揭示实验现象的本质及其发展规律的方法。实验调查是实验调查要素相互作用、相互影响的过程。实验者根据对实验对象的初步分析,明确实验对象与各种社会环境条件之间的因果关系;然后,通过控制和改变实验环境的某个条件,观察和分析该条件变化后的实验对象所发生的相应变化,从而揭示出社会现象之间的因果变化关系。实验调查法与其他社会调查方法相比,最大的特点是可以按照调研目的,通过某种社会实践活动,有计划、有目的地改变实验对象所处的社会环境,并在这种实践活动的基础上,分析和把握实验对象的本质及其运动发展变化的规律。因此,实验法是一种在内容上更复杂、在形式上更高级,更适应于各种复杂调查对象的一种方法。在实验过程中,实验调查法通常需要以其他调查方法作为辅助手段,如采用实地观察、集体访谈等直接调查法确定实验对象;或是采用问卷调查、文献调查等间接调查法对实验条件等进行定性分析,为实验调查提供各种必要的资料和依据。所以说,实验调查法具有综合性的特点。整个实验过程不仅要眼看、口问、耳听,亲自动手干,而且要综合使用各种调查方法。

二、实验调查法的类型

按照不同的分类标准,可以把实验调查法划分为不同的类型。

1. 按照实验调查的不同环境来分，实验调查可分为实验室实验调查和现场实验调查

实验室实验调查，是在拥有一系列设备、专业实验员、精选实验对象、固定场所等条件下进行的。实验者对实验环境可进行有效控制，人为成分比较多。例如谢里夫的经典实验：把实验对象安置在一间屋子里，让他们判断一点似乎在移动的光源究竟有多远。由于这屋子的墙壁是看不见的，没有东西可作参照物。在实验的进行过程中，让一个实验组成员中的每一个人第一次看到这个光点时，就大声说出自己的判断，且让其他人听到，该组成员很快开始相互影响。他们的判断最初并不十分一致，但当他们听了彼此的意见之后，他们就开始一致认为亮光是在一定范围内移动。当然，实验室的实验范围是相当有限的，有些实验是不可能在实验室里做的，如研究社会运动及经济变革等等。

现场实验调查，是指在自然的、现实的环境下进行的实验调查。现场实验调查中，实验者不可能控制所有的实验条件和实验环境，只能控制其中的一部分。例如，在我国进行的农村税费制度改革试点工作中，实验者所能控制的是进行税费制度改革的方案，而对于乡（镇）基层政府是否支持改革，乡村集体经济组织在改革中应发挥什么样的作用，农民的生产经营状况如何等方面，实验者是难以进行有效的控制和把握的。因此，社会领域的实验调查多采取现场实验调查法。

2. 按照实验调查的不同目的来分，实验调查可分为研究性实验调查和应用性实验调查

研究性实验调查，是以揭示实验对象的本质特征及其发展变化规律为主要目的的实验调查。例如，对某种心理学、教育学理论进行证实或证伪的实验调查，就属于这一类型。应用性实验调查则是以解决实际工作问题、验证某项政策措施的可能性作为实验的主要目的。比如目前我国进行的农村社会实验多属于后者，实验结果对制定和调整我国的农村社会经济政策等方面提供了大量有效的科学决策依据。

研究性实验调查和应用性实验调查的主要区别是二者的实验目的不同。但事实上，二者之间的这种区别也不是绝对的，因为许多研究性实验调查的结论，往往对解决实际工作中的问题具有重要的指导意义，而许多应用性实验调查的结论，也可以做出重要的理论概括。

三、实验调查法的优点

实验调查法的优点主要体现在以下几个方面：

1. 它是建立因果关系研究的最好方法。在社会调查研究中，实验方法是社会科学研究中建立因果联系的最好方法。在实验调查法中，实验者可以操纵实验对象中的自变量。这一点在基本的实验模型中表现得特别明显。实验者预先测得实验对象的性质，然后对实验对象施加自变量的影响，又可测得其性质发生了改变，由于这些对象除了受到自变量的影响和刺激之外，并未受到其他因素的影响，因此可以得出结论，实验对象性质的改变是因为自变量的影响。因此实验方法是调查研究者引入的被认为是探讨社会现象因果关系的最好方法。

2. 研究过程的控制性强。实验者对研究对象、研究环境和研究条件具有十分强的控制能力，一方面可以减少不必要的外在因素的影响，使调查研究过程加快、效率提高；另一方面实验受控程度、可控因素高，使实验结果可靠性和准确性也大大提高。这样，通过对实验条件和实验对象的控制，可以减少和排除外部因素对实验结果的影响，减少各种误差的产生，使实验结果的可信程度大大提高。

3. 实验结果易于重复。在社会调查研究中有时往往需要对原来事件发生的经过进行重复，而重复一项研究对于获得可靠的结论来说有着非常重要的意义，仔细回忆和观察一下就可以发现，许多经

典的实验常常被后人一次一次的重复和验证。对于经典实验的重复,有时是在不同的环境中进行的,目的是保证实验结果不是特定环境的特殊产物,是普遍存在的真理。实验方法可以帮助人们在任何时候多次地重复原来的现象,这是其他社会调查方法无法比拟的。在实验对象、实验环境等实验要素大致相同的情况下,实验过程和实验结果都可重复发生、重复出现。因此,实验调查的结论一般都具有较高的准确性和可靠性,同时也具有较大的权威性和说服力。

4. 花费较低,效果明显。同其他社会研究方法相比,实验法的费用常常是比较低的,这主要是因为一项实验由于受到研究目标和特性的限制,规模往往比较小,于是较少的对象、较小的规模、较短的时间决定了实验的费用不会太多。

5. 检验假说的好方法。实验方法可以通过对研究对象实行控制,使某一个特殊因素变量的产生,是由于受到了另一个特殊因素存在的影响,于是实验者的假设可以得到证明。通过一次次的实验可以建立变量之间的关系,以及关于它们之间关系的解释。

除了上面所提到的各种优点之外,实验调查法能够直接掌握大量一手资料,包括实验对象的静态资料和其运动、变化、发展过程中的动态资料。加之实验调查中运用了更为精确的测量工具和记录手段,使实验调查研究结论的精确度大大提高。实验调查法是在实践基础上进行的调查,是通过观察和记录实验对象发展变化的实际情况,来揭示社会现象之间的因果变化关系,由此进一步了解事物的本质特征和发展变化的规律,探索解决社会问题的具体途径和方法。这一点是其他社会调查法所不能比拟的。

四、实验调查法的不足

实验调查法有其优点,也存在其自身的不足与局限性,这主要表现为:

1. 容易受到实验者主观因素的影响。实验者在实验过程中,由于社会实验因素复杂,不容易进行控制和把握,而实验者本身会有意无意地将实验条件、实验因素朝着成功的方向引导,使实验非常容易受到实验者个人因素的影响,这会造成实验过程理想化,产生实验结果假象。

2. 缺乏现实性。对实验控制程度越高的同时,也意味着离现实情况越远。实验方法之所以能够确立自变量与因变量之间的关系,关键在于通过各种设计方式,把其他一些因素的影响控制在最小限度以内,目的是突出自变量对因变量的影响和作用。也就是把研究的社会现象设置在一个能适当控制的人为环境中。然而,现实社会中的社会现象和人们的行为活动总是特定社会环境中的产物,假如抽调了这种环境的影响,也许很多社会现象就不会发生了。这是实验法的最大弱点。

3. 样本容量小,代表性差。社会调查的对象是丰富复杂的社会现象和社会问题,是一个多维的、多因素的情境,而实验一般局限在很小的一个空间或一部分人当中进行,对错综复杂的社会情境,很难保证和检验一定会发生这种因果关系。当把实验结论所依据那些实验现象应用和推广时,问题往往就产生了。

除了上面提到的不足之外,实验调查中,实验对象和实验环境的选择必须考虑许多的设定条件,难以具有充分的代表性。因此,实验调查的结论具有一定的特殊性,应用范围也是有限的。实验调查中研究的问题极其复杂,实验的环境条件难以控制,且无法排除一些非实验因素对实验过程的干扰。比如对于一些具有消极影响或不良、落后的农村社会现象,如封建迷信、贪污、赌博等,就不能采用实验法进行调查。实验调查法对实验者的要求较高,实验对象不能过多等,都在一定程度上影响实验调查法的应用。

第二节 实验法的原理和实施步骤

一、实验法的基本原理

实验方法的目的是建立变量之间的因果关系,通常是由研究者预先提出一种因果关系的初步假设,然后通过实验来检验假设。实验法的基本原理就是从提出假设开始的。因此理论假设是实验法的起点,假设可以是一种因果关系的陈述,它假定了一些自变量的变化会导致某些因变量的变化,然后对实验过程进行设计。在实验开始时对因变量进行严格的限定和明确,然后引入自变量,让其对因变量发挥影响和作用,在实验结束前再测量因变量的变化,最后对因变量的两次测量结果进行比较和分析,通过比较差异值就可以检验假设是否正确。如果结果没有差异,就说明自变量对因变量没有影响,从而推翻了假设。相反地,如果有差异,就可以证实假设的正确性,即自变量对因变量有影响。这里需要注意的是,为了排除其他因素的影响,通常将受试者分为两个组:实验组和控制组,这两个组是随机选派的,它们所有特征和条件都相同,惟一的区别是,实验组受到自变量的影响,而控制组是为了和实验组进行比较而存在的,不受到自变量的影响。以下是关于实验法原理的几个关键性因素:

1. 关于确定自变量和因变量。实验的中心目标是确定和检验因果关系的假设,基本内容就是检验自变量对因变量的影响,通常把自变量认为是实验过程中的刺激因素,有待实验者对其进行检验,来验证它是否是引起因变量变化的原因,因此必须对自变量进行严格定义和操作,这样才能够方便在实验中进行测量。而因变量是受到自变量影响的对象,是研究的关键点和需要实验者解释的现象。对于因变量的期待是,它应该在状况上与实验前有所变化,也应该在受到自变量的影响之后呈现于实验前不同的特征。实验者也需要对因变量进行操作化处理,这种操作化处理包括一系列的具体测量方法。这里还需要提出的是,自变量和因变量的定义不是惟一的,自变量本身可能同时也是另一个因素的因变量,在一项实验中的因变量也可能成为另一项实验的自变量。

2. 关于实验组和控制组的设定。在实验研究过程中,我们把接受自变量影响的一组对象称为实验组,把没有受到自变量影响和刺激的一组称为控制组。设置控制组的目的是为了将研究本身对实验对象的影响,与实验刺激的影响区分开来,为了达到这个目的,就要求在实验开始之前,必须对实验组和控制组的各方面条件和状况都进行统一的设置和安排,使它们具有相同的条件和状况,即基本上不存在大的本质上的差别。

3. 前测和后测。实验的关键是确定自变量的效果,所以必须对实验刺激是否存在进行测量,实验者应该寻求的不是实验刺激后的结果,而应该是因变量的变化——从刺激前的某个时间点到刺激后的某个时间点的变化。所以前测和后测在实验过程中变得非常重要。前测,就是在实施实验刺激之前对实验组和控制组进行的测量;后测,则是实验刺激实施之后对实验组和控制组进行的测量。在前侧和后侧的过程中会产生很多需要研究者特别注意的问题。在实验过程中,实验对象对测量的形式由不熟悉变得熟悉,对研究的目的也会从不了解变得比较了解,因此很可能在后测的过程中有意改变它们的回答,以迎合研究者的意图和目的,或者故意与研究者唱反调,从而影响到实验结果的客观性。此外,两次测量很可能是部分研究对象感到厌烦,因而缺乏积极合作的热情;而且两次测量的时间间隔过程中其他一些因素的变化也很可能导致两次测量的差别是由于别的原因引起的，不能完全归因于因变量的影响。

二、实验法的实施步骤

实验调查法是一种非常复杂的直接调查法。与其他调查法相比，它不是对既有情况的事后调查和分析，而是一种寻求事物内在联系、分析事物发展变化规律、探索解决现实问题途径的一项社会调查工作。除了事实以外，它还需要逻辑推理能力，对事实的原因做出合理的预测和假设，并且通过实验来证明或验证推理和假设的合理性。因此，组织好实验调查法的实施是相当重要的，它直接决定了实验结果的真实性与可靠性，直接决定了实验的成功与否。所以对于实验过程首先必须进行有序的计划，按照计划的要求和内容实施实验具体步骤，以保证实验经过的顺利进行和最后得到的实验结果有效性。一般来说，实验调查法的具体实施包括以下几个方面的步骤：

1. 确定实验主题

实验主题选择的是否恰当决定着实验调查能否取得成功。而在决定选题之前必须做好必要的准备，好的准备是成功的必要保证。实验主题的选取取决于哪些方面的内容呢？笔者认为主要从以下几个方面出发：首先，当今的热点和焦点问题可以成为实验研究的选题。在每个科学研究领域都会存在该领域的核心研究问题或者是当前在某段时间内比较热门的话题，这些话题是人们关注的焦点和热点问题。这些问题一定会对人们的生活和发展有所影响，所以它们都可以成为实验研究的主题。现实生活中，包括在经济上、国家政策上都可以看到实验研究方法的存在，并且其效果也是非常显而易见的。比如说我国的农村经济改革，就是一项持续时间非常久，成果也比较明显的经济改革实验。为了探索深化农村改革道路，更好地实行农村改革，有关部门在全国范围内有计划、有步骤地建立了农村改革实验区。这些实验区就是社会调查方法中实验方法的最有力佐证和最成功的利用。

而一般我们所进行的调查都是针对某些社会现象和事实所进行的，首先明确调查的主题是非常必要的，而明确主题需要做的是对调查的内容要有充分的准备。准备工作包括对事实的充分掌握，把握住主要问题，然后进行理论假设。在前期准备阶段，拥有丰富的可靠资料是进行调查研究主题确定的必要条件。明确调查研究的目的也是进行整个实验的基础。要根据调研对象的性质和任务，研究所得的文献资料和尽可能多地深入了解有关的情况，只有当具备了主客观条件之后，才能选择实验的具体类型和组织形式。

2. 设计调查方案

实验主题确定后，设计实验调查方案就成为整个实验实施过程中的关键环节。选择何种实验方案取决于实验目的和实验的组织形式，可以采用单一实验、对照实验或多组实验。采用不同的实验方案，应按照不同的要求进行实验方案设计，以保证实验过程顺利进行和实验结果的科学性。实验方案设计好后，应组织实验调查机构及人力、物力、财力等，做好实验调查的准备工作，为顺利开展实验调查奠定基础。在这个阶段也应该提出一定的实验假设。进行实验前首先要提出研究的假设，调研者必须对研究的对象有相当程度的了解，仔细分析所涉及的各种因素之间的关系，然后确定其中的因果关系，当提出了一个比较明确的研究假设之后，就以此作为实验方法的指南。

3. 拟出实验的具体计划并确定实验的办法

这个阶段需要确定具体的实验方法、手段、工具等各个关键的环节，以及预测到实验过程中将要碰到哪些情况，如何应对实际情况，并针对实际情况去操纵、控制实验环境和实验对象等等。

4. 选择实验环境和确定实验对象

实验对象和实验环境的选择必须考虑实验对象和实验环境的地域性、个体性、代表性特征，以提高实验结果的实际应用价值。这里包括用随机抽样的方法来选取理想的具有广泛代表性的实验对象。选择实验对象和实验环境一般有两种方法：一是典型抽样，即由实验者根据实验调查的目的、要求和被调查对象的总体情况，有意识地选择那些具有代表性的对象进行实验；二是随机抽样，即按照随机原则，从被调查对象的总体中抽取一定数量的实验对象。前者适用于调查研究的总体现象中个体数量较少、个体之间差异性较大的情况；后者适用于调查对象总体数量较大、个体之间不存在明显差异的情况。

若实验调查方案设计中安排有对照组，在选择确定实验对象和实验环境时，应特别注意实验组与对照组之间的实验对象和实验环境的一致性问题，即实验组的实验对象和实验环境，与对照组的实验对象和实验环境应尽可能的相同或相近。

5. 控制实验过程

实验调查既已实施，就不能置之不管。实验都要按照实验设计方案，对整个实验过程进行有效地控制。一是对实验本身既定的各种条件要严格控制，整个实验应按照实验方案进行，一般情况不得进行更改；否则，就会打破整个调研计划，达不到实验的既定目的；二是在实验方案实施过程中，要尽可能排除或减少非实验因素对实验过程的干扰。非实验因素的干扰主要来自三个方面：首先，实验者由于某种原因自觉、不自觉地给实验对象或实验环境创造一些特殊条件，干扰实验过程的正常进行，影响实验结果的科学性和代表性；其次，由于实验对象对所进行的实验调查不理解，甚至不合作，给实验调查的顺利进行造成障碍；再次，实验期间的一些与实验无关的社会经济因素发生了重大变化，对实验过程也造成不利的影响。因此，为了保证实验调查能够达到预期目的，实验者必须有效控制实验过程中的非实验因素对实验的干扰。

当然也可以根据需要有目的的创造或改变一种或几种条件，使实验按照不同的改变了的方向发展，以获取新的成功经验或者得到仍然需要改进不足方面的经验和教训，使实验的结果可以为人们更好的服务。同时，实验调查必须注意记录实验资料，如果不及时进行记录或记录出现差错，就会造成不可挽回的损失，甚至会导致整个实验前功尽弃。因此，在实验实施过程中，要对实验内容、时间、地点、数据资料等做出尽可能详细的记录，以保证整个实验原始资料的科学性和完整性。

6. 整理分析实验资料，评价实验结果

实验结束后，应选用适当的统计分析方法对原始记录资料进行整理分析。在此基础上，按照实验目的和实验情况，对实验结果进行检验和评价。根据对实验所得资料的不同特点，首先使之简化、条理化和系统化，还可以进行量化的恰当的统计分析，以揭示出某种社会现象发生和变化的规律，找出事物相互影响的本原关系，这样就可以对实验假设进行验证了。对实验结果进行检验，就是通过一定的指标和方法，检查和测算实验结果是否达到了既定的实验目的。

为了保证实验调查结论的科学性、合理性，对实验结果的检验必须具有科学性、统一性和可重复性。科学性是指检验实验结果的指标和方法要科学。对于比较复杂的实验调查要建立系统的指标体系，以便充分反映复杂的社会现象；统一性是指对不同的实验对象，特别是多种实验中不同实验组或对照组的所有实验对象都应采用统一的指标、方法和手段进行检验，以便得出科学统一的检验结论；可重复性是指检验所得出的结论必须是稳定、可靠的，即在相同的实验对象、实验环境和实验因素条件下,用相同的检验指标、方法和手段,应得出相同的检验结论,检验结果不能因人、因时、因地而异。

在对实验结果进行科学检测的基础上,还必须对实验结果做出科学评价。评价的内容包括两方面:一是评价实验结果的正确程度,即评价通过实验所得出的结论在多大程度上能够说明所实验调查的问题;二是评价实验结果推广应用价值,只有正确地说明实验结果中哪些是共性的东西,可以推广应用,哪些是实验对象和环境本身个性的东西,不具有整体代表性,才能科学地反映实验结论推广应用于其他同类事物的正确程度。最后,总结出实验结果,撰写出较为具体的实验报告。

第三节　实验调查方案的设计

实验设计类型决定了实验过程采取哪种方式。实验设计可以大致分为以下两类:简单设计和多组设计。简单实验设计是最基础和最简单的实验方法,它通过对单项假设进行验证,即考察一个自变量与一个因变量之间的因果关系,变量数量少,需要考察的内容比较少,一般只分为一个实验组和一个控制组,或者只有一个实验组,不设置控制组。与单组实验不同的是,多组实验设计一般会有三个以上的组,可以考察多个自变量与因变量之间的关系。实验方案设计应根据实验目的与实验对象的不同来设置不同的实验类型。

一、实验方案设计中的基本概念

在实验调查方案设计中,常常用到以下一些基本概念:

1. 实验指标。实验指标是指在实验方案设计中,判断实验结果好坏所采用的标准,简称为指标。指标的选择应按照预定的实验目的来确定。例如,如果实验调查的目的是了解农民收入问题,就应该把农民家庭或个人的总收入和纯收入作为主要的实验指标。

2. 实验因素。实验因素是指可能影响实验指标变化的各种条件。通常来讲,影响某一社会现象变化的因素是多种多样的,且涉及到实验环境的许多方面。在实际实验过程中,往往需要先对影响实验指标变化的各种因素进行初步的定性分析,然后再从众多因素中有重点的选择出一个或几个主要的影响因素来作为实验因素。如果考虑的实验因素过多,就会导致实验投入和工作量的大幅度增加,实验过程和实验结果也难以按实验目的进行控制。

3. 实验因素水平。为了揭示实验因素与实验对象之间的数量变化对应关系,一般需要将影响实验指标的因素按某一标准进行分组,以便反映不同条件下的实验指标差异情况。这些实验因素的人为分组就称为实验因素的水平。例如,为了解城市居民收入提高后的消费结构变动情况,可按人均年收入将调查对象分为高收入家庭(年人均收入超过20000元)、中等收入家庭(人均年收入为20000元至10000元)、低收入家庭(年人均收入为10000元至5000元)和贫困家庭(人均年收入低于5000元)四个档次,这四个档次就是反映城市家庭收入状况的四个水平。

4. 交互作用效应。交互作用效应是指实验刺激(自变量)的影响,外部因素的影响与前测干扰影响三者之间相互作用所产生的影响。由于简单实验设计并不考虑交互作用效应,所以其实验结果是不太精确的,因此实验者必须考虑到交互作用的影响,能够比较准确地估计交互作用对实验结果的影响范围是什么,哪些方面受到了影响,对自变量和因变量的影响分别有哪些等等。

二、实验调查方案设计的基本要求

设计实验调查方案的基本要求主要体现为以下几个方面：

1. 应尽可能选择没有系统差异性的实验对象。其目的是为了揭示不同实验条件下，同质实验对象的变化情况。如果实验对象之间存在系统的差异性，则可能给整个实验结果带来有规律的影响，从而难以分清实验结果中哪些差异是实验条件变化带来的，哪些差异是由于实验对象的系统差异引起的。

2. 应根据实验目的和实验手段，选择恰当的实验指标。实验指标的选择应尽可能用来揭示实验对象与实验条件之间的因果关系，应有利于观测、记录和进行数据资料的处理分析。

3. 应根据实验数据寻找到相应的数理统计分析的方法，以保证对实验数据的分析具有科学性，实验结果具有可信性，能够为管理者、经营者等提供切实需要和有价值的实验结论。

三、简单实验设计的模式

单一实验组调查方案设计，就是将所有实验对象作为一个实验组，通过观测和记录实验活动前后的实验指标的变化情况，进而进行实验结论的方案设计。单一实验组调查方案设计是一种比较简单的实验方案设计，其设计的内容包括选择实验对象、选择实验环境、设定实验因素变化水平，以及观测记录实验因素变化前后的实验指标等。

1. 单组前后测实验设计。这种设计方法没有设置控制组，只有一个实验组，它假定自变量的影响可以通过比较后测和前测的差异来考察，例如在一项实验中，让受试者填写一份有关肤色偏见的量表，然后让他们看一部反对肤色偏见的电影，然后经过一段时间再填写同样的一份量表，通过比较前后差异就可以看出宣传工具对人们观念变化的影响。这种设计的特点是研究人员能够确定外部因素不会对实验产生影响，否则就无法区分因变量改变有多少是因为自变量引起的，有多少是有其他无关变量引起的。

2. 两组前后测实验设计。这种设计也称为典型的或传统的实验设计。典型实验设计的主要优点是：(1)比较实验组和控制组前测和后测的差异值，不仅可以确定自变量的影响，而且还可以排除外部因素的影响。(2)可以排除前测造成的某些干扰和影响，因为在第二次回答测验题时，由于对题目比较熟悉，所以后测的成绩肯定要高于前测，但因为两个组都同样受到这个因素的影响，所以不会影响试验的内在效度。但是典型设计也有缺点：受试者经过一次前测之后，可能会对自变量的引入产生一定的想法，虽然不一定会影响内在效度，但是会影响和降低实验的外在效度。那么在前测可能会引起受试者敏感的情况下，考虑采用无前测实验设计。

3. 两组无前测的实验设计。由于由于上面提到的前测的影响，人们设计了两组无前测的实验模式。在这种实验设计中，实验对象一般是随机抽取和随机分派的，在实验组引入自变量之后，同时在两个组测量因变量。由于两个组的成员是随机分派的，因此可以假定他们的各种特征和所受影响是相同的，惟一不同的是实验组的成员接受了实验刺激，也就是受到过自变量的影响，而控制组的成员没有受到自变量的影响。因此，可以得出结论两组之间的差异只可能是实验刺激，即受到自变量影响导致的，而且由于不进行前测，排除了前测与自变量影响之间的交互作用产生的效应，对于这一特定的实验来说,这种无前测的设计比前面两种方法都具有更高的效度。

总的来说,简单实验设计只考虑一个因变量与一个自变量之间的关系,因而操作上比其他方法更加容易、简单易行,可以建立和检验自变量和因变量之间明确的因果关系。但是同样的也有其自身的缺点。简单实验设计把现实生活中错综复杂的关系简化为单一的因果关系,这就大大降低了实验结论的概括能力和外在效度,因为现实事物往往是多因素的结果和多结果的事物,这里人为地忽略其他因素的影响和其他后果。另外一个比较明显的不足在于,简单实验设计将所有的其他影响因素都作为无关变量加以控制和排除,忽视了各种因素间交互作用定额效应,因而降低了实验的内在效度。

简单实验设计的具体实验步骤一般包括:第一,选择实验对象。假定我们选择一个城镇的全部居民作为实验对象,组成一个实验组;第二,调查记录该城镇在实验前某年的人均总收入数额。如2000年该城镇的各种行业总收入为300万元;第三,设定实验因素中环境条件的变化水平,进行实验。假定2000年初,由于该城镇实行了国家相关的政策法规,比如企业改革、税收新政策等特别的优惠政策,考察这些政策是如何具体落实和实施的,产生了哪些影响;第四,观测记录实施了新的政策和做法之后的城镇总收入数额,调查结果显示,2002年的该城镇的各行业总收入为450万元;第五,计算实验因素变化前后,实验指标的增减变化情况,得出实验结论。自从行业结构调整和新政策实施后,该城镇的行业水平和生产能力有了很大的变化,总收入水平明显提高,可见行业结构调整和国家政策对口、适宜对地方生产的发展、经济的促进和人们收入水平的提高都有重要的积极意义。

四、对照实验调查方案设计

对照实验调查方案设计,是指选择一些实验对象作为实验组,同时选择一些与实验对象相同或相似的对象作为对照组,并且尽量使实验组和对照组同时处于相类似的实验环境中,然后,只改变实验组中实验对象的实验条件,而不改变对照组中的任何条件,接着对实验组和对照组各自的前后变化,进行检测和记录,并进行对比研究,做出实验结论的方法。对照实验调查方法的特点是内容针对性强,得出的结果非常明显,有很强的说服力。需要注意的问题则是,对照实验一定要保证实验组和对照组的环境一致性,即保证这两个组所接受的改变和环境影响是一致的。这里给出一个对照实验的例子供大家参考:比如我们用实验调查法了解征收农林特产税政策对水果生产的影响。实验指标可以选择水果种植面积、水果年产量等,通过它们的变化来分析征收农林特产税对水果生产的影响。当然,实践生产活动中,水果生产的状况如何,不仅受到税收水平的影响,而且还受到气候、资本、投入、技术管理措施等多种因素的影响,如果不加区分地将不征收农林特产税和征收农林特产税以后的水果生产变化情况,都归结为征收农林特产税的影响,显然是不全面、不科学的。为此,我们可以选择某一种水果的集中产区,先调查和记录现有水果种植面积,年产量等实验指标。然后将果农分成两部分,一部分列为实验组的实验对象,对其征收农林特产税,并调查和记录其在一定期限内生产经营水果的种植面积、年产量等;另一部分作为对照组的实验对象,对其不征收农林特产税,在与实验组同样的期限内,调查和记录其生产经营水果的种植面积、年产量等情况。最后,将实验组和对照组的实验指标的变化情况进行对比分析。根据对照组实验指标的变化情况,我们可以判断实验中的非实验因素的变化情况,即气候条件、技术条件等因素变化对实验指标的影响;实验组实验指标的变化中,首先可以排除非实验因素变化对其影响,然后据此推断实验因素,即征收农林特产税实验指标的影响程度。

对照实验调查方案的设计需要注意的问题是:要求所有实验对象都应尽可能保持同质性。除此之外,实验组和对照组中的实验对象的选择标准、实验环境条件、实验指标及其记录的日期和要求,都应该是完全一样的。另外还必须保证实验实施过程中要尽可能地保证外部环境影响对实验组和对照组的一致性。有的时候,为了充分排除非实验因素和条件的影响,可以一个实验组设置两个对照组、三个对照组。一般情况下,提倡实验者采用一个实验组设置一个对照组的设计方法。

五、多组实验调查方案设计

多组实验设计可以在一定程度上克服前面试验设计的两点不足,一是多组实验设计可以排除某些交互作用效应对实验结果的影响;二是可以考虑多个自变量与因变量之间的因果关系,而简单实验设计只能考察一个自变量和一个因变量之间的关系。多组实验调查方案的设计,就是选择若干实验对象组成若干个实验组,在各自的实验环境下,比较实验活动前后实验对象的变化,做出各组的实验结论,并进行对比研究。多组实验调查方案,可以根据实验者、实验对象、实验环境等因素的相同或不同,选择多种多样的设计;如果再匹配一定的对照组,就可以设计出更多的调查方案。当然,所有这些实验调查方案得出的实验结论都是不一样的。实验者应该根据实验目的和条件,设计出最适合的实验调查方案,以便更好地达到自己进行实验调查的目的。

多组实验调查方案设计的组织工作比较复杂,但得出的实验调查结论比较客观、准确。在我国农村改革中,曾进行过减轻农民负担、土地使用制度改革等多个课题的多组实验调查,取得了较好的效果。多组实验设计应用比较多的包括:所罗门四组设计方法、多因素设计方法、重复测量设计方法和拉丁方格设计方法。下面分别针对这几种方法作一一介绍。

1. 所罗门四组设计方法

所罗门四组设计方法最大的特点是能够精确地测量干扰因素和交互作用效应的影响。它综合了典型设计和无前测设计的优点。该设计可以测量自变量、外部变量和测量干扰这三类因素各自对因变量的影响,它的实验效度比较高,可以准确地区分出外部因素和测量干扰的影响。但同时也存在着一定的缺点:一是所罗门四组设计需要设置四个小组,必然要增加接受测试者的人数,从而也就增加了实验的难度;二是实验得到的结果需要经过复杂的统计检验,对于单变量实验的检验一般都比较简单,但是这里需要对四组的平均值变换差异进行检验,需要用到复杂的检验方法,这就使较为简单的问题复杂化了。此外,所罗门四组实验设计只能判断其他外部因素对因变量是否有影响,但是不能确定哪些变量和因变量之间还存在着因果关系,对于实验结果来说,还不够完整和精确。

2. 多因素设计方法

多因素设计方法与我们上面提到的实验方法都不同。上面介绍的实验假设都是关于单项假设的检验,即关于一个自变量和因变量的因果关系检验,多因素设计则是检验多个自变量对因变量的作用和影响。多因素设计的另外一种形式是考察两个以上的自变量对因变量的影响以及自变量之间交互作用对因变量的影响。也有学者把他们称为因子设计。因子设计假定外部因素的影响等于零。为了消除前测引起的敏感影响并减少工作量,因子设计一般都运用无前测的设计。

3. 重复测量设计

重复测量设计不像上面提到的设计那样对不同的测试组的受试者施加不同的实验刺激,而是对每个组,每个测试对象都给予不同的实验刺激。实验效果不是以不同组的观测值和差异值来表示的,而是通过每个组对不同刺激的差异来反映。这种测试方法更加复杂,需要更多的大量的复杂数据处理和统计分析工作。重复测量是一种轮换的方法,每个组都先后接受不同的测量,然后通过比较每一组不同测量的平均值就可以检验不同刺激造成的不同差异影响。

重复测量的优点主要有:(1)不需要随机抽取实验组和控制组,而只需要选取几组实验对象让他们参加各种项目的测验,因此不需要担心各个组之间的特征值随机误差的影响。(2)只需要比较少的测试对象就可以达到试验目的,可以在很大程度上减少实验的经费和人力物力消耗。例如有的试验如果采用控制的方法将需要两个组约40人,而采用重复测量的方法只需要20人。(3)重复测量的实验假设可以有多个,即一个实验可以同时检验几个假设,而且结果之间互不影响。例如需要进行的试验目的是为了检验男生和女生在总体形象思维能力和逻辑思维能力上有何差异,引起差异的原因是什么。那么在这个实验中,实验变量是智力测验,如果采用重复测量的方法,它的局限在于对有些容易引起测试对象敏感或者会产生较大交互作用效应的试验变量不能进行重复测量,这种设计一般在无法进行随机抽样而只能进行整群选择时采用。例如,要检验三套试题的难易程度,一般只能在学校里选择几个班让全班同学都参加实验,这时就必须运用重复测验的方法。还需要注意的是,每个组接受不同实验刺激的顺序不能相同。例如如果在这几次实验中三个班都以此做同一套试题,各套试题的平均分差异就极有可能是因为时间因素或者学生的技能提高引起的,从而分辨不出试题本身的难易程度,影响了实验的结果,就达不到实验的最初目的了。

4. 拉丁方格设计

拉丁方格设计方法也是一种可以测量多因素的实验设计方法,但是与因子设计不同,它不是考察多个自变量与因变量的关系,而是考察多个自变量的引入顺序对因变量的影响。这种设计可以引入多个不同的自变量,这些自变量只有一个取值。实验组的数目则取决于引入的自变量数量。有多少个自变量就相应地安排多少个实验组。每个实验组都以此引入自变量。但需要注意的是,引入的次序各不相同。在拉丁方格设计中每个实验组一般都只设置一名接受测试的人员,当然也可以有多名被试者。所引入的自变量在每一行或者每一列中只出现一次,每个实验组都以此接受一个系列的实验刺激,但是各组的试验顺序是不相同的,这样就能形成多种互不相同的自变量的组合方式。接着观察不同组合所产生的实验效果,就可以检验引入自变量的顺序是否会对因变量造成不同的影响。如果每个小组的因变量观测值都是相同的话,那么就说明引入自变量的顺序对因变量没有任何影响,因为自变量的引入顺序是可以互换的,因此每个自变量都是独立的,它们的作用可以叠加,否则就说明这种顺序使因变量发生更大的变化,通过比较结果,也就是观测值,就可以发现哪种顺序是因变量发生更大的变化,而且由于观测值的不同,还说明某些自变量不是独立的或者是这些自变量之间有着交互作用,这个时候还需要对各个引入阶段的观测值进行比较和分析,以便对于这种差异的产生原因做出解释或提出假设。一般来说使用拉丁方格设计方法是无法测量出交互作用效应影响的,这一点实验者必须要明确。它只能检验实验顺序对因变量的影响,并且判断自变量之间是否存在交互作用。

拉丁方格实验设计的不足主要在于:(1)必须保证各组成员的特征相同,这是保证实验结果准确性的前提,否则无法对实验结果进行比较。而当实验的样本很大的情况下,想要找到各种特征都相同的被试者非常困难。这势必会对顺利地进行实验产生影响。(2)各种自变量是共同发挥独自的作用的,所以很难区分每一个自变量对因变量的单独影响,因此拉丁方格试验无法准确地将自变量对于因变量的影响分离出来,这种设计一般在特殊场合中才应用,即需要检验自变量的组合方式对因变量的影响或找出最佳组合方式时才考虑采用。

总之，简单实验设计方法的应用范围和使用频率都比较广泛，而不同的设计方法有自身的应用优势和缺点，需要实验研究人员根据实验的需要和特点相应地采用合适的方法，以避开试验自身的缺点，最大程度地利用实验方法的优势为社会调查研究服务。

第四节 准实验设计的应用

一、准实验研究方法及其特点

在社会调查研究中，由于研究对象的性质与自然科学中研究对象的性质有着相当大的差别，因此常常不可能像自然科学家进行自然科学实验一样，在设备良好的试验室当中，严格地控制各种反应条件来进行实验。通常人们总是采取准实验的方法，即在没有严格进行指派和严格控制实验刺激的条件下进行的实验。这种实验方法不需要对自变量进行严格的控制，它通常不是在纯粹的试验室环境中进行的试验，而是在研究现场进行的，社会调查者常常依据现场的条件和可能性来设计实验方案，并且对纯粹的实验设计加以简化和有针对性地改进，以得到实验的最佳结果。

准实验方法相对真实验研究，具有以下一些特点：

1. 它的试验假设并不一定是对变量之间因果关系的假设，也有可能是对变量之间的相关关系的假设。准实验方法往往不设置前测和控制组，而只进行后测和实验组。有的专家认为，准实验设计没有严格地执行实验方法规定的准则，因此它不是科学的试验，但是使用准实验方法的社会工作者认为，科学并不是以纯实验为起点的，也不是以纯实验研究为最终目的的科学，科学的进步和发展需要利用现实能够提供的手段、技术和方法，而不能单纯地等待完美的方法产生了，然后再进行研究，而且实验设计本身就是一个从无到有，从不完整到完美的不断探索和发展的过程。从目前的社会科学的实验发展水平来看，已经基本具备了科学方法所要求的条件，尽管它并不总是能够对因果关系进行合理的假设和检验，但是这种准实验方法至少是能够检验变量之间的相关关系并且能发现的新的事实的方法。另外，准实验方法很少采用严格的随机抽样方法。

2. 能够降低控制水平，增强现实性。准实验设计是将真实验的方法用于解决实际问题的一种研究方法，它不能完全控制研究的条件，在某些方面降低了控制水平。虽然如此，它却是在接近现实的条件下，尽可能地运用真实验设计的原则和要求，最大限度地控制因素，进行实验处理实施的。因此，准实验研究的实验结果较容易与现实情况联系起来，即现实性较强。相对而言，真实验设计的控制水平很高，操纵和测定变量很精确，但是它对于实验者的要求较高，带来操作上很大的困难，现实性比较低。

3. 效度方面，准实验设计利用原始组进行研究，缺少随机组合，无法证明实验组是否为较大群体的随机样本，同时任何因素都可能对原始群体起作用，所以因挑选带来的偏差将损害研究结果的可推广性，从而影响了准实验研究的内在效度。因此在内在效度上，真实验优于准实验设计。但由于准实验的环境自然而现实，它在外部效度上能够且应该优于真实验设计。因此，在考虑准实验研究的效度时，应该对它的特点有清楚的认识，并注意确定实验组间的对等性，同时在逻辑上对可能有的代表性和可推广性加以论证，而避开其不足之处。

4. 研究进行的环境不同。准实验研究进行的环境是现实的和自然的，与现实的联系也就密切得多。而实验研究的环境与实际生活中的情况相差很大,完全是一个“人工制作”的环境,与现实的联系较难。

二、准实验方法的分类

准实验方法主要有下面几种类型:

1. 相关设计方法

相关设计通常也称为交互分类设计,这是社会学研究中最常用的分析方法,也是实验研究方法中比较重要的一种方法。相关设计方法的形式近似于两组无前测设计的组合,但是实验组和控制组不是随机分派的,而是根据实验变量即自变量的要求进行选取得。例如在进行一项关于美国人婚姻持久性与其父母家庭的婚姻持久性之间的相互关系研究时,试验组的成员当中父母都是离过婚的,控制组的成员父母都没离过婚。两组成员的离婚率都有比较明显的差异。实验结果看起来似乎是验证了假设,但是相关设计由于对各组实验对象都没有采取控制,所以无法排除其他变量的影响,因此实验的内在效度比较低。在这个例子中,将年龄、文化程度、家庭背景、职业和父母的离婚方面不同的对象分派到实验组和控制组,这样才能提高可靠性,但是在现实中是很难做到这一点的。因此一般运用统计分析中控制变量的方法来解决这个问题。使用统计分析方法需要比较严格的抽样比较大的样本,并且需要对统计资料或者问卷的效度进行严密的检验。相关设计存在的另外一个缺点是缺少前测,无法进行时间序列的比较,为了解决这个缺陷,还可以采用的另外一种方法是,增加一个事后的回归设计,即在引入实验刺激之后再询问被试者过去的状况,然后再与因变量的后测值比较。例如,要了解人们对战争态度的影响,一方面需要了解人们目前的政治态度,另外一个方面还要询问战争之前人们所持的态度,然后将态度进行比较。这里需要注意的是,从心理学的角度来讲,人们对过去状况的回忆通常是受到目前状况的影响,即使他们主观上愿意真实地回答调查者的问题,愿意说出自己的真实看法,但是在潜意识里可能由于记忆不清或者是受到选择性记忆的影响而产生较大的偏差。

2. 非等组前后测设计

非等组前后测设计的方法、形式与典型设计相似,但是它的实验组与控制组是不等同的。例如要调查思想教育和心理素质教育课程对青少年思想和行为的影响,可以以青少年违法犯罪率作为因变量,把接受过该类课程教育的青少年作为实验组,把没有接受过这类课程教育的青少年作为控制组。从实验调查的数据中可以看出实验组和控制组的变化差异。这种设计的主要优点在于:(1)非等组前后测设计不仅可以得到后测的差异,而且还可以知道前测的差异,如果仅仅有后测的话,就不可能知道实验组在引入自变量之前,在该项试验中就是没有接受思想教育和心理教育课程之前的青少年思想和行为方面的信息,不知道他们是处于何种状态和水平。(2)非等组前后测可以得到比别的实验方法更多的信息。例如违法犯罪的频率是随着年龄增长的,因此对实验结果的解释就要考虑更多的因素,并且不断地重新修正原有的假设。它的缺点是由于两组是不等同的,因此无法推论自变量与因变量的因果关系。因为因变量的变化很有可能是由于不同的实验对象所固有的,没有控制实验对象的固有特征就不能够检验出自变量的真正影响,最多只能说明所假设的自变量与因变量之间存在着相关关系,另外,从实验结果中也无法确切地判定思想教育和心理教育课程是否是原因,而其结果是导致违法犯罪率的变化原因。

3. 时间序列设计

时间序列设计是对相关设计的扩充,它也是一种交互分类设计方法,不过不同的是,它的前测和后测包括多个时间点,由这些时点组成了一个较长的时间序列的观测值,从这些因变量的变化趋势中可以发现自变量的影响程度和影响过程。例如,要研究物价的变化对于不同的城市、不同阶层的人造成的影响,可以通过选择两个组进行长期的观测。例如,某个城市的物价变动非常大,可以从这个城市中选取一个实验组,而另外一个城市的物价变动比较小,就可以把它当作控制组,如果需要考察这种物价的变动与人们对政府的信任程度之间的因果关系,可以运用时间序列设计的方法。由于自变量影响,试验组的因变量取值会发生比较大的变化,而控制组的变化程度就不是特别明显。假如在这段时间内其他因素不会对人们对政府的信任程度有很大影响的话,那么就可以判定,自变量与因变量之间有着明显的因果关系,同时从趋势上来看,因变量的取值——也就是人们对政府的信任程度的得分,经过了急剧下降之后,有一段时间会保持稳定的状态,然后又相对地出现缓慢回升。时间序列设计的主要特点是存在多个观察点,而且在每一个时点都对实验组和控制组加以测量。从差异中可以发现因变量的变化趋势,由此可以预测未来的发展变化方向,并在实际发展过程中检验这种预测。时间序列设计也称为趋势研究,他一般用于研究较长时期内人们的态度和价值观念的变化。例如用于研究社会舆论的变化,但是这种方法需要较多的人力和物力,此外时间序列设计方法还存在着另外两个缺点:一是它无法断定所假设的自变量是否对因变量有主要影响,因为在很长的时期内,会有许多其他因素导致因变量的变化,而且测量态度和价值观的变化是非常困难的事情,不像别的测量因素那么容易进行观察和比较分析;趋势研究需要不断地对社会发展变化过程和新的社会现象进行观测和研究,因此很难直接利用现有的量表或者标准问卷来进行研究分析,那么对于新的测量工具的效度就无法进行确定。

4. 现场实验设计

准实验设计一般都是在自然环境中进行的,研究人员虽然不能对自然场所的变量加以严密的控制,而且很难采用随机抽样的方法使实验组和控制组保持完全一致,但是他们可以结合研究目的对实验变量和现场环境加以一定的控制,这种实验也称为实地试验或现场实验。现场实验的特点是隐蔽性、真实性和概括性都比较高,实验对象一般不容易发现现场实验的目的,很难察觉到实验对象的存在。现场实验的环境比较真实,很近似于现实的情况,因此现场实验具有较高的实用性。一般来说,现场实验都不会太复杂,是属于比较简单的,它既没有控制组也没有前测组,只有一个实验刺激和对反映变量的观测,但是由于情景真实自然,而且采用了机械抽样的方法,因此实验的信度和效度都比较高,实验所得的结论也可以得到广泛的应用。

这里给读者们举一个国外的社会学家设计的“盗窃实验”的实验设计方法,用来观察人们的行为和态度。在这个实验中,研究者在街道上安排了一个售货亭,有两名研究人员分别扮演售货员和进行盗窃的顾客。当真正的顾客(受试者)走进售货亭购物的时候,售货员就假装出去接电话,而且离开的时候比较长,这个时候,盗窃者就会把货架上的货物抬走,并且说,反正他不会发现少了东西,然后就扬长而去。这项实验的目的就是观察和分析在场顾客的反应,从人们的反应中就可以了解人们对盗窃行为的态度以及对他人利益的关心程度。实验结果是:在只有一名受试者在场的情况下,受试者会马上向售货员报告的占20%,当售货员询问:“刚才那个顾客怎么走了?发生了什么事情?”在售货员询问了之后才报告的比例是45%,总的来看,向售货员报告的比例是65%,而在有两名受试者在场的情况下,其中一个人会马上报告或者是在询问之后才报告的情况是56%,这说明在其他顾客在场的情况下,受试者会更倾向于采取与己无关的态度。此外,在盗窃数量增加的情况下,受试者的报告率不会增加，受试者的性别也不会对实验结果产生影响。另外一种比较典型的实验设计是考察工人对采用新工作方法的态度。对于新的工作方式和工具的应用，有的工人采取的是积极接受和改变的态度，有的采取不管不问的态度，有的则会抵制采取新的工作方式和工具。研究人员在实验前做出假设，假设随着工人参与决策程度的提高，工人对新的生产方式抵制程度会降低。在这个实验中，工人参与决策是自变量，而因变量则是工人对新的工作方式的态度。实验人员在一家机械制造公司的几个主要工厂进行实验。他们将实验对象分为三个小组，控制组的工人没有任何参与决策的权力，另外两个实验组的人参与了修改生产方式的讨论和决策，区别在于他们参与讨论和决策的程度有所不同，其中一个组是部分地参与决策，而另一个组是完全参与决策。实验结果表明，非参与组的工人对新的生产方式采取强烈抵制的态度，部分参与组的工人的抵制情绪则比较低，而完全参与组的工人没有任何抵制情绪，而且在改变生产方式之后，他们的生产率出现很大的提高和改进，从而实验的假设得到了证明。

但现场实验也会存在着一定的不足。比如对实验变量和外部变量缺乏严格的控制，为了弥补这个缺陷，应当尽可能地在相似状况下重复同一项实验，这样可以提高实验的效度和信度。例如，对于上面提到的工人对新的工作方式的抵触情绪在同一时期的不同工厂重复进行实验的话，如果最后得到相似的结论，那么就可以证明该项实验的效度和信度是比较高的。最后需要提醒读者的是，准实验和纯实验在原理上没有严格的区别。准实验只是由于场所和研究条件的局限不得不将纯实验设计加以简化，当然如果条件许可的话，应尽量采取较为严格的设计程序，以提高实验的效度。但是由于目前的社会学实验大部分还不具备采用严格设计的条件，因此通常只能把它们称为准实验，而在纯实验设计或实验室研究中，大多是研究社会心理学和教育学的课题，准实验和纯实验都有各自的优缺点和局限性。此外，在多种形式的实验设计之间也没有绝对的优劣之分，它们都是用于某些特定的研究目的和研究领域，研究人员应当根据研究目的的要求和需要来选择最适当的实验设计。

5. 修补法准实验设计

在真实验和准实验中，实验组、控制组对比实验的设计一般都让作为实验组的被试接受处理，然后将其后测结果和未接受处理控制组的后测比较。但在有的情况下，研究者来不及找到两组整体相似的被试或难以安排同时开始实验等等情况下，就需要组织者在未做前测的情况下先对经过某种处理的被试进行测试获得后测结果。这种后测结果没有充分的理由说明是哪种处理产生的，从而不能确定后测与处理之间的关系。为了弥补这一欠缺，在获得另一个整体组被试时，就安排进行与上面做过的后测相同的前测，然后再对这一组被试做同样的处理，并予以后测，通过第二组被试的前后测结果的比较，及第二组前测与第一组后测的情况进行比较来找出实验处理与后测之间的关系。

第五节 实验法的信度和效度

关于实验误差的讨论一直是社会调查研究专家学者们普遍关注的事情。在实验过程中，由于因变量随时都可能受到其他因素——而不是来自自变量的影响，因此在实验过程中，由于实验者不总是能够准确地测量和预测因变量的影响来自哪个方面，所以实验结果总是会存在着一定的误差。减少实验的这种误差，提高实验的信度与效度，是实验法运用者始终追求的目标。在讨论实验方法的信度和效度之前，先对实验因素中的自变量和因变量的效度和信度问题建立一些认识。

一、因变量的信度与效度

因变量的信度,是指同一被试在相同实验条件下表现结果的一致性。对于反应测量的信度通常是以相同的被试在相同条件下所得的两套测量分数的相关衡量的。因变量的效度,是指当确实是自变量而不是其他因素引起了因变量的变化时,我们认为因变量有效。如果因变量的变化不是自变量造成的,而是由其他因素引起的,则这种因变量是无效的,或者说,实验产生了自变量混淆。例如考察不同水平被试在一定时间内解决应用题的数量(因变量),并作为推知其数学能力的指标。如果题目难度很小,会有什么问题?关于因变量的敏感性包括:(1)高限效应。当要求被试完成的作业过于简单,使得被试在不同自变量水平上都获得很好的结果,并没有差别时,实验中就出现了高限效应。(2)低限效应。当要求被试完成的作业过于困难,使得被试在不同自变量水平上都获得很差的结果,并没有差别时,实验中就出现了低限效应。

二、实验的内部效度

实验的效度可以分为内部效度和外部效度两种。

1. 实验的内部效度

实验的内部效度,是指实验变量能被精确估计的程度。排除对实验结果产生干扰的无关因素,使研究者相信实验结果确实是由实验变量引起的,则实验具有内部效度;反之如果对于实验无关的因素控制不好,造成了与实验变量的混淆,影响了实验结果,则实验缺乏内部效度。在试验当中,研究人员通常把提高内在效度放在首位,这就是实验常常局限于特殊的研究对象和比较简单的课题,而在研究宏观现象和集体行为时,常常因为实验的困难而放弃了严格的设计,这个矛盾只能随着实验方法和手段的完善得到逐步克服。而且由于社会现象和社会行为的因果关系非常复杂,对于因变量的影响因素很多,对这些外来因素很难实施控制。另外,对社会因素很难明确界定和测量,因此许多量表或者问卷的效度是有问题的。

2. 影响实验内部效度的因素

影响实验内部效度的因素一般有:(1)历史因素。指在实验过程中与实验变量同时发生并对实验结果产生影响的特定事件。(2)受试者成熟与自然发展。指在实验过程中随着时间的延续,被试身心发生变化而对实验结果产生了影响。(3)选择误差。指对被试选择不均衡而造成对结果的影响。(4)前测影响。指实验前的前测可能对实验结果的影响。(5)被试的遗失。指被试者的资料和所有信息没有被研究者完整地捕捉到,造成研究结果的缺失。(6)统计回归。指在实验处理前选择了在某一特征方面具有极端分数的被试,实验处理后的测验分数有回归到平均数的趋向。(7)仪器的使用问题。在实验过程中如果研究人员和受试者对实验仪器的使用操作不恰当,比如选择的测量工具不够好,或者在实验过程中实行了错误的操作,都会对实验结果造成很大的影响。(8)选择与成熟的交互作用。如果研究人员能够非常清楚地认识到自变量之间的交互作用,相信一定会使实验的信度大大提高。

3. 提高实验内在效度的方法

为了提高实验的内在效度,研究人员可以从下面几个方面着手来考虑各种会对实验产生负面影响的因素,同时尽量减少和控制它们的潜在影响。

(1)实验对象方面的问题。在选择实验对象时,一定要充分考虑到以下几种问题:一是对象选择上,必须明确用来进行比较的两个对象之间是否本身存在着差异,通过随机指派对象到实验组或控制组的办法可以减少在对象选择上出现的误差;其次是实验对象的丧失问题。也就是是否能够保证所有的实验对象都一直在研究当中。如果实验要经历一个较长的时间周期,那么某些实验对象可能因为对实验慢慢地缺乏兴趣,或者是没有时间等其他原因不能一直坚持参加实验,出现中途退出实验的现象。那么这些退出实验的对象在基本条件上就不同于其他仍然留在实验中的对象,在实验中的两个群体——实验组和控制组实际上就不是可比的了,它们本身在构成上不一致,存在一定的差异,没有可比性就不能够再接着进行研究。此外,当实验组成员意识到他们的表现将会用来与控制组成员的表现进行比较的时候,那么从其心理和主观意识上就会产生一定的想法,他们很可能为了表现出与控制组的不同而做出超过自己实际水平的事情,表现得更加出色。这就很有可能违背了实验者的初衷,影响到实验的结果。

(2)实验程序中容易出现的问题。实验程序中比较困难的地方在于测量的影响、器械操作方面的疏忽和实验处理模仿问题。测量会造成哪些影响呢?实验对象在前测中所学到东西,可能对他在后测中的表现产生影响,特别是在能力、程度、测量态度或人格测试中,这个现象十分明显。经过了前测的经验之后,一些实验对象就会对测验本身十分了解和熟悉,这样他们在后测中表现得更加出色。虽然这个问题是不可避免的,目前也没有更好的方式加以解决,但是实验必须尽量减少和控制这类现象的发生,否则实验的结果就不具有可信度。对于实验器械操作方面,也有一些需要实验者注意的地方。测量工作对实验效度有着直接的影响。测量仪器的精确程度,观察者或者记录者的工作疏忽等等都有可能造成实验效度降低。实验处理指的是,如果实验组和控制组的成员没有完全进行隔离的话,控制组成员也可能从实验组成员那里了解到实验处理的内容,这样控制组成员就能在某种程度上受到了实验处理,因而使实验无法达到真正控制的目的。

(3)时间方面的问题。随着实验的进行,受试者可能对实验越来越了解,因此对于实验的进行变得更加成熟和经历丰富,能够成熟地面对实验并且给出他们的答案。受试者在智力上或者体力上可能会随着实验发生变化,特别是持续时间比较长的实验,这种情形在长达数年的试验当中更为明显。在短期研究中,受试者也可能变得疲劳、饥饿和产生厌烦情绪等等。这些都会影响到实验的结果。此外,不可避免地,受试者也会受到自己个人经历的影响。例如,在一项对乘飞机安全性态度的实验研究中,自变量即实验刺激是让受试者观看飞机实施全过程的电影。如果在前后测之间,受试者经历过一场飞机失事事件的话,那么实验结果就很难分清到底在后测时,受试者的态度是因为受到实验刺激的影响,还是因为他个人的经历对实验结果产生了影响。

三、实验的外部效度

实验的外部效度,指的是实验研究的结果能被概括到实验情境条件以外的程度。如果实验结果仅在实验情境下成立,那么实验的外部效度就很低。例如:某些教学改革实验的结果仅仅适用于城市条件的教学,而不适用于农村条件的教学,这样的研究外部效度就很低。

影响实验外部效度的因素主要有:(1)选样偏差和实验变量的交互作用。如果实验在受试者的选择方面和变量处理方面存在明显错误和偏差的话,就会使实验出现硬伤。(2)重复实验处理的干扰。当实验需要重复进行的时候，受试者一方面对实验会逐渐熟悉，他们会做出研究人员希望的结果，会尽量让自己的行为符合研究者的期望，另一方面由于受试者对实验的重复进行肯定有一定程度的厌烦，在这种情况下，受试者容易产生抵触等一些负面的情绪，对实验结果采取消极抵抗和不配合的态度，对实验结果造成影响。(3)实验情景人工化。实验时的环境虽然是经过实验者仔细准备，模拟现实生活中的环境，但是毕竟与现实生活中的场景相距甚远，因此实验结果很难对实验室以外的行为或者现象做普遍性的概括，同样地，在实验室环境中也很难复制社会生活中的许多现象，特别是生活中的一些细节，往往正是因为这些细节，对受试者的行为产生了关键性的影响。(4)实验样本代表性问题。由于大部分实验室的实验是选择自愿接受试验的人或者是通过整体抽样的方式得到的实验对象，因此很难代表所要研究的具体总体，这样实验结果的使用范围就非常有限，将实验的结果推广到其他层次时很容易丧失实验的外在效度。

实验的目的是检验变量之间的因果关系，并使实验结果具有概括性。实验的内部效度与外部效度存在一定的矛盾。要精确地测量自变量的影响就要严格地控制情景和外部变量，但是这就会使实验环境变得人工化而且缺乏代表性，从而降低了实验的外在效度；而如果提高情景的真实性和样本的异质性的话，实验就能够概括更加广泛的现象，那么另外一个问题又出现了，很难控制其他外部因素的影响，因而降低了实验的内在效度。大部分实验都会面临这样一种困境，如果想要提高内在效度，就有可能降低外在效度。这也是纯实验与准实验的不同之处，前者内在效度较高，外在效度较低，后者则刚好相反。

第六节 应用实验法应注意的问题

运用实验方法能否成功，能否达到预期的目的，在很大程度上取决于能否有效地控制实验时的各种条件，包括实验变量——自变量(也称实验刺激)和因变量的控制。这里提出把握影响实验各条件的两个方面：一是准确地把握实验本身需要的条件，包括如何选取实验的对象，在需要的时候如何改变实验的条件；二是如何排除无关因素施加的影响。把实验针对的对象和可能对实验造成的因素区别开来，保证实验过程顺利进行的有效方法。

一、控制无关因素的方法

对实验中无关因素具体控制方法，主要体现为下面几点：

1. 对无关因素进行控制和排除或者使其保持恒定。如果想要控制无关因素，最理想的办法是将这些无关因素排除在实验之外，但有的时候这一点往往不容易做到。因为对无关因素的识别有快有慢，有时候实验进行了一大半，实验者才发现其中的一个变量是无关变量，所以对于变量的处理和控制是非常重要的，有的时候实验者可能会忽略一些实验中的前期变量，特别是一些作用不大的，影响不太明显的因素，这些因素可能对实验结果起着间接的影响，而不是直接的影响和作用，而这些影响和作用的效果可能会因为某些原因得到了放大和关注，这就很可能误导了实验调查者，把实验的方向和注意力引到了无关方面。

2. 随机方法的运用。随机控制的方法被很多实践经验丰富的调查者用在实验当中，他们认为随机方法能够实现适当的调控,使实验结果不会出现极端的现象。运用随机方法抽取实验对象,接着再用随机的方法将他们安排到指定的实验组或对照组,如果抽样和分组的过程都能够做到随机,那么各个组的实验对象构成大体上就是相同的,这是通过数学验证可以得到的结论。所以随机方法可以保证一定的公平和平等。

3. 其他的控制方法。除了上面提到的随机方法以外,还有配对法、纳入法和统计控制法可以采用。配对法要求实验组的所有成员和对照组的成员在各个方面的条件要尽可能是相等的,以消除无关因素对实验所得结果的影响或者引起不必要的干扰;纳入法是指人为地将某种影响实验结果的无关因素作为一个实验因素加以考虑,并且有意识地操纵、控制、进行观察和记录,并分析他对实验结果的影响,从不同的角度去研究一下人为实验因素的添加对实验结果有什么新的反应,这是纳入法的主要内容;统计控制法是指当实验开始之后,会涌现出很多无关因素,这是当无法排除或调控的时候,只能到实验之后采取统计分析的方法,把这些无关因素的影响一一列出并加以认真地分析,然后在统计控制的基础上加以排除。

二、如何选择因变量的问题

在选择因变量的时候,可以参照以下方法:(1)在一项实验中,如果两种量值之间存在着高度相关,那么两者都可以使用。(2)如果其中一个量值对自变量的变化并不敏感,则应该选用另一个反应敏感的量值。(3)如果两个因变量对自变量都有高敏感性,但两者间没有相关,说明也许是自变量中有额外因素在起作用,或者自变量不是以同样的方式影响两种反应测量。

三、避免额外变量和自变量混淆

找出自变量和因变量的关系后,我们的目的是能下结论说某行为的改变是因为该自变量变化的原因。也就是说,实验的目的是要确认变化的原因。要做到这一点,我们必须避免所用的自变量与其他的自变量相混淆。

如果我们所设定的自变量发生量的改变时,另一个已知或潜在的自变量亦随之有量的改变,则这两个自变量的作用就发生了相互混淆。

两条关于易发生混淆的或然率规则:(1)混淆现象最可能在同类变量间发生。当我们操纵一个变量时,则和另一个变量发生混淆的可能性最大;而被试者变量最容易和另一个被试变量相混淆。这条规则是十分重要的。(2)在我们确定我们所操纵的变量没有受到同类别变量的混淆后,(若所用的设计是独立组设计)那么最可能的混淆来源于被试变量。

四、其他需要注意的问题

上面提到的是关于如何对实验中出现的无关变量进行相关处理的问题,除了变量的控制以外,还需要注意的问题有:

1. 实验方法的控制以及需要改变实验的条件,必须要有理论和实践作为依据。对这些理论深度的掌握不能有主观的凭空想象,也不能有随意性的丝毫选择,一切都要建立在理论为指导的基础上才能够做出决定,要在实验前或者实验进行的过程中充分调控好需要改变的各种条件,提高本身掌握条件的能力。而不是等到问题出现了才去解决,这样势必会影响实验的正常进行。

2. 对于实验结果要以客观的态度去面对。实验结果也许完全出乎意料,这也是非常可能的,对于实验结果不能带着个人感情的情绪去评价,而应该以客观的态度去接受并理解和研究结果。实验方法作为一种探索性的调查研究方法,只要所得的结论和资料就会有成功的经验和失败的教训,无论是成功的实验还是失败的结果,这些都是有价值的实验,成功的可以积累和总结做法,特别是如何处理核心问题,怎样避免错误产生等等,而失败的实验更应该进行整理、分析、研究和总结,从中汲取经验。

3. 关于实验人员的组织问题。每个实验调查人员对于实验都会有自己的看法,在实施实验中也允许保留个人意见,但是实验时必须要有一个统一的组织观念和统一的领导小组,这样才便于统筹规划,集中力量把实验完成好。比如当决定要改变实验对象的某种条件时,不能离开客观实际,按照个别人的想法和推测来进行,应该在事物进一步发展明了的情况下,在需求比较明确的情况下才能决定,不成熟的想法一定不要运用到实验当中。

4. 变量的测量问题。实验要求的观察记录应该是定量化的数据。因为考察自变量对因变量的影响只能通过定量化的指标才能加以评定,自变量可以是明确定量的内容,但自变量的变化程度应当有明显差异或者是容易观测的。例如当你研究人的个性、价值观等对于人们行为的影响,在这个实验当中,研究对象的个性、价值观和情感等因素是自变量,是难以准确定义和测量的变量,因此实验的难度非常大。所以,在确定研究课题之前一定要进行深入实际的研究,然后才能确定研究课题,否则在实验开始之后才发现自变量等变量因素就非常难以把握,以至于可能导致试验无法正常进行,严重地浪费了研究人员的时间和精力,同时也造成物力上的浪费。

5. 如何准确选择测量工具的问题。对变量的测量,一般在实验中采用问卷、量表和仪器等工具。在选择测量工具之前,首先要保证测量工具的内在效度和信度问题。也就是说考察和比较测量工具之间的准确性和可靠性。在进行测量工具的比较之后,选择准确度和可靠性都比较高的测量工具作为实验的工具。同时,还要注意测量工具对实验对象的影响。有的时候,同一批测试对象如果先后接受前测和后测的话,很容易使他们意识到实验的意图和目的,那么他们很有可能改变自己的本意,为了满足实验研究着的意愿,或者是有意隐瞒自己的真实情况,做出有意的决定,使实验的效度降低。所以在测量时,应尽量不让实验对象觉察到实验的真正目的,比如采用一些自然的或者伪装的测量方法。

总之,实验方法的应用有其独特的特点和优势,同时也有一些不可避免的问题,这些问题不是仅靠技术手段就能够避免和解决的,它需要实验者的经验积累。丰富的实践经验对于实验的顺利进行有很大的帮助。

第五章　量 表 法

第一节　量表法概述

一、量表的含义

前面几章比较系统地介绍了社会调查研究中使用比较频繁的、应用范围比较广泛的几种调查方法。除此之外,调研工作的方法还有量表调查法、测验法、社会计量法和民意测验法等调查法。这几种方法都可以和其他的调查方法配合使用,使调查手段和收集资料的方式更加多样化。特别是在网络环境下,这几种方法的应用越来越广泛,比如网络上就经常使用民意调查法,受到很多人的关注和重视。而在国外,量表和民意测验等方法已经得到了长足的发展,特别是在人力资源管理领域、心理学研究领域和对于一些政治、社会热点问题,量表法和测量方法的使用非常普遍。这些调查方法也是调查研究者需要掌握的方法,并且还需要懂得如何运用这些方法与现代的网络和计算机技术结合起来,更好的搜集调查对象的资料和获得更多的信息,为调查研究服务。本章重点将阐释和介绍量表调查法。

量表一词最初是从英文引入的,由于它与多个不同的概念相近,而我国的社会调查研究者们又对量表一词有着各种不同的译法,因此有必要先对量表及其相关的术语进行讨论和澄清。量表和维度是不同的两个概念,维度强调现象的某一个层次或者是某一个方面,而量表是用来再现和捕获理论维度的经验工具,是在经验层次上对现象的连续统一体的测量。量表通常是由多项测量内容综合而成的,量表是指根据特定的法则,把数值分派到受试者、事物或行为上,以测量其特征标志的程度的数量化工具。在测量中,我们按照一定的法则把数字、符号分派到测量对象中。然而,这些数字、符号能提供什么信息,除了决定于参照标准外,还决定于测量的尺度。测量尺度是构成测量法则的重要因素。所谓测量的尺度,就是指在测量过程中,按照法则所分派的符号、数字所能代表的事物某种特征的程度水平。一般分为四种不同水平的测量尺度,即类别、等级、等距、比率尺度。相应地运用四种不同类型的量表进行测量,即类别量表、等级量表、等距量表和比率量表。

这四种量表包含的内容分别是:(1)类别量表。只给出不分次序的类别、所测的一切只是分成两个或更多的类别,而这些类别只表明某一或某几种特征的不同,如个体的性别。(2)等级量表。也称顺序量表,它是依据一定标志把事物分成等级,即按事物的某种特性的大小或程度高低依次把事物排列成等级顺序。除了表明性质的不同,还根据高低、多少等特征排出次序。(3)等距量表。比等级量表高级,是具有相等单位的量表,但是没有绝对零点。可以进行加减运算。不仅给出了顺序,还确定了等距的单位。量表上某一部分测得的分类所反映的差异,与其他任一部分测得的分数都是相等的,如温度。(4)比率量表。又称等比量表、比例量表,既有相等单位,又有绝对零点。可以进行乘除计算。比率量表除了等距,量表还含有真正的零点。如校园网建设的经费开支。

在这几种量表中,往往都要用数字来表示,根据尺度水平的不同,这些数字分别显示不同的功能。其中,最简单的量表是类别量表,它没有什么顺序,只是对个体进行简单的分类。个体的性别就是在类别量表中所要测量的变量。比率量表是四种量表中最高水平的层次,它包含的信息最多。

二、量表测量的质量指标——信度和效度问题

量表测量的结果是否能达到目的,是否能正确反映客观事实,通常以信度和效度这两个质量指标来衡量。信度就是测量可靠性的度量,它是鉴定测量的结果一致性和稳定性的。比如用同一个量表测量同一被试,前后的结果是否一致,这便是信度问题。而效度则是测量的有效性的度量,它是评价测量质量的另一个重要指标,测量效度就是指测量的结果是否能真正反映测量的目标和意图。值得注意的是,效度是一个相对于一定目标的相对性概念,即使是相同的测量结果,随着目标不同,其效度也随之而异。要提高测量的效度,在编制量表时,要避免题意不清或要求不明确而造成误解。信度与效度,二者既有联系又有区别,信度高效度不一定高,效度高则信度必定高,换句话说,可信的不一定有效的,有效的则必是可信的。以尺量布,量了几次结果都一样,证明其信度高,但尺子若不符合标准,测量无效;若尺子是标准的,测量又有效,则无论测多少次,结果必定可信。在进行测量时,我们要尽量减少误差,使测量既有效又可信。

量表可以根据其测量内容进行分类。在社会研究中,量表不仅可以测量人们的态度,还可以用于测量人们的能力、智力、性格、工作成绩以及社会地位、生活水平等等内容。在此基础上就产生了态度量表、能力量表、智力量表和人格量表等等类型。量表还可以分为调查量表与测验量表。它们分别用于问卷调查和测验中。在问卷调查中,使用量表的主要目的是精确了解总体的状况,而在测验中通常是精确观测某个个体的特征,它的分析重点是接受测量的个体,因此量表设计要严格、精确并且具有较高的信度和效度。这就需要设计大量的题目,与此相反,问卷调查中的量表题目较少,效度要求不是很高。

第二节 量表设计的一般步骤

量表的结构形式多种多样,各自的制作方式和设计方式也各不相同。本节先从总的方面介绍量表编制的基本步骤,然后再针对各种不同的量表类型来对编制量表需要注意的问题做详细介绍。

一、量表编制建构的基本步骤

1. 拟定预试问卷。应根据研究目的、相关文献数据与研究结构等方面来考虑拟定和编制预试问卷,如果有类似的研究工具,可根据研究当时的实际情形,加以修订、增删;如果是自己重新编制问卷,问卷内容应依据研究结构的层面,加以编制。

2. 组织预试。预试问卷编拟完成后，下一步应实施预试，预试对象的性质应该与将来正式问卷要抽取的对象性质相同，如研究对象为年龄段在30岁至50岁的中层收入家庭主妇，则预试的受试者也应为符合同样条件的人。另外在人数方面，如果问卷中包括最多题项分别为40题、35题、25题，则预试对象人数最好在120位至200位之间，如果样本较为特殊，在预试人数的选取上可考虑再酌减一些。确定合适的人数可以达到预试的最佳效果，否则人数少了不能达到想要的结果，人数控制不好，数量太庞大，不仅给工作带来很大的负担，也会使结果受到一定的无关影响。

3. 整理问卷。问卷回收后，应一份一份检查筛选，对于数据不全或不诚实填答的问卷，应考虑将其删除；对于填答时都选择同一项答案的问卷，是否进行删除，对于这个问题，研究者应考虑问卷题项本身的内容与描述，自行审慎判断。筛选完后的问卷还应加以编号，以便将来核对数据之用；之后再给予各变量、各题项一个不同代码，并依问卷内容，有顺序的键入计算机。然后利用计算机专门的统计软件，进行结果分析和总结。

4. 项目分析。项目分析的目的是求出每一个题项的"临界比率"(critical ratio)简称CR值，其求法是将所有受试者在预试量表的得分总和依高低排列，得分前25%至33%者为高分组，得分后25%至33%者为低分组，求出高低两组受试者在每题得分的平均数差异的显著性检验值(多数数据分析时，均以测验总分最高的27%及最低的27%，作为高低分组界限)，如果题项的CR值达显著水准($\alpha<0.05$或$\alpha<0.01$)，即表示这个题项能鉴别不同受试者的反应程度，此为题项是否删除首先考虑的。

5. 因素分析。项目分析后，为检验量表的结构有效度(Construct validity)，应进行因素分析。所谓结构效度，是指态度量表能测量理论的概念或特质的程度。因素分析目的在于找出量表潜在的结构，减少题项的数目，使之变为一组较少而彼此相关较大的变量，此种因素分析方法，是一种"探索性的因素分析"。

6. 信度分析。因素分析完成后，继续要进行分析的是量表各层面与总量表的信度检验。所谓信度(Reliability)，就是量表的可靠性或稳定性。

7. 再测信度。如果要继续求出量表的再测信度，要以正式量表对同一组受试者前后测验两次，根据受试者前后两次测验分数得分，求其积差相关系数。再测信度又称稳定系数，反映量表的稳定与一致性程度。一般而言，间隔时间愈长，稳定系数愈低。

二、编制量表需要注意的问题

在进行因素分析的时候，量表有效性建构有时需要进行2次至3次因素分析，因为部分量表在第一次因素分析时，因素层面所涵括的题项内容差异太大，纳入同一层面，解释较不合理，因而可能需要删除部分题项。由于删除了题项，量表的效度要再重新建构。如果量表不采用结构效度检验方法，研究者亦可考虑采用其他效度分析法，如"内容效度"、"专家效度"、"效标关联效度"等。

至于最后定稿的正式量表题项数，应该为多少题最为适宜，实无绝对的标准。就一般情形而论，若该分量表是测量一种"普通的"或多重向度的变量，其题数在20题至25题即已足够；若要测量的是特定的变量，以7题至10题为宜；若每个量表包括不同因素层面的子量表时，每个子量表(因素层面)所包括的题项以3题至7题较为适宜。

第三节　两种常用量表的具体设计方法

一、里克特量表

量表的种类很多,其中里克特(Liker)量表是现代调查研究中被普遍采用的一种测量量表,它是由美国社会心理学家里克特在1932年在原有的总加量表基础上改进而成的。它的基本形式是给出一组陈述,这些陈述都与某人对某个单独事物的态度有关。要求调查对象表明他是“强烈赞同”、“赞同”、“反对”、“强烈反对”或“未决定”。当然,根据需要有时词语可以略有不同(如把“赞同”改为“同意”)。里克特量表有积极性陈述和消极式陈述两种类型的陈述方式。如果答案选择是:完全同意;同意;不一定;不同意;完全不同意。积极性陈述选择“完全同意”的赋值为“5”,“同意”的为“4”等等。消极式陈述评分则相反,即对“完全不同意”的给“5”。

使用里克特量表,在作答后,把分数相加就可得出总分。因此,里克特量表有时也称求和量表(Summated scales)。根据安德森(Anderson,1981)的论述,如果设计者遵从了以下八个步骤,就能制定出令人满意的里克特量表,这八个步骤是:

1. 把态度作为对象时,所写出来的陈述要么是积极的,要么就是消极的。

2. 请评判员检查已写好的陈述。评判员应从设计该量表的人员中选择。他们应检查每个陈述,并将其分为积极的、消极的,或二者都不是的陈述。

3. 去掉绝大多数评判员认为既非积极的亦非消极的陈述。

4. 把留下来的陈述记在一张纸上,不必考虑顺序,加上合适的使用说明和答案选择。使用说明指出被试人如何表明他们对每个陈述的看法,如完全同意,就以“SA”作标记。如同意,就以“A”作标记,如看法不一致就以“NS”作标记,不同意以“D”作标记,完全不同意以“SD”作标记。使用说明也可以指出该量表的目的,并提醒人们回答没有正确与错误之分。到此,李克特量表的初稿就制定好了。

5. 在打算使用里克特量表的总体中抽样,把这个初稿在被试样本中试用。为了逐个地或成批地采集有关这些陈述的有意义和可靠的数据,应采用比陈述的数据大几倍的样本含量。

6. 计算对每个陈述所作的回答与量表总分之间的相关值。这个步骤可以使用SPSS软件来帮助完成,关于这个软件下面的小节会进行介绍。

7. 删去在统计上与量表总分相关性不显著的陈述。收入在量表最终定稿中的每个陈述都必须与量表总分相关。这就是内部一致性的里克特准则(Linker's Criterion of Internal Consistency)。

8. 定出该量表的最后审定稿。一个量表设计好之后,就可以对调查对象做正式的调查了。量表在用于问卷调查时,一般是和其他问题一起打印在一份问卷中,然后抽取大量样本进行调查,通过分类汇总就可以描述样本总体或者子总体在某一变量上的分布状态了。

按这八个步骤,就可以制定出传统的里克特量表。多年来,经过李克特量表的开发者和用户的各种修改,在答案的选择上,后来的量表有采用两种、三种、四种、六种和七种答案选择。里克特量表的最明显优点是设计容易,而且使用范围比其他量表要广。它可以用来测量其他一些量表所不能测量的某些多维度的复杂概念或者态度。而且在一般情况下,里克特量表比同样长度的量表具有更高的信度,而且所设计的五种答案形式使回答者能够非常方便地标出自己的位置。但里克特量表的主要缺点在于,相同态度得分者具有十分不同的态度形态。因为里克特量表是一个个项目总加得分代表一个人的赞成程度,它可以大致上区分个体之间谁的态度更高,谁的比较低,但是无法进一步描述他们的态度结构差异。

下面这个例子可以帮助读者们从直观上了解里克特量表。

* 里克特量表(Liker Scaling)

它是用5分或7分的量表来评估他们的赞同程度:

非常不同意	不同意	不确定	同意	非常同意
1	2	3	4	5

例如:

您对理想的生活条件满意程度:

	很不满意	不太满意	一般	还算满意	很满意
	1	2	3	4	5
* 住房	□	□	□	□	□
* 工作	□	□	□	□	□
* 婚姻	□	□	□	□	□
* 家庭生活	□	□	□	□	□
* 政府	□	□	□	□	□
* 自然环境	□	□	□	□	□
* 社会风气	□	□	□	□	□
* 个人经济状况	□	□	□	□	□
* 个人基本权益	□	□	□	□	□
* 社会地位	□	□	□	□	□
* 文化生活	□	□	□	□	□
* 朋友、友谊	□	□	□	□	□
* 时间分配状况	□	□	□	□	□

二、语义差别量表

语义差别测量(奥斯古德、萨奇、泰尼邦 Osgood,Suci,Tannenbaum,1957 年)是一次性集中测量被测者所理解的某个单词或概念含义的测量手段,用来测量人们对某一特定概念或者事物的不同意识和感受。针对这样的词或概念设计出一系列双向形容词量表,请被测者根据对词或概念的感受、理解,在量表上选定相应的位置。

语义差别量表的计分有不同的方式,重要的是要使计分富有意义并保持一致。通常分数越高,态度或理解就越积极。一种赋值的方法是按同一方向将各对形容词都列出来,通常是按从低到高或从否定到肯定的方向排列。形容词的位置(不管左边还是右边是否定性的)是固定不变的,如果否定性形容词在左边,则肯定性形容词在右边,从左到右的计分顺序是0、-1、-2、-3、-4、-5、-6(或任意7个连续的数字)。-3、-2、-1、0、+1、+2、+3的排列顺序也可以使用,尽管它最后的总分可能是负数。

语义差别量表虽然构造起来并不困难,但是要注意的一点是对回答者的指导语一定要写清楚,最好举一个简单明了的例子来具体说明量表的填答方法,否则有些回答者会在填答时发生困难,从而放弃填答。另外在不同的学科中,语义差别表的特点有所不同,一般来说,在心理学和社会心理学领域,研究者往往想测量人们的潜在意识或者感觉,因而所用量表常常由成对的形成词构成,而在社会学、政治学等学科中研究者往往想测量的是人们的社会态度或者行为倾向,因此常常使用的是成对的陈述词构成量表。

第四节 如何利用 SPSS 进行量表分析

一、SPSS 对量表的三种分析

上面的内容我们介绍了量表的类型、编制的步骤及其应用,在本节将介绍利用 SPSS 软件对量表进行处理分析。SPSS 软件在处理大样本的社会调查方面正越来越发挥出其优势,无论是处理速度还是准确度方面,都比以前的人工处理方法有着更高的效率,因此该软件也是作为社会调查研究者应该熟练掌握的调查工具。在获取原始数据后,我们需要利用 SPSS 对量表做出三种分析,分别是项目分析、因素分析和信度分析。

项目分析,目的是找出未达显著水准的题项并把它们删除。它是通过用获得的原始数据求出量表中题项的临界比率值——CR 值来做出判断。通常,量表的制作要经过专家的设计与审查,因此,题项一般均具有鉴别度,能够鉴别不同受试者的反应程度。故往往在量表处理中可以省去这一步。

因素分析,目的是在多变量系统中,把多个很难解释而彼此有关的变量,转化成少数有概念化意义而彼此独立性大的因素,从而分析多个因素的关系。在具体应用时,大多数采用"主成分因素分析"法,它是因素分析中最常使用的方法。

信度分析,目的是对量表的可靠性与有效性进行检验。如果一个量表的信度愈高,代表量表愈稳定。也就表示受试者在不同时间测量得分的一致性,因而又称"稳定系数"。根据不同专家的观点,量表的信度系数如果在0.9以上,表示量表的信度甚佳。但是对于可接受的最小信度系数值是多少,许多专家的看法也不一致,有些专家定为0.8以上,也有的专家定位为0.7以上。通常认为,如果研究者编制的量表的信度过低,如在0.6以下,应以重新编制较为适宜。在本节中,主要介绍利用 SPSS 软件对量表进行因素分析。

二、因素分析基本原理

因素分析是通过求出量表的"结构效度"来对量表中因素关系做出判断。在多变量关系中,变量间线性组合对表现或解释每个层面变异数非常有用,主成分分析主要目的即在于此。变量的第一个线性组合可以解释最大的变异量,排除前述层次,第二个线性组合可以解释次大的变异量,最后一个成分所能解释总变异量的部分会较少。

主成分数据分析中,以较少成分解释原始变量变异量较大部分。成分变异量通常用“特征值”表示,有时也称“特性本质”或“潜在本质”。因素分析是一种潜在结构分析法,其模式理论中,假定每个指针(外在变量或称题项)均由两部分所构成,一为“共同因素”、一为“惟一因素”。共同因素的数目会比指针数(原始变量数)还少,而每个指针或原始变量皆有一个惟一因素,亦即一份量表共有 n 个题项数,则会有 n 个惟一因素。惟一因素性质有两个假定:

1. 所有的惟一因素彼此间没有相关。

2. 所有的惟一因素与所有的共同因素间也没有相关。至于所有共同因素间彼此的关系,可能有相关或可能皆没有相关。在直交转轴状态下,所有的共同因素间彼此没有相关;在斜交转轴情况下,所有的共同因素间彼此就有相关。因素分析最常用的理论模式如下:

$$Z_i = a_{i1}F_1 + a_{i2}F_2 + a_{i3}F_3 + \cdots + a_{im}F_m + U_i$$

其中(1) Z_i 为第 i 个变量的标准化分数。(2) F_m 为共同因素。(3) m 为所有变量共同因素的数目。(4) U_i 为变量 Z_i 的惟一因素。(5) a_m 为因素负荷量。

因素分析的理想情况,在于个别因素负荷量 a_m 不是很大就是很小,这样每个变量才能与较少的共同因素产生密切关联,如果想要以最少的共同因素数来解释变量间的关系程度,则 U_i 彼此间或与共同因素间就不能有关联存在。所谓的因素负荷量,是因素结构中原始变量与因素分析时抽取出共同因素的相关。在因素分析中,有两个重要指针:一为“共同性”,二为“特征值”。所谓共同性,就是每个变量在每个共同因素之负荷量的平方总和(一横列中所有因素负荷量的平方和),也就是个别变量可以被共同因素解释的变异量百分比,这个值是个别变量与共同因素间多元相关的平方。从共同性的大小可以判断这个原始变量与共同因素间之关系程度。而各变量惟一因素大小就是1减掉该变量共同性的值(在主成分分析中,有多少个原始变量便有多少个成分,所以共同性会等于1,没有惟一因素)。所谓特征值,是每个变量在某一共同因素之因素负荷量的平方总和(一直行所有因素负荷量的平方和)。

在因素分析的共同因素抽取中,特征值最大的共同因素会最先被抽取。其次是次大者,最后抽取的共同因素的特征值最小,通常会接近0(在主成分分析中,有几个题项,便有几个成分,因而特征值的总和刚好等于变量的总数)。将每个共同因素的特征值除以总题数,以此共同因素可以解释变异量。因素分析的目的之一,即在因素结构的简单化,希望以最少的共同因素,能对总变异量做最大的解释,因而抽取的因素越少越好,但抽取因素的累积解释的变异量越大越好。

第五篇　调查资料的整理与分析

由于调查实施阶段的原始资料比较粗糙、表面、零散，所以要对调查资料进行研究，就必须对其进行整理和加工。资料的整理是运用科学的方法，对收集到的原始资料进行初步的审查、加工、分类、汇总或者编辑，以确保资料的真实性、准确性、合格性、完整性等，并且使其条理化和系统化。它是研究阶段的第一步，是资料分析的前提。资料的分析是在资料整理的基础上，考察和描述资料的内在属性和关系，检验理论和假设，或者部分回答所研究的问题，是对具体事物的抽象，一般包括统计分析和理论分析。资料的分析是资料处理的核心部分。

第一章　调查资料的整理

调查资料一般分为定性资料与定量资料两大类。定性资料的来源一般有两个，一是实地资料（也叫"实地源"），包括无结构式访问和观察记录；另一个是文献资料（也叫"文献源"），它是指以文字形式叙述的文献资料，包括公私机关的档案、会议记录、文件，公开发表的调查报告和研究论文，个人的日记、传记、信件等。与定性资料一样，定量资料也有两个来源：实地资料和文献资料，前者有问卷资料、结构性访问和观察的记录等，后者则主要是统计资料。由于资料性质不同，定性资料和定量资料在整理方法上也因此有所不同。但是，在一定程度上，它们却遵循着相似的原则和步骤。因此本章将首先阐述资料整理的一般原则与步骤，然后分述定性资料与定量资料各自整理的方法。

第一节　资料整理概述

一、资料整理的原则

资料整理作为进入研究阶段的第一步，其成败关系到资料分析的准确性与可靠性，进而影响到研究结果的正确性，有着重要的作用和意义，表现在：

首先，要提高调查资料质量和使用价值，就必须进行资料的整理。我们即使在调查前和调查中运用各种方法去避免原始资料出现差错、虚假、短缺等现象，但实际调查还是无法免除，而且调查后的资料往往比较分散、零乱，会大大降低其质量和使用价值。因此，要弥补这种损失，就有必要在研究开始阶段进行一次全面检查和整理，以提高资料的质量和使用价值。

其次，它是研究资料的基础。研究的任务是获得正确的结论，正确的结论来源于科学的统计分析和思维加工，而没有真实准确、完整和统一的调查资料，统计分析和思维加工就会一再被遗怠，很难进行下去，不得不返工，重新检查调查资料。因此，认真鉴别、整理调查资料，是保证研究工作顺利进行的重要基础。

第三，它还是保存资料的客观要求。原始资料对今后同类现象的研究具有重要参考价值，因而为便于长期保存和研究，应该对原始资料认真加以整理，以解除将来难以取证的后患。

鉴于资料整理的重要作用和意义，就需要认真对待。那么如何更好的整理资料呢？在这一过程中，我们可以按如下原则来保证其科学性。具体来说，包括真实性、准确性、系统性、完整性四个原则。

1. 真实性原则。这是整理资料的最基本原则。在资料收集的过程中，由于被调查对象的错误记忆、心理防范，调查者的错误记录等等原因，造成资料中夹杂着某些虚假、差错、冗余等内容，因而在整理过程中必须注意仔细鉴别，去伪存真，保证是发生过的客观事实。整理出来的资料如果不真实，比没有调查资料还危险。因为没有调查资料，最多没有结论，而资料不真实，就会导致作出错误的结论，这比没有结论更可怕。

2. 准确性原则。整理后的资料，事实描述要准确，尤其是数据要准确。经过整理的事实材料应该是清楚、明晰，有着内在逻辑性的，数据资料则要求反映一定的关系性，确切地说是关系前后一致性。否则，根据缺乏准确性、互相矛盾的资料得出的结论就会丧失科学性，大大影响研究结论的说服力。当然，关于准确性的要求，要根据实际情况，以能说明问题为准，并不是越精确越好。比如，了解一个省的粮食产量以吨为单位即可，而不必要精确到千克。如果精度要求太高，会增加大量的工作，而且可能不能准确的说明问题。特别是那些抽象、模糊的社会现象，运用模糊的、高一层级的概念来反映会更好。

3. 系统性原则。这是从整体综合的角度考虑问题，它包括两个方面：整理资料一方面要避免冗余、庞杂、笼统，而要简单、明了，使之系统化和条理化，比如，各个调查指标要有统一的解释，各项数值的计算方法、计量单位也要统一，以便于形成完整的概念，保证现存资料能从整体上验证问题；另一方面则要尽可能从新的角度把握资料，发掘资料的新颖性，目的是摆脱旧的研究思路以及他人的老路的限制，能创新性地把握问题，为创造性研究建立良好的基础。

4. 完整性原则。整理后的资料在反映某一社会现象方面必须全面、完整，不可遗漏。惟有如此，才能真实、确切地反映调查对象的全貌。如果资料遗缺，就会影响到资料分析的准确性而犯以偏概全的毛病，严重的则导致研究价值的丧失。

总之，调查资料的整理要做到真实、准确、系统、完整，并且尽可能使之新颖，这样才能做出科学的结论来。

二、资料整理的一般步骤

无论是定性资料还是定量资料，其整理一般都包括三步，即资料的审核或审查、资料的分类或分组、资料的汇总和编辑。当然，具体不同的资料会有不同的整理方法。

1. 资料的审核

资料审核是资料整理的第一步，目的是剔除原始资料中虚假、余冗部分，排除差错，以及弥补资料中短缺现象，以保证资料的真实、可信、有效、完整、合格，进而为进一步整理分析打下基础。

资料的审查分为实地审查和系统审查两类。审查工作一部分是在搜集资料的过程中进行的，边搜集边审核即实地审查；一部分在资料收集完毕后集中进行即系统审查。

2. 资料的分类或分组

虽然经过了资料的审核，资料得到了一定的净化，但是审核后的资料仍是杂乱无序的，难以进行分析，所以必须进行进一步地加工整理，使之条理化和系统化。所以资料整理的第二步是资料的分类或者分组，分类适用于全部调查资料，分组只限于统计资料。

资料的分类或者分组，需要从两个角度来理解。对于全部资料来说是“分”，也就是将相异的资料区别开来，对于各部分资料则是“合”，即将相同或相近的资料合为一类或者一组。比如，对访谈资料着手分类。因此，所谓分类就是把审核后的资料分门别类，简化繁杂、无序的资料，以达到系统化的目的和建立资料的规律性联系的依据。

3. 资料的汇总和编辑

资料整理的第三步是汇总和编辑。归类后的资料虽然具有了一定的系统性，但是却缺乏逻辑性。按照研究目的和要求，以一定的逻辑结构进行计算、加总或者编排就是汇总和编辑。汇总和编辑后的各种资料要依据一定的逻辑结构被加上符号、编上序号等；并且能反映调查对象总体的客观情况，也能说明要研究的问题。

汇总和编辑资料有自己的基本要求，即：第一，完整和系统，大小类井然有序，层次分明，能真实系统的反映现实情况；第二，要简明集中，要尽可能语言简洁、数据简化，但又能集中说明调查对象的全貌，该注明来源和出处的一定不可遗漏。

第二节　定性资料的整理

一、如何审查定性资料

首先澄清两个概念，以便于理解资料审查的内容，即信度和效度。所谓信度是指测量数据（资料）于结论的可靠性程度，即测量工具能否稳定的测量到它要测量的事项的程度。也就是说信度是指测量的稳定性和一致性而言的。所谓效度是指正确性程度，即测量工具确能测出其所要测量的特质的程度。

（一）审查标准与方法

根据定性资料的特点，即主要是文字资料，所以对它的审查一般集中在真实性、准确性和适用性上，这可以称之为审查定性资料的标准，也可认为是审查的原则。

1. 真实性审查

真实性审查，也称信度审查或可靠性审查，主要包括两个方面：

（1）资料本身的真实性审查。资料本身的真实性审查，是指在细究和考察的基础上，判明调查所得的访问和观察记录、文献资料等本身的真伪。访问和观察记录的真实性审查可以从记录内容、记录时间、记录语言、记录笔记和所使用的墨水等方面来判断真伪。一般那些内容空洞、时间重复或者不填时间、语言雷同、字迹和墨水比较相似的记录，很可能是访问员或者观察员伪造的记录。现在的访问记录一般会有录音，所以直接审查访问录音是否符合要求，是一个简捷的途径。

文献资料的真实性审查，一般采用这样两种方法。一是外观审查，从作者、编者、出版者、版本、印刷技术、纸张等外在情况来辨别文献的真伪；二是内含审查，从文献的内容，文字词汇、概念，写作技巧和风格等内在情况来辨别文献的真伪。

（2）资料内容的真实性审查。资料内容的真实性审查，主要是指在细究和考察的基础上，判明文字资料的内容是否真实地反映了调查对象的客观情况。一般采用四种方法。首先，根据已有的经验和常识进行判断。经审查，如果发现与经验和常识相悖，就要根据事实再次核实；其次，根据资料的内在逻辑进行核查。一旦发现资料前后不一致，或者违背事物发展规律，就要找出问题所在，消除不符合事实的材料，或进行补充调查；第三种方法是利用资料间的比较进行审核。如果资料是通过访谈、文献以及观察记录等多种方法获得的，就可以比较这些资料是否有出入，以判别真伪。如果是观察资料，并且观察是集体进行的，则可根据组内各个人的观察结果加以比较。而对于访问记录，可以将同一事件不同回答者的叙述进行比较以判断资料的可信程度。最后,可以根据资料的来源进行判断。一般地,当事人反映的情况比局外人反映的情况更可靠,多数人反映的情况比少数人放映的情况可靠性大一些,有文字记录的情况比在人群中口耳相传的情况更可靠,多种来源反映的情况比单一来源反映的情况更能保证可靠性,引用率高的文献比引用率低的文献可靠性要大,等等。一般有经验的研究人员,能更好的把握资料的可靠性程度。

2. 准确性审查

准确性审查,也称效度审查。其审查内容一方面是指审查原始资料是否符合原设计要求以及对于分析所研究的问题有效用的程度。如果错误理解了调查指标,公式计算不正确,计量单位不统一,或者回答离题太远,答非所问,不符合要求,要予以清除;另一方面,审查资料事实描述是否准确,特别是有关的事件、人物、时间、地点、数字等要准确无误,切忌事实含混不清,模棱两可,数据资料笼统模糊。

3. 适用性审查

适用性审查,就是考察资料是否适合分析和解释。它主要包括:资料的分量是否合适、资料的深度和广度如何、资料是否集中紧凑、是否完整等。我们以文献资料为例,说明资料的适用性审查。文献资料一般分为三类:一是原始资料,包括公司机关的档案、会议记录、文件、私人的日记、信件、自传等;二是调查资料,主要是调查报告;三是引用文献,即第二手资料。分析评价文献资料,首先要进行"外在批判",审查是在什么地方、什么时间、什么人、为什么目的、用什么方法编写这些文献的。然后进行"内在批判",了解资料的编写者表达的是什么内容,什么情况下编写的这些资料。例如,文献作者的价值观念、政治倾向、学术立场和研究目的以及研究方法的使用肯定会对文献产生影响的,作者编写该文献的时间离现在越近,则对事件发生的过程和具体细节的记忆就越清晰具体,那么资料对自己的研究来说就越可靠。而对于"内在批判"的审查则要注意对作者使用词的多义性、价值性反复推敲;区分文笔表现上的"事实"和"对事实的解释与推论";同时还要推敲作者是否真实地反映了客观事实,有无夸张歪曲或者偏倚;叙述是否准确以及写作上的表现能力怎样等等。经过外在和内在的批判后,方可判定在多大程度上这些文献资料是适用的。

(二)实地审查与注意的问题

对于观察和访问资料,进行实地审查十分重要。这是因为实地审查没有离开实地源,便于对出现的问题给予及时解决与补救,这主要表现在两个方面:一方面可以防止遗忘,更重要的是在发现错误、遗漏和矛盾时能就地补充和改正,及时弥补准确性和适用性上出现的问题,新发现的问题和新线索也能就地及时深入收集资料,以保证论证资料的充足性和准确性;另一方面在搜集资料的过程中,调查者通过对资料提供者的考察,观察者通过对资料来源的实地社会背景的考察,以及通过相互讨论,或派专门人员抽查等方式,对影响资料的各种因素进行分析和控制,对资料的信度和效度进行评估。一般来说,实地资料较文献资料更可靠。

由于客观外在因素的干扰,实地调查要注意一些容易出现的问题。对于观察资料,在搜集资料的过程中,审查资料要特别注意"测不准效应"和"棱镜效应"对资料的信度和效度的影响。所谓"测不准效应"指观察者的参与改变了被观察对象的自然状态,给观察对象可能会做出各种假象来掩饰事情的真实面目,使得自然状态的测定变得不可能了。而"棱镜效应"则指社会现象的感知和解释要通过观察者这面带着自己的价值标准和以往经验的棱镜而再折射出来,从而导致观察资料的不准确。在搜集过程中审查访问资料则应特别注意被访问者的态度比如是否信任调查者以及信任的程度,和本人素质如调查对象的理解力、记忆能力、计算能力等等,都有可能影响资料的效度和信度,应该克服这方面的限制,从多方了解事实真相。

资料的审查非常重要,因而要求调查者和研究者细致而认真,不可粗心大意。

二、定性资料分类标准的确定

诚如前述所言,资料整理的第二步是对资料进行分类。

(一)分类原则

定性资料的分类需要一定的标准,分类标准科学,分类才有可能是正确的,因而标准的选择与确定必须以科学理论为指导,以客观事实为依据,同时必须遵循分类原则。主要包括以下一些原则:

1. 有效性原则

有效性原则有两个方面的要求。有效性首先要求分类方式对于研究目的是有效的,因而分类必须服从于研究目的。例如,要研究性别、种族对职业地位获得的影响,就可以以性别和种族作为分类标准;研究职业声望状况,就可以用职业作为分类标准。如果不是按研究目的设立的分类标准,就无法恰当的解释研究问题;其次,有效性还要求这一分类能有效的反映现实社会现象,因而分类必须能反映现象的本质特征。社会现象的特征分为本质的和非本质的,要抓住事物的真实面貌,必须能抓住事物的本质特征,因而为了有效地解释研究问题,分类就要能反映社会现象的本质特征。例如,马克思对阶级的分类标准即对生产资料的占有情况就抓住了问题的本质。

2. 互斥性原则

互斥性原则,就是分类标准必须互斥,同一条资料只能归于一类,而不能既属于这一类别,又属于那一类别,以致在不同的类别中重复出现。比如教育水平按小学、中学、大中专,本科以上,博士,则博士既可划入本科以上,又可归入博士,这一标准就违背了互斥性原则,造成分类的混乱。

3. 完备性原则

完备性原则,是指分类标准必须能把每一条资料都包括进去,每一条资料都要有所归属,分类结果包括全部资料即达到穷尽而没有遗漏。如将人按性别分类就是可以实现完备性原则的分类标准。但是,有些分类要达到完备并非易事,如在调查个人信仰时,我们可以分为佛教、基督教、天主教和回教,但是还有人不信教,就达不到穷尽,违背了完备性原则。解决这个问题可以在这些类别之外加上"其他"类,这样就可以保证每个调查者都能为自己的回答找到类属。

4. 同一分类层次原则

同一分类层次原则,指的是各类别必须处于同一分类层次,高层次与低层次不能并列,否则就会犯"超级分类"的错误。例如,动物、植物、猫科、微生物,这个分类就是错误的。

有了以上参照原则,就可基于研究的假设或理论对研究资料进行分类。而分类标准本身又分为不同种类。

(二)分类标准的种类

分类标准可以分为品质标准和数量标准两大类。品质标准就是反映事物属性差异的标准。例如,学历、民族、学校类别、企业所有制等等,均属于品质标准。数量标准,是指反映事物的数量差异的标准,例如收入作为划分生活水平的标准,年龄也是一种数量标准。

分类标准还可以分为现象标准和本质标准两类。现象标准就是反映事物的外部特征与外在联系的标准,如时期、地域、年龄等。按现象标准分类可以帮助研究者建立研究资料的档案系统,便于对资料进行存取和查找。本质标准是指反映事物的本质特征或内部联系的标准。例如,上述马克思阶级理论的分类标准——对生产资料的占有。按本质标准分类不仅可以建立资料存取、检索的系统,也是研究者对客观事物的规律进行总结的途径,常常反映出研究者的理论观点。

资料分类的方法有两种,即前分类和后分类。前分类,就是在设计调查提纲、调查表格或调查问卷时,按照事物或现象的类别设计调查变量或者指标,然后按分类指标收集和整理资料。这样,分类工作在调查前就安排好了。有结构观察的提纲、标准化访问的记录、问卷中的封闭式回答等大都采取前分类的方法。后分类是指在调查资料收集起来后,根据资料的性质、内容或特征分类。文献资料、无结构观察和非标准化访问的记录、问卷调查中的开放型回答等,一般在搜集资料后做分类工作。

(三)分类的作用

分类在定性资料的整理和分析中有着什么样的作用呢?可以从三个方面来把握:

1. 列出社会现象或社会单位的类型

分类后运用比较法对不同类型的社会现象进行比较,分析差异产生的原因,进而能更好的从整体上揭示出问题的根本原因,然后做出理论解释。比如,将跨文化人际交往研究以国别进行分类比较不同国家人际交往的方式、社会网络结构,以及探索不同文化对人际交往的影响等等。

2. 反映总体的内部结构

将一个总体分为性质各异的若干组成部分,从中我们就可以看出总体的构成部分,部分之间的区别和联系,对总体的影响是怎样的。例如,以年龄反映人口结构状况,以城乡消费水平反映社会发展的二元结构状态,以企业所有制类型反映区域的社会经济结构等等。

3. 分析社会现象间的依存关系

分类可以让我们从数量上揭示出社会现象间互相联系、互相依存、互相制约的关系,例如,通过列联表揭示职业地位和政治态度之间的关系,宗教信仰和生活态度的关系,年龄构成和人口质量的关系等。

可见,分类不仅是一种资料整理的程序,而且也可以作为一种分析和认识问题的方法。

三、定性资料的汇总和编辑

分类标准确定后,就要将资料归类,并且使其具有一定的逻辑结构,这就是汇总和编辑要做的工作。

资料的分类是将内部同质的资料合在一块,而将异质资料分开。而资料的编辑则主要强调资料的编排要有一定的逻辑结构。编辑可以按人物、也可以按事件发生的背景或按发生的时间顺序以及按分析的要求等。以分析影响某城市青少年犯罪的原因为例,如果是分类可能就会以性别,能从总体上区分资料的异质性和构成的类别作为分类标准,而如果是编辑则可按原因的种类编辑,比如父母婚姻状况、家庭经济社会地位如何、邻居与社区情况、学校班级环境、个人情况,如有无不良朋友,受教育状况等等。如果有需要,我们还可以对资料的价值和对现实的意义做出简短的评价,以供进一步研究参考之用。

定性研究中常见的是个案研究,为了更好的比较个案和对个案做出正确的估价和分析,对资料进行分类,使资料尽可能数量化,并且分析方法和看问题角度标准化,就变得很必要。早在 1940 年第

24 期《应用心理学》上，拉扎斯菲尔德和罗宾逊发表的《个案研究的定量化》中，提出了以下几个操作步骤：(1)确定对个案进行分类的标准。(2)根据分类标准，决定各个案记录指标中的项目或与这一分类有关的项目。如采用“统治与服从”的分类标准，若想知道某人是统治还是服从，至少要挑选一些有用的项目。(3)给各指标赋予数值和符号，依据就是各指标在标准上的位置。要分别给各个案以正值和负值，比如表示某人处于统治地位的事例是 +1，表示服从的则是 -1，不属于任何一方的中间状态是 0。(4)汇总各个案记录的分数，以决定表示各个案位置的最终指数。

第三节　定量资料的整理

一、审查定量资料的内容与方法

对定量资料的审查主要集中在完整性、统一性和合格性上。

1. 完整性审查

完整性审查主要包括两个方面：(1)资料总体的完整性。审查抽样调查中样本数目是否达到要求，与要求相差多大，问卷回收率如何，如果没有达到样本数目要求或者回收率很低，就需要在后续的工作中分析原因以及评估对调查结论的影响。(2)每份资料的完整性。审查每份问卷填答是否完整，问卷上各个项目是否都有回答，统计报表填报是否完全，等等，尽量避免问卷或表格中出现空当。在调查中已经发现并确认的错误，要及时更正。

2. 统一性审查

统一性审查，就是要检查调查中所有的问卷、报表填报方法是否统一，审查对同一指标的数字所使用的度量单位是否一致，不同表格对同一指标的计算方法是否统一等。统计资料的统一性审查更加重要，主要有两个方面，一是审查指标的定义和分组的标准是否与自己研究的分类相一致，否则不能使用此资料，如果使用，必须据研究目的重新分类；二是审查指标统计总体范围是否因年代的更迭、时间的流逝等仍然一致。比如，一个企业 1988 年的年利润是 100 万，而 1998 年则是 500 万，就不能因此认为其年利润 10 年翻了 5 倍，因此要考虑到该企业是否是因为规模的扩大导致成本的增加。

3. 合格性审查

合格性审查，就是要看资料的内容是否符合实际和计算是否正确，具体包括三个方面：(1)提供资料者的身份是否符合所规定的调查对象的身份。资料必须有抽样抽到的调查对象提供，否则视为无效。比如，一份调查农村妇女生育意愿的问卷，本应该由抽到的某一农村妇女来填答，但却由其丈夫填答的，那么这份问卷提供的信息就是不合格的资料；(2)所提供的资料是否符合填答要求。比如，问卷中要求多选的回答者只做了单选，或者单选的却做了多选，这也属于不合格资料；(3)所提供的资料是否正确无误。正确性判断采取三种方法：一是经验检验，就是根据已有的经验或已知的情况来判断资料是否真实和正确，如某单位比较落后，而调查的数据却表明此单位经济水平超过先进单位，这时资料就值得怀疑；二是逻辑检验，就是从资料的逻辑关系检验其是否正确和符合实际，比如，收入和支出、教师数与学生数、人口年龄与婚姻状况、性别与生育状况、文化程度与职业之间都有一定的逻辑联系，如果支出严重超过收入、教师数与学生数不合比例、10 岁的孩子填已婚、男性在“流产次数”一项里也作了回答，中学文化程度的人填写自己是教授，这些显然都是不合逻辑，是不正确的；三是计算检验,就是通过各种数学运算来审核各项数字是否正确,比如各组数字之和是否等于总数,各部分百分比相加是否是100,平均数、增长速度、各个指数的计算是否有差错等,都是可以通过数学运算来检验的。

二、定量资料的分类与分组

问卷调查一般由多项调查内容组成的,每一份回收的问卷反映了一个具体的研究对象。多项个人情况,即特定个案对调查问题的具体问答,也就是构成一份个案对调查问题的具体回答,从而构成一份个案档案。这些回答中,大量的如职业、婚姻状况、宗教信仰等是非数字回答,有些问卷还会设计开放性问题,要处理好问卷中的非数字回答,就需要首先进行分类处理。而有些是数字,如年龄、经济收入、产品产量等,只要作分组即可。分类和分组的目的都是为了便于下一步的编码。

1. 定量资料的分类

对特定变量的分类,没有固定的方法,要根据研究问题和研究目的而分。如果研究需要对某一变量分出许多类别,则可以分为十几、几十甚至上百类,如果研究变量只是比较某几个方面,则只需几类即可。比如对于回答者职业这一问题,回答者可能有医生、司机、美容师、中学教师、大学教师、经理等等,这就可以分为几十类,对应的就可以编为几十个数字。也可分为工人、农民、干部、军人等几类,因而编为几个数字。但在另外的研究比如分析转型期不同职业人群生活水平的变化中,就可能将职业只分为两类即体力劳动者和脑力劳动者,相应的也就编为“1”和“2”两个数字或者“0”和“1”,这视个人的习惯或方便而定。问卷中的封闭性问题,其回答类别在问卷设计工作中分类已经完成,因而直接做第二步工作,建立回答类别与变量数值间的对应关系。问卷中的开放性问题,因为在设计问卷时不能预测到答案的情况,因此无法事先分类,对回答的问题必须从编码的第一步分类着手。具体做法是:从回收的问卷中抽取一部分问卷,将这些问卷中对这一问题的全部回答抄录下来,或者摘抄,然后根据研究假设和研究目的进行分类。这种情况下,分类多少是个较难确定的问题。如果分类与回答类别一样多,虽然不会造成误会,但却给分析带来很大困难;如果分类太少,则可能因不能将大量异质性的东西分辨出来而丧失研究价值。解决这个问题,可以首先将类别细化,当分析不需要过多的类别时就可以将某些项合并。分类的多少也要考虑统计分析的需要,开放性问题的分类还必须遵循有效性、互斥性、完备性以及同层分类的原则。

2. 定量资料的分组

除了从总体上对特定变量进行分类,还要特别对统计资料进行分组。

分组需要按照一定的标志,把统计资料划分为不同的组成部分,其目的在于了解各组事物或现象的数量特征,以考察总体中各组事物或现象的构成情况等。资料的分组一般有以下三个步骤:

(1)选择分组标志

分组标志类似分类标准,也是分组依据。分组标志多种多样,以调查目的和调查对象具体情况不同而有不同的分组标志。与定性资料的分类相似,统计资料的分组也包括品质标志和数量标志两类,但是定量资料的分组还包括另外的空间标志分组和时间标志分组两种。

品质标志分组,就是按事物的性质或类别差异分组。比如,产品可以分为优质产品和劣质产品,合格产品和不合格产品分组,企业可以按所有制性质、规模、行业、效益等分组,婚姻状况可分为未婚、已婚、离异、丧偶。品质标志分组把不同性质或类别的事物区别开来,对认识异质事物的数量特征和异质事物进行数量对比研究很有帮助。按品质标志分组时各组界限比较容易确定,因而分组也方便。

数量标志分组,是按事物的发展规模、水平、速度、比例等数量特征差异分组。比如,按年龄分组,可以分为青少年、中年、老年等不同年龄阶段;家庭按人口多少分为核心家庭、主干家庭、联合家庭等;企业按固定资产价值分组可分为大型企业、中等企业、小企业等;农民可按人均收入的多少,分为贫困户、温饱户、小康户、富裕户等几个组。按数量标志分组,可以把事物的数量差异区别开来,对从数量上准确地认识客观事物和不同数量特征事物之间的相互关系进行分析和研究很有帮助。但是由于事物之间的数量差异并不一定代表他们之间质的不同以及这种差异具有的相对不稳定性,因此按数量标志分组就不容易确定各组间的界限。

空间标志分组,就是按事物的地理位置、区域范围等空间特性差异分组。比如,人口按居住地分组可分为城市人口和农村人口,也可根据研究需要分为东部、中部和西部人口;文化教育的普及程度,可按省、地、县、乡等行政区划范围分组等等。空间标志分组可以把不同区域的事物区别开来,对于了解事物在空间上的分布状况和不同地理位置、区域范围内的事物进行对比研究很有帮助。

时间标志分组,就是按事物的持续性和先后顺序分组。比如,居民收入水平按年度分组;零售物价指数按月、按季、按年度分组;人口可以按5年、10年进行分组等。时间标志分组可区别不同时点或时期上的事物,对认识事物在不同时点或时期的发展状况和揭示事物不断发展变化的趋势或规律很有帮助。

(2)确定分组界限

简单地说,分组界限就是划分组与组之间地限隔,其内容包括组数、组距、组限、组中值的确定和计算等。

确定组数。组数的确定应从实际出发,根据数量标志的变动范围和项数决定。如果数量标志的变动范围很小,且标志值项数不多,就可以直接将每个标志值列为一组;反之,则将邻近的几个标志组合为一组,减少组的数量,以便于统计和分析。比如,调查农村7岁至12岁的学龄儿童入学率,可以将每一岁的儿童分成一组。但如果调查人口年龄结构时,就没有必要每一岁为一组,那样会增加工作量,也影响分析研究质量,可以将邻近的5个年龄合为一组(当然如果研究需要,也可把10个年龄合为一组),减少组数。一般认为,对项数较多的数据进行分组,以5组至7组为宜,且组数尽量避免偶数,奇数为好。

计算组距。组距就是各组中最大值和最小值之间的差距。

划分组限。组限就是组距两端的数值。一般将每个组的起点数值(最小值)称为下限;终点数值(最大值)称为上限。组限的形式有两种:封闭式和开口式。封闭式组限是指在变量数列中,最小组的下限值和最大组的上限值是确定的具体数值;而开口式组限则指在变量数列中,最小组的下限值或最大组的上限值是不完全确定的。

划分组限时如某一标志值正好与组限范围的组限值一致时,应遵循统计学中的"上限不在内"的原则,将其划归到下限的那一组。

计算组中值。组中值是各组标志值的代表值,由各组的上限和下限之间的中间数值来确定。计算公式为:

$$封闭式组中值=(下限+上限)/2$$

开口式组中值分为两种情况,即:

$$缺下限的组中值=(开口组上限-相邻组的组距)/2$$

缺上限的组中值 =(开口组下限 + 相邻组的组距)/2

(3)分组的具体形式

分组因选用的标志种类不同而有不同的具体形式,具体有简单分组、复合分组、单变量值分组和组距分组等。

简单分组,就是只选用一个标志对资料进行分组。比如把职工按性别分组,企业按所有制类型分组等。

复合分组是对调查资料在原有分类标志的基础上进行再分类。比如下一章我们要讲到的表5—2—13的教育水平一类下面又分为三类,就是复合分类。

单变量值分组,就是把每一个变量值作为一组。这一分组形式一般适用于离散变量且变量值较少的情况。连续变量或变量值较多的时候,一般采用组距分组。

组距分组,就是把全部变量值依次划分为若干区间,并将这一区间的所有变量值作为一组。采用组距分组时,要注意遵循"不重不漏"的原则。组距分组又分为等距分组即组距分组时各组的组距相等与不等距分组即组距分组时各组的组距不相等。

三、定量资料的编码

为了进行定量分析,必须把非数字形式的答案转化为数字形式,也就是要编码。编码就是将文字资料转化成数字形式的过程。编码是为了用一组变量表示各项调查问题,用每一变量的不同取值表示对这一问题的不同回答,从而使文字资料转化为数字形式,最终建立回答类别与变量数值间的对应关系。编码的符号可以用阿拉伯数字表示,也可以使用阿拉伯数字以外的符号代替,比如英文字母、希腊字母等。例如性别这一类,可以用"1"表示男性,"2"表示女性,也可以用字母"A"表示男性,"B"表示女性。但多数情况下会用到阿拉伯数字,因为数字计算起来比较方便。最后需要说明的是,这种数字或字母仅仅表示一种代表作用,并不说明任何数量上的意义。

编码需要两个步骤,首先是对被调查者给出的答案进行分类或分组,然后建立回答类别与变量数值间的对应关系。关于资料的分类或分组前面已经讲述,这里就不再赘述。

对资料编码的方法,主要有三种:预编码、后编码和边缘编码。

1.预编码

在设计问卷时对回答的每一种类都编排好编码值,并印在问卷上。预编码主要用于那些回答类别事先已经知道的问题,而且主要是封闭性问题,或者回答主要是数字而不需要从文字资料转换为数字形式的问题。比如关于文化程度的调查:

您的文化程度是:□ 1.文盲或识字很少

□ 2.小学

□ 3.初中

□ 4.高中

□ 5.中专、技职校

□6. 大专

□7. 大学

□8. 研究生

<table>
<tr><td>4. 您的文化程度是：

7</td><td>□1. 文盲或识字很少
□2. 小学
□3. 初中
□4. 高中
□5. 中专、技职校
□6. 大专
☒7. 大学
□8. 研究生</td></tr>
</table>

或者 4. 您的文化程度是：　4. 7

□1. 文盲或识字很少

□2. 小学

□3. 初中

□4. 高中

□5. 中专、技职校

□6. 大专

☒7. 大学

□8. 研究生

例子中每个回答类别前的数字就是其编码。如果调查对象回答了“大学”，则研究者在往计算机登录存储时，回答者对文化程度的回答就是“7”。预编码无法用于开放性问题回答，这也是它的缺点。

2. 后编码

后编码就是在问卷回收之后进行问卷的编码过程，一般用于开放性问题的编码。由于后编码的复杂性，因此研究人员一般尽量不使用开放性问题。

3. 边缘编码

边缘编码实质上是一种预编码的方法，不同之处在于，它不仅规定了编码值，而且给出了每个项目记录回答编码的空间。所以边缘编码就是在问卷上每个调查项目旁边的空白处标明填写编码的位置，现在用得最多。例如：

或者 4. 您的文化程度是：4. 7

1. 文盲或识字很少
2. 小学
3. 初中
4. 高中
5. 中专、技职校
6. 大专
7. 大学
8. 研究生

关于问卷中无回答问题编码的处理。调查中难免会出现无回答的问题，因此在设计问卷时每一个提问都要增加一个无回答的编码。在编制问卷和搜集数据时，调查者和研究者应该尽量避免无回答情况的出现,很明显这对以后的整理和分析工作都会产生影响。但是如果出现了无回答,就要想办法加以处理,一般是在整理资料时对其进行编码。对无回答问题的编码就要明显区分无回答与其他回答。常用的方法就是用数字“9”或者几个“9”代表无回答。如果某个问题的编码是一位数字表示时就用一个“9”,如果问题编码是两位数字时就是“99”,以此类推。但是如果数字“9”代表着真实回答时,就必须换用其他不可能出现的数字作为编码,比如年龄这一项,适合用“0”作无回答编码。不建议用空白来处理无回答,另外,无回答也不能简单的被看作缺失值或回答率低,因为有些问题对某些调查对象是不适宜回答的,比如无电脑的调查对象无法对上网频率做出回答。

在专门的社会调查中,除对问卷或调查表中的所有问题进行编码外,还要对问卷编号、问卷所属区域或部门、其他要进行统计的分类标准进行编码。

四、数据的录入

数据录入,就是将编码后的数字形式的资料输入到计算机的资料卡片上建立个案档案和数据库,并存储起来,以便由计算机进行分类和汇总。

数据的录入有两种方式:

1. 个案录入。个案录入,就是将各个调查对象的全部数据资料以编码的形式记录在一张张卡片上,建立个案档案。个案录入适用于调查对象的数量和调查项目较少,人工进行统计分析就可完成的情况,因而不适于为电子计算机处理数据做准备。由于定量资料的处理越来越多的采用计算机技术,这种录入方式已经很少使用了。

2. 总体录入。总体录入,就是将所有的调查对象的全部数据记录在一张资料卡片上,建立数据库。总体录入时,数据与项目之间的对应完成取决于数据所处的位置,所以在登录时一定注意不要漏掉或添加字符。一旦某一项漏掉了或者添加一个字符,该项后面的数据就全错了。录入工作非常重要然而又往往比较枯燥和容易疲劳,因此,录入时一定要集中精力,细致耐心,编码员和录入员应该具备一定的文化水平,最好经过培训。

数据录入完成后,还要利用计算机进行逻辑检查,通过编制相应的程序检查录入的数据中是否存在非法码、无效码或者其他不合逻辑的数据,然后加以修正。“非法码”或者“无效码”是指那些在某项资料代码(即编码时所设定的号码范围)取值范围以外所编的代码。比如,我们规定体力劳动者和脑力劳动者的代码为0~1,那么2~9等数字均为非法码或者无效码。计算机检查非法码或无效码时,主要依据代码的取值范围来辨别的,落在范围之内的计算机会认为其是有效的,而如果某项编码的取值范围较宽,恰巧录入时错码也落在了取值范围之内,那么计算机就无法辨别其是否合法。比如,年龄这一类别,其取值范围比较广,如果某人的年龄是36岁,编码为“036”,但如果我们输入为“063”,这时计算机是无法识别其错误的。所以,录入后的检查是十分必要的,但还是应该在录入时耐心细致为妙,避免造成不必要的麻烦。

数据录入并检查修正后,就形成了以一行代表一个调查对象的具体情况,而以一列或几列组合成某一项的全体调查对象的档案资料,也就是数据库。

五、定量资料的汇总

一项调查以一个或几个完整的数据库出现后,下一步就是对数据进行汇总。所谓定量资料的汇总就是根据研究的目的，利用数据库，对经过分类或分组后的各种数据进行计算和加总，汇集到有关的表格之中，以集中系统地反映调查资料总体内部的数量情况。汇总的资料一般采用电子计算机进行，并通过表格或图形表现出来，主要是统计表和统计图，关于这一点，将在以后的章节里详述，这里不再赘述。

汇总的目的，主要是初步了解数据的分布情况，并且为编制次数分布表做准备，进一步的还要为深入的统计分析做准备，同时也有利于保存调查资料。

须考察它的前提条件是否得到满足。

2. 制定分析方案

(1)我们在进行社会调查的时候就会根据研究的内容首先确定什么是自变量和什么是因变量，在取得大量的数据之后，数据之间的联系使这种自变量和因变量的之间关系变得复杂起来。因此，在进行统计分析时有必要再次确定什么是自变量和什么是因变量，明确了两者的内容之后我们才能更好的根据预先设定的理论假设来检验我们数据调查的准确性，验证我们所得的检验结果是否和我们的设想是一致的。

(2)确定了自变量和因变量之后，接下来确定在自变量和因变量基础上组合而成的新的变量，我们称之为组合变量。组合变量可以是最基本的自变量和因变量的代数和，也可以是经过复杂的加权之后的两者的变量和，但是并不是任何的研究都要产生新的组合变量，这个要根据实践研究的情况来确定。

(3)变量分组。我们在调查之前所确定的变量的分组只是简单的将变量的区分，起到一个辅助调查的作用，也有利于更好的整理所得到的数据资料，而在进行统计分析时要更进一步的进行变量分组，将意义相近的和性质相同、相似的归为一组，以便更好的进行数据分析，找到我们最初研究时确定的假设根据。

(4)根据数据统计的特点，制定适当的统计方法。比如，我们在对变量进行分组时设定了四个变量组，那么就可以根据这四组的变量而采用不同的计算方法，如可以求第一组的斯皮尔曼相关系数，也可以求第一组的皮尔逊相关系数等等。

(二)统计分析的原则

由于各个统计方法都是不同的，都具有自己独特的假设前提、应用范围和功用。所以要在进行数据分析和检验理论假设时要采用不同的统计方法，否则，我们得到的只能是毫无意义的统计结果，或者是和实际相差很大的没有稳定性的结果。

统计分析是建立在定性研究基础之上的定量的研究。社会调查所收集的信息，不是对事物内在联系的描述，而是对事物简单的外在属性的描述，我们也只有确定了事物的属性之后才能在这个基础上建立起对事物内在联系的考察。所以统计分析的第二个原则就是定性是基础，定量和定性相结合。

变量有四种测量的尺度：定类、定序、定距以及定比。一般来说，低层次的测量尺度所用的方法在高层次的测量尺度也可以适用，而高层次的测量尺度所用的方法则不能适用于低层次的测量尺度，这样在统计分析的时候就要求我们明确地区分各个层次的测量尺度，以便更好地确定对应的测量尺度的方法。

由于我们在进行调查研究时总要考虑到所收集资料的分布形态，也就是说，我们在进行统计分析的时候就要注意到数据是怎样的分布形态，是正态的还是偏态的，是集中趋势分布还是离散趋势分布。在使用一个统计公式时必须考虑到这些情况，这是由于统计分布所使用的公式总是在一定的理论假设的前提下使用的，如果是不符合理论假设的前提，那么所使用的公式进行的统计分析只能得出和数据反映不相关的、毫无用处的检验结果。

最后，我们在得到了统计的结果后，总要对这个结果做出一定的解释。这个就要求我们要根据数据所反映的真实的状况，结合社会、历史、文化等背景综合的考虑和揭示调查资料所反映的真实的情况，以对我们的社会常态运行做出统计学和社会学的解释或建议。如果只是简单的根据资料内容来就事论事，那么这种理解将会有失偏颇，也背离了社会调查的本意。

第二节　单变量统计分析

单变量统计分析就是对某单一变量的数量特征的描述和分析，是对其大量数据做统计概括，它是最简单也是最基本的统计。

一、变量的层次

如果我们稍加注意就会发现不同类别的变量在具体计算、分析中其使用的范围也有所不同。比如，性别这一类别，经编码后的取值，它只有类别属性之分；而关于态度、评价、意见等的测量，则会排出“非常同意、比较同意、无意见、不同意、非常不同意”，它的取值除了属性，还有程度、顺序之分，我们不能把其顺序打乱来计算；对于家庭子女数，各取值除了有顺序可比外，变量值之间还可以加或减，我们可以说 4 个孩子的家庭比 2 个孩子的家庭多两个孩子：4 - 2 = 2。

1. 定类层次的变量

定类层次的变量，简称定类变量，是变量层次最低的，它的取值只有类别属性之分，而没有大小、程度之分。从变量值上我们只能知道研究对象是相同或不同的，而不能比较哪个大或小，哪个程度更重。比如，性别只有男女之分，我们不能比较认为男 > 女、或女 > 男，也不能分辨出哪个在态度、评价、意见等程度上更重。所以从数学运算特性来看，定类变量只具有等于或不等于的属性。

2. 定序层次的变量

定序层次的变量，简称定序变量，高于定类变量，它的取值有类别属性之分，还有等级、顺序之分。从变量值上，我们可以知道研究对象是相同或不同的，也可以知道哪个更大、哪个程度更重。其数学运算特性除具有等于或不等于，还有大于或小于之分。比如，教育程度（文盲、小学、高中、大学、硕士、博士），社会地位（上等、中等、下等），意见（赞成、无意见、不赞成）等。

3. 定距层次的变量

定距层次的变量，简称定距变量，它高于定序变量。其取值既有类别、顺序属性之分，取值间的距离还代表变量特征的量的间距。其数学运算特性既可以等于、不等于，大于、小于，也可以加或减。比如，前面提到的家庭子女数。

4. 定比层次的变量

定比层次的变量，简称定比变量，是最高层次的变量。它可以等于、不等于，大于、小于，加、减外，还可以乘或除，构成一个有意义的比率，它的一个重要特征是具有一个实在意义的真正零点。比如，年龄可以认为是一个定比变量，它有一个零点，就是刚出生的瞬间，所以可以说 40 岁是 20 岁的两倍。一般用到定比变量的情况比较少，比较常用的还是前三个层次的变量。

二、变量的分布

变量的分布包括，频次分布和频率分布两类。

1. 频次分布。变量的频次分布，指的是一个变量的各个情况或取值出项的次数。比如调查某小企业A的员工构成状况,该企业共有员工120人,他们之间存在着技术上和年龄上的差别,如果按照技术上的差别来进行数量的统计,那么就得到工人技术构成状况的频次分布,而对年龄的数量统计则是年龄的频次分布。如表5—2—1:

表5—2—1 A企业员工年龄构成的频次分布

年龄	人数	年龄	人数
20~25	20	41~45	15
26~30	22	46~50	9
31~35	28	51~55	6
36~40	19	55~60	1

从上面的频次分布我们可以一目了然的知道该企业的各个年龄段的人数有多少,从而可以判断它是一个年龄结构合理的企业还是一个年龄结构不合理的企业。

2.频率分布。变量的频率分布,就是用变量的某一情况或取值的频次数除以总个案数。频次分布可以初步简化资料,并且也可以对变量的分布特征做简单清晰的描述,但是不能比较不同样本的变量特征的差异。比如,另一企业B有150名员工,其年龄构成为如表5—2—2:

表5—2—2 B企业员工年龄构成的频次分布

年龄	人数	年龄	人数
20~25	30	41~45	19
26~30	37	46~50	7
31~35	33	51~55	2
36~40	21	55~60	1

从表5—2—1与表5—2—2中,我们无法对两企业的年龄构成进行比较,因为样本容量不同。但是通过频率分布我们就可以完成此项工作。如表5—2—3:

表5—2—3 A企业和B企业员工年龄构成的频率分布

序号	A企业		B企业	
	频次(人)	频率	频次(人)	频率
1	20	16.67%	30	20%
2	22	18.33%	37	24.67%
3	28	23.33%	33	22%
4	19	15.83%	21	14%
5	15	12.50%	19	12.67%
6	9	7.50%	7	4.67%
7	6	5%	2	1.33%
8	1	0.83%	1	0.67%
合计	120	100%	150	100%

注:1:20~25,2:26~30,3:31~35,4:36~40,5:41~45,6:46~50,7:51~55,8:56~60。

通过上表的频率分布我们就可以比较同一年龄段的员工在两个企业的分布情况，可以看出 A 企业和 B 企业年龄构成相差不大。

一般频率分布用比率的形式表示，也就是将每一变量取值的频次数/总个案数 ×100（或 1000 或 10000 等）。它排除了样本规模的影响，故而可以用来比较不同的样本。

为了便于了解变量取值某一段之上或之下的分布情况，我们还可以计算变量的累积频次和累积频率。累积频次（率）是将频次（率）从上到下逐行累加而成的，如表 5—2—4：

表 5—2—4　某企业职工收入状况

收入	f	$cf\uparrow$	$cf\downarrow$	p	cp ↑	cp ↓	% ↑	% ↓
800 ~ 850	85	85	400	0.2125	0.2125	1.0000	21.25	100.00
851 ~ 900	116	201	315	0.29	0.5025	0.7875	50.25	78.75
901 ~ 950	74	275	199	0.185	0.6875	0.4975	68.75	49.75
951 ~ 1000	70	345	125	0.175	0.8625	0.3125	86.25	31.25

注：累积的频数用 cf 表示；
$cf\uparrow$ 上向累积；
$cf\downarrow$ 下向累积。

我们想要知道某一段之上或之下的占总数的的比重是多少，就可以从上面的累积表中轻易地找到这些信息。比如，如果要知道收入在 950 元以下的有多少，直接就可以从表中看出是 275 人，占总量的 68.75%。

三、统计表和统计图

对变量分布有了初步认识后，如何更加直观清晰地将所得数据表示出来呢？这就要运用统计表和统计图。

1. 统计表。就是用表格的形式将变量分布表示出来。统计表一般分为表号、表头、内容、统计数据和解释说明五个部分。向上面的表 5—2—4 就是一个标准的统计表。

在表中要运用多种方法来进行变量分布的统计，这样有利于直接反映数据后面显现的内容，为以后的理论研究和进行假设检验做准备。

在制作统计表时，如果有未回答或回答不符合要求的情况，可通过两种方式处理：一是仍然以调查对象的总数为基数计算频率，然后在统计表的下面、紧挨着表的地方加上一类即未详，并注明未详数目；二是以有效回答为基数计算频率，然后在统计表的下面、紧接着表的地方注明未详及其数目。

2. 统计图。就是用图形的形式将变量的分布情况表示出来。这样使变量分布的表达更加直观，比枯燥的数字更加生动形象醒目，给人以清晰和深刻的印象。

统计图可以分为：条形图、直方图、折线图、圆瓣图、散点图等，我们可以通过 EXCEL 来绘制。

（1）条形图。条形图是用条形的高度来表示不同取值的频次（率）的分布，以及数量的大小，其宽度没有意义，一般的都画成等宽长条，它主要适用于定类变量和定序变量。

图 5—2—1

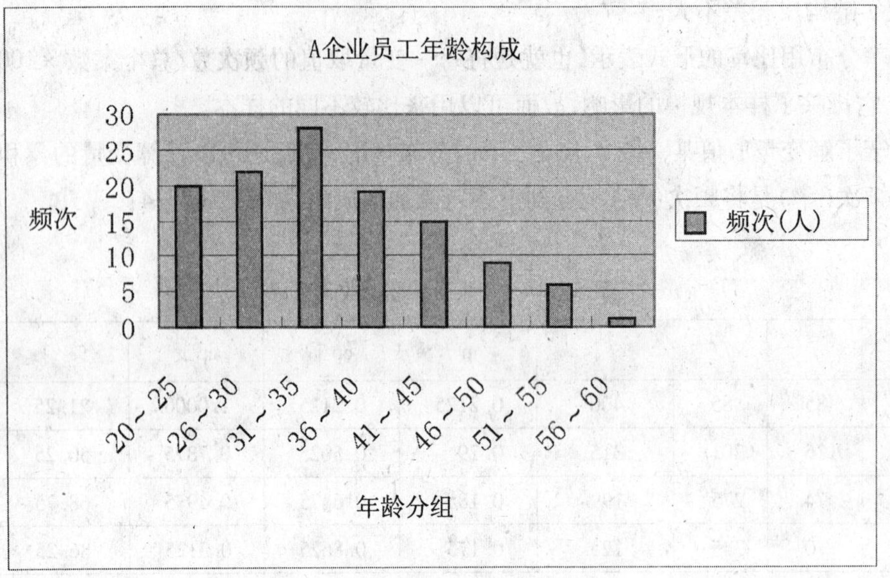

图 5—2—2

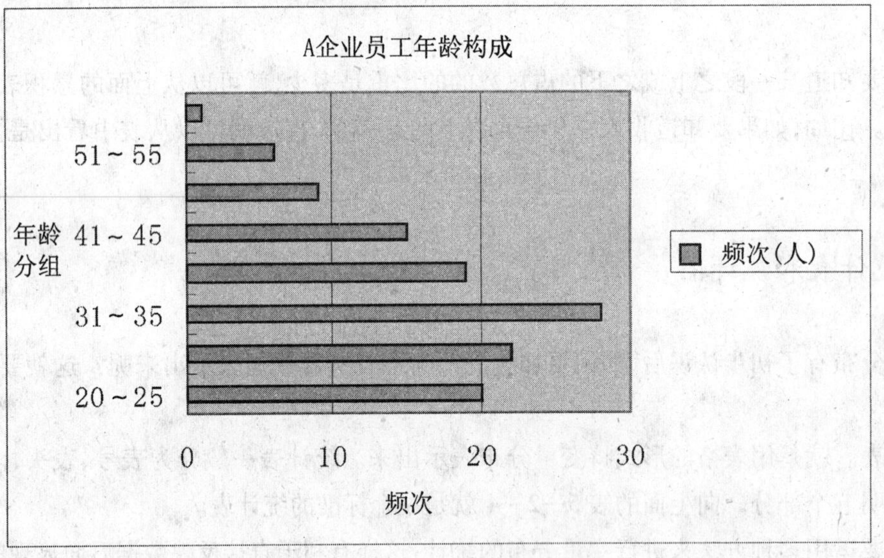

长条的排列可以是离散的，也可以是紧挨着的。条形图有两种形式：长条平行于纵轴（图 5—2—1）与长条平行于横轴（图 5—2—2）。

（2）直方图。直方图也是由相邻着的长条构成的，从图形上看，直方图和条形图相似，但直方图的长条宽度有意义，它是用长条的面积表示频次（率）的大小，长条的纵轴高度表示频次（率）密度，长条宽度表示组据。频次（率）密度 = 频次（率）/组距，如图 5—2—3。它主要适用于定距变量。

（3）折线图。用直线连接直方图中条形顶端的中点，得到的就是折线图。折线图可以清晰反映资料频次分布的趋势。当组距逐渐减小时，折线逐渐平滑为曲线，如图 5—2—4。它也主要适用于定距变量。

图 5—2—3　A 企业员工年龄构成

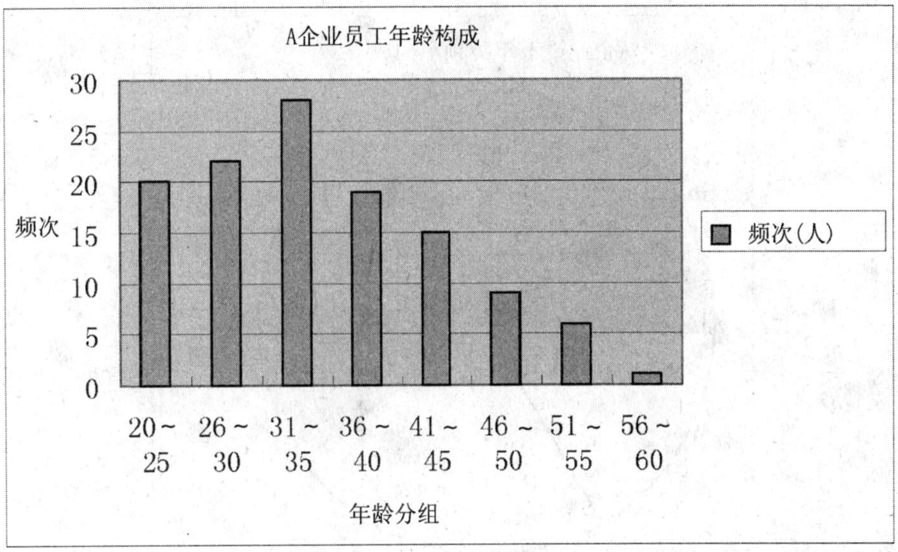

图 5—2—4　A 企业员工年龄构成分布

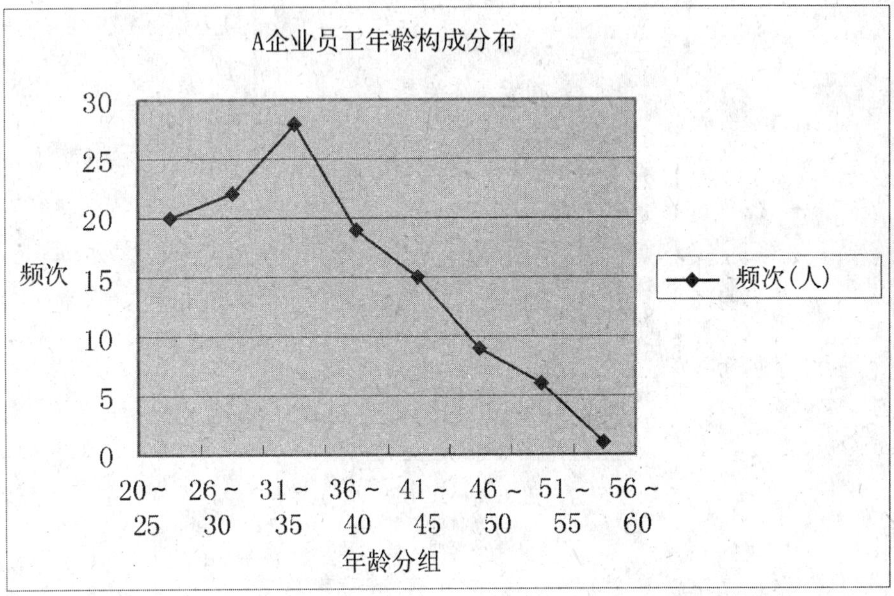

(4)圆瓣图。也叫饼图,它是将变量分布展示在一个圆的平面上,通常用圆形代表现象的总体,用圆瓣代表现象中的一种情况,其大小代表变量取值在总体中所占的百分数。具体的制作方法是将统计表中的百分数乘以 360°,就可以得到各圆瓣之圆心角度数。仍以 A 企业员工的年龄构成为例,如图 5—2—5。圆瓣图适用于定类变量。

(5)散点图。散点图一般用来展示两个变量之间的关系,比如想看一看一个成年女儿和她的母亲之间的身高关系。如果母女身高之间存在某种联系,那么图表中的坐标点将近似形成直线;如果母女身高之间不存在某种联系,坐标点将随机地散布在图表中。如图 5—2—6。

图 5—2—5

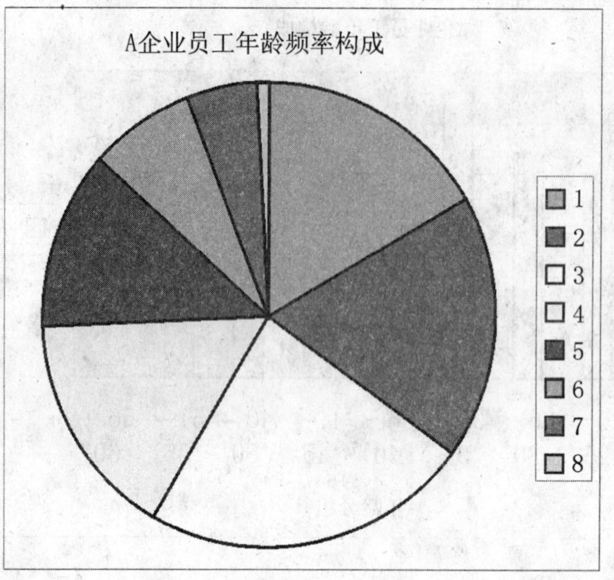

图 5—2—6

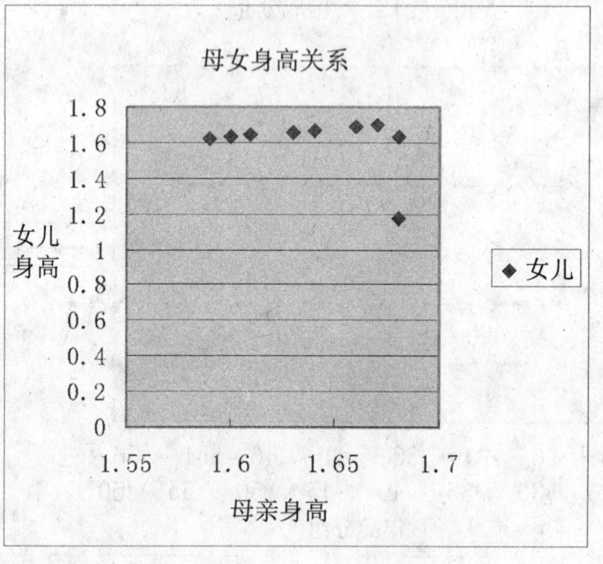

图示说明该母女身高之间不存在联系。

四、集中趋势分析

用分布来了解变量的情况,是最全面的研究方法,但是有时我们并不需要通过对变量的详尽了解来描述或分析变量的特征,而只需一个或几个典型的变量值或特征值来了解变量的大概情况。这就涉及到集中趋势分析。集中趋势就是用一个典型数据来代表整个数据的状况,体现某一现象的共性典型,这样的一个代表数据就称为集中趋势统计量。在统计分析中要根据测量层次的不同而采用不同的集中量来表示。常用的集中趋势测量的指标有众数、中位数和平均数。

1. 众数

众数就是在数据中出现频次(率)最高的变量值,简写为 *Mo*。

(1)原始数据求众数

原始资料求众值首先要对原始数据从小到大排序,出现次数最多的那个数值就是众数。例如:1,1,1,2,2,2,5,5,5,5,5,5,5,5,8,8,9,9。

上面我们看出 5 出现的次数是最多的,所以,*Mo* 就是 5。

(2)分组数据求众数

分组数据的众数就是频数最大的区间的组中值点。以 A 企业员工年龄构成为例:

表 5—2—5　A 企业员工年龄构成的频次分布

年龄	人数	年龄	人数
20～25	20	41～45	15
26～30	22	46～50	9
31～35	28	51～55	6
36～40	19	55～60	1

从上面的统计数据和分组状况来看,处于 31 岁至 35 岁的年龄层次的人数是最多的,共有 28 人,其组中值是 33,所以 $Mo=33$。总的来说,以众数来预测所犯的错误是最小的。

(3)次数资料求众数

江村女青年找对象的标准:

标准	相貌	人品	文化	健康	职业	能力	经济条件	政治条件	家庭背景	感情
人数	55	122	51	104	13	29	16	13	6	82

其中次数最多的是人品为 122,所以 *Mo* = 人品。

众数是以出现次数最多的变量值代表性数值,有着很大的局限性。比如,如果出现两个或两个以上取值同为出现次数最多的,就无法确定哪个是众数了。

2. 中位数

中位数就是位于数据序列中央位置的变量值,它将观察数值一分为二,简写为 *Md*。

一般将数据从小到大排序,那么 *Md* 的取值就是 $(N+1)/2$(N 为观察案例总数)处的变量值。中位数的求法也分为三种情况。

(1)根据原始数据的特点求中位数

在原始数据比较少的情况下,可直接地将数据排队,处于中央位置的数值就是中位值。计算方法是 $Md=(N+1)/2$(N 为观察案例总数)。在对数据排队时我们可以观察到这样的现象,如果数据总数是奇数的,那么中位值是存在的,即使处于中央位置的数值;而当数据总数是偶数时,中位数是不存在的,落于两个数值的中间。一般的是取两个数值的平均值充当中位值。

比如,一组原始数据经排序后为 6,10,15,20,23,27,30,其中位数位于 $(7+1)/2=4$,其值为 20。

当 N 为偶数时，6，10，15，20，23，27，30，38，其中位数为 $(20+23)/2=21.5$。

（2）根据数据频次计算中位数

当 N 为偶数时，$(N+1)/2$ 处没有数值，此时中位数为居于中间位置左右两数的平均数；当变量以频次分布形式出现时，要根据频次求中位数要计算统计数据的累加频次，然后用 $(N+1)/2$ 算出中位数所在的位置，然后利用累加频次查找中位数。如：

表 5—2—6 学生成绩等级表

成绩	频次	累积频次(cf↑)
A	150	150
B	225	375
C	170	545

中位值的位置 $=(N+1)/2=273$

根据累积频次可以判断中位值 $Md=B$

（3）分组资料中位值的求法

分组数据求中位值是根据统计数据的累积频率来求得的，首先是求出累积频率含有 50% 的区间，再根据 50% 区间的上下界限的界值计算。

中位值 $Md=L+[(U-L)(50\%-L\%)]/(U\%-L\%)$

或者，中位值 $Md=[L(U\%-50\%)+U(50\%-L\%)]/(U\%-L\%)$

其中，U 为上界值

L 为下界值

$U\%$ 为上界累积百分比

$L\%$ 为下界累积百分比

还可以利用累积频次来计算中位值。

中位值 $Md=L+(N/2-cf\uparrow)/n(U-L)$

其中，n 为中位值组的频次

$cf\uparrow$ 为含中位值区间的真实上下界累积(上向)频次

N 为调查总数

以表 5—2—4 为例计算中位数：

Ⅰ. 利用统计表中的累积百分比，找出含有 50% 的区间。表 5—2—4 中，50% 的区间在 21.25% 与 50.25% 之间。

Ⅱ. 求出含有 50% 区间的上界值 U、下界值 L、上界累积百分比 $U\%$、下界累积百分比 $L\%$。

$L=850$，$U=900$

$L\%=21.25\%$，$U\%=50.25\%$

$$Md=[L(U\%-50\%)+U(50\%-L\%)]/(U\%-L\%)$$
$$=[850(50.25\%-50\%)+900(50\%-21.25\%)]/(50.25\%-21.25\%)$$
$$\approx 931.7$$

利用累积频次求中位数的情况，与此类似。

3. 平均数

平均数简写为$\overline{X}$,也叫均值。均值比众数和中位数都灵敏,是对资料信息运用最充分的。均值的求法同众数和中位数相同,也有三种情况。

(1)根据原始数据求均值

当原始数据比较少时,可以直接的计算原始数据的总和,然后除以观察总数。

$\overline{X} = \sum X_i / N$

$\overline{X}$:变量X的均值

$\sum X_i$:资料所观察到的观察值的总和

N:观察总数

例如:六户工人家庭人数分别为:7,3,11,10,4,7

六户干部家庭人数为:6,5,5,8,10,8,7

所以,$\overline{X}$(工) = (7 + 3 + 11 + 10 + 4 + 7)/6 = 7

$\overline{X}$(干) = (6 + 5 + 5 + 8 + 10 + 8 + 7)/6 = 7

由此可知,干部家庭的平均人口和工人家庭的平均人口相同。

(2) 根据频次分布计算均值

根据频次分布计算均值,就是用加权平均数公式求得:

$\overline{X} = \sum n_i X_i / \sum n_i$

其中$n_i X_i$表示变量值X_i与它对应的频次n_i的乘积

$\sum n_i = n_1 X_1 + n_2 X_2 + \cdots n_k X_k$

$\sum n_i = n_1 + n_2 + n_3 + \cdots + n_k$

例如:某校经济系四个年级的缺勤率如表5—2—7:

表5—2—7 年级缺勤率

年级	缺勤率(%)	年级人数(f)
97	4%	60
98	8%	160
99	9%	210
00	9%	50

那么,我们怎么求全系的缺勤率呢?

就可以利用加权平均数公式:

$\overline{X} = \sum n_i X_i / \sum n_i = (4\% \times 60 + 8\% \times 160 + 9\% \times 210 + 9\% \times 50) / (60 + 160 + 210 + 50)$

$= 8.04\%$

但不可用:(4% + 8% + 9% + 9%)/4 = 7.5%

加权的意思就是每一数值的不同比重,年级人数多的1%的比重要比年级人数少的1%的比重大。比如,上面99级的人数远大于00级的人数,那么99级1%的人数比重一定大于00级。

(3)根据分组数据计算均值

当遇到分组数据来计算均值的时候,我们一般是根据分组数据的中心值来计算均值的,然后按加权平均数公式计算平均数。虽然用中心值替代原始数据会产生误差,但对于社会学的统计来说,这个计算的精确度是足够的,不会影响我们统计推论和检验理论假设。

计算公式为:

$\overline{X} = \sum n_i b_i / \sum n_i$

例如:对某企业抽样调查120名职工,他们的月工资收入分组整理后如表5—2—8。采用上述公式计算120名职工的月平均工资,其过程如下:

表5—2—8　某企业职工的月工资收入

工资分组/元	人数/人	比重/%	累积人数/人
600～700	19	15.8	19
700～800	30	25.0	49
800～900	42	35.0	91
900～1000	18	15.0	109
1000以上	11	9.2	120
合计	120	100	—

计算120名职工月平均工资,见表5—2—9。

表5—2—9　某企业职工月工资收入

工资分组/元	组中值 b_i	人数 n_i	$n_i b_i$
600～700	650	19	12350
700～800	750	30	22500
800～900	850	42	35700
900～1000	950	18	17100
1000以上	1050	11	11550
合计	—	120	99200

$$\overline{X} = \sum_{i=1}^{n} X_i b_i / \sum_{i=1}^{n} bi = 99200/120 = 826.67(\text{元})$$

4.众数、中位数和平均数的比较

(1)无论是众数、中位数还是平均数,三者的设定目的都是相同的,都是要在大量的数据中找出一个有代表性的数值来表示数值整体的特征,都反映的是统计数据的集中趋势。相对而言,三者的适用范围又是不同的。一般地,

定类变量:众数

定序变量:众数 中位数

定距变量:众数 中位数 均数

但这并不是绝对的。比如,定序变量如果求平均等级也可使用均数;而我们把定类变量的每一类别赋予一个数,如体力劳动者=1,脑力劳动者=2,如果计算脑力劳动者在总体中所占的比例,实质也是特殊的均数。在统计技术中,因为均数的灵敏性,我们运用更多的应该是均数。

(2)众数使用的是资料中最大频次这一信息,因而,对资料的使用是不完全的。如果两份资料中的最大频次相等,那么,众数的比较与区分就没有意义了。中位值则考虑的是变量数据的顺序和居中位置,因而,与总体的频次分布有关,但是由于居中位置与变量的其他值的大小是没有关系的,也就是其他变量数值大小的影响不起作用,同样不能完整的反映总体的特征。均值则既考虑到频次分布,又考虑到了变量值的大小,因而它的代表性是最突出的。

(3)如果分布是严重的偏态的,那么均值对资料信息的最充分利用这一特点就无法体现了。比如,一个地区的人均收入水平很高,但却是此地区少数富翁的存在使得平均收入提高了,这就没有反映真实的情况。因此,为避免这种失误,应使用中位值作为偏态分布的集中趋势的代表值。均值适用于单峰和基本对称的图形才是合理的。

(4)所谓正态分布和偏态分布,简单地说就是统计数据的频次(率)分布所形成的图形是对称的还是不对称的,我们把对称的图形分布称为正态分布,把不对称的图形分布称为偏态分布。在正态分布中众数、中位数和均数是重合的。而在偏态分布中三者是相互分离的,三者中,均数变化是最快的,中位数次之,而众数是不变的。

五、离散趋势分析

众值、中位值和均值反映的都是调查数据的集中趋势,显现的是统计数据的整体特征,虽然能表示统计数据的共性,但是它却无法的说明其所概括的数据内的每组数据间的差异。引入一个新的测量统计指标——离散趋势,就变得很必要。和集中趋势一样,离散趋势也是对变量进行特征描述的量数,它们之间的不同是:集中趋势描述现象的共性,用样本资料推论总体时,集中值说明的是如何估计和预测总体;离散趋势描述的是现象的差异性,离散量数越大,说明数据分布越分散,此时,集中值对数据的代表性就越低,相反,说明数据的分布越集中,集中值对数据的代表性越高。另外,离散趋势有样本资料推论总体时,说明的是这一估计与预测的误差大小。两者在描述数量特征时是互补的。常用的离散趋势测量指标有异众比例、极差、四分互差和方差。

1. 异众比例(V_R)

异众比例是相对于众数(众值)而言的,异众比例就是非众值的总频数在总数中所占的比例。可以看出,异众比例是对众值的补充。

其计算公式是

$V_R=(N-f_{mo})/N$

其中 N 为统计数据的观察总数;

f_{mo}为统计数据中众值的频数。

从上面的公式我们可以推断出异众比例越大,则众值的代表性越差,那么所提供的信息量也就越有限;而异众比例的数值越小,则众值的代表性越好,能充分的体现统计数据的整体特征。

2. 极差(R)

极差,就是统计数据的最大值和最小值之差,它是对定序以上的变量分散程度的测量。极差越小则说明统计数据的集中性,极差越大则说明统计数据是非常离散的。但是由于统计资料本身的特点,当个别的极值过大时不能充分的代表极差用于表达统计数据的离散特性。如图5—2—7。

图 5—2—7

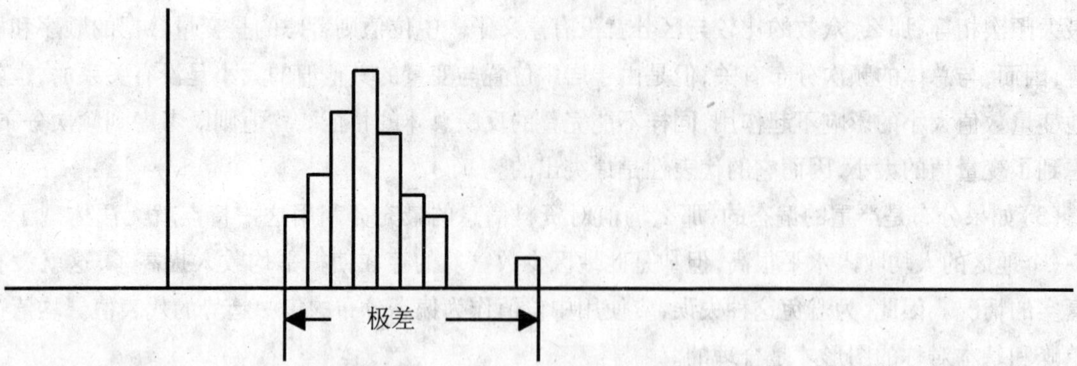

3. 四分互差(Q)

四分互差也叫四分位差。简单地说,四分互差就是一组统计数据的 3/4 位置的数据和 1/4 的数据之差,它也是对定序以上变量分散程度的测量的一种方法,但它优于极差之处在于可以克服极值对分散测量的干扰。四分互差越大时,表明该统计数据的离散性越大,数据之间的联系不紧密;而四分互差越小则反映统计数据比较集中,数据之间的联系紧密。

计算公式:$Q = Q_3 - Q_1$

把按顺序排列的一组数据分成四个数据数目相等的段落,其中各段分界点上的数被称为四分位数,那么第一个四分位数就是 Q_1,其以下包括了 25% 的数据,第三个四分位数就是 Q_3,其以下包括了 75% 的数据。

依据数据是否分组,而使得四分互差的求法具体有所不同。

(1)未分组数据

a. 根据原始资料计算四分互差

$Q = Q_3 - Q_1$

例如:12 名同学的英语成绩分别为

70,85,72,95,64,98,82,80,76,62,90

　　↓(72)　　　↓(76)

　　Q_1　　　Q_3

四分互差 $Q = Q_3 - Q_1 = 76 - 72 = 4$

b. 根据频次分布计算四分互差

$Q = 3/4(N+1) - 1/4(N+1)$

在这中间有可能涉及的是中位值,$M_d = 1/2(N+1)$

例如表 5—2—6 的成绩分布

Q_1 的位置 $= 1/4(545+1) = 134$

Q_3 的位置 $= 3/4(545+1) = 403$

$Q_1 = A$

$Q_3 = C$

所以 $Q = Q_3 - Q_1 = A—C$

结论,有 50% 的成绩在 A 与 C 之间。

(2)分组数据

对于分组数据,求 Q_1 与 Q_3 的方法与求中位数的方法相同。首先要找出含有25%和75%的区间,然后求出25%和75%所对应的值。根据频次分布求四分互差,其计算公式为:

$Q_1 = L_1 + (N/4 - cf_1)/n_1(U_1 - L_1)$

$Q_3 = L_3 + (3N/4 - cf_3)/n_3(U_3 - L_3)$

其中 L_1、L_3 是含有累积百分比25%、75%区间的下限,

U_1、U_3 是含有累计百分比25%、75%区间的上限,

cf_1、cf_3 是含有累积百分比25%和75%区间的下限累积(向上)频次,

n_1 是含有累积百分比25%的频次 ,n_3 是含有累积百分比75%的频次。

如果运用百分比的累积频率,可以将上述的公式简化为

$Q_1 = [L_1(U_1\% - 25\%) + U_1(25\% - L_1\%)]/(U_1\% - L_1\%)$

$Q_3 = [L_3(U_3\% - 75\%) + U_3(75\% - L_3\%)]/(U_3\% - L_3\%)$

其中,$L_1\%$、$L_3\%$ 是累积百分比含有25%、75%区间的下限累积百分比,

$U_1\%$、$U_3\%$ 是累积百分比含有25%、75%区间的上限累积百分比,其余同上。

例如:根据表5—2—10中,

$U_1 = 700, L_1 = 600, U_3 = 800, L_3 = 700$

$cf_1 = 19, n_1 = 30, cf_3 = 49, n_2 = 42$

表5—2—10　某企业职工月工资收入

工资分组/元	组中值/元	人数/人	比重/%	累积人数/人	累积比重/%
600~700	650	19	15.8	19	15.8
700~800	750	30	25.0	49	40.8
800~900	850	42	35.0	91	75.8
900~1000	950	18	15.0	109	90.8
1000以上	1050	11	9.2	120	100
合计	—	120	100	—	—

$Q_1 = L_1 + (N/4 - cf_1)/n_1(U_1 - L_1) = 600 + (120/4 - 19)/30 \times (700 - 600) = 636.8$

$Q_3 = L_3 + (3N/4 - cf_3)/n_3(U_3 - L_3) = 700 + (120 \times 3/4 - 49)/42 \times (800 - 700) = 797.7$

$Q = Q_3 - Q_1 = 161.1$

4. 方差与标准差($б^2$、$б$)

方差就是每一个观察值与其平均数的差的平方和再除以全部观察总数,即

$$б^2 = \sum(x_i - x)^2/N$$

标准差则是方差的正平方根,即

$$б = +\sqrt{б^2}$$

(1)未分组的数据

a. 根据原始资料计算方差与标准差

这里,我们举例讲述方差与标准差的计算步骤。

例如:某变量值的一组观察值如下:

73,85,63,81,53

第一步:根据变量观察值计算平均值$\overline{X}$,

$\overline{X}=71$

第二步:计算观察值与均值之差(x_i-x),分别为:

2,14,-8,10,-18

第三步:求平方$(x_i-x)^2$,分别为:

4,196,64,100,324

第四步:求平方和$\sum(x_i-x)^2$,

784

第五步:除以N,就得方差,

$$6^2=\sum(x_i-x)^2/N=784$$

第六步:开方得到标准差,

$$\begin{aligned}6&=+\sqrt{6^2}\\&=\sqrt{176.8}\\&\approx 13.297\end{aligned}$$

以图表的形式表现出来就是如表5—2—11:

表5—2—11

变量(X)	(x_i-x)	$(x_i-x)^2$
73	2	4
85	14	196
63	-8	64
81	10	100
53	-18	324
$\overline{X}=71$	$\sum=0$	$\sum=784$

我们也可以把上述计算标准差的公式简化为:

$$6=\frac{1}{n}\sqrt{N\sum_{i=1}^{n}X_i^2-\left(\sum_{i=1}^{n}X_i\right)^2}$$

其计算过程如下:

$$\begin{aligned}\sum(X_i-\overline{X})^2&=\sum(X_i-2\overline{X}X_i+\overline{X}^2)\\&=\sum X_i^2-2\overline{X}\sum X_i+N\overline{X}^2\\&=\sum X_i^2-2N\overline{X}^2+N\overline{X}^2\\&=\sum X_i^2-N\overline{X}^2\end{aligned}$$

$$= \sum X_i^2 - \frac{\left(\sum X_i\right)^2}{N}$$

将这一公式代入标准差公式即可：

$$6 = \sqrt{\frac{\sum(X_i - \bar{X})^2}{N}}$$

$$= \sqrt{\frac{\sum X_i^2}{N} - \frac{(\sum X_i)^2}{N^2}}$$

$$= \frac{1}{N}\sqrt{N\sum X_i^2 - (\sum X_i)^2}$$

b. 根据频次分布计算方差和标准差

仍以表 5—2—6 为例。

只需把变量的和变为变量每个观察值与该观察值频次的乘积之和即可；把变量观察值平方之和变为每个观察值的平方与该观察值频次的成绩之和，$\sum X_i^2 = \sum n_i X_i^2$。所以，见表 5—2—12。

表 5—2—12

变量（X）（成绩）	X^2	频次	频次乘变量（X）	频次乘 X^2
$X_1(1)$ $X_2(2)$ $X_3(3)$	$X_1^{\ 2}(1)$ $X_2^{\ 2}(4)$ $X_3^{\ 2}(9)$	$n_1(150)$ $n_2(225)$ $n_3(170)$	$1\times150=150$ $2\times225=450$ $3\times170=510$	$1\times150=150$ $4\times225=900$ $9\times170=1530$
总和	—	$N=\sum n_i=545$	$\sum n_i x_i = 1110$	$\sum n_i x_i^{\ 2} = 2680$

则其标准差为：

$$6 = \frac{1}{N}\sqrt{N\sum X_i^2 - (\sum X_i)^2}$$

$$= \frac{1}{N}\sqrt{N\sum n_i X_i^2 - (\sum n_i X_i)^2}$$

$$= \frac{1}{545}\sqrt{545 * 2680 - 1110^2}$$

$$= 478.017$$

（2）分组数据

分组数据，可以用中心值 b_i 来代替变量值 X_i 标准差，那么计算标准差的公式就与上述相同，把变量 X_i 换为 b_i：

$$6 = \frac{1}{N}\sqrt{N\sum n_i b_i^2 - (\sum n_i b_i)^2}$$

除上面介绍的方法之外，方差还有其他的计算方法，统计学上一般的运用标准差来进行检验，标准差越大，表示分布越小，也就是离散的程度越小，而标准差越大，表示分布越大，就是离散的程度越大。

上面我们介绍了四种离散趋势测量分析的方法。对于每一种离散趋势测量分析方法都要求有一定的适用范围和统计上的要求。具体是：

定类变量——适用异众比例

定序变量——适用四分互差(四分位差)

定距变量——适用方差和标准差

第三节 双变量统计分析

在一项调查中一个变量的统计是非常特殊的情况,实际调查中往往要涉及两个或两个以上的项目或变量。将各个变量联系起来分析就是多变量分析,而只分析其中的两个变量的关系就是双变量分析。双变量分析要比单变量分析要复杂,它的分析方法主要包括:相关、列联表、削减误差比例、相关分析、方差分析和回归分析等。

一、相 关

(一)变量间的关系

为了便于理解相关,我们首先对变量间的关系作简单介绍。

变量间的关系是指两个或两个以上变量之间相互联系的关系,它包括相关关系、因果关系和虚无关系三种。

1. 相关关系

当变量间是相关关系时,就表示一个变量的变化会引起另一个变量的相关变化,反之亦然。比如,声望和权力之间的关系,"声望随权力的变化而变化",一个声望很高的人一定也拥有很大的权力。值得注意的是,相关关系并不等于因果关系。在相关关系中,无法区分哪个是因,哪个是果。如上面的例子并没有说明是由于权力而获得声望,还是因为声望而获得权力。

2. 因果关系

如果相关关系的两变量之间明确显示一个变量的变化会引起另一个变量的变化,那么这种关系就称为因果关系。因果关系必须符合三个条件:第一,两个变量之间必须有相关关系;第二,两变量之间的关系不是由其他原因导致的;第三,在时间上,前一个变量先于后一个变量。比如,学生个人的努力程度影响个人学习成绩这一个关系中,首先个人学习不努力一定不能取得很好的成绩,所以它们之间有着联系,是相关关系;其次控制个人智力、性别、教师教学方法等可能与个人学习成绩相关的因素,个人努力程度与个人学习成绩仍然是相关的;最后一点,在时间上,一定是先努力学习了,才能取得一定的成绩。

3. 虚无关系

当变量间是虚无关系时,就表示从某一个变量的变化很难或者根本不能预测到另一个变量以怎样的方式发生变化。比如,体重和智力之间没有任何关系,我们从不同体重的变化中,难以预测出个体智力的高低。也就是说,虚无关系的变量之间不存在共变关系。在统计分析中,如果我们能够检验出变量之间的虚无关系(在检验中,通常进行虚无假设)被否定,那么,就可以给予命题中各变量的关系以更令人信服的证实。

(二)相关

明确了相关关系是一种重要的变量关系之后,我们将对相关关系作进一步阐述。

相关这种变量关系并不是完全确定的。一个变量值确定了,而另一个变量值将还可能在一定范围内发生变化,而不是随着前一个变量值完全确定,它不同于函数关系。函数关系是确定性的关系,即当一个变量值确定之后,另一个变量值也随之完全确定,比如,圆的面积和它的半径之间的函数关系。相关关系的不确定性主要是因为,在社会生活中,一个现象的变化不仅仅受到我们关心的因素的影响,而且还受到很多其他因素的影响,它们之间错综复杂的关系有些在人们暂时未能认识之列,有些虽已被认识但由于研究工具与方法的缺陷等仍然无法控制。比如,青少年犯罪的原因,除了有家庭影响因素外,还有社会交友、个人成长经历、生理心理、电视报纸等许多其他因素在起作用。另外,计量上的误差,也会造成现象间的变量关系的不确定性。

相关关系可按不同的标志区分为不同的种类:

1. 相关的程度分完全相关、不完全相关和不相关

一个变量的变化由另一个变量的变化所确定,则称为变量间关系的完全相关,如上面提到的圆的面积与其半径间的关系。这种情况下,相关关系即是函数关系,函数关系也可以说是相关关系的一个特例。如果两个变量之间互不影响,变量值的变化相互独立,就是不相关,也可以称为虚无关系。介于完全相关与不相关之间的两变量关系就是不完全相关。不完全相关是主要的相关现象,也是统计相关分析的主要研究对象。

2. 按相关的性质分正相关和负相关

正相关(也叫直接相关)就是一个变量值的增加伴随另一个变量值也增加,或者一个变量值的减少伴随另一个变量值的减少。比如,人们的生活水平随着经济水平的提高而提高。负相关(也叫逆相关)则是一个变量值的增加伴随另一个变量值的减少。比如,生产一件产品随着它的技术水平的提高,生产时间降低。一般用"+"表示正相关,"-"表示负相关,这里正负号仅表示变量之间关系变化的方向。

3. 关的形式分为线性相关和非线性相关

在统计图一节中,我们已经通过散点图对线性关系与非线性关系有了感性认识。什么是线性关系与非线性关系呢?实际调查两个相关的变量,获得反映这个变量相关关系的一组数据。一个变量的数值和另一个变量的对应数值在平面直角坐标系中确定一系列点,如果这些点的分布情况大致近似地散布成为一条直线,则这两个变量构成线性相关的形式。如果变量相关点的分布,并没有表现为直线的关系,而近似于某种曲线方程的关系,则这种相关关系称为非线性相关。

4. 按影响因素的多少分为单相关和复相关

两个相关变量,即一个因变量对应一个自变量的相关关系,称为单相关。当所研究的现象是几个变量的相关,即一个因变量对应两个或两个以上自变量的相关关系,称为复相关。在实际生活中,如果存在多个自变量,我们可以通过把握其中最主要的因素,研究其相关关系和把复相关化为单相关。

二、列联表

列联表又称为交互分类表。交互分类法是同时依据两个变量的值,将所研究的个案分类。而交互分类表就是将两个变量各标志次数分配进行交互分类的统计表。交互分类的目的是将两变量分组,然后比较各组的分布状况。例如,我们研究教育水平与最大志愿的关系,见表5—2—13。

表5—2—13　青年人教育水平与其志愿的关系

志愿	教育水平			总数
	高	中	低	
快乐家庭	10	40	10	60
理想工作	0	40	30	70
增广见闻	15	0	10	25
总数	25	80	50	155

从表中可以清楚地了解到在每个教育水平下，志愿的次数分布情况。因此这样的表又叫做条件次数表。表的最下一行和最右一列是每种教育条件和每个志愿的总次数，称为边缘次数，其分布称为边缘分布。其余的次数称为条件次数。每一条件下的分布称为条件分布。比如，教育水平低的有50人（这是边缘次数），其中以快乐家庭、理想工作和增广见闻为最大志愿的分别为10人，30人，10人（这些是条件次数），由此可知，这些青年中大多数是以理想工作为最大志愿的。同样，可以知道其他教育水平的志愿分布情况。

条件次数表有大小之分。计算它的方法，一般是将因变量值的数目乘上自变量值的数目。如果将因变量放在表的旁侧，将自变量放在表的上端，那么表的大小就是横行数目（rows，简写为"r"）乘以纵列数目（column，简写为"c"），即表的大小 = r × c。这个先后次序意味着前者（因变量）受后者的（自变量）影响。上表中有三横行和三纵列，所以该表的大小 = 3 × 3。如果教育水平从三级变为两级，但志愿的分类不变，则表的大小 = 3 × 2。如果教育水平不变，而志愿变为2类，则表的大小 = 2 × 3。需要注意的是，3 × 2 与 2 × 3 是不同的，这是因为不同位置的数值代表不同的变量。

条件次数表中的数字是绝对数字，由于各个类别的基数不同，相互间无法进行比较，因而不能看出两变量之间的关系。比如，上表中中等教育水平的青年中有40人的志愿是理想工作，低等教育水平的则有30人，前者多于后者，是否能表示前者较多以理想工作为最大志愿呢？我们可以看到表的下端显示前者的基数是80人，而后者是50人，也是前者多于后者，我们不易下结论。为了克服条件次数表的这一缺点，使各个类别之间可以比较，就将表中的绝对数字转变成相对数字——百分数，如此制成的表称为条件百分表。下表就是上表的条件百分表。

表5—2—14　青年人教育水平与其志愿的关系

志愿	教育水平		
	高	中	低
快乐家庭	40%	50%	20%
理想工作	0	50%	60%
增广见闻	60%	0	20%
总数	(25)	(80)	(50)

将表中的各列条件百分比率相互比较，就可以知道教育水平对志愿的影响。例如，将各列条件百分率对比，可以知晓高等教育与中等教育水平的青年都重视家庭情况，但是前者比后者更重视增广见闻，而中等教育水平的青年更重视工作情况。低等教育水平的青年比其他教育水平的青年更以工作

为重。总的来说,青年人最大志愿因为教育水平不同而有所分别。可以得出结论,教育是决定青年人志愿的因素之一。

在制定条件百分表时,我们最好要遵循一定的原则,主要如下:

(1)每个表的顶端要有表号和标题。表号可以让讨论更方便和减少混乱。简明的标题,则能使读者容易领会表内数值的意义。如上表"表 - "是表号,"青年人教育水平与其志愿的关系"是标题。

(2)在表的上层(即自变量的第一个值旁边)写上"%"符号,表示下列的数值都是百分率。这样可以简化表内的数值。如果每个数值都给了"%"符号,表内就会变得繁复了。

(3)表下端括号内的数值,表示在计算百分率时所根据的观察总数。标出这些数值,不仅可以使我们知道各列百分率的基数,而且也使我们可以随时将百分率变回原来的次数值。在研究报告中,如果有条件百分表,就不需要条件次数表了。

(4)表内百分率数值的小数位要保留多少,应该视研究的需要,但要保持一致性。

三、削减误差比例

削减误差比例是对变量间关系的一种测定,简称为 PRE。在相关系数的各种类型中,大部分都含有削减误差比例的意义。社会研究的主要目的是解释和预测社会现象的变化。以青年人教育水平与其志愿关系为例,我们对于青年人最大志愿的测定,要推测青年人的一般志愿是什么,或者推测不同教育水平下青年人的志愿的差异与类别。在做这种推测和解释时,难免会有误差,但如果我们依据样本的分布,就能削减这种误差。例如表 5—2—14 中可以推测出高等教育水平的青年人的一般志愿是增广见闻(出现频率最高的变量值),中等教育水平的青年人的一般志愿是家庭和事业并举,低等教育水平的青年人的一般志愿就是有一份理想的工作,这种依据最高频率做出的推测可以最大限度地削减误差。如果我们知道另一种社会现象与这种社会现象有关,比如我们知道青年人的教育水平与他们的志愿有关,则根据社会现象 x(教育水平)来预测社会现象 y(志愿),应能减少这种推测或解释的误差,而且 x 与 y 的关系越强,所能减少的误差就应越多。因此,通过所减少的误差的多少,可以反映出 x 与 y 的关系强弱。

我们假设在不知道 x 的情况下,预测 y 值时产生的全部误差是 E_1,在知道 x 的情况下,根据 x 预测或解释 y 值时所产生的总误差为 E_2,则由 x 预测或解释 y 时所减少的误差为 $E_1 - E_2$,这个数值与原来全部误差 E_1 相比,就是削减误差比例,$PRE = (E_1 - E_2)/E_1$。PRE 越大,表示以 x 预测或解释 y 时所减少的误差越多,解释力也就越强。也就是说,PRE 的值表示的是用一个社会现象(x)来解释另一个社会现象(y)时,能够消除百分之几的错误,即 x 对 y 的解释力有多大。由上式可知,PRE 的值在 0 与 1 之间,当 $E_1 = 0$ 时,$PRE = 1$,说明 x 与 y 完全相关,x 能百分之百解释 y 的变化;若 $E_2 = E_1$,则 $PRE = 0$,说明 x 与 y 之间没有关系,x 对 y 无解释力。

削减误差比例适用于各种测量层次的变量,但公式中的 E_1 与 E_2 的具体定义在不同层次的变量间,或同一层次的变量内部有所不同。这一统计值具有的意义是合乎社会研究的需要的,因而它是变量间关系测量的基础。

四、相关分析

相关分析是以一个统计值表征变量与变量之间的关系,这个统计值通常被称为相关系数。一般地，大多数相关系数取值在（-1，1）之间，0 代表无相关，±1 代表完全相关，相关系数越大，表示相关程度越强。前面提到，± 号表示的是相关的方向，但对于两个定类变量，它们的相关不存在方向的问题。我们需要特别说明的两个问题是：第一，尽管相关系数可以描述变量间的有无、大小和方向，但是相关系数到底多大时才能断定两个变量有必然的、规律性的联系，是不容易确定的，在统计学中一般需要大到 0.7 以上，但是社会现象间有这样密切的联系很少，因此研究人员一般需要结合定性分析来判断事物内在的、本质的联系；第二，数据所展示出的相关（或无关）关系，事实上也许并不反映变量间存在（或不存在）有意义的关系。相关系数通过各种类型来测量不同层次变量间的关系。下面我们主要介绍 5 类不同测量层次的各种相关系数。

1. 两个定类变量

用于测量两个定类变量的相关系数，主要有 Lambda 与 Tau-y 两种。

（1）Lambda 系数。它的基本逻辑是，以一个定类变量的值来预测另一个定类变量的值时，若以众值作为预测准则，可以减少多少误差。Lambda 相关系数有两种形式：Ⅰ、对称形式，简写为 λ 系数，用于测量的两个变量间的关系是对等的，即无自变量与因变量之分；Ⅱ、非对称形式，简写为 λ_{yx} 系数（注意：系数的写法是 λ_{yx}，不是 λ_{xy}，表示 y 是受 x 影响的）即所测量的两个变量间有自变量和因变量之分，x 表示自变量，y 为因变量。其公式如下：

$$\lambda=\frac{\sum m_x+\sum m_y-(m_x+m_y)}{2N-(M_x+M_y)}\text{（对称）；}$$

$$\lambda_{yx}=\frac{\sum m_y-M_y}{N-M_y}\text{（不对称）；}$$

其中 M_y = Y 变量众数的频次；M_x = Y 变量每个取值之下的 X 变量的众数的频次；m_y 为 X 变量的每个取值之下的 Y 变量众数的频次；N = 调查对象总数。

Lambda 的取值在 0 ~1 之间。Lambda 系数具有削减误差比例的含义。λ 系数（对称形式）的公式假定 x 与 y 之间不分谁是自变量或因变量，因此在计算系数值时既根据 x 值来预测 y 的众数，也根据 y 值来预测 x 的众数，然后取两者所削减的误差的平均数。λ_{xy} 系数（非对称形式）的公式假定 x 为自变量，y 为因变量，其分母表示在不知道 x 值的情况下来预测 y 的众数时所产生的全部误差，即 $E_1=N-M_y$；分子则表示根据 x 值来预测 y 值的众值所能削减的误差，其计算方法时：$E_1-E_2=(N-M_y)-(N-\sum m_y)=\sum m_y-M_y$。

表 5—2—13 中教育水平与青年人的志愿的相关系数 $\lambda_{yx}=\frac{\sum m_y-M_y}{N-M_y}=\frac{15+40+30-70}{155-70}=0.18$。说明当用教育水平预测青年人的志愿时，能削减误差 18%。

（2）$Tau-y$ 系数。简称 τ_y 系数，它是用来测量变量间非对称关系的一种方法，其中 y 为因变量，x 为自变量。τ_y 系数也具有削减误差比例的含义，通常都用经过简化的公式 $\tau_y=\frac{\sum_1^r\sum_1^c\frac{f_{ij}^2}{F_i}-\frac{\sum_1^r F_j^2}{N}}{N-\frac{\sum_1^r F_j^2}{N}}$ 计算，其中 F_j（j = 1，2，…，r）为 y_j 的边缘分布次数，F_i 为 X_i（i = 1，2，…c）的边缘分布次数；f_{ij} 为同属于 x_i 和 y_i 的个案总数；r 为 y 变量的类别数；c 为 x 变量类别数；N 为观察总数。τ_y 的取值在 0 ~1 之间。

上述公式是如何得到的,这一系数的逻辑是什么呢？了解这一过程和它的计算逻辑,会有助于我们更好的理解 $Tau\text{-}y$ 系数。依据对削减误差的定义,首先求出 E_1(即不知道 x 时预测 y 时的全部误差)和 E_2(即知道 x 时预测 y 所犯错误的误差),最后就可计算削减误差比例。具体的公式如下：

$$E_1 = \sum_1^r \frac{(N - F_j)F_j}{N}$$

$$E_2 = \sum_1^r \sum_1^c \frac{(F_i - f_{ji})f_{ji}}{F_i}$$

$$Tau - y = \frac{E_1 - E_2}{E_1}$$

将 E_1,E_2 的公式代入 $Tau - y$,就会得到上面的简化公式。

τ_y 系数的逻辑则是,在 E_1 公式中假设将全部观察总数(N)随机分配于因变量 y 上,但其边缘分布次数保持不变。这样的分配显然是有误差的,每个因变量值的误差就是不属于该值的个案数目($N—F_j$)所占全部个案(N)的比例乘以该值的个案数目(F_j)。这样,E_1 的公式就代表不知道 x 而预测 y 时所犯的全部误差。E_2 公式的逻辑可以同理解释。它首先计算将每个 x 值(i)上的个案(F_i)随机分配于各个因变量值时所犯的错误,然后把各个误差相加,就表示以知道 x 值来预测 y 值所犯的错误总数。

仍以前面表 5—2—13 为例：

$N = 155$,教育水平为自变量 x,$c = 3$,F_i 分别为 25,80,50；

志愿为因变量 y,$r = 3$,$F_j = 60,70,25$。

每个变量值都代表同属于某想 x 值与 y 值的个案数目 f_{ji}。

$$\sum_1^r \sum_1^c \frac{f_{ij}^{\ 2}}{F_i} = \frac{10^2}{25} + \frac{0^2}{25} + \frac{15^2}{25} + \frac{40^2}{80} + \frac{40^2}{80} + \frac{0^2}{80} + \frac{10^2}{50} + \frac{30^2}{50} + \frac{10^2}{50} = 85$$

则 $$\frac{\sum_1^r F_j^{\ 2}}{N} = \frac{60^2 + 70^2 + 25^2}{155} = 58.87$$

$$\tau_y = \frac{85 - 58.87}{155 - 58.87} = 0.27$$

通常 τ_y 值比 λ_{yx} 值更敏感,例如表 5—2—13 的资料,$\lambda_{yx} = 0.18$,而 $\tau_y = 0.27$。但 λ_{yx} 值较 τ_y 值易于计算。此外无论是 λ_{yx} 或 τ_y 都是测量变量间非对称关系的,因此 λ_{yx} 与 λ_{xy}、τ_x 与 τ_y 的意义是不同的。

2. 两个定序变量

用于测量两个定序变量间的关系,可以用 Gamma 系数、d_{yx} 系数和斯皮尔曼等级相关系数。

Gamma 系数、d_{yx} 系数和斯皮尔曼等级相关系数都是分析两列等级关系的,其基本逻辑是根据任何两个个案在某变量上的等级来预测它们在另一个变量上的等级时,可以减少的误差是多少,简言之,就是以每个个案之间的相对等级作为预测的准则。

(1) Gamma 系数。一般用 G 表示,它适用于分析两个变量间的对等关系,即两个变量无所谓自变量与因变量之分。G 系数具有消减误差比例的含义。

$G = (N_s - N_d)/(N_s + N_d)$,$N_s$ 表示同序对数,N_d 表示异序对数,其值在$(-1,1)$之间,既表示相关

程度,也表示相关方向。式中同序对是指个案在两个变量上的相对等级式相同的,异序对是指某对个案在两个变量的相对等级上是相反的,以表5—2—15为例。

表5—2—15 三个企业的效益水平与人均收入水平等级

企业	企业效益等级	职工人均收入等级
A	3	2
B	2	3
C	1	1

若调查对象总数为 N,则应有$\frac{1}{2}N(N-1)$对个案,本例调查对象总数为3,因此有3对个案:$A-B$,$B-C$,$A-C$。按照定义,3对中$A-C$,$B-C$是同序对,$A-B$是异序对,即$N_s=2$,$N_d=1$,那么它的等级相关系数$G=(2-1)/(2+1)=+0.33$。它表示企业的效益与其职工人均收入是成正比的,以企业的经济效益等级推测其职工人均收入等级,可以减少33%的误差。从上表我们可以看出,G系数是分析两个等级序列的关系的,故又称等级相关系数,在社会研究中,它所涉及的往往是研究对象本身的某两种特征间的等级关系。例如农村社会经济发展水平与其社会保障水平,企业规模的大小与经济效益水平,教育水平与职业声望,人的阶级地位与偏见程度等。在等级分布表中,有时两个个案分数相同,分不出高低,这时一般用两级的平均值作为这两个个案的等级,如表5—2—16。

表5—2—16 五个企业的规模大小与企业效益水平

企业	企业规模等级	企业效益等级
A	5	5
B	4	4
C	4	4
D	2.5	2
E	1	3

本例中我们用T_x表示仅在变量x上同等级的对数,用T_y表示仅在变量y上同等级的对数,用T_{xy}表示在变量x与y上都同等级的对数。表中$T_x=0$,$T_y=0$,$T_{xy}=1$(B-C)。T_x,T_y,T_{xy}叫做同分对,G系数只考虑同序对与异序对,而不考虑同分对。表中同序对有7对($A-B$,$A-C$,$A-D$,$A-E$,$B-D$,$B-E$,$C-E$),异序对有1对($D-E$),即$N_s=7$,$N_d=1$,所以$G=(7-1)/(7+1)=+0.75$。由此可知,企业规模与企业效益称正相关,相关程度很高。用企业规模大小来推测其效益水平,可以削减75%的误差。

上面的个案资料由于数量少,计算G系数比较简单些,那么大规模调查中资料的等级分布是如何处理的呢?一般使用列联表的形式,如下表中,同序对数量(N_s)等于表内每个频次乘以其右下方全部频次之和,然后加总;而异序对数量(N_d)则等于表内每个频次乘以其左下方全部频次之和,然后加总。

表5—2—17　教育水平与职业声望

职业声望	教育水平		
	低	中	高
低	300	500	800
中	600	1000	500
高	900	400	200

通过表5—2—17中数据可得到同序对数量 $N_s = 300(1000+400+500+200)+600(400+200)+500(500+200)+1000(200)=1540000$；异序对数量 $N_d = 800(1000+400+600+900)+500(400+900)+500(600+900)+1000(900)=4,620,000$。则 $G=(1540000-4620000)/(1540000+4620000)=-0.5$。

如果我们能断定某定序变量示自变量 x，另一个变量是因变量 y，则采用适宜于简化不对称关系的 d_{yx} 系数为好。

(2) d_{yx} 系数。与 G 系数相同，d_{yx} 系数也是等级相关，其值也在 $(-1,1)$ 之间，并且也具有削减误差比例的意义。但与 G 系数不同于的是，d_{yx} 系数测量的是非对称性的两个变量间的关系，也就是说所测两个变量有自变量 x 与因变量 y 之分，因此它计算公式也不同于 G 系数，$d_{yx}=$（同序对数 - 异序对数）/（同序对数 + 异序对数 + 仅在 y 变量上同等级的对数）$=(N_s-N_d)/(N_s+N_d+T_y)$。比如我们把表5—2—16中企业 E 的效益等级改为4。

表5—2—18　五个企业的规模大小与企业效益水平

企业	企业规模等级	企业效益等级
A	5	5
B	4	4
C	4	4
D	2.5	2
E	1	4

表5—2—18中同序对有6对 $(A-B,A-C,A-D,A-E,B-D,C-D)$，异序对有1对 $(D-E)$，即 $N_s=6,N_d=1$，同分对有 $T_y=2(B-E,C-E)$，因此 $d_{yx}=(6-1)/(6+1+2)=0.56$。

如果资料是以次数列联表的形式出现时，同序对与异序对的数量计算方法与 G 系数的列联表形式的相同，T_y 等于列联表中的每个频次乘以它右面的所有同行频次之和，然后加总。例如，表5—2—17中，$T_y=300(500+800)+500(800)+600(1000+500)+1000(500)+900(400+200)+400(200)=2890000$，则 $=d_{yx}(1540000-4620000)/(1540000+4620000+2890000)=-0.34$。

(3) 斯皮尔曼等级相关系数（Spearman）。一般地，我们用 ρ 表示斯皮尔曼系数。与 G 系数和 d_{yx} 系数不同的是，斯皮尔曼相关系数不仅要考虑个案对在两个变量上的相对等级，而且主要是考虑单个个案在两个变量上的等级差异，即它要考虑等级的差异是多少。比如某企业的规模等级是4，而其效益等级是2，则这两个变量不仅等级高低不同，而且相差了两个等级。以 D_i 表示第 i 个企业在两个变量上的等级差异$(x_i - y_i)$，并将用D_i^2来避免正负值相互抵消，x_i为它在x变量上的等级值，y_i为其在y变量上的等级值，N表示全部调查对象总数，则$\rho = 1 - \frac{6\sum D_i^2}{N(N^2-1)}$，ρ取值在$(-1,1)$之间。

斯皮尔曼等级相关是以变量没有相同等级为前提的，如果某些个案在同一变量上的等级是相同的，且相同等级不太多时，可取其平均等级。如下表5—2—19中学生考试成绩出现了82，78两个同分对，处理办法是取平均等级5和8.5。

表5—2—19

分数	96	95	88	82	82	82	80	78	78	65	63
名次	1	2	3	4	5	6	7	8	9	10	11

$(4+5+6)/3 = 5$　　　　$(8+9)/2 = 8.5$

根据表5—2—20中六个学校的教学质量与教学硬件水平我们来计算斯皮尔曼相关系数。

表5—2—20　六个学校的教学质量与教学硬件水平

学校名称	教学质量	教学硬件	D_i	D_i^2
A	1	1	0	0
B	2	3	−1	1
C	3.5	4	−0.5	0.25
D	3.5	5	−1.5	2.25
E	4	2.5	1.5	2.25
F	5	3.5	1.5	2.25

$$\rho = 1 - \frac{6\sum D_i^2}{N(N^2-1)}$$
$$= (6\times 8)/6(36-1)$$
$$= +0.23$$

由此可知，学校的教学质量与教学硬件成正相关，但相关程度不强。必须注意的是，这个统计值没有削减误差的意义，并且不区分自变量和因变量。

3.两个定距变量

测量两个定距变量相关系数的一个最常用指标是皮尔逊（Person）相关系数，一般用r表示，$r = \frac{\sum(x_i - \bar{x})\cdot(y_i - \bar{y})}{\sqrt{\sum(x_i - \bar{x})^2 \cdot \sum(y_i - \bar{y})^2}}$。其中$\bar{x}$是变量$x$的平均数，$x_i$为$x$变量的第$i$个观察值；$\bar{y}$是$y$变量的平均数，$y_i$为$y$变量的第$i$个观察值。$r$值在$(-1,1)$之间。

利用 r 系数时，其前提条件是变量 x 与变量 y 之间存在线性关系，此外还要求调查对象的成对资料 $N\geqslant 50$ 而且两个变量的分布应近似于正态分布。r 系数测量的是两个变量间的对等关系，同时 r 的平方值具有削减误差比例的含义，$r^2=\frac{\left[\sum(x_i-\bar{x})(y_i-\bar{y})\right]^2}{\sqrt{\sum(x_i-\bar{x})^2\sum(y_i-\bar{y})^2}}$。进行实际计算时，一般采用经过简化的公式：

$$r=\frac{N\sum x_iy_i-(\sum x_i)\cdot(\sum y_i)}{\sqrt{N\sum x_i^2-(\sum x_i)^2}\ \sqrt{N\sum y_i^2-(\sum y_i)^2}}$$

$$=\frac{7\times 3816-82\times 338}{\sqrt{7\times 1428}-82^2\ \sqrt{7\times 16714-338^2}}$$

$$=0.0028$$

以下表中的数据为例，介绍 r 系数的计算方法。

表 5—2—21　七家超市广告费支出与销售额

超市	广告费支出/万元(x)	销售额/万元(y)	x^2	y^2	xy
1	2	34	4	1156	68
2	4	46	16	2116	184
3	6	42	36	1764	252
4	10	51	100	2601	510
5	14	54	196	2916	756
6	20	55	400	3025	1100
7	26	56	676	3136	1456
总计	$\sum x=82$	$\sum y=338$	$\sum x^2=1428$	$\sum y^2=16714$	$\sum xy=3816$

$$r=\frac{N\sum x_iy_i-(\sum x_i)\cdot(\sum y_i)}{\sqrt{N\sum x_i^2-(\sum x_i)^2}\ \sqrt{N\sum y_i^2-(\sum y_i)^2}}$$

$$=\frac{7\times 3816-82\times 338}{\sqrt{7\times 1428}-82^2\ \sqrt{7\times 16714-338^2}}$$

$$=0.0028$$

$$r^2=0.00000784$$

r 系数显示广告费支出与销售额之间是弱相关，即不能说明广告费支出多的超市的销售额会比广告费支出少的超市的销售额大。决定系数 r^2 则显示以广告费支出来预测销售额时，基本不能减少误差，也就是广告费支出的多少不能预测销售额。

如果 r 系数的两个变量间关系不符合线性关系的假设，用 r 相关系进行分析就会犯错误。那么如何分析两变量间的非线性关系呢？我们常用的分析方法是相关比例测量法，也就是下面要介绍的 *eta* 平方系数。相关比例测量法似乎测量一个定类变量与一个定距变量相关程度的，即因变量（定距变量）在自变量（定类变量）各值上的差异情况。根据相关比例测量法来测量两定距变量的非线性关系时，可将一个变量看作是定类变量，这是比例相关测量法分析中定类变量不具有数量大小的概念，故不存在是否线性相关的问题。因此两个非线性相关的变量关系分析可用相关比例测量法来测量。

4. 定类变量—定距变量

如果两个变量中，自变量为定类变量，因变量为定距变量时，一般采用相关比率来测量两变量的相关程度。相关比率，又称为 *eta* 平方系数（简写为 E^2），$E^2=\frac{\sum(y-\overline{y})^2-\sum(y-\overline{y}_i)^2}{\sum(y-\overline{y})^2}$，其中$\overline{y}$是因变量 y 的平均数，$\overline{y}_i$是在每个自变量值(x_i)上因变量的平均数。$E=\sqrt{E^2}$，其值在 0～1 之间。

E^2 具有削减误差比例的含义。这是因为，因变量 y 是定距变量，我们不知道 x 时，就可以均值作为预测的准则，全部误差是$\sum(y-\overline{y})^2$（取其平方是为了避免正负值的相互抵消）。如果知道 x_i，所预测的值则应是对应于这个 x 值的 y 值的均值$\overline{y}$，那么预测时所犯的误差总数是$\sum(y-\overline{y}_i)^2$。所以所削减的误差就是$\sum(y-\overline{y})^2-\sum(y-\overline{y}_i)^2$。由于 E^2 的公式是消减误差与全部误差的比例，因此 E^2 的公式就具有削减误差比例的含义。

一般地，我们使用 *eta* 平方系数的简化公式。即

$$E^2=\frac{\sum N_i\,\overline{y}_i^{\,2}-N\,\overline{y}^2}{\sum y^2-N\,\overline{y}^2}$$

其中 N_i 是自变量值 x_i 的个案总数，N 是全部调查对象总数。相关比例测量法基本上是用于分析非对称关系的，但要求并不严格。我们以表 5—2—22 为例，来进一步理解相关比率。

表 5—2—22　某班级 14 名学生的性别对英文水平的影响

	性别	
	男	女
英文水平（得分）	52	78
	59	82
	80	91
	75	85
	64	60
	85	81
	67	75
N_i	7	7
$\overline{y}_i$	68.86	78.86

表 5—2—22 中研究的是学生性别（男、女两类）对其英文成绩（0～100）的影响。自变量学生性别 x 是定类变量，而因变量英文水平则是定距变量，所以我们可以用 *eta* 系数来测量两者的相关情况。

由表可知属于每类学生的 N_i 和每类学生的英文成绩的平均值$\overline{y}_i$。首先根据每名学生的成绩计算出全部学生成绩得分的平方总和，即

$\sum y^2=59^2+59^2+\cdots+81^2+75^2=78120$

而$\bar{y}=\frac{52+59+\cdots+81+75}{14}=68.14$

将上面的数值代入相关比率测量法的公式中，则

$$E^2=\frac{7(68.86)^2+7(78.86)^2-14(68.14)^2}{78120-14(68.14)^2}$$

$$=0.89$$

$$E=\sqrt{0.89}=0.94$$

E 值告诉我们，性别对学生的英文水平有很大的影响（这里不排除其他因素对学生英文成绩的影响，我们以此为例说明相关比率的计算方法）。从 E^2 值可见以性别预测或估计英文成绩，可以削减89%的误差。

5. 定类变量—定序变量

分析一个定类变量比如职业与一个定序变量例如消费水平的关系，一般采用下面两种处理方法：

第一，用区分系数，又称 theta 系数，简写为 θ，其值在 0～1 之间。θ 系数是专门用于测量定类变量与定序变量间关系有无强度的，它的基本逻辑是依据各个案在定类变量上的类别来估计它们在定序变量上的相对等级，因而它测量的是变量间非对称关系，但不具有削减误差比例的含义。

第二，采用测量两个定类变量关系的 λ 系数和 τ_y 系数，也就是将定序变量看作定类变量处理。尽管这样做将损失数据的某些信息，如等级之间的差别，但却便于做统计分析工作，因此，在做社会研究时大多数人都采用这样两个指标来分析一个定类变量与一个定序变量的关系。

6. 定序变量—定距变量

如果两个变量中一个是定序变量，例如地域。另一个是定距变量如经济总量之间的关系，一般会采取两种办法来处理：一是将定序变量看作是定类变量，采用相关比例测量法；二是将定序变量看作是定距变量，采用 r 相关系数。严格地说，高测量层次的统计指标不能用于测量低测量层次变量，但在某些情况下，由于这种提高测量层次的方法并不能严重危害到研究结果的解释，因而大部分研究者还是接受了这种做法。

上面介绍了分析不同测量层次的不同组合的两个变量的关系时使用不同的测量方法。从上面的介绍中我们容易知道，在分析两个变量关系时，选择哪种相关系数，主要考虑两方面的因素：(1)变量的测量层次；(2)变量关系的类别，既是对等的还是非对称的。

五、方差分析

方差分析包括一元方差分析，二元方差分析，以及多元方差分析，在统计分析中它的应用非常广泛。一元方差分析是一个定类变量和一个定距变量关系的分析，二元方差分析是两个定类变量和一个定距变量的关系的分析。n 元方差分析则是 n 个定类变量与一个定距变量关系的分析，二元以上的方差分析都叫做多元方差分析。方差分析是一条经由对变量间相关关系的分析过渡到建立描述变量间因果关系的一般线性模型的途径，后者是大多数多变量分析方法的核心思想。变量间因果关系的一般线性模型要求所分析的自变量与因变量均是定距或定比变量，而方差分析所讨论的自变量是定类变量，而采用的基本模型与假定线性模型则是相同的。我们将结合一个例子来介绍方差分析的

基本原理与具体方法。

表 5—2—23 是消费者对 4 个行业的投诉次数的资料

观测值	行业			
	零售业	旅游业	航空公司	家电制造业
1	57	68	31	44
2	66	39	49	51
3	49	29	21	65
4	40	45	34	77
5	34	56	40	58
6	53	51		
7	44			
y_i 总数	(343)	(288)	(175)	(295)
N_i	7	6	5	5
y_i	49	48	35	59

我们知道，y 是定距变量，在不知 x 时，应用变量 y 的平均数作为推测的标准，则每个推测的误差为$(y_{ij}-\bar{y})$，为防止正负值相互抵消，则取$(y_{ij}-\bar{y})^2$，那么总推测误差为 $TSS=\sum_{i=1}^{m}\sum_{j=1}^{n_i}(y_{ij}-\bar{y})^2$，$TSS$ 叫做总离差平方和，表示全体观测值 y_{ij} 对总平均数（推测值）的离差平方和。表 5—2—23 中 $\bar{y}=(57+66+\cdots+77+58)/23=47.869565$，$TSS=(57-47.869565)^2+(66-47.869565)^2+\cdots+(44-47.869565)^2+(68-47.869565)^2+(39-47.869565)^2+\cdots+(51-47.869565)^2+(31-47.869565)^2+(49-47.869565)^2+\cdots+(40-47.869565)^2+(44-47.869565)^2+(51-47.869565)^2+\cdots+(58-47.869565)^2=4164.608696$。

在知道 x 与 y 的关系后，则要用自变量每一取值 x_i 下的 y 分布的平均数 $\bar{y}_i$ 做推测的标准，那么每个个案推测的误差就是$(y_{ij}-\bar{y}_i)$，取其平方$(y_{ij}-\bar{y}_i)^2$，这时总推测误差变为 $RSS=\sum_{i=1}^{m}\sum_{j=1}^{n_i}(y_{ij}-\bar{y}_i)^2$，$RSS$ 又称组内离差平方和，表示各观测值对本组平均数的离差平方和，它不是由自变量而是由其他未知因素引起的。

$BSS=TSS-RSS=\sum_{i=1}^{m}n_i(\bar{y}_i-\bar{y})^2$，$BSS$ 叫做组间离差平方和，表示各组的平均数与总平均数的离差的平方和。它是由于自变量值 x_i 的不同引起的差异。总结上述分析，则知道总推测误差可以分为两部分，一部分是可能被 x 解释的，即组间离差，一部分是剩余未能被 x 解释的，即组内离差。那么 $TSS=BSS+RSS$，表中资料的 $BSS=\sum_{i=1}^{m}n_i(\bar{y}_i-\bar{y})^2=7\times(49-47.869565)^2+6\times(48-47.869565)^2+5\times(35-47.869565)^2+5\times(59-47.869565)^2=1456.608696$，它是被 x 解释了的部分，即用行业(x)的不同可以解释投诉次数(y)的差异。$RSS=TSS-BSS=2708$，是组内离差平方和，这部分是各行业之内的差异，是不能用行业的不同来解释的，RSS 又称剩余平方和，即未解释的变动。

设 $F=\dfrac{BSS/df_1}{RSS/df_2}$，其中 df_1、df_2 分别为 BSS 与 RSS 相应的自由度，$df_1=m-1$，$df_2=N-m$(m 为变量

x 值的类别数，N 为观测总数）。$df_1+df_2=df$ 即 $F=\dfrac{BSS/m-1}{RSS/N-m}$，$F$ 越大就表示 x 与 y 越可能相关。表中 $df_1=4-1$，$df_2=23-4$。所以

$$F=\frac{1456.608696/4-1}{2078/23-4}=3.406643$$

综上可知，方差分析的基本逻辑是把推测的全部误差（TSS）分为两部分：可被自变量 x 削减的部分（BSS）和剩余部分（RSS），然后从这两部分的比较中来看 x 和 y 是否相关。

方差分析是分析一个定类变量与一个定距变量的关系的，但如果是一个定序与定距变量，当把其中的定序变量看作为定类变量时，也可以使用方差分析。

六、一元回归分析

相关分析是我们了解两个变量关系的有无、大小和方向的有效手段，但是从本质上说相关分析只是对客观现象的一种描述。若对相关的两个变量间关系的具体形态进行深入分析，我们可以用到回归分析。例如通过相关分析知道了教育水平与职业声望是一种负相关关系，但两者之间关系的具体形态，比如是直线关系还是曲线关系。如果是曲线关系，那么是哪种曲线，相关分析是无法了解到这些的，而回归分析是一种解决这类问题的有效方法，它不仅分析两个变量关系的有无、大小和方向，而且要分析两个变量具体是以什么方式发生关系的。作为一种因果分析，回归分析依据两变量间关系的具体形态，选择一种适宜的数学模型，用来近似地表达变量间关系的平均变化，这个数学模型就是回归模型。回归分析一般用于分析定距变量间的关系，它具有描述和说明这种关系的功能，另外还具有预测的功能，这个功能也是相关分析不能做到的。回归分析根据自变量的数目，可分为一元回归、二元回归、多元回归等。

我们首先看一个例子：在一项研究水稻产量怎样依赖于施肥量的工作中，我们首先仅进行了 7 次观测实验，以初步了解这种依赖关系的具体形态。因此实验者将 x 设置在 7 个不同的水平上，每个水平仅取一次观测 y，如表 5—2—24：

表 5—2—24　施肥量与水稻产量的观测值

施肥量（公斤/亩）x	产量（公斤/亩）y
50	600
60	750
70	750
80	850
90	900
100	750
110	1000

首先我们在平面直角坐标系中描出这 7 个点，并用视力粗略地拟合一条直线，这里为了方便起见，我们利用了散点图来展示这条直线。见图 5—2—8：

图 5—2—8 施肥量与水稻产量的关系

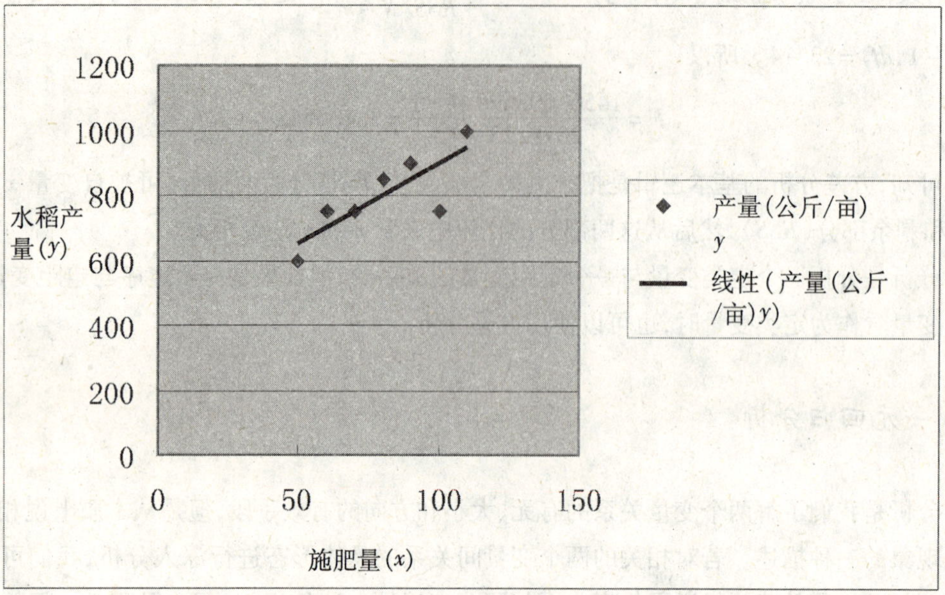

现在假定我们不知道当施肥量是 80 即 $x=80$ 公斤的时候,水稻的产量是多少。那么如何利用这一拟合直线来预测当 $x=80$ 公斤的时候的水稻产量呢?我们就可以利用拟合直线,观察图中 $x=80$ 时,$y'\approx800$ 公斤。我们注意到实际的观察值 $y(y=850)$ 与预测值 y' 之间有一个误差 $(y-y')$,这就是我们用眼睛拟合这条直线时的误差,在观察时我们已经让它尽可能的小。但是如何更客观且易于计算这种误差,并拟合出精确的直线,以便做出更准确的预测呢?一元回归模型就是解决这一问题的一种方法。

1. 一元回归模型

对于已知相关的两个变量 x 与 y,假设它们之间是一种线性关系,则这一关系可以用一元线性方程 $y=a+bx$ 表示,其中的 a 和 b 是待定系数。但是应如何确定 a 和 b 的值?一般的原则是,我们使用 $y=a+bx$ 算出的值 y'_i 与实际数据 y_i 的误差 $(y_i-y'_i)$ 最小。为避免误差正负相抵消,回归分析一般采用最小平方即计算值与实际值的差的平方和 $\sum(y_i-y'_i)^2$ 最小为标准,而回归分析就是利用最小平方这个原则计算出 a 值与 b 值,即确定方程式 $y=a+bx$。这个方程叫做回归方程,b 称为回归系数,a 称为截距,即 $x=0$ 时,y 的值。a 与 b 的具体计算公式为:

$$b=\frac{\sum(x-\bar{x})(y-\bar{y})}{\sum(x-x)^2}=\frac{N(\sum xy)-(\sum x)(\sum y)}{N\sum x^2-(\sum x)^2}$$

$$a=\bar{y}-b\bar{x}=\frac{\sum y-b(\sum x)}{N}$$

在这一定义中,回归方程 $y=a+bx$ 就是上述例子中拟合直线的方程。本例的求解过程如表 5—2—25:

表 5—2—25　施肥量与水稻产量的观察

原始数据		误差形式		乘积计算	
x	y	$x-\bar{x}=x-80$	$y-\bar{y}=x-800$	$(x-\bar{x})(y-\bar{y})$	$(x-\bar{x})^2$
50	600	-30	-200	6000	900
60	750	-20	-50	1000	400
70	750	-10	-50	500	100
80	850	0	50	0	0
90	900	10	100	1000	100
100	750	20	-50	-1000	400
110	1000	30	200	6000	900
$\bar{x}=80$	$\bar{y}=800$	$\sum(x-\bar{x})=0$	$\sum(y-\bar{y})=0$	$\sum(x-\bar{x})(y-\bar{y})=13500$	$\sum(x-\bar{x})^2=2800$

把表中的数据代入前述公式,很容易的计算出 b,

$$b=\frac{\sum(x-\bar{x})(y-\bar{y})}{\sum(x-\bar{x})^2}=\frac{13500}{2800}=4.8$$

然后根据 b 以及表 5—2—25 中的$\bar{x}$,$\bar{y}$,计算出 a,

$$a=\bar{y}-b\,\bar{x}=800-4.8\times80=416$$

所以该例中回归方程为 $y=416+4.8x$。我们可以画出这条直线,与前述目测的拟合直线对比,可以看出很接近。

2. 散点图与回归直线

为了能直观地看出 x 与 y 的关系状态,往往会先做所调查数据的散点图,即在直线坐标系中,将由每一横坐标与相应的纵坐标 $(i=1,2,\cdots,n)$所确定的点标示出来。

如图 5—2—8。由图中点的分布我们可以看出 x(施肥量)与 y(水稻产量)之间存在一种线性关系,尽管可以有多条直线来近似地刻画这种关系,但是其中只有一条直线的代表性最好,这条直线就叫做回归直线。从上述的例子中,我们可以知道回归直线的方程就是回归方程,如果把图中直线延长至与 y 轴相交,则可知回归方程中的 a 就是回归直线 y 轴截距,回归系数 b 就是回归直线的斜率。回归系数表示每当增加一个单位的 $\triangle x$ 值时,y 值的变化量 $\triangle y$ 是多少。b 为正值时,表示随 x 的增大,y 也增大;b 为负值时,则表示 x 增大,y 却减少。所以 b 值具有描述自变量对因变量的影响的大小和方向的作用。

3. 回归系数与 r 相关系数的关系

回归系数与 r 相关系数都是描述两个定距变量间的线性关系的指标。r 相关系数是一种对等关系测量法,它反映的是两个变量关系的有无,以及关系的强弱,但却不能给出当一个变量 x 有 $\triangle x$ 的变化时,y 的变化 $\triangle y$ 具体有多大。b 值可以做出这种区分,然而两个变量间关系的强弱却是 b 值所无法反映的。此外,b 与 r 值的不同还在于 ,b 值所描述的是一种因果关系,而相关关系只是因果关系的必要条件。

虽然有上述不同,回归分析与相关分析之间还是有着十分密切的关系。r 值所表示的就是当以回归方程作为预测工具时所能减少的误差比例,r 值越大,就表示回归方程的预测能力越强,预测结果就越真实,即散点图中的点越靠近回归直线。所以我们用 r^2 作为决定系数,在做研究时,一般要先计算 r 的值,然后再决定是否用回归分析进行预测。

4. 回归分析的作用

回归分析模型是一种因果关系模型,它因为增加了因果关系而比相关分析作用要大。回归分析不单单是具有与相关分析同样的简化资料的功能,还增加了预测的功能,也就是说,当我们得到了变量 x 与 y 的回归方程后,就可以利用回归方程式从自变量的值中计算出 y 的预测值。

但我们应该注意的是,应用回归方程来预测因变量时,超出资料所包括范围的自变量的数值最好不要使用,这是因为回归线段以外未经观察到的点可能出现非线性点的趋势。另外,预测的回归方程式只反映一定时段内事物之间的相互关系,随着时间的推移,这种关系可能会起比较大的变化,因此回归模型就需要做相应的修改,如果我们还使用原来的模型做预测就可能得出错误的结论,进而会影响到实际工作,造成不必要的损失。

最后需要注意的是,回归分析在应用时有许多假设前提,例如变量间的关系是线性的,自变量需要是无测量误差等等。完全满足这些假设前提的情况在我们的社会研究中并不多见,研究人员应该仔细检测这些情况,并且分析它们对于分析结果的影响。

第四节 资料的统计推论

一、统计推论的概念

抽样调查的目的不是对样本本身的认识,而是要通过样本来认识总体。这一认识是通过统计推断达到的,统计推断是抽样调查资料分析的特有内容,它起到一种桥梁的作用。

统计推论分为两类:参数估计和假设检验。参数估计,就是以一个随机样本的统计值,来估计总体的参数值。例如从某 8000 人企业中随机抽取 300 个职工,用他们的人均收入来估计整个企业职工人均收入情况。假设检验则首先对总体的情况做出假设,然后随机抽选出一个样本,用该样本的统计值来检验原先的假设是否正确。例如根据分析,假设某企业职工人均收入大约是 400 元,然后在企业中随机抽选出一个 200 人的样本,计算他们人均收入,看这 200 人的平均工资是否是 400 元。明显地,这两种统计推论的逻辑思路是不同的,前者先看样本的情况,再推及总体的情况,后者则先假设出总体的情况,然后再进行抽样和分析样本的情况。

二、参数估计

参数估计分为点值估计和区间估计两类。

1. 点值估计

点值估计就是以一个适当的样本统计值来代表总体的参数值。例如上例中由抽取的 300 个职工的人均收入来推测该企业全体职工的人均收入,这里我们假定是 400 元,则推测该企业全体职工的人均收入时,我们就说大约为 400 元。再如,我们要知道某校学生的消费支出水平,可以从该校抽取一部分学生样本,假定给样本学生的月平均消费支出是 500 元,我们便说该校学生的月平均消费支出是

500 元。点值估计的缺点是无法了解到这种估计和推测的可信程度是多少。而区间估计则可以弥补这一不足，因而大多数研究者通常采用。

2. 区间估计

区间估计就是通过样本统计值来估计总体未知参数的可能范围。这一可能范围的大小，就要取决于我们在估计时所要求的可信程度（即置信水平）是多少。在样本大小相同的情况下，如果要求这种估计的可信程度越高，则总体参数的可能范围越大，反之就越小。我们把这一可能的范围称为置信区间，显然，置信水平于置信区间成正比。例如根据 300 个职工算出的人均收入情况。如果我们要求置信水平是 99%，则该企业全体职工的人均收入的置信区间就假定可能在 300 元到 500 元范围内；如果我们要求置信水平是 95%，置信区间就可能是 350 元到 450 元范围内。

进行区间估计时，我们一般首先要确定置信水平。前面已经介绍，区间估计与对这种估计的可信程度（置信水平）的要求是分不开的，要求估计的可信程度越高，即置信水平越高则估计的区间也应越大。我们可以选定任何的可信程度，但一般用 95% 或 99% 的置信水平。

决定置信水平之后，就需要计算标准误差了。根据样本分布原则和样本的不同统计值，我们需要分别采用不同的方法确定标准误差。

最后，我们就可以根据样本统计值和标准误差确定置信区间。

下面将以均值、方差、成数及 r 相关系数为例说明如何进行区间估计。

（1）均值的区间估计

这里我们重要考虑总体服从正态分布的情况。当总体服从正态分布时，则无论样本容量如何，样本均值$\bar{x}$的抽样分布都服从正态分布。

Ⅰ、当总体方差 σ^2 是已知的时候，根据正态分布的性质，$Z=\frac{\bar{x}-M}{\frac{\sigma}{\sqrt{n}}}$满足标准正态分布 $N(0,1)$，式中 n 为样本容量，M 为待估计总体平均数。

然后我们就可以构造出总体均值 M 在 $1-a$ 置信水平下的双侧置信区间为 $\left[\bar{x}-Z_{\alpha/2}\left(\frac{\sigma}{\sqrt{n}}\right),\bar{x}+Z_{\alpha/2}\left(\frac{\sigma}{\sqrt{n}}\right)\right]$。在置信水平为 95% 时，$a/2=0.025$ 则由 $\phi(Z_{\alpha/2})=1-0.025=0.975$，查正态分布表（附录 1）就可以得到：$Z_{\alpha/2}=1.96$，于是可知总体平均数的置信区间为：$\left[\bar{x}-1.96\left(\frac{\sigma}{\sqrt{n}}\right),\bar{x}+1.96\left(\frac{\sigma}{\sqrt{n}}\right)\right]$。

Ⅱ、当总体方差 σ^2 未知时，这分为两种情况，a：当 $n\leqslant30$ 时，我们需要用样本方差 S^2 代替 σ^2，这时样本均值经过标准化以后服从自由度为$(n-1)$的 t 分布，即

$t=\frac{\bar{x}-\mu}{s/\sqrt{n}}\sim t(n-1)$。

总体均值的双侧置信区间则为：$\left[\bar{x}-t_{\alpha/2}\left(\frac{S}{\sqrt{n}}\right),\bar{x}+t_{\alpha/2}\left(\frac{S}{\sqrt{n}}\right)\right]$。$t_{\alpha/2}$值需要查 t 分布表得到。b：当 $n>30$ 时，由于是大样本，因而同样可以用样本方差 S^2 代替总体方差 σ^2，这时总体均值的双侧置信区间为 $\left[\bar{x}-Z_{\alpha/2}\left(\frac{S}{\sqrt{n}}\right),\bar{x}+Z_{\alpha/2}\left(\frac{S}{\sqrt{n}}\right)\right]$。

从上面的区间估计的公式中我们可以知道,置信区间的大小与样本的大小成反比。这是因为在抽样中,当总体一定时,样本规模越大,其代表性越高,因此,区间估计值可以小一些。可见固定置信水平后,只要将样本加大,就可以得到较小的区间,从而提高估计的精确程度。

(2)方差的区间估计

Ⅰ、当样本 n≤30 时,由样本分布理论可知,$\frac{n-1}{\sigma^2}S^2=\chi^2$ 满足自由度为 $n-1$ 的 χ^2 分布。于是有 $\left[\frac{(n-1)S^2}{\chi^2_{\alpha/2}},\frac{(n-1)S^2}{\chi^2_{\alpha/2}}\right]$,即在给定的置信水平 $1-a$ 下,该区间为待估总体方差 σ^2 的双侧置信区间,$\chi^2_{\alpha/2}$ 和 $\chi^2_{1-\alpha/2}$ 的值由 χ^2 分布表查出。例如要求置信水平为 95%,当自由度为 25 - 1 = 24 时,$p(\chi^2\geqslant\chi^2_{\alpha/2})=\frac{\alpha}{2}=\frac{1-95\%}{2}=0.025$ 查 χ^2 表得到 $\chi^2_{\alpha/2}=39.364$,由 $p(\chi^2\leqslant\chi^2_{1-\alpha/2})=1-\frac{\alpha}{2}=0.975$,查 χ^2 表得到 $\chi^2_{1-\alpha/2}=12.401$。

Ⅱ、当样本 n > 100 时,总体方差在置信水平 1 - a 下的双侧置信区间为 $\left[\frac{(2n-2)S^2}{\sqrt{2n-1}-Z_{\alpha/2}},\frac{(2n-2)S^2}{\sqrt{2N-1}+Z_{\alpha/2}}\right]$。

从总体数值与方差的讨论中可知,总体参数的区间估计方法的选择不仅要考虑参数的类型,还应考虑样本规模的大小。一般在大样本的情况下,常采用正态分布,而为小样本时,就需要采用其他类型的分布。

(3)总体比例的区间估计

当样本的规模 $n>100$ 时,比例 p 的抽样分布可用正态分布近似。p 的数学期望等于总体的比例 π,p 的方差为 $\sigma_p^2=\frac{\pi(1-\pi)}{n}$。而样本比例经标准化后的随机变量则服从标准正态分布,也就是 $z=\frac{p-\pi}{p(1-p)/\sqrt{n}}\sim N(0,1)$。与总体均值的区间估计相似,总体比例 p 在 $1-a$ 置信水平下的置信区间为 $p\pm z_{\alpha/2}\sqrt{\frac{\pi(1-\pi)}{n}}$。当总体比例是未知时,就可以用样本比例 p 来代替 π。这时总体比例的双侧区间估计是:$p\pm Z_{\alpha/2}\sqrt{\frac{p(1-p)}{n}}$,其中 $a=1-$ 置信水平,$Z_{\alpha/2}$ 值由查正态分布表(附表)得到。当置信水平要求为 95% 时,$Z_{\alpha/2}=1.96$,这时总体比例的双侧置信区间为 $p\pm1.96\sqrt{\frac{p(1-p)}{n}}$。

上面介绍的都是单个总体比例的双侧区间估计,我们也会碰到单侧区间估计和两个总体参数的区间估计的问题,对于单侧区间估计问题即以固定的置信水平保证总体参数至少大于(或小于)某一值。例如在 95% 置信水平下,总体平均数 μ(大于某一值)的值的单侧置信区间为 $\mu>\bar{x}-1.65\frac{\alpha}{\sqrt{n}}$ $(n>100)$ 或 $\mu>\bar{x}-1.65\frac{S}{\sqrt{n}}$。而两个总体参数的区间估计主要有两个总体的均值之差、两个比例之差和两个总体的方差比,由于比较复杂,我们可以参看统计方面的有关书籍,这里就不再加以介绍。

(4)r 相关系数的区间估计

r 系数有一个抽样分布表,但是这个分布不是正态分布,如何转换成正态分布呢?我们可以把将 r 值转变成 z' 值,这样才会得到正态分布:

$$Z' = 1.51\log\frac{1+r}{1-r}$$

同时,在 z' 值的正态分布中的标准误差为:

$$E(z') = \frac{1}{\sqrt{n-3}},(n\text{ 为样本的大小})$$

在置信水平 $1-a$ 的要求下,总体 r 相关系数的置信区间则由如下方法求出:首先将样本相关系数代入公式 z' 中,求出 z' 值,则总体 z' 值的置信区间为 $\left[z' - Z_{\alpha/2}\frac{1}{\sqrt{n-3}}, z' + \frac{1}{\sqrt{n-3}}\right]$,由上式 $Z' = 1.51\log\frac{1+r}{1-r}$,将 $z' - Z_{\alpha/2}\frac{1}{\sqrt{n-3}}, z' + \frac{1}{\sqrt{n-3}}$ 两值对应的两个 r 值求出,这两个 r 值即为 r 相关系数的置信区间的端点值。附表中给出了 Z' 与 r 值的换算关系,因此利用此表就可由 Z' 值查出对应的 r 值,反之可由 r 值查出对应的 Z' 值。

三、假设检验

假设检验是统计推断的另一项重要内容,是经由检验资料验证理论假设的一个重要环节。在研究领域,研究者在检验一种新理论时,首先会提出一些自己认为正确的看法,即假设,假设是对样本总体参数的一种事先猜想。如果经验资料是通过整体调查获得的,则根据资料计算的结果能直接验证理论假设是否为真;但如果经验资料是通过抽样调查获得的,由资料计算出来的结果不能直接验证原有理论假设是否为真,而需要首先对结果的显著性进行检验,即检验由这一结果去代表总体是否具有显著性。这种与抽样调查结合在一起的显著性检验称为统计假设检验。

进行统计显著性检验的原因是什么呢?直接用样本结果检验理论假设会出现两种情况:符合或不符合原假设。以前一种情况为例,即样本结果与原假设符合。检验结果符合的原因可能是:一是原假设是错误的,比如原假设的两个变量是相关的,但实际是不相关的;二是样本本身缺乏代表性,比如实际总体的两个变量是不相关的,但由于样本不能代表总体,样本结果却是总体的两个变量是相关的,故而与理论假设发生矛盾。所以,如果不检验样本的代表性,提出样本结果与假设相符的情况,而接受了原理论假设,就有犯纳伪错误的危险。同理,在样本结果与原理论假设不符的情况下,有可能犯弃真错误的危险。故而在用样本资料结果验证原假设时,必须对样本代表性进行显著性检验。因此,假设检验也就是利用样本信息判断原理论假设是否成立的过程。

(一)假设检验的主要概念

1. 假设的陈述

假设检验这一概念前面已经作过定义。这里假设的陈述主要涉及原假设和备择假设以及单侧检验和双侧检验。

原假设和备择假设。原假设又称虚无假设,一般用 H_0 表示,通常将研究者想收集数据予以反对的假设称为原假设,它是根据已有的资料或根据周密考虑后确定的。例如,理论探讨后,我们假定青年人的志愿与教育水平相关,这个假设就是原假设。但直接用于假设检验的不是原假设,而是备择假设,又称研究假设。备择假设就是与原假设相反的假设,用 H_1 表示,通常将研究者想收集证据予以支持的假设称为备择假设,它是当原假设被推翻时需要接受的假设。上例中的备择假设应当是:假定青年人的教育水平与志愿无关。当我们从一个随机样本中发现 H_0 是正确的,例如青年人教育水平与志愿确实相关,那么能否把 H_0 作为正确的结果去推论总体呢？不能,因为这样的样本结果又可能是因为样本缺乏代表性所造成的,这时断言 H_0 是对的,就有可能犯纳伪的错误。排除这种可能的错误就是假设检验要达到的目的。假设检验依据的是统计学的小概率原理。所谓小概率原理,就是说小概率事件被认为是在一次观察中不可能出现的事件,因此如果在一次观察中出现了小概率事件就应当否定此事件是小概率的说法。假设检验的逻辑就是求出 H_0 是正确的可能性,倘若我们能证明这种可能性极小即"H_0 是正确"在一次观察中几乎是不可能的,就应否定 H_0,接受 H_1。

在建立假设时,一般是先确定备择假设,然后再确定原假设。这样做是因为备择假设是我们关注的,是想予以支持或证实的,因而比较清楚,比较容易确定。只要确定了备择假设,其对立的原假设,就很容易确定出来了。

双侧检验与单侧检验。在假设检验中,备择假设的内容可以是原假设 H_0 的某一特定方向的变化,也可以是没有一种特定方向的变化,是否需要某一特定方向,一般根据研究者对这一问题的兴趣来确定。如果假设检验中备择假设具有特定的方向性,并且含有大于或小于号,称为单侧检验。如果只含有大于号就叫做左侧检验,而如果只含有小于号就叫做右侧检验。如果假设检验中备择假设没有特定的方向性,并含有不等于号,则称为双侧检验。例如,要研究城市妇女的生育率是较农村妇女高还是低。研究者可以根据研究的需要与兴趣,做城市妇女的生育率高于农村妇女或低于农村妇女的假设检验,即左侧或右侧检验,也可以作双侧的假设检验。一般地说,双侧检验较单侧检验更难否定 H_0,因此在提出备择假设时,最好说明方向。以均值为例,双侧检验 H_1 一般写作 $\mu \neq \mu_0$,而单侧检验一般写作 $\mu > \mu_0$ 或 $\mu < \mu_0$。

2. 显著性水平与拒绝域

怎么知道是否能拒绝假设呢？这个主要决定于检验样本统计值域所假设的总体参数值之间的差异是否显著,一般用显著性水平衡量。显著性水平是指假设成立的标准,或者说否定原假设或接受备择假设的可能性大小,即小概率的值,用 a 表示。更确切地说,显著性水平 a 就是表示总体参数值与样本统计值具有同等特性(例如同等相关系数)的概率为 $1-a$,抽样误差不超过 a。一般常用的显著性水平有三个:0.01、0.05、0.1。显著性水平越小,便越难否定原假设,也就是越难证明备择假设是对的。研究者在进行研究时,一般先确定显著性水平的大小,然后算出样本的统计值,看此统计值是否属于显著性水平所代表的否定原假设的范围内。但有时也有些研究先计算样本统计值,然后看此值达到哪一个显著度。拒绝域就是在显著性水平 a 下,拒绝或否定原假设 H_0 的区间,它位于抽样分布的一端或两端的小区域内,也就是上面提到的单侧检验或双侧检验。根据小概率原理,当由样本算出的统计值落入此区域内时,则原假设被否定。反之,接受域就是接受 H_0 的区间,它位于抽样分布的中间区域内,若由样本算出的统计值落入此区域内,则接受 H_0。

3. 检验统计量

检验统计量就是根据样本观测结果计算得到的,并据以对原假设和备择假设做出决策的某个样本统计量,称为检验统计量。

检验统计量实际上是总体参数的点估计量,比如,样本均值 $\bar{x}$ 就是总体均值 μ 的一个点估计值。但是点估计量并不能直接作为检验的统计量。只有将其标准化后,才能用于度量它与原假设的参数值之间的差异程度。对点估计量标准化的依据原则是:(1)原假设 H_0 为真;(2)点估计量的抽样分布。实际上,假设检验中所用的检验统计量都是标准化检验统计量,它反映了点估计量与假设的总体参数相比相差多少个标准差。通常将标准化检验统计量简称为检验统计量。

(二)假设检验的步骤

1. 根据研究问题的需要建立原假设 H_0 与备择假设 H_1。

2. 根据被检验统计数据的实际的需要,规定适当的显著性水平 a,并据此确立拒绝域或接受域,确定是单侧检验还是双侧检验。

3. 根据抽样总体的分布形态和变量的测量层次以及样本的规模等,选择能反映 H_0 的检验统计量和确立 H_0 成立条件下统计量的分布。

4. 根据检验统计量的计算值进行判断,若其值落入拒绝域,则拒绝原假设,接受备择假设,反之则接受原假设。

下面用一个例子来说明假设检验的步骤。根据研究,某工厂上月工人奖金的均值是64,本月调查了400名工人,平均奖金是65元,标准差12元,本月奖金与上月奖金相比是否有变化?

首先,建立假设:原假设是本月奖金与上月奖金相比无变化,即 $H_0:\mu=64$ 元。

备择假设是本月奖金与上月奖金相比有变化,即 $H_1:\mu\neq64$ 元。

其次,选定显著性水平:$a=0.05$。

并由此确定拒绝域,由于 H_1 的方向难于确定,故采用双侧检验。

由 $a=0.05$ 知 $\frac{\alpha}{2}=0.025$,查正态分布表得临界值 $Z_{\alpha/2}=1.96$,拒绝域为 $|Z_{\alpha/2}|\geqslant1.96$。

第三步,选择检验统计量,由于本例样本是大样本,选择统计量 $Z=\dfrac{\bar{x}-\mu}{\frac{S}{\sqrt{n}}}$,Z 服从正态分布,最后,

由样本统计量进行判断:$Z=\dfrac{64-65}{\frac{12}{\sqrt{400}}}=-1.67$。

$|Z|=1.67<Z_{\alpha/2}=1.96$,不在拒绝域内,故应拒绝备择假设,接受原假设,即从总体意义上讲本月奖金的均值与上月奖金的均值相比没有变化。

应当说明的是,在进行判断时,无论是做出拒绝或接受假设的判断,都不会完全正确,都会有一定错误,这在本标题的开始部分已经提出过,也就是为什么要进行假设检验。判断的第一类错误是弃真错误,即原假设正确反映了社会现象的真实情况,但却在检验中被作为错误的看法而加以拒绝。犯弃真错误的概率为 a,也就是显著性水平。假设检验中的第二类错误是纳伪错误,即原假设不符合社会现象的真实情况,不是真的却被作为真的加以接受了。很明显,当我们拒绝原假设时,犯纳伪的错误的可能性会比较大些。由此可知,H_0 与 H_1 在假设检验中的作用是不等的。原假设一般选择的是社会中常规的并且是已有的现象,在没有充分的根据肯定之前是无法否定的,而我们用来验证我们的猜想是否正确的备择假设则是违背常规而极少出现的现象,一旦备择假设被接受,它被否定的概率是很小的。这样在处理原假设和备择假设时要特别的注意。由于社会研究一般是证实假设,即希望否定原假设,因此应特别注意弃真的错误。但是我们又不能只注重证实假设当中的弃真错误,而应该是在注重弃真错误的同时也注重纳伪的错误。相对于弃真和纳伪来说,它们都统一于我们的研究之中。当我们在研究中犯弃真的错误增大时,纳伪错误的概率就相对较小。反之,当纳伪的错误增大时,弃

真的错误发生的概率就会变小。我们不可能在减小弃真或纳伪的同时减小纳伪或弃真发生的概率，两者的矛盾是不可调和的。那么我们如果希望同时减小两者发生的概率该如何进行呢？一般的做法是增大样本的容量。样本增加，抽样发生的误差就会减少。这样就可以增加判断的准确性。

(三)假设检验的类型

假设检验的方法很多，根据是否引入参数可以将检验分为：参数检验与非参数检验。而根据检验的变量的多少，又可以分为：单总体假设检验与双总体假设检验(多变量假设检验)。在对待不同的检验方法时要求考虑不同的外在条件。比如参数检验要求检验总体必须满足某些特定条件，例如上面用到过的 Z 检验就要求总体成正态分布。而对于单总体假设检验又要区分是大样本假设检验还是小样本假设检验。对于参数检验一般要求所涉及的变量是定距层次的变量。相对于参数检验需要的外在条件来说，非参数检验要简易的多。它可以应用于各种层次的变量，而不用考虑各个层次的检验条件；另外和参数检验不同的是，它不是检验总体的具体参数，而是检验总体某些有关的性质。然而，参数检验的优点是当被检验总体充分满足所需求的外在条件时，其假设检验的结果可以非常准确，只是我们在社会研究中往往很难判断总体是否合乎检验所需要的外在条件。所以这就为参数检验的使用设定了范围。非参数检验由于对总体没有要求，因此在做推论时准确度虽然不及参数检验，但其优点是适用范围广、计算简单，而且，当样本容量加大时，其推论的准确度可以增加。这样就可以相对的通过增加样本容量来解决其存在的问题。

上面我们已经解决了假设检验的问题。但是，我们如何选用检验方法呢？在选用检验方法时又要考虑什么外在的因素呢？下面我们就根据假设检验的对象来探讨一下。

1. 样本的个数与类型

这就是我们在上边讨论的检验类型时根据检验的变量多少而确定检验方式。假设检验的对象有时是单个样本，有时则是两个样本或 N 个样本。在涉及两个，或者是多个样本时，要考虑两个或多个样本之间的关系——两个样本或 N 个样本是从不同的独立样本总体中随机抽取的，还是由相同的总体中抽取的。在不同样本总体中抽取的两个样本是相互独立的，其目的一般是了解不同总体的性质。而在同一个样本总体中抽取的两个样本的元素彼此可能是独立的，也可能是关联的。彼此关联两个元素的样本，是非独立样本，又称为配对样本。配对样本又分为两种情况：一是同一样本被观测两次，例如观察一批学生在观看某一爱国电影前后对某一事件的态度变化；二是两组样本中的元素成对配合，例如母亲与女儿的角色行为的比较。样本因个数与类型的不同，我们对其进行检验的内容与检验的方法亦不同。

2. 样本的大小

样本的大小不同，根据分布的不同形态，而采用不同的检验方法。检验方法有大样本与小样本之分。统计学中的小样本，一般指含有 30 个及 30 个以下元素的样本，超过 30 个元素的样本称为大样本。但在社会统计和数据检验的实际应用中有的社会统计学家以 50 作为区分大样本和小样本的标准。目前常用的是以 100 作为划分标准，即大于 100 个元素的样本称为大样本，等于或小于 100 个元素的样本称为小样本。

3. 变量的测量尺度

各种检定方法都有其相对应的变量检验层次，不同的变量层次要求不同的检验方法，是不可以随便使用的。但是，在实际的应用中，某些适用于低层次变量的方法也可以用于检验高层次的变量，在社会研究中许多社会研究人员也是这么做的，只是应用时需特别小心，而且如果和其他的检验方法合并使用能更好地达到校正的目的。

(四)参数检验

参数检验是对于总体参数的检验。当我们知道总体的分布形式后,而不知道总体中的测量数如平均数、方差等时,可以通过对总体参数的假设,利用对总体中的随机样本观测进行检验以对假设的真伪做出判断。常用的参数检验方法有:Z 检验、t 检验和 F 检验。

1. Z 检验

Z 检验对检验的外在条件的要求是非常严格的:首先,样本必须是随机样本;其次,用于检验的变量必须是定距层次的变量;其他层次的变量不适用于 Z 检验;另外,总体应呈正态分布,但是当样本的容量非常大时($N \geqslant 100$)可以放松要求。

(1)大样本的总体均值检验,用于检验原假设的检验统计量是 $Z=\dfrac{\bar{x}-\mu_0}{\dfrac{S}{\sqrt{n}}}$。

(2)大样本的总体成数(百分比)检验,用于检验原假设的检验统计量是 $Z=\dfrac{\hat{P}-P_0}{\sqrt{\dfrac{P_0(1-P_0)}{n}}}$,其中 $\hat{P}$ 为样本成数(百分比)值,P_0 为假设的总体成数值。

(3)大样本的总体均值差检验,当两个总体的统计数据 n_1、n_2 都大于 100 时,可以使用 Z 检验,检验统计量是 $Z=\dfrac{\bar{x}_1-\bar{x}_2}{\sqrt{\dfrac{{S_1}^2}{n_1}+\dfrac{{S_2}^2}{n_2}}}$,$\bar{x}_1$、$S_1$ 分别为样本 n_1 的平均数和方差,$\bar{x}_2$、S_2 分别为样本 n_2 的平均数和方差。原假设 H_0 为:$\mu_1=\mu_2$,备择假设 H_1 为:$\mu_1 \neq \mu_2$,即 $\mu_1>\mu_2$,或 $\mu_1<\mu_2$。

(4)大样本的总体成数差检验,在两个抽样的样本足够大时,即 n_1、n_2 都大于 100 时,其成数差异也可由 Z 进行检验,检验统计量为 $Z=\dfrac{\hat{P}_1-\hat{P}_2}{\sqrt{\dfrac{P_1(1-P_1)}{n_1}+\dfrac{P_2(1-P_2)}{n_2}}}$,其中 $\hat{P}_1$、$\hat{P}_2$ 分别为样本 n_1 与样本 n_2 的成数。相应的原假设 H_0 为:$P_1=P_2$,备择假设 $H1$ 为:$P_1 \neq P_2$ 即 $P_1>P_2$ 或 $P_1<P_2$。

(5)G 相关系数、d_{yx} 系数的检验。我们所要进行的 G 相关系数的检验是,检定 G 系数的值是否为 0,也就是此时两个变量之间的关系是存在的。因此,原假设 H_0 为:$G=0$,备择假设 H_1 为:$G \neq 0$,检验统计值 $Z=G\sqrt{\dfrac{n_a+n_d}{n(1-G^2)}}$,$n_a$ 为同序对,n_d 为异序对,n 为样本大小,G 是样本的 *Gamma* 值。

由于 d_{yx} 系数也是以同序对 n_a 及异序对 n_d 的差 n_a-n_d 作为分子的,故均可通过假定 $n_a-n_d=S$ 的检验来推测总体的情况。

上面我们研究了 Z 检验,那么其他的检验方式又是怎样的,它们的检定条件也和 Z 检验是一样的么?简单地说,参数检验的 t 检验的要求是和 Z 检验是一样的,只是一个用于大样本检验(Z),而一个用于小样本检验(t)。

2. t 检验

t 检验有三条要求:(1)被检验总体成正态分布;(2)样本需要是随机抽取的;(3)变量为定距尺度的变量。一般说来,t 检验经常用于小样本。用 t 检验的参数有:

(1)小样本的总体均值检验。它的原假设 H_0 为:$\mu=\mu_0$,备择假设 H_1 为:$\mu\neq\mu_0$ 即 $\mu>\mu_0$ 或 $\mu<\mu_0$,检验统计量 $t=\dfrac{\bar{x}-\mu_0}{\frac{S}{\sqrt{n}}}$。下面我们用一个例子来说明如何运用 t 检验。一种汽车配件的平均长度要求为12cm,高于或低于该标准均被认为是不合格的。汽车生产企业在购进配件,通常是经过招标的,然后对中标的配件提供商提供的样品进行检验,以决定是否购进。现对一个配件提供商提供的10个样本进行了检验,结果如下(单位:cm):

10.8　12.0　11.0　11.9　12.4　11.3　12.2　12.0　12.3　12.0

假定该供货商生产的配件长度服从正态分布,在0.05的显著性水平下,检验该供货商提供的配件是否符合要求?

首先建立原假设 $H_0:\mu=12$ 和备择假设 $H_1:\mu\neq12$。

根据样本数据得 $\bar{x}=11.79, s=0.3099$。

然后计算样本检验统计量,由于该供货商生产的配件长度服从正态分布,且 $n=10$,是小样本,故选择 t 检验法,$t=\dfrac{11.79-12}{\frac{0.3099}{\sqrt{10}}}=-2.14$。根据自由度 $k=10-1=8$, $a=0.05$ 求 t 的单边临界值:$t_{0.025}(10-1)=2.262$。

由于样本检验统计量 $|t|=2.14<t_{0.025}(10-1)=2.262$,因此不拒绝原假设,样本提供的证据表明,该供货商提供的零件符合要求。

(2)小样本的总体均值差检验。对应于这种检验统计量为 $t=\dfrac{\bar{x}_1-\bar{x}_2}{\sqrt{\frac{n_1S_1{}^2+n_2S_2{}^2}{n_2+n_2-2}}\cdot\sqrt{\frac{n_1+n_2}{n_1n_2}}}$,原假设 H_0 为:$\mu_1=\mu_2$,备择假设 H_1 为:$\mu_1\neq\mu_2$ 即 $\mu_1>\mu_2$,或 $\mu_1<\mu_2$。

(3)配对样本的比较。这时原假设 H_0 为:$\mu_1=\mu_2$,备择假设 H_1 为:$\mu_1\neq\mu_2$ 即 $\mu_1>\mu_2$ 或 $\mu_1<\mu_2$,检验统计量 $t=\dfrac{\bar{x}_d}{\frac{S_d}{\sqrt{m-1}}}$,其中 m 为配对数目,$d=x_1-x_2$;$\bar{x}_d$ 为 d 的平均数,S_d 为 d 的标准差。

3. F 检验

F 检验是检验一个定类变量和一个定距变量关系存在与否的方法,运用 F 检验也有三条要求:(1)样本必须是随机抽取的;(2)其中有一个变量是定距变量;(3)要求各子总体均为正态分布并具有相等的方差。$F=\dfrac{E^2(n-k)}{(1-E^2)(k-1)}$,$E$ 是样本的相关比率,n 为样本规模,k 是分组数。F 检验一般用于:

(1)方差分析的检验。这时原假设 H_0 为:$\mu_1=\mu_2=\cdots=\mu_k$(即各类间均值相等)。备择假设 H_1 为:有一个以上的类别均值不同。检验的统计量为 $F=\dfrac{BSS/k-1}{BBS/n-k}$,$BSS$ 为组间平方和,RSS 为组内平方和。以表5—2—23的资料为例,H_0:零售业的投诉次数=旅游业的投诉次数=航空公司的投诉次数=家电制造业的投诉次数。

H_1:有一个以上行业投诉次数不同

表5—2—23算出 $F=3.404463$

假若要求显著性水平 $a=0.05$

可由 F 分布表中查出 $F_a(4,19)=2.90$

因为 $F=3.404463>F_{0.05}=2.90$，即在 $a=0.05$ 显著性水平下，H_0 被拒绝，应该接受 H_1，即各行业投诉次数不同。

(2)对两个总体或多个总体的差异作检验。研究有时需要用到两个或两个以上的样本，例如实验时用一个控制组和三个实验组，比较两个或多个地区中学生的升学率。当样本为两个时，如上面所介绍的，可以用 t 或 Z 检验，但也可以采用本处所介绍的 F 检验，当样本超过两个时，则一般采用 F 检验，这时原假设 H_0 为：$M_1=M_2=M_3=\cdots$ 而备择假设 H_1 则为：$M_1\neq M_2\neq M_3\neq\cdots$。

(3)r 相关系数与回归系数的检验。从回归分析的介绍中可以知道，计算相关系数 r 与计算回归系数 b 的公式有相同的分子，所以对 r 的检验亦即对 b 的检验。此时原假设与备择假设 H_0 一般为：总体中 $r=0,b=0$，备择假设 H_1 为：总体中 $r\neq0,b\neq0$，检验统计量 $F=\dfrac{r^2(n-2)}{1-r^2}(df_1=1,df_2=2)$，$n$ 为样本大小，r 为样本相关系数。此检验统计量的前提条件是变量 x 和 y 成线性关系；两个变量若非线性关系时，这一方法就不再适用。一般可以用 F 检验值进行检验来判断两变量在总体中是否具有线性关系。此时，

H_0：x 与 y 在总体中是线性关系，即 $r=E$

H_1：x 与 y 在总体中是非线性关系，即 $r\neq E$

检验统计量 $F=\dfrac{E^2-r^2}{1-E^2}\left(\dfrac{n-k}{k-2}\right)(df_1=k-2,df_2=n-k)$，$k$ 为 x 变量值的类别数，E 为样本相关比率系数，r 为样本线性相关系数。

(五)非参数检验

目前调查研究的统计分析中应用最广泛的非参数检验法是 χ^2 检验，在检验变量关系时，有两条要求：一是两个变量均为定类变量；二是样本必须是随机样本。χ^2 检验一般用于：

(1)列联表的检验。我们知道列联表是通过将两个变量交互分类，旨在发现它们之间是否存在某种联系，因此对列联表进行检验时，原假设 H_0 应为：变量 x 与 y 无关，备择假设 H_1 则为：变量 x 与 y 相关。检验统计量 $\chi^2=\sum\limits_{i=1}^{c}\sum\limits_{j=1}^{r}\dfrac{(f_{ij}-E_{ij})^2}{E_{ij}}$，公式中 E_{ij} 为期望频次，可由边缘分布求得 $E_{ij}=\dfrac{f_{i*}\cdot f_{*j}}{f}$。$\chi^2$ 统计量自由度：$df=(r-1)(c-1)$，当算出的 χ^2 值大于某一显著性水平下的临界值时，原假设在这一显著性水平下被拒绝。

用 χ^2 值对列联表进行检验时，如果每一格值的 E_{ij} 太小就有可能引起判断失误。一般要求 $r\times c$ 的表中 $E_{ij}\leqslant5$ 的格数不应超过20%，有人也认为所有格值应不小于10。

(2)二分变量的相关测量。二分变量就是取值只有两类的定类变量。两个二分变量列联表就是一个 2×2 的表。

对于 2×2 列联表，一般用 χ^2 值来测定变量间的相关关系，较为常用的有：

第一，ϕ 系数，$\phi=\sqrt{\dfrac{\chi^2}{n}}$($n$ 为样本大小)，其值在 0～1 之间。ϕ 系数亦可用于 $r\times c$ 列联表，但这时 ϕ 值将会超过 1，为克服这一缺点，设计出了 V 系数。

第二，V 系数，$V=\sqrt{\dfrac{\chi^2}{n(m-1)}}=\sqrt{\dfrac{\phi^2}{m-1}}$，其中 n 是样本大小，m 是表的行数 r 与列数 c 中的较小

数，即 $m=min(r,c)$，V 值由 0－1。显然在 2×2 表中，$V=\phi$。

第三，C 系数，$C=\sqrt{\frac{\chi^2}{\chi^2+n}}$，其值最小为 0，表示两变量完全无关，但其上限是可变的，最大不超过 0.707，即使两变量完全相关，也无法达到 1。

(3)正态总体方差检验。这时原假设 H_0 为 $\sigma^2={\sigma_0}^2$，备择假设 H_1 为：$\sigma^2\neq{\sigma_0}^2$ 即 $\sigma^2>{\sigma_0}^2$ 或 $\sigma^2<{\sigma_0}^2$，检验统计量为 $\chi^2=\frac{(n-1)s^2}{{\sigma_0}^2}$，自由度 $df=n-1$。

χ^2 检验只能检验两个变量间在总体中关系的有无，而不能检验关系的强弱程度，χ^2 的统计显著性受相关关系强弱和样本规模两方面因素的影响，相同的相关强度，样本规模不同，就会具有不同的显著性水平，即使是一个弱相关，但只要样本足够大，也会具有统计显著性。所以在大样本统计检验显著性时，还需要进一步确定相关强度的高低，以确定这种相关有无实际意义。

χ^2 检验要求两个变量均为定类变量，但如果其中一个是定序变量时，就将该定序变量看作是定类变量，也用 χ^2 检验进行检验。

第五节 计算机在调查研究中的运用

随着社会的进步，科学技术延伸到社会生活的方方面面，计算机在我们的日常生活、学习和工作中扮演的角色也越来越重要。有些工作没有计算机的参与是难以完成的。计算机在社会调查研究中的作用也日益重要，它在科学研究中的应用为定量分析开辟了广阔的前景，表现在从只能处理数值数据发展到处理非数值数据，如文字、字母、符号、表格、图形等；再到各非数值的算法，诸如判断、检索、排序、增删、分类、合并等等，为社会研究的资料处理和统计分析提供了极大的便利。

一、数据输入前的准备

资料收集工作结束以后，就要对资料进行整理和加工，以简化繁琐、杂乱的原始资料，这样做的重要目的之一就是使资料能够成为直接输入计算机进行处理的数据，我们把这个过程叫做数据的准备。从第一章中，我们知道这一过程主要包括：(1)资料的审查；(2)资料的分类或分组；(3)资料的汇总与编辑，主要需要先对定量资料进行编码。经过分类或分组的资料，可以清楚地知道其有几类，然后赋予这些类别一定的符号，也就是后来的编码。在使用计算机处理资料时，为了提高效率和避免转录中发生错误，一般将编码和数据输入过程结合起来，为此，越来越多地研究者使用页边编码的方式。

经过编码的资料可以使随后的数据处理工作顺利准确。一份准备的不够好的数据输入计算机后，会给数据处理工作带来很多麻烦，而且也难以在分析中得出有说服力的结论。数据输入前的准备工作是数据处理和分析的基础。只有一份准备得很好的数据，才能做出完美的处理和出色的分析。

二、数据的输入

通过对计算机输入设备的操作，将经过编码的数据登录并送入到计算机，贮存起来，以备调用，这一过程就是对数据的输入。数据输入的主要形式是键盘输入,也就是将键盘和显示器结合起来使用,数据直接由键盘键入计算机。数据输入的主要任务是把所有问卷汇集起来,形成一个有一定结构的数据集合,即建立有一定逻辑结构的数据文件。数据的进度和质量非常重要,如果录入串位,后续工作将功亏一篑。一般情况下,一项社会调查的问卷可能有数百个编码项,这一长串数字数列在输入时很容易发生数据位置移动,即录入串位。比如有一项编码应占三位,如012,在键入时打成"12",这时此项后面的数据都会向前移动一位,如果不能及时发现这一错误,将造成后面所有的数据输入均无效。为防止录入串位,可采用把问卷的一页分成一段,即采用显示终端屏幕控制,当问卷一页编码录入完毕后,用录入程序检测是否漏掉或超出。如果发生串录时,屏幕将显示出错误的情况。由于键盘输入数据是手工劳动,长时间的操作,必然变得单调而易疲劳,因而难免出现录入错误。这就要求录入员要有耐心并且细心。

数据输入后,还要对其进行检查,以避免错误的发生。任何一份资料都难免有些错误,这些错误可能是回答者的笔误,也可能是编码或输入错误。为避免这些错误,仔细的检查是很必要的,另外研究者常常会用到一种"资料净化"的方法来大概地检验和修正错误。这一方法又包括两种方法即幅度检查和逻辑检查。我们自编一个简单的程序或者已有的统计软件可以将某一变量的分布情况显示出来,通过这种方式我们可以检查出一部分错误。比如,对职工性别这一变量的分布,我们假设有50名调查对象,1(男)的频数是27,2(女)的频数是15,4的频数是5,7的频数是3。由于我们在定义时只要求有1和2两类,那么4和7就是违规的数据,说明性别这个数据有错误。随后我们就可以编出一个含有性别变量违规值的职工编号的程序,来核对问卷,以发现错误出现时如何修正。这就是幅度检查。我们也可以根据变量间的逻辑关系来判断错误,比如,变量1和变量2之间有这样一种关系,即变量1大于20,同时变量2小于-40时,两变量之间的关系才能成立。所以小于等于20的数值不符合变量1,大于等于-40的数值也不符合变量2。利用这种逻辑关系,我们可以检测变量的违规值。这就是逻辑检查。

三、对数据进行统计分析

对数据的统计分析主要包括对已输入到计算机中的数据资料进行定义;进行数据处理方面的操作,如判断、分类、合并、存储、计算、检索等;数据的输出,包括数据库资料和经过处理后的数据等任务。

在用计算机进行数据的统计分析时,我们可以使用Basic、Foxbase等程序语言自己编写程序,一些基本的统计分析的操作在Excel界面里也可以得以实现,但是现在用到较多是用于专门处理数据的统计软件包或称统计软件系统,它使用方便,操作简单,越来越多的得到应用。

国内外用于数据处理的统计软件包很多,其中最为流行而又易于使用的综合性统计软件包中,有一种是专门为社会科学研究而设计的,叫做"社会科学统计包"(Statistical Package for the Social Sciences,简称SPSS)。

SPSS软件包不仅包括了Excel的基本操作,而且具有更多的功能,比如基本的数据分析包括绘图、加总、排序、判断等操作,还有诸如前面讲到的集中与离散趋势分析、列联表的分析、相关分析、回归分析、方差分析以及参数估计和假设检验的复杂数据都可以通过这个软件系统进行计算和分析,还有更高层次的统计分析也可以通过SPSS软件系统实现,大量繁复、庞杂的数据在这一软件面前变得

调查资料的理论分析是对调查资料进行系统化的理论认识的分析。这种系统化的理论认识的分析具有它自己的某些特殊性,表现在:

第一,理论分析的对象是调查资料。一般来说,理论分析的材料有两种即感性材料和理性材料,前者是直接和间接经验的材料,如观察和调查而得来的原始材料;后者则是已经上升为理论知识的材料。而调查资料的理论分析的对象是关于被调查者的直接经验的材料。对这种感性材料进行理论分析,实质上就是利用抽象思维对其进行"去粗取精、去伪存真、由此及彼、由表及里"的加工制作和疏理解释的过程,并最终由感性认识上升到理性认识,使之系统化、理论化。因此,调查资料的理论分析既不同于借助于个人经验、他人的研究和广泛的理论材料展开的分析,也就是对研究假设的分析,也不同于在理性认识的基础上提出的理性再认识,也就是不同于对理性材料的分析。

第二,调查资料的理论分析的直接目的是证明研究假设或得到理性认识。社会调查都是要深入到社会生活的实际,来解决现实问题的,因此,在调查之前或其过程中,一般要提出一定的研究假设。它体现了调查者(或分析者)对所研究的问题的认识或者是价值取向。调查资料的理论分析就是要证明这一研究假设是否成立。证明研究假设不仅在于逻辑证明,而且更重要的在于事实证明,即用研究假设的调查所得到的资料去验证理论。

第三,用调查资料证明研究假设。这是一种纵式检验,理论分析强调纵式检验。在这一检验之中,是变量及变量的测量把实践和理论联系起来的。变量及其测量一方面充当概念及理论的具体承担者;另一方面变量经过具体的操作化能够对应于现实的世界,这样就与可观察的现实世界联系起来。理论联系实际和实践的原则,体现在调查资料的理论分析中,并贯穿于纵式检验这一过程中,它强调依据具有较高的确定性和可靠性的变量及其测量进行分析。

但从上面理论分析的任务中,我们可以推知任何理论分析都具有这样四个基本特点:首先,理论分析是对客观事物的本质和内在联系的认识;其次,理论分析不是靠感觉、知觉和印象来做出判断而是借助于概念;第三,理论分析的最终结果是形成一般性的、系统化的认识,任何理论都是一组相关的命题构成;第四,理论分析的结论具有一定的普遍意义,可以进行演绎和推理。

二、理论分析的作用

理论分析具有以下几个方面的作用:

1. 对统计分析的结果做出理论说明和解释

在调查中,资料分析首先需要对大量数据进行处理,做统计分析,以描述现象的各种状态、分析变量之间是否相关以及相关程度等等;然后是对统计结果进行理论分析。例如,由范伟达主持的《2000年调查》资料显示,"76.9%的上海市民不约而同地使用了'数字化'这一字眼描绘即将到来的新实际生活图景"。

经过分析,上海人对于"数字化"生活的理解更多体现在以下几个方面:首先是获取信息的途径。75.1%的人认为21世纪人们获取信息的主要来源则会是电脑,而报纸、电视、广播、杂志等传统传媒将退居其后;其次,在家办公将成为现实。一半以上的人希望能"部分时间在家工作,部分时间去办公室",24.7%的人则选择了"在家办公";三是人们寄希望于网络社区的出现,给购物、工作、娱乐等日常生活带来更多的方便;四是体现在对未来就业的意愿上。40%左右的人希望从事高科技信息产业,33%以上的受访市民希望从事服务性的行业;最后,“数字化生存时代”的教育也可以通过网络进行。这将使学习不再受时间和地点的限制,学生可以自主地选择教学内容和进度①。

这一过程是从通过对资料的统计分析开始的,然后在此基础上进行理论分析,最后我们可以得出理论性的解释,“21世纪将是‘数字化’的信息时代”②。

2. 检验和论证研究假设

一些调查研究具有明确的研究假设,是收集资料、了解客观事实的依据。因此在研究阶段,需要结合统计分析的结论来检验和论证研究假设。例如,对村民的民主意识进行调查研究,依据某些理论假说,提出几个研究假设:近年来由于实行了村民自治制度,村民参与村务管理与决策的意识比过去大大的增强,他们更关心自己的民主权利等等。如果统计结果与研究假设是一致的,则需要结合具体资料进行讨论和理论分析,以便从不同角度、不同方面来论证和发展理论;而如果调查资料的统计结果与研究假设不一致,就要分析不一致的原因,是因为所调查的村子和村民不具有代表性,还是因为理论假设与现实脱节,说明不了某些时期、某些地区或某些村民中普遍存在的实际现象。

3. 由具体的、个别的经验现象上升到抽象的、一般的理性认识

许多社会调查都不可能是对大量的样本进行调查或普查,而是通过对某个单位或者某个事件进行实地研究,期望能够推论整体。这类调查收集的资料一般是个案材料或典型事例,无法对它们做统计分析,只能通过定性分析和抽象思维把经验现象上升到理性认识。对个案材料的理论分析一是要从经验现象中发现问题,抓住主要方面,即透过表象提出事物的本质特征;二是对调查资料进行抽象,归纳和概括,由具体、个别的事例建立一般的概念或类型。例如,对中国农村女性自杀问题的研究,资料收集了不同原因 ,从不同的个案材料中可能归纳出:夫妻不合、夫妻口角、虐妻、遗弃、包办婚姻、贞操问题、婆媳纠纷、生活无着、邻里纠纷等,进一步则可以归大类,提炼出更加本质的原因,比如上述原因可以归为:农村女性弱势地位、传统观念的影响、人际关系处理不当。经过这样的分析和说明之后,具体的经验材料就离开了感性的、具体事例的原始形态,上升为抽象而具有普遍理论意义的概念或不同类型,这些抽象概念也概括出了每一类型的本质特征。实地调查实际就是要从个案材料和典型事例中发现问题、抓住主要方面。并从具体中抽象出理论概括和一般类型,这样就能够高屋建瓴地把客观事实中的各种联系提炼出来。

理论分析的最终结果是得出概括性的研究结论。结论是在调查研究之后,即在对调查资料进行整理、加工,然后全面、深入、详细地分析之后得出的,它概括性归纳出一项调查研究的结果。分析的目的是把所研究的现象分解为各个部分,便于发现其中的问题与主要方面,而得出的结论就把对各个部分的理性认识联结起来了,形成对现象的完整、准确的综合性认识,并以简洁扼要的方式阐述出来。在此基础上就可能提出新的理论观点或者修正原有理论,以推动理论的发展,或者是提出政策性建议,提供解决实际问题的方案。

理论分析所使用的方法既包括抽象思维的一般方法(如分析与综合、归纳与演绎、抽象与概括、形式逻辑、唯物辩证法),也包括各大学科的具体分析方法;后者是一般思维方法在学科研究中的具体应用,它主要包括下面几种常用的分析方法:比较法、因果分析法,结构—功能分析等等。当然,在具体的研究中还要使用那些特定的理论分析方法,如历史分析、矛盾分析、系统分析等等。但我们首

---

①② 参见范伟达:《现代社会研究方法》,复旦大学出版社2002年版。

先介绍理论分析是如何思考的。

三、理论分析的思考方式

进行理论分析首先要学会怎样去分析,解决好思考方式的问题。调查资料理论分析的思考方式是什么呢?这里主要介绍它的一般思考方式,具体的内容,不同的研究者可能会因为研究的需要和习惯而有所不同。根据研究者们的经验,主要体现在以下四个方面。这就是:说明概念的定义;澄清问题和事实;说明原因;得出研究结论。

1. 说明概念的定义

这是理论分析的第一步。我们知道理论分析是对研究资料系统化的理论认识和分析,其基本的思维形式是概念、判断和推理,所以进行理论分析首先必须明确概念。明确概念就是说明研究概念的定义,限定好概念的内涵和外延,让别人知道你所分析的实质核心是什么。

概念的定义是概念的实质内容。但是不同的分析者由于对某一概念的认识不同,所下的概念定义也不尽一致,这是很正常的。我们希望概念的定义能正确反映概念的实质内容,达到真理性的认识。如何才能使概念明确而又合乎真理性的认识呢?主要从以下三点着手:

(1)明白传统的或经典的定义是什么。首先要知道你所要定义的概念有没有经典的定义。如果有,就应该了解并深入理解它。

(2)关于此概念的定义,现行观点或多数人的意见是什么。了解现在多数学者是怎样定义这个概念的,倾向性的意见是什么,差异在哪里。

(3)自己的定义及如此定义的理由是什么。这个定义是在理论分析时要使用的定义,所以必须明确它的内涵和外延,在理论和现实中能够立住脚,这一概念通常是要写进调查报告里的。你的定义与经典定义和现行说法可能一致,也可能不一致,但无论是那种情况,都应该有一个让人信服的理由,从而达到概念的定义与研究的实际相符合。

2. 澄清问题和事实

社会调查的主要任务是找到研究问题,其目的是通过对事实的了解,来形成科学的认识,以找到解决问题的办法。所以对于问题和事实的澄清,明确研究的方向,就成为任何理论分析的第二步。

首先是要提出研究的问题,指出研究这个问题的意义。其次是陈述事实,疏理调查所得到的资料。陈述事实主要有两种方式,一是文字叙述,二是统计描述,两种方式各有优点,不可偏废。文字叙述帮助人们了解调查对象的概况,知其来龙去脉,形成大致印象,而统计描述则使人们对调查对象的印象数量化,精确化,减少模糊感。因此一个好的理论分析,在陈述调查事实时应该两种方式兼用,互相配合,互相补充。

3. 说明原因

理论分析并不满足于仅仅知道问题和事实是什么,而要进一步探明问题和事实之所以如此的原因,探索其中的必然联系。例如,上述中国农村女性自杀问题的研究中,其中一个重要的现象是农村女性的自杀率偏高,1990 年到 1994 年,15 岁至 39 岁年龄段的农村女性占自杀者总数的 57.3%,它高于城市同龄女性的 4.7 倍和城市男性的 4.9 倍,也相当于男性的 2 倍。① 对于这样一个现象,我们不

① 参见谢丽华主编:《农家女百事通》杂志社课题小组编:《中国农村妇女自杀报告》,贵州人民出版社 1999 年版。

仅要知道是怎么回事,还要进一步追问其原因。比如,首先追问社会背景是什么,然后分析中国农村女性的处境与城市女性处境以及男性处境的不同在哪儿,最后我们就可以得出其原因:改革开放特定背景下的经济活动风险性的增加、医疗费用的增加、家庭关系的弱化、农村流动频率增加等,以及长期的社会原因如农村女性弱势地位改善不大、传统观念的影响、人际处理能力和心理调试能力偏低等原因。

说明原因这部分不仅要运用因果分析,而且要用到多种分析,例如比较分析、结构功能分析、系统分析、辩证分析等等。

4. 得出研究结论

经过对调查资料的一系列疏理与认识,通过概念、判断以及推理,我们就可以最终对研究问题和事实之间的联系,以及问题和事实各自要素的联系有了理性认识,最后得出理论分析的结果。

四、理论分析的一般步骤

调查资料的理论分析,虽然没有统一的范式,但也不是无章可循。我们可以遵循这样的一般原则:由浅入深,由个别到一般,由部分到整体,由简单到复杂。基于这些原则,调查资料的理论分析大体包括以下五个步骤:

1. 对资料进行审读和做总体性思考

对资料进行审读和做总体性思考是理论分析的第一步,也是理论分析的必要前提,不能轻视,也不可觉得可以省去不做。原因在于,对调查资料进行理论分析,首先必须了解和熟悉调查资料,如果不能完全把握和熟悉调查资料,我们的分析极有可能会掺进研究者自己想象的成分而使得研究问题缺少客观性,并最终可能导致研究结论的错误。要进行理论分析,同时要明确总的分析目标是什么,如果没有分析目标,我们可能会侑于资料事实,而不能做出最终的解释来,所以要有总体性的思考。

对资料进行审读。资料的审读就是认真的审查和阅读全部用于分析的调查资料,目的是加深对资料的印象和记忆。例如访谈(或观察)记录,这是比较生动全面地反映调查对象实际情况的调查资料。审读资料时,就要做好甄别事实,按问题归类、选取有意义的事例等工作;再比如综合统计资料,这是理论分析中不可或缺的一部分,虽然这些资料不是此次调查所得的资料,但是那些对理论分析有直接意义的报刊、内部文件、调查报告、历史文献等,也应该注意收集和阅读。这些资料将丰富我们的资料,对事实和问题有更详尽的了解和理解,并且开拓我们的理论思考视野,启迪思维,提高水平,使调查资料的理论分析更具有现实意义和历史意义。

做总体性思考。资料审读之后要做总体性思考。总体性思考的要求是在对调查资料审读基础上,根据计划方案和现有资料,整体性地考虑需要分析什么,现有资料允许分析什么,进行哪些分析,总的分析目标和理论假设是什么,等等。一句话,设计下一步的分析应该如何进行。在总体性思考中要主要抓住以下几点:

第一,根据现有资料,确定原有的分析方案是否可行、是否需要修改以及做何修改。在调查研究过程中,每个调查者都有着一定的目的进行调查活动,所以一般会事先拟订调查提纲和分析方案。虽然调查资料是按照拟定的提纲和方案收集而来的,但实际收集的资料与原方案的要求并不处处吻合,这就需要我们根据现有资料检查原分析方案的可行性,并给予一定的修正。即使调查资料与原分析方案一致,也需要根据收集的资料将原分析方案具体化,将事先拟定的分析方案的原则性指导转变为具体可操作的指标。

第二,确定总体的分析目标。分析者对全部资料审核以后,会形成对资料的总体印象,经过审慎的思考,会使这种印象加深和升华,开始对资料做总的判断:这些资料能分析什么,可以从中得出哪些结论,分析的方向和途径有哪些,分析结论如何得出,等等。这些都是总的分析目标问题。尽管这些问题在总体的思考中可能得不到明确的解决,但是思考这些问题,可以使我们避免盲目性,增强自觉性。

第三,设定具体的分析步骤。虽然各种理论分析都遵循由浅入深,由个别到一般,由部分到整体,由简单到复杂的原则进行,但是每项具体分析的目标和方法并不相同,所以具体步骤也不尽一致。因此应该具体设计分析步骤,为进一步分析奠定基础。

对资料进行审读和做总体性思考是调查资料理论分析的基础性工作,是重要的一环,应加以重视。每个分析者对调查资料的了解程度、分析技巧和水平都会不同,所以究竟如何审读和把握对资料的总体性思考,比如怎样结合效果才能更好,使用多长时间为宜,则因人而异。例如,有些分析者可能会先审读资料,再进行总体性思考,而有些研究者则可能合二为一同时进行。

2. 对个体资料和典型事例进行理论分析

理论分析的第二步是对个体资料和典型事例进行分析。调查资料主要是被调查对象情况的客观反映。被调查者本人、家庭、工作小组或者是基层组织,都是以个体单位的形式存在的,这样,我们获得的调查资料都是个体单位的资料即个体资料。

个体资料包括两个部分:一是调查对象的背景资料,它反映调查对象的客观背景,例如调查对象如果是个人,个人的年龄、性别、教育程度、职业、月工资、婚姻状况等就是背景资料。而如果调查对象是家庭,家庭的人口数、代际结构、经济收入来源、收入水平、家庭职业结构等就是背景资料。二是调查对象的行为和状态资料,这是反映调查对象的客观活动,例如研究农民的现代化程度问题,农民的年龄、性别、教育程度、是否打工等属于背景资料,而农民的人际交往半径、生育状况、时间观念等则属于行为和态度资料。

背景资料和行为态度资料一样重要,在理论分析中要结合使用,背景资料可以说是我们理解调查对象的行为态度基础,而行为态度资料则是我们分析的落脚点。这是因为,行为态度资料反映的是调查对象实际的思想和行动,思想和行动则构成具体可见的一个个动态的事例,是事件和行动能够进行下去的支撑,因而是调查研究的重点。例如,研究家长对子女上学的态度问题,调查的重点是家长对子女上学的态度和行为上,家长对于子女上学的态度总有支持和不支持,甚至有反对的,而在行为上,可能虽然支持,限于经济条件或其他困难原因,无力满足子女上学时就放弃了,而有的家长虽然不支持,但是尽其能力满足子女的要求等等,这些都构成具体的事例。研究者就需要从千差万别的具体事例汇总发现那些有代表性的事例,加以研究。

对个体资料和典型事例的分析应该把握以下三点:

(1)深入细致地掌握个体资料,从中发现问题,找到解决途径。例如,某村建立起绿色农产品的生态园,通过把扶贫款划分给每个村民,而把他们纳入到生态园的股份中来,以便以后生态园见效益后村民能够分红。但是,调查了 80 家农户后,统计结果显示 82% 的村民对生态园漠不关心,把它看成是村干部个人的生态园。这就需要自己分析个体资料,找出村民态度的症结所在。

(2)最好抓住典型事例,让典型事例“说话”。典型事例就是能说明问题,符合分析目的,具有很强代表性和感染力的个体资料。在观察和分析个体资料时,研究者要通过比较和鉴别不同个体之间的异同,发现典型事例。典型事例是我们分析问题实质的捷径。

(3)个体资料和典型事例的分析是为总的分析目标服务的,而不能就事论事。分析个体资料和典型事例是一种手段,它的目的是向分类资料和总体资料分析过渡。没有这一过渡,不进行必要的个体资料和典型事例的分析就不能对调查对象形成初级的和基本知识,毛泽东说:“没有这种调查,就没有农村的基础概念。”

3. 对分类资料和具体假设进行理论分析

理论分析的第三个步骤是对分类资料和具体假设进行分析。社会调查,无论是概况调查还是专题调查,总是带着一定的目的,从各个方面和角度来收集资料。在整理资料和统计分析的过程中,原始资料已经按照这些方面和角度将资料分类,经过分类的资料被称为分类资料。例如研究社区女性地位结构的变化,就要从社区女性的家庭劳动分工、资源使用与分配中的地位、社区管理中的角色地位等几方面分类说明。分类资料整合了调查资料的个体形态,我们看不出具体的调查对象,而是全部调查对象某一方面情况的客观反映,这是理论分析和统计分析的重点。

调查研究总是要提出一定的研究假设或有着某种具体的目的。调查资料理论分析的目的,是证明研究假设是否成立。研究假设分为中心研究假设和具体研究假设。中心研究假设是从研究的整体性出发提出的,总是用整体资料来证明;具体研究假设是与中心研究假设相联系的,是针对调查研究的具体方面和部分问题提出的,总是用分类资料来证明的。例如评估中国农村合作医疗实施效果,假定中心研究是“农村合作医疗有一定成效”,具体研究假设是“合作医疗能够重在预防、健康教育和环境卫生工作”、“好的乡村卫生网”、“政府在基础卫生工作有适当的投入,并且群众普遍支持”。证明这四条研究假设是否成立,就需要对预防、健康教育和环境卫生工作,乡村卫生网以及基础卫生工作三项分类资料进行分析。而分类资料的理论分析,是为论证具体研究假设服务的。

对分类资料和具体研究假设的理论分析,一般分为三个层次:

第一个层次是陈述分类资料。我们阅读的调查报告里的大量篇幅都属于这个部分的内容。例如毛泽东在《寻乌调查》和《兴国调查》两本书中就用了大量篇幅来陈述分类资料。陈述分类资料时要求层次分明,条理清楚,有一定的系统性。

第二个层次是对分类资料进行系统的概括和结论性的分析。分类资料仍然是感性材料,但是它所表现的并不是具体的个体形态,它所反映的客观事实是经过抽象概括的,往往带有一定的普遍性。理论分析的任务,是通过对感性材料的抽象和归纳,概括出共性的本质的东西来,形成研究结论。毛泽东在《寻乌调查》和《兴国调查》中,对分类资料都做了一定的概括性和结论性分析。比如《兴国调查》中关于“斗争中的阶级”的分析,毛泽东分别陈述了地主、富农、中农、贫下中农、雇农、手工工人、商人、游民等不同阶级和阶层的经济、政治状况,并对各个阶级阶层的阶级性质和对土地革命的政治态度做了概括性的、总结性的分析,如认为地主多是反革命;富农在革命初期企图投机革命;中农在土地革命中是“得利的”,所以参加革命“很勇敢”;贫农是土地革命的利益的获得者,是农村政权的主干,农村中的指导阶级;雇农作为农村中最贫苦的无产阶级,本应在革命后“当权”,但实际上没有“当权”等等。

第三个层次是利用分类资料论证具体研究假设。这是分类资料理论分析的直接目的。利用分类资料论证具体研究假设时,一方面要检查具体研究假设是否符合分类资料,符合的予以肯定,不符合的则加以否定;另一方面就是说明具体研究假设与分类资料相符合或不符合的原因。

确立研究假设有两种方式,一种是显性方式,就是明确地提出某个假设并予以论证,另一种是隐性方式的，表面上我们看不到研究假设，但实际上是它隐含在事实陈述的概括性和结论性的分析中了。例如毛泽东在《兴国调查》中分析土地革命斗争中农村各阶级时，它的研究假设主要就是隐性的。例如在《中国社会心理分析》一书中《农民工与角色转换》一节有一个标题为"农民工权利意识的觉醒"就含有一个假设，即"农民工在城市中某些权利相对缺失"①；另外如"休闲群体的层次区隔"，其暗含假设为"休闲群体存在着不同的休闲方式与层次"，这些都属于隐性方式的假设。

通过以上的例子，我们知道了对分类资料和研究假设的分析主要有三个层次即陈述分类资料，然后对分类资料进行概括性和结论性的分析，最后论证具体研究假设，以便形成研究结论。需要说明的是，以上几个层次的分析应当有机结合起来，而不应该形而上学地割裂开来。三者的关系是：系统化、条理化的陈述资料是分析的基础，概括性结论性分析是分析的成果，论证具体研究假设是分析的直接目的。

4. 对全部资料和中心研究假设进行理论分析

理论分析的第四个步骤是对全部资料和中心研究假设进行理论分析，其研究的核心，就是运用全部调查资料，论证中心研究假设。

个体资料和分类资料的总和就是全部调查资料。但不能简单的理解为二者的相加，它是两部分资料有机联系的整体，是综合性的资料。因此，分析者要善于从个体资料和分类资料的相互联系中占有全部调查资料，去发现和把握其中具有综合意义的整体性材料，来论证中心研究假设。

中心研究假设是调查研究的核心问题的假设。例如，一个关于吸食大麻者的研究，中心假设越轨行为的产生是一系列社会经历连续作用的结果（假设中的越轨行为为吸食大麻）；要研究社会主义国家的经济体制改革与政治体制改革的关系问题，中心假设可为"经济基础决定上层建筑"；研究社会变革时期，为什么有些人比较激进，有些人比较保守，根据伯格的关于社会持续与延续后代之间关系的理论，中心假设可以是"无子女的人更可能持激进的政治态度，有子女的人更可能持保守的政治态度，持激进态度的人有了子女以后，政治态度会转为保守"。

在运用全部资料论证中心研究假设时，需要掌握以下原则：

第一，分析者要根据调查研究的核心问题的中心假设，善于从全部调查资料中获取有价值的整体性事实资料。调查资料就好比是一个"原料库"，并不是所有的"原料"对制成品都有用，而需要剔除那些杂质，精选上好的原料，才能加工出完美的制成品。实际做一次资料分析工作，就会发现获取有价值的整体事实资料，不但可以避免使分析片面化，而且可以使对中心假设的论证更加明确、集中和有针对性。

第二，分析者要善于把握个体资料和分类资料的相互关系，并从中掌握整体事实资料。整体事实资料不可能脱离个体资料和分类资料而独立存在，它必然存在于个体资料和分类资料相互联系中，所以把握整体事实资料一方面要认真做好个体资料和分类资料的分析，另一方面要学会概括和提炼。例如，研究"知青"群体目前的心理状态问题，我们可能发现他们中一部分人在历经上山下乡、文革、改革开放这样一个颇为曲折的生活历程后，虽然有抱怨和不满，但却仍然是冷静的、宽容的，虽然对如今的改革有着诸多困惑，却又是那么的顺从。分析形成这样一种心理的原因，就需要多方调查和全面的比较分析，我们可能考虑以下原因，比如文革时期革命热情的延续、迫于国家政策、返城后国家的适当安置、不是改革的利益受损者、对社会发展趋势的认知、中国传统文化的影响、现代意识的获得、个人特殊经历等等。我

① 沙莲香等著：《中国社会心理分析》，辽宁教育出版社2004年版。

们可以在个案资料中发现许多生动的事例,说明这种心理状态的形成受上述历史和现实的主客观因素的影响;而在分类资料中我们也许可以发现不同的个体受同一因素影响的程度不同。但如果我们据此论证中心研究假设,并做出结论,列出的主客观因素就会显得缺乏条理,比较混乱,而且处于不同经济政治地位的知青的心态并不完全相同,所以我们依然不能对他们心态的差异做出很好的比较,更难以清晰地分析出他们心态形成的原因。但如果此时分析者做多因素分析,或者提炼出几个主要的影响因素,也可以概括出一般性的因素,以论证中心研究假设,最后提出结论。依据统计分析时各个因素影响程度提炼出主要因素来,或者结合个案材料,分析出心态相近的群体,利用逻辑分析概括出一般性因素来。用提炼的方法还是用概括的方法,是由调查资料的性质和分析目的决定的。

5. 对研究结论及其意义进行理论分析

理论分析的最后一个环节就是对研究结论和这一结论的意义进行分析。调查资料的理论分析的最终目的是得出研究结论。研究结论有各种形式,比如有的是学术理论观点,也有的是实际工作建议,还有的可能是宏观决策的建议等。研究结论一般都应该能在其现实意义或理论意义对某一问题做出恰当的分析。

第一,关于学术理论观点的研究结论。例如中国农村妇女生育意愿的调查研究,研究者可能得出几条研究结论,那么分析者会分别就这些结论的正确性以及理论和现实意义做出分析和论证,而作为学术观点的研究结论,其意义大致是肯定或否定或修正学术界流行的某种观点,或者提出某种新的观点,推动理论的发展。

第二,作为具体工作建议的研究结论。这种类型的调查研究运用的是比较多的。例如对农村某地计划生育工作的调查,通过实地考察,研究影响计划生育工作的因素及成效,以及当前工作方法在当地农民中的影响等,最终可以提出一些改善工作方法的建议,作为参考供有关部门使用。

第三,关于宏观政策建议的研究结论。这类研究结论,一般多是党政主管部门、领导同志深入实地进行调查研究所得出的结论。在党和政府的历史中,这样的调查研究有很多,它们对我国革命和建设起到了很大的推动作用。比如刘少奇所作的关于工人运动的调查,李富春主持的北京第一机床厂的调查研究,以及现今党和政府做的很多对农业、医药、工人等的调查研究等等,这些调查研究结论回答了我国工人运动指导方针问题,也为建国后第一个工业管理条例制度提供了依据,也为国家制定农业政策,医药市场管理与规范以及下岗工人安置等工作提供了依据等等。

1999 年,复旦大学的范伟达等老师进行了一次《中国人展望 21 世纪》的民意调查。这次调查在北京、上海、广州、成都、昆明等地展开,收集了许多宝贵资料。调查收集的资料在统计分析的基础上,又对这些资料进行了理论分析,以反映中国百姓的世纪心愿和预测新世纪中国百姓社会生活的趋向。他们依据上述理论分析的思考方式和步骤,最终形成了各具千秋的两套思路,以不同的方式反映了此项的研究成果。

第一套思考方式的总思路定在“21 世纪,听民心,看未来”上。从“中国人的世纪心愿”、“老百姓眼中的数字化生存”、“21 世纪,中国人哪里发财”、“未来百年,你会有啥不一样”四个不同角度来反映老百姓的心声。通过图表、文字、统计数据及个别个案,深入地展开了各个层面。如在“世纪心愿”中用国泰民安、人类和平、愿天下所有人幸福、让世界充满爱、健康的身体、美满的家庭、子女的教育、称心的工作、住得更舒适等等反映了中国百姓的心声。在“未来百年有啥不一样”中则展开了新世纪中业余时间怎么过,养老院中度晚年、居高不下离婚率以及人们是否会以胖为美等话题。

第二套思考方式的成果则体现在由范伟达主编的《世纪图景——21 世纪国人生活权威调查》一

书中。书中的理论分析思考想要为读者展示的是21世纪社会生活的美好图景,为读者进行21世纪生活方式的理想设计。其基本思路是先从总体上体察“国人心声”,比如他们如何感觉新世纪,他们的世纪话题是什么,他们心中的经济图景、生活图景是怎样的;然后作者从纵横两个维度,即从“阶层呼声”和“地区差异”两个维度对国人的社会生活进行了深入的描述,并从政治、经济、社会、文化和价值观的角度进行了深入的剖析。《世纪图景》一书中的责编在概括该书内容时写道:“这不是简单预测未来的书,事实上,它所预见的一切正在准确迅疾地发生在我们的周围;读者可将本书作为未来的坐标,按图索骥,你完全可以勾画出你想要的生活。”我们可以从该书中体会调查资料理论分析的实施和分析的过程。

调查资料的理论分析一般分为以上五个基本步骤。由于调查研究的目的不同,以及调查资料质量和数量不同,有时理论分析并不是完全限于以上五个步骤,而只是进行其中的几个步骤。这就需要从实际情况出发,而不应千篇一律。

第二节 理论分析方法

一、矛盾分析法

要了解和运用矛盾分析法,首先要弄清楚什么是矛盾。也许我们知道一些关于矛盾的说法,比如一个事物的两个方面;一个对立的又相互依存的双方。但是我们所说的只是矛盾的简单现象的解释。究竟什么是矛盾。矛盾是指事物内部对立着的各个方面之间的互相依存又互相排斥的关系。矛盾存在一切事物发展的过程中,又贯穿于一切过程的始终,矛盾是事物变化和发展的根本原因。

所谓矛盾分析法,就是运用马克思主义矛盾学说的原理、法则去具体分析事物内部之间的矛盾运动的状况和外部事物的关系,达到认识客观事物发展、变化、运动的方法。矛盾分析法是定性分析的一种方法。它根植于对客观事物的认识和了解,是对客观事物的系统的、直观的、辩证的哲学的分析。没有矛盾分析,我们就不可能认识客观事物的特性。

每一事物之所以是区别于其他事物的,就是在于其有区别于他物的内在特性,这个特性就是我们所说的事物的特殊性,世界上不可能存在两片完全相同的树叶,说的就是这个道理。在研究矛盾时,我们不是简单的就事物的矛盾来论及事物的矛盾,而是要将这个矛盾和事物的外在的联系和内在的联系相结合。任何事物不是独立的存在的,都和其内在的或是外在的条件发生联系,所以我们要具体的分析一个事物,就必须认识其内部的矛盾运动和事物外在的各个方面的联系。

矛盾分析方法在实际的应用中有其他的分析方法所不可替代的作用,所以,我们要运用矛盾分析法对事物进行科学的预测。

在我们实际的应用中有许多关于矛盾分析法运用的实例,例如国家这几年提倡可持续发展,研究如何实现水利的可持续发展,首先就要抓住水资源危机的基本矛盾即人与水的矛盾,然后以此为基点,全面、客观地把握与这一矛盾密切关联的水与生态、水与经济等其他方面的矛盾,抓住主要矛盾和矛盾的主要方面,而不能仅仅孤立地看到人与水的矛盾,忽视了此矛盾与其他矛盾的联系。当我们抓住问题的主要矛盾和矛盾的主要方面以及各个事物和矛盾的内部、外部联系后,可以创造条件促进矛盾双方朝着各自有利的方向转化。影响水资源开发利用的诸多矛盾之间和矛盾的双方是相互联系、相互影响的,并在一定条件下相互转化。所以要注重研究矛盾转化的条件,促使矛盾向良性方向发展。如在防洪上依靠科学调度进行防汛,把与洪水抗争变为与洪水和谐相处,实现从控制洪水向洪水管理转变。

矛盾分析法的另外一个例子集中体现,是中国在中日战争期间毛泽东所写的《论持久战》。在这本书中毛泽东详细地分析了中日战争的起因,分析了中日战争双方力量的对比:日本是比较强的,但是日本没有如此大的力量来完全的吞并中国,所以,中日之间的战争形式是日本首先处于一种进攻的势态,随后的则是双方的相对、相持,最后是中国人民的反攻,取得最后的胜利。后来的结果也证明了毛泽东运用矛盾分析法的科学的预见性。

矛盾分析法的运用是要求研究者在具备较高的理论素养和较严密的逻辑思维的基础上进行的。另外,矛盾分析法的运用还要求研究者要有一定的哲学、历史知识。在具备了上述的条件之后,就可以逐步的了解、理解、掌握和运用矛盾分析法了。

二、历史分析法

辩证唯物主义者认为,事物的发生、发展不是孤立的存在,不是由外在条件的影响而简单的变更的。事物的发生、发展总是有其内在的时间上的顺承和连续性的。每一个发展阶段之间,都有和前一个阶段的客观联系。所以,在这个客观联系的基础上,我们建立了历史分析法。

历史分析法就是依据上述事物发展各阶段关系发展的特点,找出事物在历史上是怎么发生的,现在的状况又是怎样的;历史上发生的外在条件和现实中发生的条件是否有了较大的改变,造成这种变化的原因又是什么;造成历史和现状不同的变革的内外部成因又是由什么条件的影响而产生的;历史分析的目的是要弄清事物变化发展的详细脉络,从事物发展的脉络中发现问题,分析成因,从而分析现状和预测未来。

历史分析法的基本做法是找寻历史资料,找寻历史和现实之间的联系,而对事物的分析往往是通过分析历史文献来完成的,所以历史分析法在很大的程度上是对历史文献的分析,这也就产生了历史分析的一个特点——或多或少的历史回溯性。

历史分析法是以研究历史文献资料为基础条件的,所以,进行历史分析的第一个步骤就是检查文献资料的真实性,我们的研究和分析不可能建立在没有实际发生的事件之上,否则就是空中楼阁了;第二,是分析事物演变的过程;第三,是找出事物的历史发展趋势是什么。这是历史分析中最重要的一环。我们的历史分析都是为了现在和未来而服务的。

在历史研究中分析事物的演变过程是为预测事物的发展趋势而服务的,所以,我们要着重的加以研究。分析事物的演变过程有两种意义。一是找出事物发生的最初的原因是什么。例如,我们在研究社会发展的历史的时候总是要提及每一个社会形态的劳动工具是什么,这是因为劳动工具是生产力变化的重要标志;而后我们又分析为什么每一个社会后期生产关系对生产力做了阻碍,对生产力的发展起了限制的作用,这样通过对生产力和生产关系的分析,我们可以得出,每一个社会的进步都是生产力发展的结果,而每一个社会的灭亡,也是由生产力的发展支配的,从而,我们知道了新生产关系适应生产力的发展是判定一个社会究竟是历史的进步还是历史的倒退的标准。二是把对历史的考察和现实的研究结合起来,没有历史研究就没有分析事物基础,也就不能经受时间的检验,也就没有了科学研究的价值性。

三、因果分析法

我们在研究事物的发展变化时总要找出事物变化的原因是什么？比如说，一个人的成绩的好与差是与其努力成正比例关系的，这是正面的原因；但是我们不可能说，好的成绩仅仅是和努力联系在一起的，还有教师的传授，学习的环境等等外在条件。可以说上述的原因都造成了一个结果，就是成绩好。上面的仅是因果关系的一个事例。但是什么是因果关系呢？简单地说就是事物 A 的变化引起 B 的变化，也就是事物 B 是事物 A 变化的结果，我们就可以说事物 A 与 B 之间存在着因果的联系。

因果关系是客观事物之间极为普通的一种关系，任何事物的变化都有其成因、过程和结果。离开了变化的原因事物只能是停滞不前的。我们也就看不到纷繁复杂的多彩社会了。任何事物的变化又都是有结果的，我们不能设想只有变化而没有结果的事物是什么样子，在现实的社会中也是不存在上述现象的。任何事物的变化发展都是有原因，都会产生结果。所以，因果分析法是最普通、最常见的分析方法。

如何运用因果分析法，主要需要掌握以下三点：

第一，找出构成因果关系的事物。任何事物的发生都是有其原因和结果的，无论是一因多果还是一果多因，我们首先要确定的是因果关系的两个或多个的事物，这是组成因果关系的必要条件。

第二，确定因果关系的性质。也就是要找出事物变化过程中哪个是原因，哪个是结果。在这里常需要解决两个问题：(1)判定是否真的存在因果关系，并指出哪个是因，哪个是果。(2)考察因果关系的类型。是一因多果？还是一果多因？我们的社会研究大多是一果多因的，所以我们在下面要做重点的分析。

第三，对因果关系的程度做出解释。通常的解释是研究事物原因和结果的相关系数或净相关系数，以相关系数和净相关系数来表示两者关系的强弱。理论分析的任务是做出解释。

以下是一果多因分析的例子：影响学生成绩好坏的原因是什么？第一步：确定问题。在本例中，我们研究的问题是学生成绩的好差，任务是找到影响学生成绩高低的原因，并予以详细地分析，以作为改进的现实依据；第二步：找出影响因素，并找出各个因素之间的相对应关系。比如这些因素是：学生的学习兴趣，教师教学水平，学习环境、学习氛围，学生的智力因素等等；第三步：解释各因素对劳动积极性的影响程度，分析哪个原因是主要的，哪个原因是次要的，为什么。假定 4 种因素对学生成绩影响的相关系数分别是：0.85、0.70、0.45、0.80，由此可知在影响学生成绩的因素中，学生的学习兴趣是最重要的因素，说明启发和调动学生的学习积极性是导致学生成绩优劣的重要途径；其次教师的教学水平；再次是学生的智力因素，最后是学习环境、学习氛围。我们应具体分析一下为什么有的原因影响强，有的原因影响相对弱，并据此提出合理化建议。

四、比较法

客观世界是普遍联系的，而又千差万别，因此同类事物的现象有共同的属性，却又有着差异，世界上找不出两片完全相同的叶子。这就是说，客观事物之间都存在着共同点和相异点。比较法也称为比较分析方法，就是通过对各种事物或现象的比较，来确定他们之间的共同点和相异点，并揭示它们相互区别的本质特征。它是自然科学、社会以及日常生活中常用的分析方法之一，试图通过事物异同点的比较,来达到对各个事物深入的了解和认识,从而把握各个事物。我们通常所说的"有比较有鉴别"就是这个意思。在调查资料的理论分析中采用比较分析法,可以通过比较两个或两个以上事物或者对象的异同来达到对某个事物的认识。

运用比较分析的方法,应把握以下几点原则:

1. 横向比较与纵向比较结合起来

横向比较是将同一时期的不同事物进行比较。这种比较可在同类事物内部的不同部分之间进行,如来自城市社区的妇女的生育意愿与来自农村社区的妇女的生育意愿的比较,小型企业下岗工人与大、中型企业下岗工人的比较;这种比较还可以在不同事物之间进行,如农民工与一般农民的比较,企业单位和事业单位的比较,中国企业和外国企业的比较,工人和农民的比较。通过横向比较可以发现同类事物或两类事物不同部分之间在某一方面的差异,进而分析出造成这种差异的原因,以揭示它们的本质特征。需要指出的是,由于类型划分有粗有细,因此"同类"和"异类"只是相对的。

纵向比较是在不同时期对同一对象的具体特点和表现进行比较。例如,比较我国改革前后工人经济地位的变化,比较20世纪80年代和90年代大学生思想状况,将农村实行家庭联产承包责任制前后农民的经济收入进行比较等。纵向比较侧重认识对象在不同时期上的特点及其变化发展趋势。

横向比较和纵向比较各有优缺点。横向比较具有很强的现实性,我们可以触摸,因而便于掌握,它侧重质和量上对认识事物或对象加以比较;缺点为它是一种静态的比较法,难以揭示事物不同阶段的发展变化趋势。纵向比较擅长于揭示某一事物前后变化的有机联系,认识事物之间的发展趋势;但它往往不太注意对该事物产生影响的并与之有着横向联系的其他事物的作用。因此,我们将横向比较和纵向比较结合起来,可以更好地达到对事物的深入了解和认识。

2. 比较事物相同点的同时,还要比较事物的差异

如前所述,比较可以在异类对象之间进行,也可以在同类对象之间进行,还可以在同一对象的不同部分之间进行。对于社会调查资料的分析,应该重视同类对象和同一对象的不同方面、不同部分之间的比较。例如研究一项农业政策在全国的实施效果,可以比较在平原地区和山区实施效果的异同,也可以仅在平原地区做比较,但是如果与城市的交通法规进行比较就没有意义。

比较事物或对象的同和异是比较分析的两项内容。首先是共同点的比较。其目的在于把具有同一性质的事物归于同一类,这样有助于概括事物的本质特征。确定事物或对象的共同点包括两个方面:一是找出共同性质,即同类事物的"同类性",如在各地农村调查乡镇企业发展情况,我们调查的是有乡镇企业的地区,所以乡镇企业是它们的共同性质,这是比较分析的前提条件。二是找出调查对象表现出来的共同特点。上例中我们把乡镇企业搞得好的地区归于一类,然后概括它们的共同特征,这就是一致的地方。

其次是差异点的比较。这是比较分析主要和重要的工作,它有助于区分和鉴别事物的不同类型、分析各种类型的不同特点。而确定差异点,就是找出调查对象表现出来的不同特点。例如在国有企业做调查,我们可以通过比较各个企业的规模、产值、效益的差异,把不同的企业分为不同的类型,这就找出了不同的特点。

3. 比较的是那些可比的事物,而不是不可比的事物

不同事物之间的比较要有统一的比较标准,如果没有统一的标准就无法进行比较。例如综合比较炼钢厂和纺织厂的工作成绩、再产值、收入、企业管理、工人劳动态度等方面进行比较是可行的,具有可比性。但如果比较企业的生产效益和机关的工作效率,就无法相比;中国企业的利润也不能与外

国企业的利润相比。因为前者是两个不同指标,后者所使用的“利润”指标一的标准进行比较。另外,定量比较的计量单位应选择精确统一的标准,如长度单位使用米,重量基本单位使用公斤,容积单位使用公升,等等。

4. 善于发现和比较本质的异同

事实上,任何事物之间都具有可比的地方,只不过可比的方面和层次是不同的,它需要我们善于透过表面的相同或不同来发现它们本质上的异同。社会调查研究需要注重对事物的主要方面和层次的比较,以达到透过表面现象发现事物本质的异同的目的。例如,对于“合资企业”和“高尔夫球俱乐部”,可以从组织目标、活动性质、活动方式、人员构成等诸多方面发现和比较分析出它们明显的差异。但是这种表面上差异极大的两类组织却有一个本质上的共同点,那就是它们都是在我国“改革开放”之后出现的新型组织。再如,20 世纪 80 年代,城市和农村的住房建设都有了迅速发展,从人均住房面积、占基建投资比重、建筑标准等方面都有共同的增长趋势,这些都说明两者在本质上的有着共同的地方:即人民生活水平迅速提高和国家中心工作的重点转移。但尽管如此,城市与农村的住房建设仍具有本质的差异,即两者的建房资金来源不同:城市住房建设主要来源于国家投资,而农村的住房建设则主要来源于个人资金。调查研究的重点之一就是要在表面上差异极大的现象之间发现共同的本质,或在表面上相似的现象之间找出它们的本质差异。

比较法的运用示例:如 D. 马丁代尔在其著作《社会学理论的本质和类型》中就对“民俗社会”与“法理社会”的基本差异的比较,见表 5—3—1。

第一步:定义“民俗社会”和“法理社会”的基本特征;

第二步:提出比较的具体方面;

第三步:陈述比较分析的结果。

表 5—3—1 民俗社会和法理社会的基本差异

社会特征	社会类型	
	民俗社会	法理社会
占统治地位的社会关系	友谊 亲属 邻里	交换 理性分析
核心制度	家庭法 扩大的亲属群体	国家 资本主义经济
社会秩序中的个人	自我	个人
财富的象征	土地	金钱
法的类型	家规	契约法
制度的秩序	家庭生活 乡村生活 城镇生活	城市生活 理性生活 全球生活
社会控制的类型	协定 风俗习惯 宗教	公约 法规 舆论

五、结构—功能分析法

结构—功能分析法是社会研究中常用的一种理论分析方法。任何事物和现象都是由两个或两个以上的部分、方面、因素组成的，比如国家、民族、家庭以及班组，这些部分、方面和因素之间形成一种相对稳定的联系，这种相对稳定的联系称之为结构。相互联系的各个部分、方面和因素之间总是相互依存、相互作用的，这种事物或现象内部各个部分、方面和因素之间的相互作用和影响以及该事物或现象对于外部其他事物或现象的影响和作用，我们称之为功能。所谓的结构—功能分析方法就是在分析某一社会现象时，探寻这一现象在一定的社会系统中所发挥的作用和影响，即它所担负的社会功能，以及这一社会系统和系统各个组成部分的结构，并将某一部分或结构与某种功能对应起来。

对调查资料进行结构—功能分析，一是要解释资料中的现象为什么会出现或者为什么会发生变化。这种解释是要具体说明所研究现象在社会结构中所处的位置，以及它对其他现象有什么样的影响和作用，即它的功能是什么。功能解释不同于因果解释，因果解释是要说明导致这一现象出现的主要原因，而功能解释是通过说明这一现象所发挥的社会功能来解释它为什么会存在。

对调查资料进行结构—功能分析，二是要分析资料中各种现象间以及现象内部各要素间的相互关系以及它们的作用机制，功能主义认为系统本身具有自我调节与控制的机制。各种现象间的复杂联系与相互作用实际上是受着系统的调节机制制约的，同时这种联系和作用又对系统的平衡状态和调节机制有影响。比如，传统社会的稳定主要是靠家庭制度和宗法伦理来调节与控制的，人们之间的交往关系和相互作用都受到家规和礼俗的束缚，交往半径很小，有利于社会的稳定。但是随着现代化的发展，人们的生活方式和职业活动都发生了变化，人们的交往关系和相互作用方式也发生了很大变化，这就会破坏传统社会的稳定，危机整个社会的家族制度和伦理观，因此社会的调节机制也会相应进行改变，比如，社会的稳定主要依靠法律或契约等维持。结构—功能分析是要把所研究的现象放在整体社会中进行全面考察，以解释整个社会背景和历史背景对现象的产生与变化的影响。

结构—功能分析一般适用于说明和解释某些特殊的社会制度、习俗和风尚。由于这些现象本身具有的独特性，我们很难把它们归入某一类型做出普遍的解释。例如在某些民族中的抢新娘或偷新娘的习俗、“走婚制”，中国的“子女顶替父母”的招工制度、“工人对调”制度等。我们只有从这些现象发生的具体的社会历史背景，以及这些现象所具有的特定功能和与整个社会结构的本质特征的一致性上入手才能有效的解释它们。

结构—功能分析还适用于说明和解释具有自我调节功能的系统。例如，人体生理系统就具有自我调节的功能，它是由神经系统、呼吸系统、消化系统、血液循环系统等部分组成的。但是用因果解释去分析其中的生理构造或生理现象是很难的。像肺与心脏是有联系的，但这种联系并非能说出哪个是因，哪个是果，只是它们在整个生理系统中是“配套”的，能够协调一致。它们只有靠相互协调才能发挥各自的功能，都是生理系统中不可缺少的器官。上述说明就是一种功能解释，它解释了肺与心脏为什么会存在、为什么具有相互联系。

18 世纪的法国哲学家孟德斯鸠在《论法的精神》一书中曾致力于探讨这一问题，即一个社会中的各种体制、各种制度之间的如何协调、“配套”的问题。他认为，只有通过对特定社会中的经济制度、政治制度、法律、习俗等各要素之间的相互依存性的原因进行分析，才能深刻地认识社会及各种社会现象。他之后的许多社会科学家都在社会研究中引入并发展了结构—功能分析法。他们主张，要更全面地理解社会中出现的各种现象,就应该将社会视为一个具有内在的相互依存性和自我调节功能的系统,就要深入分析一个社会系统的结构、具体构造、运行机制以及系统各组成部分的功能。

社会研究中经常会用到结构—功能分析的方法,一个典型的例子是对社会的职业等级系统以及与此相应的职业报酬制度的分析。社会科学家在许多国家都发现,各个国家的职业结构都具有相似的等级,即人们对各种职业的评价形成了高低不同的等级排列,而且各个国家的排列顺序大致是相同的。在这样一个职业等级系统和制度系统中职位高的人比职位低的人领取更好的薪水,并享有更高的声望。社会科学家的解释是,在工业社会中,由于分工和协作的加强,各种职业形成了比较稳定的相互依存的结构,每种职业都担负一定的社会功能,他们对于社会的整体运行是不可缺少的。但是某些职业对社会既重要又难以承担,需要更多的训练,能够胜任这种职业的人相对较少而又不易被其他职业所代替,就应给予更高的报酬;而如果此项职业对社会不是很重要,也就没有必要支付高报酬;如果仅仅重要而不需要什么技术,也没有必要支付高报酬和高声望。因此,在他们看来,这种社会分层制度的存在是对社会发生着正功能,有助于实现社会的运行。而公检法机关在研究的犯罪团伙问题时就会发现,在犯罪团伙内部,罪犯之间一般会形成一定的关系,比如有首犯,主犯和从犯,构成其犯罪组织的内部结构。在这种结构下,罪犯之间发生互相影响和作用,共同对人民生命和财产产生危害,破坏着社会主义建设,扰乱了社会主义秩序,这就是其外部负功能。

在调查资料的理论分析中如何运用结构—功能分析的方法呢?可以按下列步骤进行:

第一步,把所研究的现象置于一定的社会系统中,明确结构和功能的承载物即分析对象。如犯罪问题在整个社会背景下,作为分析对象的犯罪团伙构成与社会对立的危险群体;以农户为主要组织单位的农村,作为分析对象的专业户和重点户就突出出来了;同样人事管理制度的改革,在人事管理系统中,占重要地位等等。另外,我们还应该进一步明确就哪些方面进行分析。

第二步,进行内部结构分析即考察各个组成要素间在形式上的排列和构成。例如分析犯罪团伙的内部结构,就需要弄清楚谁是领导者,谁是随从;谁是策划者,谁是合谋者,谁是执行者,以考察罪犯在团伙中的地位排列,分清罪犯的主次和犯罪轻重,据此绳之以法。分析农村专业户和重点户的内部结构,如果把专业户和重点户作为一个整体,就要观察专业户和重点户各自所占的比例以及构成,比如在专业户中,种植专业户和养殖专业户各占多大比例,在重点户中按年收入划分,1 万元,2 万元,5 万元,10 万元的重点户各占多大比例。

第三步,进行内部功能分析即考察各组成部分或要素之间的相互影响和相互作用。主要包括三项内容:一是确定这种功能关系的性质,即分析一下有没有相互影响的作用;如果有,是一方影响和作用于另一方,还是双方相互影响和作用;是消极作用还是积极作用。例如犯罪团伙的成员之间有没有相互间利益的满足,相互的制约和影响,这种影响对他们的犯罪事实产生了消极的还是积极的后果等。二是挖掘功能建立和存在的必要条件,即分析满足什么样的条件时,各要素间的相互影响和作用才能建立起来并存在下去。例如罪犯之间相互的利益满足是在怎样的外部社会关系条件下和犯罪团伙的内部条件的前提下发生并持续下去的。三是找出满足这些功能的机制。即分析促使各个要素之间相互影响和作用的手段和方法。例如犯罪团伙中的唆使者往往以许愿、表扬、斥责、威胁、恐吓等心理手段和分赃、奖赏、殴打、杀害等行为手段对被唆使者进行控制。

第四步,进行外部功能分析即考察整体现象对社会的影响和作用,也就是把研究对象以及与之相关的现象放在社会之中,考察它对社会各方面的影响和作用。外部功能分析主要涉及两项基本内容:一是分析功能服务单位,即对社会的哪些方面发生影响和作用。如犯罪行为会损害公民的生命和财产安全,对社会的稳定和公共安全也造成很大的影响。二是分析功能的性质,即对社会的影响和作用哪些是消极的,哪些是积极的,哪些是潜在的,哪些是明显的。如犯罪行为对社会的影响是消极的;而专业户和重点户对社会的影响则是积极的。犯罪行为对社会的消极影响既是明显的,如杀人夺命、拐卖奸污残害妇女、纵火毁坏公共财产等,也是潜在的,如扰乱社会治安,甚至社会稳定,给社会成员带来心理压力等。而专业户和重点户的发展对社会的积极影响同样既有明显的方面,如一部分农民先富裕起来,促进了商品经济的繁荣与发展,并且带动了其他农民收入的增加等,也有潜在的方面,如刺激了农民对科学技术日益增长的需要,农民消费水平的提高促进了对生产需求的增加,也可以促进城乡差别的消除等。

六、系统分析法

在研究系统分析法之前,让我们来弄明白如下几个概念的定义:系统分析法、系统、系统理论。

系统分析法是新近兴起的一种科学研究方法,对其确切的定义有很多,相比较而言,给出系统分析法较为准确定义的是美国兰德公司的奈德对系统分析所下的定义:系统分析是一种研究方略,它能在不确定的前提下,通过对问题的充分调查,找出其目标和各种可行方案,并通过直觉和判断,对这些方案的结果进行比较,帮助决策者在复杂问题中做出最佳选择。

那什么是系统呢?系统是我们认识事物的理论方法之一,系统是相互联系,相互作用的诸多部分组合而成的整体。系统本来就是客观存在的。人们对系统的认识也是由来已久。从最早的古希腊原子论的创始人德谟克利特对物质结构做了探讨到后来的亚里士多德提出的"整体大于它的各个部分之和"的著名论断。我国的古代社会和现代社会的许多思想家和科学家都做过一些研究和论述。19世纪的恩格斯也就此做过论述:我们面对着的整个自然形成一个体系,即各种物体相互联系的总体。这里的体系就是指整个系统,系,是相互联系,而统就是统一。

在明确了什么是系统和系统理论后,我们再来看看系统的特点。系统的最基本特征是整体性。从系统的定义中我们可以知道,系统是由各个部分组成的统一体,但是系统是否就是各个部分的简单相加的和呢?答案是否定的,系统内部的各个组成部分在成为系统的一部分之后就脱离了其未加入系统的那种单纯的状态,虽然组成的部分没有发生什么变化,然而其功能却发生了改变,如果说单纯状态是"1",那么在成为系统的一部分之后,其功能可能是大于"1"的,也可能是小于"1"的,这要根据系统分配给部分的功用而决定。系统可以获得原先部分不存在的特性,形成新的功用;而当系统分解为一个一个的小的部分时,上述的新的特性和功用则会消失,所以,我们要从整体上把握系统,将各个部分放入整体中研究,但新的外界条件发生改变时整个系统又可以成为一个更大的系统的部分,这个时候,旧系统的作用又要根据新的系统来重新的界定。推而广之,一个原子,整个世界都构成了系统。因而系统是普遍存在的。我们在对任何事物的研究都要采用系统的研究方法,不能单纯的只见其一,不见其二。

现代调查研究中的系统分析,就是按照系统理论基本原则和要求,对调查对象的整体进行系统分析,找出它的各个组成部分,找出各个部分之间的内在联系,从整体上解决事物存在的问题。不能简单的就部分而分析部分、解决部分。如果是这样只能"头痛医头,脚痛医脚"而不能根本的解决问题。我国传统的医学理论认为,人的身体就是一个系统,各个组成部分只是整体的一部分,发挥部分的功用,然而却不能简单的等同于部分之和。中医理论对待人体的疾病也是这样的,它将病因和当时当地的外在条件结合起来进行系统的治理，这就存在着相同的病状表现而采用的治疗方法不同的现象。相反地，现代的西方医学就是没有采用系统的观点来看待问题，只能治标不能治本，不能从根本上解决问题。

社会生活中也有不少这样的例子。进入21世纪以来，中国的矿难事件层出不穷。尽管国家三令五申加强安全生产管理，并且对肇事矿主也严惩不贷，但都不能从根本上治标，这是什么原因？大多数矿难事故多属中、小型煤矿人为事故造成的，这些矿厂多为官煤勾结，矿主无视矿工人身安全，疯狂开采矿产资源，这是发生矿难的主要原因；一些地区地方保护主义作怪，加之一些人官僚主义恶习不改，使中央查处官煤勾结这一腐败现象的力度大打折扣。要遏制煤矿矿难频发势头，需要铲除官煤勾结这一腐败现象，而要从根本上解决这一问题，必须同时对地方保护主义和官僚主义开刀！现在的问题是，对地方保护主义和官僚主义的动作失之过宽！对他们的处理还未起到真正的震撼作用，国家仅能通过对事故当事人做出处理，却无法预防，问题也就得不到根本的解决。

第六篇　调研工作报告撰写

第一章　调查研究报告及其基本类型

调研活动所获得的资料经过分析整理，需要形成调研报告，即需要采用文字等各种形式，对调研活动的情况进行详细阐述和总结，将从调研活动中得到或者经过调研活动得到证实的某些理论、观点、结论完整的表述出来，使之成为可以与人交流的报告形式，从而能够提供给各级领导干部以供参考和阅读。要撰写一篇成功的调研报告，除了调研活动本身必须充实外，了解调研报告的一般特点和各种类型，以便根据不同的目标和要求为调研成果选择适当的表达形式，掌握调研报告的常用格式、编排结构和写作手法等，都是十分必要的。

第一节　调查研究报告及其写作意义

一、调查研究报告的内涵

调研报告是一种常用的应用文体，它综合文字、图形、表格等形式，将调研的过程、方法、和结论详细的表述出来，其写作目的在于告诉读者，对于所选择的主题，研究者是如何发现问题，如何进行研究，又是如何得出结论的，以及这些结论对于认识和处理此类问题有哪些理论和实践意义等。和类似调查后所写的汇报、总结、建议书等有所不同，调研报告必须是在一定思想的指导下，通过对调研所得资料的系统整理和分析而写成的，它是建立在事实基础之上，有创造性观点，有科学的分析手段，有理论框架的，用正规的文字组成的书面材料。调研报告最突出的特点，就在于理论性和实践性的结合。

二、撰写调查研究报告的意义

撰写研究报告的过程，是一个不断探索、不断总结，才能最终取得成果的过程。许多有价值的调研报告，虽不是从写调研报告开始，但始终用“写”来指导调研这一“做”的过程，使调研既成为探索求知的过程，也成为积累写作材料的过程，这样既使调研有了纲领和指引，也提高了调研工作的积极性和探索性。另一种可能的情况是，开始调研的时候并没有明确的写作目的和具体框架，但调研之后通过回顾整理发现了可以“写”的内容，通过撰写，实际上调研者完成了对调研中所得资料的全新认识，这时调研报告的写作就成了整个调研活动的综合和升华。

撰写调研报告是总结发表调研成果的基本手段。调研报告是研究成果的详细、系统、理论的总结和表述，是调研成果的结晶和保存，是调研活动中不可或缺的重要环节和组成部分，通过调研报告的发表，调研的科学成果被了解并接受同行的检验。这一检验的过程在所有研究活动中都是十分重要的,只有能经受检验的结果才对各级领导了解情况,制定政策提供参考价值。

第二节 调研报告的写作特点和评判标准

一、调研报告的写作特点

调研报告是反映调查研究成果书面报告的一种,它主要有以下几个特点:

1. 针对性。所谓针对性,指的是调研报告的撰写过程中,必须目的明确,有的放矢。这一特点有三层含义:第一,是指写调研报告时必须有强烈的问题针对性,必须明确文章所能解决的问题。任何调研报告都是为了解决问题而进行写作的,不论针对的是理论还是实践问题;第二,写作时我们必须明确地知道,文章是写给谁看的,也就是说必须有明确的读者对象。任何调查报告都是为了写给别人看而存在的,或者是上级,或者是同行,或者是广大群众,既不解决问题,又没有明确读者对象的调查报告是毫无存在价值的;最后,调研活动都必须是针对某些情况做出的探索性研究,研究的问题、做出的结论都应该是人们所关注的,而又没能完全解决的问题,完全脱离实践的文章也不能被称之为调研报告。

2. 真实性。调研报告作为调研成果的集中体现,其根本的价值评判就在于它的真实性。尊重客观事实,以大量具体可靠的可检验的实际材料为基础,真实的反映现实的客观面目,这就是真实性的具体定义。首先我们必须做到的是应用的事实是真实的,而不是虚假、歪曲、经过人为处理的;其次引用的事实必须是准确的,而不能是模糊不清的,含混的。如果调研报告的材料不能如实地反映客观现实,所采用的事实不具体,数据不精确,那么这篇调研报告就必定是失败的。

3. 新颖性。新颖性是一篇好的调研报告最引人入胜的地方。引用一些新的事实材料,提出一些新的观点,形成一些新的结论并能用于指导实践,这样的调研报告才能提高人们的认识水平,指导人们做出正确的行动。设想一篇满是陈词滥调,用一些众所周知的事情,告诉人们一些陈旧落后的观点,最后得出毫无指导价值的结论的文章,这样的调研报告很明显是毫无意义的。

4. 时效性。这是调研报告作为一种应用文体,和一般学术研究文章的不同所在。学术研究的文章讲究的是普遍性,希望能通过一些案例或者材料得出对整个社会有解释力度的结论,但调研报告不同,它也讲究普遍性,但是它存在的基础是对现实问题的探索,如果延误了时间,错过了紧要关头,不能及时解答人们迫切需要了解的问题,那么这篇调研报告就成了"马后炮",调研报告的社会作用就会大打折扣,所以,调研报告的撰写必须注重实效性。

调研报告的上述四个特征是互相联系,共为整体的,针对性是调研报告达到目的的保证,新颖性、时效性是做到针对性的客观要求,真实性则是整篇报告得以建立的基础所在,是调研报告的内在灵魂,是针对性、新颖性、时效性赖以存在的必要前提。

二、调研报告的评判标准

对一篇调研报告的评判,主要从以下几个方面进行:

1. 理论建构是否完备;

2. 对实践的指导作用是否明显；

3. 研究方法是否规范科学，能经受检验；

4. 其作者的创造性是否鲜明；

5. 文章的内在逻辑是否正确，对结论的解释是否可信；

6. 结构是否严谨，论证是否有力；

7. 文字是否精练准确，是否具有良好的可读性。

从以上的评价标准来看，一篇调研报告其质量高低固然首先取决于研究者调研工作的质量，取决于研究课题本身的价值、理论基础的科学性、研究过程的规范性程度，以及文章结论的合理性，但是与此同时，研究者的分析综合能力、专业知识储备以及写作能力对其影响也是毋庸置疑的。造成这一结果的原因在于调研报告的成文过程是一个非常复杂的理论思考过程，而并不是仅仅对调研中所发现的问题的简单复述或者实录。如何从纷繁复杂，重要性各不相同的事实材料中提炼出科学的观点，以论点、论据的形式形成文章的内在逻辑，并最终用抽象的文字、图表表述出来，需要调研者能够正确处理各项工作的内在关系，遵循特殊的写作原则，否则，再好的调研成果也无法得到充分的总结和阐述，最终影响其参考价值的实现。

第三节　调查研究报告的基本类型

调查研究报告根据不同的分类标准，可以分成许多不同的类型。对调研报告进行类型学的介绍虽然只是静态的，不如写作过程的介绍来的更有直接的指导意义，但是在比较的同时才能明确各类调研报告的特征和要求，也才能根据调研的需要拟写出一篇合格的调研报告。下面根据调研报告的目的、调研报告的内容这两种不同的划分标准来对不同类型的调研报告加以详细介绍。

一、根据调研报告的目的划分

调研活动的目的不同，调研报告写作时的重点性和针对性也就不同。根据调研的目的，调研报告可以分为以下八种类型：

1. 反映社会基本情况的调研报告

这类调研报告是以认识社会为主要目的，它的主要作用在于通过报告，能使人们认识社会现象、了解社会问题、把握社会脉搏。所以在写法上，这类调研报告应该突出事实，系统、全面、深入的剖析社会上较为普遍存在的基本情况。这类报告着重要求调研者对各个阶级、各个阶层现状的清晰认识，对本系统、本部门、本单位情况的熟悉，能把握基本事实和线索来进行写作。

写作这类调研报告时，作者应该对面临的形势有广泛而又全面的掌握。一般情况下，这类报告是在领导机关全面总结工作或者在周密调查的基础上写作出来的，并通过分析社会的基本现状，提出具有普遍意义的规律，从而为制定政策提供有力依据。毛泽东的《中国社会各阶层的分析》、《寻乌调查》、《兴国调查》等，就是这类调查的典范。毛泽东在《关于农村调查》中说道："到井冈山之后，我做了寻乌调查，才弄清了富农和地主的问题"，"贫农和雇农的问题，是在兴国调查之后才弄清楚的"。毛泽东的《中国社会各阶级的分析》，正是他通过深入农村进行调查，有意识有目的的到农村中去接近农民,了解农民,倾听他们的心声,深入地了解农村的经济社会现状后,根据搜集到的丰富多彩的材料写成的一片具有深远历史意义的文章。这类文章不但对当时政策的制定起着指导作用,就是在今天,也仍旧具有指导意义。

2. 以进行政策研究为主要目的的调研报告

这类调研报告的撰写,主要是为制定正确的路线方针政策服务的,所以在写作中,作者不但要承担叙述详细情况的任务,还要负责进行深入的分析和论证,对各种可能的选择分析其利弊,权衡其得失,并综合各种情况对今后的工作提出具体的建议。这类调研报告多见于各种期刊杂志,比如《社会学研究》曾经刊登的《当前石家庄地区私营经济的调查与分析》,《发展研究》1996 年 1 月刊登的《强化农业、突出工业、基础先行、繁荣三产——促进永定山区经济发展的战略思路》等都属于这一类型。

3. 以揭露问题为主要目的的调研报告

这类调研报告主要针对现实生活中的问题和不足,以揭露社会消极和阴暗的一面为手段,来提高人们的认识,促使大家吸取经验教训,改进工作方式。写作这类调研报告,不但需要摆出明确的事实,揭露矛盾的所在,还需要分析矛盾产生的根源并明确判断矛盾的性质,有些甚至需要在此基础上提出解决矛盾的看法和观点,以引起有关部门的重视,最终达到解决问题的目的。这类报告的具体实例有:《广西金融研究》1997 年 1 月刊登的《对当前推广、使用商业汇票进展缓慢原因之探讨》,《西安金融》1998 年 6 月刊登的《部门利益分割是发展非公有制经济的极大障碍——兼议新一轮机构改革的必要性》等。

这类研究报告的写作除了一定的技巧外,最重要的是需要作者有时刻以人民利益为重,敢于揭露问题,不怕碰钉子的品德和勇气。当前中国正处于改革开放的历史进程之中,自然会碰到不少牵涉面广,群众呼声很高的问题,这就要求调研者发扬为人民服务的精神,不畏阻力,写出高水平的调研报告来。

4. 以反映和支持新生事物为主要目的的调研报告

这类调研报告重点针对社会生活中出现的新生事物,如新人、新事、新思想、新发明以及新创造等,进行介绍,强调系统、全面的叙述新事物的产生和发展的过程,并能够揭示这一发展过程中的客观规律,进而能引导新事物的发展,预测其发展前途,以达到支持新事物,发展新事物的目的。

写反映新事物的调研报告,首先要求调研人员能够非常敏锐地发现新事物,并能够从复杂的现实中挑选出具有普遍意义、能代表一定潮流的新事物,然后及时组织人员进行分析和研究。这类调研时间性很强,不能当机立断,紧抓不放是无法写好这类调研报告的。另外,撰写这类报告,还要注意说明新事物产生的历史条件和背景,它的具体发展阶段,各阶段中遇到的矛盾和困难及其解决方式等,应该着重说明其"新"在何处,并揭示其成长规律,指出发展方向。

这类调查的例子有很多,《经济研究》1995 年 6 月的《论公共收支的新规范——我国乡镇"非规范收入"若干个案的研究与思考 》,《中国人力资源开发》1994 年 5 月《个人收入显示屏再显四大新特点——中国个人收入分配的新特点与新矛盾》等都是揭示新事物发展规律,提出措施以促进其规范和发展的调研报告。

5. 以反映典型经验为主要目的的调研报告

此类调研报告,着眼于总结和推广改革中的先进工作经验,同时树立典型人物、表彰先进事迹,为后人树立效仿的典范。首先应该明确的是这类报告所针对的经验,应该是成熟和有指导意义,能够为贯彻落实党的方针、政策、路线提供具体的、成系统的指导方法。此外,能否选好典型也是报告成功与否的关键。只有恰当的选择典型经验,才能密切配合党的中心工作,准确回答好现阶段人们重点该做什么,为什么有些该做的没有做到,具体如何去做等问题。

这类报告在写作中要详细介绍该典型经验产生的具体条件和它经历的发展阶段和过程,而重中之重则在于对工作进行中所遇到的困难和解决问题的具体措施的详细介绍,并指出这一经验的相对优越性和取得的成绩。《甘肃理论学刊》1994 年 6 月发表的《"社有自营":中国农村供销社经营体制改革的好形式——甘肃省临夏回族自治州的调查》详细的介绍了"社有自营"这一先进的工作经验以及它为繁荣当地经济所做出的贡献;《经济问题探索》1994 年 4 月刊登的《崭新的机制 强劲的活力——海门县中兴村十年实行股份合作制的调查 》则探讨了改革十年中该地区实行股份合作制所遇到的问题和形成的具体工作经验,这些都是典型的以总结经验为主要目的的调研报告。

6. 以思想教育为主要目的的调研报告

这类调查报告,因为目的在于对广大干部群众进行思想教育,统一起思想认识,所以要求其具有更加鲜明的时效性和针对性。如果时过境迁,作者没能准确及时地把握人们心态情绪的变化,或者虽然找到了问题所在,但是未能用正确的方式进行引导教育,使文章流于空洞的说教,这些问题都会影响调研报告的社会效果,使报告失去其实践价值。所以在行文中,这类报告的作者要把自己放在和读者平等的地位,针对重点问题,从群众的立场出发,引导其思想,统一其认识,进行有理有据的教育。《江苏农机化》1994 年 2 月《发展农机站办企业必须逾越小农意识的障碍 》,《企业改革与管理》刊发的《改革众望所归,职工众念徘徊——关于当前职工思想倾向的调查》等都针对改革中广大干部群众所面临的种种思想认识问题做出回答,起到了良好的思想教育作用。

以上六种调研报告都属于解决实际问题型的调研报告,可以归纳为应用型调研报告。后面即将介绍的两种调研报告是以揭示事物的本质和规律为主要目的的,它们相对前六种报告更注重事物内在含义的发掘和对规律的把握,可以归纳为学术性调研报告。应用型调研报告和学术型调研报告的分类只是相对的,事实上,有些应用型调研报告也能够做出理论的概括,有些学术型调研报告也可以指导实践,为现实生活提供参考。在写作风格上,二者还是有较为明显的不同。学术型调研报告往往比较紧凑、严谨,资料分析部分比较具体全面,而结论的做出则十分严谨。应用型调研报告主要提供给政府决策部门和实际工作部门,因此不需要对研究过程做出详细介绍。这类报告强调运用统计图、统计表等直观的形式来对结论进行阐述,以使结论更容易被理解和掌握。另外,应用型调研报告中所拥有的政策建议部分也是学术型调研报告所不要求的。

7. 理论研究性的调研报告

这类报告是学术界经常使用的专业要求高、理论性强的调研报告,主要是通过对调研对象的详细观察分析,从而上升到理论高度做出概括和总结,为学术团体、研究机构或者政府决策提供参考。其写作最主要的是要注重文章内在逻辑体系的严谨,为此不仅要提出鲜明新颖的结论,还要对调研方法,论证过程作详细说明,特别是样本抽取、变量测量、资料收集等细节,以使文章体系紧凑完整,有的理论研究性调研报告还需要在文章中针对不同的理论观点做出评论甚至是反驳,才能证明自身的论点。这类报告的范例有:《北京大学学报》1994 年第 2 期发表的《经济增长与通货膨胀——中国经济面临的问题》;《北京大学学报(哲学社会科学版)》1994 年第 3 期发表的《小农制与东亚现代化模式——对台湾地区和韩国经济转型时期农业制度的考察》等,它们都对现实问题进行了较为深入的理论性探讨,为中国社会发展规律的认识提供了途径。

8. 反映历史事实的调研报告

这类调研报告,其研究对象主要是历史文献资料。它们一般针对某个问题对历史文献资料进行归纳分析,以此揭示某些社会现象产生的原因和其本质,得到对社会发展规律的认识。这类报告的写作要求作者具有渊博的知识,能从历史事实出发,归纳总结出社会现象的内在联系,既全面真实,又有很强的针对性。《北京大学学报》1994 年第 3 期发表的《法国乡村社会从传统到现代的历史嬗变》,《北京大学学报》1994 年第 5 期发表的《论中国古代谏诤的几个问题 》等都属于反映历史事实的调研报告,对认识社会的发展规律具有其独到的参考价值。

二、根据调研报告的内容划分

研究社会问题,可以有多种分析资料的方法,描述、解释、预测与规范等是常见的四种,选择其中之一即可以进行一篇调研报告的写作。顾名思义,描述指的是对事物的概况或特征进行全面的介绍和研究,解释着重于探讨事物的成因和其影响,预测偏向于讨论事物的发展趋势,而规范,则指的是给出建议,告诉阅读者可以怎么做或应该怎么做。在整个社会调研活动与成果中,描述、解释、预测与规范这四种分析方式的使用频率,是依次递减的。由此,整个社会调查研究的分析方法呈现一种金字塔形,其中规范性研究数量最少,预测性研究稍多,解释性研究更多,而描述性研究是最常见的。

调研报告的内容随其选择的分析方法的变化,可以分为三种类型:单视角调研报告,复视角调研报告与全视角调研报告。其分别对应的是选择一种,多种,或四种分析方法全部选择的写作方法。

1. 单视角调研报告

只使用一种分析方法的社会调研报告即单视角调研报告。在这种报告中,作者涉及的内容和重点集中于四种分析方法中的一种,或描述、或解释、或预测、或规范。其中最常见的,是对以一定的社会现象和事实进行单纯的描述。

这种类型的报告运用十分普遍,如《中国青年研究》2004 年 1 月份发表的《"韩流"·"溪流"——青少年中"韩流"现象微型调查报告》就是一篇单视角调研报告。在此文中,作者通过在上海部分青少年中进行的调查,积累了一些了解"韩流"现象的数据。调查显示:第一,青少年对时尚和社会生活中的许多现象及其变幻心态很平和,甚至有些见怪不怪,习以为常。第二,绝大多数受访者对"韩流"是不热衷的,青少年并不像人们感觉中的那样崇尚"韩流"。这与人们"'韩流'滚滚来"的感觉相去甚远。通过以上种种数据和事实,作者对这一现象做出结论性描述:所谓"韩流",其实乃是韩国青少年中的时尚在中国部分青少年中的一种共时态的、范围有限的流行。在这种流行中,中国青少年艳羡异族文化的因子越来越少了,更多的却是中、韩两国青少年之间血脉相通、同声共气;同时,从调查所反映的情况和社会影响的实际效果看,"韩流"也许只能算是时尚文化潮流中的一股小小溪流,而远非媒体描绘的席卷一切的大潮、洪流。

描述性单视角研究方式也常见于学术性研究领域,美国社会学家安格斯·坎布尔经过多年调查,在他的报告《美国人的幸福感》中提出一种关于美国人的描述:一般而言,已婚美国人比未婚、分居、离婚或丧偶的美国人要对生活更为满意,但是有无子女对其幸福感没有太大影响。社区的稳定和团结能提高人们的满足感,而且越是关系紧密地社区,例如农村和小城镇,越能产生这种社区满足感。另外,和人们预见的不同的是,人们的收入和幸福感之间关系并不大。这些描述性单视角调研报告清晰地阐明了某些社会现象的实际状况,对于政策制定有不可忽视的作用。

单视角的社会研究中,也不乏专门的解释性、预见性或者规范性研究。这些研究报告虽然往往涉及到一些描述性论述，但主旨在于解释、预见或者提供规范。例如《以体制创新促进非公有制经济二次飞跃》（《决策探索》2004 年 11 月）就是一篇提供规范性研究的单视角调研报告，在报告中，作者提出其规范性研究结果：我国非公有制企业要实现再次飞跃，关键是要从根本上解决以下几个方面的问题：（1）实现资本股份化，完善产权制度；（2）建立现代企业制度，实现管理制度创新；（3）实现经营管理创新，实施综合发展战略。除此之外，政府还要为企业的发展提供宽松的外部环境，这包括：（1）要以党的十六大精神和三中全会《决定》为指导，进一步解放思想，切实转变观念；（2）加快非公有制经济的法制建设，保障非公有制企业的合法权益；（3）转变政府职能，改进对非公有制经济的监管与服务；（4）消除政策歧视，实现公平竞争，对非公有制企业与其他所有制企业一视同仁，放宽市场准人，赋予非公有制经济与其他经济主体平等的竞争地位。这类研究对于政策的制定有直接的借鉴意义。

2. 复视角调研报告

调查研究者经常采用的，还是复视角的调研方式。他们往往把描述性研究同解释性研究，或者规范性与预测性研究结合起来，通过多视角的研究来报告社会的现实问题。《妇女研究论丛》2004 年 1 月刊登《女性的身心健康及其影响因素 ——来自上海的报告》一文就是一篇结合描述和规范的复视角调研报告。它的具体结构如下：

［**描述**］调查结果表明，42% 的被访者自述健康状况良好，50% 认为一般，8% 较差或很差，其中女性的身体健康状况略逊于男性。在最近一个月中，上海女性有过“失眠”、“身心疲惫”、“烦躁易怒”、“容易哭泣”、“对什么都不感兴趣”、“感到很孤独”、“觉得自己没有用”等亚健康心理症状的比重分别占 48%，63%，45%，13%，21%，15%，17%，均高于男性。统计资料表明，有病拖着未及时治疗的女性略多些，达 25%（男性为 18%），其中正规就业、工作稳定的女性耽搁医疗的最少，仅占 16%，而下岗、失业女性患病贻误诊治的高达 51%（即使再就业者也如此），而同样有下岗 ，失业经历的男性，有病拖着不看的比重明显低于女性。总体看来，女性的身体和心理健康素质明显差于男性，女性的医疗资源偏少，健康意识缺乏但健康消费优于男性。精神文化生活质量、健康意识、家庭地位满意度和是否在业与女性的身心健康呈正相关，因经济原因未及时看病、单亲的、个人权益曾受到侵害的以及社会上的性别歧视对女性身心健康有显著的负面后果。

［**规范**］认真贯彻执行全国再就业工作会议精神，充分发掘社区就业岗位，全面提供职业介绍和就业指导，以更大的热忱、更到位的服务，给予下岗失业人员和有特殊困难的家庭以更多的人文关怀，真心实意地为那些急需服务、尤其是那些处于边缘的中年女性及其他弱势群体排忧解难，确保各项政策措施落实到他们身上，力争转型期资源重新分配的公平性和合理性，才能及时化解潜在的可能激化的不同利益群体及其与管理者之间的矛盾冲突，才能真正实现经济的持续发展、国家的长治久安和人的全面发展。

3. 全视角调研报告

这类报告即对社会现象同时进行描述、解释、预测与规范设计。在应用方面，实际应用型调研比基础理论性调研更多的使用此类调研报告。如果研究的目标主要在于规范设计，作者往往采用全视角调研报告。这类型的调研报告范例见《决策探索》2004 年 11 月刊登的《创新就业思路，破解就业难题》一文，该报告的结构是：

［**描述**］近些年来，我国的就业工作取得了很大的成绩。据权威部门最新公布的统计数据，1994 年至今的 10 年间，我国创造就业岗位超过 8000 万个，1998 年至 2003 年，1890 多万个国有企业下岗职工实现再就业。我国的就业规模不断扩大，以市场为导向的就业机制和中国特色社会保障体系的

框架基本建立。

[**解释**]伴随着人口增长和经济发展过程中诸多因素的影响，整个社会就业形势依然严峻：国有企业改革带来的大量下岗失业人员，城镇新增劳动力进入人才市场，以及农村富余劳动力转移带来的大量农民工人，这些问题使本来就存在的就业问题更为严峻。

[**预测**]根据有关方面公布的数据，今后二三年内，城镇每年需要安排就业的劳动力多达2400万，而年度能够提供的就业岗位仅为1000万左右，缺口1400万。此外，中国农村有5亿劳动力，现在从农业转移出来从事第二产业、第三产业或者进城务工的接近1亿人，农业生产大约还有1.5亿人的富余劳动力需要分流转移，可想而知，就业压力相当严峻。因此，就业问题将是全社会今后相当长的时期内需要高度重视和解决的重大问题，受到社会各界的关注。

[**规范**]一、实施积极就业政策，实现就业目标；二、保持经济较高增长，促进就业容量扩大；三、加快城镇化步伐，推动城乡统筹就业，将小城镇建设同扩大就业有机地结合起来，引导农村富余劳动力按需有序地向非农产业和城镇转移；四、大力发展社区服务，努力拓宽社区就业；五、实行“以创业促就业政策”，开发就业岗位，一方面要完善创业政策，简化审批手续，缩短审批时间，切实降低创业成本，另一方面要健全服务体系；六、加强人力资源能力建设，提高就业能力，大力发展教育和职业培训事业，建立学习型社会。

除了以上两种主要分类方法以外，根据调研报告在性质和功能上的主要不同，还可以将调研报告分为定量调研报告和定性调研报告。定量调研报告其主要内容为对数据资料进行统计分析的结果，并根据此结果进行的相关分析。这类报告的特点为数量化、表格化、逻辑性强，报告格式规范其相对固定。与此不同的是，定性调研报告主要是用文字材料进行描述，使用定性分析。这种报告没有十分固定的格式，描述和分析，资料和解释之间的界限也不很明显，其解释上带有的主观色彩也更浓厚。

此外，根据调研报告涉及的问题，还可以将其分为综合性调研报告和专题性调研报告。综合性调研报社及的问题较广泛，一篇报告中反映的情况较丰富，专题性调研报告则较集中于一个问题，内容比较专一，有更前的针对性和时效性。

需要指出的是，前面介绍的四种分类方法对调研报告的区分是相对的而不是绝对的，同一篇调研报告，因为其分类的标准和侧重点不同，就能把它归于不同的类别。一篇按写作目的划分属于反映典型经验的调研报告，可能是单视角的，也可能是复视角的，可能是定性的，也可能是定量的。毛泽东的《湖南农民运动考察报告》既可看成是综合性调研报告，也可说是专题性调研报告，既可当作应用性调研报告，也同样具有重要的学术意义。调研报告的分类，归根到底是为了了解不同调研报告的特点，从而更好的掌握各类调研报告的写作技巧。

第二章　调研报告的内容与结构

调研报告是根据某种特定的需要，对某些人物、事件，或某地区的情况，进行有计划的系统调研后写成的，能向上级部门和有关公众展示的，既有情况和材料，又有作者从材料中得出的结论、看法以及提出的改进措施的文章。调研报告既不属于记叙文，又不属于论说文，它是论说文和记叙文的统一，具有两者的不同特征。在调研报告中，具体情况和事实部分的表述，需要用到记叙和说明的表达方式，而文章中作者观点、看法的提出，结论的论证，则需要用到议论的表达方式。在调研报告中，二者的关系并不是平等的，对情况和材料的记叙是为了议论服务的，材料的取舍要以说明问题为标准。调研报告这一基本特征，决定了其基本的文体结构。

第一节　调研报告文体和其他文体的异同

文体指的是“文章的体格（体式）”，即一篇或一类文章所表现出的遣词造句的规则和谋篇布局的格式。决定文体形式的本质因素其实是文章的写作目的和文章材料的来源。将调研报告和其他文体进行对比，可以加强对调研报告作用的了解，分辨写作方法以及结构上的不同，以便提高写作质量。

一、调研报告与议论文

议论文是议论说明类文章的统称，又称论说文。它主要是对客观事物或者存在的问题，用概括的语言，按照一定的理论和逻辑关系，表达自己的见解和主张，使人信服，并受到启发和教育，具有很强的政治倾向。

调研报告和议论文相同的地方在于，它们都采用科学规范的书面语言来进行写作，其写作目的在于客观的陈述和辨析事物所蕴含的道理。

二者的不同之处也很明显。议论文是以议论为主，一般含有论点、论据和论证三个要素。为了证明观点，议论文可以根据论点的不同需要从任何范围、任何角度去抽取任何搜集到的真实资料中所含有的事实。这些事实可以属于不同领域、不同时间，可以是某一局部或某一方面，它的采用是没有限制的。它们本身是不成系统的，只是为了证明论点而被组织起来。调研报告则不同。它的议论部分虽然十分重要，起到统帅全文的作用，但是不宜占用太多篇幅。大部分的内容要用来叙述调研中发掘的事实和掌握的材料。这些事实和材料隶属于同一个调研范围，如果东拉西扯，就达不到一事一议的目的，报告就变成了多渠道材料的凑合，达不到解决具体问题的要求。综上所述，调研报告应该自成体系，相对独立和完整。

二、调研报告与杂文

杂文是散文的一个分支，是议论文的一个变体，兼有议论和抒情两种特性，通常篇幅短小，形式多样，写作者经常运用各种修辞手法曲折传达自己的见解和情感，语言灵动，具有讽刺意义的文风常引起社会公众的共鸣。

调研报告和杂文中议论部分都占有主导地位，而记叙的成分只起配合的作用。二者的不同之处在于，杂文多采用艺术语体，偏重于文学色彩的描写、勾勒，描绘部分常带有作者的想象，并不仅仅是发生的事实，议论中带有浓厚的政治倾向。而调研报告用的是科学语体，全部用客观事实说话，在议论中只允许严格符合逻辑的推论，不允许有虚构，只能以真实材料为内容，描绘手法清晰即可。

三、调研报告与通讯

通讯是新闻文体中一个重要的品种，它以具有新闻价值的人物、事件、经验、成果、工作情况或社会风貌等为报道对象。与只需简要、朴素地叙述新闻的消息不同，通讯需要更加具体细致而且形象地描述事物，给人以更加鲜明生动的现场感和立体感。另外，通讯在时间安排上很及时，很迅速，具有极强的宣传力度。

凡是调研报告和杂文、论说文所有的相似之处，通讯一类文章都包含有。调研报告和通讯都要求观点鲜明，容易理解，观点要为叙述事实服务，事实要有一定范围和系统。其中通讯的写法可以采用文学笔触，可以有抒情性的成分，以增强其可读性和教育意义。另外，通讯是以记叙为主，文章不一定要有明确、正式的结论性观点。调研报告则不同，它要求对议论成分与叙述事实成分一视同仁，不可专一废一，同时还要做到对实施的叙述既准确又可观，不宜运用太多文学写法。

四、调研报告与工作总结

工作总结是单位或个人对过去一个时期内的实践活动做出系统的回顾归纳、分析评价，从中得出规律性认识用以指导今后工作的事务性文书。工作总结也有各种别称，如自查性质的评估及汇报、回顾、小结等都具总结的性质。

凡杂文、议论文、通讯与调研报告共有的相似之处，工作总结基本都有。工作总结与调研报告这两种问题的不同之处在于，工作总结写作时不需要艺术加工，它主要是针对某项特定的工作或任务中存在的问题及取得的经验进行回顾和评论，通过议论的方式做出正确的结论。工作总结从内容上看，可以分为综合总结和专题总结两种。综合总结又称全面总结，它是对某一时期各项工作的全面回顾和检查，进而总结经验与教训。专题总结是对某项工作或某方面问题进行专项的总结，尤以总结推广成功经验为多见。工作总结既能够指明不足之处，又能够达到鼓舞群众、使其发挥更大热情的目的，所以这种问题深受各单位欢迎，基本上是定时要求进行写作的。调研报告和它最主要的区别就在于调研报告针对现实生活中的新问题做出回答，它具有更强的针对性。

第二节　调研报告的文体结构

一、调研报告的结构原则

结构,是按照事物的内部联系和发展变化的客观规律,根据表现主题的需要,把零散的材料,进行合理的组织安排,使之条理化、系统化,成为有机的整体,简而言之,调研报告的结构就是指调研报告内部的组织构造。

结构的作用在于,它能解决"言之有序"的问题,是研究报告内容和材料赖以附着和依托的骨架。调研报告的结构组织是作者经过分析研究使观点材料高度统一并用适当的形式予以表述的过程,它必须遵循如下原则:

1. 依理定形,逻辑严密

一般来说,调研报告的内容决定着文章的内在结构。比如,一篇调研报告如果主要探寻的是某一现象发生的原因,那么反映在结构上,该调研报告则至少应该包含原因和结果两个部分。具体的方式可以是先将结果提出,再逆推原因,也可以是先将原因陈述出来,再推出结果。或者,一篇调研报告是为了归纳典型模式,反映在结构上,则必然要求先逐一分析个别事物的特征,然后才能归结出事物的典型特征,如果违背了这一发展逻辑,结论就会失去意义。

在调研报告的写作中,如果只是对本单位的某一事例的经验、教训进行剖析,而没有充分的证据来说明其本身的普遍性,那么从中得出的结论也就失去了普遍意义,自然,这样的文章结构也是不合理的。再比如,在论及事物对立统一的关系时,总少不了正反、前后、表里、上下、质量、优缺点等各个矛盾的对立方面的分析比对。在结构上忽略矛盾的某一方面,就会产生片面性。比如,一篇对某地方经济状况进行分析的调研报告,如果只注重于该地区发展的缺陷,或相对的,只注重该地区发展的优势,就都是片面的而违背辩证法规律的。这样的调研报告理不通,文不顺,结构也就自然不合理。总而言之,文章结构的具体构思必须遵照文章的内容,符合客观规律,切不可东施效颦,盲目借鉴。

2. 条理清晰,层次分明

层次指的是文章各部分内容的次序和相对的地位,它是客观事物矛盾的各个侧面,是事物发展的阶段,是人们认识事物的思维规律在文章中的反应。安排层次,即决定哪些内容是主要的,哪些内容是次要的;哪些内容之间是递进的关系,哪些内容之间是并列的关系;哪些内容应当先进行表述,哪些内容应当放在后面说明,等等。只有将所有这些问题都考虑周密,科学安排,写出的调研报告才是中心突出、条理分明、层次清楚的。

3. 以意为主,首尾贯一

论点是调研报告的统帅和灵魂,要写好报告,必须牢牢抓住这个中心,将之贯彻始终。从思想发展来讲,应该围绕这个中心一层一层的展开论述,开头提出的问题,中间要有分析,结尾要有回答,做到围绕论点,前后呼应,层层剖析,达到"以意为主,贯彻首尾"的要求。以调研报告《关于提高国有大型企业整体优势之管见》为例,该报告围绕中心,在主体部分先论述了国有大中型企业整体优势和其效益下滑的现状,再分析了国有大中型企业效益下滑的原因,最后指出国有大型企业效益提高的途径,整篇文章环环相扣,浑然一体,真正做到了首尾贯一。

4. 调研报告的“沙漏”原则

在设计调研报告的结构时，遵循“沙漏”原则将使报告的整体布局规范合理。“沙漏”原则是一种形象的说法，指的是按照“宽——窄——宽”的基本思路来撰写报告。具体来说，就是调研报告的主体部分应该从广阔的导言开始。通过内容丰富的导言，作者可以展示其调研的中心问题的形成背景和意义。导言之后报告应该逐渐集中到调研所涉及的专业的领域，并在正文中提出作者自己的具体研究问题，这个过程就是由“宽”变“窄”的过程，及至作者提出自己的研究方法和研究所取得的成果，就是整篇报告最专业的部分，也即沙漏的“瓶颈”部分。在此过程中，读者将在引导下将注意力集中于研究的成果和质量。当文章的写作转移到论述调研结果的内涵和意义时，调研报告应当又由“窄”变“宽”，即应当由具体的问题向更广泛更一般性的领域发展，直至提出有普遍性的结论或建议。讨论部分的拓展，可以充分展示研究结果所具有的丰富内涵，发掘出特定结果所具有的一般意义，从而提高研究的意义和价值。当然，这种沙漏式的撰写，并不是指篇幅安排的多少，而是指结构安排时对报告各部分所涉及的内容范围的“宽”或“窄”的设计。实际上最窄的成果部分恰恰应该是全调研报告中篇幅最长的。

二、调研报告的基本构成部分

内容和结构是辩证统一的，内容决定结构，结构为内容服务，内容改变了，结构也应该随之改变。不同的调研报告可以具有多种多样的结构。但是一般而言，在写作格式上，调研报告应当遵循一些约定俗成的规则。虽然各篇报告可以选择不同的构成，但总体上而言，调研报告应该具备以下一些内容：

(一)前置部分

1. 封面

封面是调研报告的外表面，提供该篇调研报告应有的基本信息，并能对调研报告正文起到保护的作用。封面并不必然是每篇调研报告必须的部分，但是作为预印本、抽样本等单行本时，封面能为调研报告的应用和保存提供方便。

封面上可包含如下内容：

(1)分类号。一般标注在调研报告的左上角，便于信息的规范交换和处理。一般分类号应根据《中国图书资料分类法》进行标注，若能同时注明《国际十进制分类法 UDC》的分类号则更好。

(2)本单位编号。一般标注在调研报告的右上角，如果是学术论文则没有必要。

(3)密级。调研报告的内容，应该按照国家规定的保密条例，将密级标注在文章的右上角。如果是公开发表，则不用标注此项。

(4)标题和副标题。应该用大号字将标题标注与中间。如果是多卷本，则还应该标上卷、册的序号和名称。

(5)版本。指明此篇调研报告是草案，初稿，或者第几修订版次。

(6)责任者姓名。和此篇报告有关的责任人主要指调研报告的作者，如果是学位论文，则还需标注导师、评阅人、答辩委员会主席等。必要时可注明该责任者的职务、所在单位名称及地址。如果调研报告的写作是团体完成的，则应该写明该单位、团体、小组的全称和地址。

需要注意的是，在调研报告正文前署名的个人作者只限于对选定调研课题、制定调研方案、参与全部或主要调研工作并对成果的取得做出主要贡献，以及参加撰写调研报告并且能对报告内容负责的人。姓名的排列应该按照贡献的大小顺序来进行。至于其余的合作者，包括按调研计划分工负责某具体小项的工作者，测试的承担人员，以及接受委托进行分析检验和观察的辅助人员等，都无需列出。这些人可在致谢部分专门列出，或者用注脚的形式在文中标明。

(7)工作完成日期。主要指调研报告提交的日期。

(8)出版页。出版单位及出版者名称，出版的时间等。

2. 标题及其构成形式

标题，即调研报告的名称，它是整篇文章的眉目。调研报告的标题可以有很多样式，只要能恰当的体现作者的写作意图和调研报告的主旨，该标题的拟定就是成功的。标题一般位于页面的中间，在稿纸或者打印纸上应该居中放置，并在其上下都留出空行。

(1)标题写法

一般来说，标题有如下几种常见的拟定方法：

A. 揭示调研项目的实质

这种形式的标题，往往揭示了调研报告的中心论点，高度概括了全文的内容，便于读者通过浏览标题把握全文内容的核心，具有高度的明确性。

这类标题的范例比比皆是，以《北京大学学报》1994年至2005年发表的文章为例(本节中选择的标题若无特别标注均出自于此)，《论作为支配性力量的权力资源》，《走向"三重螺旋"：我国产学研合作的战略选择》，《隔代无仇：布波文化融合的社会基础》，《生态城市：21世纪青藏高原城市发展的目标》，《价格促销的折扣量影响品牌资产的实证研究》，《美育的当代使命：拯救感性沉沦中的大众》，《公正：以德治国的最重要原则》，《发行地方公债：弥补社会资本缺口的途径》，《影响两地发展的主要因素：机遇、合作与稳定》，等等，均是揭示调研课题实质性的标题。

B. 交代内容和范围

这种标题从其本身无法看出作者的观点和结论，而只是对调研报告的写作范围做出界定。拟定这种标题的，一般来说文章中论点较多，不好以一句话的形式进行概括。此为，拟定这种标题，能让读者更多的思考。

这类标题的例子有，《景观生态学与土地可持续利用研究》，《关于中国死刑制度的反思》，《"至乐无乐"思想与当代经济学中的理性》，《政治文明和人民代表大会制度》，《绿色营销发展现状及国内绿色营销的发展途径》，《保险代理人管理中的信息不对称问题——一个理论分析框架》，《关于我国先富群体消费的理论思考》，《市场取向改革与惩治腐败》，《经济增长与通货膨胀——中国经济面临的问题》等。

C. 采用提问的方式

这类标题本身是一个设问句，作者故意隐去了答案部分，但是所要表达的主张和见解早已在问句中明确的表示。这类标题语义婉转，显得含蓄有力，引人注目，发人深省。在实际运用中，这类标题并不多见。

这类标题的例子有：《改革信访制度还是完善权利救济的法律途径?》，《企业家与职业经理人：如何建立信任》，《资本主义首先产生于农业领域还是工业领域——兼论资本主义生产方式的本质特征》，《能力本位是社会主义价值观的核心理念吗?》，《股利政策可能是无关的吗?》，《当代马克思主义研究：回归还是发展?》等。

D. 用判断句式

这类标题比较常见，如《公务员范围扩大不可取》，《应当承认价值源泉与财富源泉的一致性》，《法治与信用是建立市场经济的必要条件》，《把美育正式列入教育方针是时代的要求》，《竞争是人的本性》，《家庭教育中应有一些法的理性——由"亲子双向自立协议"引发的思考》，《高校思想政治工作要转变观念》，《历史最终会把一切都纳入正轨》，《以创新为灵魂，改善和优化高校整体育人环境》等等。

这类标题对于全文内容的限定，可收可放，具有较大的灵活性。调研报告的研究对象是被具体限定的，面较小，但所引申的思想又是具有很大概括性，有一定深度的，可写作的范围较宽。这类标题对于初学调研报告写作者很实用，能锻炼其思维能力和科学的研究方法。

E. 用形象化的语句

这类标题，在拟定时选用了一些诗词歌谣，俗语谚语，或是象征性的词句。这类标题不仅仅能生动形象的解释文章内容，还能表达作者的感情。在拟定这类标题时，要特别注意扣紧报告内容，不要流于刻意。

这类标题的例子也有不少，如《把"个案监督"的"钥匙"交给公民——人大监督司法个案之构想》，《"掠美之嫌"与"失之眉睫"》，《真理之树常青》，《经济全球化下的中华"老字号"企业的营销战略研究》，《为什么美国能唾手"收割"中国的教育成果》(选自《中国国情国力》)，《谈心——师生沟通的"纽带"》(选自《学习导报》)等，都是不错的标题。

F. 副标题式

副标题的选择，一般处于以下几种考虑：1. 正标题语义未尽，增加副标题以说明文中特定内容；2. 调研报告是分册或成系列出版，或者研究成果分阶段报告，利用副标题区别其特定内容；3. 其他情况下利用副标题作为引申或说明。

添加副标题的标题形式在调研报告的写作中十分常见，如《领导干部眼里的当前社会基本形势——107 位地级以上干部问卷调查分析》，《责任伦理与城市居民的家庭养老——以"北京市老年人需求调查"为例》，《美国证券投资组合的全球化态势分析——兼论我国国际证券投资的机遇》，《公共政策制定过程：利益综合与路径选择——全国妇联在〈婚姻法〉修改中的影响力》，《小农制与东亚现代化模式——对台湾地区和韩国经济转型时期农业制度的考察》，《邓小平理论与金海岸的思路和实践——来自珠海西区的调查报告》等。在这些报告中副标题或点明研究对象、研究内容、研究目的，或对总标题补充、解说、强调和进一步限定，对清晰的表明文章框架起到了重要作用。

G. 分标题

以上六中拟订方式针对的都是报告的主标题，为了清晰的显示文章的层次，在报告中每个部分的前面加上分标题是常用的做法。分标题的设置有两种方法：一是把本层次的中心内容总结出来用文字冠于本部分第一行的正中间，一是在各层次前仅仅冠以数码，来表示一、二、三等顺序，其承上启下的作用。

(2)标题的写作要求

调研报告的标题是对调研报告内容、观点或论题所作的具有高度概括新的简略表达，它有如下评价标准：

A. 标题是否有创意、是否醒目

一个醒目、鲜明的标题能吸引读者的注意，引起读者的重视，使研究报告在同类文章中得到凸显。

平淡甚至是雷同的标题将使报告失去不少读者。当然,标题的创意并不是凭空产生的,它的根基在于调研的创造性和研究者本人的创新性。

B. 标题是否"达意"

"达意"指的是标题要和内容吻合,做到能准确恰当的表述研究报告的核心论点,中心内容,或者是课题含义。过于宽泛、空洞,大而不当的标题将无法起到应有的作用。如果采用形象化手法拟定标题,则更要注意比喻的恰当性。若是让人觉得不知所云就有失得体了。

C. 标题是否简明

根据国家标准局制定的《中华人民共和国标准 GB7713-87〈科学技术报告、学位论文和学术论文的编写格式〉》,一个标题应该控制在 20 个字以内为宜,作为国际交流,用英文编写的调研报告则应控制在 10 个实词以内。因此标题的语言应该简洁、洗练,切忌繁琐、累赘。

D. 标题是否便于分类

标题所用词语,在选择之初就必须考虑到有助于选点过关键词和编制目录、索引等二次文献可以检索的特定使用信息。换句话说,即标题应该起到"门牌地址"的作用,读者可根据它进行快速的筛选所需查阅的信息。举例来说,前面提到的《经济增长与通货膨胀——中国经济面临的问题》这一标题就能很好的指明文章的内容是讨论中国经济中两个主要变量之间关系的,读者或有关决策部门在进行文献查阅时,通过快速浏览论文标题就能辨别此调研报告是否和自己的工作相关联。如果是,则进一步查阅摘要或文中的大小标题,在通过阅读得到所需信息。设想如果标题改为《科学调控》,就很难让人明白该调研报告从属于什么专业领域,针对的是哪些具体问题了,因为这一问题在很多专业领域都会遇到。

E. 标题用语是否规范

题目中应该尽可能避免使用不常见的缩略语、首字母缩写字、字符、代号和公式等。也切忌杜撰编造新名词以求标新立异。以上情况都将对编制检索资料时进行准确分类,利用计算机查询等产生不利影响。

3. 摘要

摘要(Abstract),或内容提要,指的是对论文内容不加注释和评论的简短陈述。一般位于标题、署名之下,正文之前,是正规的调研报告必须要有的部分之一。摘要的常见位置有两种,一是单独的,放在封皮的后面,在第一行正中间写上"摘要"二字,再另起一行,空两格写提要的正文;或者也可以写成独立的段落,放置在调研报告的标题之下,正文之上。将摘要二字用方括号括住,放置在段首,接着写摘要的内容。

撰写摘要,要求作者将调研报告讨论的主要内容、提出的主要观点、取得的重要成果做出准确清晰的交代,虽然也要表明调研工作的目的和方法,但主要在于说明结果和最终结论。此外,摘要还必须具有独立性和自含性,即不通过阅读正片报告,但凭摘要就能为读者提供必要的信息。摘要中要有数据、有结论,可以独立使用,单独引用,包含与论文同等量的主要信息,是一篇完整的短文。

调研报告的摘要虽然位置处于正文前面,但其写作一般是在完成正文后写成的。写好摘要,对于较长、并准备在正规学术性刊物上发表的报告十分重要,因为好的摘要可以帮助编辑了解论文内容,对于稿件较多的刊物来说,如果调研报告长且没有有力的摘要,很容易被积压拖延下来。另外,读者在看调研报告时,一般倾向于根据摘要筛选所需信息,现在调研报告增长速度很快,读者是不可能一一详读的。最后,摘要可供读者制作资料卡片或资料的电脑数据库管理。

调研报告的摘要一般在200字至300字之间,而国际发行的学术刊物所要求的英文摘要,一般不宜超过250个实词。当然,如果有特殊需要可以略微增加。摘要字数的限制使得其写作十分讲究技巧,每个字、每句话都必须明确和恰当,必须仔细选择该突出哪些内容,该略去哪些内容。如,《妇女研究论丛》2004年1月刊登的《女性的身心健康及其影响因素——来自上海的报告》一文,这篇调研报告的摘要写得十分简洁明了,可以作为范例:

[**摘要**] 第二期上海妇女社会地位调查资料的描述性统计结果表明,女性的身体和心理健康素质明显差于男性,郊县女性的生殖健康状况堪忧,女性的医疗资源偏少,健康意识缺乏但健康消费优于男性。多元线性回归分析结果显示,精神文化生活质量、健康意识、家庭地位满意度和是否在业与女性的身心健康成正相关,因经济原因未及时看病、单亲的、个人权益曾受到侵害的以及社会上的性别歧视对女性身心健康有显著的负面后果。

4. 关键词

关键词(Keyword),指的是为了文献标引工作从调研报告中选取出来,用以表示全文主题内容的关键信息的单词或者术语。关键词也称主题词,它的构成一般是从调研论文中选取的能够准确反映其内容和主题的3个至8个词语,如果可能,尽量使用《汉语主题词表》等词表提供的规范词。

关键词的作用主要在于便于资料文献的计算机存储和检索,权威性的学术刊物一般都要求调研报告有此项目。在文献的计算机储存中,关键词一般都作为检索的线索存入电脑,当读者需要查找时,只要将几个与其检索文献有关的词提交给电脑,就能得到包含此关键词的文章。这就要求关键词必须由规范、准确的科学名词组成,如果关键词使用了不规范甚至是杜撰的名词,那么读者将无法通过输入他所了解的,与他想检索的信息有关的词查询到论文,那么关键词的存在也就失去了意义。仍旧以《女性的身心健康及其影响因素——来自上海的报告》一文为例,其关键词的写作十分规范:

关键词:健康素质;性别差异;身心健康

5. 其他

长篇调研报告为了查找方便,可以列出单独的目录页,短文则无须如此。目次页由调研报告的篇、章、条、款、附录、题录等项目的序号、名称和页码组成。系列调研报告分卷编制时,每一卷均应该有全部调研报告内容的目次页。如果报告中包含有较多的图片和表格,可以将图表的序号、图题或者表题以及所在页码编制成图表清单置于目次页之后。文章中用到的符号、标志、缩略字、首字母缩写、计量单位、名词、术语等等如果较多,则应当制作成注释表,放置在插图和附表清单之后。

(二)主体部分

调研报告的主体即是全文的正文部分,它是充分表达主题,用大量事实逐条说明作者对所调查问题的具体认识或经验教训的重要段落。一般而言,调研报告的主体部分可以有不同的逻辑结构,应该根据不同的内容设计不同的文体结构。如可以采用先提出观点,在逐条论证的方法,也可以先叙述材料,在此基础上总结出论点。

一般地,调研报告的主体由如下几个部分组成:

1. 导言

导言也称引言或绪论,它是调研报告主体的第一部分。虽然分量不多,但对整篇调研报告其提纲挈领的作用。简单扼要、紧扣主题的导言能为征文提供基础和方向。

内容上,导言主要包含如下三个方面:

(1)调研针对的问题及其背景

进行调研，一般源于对某个问题答案的追问，所以调研报告的写作，应当从对所提问题的描述开始。即在导言中，必须清楚的陈述调研所针对的问题，以及选择此问题进行调研的意义。不论调研的内容是有关人们行为的经验问题，还是现实的社会生活问题，都必须将这些问题放入社会大背景中加以分析，这样才能向读者展示此项研究的重要意义和价值所在。例如，《浙江社会科学》2004 年第 4 期一篇题为《工会直接选举：中国地方民主的新发展——以浙江省的余杭、余姚、温岭为个案》的报告，其导言节选如下：

发轫于 20 世纪 70 年代末、以经济市场化为取向的改革开放，工业化和民营经济的高速发展，90 年代以来城市化的快速推进，从根本上改变了中国的社会经济结构，计划经济时代形成的以工人、农民、知识分子、干部等四大利益群体为主体的社会格局，由此发生了根本性的分化，逐渐形成了一种多元、复杂、异质的利益群体共存的社会新格局。在这样一种社会新格局中，民营企业主阶层依托民主党派、工商联、私营企业主协会等一系列制度性渠道，进入各级人大和政协参政议政，通过组织化的利益代表和表达通道，影响政府的公共政策，实现本阶层的利益诉求，在国家的政治生活中拥有了初步的、相对强势的话语权。与此形成鲜明对比，从农村进入城市打工的数以千万计新一代工人阶级（即“农民工”或“民工”），因为传统城乡二元化的体制性障碍，长期以来未能获得劳工身份的认定，以致既无资格加入所在城市以国营企业工人为主体的官方工会，又不能组建自治性的民间工会，因而缺乏组织集体行动的能力和资源动员的能力，在劳资双方的利益博弈中处于明显的弱势地位，以致其政治、经济和社会的合法权益都难以得到起码的保障。因此，如何解决新一代工人阶级的代表安排，如何建构起该阶层的利益代表机制和利益表达通道，一直是国家必须正视并且需要尽快加以解决的一个问题。新形势、新情况、新问题，催生了中国基层工会的改革。

在工会改革和制度创新方面，民营经济发展领先全国的浙江省，同样在全国“先行一步”……据我们调查，截至 2003 年上半年，浙江省总共组建有非公企业工会 102486 家，非公企业工会会员数达到了 309.72 万人，大部分的民企职工加入了企业工会。

特别引人注目的是，近年来浙江省在推进进城劳工阶层的组织化、建构该阶层的利益代表和表达机制方面，朝着制度创新迈出了具有重要意义的一步。在温岭市，工会的组建也走在了改革的前列，2003 年 9 月，新河镇羊毛衫行业组建了行业工会，通过与企业主商会的谈判和协商制定行为劳工的最低工资标准，以民主的方法，保障和维护行业打工者的基本权益。在杭州的余杭区、宁波的余姚市等地，在全面组建民企工会的基础上，又推出了工会主席的直接选举制。至 2000 年，余姚的企业已全面完成工会组建，目前，全市共有 1136 个企业工会，共涵盖了全市 5351 家企业，其中民营企业工会 779 家（其中包括一些联合工会），在余姚，企业职工人数较少的民营企业并不独立成立工会，而是加入所在行政区划的联合工会。（数据由余姚市总工会基础工作部提供）同样，余杭也已经完成了民营企业工会的组建工作，到 2003 年 7 月，全区共有 902 家基层工会，其中民营企业工会 623 家，几乎涵盖了全区所有的民营企业。（李毅殷：《选举工人信得过的工会主席》，《工人日报》2003 年 7 月 25 日第一版）。与其他地区现行大部分经由体制内途径、由政府组建的或领导人由企业主任命、缺乏独立性和代表性的工会相比，余杭、余姚等地的民企工会组织，一般都在总工会的引导下由企业自发组建，并赋予劳工真正的选举权，实行工会主席直选，确保工会组织成为真正代表职工利益的社会组织。

工会主席直选制的推行，意味着将选择的权力重新回归职工个体，这就大大提高了工会组织的合法性，推进了工会组织内部的民主治理，使非公企业的工会组织真正成了广大劳工阶层表达和实现本阶层的利益诉求的民间自治组织，从而建构和疏通了进城劳工的利益表达和实现的通道，使劳资之间的谈判、协商或经济领域的民主治理成为可能，使劳工与政府之间、劳工与社会之间的沟通与协商成为可能。根据本课题组对浙江各地进行的社会调查，我们认为，浙江余杭、余姚和温岭等地工会改革的实践，在中国的地方民主政治发展进程中具有积极的意义。进城劳工阶层以民主的思想组建企业工会或行业公会，以民主的方法选举产生工会领导并且管理组织的内部事务，进而以工会为主体与私营企业主阶层就工资、劳动保障等问题进行平等的谈判和协商，对于劳资双方来说，这无疑都是一场广泛的民主实践。

这篇导言的写作，很好的遵循了"沙漏原则"，并对研究的问题和意义做出了充分的说明。首先，该导言对中国的社会经济转型作了宏观性的描述，接着成功的将问题集中于如何在转型中改善新一代工人阶级的代表安排和建构起该阶层的利益代表机制和利益表达通道，最后将焦点集中到中国基层工会的改革，完成了由"宽"入"窄"的过程。在接下来论述中，作者从调研的具体成果，引申到工会改革的意义，至此又由"窄"入"宽"。整个导言一气呵成，有张有弛，堪为范本。

(2)文献评论

陈述了研究的问题及其背景后，接下来就是被称为"文献评论"的工作，即对这一领域内已发表的研究结果和结论进行总结和评论。相关文献的阅读是研究者在进行调研之前必须进行的工作，通过文献阅读，找出该领域前人所到达的深度，才能更好地设计自己的研究，使自己的调研活动更有意义。所以在导言中，为了介绍自己的研究背景或创新之所在，需要对已有的文献做出简要回顾和评论。文献评论是要注意避免单纯的对文献的摘录，应当仔细寻找与自己研究密切相关的部分，然后依据这些材料做出评论。

还是用《工会直接选举：中国地方民主的新发展——以浙江省的余杭、余姚、温岭为个案》此文的导言为例，作者在导言中引用的数据除了经过自己调查得出的外，大部分来自他人的调研成果。这些已经存在的数据节省了作者进行调查的时间，使其能将注意力集中在更为理论性的探讨上。在这里，对有关数据的引用就属于文献回顾的范围。

(3)介绍自己的研究

在导言的最后部分，介绍自己的研究成果是必不可少的。如《工会直接选举：中国地方民主的新发展——以浙江省的余杭、余姚、温岭为个案》的导言，最后一段，就是作者通过调研所得出的结论。

这种介绍不需讨论调研的细节，只需介绍调研的基本框架和所得到的成果。另外，这一部分对调研理论假设、研究模型等的介绍还可以为转到方法部分提供一个非常自然的过渡。

在写作方法上，导言部分的写法十分灵活，根据对不同内容的强调，可以分为如下一些写法：

①主旨直述法。主旨直述法是指在导言中着重说明调研的主要目的和宗旨，这种写法有利于把握调研报告的宗旨和基本精神。

②情况交代法。即导言的重点在于说明调研工作的具体情况，这种写法能帮助读者了解进行调研工作的历史条件和调查研究过程中的具体情况，多用于较为大型的报告。

③结论前置法，指在导言中将调研报告所取得的结论作为重点，然后在报告的正文部分对此进行论证。这种开门见山的写法在导言中很常见。

④提问设悬法，即在导言一开始即提出问题，设下悬念，它能增强调研把报告的吸引力，常见于总结经验和揭露问题的调研报告。

对于大型的调研报告,可以同时采用几种写作方法,既交代写作目的和宗旨,说明调研的具体情况,又提出结论,设置悬念。比如前面所举的《工会直接选举:中国地方民主的新发展——以浙江省的余杭、余姚、温岭为个案》此文的导言,就是综合以上几种写作方式的,这样就使得这篇报告在内容上十分全面。对于小型调研报告,采用其中之一就可以了。如毛泽东的《长岗乡调查》,其前言部分就采用了主旨直述法,强调争取一切苏维埃工作适合于粉碎敌人"围剿"的要求,就是我们的目的。

2. 调研方法与步骤的介绍

对调研方法和实施方式的描述是报告中更加关键的部分,只有使读者了解研究的进行方式,明了各种具体操作步骤,读者才会相信这项调研具有科学性,可会接受调研所取得的成果和结论。调研方法和步骤介绍部分的主要任务就是明确具体的将调研的步骤展示出来,以供读者了解。这一部分可能涉及到的内容有:

(1)调研方式,调研设计

针对文章的中心论题,本项调研时采取那种方式进行探讨,调研的基本设计是什么?这是报告的方法部分首先应该说明的内容。由于不同的调查研究方法可以有不同的资料收集方法和资料分析方法以及特定的程序和技术,所以采用不同调研方式的社会研究在报告中介绍的内容和重点往往是有不同侧重的。例如,如果采取的是入户抽样调查的方式,那么重点就在于对调查的总体、样本、调查工具、调查员培训以及资料回收方式等方面的情况进行介绍。如果采用实地研究的方式,那么就需要详细的描述研究者是如何进入现场,或者在观察时采用何种角色等内容。如果调研方式运用到实验法,那么就需要在方法部分介绍实验设计的具体形式,即采用的是传统的经典设计,是所罗门四组设计,还是仅有后侧的两组设计等。另外,实验法还需说明什么是实验刺激,实验是否有控制组等。总之,无论作者采用何种调研方式,都应该在方法部分对此有概括说明,使读者了解和检查其在方法运用上的细节。

(2)调研对象

在社会调研中,其调研对象大部分是人及其活动。因此,在调研报告中对作为调研对象的人进行说明,尤其是在使用实验研究和抽样调查等调研方法的研究中具有重要的作用。拿实验研究来说,就是要介绍实验对象的身份构成,其被挑选的途径,他们被分到实验组或控制组所采用的分配方式,这两组人有无明显差别等。对于使用抽样调查的研究来说,则是需要对调查的样本作全面的介绍。抽样的总体是如何界定的,样本使用怎样的途径抽取的,样本规模多大,回答率或回收率如何等都是需要详细回答的问题。如果不搞清楚这些内容,读者将不能判断此项调研的结果具有多大的普遍性,也无法知道这项结论在多大程度上反映了现实。只有当读者明白样本的来源和特征后,才能将调研结果正确推广,同时明白调研的局限所在。比如样本从女性中抽取的调研结果显然无法运用到男性身上,样本从大学生中抽取的调研的结论运用到一般性的包含各种成分的总体中可能也无法成立。下面是调研对象介绍的一个例子,选自《女性的身心健康及其影响因素——来自上海的报告》:

……调查所获的2351个有效样本,是采用分域分层三阶段概率抽样方法,从全市18个区/县、97个街道/乡镇、196个居/村委会中抽取的。被访者的年龄在18岁至64岁,平均年龄为42岁;城乡样本分别为33.7%和66.3%;男女分别为46.8%和53.2%。其中12.7%为小学文化程度,初中占38.1%,34.0%是高中,15.3%有大专及以上学历;未婚者为13.4%,已婚男女达80.8%,离婚和丧偶者分别占3.5%和2.2%。为了提高调查数据的代表性,课题组根据国家统计局关于上海城乡、性别比以及本调查的户内人口数等相关资料,对数据进行了加权处理。

(3)资料收集方式

在这一部分首先应该对调查研究的主要变量加以说明,包括主要变量是什么,变量的操作定义是什么,这些变量是用哪些指标来测量的。如果采用的是问卷调查,那么作者应该对问卷中用来测量这些变量的特定问题进行分析说明,告诉读者变量的测量是通过那几个指标来确定的,并且能知道具体的计分和算法。如果调查中采用多个指标进行综合测量,就应该对这些指标的综合评分程序及方式做出说明。

另外,作者还应该对资料收集方法和过程进行说明,即告诉阅读者收集资料的一些关键环节。如调查问卷是采用自填问卷还是有调查员登门访问,问卷的有效回收率是多少,拒答和无效的原因是什么。如果是访谈法,还要介绍访谈员的背景,他们具有何种程度的调查经验等都是需要交代的。

最后应该注意向读者介绍调研过程中所用的工具,包括实验所用的仪器、材料,测量用的量表,调查用的问卷等。

这一部分的写作可参考以下示范,选自《中共浙江省委党校学报》,2004年第5期的《民间商会的自主治理及其限度——以温州商会为研究对象》一文:

为了解答这些问题,我们进行了大量的实地调查工作。调研主要采用了问卷调查、访谈和座谈会等方法。温州共有市级行业协会101家,由于地址变更、无法联系等原因,30份问卷无法投递外,共发放问卷71份,回收63份,回收率88.7%;有效问卷62份,有效率98.4%。其中工商联所属的行业商会21家,政府部门和其他授权组织所属的行业协会41家。访谈和座谈主要包括:通过对主管部门、民政局的访谈了解有关行业组织的情况;通过对温州商会负责人的访谈和对企业主、商会和主管单位的座谈,了解有关它们活动、功能、资源、困境等各种信息。我们先后对温州市总商会、各区县总商会进行了访谈,还访问了温州服装商会等多个专业商会的负责人,获得了大量第一手材料。除了实地调查法之外,我们还辅以文献调查法,作为资料收集的来源。

(4)资料分析方法

调查研究由于方式不同、样本不同、资料收集方法不同,每一项具体的调查分析方法也不完全一样。有的分析以定性分析为主,有的一定量统计分析为主,而有的报告只进行一般化的描述分析,而有的则进行较深入的、复杂的相关分析、因果分析等。所以对调查者实际采用的资料分析方法做出说明是很有必要的。另外,比如资料是手工整理和统计的,还是用计算机的分析软件(如SPSS等)完成的,都做了哪些统计分析等,这些资料处理、整理的过程也是需要说明的。下面是《中国农村经济》2004年9月刊登的《浙江省乡镇改制企业成长情况的实证分析》一文中资料分析方法部分的节录:

本研究从企业、产业和政府三个层面设计了可能影响企业成长的主要因素。运用SPSS10.0统计软件的因子分析方法对问卷调查数据进行统计处理,得到技术管理能力、政府产业促进行为、企业信息化建设水平等11个影响企业成长的因素。根据各影响因素的均值大小,可以发现乡镇改制企业的技术管理能力、核心团队稳定性、市场机会识别能力、企业家的判断能力、企业所处的融资环境和享受的产业政策要强于或优于民营企业,并且由单因素方差分析(ANOVA)得知,乡镇改制企业的技术管理能力、市场机会识别能力、企业家的判断能力显著强于民营企业。

(5)研究的质量及其局限性

在方法的最后部分,常常需要对调研的质量进行整体的评估。要注意的是,在一项具体的社会调查中,十全十美是不可能的。一个研究者既应当扎扎实实,一丝不苟的对待研究,也应该实事求是的评价自己调研的实际质量。将调研过程中哪些地方存在误差，哪些方面存在缺陷，哪些领域没有被充分讨论等都毫不保留的报告给读者，既可避免对调研成果的不当推广和运用，也可启发其他研究者在该研究的基础上做进一步研究来进行完善。下面是这种说明的一个例子（选自《浙江省乡镇改制企业成长情况的实证分析》）：

> 本研究也存在着不足。本研究的样本企业来源于浙江省温州、宁波和嘉兴三个地区，这三地的国有经济和集体经济比重较低，乡镇改制企业的数目不多，从而样本改制企业的数量也就较少。正如秦晖（1998）指出的，我国乡镇企业的改制逐步从以"股"为主的阶段转到了以"卖"为主的阶段，本研究中的改制企业大多是"卖"的产物，它们在治理结构、管理风格等方面的特征类似于民营企业，而较少具备股份制企业的特征。所以，本研究结论的普适性可能不是很高。但是，本研究给出了特定类型的乡镇改制企业的成长图景，对其他地区、其他类型改制企业也有一定的参考价值。为了弥补研究的不足，未来的研究一方面应该增加样本企业的数量，另一方面应该扩大样本企业的地区分布和类型分布。

3. 分析结果

在撰写调研报告时，为了清晰起见，通常将数据分析与结果解释作为两个不同的部分对待和处理，但是这两个部分在逻辑结构上是密不可分、相互交叉的。一项调研成果的得到，往往需要研究者的思路在二者之间进行多次的反复才能完成。在篇幅较短或分析较简单的调研报告中，数据分析和结果解释常常结合在一起，成为"结果与讨论"的一个部分。在这个部分，研究者从对大量事实或数据的分析中得出结果，并同时对此结果进行讨论，指出他们的含义和应用。在刊物上发表的许多较简单的经验研究报告常常采用这种形式。一般他们的结尾就是两三个用以陈述调研所得的结论，研究的实施，资料分析过程中所包含的问题及进一步研究的建议的段落。

但是如果调研的问题比较复杂，通过分析得到的结果不仅多且类型各异，或者在讨论中必然涉及到许多不同的事物，需要针对几个结果进行推论，那么此时就不再适合将结果和讨论放在一起，而应该对其另辟章节，分开讨论。这种划分的目的主要在于希望能在结果部分里分别表达和讨论不同的事物，即分别表达和讨论各个不同分支的结果。而将调研整体结果的表达和论述放在后面的讨论部分进行。由于各分支的结果已经在前面被详细的表达和分析过了，所以在讨论的部分中从整体来进行写作就有了基础。不过需要注意的是，即使将二者分成两个单独的部分时，也不可能出现某种纯粹的结果部分，而一点儿讨论都没有。因为这样等于只在结果部分将数据、表格交给读者，让他们把数据、表格统统记住，直到后面的讨论部分，这显然是不现实的。

在叙述中，将结果和讨论两部分分开有利于表达的清晰。至于在实际的研究报告中是否应该分开，则主要依据实际情况和前面提到的说明来决定。

在结果的表达上，普遍的原则是先给出总体的、一般性的陈述，然后才是个别的和具体的细节陈述。不论是对整个调研的结果的陈述，还是只对各个部分结果的陈述，都应该遵循先"森林"后"树木"的表述原则。在对整个调研的结论进行陈述中，这一原则体现在先给出中心结论，然后转移到对外围结果的讨论。在对各个部分结果的陈述中，这一原则体现在先说出基本的结果，然后再在必要的地方和细节上详尽的阐述。具体的做法是从研究的最中心的或最基本的结果开始，按照如下顺序一步一步地展开。在以下论述中引用的例文来自于《农村妇女发展与闲暇时间的性别不平等研究》（《妇女研究论丛》2004 年 5 月）：

（1）对调研问题的概念性陈述

即在这一部分再次向读者强调在报告的导言部分提出的概念性问题。例如:“虽然研究者对闲暇或休闲的定义各不相同,但可以看出,闲暇是融闲暇时间、闲暇活动和闲暇心态三者为一体的多层面的复杂现象。本项研究将围绕这三大因素综合研究农民闲暇生活方式中的性别差异与不平等问题。”这一做法的目的在于将读者从导言部分开始的、被方法部分中途打断的有关调研问题的思路衔接起来,即是文章在读者的脑海中按照“问题——结果”的线索继续下去。

(2)对调研问题的操作性陈述

这一部分是指作者向读者提示在调研中实际完成的操作或实际测量的行为。尽管在调研方法与步骤的介绍部分已经对此做出详细的介绍,但是为了使调研的问题直接向结论靠近,为得出结论打下基础,简略的进行操作性陈述还是有必要的。

(3)结论或答案

接下来必须马上进行的,是告诉读者这一分支问题的结论或答案。例如,“农村男性对各类生活时间的总体满意度略高于女性”就是该分支问题的结论。至于这个结论是如何得到的,又哪些证据支持这一结论,则是后面部分的内容。

(4)证据或结果

这一部分总体来说,就是论证或者归纳的部分。即在这一部分中,作者必须通过数字、图形、表格、材料等,来向读者详细的、具体的说明前面总结的结论和答案的证据和结果,并同时对这些数字、图形、表格、材料等进行必要的说明和解释。例如,“如在对各类时间的满意度(见表6—2—1)方面,女性满意度略高于男性的是消遣娱乐时间和家务劳动时间(两者分别差0.01分和0.07分);男性满意度略高于女性的是生产劳动时间、个人休息时间和文化学习时间(三项分别差0.08分、0.04分和0.03分)。”并列出该表格:

表6—2—1 不同性别群体对各类时间的满意度(注:说明:“满意度”平均值,是按“很满意”5分、“基本满意”4分、“一般”3分、“不太满意”2分、“很不满意”1分给分,然后计算出各项满意度的平均值。平均值越高,满意度越高。以下有关“满意度”的计算相同)。

表6—2—1 不同性别群体对各类时间的满意度

		生产经营时间	个人休息时间	消遣娱乐时间	文化学习时间	家务劳动时间
男	“满意度”平均值	3.65	3.67	3.18	3.22	3.59
	N	302	313	291	276	294
女	“满意度”平均值	3.57	3.63	3.19	3.19	3.66
	N	208	219	209	179	220
Total	“满意度”平均值	3.62	3.65	3.19	3.21	3.62
	N	510	532	500	455	514

这里需要注意的是,读者应该能够通过阅读报告中的说明来理解结论的产生,他们也同时能够通过查阅表格自己得出相同的结论。这就意味着各种图表都必须具有清晰完整的标题,即使是非常长也可以,只要能使读者抓住图表所表达的关键。另外,在说明和解释的文字中,必须相近的引导读者找出图表中的主要结果。比如,“男性满意度略高于女性的是生产劳动时间、个人休息时间和文化学

习时间(三项分别差0.08分、0.04分和0.03分)",而不能只是笼统地说"男性在一些方面满意度略高于女性",然后希望读者能自己去搜寻具体的证据。

(5)小结

在每一个分支结果的末尾部分,都应该对该结果所处的位置做一个简要的小结,例如,"综合五类时间的满意度,男性对各类生活时间的总的满意度略高于女性。男女共同的趋向是对消遣娱乐时间和文化学习时间的满意度,均低于对生产经营时间、个人休息时间和家务劳动时间。这一现象可以说明,在时间方面,农民最不满意的是闲暇娱乐的时间。这是当代农民闲暇意识觉醒的表现,它从一个侧面反映了农民对闲暇生活的渴望与追求。"

随着结果部分的不断进行,需要作者不断的小结,以帮助读者不断的将到目前为止得到的信息储存在头脑中,循序渐进的为整个调研结果的提出和深入讨论打下基础。

(6)转折

在进行总结的同时,作者还应该用一种平滑的观察方式,将读者引向结果部分的下一个分支内容。比如,"在休闲领域存在的性别差异并非只是量的问题,更重要的是休闲机会的质的差距,以及与休闲相关的态度方面的差距。女性在休闲时间和休闲场合的拥有上仍受到很多限制,女性与男性在休闲活动与机会上仍然不平等。"

(7)注意事项

综合上述具体的步骤和要求,在调研报告中表述结果要做到系统性、条理性并存,要有根有据,清楚明确。在撰写报告的结果时容易犯如下错误:

首先,作者面对收集上来的丰富的统计数字和资料不知道如何取舍,使得研究结果部分变成了一大堆具体事实和统计数字的简单罗列。在作者看来可能是将资料中蕴含的所有信息都充分的展示给读者了,但在读者看来,这一部分则是杂乱无章,不分主次,是没有阅读价值的。因此要在资料和论据的提炼、加工上多下工夫,从繁琐的资料中找出最有力的论据来说明结论。

其次,许多初学者认为统计图表使用得越多越好。尤其是在定量研究很受重视的今天,在很多人看来似乎只有列出大量的统计图表,研究才具有科学性和严谨性,才有说服力。实际上这是一种对定量研究的误解。实际上,许多经验丰富的调研人员在调研报告中并不堆砌图表,他们将大量精力用在对图表的悉心设计上,注重的是图表所含内容的说服力和重要性,而不仅仅是数量。

最后,很多文章对图表中数据的说明过于浅显,没有用说明文字去揭示数字所代表的深层内涵和意义,仅仅停留在对统计数字逐行逐列的文字叙述上,丝毫起不到文字说明的效果。

4. 讨论

表述完调研结果后,接下来就是用更为通俗的术语来讨论这些结果,并将这些结果与设计此项调研时进行过的假设相比较,在导言部分出现过的中心问题此时还会再次出现。应该注意的是,从内容上说,导言部分是"沙漏"的上瓶,方法和结果部分是"沙漏"最窄的瓶颈,到了讨论部分,则过渡到了"沙漏"下面较宽的下瓶了。所以讨论部分的叙述方式与导言部分正好相反,是由窄到宽的过程。

讨论部分一般是从告诉读者本项研究所掌握的信息开始的。一开头就应该以明确的叙述说明研究的假设是否得到证实,或明确的回答导言部分所提出的问题。要注意的是,简单的在以揭示和重复在结果部分已经总结了的观点和结论是没有价值的,应该在结果部分的基础上,挖掘新的、层次更深的东西,讨论部分每一句陈述,都应该加强读者对所研究问题的理解。

因此，在写作调研报告的讨论部分之前，作者应该重点回答如下问题：从调查研究的结果中，能得出一些什么样的推论？这些推论中，哪些同研究的数据资料结合的最为紧密？哪些则在较抽象的层次上同理论更加相关？本次的调研成果，在理论上和实践上各具备怎样的内涵和意义？同时还可以将本次调研结果与文献评论中列出的那些调研结果进行比较，看看是否有一次验证了其结论。在推广调研的结论是，应该充分考虑调研结果成立的假设及其限制。在讨论部分，还应该提醒读者注意的是调研样本的特点，即所有这些特点会对结果的运用产生怎样的影响等。

当得到的结果和预期的结果相反，或是得到了预料之外的结果时，应该要在文中如实地记载和讨论这些情况，分析其成因，而绝不可用歪曲的意图来解释。另外，在讨论部分包括如下一些内容是很常见的写法：对自己的研究仍未能回答的那些问题的讨论；对研究中心出现问题的讨论；对探讨和解决这些新的问题有所帮助的研究建议等等。

《"落地生根"？——三峡农村移民的社会适应》①一文的讨论部分可供参考：

1997年、1999年和2000年三次农村移民调查的结果显示，三峡工程首批农村移民在社会适应的不同层面状况不同，相对而言，日常生活领域的适应状况普遍较好，而经济方面的适应与心理方面的适应则表现出较差的状况。这一结果既与调查地区和研究样本的性质有一定关系，同时也具有一定的普遍性……

本项研究的结果，还向我们揭示出一些值得进一步探讨的问题。

首先，移民在社会适应过程中所面临的经济贫困的风险问题……如何帮助移民尽早适应生产劳动方式的巨大变化，防止可能出现的经济贫困现象，是安置地政府需要高度重视的一个重要问题。

其次，移民在社会适应过程中如何尽快实现从日常生活适应到劳动生产适应再到心理归属适应的跨越问题……

再次，跨省外迁移民所面临的社会适应问题。1999年，国家召开移民工作会议，在对前段移民工作进行总结的基础上，对移民搬迁和安置的具体方式进行了调整。开始了由库区安置向外省市安置的转变。到2002年底止，已有14万移民跨省外迁。这一情况将给移民研究提出新的课题。

本研究结果表明，总体上，相对于后来移民，外迁移民的社会适应更为困难，特别是在经济适应和心理适应上。那么，对于1999年后开始搬迁到数千公里外的跨省移民来说，这种适应过程又有哪些新的特点？移民的适应过程是否会更加困难……但实际情况究竟如何，还有待于今后研究的证实。而本研究中移民社会适应较好的日常生活领域，或许也会成为跨省外迁移民社会适应中的一大障碍。比如说，最简单和最直接的语言上的差异，就会给移民带来深深的冲击；更不用说习俗、生产方式、生活方式、价值观念等方面差别的影响和冲击了。

……

总之，到上海、江苏等地的跨省"远迁"，与初期移民在湖北、重庆同一地区内的跨县"近迁"，是两种有着重要差别的迁移模式。笔者预计，跨省外迁的农村移民在社会适应方面，将会面临一些与跨县外迁移民不同的困难与问题，其适应过程将会形成一些不同于跨县迁移的特点。开展对跨省外迁移民社会适应性的研究，应该成为下一段移民研究的重点领域之一。

---

① 参见《社会学研究》，2004年5月，第19—27页。

最后需要提醒的是，讨论部分虽然重要，但不宜篇幅过长，因为除了本次调研的结果以外，其他的内容都是次要的，有的学者甚至认为，讨论部分的长短与结果部分的清晰程度是成负相关的，即讨论部分越长，其调研结果的表述也就越不清晰，这是要注意的。

（三）结尾

调研报告常常包含有一个非常简要的小结，用以对报告前面部分的主要内容做一个纲要式的总结。这一部分可以省略，直接以讨论部分作为结束，也可以写的稍长，表达较为细致。它应该根据内容需要，简明扼要的表述，意尽即止，切不可画蛇添足，影响正文的表达。结尾的写法有如下几种：

1. 概括全文，升华主题

即概括地说明调研报告的主要观点，进一步深化主题，加强报告的说服力和感染力。如《新形势下农村基层党组织建设的新探索——河南濮阳市以"连成效应"带动农村基层党建调研报告》①的结语就起到了这样的作用，该文这样写道："河南省濮阳市通过发现、培养、不断充实提高具有时代特征的典型，运用卓有成效的机制设计和制度安排，体现了'让干部经常受教育，使农民长期得实惠'的要求，探索出了新时期加强农村基层党组织建设的新路子，使得农村基层党组织成为'三个代表'重要思想的实践者、全面建设小康社会的推动者、走中国特色社会主义道路的组织者，在广大农村掀起了实践'三个代表'重要思想的高潮、全面建设小康社会的高潮和开创中国特色社会主义事业的高潮"。

2. 总结经验，形成结论

即根据调研的实际情况，总结工作经验，形成基本结论。如《前沿》1998 年第 6 期刊登的《关于国有企业转轨、改制阶段加强和改进党建工作的调研报告》一文，其结束语是："我们认为，国有企业党的领导体制和工作机制的建立和健全，必须遵循《中共中央关于进一步加强国有企业党的建设工作的通知》中提出的'三句话'的方针。同时，要与现代企业制度相衔接，同企业的领导体制和组织管理体制，决策、执行和监督体系相配套。本着有利于企业的生产经营，有利于党的政治核心作用的发挥，有利于党政工作关系的协调和配合，按照'间接式'、'渗透式'的领导方式，探索和建立多样化的企业党的领导体制和工作机制，而不必'一刀切'。不管建立哪一种领导体制和工作机制，必须在建立和健全制度和机制上下工夫，从而使党建工作逐步走上规范化和制度化的轨道。"

3. 指出问题，提出建议

根据调研的情况，指出当前存在的问题和不足，提出改进工作的具体意见和建议。如载于《海峡科技与产业》2004 年第 3 期的《促进两岸民营资本相融生辉——昆山市民营企业与台资企业配套情况的调研报告》在结尾部分指出民营企业配套存在的问题有："①自身素质不高，影响配套信心；②信息不畅，影响双方顺利对接；③资金短缺，影响配套规模和水平；④市场无序，引起不良竞争"。并据此提出对策建议："建立长期的、专门的、时效性很强的配套信息平台以及公允有序的配套市场和机制，使配套双方的供需要求、标准、价格等得到及时、直接、通透的了解，促进双方人才、资源、信息、技术的深度融合。建立具有较高水平的，且适应两岸民营经济互动的培训机构，努力提高民营企业的全面素质和经营管理水平，增强配套能力，拓展配套领域，提升配套层次。实行统一的信用评估标准和贷款发放办法，促使民营企业在金融信贷上享有与国有、集体、外贸企业的同等待遇。着力构建全方位的金融等服务体系。"

---

① 参见《理论前沿》，2003 年第 5 期，第 27—31 页。

4. 说明危害,引起重视

即根据调研得到的资料,说明某一现象的严重性、危害性,以引起有关部门的注意和重视,若能有针对性地提出一些解决问题的建议则更好。如在《歧视与中国现阶段的歧视》(《江海学刊》,2003 年 1 月)中,作者先指出歧视的成因和中国民众的心理特点,然后总结道:由于以上因素,如果歧视继续增长,“那么,社会民众必定不会逆来顺受,而会形成种种不满、抵触甚至是仇视的心理,从而酿成种种社会动荡的潜在因素。值得提及的是,一旦社会民众的这些不满和抵触缺乏表意渠道、得不到合理的解决,而仍然要面临大量的歧视现象,那么,社会民众就很有可能采取激烈的方式予以回应。如是,中国社会将付出巨大的代价。”

5. 展望未来,说明意义

既由点及面,由此及彼的扩展开来指出调研问题的重要意义。如载于《改革与战略》1996 年 6 月的《广西高新技术产业开发区调研报告》,就从高新技术产业开发区讲到广西经济和社会的全民进步,指出:“世界经济中心的几次大转移,其原因无一不是通过科技领先而促进了经济的跳跃性发展。美国犹他州曾是美国偏僻落后之地,由于其在发展高科技产业上具有超前意识,从而一跃而成为繁荣之地。诸如此类的例子在世界经济发展中比比皆是。广西作为全国相对落后的地区,更要花大力气发展教育,提高国民素质,提高科技水平,紧紧抓住科技成果向现实生产力转化这个‘牛鼻子’发挥高新技术产业的龙头作用,充分发挥高新区技术与机制的辐射作用。从而使‘科教兴桂’真正在工业、农业、第三产业等各方面全方位展开,推动广西经济起飞和社会全面进步。”

(四)参考文献

参考文献,指研究和写作中所参考或引证的主要文献资料。一般均附于报告之后。列出参考文献,一是为了反映作者对他人研究成果的尊重,反映作者的科学态度和求实精神;二是为了方便读者了解该领域研究情况,以做进一步探讨或验证;三是参考资料的多少,也反映作者对本课题的历史和现状研究的程度,便于读者确认该文章的可信程度。其具体格式参见如下示范:

1. 中/英文出版物的写法:作者,书名,出版社,出版年份。例如:

(1)陈宗胜等:《中国经济体制市场化进程研究》上海:上海人民出版社 1999。

(2)周振华:《体制变革与经济增长》上海:上海三联书店,上海人民出版社 1999。

(3)Wuthnow, Robert, *Between States and Markets: the Voluntary Sector in Comparative Perspective*, Princeton, N. J.: Princeton University Press, 1991.

(4)Salamon, Lester M., *Global Civil Society: Dimensions of the Nonprofit Sector*, Maryland: John Hopkins University Press, 1999.

2. 中/英文文章的写法:作者,文章标题,原载刊物,原载刊号,页码。例如:

(1)赵平俊:《谈谈马克思主义利益范畴的地位问题》,《马克思主义、列宁主义研究》,2005,(3)41—43.

(2)卢中原、胡鞍钢:《市场化改革对我国经济运行的影响》,《经济研究》,1993,(6)49—55。

(3)Atkinson, T. “Bring income distribution in from the cold”, Economic Journal, 107(1997), pp. 297—321.

(五)致谢

在报告最后,如果有需要,可以专门列出致谢的部分。可以考虑对以下各方面表示感谢:

国家科学基金、资助研究工作的奖学金基金、合作单位、资助或支持的企业、组织或个人;协助完成研究工作和提供便利条件的组织和个人;在研究工作中承担分项目的工作但没有在作者栏表明的个人或组织;在研究中提出建议和提供帮助的人;给予转载和引用权的资料、图片、文献、研究思想和设想的所有者;其他需要感谢的组织和个人。

(六)附录

附录是调查研究报告的附加部分,对正文起补充作用。写在正文中将显得过于冗长,但是又认为有必要附带说明的问题都可以写出来附于调研报告之后。附录的内容一般包括有关调查内容与调查的工具,包括问卷、量表的内容,主要的计算公式、抽样方案、主要数据,正文中未用到的图表、数表、计算机程序等。

第三节 调研报告主体部分的几种常用结构

前面一节介绍的文体结构主要是指调研报告的构成部分。在主体结构中,还需要考虑调研中获得的资料、得出的观点和各个组成部分的排列组合方式,这指的就是要考虑主体部分的结构。常用的主体部分的结构分为三种,即纵式结构、横式结构、纵横交错式结构。

一、纵式结构

纵式结构是指按照事物发展的内在逻辑或时间顺序来安排观点和材料。如《理论前沿》2003 年第 5 期刊登的《新形势下农村基层党组织建设的新探索——河南濮阳市以"连成效应"带动农村基层党建调研报告》,其主体部分用了四个小标题:1. 农村党建新形势需要典型,农村党建新发展产生典型;2. 典型的产生来自伟大实践,典型的成长源于组织培养;3. 组织推动必不可少,制度建设更是根本;4. 带领农民奔小康,"连成效应"的现实意义与历史归宿。这四个小标题按照河南省濮阳市发现、培养、不断充实提高具有时代特征的典型,运用卓有成效的机制设计和制度安排,探索出了新时期加强农村基层党组织建设的新路子这一过程来叙述事实,阐明观点,报告有头有尾,过程清晰,便于作者把握历史和逻辑的统一,使读者可以清晰地了解事物发展的整体过程。

二、横式结构

横式结构是指将调研得到的材料和形成的观点按照其性质或者类别,并列放置,分别叙述,从不同的方面综合说明调研报告的主题。这种写法的优势在于,文章的中心问题可以被从多角度全方位的展开,并且同时得到集中的讨论,而且这种写法显得观点突出、条理清晰,有很强的说服力。例如《当代中国史研究》2000 年刊登的《社会经济关系新变化中的知识分子与执政党建设——北京市知识分子现状调研报告》,就是采用的横式结构。它在结果和讨论部分用如下标题分别阐述:(一)北京市知识分子队伍变化的基本情况;(二)社会经济关系新变化中北京市知识分子队伍心态;(三)关于加强和改进知识分子工作的意见或建议。这三个方面的观点综合起来,正有力地说明了社会经济关系新变化中的知识分子的现状。在第一个小标题的下面,还有五个分标题,采用的也是横式结构的写作方式,这五个标题分别是:向高学历化方向发展;向年轻化方向过渡,呈现出高职化的发展趋势;从事小学教育、社会科学和基础科学的人数呈下降趋势;热门行业从业人数逐年增加,冷门行业的从业人数逐年递减;国有企业知识分子流失严重,非公有制企业知识分子人数递增。这五个标题分别从知识分子的学历层次、年龄结构、职称构成、职业人数变动、各行业专业技术人员的人数变动情况和其流向这五个方面来说明变化的基本情况,条分缕析,结构严谨,很有说服力。

三、纵横交错式结构

纵横交错式结构,就是纵式结构和横式结构的结合使用。一般来说,二者的结合有两种方式:

(一)以纵为主,纵中有横

《厦门特区党校学报》2001 年第 6 期刊登《切实贯彻“三个代表”思想,维护和发展农民利益——厦门农村 A 村基层组织建设状况调研启示》一文采用的就是这种结构。此报告在结果和讨论部分采用了如下小标题:坚持正确的标准,选好村级党组织带头人;加强农村基层组织建设,切实发挥党组织的战斗堡垒作用;发展村级集体经济,带领农民走一条致富新路子。这是按照事物发展过程和顺序来进行叙述的典型模式。在基层建设中,选好带头人是第一步,在带头人的领导下加强组织建设是第二步,在好班子的带领下致富是第三步,这种纵式结构显得很有条理。但是在每个小标题下,又采用了横式结构。比如在第一个小标题下,作者用三个段落并列说明了好带头人应满足的标准:1. 能够有心有能力为村民办实事办好事,正确处理公私利益关系,获得大部分群众的拥护和支持;2. 有较强的民主法制观念,有一定的政策水平,善于组织和发展发动群众实现工作目标;3. 办事公道,能够协调好各种关系,善于做好思想政治工作,能够主动地接受党员和群众的监督。在第二个小标题下,作者介绍了进行基层建设的三个方针:1. 建立比较完善的决策、监督机制,落实村务公开与民主管理;2. 明确划分支委会与村委会的职责权限,建立团结、协调、有序的两委关系,依法治村;3. 加强农村党员干部队伍建设,增强党组织的凝聚力、号召力。在第三个小标题下,作者则是综合:1. 必须高度重视转型中的农村集体经济,防止城市化进程带来的社会动荡;2. 把家庭分散经营与集体统一经营有机结合起来,发展壮大集体经济;3. 加强集体经济管理,完善管理制度,保证村民公平受益这三个方面说明了带领农民致富的方式。

(二)以横为主,横中有纵

这种结构的例子有,《财政研究》2003 年第 12 期刊登的《积极支持农民实行新的联合与合作——安徽农民合作组织调研报告》。它的主题部分采用了安徽农民合作组织发展情况,进一步发展农民合作组织的重要意义,新阶段农民合作组织发展的新思路和新举措,农民合作组织发展中的财政政策四个小标题。这四个部分是很明显的并列结构,按照问题的性质和类别并列放置。但是在第一个小标题下面,作者就是按照时间顺序来进行叙述的,从 1982 年就出现了农民合作组织一直讲到农民合作组织的现状,最后得出结论:“安徽已有合作组织正处在初创阶段,在全省农业农村经济发展中尚未成为主导力量”。实际上,调研报告主题部分的结构是相当多样化的,例子中这篇报告整体采用横式结构,第一个小标题下采用纵式结构按历史顺序进行叙述,但是其他标题下采用的又是横式结构。如第三个部分其小标题如下:“多元化创建农民合作组织”、“引导农民合作组织规范发展”、“扶持农民合作组织发展壮大”。这种不拘一格,依势布局,将内容和结构得体的结合的方式,能进行深入细致的讨论,这样就可以揭示和深化主题。

第三章　调研报告撰写的基本要点及技巧

第一节　调研报告的写作要求

掌握调研报告的写作，首先要掌握调研报告的阅读对象，只有适应阅读对象需要的报告才能做到事半功倍，收到良好的效果。定位不明确，不知道写给谁看的调研报告，写的再好也没有价值。

一、不同类型调研报告的具体要求

调研报告的阅读对象根据工作性质和岗位的不同，可以分为以下四类，其写作要求也各有不同。

1. 有关职能部门或者决策机关

给这些人阅读的调研报告，写作时要紧密围绕具体的工作，以其面临的决策问题为中心，针对实际问题提出建议和设想。这类读者需要从调研报告中找出政策的不足之处，以及群众对这些政策的看法和评价，从而为他们解决问题，开展工作提供方便。针对这类阅读对象，最经常的调研报告形式是简报。领导同志一般时间紧，不可能读几万字的报告，而简报主题鲜明，简洁明了，容易记住，能以最快捷的速度把资料统计出来并上传，使领导了解其在做决策时了解需要了解的实际情况和数据，效果最好。

2. 学术研究机构及科研人员

科学研究的任务是发现客观世界（包括自然界和人类社会）的规律性，指导人们按客观规律行事。因此，科学研究需要有超前性和预见性。科学研究的这一特点，决定了研究人员必须要有“打破沙锅问到底”的品格，他们一般知识面广，研究问题很深入，迫切希望了解社会上产生的新问题和新动向，关心本人可能涉及的研究工作领域。他们对调研报告的质量很重视，往往不满足于调查的结果，更想了解产生这种结果的环境、条件和原因。因此，针对他们撰写的研究报告需要对数据做深度分析，不能满足于绝对数、百分比及简单相关的统计，而要做多变项分析，发现前人尚未发现的新成果，并参照过去做过的同类研究结果，从中找出规律性的东西，上升到理论。因此，这类报告的写作更接近于论文，具有更强的理论性。

3. 委托调查机构人员或专门档案部门

一个机构要组织调查，必然是想深入了解某一方面的情况，解决某一个亟待解决的问题，或者是为了制定某项政策、措施寻求依据，目的性很明确，因此，往往十分注意调查报告的应用价值，而对学术性的要求并不苛求。但是，这类报告对学术性要求不高，并不等于不要讲究学术性，而是要十分重视统计分析过程中的科学性，要保证数据资料和非数据资料的可靠性和正确性，这样才能使建议和对策建立在客观的、科学的基础之上。负责档案工作的人员因为工作需要,必须了解和收集有关今后可供人们参阅的资料,将具有价值的调研报告留存起来供后人解决问题时使用。他们对调研报告的要求十分严格,凡留存的必须是具有参考价值,内容十分可信的调研报告。

4. 大众

一般读者喜欢看有说服力,可读性强,与自身利益密切相关的调研报告,以了解当今社会的发展和形势。他们一般只注重调查的结果,不怎么关心产生这些结果的过程,所以供一般读者阅读的报告要比简报略为详细些,但要系统、全面地报告调查的结果,使读者能找到他们需要的信息。

二、调研报告写作的总体要求

除了针对各类调研报告的具体要求以外,调研报告的写作还有如下一些总体要求:

1. 组织材料要根据事物发生、发展的内在规律

调研报告是公布调研成果并提供给有关部门以作为决策参考的重要手段,因此,明确无误的陈述自己的观点和结论,并用调研得到的材料来证明自己的论点,在报告的写作中显得尤为重要。具体来说,就是要做到以材料为依据提出观点,实事求是地统一自己的观点和材料,并且保证在总结大量确凿无疑的材料的基础上归纳出结论。

在组织材料的过程中需要尽量避免的情况是,在写作之初,作者心中就已有一个具体的未经检验的刻板印象,所以在使用材料的过程中,作者有倾向性的甚至片面的介绍调研中发现的事实,让材料为印证结论而“服务”。这种情况的产生,主要是因为作者按照自己的印象得出结论,而没有从材料中挖掘观点。观点的确立,结论的提出必须要建立在调查和分析研究各种资料和事实之后,完全建立在调查材料的基础之上,绝不能凭空想象。简而言之,观点和材料的关系可以概括为以下四句话:不能杂乱无章的堆积材料;有观点无材料显得空洞;有材料无观点显得肤浅;应做到材料和观点的统一。

2. 尽量使用具体的材料

在写作中使用的材料必须是具体而非笼统的,笼统的介绍无法作为论据使人信服的接受作者的观点,只有具体的事实才能充分支撑作者的结论。为说明观点,使用一个或者几个具体材料可以根据需要来决定。关键的论点,或者和人们平时认识不符的观点,可适当使用一个以上的具体材料来做充分论述。在使用多个材料的过程中,有两个问题需要特别注意。第一,如果用一组材料来说明某个观点,那么这组材料本身必须是紧密联系的。使用多个材料的目的不是为了堆砌事实,而应该是从不同角度,不同侧面去充分有力的论证观点,如果材料之间风马牛不相及,就无法达到预期的效果。第二,在使用典型事例说明一系列观点时,要注意在行文中根据需要论证的观点有针对性地使用材料,即使是同一组材料也必须有特点的使用,绝不能在文章中完全雷同的使用材料。这样才能使材料和论点的衔接更加紧密。

3. 适当使用综合性材料

综合性材料的使用,是为了说明事物的总体面貌,或者反映出调研对象某一方面的基本情况,从而为领导或其他阅读者提供一个清晰的总体概念或全貌。应用综合材料时要注意的是,这类材料如果太长或者太多,会使调研报告显得太呆板、太抽象,从而削弱整篇文章的论证力度,使文章流于一般化。所以在应用中,要尽量将综合性材料和具体材料结合起来使用,以增加调研报告论述的层次感和论证力度。

4. 多使用群众反映上来的材料

使用群众反映上来的材料指的是通过搜集和整理群众对某事某物的议论或者群众反映上来的观点来说明论点，即将群众朴素的观点运用到调研和科学总结出的论点上来。如果在调研报告中使用一些群众性的语言和观点，会使整篇报告显得生动形象，新鲜活泼，并增加报告的真实感。群众的某些说法和议论，是群众智慧的结晶，有助于揭示事物的本质和特征，但是有时群众的说法因为未经调查考证难免失于片面。这种情况下，作者的精心筛选就显得尤为重要。必要时作者甚至可以在原有材料的基础上进行提炼，使之更具有说服力，但是作者的提炼必须是充分忠实于原有材料的，绝不能进行歪曲或者任意杜撰。

在写作方式上，使用群众的观点和语言，可以在叙述完观点以后再进行。如果同时使用典型事例或数字对比，则能够使观点和材料紧密结合，更加增强调查报告的说服力和鲜明性。在写作中应该时刻记住，用群众提供的第一手材料是为了充分阐述观点，绝不能为使用而使用。

5. 多运用统计的材料

统计的材料，指的是使用基本的统计方法得出的，能表现事物的发展变化过程和状况，能体现事物之间相互关系的系统的数字资料。使用具体的统计数字，能极好的理清事物之间的相互关系，能增强文章的科学性和说服力，使报告显得规范而有逻辑，能给人以清晰的概念，帮助读者从纷繁复杂的多元事物中了解事物的本质规律，也为接下来的定性分析提供定量的基础，使分析不仅仅局限于数量之中。

统计材料的使用，最重要的是真实和准确。调研报告中使用的数据必须要严格的检查，避免张冠李戴的现象产生。在写作的过程中，各项数字之间也有其内在联系，要注意从数字的比较中判断出数字的可靠程度。

6. 以马列主义、毛泽东思想，特别是邓小平理论、"三个代表"重要思想与科学发展观为指导

能否在分析中坚持马列主义、毛泽东思想，特别是邓小平理论、"三个代表"重要思想与科学发展观，是衡量整个调查研究水平高低的重要因素，是调研报告中分析问题、研究问题能否深入，调研成果能否成功体现的关键。凡是离开马克思主义科学理论进行研究和写作，都容易迷失方向，偏离历史的航道，从而失去洞察力，失去战斗力，使调研报告脱离实践，徒劳无功，成为毫无疑义的文字堆砌和数字罗列，使调研活动失去所有理论和实践价值。

7. 在写作调研报告的过程中，还需要作者努力掌握并着重考虑如下一些问题。在着手编订提纲、准备写作之前，对这些问题要找出明确的答案以做准备，是调研报告成功的保证。

(1)写作此篇调研报告的目的是什么，在文章中读者能够得到什么样的有效信息，调研报告的主题是否有其特殊的意义，它的学术价值怎样，是否具有普遍性或典型性？

(2)这篇调研报告的预期读者是谁，需要选择怎样的语言来表达，以使得文章深浅合适，使得目标读者能更好的接受？

(3)调研报告的题目如何拟定，预计结构是怎样，预计字数和篇幅是怎样？资料使用的先后顺序如何，是综合使用还是分开使用，是制作成图形还是表格？

(4)在以往的研究中，是否已经有人讨论过类似问题并得出过有价值的结论，与本人研究是否有重复？新发现的内容通过比较如何适当使用？

第二节 调研报告的写作要点

一、主题的提炼

主题是调研报告的灵魂,是作者通过材料想表达的基本思想和观点。确定和提炼主题,是写好调研报告的关键。对主体的评判标准,有如下五个:正确、集中、深刻、新颖和对称。正确,是指主体要真实的反映事物的本质和客观规律,要对人们的时间起指导作用,对形成正确的决策起促进作用。集中,指主题要突出,不要多中心,大而不当。深刻,是指主题要深入揭示事物的本质,不能只满足于对现象做简单的描述。新颖,指主题要有创新,要在前人的基础上有所进步和发现。最后,主题还要与材料、观点相对称。主题过宽过泛,而材料不充分,观点不成熟论证就没有力量,主题过小过窄,则不能充分发掘材料和观点的价值。

确定主题主要应该考虑三个方面的因素,即调研的最初目的,调研中实际获得的资料,现实生活中亟待解决的问题。调研报告的主题,可能是由领导机关确定的,也可能是在调研初期就提出来的,随着调研的深入,既有可能出现原定的主题无法和实际得到的资料相匹配,这个时候就需要修正或者深化该主题。对根本不符合实际的主题则必须要坚决推翻,不能顾及已经付出的劳动。

二、编写提纲

(一)编写提纲的意义和原则

在调研报告的写作过程中,编写提纲是作者动笔行文前的必要准备。提纲是作者组织设计调研报告的篇章结构的具体体现。因为调研报告的写作需要用大量的资料,较多的层次,严密的推理来展开论述,从各个方面来阐述理由、论证自己的观点,不像写一首短诗、一篇散文那样随感而发,用一则材料、几段短语就能表达一种思想、一种感情。因此,构思谋篇就显得非常重要。有了一个好的提纲,能使作者在开始之前即掌握全篇调研报告的基本骨架,从而在写作中使调研报告的结构完整统一,层次分明,重点明确。除此之外,提纲的存在还可以使作者在写作中将总论点和分论点有机地统一起来,按照各部分的要求安排、组织、利用资料,决定取舍,最大限度地发挥资料的作用。

拟定调研报告的提纲之前应该要把握如下四个方面的原则:

1. 形成全局观念

从整体出发去检查每一部分在报告中所占的地位和作用。看看各部分的比例分配是否恰当,篇幅的长短是否合适,每一部分能否为中心论点服务。比如有一篇报告主题是论述中国目前深化改革与稳定的辩证统一关系,作者在编写提纲时拟定以湖南某市某企业为例,说明干部在改革中必须以身作则才可以得到群众的支持,使改革深入进行。从全局的层次来看,可以很清楚的发现这里只讲了企业如何改革才能稳定,而没有论述通过深化改革,提高企业经济效益,最终达到社会稳定这一中心论点,这样的提纲是不满足全局统一的原则的。

2. 从中心论点出发,决定材料的取舍

尽管许多材料是费了不少劳动搜集才得来的,但是必须在编写提纲时就把与主题无关或关系不大的材料毫不可惜地舍弃。有舍，才能有得。一块布料再宝贵，不经过剪裁，也无法缝制成合身的衣服。所以在写作中必须牢记材料只是为报告的论点服务的，不能为论点服务，无论是多少好的材料都必须舍弃。

3. 认真考虑各部分之间的逻辑关系

初次撰写调研报告的人常犯的毛病，是论点和论据没有必然联系，论证没有力度。有的文章只限于反复阐述论点，缺乏有力的论据；有的文章材料很多，却不能从中提取有力的论点；有的文章各部分之间没有形成合理的逻辑关系，层次混乱。这样的调研报告都是不合乎要求的，是没有说服力的。为了有说服力，必须有虚有实，有论点有例证，理论和实际相结合，论证过程有严密的逻辑性。拟提纲时特别要注意这一点，检查这一点。

（二）编写提纲的优点

有些研究者喜欢直接写初稿，不大愿意写提纲。如果心中对于全文的论点、论据和论证步骤还不是特别清楚，编写一个提纲就是十分必要的，其好处至少有如下三个方面：

第一，体现作者的总体思路。提纲是由序码和文字组成的一种逻辑图表，是帮助作者考虑文章全篇逻辑构成的写作设计图。它能使作者掌握报告结构的全局，使报告层次清楚，重点明确。

第二，有利于报告前后呼应。提纲可以帮助作者树立全局观念，从整体出发，检验每部分所占的篇幅与其在全局中的地位和作用是否相称，各个部分之间的比例是否恰当。文章中的字、句、段、篇是否都为主要论点服务，是否都能相互配合，成为整体的有机组成部分。经过这样的考虑和编写，报告的结构才能统一而完整。

第三，有利于及时调整，避免重大修改。在调研报告的写作中，作者常常能从一些不起眼的，从表面看来不相关的材料中，发掘出新的观点或新的联想。如果不认真编写提纲，动起笔来就会被这种现象所干扰，不但影响进度，甚至可能推翻已写的从头来过，这样将极大的增加工作量，也会极大地影响写作情绪。只要动笔前多花点儿时间和力气，把提纲考虑得周到严谨，搞得扎实一些，就能形成一个层次清楚、逻辑严密的报告框架，从而避免许多不必要的返工。

（三）编写提纲的步骤

1. 形成全文的概要

报告提要是内容提纲的雏形。一般参考书都有反映全书内容的提要，以便读者一翻提要就知道书的大概内容。写作调研报告也需要先写出报告提要，这就是说在执笔前先把报告的题目和大标题、小标题列出来，再把选用的材料插进去，就形成了报告内容的提要。

2. 各部分篇幅的分配

写好调研报告的提要之后，要根据报告的内容考虑篇幅的长短，并规划文章的各个部分，考虑清楚大体上要写多少字。如计划写 20 页（每页 300 字）的报告，考虑导言用一页，方法用一页，结果用 17 页，讨论用一页。结果部分可以再进行分配，如果共有并列的四项，可以第一项 4 页，第二项用 3 页，第三项 3 页，重点的第四项则计划写 7 页。有这样的分配，便于资料的配备和安排，写作能更有计划。

3. 拟定提纲

拟定调研报告提纲的步骤有：

(1)先拟标题；

(2)写出总论点；

(3)考虑全篇总的安排:从几个方面,以什么顺序来论述总论点,这是报告结构的骨架;

(4)大的项目安排妥当之后,再逐个考虑每个项目的下位论点,直到段一级,写出段的论点句(即段旨);

(5)依次考虑各个段的安排,把准备使用的材料按顺序编码,以便写作时使用;

(6)全面检查并做必要的增删。

在编写调研报告提纲时还要注意:

第一,编写调研报告提纲有两种方法:一是标题式写法。即用简要的文字写成标题,把这部分的内容概括出来。这种写法简明扼要,一目了然,但只有作者自己明白所代表的含义。二是句子式写法。即以一个能表达完整意思的句子形式把该部分内容概括出来。这种写法具体而明确,即使写作时记不清楚原意了也能看明白,但费时费力。具体的选用按照作者思路的清晰程度和文章的复杂性程度来决定。

第二,提纲写好后,还需要推敲和修改。推敲和修改要把握如下几点:一是推敲题目是否恰当,是否合适;二是推敲提纲的结构。首先应该围绕所要阐述的中心论点或者说明的主要议题,检查划分的部分、层次和段落是否可以充分说明问题,是否合乎道理;各层次、段落之间的联系是否紧密,过渡是否自然。然后再进行客观总体布局的检查,再对每一层次中的论述秩序进行"微调"。

第三,调研报告的基本结构由导言、结果、讨论三大部分组成。讨论部分在提纲中部应比较简略。调研结果则是全文的重点,是应集中笔墨写深写透的部分,因此在提纲上也要列得较为详细。在主体的论证部分至少要有两层标准,层层深入,层层推理,以便体现总论点和分论点的有机结合,把论点讲深讲透。

三、必要的图表和注释

引文、图表、加注等是报告写作中广泛使用的写作技术。规范的使用它们能增强报告的论证力度和说服力,使报告显得更加科学。

(一)引文

报告写作是在借鉴前人研究成果的基础上的一种创新活动。而引文就是借鉴前人研究成果的一种方法。用引文来代替、说明、辅助思想的表达,在调研报告中是常见的。有的引文可以作为文章的观点,有的可以用作论据进行分析阐述,当然多数情况是用来充当论据的。不论是哪一种情况,引文使用的目的都是为了充实文章内容,增强论辩的力量。

1. 引文的种类

引文的种类分为:引用关键词、引用原文和引用原意等。

(1)引用关键词

关键词的引用,一般是为了加强表达效果,它能使语言浓缩、凝重,借他人或约定俗成的说法为我所用,可以达到意想不到的效果。引用的关键词要用引号用以区别引用的和自己的观点;引号后不能加任何标点,使他言与己言在形式上合而为一。例如:

山区的干部和群众长期处于贫困和短缺条件下,习惯于从"发展生产"的角度来考虑经济问题,缺少现代市场运作的基本知识和操作理念,更少从市场角度考虑问题。尽管很多人嘴上说"以市场为导向",但骨子里大多不十分明白什么是"市场"、什么是"品牌"等,对如何"以市场为导向"也是一知半解,更不懂得如何开拓市场。

(2)引用原文

原文的引用主要是为了充实文章的内容,用具有权威性的思想来代替自己所要表达的思想,或是作为论证的论据,以起到强化主题思想的作用。文中有引文的内容,引文部分必须前后加上引号。

①行中引

A. 引文部分在句子中本身就可构成完整意思的,这时要在引文后的引号内点上原文的标点符号(如:!、? 等)。如:

邓小平南巡谈话对社会主义本质做了新的概括,即"解放生产力,发展生产力,消灭剥削,消除两极分化,最终达到共同富裕。"这五点有着极其丰富的科学内涵……

B. 引文须与自己的阐述结合在一起才能表达特定的意思,其本身不能构成行文中的完整意思。引文时只加引号,无论原文原有的标点是什么,引号内都不要添加标点,要在引号之外点上行文所需用的标点。如:

五点揭示了三个层次的内容:一是"解放生产力,发展生产力",核心是发展;二是"消灭剥削,消除两极分化",核心是公平;三是"最终达到共同富裕"。

②提行引

这种形式的引用不很常见,一般只有在那些具有强调、突出作用,或者引用为人们不够详知、较新鲜的内容的场合才采用,其目的在于引起读者的警觉和注意。提行引的引文,前后各需要空两格,但是不必加引号。

引用原文要注意两点:

A. 行中引,要注意语言的连贯性以及必要的解释和说明。

B. 引文之后要用序号或括号注明引文的出处。

(3)引用原意

当引用的原文文字量较多,或综合多人相同的意见时,一般采用这种形式。引用时可以不用引号,而只用冒号,有时也可以用逗号。例如:

列宁说:马克思主义的最本质的东西,马克思主义的活的灵魂,就在于具体地分析具体的情况。

引用原意,要注意完整理解原作者的观点,并融合于文章的思想表述中。它虽然不加引号,但要注明其引自何处。

2. 引文的基本要求

(1)精确

所谓精确,就是要少而恰当,把最精彩、最恰当的引文,用之于引文的最关键之处。引文只是论证的辅助手段,它无法完全代替引用者所要表述的思想。如果引用过多,则容易使文章零散、杂沓,影响主体内容的连贯性和完整性,不利于作者创新性思想地表达。同时,连篇累牍尽是别人的东西,还会引起读者对文章原创性的猜疑。好的文章,应尽量多使用自己的语言。只有在非引用不可的场合,比如用自己的话解释效果不佳,或那些权威性的言论和令人信服的证据之类不引不足以说清问题,或为了争辩的需要时,才能采用,一般情况可不必采用。

(2)完整

引文必须忠于原意,因为它是用别人的观点来证明和解说自己的思想,不忠于原意的引用是无法作为支撑自己观点的论据的。不管是引用原文还是引用原意,都要作完整的表述,只有自己真正理解了,完整把握了,才能引用。不加咀嚼地摘取只言片语以做装饰,或者为了论证自己的观点而断章取义地引用,这些不科学的做法只会使文章失去论证的可靠性。

(3)贯通

在文章中引用观点时,可以在引用的文字后面用资料或通过对比做出解释、说明,但作为论据使用时,则必须加以适当的阐释,使其内容与自己表达的思想融会贯通。要注意使引文的语气、格调与前后的文字甚至全文和谐一致,而不可采取贴标签的方法,引文和自述彼此界限分明,格格不入。

(二)图表

有时为了简捷、明了地说明问题,在调研报告中,常用图或表的描述手段。图和表能够把用语言文字难以表述清楚的内容,简明地呈现出来,并能够节省文字,给读者以具体、直观的印象。

1.图

图易于进行比较,能清楚地说明问题。使用时应少而精,能使人通过看图能够加深对内容的理解。另外,图一般应在其上方或下方标明图的名称,或对图中内容进行说明等。图的类型很多,主要有曲线图、示意图、圆比例图、流程图、记录图谱、形象图六种:

(1)曲线图。它以坐标的形式,标明事物量的变化和变化的原因,这种图表很常见。如市场开拓各阶段曲线图(见图6—3—1):

图6—3—1 市场开拓各阶段曲线图

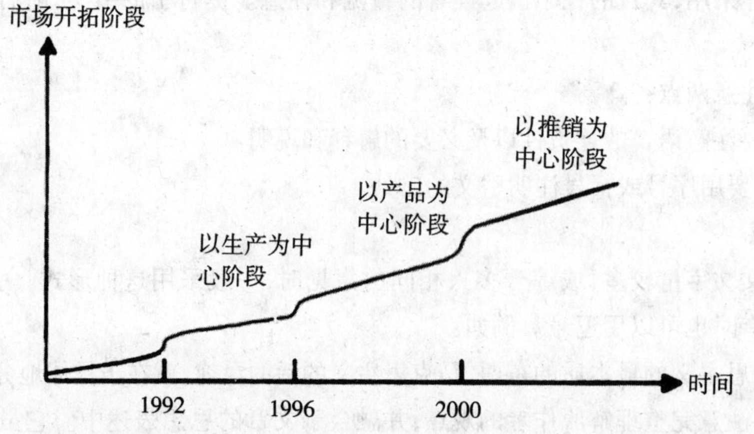

(2)示意图。适合于用来对事物作量的比较。如2003年中国与一些大国国际储备(亿美元)的比较图(见图6—3—2):

图6—3—2 2003年中国与一些大国国际储备(亿美元)的比较图

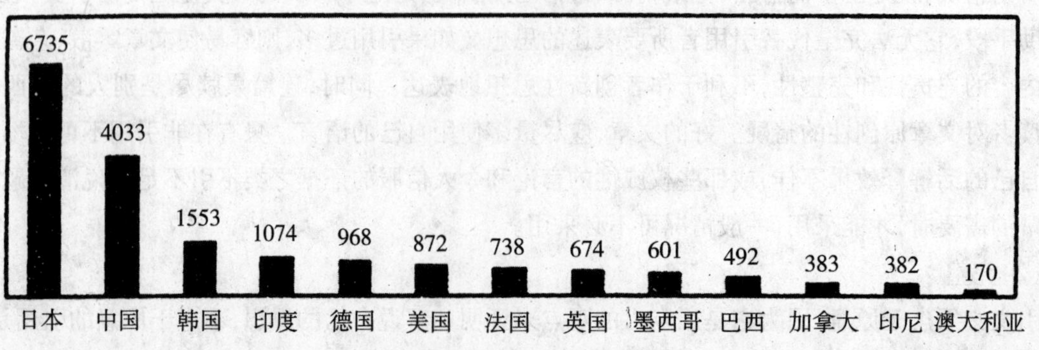

(3)圆比例图。用来显示各种数字比例关系的统计图。把单位圆视为100%,各种成分的数量按在整体中所占的份额在圆内进行划分。如图6—3—3:

图6—3—3　美国总审计署(CAO)调查的美国公司对中国WTO承诺实施影响的评估(2003年)

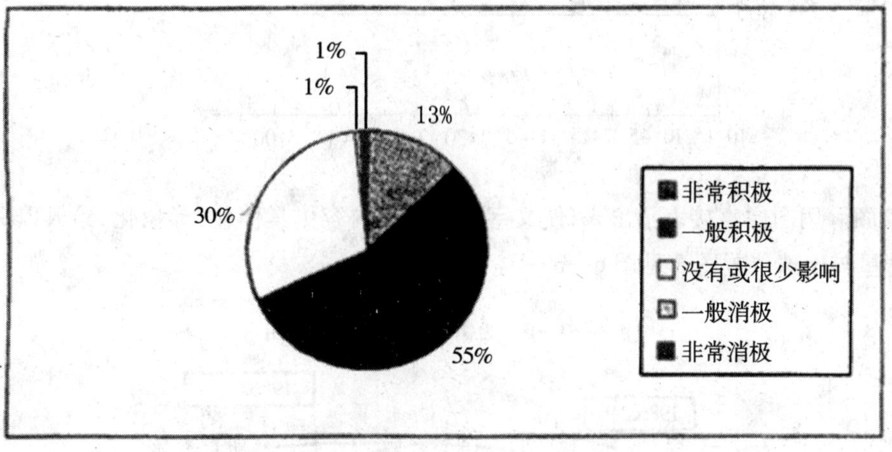

(4)流程图。把较复杂的理论体系和逻辑过程,用图式简明、清晰地表示出来。例如自然保护区生态旅游开发程序流程图(见图6—3—4):

图6—3—4　自然保护区生态旅游开发程序流程图

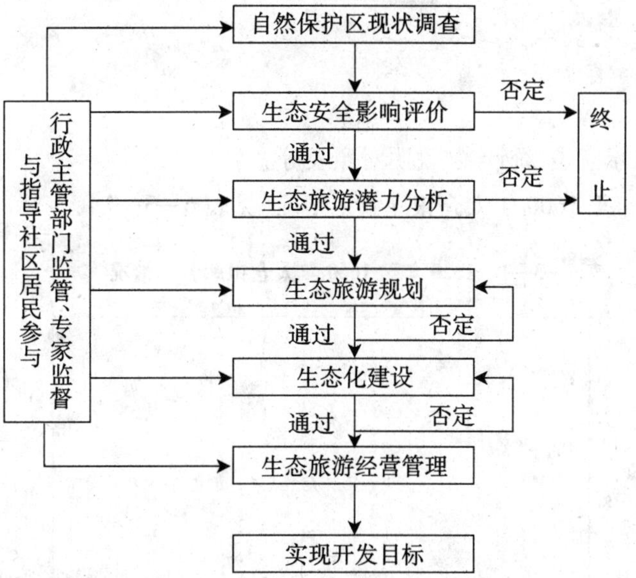

(5)记录图谱。用来说明一事物随时间的发展而变化的图示。例如:股价指数变动图。见图6—3—5。

图 6—3—5 股价指数变动图

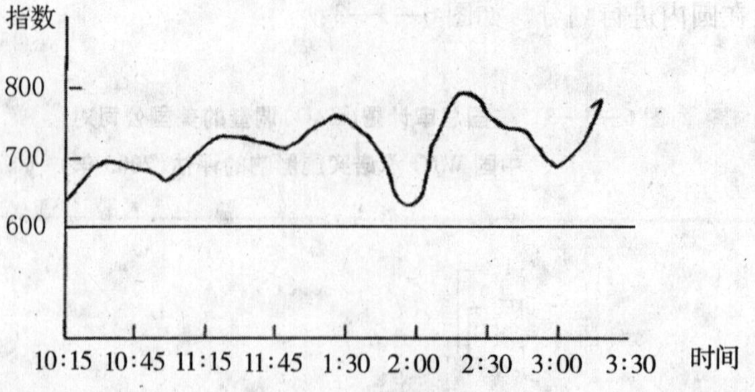

(6)形象图。用图像直接表示出来,使文字要表现的内容更具体化、形象化,给人以深刻的印象。例如:哈雷彗星与地球位置图。见图 6—3—6。

图 6—3—6 哈雷彗星与地球位置图

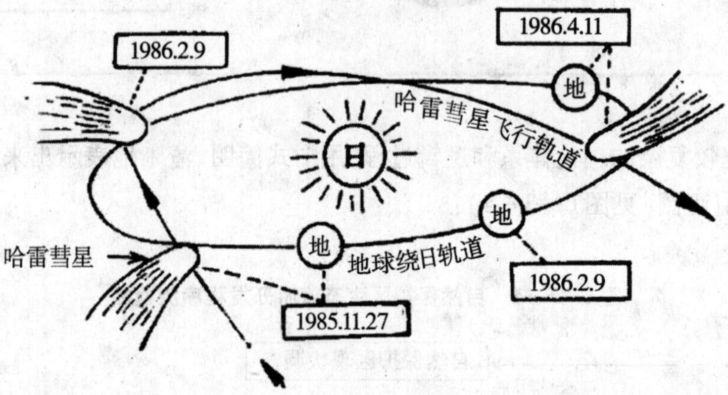

2. 表

表的种类较多,主要有示意表、统计表、说明对照表等。

(1)示意表。如 1520 年至 1660 年太仓银库收入情况(见表 6—3—1):

表 6—3—1 1520 年至 1660 年太仓银库收入情况

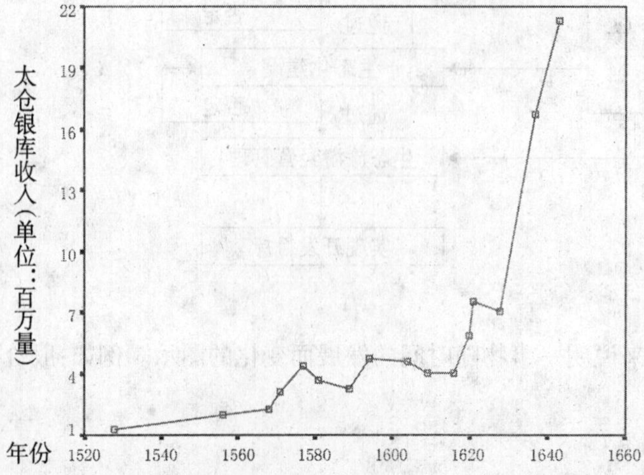

(2)统计表。如表6—3—2。

表6—3—2　1072年至1887年中国人均耕地

可耕地		人口		人均面积(亩)
年份	数量(百万亩)	年份	数量(百万)	
1072	666	1109	121	5.50
1393	522	1391	60	8.7
1581	793	1592	200	3.96
1662	570	1657	72	7.92
1784	886	1776	268	3.30
1812	943	1800	295	3.19
1887	1154	1848	426	2.70

(3)说明对照表。如不同性别群体对丰富农民文化生活的建议和要求(见表6—3—3):

表6—3—3　不同性别群体对丰富农民文化生活的建议和要求

建议和要求	男		女	
	人数	百分比	人数	百分比
多建图书馆和阅览室	152	502	108	51.9
多建文化娱乐体育活动场所	155	51.2	126	60.3
举办各种有趣的展览会	61	20.1	38	18.2
看到高质量的电影、电视和戏剧	133	43.9	90	43.1
出版高质量的书刊	58	19.1	163	34
举办音乐会、文艺晚会、舞会	65	21.5	66	31.6
举办科技、文艺讲座	153	50.5	91	43.5
举办各种球类、棋类比赛	89	29.4	40	19.1
组织旅游活动	52	17.2	52	24.9

(三)加注

在报告写作中,为了便于读者对引文的查找和核实,加注是常见的方式。加注的方法有行中注(夹注)、页末注(脚注)和篇尾注(尾注)三种。采用何种方法加注,要视全文的情况而定。通常情况下,如果引文不多,使用行中注可以给人以直观的感觉;如果引文较多,则最好用页末注或篇尾注的形式。

1.行中注

即在引文之后,用括号的形式注明引文的作者、著作或文章的名称、出版处、页码等。基本顺序是:作者、篇名、书名(或书刊或文章名称)出版单位、版本、页数。作者姓名后用冒号;书刊或文章名称用书名号;出版单位、版本、页数。作者姓名后用冒号;书刊或文章名称用书名号;出版单位、版本、页数之间用逗号断开,最后可不点句号。整个夹注用括号与行文区分开。例如:

邓小平一直强调,一定要把发展生产力和提高人民生活水平摆在首要地位。“社会主义阶段的最根本任务就是发展生产力,社会主义优越性归根到底要体现在它的生产力比资本主义发展得更快一些、更高一些,并且在发展生产力的基础上不断改善人民的物质文化生活。”(邓小平:《建设有中国特色的社会主义》,《邓小平文选》,人民出版社1993年版,第3卷第63页)

文章的行中注不宜过多,太多将加大读者阅读的难度,这时可以采取其他形式加注。

2. 页末注

即在一页稿纸的下端注明引文的出处。一页中只有一段引文的,在引文末端的右上角注上※图样;引文在两段以上,要标明序号,在引文末端右上角标出①、②、②、④……注意,标引文序号,要以页为单位。

页末注的写法格式行与行中注相同。

3. 篇尾注

即在全文后面集中标明引文的出处,与页末注不同的是,它将全文的引文从前至后按顺序统一编号。其他要求也与行中注相同。

第三节 调研报告的常见病例与修改

调研报告初稿出来以后,并不能算报告的完成,因为在大多数情况下,初稿只是半成品,还需要经过反复推敲、修改,才能最终完成。修改是报告写作的最后环节,是调研报告写作的有机组成部分,也是调研报告写作的重要环节。

一、调研报告修改的意义

古今中外的名人大家,都十分重视文章的修改,许多经典,也出自于不断锤炼。曹雪芹写《红楼梦》曾经“披阅十载,增删五次”,鲁迅曾强调:“写完后至少看两遍,竭力将可有可无的字、句、段删去,毫不可惜”。甚至可以说,好的报告不是写出来的,而是“改”出来的。修改的意义,在于以下三个方面:

1. 修改是作者对客观事物的认识不断深化的过程

调研报告要求研究者运用所收集到的资料,理论联系实际,来阐述改革开放和现代化建设中一些带规律性的认识。调研报告是反映作者对客观事物的认识,而客观事物是丰富多彩、曲折复杂的,认识它不容易,反映它更是困难。因为,这种困难一方面来源于客观事物本身的内部矛盾有一个逐渐暴露过程,它的发展是曲折复杂的;另一方面这种困难来源于人的认识要受到各种主客观条件的制约,在认识过程的各个阶段中稍有疏忽,就容易出现片面性和主观性。毛泽东在《反对党八股》中对此有精辟的论述:“现在的事情,问题很复杂,有些事情甚至想三四回还不够。鲁迅说‘至少看两遍’,至多呢?他没有说,我看重要的文章不妨看它十多遍,认真地加以删改,然后发表。文章是客观事物的反映,而事物是曲折复杂的,必须反复研究,才能反映恰当;在这里粗心大意,就是不懂得做文章的起码知识。”对某一现象或事物的认识,是遵循从表面到本质的逐步演化的过程,认识不可能一次性的完成。要在一篇报告中表达一项调研成果,特别是一项有创见的调研成果,需要一个严密、完整、科学的逻辑构成,而这只有经过反复的研究、深入的思考、不断修改才有可能做到。在初稿完成后对报告的修改就是一个再观察、再认识的过程,通过此环节,可以弥补先前调研工作的盲点,纠正先前的错误,使作者在课题研究的可能性范围内尽量深刻而全面地把握对象的特征。

2. 修改是提高报告质量的重要环节

修改从形式上看是写作的最后一道工序,是调研报告的完善阶段,但是从总体来看,修改是贯穿整个写作过程的。写作一般可分为四个阶段,在每一个阶段都应该加强修改功夫。第一阶段,酝酿构思中的修改。论文在动笔之前,要酝酿构思打腹稿。修改就要从这里开始。如确立中心、选择题材、布局谋篇等等,都要经过反复思索,有分析也有综合。这不落笔端的修改,却决定着通篇的成败。如果确定了一个严密的提纲,搭起一个好架子,调研报告的结构就不会有大变动。所以动笔前一定要深思熟虑,不要信笔写来再作大改。第二阶段,动笔后的修改。落笔以后就进入细致的思索过程,形象思维与逻辑思维交用,有事理的推断,形象的探索,层次的划分,段落的衔接,句式的选检,词汇的斟酌、推敲。各方面都可能经过反复分析、对比、抉择,在改换取舍一些词语、句式、层次、段落之后完成初稿。这就是边写边改,边改边写的阶段。第三阶段,初稿后的修改。全文写成之后,要逐字逐句,逐层逐段的审读,作通盘的修改。在修改中不仅要酌字斟句,还要考虑材料取舍、层次安排、结构组织、中心的表达,等等。在这三个阶段中,初稿之后的修改更为重要。因为论文在起草初稿的过程中,作者对每个论点、论据不可能想得很周密,表达则更难做到准确无误。而在草稿写出后,作者的着眼点可以从局部写作转到总体审视,居高临下地检查,推敲中心论点的表达是否突出,各层次、段落的安排是否妥当。另外,作者的立足点可以从撰写者移到读者方面,比较超脱地对调研报告各个部分进行“品头论足”,“挑三拣四”,更客观和更严格地认真思考,反复推敲,使论文进一步趋于成熟和完美。

3. 修改是提高写作能力的重要途径

调研报告的写作是一种写作能力的锻炼和综合能力的训练。要提高写作能力,既要多写,更要多改。古人说:“善作不如善改”,“文章是改出来的”。有的研究者思路敏捷,但是由于不重视报告的修改,写成的文章往往结构比较松散,因而写作水平提高不快。应该把修改看作是写作过程的一个重要阶段。学习怎样修改文章,也是写作的一种基本训练,而且是更有效的训练。鲁迅把领悟“不应该那么写”——即修改初稿的方法,称为是“极为有益的学习方法”。从某种意义上说,会不会写文章,可以用会不会修改来衡量。正如契柯夫所说:“写得好的本领,就是删掉写得不好的地方的本领”。通过修改论文,可以进一步提高遣词造句,结构文章的能力和逻辑推理的功夫。

修改论文,也是培养严谨的科学态度的需要。报告的写作是提供给上级部门以供参考的,会对决策产生一定的影响。因此,作者必须抱着对社会的高度负责精神认真修改调研报告。无产阶级的革命导师在修改他们的著作时,都是精益求精。马克思在《资本论》第一卷写完后,从头到尾作了修改。他写《资本论》长达几十年,中间经过多次修改,现在的前二卷的前一部分原稿,光保存下来的就有8种之多。保尔·拉法格在《忆马克思》一书中说:马克思“绝不出版一本没有经过他仔细加工和认真琢磨的作品。他不能忍受他未完成的东西公之大众的这种思想。要把他没有做最后校正的手稿给别人看,对他是最痛苦的事情……有一天他对我说,他宁可把自己的手稿烧掉,也不愿半生不熟地遗留于身后。”这种对社会的高度负责精神,值得学习。

二、调研报告写作的常见错误

1. 标题的错误

标题是调研报告的眼睛,居于全文之首,读者首先看到和关注的是标题,因此标题有"首先效应",是窥见报告之要点的"窗口"。一些作者对标题的作用认识不足,常出现以下毛病:

(1)大题小作和小题大作

一些报告标题模糊笼统,过于抽象,而报告本身的内容却比较窄,读者通过标题抓不住中心和要领。如:有一篇题为《党的喉舌》的报告,既不是论述报纸也不是论述广播,作者写的仅仅是农村宣传网。像这种含义很不明确的标题必须加以修改,明确其含义。

小题大做指的是题目涉及面太窄,无法涵盖报告的主要内容,这类问题较为少见,但也偶有发生。

(2)标题陈旧

标题的陈旧体现在两个方面,一是指使用的标题本身就是别人已写过的题目,这种题目自己再写很难写出新意。如,《论改革的必要性》、《红楼梦的主题思想》、《史学要为社会主义服务》、《社会主义企业的使命》等,如果使用这类标题作为报告名称,将埋没报告的特殊性,使人缺乏新鲜感。另外,标题的陈旧还体现在用语的陈旧上,有的标题使用半文半白,不中不洋的语言,读起来让人十分别扭,必须加以修改。

(3)标题太长

有的报告标题过长,甚至三四十个字,看上去似乎对报告的内容做了多重限定,免得有漏洞,实际上并不严密,反而不便于读者理解和记忆,还严重影响报告的美感。

2. 材料的错误

在写调研报告时,要从各方面搜集丰富而详细的材料,这是分析提炼主题的基础。主题确立了,还需要材料来证明。要将搜集到的材料拿来使用,还要经过选择。调研报告在使用材料上,主要有以下几种毛病:

(1)选择材料脱离调研报告的主题,或有据而无理,或据理相悖

选择材料必须紧紧围绕主题,为表现和论证主题服务。那些不能很好的说明、突出、烘托主题的就必须被舍弃,这是选择材料的一个基本原则。有些调研报告在运用材料时常常不能忍痛割爱,将一些与主题无关的材料,写进文章里,导致材料与主题脱节,影响了主题的表达。有的报告,选用材料贪多求全,不分主次,把一些与论点无关的材料都用上;有的报告中的小论点和用以说明的材料不一致,这样虽然扩大了文章的篇幅,但逻辑性不严密,说服力不强。

(2)选择材料不够典型,导致理直而据空

围绕主题选材,没有必要,事实上也不可能把与主题有关的材料都写进去,必须精选典型材料,即选择那些最有特征、最有代表性,能有力地揭示事物的本质,能集中地表现报告主题的材料。魏巍在写《谁是最可爱的人》之前,曾写了一篇《自豪吧,祖国》的通讯,里边用了二十多个生动的例子,以后写《谁是最可爱的人》,只从中选择了五个事例,后来又删掉了两个,只精选了三个事例,却能深刻的揭示"最可爱的人"的本质特征。所以魏巍说:"用最能代表一般的典型例子,来说明本质的东西,给人的印象是会清楚明白的,也会是突出的。"写调研报告也是同样的道理。恩格斯的《论权威》选择了纺纱厂、铁路、航海三个例子作为论据。他对第一个论据进行了最为详细的阐述,对第二个论据的叙述则比较概括,对第三个论据只是一笔带过。材料不多,报告却具有无可辩驳的逻辑力量。这样的效果产生的一个重要原因,在于材料选得十分典型精当。而有些研究者在写调研报告时,往往不注意选择典型材料,把有关的材料不分轻重一齐写进去,这样将使得材料堆积,文章冗长,主题反而被埋没其中。

(3)选择的材料不够真实

报告中用的材料只有真实,才有说服力。真实,指的是材料的客观存在性,能反映客观事物的本来面目。只有在报告中所运用的材料真实,论点才具有说服力。但有些研究者的调研报告由于观察不细和调查不实,在选用材料或使用第二手材料的时候没有调查核实,鉴别真伪,导致选材不准,引用的历史人物、事件、时间、地点、数字、引文等等出现误差。这样的文章是不能叫人信服的。

(4)选择的材料不新颖

撰写报告,选择材料要新颖。选择新颖的材料,能增强报告的现实性,使人耳目一新。这就要求在写报告时,要注意发现新生事物,选择这方面的材料。要注意选择新出现的有特色的材料。有的调研报告,选择不新颖,而是用一些过时的陈旧的事例,没有新鲜感和现实性,文章就显得没有说服力。如有一篇关于农村改革的文章,写作时间是2005年,文中运用的数字事例都是1990年,显然是调查不到家,用了陈旧的数字。

3. 结构的错误

调研报告不仅要做到"言之有理"、"言之有物",还要做到"言之有序"。就是说不但要有正确的立意,还要有严密的逻辑性。报告的结构有其自身的规律性,这就是论证所遵循的"序"。只有遵循了"序",报告在布局谋篇上才会完整,结构才会严谨。总体来说,调研报告的主体部分应该在中心论点的统率和支配下,把各个论证部分严谨周密地组织起来,分清主次轻重,做到层次分明,详略疏密有致。调研报告在结构上存在的毛病,常见的主要有以下两种:

(1)结构不完整、不平衡

一般调研报告大致上可以分成三个部分:绪论、本论和结论。开始即鲜明地提出问题,或者列有导言以概括全文,使读者有个全面的了解;然后,便在总论点的领辖下依次展开各分论点的论述,深入分析问题,这是报告的主体;最后是结论部分,使结尾深刻有力。这样就使得报告浑然一体,布局完整。有的文章缺少某一重要部分,如无头(绪)或无尾(结论),则不能形成一个完整的整体。如有的报告一开始就列举大量事实和数据,既没有说明课题的来源或研究目的、意义,也不交代调查的手段和方法,让人难以理解。有的报告则在结尾处没有明确的结论,缺乏必要的分析和评论。还有的报告详略不当,该简略的过于冗长;或者对中心论点的论证不充分,而对其他分论点却津津乐道,这些都将导致报告的结构失去平衡。

(2)结构松散,缺乏条理

一般来说,文章采用的基本推理形式,决定着文章的内在结构形式。例如,一篇主要是探讨事物产生原因的文章,反映在结构上,必然至少具有因果关系的两个部分,或者是结果推及原因,或者由原因推断结果,缺一不可,缺少文章就不完整了。

文章要有层次,有条理,具体体现看文章的小标题即可。如果在写作中,材料的安排不当,就会使小标题层次不分明、条理不清楚。事物之间有各种不同的关系,反映这种关系的材料之间也有各种不同的关系,平行关系、递进关系、接续关系、对立关系等都很常见。只有理清了事物之间的相互关系,并在结构中体现出来,文章的眉目才能清楚,这时拟定的标题,划分的部分必然能很好的体现文章的逻辑。而有的文章,如果作者心中缺乏总体布局,内容上拼拼凑凑,写作时颠三倒四,上下两段明显地割裂开来,缺少自然的过渡,使人感到生硬,意思不连贯。这样的报告既不遵循各部分内在逻辑顺序,也不符合读者的认识规律,必将失去其读者。

4. 论证的错误

论证的任务是充分、有力的论证观点,使人理解、信服、接受。论证苍白无力。其观点也必然无法被人深入接受,调研报告的质量将大打折扣。

有的调研报告在论证主题过程中,方法比较单调,文章显得平铺直叙,没有波澜起伏。例如,有的文章从头至尾采用一种例证法,围绕大论点,提出小论点,用一个事例说明,综合各个小论点得出一个大结论。这种论证过于单调,不满足基本的归纳推论的逻辑要求,缺乏科学性和说服力。

为了增强文章论证的力度,除了例证法以外,还可以使用喻证法、类比法、对比法、反驳法和归谬法等论证方式。喻证法指的是运用比喻的方法把道理引出来,说明论点的论证方法;类比法,即根据两种事物在某些特征上的相似,得出它们在其他特征也可能相似的结论;对比法,把两种事物加以对照、比较,从而推导出它们的差异点;反驳法,通过否定对方的观点和看法,来阐明自己观点;归谬法,反驳对方论点,首先假设对方的论点是正确的,然后加以引申、推论,从而得出极其荒谬的结论来。这些论证方法的综合运用将使得调研报告的论述更加有力,更容易被人接受。

5. 语言的错误

一篇优秀的报告,不仅观点要正确,材料要新鲜,而且表达观点和材料的语言也必须准确、流畅、精当。有些报告在语言表达上存在一些问题。主要有:

(1)用词不准确。如,"这是对社会主义建设的一种最可怕的、难以弥补的破坏和损失",这是定语和中心词语搭配不当,应改为:"这是对社会主义建设的一种最可怕的破坏,造成了难以弥补的损失。"

(2)语意空泛难懂。有人喜欢自造一些别人不懂的语言,使人难以理解其真实含义。

(3)用词不规范。如,在一些文章中概念混淆,"级"和"届"不分。其实,二字的含义有显著的区别:"级"是指入学的年份,如"05 级"即 2005 年入学的年级;"届"是指调研的年份,如"05 届"即 2005 年毕业的年级。如果搞混了,则出现很大的差错。

(4)标点不规范。乱用标点符号,错别字多,不符合格式等错误都很常见。例如,有的每段开头顶格写,有的标题分层时序码不合规范,外文字母不用印刷体书写,还有文中出现错字、漏字、笔误等等。报告中图表方面的毛病也较多,主要是:一是图表过多,安排不适当,并且互相重复,显得太复杂和零乱;二是不合规范,制作粗糙,这些也会影响报告的质量。因此,报告中图表必须精心设计和制作,要符合要求。

三、调研报告的修改方法

1. 趁热打铁法和冷处理法

趁热打铁法,是指初稿完成后,立即进行修改的方法。这种方法在修改时,作者记忆清晰,印象鲜明,因为改动及时,能够避免遗忘。缺点则在于,由于作者处于写作兴奋状态,对需要删改的部分不易看出,往往难以割爱。所谓冷改法,就是初稿完成后,先放上一段时间再修改的方法。这种方法可以避免热改法不够冷静、清醒的缺点。

人脑的思维具有滞后性,初稿刚写成时,作者的思想和情绪还难以从报告中超脱出来,按照固定思路,自然难以发现初稿中的问题,也难以判断报告写作的得失。只有把稿子搁上一段时间,作者头脑冷静了,则较为容易摆脱原来固定思路的束缚。特别是作者经过阅读有关资料和思索有关问题,产生新的感受,新的认识,再看初稿就容易发现不完善、不妥当之处,通过删改而使报告水平有新的提高。在实践中有不少人使用冷改法的方式进行。作家刘绍棠，起草时据说总是随便找些纸张，笔不停挥，写完之后就搁在一边，过些天思想冷静之后，再进行加工修改，把写完的东西抄在白纸上，边抄边改，又过若干时间，拿来再改，经过几次修改后，才清清楚楚写上正式的稿纸。这些经验，在实践中都是行之有效的，对调研报告写作的修改也是适用的。

2. 静观法与诵读法

报告初稿完成后，即进行诵读，途中发现问题，随时进行修改。这种修改方法，对报告中存在的一些毛病，如语句不通、衔接不紧、缺词漏字、情感不相称等语言表达方面的问题特别有效。这些问题光凭看不容易被发现，但一诵读就读出来了。古代一些诗人写作读文，总是反复吟唱，直改到顺口为止。写诗如此，作文也需如此。一些有经验的作家很重视这种修改文章的方法。老舍说："文章写完之后，可以念给别人听听。念一念，那些不恰当的字句，不顺口的地方，就显露出来了，才可以一一修改，文章叫人念着舒服顺口，要花很多心思和功夫。"写作调研报告，语言亦十分重要，运用这种方法发现问题，是行之有效的。

3. 自改法与求教法

前面介绍的几种方法都属于自改法，无需借助他人。在初稿完成后，请他人帮助修改的方法，即是求教法。俗话说："旁观者清，当局者迷"，自己写的调研报告，总认为"文章自己的好"，看不出毛病来，而别人站在比较超脱的地位，更容易发现文章中的毛病。这时使用求教法则是一种较好的方式。但是作者应该注意在听取别人的意见后要将它转化为自己的思路，从而使修改后的文章保持其完整性和连贯性，囫囵吞枣的接受别人的批评是不行的。

毛泽东在《党委会的工作方法》一文中说："有些文件起草出来压下暂时不发，就是因为其中还有些问题没有弄清楚，需要先征求下级的意见。"党的文件是这样，个人写的报告也需要这样。把自己的报告初稿拿来征求同行或专家的意见，不失为修改文章的好方法。

4. 恰当地使用修改符号

在现代调研报告的写作过程中，计算机的使用十分普及，报告的修改也很简便。但是在原稿上使用修改符号进行修改，可以记录修改的痕迹，同时也记录下作者思路转换的痕迹，具有独特的优势。所以修改符号的使用还是应该掌握。1981 年 12 月发布的中华人民共和国专业校准 GBI—81《校对符号及其用法》。该标准规定的符号共有 22 种，常用的修改符号有以下 9 种。

（1）删除号：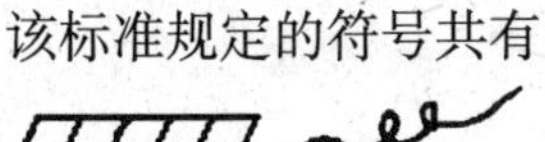

删除号是删去字、词、句的符号。第一个符合用于删去句、段；第二个用于删去数字、词或标点符号。

（2）调位号：

调位号是调整字、词、句次序的符号。第一个和第二个符号用于个别字或少数字的调位；第三个符号用于大段或隔行的调位，箭头插在移入位置。

（3）增补号：

增补号是增补字、词、句的符号，一般用在需要增补的字、词、句的上方。第一个符号用于增补个别字；第二个符号用于增补几个字；第三个符号用于增补较多的字数。

（4）提行号：

提行号是另起一段的符号。把原来一段的文字分成两段;在需要分段的地方标示,竖线画在起段后的位置上。

(5)压行号: 

压行号是降格缩行的符号,用于表示字行退后。

(6)复原号: △ △ △ 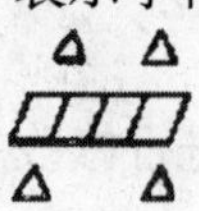

复原号表示恢复已删文字的符号。第一符号标在需要复原的文字下方;第二符合用于复原大段文字,符号标在已删部位的四角。

(7)离空号:##

离空号是表示空行、空格的符号。标在需要离空的位置上,空一字距用#表示,空二字距用##表示。

(8)连续号: 

连续号是把两处连接在一起的符号,用于需要连接的地方,箭头指向连接处。

(9)空行号:>、<

空行号是表示空行或缩行的符号。第一符号用于需要空一行的两行之间,标在行的左端;第二个符号用于应连接的两行之间,也标在行的左端。

第七篇　调研工作管理

素质主要包括身体素质、心理素质、文化素质等;核心性的素质包括思想、道德素质等;工具性的素质包括职业素质、能力素质、社会素质、智慧素质等。不同的环境和工作对个体的素质要求是不同的,艰苦的环境和体力劳动一般对个体的基础性素质要求高,而安逸的环境和脑力劳动则对个体的核心性和工具性素质要求高。

调查研究人员的素质是指基于生理基础,调查研究人员在实际工作活动、学习、培训和其他各种活动中积累起来的在调查研究中起正面作用的各种具体和抽象的要素。在这里我们主要阐述作为个体的调查研究人员的素质,而很少涉及作为群体和组织的调查研究人员整体的素质;主要讲调查研究一般工作人员的素质和调查研究领导者的素质。

二、调查研究一般工作人员的素质

调查研究一般工作人员是调查研究工作的主体和调查研究工作的主要执行者,他们最直接地接触被调查者,最直接地收集调查研究所需的资料,所以调查研究一般工作人员的素质对调查研究工作的质量起决定性的作用。明确调查研究一般工作人员应该具有的素质,是选择调查研究工作人员,确定调查研究人员培训的目标、选择培训方式,考核调查研究人员的基础。调查研究一般工作人员应该具有的素质包括:政治素质、职业素质、道德素质、文化素质、法律素质和身体素质。

(一)政治素质

在我国,调查研究工作是一项政治性强的工作,调查研究人员应该具有较强的政治素质,这样才能保证调查研究工作的正确方向。调查研究人员的政治素质是指调查研究人员对其享有的政治权利和应尽的政治义务的理解、掌握和实践等的总称。调查研究人员的政治素质主要包括政治思想素质、政治理论素质、政治态度和政治立场素质等。

1.政治思想素质。作为调查研究人员,其政治思想素质应该包括以下几方面:

(1)实事求是。实事求是是调查研究工作的根本要求,也是调查研究人员应该具有的首要政治思想素质。做到实事求是,调查研究人员首先就要一切从实际出发。一切从实际出发是我们党的思想路线,是调查研究人员工作时必须遵守的一个重要原则。调查研究活动是为了客观地认识社会现象和客观事物从而拿出解决问题的方法的实践活动,然而在现实的调查研究过程中工作人员常常会遇到很多难办的事,会牵涉到各个方面的问题。在调研中坚持实事求是,首先要求调查研究人员以社会实际为出发点,不受主观因素、上级意志和其他不利因素的左右;其次要重视实践的作用。实践是人们认识和改造世界的活动,是检验真理的惟一标准。调查研究人员要通过实践活动来获得调查研究所需要的资料,从实践中获得对社会问题的基本认识。要通过实践来检验调查研究的结果是否正确。轻视实践的作用,或不进行社会实践而单纯地从书本上获得对事物的认识都是片面的;再次要具体问题具体分析。具体问题具体分析是实事求是的必然体现。在现实中调查研究人员会遇到很多看来很相似的社会问题和客观事物,这就要求调查研究人员不能依据原有的经验下结论,或全盘肯定或否定社会问题与客观事物,而要具体分析新的社会问题和客观事物产生的原因及来龙去脉,把握它们特有的本质和规律。

(2)密切联系群众。人民群众是历史的创造者,是社会的主人,人民群众的力量是无限的,人民群众的智慧是无穷的。要获得全面的、准确的调查研究资料就必须深入到群众中去,就必须加强与群众的联系,就要相信群众、依靠群众。调查研究人员要尽量和人民群众打成一片,要体察民情,了解民意，对于人民群众的要求和建议，调查研究人员要客观、如实、及时地反映给上级领导与主管部门。同时，调查研究人员要善于向人民群众学习，学习人民群众吃苦耐劳的精神，学习人民群众的朴素和诚恳，学习人民群众的脚踏实地。在和人民群众的交流过程中，调查研究人员应该放下架子，不能高高在上，不能盛气凌人；要谦虚恭敬，言行举止要有礼貌；要态度诚恳，不能装腔作势。

(3)为人民、国家和社会服务。为人民、国家和社会服务是调查研究人员应该具有的重要政治思想素质。人民是国家的主人，调查研究人员就要在调查研究工作中从人民的根本利益出发来认识和分析社会问题和客观事物，要反对个人主义和自私自利的行为。为国家服务是调查研究人员最基本的职责，在调查研究活动中调查研究人员要时时刻刻维护国家的利益，不做违背国家利益的事，同损害国家利益的行为作斗争。为人民服务、为国家服务在现实中表现为社会服务，调查研究人员在工作中要善于观察社会现象、发现社会中存在的问题、分析问题出现的原因、找出解决问题的方法；要处处从社会公众的利益出发，而不能运用人民和国家赋予的权力来牟取个人的私利。

2. 政治理论素质。调查研究人员的工作必须以一定的政治理论为背景和基础，调查研究工作的开展必须在政治理论的指导下进行。调查研究人员应该具有的政治理论素质包括：

(1)坚持马克思主义、列宁主义、毛泽东思想、邓小平理论和“三个代表”重要思想。这些是调查研究人员应该具有的主要的政治理论素质。调查研究工作的开展必须以我国的革命与社会主义建设的历史过程为基础，而马克思主义、列宁主义、毛泽东思想、邓小平理论和“三个代表”重要思想等理论为调查研究人员认识我国革命和建设的历史与过程提供了直接的理论指导，这方面的理论水平代表着调查研究人员对国情历史的认识水平。同时，马克思主义、列宁主义、毛泽东思想、邓小平理论和“三个代表”重要思想的理论为调查研究人员提供了调查研究工作所需的理论和方法，能够帮助调查研究人员树立正确的立场和观点，能使调查研究人员明确调查研究的方向，把握社会现象和客观事物的本质，找出解决问题的方法。

(2)高的党与国家的路线、方针和政策水平。调查研究的一个主要任务就是调查研究党和国家的路线、方针和政策的实施情况，以便做出相应的政策调整。这一任务要求调查研究人员首先必须应该对党和国家的路线、方针和政策有一个准确的了解和认识，了解政策制定的目的、了解政策的适用范围、了解政策的实施主体和对象，只有做到这些，调查研究人员才能对政策执行中出现的问题做出判断，才能确定哪些是与政策相一致的，哪些是与政策相悖的，哪些是正面的，哪些是负面的，哪些是问题，哪些不是问题，哪些是应该重视的，哪些是不需要关注的。此外，反映人民群众的心声，形成政策建议也是调查研究的一个重要任务。调查研究人员在广泛的调查研究人民群众的问题、了解人民群众的意见之后，就要形成一定的政策建议，而政策建议的形成需要调查研究人员具有很强的党和国家的路线、方针和政策水平。

3. 政治态度和政治立场素质。政治态度和政治立场是对调查研究人员素质的基本要求。政治态度和政治立场决定调查研究人员的政治思想和政治理论的性质，是调查研究人员学习政治思想和政治理论的基础。在我国，调查研究人员的政治态度和政治立场应该包括：

(1)坚持四项基本原则。四项基本原则是我国的立国之本，作为调查研究人员必须坚持社会主义道路、必须坚持无产阶级专政、必须坚持党的领导、必须坚持马列主义和毛泽东思想。只有坚持四项基本原则才能坚持正确的政治态度和政治立场，才能保证调查研究的根本方向。

(2)坚持改革开放。改革开放是我国的强国之路。改革开放的实践证明：只有坚持改革开放才能解放和发展生产力，才能充分调动人民群众的生产积极性，才能实现国家富强，才能提高综合国力和国际地位。调查研究人员要认识到改革开放的重要作用,要为推动改革开放的进程而努力。

(二)职业素质

调查研究工作除了具有很强的政治性外,还具有较强的技术性。调查研究人员除了具有政治素质外,还应该具有职业素质。职业素质是调查研究人员素质中的工具性的素质,是调查研究人员应该具备的基础素质。只有具备基本的职业素质,调查研究工作才能获得基本的技术和质量保障。调查研究人员的职业素质主要包括专业知识、职业能力和职业精神。

1. 专业知识

调查研究人员的专业知识是调查研究人员从事调查研究这一特殊职业所应该具备的调查研究方面的知识。这些知识主要包括与调查研究相关的专业理论、专业技术及其他方面的专业知识。调查研究人员应该具有的调查研究方面的专业理论应该包括古代和近现代、国内和国外在调查研究方面曾经和现在出现的各种理论、学说和观点,特别是马克思、恩格斯、列宁、毛泽东、邓小平等人的调查研究理论;调查研究的发展历史等。调查研究人员应该具备的调查研究方面的专业技术包括我国从古代继承下来的技术方法,如直接访问法、观察法、文献调查法等;近现代从国外引进的技术方法,如问卷方法、普查法、抽样调查方法、民意测验法、定性分析法、定量分析法等;近现代一些学者和革命家提出的符合我国国情的技术方法,如典型调查法、实地调查法、口头调查法、开调查会等;调查研究的基本程序和步骤;统计学方面的知识;计算机方面的知识等。调查研究人员还应该具备的其他方面的专业知识包括懂得如何开展调查研究工作;懂得如何撰写调查研究的报告等。以上这些是调查研究人员应该具有的最基础的调查研究方面的专业知识。

2. 职业能力

仅仅具有调查研究方面的专业知识,而没有把这些知识运用于实际的职业能力是没有意义的,调查研究人员的专业知识和职业能力是不可分割的。调查研究人员的职业能力主要包括观察能力、文字和口头表达能力、听的能力、与人交往的能力、判断能力、归纳与演绎能力、分析综合能力等。

(1)观察能力。有些情况下,调查研究人员要就某一政策或法律的实施情况进行调查研究,这就要求调查研究人员具有较强的观察能力,能够根据调查研究的目的,通过观察来发现有调查研究价值的东西。观察能力是保证调查研究获得最基本资料的调查研究人员的一个重要素质。调查研究人员的观察能力主要指调查研究人员能够敏锐地发现别人发现不了或别人不容易发现的社会现象和客观事物;能够透过社会现象和客观事物的现象发现其本质和规律;能够把社会现象和客观事物放在社会大背景和历史中进行系统地考察;能够发现具有社会性、普遍性、全局性和宏观性的问题;能够运用动态的方法观察社会现象和客观事物等。

(2)文字和口头表达能力。调查研究人员要把观察到的社会现象和客观事物的情况反馈给上级部门,要制订调查研究的方案,做调查研究问卷,撰写调查研究报告,与被调查研究人员进行交流就要具有良好的文字和口头表达能力。文字和口头表达能力是调查研究人员的政治素质、专业素质和文化素质的综合表现。良好的文字表达能力包括调查研究人员能够运用合理的语言制订调查研究的方案;能够设计有效的调查问卷;能够运用叙述、议论等合理的文字表达方式对调查研究所获得的资料进行描述、分析和综合,形成调查研究报告,提出解决社会问题的方法,反馈给上级。良好的口头表达能力包括调查研究人员讲话要清晰明确,不能含糊其词;讲话要简洁明了,不能啰里啰唆;用词要朴实,不能摆官腔;讲话要谦虚,不能妄自尊大;说话要周密、具有逻辑性;不能信口开河、乱讲话等。

(3)听的能力。调查研究工作除了要面向上级之外,还要面向广大人民群众,面向基层,面向国外,而广大基层、全国各地的人民群众、民族的方言、口音和语言是多种多样的,世界各地的语言也是不同的,这就要求调查研究人员具有较强的听的能力。调查研究人员的听的能力包括能够听懂各地的人民群众的方言,辨别各地人民群众的口音;能够听懂少数民族的语言和国外的常用语言;能够听懂行业术语;能够听懂别人的话外之音等。

(4)与人交往的能力。调查研究人员不能仅仅从文献上获得调查研究所需的资料,还要通过实地调查、口头调查等直接的方式深入到群众中去获得第一手的资料。而深入群众就要同群众进行交流,与人进行交往;同时,调查研究工作是一个集体协作的活动,需要调查研究人员之间的沟通与合作,这些都需要调查研究人员具有很强的与人交往的能力。只有具有与人交往的能力,才能在调查研究中获得丰富的、准确的调查研究资料,否则就无法与被调查研究对象沟通,就无法获得调查研究所需的资料,也无法加强集体的力量。与人交往的能力包括能够积极、主动与被调查研究者和其他调查研究人员进行交流;能够和不同民族、地区、信仰、职业、年龄和性别的被调查研究者进行交流;能够带着调查研究的目的、有针对性地和被调查研究者进行交流;能够适度地与被调查研究者和其他调查研究人员进行交流等。

(5)分析综合能力。调查研究人员要想从调查所得到的资料中得出某种结论,找到某种解决问题的方法,就要具有较强的分析综合能力。调查研究所得到的资料是纷繁复杂的,调查研究人员要想认清社会现象和客观事物的本质和规律就要对资料进行分析综合。调查研究人员的分析综合能力包括能够从外部现象出发去认识事物的本质;能够从事物的内部本质出发认识事物的现象等。

(6)推理的能力。在调查研究中,调查研究人员遇到的现象和事物总是个别的,怎么从个别的事物推导出一类事物的特征,怎样把某一原则适用于某一特殊的事物,这就涉及到了推理。这里所说的调查研究人员的推理能力主要包括调查研究人员的归纳和演绎能力。调查研究人员要善于从个别的、特殊的现象和事物中归纳出一般性的原则,得出一般性的结论;要善于从一般性的原则和结论中演绎出某一特殊事物的特点。较强的归纳和演绎能力可以使调查研究人员节省大量的时间、精力和资源,加快社会问题的解决。

3. 职业精神

调查研究工作是具有极强的科学性的,这就要求调查研究人员具有强烈的职业精神。调查研究人员的职业精神主要是指调查研究人员的客观、实证和理性精神。调查研究人员的客观精神是指调查研究人员在调查研究过程中不掺杂主观的因素,客观地反映社会现象和客观事物的本来面目。调查研究人员的实证精神是指调查研究人员要从实践中获得第一手资料,不能主观臆断,不能歪曲社会现象和客观事物的本质。调查研究人员的理性精神是指调查研究工作要遵循一定的程序和规则,要依靠科学的分析和综合,要依靠严密的推理,而不能凭借感性认识得出某种结论。调查研究人员的职业精神是保证调查研究工作科学性的内在因素,调查研究人员在工作中一定要坚持职业精神的指导作用,发挥职业精神的保障作用。

(三)道德素质

道德素质是个人、群体或组织在一定时期的价值标准、价值判断、道德规范和道德要求内化后形成的精神内涵。道德素质对个人、群体或组织的行为具有调节控制功能、动力功能、引导功能、示范功能等作用。调查研究人员也应该具有良好的道德素质,这样才能保障调查研究工作中协调的人际关系的建立、调查研究工作的顺利进行、调查研究资料的获得。调查研究人员的道德素质主要包括调查研究人员的社会公德和职业道德。

1. 社会公德

社会公德是每一个社会成员都应该具有的起码的道德素质，调查研究人员作为社会的一员也不例外，社会公德是调查研究人员最根本的道德素质。调查研究人员要具有良好的社会公德就要做到以下几方面：

(1) 文明礼貌。言谈举止要得体，与特定的场合相适应；说话用语要文明，不讲脏话粗话；与他人交谈态度要和蔼，要讲礼仪，要尊重对方；与人交往要重承诺，讲信用。

(2) 讲究卫生，保护环境。在公共场所不随地吐痰，不乱扔垃圾，不乱涂乱画，不吸烟；注意保持公共环境的干净、整齐。

(3) 要有爱心、同情心和正义感。热爱自然，热爱生命，热爱社会；关爱身边的人和社会上的弱势人群；尊老爱幼，乐于助人；倡导社会正义，敢于同社会负面现象作斗争。

(4) 爱护公共设施，节约资源，维护公共秩序。在公共场合要爱护公共设施和公共财物；节约水、电等资源；维护社会治安和公共秩序；遵守交通规则和其他社会规则。

(5) 先人后己，心胸宽广。调查研究人员在工作和生活中要先考虑他人和社会正当合理的权利、需要和利益；多为周围的同事和被调查者着想；不和别人计较一些小事；与别人争吵后要主动和解。

2. 职业道德

职业道德是调查研究人员道德素质的一个重要方面，是调查研究人员的社会公德在其工作中的延伸。调查研究人员除了具有专业知识、职业能力之外，还要有职业道德，职业道德对调查研究工作起引导作用，没有职业道德的指导，调查研究工作就会迷失方向。调查研究人员应该具有的职业道德主要有以下几方面：

(1) 敬业精神。实地的调查研究工作是非常艰苦的，社会现象和客观事物是复杂多样的，这就要求调查研究人员具有高度的敬业精神，把调查研究工作当成是自己生命的一部分，能够在工作中脚踏实地，一步一个脚印的，按照科学的程序，运用科学的方法来开展调查研究工作。

(2) 尊重被调查者的隐私权。在调查研究中，对于一些比较敏感的话题，比如工资、财产，调查研究人员要先征得被调查者的同意，被调查者要调查研究人员为其保密时，调查研究人员要守信用；被调查者不愿意向调查研究人员说明这些情况时，调查研究人员不能强迫被调查者说出。调查研究工作不要侵犯个人的隐私，否则会遭到被调查者的抵制，对调查研究工作形成负面效应。

(3) 以合理和合法的手段接近被调查者来获得调查研究资料。在有些情况下，调查研究人员为了获得调查研究的资料会使用不合理或不合法的手段。调查研究人员会向被调查者隐瞒身份或夸大身份，也可能会偷拍或偷录被调查者，也可能会要挟被调查者，这些都是与调查研究人员的职业道德相违背的。调查研究人员要以合理的和合法的方法赢得被调查者的信赖来获得调查研究资料。

(4) 客观、完整、准确对待调查研究获得的资料。在记录被调查者提供的资料时，调查研究人员不能有选择地记录，不能片面地记录；在整理和分析调查研究资料时，调查研究人员不能无中生有，不能先入为主，也不能为了证明自己的某一观点或其他个人利益而擅自更改和变动调查研究资料。

(四) 文化素质

文化素质是指人们基于受教育的程度而形成的广泛的、全面的文化积淀而表现出来的特征。文化素质是调查研究人员必须具备的素质之一，文化素质是调查研究人员进行工作的最基本的条件之一，它影响着调查研究工作的质量。调查研究人员的文化素质具体来说主要指其应该具有宽广的知识面。

调查研究人员宽广的知识面主要包括以下几方面的知识：

1. 哲学知识。人们的活动都是以一定的世界观、价值观和方法论为指导的，而哲学就为人们的行动提供了世界观、价值观和方法论方面的知识和指导。调查研究人员必须熟悉主流的哲学理论、观点，这样调查研究人员才能在思想的层次保证调查研究工作的进行。

2. 写作知识。调查研究人员想把调查研究的结果准确地表达出来，形成书面的文字，就需要自身具有较强的写作能力，而写作能力是以写作知识为基础的。调查研究人员要熟悉各种常用的文体，能够运用不同的写作方法，能够熟练、准确地运用词语和句型。

3. 经济知识。我国现在的工作重心是经济建设，社会中出现的很多问题多数和经济有着千丝万缕的联系，调查研究的目的也大多是为了解决社会中的某些经济问题。所以，调查研究人员要掌握丰富的经济知识。调查研究人员要熟悉中外的主要经济理论、我国主要的经济制度与经济发展的历史和现状、世界和区域内主要的经济机构等。

4. 法律知识。我国现在正在建设社会主义的法治国家，社会生活的各个方面都要受到法律的规范和约束，调查研究活动也不例外。调查研究人员要通晓调查研究方面的法律、法规、条例等，同时还要熟悉国家的其他法律和法规，如行政法、统计法、刑法、民法、商法等。调查研究人员不但要熟悉各种法律法规，还要会运用这些法律法规，并要遵守这些法律法规，在调查研究中处处用这些法律法规来规范自己的行为。

5. 历史知识。社会问题的出现往往是有其历史原因和背景的，社会问题的解决也要从它的历史发展过程来出发。这需要调查研究人员熟悉相关领域的历史，同时调查研究人员也要熟悉本国的历史和世界的历史，这样才能做到博古通今，才能站在历史的角度去看待和分析问题。

6. 自然科学知识。社会科学和自然科学是互补的，自然科学可以为人们提供思考的另一个角度，提供解决问题的思维方法和途径。调查研究人员不但要掌握丰富的社会科学知识，还要掌握基本的自然科学知识，这样才能保证调查研究工作的顺利开展和进行。除了哲学知识、写作知识、经济知识、法律知识、历史知识和自然科学知识之外，一般的调查研究人员还应该具备丰富的专业知识，这部分内容在调查研究人员的职业素质部分介绍过了，在这里就不重复了。

（五）身体素质

“身体是革命的本钱”这句话充分的说明了身体素质对工作的重要性。调查研究人员的身体素质是调查研究工作开展的基本保证，如果没有良好的身体素质为基础，那么调查研究工作就会受到阻碍。身体素质是调查研究人员其他素质得以体现和发挥作用的基础。身体素质是指构成个体的物质成分的质量和健康状况的总和。身体素质主要包括体质和体貌两个方面，其中体质也就是人们常说的体格，指人们身体的内在成分，如大脑、血液、骨骼、肌肉等的特征；体貌是指人们身体的外在成分，如身高、体重、相貌、声音等的特征。

调查研究人员要具有健康的体格，身体的各个组成部分，大脑、血液、骨骼、肌肉等要健康，没有疾病，没有残疾；睡眠、饮食、消化、听力、视力、分泌、生物钟等功能正常；身体的免疫力、耐力等比较强。同时调查研究人员还应该具有良好的体貌，也就是比较好的形象。在调查研究过程中，调查研究人员良好的形象可以缩短与被调查者熟悉的时间，提高调查研究工作的效率。调查研究人员身高不能偏低或偏高，体重不能偏重或偏轻，相貌要能被大多数人接受，声音要响亮、清晰等。以上这几点是对调查研究人员身体素质的基本要求。

三、调查研究领导者的特殊素质

调查研究领导者是调查研究工作中的决策者、指挥者、协调者、组织者和管理者,调查研究领导者作用的重要性要求他们除了应该具有一般调查研究人员应该具备的素质之外还要具有一些特殊的素质,正是这些特殊的素质要求使调查研究领导者区别于一般的调查研究人员。调查研究领导者应该具备的特殊素质主要是能力素质。调查研究领导人员能力素质主要包括决策能力、组织能力、指挥能力、协调能力和领导能力等。

1. 决策能力

决策是调查研究领导首先要面对的问题,也是调查研究工作成败的关键,决策质量的高低直接影响到调查研究工作的方向,所以,调查研究领导者必须具备有较强的决策能力。具有较强的决策能力首先表现为善于发现社会中人们普遍关心的问题。社会中存在各种各样的问题,但是由于国家资源有限,不可能在同一时期解决所有的问题。此外,人们的价值偏好也是迥异的,对各种问题的看法也是不同的。这就要求调查研究人员能够敏锐地发现社会中人们普遍关注的问题,发现涉及大多数人利益的问题。其次表现为能够根据存在的社会问题确定调查研究的目标,并组织各方面的人员确定调查研究的具体方案。调查研究工作的开展是以为有关部门解决社会问题的决策提供依据为目的的,调查研究领导者就要根据社会问题来确定调查研究的目标。调查研究工作不是盲目开展的,而是必须依照一定的方案进行的,这就需要调查研究领导者组织本部门人员和有关的专家学者来制订调查研究的具体方案。

2. 组织能力

调查研究的方案确定之后,调查研究的领导者就要组织一定的人、财、物把决策方案付诸于实践,这就要求调查研究领导者具有较强的组织能力。调查研究工作的开展是以一定的人、财、物为基础的,在方案实施的准备阶段,调查研究的领导者就要组织调查研究所需的工作人员,若本部门人员不足,就要向其他部门借调相关的人员或者向外部招募人员,同时调查研究领导者还要把人员分成不同的小组,在各小组之间进行合理的分工;调查研究领导者还要筹集调查研究所需的资金,除了本部门的年度预算、上级的拨款,调查研究领导者还可以通过其他方法和途径获得资金;调查研究需要充足的办公场所、车辆、计算设备和其他的物质资源,调查研究领导者就要组织各部门把这些物质资源配备齐全。除了组织人、财、物外,调查研究领导者在调查研究工作过程中组织相关的工作人员开会来指挥和协调工作。

3. 指挥能力。在调查研究工作的实际运作中,各种工作千头万绪,组织落实工作、政治思想工作、人事安排工作、人员配备工作、时间安排工作、物质调动工作等等要想有序地进行就需要调查研究领导者的指挥。在指挥过程中,调查研究领导者要以调查研究的目标为工作的出发点和指挥的依据,而不能无目标的指挥。调查研究领导者要能够根据不同的情况采取直接指挥、间接指挥、口头指挥、公文指挥、会议指挥、网上指挥等不同的指挥方式。调查研究领导者的指挥要统一,不能出现政出多门的情况;指挥要有权威,被指挥者才能按照指挥的要求来工作;指挥要及时、有力、明确,不能含含糊糊。

4. 协调能力

调查研究工作牵涉到很多部门,涉及很多部门和个人的利益,这就要求调查研究领导者能够协调各方面的利益和关系，保证调查研究工作的顺利和有序进行。调查研究领导者要协调横向和纵向的各部门之间的关系，要协调各种资源的关系，要协调组织中的人际关系，还要协调调查研究部门与其他政府部门、调查研究部门与社会的关系。调查研究领导者的协调工作要从全局出发，要实事求是，要依法进行，要公正公平。要从调查研究的目标出发，依据不同的关系采用组织协调、目标协调、法律协调、做思想工作等不同的协调方法。

5. 领导能力

领导能力是调查研究领导者最核心的能力，这里的领导能力说的是狭义上的领导能力，主要是指调查研究领导者能够影响调查研究的其他工作人员，使他们最大限度地发挥工作积极性的能力。调查研究领导者的领导能力来自于其自身的人格魅力、职位赋予的权力、专业知识、职业和社会经历等多个方面，要想具有较强的领导能力，调查研究领导者就要具有比一般调查研究人员更高的素质。此外，调查研究领导者的领导能力还依赖于其对下级的合理授权，每个人的精力、时间和能力是有限的，这就要求调查研究领导者能够因时、因地、因人地授权。合理适时的授权一方面可以减轻调查研究领导者的工作量，另一方面也能调动下属的工作积极性。

四、调研人员素质的考评方法

调查研究人员的素质考评指的是对调查研究人员素质的考察和评价。对调查研究人员素质的考评是其他方面调查研究管理工作的基础和前提，有利于确定调查研究人员优缺点，有利于对调查研究人员进行使用，为调查研究人员的培训和奖励提供依据。对调查研究人员素质的考评必须依照一定的方法，这些方法主要包括领导考评法、个人评价法、群众考评法、人事部门考评法、工作绩效考评法、考试法等。

1. 领导考评法。用人是调查研究领导者的一项重要职能，领导者不仅要确定用人的标准、原则、方式方法等，还要从事一部分具体的人事工作，对调查研究人员的素质进行考评就是其中的一项重要工作。在调查研究领导者对其下属的调查研究人员的素质进行考评时要坚持客观、公正的原则，不能掺杂主观的因素，要充分运用观察法、座谈法、分配具体工作法等多种具体的方法，以达到对调查研究人员素质的全面、准确考评。

2. 个人评价法。个人评价法是当代人事行政中对调查研究人员进行考评的一个重要方法，它和领导考评、群众考评共同构成了主流的人员考评方式。调查研究的人事管理机关要制定相应的人员素质考评标准，让调查研究人员根据标准对自身的素质做出合理的评价。在进行个人素质评价时，调查研究人员一方面要客观、谦虚，另一方面又不能夸大自身的优点、掩饰自身的缺点。

3. 群众考评法。这里的群众主要包括调查研究对象和调查研究人员所在部门的同事。个人评价法总会自觉不自觉的带有主观性，而领导评价也不可能是全面的，这就需要借助于第三方的力量，达到对调查研究人员素质的尽可能全面、准确的考评。在工作中，调查研究人员与被调查研究对象和其一起工作的同事接触的时间最长、关系最近，他们能够从最基层的工作中发现调查研究人员的优点和缺点。需要指出的是群众考评法也不是完美的，也会掺杂个人的偏见。

4. 人事部门考评法。从职能分工来说，人事部门是对调查研究人员进行素质考评的职能机构和专业机构。对调查研究人员的素质考评是调查研究人事部门的一项日常工作，人事部门懂得对调查研究人员素质考评的主要理论和技术，他们对调查研究人员的素质考评专业性和技术性非常强，通常具有较强的说服力。但人事部门的考评多侧重于定量分析,缺乏定性分析;过分重视一些指标,而忽略一些具体情况,比较呆板,不灵活。

5. 工作绩效考评法。工作绩效是调查研究人员素质的直接体现,通过工作绩效来考评调查研究人员的素质是比较客观和公正的。调查研究人员的工作绩效一般包括其在某一具体的调查研究活动中的绩效、每月的工作绩效、每季度的工作绩效和每年的工作绩效,对调查研究人员的工作绩效进行考评就要考评这四个不同时间阶段的工作绩效,而不能单纯地考评某一阶段的工作绩效,原因在于受各种因素的影响,某一时期的工作绩效不一定能够完整地反映调查研究人员的素质。

6. 考试法。对于调查研究人员的一些可以量化的素质,就要采用考试的方法来考评,用考试的结果来确定调查研究人员的素质情况。考试的具体方式要灵活,可以是笔试、也可以是口试,还可以是笔试和口试相结合。考试的形式和内容要真正能够反映调查研究人员的素质。此外,由于环境和主观因素的原因,一次的考试不可能准确地反映调查研究人员的素质,所以在实际的考评工作中,考试的结果只能作为界定调查研究人员素质的一个主要依据,而不能作为惟一的依据。

领导考评法、个人评价法、群众考评法、人事部门考评法、工作绩效考评法、考试法都有各自的优缺点,对调查研究人员的素质的考评要根据具体的情况和调查研究人员自身的特点采取不同的方法,可以主要采用一种或几种方法而辅以其他的方法。

五、调研人员的结构

要想调查研究工作取得比较好的成果,除了调查研究人员作为个体应该具备前面介绍的一些素质之外,调查研究人员作为一个团队还应该具有合理的结构,使具有不同知识、年龄、能力和性别等背景的调查研究人员可以取长补短,最大限度地发挥集体的力量。同时,每个具体的调查研究目的、内容、侧重点、对象、领域、地域是不同的,这就要求每次调查研究工作的人员结构也应该是不同的。调查研究人员的结构主要包括知识结构、能力结构、工作结构、年龄结构、性格气质结构、性别结构、地区结构等。

1. 知识结构

合理的知识结构要求各个具体的调查研究人员拥有不同的知识积累和背景。调查研究既具有技术性和实践性,又具有理论性,这就要求调查研究人员中既要有技术专家,有要有理论专家;既要有懂得科学理论知识的人,又要有丰富实践经验的人;既要有懂得社会科学的人,又要有懂得自然科学的人;既要有“硬”专家,又要有“软”专家。要根据具体的调查研究需要,配备具有各自专业知识的调查研究人员,形成合理的知识结构。

2. 能力结构

高效的能力结构要求各个具体的调查研究人员拥有不同的工作能力。调查研究工作是要承担很多种职能的,由于人们的时间、精力、能力等是有限的,一个人不可能做好所有的事情,这就要求调查研究人员具有不同的能力,这样在团体中成员之间才能取长补短、相互合作,取得高的工作效率。调查研究人员的能力不应该是同一类型和同一水平的,要把具有决策能力、协调能力、指挥能力、组织能力、语言表达能力、分析综合能力、科研能力的不同人员组合在一起,形成合理的、多层次的、互补的能力结构。

3. 工作结构

在大型的调查研究机构中各个具体的调查研究人员要从事不同的工作，要有合理的分工，这样才不会造成职能缺位和职能重叠。大型的调查研究机构一般包括宏观性的领导人员、一般性管理人员、深入基层的调查人员、技术性强的设备人员、理论水平高的研究人员、文字功底深的报告撰写人员以及一些后勤服务人员等。合理的工作结构会使得各类人员各司其职，提高工作的效率。

4. 年龄结构

不同年龄阶段的人的阅历、经验和特点是不同的，科学合理的调查研究人员结构应该是老中青相结合、以中青年为主的梯队结构。年长者一般有丰富的经验、深思熟虑、沉着稳定，但容易保守；中年人年富力强、承前启后；青年人精力充沛、思维敏捷、有朝气和创新精神，但办事鲁莽、缺乏经验。老中青相结合、以中青年为主的梯队结构有利于防止年龄的老化，有利于保障调查研究队伍的连续性，有利于取长补短，提高整体的效率。

5. 性格气质结构

由于基因和生活的社会环境不同，人们的性格气质也是各不相同的，有的人做事果断、行为敏捷，但不稳重；有的人勤于思考、做事稳重，但没有魄力。若调查研究团队中成员的性格、气质一样，那么就会产生很多内耗，阻碍群体效能的发挥。所以，调查研究团队要注重各种性格和气质的人员的合理搭配，以便于成员之间取长补短，相互促进，提高调查研究工作的整体效能。

6. 性别结构

由于生理上的差异，男性和女性在身体素质、能力、性格、经历等方面都存在着不同。要根据实际调查研究工作的需要，配备比例适宜的男性和女性调查研究人员，而不能单纯的是男性或单纯的是女性。调查研究人员的单一性别会造成调查研究的单一化倾向、单一化思维，不利于组织的创新。

7. 地区结构

具体的调查研究活动总是要深入到特定的地区中，接触到当地人，要想更容易、更省时间地接近被调查研究者、获得更加准确和完整的调查研究资料，调查研究人员终究要有一部分是调查研究地区内的人，由于是本地人，这部分调查研究人员熟悉调查研究地区的人口状况、人际关系、风俗习惯、地理环境等，他们就可以高效地从事具体的调查研究活动。而以外地人身份出现的其他调查研究人员就可以从事领导、管理、后勤服务等工作。

第二节 调查研究人员的选择

调查研究工作总要由一定的人员来承担，而调查研究任务又是多种多样的，调查研究人员也存在新老交替的问题，这就要求调查研究部门不断吸收新的成员，来保证调查研究工作有充足的人力资源来实现调查研究的目标。吸收新的调查研究人员就是调查研究人员的选择，而调查研究人员的选择多数通过招募和甄选的方式来进行，招募和甄选是获得调查研究人员的基本方式，是调查研究工作管理的一项重要内容。

一、调研人员招募前提与招募计划

任何调查研究部门都不能无缘无故的、没有计划地招募调查研究人员，对调查研究人员的招募必

员绝大多数都会符合工作的需要，调查研究部门无需花费大量的人力、物力、财力对其进行培训，也无需调查研究人员花费大量的时间对工作进行熟悉，这样就大大降低了调查研究部门的工作成本。

2. 招募和甄选的机关和部门

为了保证招募和甄选工作的组织性，提高工作效率，调查研究人员的招募和甄选总是由一定的机关和部门来进行的。招募和甄选的机关和部门主要有几类：第一类是本部门的人事部门。由于本部门的人事部门比较熟悉工作的性质和工作具体需要什么样的工作人员，所以能够选择出最符合部门工作需要的人员。本部门的人事部门的招募和甄选工作多数情况下要受到本部门领导的指挥和领导；第二类是本部门上级机关的人事部门。在有些情况，特别是对于非临时性的工作岗位，大多数由上级部门的人事部门组织招募和甄选，这种方式一般能够保证调查研究部门可供选择的范围广、人员丰富，但由于上级机关的人事部门具有宏观性，对实际的调查研究工作缺乏真正的认识和了解，同时调查研究工作是微观的，这就使得有时候上级人事部门不能甄选出调查研究部门真正需要的人员。

3. 招募和甄选的范围

有效的调查研究人员的招募和甄选是有针对性和目标群体的，也就是说调查研究人员的招募和甄选是有一定的范围的，不是"满天撒网"。在这里我们分临时性的人员和非临时性的人员两种来看调查研究人员招募和甄选的范围。

临时性的调查研究人员大多数情况下是用来满足非长期性的调查研究工作的需要，这些调查研究人员一般要从事具体的调查工作，直接接触被调查研究对象，所以这类人员的招募和甄选范围应该是与被调查研究对象的生活地区、民族、风俗习惯等一致的人群，也就是被调查研究对象所在地区的人群。非临时性调查研究人员一般是用来满足部门的职位空缺，这类人员要具有专业知识、理论知识和较高的素质，这就要求招募和甄选的范围要限制在符合这些基本要求的人群范围，这类人群主要包括大中院校的应届毕业生、相关部门的工作人员、从事调查研究工作的归国人员、海外的专业人员等。

总之，要根据调查研究具体工作的需要界定不同的人员招募和甄选范围，不能把不同工作岗位的人员招募限定在同一范围内。

4. 招募的方式

调查研究人员的招募可以根据所需人员性质的不同采用不同的方式，主要的方式有：

（1）通过每年的国家公务员考试。这种方式是调查研究人员招募最基本和最合法的方式，调查研究部门可以把本部门的人员需求情况报人事部门。由人事部门组织的国家公务员考试可以保证调查研究所需人员的获得，但国家公务员考试每年只有一次，对调查研究人员的招募造成了时间限制。

（2）通过电视、报纸、网络等传媒刊登招聘广告。媒体的影响范围广，可及的人群最多，这种方式最适合于招募实地的调查人员和向海外招募高层人员，并且灵活性强，但这种招募方式的经济成本较高。

（3）通过中介组织招募调查研究人员。近几年我国的中介组织特别是职业中介组织和人才交流中心发展迅速，调查研究人员的招募也可以通过这些组织来完成，这类组织掌握着大量需就业人员的资料，专业性强，但是调查研究部门要支付给他们服务费。

（4）通过校园招聘会直接到高校中招募本部门所需要的调查研究人员。这种方式可以使调查研究部门获得高素质的未来工作人员，但校园招聘会一般都集中在学生毕业时间，调查研究人员的招募也受时间限制。

此外，调查研究人员的招募还有很多方式，在这里就不一一介绍了，调查研究部门要根据工作性质选择最有效、成本最低的人员招募方式。

5. 招募和甄选的程序

调查研究人员的招募和甄选是一个复杂的过程，要保证招募和甄选工作的质量，提高招募和甄选的效率就要遵循科学的程序。调查研究人员招募和甄选的程序主要包括：

首先是调查研究部门出现人员需求。由于新的工作内容的需要，或者是部门内一些人事变动，如晋升、退休等，调查研究部门内需要增加新的工作人员，这是调查研究人员招募的起始点和根本原因。

其次是确定招募和甄选的机关和部门。调查研究人员的招募必须有组织保证，必须由一定的机关和部门来负责，招募的机关和部门一般是本部门或上级部门的人事部门。

再次是人事部门制定招募计划。招募计划应该包括招募人员的对象、范围、数量、标准、招募的参加人员、招募所需的经费、招募的方式和时间等。

最后对应聘者进行甄选。这包括报名时的条件甄选、通过初试方式对应聘者的甄选、通过面试方式对应聘者的甄选等。

总之，对调查研究人员的招募和甄选要依据这几个步骤，遵循这个程序，忽略任何一个步骤都会影响人员招募和甄选的质量和效率。

三、甄选的方法

对调查研究人员的甄选是调查研究人员管理过程中的关键性环节，它决定着调查研究部门能够获得什么样的工作人员，对人员的甄选必须运用科学合理的方法，这样才能在技术上保证高质量调查研究人员的获得和加快调查研究人员甄选的进程。对招募来的应聘者进行甄选的方法主要有笔试法、面试法、情景模拟法和心理测试法。

1. 笔试法

笔试法是最常用和最基本的人员甄选方法，主要是通过应聘者做招募部门设计的试题，然后根据应聘者做试题的成绩来决定是否录用该应聘者。这种甄选方式以应聘者的考试成绩作为是否录用的依据，能够同时对大量的应聘者进行，所以比较客观、高效，并能够节省大量的人员招募的人力、物力和财力。但是这种甄选方式也存在缺点，考试环境可以影响应聘者真实能力的发挥，考试成绩不一定能真正反映应聘者的专业知识和其他方面的能力；应聘者的有些能力是不能直接用笔试就体现出来的；试卷的内容不能考察应聘者所有的知识和能力。

2. 面试法

面试也是一种主要的甄选调查研究人员的方法，它主要是通过面试者对应聘者在面对面的交谈中表现出来的一些状况来决定是否录用应聘者的方法。通过与应聘者面对面的交谈，面试者可以很直观地判断应聘者的对专业知识的掌握程度、思维和语言表达的能力，很容易观察到应聘者的气质、外表、举止等，获得对应聘者的信息比较真实。但如果面试者缺乏面试的基本技术和技巧，那么就很难对应聘者的言行举止做出判断；面试者受主观因素的影响有时候也不能对应聘者做出客观的评价；面试的次序也会影响到面试者对应聘者的判断。所以要加强对面试者的业务能力培训，降低面试中的主观因素的比重，增强面试的客观性。

3. 情景模拟法

情景模拟法是现在比较流行的一种人员甄选方法，主要是通过在人为设置的一定情景应聘者所表现出来的与职位相关的某些行为和思考方式来决定是否录用应聘人员。情景模拟主要包括例行工作模拟、紧急问题处理模拟、工作场景模拟等。这种方法可以检验出应聘者的工作潜力,由于十分接近实际的工作,可以比较充分地测试出应聘者的工作能力。但是情景模拟多数是对工作情景的模拟,这样就很难测试出应聘者在工作之外的一些素质,而且在应聘者知晓是模拟的情况下会掩盖自身的一些缺点,给面试者造成假象,使得面试者做出不准确乃至错误的判断。

4. 心理测试法

根据心理学的原理,设计一些与人们的心理相关的问题可以测试出被测者的个性和能力,心理测试法可以被运用到调查研究人员的甄选过程中的。通过应聘者回答心理专家设计的一列问题,面试者可以对其个性和能力做出一定的判断,进而决定是否录用。但是这种方法必须以设计的问题的合理性和有效性为前提,如果设计的问题不合理,那么这种测试法不但不利于调查研究部门选择所需要的工作人员,反而还会浪费大量的人力、物力和财力,贻误选择调查研究人员的时机和调查研究工作的如期开展。

以上是甄选调查研究人员中常用的几种方法,这几种方法又各自具有优缺点,需要甄选的机关和部门根据所需人员的性质和数量等具体情况选择适宜的一种或几种甄选方法。

第二章　调查研究人员的培训

第一节　调研人员培训的作用与原则

随着我国改革开放力度的加大、政治经济体制改革的深入，越来越多的社会问题暴露出来，调查研究部门的任务越来越繁重，要想更好地完成社会和政府赋予的调查研究任务就需要调查研究部门不断地对新吸纳的人员和原有人员进行培训。此外，信息社会、知识经济和科技革命的到来也要求调查研究部门不断地更新自身人员的知识结构和知识内容，丰富调查研究人员的知识储备。对人员进行培训是调查研究人员更新知识的最重要方式。

调查研究人员的培训是指调查研究部门为了更好的完成工作任务、提高人员的政治素质、职业素质、道德素质、文化素质等而通过一定的方式、机构对其工作人员进行的培养和训练。这一节我们主要阐述调查研究人员培训的作用和原则。

一、调查研究人员培训的作用

调查研究人员培训对国家、组织和个人都有重要的作用，它有利于社会问题及时、有效地解决，有利于适应信息社会、知识经济和科技革命的发展，有利于提高调查研究部门的人员素质和整体国家机关人员的素质。正确地认识调查研究人员培训的作用对于我们树立正确的培训观念、确定培训的内容、采用适宜的培训方式有重要的指导价值。

1. 有利于社会问题及时、有效地解决

随着我国改革开放程度的加大、经济政治体制改革的加深，政治经济全球化影响的日益深入，社会中暴露出来的问题越来越复杂和多样化，很多社会问题都有着千丝万缕的联系，而且很多问题是我们以前从未遇到过的。在这种情况下就给调查研究工作的开展带来了困难，调查研究人员在工作中系统地调查研究这些问题，必须具有较强的问题判断能力，必须掌握解决问题的先进技术和方法。同时，新的、复杂的社会问题的出现需要调查研究部门扩充人员数量，需要招募众多的新成员来满足工作的需要。在这两种情况下，对调查研究人员培训的作用就充分地体现出来了，根据社会发展和工作的需要，通过培训来提高原有调查研究人员的政治素质、职业素质、道德素质、文化素质，更新调查研究人员的知识结构；通过培训使新招募来的调查研究人员具有最基本的业务技术能力、基本的工作常识等知识。这样就能够使调查研究人员具有与社会发展相同步的知识，就能够使调查研究人员更有效和更及时地对社会中出现的复杂的、多样的社会问题进行调查研究，就能够使调查研究人员为有关部门的决策提供及时、有效的参考资料，就能够促使社会问题及时、有效地解决。

2. 有利于适应信息社会、知识经济和科技革命的发展

信息社会、知识经济和科技革命的发展使得体力劳动的比重越来越低，脑力劳动的比重越来越高，计算机和网络在人们工作和生活中的作用越来越大，社会越来越重视知识的作用和力量，知识成为影响社会发展的主导因素。要想适应社会的这种发展趋势，人们就不得不加快知识内容和知识结构更新的速度，不得不改变原有的工作和学习方式。调查研究人员也不例外，也要不断地更新知识结构、也要掌握更新知识的方法，也要改变原有的工作和生活方式，也要掌握先进的工作技术和方法，而这一切的实现依赖于培训。只有不断地对调查研究人员进行培训才能对其知识和专业技术进行更新，才能适应信息社会、知识经济和科技革命的发展，才能跟上时代发展的节奏。

3. 有利于提高调查研究部门的人员素质和整体国家机关人员的素质

通过有组织的、有针对性的对调查研究部门原有人员和新招募人员的培训可以提高调查研究部门人员的素质，而调查研究部门人员是国家机关人员的一个组成部分，对调查研究人员的培训是国家机关人员培训的一个不可缺少的部分，整体的国家机关人员素质的提高包括调查研究部门人员素质的提高，整体的国家机关人员素质的提高不是单纯的某一个或某几个部门人员素质的提高，而是所有国家机关人员素质的提高，调查研究部门人员的素质影响着整体国家机关人员的素质。通过培训可以提高调查研究部门人员的素质，也就有利于整体国家机关人员素质的提高，也就是说调查研究部门人员的培训不但具有部门意义还具有集体意义、国家意义。

二、调查研究人员培训的原则

确立调查研究培训的内容、选择调查研究培训的方式、类型和机构都要遵循一定的原则，调查研究人员培训的原则主要有按需施教原则、分人与分类培训原则、理论联系实际原则、及时反馈原则和以人为本原则。遵循这些原则是完成培训任务和实现培训目标的重要保证。

1. 按需施教原则

对调查研究人员的培训是要花费大量的人力、物力和财力的，而调查研究部门本身的资源又是有限的，这就决定了要根据社会的发展和调查研究工作本身来决定是不是应该对调查研究人员进行培训，如果应该，那么对调查研究人员的哪一方面进行培训及如何对调查研究人员培训等。随意开展的、无目标的调查研究人员培训只会带来资源的浪费。社会发展的需要和调查研究工作本身的需要规定了调查研究人员培训的方向、内容、方式。只有在社会发展需要和调查研究工作需要指引下的调查研究人员培训才是有效的。

2. 分人与分类培训原则

要保证培训工作的有效性就要针对不同类型和不同工作岗位上的调查研究人员采用不同的培训方式。调查研究人员个体之间是存在差异的，对他们的培训要以个体的差异性为基础，要根据调查研究人员的不同特点，选择不同的培训内容，采取不同的培训方式。此外，对同一调查研究人员，在不同的发展阶段，其培训也应有所差异。调查研究人员根据其工作性质的不同可以分为调查研究领导者、调查研究管理者、一般调查研究人员；根据调查研究人员在部门的时间可以分为原有调查研究人员和新招募调查研究人员等。培训就要根据各个类别人员的特点，有针对性地选择相应的培训内容和培训方式。例如：对于调查研究领导者的培训要侧重调查研究理论、理念、领导能力和艺术等的培训；对

于调查研究管理者的培训要侧重管理技能与实施能力等的培训;对于一般调查研究人员的培训要侧重调查研究方法和技能的培训;对于原有调查研究人员的培训侧重于更新知识的培训,对于新招募人员的培训则侧重于部门理念、基本制度等内容的培训。

3. 理论联系实际原则

对调查研究人员的培训和一般院校的普通教育不同,培训只有与实际的工作需要相结合才能产生较好的效果,也就是说调查研究人员的培训侧重于调查研究人员对培训所得知识的实践应用。理论联系实际原则要求对调查研究人员的培训要根据社会需要和部门工作需要来进行,既要让调查研究人员掌握一定的调查研究方面的思想和理论知识,又要培训调查研究人员的专业技能知识,来提高他们的理论水平和实际的工作能力。调查研究人员培训的内容不能高高地在实践之上,而是要能够应用到实践中去,能够解决实践中出现的问题,能够更好地提高调查研究工作的效率和质量,能够更好地解决社会问题。

4. 及时反馈原则

对调查研究人员的培训应该是一个不断反馈的过程,受培训的调查研究人员、培训机构、调查研究部门只有及时地向培训的发起部门不断地反馈培训的情况,才能发现培训中存在的问题,才能及时地调整和完善培训方案,才能不断提高培训的质量和效益。没有反馈的培训在某种意义上可以说是盲目的。及时反馈原则要求培训的部门密切关注受训者的情况,以决定培训的进展速度和培训的方法、方式;要求受培训的调查研究人员及时向培训部门反馈培训的内容、方式是否合适,以决定维持或者调整培训的内容和方式、机构;要求调查研究部门根据调查研究人员的工作情况反馈培训的效果,以决定今后培训的机构、方式、内容、机构、方案和频率等。

5. 以人为本原则

在调查研究工作中,人是最重要的因素,也是最具有决定性的因素。调查研究部门工作绩效的提高是以调查研究人员素质的提高为基础的。因此,在培训方案的制订、内容和方式的选择上要以促进调查研究人员的发展为出发点,要以调查研究人员的个人情况为基础;在注重调查研究部门整体培训目标的同时,也要兼顾调查研究人员的个性发展,以此来充分调动调查研究人员的工作积极性和热情,开发调查研究人员的潜能;在培训过程中要鼓励调查研究人员的积极参与、自主学习和自我创新,鼓励调查研究人员深入实际提出问题;培训要考虑到个别调查研究人员的特殊情况,特别是家庭困难和身体状况,要体谅个别调查研究人员由于家庭困难和身体状况带来的参加培训的不便之处。

以上几个原则是在调查研究人员的培训过程中必须坚持的原则,只有坚持这几个原则才能提高调查研究人员培训的效率、质量和成效,才能更好地提高调查研究人员的素质,才能更好地完成调查研究的任务,才能更好地解决社会问题。

第二节　调研人员培训及其评估

要想顺利地开展调查研究人员的培训并取得丰硕的培训成果就必须确定需要培训的内容,选择培训的机构和适宜的培训方式,明确培训的类型,及时对培训的结果进行评估,这是对调查研究人员培训的作用和原则的具体化。

一、调研人员培训的内容

调查研究人员的培训总是以一定的内容为载体的,根据社会发展和调查研究工作的需要,调查研究人员培训的内容主要有以下几个方面:

1. 调查研究部门的基本情况

这主要是针对调查研究部门新招募人员的培训内容。调查研究部门新招募的人员对调查研究部门的基本情况是不大清楚的,要想这些人员更快地进入工作状态就十分需要对这些人员进行培训,使得他们了解调查研究部门的一些基本情况。调查研究部门的基本情况包括:调查研究部门的级别、所属的部门、管辖的部门、部门的组成、部门的历史沿革、部门的主要工作和职能、工作程序、部门的规章制度、人员的设置、人员的职责、人员的结构、人员的数量等。

2. 思想政治教育

我国的调查研究部门一般为政府机关或事业单位,那么这种部门身份就要求调查研究人员要具有爱国主义、社会主义等思想,要坚持和维护党的领导,要知晓国家党政部门在某一阶段的重要路线、方针、主要会议精神等。此外,调查研究人员也要明确调查研究工作开展的意义,要确定调查研究正确的工作作风和工作态度。这就需要对调查研究人员进行思想政治教育。思想政治教育是调查研究人员培训的一个主要内容,也是调查研究人员培训的一个经常内容。

3. 调查研究的一般知识

社会是不断发展的,调查研究的知识应该是不断更新的,调查研究人员一般知识的水平从根本上决定着调查研究工作的质量,这就需要我们对调查研究人员的知识进行更新。调查研究人员知识更新培训在一般调查研究知识上包括对国内外新出现的并且可以为我们所借鉴的调查研究思想、理论对调查研究人员进行培训。另外,我国在调查研究方面的政策、法规是调查研究人员日常行为和工作的法律准则,这就要求对国家新近出台的调查研究方面的政策、法规对调查研究人员进行培训,来保证调查研究人员工作的合法性。

4. 调查研究的技术方法

在实际的调查研究工作中,调查研究的技术和方法是用得最多的和用得最频繁的,而调查研究技术方法又是多种多样的、不断更新的,这就要求对调查研究人员的技术方法进行不断的培训,以保证他们掌握最先进和最有效的调查研究方法,从而来提高调查研究的效率和质量。对调查研究的技术方法的培训要根据具体的工作需要有选择地进行,可以对调查研究人员进行典型调查法、重点调查法、问卷调查法、抽样调查法等具体调查研究方法的培训,也可以对调查研究人员进行调查研究工作中所需设备应用的培训。此外,对调查研究人员技术和技术培训最主要的是能够培养出调查研究人员根据具体的情况选择技术和方法的能力。

二、调研人员培训的机构

调查研究人员的培训是以一定的培训机构为组织保障的,调查研究人员的培训机构可以分为调查研究部门系统内部的培训机构和教育培训机构两种。

1. 调查研究部门系统内部的培训机构

为了培训工作的便利,调查研究部门一般在本系统内设有专门的培训机构对调查研究人员进行专门的培训。这种内设的培训机构主要包括本部门内部的培训机构、本部门所属的同级政府设置的培训机构、上一级调查研究部门设置的培训机构等。对于一些技术性很强和短期的培训任务一般由这类机构承担。

2. 教育机构的培训

这里的教育机构主要是指各大中专院校、各级党校和行政学院教育机构等。当前这些教育机构大多设有与调查研究有关的专业,开设有与调查研究相关的课程,具有雄厚的师资力量和完善的教学设备,这些优势使他们承担起越来越多的对调查研究人员的培训任务。教育机构的培训系统性和规范性保证了对调查研究人员培训的质量。

三、调研人员培训的类型

调查研究人员培训的类型多种多样。其中,按照调查研究培训的人员和内容的不同,可以分为新招募人员的培训、在职调查研究人员更新知识的培训、调查研究人员晋升的培训和专门业务知识的培训。

1. 新招募人员的培训

对于新招募来的调查研究人员来说,他们对调查研究部门的基本情况了解是十分少的,他们的思想水平和业务水平也是需要提高的,要想使他们更快的进入工作状态就要对这类人员进行培训。对新招募调查研究人员的培训可以通过两种方式:一种是进行思想政治、调查研究理论与技术方法的培训。主要是通过培训使这类调查研究人员懂得调查研究工作的意义和重要性,掌握调查研究的主要理论、技术和方法。另一种是实习。可以让新招募的调查研究人员在其今后工作的具体部门实习,由有经验的调查研究人员指导他们工作,使这些新招募的调查研究人员在工作中了解调查研究工作的程序、熟悉调查研究的工作环境和调查研究部门的情况等。

2. 在职调查研究人员更新知识的培训

社会是不断发展变化的,社会问题是层出不穷的,这就要求调查研究人员的知识也应该是不断更新的,以此来适应外界的不断变化。对在职调查研究人员更新知识的培训主要是更新这类人员的知识内容和知识结构,让他们掌握最新的调查研究理论、思想、方法和技术等。对在职调查研究人员更新知识的培训是提高调查研究部门自身工作能力最重要的途径,可以节省招募外部人员的大量培训成本。

3. 调查研究人员晋升的培训

对于要晋升某一级调查研究职务的人员要进行晋升培训,以保证调查研究人员能够满足新职务的思想、知识、能力等的需求。要根据调查研究工作职位所需的思想理论水平、政策水平、知识水平、决策能力、组织能力、协调能力、业务能力等方面的内容,对调查研究人员进行思想政治教育、一般调查研究知识的培训和调查研究技术方法的培训,使调查研究人员能够胜任其所要晋升的职位的要求。

4. 专门业务知识的培训

这类培训主要是针对调查研究部门中的专业技术人员,这包括计算机操作人员、特殊设备使用人员等。对于新招募来的一些临时性的调查研究人员要对他们进行业务方面内容的培训以使他们熟悉本部门的专门业务知识,能够熟练地运用特定的工作设备;引进一些新的设备和技术后也要对调查研究部门原有的一些专门业务人员进行设备使用和技术运用方面的培训以提高新设备的使用率和调查研究工作的效率。

四、调研人员培训的方式

调查研究人员的培训总是以一定的方式表现出来的,按照不同的标准,调查研究人员的培训可以划分为很多不同的方式。调查研究人员培训的方式主要有实习、演示与模拟、离职学习和开会。

1. 实习

实习主要是针对新招募的调查研究人员,这要求这部分调查研究人员到与自己未来工作相同或相似的部门进行工作,在实际的工作中熟悉工作的流程,明确工作的规章制度,掌握工作的基本技术和方法,掌握一些工作设备的使用。在实习中要注重原有调查研究人员对新招募调查研究人员的指导和帮助,一般情况下原有调查研究人员有丰富的工作经验和理论知识,新招募的调查研究人员要主动地向他们学习,这些人员也要耐心地对新招募的人员进行指导。

2. 演示与模拟

对于一些技术性很强的工作靠单纯的书面学习是不行的,还需要有经验的人对这些技术的运用进行演示,来生动形象地向调查研究人员传授技术方法和具体操作,这种方法一般比单纯的书面学习更能收到良好的培训效果。在调查研究中会出现一些比较棘手的场景,调查研究人员要灵活地应变,就需要在培训中模拟一些可能出现的工作场景,让调查研究人员在这些模拟场景中学会如何处理一些特殊情况。

3. 离职学习

离职学习是现在一种比较常见的、比较系统的调查研究人员培训的方式。根据工作需要,现在大多数调查研究部门习惯把需要培训的人员送到高校、党校和其他一些培训部门进行离职培训。由于是离职培训,调查研究人员就有足够的时间和精力系统和全面地学习本行业的知识和技术方法。同时离职培训又不同于在校学生的学习,时间只限于几个月或一年以内,这就需要培训有针对性,能够使调查研究人员在有限的时间内学到有价值的知识和技术方法。

4. 开会

开会是一种迅速掌握知识的途径,也是调查研究人员之间相互学习、相互进步的有效途径。这里的开会主要是指开思想政治教育会、开研讨会、开经验交流会。开思想政治教育会就是在会上向调查研究人员传达党和政府主要会议的精神和指示,学习党和政府在调查研究方面的文件、政策、法规等。开研讨会就是通过开会的方式让调查研究人员充分地讨论当前比较热点的调查研究问题,讨论调查研究的具体方案和技术方法。开经验交流会就是让在调查研究工作上有突出表现和特殊贡献的人员和专家向其他调查研究人员介绍工作经验。

在实际的培训工作中要根据需要选择合理和有效的培训方式,而不能盲目地确定培训的方式,以此提高调查研究人员培训的效益。

五、调研人员培训的评估

对调查研究人员培训过程和结果的评估是调查研究人员培训过程中一个必不可少的环节。这种评估可以及时地反馈培训的信息,发现培训中存在的问题,以便调整和改进培训的计划与方案,从而提高培训的质量。在对调查研究人员培训的评估中选择评估的标准和评估的方法最为重要;这直接关系到评估的结果。下面就分别来看一看调查研究人员培训评估的标准和方法。

1. 调查研究人员培训评估的标准

选择评估调查研究人员培训的标准要以培训的目的为依据和出发点。一些在实际工作中比较明显的、直接的评估标准包括调查研究人员的培训投入了多少资金,通过培训,调查研究部门节省了多少因不培训而可能带来的资金,完成某一类型的调查研究工作时间缩短了多少等。一些间接的评估标准包括调查研究人员的思想政治水平、素质、工作能力、完成的工作的质量提高了多少,完成的工作的数量增加了多少,调查研究部门工作绩效提高了多少,调查研究的技术方法学会了多少,为相关部门提供决策服务的能力提高了多少等。有效的评估标准结构是直接标准和间接标准的合理结合,只强调某一类型的标准而忽视另一方面的标准是片面的,是无法达到对调查研究人员培训的客观评估的。

2. 调查研究人员培训评估的方法

对调查研究人员培训的评估是通过一定的方法实现的,这些评估的方法主要有写培训总结、观察、计算、考试。写培训总结主要是指受培训人员以书面的形式向调查研究部门汇报培训的情况,如受培训者通过培训学到了什么,能力是否得到了提高,培训的内容和方式是否合理、有效,培训机构的培训工作做得如何等,来对培训做出评估。观察就是指调查研究部门的主要领导通过在日常工作中观察受培训人员的工作表现来对培训做出评估,这主要包括观察调查研究人员的工作能力和效率是否提高,工作的差错率是否减少等。计算就是指通过调查研究部门计算培训的成本与培训后带来的绩效的比例的方法达到对培训的评估。考试就是指通过考试来测试一下调查研究人员在培训中是否真正掌握了相关的知识、技术和方法,是否能够熟练地操作工作设备等来达到对培训评估的目的。

调查研究人员培训的目的是确定调查研究人员培训评估的依据,而调查研究人员培训评估的标准又是选择调查研究人员培训评估方法的基础。调查研究人员培训评估的标准和方法与调查研究人员培训的目的紧密相连。

第三章　调研人员的组织与管理

第一节　调研人员的组织、使用及考评

在甄选和培训完调查研究人员之后，就要按照调查研究工作的任务、运用一定的形式把调查研究人员组织起来，形成结构合理、效率高的调查研究队伍。在调查研究队伍组建后要正确地使用调查研究人员并及时地对其做出考评。

一、调查研究人员的组织

在稍大规模的调查研究中，要想让单个调查研究人员能够发挥最大的作用就必须运用一定的形式对调查研究人员进行组织，组建一支合理、高效的调查研究人员队伍。

（一）影响调查研究人员组织形式的因素

调查研究人员的组织形式不是随意的，而是受很多因素影响的，影响调查研究人员组织形式的因素主要有：

1.调查研究人员数量和质量

调查研究人员组织的客体是人，所以说调查研究人员的数量和质量成了影响调查研究人员组织形式的一个最重要的因素。一般来说，若调查研究人员的数量比较多，那么调查研究人员的组织形式就会相对的复杂些，如果数量少，那么组织形式就会简单点；如果调查研究人员的素质高则组织形式会复杂，要是调查研究人员素质低的话，那么组织形式就会比较简单。

2.调查研究任务的规模

调查研究任务的规模主要包括调查研究任务的轻重、大小、时间紧迫性、复杂性等。如果调查研究的任务比较重、比较大、需要在较短时间内完成且涉及多方面的问题、十分复杂，那么这就会导致调查研究人员组织形式十分复杂。反之，则调查研究人员的组织形式就会十分简单。

3.调查研究中使用的技术方法和设备

调查研究工作中人们总会运用一些技术方法和设备来加快工作的进程，这些使用的技术方法和设备也影响着调查研究人员的组织形式。通常一个工作人员只掌握有限的几种技术方法，而不会掌握工作中所需的全部技术方法，也不可能会使用所有的工作设备，若工作中使用的技术方法和工作设备比较多，那么就会有很多的调查研究人员进入到调查研究队伍中来，这就会造成调查研究人员组织形式的复杂。反之，则调查研究人员组织的形式就会比较简单。

（二）在调查研究人员的组织中应该注意的问题

在组织调查研究人员的过程中要注意调查研究人员队伍的完备性和精简效能，这样才能使调查研究工作有一个良好的组织保证。

1. 调查研究人员队伍的完备性

在调查研究人员的组织过程中，要注意调查研究组织中横向和纵向组织结构的完备性。横向组织结构的完备性是指各个职能机构要完备，要有调查研究的领导机关、人员管理机关、工作机关和保障机关等，缺少任何一个机关都会造成某一或某几个职能的缺失，使调查研究工作无法完整地完成。纵向组织结构的完备性是指调查研究的纵向机关建设要完备，能够保证上级的命令、指示传达到下级，也能够保障下级的要求和情况反映到上级。

2. 调查研究人员队伍的精减效能

在调查研究人员的组织过程中一定要重视人员的精减效能，以调查研究的工作量为依据确定人员的数量和工作的部门数量。要对调查研究人员进行合理有效的分工，来防止调查研究部门人员和机关的相互扯皮、人浮于事、机构臃肿等问题的出现。调查研究队伍的精减效能能够有助于调查研究工作高效率地完成，也有助于调查研究部门经费的节省，所以在调查研究人员的组织过程中一定要注意这个问题。

二、调查研究人员的使用

在组织完调查研究人员之后就要对调查研究人员进行使用，通过对人员的使用才能完成调查研究的工作任务。在对调查研究人员的使用中要遵循以下几个原则：

1. 结构优化的原则

这一原则要求从整体上来把握整个调查研究队伍。各个调查研究人员都是调查研究队伍的组成部分。调查研究队伍的整体效能是各个调查研究人员相互作用所产生的合力。各个调查研究人员努力的方向基本一致、目标相同，那么产生的工作合力就大于单个调查研究人员的工作效果，调查研究队伍的整体效能就高。因此，在调查研究人员的使用中要坚持结构优化的原则，对每个调查研究人员进行合理的搭配，以得到最优化的调查研究人员组织结构。

2. 量才使用、扬长避短的原则

金无足赤，人无完人，每调查研究人员都有其各自的优点和缺点。在调查研究人员的使用中要注意量才使用、扬长避短的原则。量才使用、扬长避短原则要求在调查研究人员的使用过程中，要充分发挥每个调查研究人员的优点和特长，将其一一对应地安排到能最大限度地发挥其才干、能力的岗位上去。坚持这一原则必须做到：首先，要全面了解调查研究人员的个人情况，正确分析其工作能力的大小、特长的真伪；其次，根据了解的情况，考虑到底应该把调查研究人员安排在哪个工作岗位上才能既有效地发挥其特长又不至于因其自身的弱点和缺点而影响工作，这是量才使用、扬长避短的关键。

3. 授权原则

由于领导者的时间、精力和能力是有限的，这就要求领导者在调查研究人员的使用中要逐级授权，这样既可以使领导者将主要精力集中于重要事项，来提高管理效率，又可以调动工作人员的积极性。坚持授权原则要注意的问题有：授权对象应是自己的直接下属，不能越级进行授权。越级授权容易引起层级矛盾，增加工作的困难；授权不能只是上级认为次要的事项，所授限权应是下级认为是本层次比较重要的权限，否则，会使下属丧失工作的积极性；要因事择人，授权给有能力的人员，这样才能使受权者有效地完成所授的任务;授权时要使授权者明确自己的职责权限范围。若授权不明确责任,就容易造成权力的滥用,反之,若只有责任而不授权,则容易造成下级工作积极性的丧失;要掌握授权的尺度。

三、调查研究人员的考评

调查研究人员的考评就是调查研究部门的人事机关按照一定的标准对调查研究人员在工作中的表现进行考核和评价,并以考核的结果作为调查研究人员晋升、奖惩、培训等的依据的行为过程。在这一部分我们主要来看一看调查研究人员考评的作用、内容和原则。

(一)调查研究人员考评的作用

调查研究人员的考评是调查研究工作管理中的一个重要内容,其作用主要有:

1. 为调查研究人员管理的其他环节提供依据

考评是现代功绩制人事管理制度的一个重要内容,对调查研究人员的晋升、奖惩、培训、工资的升降都要以对他们的考评结果作为依据,而不能以调查研究部门某个领导者的个人意志和主观偏好为依据。对调查研究人员的考评可以避免早期调查研究人员管理中的领导者主观因素的影响,为调查研究人员的发展提供客观、公平的环境,为调查研究人员管理的其他环节提供客观的依据。

2. 有利于调查研究人员的成长和调查研究部门自身的发展

通过考评调查研究部门可以发现调查研究人员的工作中的优缺点,可以辨别调查研究人员能力的大小、素质的高低。调查研究人员的管理部门就可以根据考评得出的结果对调查研究人员进行合理地使用,发挥调查研究人员的优势,抑制调查研究人员的劣势。同时可以对在考评中发现的一些有潜力的优秀调查研究人员进行培训、锻炼和提拔,使他们到更高的职位上去任职。这些都有利于调查研究人员个人的成长和调查研究部门自身的发展。

(二)调查研究人员考评的内容和原则

调查研究人员大多属于国家公务员的行列,所以在日常中对调查研究人员的考评的内容参照国家公务员考评的内容。对调查研究人员考评的内容主要有德、能、勤、绩、廉。其中,“德”是指调查研究人员在工作中的政治思想和道德品质的表现。“能”是指调查研究人员的业务知识和工作能力,也就是从事本职工作的应该具有的基本能力和应用能力。“勤”是指调查研究人员在工作中的态度和勤奋敬业的精神表现。“绩”是指调查研究人员工作的数量、质量、效益及对本部门的贡献等。“廉”是指调查研究人员在工作中克己奉公的表现。在这五个方面中,德、能是勤、绩、廉的基础,勤、绩、廉是德、能的表现,在调查研究人员的考评中要重点考评调查研究人员的工作实绩。调查研究人员考评应该坚持的原则主要有:对调查研究人员的考评要坚持平时考评和定期考评相结合的原则,定期考评以平时考评为基础;要坚持领导考评、群众考评和自我评价相结合的原则,建立多元的考评机制来保证考评的全面性;要坚持客观公正的原则,调查研究部门的领导、群众和调查研究人员个人都要客观地对调查研究人员的工作做出客观、公正的评价。

第二节 调研人员的流动、晋升和退休

在调查研究人员的管理中,除了调查研究人员的招募、培训、组织、使用和考评外,调查研究人员

的流动、晋升和退休也是调查研究人员管理中的重要环节。在这一节我们主要介绍调查研究人员的流动、晋升和退休。

一、调查研究人员的流动

调查研究人员的流动是指为了工作的需要、培训的需要或者其他合理的个人需要而按照一定的程序和形式对调查研究人员进行的部门内部和部门外部的人事流动。调查研究人员的流动有重要的作用,也要通过一定的形式来开展。

(一)调查研究人员流动的作用

1. 通过一定的渠道对调查研究人员进行流动,能够实现调查研究人员的合理配置

在日常的工作中,可能存在一部分调查研究人员与其工作不相适应的问题,这就需要对调查研究人员进行流动,让调查研究人员到适合他的岗位去工作,让符合职位需要的人员来从事他原有的工作,通过这种人员的流动来实现调查研究人员的合理配置,做到人尽其才。

2. 能够提高调查研究部门人员的素质

在流动的过程中调查研究人员可以尝试不同的工作,可以学习各个部门中优秀的东西,这样就能够在流动中增强调查研究人员的工作阅历,提高调查研究人员的工作能力,丰富调查研究人员的工作经验,开阔调查研究人员的视野,提高调查研究人员的素质,从而促进整个调查研究部门人员素质的提高。

3. 能够解决某些调查研究人员的个人困难,提高调查研究人员工作的积极性

某些调查研究人员可能存在夫妻长期两地分居、上下班不方便、身体疾病等对工作不利的个人问题。这就需要调查研究部门能够体谅调查研究人员的这些个人困难,对调查研究人员的工作进行调动来解决这些个人困难,而调查研究人员个人困难的解决势必能够提高他们工作的积极性和工作热情。

(二)调查研究人员流动的主要形式

调查研究人员的流动是按照一定的形式进行的。根据流动的对象和范围的不同,可以分为调任、转任、轮换和挂职锻炼四种主要形式。调查研究人员的调任是指调查研究部门内部与行政系统外部的人员流动形式,包括调入与调出,调出必须经人事任免机关批准,调出后调查研究人员就不再具备原部门的身份。调查研究人员的转任是指调查研究人员因工作需要或其他正当理由,在调查研究部门系统内部的平级调动,不涉及身份变动,但必须符合担任新职的条件,转任可以跨地区或跨部门进行。调查研究人员的轮换是指调查研究部门对担任领导职务和某些工作性质特殊的非领导职务的调查研究人员由人事任免机关负责组织,有计划地实行职位轮换。调查研究人员的挂职锻炼是指调查研究部门有计划地选派一些人员在一定时间内到基层工作来积累工作经验,挂职锻炼时期调查研究人员与调查研究部门仍然保持人事关系。对于调查研究人员的流动要根据不同的工作需要和个人需要采取不同的形式。

二、调查研究人员的晋升

调查研究人员的晋升是指调查研究部门依法根据工作需要和调查研究人员的工作表现,提高调

查研究人员的职务和级别的人事管理活动。调查研究人员的晋升对调查研究部门的人事管理有重要的作用,晋升也有很多类型,下面就来看看调查研究人员晋升的作用和类型。

(一)调查研究人员晋升的作用

1. 调查研究人员的晋升有利于激发调查研究人员的工作积极性

晋升是对调查研究人员的一种正面激励,晋升不是单纯的职务晋升,而是伴随着其他方面的内容。调查研究人员职位晋升后,其工资、福利待遇会提高,在部门的地位和社会中的地位会上升,职权会扩大。由职位晋升带来的正面效应会激励调查研究人员更积极地做好本职工作,更积极地提高自身的素质。

2. 有利于提高调查研究部门的工作绩效

在调查研究部门中把优秀的人才晋升到高的工作职位上,会发挥这部分人员的才能,会对调查研究部门的工作起到推动作用,促进部门绩效的提高。同时某个调查研究人员的晋升会对调查研究部门的其他成员造成影响,受他的影响,其他人员也会积极工作争取晋升,这就会在整体上提高调查研究部门的工作绩效。

3. 有利于调查研究人员队伍的稳定和吸引更多的人才

调查研究人员定期的晋升,能够为调查研究人员的职业发展提供正常的途径,这样调查研究人员就会安心地在调查研究部门工作,从而保证调查研究人员队伍的稳定。在现代的择业中,人们越来越注重工作的部门能否为其发展提供晋升的机会,调查研究部门的晋升制度势必会吸引大量优秀的人才来调查研究部门工作。

(二)调查研究人员晋升的类型

按照不同的标准,调查研究人员的晋升可以分为不同的类型,这主要表现为:

1. 根据晋升时采用的方法,可以分为委任制的调查研究人员晋升、考试制的调查研究人员晋升、招聘制的调查研究人员晋升、自荐式的调查研究人员晋升

委任制的调查研究人员晋升是指根据调查研究部门有任免权限的领导者或机关的直接任命而使调查研究人员晋升的一种晋升方式。考试制的调查研究人员晋升是指依据调查研究部门组织的考试结果选择晋升人员的一种晋升方式。招聘制的调查研究人员晋升是指调查研究部门通过公开招聘的方式选择合适晋升的人员的一种晋升方式。自荐式的调查研究人员晋升是指符合晋升职位要求的调查研究人员自己向主管部门提出晋升申请的一种晋升方式。

2. 根据晋升人员的来源,可以分为内升式的调查研究人员晋升、外部选择式的调查研究人员晋升

内升式的调查研究人员晋升,是指从调查研究部门内部选择符合晋升职务要求的人员对其晋升的一种晋升方式。外部选择式的调查研究人员晋升,是指从调查研究部门系统外部选择人员进行晋升的一种晋升方式。

3. 根据晋升的依据,可以分为功绩制的调查研究人员晋升、资历式的调查研究人员晋升、综合式的调查研究人员晋升

功绩制的调查研究人员晋升是指依据调查研究人员的工作业绩对其晋升的一种晋升方式。资历式的调查研究人员晋升是指根据调查研究人员在调查研究部门的工作时间长短来对其晋升的一种晋升方式。综合式的调查研究人员晋升是指根据调查研究人员的工作业绩、工作时间等多种因素来对其晋升的一种晋升方式。

三、调查研究人员的退休

调查研究人员的退休是指调查研究人员工作到一定年限,符合规定的条件的,可以离开工作岗位并领取养老金和其他待遇的行为。调查研究人员的退休参照国家公务员的退休条件和享受与国家公务员相似的退休待遇。退休人员的晚年生活对社会发展和稳定有重要的作用,所以调查研究部门要重视对调查研究部门退休人员的管理,使他们发挥社会余热。

调查研究人员的退休对调查研究部门和调查研究工作有重要的作用:

1. 有利于调查研究部门人员的更新和提高工作绩效

调查研究部门的工作职位是有限的,部门的财力和物力也是有限的,到了一定年纪的人员不离开工作岗位就无法使其他人进入调查研究部门。到了退休年龄的调查研究人员一般比较保守、不善于创新、身体素质和精力下降,不能高效地进行调查研究工作。而年轻人富于创新精神、思想开放、身体素质和精力较好,能够很好地完成调查研究的工作任务。调查研究人员的退休为年老的调查研究人员退出调查研究部门,年轻的人才进入调查研究部门提供了有效的途径,有利于调查研究部门人员的更新和工作绩效的提高。

2. 有利于调动在职工作人员的积极性

调查研究人员的退休一般都是与各种福利制度相配套的,退休后调查研究人员可以享受退休金、养老保险、医疗保险等待遇,晚年生活是有保证的。这就会使在职调查研究人员预期到他们退休后的生活也是有这些保证的,这些在职的调查研究人员就会没有什么顾虑地好好工作,工作积极性就会被调动起来。

3. 有利于打破终身制

以前实行的终身制使得年纪长的调查研究人员离不开工作岗位,年轻的新人没法得到晋升,造成了调查研究部门工作效率低下,机构臃肿。而现在有关调查研究人员退休的法律法规规定了调查研究人员到了一定年龄时必须退休,这就在法律上确立了调查研究人员退休的制度,调查研究人员的退休成为一种个人职业发展的必然发展趋势,这是不以外力为转移的,这也就从根本上打破了原有的终身制。

第四章　调查研究成果的评估

第一节　调研成果评估的作用与主体

取得调查研究的成果，并不是调查研究过程的结束，完整的调查研究过程还包括对调查研究成果的评估，调查研究成果的评估是调查研究工作管理中的一个重要环节。调查研究成果的评估具体来说指的是调查研究成果评估的主体按照一定的评估指标、遵循一定的原则而对调查研究工作的成果做出客观评价的活动。

一、调查研究成果评估的作用

调查研究成果评估之所以重要，是因为它具有重要的作用。调查研究成果评估的作用主要体现在以下几方面：

1. 对调查研究成果的评估是衡量调查研究工作效果的主要途径

调查研究工作在开展一段时间后究竟取得了怎样的效果，在大多数情况下我们并不能直接地观察到，原因在于对调查研究成果表面的观察可能与其实际的状况存在很大误差。因此，就有必要及时地对调查研究的成果进行评估，调查研究成果的评估是判断调查研究工作效果的主要途径。调查研究工作的效果主要表现为调查研究的成果，要想知道调查研究工作的效果就要先对调查研究的成果进行评估。调查研究工作的效果是依据一定的调查研究成果而产生的，通过对调查研究成果的评估就可以基本上判断出调查研究工作效果的好与坏、大与小等。

2. 为决定调查研究工作今后的去向提供依据

在整个调查研究过程中，当调查研究工作开展一段时间后或整个调查研究活动结束之后，调查研究部门就要对调查研究的成果进行评估，没有对调查研究成果评估的调查研究工作是盲目的，为了避免调查研究工作的盲目性，我们就要对调查研究成果进行评估，以评估反馈的信息作为决定调查研究工作今后去向的依据。调查研究工作的去向一般分为三种：一是延续，二是调整，三是终结。无论采取哪种去向，都不能主观地决定，必须有决定的依据，决定的依据的获得依赖于对调查研究成果的全面、系统、科学、合理的评估。

3. 为调查研究部门的人事管理提供依据

对调查研究人员的人事管理总是和一定的调查研究成果的评估相挂钩的，调查研究成果的评估为调查研究部门的人事管理提供依据。现在调查研究部门大多实行以功绩制为主导的人员奖惩制度，调查研究人员的工作绩效直接与他们的工资、福利、职位的升降等相联系。通过对调查研究成果的评估，我们就可以评价出每个调查研究人员在调查研究工作中的贡献或者失误，这样就能对调查研究人员做出增加或降低工资和福利、晋升或降职的人事管理决定。没有调查研究成果作为依据的人事管理是主观的，是不能调动调查研究人员的工作积极性和工作热情的。所以说，调查研究成果评估对调查研究部门的人事管理有重要的依据作用。

4. 有利于调查研究部门资源的合理配置

在实际工作中，调查研究部门往往同时开展多项调查研究活动。由于用于调查研究工作开展的资源是有限的，所以就必须明确各项调查研究工作的重要性，来决定资源投入的优先顺序和比例，以实现资源的有效配置。开展调查研究成果评估的目的就在于看某项调查研究工作是否有成效，是否值得调查研究部门继续开展，如果调查研究工作富有成效，那就值得继续对它继续投入资源，如果调查研究工作没有成效，那就不值得继续开展，也就无需再对它投入资源，转而可以把有限的资源投入到有成效的调查研究工作中，这样就可以实现调查研究部门资源的合理配置，使有限资源产生最大效益。

5. 有助于积累调研工作经验、吸取调研工作教训

在调查研究成果的评估过程中，我们不能单纯地看调查研究工作是否取得了效果和成绩，还要看在调查研究工作的过程中我们有哪些工作上的失误或者过失，我们应该在今后的调查研究工作中注意哪些问题，我们应该吸取什么教训。总之，对调查研究成果的评估一方面是对以前工作中经验的积累，另一方面是对工作中教训的吸取，通过经验的积累和教训的吸取，在以后的调查研究工作中，就可以减少工作中的差错，使调查研究工作顺利地、更好地开展。

以上是调查研究成果评估的几个重要作用。此外，调查研究成果的评估还有助于调查研究工作的科学化和系统化，在这里就不详细阐述了。基于调查研究成果评估的重要性，我们在调查研究工作管理中不能忽视这个环节。

二、调查研究成果评估的主体

调查研究成果的评估任务总是由一定的机构和人员来承担的，承担调查研究成果评估任务的机构和人员就是调查研究成果评估的主体。根据调查研究成果评估的主体与调查研究系统的关系，可以把调查研究成果的评估主体分为调查研究系统内部的评估主体和调查研究系统外部的评估主体。

1. 调查研究系统内部的评估主体

调查研究系统内部的评估主体包括调查研究部门的领导者、调查研究部门内专门设立的调查研究成果评估机构、调查研究工作人员、调查研究成果评估小组、上级调查研究部门等。

对调查研究成果的评估是调查研究部门领导的一项重要职责，领导者对调查研究成果的评估效率比较高，但由于领导者能力、时间和精力有限导致这种评估会不全面、不系统；在大型的调查研究部门内大多设有对调查研究成果专门进行评估的机构，这类机构的评估专业性很强，但容易过分重视专业上的成果而忽视其他方面的效益；调查研究工作人员也是调查研究成果的评估者，这类人员由于最了解调查研究的情况，所以最容易对调查研究做出评估，但这种评估会带有很大的主观性，调查研究人员可能会为了个人利益而不对调查研究成果做出客观的评估；调查研究成果评估小组是在调查研究系统内部由调查研究领导者、调查研究人员、调查研究成果专门评估机构等组成的评估小组，这种小组保证了调查研究成果评估的民主性；上级调查研究部门也是下级调查研究部门成果的评估主体，

调查研究成果评估指标则侧重于调查研究在学术发展上的贡献。在这里讲的调查研究成果评估的指标是对各种类型调查研究成果评估指标的综合。

1. 经济效益指标

我国当前以经济建设为中心的任务决定了经济效益指标是调查研究成果评估中的一个重要指标。经济效益指标主要包括调查研究过程中所花费的经济成本、社会从调查研究成果中得到的经济收益以及成本和经济收益的比率。调查研究工作的开展是有经济成本的,这些成本包括调查研究人员的工资、福利、补贴、调查研究所需设备的费用,异地调查研究的交通费、住宿费、各部门之间的协调费等。在评估调查研究成果时,这些成本必须计算在内。社会从调查研究中获得的经济收益在大多数情况下是不能直接测量的,这就要借助于一些间接指标,如 GDP。单纯的调查研究过程中花费的经济成本和社会从调查研究成果中取得的经济收益并不能准确地反映调查研究的经济效益,需要把二者进行对比,二者的比率能够准确地反映出调查研究取得的经济效益。

2. 社会效益指标

在大多数情况下调查研究成果是从其社会效益指标上来进行评估的。社会效益指标主要包括群众对调查研究的支持率、社会治安的安定情况、失业率的下降、适龄儿童的入学率、社会犯罪的减少、市容改善情况、交通违规率的下降等。但这些并不是每个调查研究都应该遵照的指标,要根据每个调查研究工作的任务和目的来选择与之相对应的社会效益指标。对调查研究成果的评估现在大多重视经济效益指标,而忽视社会效益指标,造成了评估的不全面,所以在指标的确定和选择时一定要注意社会效益指标的作用,不能遗漏这一指标。

3. 学术指标

对于实用型的调查研究来说,经济效益指标和社会效益指标是两个最重要的成果评估指标,而对于学术型的调查研究来说,学术指标则是最重要的指标。学术指标主要包括学术贡献指标、调查研究报告的理论水平。学术贡献指标是指调查研究成果是否填补了某项研究空白,是否对某一方面的研究有带动作用,是否在较高级别的刊物上发表等;调查研究报告的理论水平包括报告是否上升到了一定的理论高度,是否恰当地运用了一些理论方法和技术,是否严密和具有逻辑性等。

4. 组织和管理水平指标

调查研究部门的组织和管理水平和调查研究的经济效益、社会效益和学术水平成正比例关系。因此,调查研究部门在调查研究过程中的组织和管理工作也是调查研究成果评估的一个主要标准。调查研究部门的组织和管理水平包括从事调查研究的人员的数量、素质、管理的层次和幅度、工作的难易、调查研究工作所花费的时间等。调查研究部门的组织和管理水平是任何类型的调查研究工作成果评估中都不可缺少的一个指标。

三、调查研究成果评估的影响因素

调查研究成果的评估过程是十分复杂的,是受一系列因素影响的,明确影响调查研究成果评估的主要因素对于我们在评估过程中避免这些因素的影响,提高调查研究成果评估工作的质量、客观性和效率有重要作用。调查研究成果评估的影响因素主要有以下几个:

1. 评估的主体和程序

调查研究成果的评估总是由一定的人员来做的,而人又是整个过程中最主观的因素,所以调查研究成果的评估主体是最重要的影响因素。评估主体的人员数量、结构、各类主体的比例、素质、价值观、思维方式、利益关系、职务、地位,所在的部门等都影响着对调查研究成果的评估。此外,调查研究成果评估的程序也影响着评估的结论,人们对客观事物的认识和理解是受各种心理因素影响的,事物的排列顺序影响到人们的判断结果,所以评估的程序也是一个不容忽视的因素。

2. 评估的技术、方法和时间

调查研究成果评估过程中所使用的技术和方法影响到各种计算结果的准确程度,影响到最后的评估结果。现代的评估技术和方法与传统的评估技术和方法存在很大的差异。具体情况不同,使用的技术和方法也应该不同,如果不分情况地使用同一种方法和技术那就会影响到评估的结果。时间因素对调查研究成果评估来说也很重要,一般要选择适宜的时间,过早就很难看出调查研究的效果,过晚很多详细的资料就容易丢失。

3. 评估的指标

调查研究成果评估指标的选择和各个指标在指标体系中的比重也影响着评估的结果。一般而言要根据调查研究工作的目的和任务来选择评估的指标,要合理地确定各个具体指标的比重。对于评估同一个调查研究成果来说,如果选择的指标不同,各个指标的比重不同,那么得出来的结论会有很大的不同,甚至是大相径庭。同时,指标所包含的实质内容也会影响到评估,如果指标没有包含实质性的内容,那么评估的主体的评估也就不能准确地反映出来。

4. 评估的费用

不管是调查研究系统内部的评估还是调查研究系统外部的评估都要花费一定的评估费用,评估的费用影响着评估工作的进程、速度、效率和深度。如果评估的费用不充足,那么评估工作就会由于资金的问题而受到限制,要么停滞不前,要么草率了事,要么浅尝辄止。此外,评估费用还影响到评估主体的数量、结构和质量等,充足的经费允许调查研究部门让更多的、更多样化的、更高质量的人员和机构参加到评估活动中来,反之,评估的主体就会比较单一且数量少,这样就会降低评估的质量和可信度。

第二编　调查研究工作实用指南（应用编）

第八篇　经 济 调 查

第一章　经济调查概述

第一节　经济调查的对象、特点和方法

一、经济调查的对象

经济调查工作的实践性决定经济调查的研究对象是有关搜集、整理和分析研究经济现象数量方面的调查方法。经济调查工作主要是反映和研究经济现象的数量方面，研究经济现象及其发展变化在具体时间、地点、条件下的数量表现。

为了更清楚地说明经济调查的对象，需要把经济调查对象的三个特点作进一步说明。

第一，经济调查的对象不是反映经济现象数量方面在具体时间、地点、条件下的具体表现，而是有关搜集、整理和分析研究经济现象数量方面的调查方法。任何经济现象都是质和量的统一体。现象的质，说明了它的性质特征和与其他现象的差异；现象的量，反映的是在一定时间、地点、条件下所表现出来的规模、水平、速度、频度和比例。而实际调查工作的任务是反映和研究具体现象数量。经济调查对研究国家和地区经济发展有重要作用，为国家和地方各级领导提供调查经济状况和发展的信息，起着信息反馈作用。如何研究现象的数量方面，怎样来搜集、整理和分析研究具体现象数量方面，这不仅是调查方法的问题，还是经济调查的任务。经济调查把研究经济现象数量方面的方法作为自己的研究对象，就必须对调查方法进行专门的探讨、研究，把实际丰富的经验概括上升为科学的理论。

第二，经济调查是研究有关经济现象数量方面的具体方法，与经济调查原理有很大区别。首先，在经济调查原理中，有许多对如何搜集、整理和分析研究经济现象所需的调查科学特有的方法，如相对数法、平均数法、动态数列法、抽样法、相关法、分组法以及其他分析方法等，这些方法已经做出了一般性的说明和论证。而经济调查是研究有关经济现象数量方面的具体方法，比如计算平均人口、期内固定资产平均占有量及其他各种具体现象平均值的方法等。其次，经济调查原理是适用于研究一切经济现象数量方面的方法论，而经济调查只是阐述它所研究的各种经济现象数量表现特征的专门方法。例如，如何计量国内生产总值，如何计算经济活动的成果和效益等。这些调查方法是经济调查所特有的，也只有在经济调查中才能进行全面的科学的说明与论证。因此，在学习社会经济调查的基本原理后，还必须学习经济调查才能满足研究经济现象的数量方面的需要。

第三，经济调查的研究对象是从宏观角度来研究有关经济现象数量方面的调查方法，而不是微观的调查方法。从宏观角度，指的是从国家或地区的整体经济出发，把实际生产和生活中所发生的经济现象作为一个整体。与之相对应的则是微观角度，即从具体企业、事业单位出发，处理个别单位所发生的经济现象。比如，每个部门调查所研究的是关于该部门中经济现象数量方面的调查方法。例如，

工业企业总产值的计算方法、工业企业劳动生产率的调查方法、工业企业经济效益调查问题等。而经济调查是研究涉及宏观经济现象数量方面的调查。另外,经济调查是以全国或地区的整个国民经济现象作为调查研究的出发点,研究其中各种经济现象数量方面的方法。例如,计算全国或地区的社会总产值、国民收入和国内生产总值,计算劳动力资源总数和社会劳动者人数,计算劳动生产率水平,计算社会购买力,进行经济中有关现象数量间的综合平衡等等。所有这些方面的方法都是宏观经济调查的方法问题。

二、经济调查的特点

经济调查属于社会经济调查范畴,不但具有社会经济调查的共同点,同时也具有与一般社会经济调查相区别的特点。

(一)共同点

经济调查与其他社会经济调查的共同点是:

1.数量性

社会经济调查研究社会经济现象的数量方面,因此数量性是它的首要特点。社会经济现象的数量方面的研究,包括现象的规模、水平、比例、结构及其变化。

在调查工作的各个阶段中:搜集数量资料的调查阶段;对所搜集的数字资料进行加工的整理阶段;运用各种分析方法进行数量估计、推断及其他分析的分析阶段等,都是社会经济调查的数量性表现所在。

2.大量性

社会经济调查工作的任务是研究社会经济现象总体的数量方面,并用各种调查指标表现出来。调查指标通常由反映总体单位特征的样本汇总而成,因此,只有足够大量的样本才能充分反映总体的特征,也只有大量样本得到的调查指标才能表现社会经济现象总体的数量方面。

3.具体性

具体性是指用指标反映总体社会经济现象在一定时间、空间条件的具体数量表现,它强调具体时间和空间的要求。

(二)不同点

经济调查也有个性方面,主要包括:

1.宏观性

宏观性是由经济调查工作的研究对象所决定的。因为经济调查工作是以国家或地区的整个经济,即整个社会再生产过程和社会生活作为研究对象的,因此与部门调查和企事业调查有所区别。如果把部门调查和企事业调查看成是中观和微观调查,则经济调查就是一种高层次的、宏观的调查。尽管经济调查要涉及部门调查和企事业调查的内容与方法,但是它的出发点和着眼点却是整个社会再生产过程和整个社会生活现象的数量方面。

2.平衡性

经济调查是制定国家或地区经济计划的基础,只有首先为经济计划的综合平衡服务,才能为经济和社会发展计划工作服务,因此,经济调查工作中要大量运用各种平衡表。

3.综合性

经济调查的综合性不但表现在反映现象本身的广泛、错综复杂，还表现在统计调查、推断分析工作过程的相互联系、互有相关。这就要求运用各方面的理论知识和实际经验来搞好经济调查工作。

三、经济调查的理论基础和研究方法

(一)经济调查的理论基础

经济调查的理论基础是马克思主义的政治经济学。政治经济学阐明了人类社会各个发展阶段上支配物质资料的生产、交换以及与其相适应的产品分配的规律，社会再生产的理论、国民经济有计划按比例发展的规律、价格规律等等，而这些理论和规律又是经济科学的基础，反映了经济现象本质的必然联系，影响着社会再生产过程，所以它也是用经济调查方法来分析宏观经济现象的数量表现所必须遵循的原则。马克思主义政治经济学中提出的各种经济范畴、理论，也是进行经济调查时确定调查指标体系的内容、计算口径以及调查方法的依据。

经济调查的方法论基础是马克思主义哲学，即唯物辩证法和历史唯物主义。马克思主义唯物辩证法是关于自然、人类社会和思维运动发展的普遍规律的科学，是无产阶级及其政党的世界观和方法论。历史唯物主义是关于人类社会历史发展的最一般规律的科学，是唯物辩证法在研究社会生活和社会历史的运用。它科学地揭示了社会历史发展的基本过程和最一般的规律。经济调查是以研究社会经济现象数量方面的调查方法论为研究对象，为认识社会经济现象的发展规律提供方法依据。因此，经济调查必须把研究方法和认识经济现象的观点完全建筑在马克思主义的唯物辩证法和历史唯物主义的基本原理与原则基础上，并以此作为认识的出发点和归结点。

(二)经济调查方法

经济调查方法是社会经济调查原理中阐述的调查方法的具体应用，是反映和研究国家或地区的宏观经济现象所必须运用的。

经济调查中常用的调查方法有很多种，以下主要介绍五种。

1. 分组法

分组法是经济调查中经常运用的方法。要运用调查数字来描述国家或地区宏观经济现象的总体，就必须逐一对它进行剖析。如果要展示和分析国家或地区的经济系统及其各个组成部分的数量与数量关系，就必须要按照所有制形式、经济活动的基本功能、产业发生的时间顺序、经济活动的特征等，对经济总体进行分组。经济调查中所有涉及“分类”或“结构”的表现形式，都是分组法的具体应用。

2. 对比法和平均法

对比法也是经济调查中常用的数据表示方法。有比较才能鉴别，要对一个经济现象做出准确的判断，就必须从横行和纵向的各个方面去观察，通过比较得出相对客观的判断，了解各种经济现象之间的联系和区别。如社会经济调查原理中所讲述的各种相对数，在经济调查中就有非常广泛的使用，用来说明宏观经济现象的内部结构、差别、发展动态、计划完成程度和强度等。例如，在反映宏观经济重大比例关系时，常常要计算工农业总产值占社会总产值的比重，积累基金占国民收入的比重等指标；在反映居民生活水平时，常将农民收入和非农业居民收入作比较；在反映国家或地区的经济实力时，经常计算国民收入的增长变化情况、人均土地面积、人均国内生产总值等。

平均法是调查研究中一个经常使用的数据表现方法。由于国家或地区的宏观经济现象的数量在不同时点、不同地点和其他不同的条件下，总是存在着差别。因此，对同一个经济总体来说，要了解经济整体的状况，只有用平均水平来表示；当对不同的经济总体进行比较时，因为消除总体规模大小不同而造成的不可比，也只有用平均水平来表示。

3. 动态分析法

物质是运动的，运动规律是社会发展的基本规律，经济现象也总是处于不断的变化中，因此要认识宏观经济现象，掌握变化规律，不能用静态指标去描述，必须从它的发展速度、变化程度等的量化上去认识，并且要分析与之有关的现象的变化对经济发展速度的影响程度，所以动态分析法是经济调查中不可缺少的方法。例如在分析劳动力资源的数量、物质产品生产的增加以及它们之间的增长速度是否协调时，在分析平均工资的增长和劳动生产率的提高是否相适应时，都需要广泛的使用动态分析法。

4. 平衡法

宏观经济总是在平衡——不平衡——新的平衡的过程中协调前进。并且，国家和地区经济的各部门、各环节之间存在着错综复杂的经济联系，这些联系往往表现为数量上的对等关系，即平衡关系。例如收入与支出、资源与使用、投入与产出等。因此，平衡法在经济调查中有着特殊的地位。经济调查中常用的平衡法有平衡表法、平衡账户法、投入产出法等。平衡表法在我国应用的时间比较长一些，投入产出法近几年来在我国已普遍使用，而随着新的国民经济核算体系（SNA 体系）的推广实行，平衡账户法将成为我国国民经济核算的主要方法。

5. 相关和回归分析法

宏观经济现象之间存在着相互联系、相互制约和相互依存的关系。经济调查中常用相关法来分析宏观经济现象之间的联系，并找出与经济发展密切相关的因素，从而促进经济协调快速的发展。比如分析工农业生产之间的关系、工农业总产值与货物运输量之间的关系等。

另外，回归分析法也是经济调查中的常用方法。回归分析法用来研究宏观经济中具有相关关系的现象之间的数量变化关系。比如，研究劳动生产率和成本利润之间的量关系、商品销售额与销售费用之间的数量关系等。

第二节 经济调查的任务与内容

一、经济调查的任务

经济调查承担着调查搜集、分析和研究宏观经济数量资料，正确反映经济发展状况，以及对经济的运行实施全面、系统的定量检查、监督和预警的任务，以促进国家和地区经济按照客观规律正常运行，使之得到持续、协调、稳步的发展。

经济调查工作搜集的资料、汇集的信息来自经济的各个部门、各个环节，这些信息全面地反映了国家或地区经济工作各个方面的情况。其中，既有反映国家和地区综合经济实力的指标，也有揭示宏观经济现象重大比例关系的指标。经济调查的这个重要作用，既有对再生产过程中量的描述，也有对经济发展前景的预测，是部门调查或专门调查不可能承担的。充分利用经济调查资料，掌握经济调查的重要信息，可以为国家和地区的各级领导指导经济建设，维护安定团结的形势起到重要的参考作用。具体来说,经济调查有三个方面的任务。

第一,组织和进行经济核算,揭示国家和地区经济发展的水平、规模、结构、变动和效果。通过对国家和地区经济各种存量和流量、产品的生产和分配与使用情况、投入和产出等情况的反映,从各个侧面对国家和地区经济各种主要比例关系、经济效益等方面进行综合分析和评价。

第二,根据可靠的数字信息,利用科学的调查方法,对经济发展中可能出现的情况和问题进行监测预测,及时发出预警信号,提供情报,并提出解决问题的办法,从而促进经济的持续、稳步发展。

第三,为国家和地区各级领导机构确定经济发展战略,制定战略发展规划,制定经济政策,编制国民经济计划,监督检查政策和计划的执行,以及其他各种重要决策,提供科学和可靠的依据。

在改革开放的基本国策下,经济调查工作的监督作用更为突出。并且,我们也更有条件、更加需要利用国外成熟的调查方法,结合国家和各地区具体的情况加以研究,提出建议,使理论研究与实践密切地结合,充分发挥经济调查的监督和助手作用。

二、经济调查内容的设计原则

经济调查内容的设计,要从设计、名称、含义、内容,计算的时间、空间范围,计算方法、计算单位等方面来全面考虑。而处理这些问题,则必须遵循一定的原则。

(一)科学性原则

经济调查既要有科学理论的指导,又要符合客观现象的实际。也就是说,既要以马克思主义关于经济现象的各种原理、原则作为设计的出发点和归宿点,又要从国家和各地区的实际情况出发,根据国家和各地区经济状况的特点,设计具有国家和地区特色的经济调查内容。具体来说,就是既要能反映国家和各地区经济发展的现状与特点,又要适应中国特色的社会主义市场经济的需要,特别是社会主义物质文明和精神文明建设的需要。

(二)目的性原则

经济调查既要能够全面反映国家或地区经济现象和过程的各个方面、各个环节,又要能提供分析研究经济中各种基本平衡和比例关系的数量,适应管理的客观需要。经济调查内容的设计是为全面反映经济现象及其过程的数量方面并为政府管理和分析研究服务的。因而,它所包括的内容应该是全面的,也就是说,它是包括反映经济现象和过程的所有方面的体系。经济调查的内容,要研究主要平衡和比例,适应宏观管理需要的指标,以利于加强宏观经济管理和控制。

(三)联系性原则

经济调查内容的设计要从国家或地区的整体上全面考虑各指标之间的联系。体系内的指标要在口径、时间、空间、方法等方面相互联系。就经济而言,最大的联系就是国民经济的综合平衡。各个部门、各个地区、各个环节、各个层次都要以国民经济综合平衡研究为中心通盘考虑调查内容的设置、指标的数量、口径和计算方法,使其成为由许多大系统、分体系和子体系构成的有机联系的整体。

(四)统一性原则

经济调查内容的设计既要考虑内部联系,又要考虑外部联系。外部联系主要是指经济调查内容在计划、调查、会计和业务核算上要统一。经济调查为计划服务和监督计划的执行是发挥作用的重要内容。调查与计划必须一致。调查工作要利用会计、业务核算的资料,也必须考虑与它们的统一性。

(五)可比性原则

调查内容的设计还要考虑各部门、各时期和国际间对比的要求。调查内容要保持一定的相对稳定性:重要内容要采用逐渐代替的方法,不宜断然更换;指标口径、分类方法、计算价格发生更换或修订时,要注意与旧有资料的衔接。除此以外,随着国际交往的加强,还要考虑国际间的可比性.要适应进行国际调查资料对比的需要。随着对外经济开放的发展,对外经济交流和合作日益频繁,进行国际对比显得越来越重要。只有进行国际对比,才能正确认识到国家和各地区经济发展水平在国际上的地位,更客观地评价国家或地区经济发展所取得的成就,科学合理地制定国家或地区经济发展规划,促进经济协调、稳定的发展。进行国际比较,必须确保调查内容的口径,要与国际通用的方法保持一致,否则,就会给国际对比造成困难,降低国际比较结果的准确性,甚至无法比较。

上述原则是一般的,具体设计时要充分考虑实际情况的复杂性。但必须指出,实际工作中,常常不是指标的重新设计,而是对原有内容的改进。即便如此,上述原则也还是适用的。

三、经济调查内容的分类

经济调查是一个复杂的多层次、多环节、多部门的总体。按照不同的角度,经济调查的内容有不同的分类方法。

(一)根据应用的范围,可以分为全国的经济调查和地区的经济调查

1. 全国的经济调查

全国的经济调查,指用于反映和分析整个国民经济的各个方面现象的数量表现时所采用的调查。它具有四个特点:

第一,它是从整个国民经济角度来制定的,因此它适用于编制国民经济和社会发展计划和监督其执行情况。

第二,它可以充分描述一个国家的国情和国力,为分析研究国情和国力的各个方面提供各种必要的调查数据。

第三,它为进行全国的国民经济核算设置必需的调查内容。以国民经济综合平衡核算为基本内容的国民经济核算是以经济调查为核心所组成的核算体系。全国的经济调查中所包括的各项内容应适应和满足国民经济核算的要求。

第四,它为建立各级地方经济调查提供基本模式。以全国的经济调查为基础,结合地区社会经济现象的特征,从而建立各级地方所应用的经济调查体系。

2. 地区的经济调查

地区的经济调查,是指各级地方政府统计部门为描述和研究本地区经济现象和过程数量方面所使用的调查。地区的经济调查有如下四个特点:

第一,它是从地区角度制定的,可以反映“地情”、“地力”,特别是地区与国家、地区间、省级与市级间的各种经济的和社会的联系。例如,人口的迁入量、迁出量,财政的上缴额、下拨额,物资在全国地区间的调入总值、调出总值,在省(自治区或直辖市)内各地区间的调入量、调出量等内容,都是地区经济调查指标体系中所特有的内容。

第二,反映地区经济某些特殊方面的内容较为详细具体。例如,内地和沿海、农业区和牧业区、一般行政区和特区或开发区、少数民族聚集地区等都有各自的具体情况。在建立各个地区经济调查时,一定要比较详细、具体地设置一些反映该地区特点的调查内容。

第三，适应地区国民经济核算的要求。由于地区和国家以及地区间的复杂的联系，地区国民经济核算方法较全国的要更详细更具体。所以，地区经济调查必须适应地区国民经济核算的要求。

第四，它与各行政主管部门的调查有密切的直接衔接关系。地区经济调查指标体系对建立地区各行政主管部门的调查具有指导意义。地区经济调查是全国经济调查的延伸和发展，又是微观调查建立的重要依据。

（二）根据研究目的，可以分为基本的调查内容和专门的调查内容

1. 基本的调查内容

基本的调查内容有两种：反映整个国家国民经济运行和地区的经济运行；反映部门的经济活动。

2. 专题的调查内容

专题的调查内容是为了反映和研究某一专门的经济问题而制定的。例如反映价格问题的价格调查；反映人民生活问题的生活水平调查。

（三）根据表现形式，可以分为实物和价值两类

由于经济调查涉及到社会再生产的条件和再生产的各个环节，因此，不可能用统一的一种表现形式。其中，实物内容最能具体直接地反映问题。如反映劳动力资源、土地资源的指标体系就要用人数、面积等实物。同时，在社会主义市场经济的条件下，社会产品具有使用价值和价值的两重性。在社会再生产过程中，有实物运动和价值运动两个过程。为了使再生产能顺利进行，必须保持二者的平衡，因此，需要从实物形态和价值形态两个方面加以核算。

四、经济调查的内容

经济调查应当全面地反映国家或地区经济的各个方面和社会再生产的各个环节，它由以下内容组成：

（一）反映社会再生产条件的内容

1. 劳动资源总量及其构成和变动的指标体系。如劳动力的性别、年龄、文化程度构成；劳动资源的地区和部门分布；劳动资源增减等指标。

2. 国民财产调查。包括：(1)固定资产的总量、构成、变化和利用情况调查。如固定资产原值和净值、固定资产折旧率、固定资产利用程度、固定资产增减变动等。(2)流动资产。如流动资产价值总量、流动资产周转次数和周转天数等。

3. 自然资源调查。如土地资源总面积、森林总面积、森林覆盖率、木材蓄积量、矿产储量、矿产能利用量、水力资源蕴藏量、水力资源有效利用量等。

4. 金融资产负债调查。如金融资产总额、金融负债总额等。

（二）反映社会产品生产成果的调查

1. 社会产品产量的调查。如社会总产值、商品产值、社会产品生产成本等。

2. 国民生产总值调查。如国民生产总值、各部门增加值、净增加值等。

（三）反映社会再生产过程中产品流通的调查

这主要包括：商品流转调查系，物资供销调查，货物运输调查，邮电调查。如商品的购入、销售、调拨、库存等，以及货运量、货物周转量、货运周转期、运行密度等。

（四）反映国民收入的调查

这主要包括国民收入生产、国民收入分配、国民收入使用等方面。如国民收入生产额、国民收入使用额、积累基金、消费基金等。

(五)反映财政信贷情况的调查

1. 财政调查。比如财政预算内(外)收入、财政预算内(外)支出、财政收入占国民收入的比重、基本建设拨款占财政支出的比重、预算外和预算内资金的比例等。

2. 信贷调查。比如信贷资金来源、信贷资金运用、平均贷款余额、贷款周转速度等。

3. 保险调查。比如承保户数、保险金额、保险费、赔款件数和金额等。

(六)反映物价变动情况的价格调查

这主要包括商品平均价格、商品差价和比价、价格指数等。

(七)反映对外经济的调查

1. 对外贸易调查。比如出口成交额、进口订货额、进出口贸易总额、对外贸易差额等。

2. 国际收支调查。如国际收支经济往来项目、资本往来项目、储备增减变动额、顺差和逆差等。

(八)反映居民生活水平的调查

这主要包括居民收入和居民消费水平两个方面。如居民收入水平、居民消费量、居民消费支出等。

(九)宏观经济效益调查

宏观经济效益调查主要包括:

1. 反映生产方面经济效益。如社会物质消耗率、国民收入综合能耗、社会劳动生产率、社会总成本净值率和利税率等。

2. 反映流通方面经济效益。如流通费用率、流动资金周转速度、流动资金占用率等。

3. 反映固定资产投资经济效益。如固定资产投资效益系数、固定资产年平均报酬率、固定资产交付使用率等。

4. 反映消费方面经济效益。如人均国民收入、人均消费资料等。

5. 反映技术进步方面经济效益的。如技术进步对国民收入增长速度的贡献、年技术进步速度等。

第二章　劳动力资源和自然资源调查

第一节　劳动力资源调查

一、劳动力资源调查的概念和意义

(一)劳动力资源的概念

劳动力是指具有劳动能力的那部分人口。它既包括实际参加社会劳动的劳动力,也包括未参加社会劳动但有劳动能力的人口。前者称社会劳动者或就业人口,后者称未就业劳动力。劳动力资源就是指作为社会生产要素的全体劳动力。

具有劳动力的分类与人口的劳动年龄界限密切相关。任何一个国家和地区的人口总体,一般都按人口的自然年龄划分,可分为:未达到劳动年龄的人口、劳动适龄人口、退休的老年人口。如果只需要粗略反映劳动资源状况,一般就是以劳动适龄人口数来表示劳动力资源。

劳动适龄人口的年龄是相对的。世界各国都是根据本国的社会经济发展状况、生产的技术水平、劳动者的文化教育程度以及人民的预期寿命等因素,对劳动适龄人口的年龄界限做出具体规定。我国目前规定的劳动年龄为:男 16 岁至 59 岁,女 16 岁至 54 岁。

从劳动力资源的广义来看,劳动力资源也可以是指一个国家或一个地区的全部人口。从劳动资源的动态来观察,现在未到达劳动年龄的人口,有的已经参加了社会劳动,有的即将参加社会劳动,对他们进行研究,对于保护、开发和利用这部分劳动力资源具有重要意义。已达到离退休年龄的人口,仍能参加社会劳动,还是一种最重要的劳动力资源。对他们进行研究,也有利于劳动资源的开发和利用。

为了研究劳动力资源的变动,及其与发展地区经济和教育、卫生等事业之间的平衡,需要使用各种劳动力资源调查方法对劳动力资源的状况进行调查。

常用的劳动力资源调查方法有:

1. 根据人口普查和经常性的登记资料,精确地计算当年的劳动力资源。

2. 人口年龄移算法。就是把当年各个年龄的实际人数,扣除活不到下一个年龄的死亡人数,算出下一年大一岁的预计人数。它也可以用人数乘上存活率(每个年龄的人数中活到下一个年龄的比率)的计算结果来表示。性别不同,劳动年龄有差别,男女之间各个年龄的死亡率和存活率也不一样。因此,劳动年龄的人口数,应该按照男性和女性分别推算。由于劳动年龄人口数不等于劳动力资源,如果能取得不属于劳动年龄人口但属于劳动力资源,以及属于劳动年龄人口但不属于劳动力资源的人数或比率,对劳动年龄人口数作必要的调整,这样就能更加正确的估算劳动力资源数量。

3. 动态估计法。即把人口的净增率加以适当修正,作为劳动力增长率,用它估算某一年劳动力净增人数。而该年劳动力预计人数,则等于基期劳动力人数加劳动力净增人数。

4. 比重估算法。即以劳动力在总人口中所占的比重来估算。某年劳动力预计人数,等于预计该年人口总数乘以劳动力在总人口中所占的比重。

动态估算法和比重估算法比较简单,但假设性因素较大,精确性不高。如果劳动力资源调查的实际工作中对精确性要求不高,也可以采用这两种方法。

(二)劳动力资源调查的意义

我国是一个人口众多、土地广阔的发展中国家,各地区的劳动力资源状况有很大差异,进行劳动力资源的调查,对合理使用和开发众多的人力资源,研究人力资源、物力资源、财力资源的优化组合,取得更大的社会经济效益,都具有特别重要的意义。

劳动力资源调查是经济调查的重要部分。劳动力资源调查的重要意义主要有以下四点:

1. 反映劳动力资源的数量和素质状况,更全面地说明国家和各地区的经济实力。

2. 可以分析劳动力资源的潜力,研究其合理分配和充分利用情况。

3. 可以反映劳动力再生产及劳动就业状况。

4. 可以分析影响国家或各地区经济对劳动力的需要量的因素,并对劳动力资源进行预测。

(三)劳动力资源调查的任务

劳动力资源调查的基本任务是:准确、及时、全面、系统地搜集、整理和分析劳动力资源调查资料,为国家和地方各级领导制定劳动力资源的合理开发与利用计划,加强劳动资源的科学管理,对未来的劳动力资源进行全面、合理的安排和使用提供依据。

1. 劳动资源的合理开发和利用计划是国家和各地区经济与社会发展计划的重要组成部分。通过劳动力资源的调查,提供劳动力资源的数量、质量和结构以及利用状况等资料,可为编制劳动力资源开发和利用计划提供依据。

2. 对劳动力资源进行科学管理是合理地开发和利用劳动力资源的前提条件。劳动力资源调查必须掌握和反映国家和各地区过去与现在的有关劳动力资源的资料,并加以科学分析,为进行劳动力资源的科学管理服务。

3. 为满足国家或各地区经济和社会发展的需要,必须了解和掌握未来对劳动力资源数量与质量的需求。劳动力资源调查要进行预测,掌握未来某一时期的人口数量,劳动年龄人口数以及与劳动年龄人口数有关的各种人口素质等资料,为今后若干年全面安排与合理使用劳动力提供依据。

二、数量和地区分布调查

(一)劳动资源的数量调查

劳动力资料的数量表明一个国家或地区在一定时期所拥有的劳动力资源的规模和水平。它可以表现为“时期数”,也可以表现为“时点数”。

劳动力资源的“时期数”反映一定时期内劳动力资源的各种变动过程的结果。一定时期内劳动力资源的变动有自然变动与机械变动之分。劳动力资源的自然变动是指因年龄的变化,一部分人进入劳动年龄,一部分人退出劳动年龄。劳动力资源的机械变动,是指劳动力资源的迁入、迁出的变动。

劳动力资源的“时点数”反映某一个标准时点上的劳动力资源拥有量。这一数据反映了全国或各地区的劳动力资源在不断变化过程中的某一横断面、某一瞬间的规模。

进行劳动力资源数量的调查,首先要确定劳动力资源的总量。劳动力资源总量是指适龄人口中能参加劳动的人口数。劳动力资源总量调查的范围,要根据我国的国情,一般要在劳动适龄人口中扣除以下部分:因病残丧失劳动能力的人;因犯罪而在押的人;因适龄参军,保卫国防而不能参加劳动的人。同时要在劳动资源总量中增加以下部分:未达到劳动年龄,但实际参加劳动的少年人口;超过劳动年龄,仍然参加劳动的老年人口。

劳动力资源总量,按其是否参加社会劳动,可分为参加社会劳动的劳动力资源和不参加社会劳动的劳动力资源两部分。参加社会劳动的人数包括劳动适龄人口中在业人员和常年参加社会劳动的少年人口与老年人口。不参加社会劳动的劳动力资源是指劳动适龄人口中的学生、待业人口以及家务劳动者。

劳动力资源总量一般表现为时点数。如果反映某一个时期的劳动力资源总量,要计算平均劳动力资源总量。根据掌握的劳动力资源的调查资料不同,计算方法也不一样。

如果现有的劳动力资源资料只有年初和年末数,就用下列公式计算:

$$平均劳动力资源总量=\frac{期初劳动力资源数+期末劳动力资源数}{2}$$

如果能掌握某一时期内每日的劳动力资源数,则以该时期内每日的劳动力资源的累计数字除以同时期的日历日数。其计算公式为:

$$平均劳动力资源总量=\frac{某时期内每日劳动力资源累计数}{某时期的日历日数}$$

(二)劳动力资源区域分布调查

从全国或者全地区范围来看,劳动力资源总数只说明了某一时点上劳动力数量的总规模,还不能表明劳动力资源的区域分布特点,以及劳动力资源区域分布构成状况。因此,还要从区域分布上反映劳动力资源的分布状况。

一般说,劳动力区域分布的意义,主要有以下四点:

第一,反映劳动力在各行政区域上的分布状况,说明各级行政区域,特别是各市、县占有的劳动力资源规模及其占总数的比重,为开展区域间劳动力资源的调剂与合理分配提供依据。

劳动力资源的行政区域分布,是指在分别调查各行政区域内的劳动力资源数,并反映其在全国劳动力资源总数或省级、市地级、县区级行政区域内劳动力资源总数中的行政区域分布的结构状况。

第二,反映各种自然地形内,如平原与山地等地理区域内的劳动力资源分配特点。我国幅员辽阔,自然地形多种多样,各个地区的自然差异较大。因此,这种分组对于合理分配和充分利用劳动力资源是很有必要的。

劳动力资源按地理区域分布,是指对各种自然地理标志(如沿海和内地,平原和山区,南部和北部地区)反映各个自然地形区域内劳动力资源人数及其占总数的比重,反映不同自然地理环境对劳动力资源分布的影响。

第三,可以研究劳动力资源的城乡分布状况,以便充分利用市镇的劳动力和最大限度地利用农村剩余劳动力。

劳动力资源按城乡分布,指市镇劳动力资源人数与乡村劳动力资源人数各占总数的比重。比如,已知某行政区劳动力资源总数为 21542628 人,其中市镇劳动力资源人数为 10100871 人,乡村劳动力资源人数为11441757人。则市镇和乡村劳动力资源人数各占总数的比例为46.89%和53.11%，可见某行政区市镇和乡村的劳动力资源人数较为接近。

第四，可以反映和分析不同地域内的劳动力的分布密度，计算密度比例，以便深入地比较劳动力资源分布的具体状况，为改善劳动力分布密度提供资料。

劳动力资源分布密度，是指按地域面积计算的每1平方公里平均有多少劳动力。劳动力资源密度比例，是指以密度最小地区的密度为基准1，其他地区密度与之相比的比值。劳动力资源密度比例也可以以行政区的平均劳动力资源的密度为1，将各地区的密度与之相比，计算密度比例。用这种方式计算的劳动力资源密度比例，可以鲜明地反映出，哪些地区劳动力资源密度比例大于平均数，以及大多少，哪些地区劳动力资源密度小于平均数，又小多少。

三、社会经济构成调查

研究劳动力资源社会经济构成时，调查对象是在业人员，即社会劳动者。因为只有社会劳动者参加了社会经济活动，为社会生产和生活提供物质产品与劳务，组成了“参加社会经济活动的人口”。而其他各类人员，如现役军人、丧失劳动能力的适龄人口、未就业劳动力及其他人员，都属于未参加社会经济活动的人口，不具有在业性质，不能划入社会经济活动类别之中。

(一)从所有制结构上看在业人员的经济构成状况

在市场经济条件下，为了充分发挥国家和各地区人民群众的聪明才智，调动各方面的积极性，齐心协力，团结一致地进行社会主义现代化建设，在一个相当长的时期内，需要有多种经济形式和经营形式并存。社会主义全民所有制的国有经济是国民经济的主导力量，集体所有制经济，在国民经济中也有重要地位，个体经济和私营经济，是国民经济的重要组成部分。在业人员按所有制划分的依据，就是国民经济的所有制构成状况。

(二)从经济构成方面反映在业人员的经济结构

从经济的构成方面反映在业人员的经济构成状况，是极为重要的。在业人员在宏观经济各部门(行业)的分配状况，不仅可以反映各部门(行业)拥有的社会劳动者占社会劳动者总数的比例，而且可据以分析社会劳动者部门(行业)结构是否合理。按宏观经济结构反映在业人员构成可以从以下几个方面进行：

1. 物质市场部门和非物质生产部门；
2. 基本生产和基础结构；
3. 经济部门(行业)结构；
4. 三次产业结构。

从调查方法论角度来看，还必须指出的问题有三点：

第一，按经济部门(行业)分组，通常指按“国民经济行业分类”标准分类，以便于进行动态对比。

第二，按经济部门分类反映在业人员经济结构，应同时把按物质与非物质部门，基本生产与基础结构，三次产业划分在业人员经济构成的分组结合起来，即把在业人员的具体经济构成与概括的经济构成结合起来进行分析，可以得出更为全面的结论。

第三，从三种不同角度概括地反映在业人员构成是必要的，但同时应进行核算与分析，以便适应国家或地区经济管理、宏观控制和调节的不同要求。

四、劳动力资源增减变动调查

(一)劳动力资源增减变动调查的概念和范围

劳动力资源增减变动是指在一定时期内,由于自然和社会因素的影响,进入和退出劳动力资源范畴所造成的劳动力资源总数的变动。

劳动力资源总数的范畴,主要有四个,即:按具有劳动年龄计算的劳动力资源总数;适龄劳动人口中社会最大可能利用的劳动力资源总数;适龄人口中社会实际可能利用的劳动资源总数;按实际可能参加社会劳动计算的劳动力资源总数。

实际调查时,应采用哪个范畴的劳动力资源总数,要根据调查研究的目的和资料取得的可能性,采用合适的调查范围。

(二)进入劳动力资源的劳动力人数调查

1. 进入适龄劳动人口范畴的劳动力人数(包括现役军人数)包括:在统计时期内(1)新成长的适龄劳动人口数;(2)由被研究的地域以外迁入的适龄劳动人口数。

2. 进入适龄劳动人口(不包括现役军人人数)范畴的劳动力人数包括:(1)新成长的适龄劳动人口数;(2)转复退役军人中适龄劳动人口数;(3)由被研究的地域以外迁入的适龄劳动人口数。

3. 进入社会劳动力资源总数的劳动力人数包括:(1)新成长的适龄劳动人口中可参加经济活动的劳动力人数;(2)期内刑满释放已就业和待业的适龄劳动力人数与已就业的超龄人数;(3)已丧失劳动能力的适龄人口中恢复劳动能力的人数;(4)提前退休不参加社会劳动的,又已经参加和要求参加社会劳动的适龄劳动力;(5)期内新参加经济活动的不足龄人口数;(6)期内新参加经济活动的超龄人口数;(7)由被研究的地域以外迁入的人口中可参加经济活动的适龄人口数以及已参加经济活动的不足龄和超龄人口数;(8)期内退复转业军人已参加(包括超龄的)和要求参加(不包括超龄的)与不参加(如就学,从事家务劳动)经济活动的人口数。

4. 进入社会劳动者人数,即在业人数的范畴包括:(1)新成长的适龄人口中参加经济活动的劳动力人数;(2)期内刑满释放已就业的人数;(3)已恢复劳动能力并参加经济活动的人数;(4)提前退休人员又已参加经济活动的人口数;(5)期内新参加社会劳动的不足龄的人口数;(6)期内新参加社会劳动的超龄人口数;(7)期内由被研究的地域以外迁入并已参加国民经济活动的人口数;(8)期内已参加经济活动的退转复员的军人人数;(9)期内毕业的学生已参加经济活动的人数;(10)期内就业的城乡待业人员;(11)期内参加经济活动的家务劳动者。

(三)退出劳动力资源的劳动力人数调查

1. 退出适龄劳动人口的原因包括:(1)超龄;(2)死亡;(3)迁出被研究的地域。

2. 退出适龄人口中最大可能利用劳动力资源的原因包括:(1)超龄;(2)死亡;(3)迁出被研究的地域;(4)参加武装部队,成为现役军人。

3. 退出社会劳动力资源的原因包括:(1)超龄;(2)死亡;(3)参加武装部队,成为现役军人;(4)已病残,丧失劳动能力;(5)提前退休,不再参加社会劳动;(6)因刑事犯罪判处徒刑服刑;(7)迁出被研究的地域;(8)不足龄参加经济的人退出社会劳动;(9)超龄参加经济的人退出社会劳动。

4. 退出社会劳动者(在业人员)范畴的各项原因包括:(1)超龄;(2)死亡;(3)参加武装部队,成为现役军人;(4)已病残,丧失劳动能力;(5)在业人员因刑事犯罪判处徒刑服刑;(6)在业人员迁出被研究的地域;(7)在业人员中不足龄者不再参加社会劳动;(8)超龄在业人员不再参加社会劳动;(9)在业人员提前退休,不再参加社会劳动;(10)在业人员退出社会劳动成为在校学生;(11)在业人员退出社会劳动成为家庭劳动者;(12)在业人员因故成为城乡待业人员。

(四)劳动力资源增减变动的综合调查

劳动力资源增减变动调查的任务,是从总量上及其增减变动各项因素对劳动力资源增减规模及其影响因素进行综合计算和分析。

1. 劳动力资源增减变动总量的计算

计算的基本公式是:

期末劳动力资源总量 = 期初劳动力资源总量 ± 期内劳动力资源净增减人数

其中,期内劳动力净减人数 = 期内进入劳动力资源范畴的人数 - 期内退出劳动力资源范畴的人数。

2. 社会劳动力资源总数调查与劳动力资源使用调查的综合研究

社会劳动力资源是实际可能参加社会劳动的社会劳动力资源总数,其中包括有社会劳动者(在业人员)和尚未就业的人员。在业人员和社会劳动力资源中尚未就业的人员,可以反映劳动力资源的使用状况。在业人员在经济活动中的社会经济构成可以反映在业人员的分配去向。所以,在反映劳动力资源增减变动的综合状况时,就必须把社会劳动力资源的来源与使用,分配以及由于各项来源、去向引起的增减变化结合起来,做出综合性的计算与分析。

第二节 自然资源调查

一、自然资源的概念和分类

(一)自然资源的概念

自然资源,是指能为人类利用,形成社会财富并用于生产和生活的物质与能量。自然资源是自然界的产物,不是人类劳动的产物,是没有价值的。因而,自然资源不能用货币单位计算总量,而只能用实物单位分别计算各种自然资源的数量。

作为财富的自然资源与潜在的自然资源不同,前者是指经过人们一定的劳动发现和探明了的并能为人类的生产与生活服务的自然资源,它构成了现实的使用价值。后者是指现在尚不为人们所知,不能为人类的生产与生活服务的自然资源,它们不能构成现实的使用价值。潜在的自然资源很多,等待人类去开发利用。

列入自然资源调查范围的自然资源,是指已探明用于生产和可用于生产的自然财富。如土地、森林、矿藏、水力资源及其他野生生物等。未发现和尚未探明的潜在自然资源,不包括在自然资源调查的范围之内。

(二)自然资源的特点

自然资源是大自然给予人类的宝贵财富,了解自然资源的特点,对于正确理解自然资源的概念和合理开发利用自然资源具有重要意义。自然资源主要有以下几个特点:

第一,广阔性。随着科学技术的不断进步和生产力水平的提高,人们对自然资源认识的深度和广度也不断增加。过去没有被认识或被开发利用的自然资源,现在已经可以利用,为社会生产和人民生活服务。

第二,有限性。虽然从发展的角度看,自然资源有很大的开发空间,但在一定时期和一定生产力水平下,人们认识和利用的自然资源是有限的。许多自然资源是不能再生的,煤、铁、石油等矿产资源,随着人们的开发利用,资源会变得越来越少。

第三,有偿性。长期以来,人们认为自然资源是天然赋予,因而把自然资源作为自然的无偿馈赠而盲目开采,这样,不仅导致环境污染和自然资源受到破坏,而且这样的开采从经济角度看是没有效率的,会增加开采的成本,提高物资资料的价格,进而影响产品市场,产生通货膨胀。因此,对自然资源的开采必须是有偿的,要根据成本效益分析进行。自然资源的价格应该按各类资源的效能、储量、品位、分布、开采的难易、对环境的影响等因素进行估价和计量,还可运用级差地租的原则对开采利用条件不同的自然资源收取不同的资源税。

(三)自然资源的分类

自然资源可以从不同角度进行分类:

1. 根据自然形态可分为:由地貌、土壤、植被等因素构成的土地资源;由光照、温度、降水等因素构成的气候资源;由地表水、地下水构成的水和水力资源;由各种动植物构成的生物资源,由金属和非金属构成的矿产资源以及各种海洋资源。

2. 根据自然资源再生产的性质可分为:可再生的或可恢复更新的资源,如土地、森林、草场和野生动植物等;不可再生的资源,它们需要经过漫长的地质年代才能形成,数量有限;无需更新即可循环利用的资源,如水、太阳能、风能等。

3. 根据经济用途可以分为:作为生活资料的自然资源和作为劳动手段的自然资源。

二、自然资源调查的任务

自然资源调查的任务主要有以下几个方面:

第一,计算和分析已探明的自然资源的数量、构成、增减变化和地区的分布状况。

第二,按探明程度确定的储量,分析研究投入生产的可能性。

第三,研究制定自然资源调查的内容和有科学根据的计算方法。

第四,分析自然资源生产、消费情况,以适应合理开发自然资源和编制国家或地区经济发展计划的需要。

三、自然资源调查的内容

按自然资源用途不同,可分为土地资源、森林资源、矿物资源、水力资源等四种。自然资源调查,就是要调查土地总数、森林总量、矿藏总量、水力资源储量等内容。我国一般是来调查自然资源的实物量,反映自然资源的蕴藏量、生产量、消费量及结存量的平衡关系。

(一)土地资源调查

土地资源是最重要的自然资源之一,是社会物质生活的条件,是农业生产最基本的生产资料。土地资源不可能再生,面积有限,位置固定,其利用直接受各种自然条件的影响。合理利用和有计划地开发土地资源是发展经济,提高人民生活水平,保持生态平衡的根本措施。

土地资源调查要查清土地面积、构成、质量和利用情况,为制定土地规划、有计划安排生产和建设提供依据。

土地资源的主要调查内容是土地总面积,它是一个国家或地区范围内全部陆地面积和水域面积的总和,反映一国或地区土地面积的大小。土地面积的计量单位,一般用平方公里、公顷、亩等来表示。我国土地总面积为960万平方公里,约144亿亩。土地总面积一般很少变化,土地资源调查主要是调查各类土地的数量及构成变化情况。

土地资源调查包括土地资源利用调查和土地资源变动调查两个主要部分。

1. 土地资源构成调查

土地资源构成调查的目的是反映土地资源利用情况,最基本的调查内容是土地面积构成,即按用途分的各类土地面积占土地总面积的比重。通常计算以下几个数值:

(1)垦殖指数

耕地面积占土地总面积的比重,反映一个国家或地区土地资源的垦殖程度,反映种植业的发展。其计算公式如下:

$$垦殖指数=\frac{耕地面积}{土地总面积}\times 100\%$$

(2)森林覆盖率

森林面积占土地总面积的比重,反映一个国家或地区森林资源的丰富程度。其计算公式如下:

$$森林覆盖率=\frac{森林面积}{土地总面积}\times 100\%$$

(3)草原覆盖率

草原面积占土地总面积的比重,反映一个国家或地区草地资源的丰富程度。其计算公式如下:

$$草地覆盖率=\frac{草地面积}{土地总面积}\times 100\%$$

另外,还可以计算工矿企业用地、城镇用地、农村居民点、交通用地等各类土地占土地总面积的比重及变化,反映各种事业占用土地是否合理。

2. 土地利用情况调查

土地利用情况调查主要是调查可耕地利用率,即已耕地面积占可耕地面积的比重,反映一国或地区可耕地利用程度。其计算公式如下:

$$可耕地利用率=\frac{已耕地面积}{可耕地面积}\times 100\%$$

同样,可以计算林地利用率、草地利用率和养殖面积利用率等指标,以进行林地、草地和养殖地资源利用情况的分析。

3. 土地生产率调查

我国土地生产率也比较低,进行土地生产率调查,有助于有效地开发利用土地资源,加强集约经营,提高土地生产率,增加生产。

土地生产率可分别计算每类生产用地面积的产量或产值。比如:

$$耕地生产率=\frac{各种农产品产量或产值}{耕地面积}\times 100\%$$

（二）森林资源调查

森林是重要的自然资源之一，森林在发展国家与各地区经济和改善人民生活中具有特殊意义。发展林业，可以为经济建设和人民生活提供大量木材和林业副产品，供国家和各地区各经济部门和人民生活使用。森林具有调节气候、涵养水源、保护地面、防止土壤流失、防风固沙的作用。它对保护农牧业的发展，在改造自然和保持生态平衡方面具有独特的作用。

森林资源调查主要反映森林资源的数量和构成。

1. 森林资源数量调查

森林资源数量有两种表示方法：用面积表示的称为森林面积，用产量表示的称为木材蓄积量。

森林资源总面积即林地面积中的有林地面积，是郁闭度（指森林中齐木树冠彼此相接，遮蔽地面的程度。以十分数表示，完全覆盖地面的情况，郁闭度为1）在0.4以上的成林面积之和。森林面积包括天然林和人工经营面积，不包括灌木林地和疏林地（郁闭度在0.4以下者）。森林资源总面积说明森林资源总规模。

森林资源用产量表示即为林木蓄积量，指有林地可能出材的数量，按平均高度（米）和平均直径（厘米）的资料计算。包括有林地上的幼龄林、中龄林、成熟林、过熟林、枯立木等全部蓄积量。如只计算成熟林和过熟林面积上的数量，即为木材采伐蓄积量，表示可采伐的木材资源。

木材蓄积利用系数也是森林资源调查的重要内容，反映森林资源利用状况，是森林资源采伐量与蓄积量的对比。计算木材蓄积利用系数，其计算公式如下：

$$\text{木材蓄积利用系数}=\frac{\text{木材采伐量}}{\text{林木蓄积量或采伐蓄积量}}\times 100\%$$

木材蓄积利用系数不仅按总量计算，还可按林种、树种分组调查。

2. 森林资源构成调查

根据不同的调查任务研究森林资源的构成，可以采用不同的分类方法。森林资源按地区划分可以研究森林资源的地区分布情况。森林资源按树木种类划分为：针叶树类，如松、杉、柏等；阔叶树类，如杨树、榆树、柳树、桦树、槐树等；竹类。这种分类方法可以反映树木种类的丰富情况以及各类树种的结构状况。森林资源按经济用途划分为：防护林、用材林、经济林、薪炭林、特殊用材林等，这种分类可以反映不同经济用途森林的规模及发展情况。

（三）矿产资源调查

矿产是地壳内部地质作用的产物，有用矿物在地壳中或地表富集并达到经济利用要求即为矿产资源。矿产资源是经济建设的重要物质基础，一个国家和地区矿产资源的数量、分布以及开发利用程度与国家和各地区经济的发展规模及速度有重要联系。

矿产储量的调查范围，只是能利用的储量。矿产储量按照其探明程度，分成若干等级。金属矿和非技术矿储量分为A、B、C、D四级。其中A级储量是矿山编制开采计划依据的储量；B级储量是地质勘探阶段探求的高级储量，也是矿山建设首期开采地段设计依据的储量；C级储量是在地质调查的基础上，根据自然露头和人工钻探已经了解的储量，是矿山建设设计依据的储量；D级储量是作为进一步布置地质勘探工作和矿山建设远景规划的储量。

矿产资源，包括金属矿物资源和非金属矿物资源，大致分为以下10类：（1）黑色金属；（2）有色金属；（3）贵金属；（4）稀有、分散及放射性矿产；（5）燃料资源（如煤、油页岩、石油、天然气、泥煤）；（6）特种非金属矿产；（7）冶金辅助原料非金属矿产；（8）化工原料非金属矿产；（9）建工原料非金属矿产;(10)其他非金属矿产。

矿产资源调查的主要调查内容有:

1. 探明储量

分为新探明储量和累计探明储量。新探明储量是调查期内所提交的地质报告中新增加的探明储量,即经过普查勘探工作新获得的D级及D级以上矿产储量,不包括以往已探明储量和由以前探明储量经过工作后的升级储量。累计探明储量是指地质勘探单位自开始工作至提交地质报告时,所探明的全部储量。

2. 开采量和损失量

开采量是指已经完成采矿最后生产过程,从采矿场爆破(或冲采、挖掘)下来的全部采出矿石量。损失量就是在矿山开采过程中由于各种原因不能采出的储量。

3. 保有储量

保有储量指累计探明储量由于后来勘探及开采而发生增减变化,截止到调查期末,矿山还拥有的实际矿产储量。它反映了国家或各地区的矿产资源现状。

开采量与保有储量的比值,称为采储比,说明矿产储量开采利用程度;开采量与地质储量(一般是开采量与损失量之和)的比值,称为回采率,说明矿物储量开采利用情况。

(四)水力资源调查

水力资源蕴藏量的计算单位以立方米表示。由于地理分布、能源结构和开发条件的不同,水力资源分为理论水力资源和可能开发的水力资源。理论水力资源又称潜在水力资源,根据水力资源普查,以各河流的天然平均流量(立方米/秒)与其天然落差(米)相乘,再乘以9.81的系数,得理论平均出力(千瓦),以发电功率千瓦数表示。可能开发的水力资源,指查明技术上可能、经济上合算、可能开发利用的水力资源。

可能开发的水力资源,又称水力有效利用量。水力资源在实际开发过程中落差和流量不可避免地要损失一部分,同时受到技术条件的限制,有一部分不能利用。可能开发的水力资源是从理论水力资源中扣除损失和不能利用部分而求得,它是可以用来开发利用的能力。

水力资源调查是为了说明水力资源利用情况,重要的调查内容包括:

1. 水力资源可能开发率。它是将可能开发的水力资源与水力资源蕴藏量相比,其公式为:

$$\text{水力资源可能开发率}=\frac{\text{可能开发的水力资源}}{\text{水力资源蕴藏量}}\times 100\%$$

2. 水力资源利用程度。它是将已开发水力资源与可开发的水力资源相比。其公式为:

$$\text{水力资源开发利用程度}=\frac{\text{当年水力发电量}}{\text{可开发水力资源量}}\times 100\%$$

这一数值反映了一个国家或地区水力资源的开发利用程度。

第三章　社会产品产量和产值调查

第一节　社会产品生产调查的基本问题

一、社会产品的概念和特征

(一)社会产品的概念

社会产品是物质生产部门在一定时期内(通常为月、季、年)社会生产活动的有效劳动成果。社会产品是劳动成果,而且是有效劳动成果。它是社会生产劳动创造出来的物质产品,必须能够满足人们的需要。它既具有使用价值,又具有价值,是价值与使用价值的统一体。

社会产品的再生产,是人类社会存在和发展的基础。只有不断扩大社会产品的再生产,才能满足人们日益增长的物质生活和文化生活的需要,才能提高国家和各地区的经济实力。因此社会产品调查是经济调查中的一个非常重要的问题。

(二)社会产品的特征

具体来说,社会产品具有以下几个特征:

1. 有效性

未经过人类劳动,如未经开发的原始森林、未经开采的地下矿藏等非劳动成果,不能称作社会产品;同时,社会产品还必须是合格的产品,如废品废料,虽然经过人类劳动,但不是有效成果,也不能称作社会产品。

2. 物质性

社会产品是物质生产部门的生产劳动成果,具有独立的物质内容。所谓生产劳动成果,就是人们在进行物质产品生产的过程中,创造出适合人们需要的具有物质形态的使用价值。社会产品都是来自人与自然界的物质变换,改变物质形态,使之与人类需要相适应。

3. 社会性

社会主义的社会产品仍然是商品,仍然遵循等价交换的原则。生产社会产品的劳动,就是社会劳动,通过市场交换劳动成果,向社会提供产品,创造价值。而非社会劳动的产品,虽然具有使用价值,但不是向社会提供产品,不创造价值,不参与社会生产过程,产品不进入社会流通过程,这种劳动就属于家庭劳动或自我服务性劳动,社会产品不包括这部分非社会劳动成果。

4. 时间性

社会产品是一定时期内的生产劳动成果,必须注意产品生产调查的时间性要求,计算产品产值时都要规定一定的时间范围,如月度、季度、年度等。否则,社会产品生产调查对其成果进行计量时就容易出现重复或遗漏,准确性就得不到保证,甚至还会对某些指标的性质产生模糊的认识。

二、社会产品的分类

根据社会产品的表现形式不同,使用去向不同,以及产品的完成程度不同,可进行如下分类:

(一)根据社会产品的表现形态

根据社会产品的表现形态不同,可分为两种:一种是工业、农业、建筑业物质生产部门所生产的具有新的使用价值的物质产品;一种是商业、物运邮电业等物质生产部门为实现产品的使用价值而完成的生产性作业(如产品的运输、购销、仓储、信息传递等)。

区分物质产品和生产性作业,关键在于是否改变了加工对象的物质形态,是否增加了新的使用价值。在计算总产值时,两者的处理方法也不同:物质产品是按全价计算,而生产性作业只计算产品的加工价值,不计算被加工对象本身的价值。如对货物运输业只计算运输收入,不计算被运输的货物价值等。

(二)根据社会产品的完成程度

根据社会产品的完成程度的不同,可分为成品、半成品和在制品。

1. 成品

成品是指完成物质产品生产部门的经过全部生产过程,配套齐全,经检验合格并已办理入库手续或移交手续的产品。

2. 半成品

半成品是指完成某一个车间(或工序)或几个车间(工序)的生产过程,仍需在其他车间(或工序)进一步加工生产的产品。半成品也要进行检验,办理入库手续才能统计,如对外出售,应作为成品。

3. 在制品

在制品是指在某一车间(或某一工序)正在加工或等待进一步加工的产品。半成品和在制品,统称为未完成品。这种划分在完成形态上是相对的,往往随着生产企业组织结构的改变而改变。由于任务的需要,企业将半成品出售,就将其作为成品看待,将成品的一部分留作生产自用,则要作半成品处理。

社会产品按照完成程度划分,可以为正确调查产品数量、编制生产计划、组织生产调度和加强经济核算提供客观依据。

(三)根据社会产品的使用去向

根据社会产品的使用去向不同,可分为最终产品和中间产品。

1. 最终产品

最终产品是指本期生产,本期不再加工,可供最终消费和使用的产品。

2. 中间产品

中间产品是指本期生产,但又在本期进一步加工耗用的产品。

判断中间产品或最终产品,主要是其用途而定。就企业来看,企业本期生产本期不再加工而供企业外部使用的产品,是企业的最终产品(包括企业向外出售的成品和半成品);就部门来看,部门本期生产在本部门不再加工供其他部门使用的产品,是部门的最终产品。就全国来看,最终产品是指本期生产，本期不再加工，可供社会最终消费和使用的产品，包括全部消费资料和作为固定资产及增加储备的生产资料。最终产品一般是就全社会来说的，也就是社会最终产品。

三、社会产品生产调查的任务

社会产品生产在国家和地区经济的发展中起着决定性的作用。加强社会产品生产调查，及时准确地反映社会产品生产的经济成果、发展水平和增长速度，分析研究社会产品生产结构的变化，对于促进市场经济的协调、稳定的发展有着十分重要的意义。

社会产品生产调查的具体任务是：

1. 计量和分析社会产品生产的规模与发展水平。这是从总量的角度进行的计量，是反映国家、地方经济情况的重要方面。我们应该运用系统的调查方法来计量社会产品的生产，不仅从生产角度，也要从分配、使用等不同角度对产品生产进行调查。通过这方面的调查，可以反映各地区已经取得的经济成就，也便于地区之间进行横向对比，以及与世界发达国家进行对比。这样就为制定我国今后国民经济和社会发展规划提供了依据。

2. 计量和分析社会产品生产的动态与增长速度。对社会产品生产不仅要静态地计量和分析，还要从动态的角度看一看：社会产品生产与以前相比有什么变化，发展是否均衡，有没有大起大落，变化的原因何在；与历史上最好时期相比，有哪些差距，增长速度是快还是慢，是应该控制增长稳步前进，还是应该找出关键，加速产品生产的增长。这样，调查工作就可以起到经济决策的参谋作用。

3. 计量和分析社会产品生产在国家或各地区经济中的比例关系。这是从结构的角度来计量和分析社会产品生产。我们不仅要计量和分析社会产品生产的内部结构，比如社会产品的实物构成，社会产品两大部类划分，农轻重的比例等，还要联系社会产品生产与宏观经济的其他方面进行分析研究，比如财政收入与社会产品生产的比例等。这样，我们才能为逐步深入认识社会再生产过程的数量关系，更好地进行宏观经济管理提供依据。

第二节　社会产品实物产量调查

社会产品实物量是对实物产品的计量。在宏观经济部门中只有工业、农业和建筑业是直接生产具体物质产品的，因此，社会产品实物量调查就是对这三个部门所生产的实物产品产量的调查。

一、社会产品实物产量调查的意义和特点

（一）社会产品实物产量调查的意义

各种物质产品的实物产量指标，能表明社会生产提供的使用价值量的情况。因此，它是国家或地区制定和检查主要产品生产情况，观察各项生产发展趋势，研究产品分配等不可缺少的重要指标。

利用产品实物量编制的实物产品平衡表，可用来研究各种产品之间生产与消耗的物质联系，也是分析供求平衡的基础。产品实物量是计算产品价值量指标的基础，也是计算实物劳动生产率、单位产品成本、单位产品消耗等一系列重要经济分析指标的依据。

(二)社会产品实物产量调查的特点

1. 计量单位多种多样

调查产品实物产量采用实物单位计量,也就是根据各自的自然属性与特征,分别采用自然的与物理的计量单位来计量。如煤炭、粮食以重量"吨"(或公斤)计量,棉布以长度"米"计量。对于同一类产品,由于品种、规格、能力或化学成分不同,其使用价值也不同。因此,产品混合量,仅能概括地、粗略地反映某类产品的使用价值总量,而不能确切地反映生产总成果。为此,对一些产品不但要调查混合实物指标,还要按一定折合标准,折算为一种标准规格或标准含量的标准实物量指标。如将含热量不同的煤折合为每公斤发热量为7000千卡的标准煤。

2. 以产品目录为依据

为满足社会经济发展和人民生活的需要,社会生产提供了数以万计的种类繁多的产品。对如此众多的产品既无必要,也不可能逐一计算其实物产量,而只需选择其中一些关系国家或地区经济发展的主要产品进行调查。这些主要产品一般都是由国家统一确定,由国家统计部门统一制定产品目录,如工业产品目录、农作物目录、主要实物工程量目录等。目录中规定了需要调查的产品范围。凡生产目录中确定的产品,各级各部门无论数量多少,均要调查其产量。

二、社会产品实物产品调查

社会产品实物产量调查,就是具体计量工业、农业和建筑业三大部门在一定时期内为社会生产的各种主要产品的实际数量。

(一)工业产品实物量调查

工业产品实物量调查是为了说明主要工业产品生产规模,也是反映各部门间物质联系和比例关系,编制物资平衡表的主要资料来源。

它有两种计算方法:一种是混合量计算法,就是把名称相同、用途相同,但规格含量不同的实物产品直接加总,计算其实物产量。这种调查方法可以概括地反映某类产品的使用价值总量。

另一种是标准量计算法,就是把用途相同,但规格、含量不同的实物产品,按照一定的系数折合为某种标准规格,也叫折合量方法。它可以解决在同类产品中由于规格或含量不同,使用价值或生产中所耗用的劳动量不同,而不能进行直接对比、汇总的问题。比如将不同含量的硫酸、不同能力的拖拉机分别换算为有效含量100%的硫酸和15马力的拖拉机。

标准实物量的计算公式为:

$$标准实物量 = \sum(某种产品产量 \times 换算系数)$$

而换算系数的计算公式为:

$$换算系数 = \frac{某种产品的能力(或含量)}{标准出品的能力(或含量)}$$

(二)农业产品实物产量调查

农业是人类利用和控制动植物的生命过程而获得其原始产品的物质生产部门,是国民经济中的重要物质生产部门。我国农业按照经济性质与经营单位相结合的原则确定其范围,一般来说,农业分为农、林、牧、副、渔五个行业。

农业产品实物量调查包括以下几个内容:

1. 农作物种植业实物产量

农作物种植业实物产量，通常也叫做农作物收获量，是指一定时期（通常为一年）内，在一定播种面积上所收获的某种（或某类）农作物实物产量。

具体调查农作物实物产量时应该注意以下两点：

（1）着眼于全社会调查农作物实物产量。

（2）按照统一的农作物目录，遵守统一的形态标准与质量标准。

农作物实物产量，通常是按照实际收获量（入库产量）而非未收割的预测产量。因此，它必须符合“晒干入库”的质量标准，也就是对每种农作物产品实物量的计量，都要以农产品能够入库，有利于保管的合理湿度（含水率）和含杂率为标准。

在种植作物实物量调查中，经常要计算单位面积产量，其计算公式如下：

$$\text{单位面积产量}=\frac{\text{某种农作物总产量}}{\text{播种面积}}$$

单位面积产量是反映耕地利用效率的重要指标。

2. 畜产品实物产量

畜产品实物产量是指人类在饲养各种大小家畜、家禽及其他小动物活动中，所直接获得的奶、毛、蛋等未经加工的原始产品的数量。在饲养畜禽活动中所获得的仔畜、幼畜增长增重的活体重产量，属于在产品，不调查其实物产量，但是要计算其价值产量。屠宰畜禽而获得的肉、皮、毛等产量，从理论上讲不属农业生产范畴，不应进入畜禽产品产量调查的范围，但是因为它与农业生产关系密切，其数量的多少能够反映农业生产活动的成果，故实践中也常将其视作农产品实物量调查的内容。

畜产品实物产量调查中常用的指标有：

（1）存栏头数。存栏头数是指在某一时点上实际所拥有的牲畜头数。

（2）平均存栏头数。平均存栏头数是指各个时点上存栏头数的时序平均数。

（3）畜产率。畜产率是指在调查期内平均每一头牲畜的产量。它是用畜产率与平均牲畜头数对比，所得的比率。其计算公式如下：

$$\text{畜产率}=\frac{\text{畜产量}}{\text{平均牲畜头数}}$$

畜产率是说明动物饲养质量的一个重要指标。

（4）繁殖率。繁殖率是用调查期内繁殖的仔畜头数与调查期初能繁殖的母畜头数的比率，其计算公式为：

$$\text{繁殖率}=\frac{\text{调查期内繁殖的仔畜头数}}{\text{调查期初能繁殖的母畜头数}}$$

（5）增重量。增重量指标可以用平均每头牲畜增重量来说明牲畜增重的一般水平，其计算公式为：

$$\text{平均增重量}=\frac{\text{牲畜总增重量}}{\text{牲畜平均头数}}$$

3. 林业、渔业、副业的实物产量

林产品产量是指从人工栽培的树木上，不经砍伐树木的根而获得的采收量。

渔业产品实物产量，是指人类从事水生动物或海水植物的养殖与捕捞生产活动，实际捕捞得到的人工养殖和天然生长的海水和淡水产品（必须符合规定的质量标准）的实际数量。

副业主要是指从事野生植物的采集和野生动物的捕猎活动,实物产品就是实际采集或捕猎的数量。

(三)建筑业产品实物产量调查

建筑业与工业有密切的联系,建筑生产活动使用的原材料是工业生产活动的产品,其生产性质与加工工业类似。但建筑业与工业相比,具有建筑业产品的固定性、生产场所的流动性、生产周期长、结构多样等显著特点,因而将其从工业中独立出来,成为一个新的物质生产部门是十分必要的。

建筑业产品的实物产量通常是对竣工工程和已完施工进行调查,习惯上称为实物工程量。它是指建筑安装企业在一定时期完成的各种性质的工程数量,具体包括:竣工工程实物量,如房屋竣工面积多少平方米;已完施工工程实物量,如已完土方工程多少立方等两大部分内容。

第三节 社会产品价值产量调查

社会产品实物产量指标的最大特点是它能直接反映产品的使用价值或现象的具体内容,能具体表明实物的规模与水平。但由于不同种类的实物的使用价值不同、计量单位不同、缺乏综合能力,无法进行直接汇总,因此不能用以反映现象的总规模、总水平。为了综合反映多种产品的生产总量,全面考核社会生产的规模以及国家或地区经济发展水平,研究一系列重要比例关系,有必要采用货币单位计算产品价值量指标。

一、社会产品的价值量

(一)社会产品的价值量

社会产品的价值量是指用货币单位计量的产品产量。社会产品的价值量能够综合地反映各种社会产品的产量,它是分析各个部门之间比例关系的依据,是分析社会总产品发展速度的重要依据,是分析国家和各地区经济结构的重要依据。

计算社会产品的价值量,基本的方法是用产品乘以其价格。在实际工作中,最主要的问题就是使用什么价格来计算产品的价值量。根据分析问题的目的,可以采用现行价格和不变价格来计算社会产品的价值量。

1. 现行价格

现行价格是指在调查期内产品的实际销售价格。用现行价格计算的总产量,可以反映社会总产品实际达到的生产水平,它对于分析研究生产、分配和经济效益有现实的经济意义。

2. 不变价格

不变价格是指某一固定基期的价格。采用不变价格来计算社会产品的产量,主要是为了进行动态对比和动态分析,以反映社会产品的物量变动。确切地说,不变价格应叫做可比价格。

不变价格,并不是长期不变的,过一段时期不变价格就要发生变动,因为产品的价格水平和产品之间的价格比例在变动。不变价格的变动,应与经济发展时期相适应。

(二)社会产品的价值量调查

社会产品的价值量调查,主要有以下几项内容:

1. 社会总产值

社会总产值是一个国家或一个地区在一定时期内各物质生产部门所生产产品的价值量总和。

社会总产值是反映一个国家或一个地区生产发展水平的一个综合指标，也是分析研究经济发展速度和经济结构的一个重要指标。同时，社会总产值可以用来分析研究各物质生产部门之间的经济联系。

2. 成品总值

成品总值是指一个国家或地区在一定时期内已全部完成加工过程、能够使用的产品价值的总和。成品价值是社会总产值的一部分，是进行扩大再生产的物质条件，也是满足居民消费的物质基础。

调查成品产值，可以把企业的生产和供货合同结合起来，以考察企业供货合同能否完成。同时，成品产值也是安排物资供求平衡的依据。

3. 商品产值

商品产值是指物质生产部门生产的，可供社会需要的社会成品的总量。这部分社会成品已在本单位完成生产加工过程，可以随时满足社会需要。但是商品产值中不包括自产自用的产品。

4. 销售产值

销售产值是指当年销售的产品价值。销售产值中可能包含有上期生产而库存下来的产品价值。对销售产值调查有着重要意义，因为生产的最终目的是为了销售产品满足社会的需求。

5. 社会净产值

社会净产值是指在一定时期内各物质生产部门的劳动者新创造的价值总和。

社会净产值是用社会总产值减去相对应的物质消耗的价值求得的。社会净产值是反映一个国家或一个地区经济发展水平的一个重要内容。

6. 社会最终产值

社会最终产值是指一定时期内生产的，本期不再进行加工，可供社会最终消费的产品价值。社会最终产值不包括中间产品的价值，而社会总产值中包括中间产品的价值，这是社会最终产值和社会总产值的重要区别。

社会最终产值，从使用价值形态来看，主要包括：(1)供居民和社会集团消费的消费品；(2)扩大再生产用的生产资料；(3)补偿劳动手段磨损的物质资料；(4)原材料库存的增加量；(5)净出口产品。

在上面的价值量指标中，本节主要介绍社会总产值的相关问题，以及各物质生产部门的总产值。

二、社会总产值调查

(一)社会总产值的概念

社会总产值，也称社会总产品，是以货币表现的国家(或地区)整个经济中的农业、工业、建筑业、运输业和商业(包括饮食业和物资供销业)五大物质生产部门总产值的总和，是反映一个国家(或地区)在一定时期内物质生产总成果的重要指标。

(二)社会总产值调查的内容

社会总产值，在实物形态上可分为生产资料和消费资料两大类。在物质内容上包括各物质部门生产的制成品、半成品和在制品，以及一部分旨在恢复原有产品使用价值的生产性作业。在价值形态上可分为生产过程中消费掉的生产资料转移的价值，劳动者新创造的价值(其中包括相当于劳动报酬的那部分必要产品的价值)和为社会创造的剩余产品的价值。

(三)社会总产值的计算方法

由于各个生产部门在产品的生产中各有特点,计算总产值时取得资料的方式不完全相同,各部门总产值的计算方法也不尽一致。目前,总产值的计算方法主要有三种:

第一种方法以生产经营单位为主体,只有本企业的最终产品才计算总产值,不包括企业内部生产中自产自用的产品价值,这种方法称为企业法或工厂法。

第二种方法以产品为主体,只要是产品目录中规定的产品,无论是自用还是外销,都要计算其产值,这种方法称为产品法。

第三种方法称为价值追加法,凡是不创造新的使用价值,只是对产品追加价值的生产活动,只能把追加的价值计入其总产值。

总产值的计算方法虽然有多种,但是对于一个部门来说,原则上应该采用统一的方法计算总产值,如果一个部门的总产值同时采用多种方法计算,很可能会造成混乱。

三、社会总产值调查的分类

(一)工业总产值调查

工业是采掘自然资源和对工业品原料及农业品原料进行加工的物质生产部门。工业总产值就是工业企业一定时期内生产的以货币表现的工业产品总量。工业生产的产品品种繁多,半成品,在制品加工程度不同,情况十分复杂,不宜用产品法计算总产值。由于工业生产活动相对集中,所以工业总产值采用企业法或工厂法计算较为方便。

工业总产值是采用“工厂法”计算的。所谓“工厂法”就是以经营单位为总体来计算产值的一种方法。它的基本原则是:(1)每个工业企业的总产值,要根据企业工业生产活动的最终成果来计算,企业内部不允许重复计算。就是说,企业总产值不是通过把企业内各车间的生产成果相加而得到的。举个例子来说,棉纺印染联合企业生产三种产品:棉纱、棉布和染色布,其中棉纱和棉布既用于本企业织布、染布,也有一部分出售。在这种情况下,这个联合企业的总产值就只能计算印染布产量价值和出售的棉纱、棉布价值,而不能把企业自己生产的织布用纱和染色用布这两部分的价值算到总产值中去。(2)全社会的工业总产值是每个企业工业总产值相加的总和,就是说企业之间、部门之间、地区之间是允许转移价值的重复计算的。

按照转移价值重复计算的界限确定范围不同,总产值的计算还有“公司法”、“部门法”。公司法就是公司之内不允许转移价值的重复计算,按照公司产品生产的最终成果来计量总产值,而公司之外可以有转移价值的重复计算。公司法总产值等于该公司各企业总产值(用“工厂法”计算)之和减去公司内部的产品周转额。同样道理,部门法就是把转移价值重复计算的界限定在部门内部。

工业总产值的内容包括:(1)企业的成品和出售的半成品价值;(2)已完成的工业性作业价值;(3)在制品、半成品价值期末期初的增加额。

成品价值是指本企业生产的,经过检验合格包装入库的产品价值。它具体包括:(1)已经销售或准备销售的成品、半成品价值;(2)供本企业非工业生产部门使用的产品价值;(3)企业自制设备,已构成固定资产,并转入财务账目的价值。需要注意的是,成品价值不论是自备原材料生产的,或来料加工生产的,都应该按全价计算。

在制品、半成品期末期初的增加额，是本期生产活动新增的成果，从原则上说，应和出售的半成品一样计算在总产值之中。但是，生产周期较短的企业的半成品、在制品变化复杂，而且差额价值很小，往往忽略不计，只要求生产周期较长的机械工业企业（如船舶、大型电子计算机等）在总产值中计算这部分价值。

（二）农业总产值调查

农业是从事植物栽培和动物饲养等生产活动的物质生产部门。农业生产过程是经济再生产与自然再生产相结合的过程。就是说在农业生产中，人的生产活动要伴随着植物、动物的生长过程而进行，这是农业生产的最大特点。农业总产值是整个社会一定时期内生产的农产品价值的总和，它表明了农业产品的总量。

我国的农业总产值包括农业（种植业）、林业、牧业、副业和渔业等五业的产值。农业生产极其分散，很难用企业法计算其产值。但是，农业产品品种相对较少，生产的连续性强，农业产品的数量易于确定，所以农业总产值采用产品法计算。

用产品法计算农业总产值的产品分为产成品和在产品两类。对于产成品，如粮食作物、经济作物及其副产品等，以实际收获量（牲畜出栏头数、林木采伐量、渔业捕捞量）乘以相应的生产价格计算产值，对于在产品（多年生的林木和大牲畜等动植物），严格按照本期实际生产量计算有困难，一般采用简化方法计算产值。比如，对于林木在产品产值，按培育林木面积乘以一定单价计算。

农业产值调查中常用的指标有：

1. 种植业产值的计算

种植业所生产的粮食和经济作物产品的价值，包括主产品的价值和副产品的价值。主产品的产值是用主产品的产量乘以价格，其计算公式为：

$$主产品价值 = \sum(主产品产量 \times 价格)$$

副产品的产量一般是通过抽样调查或者典型调查的方法，取得每亩副产品的产量，然后采用下面的公式计算：

$$副产品价值 = \sum(每亩副产品产量 \times 收获面积 \times 单价)$$

副产品的产量，也可以按照主产品与副产品之间的比例进行推算。

2. 林业产值的计算

林产品的产值，是用各种林产品的产量分别乘以其价格得到的，其计算公式为：

$$林产品产值 = \sum(某种林产品产量 \times 该种林产品价格)$$

3. 牧业产值的计算

这里主要介绍幼畜增长增重产值和大牲畜产值的计算方法。

幼畜增长增重的产值，是用各年龄组年末幼畜头数分别乘以各年龄组的幼畜增长价格得到的，其计算公式为：

$$幼畜增长增重产值 = \sum(各年龄组年末幼畜头数 \times 各年龄组幼畜增长价格)$$

大牲畜的产值，也可以采用一次计算法，其计算公式如下：

$$大牲畜产值 = 本年内繁殖仔畜头数 \times 牲畜成活率 \times 成年畜价格$$

4. 副业产值的计算

副业产值包括采集野生植物的产值和捕猎野兽野禽的产值，以及农民其他副业的产值。这里我们主要介绍采集野生植物的产值和捕猎野兽野禽的产值的计算方法。

采集野生植物的产值，是用采集野生植物的数量乘以其价格得到的，其计算公式为：

采集野生植物产值 = Σ（采集某种野生植物数量 × 该种野生植物的单价）

捕猎野兽野禽的产值，是用捕猎野兽野禽的数量乘以其价格求得的，其计算公式为：

捕猎野兽野禽产值 = Σ（捕猎某种野兽野禽数量 × 该种野兽野禽单价）

5. 渔业产值的计算

渔业产值包括天然水生动物的捕捞和天然海藻采集的产值，以及水生动物和海藻的养殖产值。这里主要介绍前者的计算方法。

天然水生动物的捕捞产值 = Σ（水生动物捕捞量 × 单价）

天然海藻采集产值 = Σ（海藻采集量 × 单价）

（三）建筑业总产值调查

建筑业从事房屋、构筑物的建造和修理，从事为固定资产形成服务的工程。建筑业有以下两个特点：(1)产品的多样性。几乎每一个工程都有其独特的结构和形式，都要编制各自的工程预算，这样每个建筑产品的价格可以通过其工程预算来分别确定。(2)建筑活动施工的长期性和阶段性。建筑工程一般生产周期比较长，少则几个月，多则好几年，而且不同时期建筑物处于生产的不同阶段。

由于上述两个特点，所以建筑业总产值适合使用产品法计算。按产品法计算的建筑业总产值，是用价值形式计算的建筑企业在一定时期内所完成的建筑安装工作量。根据建筑安装工程的特点，建筑业总产值包括以下几个部分：(1)建筑工程价值，即各类房屋和建筑物（含列入预算的内部设施）以及道路、港口等的建造价值；(2)安装工程价值，指为各种机械设备的使用和安装所增加的价值，不包括设备本身的价值；(3)建筑物大修理价值，即大修理耗费的工料费；(4)现场制造的非标准设备的价值；(5)与建筑工程有关的勘察设计和地质勘探价值。

建筑业总产值的计算公式为：

建筑业总产值 = 建筑工程总产值 + 安装工程总产值 + 建筑物大修理产值 + 现场非标准设备制作价值

其中，建筑工程产值 = Σ（实际完成的各种实物工程量 × 预算价格）×（1 + 间接费率）×（1 + 独立费率 + 法定利润率）

安装工程价值 = [（实际完成的实物量 × 安装预算单价）+（已完工程的基本工资 × 间接费率）] ×（1 + 独立费率 + 法定利润率）

计算建筑业总产值，要注意对非建筑部门从事建筑活动成果的计算。特别是近年来，农村和城镇居民个体建筑房屋的数量大大增加，以后还会发展下去。对此，应该采用抽样调查、典型调查等方法加以计算，将其计入整个建筑业总产值之中。

计算建筑业的工作量，要注意建筑和基本建设两个概念的相同点和区别，从大项构成来看，建筑包括新建固定资产、固定资产大修理，而不包括固定资产的购置，基本建设包括固定资产的新建和购置，而不包括固定资产的大修理。

（四）货运邮电总产值调查

1. 货运总产值调查

运输业也叫交通运输业，是从事运送货物和旅客的社会生产部门，从输送的对象来看，运输业分成两大部分，一是货运——货物的空间移动，一是客运——旅客的运送。运输业是不生产什么物质产品的，它只是通过自己的运输活动，为使用价值的实现提供条件。

货运总产值主要是指运输部门为完成货物的运送业务、装卸业务和仓库业务而追加到作业对象上去的价值总量。它是按运输业的货运总收入来计算的，其中除了运费，还包括装卸费和仓库保管费等。

计算货运总产值要注意以下几个问题：

(1)通常运输企业的货运收入和客运收入并不明确地划分开。为了计算产值，可以采用抽样调查、典型调查等方法先推算两种收入在总收入中的比例，然后再用货运收入比例去乘以总收入，这样就可得到货运收入的近似总产值。

(2)货物运输总产值不应包括运输部门从事工业或其他生产活动的产值。比如，运输部门附设的以制造和对外承修为主的生产单位，附设的商业、饮食业生产单位，其活动成果就不应计算到货运生产总产值之中。但如果这种附属单位的主要工作在于保障运输作业的正常进行，如保修厂等，其活动成果就应该计入货运总产值。

(3)其他生产部门对外承担的运输业务工作量价值也应计入运输业总产值，但这些部门为本行业生产从事的内部运输业务，是其生产过程的一个组成部分，其工作量价值应该包括在相应各部门的总产值之中。

(4)个体经济从事的货物运输活动，是国家运输事业的必要补充。应该通过工商、税务管理的资料和抽样调查、典型调查资料，进行匡算，将其产值计入货运总产值之中。

2. 邮电总产值调查

邮电业是宏观经济部门中负责办理通信业务的社会生产部门。在我国，邮电业主要两类业务：一类是邮政如邮件传递、报刊发行、汇兑等；另一类是电信，如电报、电话等。和运输业类似，邮电业也可以按服务对象的不同分成两部分：一是为社会生产服务的业务活动，二是为社会居民服务的业务活动。这里，报纸、书刊、杂志的传递业务是使印刷工业的产品得以实现其使用价值的必要作业，是印刷工业生产在流通过程中的延续，所以应该全部作为生产性劳务处理，计算邮电业总产值。

邮电业总产值是邮电部门为社会生产部门进行邮电服务而追加的价值总量，严格地按照五大生产部门的规定。它应该按照邮电业为社会生产部门进行邮电业务所取得的收入来计算。邮电业总收入中有生产性收入（要列入总产值部分）和非生产性收入（为非生产性部门服务的收入，不计入总产值），计算时一般也没有现成的规定，区分这两种收入的资料，也需要用同运输业类似的办法来处理。但在实际计算中，考虑到邮电业产值本身不大，而其中所谓非生产性收入所占比重不大，所以也可以把全部邮电收入都计入邮电业总产值。

（五）商业总产值调查

商业是从事物质产品流通的生产部分，它从事物质产品在流通过程中继续进行的各种生产活动，比如物质产品的进货、调拨、保管、分类、整理、包装、销售等活动。这些活动也是社会生产活动，其成果也要计入社会总产值之中。商业总产值是商业活动总成果的货币表现，也就是商业活动追加到物质产品上的价值的总和。

商业企业不生产新的使用价值，只是在保存与实现产品原有的使用价值中，对原有产品追加新的劳动价值量。因此，商业总产值就是从事商业活动的个人和单位所追加的新的劳动价值量的总和。因此，商业总产值采用追加价值法计算，既可以根据所经营的商品的购销差价计算，也可以将各部门经营中的商品流通费加上法定税金和利润汇总求得。由于商品经营品种多，按已销每项商品逐一计算购销差价非常麻烦，容易出差错，因此一般采用后一种办法，以商业部门编制的商业经营财务报表提供的资料为依据计算。

应该指出,在计算商业总产值时,要从商品购销差价(也称为毛利)中扣除支付给运输部门的运输费和支付给邮电部门的邮电费。但是,如果商品运输工作由商业部门自己的车辆或社会上的集体个体运输承担,而社会上又不对这些运输工作量计算产值,则不必扣除这部分运输费。这样处理可以防止全社会对运输追加价值的遗漏或重复计算。

第四章　社会产品流通调查

在我国社会主义市场经济条件下,社会产品流通是社会再生产过程的重要阶段,它把生产和由生产决定的分配同消费联系起来,成为生产和消费之间必不可少的中间环节。正确认识社会产品流通在国家和地区经济发展中的地位和作用,健全和完善社会产品流通调查体系,是经济调查中一项重要的课题。

社会产品流通调查分为商品流转调查、货物运输调查和邮电通信调查三个主要部分,本章将分别对它们进行介绍。

第一节　商品流转调查

一、商品流转的概念和分类

(一)商品流转的概念

商品流转亦称商品流通,是指作为商品的社会产品,通过买卖行为(商品与货币的交换形式)由生产领域向消费领域的转移过程。它必须具备以下两个特征:

1. 商品流转必须是物质产品的转移。商品流转的这一特征,把它和一些文化、生活服务性的营业活动区别开来。如理发业、照相业、影剧院、公交公司和公共事业等的营业活动虽然也获得货币收入,也能满足消费者的某种需要,但所提供的是服务而不是物质产品,所以不属于商品流转范围。

2. 商品流转必须通过买卖行为,即通过“商品——货币”和“货币——商品”的交换形式。商品流转的这一特征,把它和一些没有通过买卖行为的物质产品转移区别开来。凡没有通过买卖行为的物质产品转移,如自给性产品的分配、无代价的商品赠送、国家向灾民发放的救济物资、企业内部的商品移库等,都不属于商品流转范围。

商品流转是社会再生产的重要环节,也是实现社会扩大再生产的必要条件。通过商品流转调查可以反映出商品流转的规模、水平、构成及发展速度,分析商品流转过程中的各种经济关系和变化规律,从而为国家和地方各级政府的领导制定有关政策、编制和检查商品流转计划提供资料。

(二)商品流转的分类

商品流转是一个复杂的经济活动过程,是各种买卖行为的总称。商品流转的主要分类是按买卖行为的性质分类。下面介绍几种常见的分类方法:

1. 买卖行为的性质

在商品流转过程中,尽管买卖活动很多,但是归结起来,主要的买者是消费者和商业机构(购买的目的是为了转卖),而主要的卖者是生产者和商业机构(转卖者)。将买卖双方与其经济活动结合起来就构成现阶段六种最基本的买卖行为:

卖方 买方

(1)生产者 ——商业机构

(2)生产者 ——生产资料消费者

(3)生产者 ——生活资料消费者

(4)商业机构——商业机构

(5)商业机构——生产资料消费者

(6)商业机构——生活资料消费者

根据调查研究目的的不同,在上述六类买卖行为划分基础上,可以有不同的商品流转分类。

2. 最初商品流转、中间商品流转和最终商品流转

按商品流转在流通领域中的地位和作用不同,可分为最初商品流转、中间商品流转和最终商品流转。

最初商品流转是商品流转的第一个环节,是商品第一次从生产领域进入流通领域的流转,它包括上述(1)(2)(3)类买卖行为。最初商品流转反映在一定时期内从生产领域流入流通领域和消费领域的商品总量及构成,是从商品来源上说明商品流转的规模。

最终商品流转是商品流转的最后一个环节,是商品由流通领域进入消费领域的流转,它包括上述(2)(3)(5)(6)类买卖行为。它反映在一定时期内从生产领域和流通领域流入消费领域的商品总量及构成,是从商品流通的最终结果上说明商品流转的规模,体现了社会商品的消费量。

中间商品流转是反映最初商品流转和最终商品流转之间的一些商品买卖行为,是商品在流通领域内部的继续流转,它包括上述六种买卖行为中的第(4)种买卖行为。中间商品流转的特点是买卖双方同处在流通领域,体现商业机构之间或不同流转环节之间的商品交换关系,说明商业机构内部的商品调拨情况。

3. 商品批发流转和商品零售流转

按商品流转是否结束物质产品的再生产过程,可将商品流转分为批发商品流转和零售商品流转。

批发商品流转是指对生产者出售生产资料作生产用和对商业机构出售商品作转卖用,也就是指进入流通领域供进一步转卖和进入生产领域作生产消费的商品交易,它包括上述(1)(2)(4)(5)类买卖行为。

零售商品流转是指对消费者出售生活消费品,即商品进入消费领域作为生活消费的买卖行为,它包括上述(3)(6)类买卖行为。商品的零售直接满足居民生活消费和社会集团的公共消费的需要,标志着物质产品再生产过程的结束。

4. 生产者销售和商业部门销售

按商品的销售者不同,可以将商品流转分为生产者销售和商业部门销售。

生产者销售是商品流转的起点,是生产者对流通领域中的商业机构以及对消费领域中的生产资料和生活资料消费者出售商品。它包括上述(1)(2)(3)类买卖行为。生产者销售不包括同一商品的重复计算。

商业部门销售是商业机构向消费者出售商品以及商业机构之间各商业环节之间的商品交易,它包括上述(4)(5)(6)类买卖行为。商业部门销售反映出由商业机构销售的商品的总量及构成。

另外，商品流转还可以分为总流转和纯流转。商品流转包括很多主体，主体外的流转，称为纯流转；主体内的流转，称为调拨，两者之和，称为总流转。

二、商品流转调查

商品流通过程，是通过复杂的购销活动来完成的，为了反映这一运动的全过程，必须进行商品流转调查，来说明商品流通的规模、构成以及流通领域内相互之间的关系。

（一）商品购进调查

商业部门商品购进是指整个商业部门为了转卖或加工后转卖，而向本部门以外的单位和个人购进的商品。它除了具有一般商品流通的特点外，还必须是：(1)国内商业部门的纯购进，(2)为转卖而进行的购进，(3)从商业部门以外的单位和个人的购进。

为了反映商品购进的来源，商品购进分两大部分：(1)国内纯购进，(2)接收进口。

国内纯购进是指国内商业部门通过国内市场，为了转卖或加工后转卖而向国内其他单位和个人购进的商品。它包括：(1)从工农业生产部门和个人购进的商品，(2)从出版社、报社购进的图书、杂志和报纸，(3)从物资分配部门购进的国家统一分配产品，(4)从其他非商业部门购进的商品，(5)代国家征收（包括地方附加）的农业税实物，(6)从农村回收的奖售物资，(7)通过货币作价的一种商品与商业部门以外的单位和个人换购另一种商品。

国内纯购进按商品的性质可分为农副产品购进、工业品购进和废旧物资购进等几个部分。

接收进口是指国内商业部门从对外贸易部门购进的进口商品和直接从国外进口供国内销售的商品。它反映商业部门购进国外货源满足国内生产和生活需要的情况。

（二）商品销售调查

商业部门的商品销售是指国内商业部门向本部门以外的单位和个他销售其所经营的商品，因此，除具有一般商品流转的特点外，还必须是：(1)指以商业部门为总体的销售，(2)指商业部门为转卖而发生的销售，(3)是对本部门以外的单位和个人的销售，即不包括商业部门内部的销售。

商业部门商品销售按销售去向分为国内纯销售和供应出口。

按商品销售的用途可分为作生产用、生活用、转卖用和其他用途。

供应出口是指国内商业部门售给外贸部门供其直接出口或加工后出口以及本部门直接出口的商品。这一指标可以反映商业部门出口国内产品、发展国际贸易的情况。

（三）商品调拨调查

商品调拨指标是指商业部门内部各商业单位之间为了转卖而进行的有组织的商品买卖行为。商品调拨首先是指商业部门内部各企业之间的买卖行为，不包括商业部门之间的买卖行为。其次，商业内部各企业之间的买卖对象都是为了转卖或加工后转卖的商品。

商品调拨可分为地区之间调拨、商业部门各系统之间调拨和商业部门各流通环节之间的调拨三种。

商品调拨指标分为商品调出与商品调入两类，要分别进行调查。

（四）商品库存调查

商品库存可就社会或商业部门来观察。前者称为社会商品库存，后者称为商业部门库存。

社会商品库存是指已经离开生产领域，尚未进入消费领域而停留在流通领域内的商品。它包括商业库存、生产者销售商品库存和国家储备三部分。

商业部门库存是指商业部门或商业企业已购进尚未销售而停留在商业部门或企业的商品。

为了研究库存商品对于销售保证的可靠性,商业部门库存可按存放地点进行调查,包括在库商品、在途商品和存放他处的商品三种。

(五)商品流转速度调查

商品流转速度就是一定时期的商品销售额与同期平均商品库存额之比,用来表示商品流转速度的快慢。加快商品流转速度,是加速商品流转,节约流动资金,减少商品损耗,降低流通费用的重要手段。商品流转速度的计算有两种方法:商品流转次数和商品流转天数。

1. 商品流转次数是用一定时期内的商品纯销售额除以同期平均商品库存额得到的,表明一定时期内平均商品库存周转了几次,其计算公式为:

$$商品流转次数=\frac{调查期商品纯销售额}{同期平均商品库存额}$$

商品流转次数多,说明商品流转速度快,商品流转次数少,说明商品流转速度慢,二者成正比。因此,它又称作商品流转速度的正指标。

2. 商品流转天数是用一定时期内平均商品库存额除以同期平均每天商品纯销售额。反映在一定时期内平均商品库存周转一次所需要的天数。其计算公式为:

$$商品流转天数=\frac{平均商品库存额}{平均每天商品纯销售额}$$

商品流转天数多,说明商品流转速度慢,商品流转天数少,说明商品流转速度快,二者成反比。所以,它又称为商品流转速度的逆指标。

第二节 货物运输调查

货物运输业是经济中独立的产业部门,但是并不生产新的物质产品,而是通过其货物运输业务为社会产品流通的顺利提供服务。从社会生产全过程看,货物运输是社会生产的组成部分,是组织社会生产、流通必不可少的手段。货物运输业与社会产品流通过程有着密切联系,因此,社会产品流通调查应当包括货物运输调查。

一、货物运输

(一)货物运输的概念

货物运输业是把社会产品从生产地送到消耗地,以满足各部门和居民对生产资料与消费品经常需要的一种行业。它是地区之间、城乡之间、部门之间,企业之间以及生产与消费之间进行物质联系的主要纽带,在市场经济中起着重要的作用。随着社会生产的迅速发展,生产专业化和各地区经济协作的日益加强,货运业在社会再生产中的作用就愈加明显。

(二)货物运输的特点

货物运输主要有以下特点:

1. 货运的对象是具有各种不同使用价值的实物产品，包括各种生产资料和消费资料产品。

2. 货运的功能在于使物品的空间场所发生变化，使之从生产者向消费者手中流动，通过改变物品的位置，使物质产品再生产过程得以顺利的实现。

3. 货运是利用各种不同的运输工具，经由多种不同的运输路线和方式实现的。

4. 货物运输，一般地说，货物和运输工具是同时运动的（管道运输只有货物自身的场所的变化）。为此，必须具备有关的条件，例如运输工具、装卸人员与设施、仓储设备。

5. 货物运输不会增加产品数量，但会减少物品数量（如破损或变质丧失物品使用价值），由于改变物品的场所，不但使运输业追加的生产过程成为必要，而且会使运输工具的部分转移价值和运输劳动的价值，追加到所运输的产品价值中去。

货运实现了物质产品再生产过程的流通阶段，使其成为物质产品流通的重要渠道，但物质产品的流通，并不一定都需要运输，例如，房屋或建筑物的买卖。

二、货物运输调查的主要任务

1. 反映货物运输量的实际规模，为检查和编制各类运输计划提供依据。

在经济建设中，必须大力发展货物运输业，以适应市场产品流通的需要。从社会经济结构角度上看，货物运输业属于基础结构部分。从三次产业上看，货物运输属于第三产业。发展货物运输业，满足货物运输的需要，使物质产品更快地到达消费者手中，才能保证产品再生产过程顺利实现。为此，必须大幅度增加货物运输量，并相应地拟定货物运输计划。运输调查的首要任务就是及时、准确、全面地调查在一定时期内的货物运输量，反映货物运量和周转量的规模，检查各类运输完成货物运输量计划的程度，为国家和地方各级领导了解情况、决定政策和有关部门编制计划提供可靠的依据。

2. 反映各类运输工具的数量和运输能力，以及里程与线路的现状及其发展情况，为加强运输业的宏观管理，合理安排运力，充分发挥运输潜力提供依据。

运输调查必须完成的是，在一定时点（季末、年末）或在一定时期内（如季度内、年度内）各类货物运输工具、运输能力、运输的线路、运输的道路或航路的里程等调查内容。所有这些情况是组织和实现货物运输的最基本的条件，也是决定运输量大小的最重要因素。只有搞清这些问题后，才能够加强对运输业的宏观管理，为最大限度地发挥运输能力提供依据。

3. 要分析研究运量和运力的比例关系，为国家和地方各级领导采取决策和有关部门合理组织运力创造条件。

货物运输业是一个生产性服务部门，为货物运输需要服务，把生产出来的物质产品用最快的速度和最适宜的运输工具运到目的地。这里就存在着运力和运量的平衡与比例关系的问题。为此，货物运输调查一方面要对实际发生的运力和运量的关系进行准确的把握，从空间和时间上调查清楚二者相适应的状况；另一方面要找出运力和运量之间的矛盾，为国家和地方各级领导采取对策、合理组织运力提供依据。

4. 从宏观角度描述各类运输生产业务技术状况，为发掘运输潜力提供依据。

铁路、水运、公路货运、民航、管道运输工具不同，组织运输业务不同，业务技术要求和表现形式不同。例如，铁路要求反映"货运机车日车公里"、"货运机车日产量"，公路汽车货物要求反映"车日行程"、"里程利用率"，水运要求反映"平均航速"、"载重量利用率"，民航要求反映"飞行班次"、"运输飞行时间”,管道运输要求反映输油、输气的“总损耗率”等。通过上述各种内容的调查结果,可以反映各类运输生产的业务技术状况以及运输生产管理工作的水平。运输调查应从宏观角度,对各有关内容进行分析研究,为进一步发挥运输潜力提供依据。

三、货物运输调查的主要内容

(一)货运量调查

货运量调查是货运调查的最基本调查内容,是一系列货运调查的基础。货运量是指一定时期(月、季、年)内采用各种货运形式,利用各种运输工具,实际发送的货物重量总和。货运量以吨为单位计算。

从运输过程考察,货物由一定地点出发,为运送工作的开始;经过途中运输,最后到达目的地,为运送过程的结束。也就是说,货物运送包括发货和到货两个方面的内容。与此相对应,货运量调查也分为发货量调查和到货量调查两部分。

发货量是指在调查期内货运业所承运的货物数量。发货量一般是按货物重量,即用吨计量,有时也按车皮计算。发货量所包括的范围,是国家或一个地区范围内的全部发货量。它不仅包括专业运输部门所承运的货物数量,而且包括非专业运输部门所承运的货物数量。发货量调查,可以反映货运业为社会服务成果的大小,也是编制和检查货运计划的依据。

到货量是指货运业把所运送的货物,送达指定地区的货物数量。到货量一般也是按货物重量计算的。到货量的计算范围,也是国家或一个地区范围内的全部到货量。到货量和货物运输的距离、运输效率和装卸等工作有关。

进行货运量调查,要注意以下几个特点:

1. 货运量调查的范围。货运量调查应只限于在流通领域所运输的产品数量,也就是各专业运输机构以及工矿企业、机关等非专业运输机构为社会所完成的运输量,不包括非运输单位在生产过程中的运输,如厂内运输,田间运输等。

2. 货运量调查以一定地域范围为计算范围,不论采用何种货运形式,何类运输工具,只要是属于某一地区的产品流通过程的运输就应全部计算为货运量。为此,货运量应在分组基础上综合计算。

3. 各种运输形式计算货运量具体方法不同。各类运输部门,包括铁路运输、公路运输、内河运输、海上运输、管道运输、空中运输等的货运量的核算,要根据其经营特点的不同分别确定。如铁路运输对货物的发送量和到货量都加以调查,不仅调查其总量,还应按照货物目录对主要产品进行发货量调查;而公路运输按其经营管理系统只调查到货量;内河运则按港口只调查发货量。一般来讲,发货量能够表明运输部门对运输需要的满足情况,而且货运量运输计划是用发货量表现的,因此调查结果中常以发货量作为货运量,以便于检查货运计划执行情况,研究货运业为国家和地方经济各部门服务的情况以及货运业与各经济部门之间的关系。

货运量调查能反映地域范围内在调查期内实际完成的货物运输总量,说明该地区货运总规模、总水平,是制定和检查货运计划的依据,可用以研究运输能力和运量的关系,同时也是分析运量的构成、动态,计算货物周转量和其他一系列调查内容的基本依据。

(二)货物周转量调查

货物周转量,是指一个时期内一个地区所有部门的各类运输形式实际实现的每批货运量与其运距乘积的总和。货运周转量以吨公里为单位计算。

货物周转量的计算公式为：

$$货物周转量 = \sum(每批货物发送量 \times 该批货物运送距离)$$

货物周转量调查是反映全社会货运量的另一个重要方法，由于该调查将运量、运距结合起来，一方面表示某一运输工具所运送的全部货物数量（吨数），说明被运转货物的总量；另一方面又表示货物行走里程（公里或海里）。因而，该调查结果可以反映一个地区从事货物运输的全部工作量，是分析运输经营活动的质量和效果，计算货运生产费用、货运收入、货运业总产值、净产值的依据，也是进行一系列运输调查的基础。它对于研究运输各个方面的经济效益有重要意义。

（三）货物平均运送里程调查

货物平均运送里程，是指调查期内平均每吨货物被运送的距离。其计算公式为：

$$货物平均运送距离 = \frac{\sum(货物运送距离 \times 货运量)}{\sum 货运量}$$

缩短货运平均距离，可以减少运费，加速资金周转，降低产品成本。而货物平均运距的大小，不仅取决于货物运输是否组织得合理，而且还取决于生产力布局是否合理。因此，该项调查对于合理组织货物运输，合理调整生产力布局具有重要参考价值。

（四）货物周转期和运行密度调查

货物周转期和运行密度，是反映运输工作质量的调查内容。货物周转期，又叫货运期，说明货物运送的一个周期，即从装车时起到卸车时止所需要的在途天数。

货运期的长短，由许多因素决定，其中主要是运送距离和运行速度，而运行速度又取决于运输业的技术装备程度、运输组织的管理水平、货运密度、运输工具利用水平及其他许多因素。可见，货运期长短是反映运输工作质量、运输效益的一个重要内容。货运期可以分别对不同运输类别，就其运输距离和运行速度对比计算。

运行密度是说明在一定时期内某一段运输营业线路上，平均通过货物的吨数，即线路通过能力。运行密度是以某种运输方式在一段时期内通过某段线路的货物周转量除以该段线路的长度求得。其计算公式为：

$$货物运行密度 = \frac{某一区段货物周转量}{该区段线路长度}$$

运行密度调查可以表明平均每公里线路上所产生的吨公里数，同时还可以表明平均每一公里通过的货物吨数。由于调查内容反映某区段上平均每一公里线路所承担的运输负荷量、线路的通过能力和利用能力，因而是研究货运效益、安排运输计划的重要依据。计算各区段的运行密度，对于观察各区段线路的忙闲程度，合理组织各条线路的运输与衔接也有重要作用。

货运密度调查结果的数值大小与时期长短有直接关系，计算时要注意其所属的时期。

（五）运力调查

货物运输能力，一般是指货运设备的能力，反映货运设备的能力，主要有两个调查内容：(1)运输设备和数量；(2)运输设备的载重能力（如吨位数）。此外，还应注意反映和研究运输能力的利用状况。反映运输能力利用情况，一般调查生产率，即分别就各类运输部门计算的一定时期单位运输设备在单位时间内所实际完成的货物周转量。如：

1. 机车生产率。它是指在一定时期内，铁路部门平均每台运行机车一天所完成的总重吨公里数。

其计算公式为：

$$\text{机车生产率}=\frac{\text{货运机车总重吨公里}}{\text{运行机车台日数}}$$

该数值的大小，受机车周转时间和机车牵引力利用程度的影响，能综合反映机车的运用效率。

2. 汽车生产率。它是指营运汽车平均每车吨日所完成的生产量。其计算公式为：

$$\text{汽车生产率}=\frac{\text{货物周转量(吨公里)}}{\text{营运车吨日}}$$

3. 船舶生产率。它是指船舶平均每吨位完成的生产量(吨里)。其计算公式为：

$$\text{船舶生产率}=\frac{\text{船舶货物周转量}}{\text{平均船舶吨位数}}$$

第三节 邮电调查

邮电业和货物运输业一样，也是经济中独立的产业部门，并为社会产品流通的顺利提供服务，是组织社会生产、流通必不可少的手段。因此，社会产品流通调查也应当包括邮电调查。

一、邮电调查的概念与任务

(一)邮电调查的概念

邮电调查是经济调查中社会产品流通调查的一个重要组成部分。邮电是邮政电讯工作的简称。邮电工作主要从事传递函件、电报、电话等信息，发行报刊、办理邮寄包裹和汇兑业务，为党和政府传递政令，沟通各主管部门间、各主管部门同基层单位间和各基层企业、事业单位间的信息联系，并为人民群众办理邮政通讯服务。从函件、电报、电话和发行报刊上看，邮电工作是一项社会生活和生活信息的传递，发挥着大众信息传播功能。从包裹邮寄业务上看，邮电工作又担负着社会产品流通的职能，把生产者间、生产者和消费者间或消费者间的物质产品移动这个功能负担起来。从资金汇兑业务上看，邮电工作又担负着资金转移——收汇兑汇的任务。应当着重指出：不论邮电业务工作的对象是函件电讯，或是包裹、资金，但邮电劳动提供的生产性服务，只是使其对象物——邮电信息发生空间场所的变化，从而把发投用户和接收用户两方面衔接起来，发挥着社会性传递信息的重要作用。

邮电业务量最大的是函件的收投、电讯的联系和报刊发行、发送，即信息传递业务。在现代社会中，传递生产的信息，指导消费的信息，是实现物质产品再生产过程所不可缺少的，而且越来越重要。发行投送报刊是把物质产品转移给消费者的重要途经，它执行着社会产品再生产过程中的流通职能。收投包裹也是如此，根据典型调查，在邮电业所传递的信息中，绝大部分是用于生产性的信息。因此，邮电工作是社会产品再生产过程的组成部分，是社会产品流通的一个渠道，邮电部门则是物质生产部门之一。

邮电调查的内容主要包括：(1)函件和机要文件业务量调查；(2)电讯业务量调查，其中包括：电报、电话业务量调查；(3)订销报刊份数调查；(4)包裹件数调查；(5)汇票业务量调查。

在邮电业调查中，除上列各项业务量调查外，从宏观出发还应该调查邮电产品总量。因此，从大的方面来说，邮电调查可以分为两类：邮电业务量调查和邮电企业产品量调查。

（二）邮电调查的任务

邮电调查的主要任务有以下几项：

1. 反映邮电各项业务量的实际规模，为编制和检查有关计划提供证据

在经济建设过程中，邮电业务日益重要，邮电业务量成倍地增加。为了适应经济和社会发展的需要，有必要进行邮电业务量调查。为此，邮电调查通过计算，要全面、准确地调查函件、机要文件、电报电话、订销报刊、包件和汇票等各方面的业务量，反映邮电业务量达到的规模和水平，检查监督邮电业务量计划的完成程度，为有效地组织邮电工作，加强邮电管理，挖掘邮电工作潜力，找出薄弱环节，提高邮电服务工作质量，适应社会需要提供依据。

2. 分析邮电业务量同地区经济发展间的比例关系

邮电业务工作内容与规模同地区经济的各行业发展以及人民物质文化生活水平提高状况有密切的关系。为此，必须从宏观上，将邮电业务量同社会总产值、工农业总产值、国内生产总值进行对比，分析其量的比例关系及其动态变动情况。这种比例关系既可反映邮电业务工作量与地区经济发展的规模、速度间的数量关系，又可反映如何发展邮电事业以适应地区经济和社会发展的要求。因此，这种比例关系是经济发展中的一个重要比例，对于制定地区经济发展规划和邮电业务工作计划都很重要。

3. 要从宏观角度，分析用户构成以及用户对邮电服务要求季节性变动的规律性

组织好各种邮电业务工作，以满足各方面用户的需求，是邮电服务的一个重要表现。为此，邮电调查就要分析邮电的用户构成状况和用户对邮电服务要求的季节变化规律。从宏观角度看，所谓邮电用户构成是指利用邮电业务的社会经济结构或地区经济的行业构成，或生产性用户和非生产性用户，或企事业单位用户和居民用户等。用户结构以及用户对邮电服务要求的季节性变化，就要求邮电业务工作必须进行相应的变革，采取相应的措施。邮电调查则可为合理组织邮电生产服务工作提供依据。

二、邮电调查的内容

邮电业务活动具有全程全网联合作业的特点。一个完整的邮电通信业务，在多数情况不需要两个和两个以上邮电局所（企业）联合作业才能完成。一个邮电局所，往往只能是完成邮电活动的一个阶段——出口阶段，即接受用户发出的信息，叫做出口交换量；或是转口阶段，即经转信息，将信息由甲局经转乙局，再由乙局经转丙局等，叫做转口交换量，或是进口阶段，即接收信息投递给用户，叫做进口交换量。根据这个特点，可对邮电业务活动运用邮电业务量（或邮电专业产品量）和邮电企业产品量等内容进行调查，以便从不同角度反映邮电业务活动为社会提供的各种有益效用。

（一）邮电业务量调查

邮电业务量（邮电专业产品量），是邮电业为社会提供完整通讯服务和其他服务的有益效用，采用实物单位计算。比如，以件数表示函件业务量，以份数表示订销报刊业务量，以户数表示市内电话业务量等。

函件、机要文件及包件，以出口阶段计算业务量，用出口交换量表示；订销报刊由订销局根据要数的订单进行计算，并要计算累计份数，电报、传真电报是以出口阶段计算出报份数，即用出口交换量表示业务量。

采用货币单位,即用不变平均单价分别乘以相应的邮电业务量,加总计算的邮电业务总量,是从价值方面综合反映一定时期内邮电业为社会提供的各种有益效用的总成果。这关于研究各类邮电业务量的总变动及其发展趋势具有重要意义。

(二)邮电企业产品量调查

邮电企业产品量,是指一个邮电局所在一定时期内为社会提供的邮电业务数量,它既包括了出口阶段的交换量,又包括了进口阶段和转口阶段的交换量。而前面讲的邮电业务量,大部分是按出口交换量计算的,不包括该局所完成的进口阶段和转口阶段的交换量。

邮电企业产品量调查,可具体分为三种类型的调查内容:

1. 在一个邮局所范围内可以完成全部服务的产品量。如市内、农村电话期末到达户数,电话装拆,移机部数以及出租、代理维修业务收入等。

2. 邮局所之间联合作业所提供的完整服务产品量。如进口、出口、转口的函件次数,机要文件数,包裹件数等,包括邮电的出口、进口、转口交换量等调查内容。

3. 邮件转运部门和线务部门的产品量。如邮车总站和邮件转运部门的产品量,长途线务总站的产品量,微波总站的产品量等。

如果采取各种产品的单价分别乘以相应的产品量,加总后可以计算邮电企业产品总量,用以反映邮局有效劳动的总成果。

第五章　对外经济调查

第一节　对外经济调查的基本知识

一、对外经济

(一)对外经济的概念

对外经济,是指一个国家或地区,同其他国家或地区间的商品交换以及与商品交换有关的其他经济联系和往来。

对外经济活动和国内商业都是从事商品交换的,这是它们的共同点。但是,它们在社会再生产中的作用,是不完全相同的。国内商业是在一国范围内进行的商品交换,而对外经济则是从事国外商品的交换。商品的运动,不仅要经过国内,而且还要经过国外,利用国际市场。因此,对外经济比国内商品交换要复杂得多,它不但要涉及性质和交易规则截然不同的国内市场和国际市场、国内价格和国际价格,还要涉及性质截然不同的本国货币和他国货币。

对外经济活动有两个主要特点:一是把本国的实物产品同外国的实物产品进行交换,可以实现实物形态的转换;另一个特点是出口本国耗费劳动比较少的产品,换取本国耗费劳动比较多的产品,以节约社会劳动,实现有效劳动在国内的价值增值。

(二)对外经济的作用

对外经济是一国或地区经济活动的一个重要组成部分,也是对外经济关系的一切活动的基础,因而它在国家和地区的经济建设中具有举足轻重的作用。对外经济的作用主要表现以下几个方面:

1. 调节余缺,互通有无,促进国家和地区的经济按比例协调发展

任何一个国家或地区都不可能拥有一切物质资源,生产一切产品。对于一个地区来说,虽然可以从国内其他各地区取得需要的物资,但是对于其他地区没有的物资,或者国外具有比较优势的物资,为了节约社会劳动,也需要通过对外经济,将相对多余的物资,换取急需短缺的物资,既能活跃国际市场,又能满足国内或地区内人民的生活和生产的需要,有利于实现商品的供需平衡,促进国家或地区经济持续稳定协调发展。

2. 引进设备、技术,提高劳动生产率

加强技术交流,引进先进技术,有利于促进生产力的迅速提高。正因为如此,引进新技术和新设备就成了各国和地区对外经济的重要内容。

3. 扬长避短、发挥优势,多创外汇、增加收入

各地区可以因地制宜,根据本地区的条件,扬长避短,发挥优势。出口耗费劳动少的产品,换取国

内生产耗费劳动多的产品,通过国际间的商品交换,既实现使用价值的转换,又能够节约社会劳动,增加地区的价值总量。节约的劳动,可以再生产新的劳动产品,又能多创外汇,增加新的经济增长。

4. 扩大劳动就业,推动对外经济发展

世界上许多国家和地区都把发展对外经济作为解决国内就业问题的一个重要手段。对于发达国家也是这样,据美国商务部调查,美国每出口 10 亿美元的货物,就可以直接提供 3 万个就业机会。这说明,发展对外经济,是扩大城乡劳动就业的重要途径之一。在整个对外经济关系中,对外经济是最基本、最重要的形式。因此,对外经济活动也成为发展一国或地区对外经济关系的中心环节。

二、对外经济调查的任务

对外经济调查,是对于外贸经济活动实行科学管理和监督检查的重要工具。它主要反映对外经济中商品流转过程,购、销、调、存、出口、进口等业务活动的规模、水平、速度、结构、比例等数量关系,监督与检查计划执行情况和存在的问题,为保证国家或各地区经济发展,克服进出口的盲目性,并揭示其发展变化的规律,保证外汇收入,更加合理地组织对外经济活动,提高对外经营中的经济效益,促进各项对外经济任务顺利地完成提供依据。

对外经济调查工作的基本任务是:对对外经济活动进行调查,为各级领导决策提供调查资料。对外经济调查工作的具体任务有以下几个方面:

(一)准确、及时地搜集和提供调查信息,为编制经济计划、制定方针政策提供依据

对外经济调查信息,可以反映对外经济活动及其发展情况。对外经济调查信息,是各级领导掌握的对外经济信息的主体,它具有以下特点:

1. 全面性。对外经济的调查信息,反映了对外经济部门的全部经济活动。它反映的对外经济活动的情况,比其他经济部门提供的信息更全面。

2. 综合性。涉外经济调查信息是由各种调查信息、报表数据汇总得到的,它可以综合地说明对外经济现象的数量特征。

3. 及时性。对外经济活动的调查信息,能够及时反映对外经济活动的现实状况,时间和方式更加灵活。

由于对外经济调查信息具有上述特点,因此它成为编制对外经济计划的基础。只有掌握了准确、及时的对外经济调查信息,才能编制切实可行的计划。国家和地方各级领导制定对外经济政策时,是建立在对客观事实深刻了解和正确估计的基础上,要做到这一点就必须借助准确可靠的调查信息。

(二)对外经济调查要对政策与计划的执行情况进行检查和监督

对外经济调查对国家或地方各级政府对外经济政策的执行情况进行检查和监督,一方面是要检查和监督政府的对外政策是否得到了认真的贯彻执行,有无偏离政策方向的问题;另一方面要对对外政策在执行过程中出现的新情况和新问题,认真进行调查研究,提出建议,为国家或地方各级领导调整对外经济政策提供依据。

(三)对外经济调查要为宏观经济调控服务

在对外开放的形势下,国家和地方各级政府要对外来人员、技术、资金进行有选择的吸收,要有利于当地的经济建设,对本地区的经济发展没有损害。国家和地方各级政府,要对对外经济活动进行宏观控制和调节,对外经济调查要为政府进行宏观调控提供可靠的依据。

第二节　进出口业务调查

一、进出口成交调查

进出口成交是指国家或地方的各对外贸易单位与国外官方机构或厂商企业正式签订的出口或进口合同,或经双方函电往来所达成的出口或进口商品的交易。进出口合同的签订是贸易伙伴国双方谈判和协商的结果。对出口商品成交金额和进口商品成交金额进行调查时,一律按合同规定的价格计算,而不按离岸价格或到岸价格计算。

二、实际出口和进口到货调查

实际出口调查和进口到货调查的范围是指,根据进口订货和出口成交合同,商品已离开我国国境或口岸,或国外商品已运达我国国境或口岸,合同已成为现实。从价值量上表现的实际出口和进口到货量,就是出口总额和进口总额。

三、进出口贸易总额调查

进出口贸易总额是出口额与进口额之和,是以货币表示的一个国家或地区的全部对外贸易总额。

(一)出口贸易额

出口贸易额一般称为出口额,是以货币表示的一个国家在一定时期内实际出口的商品总金额。出口额按离岸价格计算,其计算办法如下:

1. 出口商品价格,不论海运、陆运还是空运,都按离岸价格计算。如果实际上不是按离岸价格成交出口时,应将其调整为离岸价格。

2. 对于港澳地区出口的商品价格,凡是用外汇支付的,都应将离境后的运费、保险费等外汇费用扣除。

3. 在国外直接转口的出口商品,应该按合同规定的价格列入外贸出口调查中。

4. 对外援助出口商品价格,凡协议规定出口商品离开我国国境或口岸后,费用由对方负担的,按离岸价格计算;如果费用由我方负担,可以将这些费用列入出口商品的价格中。

5. 我国或地区在国外寄售的商品、样品、展览品以及售给外国供应公司、友谊商店、侨汇商店、广州贸易中心以及经济特区的出口商品,应该按外汇划拨或实际结汇价格,列入外贸出口调查中。

(二)进口贸易额

进口贸易额一般称为进口额,是用货币表示的一个国家在一定时期内实际到货的进口商品总金额。进口额按到岸价格计算,其计算办法如下:

1. 进口商品价格,不论海运、陆运还是空运,都应该按商品的到岸价格计算。

2. 在国外直接转口的进口商品,应该按合同规定的价格列入外贸的进口调查中。

3. 外国来我国或各地区的样品、展览品和代售品,其价格按实际结算价格计入外贸进口调查中。

如果这些商品经过海关,则按到岸价格计算。

四、对外贸易差额调查

一个时期的出口额减去进口额称为对外贸易差额。如果出口额大于进口额,差额为正数,称为“顺差”;反之,如果出口额小于进口额,差额为负数,称为“逆差”。逆差部分一般要用外汇或资金储备来支付,也可以借用国外资金来支付。

五、进出口商品经济效益调查

反映进出口商品经济效益的指标,主要有如下四种:

(一)出口商品换汇成本(也称出口换汇率)

它是表明通过商品出口,换回单位外币(一般用美元)需用多少人民币,反映出口商品换取外汇的能力。计算公式如下:

$$出口商品换汇成本=\frac{出口商品总成本(¥)}{出口商品销售收入(¥)}$$

公式中,出口商品总成本,由出口商品国内进价(即外贸部门实际收购价格)和各项出口费用、税金等组成。出口商品销售收入(外汇收入)是出口商品出口后收回的外汇价款(按离岸价格计算)。出口商品换汇成本是衡量对外经济工作的经济效益的一个基本指标。

(二)出口商品创汇率(又称出口商品外汇增值率)

它是表明用单位外币(美元)的原材料加工为成品出口可增加的外汇额。这是出口商品创汇额与生产该商品所需原材料外汇成本的比率。计算公式为:

$$出口商品创汇率=\frac{出口商品创汇额}{出口商品原材料外汇成本}\times 100\%$$

公式中,出口商品创汇额等于出口商品外汇收入(按离岸价格计算)减去生产该商品所需原材料的成本(用外汇价格计算)后的余额。

(三)出口商品盈亏率

它是相对于出口商品换汇成本而言的。出口商品换汇成本低于平均结算汇率的部分,就是出口商品盈利率。换汇成本越低,盈利率越高。出口商品换汇成本高于平均结算汇率的部分,就是出口商品亏损率。换汇成本越高,亏损率就越大。其计算公式为:

$$出口商品盈亏率=\frac{出口商品盈亏额(¥)}{出口商品总成本(¥)}$$

其中,出口商品盈亏额=出口商品国内销售收入-出口商品总成本

正数表示盈利额,负数表示亏损额。

(四)进口商品盈(亏)率

它是对某种进口商品国内销售的盈(亏)额与进口商品总成本的比率。如果国内销售收入高于进口商品总成本就盈利,反之,就亏损。其计算公式为:

$$进口商品盈亏率=\frac{进口商品盈亏额(¥)}{进口商品总成本(¥)}$$

其中,进口商品盈亏额 = 进口商品国内销售收入 - 进口商品总成本

进口商品总成本 = 进口商品国外支出 × 银行外汇牌价 + 税金 + 其他费用

以上指标综合反映了进出口商品购销价格,商品构成,商品流通费用水平汇率和征收各种税金、税率等基本因素之间的相互关系。这些基本因素的变化,都要对进出口商品的经济效益产生影响。

第三节　利用外资调查

一、利用外资调查的基本知识

(一)利用外资调查的意义

利用外资是一个国家或地区发展经济的一个重要手段。利用外资是通过国际金融市场来实现的。国际金融市场的经营内容是借贷资本。需要资金的借入者,可以在一定的期限内还本付息,在国际金融市场上,借入一定量的资本,从事生产活动或商业活动等。同时,在国际金融市场上的资本借出者可以获得一定的利息收入。

对利用外资情况进行调查,有着非常重要的意义。

1. 可以反映国家或地区利用外资的规模和发展速度。

2. 可以反映国家或地区利用外资的国别和利用外资的方式。

3. 可以反映国家或地区利用外资对调整本国或本地区产业结构所起的作用。

4. 可以反映国家或地区利用外资,对增加产品品种,提高产品质量,节约原材料和能源消耗,降低产品成本等方面所取得的经济效益。

5. 可以反映国家或地区产品出口、增加外汇收入的情况。

6. 可以反映国家或地区在培养技术人员和经营管理人员方面所取得的成就。

(二)利用外资调查的任务

对利用外资情况进行调查,是认识利用外资的经济现象的有力工具,是对中外合资经营企业、中外合作经营企业、外资独资企业进行科学管理的工具。

利用外资调查的任务,具体来说,有以下几个方面:

1. 利用外资调查,要及时、准确、全面地反映国家或各地区利用外资的情况。

2. 利用外资调查,要为国家和地方各级领导了解利用外资情况,指导利用外资工作,进行利用外资的宏观决策提供依据。

3. 利用外资调查,要为制定利用外资计划提供依据。

4. 利用外资调查,要检查和监督经过政府或其授权机关批准的利用外资协议、合同的执行情况。

5. 利用外资调查,要提供国家或各地区对外债务的情况,以及提供对外债务的国别和偿还情况。

6. 利用外资调查,要提供利用外资所产生经济效益的水平及优劣的数据资料。

(三)利用外资调查的范围

利用外资调查的范围,包括各级政府、主管部门、企业和其他具有法人资格的经济组织的对外借款、吸收客商直接投资以及通过加工装配、补偿贸易和国际租赁等形式筹措的境外资金。外资包括现汇、实物、工业产权、专有技术等有形资本和无形资本。根据有关的国际惯例,通过本国在国外注册兴

办的企业,将境外资金用于境内投资,也应该列入利用外资调查范围;而香港、澳门、台湾地区对内陆的投资,为了和国际收支调查的口径一致,也应列入利用外资调查范围。具体内容如下:

1. 对外借款。它是指我国政府、主管部门、地方和其他具有法人资格的经济组织从境外借入的资金或发行的外币债券、股票以及出口信贷等。一国或地区的借款来源包括:(1)外国政府贷款;(2)国际金融组织贷款;(3)出口信贷,其中又分卖方信贷和买方信贷;(4)外国商业银行贷款,它实质上是国际间银行进行的同行贷款,这在当今国际投资活动中被大量采用;(5)发行债券。

2. 外国直接投资。外国直接投资就是外国投资者在国内兴办企业的投资。直接投资按不同经营方式分为:(1)合资经营企业。在我国目前举办的合资经营企业,外商一般多用现金、设备、原料、技术、专利等投资;我方多用土地、厂房、建筑物、原材料、配套设备、设施、劳务、现金等投资。(2)合作经营企业。这种投资一般采取外国合作经营者按合同规定向当地合作经营者提供资金、设备、工业产权、技术援助和技术专利;当地合作经营者则提供土地、劳务、厂房,或者由外国合作经营者向本国原有企业提供技术设备。(3)合作开发。这种投资分为外商风险投资和中外双方共同投资,并以开采的产品偿还外商投资。(4)独资经营企业。它属于纯外资股权的经济实体,客商按照有关规定缴纳税金和支付土地使用费。

3. 外商其他投资。这是指除了上述对外借款和外商直接投资以外的方式所吸收的外资,主要有来料加工装配、补偿贸易和国际租赁等几种。

二、利用外资调查的内容

根据利用外资调查范围,其主要调查指标如下:

(一)利用外资额

它是以货币表现的一定时期内一个国家或地区、部门或单位吸收并已投入使用的国外资本的总值。计算对外借款,应以实际已提取(或交拨使用)的对外借款额为准。计算直接投资项目,应以外商实际已投入的现金、实物等,并经有关部门验收后的金额为准;计算外商其他投资,应在外方进口设备后,以应付的设备价款,或应付的租金为准。利用外资额的计算公式为:

利用外资金额 = 实际使用的对外借款金额 + 实际使用的外商投资金额 + 实际使用的外商其他投资额

(二)外债分析指标

涉外投资活动最终表现为国际债权与债务的增减。一个国家利用外资的规模,不仅取决于本国经济建设的需要,还要受偿还外债能力的制约。借款大于偿还能力,必然是增加了债务。在调查工作中,常用的利用外资与外债偿还能力的分析指标是偿债率与资金融通率。

1. 偿债率。外债偿债率即外债负担率,它的计算公式为:

$$偿债率 = \frac{当年偿还的总额(本金+利息)(TDS)}{当年商品劳务出口收汇额(XGS)} \times 100\%$$

按照国际惯例,如果偿债率超过 10%,就要引起注意,超过 20%,就有还不起债务的危险,因而往往把 20% 的偿债率作为考虑借款的警戒线。当然,这只是一个经验数据,由于各国的经济情况不同,一个国家的各个时期的具体情况也不尽相同,因此,确定借外债的规模大小,还应结合其他有关因素,作纵向和横向的数量分析后,才能做出合乎客观实际的数量界限。

2. 资金融通率。它是一个能较全面地反映一个国家或地区外债偿还能力的指标,其计算公式为:

$$资金融通率=\frac{当年初官方储备额+年内贷款额+年内外汇资产净额+年内商品劳务出口收汇}{年内商品劳务进口总额+当年外债本金利息偿付额}$$

如果融通率大于1,表示借债国当年的外汇收入加上短期内所借资金,足以应付进口支付和外债的还本付息,如果融通率小于1,则表示借债国当年的外汇收入加上短期内所筹措的资金,不足以应付进口和外债的支付需要。但是,这并不一定表明债务国会拖欠债务,因为还有其他因素可以缓和一国或地区的国际收支环境。此外,利率的变动也影响偿债能力。

(三)利用外资的经济效益指标

分析利用外资的经济效益,主要应用以下指标:利用外资的利润率与投入单位外资的国民生产总值增长率。

1. 利用外资利润率。其计算公式为:

$$利用外资利润率=\frac{投产后的年利润总额}{实际投入的外资总额}$$

公式中,年利润总额,指企业建成投产后,每年在缴纳所得税之后的税后利润;投入的外资总额,是指实际上已经利用的、包括现金和实物在内的外资总和。

该指标的分子、分母都是时期数,计算比较简便。根据实际资料计算所得的利润率越大,说明经济效益越好;反之则差。

2. 投入单位外资的国民生产总值增长额。其计算公式为:

$$投入单位外资的国民生产总值增长额=\frac{T\,年的国民生产总值增长额(\Delta GNP)}{(T-2)\,年的外资投入额}$$

计算该指标时,应考虑国民生产总值增长与投资之间的时间差。所以,要将某年的国民生产总值增长额同两年前的投资额对比。当然,这是一个近似的分析指标,在具体研究时,还应结合其他有关因素做定量分析。

第四节 对外投资调查

一、对外投资的基本知识

(一)对外投资的概念

对外投资,是指一国或地区向国外直接投资。根据联合国跨国公司中心对对外投资下的定义:凡是投资者对直接控制的海外企业的投资,都称为直接投资。

改革开放以来,我国国际间经济往来逐渐频繁,对外贸易为国家和地方各级政府积累了大量的资金,国家和地方各级政府对国外直接投资的规模与范围也在逐渐扩大。比如国家一些部门和许多省市,在世界一些国家和地区直接投资,开办了一些合资经营企业。国家或地区在国外直接投资,具有重要意义:

1. 有利于增加国家或地方的出口,增加外汇收入

一国或地区在国外投资开办企业的目的之一,就是要在国外出售自己的产品,扩大产品出口,增加外汇收入。因为在国外开办的企业,可以方便地找到有资信的客户,搞清市场的销售渠道,为扩大

我国产品的出口创造条件。同时,国家或各个地区在国外建立的生产型企业,可以充分利用当地的丰富资源和先进技术,生产当地适销对路的产品,增加外汇收入。

2. 有利于快速反馈国外市场信息,为改变国家或各个地区的出口产品结构创造条件

国家和各个地区在国外直接投资开办的企业,可以对国外市场需求以及市场行情,进行调查研究,将国际市场的最新信息,尽快地反馈到国外,以便组织生产国际市场需要的产品,淘汰国际市场不需要的产品。这样,就可以不断地调整国家和各地区出口产品的结构。

3. 有利于引进先进技术设备和商品进口

国家和各地区在国外直接投资的企业,可以摸清适于我国应用的先进技术设备和其他商品,为国家或各地区组织进口提供信息。同时,也可以推荐有资信的企业到中国投资。

4. 有利于开展对外承包工程和劳务合作等经济合作活动

国家和各地区向国外投资,与外国厂商合资经营对外承包工程公司,在国外承包工程,进行劳务合作,为国家和地区创造外汇。

(二)对外投资调查的主要任务

对外投资调查,是认识国家和各地区在国外投资情况的有力工具。具体任务表现在以下几个方面:

1. 对外投资调查,可以反映国家和各地区对外投资的总规模及其发展变化。

2. 对外投资调查,可以反映国家和各地区对外投资的分布状况,反映国家和各地区与其他国家之间的经济合作关系。

3. 对外投资调查,可以反映国家和各地区对外投资的方式,反映国家和各地区在国外投资的行业结构,以及其发展变化。

4. 对外投资调查,可以反映国家和各地区在国外投资企业的经济效益,反映在国外投资企业的创汇能力,以及汇回利润的数量。

总之,对外投资调查,可以提供国外投资企业的有关经济信息,为国家和地方各级政府的领导了解资金外投情况,研究资金外投方案,进行资金外投决策,提供重要的依据。

二、对外投资调查的主要内容

对外投资调查的范围,主要包括:我国政府、主管部门、企业和其他具有法人资格的经济组织,将国内的资金、技术、设备等输出到其他国家或地区进行投资的经济活动。

对外投资调查的主要内容有:

(一)实际投资额

实际投资额,是我方根据双方签订的合同或协议中的规定,实际投入的资金总额。我方投资的资金额,包括现金投入、实物投入和其他资金投入。

现金投入,是以货币资金作为投资的部分。现金投入可以用投资所在国的货币单位来计量,也可以用美元来计量,同时,还要用人民币来计量,以保持口径的一致。

实物投资,是指以我方的设备、机器、原材料、燃料等物质作为投资的部分。实物投资要根据其价格,将实物折合为价值形式进行调查。

其他投资是指以专有技术、产权等作为投资,属于无形资产的投资。

（二）年销售收入和营业额

年销售收入是自我方在国外投资的企业，在调查年度内，出售产品和提供劳务技术服务所得到的收入。出售产品的收入，可以用出售产品的数量乘以价格来计算，其计算公式为：

$$产品销售收入 = \sum(产品销售量 \times 外币价格)$$

根据公式可以知道，产品销售收入受两个因素影响：一是产品销售量，二是外币销售价格高低的影响。因此，必须制定最优价格，才能增加产品销售量，增加企业的收益。

营业额是指从事商业、饮食业等企业，向企业外销售商品或提供服务所得到的全部营业收入。

向外销售商品所得到的营业额，是用向外销售商品的数量乘以其外币价格而计算得到的。其计算公式为：

$$商品销售营业额 = \sum(商品销售量 \times 外币价格)$$

向外提供的劳务收入，是用向外提供的劳务数量乘以其劳务价格而计算得到的，其计算公式为：

$$劳务收入 = \sum(劳务数量 \times 外币劳务价格)$$

产品销售收入或商业、饮食业的营业额，可以用我方投资所在国的货币作为计量单位，也还要将该国货币计价的产品销售收入或营业额，按照当时的汇率换算成美元，同时，也要将用外币计算的产品销售收入或营业额，按照当时的汇率换算成人民币，以便我方的调查和应用。

（三）利润额

利润额指标包括利润总额、税后利润和我方利润等三个的指标。

利润总额是指我方与投资所在国厂商合资企业，在调查年度内实现的利润总额。它包括产品销售利润、其他销售利润和营业外收支差额。

税后利润是指我方与外商合资企业，从全年实现的利润中，扣除缴纳的各种税金后，所剩余的利润额。

我方利润是指根据中外双方投资比例分给我方的利润额，或者是根据中外双方签订的合同规定的比例，分给我方的利润额。

（四）汇回利润和利润率

汇回利润是指我方在国外投资的企业，从我方分给的利润中，汇回我国的利润额。这部分利润，可以用于国家和各地区的经济建设。

利润率指标，由于分析和研究的目的不同，可以用不同的方法计算：

1. 投资利润率

投资利润率就是用年利润额除以企业投资总额所得的比率。其计算公式为：

$$投资利润率 = \frac{年利润额}{投资总额} \times 100\%$$

这个投资利润率指标，说明企业每投入100单位的外币可以获得的利润额，用来反映企业的经济效益。

2. 股本利润率

所谓股本，是指投资者的投资总额。股本利润率是用我方一年中分得的利润额除以我方投资总额得到的比率。其计算公式为：

$$股本利润率 = \frac{我方分得利润额}{我方投资总额} \times 100\%$$

股本利润率指标,可以用来说明我方每投入100单位的外币获得的利润额。它可以用来反映国家或地区在国外投资的经济效益。

3. 投资汇回利润率

投资汇回利润率是用我方在国外投资企业,汇回国内的利润额除以我方投资总额得到的比率。

$$投资汇回利润率 = \frac{汇回利润额}{我方投资总额} \times 100\%$$

这个指标可以说明我方投资100单位的外币汇回国内的利润额。它可以用来反映我方在国外投资的实际收益。

(五)人均利润额

人均利润额是用企业一年获得的利润额除以企业年平均人数得到的。其计算公式为:

$$人均利润额 = \frac{企业年利润额}{企业年平均人数} \times 100\%$$

这个指标可以用来说明平均一个人在一年内所获得的利润额。如果人均利润额越多,说明企业的经济效益越好;反之,说明企业的经济效益不好。

第五节 国际旅游调查

一、国际旅游调查的基本知识

(一)国际旅游调查的内容

国际旅游调查是以国际旅游者与旅游业之间的经济活动为调查对象,调查的内容包括为外国人、华侨、港澳同胞和台湾同胞的旅游服务情况。

旅游是一个综合性的行业,其调查的内容是非常广泛的。国际旅游调查的主要内容包括:

1. 国际旅游人数调查;
2. 国际旅游人数的各种分组调查;
3. 旅行社经营情况调查;
4. 涉外宾馆住宿设施以及经营情况调查;
5. 利用外资宾馆经营状况调查;
6. 旅游企业情况调查;
7. 旅游企业外汇收入调查;
8. 旅游汽车车辆调查;
9. 旅游企业从业人员及其分组调查。

(二)旅游调查的任务

旅游调查的任务就是及时、准确、全面地提供旅游调查资料,为国家和地方领导提供决策依据,为各级领导了解情况、指导工作提供依据。

旅游调查,有以下几个方面的作用:

1. 反映各个时期旅游的人数及其构成情况。

2. 反映旅游人数的变化过程和发展速度，反映国家和各地区与世界各国交往的情况。

3. 反映涉外宾馆的经营情况和经济效益。

4. 反映旅游企业的外汇收入及其经济效益。

二、国际旅游人数及其特征

（一）国际旅游人数

国际旅游人数调查的对象是来我国探亲、度假、观光、参加会议或从事经济、文化、体育、宗教等活动的外国人、华侨、港澳台同胞。在进行国际旅游人数调查时，旅游者每入境一次，就统计一次。

国际旅游人数中不包括以下各类人员：

1. 应邀来华访问的政府部长以上官员及其随行人员。

2. 外国驻华使馆人员。

3. 常驻我国一年以上的外国专家、留学生、记者、商务机构人员等。

4. 乘坐国际航班过境的旅客、机组人员和在口岸逗留不过夜的铁路员工，以及船舶驾驶人员以及其他人员。

5. 边防地区往来的边民。

6. 回大陆定居的华侨、港澳台同胞。

7. 已在我国定居的外国人和原已出境，又返回在我国定居的外国侨民。

8. 归国的我国出国人员。

（二）国际旅游人员分组

对于国际旅游入境的外国人，可以从不同的角度进行分组。常用的分组办法有：

1. 按国籍分组

对于国际旅游入境的外国人，可以按照国籍进行分组，反映各个国家人数的分布状况，从而说明哪些国家的国际游客多，哪些国家旅游人数增长速度快。

2. 按乘坐的交通工具分组

对于国际旅游入境的外国人，可以按照乘坐的交通工具进行分组，可以分为：（1）乘坐船舶；（2）乘坐飞机；（3）乘坐火车；（4）孔道。

按照乘坐的交通工具进行分组，可以分析乘坐每周交通工具旅游的人数以及构成情况。

（三）国际旅游人员的主要特征

国际旅游人员的主要特征，主要是调查和分析旅游人员的年龄特征、性别特征和职业特征。

三、涉外宾馆调查

（一）涉外宾馆状况调查

涉外宾馆是指经过各级工商管理部门、公安部门批准，可以接待外国人、华侨、港澳台同胞的宾馆、公寓、度假村等住宿设施。

反映涉外宾馆基本情况的指标主要有以下几个：

1. 宾馆座数

宾馆座数是指在某一个时点上已经正式开业的宾馆数量。宾馆座数反映了涉外宾馆的整体规模。

2. 客房间数

客房间数是指某一时点上可用于接待宾客的房间数量。客房间数可以反映涉外宾馆用来接待游客的房间规模。

3. 床位数

床位数是指在某一时点上涉外宾馆拥有的床位数量。这个指标可以反映涉外宾馆在某一时间可以接待的最大旅客数量。

4. 宾馆等级

宾馆等级是反映涉外宾馆设施水平及质量的一个指标。

(二)客房使用情况调查

反映涉外宾馆住宿设施使用状况的指标,主要有以下几个:

1. 实际客房出租总间天数

实际客房出租总间天数,是指在调查期内每天租出的房间数的总和。

2. 核定客房出租总间天数

核定客房出租总间天数,是用调查期内实有客房数乘以调查期内日历天数得到的,用来反映能够出租的客房总间天数。

3. 客房出租率

客房出租率是用调查期内实际客房出租总间天数,除以核定客房出租总间天数所得的比率,其计算公式如下:

$$\text{客户出租率}=\frac{\text{调查期实际客房出租总间天数}}{\text{核定客房出租总间天数}}\times 100\%$$

客房出租率可以反映涉外宾馆客房的利用程度。只有提高了客房出租率,才能增加涉外宾馆的收入,提高经济效益。

(三)涉外宾馆经营情况调查

涉外宾馆经营情况调查,可以用下面的指标来反映:

1. 营业收入总额

涉外宾馆营业收入,是指在一定时期内进行经营活动而得到的收入总额。

2. 税金

税金是指涉外宾馆按国家规定缴纳的,从营业收入中支付的税金,包括营业税、城市建设维护税等。不包括从利润中支付的所得税、调节税和由专用基金支付的奖金税、建筑税等。

3. 教育费附加

教育费附加是指按营业税的1%提取的,用于发展地方教育事业的一种费用。

4. 营业成本

营业成本是反映企业各营业部门业务经营中所发生的直接成本总额。宾馆营业成本包括:餐饮成本、商品销售成本、洗衣成本、汽车成本以及其他经营成本。

5. 营业费用

营业费用是指企业营业部门在业务经营中所发生的各种费用。

6. 企业管理费

企业管理费是指企业管理部门为安排和管理企业经营活动所发生的各项费用。

7. 经营利润

经营利润是从其营业收入中减去营业成本、税金、教育费附加、营业费用和企业管理费之后得到的。其计算公式为：

$$经营利润 = 营业收入 - 营业成本 - 税金 - 教育费附加 - 营业费用 - 企业管理费$$

8. 利润总额

利润总额是用企业经营利润加上营业外收入，减去营业外支出得到的。其计算公式为：

$$利润总额 = 企业经营利润 + 营业外收入 - 营业外支出$$

9. 利润率

涉外宾馆的利润率，是用其利润总额除以营业收入所得的，其计算公式是：

$$利润率 = \frac{利润总额}{营业收入} \times 100\%$$

利润率指标是反映涉外宾馆盈利程度的指标。它是反映涉外宾馆经济效益的一个综合性指标。

四、旅游外汇收入调查

（一）旅游外汇收入的概念

旅游外汇收入，是指我国为入境的国际旅客提供的商品和各种服务所得到的外汇收入。旅游外汇收入包括两大部分。一部分是商业性收入，另一部分是劳务性收入。

商业性收入是指提供给旅游者实物形态的商品而得到的外汇收入。它既包括销售商品所得到的外汇收入，又包括提供饮食所得到的外汇收入。

劳务性收入是指为旅游者提供劳务性服务而得到的外汇收入。劳务性外汇收入包括旅行社旅游业务收入，住宿费、长途交通费、市内交通费、邮政通讯费、文化娱乐费等各项费用收入。

（二）旅游外汇收入的发展速度

旅游外汇收入的发展速度的指标分为：环比发展速度和定基发展速度。

环比发展速度是用调查期的旅游外汇收入，与前一期的旅游外汇收入进行对比，其计算公式为：

$$旅游外汇收入环比发展速度 = \frac{调查期旅游外汇收入}{基期旅游外汇收入} \times 100\%$$

旅游外汇收入的环比发展速度，用来说明旅游外汇收入在单位时间内发展变化的程度。

旅游外汇收入的定基发展速度，是用调查期的旅游外汇收入除以固定基期的旅游外汇收入得到的。计算公式为：

$$旅游外汇收入定基发展速度 = \frac{调查期旅游外汇收入}{固定基期旅游外汇收入} \times 100\%$$

旅游外汇收入的定基发展速度，用来说明在一段时间内旅游外汇收入变动的程度。

第六章 能源调查

第一节 能源调查概述

一、能源的概念

能源是为人类的生产和生活提供各种能力与动力的物质资源，是一个国家或地区发展经济的重要物质基础。能源的开发和有效利用程度以及人均消费量是生产技术与生活水平的重要标志。

我国生产和生活种常用的能源包括：(1)煤炭，(2)焦炭，(3)原油，(4)重油，(5)汽油，(6)煤油，(7)柴油，(8)电，(9)天然气，(10)液化石油气等。

二、能源的分类

能源有很多种，为了适应调查研究的需要，有必要对能源进行分类调查。根据不同的角度，能源有多种不同的分类方法。

(一)一次能源和二次能源

根据能源形成条件的不同，可以将能源分为一次能源和二次能源。

1. 一次能源

自然界中本来就有的，可以直接取得而不改变其基本形态，未经过加工转换的各种形式的能源称为一次能源。例如，煤炭、石油、天然气、水力、风力、太阳能和海洋能等。一次能源可按其来源的不同划分为来自地球以外的、地球内部的、地球与其他天体相互作用的三类。

(1)来自地球以外的一次能源主要是太阳能。太阳每年平均输入地球的能量为 178000 太瓦年(1 太瓦年 =31.5×1015 千焦)，相当于约 190 万亿吨标准煤。而由太阳辐射引起气象变化形成的水能、风能、洋流能、波浪力能和海洋深层与表层的温差能等，由植物通过光化作用吸收并蓄积太阳能而形成的生物质能都是一次能源。广义地说，煤、石油、天然气、油页岩和油质砂等矿物一次能源都是由历史上的有机生物质所蓄积的太阳能。

(2)来自地球内部的一次能源主要是地热能、地震能等。这是地球本身内部蓄积的能量，主要来自地球中物质自然衰变而释放出来的能量，通过火山的爆发和温泉的喷流而传到地面上来。

(3)来自地球与其他天体相互作用的一次能源主要是潮汐能等。由于太阳、月亮对地球的引力作用使海水涨落而形成潮汐能。

2. 二次能源

凡由一次能源经过转化或加工制造而产生的能源称为二次能源，如电力、氢能、石油制品、煤制气、煤液化油、蒸汽和压缩空气等。但水力发电虽是由水的落差转换而来，一般均作为一次能源。

（二）再生能源和非再生能源

按照能源存在的特征划分，可以将能源分为再生能源和非再生能源。

1. 再生能源

凡是可以不断得到补充或能在较短周期内再产生的能源称为再生能源。风能、水能、海洋能、潮汐能、太阳能和生物质能等是可再生能源。

2. 非再生能源

非再生能源是指能源资源储藏量有限，随着不断的开发和利用终究要消耗殆尽，不能再生的能源。煤、石油和天然气等是非再生能源。地热能基本上是非再生能源，但从地球内部巨大的蕴藏量来看，又具有再生的性质。核能的新发展将使核燃料循环而具有增值的性质。核聚变的能比核裂变的能可高出 5 倍至 10 倍，核聚变最合适的燃料重氢（氘）又大量地存在于海水中，可谓“取之不尽，用之不竭”。核能是未来能源系统的支柱之一。

（三）常规能源和新能源

按照能源的使用状况，可以将能源分为常规能源和新能源。

1. 常规能源

常规能源是指技术上已经发展成熟，经济上比较合理，已经被人们广泛、普遍使用的能源。比如石油、天然气、煤和水能等。

2. 新能源

新能源是相对于常规能源而言的，泛指太阳能、风能、地热能、海洋能、潮汐能和生物质能等。由于新能源的能量密度较小，或品位较低，或有间歇性，按已有的技术条件转换利用的经济性尚差，还处于研究、发展阶段，只能因地制宜地开发和利用；但新能源大多数是再生能源，资源丰富，分布广阔，是未来的主要能源之一。

（四）燃料能源和非燃料能源

按照能源的用途划分，能源可以分为燃料能源和非燃料能源。

1. 燃料能源

燃料能源是指可以作为燃料的能源，包括：(1)矿物燃料，如煤炭、石油、天然气等；(2)生物燃料，比如秸秆、碳水化合物、木材等；(3)化工燃料，比如酒精、甲醇等；(4)核燃料，如铀、氘等。

2. 非燃料能源

非燃料能源是指不能作为燃料使用的能源。如风能、水能、潮汐能、地热能、光能等。

三、能源调查的内容

能源调查的内容，包括能源开发和使用两个基本方面，具体包括以下内容：

1. 全国或各地区常规能源的评价、利用和勘探程度。包括煤炭已利用的储量、未利用的储量；石油与天然气资源的地质、技术经济评价；水能资源以及可能开发的水能资源等内容。

2. 能源开发与能源工业布局，包括煤炭供给储量和储量开发程度；已探明石油、天然气资源的地区分布和开发，以及石油炼制品资源的合理利用；水电建设布局等内容。

3. 能源生产构成,包括一次能源和二次能源的生产结构。

4. 能源消费结构,包括能源分品种消费结构、经济部门的消费结构、工业部门行业消费结构、各种重要耗能设备的能源消费结构、各种重要耗能产品能源消费结构。

5. 能源利用水平,包括能源有效利用率、各种主要工业产品单位产品能耗节能量和节能率。

6. 能源的生产与销售,包括石油、煤炭、天然气、电等常规能源的生产的实物数量和销售额。

7. 能源的库存,包括各自常规能源的库存数量以及构成情况。

8. 能源的进口和出口,包括各种常规能源的进口和出口数量以及构成情况。

四、能源调查的任务

能源与国家和地区经济有着非常密切的联系。能源的发展和利用水平的情况,影响和制约着经济的发展。能源生产部门,是宏观经济的重要部门。因此做好能源调查,对于国家和地方各级领导科学地制定能源政策、发展能源工业,有着重要的作用。能源调查的基本任务是系统全面地搜集、整理和分析能源的生产、消费、加工转换、使用等能源使用过程的各个方面。能源调查的具体任务包括:

第一,能源调查是国家和地方各级领导进行能源决策,编制能源计划的重要依据。要科学地进行能源决策,必须要系统全面地进行能源调查,以调查结果作为能源决策的依据。如果调查的结果不准确、不全面,那么能源决策将失去可靠的依据。同样,要编制能源计划,也必须以准确、全面的能源调查结果为依据。

第二,能源调查承担着反映能源生产与能源消费的供求比例关系的任务。能源发展规模、速度要和耗能工业的发展规模相适应。能源生产的增长必须与耗能工业的发展速度相协调。只有这样,生产才能正常进行,反之,必然出现比例失调,生产能力不能充分发挥,造成社会资源的浪费。

第三,能源调查要检查、监督能源政策与能源计划的执行和完成情况。在能源政策和能源计划的执行过程中,难免会出现与预期计划不一致的情况,因此,能源调查要及时进行检查和监督,向各级领导反馈能源政策和计划执行过程中的信息。

第二节 能源资源调查

一、能源资源调查概述

能源资源是人类生产资料和生活消费的最终来源之一。一个国家或地区拥有能源资源的丰富程度、分布状况以及是否科学合理地开发利用,对于生产力的发展和社会经济结构的建立起着重要作用。

能源资源的调查对象主要包括能源的储量、产量和库存量。本节将对这三部分内容分别进行介绍。

(一)能源资源调查的任务

为了全面地了解国家和各地区现有能源资源状况与开发利用状况,以及能源保证程度,有必要加强能源资源调查工作。能源资源调查可以为各级领导制定能源政策方针和编制能源开发计划提供依据。

能源资源调查的基本任务包括：

1. 按探明程度确定能源资源储量以及投入社会经济周转的潜在量。

2. 研究能源资源的构成状况、分布状况以及质量状况。

3. 分析已探明出来的能源资源储量的变动及其原因。

4. 分析能源资源勘探及开发计划完成情况。

5. 分析能源资源的开发利用程度及其经济效益。

(二)能源的实物量和标准量

能源的实物量和标准量，是能源资源调查中经常使用的两个方面的内容。能源的实物量，是指按照实物的计量单位来计算的能源产量。比如，对煤炭等固体能源，一般按吨来计量；对于石油等液体能源，我国以吨来计量，西方国家一般以标准的桶为单位进行计量；对于气体能源，一般以立方米来计量。

能源的实物量，在经济调查中具有重要作用：

第一，能源实物量，可以准确地反映能源的使用价值量。

第二，能源实物量，是编制能源生产计划以及编制经济发展计划的重要依据。

第三，能源实物量，是编制能源平衡表的重要依据；是安排能源供求平衡的重要依据；是建立经济平衡的重要依据。

第四，能源实物量，是计算单位能源消耗所产生的经济效益的基础。

但是在进行能源调查时，采用能源的实物量不能进行不同种类能源的比较和加总，因此有必要根据各种能源的共同属性，采用一种通用单位，来反映能源的总量。这个通用的单位就是能量单位，在一定条件下，能量是可以转化和替代的。因此，可以选用各种能源所含有的能量，作为能源的计量单位。用标准能源单位计量的实物量，就是标准实物量，或者叫能源的标准量。

能源的标准实物量，就是以含有热量7000卡的煤炭作为标准产品，将其他各种能源的实物量，按照不同的换算系数，都换算为标准煤的实物量，就是该能源的标准实物量。

能源的标准实物量，可以更准确地反映能源的总量，从而反映各种能源的使用价值量，并为各种能源的相互比较提供依据。

二、能源储量调查

(一)能源储量调查的内容

能源储量调查中，有以下几个方面的内容：

1. 能源资源量

能源资源量又称为总资源蕴藏量，是指产生各种能量的物质资源的储量。能源资源量包括不受当前开采技术和经济条件限制的能源资源的总数量，也就是在地质上证明有表露和特征显示的估计蕴藏量，是已经的全部能源资源量。能源资源量是国家和地方各级领导制度经济发展远景规划的重要依据，是国家和各地区的重要财富，在很大程度上决定了一个国家或地区的经济发展和工业布局。

2. 探明储量

探明储量又称为实测储量，是指经过地质勘探的能源资源储量，一般指已经做过不同程度的勘探工作,已探明地层范围和蕴藏的确切数量。

探明储量调查是能源资源储量调查的一个最基本的内容,是制订中长期能源计划和国家与地方经济发展计划的基础。

3. 可采储量

可采储量又称为经济可采储量,是指在近期内不仅在技术上可以开采,而且在经济上也合理的储量。可采储量反映有可能取得的能源资源量,是能源储量调查中的一项重要内容,是制定当前能源计划的可靠基础。

根据能源资源的可采储量,就可以计算采收率,并结合当前的开采能力,计算能源资源的可采期限。

(1)采收率

采收率是指可采储量与探明储量的比率。它反映了在现有的技术条件和经济水平下,有可能取得的能源资源水平。采收率是一项可以进行比较的项目,将不同国家或地区进行对比,可以反映国家或地区间的差距;将不同年份进行对比,可以反映一国或地区的能源发展水平;将不同能源资源进行比较,可以反映不同能源的开发利用能力。其计算公式为:

$$采收率 = \frac{可采储量}{探明储量} \times 100\%$$

公式中,可采储量 = 探明储量 × 可采率 - 已采出量。

其中,可采率通常有固定的取值,一般石油为0.3,天然气为0.6。

(2)可采期限

可采期限是指把可采储量全部开采出来所需要的时间。可采期限是安排经济建设和能源生产计划的重要依据。其中矿山、油田、气田可供开采的期限,一般用年或月来表示。可采期限的计算公式为:

$$可采期(年或月) = \frac{可采储量(吨)}{年或月采出能力(吨/年或月)}$$

4. 新增储量

随着技术的进步和地质工作的进行,探明储量会逐步增加,增加的部分就是新增储量。在能源储量调查中,新增储量是指前后两个时期(比如年)累计探明储量的差值。新增储量是反映探明储量增加趋势的一项重要内容,对制定中长期能源计划有着重要意义。

5. 动用储量和剩余可采储量

在能源资源调查中,动用储量和剩余可采储量是两个重要方面,可以反映可采储量已经被开发利用的情况,并掌握剩余的可继续开采的储量的情况。

(1)动用储量。它是指已经投入开采的油田、气田、煤矿中被开发部分的储量。

(2)剩余可采储量。它是指对能源开采储量进行开采后尚存的储量,也就是经过开采后到调查期结束为止,地下剩余的可采储量。其计算公式为:

$$剩余可采储量 = 可采储量 - 累计已采出量$$

根据剩余可采储量和当年的年产量,可以计算采储比,采储比是剩余可采储量与能源年产量的比率,其计算公式为:

$$采储比 = \frac{年末剩余可采储量(吨)}{实际年产量(吨)}$$

其中，实际年产量也可以用计划年产量代替，用来说明如果按照计划开采水平继续开采，还可以开采的时间。采储比是反映国家或地区能源后备资源充足程度的一项内容。

6. 资源开发程度

资源开发程度和采出率是反映能源资源已经被开发利用的程度的两个方面。

(1)资源开发程度

资源开发程度是指在一个国家或地区的矿藏总储量中已采出量所占的比重。计算时也可用已采出量进行对比。通常的计算公式为：

$$资源开发程度=\frac{已采出量(吨)}{可采储量(吨)}\times 100\%$$

(2)资源采出率

为了分析能源开采阶段能源资源的利用情况，还可以按照能源的发热量计算资源采出率。其计算公式为：

$$资源采出率=\frac{已采出资源的热量(千焦)}{计划开采资源的全部热量(千焦)}\times 100\%$$

(二)水力资源储量调查

1. 理论水力资源

对于水力资源的储量，一般计算理论水力资源。它是根据对水力资源的调查、对各河段的平均流量和相应的落差计算的发电功率，单位是千瓦。

2. 水力资源的可采储量

水力资源的可采储量是指在技术上可能、在经济上合理的条件下，可以开发利用的水力资源。

3. 水力资源的开发程度

水力资源的开发程度是根据已经利用的水力资源和可利用的水力资源计算的。它反映一个国家或地区水力资源开发利用程度的高低。水力资源主要用来发电，因此其计算公式为：

$$水力资源开发程度=\frac{实际水力发电量(千瓦时)}{水力资源可发电量(10^4\ 千瓦时)}\times 100\%$$

(三)煤炭资源储量调查

煤炭储量调查主要包括煤炭储量变动和损失的计算。

1. 煤炭储量的变动

煤炭储量由于勘探、挖掘等原因经常处于变动之中，因此必须了解煤炭储量变动的数量及其变动的原因。反映煤炭储量变动的内容包括：

(1)正常变动量。它是指由于补充勘探、采勘对比、井界变动和重算等原因引起的储量增减变化。

(2)转移注销增减量。它是指在可采储量与暂时不可采储量之间，由于技术经济水平的变化导致两种储量的相互转移。

(3)开采动用量。它是指实际开采动用的工业储量，包括在调查期内实际采出的储量，以及在开采过程中地下实际不能再利用的那部分损失储量。

2. 煤炭储量损失调查

煤炭储量损失是指工业储量中由于地质、水文条件或开采技术水平的限制，以及设计和管理问题，导致开采过程中一部分储量不能再利用而留在地下。它直接反映能源资源的利用水平、开采技术

水平以及生产管理水平。主要的调查内容有:

(1)储量损失

储量损失包括设计损失和实际损失。其中,设计损失是指根据煤层贮存条件,采用不同采煤方法或为了保证开采工作的安全,在进行开采计划时规定允许损失的储量。实际损失是在开采过程中实际发生的损失量。

(2)储量损失率

储量损失率是实际损失的储量占已动用工业储量的比率。它是综合评价一个国家或地区煤炭资源利用程度和开采技术以及管理水平的主要经济数据。其计算公式为:

$$储量损失率=\frac{实际损失储量}{已动用工业储量}\times 100\%$$

根据储量损失类型不同,它分为设计损失率和实际损失率。

三、能源产量调查

(一)能源产量调查概述

能源产量调查是能源调查的基本任务之一。能源产量不仅是表明国家或地区能源生产成果的标志,更重要的是为各级领导制定能源开发计划提供依据。

能源产量是能源企业进行工业生产活动的直接有效成果。对能源产量进行调查时,要注意以下特点:

1. 能源产量必须是工业企业进行生产活动的成果,购自其他企业的未经过本企业加工的能源,不能视作本企业的能源产品。

2. 必须是工业企业生产的有效成果。一切非有效的工业生产成果,如果不符合国家标准或者部门标准,即使能够出售,具有一定使用价值,但是如果不能按照原定用途使用,也不能计入工业产品产量。

3. 它必须是工业企业工业生产的直接成果。一些非直接的工业生产成果,如生产产品时出现的附属产品,如矿渣等,即使可以用作它用,但不是生产的直接目的,也不能计入能源产量调查的范围。

为了准确计算能源产量,主管部门必须明确调查期的范围,以调查期的最后一天的最后一班为截止期计算能源产量。

(二)煤炭能源产品产量

煤炭能源产品包括原煤产品和洗煤产品,以及石煤、泥煤等,下面分别介绍。

1. 原煤产量

原煤是指采出以后的毛煤经过选出规定粒度的矸石和黄铁矿等杂质以后的煤,包括无烟煤、烟煤和褐煤。

在原煤产量调查中,质量标准是绝对干燥,灰分含量在40%以下,并未经过加工或只经过人工挑拣而未经过筛选分级的煤炭。

由于生产和管理情况的不同,原煤产量的具体计算方法也不一致。旱采原煤通常是按照矿车实际装载量计算,而水采原煤是按照条件相同的旱采原煤的全水分为基础进行折算,计算公式为:

$$水采原煤产量=水采煤实测重量\times\frac{100-水采煤实测水分}{100-旱采煤水分}$$

对于水砂充填采煤法开采的原煤产量，按规定的精煤计量水分进行折算，计算公式为：

$$\text{水砂充填矿井原煤产量} = \text{全水分原煤产量} \times \frac{100 - \text{实测全水分}}{100 - \text{精煤计量水分}}$$

2. 洗煤产量

洗煤是原煤或毛煤经过筛选、洗选、脱水等工艺过程而生产出来的各种煤产品。洗煤产品主要包括精煤、洗块煤、混煤、末煤、粉煤。

洗煤产品是依靠水的浮力洗出来的，水分比较高，因此各种洗煤产品产量必须按照规定的水分折算成商品煤量，其计算公式为：

$$\text{洗煤产品产量} = \text{含实际全水分数量} \times \frac{100 - \text{实际全水分}}{100 - \text{计量水分（或规定全水分）}}$$

干洗煤，又称为块煤，是用机械和人工方法将原煤进行筛选和拣选。块煤是粒度大于13毫米的各种级煤的总称，块煤的产量就是灰分在40%及以下的各粒级块煤产量之和。实际调查中各种干洗煤的产量计算公式为：

干洗煤产量 = 本期销售量 + 本期自用量 + 期末库存量 - 期初库存量

3. 石煤和泥煤产量

石煤作为一种煤炭资源，其产量按实际生产的数量计算，不包括在原煤产量内。泥煤是一种低热值可燃性的矿产，通常是草木本植物变成褐煤的过渡性产物，其产量也不包括在原煤产量内，其计算方法是以销定产，按实际提供的数量作为产量。

（三）石油、天然气产量

石油产量是指油气田生产井采出以及用其他方法收集的天然原油和由油页岩干馏等方法得到的人造原油的数量。石油产量必须按扣除水分、泥砂后的净油量计算。

天然气是一种可燃性的气体燃料资源。天然气产量是指调查期内已纳入输气管网和就地利用的气量。天然气产量根据不同需要，分为工业产量和井口产量，能源调查中按工业产量计算。

根据生产单位的不同，天然气可以分为气田天然气、油田天然气和煤矿天然气三种。其中气田天然气的工业产量等于气田气井口产量减去井口喷放量；油田天然气工业产量等于生产销售量、自用量以及管网损耗量之和；煤矿天然气工业产量大于抽放系统抽取并利用的当期气量。

（四）电力、热力产量

发电量是指全部电力企业自备电厂以及农村电站在调查期间活力发电、水力发电以及核能发电、太阳能发电、风力发电、潮汐能发电等的发电量，其中包括电厂用电。电力产量通常是按照发动机的电度表调查期与上一期的差额计算的。

热力是指可提供热源的蒸汽与热水系统，其产量是指工业锅炉、电厂在生产或发电的同时对外提供的热水、过热或饱和蒸汽的实际供热量，通常是以供给能力所输出的热量扣除返回的冷凝水和补给的软水的含热量的差额计算。

四、能源库存量调查

能源库存量反映在调查期的某个时点上（一般是月末、季末、年末）国家和各地区的范围内，实际拥有、尚未消费的各种能源的实际数量。

能源库存量安装库存环节可以分为:(1)需用单位库存,包括使用能源的生产企业、建筑企业;(2)中转环节库存,包括各个经营能源的商业、物资供销机构等,他们有的是对本行业供应,有的是对社会供应;(3)能源生产部门的产成品库存,包括煤矿、油田、炼油厂已生产出来尚未发售出的产品。

能源库存量调查,可以反映国家或地区能利用的能源总规模与总水平,反映国力或地区经济实力,是安排生产建设规模和社会生活的重要依据。进行能源库存量调查,应该按照以下原则进行:

第一,能源库存量是一个时点量,它说明全国或者一个地区,在某一个时点上所实际拥有的库存量。所以进行能源库存量调查时,必须按统一规定的时点,不能提前或推后。

第二,能源库存量,是指一个企业有支配权的实际能源数量。除了本企业存有的能源外,加工来料、借入的能源,只要企业有权支配,都应该计入调查范围。

第三,能源库存量是指尚未投入使用的数量,已经投入使用的能源不能计入调查范围。

第三节 能源利用调查

能源开发必须按照开发和节约并重的原则,因此必须有效地利用能源,提高能源的利用率。能源利用调查反映能源利用情况,也是国家和地方各级领导掌握能源总体利用状况的基本依据。能源利用调查中,主要是对以下一些内容进行调查。

一、能源利用率和损失率调查

(一) 能源利用率调查

调查能源的利用率,是为了对已利用的能源与能源总消耗量的比重情况进行调查。所谓能源利用率,就是指用已利用的能源数量除以能源总消耗量得到的比率。能源利用率数值越大,说明能源利用情况越好。在调查中,所用到的计算公式为:

$$能源利用率 = \frac{已利用的能源数量}{能源总消耗量} \times 100\%$$

(二)能源损失率调查

能源损失率,是用损失的能源数量除以能源总消耗量得到的比率。能源损失率用来说明损失的能源占能源总消耗量的比重。这个数值越小,说明能源利用得越好。在调查中,计算能源损失率的公式为:

$$能源损失率 = \frac{损失的能源数量}{能源总消耗量} \times 100\%$$

能源利用率和能源损失率的和是1,即:

$$能源利用率 + 能源损失率 = 1$$

二、能源回收率调查

能源回收率,是用已回收的能源数量除以可能回收的能源数量得到的比率。能源回收率调查,是为了说明回收的能源数量占可能回收的能源数量的比重。这个数值越大，则说明能源利用得越充分。在调查中，计算能源回收率的公式为：

$$能源回收率=\frac{已收回的能源数量}{可能回收的能源数量}\times 100\%$$

三、能源转换效率调查

能源是可以相互转换的，比如煤炭可以转化成热能或电能，由电能可以转换成机械能等。在能量的转换过程中，必然会损失一部分能源。能源产出量就是用能源投入量减去能源损失量。而能源转换效率，是用能源产出量除以能源投入量所得的比率，其计算公式为：

$$能源转换效率=\frac{能源产出量}{能源投入量}\times 100\%$$

能源转换效率用来说明在能源转换过程中，能源的产出量与能源投入量之间的比例关系。这个数值越大，说明能源转换效率越高。

与能源转换效率相对应的一个内容是能源转换损失率。能源转换损失率是用在能源转换过程中损失的能源数量除以能源投入量得到的比率。能源转换效率与能源转换损失率成反向变化。

四、设备热效率调查

设备热效率是用设备的有效热量除以供给设备的热量得到的比率，其计算公式为：

$$设备热效率=\frac{有效热量}{供给热量}\times 100\%$$

这个数值越大，则说明设备热效率越高，能源的利用状况越好。

五、节能量调查

节约能源和充分利用能源是密切相关的。节约能源，是指采用技术上可行、经济上合理、对环境没有污染的措施来提高能源利用率而节约的能源。

节能量可以用下面的公式来计算：

$$节能量=(调查期单位产值耗能-基期单位产值耗能)\times 调查期总产值$$

上面公式还可以用于计算部门或单位的节能量。

第四节 能源消耗调查

能源消耗，也是反映能源利用状况的一个方面。只有不断降低能源消耗，才能有效地利用能源。能源消耗调查就是为增产节约、降低成本、提高经济效益提供科学的依据。

一、能源消耗调查概述

(一)能源消耗量的概念

能源消耗量是指在调查期内完成生产过程的产品(或作业)所耗用的能源数量,也就是生产某种产品(或完成某项作业)从投入能源开始到完成为止的过程中所耗用的能源数量。

(二)能源消耗量调查的范围和内容

能源消耗量,指的是生产系统在生产作业过程中所耗用的能源。对于工业企业,仅包括基本生产系统、辅助生产系统和附属生产系统等工业生产经营好的所耗用的在调查期内完工产品或作业上的能源,而非生产过程、非工业生产经营好的和未形成调查期内完工产品或作业的耗能量不能计入。

能源消耗量的具体内容包括三个主要方面:

1. 完工产品或作业有效利用量。它包括构成完工产品实体的净能耗(主要是作为化工原料的能源)和利用某种功能(如热、功、光等)的能源量。

2. 工艺性损耗量。它是指生产作业过程中由于工艺技术上的原因不可避免的能源损耗,比如余热等。

3. 非工艺性损耗量。它是指由于生产作业管理和加工技术问题造成的能量损失,如废品损失量等。

(三)能量消耗量的计算方法

能源消耗量可以按每一种能源进行调查,称为单项能耗量,还可以将多种能源综合起来计算综合能耗量。单项能耗量可以按照实物量计算,也可以按照标准量计算,其计算比较简单。而综合能耗量由于是多种能源直接、间接消耗的综合量,消耗关系比较复杂,计算比较困难。在能源消耗调查中,一般是以能源消费量为基础经过调整计算出来的。计算公式为:

$$\text{综合总能耗量}=\text{综合能源消费量}-\text{非生产消费量}-\text{未完工产品能耗结存差量}$$

$$\text{综合净能耗量}=\text{能源最终消费量}-\text{非生产消费量}-\text{未完工产品能耗结存差量}$$

二、能源消耗量调查

由于物质生产各部门的特点不同,因此反映能源消耗的内容也有所不同。

(一)工业部门能源消耗调查

工业部门的能源消耗调查主要是针对以下几个方面的内容:

1. 单位产品单项能耗

单位产品单项能耗是指生产某种单位产品所消耗的某种能源的数量。单位产品单项能耗,一般是按实物量计算的。其计算公式为:

$$\text{单位产品单项能耗}=\frac{\text{某种能源消耗量}}{\text{某种产品产量}}$$

单位产品单项能耗可以反映某种产品能耗的水平,并计算能源节约量。但是单位产品单项能耗不能全面反映产品耗能,因为生产一种产品通常要消耗多种能源,因此需要计算综合能耗。

2. 单位产品综合能耗

单位产品综合能耗是指生产某种单位产品所消耗的各种能源的数量。其计算公式为：

$$单位产品综合能耗=\frac{各种能源总消耗量}{某种产品产量}$$

其中，能源总消耗量使用标准量表示的，即把各种能源都折算成标准煤数量。

单位产品综合能耗可以综合地反映产品能耗的水平，可以全面地反映产品的能源消耗。利用单位产品综合能耗，既可以进行不同地区、不同企业间的能源消耗水平的对比，也可以用于进行国际比较。

3. 单位产值能耗

单位产值能耗是指每生产一万元的工业总产值所消耗的能源数量。单位产值能耗包含两个内容：

（1）单位产值单项能耗

单位产值单项能耗是指每生产一万元的工业总产值所消耗的某种能源数量。其计算公式为：

$$单位产值单项能耗=\frac{某种能源消耗量}{工业总产值}$$

（2）单位产值综合能耗

单位产值综合能耗是指每生产一万元的工业总产值所消耗的各种能源数量。其计算公式为：

$$单位产值综合能耗=\frac{各种能源总消耗量}{工业总产值}$$

单位产值能耗，可以综合、全面地反映能源的消耗水平，可以被不同部门和多种产品采用。

影响单位产值能耗的因素主要有：工业部门结构与产品结构；工业产品质量；原材料消耗水平以及原材料质量；劳动生产率水平；管理水平；技术水平等。

单位产值能耗也可以按净产值计算，即计算每生产一万元净产值所消耗的能源数量。

（二）农业部门的能源消耗

农业部门的能源消耗主要包括单位农产品综合能耗和单位农业产值综合能耗。

1. 单位农产品综合能耗

单位农产品综合能耗是指生产单位农产品所消耗的各种能源的数量，其计算公式为：

$$单位农产品综合能耗=\frac{各种能源消耗量（标准煤）}{农产品数量}$$

2. 单位农业产值综合能耗

单位农业产值综合能耗是指每生产一万元农业总产值或净产值所消耗的各种能源的数量，其计算公式为：

$$单位农业产值综合能耗=\frac{各种能源总消耗量}{农业总产值（或净产值）}$$

（三）建筑业能源消耗

单位产值综合能耗，是指在调查期内，创造单位产值（万元）所消耗的外购能源数量，其计算公式为：

$$单位产值综合能耗=\frac{外购能源消费总量}{建筑业总产值}$$

（四）商业能源消耗

商业能源消耗可用单位营业收入的综合能耗表示，它是用调查期内外购能源消费总量除以同期营业收入额得到的比率，其计算公式为：

$$\text{单位营业收入综合能耗}=\frac{\text{外购能源消费总量}}{\text{营业收入额}}$$

（五）运输业、邮电业能源消耗

交通运输业的能源消耗，是用单位换算周转量综合能耗表示的。它是用外购能源消耗总量除以实际完成换算周转量得到的比率，其单位是（吨标准煤/万吨公里），其计算公式为：

$$\text{单位换算周转量综合能耗}=\frac{\text{外购能源消耗总量}}{\text{实际完成换算周转量}}$$

公式中的换算周转量是货物周转量与旅客换算周转量的和。

邮电业的能源消耗，是用单位邮电业务量综合能耗表示的。它是用调查期内外购能源消耗总量除以同期邮电业务总量得到的比率，其单位是（吨标准煤/万元），其计算公式为：

$$\text{单位邮电业务量综合能耗}=\frac{\text{外购能源消耗总量}}{\text{邮电业务总量}}$$

第七章　产品成本和流通费用调查

第一节　产品成本调查

一、产品成本调查的意义和任务

（一）产品成本的概念

产品成本是指为生产一定种类和数量的产品所支出的费用额。这个费用就是已经转移到产品中去的垫支资金，它构成了产品价值的重要组成部分。不论产品是否已经出售，凝结在产品价值中的这部分垫支资金是客观存在的，因为在产品生产过程中或产品流通过程中发生了物质资料的消耗和劳动报酬的支付。

任何产品生产过程和作为生产过程在流通领域继续的产品流通过程，都是劳动过程、产品价值形成过程和垫支资金转移过程的统一。

在产品生产过程中，随着劳动过程的发生与劳动成果的出现，即产生了产品价值的形成过程，又发生了垫支资金的转移过程。用于生产和销售产品由垫支资金转移所体现的支出的货币额，即为产品成本，或称为成本价格。

社会产品成本，是指生产物质产品的工业、农业、建筑业三大物质生产部门的各部门总产品的成本，也就是工业总产品成本、农业总产品成本和建筑业总产品成本。从社会产品的生产过程来看，社会产品成本是指工业、农业和建筑业生产以及销售社会产品所支付的费用额。

对于流通过程中发生的成本，称为商品流通费用。我们将在第二节介绍商品流通费用调查的主要内容。

（二）产品成本的分类

社会产品的种类，可以从不同角度来划分。不同的分类方法，可以用来说明不同的问题。

1. 按照反映社会总产品的不同内容来划分，社会产品成本可以分为以下几类：

（1）社会总产品成本。它是指在一定时期内，工业、农业、建筑业三大物质生产部门生产的总产值所支付的生产费用额。

（2）社会商品产品成本。它是指一定时期内，工业、农业、建筑业三大物质生产部门生产的可提供社会需要的社会产品所支付的生产费用额。

（3）已销售产品成本。它是指在一定时期内，工业、农业、建筑业三大物质生产部门对已销售的社会产品，所支付的生产费用和销售费用总额。

2. 按照费用包括的范围不同，可以将社会产品成本分为以下两类：

(1)生产成本。生产成本是指社会产品在生产过程中所支付的费用额。它只是包括从投料开始,到产品加工制成、并经过验收合格、最终入库为止,这个生产过程中所支付的费用。比如工业生产成本,就是从原料加工开始,到产品制成并经过验收入库为止,所支付的费用额。而农业生产成本,是从开垦土地开始,到农作物收割为止,这个生产过程中所支付的费用。

(2)完全成本。完全成本是指生产和销售产品所支付的费用。它包括生产成本和销售费用。

社会产品成本按照费用范围不同划分,可以满足不同的需要。比如计算社会总产值的生产费用时,就应该按产品的生产成本来计算;在计算已销售产品的费用额时,就应该按完全成本来计算。

3. 按照费用要素的不同,可以将社会产品成本分为两个基本要素:

(1)物质资料支出额。物质资料支出额,主要包括以下项目:原料和主要材料;辅助材料;外购燃料;外购动力;固定资产折旧;其他物质消耗等。

(2)劳动支出额。劳动支出额主要包括:工资;提取的福利基金;其他劳动支出额。

按照费用要素,可以将社会产品划分为物质资料支出额和劳动支出额,用来分析物质消耗的支出和劳动报酬支出之间的比例关系;可以用来分析物质各生产部门生产费用支出的特点。如工业部门,物质资料支出所占的比重比较大,劳动支出所占比重比较小;而农业部门,物化劳动支出所占的比重较小,而劳动支出所占比重就比较大。

4. 按照生产费用的分配方法不同,可以将产品成本分为以下两类:

(1)直接费用。直接费用是指可以直接计入产品成本中的费用。比如原材料费用、燃料和动力费用、工资等,均属于直接费用。

(2)间接费用。间接费用是指按照一定比例分摊到各种产品成本中去的费用。比如企业管理费用、办公经费等。

5. 按照计算产品成本时所包括的产品对象范围不同,可以将产品成本分为总成本和单位产品成本两大类:

(1)总成本。总成本是指生产一种产品或多种产品所支付的生产费用总额。总成本也叫做全部产品总成本。

(2)单位产品成本。单位产品成本是指生产单位产品所支付的生产费用。在成批量生产的情况下,单位产品成本是一个平均值,是用产品总成本除以产品产量得到的。

因此,产品的总成本受两个因素影响:一是单位产品成本,另一个是产品产量。我们通常所说降低产品成本,主要是指降低单位产品的成本。

(三)产品成本调查的意义

产品成本是反映国家或地区范围内物质生产企业生产经营效益的综合性数据。产品数量的多少与质量的优劣,劳动生产率的高低,设备与原材料、种子、饲料等的合理利用程度,各项财务开支的合理性以及物质资料与劳动调配方面的因素都集中反映在成本的变化之中。因此,对产品生产成本进行调查具有重要的意义。

1. 反映一个地区产品成本水平,为分析研究产品生产过程中投入与产出之关系提供资料

在市场经济的条件下,为了实现社会产品的扩大再生产并为发展非生产性事业提供更多资金,就必须在增加产品数量的同时,降低产品消耗费用。一定时期内,产品成本水平的高低,是产品成本调查首先应该回答的问题。财务会计方法只能从微观角度说明一家企业产品成本的水平状况。各部门财务会计工作,只计算了该行政主管部门或基层企业的产品成本。但是,从地区经济角度,计算有关

经济部门的和整个地区经济的全部产品成本，只有经济调查才能完成这项重要工作。所以，只有产品成本调查，才能核算社会产品的成本水平，为反映社会产品成本达到的水平提供数据资料。

2. 有助于建立产品成本调查体系，全面分析社会产品成本水平，找出降低产品成本水平的因素和潜力

产品成本调查是按照经济调查的理论，对社会产品成本状况进行调查分析的实践活动，从而根据实际情况反映的要求，建立一整套科学的产品成本调查体系，为全面、系统地反映与分析研究社会产品成本状况创造条件，为深入分析降低成本的途经、找出降低成本节约资金的潜力创造条件，满足社会生产对降低产品成本的要求，促进社会生产的高效率运转。

3. 为加强宏观经济管理，充分发挥市场价值规律在市场经济中的作用，提高经济管理水平服务

从国家和各地区的宏观经济角度对社会产品生产的各个要素进行管理，即对人力、物力、财力进行宏观调控，是国家和地方各级政府的重要经济职能，是发展社会生产力，增加生产节约开支的必要手段。要使有限的资金生产出更多的产品，最直接的途径就是降低产品成本。国家、地方各级政府和各级行政主管部门，从整体和部门的角度提出了降低产品成本的具体要求。但从宏观经济角度考虑，只有在社会产品成本调查的基础上，才能有目的、有计划提出降低成本的任务，以充分发挥有限资金的最大效用。因此，对产品成本进行调查，有助于提高经济管理水平，促进国家和各地区经济的发展。

(四)产品成本调查的任务

产品成本调查的主要任务是：

1. 计算出一定时期内社会产品的成本水平。

计算社会产品成本水平是产品成本调查特有的功能。产品成本调查可以将一系列社会产品成本内容，逐一计算出社会总产品成本的数值，以反映调查期内各项社会产品成本的水平，为后续的调查研究提供基础数据。

2. 从静态和动态上比较和观察社会产品成本水平的差异和成本水平的变动趋势。

在计算社会产品成本水平的基础上，可从静态上比较各个成本的数值或各地区间各个成本水平，计算差异值，分析差异的因素，寻找进一步降低社会产品成本的因素和潜力。同时，还应从动态上比较各项社会产品成本水平构成变动的幅度，观察其变动趋势，以便对调查期内社会产品成本状况做出综合评价。

3. 检查各部门产品成本降低计划执行状况，总结降低成本的经验，分析影响成本降低的各种因素。

各部门根据地区发展的要求都制定了长期的和短期的成本降低计划与成本水平计划。产品成本调查应分别检查各部门成本降低计划执行情况，特别是工业部门和建筑业部门的企业的成本降低计划综合执行情况。同时，应对各部门成本降低的经验加以总结，对影响成本降低的各种因素进行分析。

4. 将各项社会产品成本水平与有关的经济调查内容进行对比、分析，表明经济效益情况。例如，与总产值、财政收入、劳动生产率等内容进行对比，反映其中的经济比例关系，为进一步提高经济效益提供依据。

二、产品成本调查的内容

(一)社会总产值生产成本调查

社会总产值生产成本,是指工业、农业和建筑业三大物质生产部门在调查期内生产的产品和生产性劳务总值所支出的生产费用总额。计算工、农和建筑业总产值生产费用,是计算社会总产值生产成本的依据。

现将工业、农业和建筑业各部门总产值生产成本的计算方法分别进行说明。

1. 工业总产值生产成本

工业总产值生产成本,又称做是工业总产值生产费用。工业总产值生产成本,是工业总产值中物质消耗价值、工业净产值中的工资、工业净产值其他项目中用于个人支出费用这三个项目的总和。

为了反映工业总产值的生产成本实际支出额,工业总产值应按当年价格计算。计算工业总产值生产成本中物质消耗价值、工资及用于个人其他支出各项数值时,均在按经济类型分组计算的基础上,加以综合计算,为分析工业总产值生产费用创造条件。

单位工业总产值成本,是工业总产值生产成本调查的重要内容。单位工业总产值成本,是用工业总产值生产总成本,除以工业总产值得到的。其计算公式如下:

$$\text{单位工业总产值成本}=\frac{\text{工业总产值总成本}}{\text{工业总产值}}$$

2. 农业总产值生产成本

农业总产值生产成本,又称为农业总产值生产费用。由于农业包括种植业、林业、牧业、副业和渔业,所以农业总产值生产成本等于种植业(农业)总产值生产费用、林业总产值生产费用、牧业总产值生产费用、副业总产值生产费用、渔业总产值生产费用这五个项目的总和。

农产品的单位产品成本,要分主产品和副产品进行计算。主产品的单位产品成本的计算方法是:用农产品的全部生产费用,减去副产品的价值,则得到主产品的生产费用,然后再除以主产品产量得到。其计算公式是:

$$\text{主产品的单位产品成本}=\frac{\text{某产品生产总费用}-\text{副产品产值}}{\text{主产品产量}}$$

农业主产品和副产品的单位产品成本,也可按照主产品产值和副产品产值之间的比例来计算。其计算公式如下:

$$\text{主产品的单位产品成本}=\frac{\text{全部生产费用}\times\text{主产品产值占产品全部产值比重}}{\text{主产品产量}}$$

$$\text{副产品的单位产品成本}=\frac{\text{全部生产费用}\times\text{副产品产值占产品全部产值比重}}{\text{副产品产量}}$$

3. 建筑业总产值生产成本

建筑业总产值生产成本,又称为建筑业总产值生产费用,是指按当年价格计算的,建筑业在调查期生产总值中用于物质消耗和劳动报酬的费用总和。由于建筑业中包括建筑安装、地质勘探和勘察设计等行业门类,从事建筑业活动不仅有建筑企业单位建房,还有居民个人建房等。因此,在计算建筑业总产值生产成本时,应在分组调查的基础上进行计算。

用建筑业总产值生产成本,除以建筑业总产值就得到单位产值所支付的生产成本。其计算公式如下:

$$\text{单位建筑业总产值生产成本}=\frac{\text{建筑业总产值生产成本}}{\text{建筑业总产值}}$$

(二)社会商品总值生产成本调查

社会商品总值生产成本，是指工业、农业、建筑业三大物质生产部门在调查期内生产的可作商品出售的（包括本期生产的已经出售的成品和半成品以及本期生产的已结束最后生产过程经验收合格入库尚未出售的）商品总值所支出的生产费用总额。其计算公式为：

社会商品总值生产成本 = 工业商品总值生产费用 + 农业商品总值生产费用 + 建筑业商品总值生产费用

由上式可以看出，计算工业、农业和建筑业商品产值生产费用并加以总计，是计算社会商品总值生产成本的依据。下面分别说明各生产部门商品总值生产费用的计算方法。

1. 工业商品总值生产成本

工业商品总值生产成本，又称做是工业商品产品总值生产费用。由于目前在工业调查的实际工作中，不要求计算商品总值，而财务会计上却要求核算产成品实际成本。所以，工业商品总值生产成本可按工业产成品的有关生产费用计算。

计算工业商品总值生产成本时，应按工业产成品实际生产成本计算，通常包括生产过程中耗费的原材料费、工资及应计入实际成本的其他各项费用。已产成的代制品、代修品的实际成本，通常只包括加工成本，不包括外部委托单位运来的材料价值和代修品本身的价值。外购配套商品的实际成本，包括配套品的买价和运杂费支出等。

计算工业商品总值生产成本时，应在按经济类型分组的基础上，加以综合计算，为进一步分析工业商品产品总值生产成本创造条件。

2. 农业商品总值生产成本

农业商品总值生产成本，又称为农业商品产品总值生产费用，是指按实际生产成本计算的，在调查年度内全部农业生产单位（包括国有、农村集体经济组织和农户）全年生产的农产品总量中，可作为商品出售的产品生产费用的总和。

在计算农业商品总值生产成本时，应根据农业经济特点，分别以下四种类型进行计算，然后加以总计。这四种类型是：

（1）国有农场商品总值生产费用；

（2）农村从事农、林、牧、副、渔业的经济联合体商品产品总值生产费用；

（3）农村从事农、林、牧、副、渔业的专业户商品产品总值生产费用；

（4）其他各类非专业户、农业户商品产品总值生产费用。

3. 建筑业商品总值生产成本

建筑业商品产品生产成本，又称建筑业商品产品生产费用，是指按实际成本计算的，在调查期内全部已建成或使用的建筑安装工程项目、已完成地质勘探和勘察设计项目总值所支出的各项物质消耗费用与劳动费用的总额。调查这个项目，有助于进一步了解已完工的建筑业产品的实际总成本或费用总额。

（三）社会销售总值成本调查

社会已销售产品总值成本，是按工业、农业和建筑业三大物质生产部门为范围，以已销售产品完全成本计算的，调查期已经出售的全部产品所支出的生产和销售费用总额。产品生产不是目的，而使消费者得到需要的产品，才是产品生产的最终目的。因此，销售总额是衡量经济效益的重要因素，计算销售产值及其总成本是很必要的。

社会销售总值完全成本，可按下列公式计算：

社会销售总值完全成本＝工业销售产品总值完全成本＋农业销售总值的生产和经销费用＋建筑业已销售总值实际成本

下面我们来介绍各生产部门已销售产品总值完全成本的计算方法。

1. 工业销售总值完全成本

工业销售总值完全成本，是指国家和各地区的全部工业在调查期内产品销售总值中生产费用与销售费用的总额。凡调查期内工业部门销售的产品，不论是否是本期生产的或上期生产的，只要是在本期销售的全部产品的价值都计入本期内产品销售总值。这些销售产品的工厂成本总额和产品销售费用总额之和，就是工业销售产品总值的完全成本。

2. 农业销售产品生产经销费用

农业销售产品生产经销费用，是指国家和各地区的全部农业生产单位在调查期内已出售的各种农产品的生产费用与经营销售费用总额。调查这个项目时，首先计算农业已销售产品价值总额，然后，计算应列入已销售产品价值总额中的生产费用和经营销售费用的合计数。

3. 建筑业销售总值实际成本

建筑业销售总值实际成本，是指按实际成本计算的(包括实际生产成本和经销费用)，建筑业在调查期内已建成的并已交付使用和售出的全部项目的生产费用与经销费用的总额。建筑安装项目建成后，如果处于待售情况，则不能计入已销售建筑业产品中。其他建筑安装工程和更新改造措施工程在建成后，经验收合格交付建设单位，都可列入已销售建筑业产品之中。如已建成由于各种原因建筑单位不予以接收的项目，则不能列入已销售的建筑业产品中。居民个人建房，只要在调查期内已完工，均应计入已销售产品中。

第二节 商品流通费用调查

一、商品流通费用的概念和分类

(一)商品流通费用的概念

商品流通，又称为社会产品流通，是指社会产品再生产过程中，把生产和消费联系起来的物质产品的流通。它是社会产品再生产过程中不可缺少的中间环节。商品流通的目的，在于用商品流通的各种形式与手段，把产品由生产地运抵消费地，把产品交付给消费者。在商品流通过程中，货币是媒介。

商品流通费用，是指商品从生产地到消费者手中的整个过程中，物质消耗费用和劳动费用的总额。商品流通费用的主要特征是，在一定时期内商品流通费用总额，流通费用水平的高低，流通费用结构状况。

(二)商品流通费用的内容

在市场经济条件下，从事社会产品流转的部门有：交通运输业、商业、公共饮食业、物资供销业和仓储业等。邮电业通过传递信息，为加速商品流转、合理组织商品的分配和运输提供必要的服务，也属于流通领域。因此，从行业角度来说，商品流通费是指交通运输部门、商业、物资供销和邮电业在组织商品运输、商品购销、公共饮食供销、物资供应、仓储活动和信息传递等活动上的各项费用。

因此,从宏观经济角度看,社会产品流通费用的内容包括:

1. 交通运输部门的商品运输费;

2. 商业部门的商品流转费、公共饮食费用和仓储费;

3. 物资供销部门的物资供销费;

4. 邮电部门中具有生产性的邮电费。

在一定时期内上述各部门有关费用的总和,就是该时期内国家或地区的全社会产品流通费用总额。

(三)商品流通费用的分类

将流通费用进行分类的目的,是为了分析流通费用的构成,以及分析影响流通费用变动的因素等。由于分析的目的不同,可以采用不能的分组标准,对流通费用进行分类。

1. 按照商品流通费用的用途划分,可以分为:(1)运费;(2)装卸搬运费;(3)保管费;(4)挑选整理费;(5)包装费;(6)商品定额损耗;(7)商品超定额损耗;(8)商品检验及签证费;(9)利息;(10)商业人员的工资;(11)工资附加费;(12)干部培训费;(13)固定资产折旧;(14)低值易耗品的摊销;(15)租赁费;(16)修缮费;(17)经营管理费;(18)其他费用支出。

进行这样分类的目的是:第一,通过这种分类,可以为编制和检查流通费用总额计划以及各类费用开支计划提供依据。第二,通过对这样分类资料的分析,可以找出影响流通费用增长的因素。

2. 按照流通费用的业务性质进行分类,可以分为:

(1)经营单位的流通费

经营单位的流通费用是指商品经营单位为了进行购销商品业务而耗用的流通费。这种流通费,也可以称为直接费。

根据经营单位的业务性质不同,直接费又可以分为:批发商业的流通费;零售商业的流通费;饮食业的流通费;农副产品的收购流通费。

各种类型的商品经营单位的流通费用率以及流通费用的构成是不同的。比如批发商业的流通费用率比零售商业的流通费用率低,但是在流通费用中,批发商业单位的运费所占的比重,要比零售商业单位要高。饮食业的流通费用一般比零售商业高,这是因为饮食业包括了食品的生产费用。农副产品收购单位的流通费用率往往比其他商业单位高,并且运费和保管费占流通费用的比重比较大。

(2)管理部门的流通费

管理部门的流通费,是指不直接经营商品购销业务的管理机构的费用开支。这种费用也称为管理费。管理费按一定比例分摊给下属的各商业经营单位。

二、商品流通费用调查

(一)商品流通费用调查的意义

商品流通费用调查是经济调查的重要组成部分,对国家和各地区各级领导了解经济运行状况、制定经济发展计划和进行经济决策具有重要意义。

首先,商品流通费用调查可以反映一定时期内支出的商品流通费的总规模,为分析商品流通费的结构和动态变动提供依据。

其次,可以为计算流通领域中单位商品总值流通费提供依据,以便比较流通费用总水平和各部门流通费用水平的变化,为合理组织商品流通,降低流通费用水平,增加流通领域中的利润和提高利润率提供参考数据。

再次,可为计算物质生产部门在一定时期内支出的费用总额(即工业、农业、建筑业、交通邮电业,商业、公共饮食业、物资供销业、仓储业等物质生产部门产品总值的生产费用总额)提供数据,进而为计算商品总值的单位产值生产费用,分析其结构与动态变动创造条件。

(二)商品流通费用调查的主要内容

商品流通费用调查的主要内容包括商品流通费用总额调查、商品流通费用水平调查、商品流通费用构成调查三部分。

1. 商品流通费用总额调查

商品流通费总额,是指商品在流通过程中所支出的各项物质消耗费用和劳动费用的总额。它反映了一定时期内商品流通费的总规模,是研究商品流通费用支出情况的重要依据,也是商品流通费用调查中的一项重要内容。

计算商品流通费用总额时,必须注意两个问题:第一,由于商品流通费用总额是流通领域总产值的重要组成部分,因此商品流通费用总额必须与该时期内流通领域总产值的计算口径一致。第二,商品流通费用总额是各个流通费用额的合计,因此要先计算各个流通部门的流通费用,然后求和得到商品流通费用总额。计算公式为:

商品流通费用总额 = 交通运输费用总额 + 邮电业费用总额 + 商品流转费用总额 + 公共饮食业费用总额 + 物资供应费用总额 + 仓储业费用总额

商品流通费用总额调查,可以反映在一定时期内,商品在流通过程中所支出的费用总额,以及在不同的流通行业门类所支出的费用总额,从而为研究流通费用的总规模的动态,为计算商品流通费用水平提供基础数据。

2. 商品流通费用水平调查

商品流通费用水平调查主要是计算单位流通产值的流通费用。单位流通产值的流通费用,是指平均每百元流通产值实际支出的流通费用。其计算公式如下:

平均每百元流通产值实际支出的流通费用 = 商品流通费用总额 ÷ 年度流通领域总产值 × 100

计算结果可以说明,一年内平均每百元流通总产值实际支出了多少元的流通费用。它反映一定时期内商品流通费用水平。

商品流通费用水平调查,是为了说明单位流通部门产值的费用水平,比较各行业费用水平的差异,研究费用水平动态变化。

3. 商品流通费用构成调查

商品流通费总额构成,是指反映商品流通总额中的各行业门类或行业大类流通费占总额的构成百分比、按流通费用性质分的构成百分比或按费用项目分的各项流通费占总额的百分比。由于各个流通行业门类和行业大类承担的商品流通量不同,它们各自支出的流通费用差异较大,所以,按行业门类或行业大类计算构成比的经济意义不大。如按行业中类研究各种性质费用的构成和各费用项目构成是比较有意义的。此外,还可以按生产费用水平计算单位流通产值生产费用的结构百分比。

商品流通费用构成调查,可以反映总流通费中各行业的构成、单位流通部门产值费用水平的结构,为降低商品流通费用提供依据。

第八章　经济效益调查

第一节　经济效益调查概述

一、经济效益的概念

人们从事经济活动的目的，在于通过消耗一定量的物质资料和劳动取得一定的经济效果。因此，经济效益就是指单位物质消耗和劳动所取得的经济成果。

讲求经济效益，就是要在特定的条件下，用同样多的投入获得更大的产出，或者说用最少的投入获得同样多的产出。所谓投入，是指生产中的各种消耗，包括物质资料的消耗和劳动的消耗。根据评价经济效益标准的不同，投入可以是指劳动消耗、物资资料消耗、成本、占用的生产资金等。所谓产出，是指经过有效劳动得到的物质财富。根据评价经济效益标准的不同，产出可以是生产出来的各种不同的使用价值，也可以指别的形式的生产成果，如社会总产值、国内生产总值、国民收入、净产值利润、税收额等。

经济效益高，就是以尽量少的物质消耗生产产出更多符合社会需要的产品。只有生产出符合社会需要的产品，才能使劳动和物资消耗得到社会承认，实现价值和使用价值，这样，国民财富才能增加，国家和各地区经济才能发展，人民才能得到更多的实惠。所以，经济效益调查对国家和地方各级领导了解经济效益水平和经济发展状况，制定经济发展计划具有重要意义。

经济效益通常有两种表示方法。一种是绝对量的形式，表示为经济成果与物质消耗的差额；另一种是相对量的形式，表示为经济成果与物质消耗的比值。这两种形式的经济效益，在调查中都经常用到，互相补充。

我们所关心的经济效益是国家或各地区全部经济活动的综合效益，从空间上看，不局限于某一企业或某一部门的经济活动效益，而是从整个经济系统出发加以调查；从时间上看，不仅着眼于当前经济效益，而且更注重于长期的经济效益；从整个再生产过程来看，生产、分配、交换、消费这四个环节构成社会再生产的有机整体，生产领域内的经济效益不是孤立的，它受到其他环节的影响和制约，因此宏观经济效益不仅存在于生产环节中，也体现在社会再生产的其他环节中。评价经济效益是为了衡量已实现的经济活动效果，同时也是研究未来经济活动是否可行的依据。

二、提高经济效益的意义

提高经济效益，是一个重要的经济问题。在国家和各地区经济发展中，只有不断提高经济效益，才能改善人民生活，才有一定的物质基础。提高经济效益的意义，主要表现在以下几个方面：

第一，提高经济效益，是国家和各地区经济建设的核心，是实现经济发展战略目标的关键问题。

第二，提高经济效益，是实现社会主义生产目的的重要保证。

第三，提高经济效益，是实现国家和地区经济持续、稳定、协调发展的重要基础。

三、经济效益调查的任务

经济效益调查的总任务，是对社会扩大再生产的各个方面的经济效益状况做出全面客观和科学的评价，对经济效益进行综合分析，充分发挥经济效益调查在宏观经济管理和宏观调控中的作用。

经济效益调查的主要任务是：

第一，研究经济效益的具体内容，反映社会再生产过程的经济效益状况。

第二，研究经济效益的考核和评价方法，特别是经济效益的综合评价方法。

第三，对经济效益进行综合分析研究。

四、经济效益调查的原则

经济效益水平，是国家或地区经济的发展的晴雨表，也是国家和地方各级领导对经济进行宏观调控的重要指示器。利用经济效益调查，定期观察和监测宏观经济活动，可以及时发现经济运行中存在的问题，并为解决问题提供依据，从而促进国家或各地区经济持续、稳定、协调地发展。因此，为了增强经济效益调查的准确性、有效性，必须遵守以下一些原则：

（一）科学原则

进行经济效益调查必须要以科学的理论和方法作为依据，否则，就起不到监控国家和各地区经济发展状况的作用。具体地讲，所谓科学原则，就是以基本的经济调查原理为指导，体现我国社会主义初级阶段的实际情况和经济规律的要求。从我国实际情况来看，遵循科学原则，必须从加强和完善统计制度、财务会计、业务技术核算的基础工作入手，在建立和完善统一的中国特色的经济调查制度的前提下，选择有关反映经济效益的基本调查内容。

（二）系统原则

系统原则，就是要从全局的、全面的、综合的角度分析各地区经济的情况。国家和各地区经济体系是由许多要素和系统所组成，但这些要素和分系统不是简单相加，而是通过各要素的特殊结合，达到新的、更加完备的特性。所以必须把各地区经济全局作为分析问题的出发点，使经济效益调查体系具有总体设计、总体协调和综合全面的特征，使整个体系形成一个网络体系。具体地说，系统原则要求经济效益调查体系，从合理安排方面来看，既要反映劳动消耗的经济效益，也要反映物质消耗的经济效益；既要反映劳动消耗的经济效益，也要反映资金占用的经济效率；从社会再生产过程来看，既要反映生产过程的经济效益，也要反映流通过程的经济效益；从技术进步的角度来看，必须要反映技术进步的经济效益。

五、经济效益调查的范围

经济效益调查的范围包括：

（一）对社会再生产的各个环节的效益进行调查。经济效益调查必须以生产符合社会需要的产品作为出发点和归宿点，因此应该对社会再生产过程，特别是对社会再生产中具有决定意义的社会生产经济效益进行调查，将其作为调查的范围。

（二）对国民经济各部门的经济效益进行调查。国民经济部门包括物质生产部门，也包括非物质生产部门。社会物质财富是由物质生产部门创造的，提高物质生产部门的经济效益，使其在等量投入中，创造更多的物质财富，是社会扩大再生产和提高人民物质文化生活水平的重要源泉和基础。从全社会生产角度来看，非物质生产部门的存在和发展，也是非常重要的。对非物质生产部门的经济效益进行调查，有利于国家和各地区整体经济效益的提高，使一切经济活动纳入以经济效益为中心的轨道上来。

（三）从时间角度看，经济效益调查，不但要对当前的经济效益进行调查，也要对未来的经济效益进行调查。只有将二者结合起来，才能有助于实现经济发展的战略目标。

经济效益体系按其反映的再生产环节不同，可以分为生产方面的经济效益、流通方面的经济效益、使用方面的经济效益；按所消费的内容不同，可以分为劳动消耗的经济效益和物质资料消耗的经济效益，全部生产消耗的经济效益，资金占用的经济效益。下面分别说明这些不同方面的经济效益内容的计算方法。

第二节　社会生产的经济效益调查

一、物质资料消耗的经济效益调查

（一）社会物耗率

社会物耗率是一定时期内全社会的物质消耗总量与社会总产值的比率，是反映物质资料消耗的经济效益指标。其计算公式为：

$$社会物耗率=\frac{全社会物质消耗总和}{社会总产值}$$

社会物耗率反映单位产品的物质消耗水平，消耗水平越小，经济效益越好，所得到的净产值（国民收入）就越多。这一关系可以用下面的关系式来表示：

$$社会物耗率=\frac{社会总产值-国民收入}{社会总产值}=1-\frac{国民收入}{社会总产值}=1-社会净值率$$

上式可以说明物质消耗和净产值是此消彼长的关系，由于社会净值率可以间接地反映物质消耗水平，所以一般也把社会净值率作为经济效益的一个表示方法。

社会物耗率的倒数是单位物质消耗生产的社会产品，它的计算公式为：

$$单位物质消耗生产的社会产品=\frac{社会总产值}{全社会物质消耗总和}$$

这个数值实质上是物质资料的生产率，该数值越大说明经济效益越好。但是随着生产技术的进步，劳动和物质资料有机构成的不断改善，物耗在社会总产值中的比重会不断上升。因此，物资资料生产率要结合可比产品成本降低率，才能比较准确和全面地反映经济效益。

（二）国民收入综合能耗

国民收入综合能耗是一定时期全社会按标准煤计算的能源消耗与该时期的国民收入的比值。其计算公式为：

$$国民收入综合能耗(吨/万元)=\frac{能源消耗量(折标准煤)}{国民收入(万元)}$$

其中，能源消耗量是指全国生产中消耗的煤炭、原油、天然气、水电等一次能源按标准煤计算的总消耗量。它一般是按下式计算的：

$$能源消耗量=\sum(各种能源实际消耗量\times各种能源折标准煤系数)$$

各种能源折标准煤系数，在前面的能源调查中介绍过，其公式为：

$$各种能源折标准煤系数=\frac{各种能源实际发热量}{标准煤发热量(7000卡)}$$

国民收入综合能耗越小，说明每创造1万元的国民收入所消耗的能源越少，经济效益越好。这个数值的倒数为每消耗一吨标准能源所创造的国民收入，它越大，表明经济效益越好。

能源利用的经济效益是关系到国家和各地区经济发展的重要因素，特别是在当前能源供应比较紧张的情况下，用比较少的能源创造尽可能多的国民收入，具有十分重要的现实意义。

二、劳动消耗的经济效益调查

(一)社会劳动生产率

社会劳动生产率是指在一定时期内，物质生产领域创造的有用成果(一般用社会总产值、国民生产总值或国民收入表示)，与物质生产部门的劳动者平均人数相比的比值，它是反映劳动消耗的经济效益指标，说明平均每个劳动者在一定时期内提供的有用成果。社会劳动生产率可以表明一个国家或地区的生产力发展水平，其计算公式为：

$$社会劳动生产率=\frac{国民收入(或国民生产总值、社会总产值)}{物质生产部门期内平均劳动者人数}$$

用社会总产值、国民生产总值或国民收入分别来表示物质生产领域创造的有用成果时，会有一些不同。

使用社会总产值来表示生产的有用成果时，会遇到以下一些问题：

第一，由于在总产值的构成中，既包括新增价值，也包括生产资料转移的价值，而且在各种产品的价值中，二者的比例是不同的。因此，在其他条件不变时，原材料种类或价格发生变化，总产值也会发生变化。所以，用社会总产值来表示社会生产总成果时，会与实际产生差异。

第二，社会总产值中的工业总产值是按照“工厂法”来计算的，其数值的大小，很大程度上受到生产组织形式和经济结构变化的影响。

第三，总产值是从生产角度来表示生产活动的成果的，因此，对于产品是否畅销，利润是否能够实现，都无法反映。

基于上述的不足，采用社会总产值来表示社会生产成果，不是十分确切。

而国民收入不包括物质资料的转移价值，所以，按国民收入计算的社会劳动生产率能够比较真实、准确地反映物质生产领域内劳动消耗的经济效益。

另外，国民生产总值可以反映国民经济发展水平和进行国际比较，越来越显示出其重要性。使用国民生产总值来表示社会生产成果有以下优点：

第一,使用国民生产总值,可以全面综合地反映国家或地区经济活动的成果、发展规模、总水平以及总的增长速度。

第二,使用国民生产总值,有利于体现由于降低生产消耗所获得的经济效益。

第三,使用国民生产总值,也有利于分析社会最终产品或劳务的生产、分配和最终使用情况,从而比较全面地反映国家、集体和个人的分配关系。

(二)工资利税率

物质生产部门的劳动者新创造的净产值,首先在物质生产部门内进行初次分配,然后在全社会范围内进行再分配。因此,劳动消耗也可以通过物质生产部门职工的工资来表示。工资是劳动者按劳分配所得到的收入,是劳动者投入劳动的数量和质量的反映。因此工资利税率也可以用于经济效益调查中。

工资利税率,是指物质生产部门在一定时期内的利润和税金总额与该时期职工的工资总额的比率,其计算公式为:

$$\text{工资利税率}=\frac{\text{利税总额}}{\text{工资总额}}$$

在工资水平不变的条件下,工资利税率能够比较确切地反映经济效益的状况。工资利税率越高,说明经济效益状况越好。

三、全部生产消耗的经济效益调查

前面分别从劳动生产率和物质资料生产率两个方面来反映经济效益。但是任何社会成果的取得,都是劳动和生产资料相结合的产物,因此还有必要考察全部生产消耗的经济效益。

(一)社会总成本净值率

社会总成本净值率,是指在一定时期内国民收入与社会总成本的比值,它反映了物质生产部门每支出单位成本所提供的国民收入。其计算公式为:

$$\text{社会总成本净值率}=\frac{\text{国民收入}}{\text{社会总成本}}$$

社会总成本净值率越大,经济效益越好。要提高单位社会总成本创造的国民收入,一方面有赖于生产的发展和国民收入的增加;另一方面又有赖于降低物质资料和劳动的消耗,社会成本支出的减少。所以,社会总成本净值率能够体现增产节约的综合经济效益。

(二)社会总成本利税率

社会总成本利税率,是指在一定时期内的利税总额与社会总成本的比值,它反映了物质生产部门每支出单位成本所提供的利税额。其计算公式为:

$$\text{社会总成本利税率}=\frac{\text{利税总额}}{\text{社会总成本}}$$

利税总额是国民收入的一部分,因此,社会总成本利税率的大小,不仅取决于国民收入的大小,还取决于利税额在国民收入中的比重。其关系如下:

$$\text{社会总成本利税率}=\frac{\text{利税额}}{\text{社会总成本}}=\frac{\text{国民收入}}{\text{社会总成本}}\times\frac{\text{利税额}}{\text{国民收入}}=\text{社会总成本净值率}\times\text{净值利税率}$$

其中,净值利税率是指利税额在国民收入中的比重,它反映了国民收入中劳动者提供的为个人的必要劳动和为社会提供的剩余劳动的分配比例。因此，可以把净值利税率作为衡量经济效益的一种间接的表示形式。

除了从宏观经济整体出发，计算社会总成本净值率和利税率外，还应该对各个不同部门分别计算，用于分析比较各个部门的经济效益。

四、资金占用的经济效益调查

(一)固定资金经济效益

这里提到的固定资金，是指固定资产的价值形态。

固定资金占用的经济效益，表示投入一定的固定资金和产出的生产成果的比率。投入固定资金为一定量时，产出越多，经济效益越好。在固定资金经济效益调查中，主要计算以下内容：

1. 固定资金产值率

固定资金产值率，是指一定时期内的产值与物质生产部门占用的全部固定资金的比值，它反映了占用每百元固定资金可以提供的产值，用来说明固定资金的经济效益。其计算公式：

$$\text{固定资金产值率(元/百元)}=\frac{\text{产值(元)}}{\text{固定资金平均净值(百元)}}$$

固定资金产值率越大，说明单位固定资金提供的产值越多，经济效益越好。

2. 固定资金利税率

固定资金利税率，是指在一定时期内所创造的利税额与物质生产部门占用的资金平均净值的比率，它反映了占用每百元固定资金可以提供的利税额，用来说明固定资金占用的经济效益。其计算公式为：

$$\text{固定资金利税率(元/百元)}=\frac{\text{利税总额(元)}}{\text{固定资金平均净值(百元)}}$$

固定资金利税率越大，说明每百元固定资金创造的利税越多，经济效益越好。

(二)流动资金经济效益

考察流动资金的经济效益，不仅要从流动资金的周转速度角度，还要考虑投入生产过程的流动资金与生产和产品价值的对比关系。

1. 流动资金周转速度

流动资金周转速度，是指在一定时期内流动资金周转额(即产品销售总额)与流动资金平均占用额的比率。一般用流动资金的周转次数和周转天数来表示。流动资金周转次数的计算公式为：

$$\text{流动奖金周转次数}=\frac{\text{流动资金周转额}}{\text{流动奖金平均占用额}}$$

在一定时期内，流动资金周转次数越多，周转速度越快，商品销售收入就越多，流动资金平均占用额就越少，其经济效益也就越好。

流动资金周转速度还表现在周转时间上，即流动资金周转天数。流动资金周转天数是指流动资金周转一次所需要的天数。其计算公式为：

$$\text{流动资金周转天数}=\frac{\text{流动资金平均占用额}\times\text{调查期日历天数}}{\text{流动资金周转额}}$$

在一定时期内，流动资金周转一次的天数越少，表明周转速度越快，经济效益越好。

2. 流动资金产值率

流动资金产值率，是指在一定时期内，物质生产部门所创造的产值与该时期流动资金平均占用额的比率，用来表示占用每百元流动资金可以提供的产值，反映流动资金占用的经济效益。流动资金产值率的计算公式为：

$$流动资金产值率(元/百元)=\frac{产值(元)}{流动资金平均占用额(百元)}$$

流动资金产值率越大，说明每百元流动资金提供的产值越多，经济效益就越好。

（三）全部资金占用经济效益

全部资金占用经济效益，是从占用资金的总体上考察劳动占用的经济效益。

1. 资金产值率

资金产值率是指一定时期内产值与固定资金和流动资金的比率，反映占用全部资金可提供的产值，反映了全部资金占用的经济效益。其计算公式为：

$$资金产值率=\frac{产值}{固定资金平均净值+流动资金平均占用额}$$

资金产值率越大，说明每单位资金提供的产值越多，资金利用得越好，经济效益越好。

2. 资金利税率

资金利税率是在一定时期内利润总额和税金总额之和，与固定资金和流动资金的比率，反映占用每单位全部资金可提高的利税额，说明全部资金的经济效益，其计算公式如下：

$$资金利税率=\frac{利润总额和销售税金总额}{固定资金平均净值+流动资金平均占用额}$$

资金利税率越大，说明资金利用得越好，每单位资金提供的利税额越多，经济效益越好。

第三节　物资流通的经济效益调查

一、物资流通的经济效益调查的意义

同其他经济活动一样，物资流通领域也必须讲求经济效益，尽可能节约人力、物力和财力，以等量的消耗实现最大化的物资流转额。

物资经济效益，是指物资流通经济活动中劳动消耗或资金占用与所实现的物资流转额的对比关系。在投入一定量的劳动的情况下，实现的物资流转额越多，物资经济效益越好。

提高物资经济效益具有重要意义。社会再生产过程是生产过程和流通过程的统一。生产领域和流通领域的劳动消耗与资金占用是可以互相转换的。物资流通部门讲求经济效益，可以相对地节约流通领域的人力、物力和财力，使之用于物质生产领域，从而为发展国家和各地区经济提供条件。提高物资流通领域的经济效益，对促进物资部门改善经营管理也起着重要作用。

二、物资流通的经济效益调查的内容

（一）物资流通劳动效率

物资流通劳动效率是指物资流通过程中的劳动消耗与所完成的工作量的比率。在调查中，一般是计算一定时期内物资流转额与物资部门职工人数的比率，其计算公式为：

$$物资流通劳动效率=\frac{物资流转额}{物资部门职工平均人数}$$

物资流通劳动效率是反映物资部门劳动消耗的经济效益指标。它可以表明物资流通中劳动消耗节约的程度。

(二)物资流通费用率

物资流通费用率是实现商品流转活动中支付的全部费用与商品纯销售额的比率，说明每得到单位纯销售额要支付多少费用。流通费用率反映流通方面劳动消耗的经济效益，其数值越小，经济效益越好。其计算公式如下：

$$流通费用率=\frac{物资流通费用}{物资纯销售额}$$

公式中，物资流通费用是指调查期内支付的各种流通费用总额，包括进货费用(如运杂费、装卸费等)、仓储费用(如保管维修费、检验费、整理费、修理费等)、管理费用(如办公费、差旅费、工资、劳动保护费、折旧费、大修费等)、利息支出和其他费用(如罚金支出等)。物资流通费用是物资流转过程中劳动消耗的货币表现。

(三)资金占用率

资金占用率是指资金平均占用额与纯销售收入的比率。它反映物资部门劳动占用的经济效益。其计算公式为：

$$资金占用率=\frac{资金平均占用额}{纯销售收入}$$

物质部门占用的资金包括固定资金和流动资金。固定资金是固定资产的货币表现，它的物质内容是物资部门使用的各种固定资产，如房屋、技术设备和运输工具等。流动资金是指物资部门在物资流通过程中用于购买各种材料物品和用于垫付进货费用等的周转资金。为了反映固定资金和流动资金的利用情况，还可以分别计算固定资金占用率和流动资金占用率。

(四)流动资金周转速度

在物资流通部门占用的资金中，流动资金占有很大比例。加速流动资金的周转，是合理使用物资部门资金的关键，对提高物资资金占用经济效益具有重要意义。因此需要计算流动资金的周转速度，从资金利用的角度反映资金使用的经济效益。

物资部门流动资金周转速度也包括周转次数和周转天数，其计算公式与其他部门相同，区别是流动资金的周转额采用物资销售额。

(五)资金利润率

物资流通部门的利润是物资流通部门经营活动的收入减去经营活动的支出所得的差额。为了准确反映经济效益的变化，需要计算利润率，其中主要是资金利润率。

资金利润率是指利润总额与物资部门全部资金占用额的比率。其计算公式为：

$$资金利润率=\frac{利润总额}{固定资金平均占用额+定额流动资金平均占用额}$$

利润总额受经营活动支出和税金的影响，经营活动支出综合反映了物资流通的劳动消耗。在物资经营规模一定的情况下，资金占用越少，资金利润率越高，经济效益越好。

第四节　固定资产投资的经济效益调查

一、固定资产投资效益的概念

固定资产投资是以货币形式表现的建造和购置固定资产的资金量。固定资产作为社会再生产过程中可供长期反复使用,并在使用过程中基本上不改变原有实物形态的劳动资料和其他物质资料,是人们从事生产和生活消费的物质基础与基本条件。

固定资产投资必须讲求经济效益,要尽可能的节省并有效地使用投资,努力做到用尽可能少的资金投入,取得尽可能大的经济效果。固定资产投资经济效益,是指固定资产投资所取得的有效成果与所消耗或所占用的劳动量的比率,即固定资产投资的产出与投入的比率。它反映了固定资产投资为社会带来的利益。

在固定资产投资经济效益调查中,不仅要计算建设过程中所取得的有用成果,如新增生产能力或效益,也要计算固定资产建成投产后在生产过程中所取得的有用成果,如总产值、利税额等,分析建成投产以后的生产和使用当中的投资效果,这样才能比较全面地反映投资活动的经济效果。

由于固定资产建设的周期比较长,固定资产投资所占用的劳动量的时间也比较长,因此在计算投资的经济效益时,应该充分考虑时间的因素,这是由于建设工期和周期,以及达到设计能力和回收资金的速度,都是影响固定资产投资经济效益的重要因素。

二、固定资产投资效益的内容

(一)固定资产投资效益系数

固定资产投资效益系数是从扩大再生产的角度反映积累基金的使用效益。固定资产投资的最终成果,表现为国民收入的增加。固定资产投资效益好,表明用同样多的投资,可增加更多的国民收入。其计算公式为:

$$固定资产投资效益系数=\frac{调查期国民收入增加额}{对应的固定资产投资额}$$

(二)固定资产投资年平均报酬率

有的固定资产是多年投资,逐年见效的。为了反映平均每年投资额取得的效益,可以计算固定资产投资年平均报酬率,其计算公式如下:

$$固定资产投资年平均报酬率=\frac{年平均收益}{年平均投资额}$$

投资的收益包括由于固定资产投资增加的盈利额和回收的固定资产折旧费。因为折旧费计入了生产成本,通过商品的出售收回来,使投资得到补偿,所以应计入收益中。

固定资产投资年平均收益越高,经济效益越好。

(三)固定资产交付使用率

固定资产生产的周期比较长,为了从速度上反映投资的效益,可以计算固定资产交付使用率。其计算公式为：

$$固定资产交付使用率=\frac{调查期内新增固定资产}{同期固定资产投资完成额}$$

其中，新增固定资产按照能独立发挥能力和效益的单项工程为单位进行计算，包括调查期内投产并交付使用的工程价值，达到固定资产标准的设备、工具器具的价值，以及有关应摊入的费用。同期固定资产投资完成额，除包括本期的投资外，还包括期初在建工程的投资额。

第五节 消费的经济效益调查

国民收入使用额中的消费基金，大部分用于社会成员个人消费，也有一部分为社会集体消费，而后者归根到底也是为了满足社会成员的消费，所以为了反映消费方面的经济效益，总是用社会所得与人口总数的比值来表现，它们一方面表明经济效益要以人为中心，另一方面综合反映了新增加的物质财富和人口控制的效果。

一、人均国民收入

人均国民收入是调查期内国民收入与同期平均人口数的比值，计算公式为：

$$人均国民收入=\frac{调查期国民收入}{同期平均人口数}$$

人均国民收入考虑了人口增加对国民收入增加的影响，能更好地反映一个国家或地区的经济实力和人民生活水平。因此，它可以用来从更广义的劳动占用角度来反映生产满足社会全体成员需要。同样，还可以计算人均社会总产值、人均国民生产总值。

二、人均消费资料

消费资料是直接用于满足社会成员生活需要的资料。因此，用人均消费资料占有量，更能反映消费过程的经济效益和人民的社会水平。人均消费资料的计算公式为：

$$人均消费资料=\frac{消费基金}{平均人口}$$

人均消费资料占有量不仅取决于消费基金的数量和人口数量，也取决于国民收入的高低和消费基金在国民收入中所占的份额。它们的关系为：

$$人均消费资料=\frac{国民收入}{平均人口}\times\frac{消费基金}{国民收入}$$

消费基金与积累基金是此消彼长的关系，它在国民收入中的比重不能无限度地增长。因此，要提高人民生活水平，必须控制人口的增长，使人口的增长速度小于国民收入的增长速度，否则，新增加的物质财富将全部被新增加的人口所吸收，人民生活水平就得不到提高。

第六节　科技进步的经济效益调查

一、科技进步的概念

科技进步,是指将科学技术的成就应用到生产领域和非生产领域的过程。在科技进步的经济效益调查中,科技进步具体包括以下六个方面:

1. 旧机器设备的改造,新机器设备、新工具的发明与应用;
2. 工艺过程和操作方面的改进、创新和技能的提高;
3. 新材料、新能源的发现、发明与应用,原材料的代用与综合利用;
4. 新产品的开发以及新产品的升级换代;
5. 改善管理水平,提高职工素质和劳动技能;
6. 加速资金周转,加强经济核算,充分利用信息资源等。

科技进步是影响当今世界经济增长的一个重要因素,是提高社会生产效率的决定性条件。科技进步也是集约型经济发展模式的基本要求,对我国当前的经济发展具有重要意义,是国家和各地区经济得以持续高速稳定发展的主要因素。

二、科技进步的经济效益调查概述

(一)科技进步的经济效益的概念

科技进步的经济效益,是指把科学技术成就推广运用到社会生产过程,造成社会必要劳动时间的节约。科技进步带来的经济效益,不是靠生产要素投入数量的增加,而是靠生产要素的合理组合、充分利用、质量改善等取得的。

(二)科技进步的经济效益的特点

同其他方面的经济效益相比,科技进步的经济效益具有以下特点:

1. 经济效益一般是投入量和产出量的比值,但是科技进步往常表现为不增加劳动力和物质消耗投入的条件下,使生产总量不断增长,本身具有比较的内容。

2. 不同时期的生产技术设备水平不同,而在不同的技术水平下,经济效益的水平也不同。因此科技进步的经济效益经常是和基期相比,具有动态含义。另外,经济效益总量增加或减少,都可以有科技进步的经济效益。比如一个企业经营状况不佳,但是经过技术改造,经济效益有了改善,但是依然处于亏损状态,这时尽管从总量上看,经济效益为负数,但是科技进步的经济效益是存在的。

3. 在社会产品生产过程中,影响经济效益的因素是多方面的,比如资金、劳动力投入量的变化,自然资源条件、社会环境的改变,以及科技进步等。社会产品生产过程中取得的经济效益是这些因素共同作用的结果,科技进步是其中的一个重要要素。由于科技进步表现为集约型经济增长,其经济效益的表现不如其他经济效益直观。因此,计算科技进步的经济效益时,要从取得的经济效益总量中扣除其他要素的作用,以净值表示。

4. 科技进步的经济效益是通过一定数量的生产要素合理组合并共同发生作用的结果。它既包括劳动时间的节约，也包括固定资产和物质资源的有效利用，还包括产品质量的改善和管理系统的效率提高。因此，科技进步的经济效益比其他方面的经济效益有更大的综合性。

（三）科技进步经济效益调查的意义

对科技进步的经济效益进行调查，具有重要的理论和实践意义。

首先，依靠科技进步发展国家和各地区经济，是今后我国经济发展的战略要求。国家和各地区的经济工作，都要立足于科技进步，而提高经济效益又是科技进步的根本目的。对科技进步经济效益进行定量测量，对影响科技进步的主要因素进行研究，可以为国家和各地区各级领导制定经济发展战略规划和有关方针政策提供依据与参考。

其次，科技进步的经济效益是一个综合性经济效益，通过对科技进步的经济效益进行调查，便于地区或部门之间的经济效益进行综合评价和对比。

再次，区分一个地区的经济增长方式属于粗放型还是集约型，是各地区领导所关心的问题，我国的经济发展战略要求经济发展模式由粗放型向集约型转变，而集约型经济发展模式是以科技进步的形式表现的，因此对科技进步的经济效益进行调查，为区别经济发展模式提供了依据。

三、科技进步的经济效益调查的内容

（一）原材料节约额

科技进步可以提高各种物质资源的利用效率，减少物质消耗，其具体表现为：

1. 促进人们不断改进产品设计，改善产品结构，改变产品的材料构成，合理充分地利用各种材料，降低材料的消耗；

2. 可以加速开发、运用高效低耗的技术设备，改进工艺，从而降低材料和能源的消耗；

3. 可以回收一些废旧物资并综合利用，创造副产品，从而节约能耗，避免环境污染；

4. 提高管理水平，采用科学合理的材料和能源消耗定额以及下料方法，减少储存、生产和运输过程的损失。因此，原材料节约额可以反映科技进步在这方面的效益。其计算公式为：

原材料节约额 =（基期单位产值原材料消耗 - 调查期单位产值原材料消耗）× 调查期总产值

（二）能耗降低率

目前我国的能源消耗效率较低，能源资源也不够丰富，因此节能技术具有重要地位。设立能耗降低的调查内容，评价和分析节能技术产生的经济效益具有重要意义。

由于能耗降低率的推导过程比较复杂，这里不再介绍，可以参考其他有关参考书。能耗降低率的表达式为：

$$\varepsilon = (y - \alpha_P k - \beta_P l) + P_A \alpha_P$$

其中，ε 为能耗降低率，y 为年产值增长率，α_P 为资金的能耗弹性，β_P 为劳动的能耗弹性，k 为资金的年增长速度，l 为劳动的能耗弹性，$P_A \alpha_P$ 表示因节能技术的发展对能耗降低率的影响。

（三）生产性固定资产节约额

科技进步可以提高生产性固定资产利用效率，降低单位产值资金占用量。其具体表现在：科技进步能够促进机器设备的性能不断完善，从而提高生产效率；同时，采用先进的技术设备和生产工艺，可以延长机器设备正常运转的时间，减少机器设备的修理费用；此外，通过管理水平的提高，保证技术设备的有效运转，减少因机器设备的闲置，提高劳动者操作的熟练程度，也能够提高固定资产的利用效率。

因此,单位产值占用的生产性固定资产变化,可以反映科技进步的经济效益。其计算公式为:

生产性固定资产节约额 =(基期产值资金率 - 调查期产值资金率)× 调查期总产值

（四）产品单位成本的质量提高率

科技进步的经济效益从投入角度来看,可以表现为各种资源的合理利用和消耗的降低,而从产出的角度来看,不仅表现为产量的提高,还表现为质量的提高和品种的增加。科技进步可以促使人们不断采用新的科技成果,为提高产品质量提供良好的技术保证,不断研制和开发新品种,改进老产品,从而更好地满足人们日益增长的物质文化需求。因此,科技进步的经济效益还应该从产出的角度来衡量。

为了提高产品质量,一般需要使用比较精密的设备,采用先进的工艺和加强检验方法,这些措施都会引起相应的生产费用的增加。当产品质量提高后,废次品率和返修率降低,又可以节约生产费用。这些费用的变化都会表现在产品单位成本的变化上。因此,由于质量提高而产生的经济效益,可以用单位成本的提高率来表示,计算公式为:

$$\text{产品单位成本质量提高率} = \frac{\text{调查期产品质量水平}}{\text{调查期产品单位成本}} - \frac{\text{基期产品质量水平}}{\text{基期产品单位成本}}$$

（五）开发新品种的成本降低额

开发新品种带来的经济效益,主要体现在新品种比被替代的品种更能节约劳动和物质资料,用开发新品种带来的成本降低额,可以反映开发新品种的经济效益,其计算公式为:

开发新品种的成本降低额 =(采用新品种前期单位产品的成本 - 调查期单位产品成本)× 调查期用实物单位计算的产量

其中,调查周期一般以年为单位,也可以根据实际情况以季、月等为单位。

（六）开发新品种的利润增加额

由于新品种的开发带来的经济效益,除了用成本降低额来表示以外,还可以用利润增加额来表示。其计算公式为:

开发新品种的利润增加额 =(单位新产品与被替代产品批发价格差额 - 单位新产品与被替代产品成本差额)× 调查期新产品的产量

（七）总生产效率

根据前面介绍的内容,科技进步的经济效益是多方面的。它既可以是产品产量增加、质量提高,也可以是原材料节约,设备的有效利用,还可以是质量和服务工作质量的改善等等。这些效益最终都体现在劳动和物质资料生产效率的提高上。要全面反映科技进步的经济效益,需要既包括劳动效率又包括物质资料生产效率。

一般常用总生产效率来综合反映科技进步的经济效益,其表达式为:

$$\text{总生产效率} = \frac{Y}{mK + L}$$

其中,Y 代表社会总产值,m 代表折合系数,K 代表资金投入量,L 代表劳动投入量。

第九章　人民生活调查

第一节　人民生活调查概述

一、人民生活调查的意义和任务

（一）人民生活调查的意义

社会生产的最终目的是为了满足人民日益增长的物质和文化生活需要。人民生活水平的提高只能建立在生产发展的基础上。人民生活水平的提高，标志着社会生产力的发展，表明劳动力再生产日益得到改善。人民生活水平的提高，使人们有精力从事社会生产，享受丰富多彩的文化生活，使人民的聪明才智得到充分的发挥。

人民生活是一个复杂的社会现象，它所包含的内容是相当广泛的，涉及到社会生活的各个领域。人民生活水平的提高，取决于国民收入的增长速度，积累和消费的比例关系，个人消费基金与社会集体消费基金的比例关系；取决于社会购买力与商品可供量之间的平衡；取决于分配制度和分配关系等。由此可见，人民生活水平和生产力、生产关系、经济基础和上层建筑有着密切的关系，也和社会再生产的各个环节都有着密切的关系。

因此，反映人民的生活水平情况，对于国家或各地区各级领导制定政策，正确安排经济计划，有着重要意义。

（二）人民生活调查的任务

人民生活调查的任务，是以居民消费为中心，从居民收入出发，对居民物质生活和文化生活进行全面的观察。其具体的任务是：

1. 调查人民收入水平及其变动。

2. 调查人民的消费水平构成及其变动。

二、人民生活调查的方法

人民生活调查的资料，主要来源于四个方面：一是定期统计报表；二是居民家庭生活调查。目前，大部分资料是还是通过居民家庭生活调查取得的。

（一）居民家庭生活调查

居民家庭生活调查，又称为住户调查。它是以家庭为对象采用一定的记账方式，对居民家庭某一个时期的收入、支出及其构成，主要消费品的消费数量，储蓄和现金的增减变化以及与家庭收支有关的就业、供养等情况所进行的一项综合性调查。

居民家庭生活调查的任务包括：

1. 系统地搜集、整理有代表性的居民家庭的基本情况和生活费用的收入、支出资金，从而了解和研究居民消费、市场物价、货币流通、居民购买力动向及工资、收入等有关问题。

2. 了解和研究不同消费水平的居民家庭的生活状况及变化趋势。

3. 了解和研究居民的消费规模、消费水平、消费结构等的发展变化情况，为国家和各地区政府的各级领导制定有关方针政策提供依据与参考。

根据调查对象的不同，居民家庭生活调查可以分为城市住户调查和农村住户调查。

（二）城市住户调查

城市住户调查的对象是城市和县城关镇的非农业居民家庭。包括职工家庭、离退休职工家庭、个体劳动者家庭、其他非职工家庭及单身户。城市住户调查的主要内容有：

1. 城市住户基本情况调查

调查内容包括调查户数、按月平均的人口情况、就业情况、就业者负担和期末主要消费品拥有情况。调查中主要计算家庭人口数、退休人口数、就业人口数、期末主要消费品拥有量等。

2. 现金收支调查

调查内容包括城市住户家庭的收支来源、支出去向、收入与支出的构成以及储蓄和持有现金的变化情况。调查中主要计算期初现金、实际收入、储蓄借贷收入、实际支出、储蓄借贷支出、期末现金等。

3. 城市住户购买食品情况调查

包括城市住户购买粮食、副食品、烟酒茶、其他产品等的情况，可以反映城市住户食品支出及构成的变化。

4. 城市住户购买非食品情况调查

包括购买农产品、日用品、文化娱乐用品、书报杂志、药及医疗用品、房屋及建筑材料、燃料，其他商品及非商品性支出情况，用以反映城市住户非食品购买及构成的变化情况。

5. 城市住户居住情况调查

包括居住面积、供水情况、卫生设备、取暖设备拥有情况、厨房使用情况、房屋的产权、燃料使用值等，用以反映城市住户的居住数量、质量及变化趋势。

6. 居民家庭成员情况调查

包括姓名、与被调查者的关系、性别、年龄、文化程度、工作单位、职业及职务、所在单位等，用以反映城市住户家庭成员的基本情况。

（三）农村住户调查

农村住户调查的对象是农业居民。通过对农村住户的调查，可以弄清其生产、收入、消费、积累情况和社会生活状况，研究农民的消费结构及物质文化生活的发展变化情况，反映农业生产和扩大再生产以及农业产业结构的变化情况，分析其从自给经济、半自给经济向较大规模的商品生产转化，从传统农业向现代化农业转化的情况，为国家和各地区的各级领导研究农村经济问题制定农村经济政策，指导农村经济工作，编制国家和地区农村发展计划提供依据。

农村住户调查的主要内容包括：

1. 农民家庭基本情况调查。通过常住人口，人均年纯收入，经营耕地、山地、水面面积，年末固定资产占有量，房屋的建筑、使用面积等内容，了解农村住户的生产、收入、人口、住房等基本情况。

2. 种植业、林业、动物养殖业生产情况。通过种植业、林业产品的生产量以及各种动物饲养量等主要内容,反映农村住户在一定时期内从事农业生产和开展多种经营的情况。

3. 粮食收支调查。通过年初粮食结存量、年内粮食收入量、年内粮食支出量、年末粮食结存量等内容,反映农村住户全年的粮食收入、支出与结余情况,分析农民粮食收入的各项来源、粮食支出的各种去向以及构成变化。

4. 农民家庭生产和出售商品情况调查。通过调查所提供商品的销售量与销售额等内容,反映农民家庭经营农、林、牧、副、渔等各项生产及为社会提供商品的情况。

5. 总收入与纯收入调查。通过农村住户全年总收入与全年纯收入等内容,了解农民全年收入总水平和各项收入来源及构成,了解农民全年收入扣除费用性支出后可以直接用于生产、消费、分配的那部分收入。

6. 总支出调查。通过调查农村住户家庭经营费用支出、购置生产性固定资产支出、缴纳税款、上交集体的承包任务、生活消费额、其他非生产性支出额等内容,反映农民家庭全年各项消费支出的构成及变化状况,研究农民用于扩大再生产和提高消费水平、改善生活的支出构成变化,分析农民物质消费和精神消费的现状与变化趋势。

7. 现金收支调查。通过调查期初、期末存款余额,期初、期末持有现金,期内现金收入及支出等内容,了解农民家庭的现金收入、支出与结存情况,反映不同收入农民家庭的收入来源、支出去向、支出构成及银行存款、持有现金的变化情况,为研究农民商品生产的收入、农民货币购买力、货币流通、商品流转等问题提供资料。

8. 农民家庭购买商品情况调查。调查内容包括食品、衣着、日用品、文化用品、建筑材料、生产材料的购买量与支出额,用以反映不同收入水平农民家庭的实物消费量和价格变化情况。

9. 耐用消费品购买量(持有量)情况调查。了解不同收入的农民拥有耐用消费品情况,为分析研究农民消费水平的提高情况及消费结构的变动情况提供依据。

第二节 居民收入调查

居民收入调查是从分配角度来研究人民生活水平。人民生活水平最基本的方面是居民个人实现的消费,而居民个人和家庭的消费又与其收入直接相关。因此,要研究居民生活水平,反映居民个人实现的消费,必须首先对居民的收入及收入的构成进行调查。

一、居民收入概述

(一)居民收入的概念

国民收入经过初次分配和再分配,最后有一部分形成了居民收入。居民收入是指在一定时期内,居民通过取得劳动报酬等各种方式(包括一小部分占有财产的人取得租金收入、利息收入、股息红利收入和利润收入等形式),从初次分配和再分配中取得全部收入。在市场经济的条件下,居民收入主要通过价值形式,即货币形式来实现。以货币表现的居民收入是居民实现消费的来源,体现着居民生活消费的支付能力。居民收入是反映居民生活水平的一个重要方面,是居民生活调查的重要内容。

(二)居民收入的主要来源

我国居民收入的来源,主要是通过以下几种方式取得的。

1. 劳动者的劳动报酬收入。这是我国居民收入的主要来源,包括:(1)职工从工作单位取得的工资、奖金、津贴等固定收入;(2)农民承包土地所得收入;(3)农民从集体经济单位分配的收入;(4)个体劳动者的自营收入(经营所得的净收入)等。

2. 劳动者从国家、集体或社会团体得到的各种劳动报酬以外的补助收入。如劳动保险福利金、差旅费、会议补助费、生活困难补助金等。

3. 劳动者个人从事副业等收入。

4. 其他收入。如从国家财政得到的离退休金、抚恤金、灾害救济金、助学金等收入,存款利息收入,国内外汇款收入,亲友赠送收入及稿费收入等。

对居民收入进行调查时,应该以调查期内居民取得的收入为准。因此,本期公债还本、国库券还本收入,以及从银行取回的存款等项目,由于在前期收入调查中已经计算过,在本期收入调查中不应计入在内。此外,本期购买的国库券、银行存款等项目,应该计入本期居民收入中。

另外,调查中反映的居民收入,一般是指居民从各方面直接取得的收入,不包括居民从国家财政所得的间接收入,如国家财政用于商品价格补贴、住房补贴等间接提供给居民的收入。居民的这一部分间接收入体现了政府对居民生活的关怀,对提高居民实际生活水平有着重要的作用。

(三)居民收入与居民最终收入

居民收入和居民最终收入是两个不同的概念。居民最终收入,是指从居民收入中,减去各种缴纳款项和居民提供参加国民收入再分配的各种款项以后剩下的收入。居民最终收入是从居民收入可用于消费的角度来界定的。居民的银行存款、购买国库券、支付的各种劳务费、缴纳的党团费、缴纳的税款等,都不包括在居民最终收入之中,这是因为这些收入是居民购买劳务等行为的国民收入再分配,不能实现为物质资料的消费。但是这部分款项是居民收入的一部分。

另外,本期内的国库券还本、取回前期银行存款等,属于居民最终收入,但是不应包括在本期居民收入中,因为这些款项可以在本期实现居民的物质资料消费。

综上所述,居民最终收入,是通过国民收入的初次分配和再分配形成的,它能在本期实现物质资料的消费。而居民收入是在本期居民得到的收入,和本期的物质资料消费没有对应关系。

居民收入与居民最终收入的关系可以用下面的公式来表示:

居民最终收入 = 居民收入 - 提供国民收入再分配的款项 + 本期取回银行存款、国库券还本等

二、居民收入调查

在我国现阶段,居民主要分为农业居民和非农业居民两部分,因此应该对二者的收入情况分别进行调查。

(一)农业居民收入调查

1. 农业居民收入

农业居民的收入,是指农民在一定时期内一切实际收入的总和。农民的实际收入包括:

(1)农民从集体统一经营中得到的收入。它是指农民从各级集体经济中取得的收入。包括:从

统一核算单位分配的收入;从公益金中得到的收入(如困难补助、军烈属优抚金、工伤补贴、“五保”户的供给收入等);从乡镇企业得到的收入;从集体得到的奖励收入等。

(2)从经济联合体中得到的收入。经济联合体是指新出现的农村经济合作组织,分为农民与集体的联合和农民与全民所有制的联合。农民从经济联合体中得到收入,是指农民从经济联合体得到的劳动报酬、奖金和各种补贴,以及投资分红。

(3)家庭经营收入。它是指农民从事承包集体生产的收入和从事各项家庭副业生产的收入。主要包括农业收入、林业收入、牧业收入、渔业收入、运输业收入、商业收入、手工业收入等。

(4)非生产性收入。比如汇款收入、银行存款利息收入等。

2. 农民收入总额调查

(1)全年总收入

全年总收入是指农村住户在年内通过各种来源得到的全部实际收入。包括上面提到的农民的各种收入。

(2)全年纯收入

全年纯收入是全年总收入中扣除费用性支出后,可直接用来进行生产和非生产性建设投资、改善生活的那部分收入。全年纯收入是反映农民实际收入水平的重要内容,其计算公式为:

全年纯收入 = 全年总收入 - 承包集体生产及家庭自营生产的费用支出 - 缴纳税款 - 生产性固定资产折旧 - 按合同规定向集体上交的承包任务 - 调查补贴

农民收入是反映农民生活水平及其变动趋势的重要内容,是研究城乡居民生活差异,以及国家和各地区各级政府制定农村各项政策的重要参考资料。

(3)平均每户农民实际收入

平均每户农民实际收入是指按户计算的农民收入水平,其计算公式为:

$$\text{平均每户农民实际收入} = \frac{\text{农民实际收入总额}}{\text{农民户数}}$$

(4)农民人均收入

农民人均收入是指按人计算的农民收入水平,其计算公式为:

$$\text{农民人均收入} = \frac{\text{农民实际收入总额}}{\text{农民平均人数}}$$

农民人均收入比平均每户农民实际收入更能说明农民的收入水平,说明农民收入水平与农民生活之间的关系。

(二)非农业居民收入调查

1. 非农业居民收入

非农业居民收入,主要是城镇居民,主要依赖于社会生产的发展。只有发展社会生产,才能提高非农业居民的工资水平,增加收入。我国非农业居民收入的增加,主要通过两种方式:

第一,依靠增加工资收入,即在提高社会劳动生产率,发展经济的基础上,提高非农业居民的工资水平。

第二,通过增加支付福利费用来增加实际收入。这部分收入具有再分配的性质。

调查非农业居民收入总额时,主要内容包括工资总额、实际收入与生活费收入。

(1)工资总额

工资总额是指在一定时期内全民所有制、城镇集体所有制、各种合营、华侨或港澳台商外资经营、企(事)业单位、机关及附属机构等,支付给全体职工的劳动报酬总额。其中包括计时工资、基础工资、职务工资、计件工资、各种奖金、津贴、加班工资及其他工资。工资是非农业居民收入的主要来源,工资总额是国家和各地区各级领导了解职工生活水平,制定劳动工资政策,确定收入分配比例,检查和监督工资政策及工资计划执行情况的重要依据。

(2)实际收入

实际收入是指非农业居民家庭实际得到的全部现金收入。包括家庭人口的劳动收入、退休金、交通补贴、定期抚恤费、银行存款利息收入等各项经常性收入,退职金、转业复原费、稿费等一次性收入以及记账补贴等,但不包括周转性收入,如储蓄存款、借贷性收入款及其他各种暂收款。从理论上讲,实际收入应包括非农业居民由于劳动所得的实物收入,但实际工作中因其数量较小,计算复杂,因此在调查工作中不计入实际收入中。

(3)生活费收入

非农业居民生活费收入是指居民全部收入中能用于安排家庭日常生活的那部分实际收入,是直接反映非农业居民生活水平的综合性指标。通常由居民取得的实际收入中扣除不用于安排家庭生活的赡养、赠送支出和缴纳各种税款后求得。居民生活费收入是调查期内取得的可能用于消费的收入。其中包括实际支付消费品和劳务的收入以及未实现的那一部分收入,它与居民在这个时期所形成的商品购买力有联系。

居民生活费收入不同于居民最终收入。后者是指居民在调查期内能够实现的物质资料消费的总额,是通过国民收入的分配和再分配形成的收入,它是从居民已经实现的消费来考察,与一定的物质资料相对应。居民最终收入不包括没有实现消费的那部分收入,如本期银行存款及持有现金,但包括本期内取出的银行存款或债券的还本等周转性收入,这是因为它在本期实现了物质资料的消费。居民最终收入是本期已经实现消费的收入,它与消费基金、实现的商品购买力相关联。

2. 非农业居民收入调查

在非农业居民收入调查中,主要使用下面的几个公式进行计算。

(1)平均每人实际收入

平均每人实际收入是指以家庭为单位,计算非农业居民家庭平均每人的收入。其计算公式为:

$$平均每人实际收入=\frac{家庭实际收入之和}{家庭人口数}$$

这个数值用来说明平均每一非农业家庭成员的实际收入。它既考虑了在职人口与赡养人口的比例关系,又考虑了在职人员与家庭其他成员的关系。因此,它能够比较确切地反映非农业居民的实际收入水平,是人民生活水平调查的一项重要内容。

(2)平均实际收入

平均实际收入是指全国或各地区范围内所有非农业居民的平均实际收入水平,是用实际收入之和除以调查期内的非农业居民平均人数。其计算公式为:

$$平均实际收入=\frac{\sum 各非农业居民实际收入}{调查期内非农业居民平均人数}$$

平均实际收入用来说明平均每个非农业居民的实际收入。在对非农业居民的收入水平变动进行调查中,一般计算平均实际收入。

第三节 居民消费调查

居民收入最终用途是实现消费。居民消费包括居民对物质资料和文化生活服务的消费。居民消费调查是反映居民生活水平的重要方面,是居民生活水平调查的重要组成部分。居民消费调查的任务,在于通过居民消费水平和消费结构的分析,反映居民生活水平的现状及变化趋势,揭示居民物质文化生活需要的满足程度,为国家和各地区的各级领导制定消费政策,组织生产、安排生活提供依据。

一、居民消费量和消费水平调查

居民消费量,是指居民在一定时期内实际消费的物资资料的数量。居民消费量针对的是物质资料的消费数量,不包括享用劳务而支付的劳务费用。

消费水平是一定时期内居民占有和享用的物质资料及文化生活服务的数量。它是整个社会经济活动成果的最终体现,反映了人们在消费过程中对物质文化等各方面需要的满足程度。消费水平是一个综合性范畴,是人们消费状况的综合反映。

居民消费量和消费水平调查包括以下几个方面的内容:

(一)居民个人消费量

它是指居民个人在一定时期内实际消费的物质资料的数量。它不包括居民由于享用社会服务而支付的服务费。居民消费量可以用实物表现,也可以用货币表现。以实物表现的居民消费量,能从使用价值方面说明居民生活消费品的实际消费数量,对于研究居民消费的实物构成有重要作用。但实物消费量只能按照某种消费品或某类消费品的实物量计算,如粮、棉、油、布以及各种耐用消费品的拥有量,各种消费品的实物量不可比,不能综合反映居民的消费总量情况。

以货币表现的消费额,可以计算居民全部消费品或某类消费品的消费总值,这对于研究居民消费总量及构成,综合观察和研究居民生活消费情况有重要意义。

(二)居民平均消费额

居民消费水平高低与家庭户数和人口数密切相关,以户或人平均的消费额,能更清楚地反映居民的生活消费状况。居民平均消费量通常是以居民人口数去除某种、某类或全部消费品消费额。

居民年平均消费额同样可以就农村、地市居民分别计算,以反映和研究城乡居民消费水平的差异。居民平均消费额消除了家庭户及人口因素的影响,有利于进行不同地区、不同时间上的对比研究。

1. 居民平均每人消费额

居民平均每人消费额,是用调查期内居民物质消费总量,除以调查期内居民平均人数得到的,其计算公式为:

$$居民平均每人消费额=\frac{调查期居民物质消费总额}{调查期居民平均人数}$$

这个数值可以综合地反映全体居民的消费水平,说明居民的生活水平。

2. 城镇居民平均每人消费额

城镇居民平均每人消费额，是用城镇居民在调查期内的物质消费总额，除以城镇居民在调查期内的平均人数得到的。其计算公式为：

$$城镇居民平均每人消费额=\frac{调查期城镇居民消费总额}{调查期城镇居民平均人数}$$

这个数值可以说明城镇居民的消费水平，以及城镇居民生活的满足程度。

3. 农民平均每人消费额

农民平均每人消费额，是用农民在调查期内的物质消费总额，除以农民在调查期内的平均人数得到的。其计算公式为：

$$农民平均每人消费额=\frac{调查期农民消费总额}{调查期农民平均人数}$$

这个数值可以说明农民的消费水平，以及农民生活的满足程度。

（三）平均每人实物消费量

为了说明居民的生活水平，除了用消费额来表示，还需要按居民消费的实物量来计算居民的平均消费量。

1. 居民平均每人消费实物量

居民平均每人消费实物量，是用调查期内全体居民所消费的某种消费品，除以调查期内居民人口数得到的，计算公式为：

$$居民平均每人消费实物量=\frac{调查期居民消费的某种实物量}{调查期居民人口数}$$

2. 城镇居民平均每人消费实物量

城镇居民平均每人消费实物量的计算公式为：

$$城镇居民平均每人消费实物量=\frac{调查期城镇居民消费的某种实物量}{调查期城镇居民人口数}$$

3. 农民平均每人消费实物量

农民平均每人消费实物量的计算公式为：

$$城镇居民平均每人消费实物量=\frac{调查期城镇居民消费的某种实物量}{调查期城镇居民人口数}$$

二、消费结构调查

居民生活消费水平不仅表现在居民消费支出的总额及人均消费支出上，而且还表现在消费内容的构成及其变化上。随着生产的发展，居民生活水平逐年提高，其生活消费构成也发生了质的变化。因此，分析研究居民消费结构对于国家和各地区各级领导了解居民生活水平，制定收入分配政策具有重要意义。

所谓消费结构，是指不同内容、不同形式的消费在整个消费系统中的比重。在市场经济的条件下，它主要用各类消费支出在消费支出总额中所占的比重来表示。消费结构调查，就是要对消费结构系统中的各构成要素、比例、发展趋势及相互关系进行调查。

消费品按照不同的角度，可以有不同的分类。一般消费结构有以下一些分类方法：

1. 按满足居民消费需要的层次，将消费品分为生存资料、享受资料和发展资料。这种划分方法是依据恩格斯对消费资料所做的科学抽象来进行划分的。但由于各类消费资料之间相互交叉,具体划分较为困难,因而实际工作中较少采用。

2. 按消费品的用途将消费品划分为食品、衣着、燃料、住房、医药、文化服务、日用品、其他类等,在此基础上还可概括为“吃、穿、住、用、行”五类。这种划分实际中容易把握,因此应用较为广泛。

3. 按消费品的属性将生活消费支出划分为商品性支出与非商品性支出,然后再按消费品的用途做进一步的划分。如在我国现行城市住户调查中,从大类上划分为商品支出与非商品支出,商品支出中又可以分为食品、衣着、日用品、文娱用品、书报杂志、药品和医疗用品、燃料等七类,各类中又划分为若干个小类;在农民住户调查中,消费支出分为生活消费品支出与非商品支出。生活消费品支出中分为食品、衣着、燃料、住房、用品及其他等五类,每类又可以再分为若干小类。这种划分方法便于分析实物产品与劳务的消费构成及其发展变化规律和趋势,是目前消费结构调查中最常用的分类方法。

此外,按各种消费主体进行消费结构的分类及其他分类也逐渐应用于工作实践中。

三、居民生活条件调查

非物质生产领域的各个部门,包括文教、卫生、生活服务等部门,为居民物质文化生活提供的各种服务,是居民消费调查的重要内容。居民消费调查的目的是反映居民的生活水平,因此必须反映这些生活条件的现状及其发展变化情况。

(一)住宅消费水平调查

住宅是居民生活、工作和学习的场所,居民的居住条件,是反映居民生活水平的重要方面。住宅消费水平,是指人民的住宅消费所达到的程度,一般表现为住宅面积的大小、设备的齐全和完善程度、室内外装修的好坏程度等。

调查居民的居住条件,包括两方面的内容:

1. 调查无房户、不方便户、拥挤户的数量及比例,计算平均每一住宅居住的户数、平均每户居住房间数、平均每一房间居住人数等。

2. 将居民住宅的数量除以人口数,分别计算人均居住面积、人均房屋使用面积、人均住房使用面积等,以分析住房的充分利用程度,表明居民已达到的居住水平。

其中,居住面积指居民实际居住的住房面积,不包括厨房、浴室、卫生间、储藏室及过道的面积。房屋使用面积(也称为房屋面积)是指室内面积,是从房屋的内墙线算起的面积,不包括房屋结构(墙、柱等)占用的面积。住房使用面积(即生活用房面积)是指实际用来住人或可用来住人的房屋面积,包括与住房连成一体的起居室、放置灶具的地方、专用厨房等。

农村住房目前主要从住房建筑结构上,按砖木机构、钢筋混凝土结构以及房屋建筑造价进行分组调查,计算人均砖木住房面积与人均钢筋结构住房面积。

(二)营养、健康水平调查

居民的生活水平,不仅体现在住房消费上,而且表现在营养、健康等方面。在调查中,分别计算每人每年平均消费的主要食品(如粮食、肉类、油类、蛋类、水果、蔬菜等)的数量,每人每天从消费的食品中摄取的热量、蛋白质、脂肪等营养物质状况及达到标准需要量的百分比,用来考察居民营养水平。中国医学科学院卫生研究所根据我国的实际情况,提出了一个规范化的平均营养标准:每个成人平均每天需要摄取的实物热量应为2400千卡,蛋白质72克,脂肪73克。

反映人们健康水平的主要有平均身高、平均体重、婴儿死亡率、发病率及预期寿命等。

婴儿死亡率是指某年内不满1周岁(1个月至12个月)的婴儿死亡数与当年不满周岁的婴儿数的比率,用千分数表示。婴儿死亡率用来表示该年内平均每千名婴儿中死亡的婴儿数。计算婴儿死亡率时,为了保持分子分母口径一致,一般用下面的经验公式计算:

$$\text{婴儿死亡率}(‰)=\frac{\text{年内未满1岁婴儿的死亡数}}{\frac{2}{3}\text{本年活产婴儿数}+\frac{1}{3}\text{上年活产婴儿数}}$$

发病率是表示一定期间内某国家或地区某种疾病新发生的病例数与该国家或地区全部人口数之比。发病率不仅反映疾病的流行情况和特点,还反映疾病防治措施的效果和居民的医疗卫生水平等。

疾病率是指一定时期一定地区患某种疾病的人数与人口数之比,其中患病人数是指新旧病例人数之和。以某种疾病的发病率和疾病率进行动态比较,可以用来反映居民身体健康水平变化情况。

反映居民寿命最常用的是平均预期寿命,它是指一批人从出生到死亡之间的平均寿命,反映人的生命长短。

(三)劳务水平调查

在居民的生活消费中,除了物质资料消费外,劳务消费也是重要的部分。居民劳务消费在总消费中所占的比例在很大程度上反映了居民生活水平的提高状况,以及居民消费结构的层次变化。调查中反映居民对劳务消费满足程度的内容主要有:人均教育事业经费(教育经费与年平均总人口或年平均在校学生的比率),人均科研事业经费,每万人口中零售商业或饮食业、服务业机构数、人员数,每万人口中卫生技术人员数,每一病床位人口数、医疗保健机构数,人均文化及广播电视业经费等。另外,在劳务水平调查中,还包括反映社会福利方面的内容,如人均社会救济费、平均每一职工劳动保险费、平均每一职工的福利费等。

(四)公用事业服务条件调查

公用事业为居民生活提供的服务条件主要包括对居民生活能源、自来水的供应,公共交通,邮电通讯和园林建设等。

在公用事业服务条件调查中,反映公用事业对居民的生活能源、自来水供应的内容包括:一定时期内生活用电量(千瓦小时)、用煤气量(吨)和用水量(吨),平均每人每年(月、日)生活用电量(或煤气量、用水量),电力(或煤气、自来水)供应普及率。

反映公共交通对居民需要满足程度的内容包括:每万人拥有各种营运公共交通车辆数,每万人拥有营运公共交通线路长度、线路网密度(即每平方公里的线路长度)以及平均每平方公里线路行驶的车辆数等。为了反映居民实际使用公共交通工具的状况和普及程度,通常还要计算一定时期内载运乘客的人次数、平均每日乘客人次数和每万人乘坐公交车辆人次数等内容。

反映邮电通讯对居民需要的满足情况的主要内容包括:每万人口中电话机部数,每万人口的邮电局、所数,每万人口的信箱数以及每万人口的邮递人员数等。

反映城市园林绿化建设的主要调查内容有:城市绿化覆盖率(即城市内园林绿化面积和道路绿化面积之和,再除以城市面积),反映城市园林绿化的程度。

(五)时间消费调查

随着社会生产的发展,人们的消费需要不断增长,消费的时间成本正在逐渐上升,人们日益意识到消费水平的高低与时间消费密切相关。只有合理有效地利用时间,提高单位时间上的消费质量,才能提高人民的整体消费水平。生活时间的分配已经成为反映居民生活消费水平的重要方面。目前在生活时间分配调查中,最常用的时间划分方法把一天的时间分为四部分:工作时间和上下班路途时间,个人生活必需时间,家务劳动时,自由支配时间。从时间角度来反映居民生活消费水平的主要调查内容包括:

1. 闲暇时间的增长量。即调查期与基期的自由支配时间的差额。计算结果为正,说明消费水平上升;计算结果为负,说明消费水平下降。

2. 每周一天内平均闲暇时间数。即一周内的闲暇时间总量与一周天数之比。

3. 闲暇时间利用程度。该内容可以从两个方面考察:一是考察学习科学文化知识的时间、文艺活动时间等在闲暇时间中的比重;二是各类闲暇活动在总闲暇时间中的比重,其中闲暇活动有积极和消极之分。闲暇活动时间利用程度可以用下面的公式计算:

$$闲暇时间利用程度=\frac{总闲暇时间-消极闲暇时间}{总闲暇时间}$$

4. 平均每天的家务劳动时间。即一定时期(月、季、年)内的家务劳动时间与该时期天数之比。一般来说,减少家务劳动时间,能够增加更多的其他劳动时间与闲暇时间,有利于提高居民的生活消费水平。

第十章 电子商务调查

第一节 电子商务概述

近年来,随着全球信息化、网络化的快速发展,信息经济对传统经济造成强烈冲击,新兴的电子商务作为信息化时代中一种全新的交易模式,以其高效率、低成本的优势,在世界范围内迅猛发展,成为当今世界发展中新的经济增长点,并日益受到世界各国政府的重视。因此,国家和各地区各级领导也有必要对电子商务的基本知识与电子商务调查的基本内容有初步的了解,以便了解国家和各地区电子商务发展状况,准确把握电子商务发展的方向,制定电子商务发展规划。

一、电子商务的定义

电子商务是经济和信息技术发展并相互作用的必然产物。目前,电子商务的基本概念有两层含义;狭义的电子商务和广义的电子商务。狭义的电子商务一般是指对数据(可以是文本、声音、图像)的处理和传输,通过开放的网络进行的商业交易,包括企业与企业、企业与消费者、消费者与消费者之间的交易活动。广义的电子商务,就是通过计算机网络,按照一定的标准开展的商务活动。当企业将它的主要业务通过内联网(Intranet)、外联网(Extranet)以及 Internet 与企业的职员、客户、供销商以及合作伙伴直接相连时,其中发生的各种活动就可以称为电子商务。

具体来说,电子商务指企业内部员工之间的信息交流活动,企业之间的交易以及一切相关的网上经济活动。通俗地说,所谓电子商务就是在网上开展商务活动。事实上,电子商务的定义有多种说法,目前还没有一个较为确切的,能够为大多数人接受的定义。下面我们介绍一些组织、政府、公司、学术团体等总结的较为全面的定义,给大家提供一些参考。

(一)联合国经济合作和发展组织(OECD)的定义

电子商务是发生在开放网络上的包含企业之间(Business to Business)、企业和消费者之间(Business to Consumer)的商业交易。

(二)联合国国际贸易法律委员会(UNITRAL)的定义

电子商务是采用电子数据交换(EDI)和其他通信方式增进国际贸易的职能。

(三)全球信息基础设施委员会(GIIC)的定义

电子商务工作委员会报告草案:电子商务是运用电子通信作为手段的经济活动,通过这种方式人们可以对带有经济价值的产品与服务进行宣传、购买和结算。这种交易的方式不受地理位置、资金多少或零售渠道的所有权影响,公有私有企业、公司、政府组织、各种社会团体、一般公民、企业家都能自

要通过传统的渠道，如邮政业的服务和商业快递服务来完成送货。因此，间接电子商务要依靠送货的运输系统等外部要素来完成。

2. 直接电子商务

直接电子商务所涉及的商品是无形的货物和服务，如计算机软件、娱乐内容的联机订购、付款和交付，或者是全球规模的信息服务。直接电子商务能使双方越过地理界线直接进行交易，充分挖掘全球市场的潜力。

（三）按电子商务使用的网络类型分类

根据开展电子商务业务的企业所使用的网络类型框架的不同，电子商务可以分为如下三种形式：

1. EDI 网络电子商务（Electronic Data Interchange，电子数据交换）

EDI 是按照一个公认的标准和协议，将商务活动中涉及的文件标准化、格式化，通过计算机网络，在贸易伙伴的计算机网络系统之间进行数据交换和自动处理。EDI 主要应用于企业与企业、企业与批发商、批发商与零售商之间的批发业务。EDI 电子商务在 20 世纪 90 年代已得到较大的发展，技术上也较为成熟，但是因为开展 EDI，需要企业有较高的管理、资金和技术，因此至今尚不太普及。

2. 因特网电子商务（Internet 网络）

因特网电子商务是指利用连通全球的 Internet 网络开展的电子商务活动，在因特网上可以进行各种形式的电子商务业务。因特网电子商务所涉及的领域非常广泛，全世界各个企业和个人都可以参与，正以飞快的速度在发展，其前景十分诱人，是目前电子商务的主要形式。

3. 内联网络电子商务（Intranet 网络）

内联网络电子商务是指在一个大型企业的内部或一个行业内开展的电子商务活动，形成一个商务活动链，可以大大提高工作效率和降低业务的成本。例如上海网上南京路一条街主页，包括了南京路上的主要商店，客户可以在网上游览著名的上海南京路商业街，并在网上南京路上的网上商店中以电子商务的形式购物；北京图书大厦主页，客户可以在此查阅和购买北京图书大厦经营的几十万种图书。上述两个都是 B2C 的电子商务应用形式。

三、电子商务的特点

电子商务在全球各地通过计算机网络进行，并完成各种商务活动、交易活动、金融活动和相关的综合服务活动。电子商务已经开始改变人们长期以来习以为常的各种传统贸易活动的内容和形式。相对于传统商务模式，电子商务表现出以下五个突出的特点：

1. 结构性

电子商务涉及电子数据处理、网络数据传输、数据交换和资金汇兑等技术；在企业的电子商务系统内部有导购、订货、付款、交易与安全等有机地联系在一起的各个子系统；在交易进行过程中经历商品浏览和订货、销售处理和发货、资金支付和售后服务等环节；电子商务业务的开展由消费者、厂商、运输、报关、保险、商检和银行等不同参与者通过计算机网络组成一个复杂的网络结构，相互作用，相互依赖，协同处理，形成一个相互密切联系的连接全社会的信息处理大环境。在这个环境下，简化了商贸业务的手续，加快了业务开展的速度，最重要的是规范了整个商贸业务的发生、发展和结算过程，从根本上保证了电子商务的正常运作。

2. 动态性

电子商务交易网络没有时间和空间的限制,是一个不断更新的系统,每时每刻都在进行运转。网络上的供求信息在不停地更换,网上的商品和资金在不停地流动,交易和买卖的双方也不停地变更,商机不断地出现,竞争不停地展开。正是这种物质、资金和信息的高速流动,使得电子商务具有了传统商业所不可比拟的强大生命力。

3. 社会性

电子商务的最终目标是实现商品的网上交易,但这是一个相当复杂的过程,除了要应用各种有关技术和其他系统的协同处理来保证交易过程的顺利完成,还涉及许多社会性的问题。例如商品和资金流转的方式变革;法律的认可和保障;政府部门的支持和统一管理;公众对网上电子购物的热情和认可等。所有这些问题全都涉及到社会,不是一个企业或一个领域就能解决的,需要全社会的努力和整体的实现,才能最终得到电子商务所带来的优越性。

4. 层次性

电子商务具有层次结构的特点,任何个人、企业、地区和国家都可以建立自己的电子商务系统,这些系统的本身都是一个独立的、完备的整体,都可以提供从商品的推销到购买、支付全过程的服务。但是这样的系统又是更大范围或更高一级的电子商务、系统的一个组成部分。因此在实际应用中,常将电子商务分为一般、国内、国际等不同的级别。另外,也可以从系统的功能和应用的难易程度对电子商务进行分级,较低级的电子商务系统只涉及基本网络、信息发布、产品展示和货款支付等,各方面的要求较低;而用于进行国际贸易的电子商务系统不仅技术要求高,而且要涉及到税收、关税、合同法以及不同的银行业务等,结构也比较复杂。

5. 虚拟性

电子商务通过 Internet 网上的浏览器,可以让客户足不出户就能看到商品的具体型号、规格、售价、商品的真实图片和性能介绍,借助多媒体技术甚至能够看到商品的图像和动画演示和听到商品的声音,使客户基本上达到亲自到商场里购物的效果。特别是客户可以减少路途的劳累和人员的拥挤,在网上购物对客户也具有趣味性和吸引力。

第二节 电子商务调查

一、电子商务调查的意义

对中国电子商务发展的现状进行调查,可以为国家和各地区各级领导了解中国电子商务的发展状况,制定宏观的和微观的电子商务发展规划,提供量化的参考依据。根据电子商务调查的结果,可以对中国电子商务的发展状况提供对策建议,从而推动中国电子商务的发展。由于中国电子商务尚处于起步阶段,因而目前的电子商务调查主要是探索性的,尚待深化,调查的结论也只是初步的。随着电子商务的发展,电子商务调查可以不断深入地进行研究,建立和完善电子商务调查的体系,使中国电子商务的发展战略与规划建立在科学可靠的基础之上。

二、电子商务调查的内容

电子商务调查的内容主要包括:

(一)电子商务交易调查

电子商务交易调查主要针对利用网络进行的各种交易活动,反映在网络上进行各种类型交易活动的总量与程度。电子商务交易调查包括:

1. 电子商务实物性商品人均交易额

电子商务实物性商品人均交易额,是指在网上交易的有形商品(在线实物交易,包括软件)的人均交易额。其计算公式为:

$$\text{电子商务实物性商品人均交易额}=\frac{\text{电子商务实物交易总额}}{\text{参与电子商务的人口数}}$$

它反映网上人均实物形态商品交易情况。

2. 电子商务服务性商品人均交易额

电子商务服务性商品人均交易额,是指在网上提供的各类服务性商品(有形商品以外)的人均交易额。其计算公式为:

$$\text{电子商务服务性商品人均交易额}=\frac{\text{电子商务服务交易总额}}{\text{参与电子商务的人口数}}$$

它反映网上所进行的人均服务交易情况。

电子商务服务性商品交易额的调查数据,主要来自于:(1)信息咨询服务;(2)在线广告;(3)金融服务(转账、结算、提款等);(4)网络平台服务;(5)其他服务。

3. 电子商务交易额相当于 GDP 的比重

电子商务交易额相当于 GDP 的比重,是指在调查年度内一个国家或地区电子商务交易额与同期的该国家或地区 GDP 的比率。其计算公式为:

$$\text{电子商务交易额占 GDP 的比值}=\frac{\text{电子商务交易额}}{\text{国内生产总值}}$$

其中,电子商务交易额 = 实物商品交易额 + 服务性商品交易额。

电子商务交易额相当于 GDP 的比重,用来反映电子商务在一个国家或地区经济中的地位和作用。

(二)电子商务效益调查

电子商务能够对传统的交易活动带来革命性的变化。它可以节约交易双方的直接成本,提高交易的经济效益;另外,它可以缩短交易的周期,加快交易活动的速度,从而进一步降低交易活动的平均成本,提高经济效益。电子商务效益调查可以反映电子商务相对于传统交易活动的效益。

1. 电子商务交易费用节约程度

电子商务交易费用节约程度,是指相对于传统交易方式,电子商务带来的交易费用的降低率。其计算公式为:

$$\text{交易费用节约程度}=\left(1-\frac{\text{网上交易费用}}{\text{传统交易费用}}\right)\times 100\%$$

它用来反映电子商务交易费用比传统交易费用的节约程度。

2. 电子商务交易时间快捷程度

电子商务交易时间快捷程度,是指相对于传统交易方式,电子商务带来的交易时间的降低率。其计算公式为:

$$\text{交易费用节约程度}=\left(1-\frac{\text{网上交易费用}}{\text{传统交易费用}}\right)\times 100\%$$

它用来反映电子商务交易时间比传统交易时间的快捷程度。

（三）电子商务基础设施调查

电子商务并不是完全虚拟进行的，需要各种网络基础设施提供支持。网络基础设施的水平，也是衡量电子商务状况的一个重要方面的内容。电子商务基础设施调查，就是要对支持电子商务活动的相关网络设备的数量、水平等进行调查，从而反映网络基础设施对电子商务的支持程度。

1. 计算机上网率

计算机上网率，是指与网络连接的计算机占计算机总数的比重，其计算公式为：

$$计算机上网率=\frac{上网的计算机数}{计算机总数}\times 100\%$$

它可以反映计算机上网的普及程度。

2. 企业上网率

企业上网率，是指在网络上有 Web 站点的企业数占全部企业数的比值，其计算公式为：

$$企业上网率=\frac{有\ \text{web}\ 站点的企业数}{企业总数}\times 100\%$$

企业上网率可以反映企业上网的普及程度。

3. 网络带宽

网络带宽是指数据在传输电路中能达到的传送速率，其单位是比特/秒。网络带宽可以用来反映网络通信规模。

4. 上网数据库容量

进行电子商务，上网的计算机需要有一定的储存空间，用来储存商品的信息、用户的信息、交易记录等数据。随着电子商务的普及，计算机中储存的数据还越来越多，没有一定的数据库容量，难以维持电子商务的需要。因此，上网数据库容量也是衡量电子商务发展水平的一个重要内容。

上网数据库容量是指上网计算机硬盘容量总量，可以表示为：

上网数据库容量 = $\sum$上网计算机硬盘容量

5. 信息产业基础设施投资占全社会基础设施投资总额的比重

信息产业基础设施投资占全社会基础设施投资总额的比重是反映电子商务水平的一项重要内容，可以表示为：

$$信息产业基础设施投资比重=\frac{信息产业基础设施投资额}{全社会基础设施投资总额}$$

信息产业基础设施投资比值，可以反映一个国家或地区对信息化基础设施的投入程度。

6. 人均银行信用卡张数

进行电子商务活动，必须通过一定的支付方式来完成最终的成交，对于消费者来说，银行信用卡是主要的支付工具。因此人均银行信用卡张数是反映电子商务水平的重要内容，它可以反映金融电子化的程度。其计算公式为：

$$人均银行信用卡张数=\frac{银行信用卡张数}{人口总数}$$

（四）电子商务从业人员调查

电子商务从业人员的状况，直接影响到电子商务的发展，是我们在对电子商务进行研究中比较关心的问题。电子商务从业人员调查主要包括以下内容：

1. 电子商务从业人员比重

电子商务从业人员比重，是指从事电子商务的人口，在总就业人口中的比重。在调查中，一般用从事电子商务企业的从业人员来代替电子商务从业人员。

电子商务从业人员比重的计算公式为：

$$电子商务从业人员比重 = \frac{从事电子商务企业的就业人数}{总就业人数}$$

电子商务从业人员比重可以反映从事电子商务企业从业人员就业构成。

2. 电子商务从业人员工资比

电子商务从业人员工资比，是指电子商务从业人员的平均工资水平与全社会平均工资水平的比率。其计算公式为：

$$电子商务从业人员工资比 = \frac{电子商务从业人员平均工资}{全社会平均工资}$$

电子商务从业人员工资比可以反映电子商务企业人员收入在全社会中的地位。

3. 大学本科以上学历人数比例

大学本科以上学历人数比例，是电子商务从业人员中具有大学本科以上学历人数所占的比重。它可以反映电子商务企业人员的平均受教育程度。

第九篇 社会调查

第一章　人口调查

第一节　我国五次人口普查的概况

一个国家或地区的人口不仅仅表现在数量的多少，而且还表现在人口质量的高低及其自然构成与社会构成的变动等方面。人口同社会经济的各个方面都有着千丝万缕的联系，所以它是一个具有许多规定和关系的总体，其内容十分丰富，人口现象是一种极其复杂的社会现象。因此，为了取得人口方面的各种资料，目前世界各国都在积极开展人口调查工作。

在人口调查中，人口普查是最重要、最普遍，同时也是最可靠的一种方法，是搜集人口资料的基础工作，是人口资料最完整的来源。所以很有必要了解一下我国人口普查的历史发展情况。

人口普查是一个国家（或地区）按照统一的方法、统一的项目、统一的表格、统一的时间对全国（或地区）人口普遍的、逐人进行的一项调查，是对人口数量、特征、结构等数据进行收集、汇总、评估、分析、发布的全过程。人口普查除了为国家制定政策、改进日常行政管理服务外，还可以用于学术研究和发展市场经济服务，所以我国每隔一段时间就要进行一次人口普查。

一、第一次人口普查

1953 年，我国的国民经济恢复工作基本上结束，全国上下开始了大规模的经济建设，并着手执行第一个五年计划，因此，这就迫切地需要一个确实可靠的人口数字。于是，我国政府开始进行建国以来的第一次人口普查。此次人口普查规定 1953 年 6 月 30 日 24 点为调查登记的标准时点。普查结果：1953 年 6 月 30 日 24 时全国人口为 601938035 人，其中直接调查登记的人数为 574205940 人，台湾省的人口根据 1951 年台湾当局公布的数字为准，国外华侨和留学生以华侨事务委员会公布的数字为准，全国人口的性别百分比：男性为 51.82%，女性为 48.18%，根据全国直接调查登记人口的 9% 进行抽样复核，结果重复率为 1.39%，遗漏率为 2.55%，净误差率为 1.16%。

这次普查在我国人口普查史上具有重要的意义，它是我国有史以来最全面的，也是最接近现代普查特点的一次普查。对于我国的经济建设发展、国家的管理都具有十分重要的作用，但是这次人口普查仍有许多不足之处，具体表现在：准备工作比较仓促，调查时间拖得太长（至 1954 年 5 月才结束），有相当一部分人口资料不是直接调查得来的，抽样方法不是完全按严格的科学方法进行，致使抽样结果的代表性受到影响。

二、第二次人口普查

1964年,中共中央和国务院为了制定和编制第三个五年计划,决定举行第二次人口普查,这次人口普查仍规定1964年6月30日24时为普查登记的标准时点。普查结果:1964年6月30日24时,全国总人口数为723070269人,其中台湾、港澳同胞和海外华侨为2849万人,性别百分比男性为:51.3%,女性为48.7%,全国除台湾省外,大学文化程度的占0.42%,高中文化程度占1.3%,初中文化程度的占4.7%,小学文化程度的占28.4%;13岁以上不识字的人口占这部分人口数的53.0%。根据全国范围5.1%的人口抽样复核,人口登记重复率为0.377‰,遗漏率为0.391‰,净差率为0.014‰,普查资料的质量是好的。

同第一次相比,第二次人口普查有了较大改进,主要体现在:参加调查人员增多,登记速度快、质量好,间接调查的人口数减少,调查项目有所增加,但这次人口普查仍有不足之处,具体表现在:对新增的两个项目本人成分和职业规定分类标准不清,项目填写有一定的复杂性,因此汇总基本无法进行,另外在抽样复核的选样方面,分布不均,使资料的代表性受到影响。

三、第三次人口普查

1982年第三次全国人口普查是在我国结束十年动乱,党的中心工作转移到以经济建设为核心的时期提出的,这时的党和政府迫切需要了解全国人口的确切资料,而由于"十年内乱"的影响,普查工作受到巨大的损失,距上次人口普查已经整整18年没有进行全国的人口调查了。在这种情况下,中央决定在1982年7月1日进行第三次人口普查。普查结果:1982年7月1日零时,全国总人口数为1031882551人,不包括台湾省人口数为1008175288人,全国人口性别百分比:男性为51.33%,女性为48.67%,人口登记重复率为0.71‰,漏报率为0.56‰,净差率为0.15‰。这次人口普查是我国人口普查走向现代化的标志,得到了包括联合国在内的许多国家的赞扬,很多专家给予了很高的评价,使我国人口普查工作达到了世界先进水平。

四、第四次人口普查

1990年我国政府进行了第四次人口普查,这次人口普查在第三次人口普查的基础上又有了新的发展,同时由于国内形势的变化,出现了与前几次普查所不同的情况,主要体现在:经济体制发生了重大变化,计划生育工作在全国全面推行,人们收入普遍提高,这些都直接、间接地影响到人口普查的进行。虽然距上次普查只有8年,但由于国家经济建设逐步走向市场经济的轨道,社会各方面都迫切需要全国人口方面的各项数据,因此中央决定举行第四次人口普查。普查结果,1990年7月1日零时,全国总人口数为1130510638人,全国人口性别百分比:男性51.47%,女性48.53%,这次人口普查使我国人口普查工作走向成熟,对我国加强经济建设,搞好调查工作起到了积极的作用。

五、第五次人口普查

1990年第四次全国人口普查以来,随着改革开放的不断深入和社会主义市场经济体制的逐步建立,我国人口状况发生了巨大变化。人口总量继续增加;家庭规模缩小;老龄化进程加快;农业劳动力加速向非农业转移;人口迁移流动量增加;失业率上升;人口的文化素质、就业结构、民族构成等都有了很大改变。这些变化必然对社会经济的发展产生影响。2000年第五次全国人口普查,以这些变化了的情况为基础,为科学地制定"十五"国民经济和社会发展计划和中长期规划,统筹安排人民的物质和文化生活,坚持人口增长、经济发展与资源和环境的协调发展,促进我国可持续发展战略的实施发挥重要的作用。普查结果,2000年11月1日零时,中国大陆的人口总数为126583万人(包括250万现役军人在内),全国总人口数(包括大陆人口、香港人口、澳门人口、台湾人口)为129533万。从性别比例上讲,国际上一般100个女性所对应的男性的比值来检视一个国家或一个民族的性别比。2000年的第五次人口普查表明,中国当前的人口性别比为106:74,男性人口在总人口中所占的比重较"四普"有少许增长。中国当前并不存在总体意义的婚龄人口性别比的失调问题。但由于人口流动所带来的局部婚龄人口的失调却是存在的。比如说农村的某些山区,由于婚龄女青年向城市的流动,就出现了这些地区男性婚龄人口择偶的困难现象。

这次人口普查是我国在社会主义市场经济体制下进行的首次人口普查,并且正值世纪之交。通过普查,对中华人民共和国半个世纪的人口发展历程进行回顾,对改革开放以来,控制人口数量,提高人口素质,改善人民生活水平进行了检验。

归纳总结我国五次人口普查的情况可以看出,随着经济的发展和社会的进步,我国人口普查工作是在逐渐走向现代化、科学化轨道的,但是我国的人口普查仍存在一些问题,诸如:人们对人口普查的意义认识不足,甚至有人有抵触情绪,另外一些偏远地区人们的文化程度较低,加上普查员的素质不高,使资料的准确程度降低,对项目的理解程度都有较大的影响,还有的如普查没形成制度化,调查项目较少等,因此我国的人口普查工作还有待于进一步的发展和提高。

第二节 人口规模、变化、分布及构成调查

一、人口规模调查

人口数量的多少是早期人口调查和近代人口调查中最关注的问题,它是最基本的人口标准,也是计算其他各项人口调查标准的基础。

1. 人口总数

人口总数是指一定时点和地理范围(国家或地区)内所有生命人口的总和。它反映某一特定时间上某一国家或地区人口资源的规模总和,是人口调查中最基本的标准,也是反映国情国力基本情况的一项重要标准。

人口总数调查必须明确规定调查人口的时点、调查的范围和调查的人口范畴。

调查人口的时点是指调查人口数的时间标准,通常情况下公认的人口总数是12月31日24时的或6月30日24时的人口总数,所以人口总数是时点标准。

调查人口的范围是指调查的人口总数中包括哪些人,一般是以有国籍并在国境内居住的人口为调查范围,即只包括该地域范围内取得了本国国籍的居民,不包括居住在该地区但未取得居住国国籍的居民。

调查人口的范畴指的常住人口与现有人口两种范畴。常住人口表明在标准时点下一个国家或地区通常居住的人口。常住人口的多少与国家或地区社会经济活动的联系比较密切，根据这种人口数可以确定和规划与其相关联的各项社会经济活动，如国家或地区商业网点设置，商品的分配供应，住宅建筑以及文化教育卫生机构的设置等。现有人口表明标准时点下一个国家或地区当时居留人口数，它的多少可以作为确定与现有人口有关的各项临时措施和计划安排的参考，如安排城市交通计划，筹划浏览区域，避暑地的工作设施等就需要利用现有人口总数。实际调查中，地区通常计算的是常住人口总数，而全国人口总数一般是指常住人口总数。

人口总数是用来计算平均人数，研究人口结构和人口再生产等派生标准的基础，也是制定社会经济发展计划和各项政策的重要依据。

2. 平均人口数

平均人口数是指在一段时期内，各个时点人口的平均数，它可综合地反映一段时期的一个国家或地区的人口规模。一般情况下，可以利用下列公式计算年平均人口数：

$$\text{年平均人口数} = \frac{\text{年初总人口数} + \text{年末总人口数}}{2}$$

如果掌握季末人口数的话，我们也可以先计算出各季的平均人口，然后再通过各季平均人口计算出年平均人口数。

平均人口数是人口调查中常用的一项重要的人口标准，利用它我们可以计算一个国家或地区的平均每人国民生产总值，平均每人粮食产量、钢产量等标准，用来衡量一个国家或地区的经济实力情况。利用它还可以计算一个国家或地区人口的出生率、死亡率、迁入率、迁出率等标准，表明人口增减变化的程度。还可以利用它来比较和研究人口与社会政治经济现象间的数量关系，为说明事物的现状，揭露矛盾，进行对比，编制计划，确定方针政策和决定采取各项措施等提供依据。

二、人口变化调查

1. 人口增长量

人口增长量是反映人口总变动的重要标准之一，也称人口净增长量。人口增长量是用来描述人口动态变化的一个标准。人口变动来源于两方面：自然变动和迁移变动。从全局看，人口自然增长可以增加人口总数，而迁移增长只是改变已有人口的分布。在我国，从全国来说，人口的增长主要是自然增长引起的，因为与国外的迁移变动很少。但从地区来说，人口增长除受自然增长影响，迁移增长也会有较大的影响。人口增长量是人口自然增长数和迁移增长数之和，在实际调查中我们通常采用以下公式：

人口增长量 = 人口自然增加数 + 人口迁移增加数

　　　　　= (出生人口数 - 死亡人口数) + (迁入人口数 - 迁出人口数)

人口 1 年变动的结果年末人口可以依下列公式求得：

年末人口数 = 年初人口数 + (出生人口数 - 死亡人口数) + (迁入人口数 - 迁出人口数)

因此人口增长量也可以列出下列关系式：

人口增长量 = 年末人口数 - 年初人口数

人口增长量的大小与原有人口规模是相互关联的，例如：人口规模不相同的两个国家或地区，人口增长量是不能直接相比的，它是计算人口增长率的基础，也可以将其与国民经济发展中有关的各项经济标准相结合，用来分析研究多方面的实际问题。比如可以用来说明国家经济实力变化，人民消费水平的增长等等。

2. 人口增长率

人口增长率又可称为人口增长速度，是反映一定时期内人口增长变动程度的标准，通常情况下我们可以采用以下两种计算方法：

(1)将一定时期内人口增长数与期初人口数相比，在调查中我们通常采用以下公式：

$$人口增长率=\frac{人口增长数}{期初人口数}=\frac{期末人口数-期初人口数}{期初人口数}=\frac{期末人口数}{期初人口数}-100\%$$

这是用两个时点的人口数计算的人口增长率，说明期末人口比期初人口增长了多少。

(2)将一定时期人口增长数与平均人口数相比，在调查中我们通常采用以下公式：

$$人口增长率=\frac{人口增长数}{本期平均人口数}=\frac{自然增长数+迁移增长率}{本期平均人口数}$$

这是用两个时期的人口数计算的人口增长率，说明本期增加的人口相当于本期人口数的多少，它可以与该时期人口自然增长率和净迁移率相联系分析人口增长变化的情况。

通常所说的人口年增长率是以年为单位计算的，反映了年度人口规模增减程度。人口增长率在人口增长量的基础上，消除了人口总数对人口增长量的影响，因而可以进行两个地区、两个时期人口增长变动的比较分析。人口增长率是研究与制定国家发展战略，编制国民经济计划，控制人口在城乡与地区之间流动的重要依据。

三、人口分布调查

人口分布是指在一定时间内的人口的地理分布状况，包括人口的自然地理、经济地理及政治地理的分布。

1. 人口分布百分比

人口分布百分比是指在某一人口总体中，按某种人口地理范畴计算出来的百分比值。由于研究目的不同，人口分布百分比依空间的范围和构成因素而不同。从世界范围看，通常调查的人口分布百分比主要有世界人口纬向分布百分比、世界各大洲人口分布百分比、世界各国人口分布百分比。在我国主要有省、市、自治区人口分布百分比和东、中、西的人口分布百分比。人口分布百分比用公式计算如下：

$$人口分布百分比=\frac{某地理范畴内地区人口数}{该地理范畴内各地区人口总数}\times100\%$$

人口分布百分比是研究人口分布规律的重要依据。主要分析的内容是：人口分布的区域性和地带性、人口分布的不平衡性、人口分布的集中与分散的规律性等。人口分布的变动既受自然因素制约，也受社会因素影响，如自然资源的分布与丰富程度，自然环境的优劣，气候的寒热干湿，地势的高低和地形的崎岖程度，水体的分布，动植物与微生物的分布，无不直接或间接地影响着人口的分布及其变动。社会因素，包括经济、技术、政治、军事、宗教等，也对人口分布变动有着重要的影响。因此，从上述诸因素入手分析人口分布的变动规律，也是调查分析的重要内容。

2. 人口密度

人口密度是一定地理范围内人口数与相应土地面积的比例关系。它是用来研究人口与资源、人口与生态等关系时最常使用的标准。通常情况下是以每平方千米或者每平方英里的人口数为计量单位的。在调查中我们通常采用以下公式:

$$人口密度=\frac{一定时点下某区域人口数}{相应区域土地面积}$$

人口密度标准的计算公式可以反映出,在区域土地面积不变的情况下,人口密度与该地区的人口规模成正比。人口密度与人类的生产和生活有着极为密切的关系。过于集中的人口居住会对该地区的经济建设以及各项事业的发展带来很多不利。高密度的人口会破坏人类良好的工作条件、生活条件及卫生条件。因此人口密度标准常作为安排就业、安排移民,制定国民经济和社会发展规划及各项福利设施建设计划的重要依据。

四、人口构成调查

在人口调查中,人口构成是反映人口状况的另一个重要的方面,按照不同的研究目的,人口可以进行多种结构的研究。在这里,主要介绍以下几种构成:

1. 人口性别构成

人口性别构成反映一定时期和一定范围内人口总数中男性人口和女性人口的构成状况。也就是总人口中男性(或女性)人口所占百分比。在调查中我们通常采用以下公式

$$人口性别构成=\frac{男性(或女性)人口数}{人口总数}\times 100\%$$

人口性别构成可以按不同标志分组计算,如按年龄分组、地区分组、国民经济行业部门分组等。人口性别构成受多种因素的影响,主要有出生婴儿性别比,性别死亡率、社会制度、宗教信仰、战争、人口迁移等等因素。例如,由于出生婴儿的男孩多于女孩,由于同年龄的男子死亡率高于女子死亡率,因而随着年龄的增大,男性人口的比重将下降,到老年时,会出现女性人口多于男性人口的现象。人口性别构成又会直接影响结婚率和妇女生育率,它与地区经济发展,产业结构变化也密切相关。不同行业的发展对男、女劳动力的需求,就业的安排都不一样,因而导致不同地区也有性别构成的差别。一般讲,男性人口构成在重工业地区比重会高,而在轻工、纺织工业地区比重又会略低。

人口性别比又称为性比例。是指一定时间和一定范围内人口总数中男、女性比例。通常它是以男性人口对女性人口的比例来表示,在调查中我们通常采用以下公式:

$$人口性别比=\frac{男性人口数}{女性人口数}$$

人口性别比表示每100个女性人口中有多少男性人口。它与人口性别构成都是反映性别结构的标准,现在大部分都使用人口性别比来反映这一结果特征。人口性别比在不同年龄组和不同地区是不一样的。计算人口性别比对于研究婚姻问题和人口再生产有着重要的意义。此外,不同地区由于经济结构的不同和行业性质的不同,对劳动力的性别要求也不同。因此,计算人口性别比对于发展经济和合理安排劳动就业也就具有重要意义。

2. 人口年龄构成

人口年龄构成是用来反映一国或地区的人口在各年龄组分布状况的标准。把一定时点上的人口

数按年龄的自然顺序排列取得一岁一个年龄组的构成资料，它是研究人口年龄构成的基础资料。在这个基础上，可以适应研究不同问题的需要，列出各种不同的年龄组来反映年龄构成的情况。

调查人口年龄的构成，可以用于说明人口变动和人口再生产过程中有关的许多问题。比如瑞典人口学家桑德巴氏在研究大量人口资料后，提出三种人口发展类型，即增加型（即扩张型）、稳定型（即静止型）、减少型（即收缩型），其标准如表9—1—1。

表9—1—1 人口发展类型标准表

	占总人口的百分比(%)		
	0岁至14岁	15岁至49岁	50岁以上
增加型	40.0	50.0	10.0
稳定型	26.5	50.5	23.0
减少型	20.0	50.0	30.0

根据第五次人口普查的资料显示：祖国大陆31个省、自治区、直辖市和现役军人的人口中，0岁至14岁的人口为28979万人，占总人口的22.89%；15岁至64岁的人口为88793万人，占总人口的70.15%；65岁及以上的人口为8811万人，占总人口的6.96%。同1990年第四次全国人口普查相比，0岁至14岁人口的比重下降了4.80个百分点，65岁及以上人口的比重上升了1.39个百分点。

人口年龄构成是反映人口现状的基础资料，它是分析研究人口再生产的重要依据，也是国家确定行政管理和重大社会经济政策的依据。诸如确定选民人数，服兵役人数，适龄劳动者人数，研究制定中小学教育方案，托幼设施方案都需要年龄构成资料。

3. 人口文化构成

人口文化构成可以反映一个国家或地区人口的教育普及和发达程度。通常表现在两方面：一方面是用人口中受学校教育的人数及其中受各级教育人数的比重来反映。各级教育一般指初等教育、中等教育和高等教育等。我国第五次人口普查资料表明：大陆31个省、自治区、直辖市和现役军人的人口中，接受大学（指大专以上）教育的4571万人；接受高中（含中专）教育的14109万人；接受初中教育的42989万人；接受小学教育的45191万人（以上各种受教育程度的人包括各类学校的毕业生、肄业生和在校生）。同1990年第四次全国人口普查相比，每10万人中拥有各种受教育程度的人数有如下变化：具有大学程度的由1422人上升为3611人；具有高中程度的由8039人上升为11146人；具有初中程度的由23344人上升为33961人；具有小学程度的由37057人下降为35701人。

另一方面是用文盲人口（即不识字人口，也就是不具有读写能力或只会读不会写的人口）占一定年龄以上人口数的比重来反映，即文盲率标准。在调查中我们通常采用以下公式：

$$\text{文盲率}=\frac{15\text{岁及}15\text{岁以上文盲人数}}{\text{总人口数}}\times 100\%$$

我国是将不识字或识字不足1500个，不能阅读通俗书报，不能写便条的人确定为文盲、半文盲，简单一些就是以15周岁及15周岁以上不识字或识字很少的人口作为文盲半文盲人口。根据第五次人口普查资料表明：大陆31个省、自治区、直辖市和现役军人的人口中，文盲人口（15岁及15岁以上不识字或识字很少的人）为8507万人，同1990年第四次全国人口普查相比，文盲率由15.88%下降为6.72%,下降了9.16个百分点。城乡、地区文盲率差异也很大,华北和东北地区的文盲率较低,绝大多数省份都在5%以下,而西南和西北地区的文盲率却较高,西藏的文盲率甚至于在32.50%左右。其他如青海、甘肃、宁夏、贵州、云南、安徽的文盲率都在10%以上。

4. 人口民族构成

人口民族构成是指把人口总数按民族标志进行分组,以反映各类民族人口的构成状况。调查人口的民族构成,可以确定一个国家各民族的人口数及各民族人口占总数人口的比重,并可进一步分析各民族的社会构成、职业和文化水平等情况。

我国是一个多民族的国家,拥有56个民族,掌握民族构成资料十分重要。它可以作为国家制定民族改革措施,规划各民族地区人口、经济发展工作和文化卫生工作的依据。根据第五次人口普查资料表明:祖国大陆31个省、自治区、直辖市和现役军人的人口中,汉族人口为115940万人,占总人口的91.59%;各少数民族人口为10643万人,占总人口的8.41%。同1990年第四次全国人口普查相比,汉族人口增加了11692万人,增长了11.22%;各少数民族人口增加了1523万人,增长了16.70%。

调查人口的民族构成,可以反映一个国家或地区内各民族的人数及其所占比重。为了从不同的方面了解各民族的状况,还可以研究各民族的地区分布构成,各民族的文化教育构成,以及各民族的行业与职业构成、年龄构成、性别构成等等;从行业和职业构成调查,可以间接了解各民族的不同经济发展水平。

5. 人口职业构成

人口职业构成是从具体劳动分工方面反映人口构成。其目的在于了解人们在社会劳动分工中,从事各种具体劳动的人口数及其所抚养的人口数和比例,进而研究各有关职业人口数和比例,研究各有关职业人数的关系(如工人与技术人员的比例关系),有关职业人员数与有关人口数关系(如中、小学教师与学龄儿童、中、小学学生数的比例关系),也可以综合研究在参加经济活动人口数中的脑力劳动者人口数与体力劳动者人口数的关系,等等。职业直接关系到个人与家庭的经济条件、家庭环境、社会习惯、生理的习性、社交的接触等等。因此,人口职业构成是分析和研究经济和社会发展问题的重要依据。

职业分类标准是人口职业构成调查的基础,因而需要制定统一的职业分类目录。美、日和原苏联等国的职业分类目录大部分包括300种左右,我国目前统计年鉴中使用的在业人口职业分类是:各类专业技术人员,国家机关、党群组织、企事业单位负责人,办事人员和有关人员,商业工作人员,服务性工作人员,农、林、牧、渔劳动者,生产工作、运输工作和有关人员,不便分类的其他劳动者。关于职工的职业分类是:工人、学徒、工程技术人员、管理人员、服务人员、其他人员。当然,任何一个标准职业分类目录也是相对的。随着生产力的发展和社会分工的变化,一些新的职业出现了,一些过时的旧的职业消失了。例如,在飞机出现前,就没有航空驾驶员这一职业;当机动车辆代替人力车夫时,人力车夫这一职业也就消失了。

6. 人口经济构成

人口经济构成是反映人口在社会再生产过程中所处经济地位和劳动分工的标准。根据研究的目的可以有不同的划分:

①劳动人口与非劳动人口

这种划分中的劳动人口中包括参加经济活动人口和待业人口,脱离生产在校学习人口,从事家务劳动人口等,其中参加经济活动人口又可进一步按部门、职业划分研究部门构成、职业构成等等。

②生产人口与被抚养人口

这种划分近似联合国调查中经济活动人口和非经济活动人口的划分,经济活动人口相当于生产人口,也就是劳动力人口,包括就业和失业人口,不包括在校学生、家庭妇女、退休人员以及靠别人为生的人口。

③农业人口与非农业人口

这种划分的依据是劳动者从事劳动的性质。凡是从事农业生产的人员划为农业人员,不直接参加农业生产的人员划为非农业人员。对于经济不独立,即受抚养的人,则依其抚养人的工作性质,分别划归于农业人口或非农业人口。农业人口与非农业人口比例是反映国家工业化、农业现代化程度的一个重要标志,表明农业人口对非农业人员的负担情况。既是研究农业劳动力向非农产业转移的重要依据,又是分析研究这两类人口生产、消费情况的重要资料。随着我国社会主义现代化建设的进展,特别是农业劳动生产率的提高和农村中多部门经济的发展,有相当大的一部分农业人口将转变为从事工业、交通、商业、科学、文化、教育等劳动的非农业人口。但是,根据我国的国情,今后农业人口仍将占较大比重,不会像经济发达国家那样只占较小比重(如美国 1980 年只占 2.2%,日本占 11.5%,原苏联占 24.2%,原联邦德国 1979 年占 4.5%,法国占 9%)。

人口经济构成随着社会生产方式和经济发展的不同而变化。调查人口经济构成,可反映不同地区和不同时间各类经济地位的人口数、相互比例及在总人口中的比重,这对合理安排社会劳动力,促进国民经济发展有着重要的意义。

7. 人口城乡构成

人口城乡构成是指城镇人口(即市镇人口)、乡村人口(即农村人口)分别占人口总数的比重。它反映了人口中城镇人口和乡村人口的结构状况。由于我国城镇(市镇)和乡村社会主义所有制形式不同,在社会经济条件、文化教育以及生产和生活等方面也有许多差别。因此,调查人口的城乡构成对于分析研究城乡人口与经济发展的关系,对于区别城乡不同情况确定工农业生产计划、商业服务网络的分布和文化卫生设施等都是十分必要的。

调查城乡人口构成关键是确定城镇和乡村的划分标准。城乡划分标准除了根据社会经济条件和居民的生活方式外,还应考虑各方面的需要,包括国民经济宏观管理需要,各部门、各地区业务管理上的需要以及同国外对比的需要。具体划分是按照中共中央和国务院关于设置市、镇建制的有关规定。我国过去对城乡人口的划分有过不同的规定。1963 年以前,规定常住人口在 2000 人以上,非农业人口占 50% 以上者为城镇,不足此数的为乡村。1964 年起改为常住人口 3000 人以上,非农业人口占 70% 以上者为城镇,不足此数为乡村。1984 年又做了新的调整。按照规定,城镇人口就是指居住在经国家批准设置的城市、县镇范围内的人口。乡村人口就是指居住在上述范围以外的人口。由于我国设置市镇标准的变化,我国历年市镇人口资料不完全可比。

城镇人口和乡村人口,不同于农业人口和非农业人口。前者是按居住区域划分的,后者是按职业性质划分的。城镇人口中既包括非农业人口,也有农业人口。非农业人口大多住在市镇,但也有一部分住在农村,二者划分各有不同作用。

随着我国社会主义现代化建设的进展,城镇人口必然相应增加。但是,城镇人口特别是大城市人口增长过快,对住宅建设、城市交通及其他公用事业会造成很大的压力。根据我国的国情,在相当长时期内,人口的绝大部分仍将居住在乡村,城镇人口不可能像经济发达国家那样占绝大比重(如美国

1980年城市人口占73%,日本占78%,原联邦德国占85%,英国占91%,法国占78%,原苏联占65%)。

第五次人口普查资料显示:祖国大陆31个省、自治区、直辖市的人口中,居住在城镇的人口45594万人,占总人口的36.09%;居住在乡村的人口80739万人,占总人口的63.91%。同1990年第四次全国人口普查相比,城镇人口占总人口的比重上升了9.86个百分点。

城市人口在全国总人口中的比重与一国经济发展的水平有着密切的关系。随着社会经济的不断发展,城乡人口的比例也会相应地发生变化。城市人口比例的不断提高,标志着生产力的进步。因此,调查人口的城乡结构,对于决定人口分布政策,编制国民经济计划,改善城乡人民生活,缩小城乡差别都有着十分重要的意义。

第三节 人口出生与死亡调查

一、人口出生率

人口出生率是指在一定时期内(一般为一年)一个国家或地区出生人数与平均人口数之比,说明人口出生的相对水平。通常用千分率表示,以年为单位计算,在实际调查中我们通常采用以下公式:

$$人口出生率=\frac{一定时期(或年)出生人数}{该时期(或年)平均人口数}\times 1000‰$$

出生人数是指的是在一定时期内出生后有生命现象的活婴数,而不包括死产数。死产是指婴儿离开母体时已无生命现象。人口出生率是研究人口再生产,分析人口变动情况的基础数据。比较不同国家或地区、不同时期人口出生率可以研究他们之间人口出生情况的差异和变化趋势。人口出生率高低与人口性别年龄构成相关联,人口出生现象与总人口女性人口的多少,特别是女性人口中育龄妇女的多少直接相关联,所以分析人口出生率的高低要考虑育龄妇女人口比重,育龄妇女生育率等标准的影响。人口出生率的高低与社会经济发展水平也有密切关系。一般说,经济发展水平高,文化教育普及,妇女就业程度高的地区,计划生育政策落实得好,人口出生率低一些;反之,就会高一些。目前我国城乡在经济文化等方面都有较大差异,所以分别考察城乡人口出生率及变化,对分析出生率高低有十分重要的意义。

根据研究目的不同,就总人口中某一部分人的生育状况计算的出生率叫做特殊出生率,如不同职业人口的出生率,不同民族人口的出生率等。

二、人口死亡率

人口死亡率是指在一定时期内(通常为一年)一个国家或地区的死亡人数与年平均人口数之比,一般用千分率表示。在调查中我们通常采用以下公式:

$$人口死亡率=\frac{年内死亡人数}{年平均人口数}\times 1000‰$$

我们把不同地区或者不同时期的死亡率进行对比，就可以看出其间死亡情况的差异和变化。人口死亡率的高低从来不只是一个单纯的自然现象，其中社会的政治经济制度、科学技术水平和文化医疗卫生状况，都是影响死亡率的主要因素。为了分析和研究人口死亡率的变化，可以根据不同死亡特征分组计算死亡率，如按照死亡病因分组的人口死亡率；按城乡分组的人口死亡率；按年龄分组的人口死亡率；按社会影响因素分组的死亡率，如酗酒、吸毒、谋杀、自杀、事故、战争等分组的人口死亡率；按职业分组的人口死亡率等。这些人口死亡率，可统称为特殊死亡率，亦称差别死亡率，在实际调查中我们通常采用以下公式：

$$\text{某种特殊死亡率}=\frac{\text{某种人年内死亡人数}}{\text{该种人数平均人口数}}\times 1000‰$$

从社会经济角度看，计算不同年龄的死亡率同样有着十分重要的意义。不同年龄的死亡率对人口增长、经济发展、社会损失等的影响有巨大差别。婴儿死亡率对人口自然增长率有直接影响。入学前儿童死亡，家庭和国家已为这些儿童付出一定经济支出；20 多岁死亡，社会又为他受教育、学习技能付出一定代价，而他们尚未为国家做出贡献，社会损失最大；当已参加社会某种生产和活动不久的人死亡，只对国家做出少许贡献，但仍弥补不了社会损失；参加了社会生产一直到退休年龄而死亡，则为社会做出了最大的贡献，如此等等。总之，从社会经济角度分析不同年龄死亡率有重大意义。努力降低死亡率，不仅对人民健康、对人口再生产有直接的作用，而且对于国家减少在劳动力再生产方面的投资损失也有重要的直接意义。

三、人口自然增长率

人口自然增长率是反映一定时期内（通常为一年）一个国家或地区人口出生与死亡情况的标准，指某地区在一定时间内（通常为一年）人口自然增加数与平均总人口数之比。在实际调查中我们通常采用以下公式：

$$\text{人口自然增长率}=\frac{\text{年内出生人数}-\text{年内死亡人数}}{\text{年平均总人口数}}\times 1000‰$$
$$=\text{人口出生率}-\text{人口死亡率}$$

人口自然增长率是研究人口变动的重要标准。它与社会经济发展水平、文化教育和医疗卫生状况等有密切的联系，是进行人口管理和人口预测的重要依据。

建国以来，由于人民生活改善，人民健康水平提高，人口死亡率降低，在相当长的时期内人口出生没有实行计划控制，人口自然增长过快，这严重影响国家经济建设和人民生活水平的提高。因此，实行计划生育，适当控制人口自然增长，是一项重要的战略措施。党的十二次代表大会把实行计划生育，控制人口数量，提高人口素质，定为我们的人口政策。控制人口自然增长率的关键是控制人口出生率，而控制人口出生率的关键又在于控制农村人口出生率。

四、平均预期寿命

平均预期寿命简称为平均寿命。它反映了全部人口在一定社会经济条件下的寿命长短，是衡量一个国家或地区人民健康水平的一项重要标准。

平均预期寿命是说明一代人(或一批人)从出生到死亡平均可以存活的岁数。这一代人(或一批人)是指同年出生的一代人(或一批人)或同龄的一批人。对于新出生的婴儿来说,平均寿命是指某年出生的这一代婴儿平均预期可以生存的寿命,即平均可能存活的岁数。对于某年龄的一代人来说,平均寿命指这一批人平均预期还能存活的岁数。人口平均预期寿命是通过编制寿命表(或生命表)来计算的。计算方法是将某年龄以上累计生存人数除以该年龄尚存人数,即得平均预期寿命。平均预期寿命可以分性别来计算。现在各国都分别计算男性、女性和总人口三种平均寿命。一般说来,女性平均寿命高于男性。据调查,1981 年全世界人口的平均寿命为 60 岁,发达地区为 72 岁,发展中国家为 53 岁。我国 1989 年人口平均寿命男子为 69 岁,女子为 71 岁。

平均预期寿命摆脱了人口年龄结构的影响,能综合反映全体人口的死亡水平,对于人口分析和人口预测具有非常重要的作用。

第四节 人口金字塔和生命表

一、人口金字塔

人口金字塔,是人口学家根据人口按年龄组男女分别计算各占全体人口之百分比(或以人口实际数)而绘制的一种图形。该图是按男女左右分开排列,年龄有的按每岁年龄分列,有的按年龄组(通常是 5 岁一组)分列。从下往上排列年龄,依男女人数的多少或构成比例大小往左或往右画出相应的柱形图,一般图形下宽上窄,类似埃及金字塔的平面。所以在人口学中,把这种图形称为人口年龄性别金字塔。

人口金字塔可以反映出人口年龄、性别构成差异,以及出生率,死亡率、未来人口再生产变化趋势。由于同一国家不同时期的人口构成不同,各国人口构成也不同,所以,绘制出来的人口金字塔是各不相同的。但大体上可以划分为三类:

(1)扩张型。人口金字塔成尖形,塔顶尖塔底宽。这表明人口出生率和死亡率都较高,青少年人口比例较大,从而总人口有不断增长的趋势。许多发展中国家属于这种类型。

(2)收缩型。即塔底窄,而塔中部最宽,这说明近期内人口出生率有了迅速下降,青少年人口在总人口中的比例明显缩小,而成年人,尤其是中年人的比例扩大,从而总人口有减少的趋势。一些人口控制效果较明显的国家属于这种类型。

(3)静止型。即整个金字塔似柱子形状,塔底和塔中部几乎同样宽,塔尖不够明显。这说明人口出生率、死亡率都较低,各年龄组人口大致相等,人口的平均寿命也较长,从而人口增长速度较慢,但是人口老龄化较为严重,或是将来较为严重。发达国家大都属于这种类型。

随着人口出生率和死亡率的变化,以及战争、迁移等因素的影响,人口金字塔每年都会有一定程度的变化,尤其是塔底最低年龄人口或最低年龄组人口,变化较大。通过人口金字塔还可以看出,该国家或地区人口过去近百年来发展变化的历史,以及未来数十年内的增加或减少的变化趋势。

图 9—1—1 介绍了一个实际应用中所绘制的生命表:

图 9—1—1 1995 年尼日利亚、美国和西班牙人口的年龄结构模式

快速增长——尼日利亚

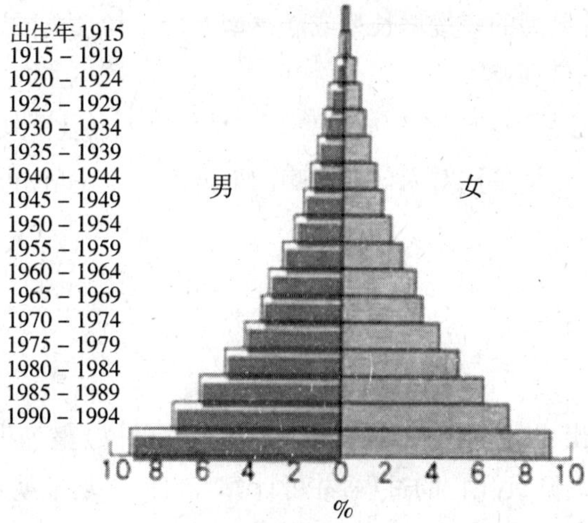

缓慢增长——美国

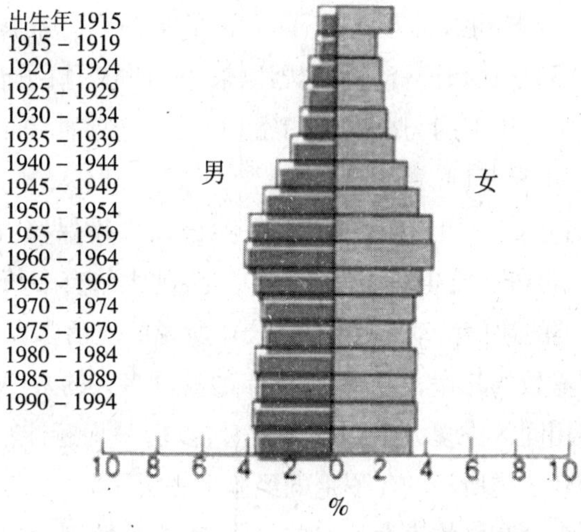

零或负增长——西班牙

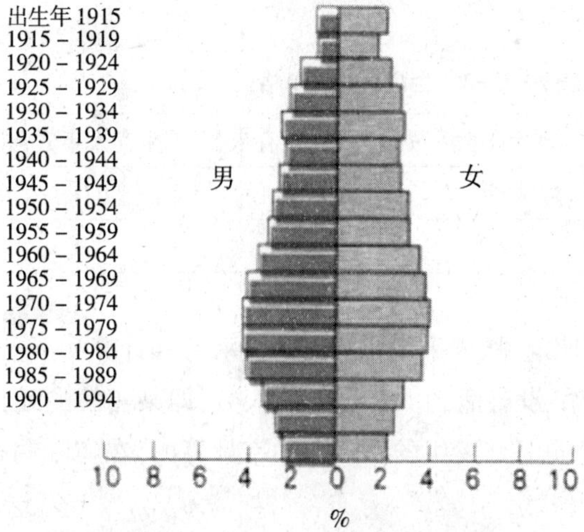

资料来源：U. S. Bureau of the Census and the United Nations Population Division

从图9—1—1可以看出,尼日利亚的人口年龄结构是快速增长型,每批出生的同批人都比它之前出生的那批人数量大,这大致勾勒出了金字塔的形状。这种底部庞大的年龄结构是出生率高的结果。西班牙各年龄组的人口大致相等,是典型的缓慢增长型或静止型人口结构。美国人口年龄结构表明,它的人口虽在增长,但速度远不及尼日利亚。

人口金字塔既能表明当前人口分性别的年龄构成,揭示人口出生、死亡及平均寿命等人口自然变动情况,又能反映历史上重大政治和经济事件对人口的影响。根据人口金字塔,可以预示人口发展的趋势。

二、生命表

生命表是用来观察和研究同时出生的一代人(通常以10万人为单位)整个生命过程的调查表。由于它能够反映一批人随年龄增长而陆续死亡的过程,并可计算人口的平均预期寿命,故又称为死亡表或寿命表。它是以一定数量的同年龄的人口开始,记录每年此定量人口中死亡的人数,每岁尚存的人数,及与此种人数有关的其他数字编制成的一种表。

由于生命表中各项标准不受人口年龄构成的影响,不同人群的生命表标准具有良好的可比性。编制生命表需要完整可靠的人口资料和死亡登记资料。建国以来,我国先后搞了五次人口普查,公安部门的户籍管理也日趋完善,加之近年卫生部门与公安部门密切配合,使死亡登记资料日益完整,这就为在全国范围内编制生命表建立了可靠基础。

生命表对于人寿保险公司极为有用。例如,有人到人寿保险公司去投保,公司会拿出一张保险单,问一问要求保险的人的年龄,还要再查一查生命表。就可以告诉他大约有多长寿命,能活多少岁。当然,这并非什么“算命”、“卜卦”之类的迷信活动,人寿保险公司所说的能活多少岁也不是一个绝对数。但是,每一个人将来大致能活的岁数的几率,却能根据同年龄的许多人的寿命调查中进行研究和推测,从而公司就可以找出与其年龄相同的许多人活到这年龄时,以后平均还能活多少岁。所以,生命表无非是将普通的调查方法,应用到人类所活的年岁上的经验上去罢了。

由于不同性别的人口,其年龄死亡率和平均寿命均有差异,故而应分性别编制。生命表的简单格式内容如表9—1—2。

表9—1—2 生命表的简单格式

年龄组	死亡概率	尚存人数	表上死亡人数	平均生存人数	生存人年数合计	平均预期寿命
X	q_x	l_x	d_x	L_x	T_x	e_x^o
1	2	3	4	5	6	7

生命表中各项标准的说明(为简明起见,未采用年龄区间表示。)和计算如下:

(1)死亡概率(q_x)指进入某一年龄没有活到下一年龄的人数,即某年龄的死亡人数和达到这个年龄全部人数的比率。死亡概率是依据各年龄组的实际死亡率计算的,在实际调查中我们通常采用以下公式:

$$q_x = 2mx/(2 + mx)$$

式中,mx 表示 x 年龄的实际死亡率。死亡概率是生命表中的最基本标准,是计算其他各项标准的依据。

(2)尚存人数(lx)指,进入年龄的人数。一般都是先0岁的尚存人数(即假定出生人数)为10万或1万,而后依次推算其他年龄的尚存人数,即:

$$l_{x+1} = l_x \times (1 - q_x)$$

(3)死亡人数(d_x),指活到 x 岁,没有活到($x+1$)岁就死亡的人数。它是由某年龄尚存人数乘上该年龄死亡概率求得,即:

$$d_x = l_x \times q_x$$

(4)平均生存人数(L_x),指某年龄组平均存活的人数。计算为:

$$L_x = (l_x + l_{x+1})/2$$

(5)生存人年数合计(T_x),指 x 年龄的人口今后尚能存活的总人年数,即从 x 年龄起直到全部死亡为止所活的人年数合计,即:

$$T_x = \sum_x^n L_x$$

(6)平均预期寿命(e_x^o),是用某年龄 x 岁以上生存人数年合计数 T_x 除以该年龄的尚存人数 l_x,在实际调查中我们通常采用以下公式:

$$e_x^o = T_x / l_x$$

生命表是研究人口再生产问题的重要工具。它能预期在现有的社会经济、科学技术、环境和卫生条件下人口的平均寿命;能为考察人口再生产状况,计算净人口再生产率和平均世代间隔,预测未来人口数及构成的变动,制定长期人口规划提供科学依据,并为规划劳动就业、社会福利、文化教育和医疗卫生事业等提供人口要素的重要资料。

第二章　文化与体育调查

随着社会主义物质文明的不断丰富,广大人民群众文化程度普遍提高,对社会主义精神文明的要求越来越高,文体与体育已经成为我国人民生活的重要组成部分,成为群众进行自我教育与健身的重要工具。

文化的调查范围主要包括艺术表演团体、艺术表演场所、公共图书馆、博物馆、文化馆、档案馆、文化站、广播、电影、电视、新闻出版以及文物等文化事业的机构、人员、经费和业务活动情况。体育的调查范围主要包括群众体育和竞技体育,主要内容有体育系统职工、运动员、教练员和裁判员等情况,体育场地数,竞技体育成绩,体育锻炼达标人数以及与国外体育交往次数和人数等情况。

第一节　文体活动条件调查

一、文体事业机构数调查

文体事业机构数量是指从事专门的文化工作,包括从事文学、艺术、电影、新闻、广播、电视、文物、出版、体育等工作的单位总数。它是对广大人民群众进行文体宣传教育和为群众文体服务的工作单位,同时也是发展文化体育事业必备的条件之一。单独核算的文体事业机构应当具备以下三个条件:(1)具有固定的业务活动场所;(2)具有固定的工作人员;(3)在经济上实行独立核算。

文体事业机构数调查的主要目的在于:反映文化体育事业的发展规模和水平、文化体育事业的分布状况及其增减变动趋势,以及对居民需要的适应程度等,并以此作为全面规划人民文化体育事业,制定有关政策的依据。

文体事业机构数调查根据不同的研究需要,可以从不同的角度进行分类。如果是按业务范围分类,大体可以分为:

1. 电影事业机构数

电影事业机构数:指电影制片厂和电影放映单位。电影制片厂主要是指从事影片生产的单位,而电影放映单位则是指具有全套合乎技术标准的放映设备、合格的放映技术人员和一定的放映对象,经文化部门登记批准,设在城市或乡村、厂矿、林区、牧区等地的电影院、影剧院、开放礼堂、俱乐部,以及流动放映的营业与非营业的电影放映单位数。

为了反映电影院剧场的利用程度和演出效果,我们可以利用上座率这一相对标准。在实际调查中我们通常采用以下公式:

$$影剧院上座率=\frac{顾客到来座席数}{影院实有座席数}\times 100\%$$

上座率高,不仅反映了影院或剧场的利用程度高,同时还说明影剧受到广大群众的喜爱,从而使座席得到充分利用,提高了影剧院的营业额,增加了影剧院的收入,反映了演出效果好。

2. 电视与广播事业机构数

电视、广播事业的发展,标志着一个国家或地区人民文化生活水平的提高。用来反映电视、广播事业的发展的标准,除了电视台、广播电台以及县、市有线广播站等的几个绝对数标准外,还可以用以下几个相对标准来反映:

(1)电视、广播人口覆盖率

电视、广播人口覆盖率是反映电视、广播事业发展的两个调查标准。电视人口覆盖率,是指该地区电视发射台、转播台、差转台覆盖面积内的人口数,以及通过电缆传送收看到电视节目的人口数,与该地区总人口数的比率,在调查中我们通常采用以下公式:

$$电视人口覆盖率=\frac{电视覆盖面积内人口}{总人口数}\times 100\%$$

式中,电视覆盖面积内人口,通常指收看电视图像清晰,声音清楚范围内的人口,包括直接收看和通过差转台转播收看的人口。

广播人口覆盖率,指该地区广播发射台覆盖面积内的人口与该地区总人口数的比率。在实际调查中我们通常采用以下公式:

$$广播人口覆盖率=\frac{广播覆盖面积内人口数}{总人口数}\times 100\%$$

通常用电视覆盖率反映电视事业的普及程度;用广播人口覆盖率反映广播事业的普及程度。

(2)农村电视、有线广播普及率

反映农村电视、有线广播事业发展的两个调查标准。

农村电视普及率,是指农村能收看电视的人口数与该地区农村人口总数的比率,在实际调查中我们通常采用以下公式:

$$农村电视普及率=\frac{农村能收看电视的人口数}{农村人口总数}\times 100\%$$

式中,分子是指农村安有电视机并在电视发射台、转播台、差转台覆盖面积内的人口数,通常采用抽样调查方式、进行估计与推算取得资料;分母为农村人口总数。二者对比,反映农村电视事业的普及程度。

农村有线广播普及率,是指农村安有有线广播喇叭的入户数与农村居民总户数的比率。在实际调查中我们通常采用以下公式

$$农村有线广播普及率=\frac{广播喇叭入户数}{农村居民总户数}\times 100\%$$

式中,分子是指在报告期内音质清晰,扬声器工作电压在5—15V的能有效收听的喇叭入户数。

通常用农村电视普及率反映农村电视事业普及程度;用农村有线广播普及率反映农村有线广播的普及程度。

3. 艺术事业机构数

艺术事业机构数,是指向群众进行宣传和服务的艺术工作单位数。主要包括艺术创作机构、艺术表演团体、艺术表演场所、艺术研究机构以及其他艺术机构等。

4. 出版事业机构数

出版事业机构数,是指从事出版工作的单位数。包括中央和地方各级出版社、书刊印刷厂、书店,以及与上述机构有关的供销单位数。它是宣传和提供社会主义科学文化知识的重要阵地。

5. 文物事业机构数

文物事业机构数,是指文物保护、管理等单位以及博物馆和纪念性博物馆等机构。

6. 图书馆数

指搜集、整理、珍藏和流通图书资料,以供读者进行学习和参考研究的文化机构数。图书馆的发展规模,通常以图书馆数目或藏书册数的多少来反映。图书馆的发展,体现着一个国家和地区对文体事业的重视程度、群众对图书馆的要求程度,以及二者之间的适应程度等。

7. 群众文化事业机构数

指人民群众开展文化活动的组织数目。具体包括:艺术馆、文化馆、文化站、幻灯制片厂以及其他文化组织机构等。各种群众性的文化机构聚集在一起,并经常开展各种文化活动,构成群众文化活动中心。它的建立,通常根据国民经济和社会发展计划,有计划、有组织地进行。

8. 体育组织机构数

体育组织机构可根据不同的研究目的进行多种分类:(1)按其性质的不同,分为专业体育组织机构数和业余体育组织机构数。在业余体育组织机构中,侧重观察青少年业余体育活动的开展情况,需要对青少年业余体育组织如少年体育活动中心、活动站等单独进行调查。(2)按其级别范围的不同,分为中央级、省级、地市级、县级及以下的体育组织机构数。

9. 从事文体事业的科学研究机构和教育机构等

从事文体事业的科学研究机构和教育机构也有不同的分类:(1)按经营对象分类,分为文体部门机构数,工矿及其他部门机构数,集体及个体机构数;(2)按性质和作用分类,分为生产性质机构数,管理性质机构数,服务性质机构数等。

文体事业的发展,应该和一个国家或地区人口的发展相适应,通常可以计算文体事业机构密度标准反映其相适应的程度。文体事业机构密度标准有正、逆两种,具体计算公式为:

$$\text{文体事业机构密度(正标准)} = \frac{\text{文体事业机构数}}{\text{人口总数}}$$

$$\text{文体事业机构密度(逆标准)} = \frac{\text{人口总数}}{\text{文体事业机构数}}$$

二、文体工作人员数调查

文体工作人员数是指从事文体工作的人员数目。这也是发展文体事业的必备条件。文体工作人员数,首先用某时点的总量来反映。在此基础上,可以进一步观察分类构成,常用的分类有:

(1)按经营对象分为文化部门所属人员,工矿及其他部门所属人员,集体和个体人员等。

(2)按性质和作用分为生产单位人员,管理单位人员,服务单位人员等。

(3)按从事业务的内容分为导演，演员，歌唱，器乐演奏人员，美术雕塑人员，作家，作曲家，诗人，图书管理人员，以及其他从事文体事业的人员等。

文体工作人员是开展文化活动的组织者与活动者。它除了随着文化机构的建立而配备外，还必须和一个国家或地区的人口发展相适应。为了观察其适应程度，有时也需要计算文体工作人员的密度标准。在实际调查中我们通常采用以下公式：

$$\text{文体工作人员密度标准}=\frac{\text{某地区（国家）文体工作人员数}}{\text{该地区（国家）人口总数}}$$

式中分母按 10 万人口数计算。说明该地区（国家）每 10 万人口中，拥有多少文体工作人员。具体分析时，还可以将分子按文体工作人员分类，以反映各类文体工作人员与该地区（国家）人口发展的适应程度。

三、文化体育活动场所数调查

文化体育活动场所数是指人民群众开展文体活动的地方总的数目，它是发展文体事业必须具备的又一个重要条件。文体体育活动场所的发展通常以文化活动中心数这一标准来衡量。

文化中心指城市内用于呈现文化艺术作品的建筑群。文化中心常常围绕着剧院或音乐厅修建，有剧场、艺术博物馆与公共图书馆等。在较小的城市或地区，文化中心可附属或归并入市中心。文化活动中心数，是指各种群众性的文化机构（如图书馆、游艺室、体育馆、电影厅、戏剧厅等）聚集在一起，并经常开展各种文化娱乐活动，在客观上视为群众文化娱乐场所，并有专门的组织领导机构，负责对文艺骨干进行培训的城市或地区的数目。在我国，文化活动中心的建立，通常根据国民经济和社会发展计划，有计划、有组织地进行。

第二节　文体活动状况调查

一、文体活动现状调查

居民开展的文化体育活动，可以按其业务可以分为以下几类：

1. 电影活动

电影活动是城乡居民享有的文体活动之一，可以用来反映城乡或地区电影活动的状况。其衡量的标准主要有以下几个：

(1)电影放映场次数

电影放映场次数，是指电影放映单位在一定时间内（通常以年为单位）放映电影的次数。包括电影放映单位电影有售票收入和无售票收入的放映场次数。对于有售票收入场次数的计算，通常以售票一次算一声次。凡连续放映一部长片，或符合短片专场规定者算一声次。放映长片如果分上、下两集则记为两场次，分一、二、三集，则算三场次。如果片身较长又未分上下集的影片，如在发行时由中影公司规定“按双声计价者”则按两场计算场次，此规定包括短片专场在内。“短片专场”是指放映影片为 35 毫米的短片，3 本以上的临时编组，放映时间在 30 分钟以上的场次。短片自行编组（5 本或 6

本以上)单独作为一场放映的影片,一律按一个短片专场计算场次数。对有售票收入的包场,按实际包场一次计算一场次。对于无售票收入的放映场次,如乡村(队)在广场上放映电影,通常按照实际放映场数计算次数。

(2)电影观众人次数

电影观众人次数是指实际放映场次的观众人数。调查时按每一名观众计算一人次数。如果本场有若干名观众,则算作若干人次数。凡连续观看电影的观众,观看若干场,计算若干人次数。有售票收入的影院,按每场售票张数计算人次数。包场演出则按营业额除以平均每人票价额计算观众人次数。无售票收入的放映单位,如乡村(队)在广场上放映电影,可以根据放映员采用目测方法调查人次数。有售票收入的乡村(队)放映单位,其观众人次数的计算方法与有收入的影院计算观众人次数的方法相同。

电影观众人次数的多少,不仅反映了电影活动的状态,同时也说明放映的影片,受到广大群众的喜爱程度,反映电影放映的实际效果。

(3)人均年观看电影次数

为了观察一年内居民观看电影次数的一般水平,作为研究人民文化生活水平,决定有关政策的参考,需要计算人均年观看电影次数标准。在实际调查中我们通常采用以下公式:

$$人均年观看电视次数 = \frac{全年电影观众人次数}{总人口数}$$

这一标准还可以按城乡或地区分组,若从动态上观察,可以反映城乡或地区人民文化生活的变化状况。

2. 电视与广播活动

电视节目可以从不同的角度观察其构成:

(1)电视节目内容构成。电视节目内容构成是指各类电视节目按其内容的不同而分为新闻、文艺、专题、教育、体育以及其他节目等的构成。它是以某类电视节目播放数占全部电视节目播放总数的比重来表示。在实际调查中我们通常采用以下公式:

$$某类电视节目播放内容构成 = \frac{一定时期某类电视节目播放数}{该时期全部电视节目播放数} \times 100\%$$

它说明一定时期某类电视节目播放数在该时期全部电视节目播放数中所占的比重。

(2)电视节目时间构成。电视节目时间构成是指中央和地方自办的各类电视节目如新闻、文艺、专题、教育、体育以及其他节目,在周(或日)播出的时间构成。它是各类节目周(或日)播出时间与报告期平均每周(或日)播出时间与报告期平均每周(或日)总播出时间的比率。在实际调查中我们通常采用以下公式:

$$某类电视节目播出时间构成 = \frac{该类电视节目周(或日)播出时间}{报告期平均每周(或日)总播出时间} \times 100\%$$

式中,报告期平均每周(或日)总播出时间,通常以 12 月第 3 周平均或 1 周内日均播放节目时间为标准。计算资料如下表的标准可以在各地区进行分类比较,以观察各地区该类电视节目播放时间是否恰当,作为指导宣传教育工作和经济管理工作的参考。

表 9—2—1　电视节目制作时间构成情况　单位:小时

项目	2001 年		2002 年		2003 年	
	绝对数	构成(%)	绝对数	构成(%)	绝对数	构成(%)
电视节目制作	989173	100.0	1072704	100.0	1185507	100.0
新　闻	235336	23.8	256883	23.9	280273	23.6
专　题	189903	19.2	206832	19.3	220767	18.6
教　育	27526	2.8	34842	3.2	38639	3.3
文　艺	191154	19.3	218955	20.4	228802	19.3
服务性	162061	16.4	137575	12.8	173677	14.7

资料来源:《中国统计年鉴(2004)》,中国统计出版社。

广播节目可以从不同的角度观察其构成:

(1)广播节目内容构成。各类广播节目按其内容的不同分为新闻、文艺、专题、教育、体育,以及其他节目。一定时期各类广播节目数占该时期全部广播节目数的比重,反映广播节目的内容构成。在实际调查中我们通常采用以下公式:

$$\text{广播节目内容构成}=\frac{\text{一定时期某类广播节目数}}{\text{该时期全部广播节目数}}\times 100\%$$

该标准说明,一定时期某类广播节目在该时期全部广播节目中所处的位置。

(2)广播节目时间构成。广播节目时间构成是反映各类广播节目日播音时间是否合理的工作质量标准。在实际调查中我们通常采用以下公式:

$$\text{某类广播节目时间构成}=\frac{\text{某类广播节目每日播音时间}}{\text{全部广播节目平均每日播音时间}}\times 100\%$$

式中,分母通常以 12 月份是平均播音时间为标准。计算资料如表 9—2—2。该标准可用于指导宣传教育工作及经济管理工作。

表 9—2—2　广播节目制作时间构成情况　单位:小时

项目	2001 年		2002 年		2003 年	
	绝对数	构成(%)	绝对数	构成(%)	绝对数	构成(%)
广播节目制作	3494303	100.0	3774001	100.0	4301505	100.0
新　闻	483631	13.8	531278	14.1	628090	14.6
专　题	861222	24.6	942190	25.0	1011694	23.5
教　育	199239	5.7	195932	5.2	223467	5.2
文　艺	1096440	31.4	1161402	30.8	1376816	32.0
服务性	517322	14.8	565432	15.0	627030	14.6

资料来源:《中国统计年鉴(2004)》,中国统计出版社。

3. 艺术活动

艺术活动是社会精神文明发展的重要标志,也是城乡居民文化活动开展情况的又一反映。其状况可从艺术单位和观众的角度进行如下考察:

(1)艺术表演团体数。艺术表演团体数指从事戏曲、音乐、舞蹈、杂技等各类艺术表演,有独立账户,实行单位核算的团体数目。它是艺术事业机构的一部分。包括专业艺术表演团体和综合性艺术表演团体,具体包括:①话剧团、儿童剧团、滑稽剧团。②歌剧团、舞剧团、歌舞团。③乐团、合唱团。④文工团、文宣队。⑤乌兰牧骑。⑥戏曲剧团。⑦曲艺团。⑧杂技团、马戏团。⑨木偶戏团。⑩皮影剧团等。

(2)艺术表演团体演出场次。艺术表演团体演出场次指各种艺术表演团体向观众演出的场次数。它是从艺术表演单位的角度来反映艺术活动状况和演出成果的。各种艺术表演团体每向观众演出一场,作为一场次。凡有售票收入或包场演出的,通常以售票或发票一次算一场次。计算场次的时间,一般习惯以大约演出2小时至3小时算一场次。如星期日开设早、午、晚三场,则按三场次计算演出场次数。凡无售票收入的表演团体,按实际演出场数计算场次数。

(3)艺术表演团体观众人次数。艺术表演团体观众人次数指各类艺术表演团体演出时的观众人数。但不包括彩排审查和内部观察演出时观看人次数。它是从观众角度反映艺术活动开展状况的绝对数标准。调查通常按有收入的艺术表演团体计算观众人次数。其计算方法是以每进场一人算作一人次。进场时间不论早晚,或进场后是否中途退场,均按一人次计算。观众人次数的多少,反映了观众观看艺术表演的规模。从一定程度上看,反映了人民群众对艺术作品及演员表演技巧的喜爱程度。调查还计算人均年观看艺术表演的次数,表明一年内平均每人观看艺术表演的次数是反映艺术活动开展状况的相对标准。在实际调查中我们通常采用以下公式:

$$人均年观看艺术表演的次数=\frac{全年观看各种艺术表演的人次数}{总人口数}$$

4. 群众文化活动

通过举办各种展览会、报告会、讲座以及举办各种训练班等活动来反映。其主要调查标准有以下三项:(1)举办展览会的次数;(2)举办各种讲座、报告会的次数;(3)训练班结业的人数。

5. 图书馆活动

图书馆活动开展情况的反映主要体现在以下两个主要标准:

(1)图书借阅人次数,是以每一读者进入阅览室一次,以及在阅览室(馆)办理一次借书手续的即作为一人次统计。续借或者重借时,则要重新计算人次数。例如:一个读者上午到馆(或到阅览室)借阅图书一次,就应算作一人次统计。下午再到图书馆借阅时,则应另行计算人数。

(2)图书借阅册数,是按每一读者到阅览室(或馆)办理了借阅手续实际借阅图书的册数来统计。

图书借阅人次数与借阅册数主要依靠图书管理人员对图书借阅人次数和册数逐日、逐项汇总,累计计算而成。它反映了图书馆藏书的利用程度,以及图书馆工作的成果。

图书借阅人次数和借阅册数的多少,与图书馆的规模大小直接相关联。通常为准确地反映图书馆藏书的利用程度,还进一步计算人均年图书借阅人次数和借阅册数标准,在实际调查中我们通常采用以下公式:

$$人均年借阅人次数=\frac{全年借阅图书的人次数}{总人口数}$$

$$人均年借阅册数=\frac{全年借阅图书册数}{总人口数}$$

这两个标准可以消除图书馆规模大小不同对图书借阅人次数与册数的影响。

6. 博物馆活动

通过举办陈列馆、展览会以及参观人次数来反映。主要调查标准有两项：(1)陈列馆、展览会的个数或举办次数；(2)人均年参观次数。人均年参观次数通常用全年参观人次数与地区总人数对比来反映。

7. 体育活动

体育活动主要通过体育运动队数这一标准来反映。

体育运动队数指报告期内参加各类体育活动的队伍的实有数目。具体包括参加田径、体操、球类、棋类、游泳、武术、登山、射击、滑冰、滑雪、举重、摔跤、击剑、自行车、航空模型、航海模型以及摩托车等项运动的队伍的实有数。在此基础上，可按技术等级分类，以观察各类体育运动队伍的素质。

8. 其他活动

群众文化活动的开展，还可以通过其他活动来反映：

(1)公园游客人次数

它是指某地区全部公园(包括动物园)游客人次，它是按游客人数计算的。包括收费的和不收费的(指节日的)游人数。不收费的游人数，可以通过抽样调查或重点调查方式取得。收费的游人数，按第一道门收费的游人数，不包括园内展区重复收费的游人数。

(2)游乐场数和日均顾客人次数

有较好的绿化环境和艺术布局，并具有多功能现代化游乐设施的游乐园，是居民特别是幼儿文化娱乐设施的重要组成部分，其数量的多少，必须与该地区的人口发展相适应。

游乐场顾客人次数，通常是按第一道门收票的游人量计算，不包括场内各种游乐设施重复收费的顾客人次数。

(3)旅游人次数

旅游是一种经济性很强的文化事业。从世界范围来看，旅游业已成为许多国家和地区的重要经济支柱。旅游业的发展，还使旅游消费进入居民的文化生活，改变着居民消费支出的结构。据调查，在经济发达的国家中，职工的旅游消费支出(包括周末度假)，已占日常生活费支出的一半左右。旅游业的发展，其主要标志之一是旅游人次数不断增加。

二、文体活动变动调查

1. 不同时间的比较

即用来反映不同时间文体事业的变化和发展状况。现以2002年和2003年我国文化事业发展情况为例进行对比分析，资料如表9—2—3所示：

表9—2—3　我国近年文化事业发展情况　　单位：个

项目	2002年	2003年	增长速度	
			个数	百分比(%)
艺术表演团体	2587	2618	31	1.20
艺术表演场所	1829	1912	83	4.54
文化馆	2854	2846	-8	-0.28
公共图书馆	2697	2709	12	0.44
博物馆	1511	1515	4	0.26

项目	2002年	2003年	增长速度	
			个数	百分比(%)
广播电台(座)	306	277	-29	-9.48
电视台(座)	368	317	-51	-13.86

表中数据表明,随着人民生活水平向小康生活的迈进,广大群众已经不再仅仅局限于对广播电视等传统娱乐活动的关注,全国广播与电视台数都有明显的下降趋势。相反,人们对欣赏艺术能力相对要求较高的一些活动,例如艺术表演等的需求有了较大的提高。而对文化馆、公共图书馆和博物馆的需求相对稳定。

2. 不同空间的比较

将各类文体事业机构数按地区分组,以观察各地区各类机构的发展与配置情况,研究文化事业的地区合理分布。表9—2—4反映了我国2003年全国及华北地区文化事业机构状况。

表9—2—4 2003年全国及华北地区文化事业机构分布状况

地　区	艺术表演团体	艺术表演场所	文化馆	公共图书馆	博物馆
全国总计	2618	1912	2846	2709	1515
其中:华北地区	439	232	424	433	203
北　京	20	24	19	25	28
天　津	15	32	18	31	17
河　北	133	98	165	147	44
山　西	158	48	119	122	86
内蒙古	113	30	103	108	28

资料来源:《中国统计年鉴(2004)》,中国统计出版社。

3. 结构比较

将各类文体事业机构数按地区分组,并用各地区文化事业机构数与全国数对比,以反映各地区机构在全国所处的位置。现用表9—2—5来加以说明:

从六大经济区划的分组资料看出,华北、华东以及中南地区文化事业机构数明显高于其他地区,一方面反映在这些地区人民群众文化活动事业发展的状况,另一方面也反映出文化活动事业发展是与地区经济发展水平直接相关的。

表9—2—5 2003年各经济区划文化事业机构数占全国的比重

单位:%

地　区	艺术表演团体	艺术表演场所	文化馆	公共图书馆	博物馆
全国地区	100	100	100	100	100
华北地区	16.8	12.1	14.9	16.0	13.4
东北地区	8.6	8.7	10.2	10.6	6.7
华东地区	25.0	36.6	22.8	23.2	30.2
中南地区	25.7	22.8	23.2	22.1	29.6

地　区	艺术表演团体	艺术表演场所	文化馆	公共图书馆	博物馆
西南地区	11.3	9.9	16.7	15.4	7.2
西北地区	11.7	9.5	12.2	12.8	12.6
其他地区	1.0	0.3	0.0	0.0	0.3

资料来源:《中国统计年鉴(2004)》,中国统计出版社。

第三节　书刊出版情况调查

一、图书出版调查

1. 图书出版的“种数”

图书出版种数、印数、印张数和印刷字数等,是从出版部门角度反映图书出版活动的成果,是衡量一个国家文化水平的重要方面。

图书出版“种数”,包括再版和新版的图书“种数”。图书“种数”一般按一个书名和一个定价单位出版发行的算为一种。对同一书分为若干册(卷)出版,并按每册(卷)分别定价出售的,可按每一册(卷)作为一种计算。图书“种数”通常以年度为界计算。各种图书在同一年内无论印刷多少次,只在第一次印刷时计算种数。

各种图书按其内容的不同分为三类:(1)书籍。包括哲学、社会科学、文化教育、文学艺术、自然科学技术、少年儿童读物等。(2)课本。包括大专课本、中专课本、中学课本、小学课本、业余教育课本、扫盲课本以及教学用书等。(3)图片。包括自然科学技术图片以及其他图片等。

2. 图书出版“印数”

图书出版“印数”,是指印刷图书的册数。

3. 图书出版“印张数”

图书出版的“印张数”,是指印刷图书时每本图书用纸的数量,作为出版部门核定用纸数量的依据。纸张的计算单位是用令,每500张。每张纸印刷一面就是一个印张。1000个印张等于一令。一般书籍通常采用787×1092毫米或850×1168毫米的32开本,每印刷32页即为一张。印张数通常载于书内的版权页下面。

4. 图书印刷字数

图书印刷字数是根据图书印刷页数乘每页行数乘每行里字数之积来计算。每页字数的计算以小32开本为例,每页印刷字数为28×27=756或28×26=728;大32开本每页印刷数字为28×28=784或28×29=812。

以上计算式,为图书印刷字数的理论公式,在实践中由于每页字数不一定满行,每行字数不一定满字,因此,通常从理论印刷字数中大约扣除10%~15%的空白行或每行的空白字数,作为图书实际的印刷字数。图书实际印刷字数,可以作为向作者支付稿酬的依据。

5. 图书销售册数

图书销售册数是指在一定时期各类图书销售册数的总和,它是从流通领域反映图书销售的总量标准,反映一定时期图书销售数量的总规模和总水平,是研究居民对图书的需求数量,研究图书供求关系以及对图书的生产与销售之间的比例关系进行产销平衡的重要依据。图书销售册数与图书出版“印数”不同,前者是指销售量,后者是指发行量。二者之间的关系是:当本期图书发行数量在本期全部销售完毕时,二者的数值相等。若本期图书发行的数量大于本期图书的销售数量,其差额是本期待销售的图书册数。

调查图书销售册数,按其内容可以进行分类调查。以书籍为例,主要分为哲学、社会科学、文化教育、文学艺术、自然科学技术、少年儿童读物等。用各类图书销售册数占图书销售总册数的比重,可以反映居民对各类图书的需求,以及各类图书销售构成的状况。

二、杂志出版调查

杂志可以从以下几个标准来考察:

1. 杂志出版“种数”

杂志出版“种数”,通常以一份杂志的名称和一个定价单位出版发行的算为一种。但同名杂志采用两种或多种文字出版时,则按两种或多种杂志进行计算“种数”。

2. 杂志出版的“印数”

杂志出版的“印张数”,是经新闻出版管理部门核准登记,并定期出版的杂志用纸的数量。其计算方法与图书同。

3. 杂志出版“印张数”

杂志出版“印张数”,是经新闻出版管理部门核准登记,并定期出版的杂志用纸的数量。其计算方法与图书同。

4. 杂志印刷字数

可分为理论印刷字数和实际印刷字数。理论印刷字数,是根据杂志印刷页数乘每页印刷字数之积来计算。在此基础上,再扣除每页平均空行数和每行平均空字数,则为杂志实际印刷字数。其具体计算方法与图书同。

三、报纸出版调查

报纸可以从以下几个标准来考察:

1. 报纸出版“种数”

报纸是刊登新闻以及国内、国际政治、经济、文化、科技和体育运动等消息报道和其他日常消息的定期出版物。报纸出版“种数”,是指印刷报纸的种类数量。

2. 报纸出版的“印数”

报纸出版的“印数”,是指印刷报纸的份数。

3. 报纸出版“印张数”

报纸出版“印张数”,是指定期出版的各种报纸用纸的数量,其计算方法与图书同。

4. 报纸销售数

通常按照各种报纸实际发行的份数进行调查。

第四节　文体事业成就调查

一、文体事业队伍培养调查

重视文体人才的培养，坚持对学生进行爱国主义、集体主义、共产主义的思想教育，培养德智体全面发展的合格人才，是文体事业的重要任务。

文体队伍的培养，包括对各级各类文体专业队伍和业余队伍人才的培养。反映专业人才培养状况的调查标准主要有：各级各类文体学校拥有数、在校学生数和毕业生人数。通常分中央和地方进行分组观察，以反映各级各类学生的规模。

反映群众体育活动开展的常用调查标准是达到《国家体育锻炼标准》的人数。达到《国家体育锻炼标准》人数，是指各级各类学校、工矿企业、机关团体等企、事业单位经过考核达到《国家体育锻炼标准》的全部人数。分为及格级、良好级、优秀级三级，每一级又分为儿童组、少年乙组、少年甲组和成年组四个组。锻炼与测验项目分为短跑、长跑、投掷、跳跃、力量等五项内容。参加锻炼的人员，首先根据年龄确定其参加锻炼的组别，然后再从每类项目中各选一项内容进行测验，根据统一的评分标准，凡是测验成绩总分达到250分及以上者算作达到《国家体育锻炼标准》，但每类成绩不得低于45分。各级各类学校“达标”人数的多少，可以反映学校中群众性体育活动的开展状况。

二、文体活动成就调查

1. 文化事业成就调查

文艺新成果，一般指某时期内产出的各类文学艺术新的创作项目，通常按照各类文艺项目质的规定性，分类调查创作内容的项数。它反映着文化艺术活动的新成就，标志着文艺事业的发展水平，也说明社会文化事业活跃的程度。在社会现实中，常用下列具体标准予以说明：

(1)电影制片数。指一定时期内电影制片厂摄制和译制的各种影片数目。包括故事片、美术片、科学教育片、纪录片、新闻片和译制片等。一定时期摄制和译制影片数量的多少，质量的高低，标志着一个国家或地区电影事业发展的水平，也反映电影事业所取得的成就。

(2)摄制电视剧数。电视剧是适应电视广播要求而产生的一种戏剧艺术形式，它不受场景和舞台的限制，是融合了舞台和电影艺术的许多表现方法而形成的一种艺术形式。

摄制电视剧数，不仅要从数量上观察，还应反映电视剧质量。各类电视剧以它的思想性和艺术性为标准，按其得分多少分为好的、较好的、一般的、较差的。各类电视剧数与摄制电视剧总数对比，反映电视剧摄制质量。在实际调查中我们通常采用以下公式：

$$\text{电视剧摄制质量}=\frac{\text{各类电视剧摄制数}}{\text{电视剧摄制总数}}\times 100\%$$

(3)新编音乐节目数。是指在谱曲或作词上具有新的创作内容的音乐节目数。它反映了一定时期音乐节目在创新上取得的成就。从其内容来看，不论是历史题材还是现代题材，也不论题材大小，凡是具有上述谱曲或作词二者之一的，均可算作新编音乐节目数。不包括对原有内容的改编和移植数。

(4)文学作品创作数。是指各类文学创作品数,反映一定时期文学作品的状况和取得的成就。各类文学作品包括小说(分为长篇、中篇、短篇小说),剧本(分喜剧、悲剧)、散文、诗歌(分抒情诗、挽歌),报告文学、民间文学、少数民族文学、儿童文学等。凡具有新的题材,新的文体,新的思想,新的内容和新的形式的作品数,都可以统计为文学作品创作数。但它不包括对原有作品的改编和移植等作品。

2. 体育事业成就调查

开展体育锻炼和参加体育竞技等体育活动所取得成果的调查。其主要标准包括:

(1)达到《国家体育锻炼标准》人数。其中,达到《国家体育锻炼标准》人数,是反映国内群众性体育活动成就的调查标准,通称"达标"人数。指国家根据人体素质特点,选择若干体育运动项目,按性别、年龄制定不同标准和要求的体育制度。

(2)打破和超过全国纪录的运动员人数。如表9—2—6是我国运动员在2003年创下全国纪录情况:

表9—2—6 运动员分项创全国纪录情况(2003年)

单位:项、人、队、次

项目	项数		人数		队数		次数	
	总数	女子	总数	女子	总数	女子	总数	女子
总计	39	25	22	10	10	6	39	19
田径	5	3	5	3			5	3
游泳	10	10	5	2	2	1	10	4
举重	4	1	3	1			4	1
射箭	15	10	6	4	6	4	15	10
射击	1				1		1	
自行车	1		1				1	
短道速滑	1	1			1	1	1	1
室内田径	2		2				2	

注:人数栏中是个人单项创全国纪录的运动员人数,队数栏中是集体项目创全国纪录的队数,队中人数未计算在人数中。

资料来源:《中国统计年鉴(2004)》,中国统计出版社。

(3)打破和超过世界纪录的运动员人数。如2003年我国运动员创作的世界纪录情况如表9—2—7所示:

表9—2—7 我国运动员创世界纪录情况(2003)

单位:项、人/队、次

年份	项数		人、队数		次数	
	总数	女子	总数	女子	总数	女子
2001	10	10	8/2	8/2	12	12
2002	29	25	17/5	14/4	33	29
2003	13	12	8/1	7	16	15

资料来源:《中国统计年鉴(2004)》,中国统计出版社。

(4)国际体育竞赛获奖数。是反映国际参赛成就的标准,通常由参加世界上大洲以上的国际体育竞赛活动,所获得的金牌、银牌、铜牌、奖状数来反映。如2003年我国运动员获世界冠军情况如表9—2—8所示:

表9—2—8　我国运动员获世界冠军情况　单位:项、个、人

年份	项数		人数		个数	
	总数	女子	总数	女子	总数	女子
2001	79	46.5	138	77	90	54.5
2002	99	58	123	81	110	64
2003	17	15.5	94	62.5	86	49

注:男女混合运动项目,女子按半项和半个计算。

第五节　文体事业经费调查

一、文体事业经费来源调查

用于各种文化事业的资金,统称文化事业经费。发展文化事业,除应具备一定的人力、物力条件外,还需要拥有一定的资金。

文化事业经费调查资料,来源于财务会计报表。

文化经费来源主要有国家预算内资金,国家经费补贴,自有资金,以及其他资金等。

1. 国家预算内资金是文化经费来源的主要组成部分,具体有:(1)文化事业费。包括电视与广播、艺术、图书、群众文化以及其他文化经费等。(2)出版事业费。包括出版经费以及其他经费等。(3)文物事业费。包括博物馆、纪念馆经费,文物事业机构经费,文物保护费,以及其他文物事业费等。

这部分文化经费,是国家集中使用的一部分国民收入。它在国民收入使用额中所占的比重,可用以说明一定时期文化事业的发展状况。在实际调查中我们通常采用以下公式:

文化事业经费占国民收入的比重 = 文化事业经费预算内资金/国民收入使用额 ×100%

2. 国家经费补贴是文化经费的补充来源,它是各级文化部门、各级财政部门以及其他国家机关给各文化单位(如艺术表演团体、图书馆、群众文化站等)的补充经费,此项经费也属于国家预算内资金。

3. 自有资金是指文化企业自筹的资金,它也是文化企业建设经费的来源。

4. 其他即通过别的渠道获得的资金,比如援助、募捐、经营开发获得的资金等。

二、文体事业经费支出调查

文化事业经费支出是国家财政支出的一部分,包括国家预算内支出与预算外支出。文化事业预算内支出,通常要列出三个主要项目,即:

(1)全年预算数。指全年经费预算支出,它相当于经费开支的计划数。

(2)银行支出数。指年终与开户银行签订的自银行拨入款项数。

(3)实际费用支出数。指当年实际支出的决算数。按其用途不同分为业务费用支出与非业务费用支出两类。业务费用是指直接用于开展业务活动的各项费用。如排练制作费、演出费等。非业务费用如工资、行政事务费等,其费用支出较业务费用稳定,与业务活动的开展没有直接关系。

三个项目之间的关系是:根据预算数额的多少和本单位经费支出情况,由开户银行与本单位签订拨入款项数,计入本单位户头的银行支出数中,而本单位根据银行户头所列款项支付各项经费。

三、文体事业基本建设投资项目完成情况调查

发展文化、体育事业,需要对基本建设项目进行投资。为了反映和了解基本建设项目投资完成情况,作为提供计划与决策的依据,就需要对文体事业基本建设项目投资完成情况进行调查分析。

文化事业基本建设投资项目,按其业务性质的不同可以分为两类:第一,文化事业基本建设投资,包括电影、电视与广播、艺术、出版、文物、群众文化事业以及公共图书馆等投资。第二,体育事业基本建设投资,包括对体育场、体育馆以及其他体育场地和单位建设投资等。

检查基本建设投资项目完成的情况主要标准有:

1. 报告期全部建成交付使用的建设项目个数。具体包括:

(1)新建项目。指获得有关部门批准的、从无到有的建设项目。

(2)扩建和改建项目。指在原有基础上改建或扩大规模的建设工程项目。

(3)恢复项目。指倒塌或危房拆除后,重新恢复的建设工程项目。

交付使用的建设项目越多,反映建设项目的成果越大。它和报告期投资完成额对比,计算出的建设项目交付使用率标准,可反映基本建设投资效益。在实际调查中我们通常采用以下公式:

$$\text{建设项目交付使用率}=\frac{\text{报告期交付使用的建设项目价值}}{\text{报告期基本建设投资完成额}}\times 100\%$$

2. 报告期基本建设计划投资额。从资金来源看,包括以下内容:

(1)国家投资。指国家计划下达的基本建设投资额,它是国家对文化体育事业基本建设的专项拨款。

(2)自筹资金。指地方财政部门、文化体育行政部门和文化体育事业单位自身筹集的资金,经计划部门批准用于基本建设的投资。

(3)银行贷款。指通过银行信贷系统得到的计划贷款。

3. 报告期实际完成投资额。报告期实际完成投资额是指报告期完成的建筑安装工程量折合的投资额。利用报告期实际完成投资额与报告期基本建设计划投资额对比,可以检查基本建设投资计划的完成情况。

第三章　教育调查

十年树木，百年树人。教育作为培养建设有中国特色社会主义人才的最重要，最直接的手段，其发展的速度和质量已成为关系到振兴中华民族的一项重要工程。近几年来，我国的教育事业蒸蒸日上，无论是义务教育、高等教育，还是成人教育等各个方面都取得了令人振奋的成就。因此，对教育情况进行调查无疑就成为社会调查的一项重要组成部分。

第一节　教育机构总数与结构调查

一、教育机构总数调查

教育机构是指从事各种教育的机构总称。教育机构是发展教育事业必备的物质条件和基础。对于教育机构总数的调查，我们通常从以下几个方面着手：

1. 儿童早期教育机构

儿童早期教育机构通常指招收3岁至6岁（或7岁）的幼儿的教育机构，例如托儿所、幼儿园等等。托儿所以保育为主，通常收3岁以下的婴幼儿；幼儿园实行保教结合。所以在调查实践中，可以用两种调查口径来进行：广义口径主要包括托儿所和幼儿园的全部数目；而狭义口径则仅仅指幼儿园的数目。

2. 普通初等教育机构

普通初等教育机构是对适龄儿童实施全面的基础教育的机构，比如全日制、半日制和巡回制等形式的普通小学。普通初等教育机构对儿童身心的全面发展和提高有着非常重要的意义。因此，我国早已将初等教育列为普及教育，办好初等教育是全国各个地区，特别是县、乡两级教育工作的重点。

3. 普通中等教育机构

普通中等教育机构是对学生实施全面、普通的文化知识教育的机构，例如六年制初、高中分段和五年一贯制的普通中学。在整个教育体系中，普通中等教育机构处于承上启下的地位。其教育质量的好坏直接关系到我国青少年的身心发展，影响到高等教育和劳动力的质量，同时也涉及祖国的未来和全民族的科学文化水平。因此，我国亦将中等教育列为普及教育范围，并为提高中学阶段基础教育的质量进行积极的改革。

4. 普通中等专业教育机构

普通中等专业教育机构对学生进行中等专业或职业技术教育的机构，如培养各种中级专业技术人才的各类学校。普通中等专业教育机构担负着为社会培养中等专业技术人才和熟练劳动者的重任。发展职业技术教育，提高劳动者的素质，提高社会经济效益，已经成为一种世界性的趋势。

5. 普通高等教育机构

普通高等教育机构是对学生实施中等教育阶段以上的专门教育的机构，包括专科、本科和研究生阶段的教育，如从事高等教育的大学、专门学院和专科学校。高等教育的质量好坏，反映和影响着一个国家经济和文化科学技术的发展水平。我国高等教育在注意数量发展的同时，还进一步致力于提高质量的改革，使我国所培养的人才，在科学知识、职业素养、创造能力等方面，均能达到国际先进水平。

6. 成人教育机构

成人教育机构通过业余、脱产或半脱产学习的途径，使成人能够弥补所缺乏的基础知识，或者接受初、中等文化教育或职业技术教育、进行知识更新和提高教育，以及按需要、能力和兴趣接受某种知识教育。具体包括从扫盲、初等教育、中等教育到高等教育的一整套成人教育机构。

7. 其他教育机构

其他教育机构主要包括社会上的一些工读学校和盲聋哑学校。工读学校是对某些有轻微违法犯罪行为的中学生，进行挽救教育和改造的学校。盲聋哑学校则是对盲聋哑青年，进行初、中等教育的学校。

二、教育机构结构调查

1. 地区结构调查

进行教育机构的地区结构研究，其目的是为了反映各级、各类学校的地区分布所达到的状态，从而观察一个国家各个地区教育事业发展的阶段和水平，研究全国和地区教育事业发展的均衡性，在此基础上对当前的教育结构进行调整使其达到合理的布局。

表9—3—1是我国2003年高等教育机构的分布状况。从表中可以看出，尽管近年来我国的高等教育事业有了突飞猛进的发展，但重点仍在华北、华东、中南以及东北地区，相对来西南和西北地区的高校数量比重则相对较小。

表9—3—1 2003年我国各地区普通高等学校数

华北地区	数量	265	北京	73	4.7
			天津	37	2.4
			河北	83	5.3
	百分比(%)	17.1	山西	45	2.9
			内蒙古	27	1.7
东北地区	数量	164	辽宁	70	4.5
			吉林	40	2.6
	百分比(%)	10.6	黑龙江	54	3.5
华东地区			上海	56	3.6
	数量	465	江苏	94	6.1
			浙江	64	4.1
			安徽	73	4.7
	百分比(%)	30.0	福建	39	2.5
			江西	54	3.5
			山东	85	5.5
中南地区	数量	352	河南	71	4.6
			湖北	75	4.8
			湖南	73	4.7
	百分比(%)	22.7	广东	77	5.0
			广西	45	2.9
			海南	11	0.7
西南地区	数量	168	重庆	34	2.2
			四川	62	4.0
			贵州	34	2.2
	百分比(%)	10.8	云南	34	2.2
			西藏	4	0.3
西北地区			陕西	57	3.7
	数量	138	甘肃	31	2.0
			青海	12	0.8
			宁夏	12	0.8
	百分比(%)	8.9	新疆	26	1.7

资料来源：《中国统计年鉴2004》，中国统计出版社。

2. 城乡结构调查

教育机构的城乡结构研究的目的是为了观察教育机构在城乡的分布状况，研究如何促进城乡办学的均衡和合理，逐步缩小城乡差别和脑力劳动及体力劳动之间的差别，提高全国各阶层人民的科学文化水平。

表9—3—2是我国2003年全国城乡普通中学的分布状况：

表9—3—2 2003年全国城乡普通中学分布表

地区	普通初中	比例(%)	普通高中	比例(%)
全国	63711	100	15779	100
城市	8989	14.1	6300	39.9
县镇	17471	27.4	7191	45.6
农村	37251	58.5	2288	14.5

资料来源:《中国统计年鉴2004》,中国统计出版社。

3. 专业类型结构调查

教育机构的专业类型结构研究的目的，在于揭示进行各级阶段性教育的学校，其专业类型结构的状况如何。不同专业类型学校的设置，要同国民经济有计划、按比例的发展规律相适应。因此，专业类型结构研究，对促进教育内部结构的合理化，调整结构挖掘潜力，为国家提供更多的急需人才，具有重要意义。

目前，我国的教育机构的专业类型较多，以普通高等院校为例其专业类型主要包括理工类、农业类、林业类、医药类、师范类、语言类、财经类、政法类、体育类、艺术类、民族类和职业技术类等等。现用表9—3—3举例说明：

表9—3—3 我国近几年来各专业类型高校结构表

单位:%

年份	总计	综合	理工	农业	林业	医药	师范	语言	财经	政法	体育	艺术	民族院校	职业技术学院
1997	100	7.3	27.3	4.9	1.0	12.0	22.7	1.5	7.5	2.5	1.4	2.9	9.1	
1999	100	6.9	25.0	4.4	0.7	11.0	21.2	1.4	6.9	2.3	1.3	2.7	1.1	15.0
2001	100	7.4	18.9	3.4	0.5	7.8	17.1	1.2	5.3	2.3	1.1	2.4	1.0	31.5
2003	100	7.8	14.4	2.4	0.4	6.3	12.1	1.0	4.1	2.1	1.0	1.9	0.8	45.8

资料来源:《中国统计年鉴1998》、《中国统计年鉴2000》、《中国统计年鉴2002》、《中国统计年鉴2004》,中国统计出版社。

4. 办学形式的结构调查

为了适应我国经济体制改革对各种类型人才的需要，近年来，对多种形式的办学日益加强，针对科技的高度分化与高度综合的特点，采取多层次、多规格、多种形式发展教育，已成为世界各国教育发展的共同趋势。采用多种办学形式，多出人才、快出人才、出好人才，诚属国家与地区经济建设的需要。因此，进行办学形式的结构研究，揭示各级、各类教育办学形式的状态，分析各种办学形式对培养人才的贡献，合理调整各种办学形式的结构，检查有关教育方针的贯彻情况，则具有重要意义。

据调查,2002年,全国中等职业学校招生469.43万人,在校生1196.52万人,招生数比上年增加71.8万人,增幅18.57%。全国有28个省(自治区、直辖市)招生出现增长。独立设置的高等职业技术学院招生76.3万人,在校生161万人,招生数和在校生数分别占高职高专(包括成人高校)的25%和21%。2002年职业教育与成人教育质量和效益进一步提高。中等职业学校校均规模达到733.43人,比上年增加78人;已建成省级以上骨干示范职业学校3000多所,2000人以上规模的职业学校达2000多所,骨干示范学校在校生占中等职业学校在校生数的40%左右;据14个省市调查,职业学校毕业生的就业率在80%以上,骨干示范学校、特色学校毕业生就业率达到90%。

第二节 师资力量与素质调查

一个国家或地区教育事业的发展是与师资力量与教师素质密切相关的,所以进行师资的调查就成为一项重要的任务。

一、师资力量调查

1. 教师人数的调查范围

针对我国的各级教育阶段,在实际调查中,教师的具体范围主要包括以下三类人员:

(1)专任教师,是指专门从事教学工作的人员,包括临时(指时间在一年以内)调去帮助做其他工作的教学人员。但不包括调离教学岗位,担任行政领导工作的原教学人员。

(2)兼任教师,也可称为聘任教师,主要是指由学校聘请校外人员兼作教学工作、承担教学任务,时间在一学期或一年以上相对固定的兼任教师。

(3)代课教师,是指由于教师缺编,长期聘请校外的顶编代理教师,或专任教师因产、病假等聘请代理一年以上的教师。

鉴于上述情况,调查教师人数通常采用以下两种口径:

(1)仅指专任教师人数。这样调查的目的,在于反映某一时期实际在编的固定教师人数,并以此作为落实与检查劳动规划,充实与调整教师队伍的依据。

(2)包括专任教师、兼职教师和代课教师三者。这样调查的目的,在于反映某一时期实际从事教师工作的人数,作为研究教师配置,检查劳动与工资计划的依据。

反映教师人数的调查标准主要以如下两种:①期末(初)教师人数;②某期平均教师人数。

2. 我国师资力量的现状

据调查,在2002年全国共有各级各类师范院校2439所,在校生265.11万人。2002年,小学、初中、高中教师学历合格率分别为97.4%、90.4%、72.9%。比2001年分别提高0.6、1.6、2.2个百分点。具有大专以上学历的小学教师占小学教师总数的33.1%,具有本科以上学历的初中教师占初中教师总数的19.7%,分别比2001年提高5.7、2.8个百分点。

表 9—3—4 2003 年我国师范类院校情况统计表

学校类别	学校数(所)	在校生数(万人)	招生数(万人)	毕业生数(万人)
高等师范院校	203	154.16	53.26	24.59
中等师范院校	430	60.11	19.42	22.26
教育学院	103	32.64	12.38	7.648
教师进修学校	1703	18.20	8.02	6.99

资料来源:《中国教育年鉴(2003)》,人民教育出版社。

为了全面贯彻落实《中共中央国务院关于深化教育改革全面推进素质教育的决定》、《国务院关于基础教育改革与发展的决定》和《全国教育事业第十个五年计划》,加快建设一支高素质的教师队伍,扎实推进素质教育,2002 年 2 月 6 日,教育部印发《关于"十五"期间教师教育改革与发展的意见》(以下简称《意见》)。

《意见》指出:教师教育是我国教育的重要组成部分,是基础教育师资来源和质量提高的重要保证。教师教育是在终身教育思想指导下,按照教师专业发展的不同阶段,对教师的职前培养、入职教育和在职培训。"九五"期间,各级各类师范院校共培养教育硕士 5000 多人,专科以上毕业生 100 万人,中师毕业生 140 万人;培训中学教师 28 万人,小学教师 78 万人。基本满足了基础教育事业发展对教师的需求,中小学教师的整体素质得到明显提高。

二、教师素质调查

教师素质的调查,主要从以下一些方面来进行:

1. 教师职务调查

教师职务结构,指具有不同专业技术职称教师的构成状况。它反映教师队伍的学术水平。高等学校教师职称是按教授、副教授、讲师、助教分组调查,由其他单位调入学校任教尚未评职称的教师暂按"教员"调查;中等专业学校教师职称按高级讲师、讲师、助理讲师、教员分组调查;中小学教师职称按高级教师、一级教师、二级教师、三级教师分组调查。

2. 教师学历调查

教师学历结构,指教师最后毕业、结业的学历和所获得最高学位的构成状况。它在一定程度上反映教师队伍的科学业务素质。高等学校教师学历按学士以下(专科)、学士(本科)、硕士(研究生)、博士(研究生)分组调查;中等及以下学校教师学历按初中毕业及以下、中专和高中、专科、本科及以下分组调查。对于那些自学达到高一级学校毕业程度的教师,按其现有达到的文化程度调查。

3. 教师学科调查

教师学科结构,指从事不同学科专业教学的教师构成状况。高等学校和中等专业学校教师学科结构按教师所在教研组(室)分组调查,学科分为:工科、农科、林科、医药、师范、文科、理科、财经、政法、体育、艺术等十一类。中小学教师学科结构主要按教师所担任的课程性质分组调查,通常分为:语文、政治、历史、地理、数学、物理、化学、体育、美术、音乐等。

4. 教师年龄调查

教师的年龄结构,指不同年龄教师的构成状况。由于教师的年龄状况关系到教师的教学精力和学术研究能力，所以年龄结构在很大程度上反映教师队伍的教学、科研的活力和潜力。教师年龄按30周岁以下、31岁至40周岁、41岁至50周岁、51岁至60周岁、60周岁及以上进行分组调查。

此外，还有教师性别调查，即男女教师所占比重情况；政治情况调查，即党团员、民主党派人数及所占比重情况；民族构成，即少数民族教师和汉族教师人数及所占比重等等。我们可以根据不同的需要，对教师队伍的构成进行调查与分析。

第三节 学生数量与素质调查

一、学生数量和学生流动调查

1. 学生数量调查

一个国家或地区的学生数量通常以各类、各级学校期末（年或学年）实有学生人数表示。调查的口径，是按照各级、各类学校的组织形式和规定，调查已注册登记具有学籍的在校实有学生人数。为了反映在校学生数，我们一般采用报告期内学校具有学籍的在校学生人数这一标准。它反映各级教育或学校学生的规模，是教育事业计划和调查常用的标准之一。通常按照调查时间和目的不同，分为：

（1）学年年初在校学生数

学年年初在校学生数指新学年开学后，按规定时间入学的在籍学生人数。表明学年年初学生达到的实际规模大小。

（2）学年年末在校学生数

学年年末在校学生数指全学年结束前的在籍学生人数。在调查中要用到如下公式：

$$学年年末学生数 = 学年年初学生数 + 学年年内增加学生数 - 学年年内减少学生数$$

（3）平均在校学生数

平均在校学生数反映学年度或日历年度内在籍学生人数的平均水平。学年度平均在校学生数，一般采用学年年初在校学生数和学年末在校学生数相加除以2求得，它适用于编制教育发展计划。日历年度平均在校学生数，一般采用上一学年中的后8个月的在校学生数和本学年度前4个月的在校学生人数加权平均求得，它适用于财务经费核算。

2. 学生流动调查

调查学生流动的目的，在于观察学年内除了按期毕业的因素外，在校学生净流出的状态。反映学生流动状态的有以下两个标准：

（1）学生巩固率

学生巩固率是指各级、各类学校，某年末学生数占学年初学生数百分比。它反映学生入学后的稳定程度。在调查中要用到如下公式：

$$学生巩固率 = \frac{学年年末在校学生数}{学年年初在校学生数} \times 100\%$$

我国目前实行的是学年年初教育调查报表制度，尚未建立学年年末调查报表，上式中学年末在校学生数通常是通过推算求得，即：

学年末在校学生数 = 学生初学生数 + 学年内增加学生数 − 学年内减少学生数

其中学年内增加学生数主要是学年实际招生数，学年内减少学生数主要是由学年实际毕业生数求得。

在计算一个地区的巩固率时，可以把学生转学（即转出转入）视为一个互相抵消的因素；在计算一个学校的巩固率时，则应如实计算学生转出转入的情况。

（2）学生流失率

学生流失率是指各级、各类学校，某学年内流失学生数占学年年初在校学生总数的百分比。它反映学生流失情况。在调查中要用到如下公式：

$$\text{学生流失率}=\frac{\text{学年内流失学生数}}{\text{上学年年初在校学生总数}}\times 100\%$$

式中，学年内流失学生数是指上学年初到本学年初一学年内因各种原因而离校的全部学生人数。包括休学、退学、开除、死亡的学生，不包括毕业生。在计算一个地区学生流失率时，可以把学生转学视为一个互相抵消的因素；在计算一个学校学生流失率时，则应把转出的学生包括在流失学生数内。同时，上学年年初在校学生数也应包括本学年内休学后复学的、转学转入的学生数。

学生巩固率与学生流失率是两个相对应的标准，学生巩固率高，表明学生流动性小；反之表明学生流动性大。这两个标准的计算，在实践中，有时通过学制全过程的最初与最末环节的人数测算，即通过招生入学人数与毕业人数测算。在调查中要用到如下公式：

$$\text{学生巩固率}=\frac{\text{毕业人数}}{\text{招生入学人数}}\times 100\%$$

$$\text{学生流失率}=\frac{\text{招生入学人数}-\text{毕业人数}}{\text{招生入学人数}}\times 100\%$$

二、学生素质调查

1. 在校学生素质调查

反映在校学生素质常用的调查标准，主要有以下三个：

（1）政治进步率

这是从政治上考核学生素质的标准之一，常用的具体标准有：党团员比率，是指学生党团员人数占学生总数的比重；三好学生（优秀生）比率，是指三好学生（优秀生）人数占学生总数的比重。

（2）考试合格率

考试合格率，是考核学生学习质量的常用标准，是具有考试及格以上成绩的学生数占考生总数的比重，反映符合有关课程要求标准的人数比率。它是反映学生学习质量的一般性标准，为了反映学生具体考试成绩的优劣，表明学习质量的阶梯，在调查实践中，常常测算优良生（优等生）的比率。优良生（优等生）比率，是优良生（优等生）人数占学生总数的比重，通常在期末考试后计算。

（3）升级率

升级率是指学年末（初）按规定标准升级学生数占学生总数的比重，是考核教学效果的一项综合标准。升级率的高低，反映学生学习效果的好坏，也反映着教学管理的水平和质量。

2. 毕业生素质调查

（1）学生毕业率

毕业生数是指上学年年度内具有学籍的学生学完教学计划规定的全部课程，考试及格、发给毕业证书的实际毕业学生人数，不包括结业生和肄业生数。通常是分别调查各类别学校和各教育层次的毕业生数。它反映各类别学校培养人才所取得的成果，是教育事业计划和调查常用的标准之一。

学生毕业率是指应届实际毕业生数占应届毕业班学生总数的百分比。它是在一定程度上反映学校的学习效果的质量标准之一，是考察学校教育质量与教学管理工作的重要参考依据，是教育计划与调查常用的标准之一。在调查中要用到如下公式：

$$学生毕业生率=\frac{应届实际毕业生数}{应届毕业生班学生总数}\times 100\%$$

(2)学位获取率

学位获取人数是指学完规定课程，通过论文答辩，在国务院批准有权授予学位的单位评定委员会审核批准而授予学位的人数。学位是反映专门人才专业水平的称号，是评价学术水平的一种尺度。世界多数国家的学位设立博士、硕士、学士三个等级。学位获取率，是实际获取学位人数占全部应届毕业本科生（或研究生）人数的比重。在调查中要用到如下公式：

$$学位获取率=\frac{实际获取学位人数}{应届实际毕业学生（或研究生）总数}\times 100\%$$

学位获取率是反映毕业学生学习质量的正标准，比率高则反映学习质量高；反之，反映学习质量低。从宏观角度计算的学位获取率，反映国家教育科学事业的发展，以及各门学科学术水平的提高状况。从而成为考核教育质量的重要标准之一，也是检查与监督国家专门科学人才成长规划的重要依据。

(3)毕业生升学率

某一级教育或学校学年年初招生数占低一级教育或学校上年末毕业生数的比例。它是反映教育发展程度，衡量教育质量的重要标准。通常分为小学、初中、高中毕业生升学率。

在调查中要用到如下公式：

$$小学毕业生升学率=\frac{初级中等学校招生数}{小学毕业生数}\times 100\%$$

式中，初级中等学校招生数应包括普通初中、农业初中、职业初中招生人数的总和。

$$初中毕业生升学率=\frac{高级中学学校招生数}{初中毕业生数}\times 100\%$$

式中，高级中等学校的招生数应包括普通高中、农业高中、职业高中招生数，以及中等专业学校和技工学校招收初中毕业生的人数。

$$高中毕业生升学率=\frac{高等学校招生数}{普通高中毕业生数}\times 100\%$$

式中，高等学校招生数包括大学、专门学院、专科学校、短期职业大学、高等学校分校、大专班招收的本专科学生，以及广播电视大学、函授大学招收的普通专科班学生总数。

三、我国近几年来高校扩招情况简介

1998 年，教育部《面向 21 世纪教育振兴行动计划》提出：到 2010 年，高等教育规模有较大扩展，入学率接近 15%。1999 年 2 月，教育部出台“面向 21 世纪教育振兴行动计划”，同年 6 月，党中央、国务院召开了改革开放以来的第三次全国教育工作会议，主题是把提高全民素质、培养高新技术人才作为迎接新世纪挑战的重要任务，并确定了高等教育大发展的新思路，提出到2010年高等教育毛入学率达到15%（十五大又把这目标提前至2005年实现），即18岁至22岁适龄人口中接受高等教育的人数占15%以上。从此，我国高等院校连续扩大招生规模，招生人数急剧增加。1998年全国高等院校招生10814万人，1999年扩招增至15917万人，2000年招生220万人，2001年招生260万人，2002年招生275万人，2003年招生330万人，全国高等教育毛入学率已增至17%，至此，按照马丁·特罗的理论，我国已跨入高等教育大众化行列。

第四节　教育投资调查

一、中国教育投资近况调查

党的十一届三中全会以来，中央始终高瞻远瞩地重视教育事业，把改革发展教育看作是关系到社会主义建设全局和社会主义历史命运的一个根本性的问题。我们不仅提出了要实施科教兴国的发展战略，而且社会各界对教育重要性的认识也在不断深化，全社会主动关心教育，积极支持教育，尊师重教的风气正在全国形成，“百年大计，教育为本”的思想，已逐步成为全党和全国人民的共识。

党的十一届三中全会以后，通过调研起草《义务教育法》、《中国教育改革和发展纲要》、《纲要实施意见》、《教育法》、《教师法》、《职教法》、《高教法》等一系列重大实践，随着基础教育、职业教育、成人教育和高等教育各项相关改革的不断深化，经过对各地这些年成功经验与做法的总结与消化，使教育部门和计划、财政部门对解决教育投入的思路有了质的突破和发展，逐步完成了由一元的政府投资，向由国家、社会、学校、集体与个人多元投资方向的转变。

1985年，中共中央颁布了《关于教育体制改革的决定》，确定了“低重心”的教育发展战略，改革了教育管理体制，特别是对基础教育开始实行“分级办学、分级管理”，地方各级政府成为筹措基础教育经费的直接责任者。1985年到1992年，基础教育“分级办学、分级管理”体制实行后，各地把实现“一无两有”问题（即：实现校校无危房、班班有教室、人人有课桌坐凳）作为发展基础教育的突破口。自1992年到现在，这一时期的重点是进一步健全完善多渠道筹措教育经费、保证教育经费稳步增长的机制，并把这种机制用法律的形式确定下来。

二、教育投资来源调查

1. 国家财政预算内教育拨款调查

国家财政预算内用于发展教育事业的经费支出，它是教育经费的主要来源，具体包括：

(1)教育事业费（也称教育事业经常费）；

(2)教育基建投资；

(3)各部门事业费和基建投资中用于中、初等学校和职业技术教育的支出；

(4)各种专项资金中用于教育的支出；

(5)世界银行用于教育的贷款；

(6)其他财政预算内用于教育的经费支出。

国家财政预算内教育经费支出占国家财政支出的比重,是反映国家对教育重视程度和评价国家教育投入水平的重要标准之一。在调查中要用到如下公式:

$$国家财政预算内教育经费支出的比例 = \frac{预算内教育经费支出}{国家财政预算支出} \times 100\%$$

1980 年 3 月国务院颁发《关于实行“划分收支,分级包干”的财政管理体制的通知》后,财政预算内教育经费由原来的国家财政预算内单列带帽下达,改为由中央和地方两级财政安排。因此,在调查上,通常也分为:(1)中央财政预算内教育经费支出及所占比例;(2)地方财政预算内教育经费支出及所占比例。

2. 预算外教育资金调查

预算外教育资金是指除了各级财政预算内的教育拨款外,由其他渠道筹措用于发展教育的资金。它是教育经费的重要补充。包括以下几个方面:

(1)各级政府依法征收用于教育的税、基金和教育费附加;

(2)社会力量及群众个人集资办学、捐资助学的资金;

(3)厂矿企业营业外支出中用于中小学的支出;

(4)高等学校和中等专业学校的基金;

(5)中小学勤工俭学收入改革办学条件的资金;

(6)学生缴纳的学费、杂费;

(7)其他形式的教育资金支出。

三、教育投资规模调查

1. 教育事业费和生均教育事业费

教育事业费是指各级政府财政预算内安排的用于发展教育事业的经常性资金支出。它分为人员经费和公用经费两部分。人员经费包括:工资、补助工资、职工福利费、离退休人员费用、副食品价格补贴和学生奖学金等。公用经费包括:公务费、业务费、设备购置费、房屋修缮费等。教育事业费按国家财政预算科目分为:高等学校经费、留学生经费、中等专业学校经费、职业教育经费、中学经费、小学经费、幼儿园经费、特殊教育经费、成人高等业余教育经费、普通业余教育经费、教师进修及干部训练经费、民办教师补助费、广播电视教育经费和其他教育经费等。

生均教育事业费指按在校学生人数平均的教育事业费,它是反映各级学校经费状况的综合标准之一,是制定各级、各类学校事业费预算的重要依据。在调查中要用到如下公式:

$$年生均教育事业费 = \frac{年教育事业费总和}{年在校学生数}$$

2. 教育基本建设投资

教育基本建设投资是指用于新建、改建、扩建学校校舍工程以及购置教学科研仪器设备所用的资金,它是教育经费支出的一部分。按资金来源分为国家预算内投资和预算外投资。国家预算内投资,指列入国家固定资产投资计划,由国家财政预算拨款完成的教育基建投资。包括中央财政、地方财政中由国家统筹安排的基建拨款,以及由拨款改为银行贷款形式完成的投资;中央财政中其他专项基建

拨款,以及由拨款改为银行贷款形式完成的投资;中央财政中其他专项基建拨款。预算外投资,指地方、企事业单位筹集的用于教育的基建投资(包括各级地方财政贷款)和学校预算外教育资金收入用于基本建设的资金。按构成为分(1)建筑安装工程费用;(2)设备购置费;(3)其他费用,如勘探设计费、征用土地费、迁移补偿、技术资料费和职工培训费等。

按照我国现行的基建投资拨款体制,教育基建投资调查数字通常仅指全国高等教育和教育部门办的中、初等教育的基建投资额。不包括各部门和厂矿企业办的中等技术学校、技工学校、职业学校,以及非教育部门办的中小学、幼儿园投资。

四、教育投资效果调查

1. 学龄儿童入学率

学龄儿童入学率是指在一个国家或地区某时期内已入小学学习的学龄儿童数占校内外全部学龄儿童总数(包括弱智儿童在内,不包括盲聋哑儿童)的比例。它是反映和评价一个国家或地区小学普及教育程度的重要标准之一。在调查中要用到如下公式:

$$\text{小学学龄儿童入学率} = \frac{\text{已入学的学龄儿童数}}{\text{校内外半价儿童总数}} \times 100\%$$

学龄儿童数应按规定的入学年龄和年制计算。我国现行义务教育法规定,小学入学年龄为6周岁,一些条件不具备的地区可以推迟到7周岁入学,小学年制允许五、六年制并存。根据各地实际情况,在调查上对五年制小学学龄儿童的范围定为7周岁至11周岁,六年制小学学龄儿童的范围定为7周岁至12周岁。

2. 平均每万人口学生数

平均每万人口学生数是指总人口中平均每万人口拥有的在校学生人数。它反映人口受教育的密度,表明一个国家或地区教育发展的水平。在调查中要用到如下公式:

$$\text{平均每万人口学生数} = \frac{\text{有校学生总数}}{\text{人口总数(万人)}}$$

式中,在校学生数一般指普通学校接受学历教育的学生数,不包括接受非学历教育(如短训、进修)的学生数。可以是各级、各类学生总数,也可以是某一级、某一类的学生数,如平均每万人口大学生数、中学生数、小学生数。有时为了反映总人口接受普通教育和成人教育人口所占的比重,也把成人学校接受学历教育的学生数计算在内。

第四章　卫生调查

第一节　卫生调查的内涵和任务

一、卫生调查的内涵

社会主义卫生事业是指社会主义社会为人们所提供的某种有益于健康的服务，通过对人们生命活动的调节，使社会生产生活能够得以正常地进行。卫生调查研究人民健康的状况，不仅要客观地描述某一特定历史条件下的某一地区某一人群的健康水平及其动态变化，而且还要揭示出各类因素对人民健康的影响以及医疗保健的作用，以便国家或地区政府能够采取有效的措施来消除有害的因素或不良的条件。

影响人民健康的因素是非常复杂的，诸如社会环境、自然环境以及人口结构的变化都会给人民的健康带来一定的影响，所以在分析评价卫生状况时，就需要根据收集资料的性质和特点，了解不同人群的社会背景，寻找适当的因素模型和分析方法。

二、卫生调查的任务

卫生调查的主要任务，是通过调查和收集有关人民卫生健康和卫生服务方面的资料，定期地向社会提供整个国家或各个地区的卫生信息，从而在数量上反映居民健康、卫生保健条件的现状和发展过程。因此，我们调查、分析和研究卫生保健事业发展的基本特征和规律性，有利于为国家制定卫生保健规划、政策提供依据。

第二节　卫生机构调查

一、卫生机构数量调查

卫生机构是指为了满足人民在卫生保健方面的需要而提供服务的机构的总称。根据其服务的对象和服务的性质可以分为以下几类：

(1)医院。是指够用来收容病人住院，同时又能为病人提供医疗和护理服务的机构。

(2)疗养院(所)。是指专门为某些慢性疾病和急性疾病在恢复期以及手术后患者治疗与康复而设立的卫生机构。

(3)门诊部(所)。通常是指有专职卫生技术人员的各种门诊机构,诸如厂、矿、企业、学校等单位中所设立的各种卫生机构。

(4)专科防治所(站)。指对专科疾病例如结核病、寄生虫病、地方病等进行调查、监测、防治等工作的卫生机构。

(5)卫生防疫站。这里指独立的卫生防疫站,而不包括附属于其他医疗机构的防疫组织。

(6)妇幼保健所(站)。指专门针对妇女和儿童卫生保健而设立的卫生机构。

(7)药品检验所(室)。指专门从事各个地区内药品质量监督和质量检验的工作机构。

(8)其他卫生事业机构。指除了以下机构之外的卫生机构,例如生物制品(研究)所、国境卫生检疫所、急救站、输血站等。

(9)医学科学研究机构。指有具备一定规模的人员编制,有专门的科研经费和科研任务的独立科研机构。

(10)高等医药院(校)。

(11)中等医药学校。

卫生机构数量可以反映一个国家或地区的卫生事业状况,拥有一定数量、类型、规模的卫生机构是开展卫生保健工作的前提条件,各级、各类卫生机构间保持适当的比例有利于整个卫生事业协调发展。

二、卫生机构资源调查

1. 卫生技术人员调查

卫生技术人员主要包括医生及其辅助人员,实际调查中我们根据不同的需要会有不同的分类方法。例如:如果按所从事工作的性质分类,可将卫生技术人员分为医疗、预防、护理、药剂、检验等几大类;如果按技术职称分类,可分为高级、中级和初级卫生技术人员。其中高级卫生技术人员又包括西医师、中医师、检验师及其他技师等几类;中级卫生技术人员包括西医士、中医士、护士、助产士、西药剂士、中药剂士、检验士及其他技士等几类;初级卫生技术人员包括护理员、西药剂员、中药剂员、检验员及其他初级卫生技术人员等几类。

卫生技术人员是卫生机构人力资源的重要组成部分。为了顺利开展医疗、预防等各项卫生工作,在卫生机构中需要配备一定数量的各级、各类的专业卫生技术人员,其数量及结构(专业结构、职称结构等)是否合理,将会直接关系到卫生工作能否有效地开展。

在实际调查中我们通常利用以下几个标准来反映某一国家或地区的卫生机构人力资源状况:

(1)每千人拥有医师(生)数

每千人拥有医师(生)数又称为医师(生)密度,是指每1000人口中平均拥有的医(生)数。在实际调查中利用的计算公式如下:

$$\text{每千人拥有医师(生)数}=\frac{\text{医师(生)数}}{\text{人口数}}\times 1000(/\text{千人口})$$

(2)每千人拥有护师(士)数

每千人拥有护师(士)的人数,在实际调查中我们通常采用以下公式:

$$\text{每千人拥有护师(士)数}=\frac{\text{护师(士)数}}{\text{人口数}}\times 1000(/\text{千人口})$$

我们也可计算平均每名护师(士)服务的人口数,来反映每名护师(士)服务的人口数,从而反映每名护师(士)平均服务的人口范围,在实际调查中我们通常采用以下公式:

$$平均每名护师(士)服务的人口数=\frac{人口数}{护师(士)数}$$

2. 病床数量调查

病床是指可以连续(24 小时)提供给住院病人使用的病床。病床数量表示医院对住院病人的正常容纳量,可以作为确定医院人员编制、设备、床位费用和物资分配等的依据,是反映卫生机构规模的标准之一。我们通常用以下两个标准来反映病床的状况:

(1) 平均每千人口医院床位数及平均每张医院病床服务的人口数

它可以用来反映卫生事业对居民服务的保证程度,在实际调查中我们通常采用以下公式:

$$平均每千人口医院床位数=\frac{医院床位数}{人口数}\times 1000(/千人口)$$

我们也可以用平均每张医院病床服务人口数这一标准来衡量卫生事业对居民服务的保证程度。在实际调查中我们通常采用以下公式:

$$平均每张医院病床服务的人口数=\frac{人口数}{医院床位数}$$

(2) 病床使用率

亦称病床利用率,是表示病床利用程度的标准,也可以用来反映病房工作效率的高低。在实际调查中我们通常采用以下公式:

$$病床使用率=\frac{实际占用的病床总日数}{实际开放的病床总日数}\times 100\%$$

病床使用率高,表示病床得到了充分利用,反之,则说明病床空闲较多,没有得到充分利用。由于各种原因,每张病床不可能每天都被使用,即平均病床工作日一年达不到 365 日。当然,如果病床每日都被占用,则会造成病床负担过重,给医院管理和医疗质量带来不利影响。因此,并不是病床使用率越高越好,一般情况下医院的病床使用率在 93% 较为适宜,如果超过 93%,则说明该医院病床负担过重。如果其病床使用率大于 100%,说明会有临时的加床。

3. 卫生事业支出调查

卫生事业支出,是指卫生事业人员或卫生机构在一定时期内,为了提供医疗保健服务而消耗的经济资源,是卫生资源的重要组成部分,是保障卫生服务工作顺利进行和开展的前提条件。

在我国,按照筹集方式的不同可将卫生费用分为两大类:①公共支付的卫生费用。包括国家预算拨款、国营及集体企业的福利基金、农村集体经济的公益金、社会救济金、合作医疗基金、国营企事业单位为本单位的附属医疗机构的基本建设投资等。②个人支付的卫生费用。它是卫生事业支出的主要来源,占全部卫生费用的 70% 左右。因此,卫生费用的高低不仅反映了卫生系统所消耗的经济资源,而且也反映了社会为了维护和扩大一个有效的、足够的医疗保健系统所做的投资。

在实际调查中,我们通常利用以下标准来反映卫生事业的支出状况:

(1) 卫生费用占国民生产总值的百分比。在实际调查中我们通常采用以下公式:

$$卫生费用占国民生产总值的百分比=\frac{卫生费用}{国民生产总值}\times 100\%$$

(2) 人均卫生费用

人均卫生费用表示某国或某地区在一定时期内（通常为一年）平均每人消耗的卫生费用。在实际调查中我们通常采用以下公式：

$$人均卫生费用=\frac{年卫生费用}{年平均人口数}$$

(3)人均卫生事业经费

卫生费用是反映整个社会为医疗保健服务所提供的社会资源，但为了反映和评价国家或地区财政部门对卫生事业的资助水平，也常使用人均卫生事业这个标准。我们在实际调查中利用以下公式：

$$人均卫生事业费=\frac{卫生事业总费用}{年平均人口数}$$

(4)卫生机构间的费用分配比例

卫生机构间的费用分配比例主要是指用于医疗、卫生防疫、妇幼卫生等的费用分配比例，用以说明卫生费用的分配和使用是否合理。

第三节　人民健康调查

一、疾病调查

1. 疾病的概念

疾病是指人体在受到致病原因和致病条件作用后而发生的一个复杂的病理过程。在疾病发生的过程中，始终贯穿着损伤、障碍和防御代偿这两类现象的对立统一。由于疾病对于不同的个体会表现出不同的症状，有时可以表现为无症状，有时又可表现为恶性发作。所以在实际调查中，我们要正确区分疾病与死亡，不能将二者混为一谈。因此，我们首先要明确规定统一的疾病诊断方法和标准，才有可能进一步地去获取准确的调查资料。

2. 疾病调查的标准

(1)疾病发生的频率调查

①发病率

发病率是指一定期间内在所有可能发生某病的一定人群中某病新发生的病例数。它可以反映该人群中某病发生的频率或强度，在实际调查中我们通常采用以下公式：

$$某病发病率=\frac{观察期内新发生某病的病例数}{同期可能发生某病的平均人口数}\times100\%$$

新发病例是指在观察期内新发生的疾病，通常是指两种情况：一是在观察期内发病，但在该期间痊愈（或死亡）；二是在观察期内发病，但在该期间内未愈而延续到了下一观察期。在观察期内痊愈，愈后在该期间内又发生同一疾病者，应该算作两个新发病例。

我们有两种方法来获得发病率资料：一是通过流行病学调查可以获得较精确的资料；二是通过疾病监测来获取资料。例如，我国对法定的37种传染病的监测，可获得传染病发病情况的资料。

②患病率

患病率是指在某时期内的一定人群中患某病的病例数。它常用来描述病程较长的慢性病或发病日期不易确定的疾病（如慢性支气管炎、肿瘤、心脏病等）的存在或流行的频率。根据观察时间的长短又可以分为时点患病率和期间患病率。

时点患病率又称现患率,是指调查时一定人群中某病的现患病例数。在实际调查中我们通常采用以下公式:

$$某病(时点)患病率=\frac{调查时某病现患病例数}{调查(检查)人数}\times 100000/10万(10000/万)$$

期间患病率是指在观察期间一定人群中存在的新旧病例数,包括观察期间的“新病例”数和“现患病例”数。现患病例指在观察期以前发生疾病因未愈而进入本观察期间的病例数。在实际调查中我们通常采用以下公式:

$$某病(时期)患病率=\frac{观察期内某病新旧病例数}{同期平均人口数}\times K$$

式中,K 指比例基数,用 100%,1000‰、10000/万或 100000/10 万来表示。

计算患病率时我们通常从以下几个途径来获取资料:流行病学调查,体检资料。另外在我国通过对部分地区开展慢性病监测的工作,也可获取患病情况的资料。

(2)疾病严重程度调查

疾病的严重程度通常用病死率或死亡率来表示。病死率是指观察期间某病患者中因该病而死亡的频率。是说明疾病对生命威胁严重程度的标准之一,也可用于疾病疗效的评价。在实际调查中我们通常采用以下公式:

$$某病死亡率=\frac{观察期间因某病死亡的人数}{同期某病患者数}\times 100\%$$

(3)疾病的构成调查

疾病构成是表示一定时期内某病病例占全部病例的比重。由于社会发展的经济条件不同,在不同的国家或地区,会呈现出特定的疾病谱。发展中国家不同于发达国家,东方社会也不同于西方社会。疾病的构成比可以反映出一个国家或地区人群的社会文化近况。

我们利用表 9—4—1 来说明一下近几年来我国城市的疾病构成情况。

表 9—4—1 全国卫生部门城市医院住院病人前十位疾病构成

	1995 年		2000 年		2001 年	
顺序	疾病种类	疾病构成(%)	疾病种类	疾病构成(%)	疾病种类	疾病构成(%)
1	呼吸系病	18.32	妊娠、分娩及产后病	15.1	妊娠、分娩及产后病	14.2
2	消化系病	15.82	呼吸系病	13.0	呼吸系病	12.6
3	损伤和中毒	12.32	消化系病	11.7	消化系病	11.9
4	循环系疾	9.68	循环系病	1.08	循环系病	10.9
5	泌尿系病	9.19	损伤和中毒	10.2	损伤与中毒	10.5
6	肿瘤病	8.04	肿瘤病	8.7	肿瘤病	9.1
7	传染病与寄生虫病	5.08	泛尿系病	7.6	泌尿系病	7.6
8	神经系病	4.96	神经系病	5.1	神经系病	5.05
9	妊娠、分娩及产后病	4.92	传染病和寄生虫病	4.0	传染病与寄生虫病	3.9
10	肿肉、骨骼系统和结缔组织疾病	3.01	内分泌系统病	4.0	内分泌系病	3.3
	十种疾病合计	91.34	十种疾病合计		十种疾病合计	89.05

通过上表可以看出近几年来随着医疗卫生条件的改善与医疗技术水平的进步，我国的疾病构成比重发生了较大的变化。呼吸系统疾病的相对比重已经有所下降，而妊娠、分娩及产后病的相对比重有所上升，从中我们可以看出下一步医疗卫生事业的重点应该放在哪个方面。

（4）疾病防治效果调查

疾病防治效果可以通过以下两个标准来反映：

①治愈率

治愈率是指每100名接受治疗的病人中得到治愈的人数。治疗结果是医院工作效果的最终体现，治疗质量的高低是衡量医院工作质量的重要内容。因此，它是评价疾病疗效和医疗质量的重要标准之一。在实际调查中我们通常利用下面的公式来计算：

$$\text{治愈率}=\frac{\text{治愈病人数}}{\text{受治病人数}}\times 100\%$$

②生存率

生存率是指病人能够活到某时间的概率，它是用来反映在短期内难以观察到治愈结果的慢性病疗效的标准。在实际调查中我们通常采用以下公式：

$$\text{某病生存率}=\frac{\text{某病活过 N 年的人数}}{\text{某病手术后满 N 年的人数}}\times 100\%$$

二、病伤死因调查

病伤死因调查是指对一个国家的居民死亡资料进行整理和分析。对居民的病伤死亡原因进行调查分析是考察一个国家或地区居民健康状况的重要内容，同时也是评价一个国家或地区卫生保健服务效果的重要根据。

死亡疾病种类较多，因此为了便于分析比较，我国规定了统一的死因分类。目前我国现行的居民病伤死因分类，是卫生部2002年制定的，共分为17大类，具体如下：

1. 传染病和寄生虫病
2. 肿瘤
3. 血液，造血器官及免疫疾病
4. 内分泌，营养和代谢疾病
5. 精神障碍
6. 神经系统疾病
7. 循环系统疾病
8. 呼吸系统疾病
9. 消化系统疾病
10. 肌肉骨骼和结缔组织疾病
11. 泌尿生殖系统疾病
12. 妊娠，分娩和产褥期并发症
13. 起源于围生期的某些情况
14. 先天畸形，变形和染色体异常

15. 诊断不明

16. 其他疾病小计

17. 损伤和中毒外部原因

分析居民病伤死因时常用的调查标准有两种:死因构成比和死亡顺位。

死因构成是指某种(类)死因的死亡人数(死亡率)在总死亡人数(死亡率)中所占的比重。在实际调查中我们通常采用以下公式:

$$某种(类)死因构成比=\frac{因某种(类)病伤死亡人数(率)}{总死亡人数(率)}\times 100\%$$

死因顺位则是将各种(类)死因按死亡率或死因构成比的大小由大到小顺序排列。该标准可以表明威胁居民健康及生命最严重的病伤是哪类,进而通过分析造成这种病伤发生的原因及其社会背景,来反映出主要的社会卫生问题,为防治措施的制定提供依据。

我国2003年部分城市前十位主要疾病死亡原因构成及顺位情况如表9—4—2所示:

表9—4—2 我国2003年城市前十位疾病死亡原因及构成

顺序	疾病死亡原因	占死亡总人数的%
	十种死因合计	89.09
1	恶性肿瘤	25.47
2	脑血管病	19.95
3	呼吸系病	14.63
4	心脏病	14.43
5	损伤和中毒	6.16
6	消化系病	3.66
7	内分泌、营养、代谢及免疫疾病	2.66
8	泌尿、生殖系病	1.34
9	神经病	0.91
10	围产期病	0.89

各类病伤死因死亡率的高低及其构成会受到社会经济水平及医疗卫生水平的影响,具体来说,在社会经济水平及医疗卫生水平高的国家或地区,感染性疾病(包括传染病、寄生虫病、呼吸系及消化系感染等)的死亡率低,在总死亡率中所占比重小,而慢性退行性疾病(包括心脏病、脑血管病及恶性肿瘤等)的死亡率高,在总死亡率中占较大比重。因此,不同社会经济水平和医疗卫生水平的国家或地区,其主要死因构成也不相同,从而导致不同的国家会制定不同的医疗卫生政策。

第四节 妇女、儿童卫生调查

妇女、儿童卫生状况是关系到新一代健康成长和民族身体素质的大事。我国是社会主义国家,妇女及儿童卫生保健工作一向是作为我国卫生事业的重点来抓。妇女及儿童属于易感人群,在生殖、生理、生长及发育等过程中有着不同的生理特点,所以在调查中我们更希望得到翔实的资料,以便于分析、整理,制定出适合妇女及儿童卫生保健的措施。

一、妇女卫生调查

妇女卫生调查的标准有以下三类:

1. 反映孕妇孕期检查的标准

(1)孕妇受检率

$$孕妇受检率=\frac{孕期受检人数}{同期产妇人数}\times 100\%$$

(2)平均产前检查次数

$$平均产前检查次数=\frac{全部产妇产前受检查的总次数}{同期产妇数}$$

2. 反映围产工作检查的标准

(1)新法接生率。是指一年中每100次接生中采用新法接生的人数。它是评价新法接生普及程度的标准,可用于衡量围产保健工作的质量,尤其是衡量农村围产保健工作质量。在实际调查中我们通常采用以下公式:

$$新法接生率=\frac{同期新法接生人数}{某年产妇数}\times 100\%$$

(2)住院分娩率。一年中每100名分娩的妇女住院分娩的人数。其中住院分娩是指在各类医疗保健机构和村妇幼保健室、妇产室、接生站的分娩。在实际调查中我们通常采用以下公式:

$$住院分娩率=\frac{同期住院分娩人数}{某年产妇人数}\times 100\%$$

(3)早产率。指每100名产妇中早产的人数。

(4)难产率。指每100名产妇中难产的人数。

(5)会阴破裂率是指一定时期每100名产妇中会阴破裂的产妇数。

$$会阴破裂率=\frac{会阴破裂的产妇}{同期产妇数}\times 100\%$$

会阴破裂是产妇在分娩中最常见的并发症,发生率的高低及情况的严重程度与分娩技术是否正确、熟练有一定关系,因而该标准说明了助产的质量。

(6)产后访视率是说明产后保健工作全面性及系统性的标准。

$$产后访视(检查)率=\frac{产后受访(检)人数}{同期产妇人数}\times 100\%$$

$$平均产后访视(检查)次数=\frac{产后受访(检)总人次数}{同期产妇人数}$$

3. 反映孕产妇发病和死亡的标准

(1)妊娠期某一疾病的发生率是指每100名产妇中发生某一疾病的人数。

(2)产后出血发生率是指每100名产妇在产后发生出血的人数。

(3)产妇死亡率是指每1000名产妇中死亡数。孕产妇死亡率是指每10万(或1000、10000)名孕妇中直接和间接的产妇死亡人数。在实际调查中我们通常采用以下公式:

$$孕产妇死亡率=\frac{某年孕产妇死亡数}{同期孕妇人数}\times 100000/10万$$

这三个标准既能够用来反映围产工作质量状况，也可来反映妇女卫生保健工作的好坏。

二、儿童卫生调查

儿童卫生调查的内容是根据各年龄组儿童生长发育的特点及健康状况而定的，主要包括新生儿访视及卫生指导、计划免疫、儿童定期健康检查、防治常见病和多发病、缺点矫治等。儿童保健工作的质量关系到儿童能否健康成长，是妇幼保健工作的一项重要内容。

在调查实践中，我们通常采用以下几种标准：

1. 反映对新生儿和婴儿保健状况的调查标准

(1)新生儿访视率。是指每100名出生婴儿中接受访视的人数。在实际调查中我们通常采用下面的公式：

$$新生儿访视率=\frac{同期新生儿初访人数}{某时期出生人数}\times 100\%$$

对新生儿的定期访视，不仅可以及时发现小儿的健康问题并及时矫治，也可以给予喂养、护理等卫生方面的指导，这样可使围产儿及新生儿死亡率降低。

(2)新生儿平均访视次数。平均访视次数说明每个被访视过的新生儿平均获得的访视次数，用来反映保健工作的深度。在实际调查中我们通常采用以下公式：

$$新生儿平均访视次数=\frac{新生儿初访人次数+复访人次}{期内初访人数}$$

(3)新生儿死亡率。它是指报告期(年)内出生的婴儿中，未满周月死亡人数所占的比例，在实际调查中我们通常采用以下公式：

$$新生儿死亡率=\frac{存活未满一个月而死亡数}{期内出生总数}\times 1000‰$$

(4)婴儿死亡率。它是指报告期(年)内每1000名活产婴儿中，不满周岁的死亡人数。在社会调查实践中，在实际调查中我们通常采用以下公式：

$$婴儿死亡率=\frac{本年内未满周岁的婴儿死亡数}{1/3\ 上年出生人数+2/3\ 本年出生人数}\times 1000‰$$

2. 反映婴幼儿保健状况的调查标准

(1)儿童计划免疫接种率。它是指每100名应接种的儿童中进行免疫接种的人数，一般按接种疫苗的种类而分别调查。在实际调查中我们通常采用以下公式：

$$某生物制品接种率=\frac{实际已接种的人数}{应接种的人数}\times 100\%$$

免疫接种率的高低反映了儿童对相应传染病的免疫水平，较高的免疫接种率可以比较有效地控制传染病的发生及流行，使人群中传染病的发生率及死亡率降低，甚至不再发生。

(2)儿童健康检查率。它是指一定时期内每100名儿童中定期进行健康检查的人数。在实际调查中我们通常采用以下公式：

$$儿童健康检查率=\frac{定期检查的儿童数}{同期儿童数}\times 100\%$$

通过对儿童进行定期健康检查,可以系统地观察儿童生长发育的情况,并能及时发现健康问题,以便及时采取相应的防治措施。调查儿童健康检查率是降低儿童患病率、死亡率,提高儿童健康水平的一种重要手段。

(3)缺点矫治率。"缺点"是指健康检查中发现的龋齿、沙眼、肠寄生虫等常见的儿童疾患。缺点矫治率是指每100个儿童体检时发现的缺点中,已得到矫治的缺点数。该标准反映了对所发现的"缺点"是否能够给予及时的治疗。在实际调查中我们通常采用以下公式:

$$\text{缺点矫治率}=\frac{\text{已矫治的缺点数}}{\text{体检发现的缺点数}}\times 100\%$$

(4)儿童、青少年身体发育平均值。反映儿童、青少年生长发育水平的标准主要包括身体形态标准和生理机能标准,其中身体形态方面主要包括身高、体重、坐高及胸围,其次为肩宽、骨盆宽、臀围、腿围及皮褶厚度等;生理机能方面主要包括血压、脉搏、肺活量、握力、背肌力等。在这些标准中又以身高、体重最重要、最常用。儿童、青少年身体发育平均值即为以上这些标准的平均数,用来反映该人群生长发育平均水平。

(5)近视眼发生率及近视率。近视眼发生率是指在一定时期内每100名儿童、青少年中发现新近视眼的人数。其计算公式有以下两个:

$$\text{近视眼发生率}=\frac{\text{某时期内新发生近视}}{\text{同期儿童青少年数}}\times 100\%$$

$$\text{近视率}=\frac{\text{被检查出近视眼人数}}{\text{检查人数}}\times 100\%$$

第五节　居民生活条件调查

居民生活条件的好坏直接关系到社会主义卫生事业的发展状况如何。在发达国家中,由于居民生活条件相对优越,同生活条件相对较差的发展中国家相比,在疾病的构成、病伤死因等许多方面都有着很大的不同之处。因此,通过对居民生活条件的调查,可以反映我国当前情况下卫生事业对居民生活保障程度如何。在社会调查实践中,居民生活条件的调查通常包括食品安全、大气状况以及饮水条件等三个方面。

一、食品安全调查

食品安全关系到广大人民群众的身体健康和生命安全,关系到经济健康发展和社会稳定,关系到国家和政府的形象,因此食品安全在居民生活条件调查中占据着首要地位。

人类的生存离不开食物,但是如果食物中含有一定量的有害因素(如细菌、寄生虫卵、有害的化学成分),则会给人体健康带来近期或远期的损害。食品卫生管理是国家为了保障人民食品安全卫生而实行的一种管理工作,主要包括制定食品卫生标准、食品卫生立法及食品卫生监督。在调查实践中我们通常利用食品卫生合格率这一标准来衡量食品卫生管理工作的质量好坏。

食品卫生合格率是指每100份所检查的样品中,符合食物卫生标准的样品数。在实际调查中我们通常采用以下公式:

$$食品卫生合格率=\frac{符合食品卫生标准的样}{检查样品数}\times 100\%$$

根据不同的抽查方式又可分为两类:即送检合格率和抽样合格率。送检是指食品生产经营单位将有关食品的样品送食品监督部门检测,而抽检则是指食品监督部门定期去食品生产经营单位采样,抽查部分食品。由于食品生产经营单位为了保护自己切身的利益,往往将质量高、卫生条件好的样品送检,因而送检合格率往往高于抽检合格率。而抽检由于随机性较强,因而抽检合格率能够比较好地反映出食品卫生的一般状况。

二、大气情况调查

就一个城市大气污染现状调查来说,常选定:飘尘、二氧化硫、一氧化碳、氮氧化物、碳氧化合物和臭氧等。在实际应用中,我们通常利用空气污染指数来反映大气质量的好与坏。

空气污染指数(API——Air Pollution Index 的英文缩写)是一种反映和评价空气质量的方法,将不易理解的污染物浓度简化成单一的概念性数值形式,便于直观表征空气质量状况和空气污染的程度。空气污染指数(API)的分级标准为:

一级:API 小于 50,空气质量优。此时空气清洁,应多参加户外活动,呼吸清新空气;

二级:API 51~100,空气质量良好。此时对人体无不良影响,可正常进行户外活动;

三级:API 101~150,为轻微污染;API 151~200,为轻度污染。此时心脏病和呼吸系统疾病的患者应适当减少体力消耗和户外活动,但对健康人无明显影响;

四级:API 201~300,为中度污染。此时老年人和心肺病患者应尽量留在室内,健康人也应适当减少户外活动;

五级:API 大于 300,为重污染。此时除特殊需要,应尽量避免留在户外。

三、饮水条件调查

水是生命之源。水质的好坏尤其是饮用水的质量好坏直接关系到居民生命安全。而近年来随着我国工业化进程不断加快,饮水的污染状况日趋严重,已经日益危及到居民正常的生活。因此,对饮水条件的调查就显得更为重要。在调查实践中我们通常采用安全饮水普及率这一标准来反映。安全饮水普及率是指每 100 名居民中使用安全饮水的人数。在实际调查中我们通常采用以下公式:

$$安全饮水普及率=\frac{使用安全饮水的人数}{人口数}\times 100\%$$

安全饮水是指水质优良符合饮用标准无毒无害的水,包括经处理的地面水或受到保护的洞、泉及可饮用井的那些未经处理但未受到污染的水。我国的《生活饮用水卫生标准》是 1985 年 8 月 16 日由中华人民共和国卫生部发布。根据《生活饮用水卫生标准》,安全饮水一般应符合下列条件:

(1)感官性状良好,即水的外观对人体的感官无不良刺激;

(2)水中所含的化学物质不会使水的感官性状恶化,也不会直接危害人体的健康;

(3)保证流行病学上的安全,即饮用水中应不含各种病原体。

提供安全饮水是社会卫生服务的一项基本措施,因此,安全饮水普及率是衡量社会卫生服务质量的一个重要标准。在许多发展中国家,50% ~80%的人口无安全饮水,尤其是在农村,导致这些国家或地区水源传播性疾病的流行,腹泻、痢疾的发生率及死亡率较高,甚至造成霍乱的流行。一些国家的经验表明,在经济条件有限的国家,向居民提供最基本的卫生服务,如提供安全饮水,可以花费较小的代价在改善居民健康状况方面获得较大的收益。因此,对于发展中国家来说,提高安全饮水普及率是这些国家在经济还没有很大发展的情况下就能改善居民健康状况所应采取的重要措施之一。

第五章　民族调查

第一节　民族调查概述

一、民族调查的概念

所谓民族调查,在我国主要是指针对少数民族进行的社会调查,具体来讲,包括对各个少数民族的历史和现状的调查,其范围包括文化、教育、人口、经济、风俗、传统、宗教信仰等各个方面。

尽管我国的社会调查已经开展多年,但是民族调查始终是一个薄弱的环节。归结起来主要有以下两方面的原因:一是重视程度比较低;二是调查过程遇到的困难比其他调查更多,诸如在交通、语言、生活习惯和气候等方面都存在较大的障碍。

二、民族调查的意义

开展民族调查对于我国各民族经济的平衡发展有着重要意义。由于历史上我国各民族社会经济发展不平衡,解放初期,几乎在同一个时代可以看到几个不同的社会形态,例如:有些民族处在初期封建的农奴制社会,而有些民族还处在奴隶社会,甚至还有些民族还不同程度地保留着原始公社所有制。为了保持各少数民族能够较快地发展,我们党和国家制定了一系列民族政策,例如:坚持民族平等团结,实行民族区域自治制度,促进各民族共同发展,保护和发展少数民族文化等等。因此,要发展少数民族地区的经济和文化,更好地落实民族政策,加强民族团结,开展民族问题研究,非得进行民族调查不可。

民族调查涉及社会调查的各个方面,有关重复的地方我们不再详细阐述,以下几节主要针对具有特点的民族识别调查、民族人口调查和民族风俗调查几个方面进行说明。

第二节　民族识别调查

一、民族识别调查的概念

1. 民族的定义

在民族调查中,对各民族进行正确的识别是关键的一环。要想很好地识别各个民族,首先是界定民族的概念。关于民族一词的含义,我们主要采用的是斯大林在《马克思主义和民族问题》一书中对民族所下的定义:民族是人们在历史上形成的一个有共同语言、共同地域、共同经济生活以及表现于共同文化上的共同心理素质的稳定的共同体。有关民族的四个特征或称四个要素,是我们识别民族的四个最重要的标准。

我国长期以来就是一个统一的多民族国家,各个民族之间的相互影响既长久又深刻,在此基础上逐渐形成了自己或大或小的聚居区和各民族交错杂居的分布状况。虽然各民族的社会经济文化发展不同,但是中国历来传统上习惯上都称他们为"民族"。中国共产党和中国政府从中国各民族的实际情况出发,采取实事求是、具体问题具体分析的方针,为体现各民族不分人口多少、居住地域大小、社会发展阶段和经济文化发展水平高低的现实状况,只要其在历史上形成了在经济生活、语言文字、文化特征、民族意识等方面,具有明显特点的稳定的人们共同体,我们都将之称为"民族"。

中国的民族识别工作始终没有把不同历史阶段的共同体加以区分,而统统把他们作为民族,一律平等对待。根据一律平等的民族政策而提出识别民族的科学决策,它有利于增强民族团结,调动各民族的共同发展和繁荣。这也是中国民族识别工作在对待"民族"一词的内涵认识上和实践上所具有的特色。

2. 民族识别调查

民族识别是指对一个民族成分的辨别与确认,它是多民族的社会主义国家落实民族政策的一项基本工作。在旧中国,由于存在民族压迫和民族歧视,许多少数民族的民族成分不能确定。新中国成立以后,为改变旧中国民族成分和民族名称混乱的状况,有利于保障少数民族的平等权利,自 1950 年起,由中央及地方民族事务机关组织科研队伍,对全国提出的 400 多个民族名称进行识别,加上原来已经公认的民族 1983 年共确认了 55 个少数民族成分。

我国在民族识别工作中坚持的基本原则是:以马克思列宁主义的民族理论为指导,密切结合中国的历史和实际,灵活运用斯大林关于现代民族的特征的理论,对民族语言文字、地域、经济生活、文化和心理素质等要素,进行历史的综合考察和分析,只要具有构成单一民族的条件,不管其社会发展水平如何,不论其居住区域大小和人口多少,也不论周邻国家是否居住有相同的民族,在充分照顾该民族人民意愿的基础上,都一律承认为一个民族,同样享有民族平等权利。

为了进行民族识别,必须进行调查研究。民族识别调查的主要任务是:能基本上划清哪些要识别的单位是汉族的一部分,哪些是少数民族;如果是少数民族,它们是单一民族还是某一民族的一部分等。

二、民族识别调查的依据

在长期的人类社会历史发展过程中,任何一个人们共同体都会形成自身的特征。而民族之间的主要区别则在于各自具有特色的民族特征。所以,在进行民族识别调查时,应当首先重视对民族特征的综合调查和比较分析。通过考察民族特征,我们可以辨别某个人们共同体是汉族还是少数民族,或是单一少数民族还是某一少数民族的一部分。民族特征是一个稳定的人们共同体在长期历史发展中形成的,但又不是一成不变的社会现象。因此,对民族特征的调查,不仅要考察其现实的民族特征,还要回顾历史,了解其民族特征在不同历史发展时期中的形成与发展变化的规律。在民族识别的调查实践中,我们主要考察以下四个方面的特征:

1. 地域调查

共同地域是重要的民族特征之一。共同地域指的是一个人们共同体长期共同生活在一起而发生内部联系的生存空间,是指历史上一个人们共同体的基本群众长期稳定地居住在一起,从而形成这个族群的共同居住生活的地区。人们共同体长期稳定居住在同一地域是一个民族共同语言的产生,文化传统、心理素质的形成的基础条件。也就是说,共同地域对于其他民族特征的形成有着重大的影响。在一个民族的形成过程中,只有借助于长期稳定的共同地域,共同语言才能够形成,共同经济生活才能够形成发展,共同心理素质才能够得以熔铸和升华。因此,地域调查是进行民族识别调查的基础,共同地域是形成民族的物质基础,它对民族的形成具有重要作用。没有一个基本统一与相对稳定的共同地域提供民族共同体生息、繁衍,民族的其他特征就无从谈起。

2. 语言调查

共同语言是识别民族的重要依据之一。人们在日常社会生产与生活中彼此之间相互联系、相互交流思想的最重要的工具就是语言。共同语言是指同一个民族群体的人们在生产与生活中,彼此相互联系、交流思想所使用的语言。在民族识别调查中,我们十分重视对语言的调查与分析,通过语言调查这个重要手段我们可以取得重要的线索。根据马克思主义对民族的界定,一个民族应当使用一种语言,一个民族如果没有共同语言就不成其为民族,而究竟是使用自己族群本身特有的语言,还是借用其他民族的语言则不是必要的。我们也可以这样理解,即并不是说不同的民族在任何时间和任何情况下都必须使用不同的语言,也不是说凡是使用同一种语言的人们都必定是同一个民族。同样,使用两种或几种语言的人们共同体也可以融合为一个民族,甚至在融合过程中这一民族可以同时存在着两种或几种语言。

3. 经济生活调查

共同经济生活是民族的一个重要特征,也是一个人们共同体在一起生活的最基本的物质基础。共同经济生活,指的是一个民族共同体在经济上的相互之间的联系性。一个民族的各个地区、各个部门、各种行业之间在经济上的社会分工和相互依赖,人们在经济生产中彼此之间的关系以及在共同市场内的产品交换等,都是共同经济生活的表现。在民族调查与衡量待识别的族群的共同经济生活这一特征时,必须以其所在的地区为范围,进行民族之间经济生活的综合调查和历史的分析比较,并着重研究和识别族群的经济结构、生产技术水平、生产工具、农作物生态状况等特点。

4. 文化调查

共同文化是民族识别中十分重要的一个特征。民族文化是一个民族特有的思想、感情、性格、爱好、兴趣、气质等内心活动。一个民族的物质文化、精神文化、风俗习惯、历史传统、文学艺术、宗教信仰以及民族风格等方面的特点,都是这个民族的共同文化的具体表现。这种共同的文化是在长期社会历史发展中逐渐形成的,是各族人民社会经济生活和历史发展特点的反映。每个民族都具有这样一种强烈的民族意识,即同一民族的人们都会感到大家是属于自己人的这种心理。因此,通过正确识别民族文化这一特征,我们才能更好地做好民族识别调查工作。

第三节 民族人口调查

一、民族人口构成调查

民族人口构成调查是指把人口总数在民族识别的基础上进行分组,从而反映各类民族人口的构成状况。我国是一个多民族的国家,拥有56个民族,掌握民族构成资料十分重要。它可以作为国家制定民族改革措施,规划各民族地区人口、经济发展和文化卫生等工作的依据。

我国现阶段虽然已经消灭了民族压迫和民族剥削,各民族实现了政治上的平等。但由于历史的原因,大部分少数民族在经济、文化的发展水平上还比较落后。发展少数民族地区的生产力,加速其经济文化事业建设是目前我国民族工作的根本任务。然而,在充分重视物质生产的同时,也要充分重视人的自身生产,这是相辅相成、相互依赖的两个方面。民族人口构成的发展变化,对少数民族(或某一个少数民族)的社会生产力的发展、社会物质财富的增加、劳动就业以及社会生活的各个方面,都具有很大的影响。因此注重少数民族人口构成的调查研究,逐步掌握其发展变化规律,在我们今天的民族工作中,是极其重要的一个方面。

根据国家统计局公布的全国第五次人口普查数据,祖国大陆31个省、自治区、直辖市和现役军人少数民族总人口为10643万人,占全国总人口126583万人的8.41%,比1990年第四次人口普查提高了0.40个百分点。

同1990年第四次人口普查相比,少数民族总人口数增加了1523万人,占全国总人口增加人数13215万人的11.52%;少数民族总人口增长16.70%,比全国总人口增长率高出了5.04个百分点,同汉族人口增长率相比则高出了5.48个百分点;10年零4个月间,少数民族总人口平均每年增加了148万人,年均增长率为1.51%,比全国总人口年均增长率高出了0.44个百分点。

从各民族人口构成来看,第五次人口普查显示,总人口数在1000万以上的少数民族有两个:壮族和满族,其人口数合计为2686万人,占少数民族总人数的25.70%;总人口数在1000万至500万之间的少数民族有7个,其人口数合计为5418万人,占少数民族总人数的51.85%;总人口数在500万至100万之间的少数民族有9个,其人口数合计为1745万人,占少数民族总人数的15.70%;总人口数在100万至50万之间的少数民族有4个,其人口数合计为244万人,占少数民族总人数的2.34%;总人口数在50万至10万之间的少数民族有13个,其人口数合计为315万人,占少数民族总人数的3.01%。第四次人口普查时22个人口数在10万以下的民族中,毛南族和撒拉族在第五次人口普查中的总人数已经超过了10万,进入了10万以上的人口组别;总人口数在10万以下的少数民族有20个,其人口数合计为42万人,占少数民族总人数的0.40%。

二、少数民族的人口政策调查

根据各少数民族不同的具体情况,如:地理环境、人口密度、自然资源、经济、社会和文化发展水平、计划生育工作的基础等,我国政府制定了相应的人口政策。具体来讲,主要包括以下几个方面:

1. 实行计划生育政策的时间:从20世纪80年代初开始的,而对汉族在70年代就已经开始了。

2. 生育数量的控制:根据不同民族和民族地区的人口数量、人口分布、自然生存条件以及社会经济发展等因素区别对待。可以分两种情况来实施计划生育:

(1)人口超过1000万的少数民族地区,提倡一对夫妇生育一个孩子,严格控制二胎,坚决杜绝多生;

(2)人口在1000万以下的少数民族地区,则允许一对夫妇生育二胎,个别的可以生育三胎,但不准生育四胎。

当然,由于各少数民族的具体情况不同,在执行计划生育政策时,个别的民族地区也可生育四胎,甚至在人口较少的几个少数民族中我们并不实行计划生育。

3. 结婚年龄的规定：由于少数民族和民族地区特殊的人口状况、经济状况和社会文化差异，我国的《婚姻法》规定，民族自治地方可根据当地民族婚姻家庭的具体情况，制定某些变通的或补充的规定，例如新疆、内蒙古和西藏等自治区都把结婚的最低年龄变通为女18岁，男20岁。

第四节 民族风俗调查

一、民族风俗调查的内容

在少数民族的形成过程中，各种具有特色的文化随之而成。不同的民族，风俗往往不同。同一民族的不同支系，风俗往往也不同。由于我国各民族之间长期的相互交往，彼此的风俗习惯又互相影响。因此，对民族风俗的调查就是调查民族日常经济生活与文化生活等方面所体现出来的习俗惯例和民俗活动。归结起来，民族风俗调查的内容主要有以下三项：

(1)经济民俗调查

经济民俗调查主要包括有关生产方面的风俗、衣食住等消费方面的风俗以及商品交易方面的风俗。

(2)社会民俗调查

社会民俗调查主要是指个人生活方面的礼仪风俗，例如祭祀风俗、丧葬风俗、做媒风俗、婚娶风俗、好客风俗、说和风俗等等。

(3)文化习俗调查

文化习俗调查主要是指流传下来的民间艺术、民间工艺、民间娱乐和宗教信仰等等。

只有通过周密的深入调查，我们才能真正了解少数民族的风俗。如果不做深入的调查研究，势必会造成以讹传讹。不仅不能反映少数民族风俗习惯的真实面貌，而且极有可能影响民族团结，造成不良的后果。我们在实际的民族风俗调查中，不能仅靠调查者的好奇心，而把调查范围仅仅限于奇风异俗，我们真正要做的是全面了解民族风俗的各个方面，如果只注重片面的调查，很容易引起被调查者的反感，甚至会因为被调查者的抵触情绪而导致整个民族风俗调查工作的失败。

二、民族风俗调查的意义

我们在民族风俗调查过程中，不仅要关注各个少数民族风俗的不同特点，更要关注这些风俗产生是同一个民族的道德标准息息相关的。每一民族都有一套符合自己民族特点的道德评价标准。在阶级社会中，则会有两种互相对立的道德评价标准。但是这两种不同的道德评价标准却会通过具体事实和各种风俗习惯而表现出来的。因此，这就要求我们在实际调查中不仅要调查风俗习惯本身是什么样的？同时还要调查这种风俗习惯产生的根源是什么？它可能是为哪个阶级意识服务的？如果有人违反了这一风俗习惯，会受到怎样的处罚？同一族的人会对他有什么样的评价？在深入调查这些情况时，就对调查者提出了较高的要求。调查者需要有丰富的经验和敏锐的眼光，否则就会视而不见，听而不闻。当然，也不能因为困难就畏首畏尾、停滞不前，否则就会错失大好机会，一无所获。

在民族风俗调查研究中我们还应该注意到下面的问题：例如这个民族有没有比较特殊的风俗习惯？它的具体内容包括哪些？周围的人们对其持何种看法？近几年来有没有什么改变？这种改变是产生在怎样的基础上的？是否能将其仅仅看作是一种残余形态？它的社会意义和社会作用是否有所改变？

总之，民族风俗调查在整个民族调查过程中是最艰难，也是最容易出错的一个环节。因此我们在实际调查中就不仅仅要通过数据、表格、文字，还要利用摄影、绘画、采集实物标本（如服饰）等调查手段；不仅仅要全面了解体现在日常生活各个方面的风俗习惯，而且还要详尽记录每一民俗活动的全过程；不仅仅要了解一种风俗现在是什么样的，而且更要调查清楚它在整个发展变化历史过程是什么样的。

第六章 环境调查

第一节 环境调查概述

一、环境调查概念及作用

从1973年至今,我国的环境保护工作已经经历了33个春秋,环境问题日益成为人们关注的热点。快速的经济发展,为环境问题的解决提供资金支持的同时,也给环境大大增加了压力,环境问题也变得日益严峻。环境调查作为社会调查的一个分支,担负着去了解环境现状,发现环境问题的重大责任。

环境问题的日渐凸显要求社会必须对环境保护加以重视,只有这样才能保证社会与经济的协调发展。环境调查的出现正是由于现代化工业发展所带来的严重环境污染而引发的。环境调查不仅具有一般社会调查的普遍性,还有着本身的特殊性。

所谓环境调查,就是人们有目的有意识地通过对环境现状的考察、了解、分析和研究,以及对居住于其中的人们对当地环境看法的调查,来认识环境受人们影响或者破坏的程度,同时探究其成因,以能采取正确的措施来进行环境保护。随着我国经济的发展,环境问题也已经凸显出其迫切性和严重性,比如森林植被的严重破坏,水土流失和环境污染等,因此环境保护被推上了人们日益关注的议程之中。

环境调查是使用大量调查资料,通过科学的方法,把感性的、琐碎的经验资料上升到理论的层次。环境调查有着多方面的作用,主要体现在以下几个方面:

1. 环境调查可以全面检查环保计划的执行情况,从各个方面的相互联系和相互制约的关系中分析计划完成或者没有完成的具体原因,找出顺利完成计划的积极因素或者造成计划延误的关键薄弱环节,从而提高调动积极因素,挖掘潜力,争取以后能提出更好地完成计划的有效措施。

2. 环境调查还可以反映党和政府有关环境保护方针政策的实际执行状况,查知这些方针政策执行过程中出现的主要问题和取得的主要成绩,发现各个单位在执行贯彻环保方针政策过程中出现的不平衡和平衡的情况,并提出积极的建议和采取有效的措施。

3. 环境调查通过对各种比例关系和客观变动过程的研究,帮助地方政府领导了解环境管理方面的基本情况,认清重要的比例以及其变动趋势,发现环保先进典型和后进单位,并协助管理人员总结出环境管理的一般规律性,利用积极的因素,克服并消除消极的因素,以便把环境管理工作做得更好。

4. 环境调查在人类认识和改造外部世界中的作用,还在于它用系统的数据对环境做出度量和评价,通过一系列基本的标准体系来提供满足制定环境政策和规划所要求的数据资料和信息,提供满足对自然资源环境的合理开发以及进行环境监测评价所需要的环境信息。另外,环境调查还揭示环境状况的变化趋势,比如建立环境测量模型,预测资源环境的承载能力等,作为进一步分析和实施环保的基础。

二、环境调查的对象与标准

环境调查对象包含了人们赖以生产和生活的全部条件,以及影响生态系统平衡的各个因素及其变化所带来的后果。不仅像水土资源,大气等应作为环境调查的对象,凡是受到人们生活影响的各种动物,植物,公园和其他娱乐设施,人口的发展、平均寿命、发病率,城市的建设和改造,能源的利用和开发,一直到土地的盐碱化、沙漠化程度、森林覆盖率,工业上的"废水,废气,废渣"的排放量,基本建设"三同时"情况,以及污染和疾病之间的联系等等,都属于环境调查的内容范围。所以,环境调查的对象有以下两个特点:一是环境调查的对象涉及范围广泛,综合性强;二是环境调查的研究对象界定于社会和自然之间,对技术性要求较高。

要进行环境调查,必须要有一系列的标准来作为判断的准则和依据,这是通过环境调查的各类特有的标准来实现的。由于环境的构成因素多种多样,十分复杂,所以环境调查标准的内容广泛,项目繁多,不仅有质量标准、数量标准,还有相互联系、相互制约的经济和技术相结合的综合标准。环境的调查标准可以大致分为如下五个部分:

1. 土地环境调查标准。土地是构成自然环境的主要因素,是自然资源范畴中的重要核心,因此,环境调查的内容要反映出土地及其构成的现有量、利用量和保护的情况。

2. 自然资源环境保护调查标准。该标准包括:食物资源现有量、收获量和保护情况;森林资源现有量、采伐量、利用和保护情况;水资源及其构成的现有量、供给量、使用量、污染和净化状况;矿藏资源及其构成的埋藏量、开采量和保护状况;航运、文物古迹、公园、草地、野生生物、水生生物、风景游览区、自然保护区的现有量、利用量和保护状况。

3. 能源环境调查标准。能源环境调查标准是为了反映能源及其构成的现有量、开采量、消耗量、回收量和利用情况,还包括对环境带来的影响和后果。

4. 人类居住区环境调查标准。人类居住区环境特性和质量是社会、经济和技术力量与居住区内外环境相互作用的结果。该类标准包括健康与应用、劳动条件、居住条件、娱乐和文化条件以及人口、生产、运输、建筑、公用设施、上下水道普及率、垃圾处理程度、供热方式及普及率等方面研究的常用标准。

5. 环境污染调查标准。造成污染的因素是多方面的,有社会人为方面的,也有自然现象,如火山喷射物等。它也是由一系列的标准组成的:大气,水,土壤,噪声的污染和治理;农药,微量金属,放射性物质,有害化学品,工厂排污的污染和治理;地区环境环保的措施和所耗费用;环保新技术的采用。

环境调查可以发挥调查在环境保护工作的中的服务作用和监督作用,着眼于我国积极发展的趋势,我们必须要尽量避免环境污染,使其和经济发展之间形成良性的支持性循环。所以,环境调查担负着极其重要任务,比如环境调查要及时、全面、正确、系统地反映出环境状况的数字资料,为各级党政领导机关在制定环境保护方针、政策、编制城乡建设和自然环境、城市环境规划时提出科学的依据,并监督检查环境保护计划的执行情况;环境调查还可以对群众起着宣传教育的作用,提高人们对环境保护工作的认识,并为群众参加环境管理,开展环境保护提供信息和资料。

第二节 环境调查的主要内容

一、环境保护调查

(一)环境保护调查的概念

环境保护调查的目的是为了反映污染治理和环境保护的情况,其调查内容包括保护环境和防止污染两大部分。环境保护工作是一项综合性很强的经济、社会和科学技术工作,具体地说,就是运用现代环境科学理论和方法,在利用自然资源的同时,深入认识和掌握污染和破坏环境的根源与危害,有计划、有步骤地保护环境,预防环境质量的恶化,控制环境污染,促进社会经济和环境的协调发展,不断提高人类环境治理和生活质量。之所以要保护环境,一是为人类保持优良的生活环境,二是为保护人类所需要的资源,这两者应该是协调进行,相辅相成,只有管理好森林、草原和水体,才能使生物资源长存不息,并发挥其调节环境的自净作用。

人类在生产和生活中的废弃物排放量不应当超出环境的客观容量和自净能力,以免对环境系统的正常循环造成破坏。这一要求在某种程度上和人们生活生产的发展构成一对矛盾,环境保护调查就是为了描述和表示这对矛盾的状况究竟是怎样的。

环保调查应当有一定的标准来作为调查依据,这就是环境质量调查标准。环境治理标准是关于控制污染,保护环境的各种标准的总称,是用数据标准来体现的环境质量和排污应当控制的界限,也是判断污染危害程度和制定污染防治措施的根据。我国已经颁发了有关于大气、海水水质、城市区域噪声等方面的环境质量标准。一般通常采用指数法来调查环境质量和环保成效,也就是说,依据相应的环境质量标准,通过适当的计算获得有关环境的数值,简明扼要地描述环境质量状况。

(二) 环境保护调查特点

认识环境是保护和改造环境的基本前提,所以,环境保护调查就是为了这个目的产生并发展的。我国1980年就建立了环境统计制度,在全国范围内开展了环境保护调查工作。环境保护调查的工作涉及了人类赖以生产和生活的全部条件,包括影响生态系统平衡的各个因素及其变化所带来的后果。

环境保护调查的特点主要表现为以下几点:

1. 环境保护调查的对象综合性强,涉及范围广。环境调查的研究对象是人类和生物生存的空间和物质条件。涉及到工农业生产、基本建设、人口、卫生保健、文物保护、城市规划和改造、居民生活等各个部门和领域,是一项综合性较强的调查。

2. 环保调查研究的对象对技术性要求较高。因为环保调查的研究对象不仅包括人类生产和生活的社会条件,还包括其他生物赖以生存的自然条件,因此在了解质量及其变化状况时,经常需要通过物理、化学的技术分析与监测。在调查所得的资料中,有很多内容是属于这些分析和监测的数据,要分析这些资料,就需要研究者有化学、物理、和生物等科学知识,而且还需要配置质量高、效果好的自动监测仪器,以正确反映环境污染程度及其危害状况。

(三)环境保护调查内容

环保调查主要分为污染治理调查、环保成果调查和环保建设调查等几部分的内容。

1. 污染治理调查

污染治理调查是与污染物调查标准相互对应的，包括水，气，渣等几个方面：

(1)水

废水处理率——经过各种水处理装置处理的废水量与需要处理的废水总量的比值，计算公式

$$P=\frac{F_1}{F-(F_2-F_3)}\times 100\%$$

其中，P 为废水处理率，F 为废水排放总量，F_1 为经过处理的外排废水量，F_2 为符合排放标准的外排废水量，F_3 为经过处理达到排放标准的外排废水量。

工业废水达标率——符合国家排放标准的外排工业废水量(包括经过处理的和未经处理的)与外排废水总量之比值。

城市污水日处理能力——城市污水处理厂每昼夜处理污水量的设计能力，计量单位为“万吨/座”。

(2)气

废气处理率——生产工艺过程中排出的废气总量中，经过各种处理装置净化、回收和综合利用的数量所占的比率，计算公式为：

废气处理率 = 回收处理废气量/废气总量 × 100%

工业粉尘回收利用率——经过各种回收装置回收利用的工业粉尘和尘泥量与工业粉尘产生量之比值。其中，粉尘产生量 = 排放量 + 回收量

(3)渣

废渣处理率——以填埋、焚烧等方式处理的废渣量(即废渣处理量)与废渣生产量的比值。

废渣综合利用率——已用作农业肥料、造田、生产建筑材料，以及其他综合利用的废渣量(不包括填埋量和焚烧量)，也就是指废渣综合利用量与废渣产生量的比值。

排污收费和污染赔款调查，该项调查包括排污单位数。缴纳排污费单位数——调查范围内已在经缴纳排污费的排污单位总数。

排污费征收额——定时期内实际征收的排污费总额。

污染赔款总额—— 企业由于排放污染物对人体、农作物、林木、牲畜、家禽、鱼类等造成危害而向受害方作出经济赔偿的金额总数。

污染罚款总数——企业由于污染事故或者违反环境管理条例受到经济制裁而被罚款的金额总数。

污染治理资金及使用调查。污染治理资金——主管部门、企事业单位用于治理“三废”及噪声等环境污染源的资金总额。按用途分为用于治理废水、废渣、废气、噪声等项目；按来源又可以分为基建资金、更新改造资金、综合利用利润留成、环境保护补助资金、银行贷款等项目；按完成与否分为计划总额和实际完成总额。

环境保护补助资金——由地方财政部门和环境保护机构从征收的排污费中拿出用于补助治理环境污染的资金。

处理能力——环境治理项目设计文件规定的处理能力。具体标准有设计处理能力，实际处理能力、本年度新增处理能力等。

2. 环保成果调查

环保成果调查包括污染治理的效果和废物利用的效果。

治理后各类污染降低指数——反映经过治疗后的污染降低程度。由治理前污染程度与治理后污染程度指数对比求得。

“三废”综合利用产品产量(值)——企业在设计规定的产品之外,利用“三废”等废弃物作为主要原料生产和回收利用的产品产量(值)。

“三废”综合利用利润——企业利用“三废”作为主要原料生产和回收利用的产品出售后所得的利润额。

3. 环保建设调查

环保系统人员数——从事环保管理、科研、监测机构工作的专职人员,以及“三废”综合利用和污染治理车间班组中的固定职工。总人数分为三类:科技业务人员,行政干部、工人。

城市每百万人口拥有环卫工作人员总数——环境卫生机构人员数与城市人口数(万人)之比。

环保系统房屋建筑面积——用于治理污染和环境保护工作的各种房屋建筑的总面积。

环保系统机动车船拥有数——用于防治污染、“三废”综合利用、环保监测的机动车船总数。包括洒水车、真空吸粪车、垃圾车(船)等。

环保系统仪器设备拥有数——用于防治污染、“三废”综合利用、环保监测的仪器仪表拥有数,如测试仪、声级仪、采样仪等。

城市人口用水普及率、城市燃料气化率——反映城市人口使用自来水和煤气(包括液化石油气、天然气)的普及程度。

城市下水道设施面积占市区面积比重,城市清扫面积占道路面积的比重——反映城市环卫设施及环境保护的强度相对标准。

二、环境污染调查

随着人类社会生产和社会生活活动的进行,特别是现代化工业的迅速发展,数量巨大的工业废弃物和生活垃圾排放入环境,而且大大超过了环境本身的自净能力,破坏了生态系统的平衡,结果使环境恶化,影响人类以及其他生物的正常生存和发展。人们称这类现象为“环境污染”。来自生产过程的污染物质主要是工业生产过程中产生的废水、废渣、废气、放射性物质、交通运输活动中产生的有害气体、废液、农作物栽培中的有害化学物质;来自生活的污染物主要是居民的生活污水和垃圾。此外,还有既来自生产又来自生活的污染物噪声、微波炉辐射等等。

人类社会要治理环境需要对环境污染程度有个明确的了解和认识。环境污染调查通过对污染的调查,描述大气、水域、土壤受污染的程度,以及污染源排放和处理的情况。环境调查的主要标准有以下几种:

(一)水

废水排放总量——包括生产和生活废水。生产废水是指企事业单位在生产和科研过程中通过排放口向外界环境排出的废水量;生活废水是指城镇居民和企事业单位集中居住区排放的污水量。该标准经常以万吨为计量单位。

工业废水排放量——工业企业排放的废水总量,包括外排的各种洗涤水、直接冷却的水和矿区超过排水标准的有害有毒的矿井地下水等,不包括外排的间接冷却水。计算废水排放量,可以采用实测计算法和经济计算法等。

实测计算方法是在废水排放口用流速仪法、浮标法或者插板法，对废水流量进行测定，测定的基本公式为：

废水流量（立方米/日）=废水平均流速（米/秒）×过水断面积（平方米）×日排放时间（秒）

经济计算法的算法是根据用水量估算排水量，公式为：

工业废水年排放量（吨/年）= 排水系数×企业生产用水量（吨/年）

注：排水系数为排水量与用水量的比值。工业类型不同，排水系统不同，一般在0.6～0.9范围内。

工业废水中污染物质——工业废水排放量中各种污染物质的纯量。主要包括：汞、镉、铅、砷、酚、六价铬、氢化物等，可用多种方法测算。常用的方法为平均浓度法，计算式为：

污染物纯重量 = 废水排放量×污水平均浓度

水域面积减少量——由于不合理的建设开发活动而致使江河湖泊等水域减少的面积。

（二）气

大气污染是指，由于工业和交通运输业的发展，大量废气未加处理就排入大气中，空气中因增加了多种新的成分，使空气本来的性质发生变化，产生有害于人的健康，影响动植物生长及损害各种器物等现象。

大气污染调查主要是研究人类活动排入大气环境及废气中的污染物质数量，通过分析判断，反映大气环境的现状和变化规律。废气的种类有生活废气、生产废气和交通废气等。

废气排放总量——燃料燃烧和生产过程中排放出的各种废气总量。计量单位为"年万标立方米"，就是在标态下的废气体积（年排放小时×每小时平均排放量）。

废气中污染物质排放量——废气中的污染物纯量，主要指二氧化硫、烟尘、氮氧化物等。常用的测量方法是平均浓度法，公式为：

污染物纯量=废气量×污染物平均浓度

下面介绍造成大气污染的几种主要污染物质的含量：

1. 二氧化硫

煤炭中的全硫分包括有机硫、硫铁矿、硫酸盐，前二者为可染硫，燃烧生成SO_2，后一部分是不可燃硫，列入灰分。通常可燃硫占全硫分的70%～90%，平均取80%。已知：一克硫燃烧后生成二克二氧化硫，则含硫为1%的煤1000千克燃烧后产生的二氧化硫的计算公式：

$SO_2=1000\times W\times(S/100)\times(80/100)\times 2=16W\times S$

式中：S为煤的全硫分的分子数值，M为耗煤量。

如果燃料中的一部分硫在燃烧过程中进入产品，则计算SO_2的排放量时，应该除去产品中的硫。以水泥生产为例，其计算公式：

$$SO_2 = 2W\times S - 0.8\, M\times S'$$

式中：W为耗煤量（吨）；S为煤中的全硫分（%）；M为水泥熟料（吨）；S'为水泥熟料中的SO_3含量（%）；0.8为SO_3换算为SO_2的系数。

2. 燃煤烟尘的计算

烟尘排放量=耗煤量×煤的灰分×烟气中的烟尘占灰分量的百分比×（1－除尘器的总效率）

工业粉尘排放量

粉尘排放量是指工矿企业生产过程中排放的固体微粒，如耐火材料粉尘，石灰窑粉尘，烧结机粉尘，水泥粉尘等，其主要成分是二氧化硅，对人体危害极大。计算公式为：

工业粉尘排放量 = 工业废气量 × 粉尘平均浓度 = 工业粉尘产生量 − 工业粉尘回收量

粉尘产生量 = 排尘系统风量 × 除尘设备排出口气体含尘浓度 × 除尘系统每年运转工作小时

粉尘回收量 = 排尘系统风量 × 除尘器进口气体含尘浓度 × 除尘器出口气体含尘浓度 × 除尘器每年运转工作小时。

(三)渣

工业废渣产生量是指工矿企业在生产和实验过程中排出的固体废弃物总量，包括冶炼废渣、粉煤灰、炉渣、化工废渣、放射性废渣等。在进行工业废渣的调查标准中，需要调查历年工业废渣堆存总量，工业废渣占地面积和工业废渣占用农田面积等。除此之外，其他方面的调查数据还有城市垃圾年排放量、累计堆存量及占地面积。

(四)噪声及市区交通噪声

噪声调查对象主要是城市环境中市区交通干线旁的交通噪声及工矿企业生产车间里的设备噪声。调查噪声等级的方法有多种，常用的方法为统计声级，就是对不稳定噪声的测定结果进行统计分析得出的声压级。市区噪声标准反映整个城市环境噪声的轻重程度。

(五)农村环境污染

由于乡镇企业的发展和化肥农业在农业生产过程中的大量使用，农村环境的污染问题也变得越来越显著。

(六)海洋环境污染

海洋污染近年来也日益成为人们关注的热点，由于倾倒各种有毒物质和放射性污染物，开采石油以及随之而来的油井油轮事故，海洋环境受到严重破坏，对海洋环境调查的重视有利于海洋环境保护。

(七)污染事故

污染事故是指由于各种原因引起的偶然性、突发性污染物排放而造成的环境污染事件。企业污染周围环境给国家、集体和个人造成直接经济损失在千元以上的事件为单位调查。

对以上诸多计算公式和标准分类的掌握和了解，可以帮助国家和地方政府领导者对环境污染程度有更为确切的了解，在开发和建设大型项目活动的同时，从环境保护的角度去考虑问题，如兴建交通干线，大型工程，港口机场，新工业区和新城镇建设，旅游区管理等等。这样就可以使环境保护工作真正融入到经济建设和社会发展的过程中，而不是以牺牲环境为代价的畸形经济发展。

三、污染危害及其治理调查

(一)污染危害调查

环境污染危害调查的主要任务是综合说明污染的危害程度与计量污染所造成的损失，一般是通过测算环境费用标准来反映污染所造成的经济损失。广义的环境费用包括：损害费用、防护费用和事业费用，狭义环境费用标准只包括损害费用。损害费用主要是指因污染而引起的医疗费用和因污染造成损失的赔偿费用，主要包括：工业生产排污造成的经济损失、对生态影响的经济损失等。

1. 损害费用

(1)工业生产排污造成的经济损失。工业生产排污造成的经济损失首先是指由于物质流失造成的经济损失，其次是指为补偿由于污染物质排入环境造成的危害而付出的经济代价，二者加起来就是全部支付的经济损失额。计算物质流失而造成的经济损失分两个步骤：

首先是求折成产品的当量数，折成产品的当量数(T) = 报告期具体污染污染物流失量(kg)/一吨产品所需该污染物的理论量(kg/T)

其次是按初始原料加工到产生该污染物时，所需价值增值数，计算公式为：

$$E = GS\left[\frac{C}{S} + \left(1 - \frac{C'}{S}\right)\frac{O}{N}\right]$$

式中 E 为报告期该污染物流失的经济损失(元)；

G 为折成产品的当量(T)；

S 为单位产品总成本(元/T)；

C 为单位产品有关原料成本(元/T)；

C' 为单位产品全部原料成本(元/T)；

N 为单位产品的生产总工时(时/吨)；

O 为加工到该污染物所需总工时(时/吨)。

在调查实践中，E 也可以表示为：$E = KGS$，其中 K 表示价值增值系数。

以上计算公式的条件是 G 是假定报告期内无损失的条件下所能加工的产品数量。K 是用工时法推算出来的，一般来说是一个常数，其数值随着加工程度的提高而增大，但不能≥1。

(2)对生态影响的经济损失

环境污染对生态影响的经济损失可以通过估算得出，计算公式：

$$E = \sum_{i=1}^{n} Q_i A_i P_i$$

式中，E 为污染对生态造成的经济损失；

Q_i 为样本生态系统中，主要组成成分数目；

A_i 为污染面积内主要组成成分损失总数；

P_i 为主要组成成分的价值。

(3)对农业生产造成的经济损失

农业在我国国民经济中占有非常重要地位，对于污染对农业生产的危害应该给以足够重视。目前来说，要准确的测算因污染而造成的问题是一个十分复杂的问题，通常的估算公式为：

$$E = (a\ C_1A_1 + b\ C_2A_2 + c\ C_3A_3)P$$

E 为环境污染对农业生产造成的经济损失；

a, b, c 为常数，由污染浓度对产量具有的影响而确定；

C_1, C_2, C_3 为具有轻、中、高度影响的污染物浓度；

A_1, A_2, A_3 为受轻中、高度影响的面积；

P 为单位农业产品的价格。

另外，环境污染并不仅仅带来经济上的损失，它还严重的危害人们的身体健康，并且直接、间接的影响着生产效率，这些方面的影响也要考虑进去。

2. 防护费用和事业费用

防护费用主要指为避免污染而采取必要的防护装置所开支的费用，如设置消烟除尘、净化废水、防止噪声等项设备的开支费用，通常根据各种污染源的数量和规划治理污染的投资进行计算。事业

费用指计划与执行环保业务所支付的各项费用,如情报资料费、科研费、管理费等,包括:

(1)缴纳排污费总额。缴纳排污费总额,是指企事业单位排放污染物超过国家排放标准所支付的排污费总数;

(2)污染事故损失费。污染事故损失费指排放污染物超过国家或地区标准,并造成一次性的直接经济损失在1000元以上的事故损失费;

(3)污染赔偿总额。污染赔偿总额指因环境污染而对受害者所赔偿的经济损失总额;

(4)污染罚款总额。污染罚款总额指因造成环境污染事故,向政府财政部门交付的罚款金额总数。

在实际的调查研究中,计算污染费用和经济损失是一个比较复杂的问题,要首先确定污染危害损失和正常损耗的范围,同时要科学地确定污染的危害范围、危害程度和数量。

(二)污染治理情况调查

1. 治理情况调查的标准

(1)本年污染治理资金总额。本年污染治理资金总额是指本年内实际用于治理环境污染的资金总和。

(2)实际处理效果。实际处理效果指治理装置运转后实际获得的经济效益和环境效益。

(3)安排治理项目个数。安排治理项目个数指国家、部门、地区、企业等安排治理污染项目的总和,包括当年新建、续建和上年结转的治理烟尘、"三废"和噪声等项目。

(4)当年竣工项目个数。当年竣工项目个数指按照设计要求全部建成,并经验收各个交付使用的污染治理项目。

(5)新增处理"三废"量。新增处理"三废"量指当年试车运转后投入生产的实际处理量。

2. 治理情况调查的分析标准

(1)"三废"处理率

废水处理率:指经过各种水处理装置的废水量与全厂需要处理的废水量的比值。

废水处理率=经过处理的废水/(废水排放总量-符合国家排放标准的废水量-经处理后符合国家标准的废水量)×100%

废气处理率:指生产废气净化、回收和处理的量与生产工艺废气生产量的比值。

废气处理率=废气净化、回收和处理量/废气生产总量×100%

(2)烟气除尘率。烟气除尘率是指回收烟尘量与产生的烟尘总量的比值。

(3)工业粉尘回收率。工业粉尘回收率是指回收的工业粉尘与产生的工业粉尘总量的比值。

(4)烟尘、粉尘回收率。烟尘、粉尘回收率指回收的烟尘和粉尘的和与产生的烟尘、粉尘的量的和的比值。

四、环境质量调查

环境质量调查是指根据保护人体健康,保证正常劳动和日常生活的顺利进行,以有利于其他生态系统正常循环的环境标准为尺度,对城市环境质量变化给人体健康造成影响的程度做出客观总结。环境现状调查是对某一城市地区环境污染的现状进行调查,包括污染源调查、环境污染调查和环境质量发展变化趋势调查三个部分。

（一）污染源调查方法

污染源调查是环境质量调查的基础，它的任务是综合调查研究各类污染源排放的污染物，取得各项监测数据，并找出主要污染源和污染物。调查污染源有若干种单项标准调查法：

1. 等标污染负荷法。等标污染负荷法是用标准单位反映各种污染源对环境污染程度的方法，计算公式：

$$Pi = Ci \times \frac{Ci}{Co} \times 100\%$$

Pi 为 i 污染物的等标污染负荷；

Ci 为 i 污染物的实测浓度；

Qi 为 i 污染物的废水量（吨/日）；

Co 为 i 污染物工业排放标准绝对值。

2. 排毒系数法。其计算公式为：

$$i\text{污染物的排毒系数} = \frac{i\text{污染物排放量}}{i\text{污染物的毒性标准}}$$

排毒系数表示排放出来的 i 污染物长期、充分作用于人体时，可引起呈毒性反应的人群。因此，当排毒系数越大，污染物环境污染的潜在能力就越大。

（二）环境质量调查

环境质量调查是现状调查的核心内容，其主要任务是在污染调查的基础上，通过对组成环境各要素的调查和整体环境调查，了解和认识环境的现状、污染程度、污染状况的地区差异等，它包括环境的诸要素的调查和环境综合调查。

调查单环境要素的常用指数公式有两个，第一个是：

$$i\text{污染物的污染指数} = \frac{i\text{污染物的实测浓度}}{i\text{污染物的调查标准}}$$

$P = \sum_{i=1}^{n} Pi \ (i = 1, 2, 3, \cdots, n)$

P 为环境质量指数；Pi 为 i 污染物的污染指数。

第二个指数公式为：

$Pi = \frac{1}{k}\sum_{i=1}^{n}\frac{C_i}{S_i}(i = 1, 2, 3, \cdots, n)$

P_i 为 i 污染物要素的环境质量指数；

C_i 为 i 污染物的实测浓度；

S_i 为 i 污染物的调查标准；

k 为污染物的个数。

这两个公式相比，后者在对单个环境要素进行质量评价时，采用了均权处理方法，而前者则没有采用这种方法。

在影响城市环境诸多要素中，选择最主要的几个要素作为参数，并对参数进行合理加权，建立一个总环境质量指数 i，可以用于调查这些主要环境要素构成的总环境的质量。

“参数”的选择和“权数”的确定，要根据各个国家、地区和城市的主要污染源调查情况和它的类型特点，按照调查的目的加以选定。

环境调查反映了环境的一般状况,通过科学而规范的环境调查,政府部门领导者可以认识到环境保护工作的现状并预测今后环境保护发展的趋向,根据环境调查的结果提出改善环境质量的对策和建议,积极减轻对外部环境的危害程度,为制定防污和环保规划提供依据,从而协调好经济建设和环境保护二者之间的关系,最大效率地提高环保投资的经济效益、环境效益和社会效益。

第三节 环境意识调查

环境问题主要源于人类对自然资源和生态环境的不合理利用和破坏,而这种破坏环境的行为又是与人们对环境缺乏正确的认识相连的。因此,提高人们的环境意识,正确认识环境以及环境问题,使人们的行为与环境相和谐,是解决环境问题的一条根本途径。环境意识的调查就是为了顺应这个要求而产生的。

公众的环境意识对解决环境问题和保护环境具有重要作用。环境意识是有效开展环境宣传教育工作的基础。而我国的公众环境意识的状况到底如何?这就需要我们运用现代的科学方法进行比较规范的环境意识调查,来了解我国公众环境意识的现状。我国国家科委促进发展研究中心、环保总局等都开展过关于环境意识调查的研讨会,这些研讨会促进了环境意识调查结果更好的应用,也有利于环境调查本身的进行,使今后的环境调查工作更加规范。

一、环境意识的概念和内涵

环境意识就是指人们在认知环境状况和了解环保规则的基础上,根据自己的基本价值观念而产生的参与环境保护的自觉性,环境意识最终会体现在有利于保护环境的行为上。也就是说,它是人们参与环境保护的自觉性,它的水平有高低之分,可以对其进行研究。环境意识概念的提出,有其历史必然性,这就是人类社会实践的迫切需要。进入20世纪60年代以来,对于人与环境关系中出现的新问题,人们感到仅仅依靠传统的方法已经无能为力,如技术、经济等方面的单兵作战,已经解决不了问题。环境意识就是在这种实践的需求下产生出来的,它是针对现代人与环境的关系所提出的一个综合性、多层次、全方位的概念。由于现代人与环境关系的复杂性,也就决定了环境意识的综合性和复杂性,决定了它本身是一个多维度、全方位的一个内容体系。

现代环境意识是人类思想的先进观念,是对人与自然的关系认识的一个飞跃。环境意识是一个多层次、全方位的关于人与环境关系的内容体系,它由环境认识观、环境价值观、环境伦理观、环境法制观和环境保护自觉参与观等五个逐渐递进的部分组成。环境意识的层次要比其组成部分更加稳定,确定环境意识的层次要考虑环境意识的特征,它包括理论知识和实践技能,分知识、态度、调查,行动四个层次,是一个从认识环境到养成自觉参与保护环境的行为习惯的统一体。

二、环境意识调查的意义

传统的经济发展模式是以损害环境为代价来取得经济增长的,而现在,社会大众已经普遍认识到,没有良好的生存环境,可持续发展是根本不可能的,只有有了可持续的环境,整个社会的发展才是真正有益于社会群体的。

环境意识的调查研究可以正确认识并客观的描述环境意识的一般状况和特点，解释环境意识的产生，发展和变化，揭示环境意识的本质和发展规律，预测和引导未来环境意识的发展。

环境意识的调查研究成果有助于国家和地方政府机构科学的制定和执行有关环境政策，为调整和修正相关的环境政策（包括环境宣传政策）提供科学依据，并检验和监督环保工作的实际效果。充分认识环境意识对于环保事业的重要性，在把握环境意识发展变化的本质规律的基础上，可以预测和引导将来环境保护工作的开展，因为环境保护工作是源于社会大众的环境意识的觉醒的，而环境保护过程中的环保法规和政策的执行成本以及效果也都是与大众的环境意识相关联的。中国的环保运动，大体上是自上而下发起的，政府充当着环保的主体，起着动员者、组织者、协调者和制裁者的角色，城乡居民对政府有着明显的依赖。所以，要真正的推动环保工作，各级政府言行一致、高度重视是非常重要的。而这就要依赖于各级政府领导的环境意识，只有这样才能从根本上推动当代中国环境保护的进程。

三、环境意识的调查方式

环境意识调查的目的是为了了解公众的环境意识状况和特点，了解公众对环境保护运动和环境教育的支持程度和效果的。环境意识的调查测试是环境保护工作和环境宣传教育开展到一定程度的产物。

环境意识调查研究的方法很多，按不同的标准，可以划分出许多不同的类型，如主观研究法和客观研究法，理论性研究方法和经验性研究方法，单标准研究法和综合标准（多标准）研究法，定性研究方法和定量研究方法。本书简单的介绍以下几种：

问卷调查法。问卷调查法是环境意识调查的首选方式，它以其标准化、大规模为特点，成为公共环境意识基本状况的最主要的描述手段。在青岛市、重庆市环保部门以及中华基金会、国家教科委研究中心、中国社会调查所等主持的环境意识调查中，问卷是惟一的资料来源。这些调查最直接的目的是实现对公众环境意识基本状况及其特点的描述。问卷的设计是环境意识调查的一个非常关键的环节，它的内容应该包括环境知识、基本价值观念、环境保护态度、环保行为以及自变量等。其中，环境知识的测量可以通过设计有关问题，对被访者进行考察了解。基本价值观和环保态度的测量，可以使用各种社会态度量表，如利科特量表、语义差异量表、瑟斯顿量表、博格达斯量表和生活梯度量表等。还可以运用情景法（设计一个与测量内容相关的情景，而且测量的意图往往隐藏在问题之中，让被访者身处其境的表露出自己的看法和意向，而不易觉察设计者的意图）、投射法等方法设计问卷。对于环保行为，可以设计出一些问题，检验被访者是否参与过环境保护或与环保有关的活动。

观察法。观察法可以分成自然观察法和实验观察法两种。在环境意识的调查研究中，观察法，尤其是自然观察法，是一种比较常用的方法，研究者可以直接直观地了解到研究对象的情况。比如在旅游观光点，最能通过观察法来了解人们的环境意识水平。曾在环保历史上起过重要作用的《寂静的春天》（卡逊著）就是使用观察的方法，搜集了大量的重要材料。运用观察的方法，如果你看到一个城市的垃圾遍地，就可以大致地推测这个地方的居民的环境意识如何了。但是观察法也是有局限性的，最明显的是不够深入，不够全面，难以进行系统的分析。

文献分析法。文献分析法就是通过查找、阅读有关文献，研究前人的环境思想和环境意识，借以了解环境意识的发展史，挖掘、整理前人有关环境保护的思想，作为今天环境保护实践的借鉴，这种方法基本上是一种历史学的方法。

比较研究法。比较研究法往往涉及到多种研究方法的综合应用，通过比较研究，揭示环境意识水平的真实状况和影响、制约环境意识水平的本质因素。

在环境意识的调查研究过程中，通常是以某种调查方式为主，然后再以其他方式辅助进行，很少纯粹地使用一种方法。

第七章　社会保障调查

第一节　社会保障调查概述

一、社会保障调查及其意义

社会保障是国家应尽的社会责任，同时也是公民的一项基本权利，它受法律保护。社会保障是指对因年老、疾病、伤残而丧失或暂时丧失劳动能力，或者因为待业、灾害和不幸事故等原因使得生活发生困难、需要给予帮助与应该帮助的社会成员，国家或集体按照法律和具体条例规定，根据权利和义务对等的原则，给其一定的经济或物质帮助的形式。

社会保障调查是社会调查的重要组成部分之一，它是利用调查分析的方法来观察和研究社会保障事业的现实状况和发展趋势。更具体一点来说，它是观察研究国家或社会对丧失或暂时丧失劳动能力的社会成员及其他需要与应该获得帮助的社会成员，在一定的时期内所提供物质保障的范围、内容、水平、规模、效益的状况，以及发展的趋势、特点和规律。社会保障调查是监督和检查国家有关的各项与社会保障有关的政策与措施的执行和落实的状况，分析社会保障对预防和治理社会问题的作用程度，从而改进与完善社会保障工作的形式和组织等工作的重要依据。

二、社会保障调查的任务

社会保障调查的工作范围取决于一个国家或地区社会保障的范围。随着社会主义事业的不断发展，我国的社会保障调查工作范围也有新的变化，具体说来主要包括以下几个方面的调查工作：社会福利调查；社会保险调查；社会救济调查；社会优抚调查等等。

社会保障调查的任务就是及时、准确、全面、系统地搜集、整理、分析、提供社会保障的对象、机构、工作、经费等方面的量化资料，从而形成标准体系，并对这些资料进行静态和动态的分析，作为国家制定有关方针政策，编制计划，开展业务工作的重要依据；同时从各个方面对国家有关社会保障的政策方针进行检查、监督，为发展社会福利和社会保障事业服务。

社会保险调查指社会上的劳动者在生、老、病、死、伤残等情况下,国家和社会给予其经济和物质帮助状况的调查。具体说来主要包括离退休调查、医疗卫生保险调查、职工死亡丧葬及抚恤等几个方面。

2. 社会保险成果调查

(1)离退休调查标准

①离退休人数

离退休人数是指根据1982年国务院颁发的《关于老干部离职休养制度的几项规定》及其他有关的文件规定的条件,办理了离休和退休手续的人数的总和。主要包括在不同的历史阶段参加革命斗争的离休老干部,以及其他机关、团体、企事业单位的退休职工,军队的离退休干部等等。离退休制度是社会保障的重要组成部分。实行离退休制度,"老有所养",对解除广大职工的后顾之忧,调动广大职工的社会主义建设积极性起了重要的作用。离退休人数是一个总量调查标准,反映一个国家(或地区)在某一时点离退休人数的存量或某一时期离退休人数的发生量。

②在职职工与离退休人员比

在职职工与离退休人员比是指在职职工与离退休人员的比例关系,在实际调查中我们通常采用以下公式:

$$在职职工与离退休人员比=\frac{在职职工人数}{离退休人员数}$$

③离退休人员人均费用额

离退休人员人均费用额是指在一定时期内(一年、一季或一月)平均每一位离退休人员的离退休费用,在实际调查中我们通常采用以下公式:

$$离退休人员人均费用额=\frac{离退休费用总额}{平均离退休人员数}$$

离退休人员人均费用额反映了一个国家(或地区)在一定时期内平均每一离退休人员的一般离退休费水平,用来说明对离退休人员的一般生活保障程度。

(2)医疗卫生保险调查标准

①劳动者医疗保险率

劳动者医疗保险率是指劳动者发生疾病时可以享受国家和社会给予的医疗保险的人数占社会总的劳动者人数的比率。在实际调查中我们通常采用以下公式:

$$劳动者医疗保险率=\frac{可享受医疗保险劳动人数}{社会劳动者总人数}\times 100\%$$

②享受公费医疗人员数

在我国享受公费医疗待遇的人员,主要包括国有企业单位职工,城镇集体所有制企业单位职工,高等院校的在校学生,以及企事业单位职工的直系亲属等等。

③职工死亡丧葬及抚恤费

职工死亡丧葬及抚恤费,主要包括职工因工死亡,或因工负伤致残导致其完全丧失劳动能力而退职后的死亡丧葬费,职工因病或非因工死亡以及退职后死亡丧葬补助费,供养其直系亲属的抚恤费,救济费和供养其直系亲属的死亡丧葬补助费、救济费等。

三、社会救济成果调查

1. 社会救济调查的概念

社会救济调查主要是指由于自然灾害或其他种种原因的影响，造成部分社会成员无法维持其最低生活水平，在这种情况下，国家和社会给予其一定的临时或定期经济、物质帮助情况的调查。社会救济的对象主要有以下几个方面：社会散居的（即未被社会福利性收养机构收养的）“三无”孤老、残疾人、孤儿等；城乡贫困户；因自然灾害和意外事故造成困难的灾民、难民；被精简退职的老职工等。

2. 社会救济成果调查

社会救济调查的主要包括以下几类标准：

（1）社会救济人数调查标准

①社会收容、遣送人次数

社会收容人次数是指对因自然灾害、各种社会或个体原因造成的在社会上流浪乞讨的人员，由社会收容遣送机构收容的人次数；遣送人次数指对上述收容人员遣送回原籍或转至其他部门安排处理的人次数。社会收容、遣送人次数不是按人计算，而是按收容遣送的次数计算，也就是说在报告期内某人被收容或遣送两次，则计为收容或遣送两人次。社会收容、遣送人次数是两个紧密相连的标准，它反映国家或地区在一定时期内收容、遣送的规模。

②每万人口中享受救济人数

享受救济人数是指在一定时期内按规定可享受救济人数中，实际得到国家和社会集体各种经济和物质救济的人员数。具体对象包括农村贫困户得到救济人数、农村散居（即未被敬老院收养的，下同）“五保”户得到救济人数、城镇贫困户得到救济人数、城镇散居“三无”孤老残幼得到的救济人数、精简退职的老职工得到的救济人数、因自然灾害破坏力的作用造成生产和生活困难的灾民得到的救济人数以及用救灾救济款扶持发展生产的人数等。享受救济人数反映在一定时期内得到国家和社会集体各种救济的人员有多少。

每万人口中享受救济人数是指一个国家（或地区）在一定时期内享受救济人数与全国总人口数之比。在实际调查中我们通常采用以下公式：

$$\text{每万人口中享受救济人数（人）}=\frac{\text{享受救济人数}}{\text{总人口数}}\times 100\%$$

③人均享受救济费

人均享受救济费是指实际享受救济的人员平均每人得到的救济金额。在实际调查中我们通常采用以下公式：

$$\text{人均享受救济费（元）}=\frac{\text{救济费用总额}}{\text{实际享受救济的平均人数}}$$

人均享受救济费反映一个国家或地区一般的救济水平。由于享受各种救济的对象不一样，救济的方式也不一样，享受不同救济人员的人均救济水平差别较大。

（2）受灾救济调查标准

受灾救济调查主要通过成灾人口受救济比这一标准来反映。成灾人口指遭受自然灾害的地区，农作物因受灾减产在三成或三成以上地区的全部农业人口数。由于灾害影响程度不同，国家和社会集体根据实际情况，对成灾人口中受自然灾害破坏力的作用，在生产、生活上发生一定困难的，给予生活救济或扶持发展生产，即为成灾人口受救济比，在实际调查中我们通常采用以下公式：

$$成灾人口受救济比=\frac{受救济灾民人口数}{成灾人口数}\times 100\%$$

成灾人口受救济比反映了一个国家（或地区）对灾民救济的程度。

(3)扶持贫困户调查标准

①贫困率

贫困户数是指生活有困难，需要依靠国家或社会集体给予救济的家庭户数。贫困户的标准，城乡规定不完全一样，在城镇是指无固定收入，无生活来源，维持当地基本生活有困难、需要依靠国家或社会集体给予救济的家庭户数；在乡村因各地贫富差异较大，贫困户的标准也不一致，一般是指人均年纯收入在200元以下的家庭户数。贫困户不包括城乡社会散居的孤老、残、幼以及因自然灾害造成生活困难的灾民在内。

贫困户数（或人数）反映一个国家（或地区）在一定时点拥有贫困户（或人数）的多少。它与全国（或地区）家庭总户数之比，我们称为贫困率，贫困率可以反映贫困面的大小。在实际调查中我们通常采用以下公式：

$$贫困率=\frac{贫困户数（或人数）}{总户数（或人数）}\times 100\%$$

我们还可以将贫困户数与实际得到国家或社会集体救济的贫困户相比，计算在贫困户中得到国家或社会集体救济的面有多大。在实际调查中我们通常采用以下公式：

$$贫困户受救济比=\frac{得到救济的贫困户数（或人数）}{贫困户总户数（或人数）}\times 100\%$$

②脱贫户及脱贫率

脱贫户是指对“双扶”（扶优、扶贫）对象，经过扶持发展生产，其收入水平已超过贫困线，依靠自己积极劳动，稳定地维持基本生活，具有一定扩大再生产能力的家庭户。脱贫户与“双扶”户之比，即为脱贫率。在实际调查中我们通常采用以下公式：

$$脱贫率=\frac{脱贫户数}{“双扶”总户数}\times 100\%$$

四、社会优抚成果调查

1. 社会优抚调查的概念

社会优抚调查是对那些为国家和社会做出贡献的革命残废军人、烈军属、复员退伍军人等给予优待和抚恤等方面的调查。

2. 社会优抚成果调查

社会优抚成果调查主要通过以下几个标准来反映：

(1)优抚人口覆盖率

优抚对象人数是指按国家政策、法令规定的优抚条件，享受优待和抚恤待遇的革命军人和烈、军属人数。优抚对象人数反映国家（或地区）在某一时点的优抚覆盖面有多大。优抚对象人数与总人口之比，即为优抚人口覆盖率，一般以百分数表示，在实际调查中我们通常采用以下公式：

$$优抚人口覆盖率=\frac{优抚对象人数}{总人口数}\times 100\%$$

(2)优抚率

优抚率是指实际享受优抚待遇的人数与优抚对象人数之比。一般以百分数表示，在实际调查中我们通常采用以下公式：

$$优抚率=\frac{实际享受优抚待遇人数}{优抚对象人数}\times 100\%$$

优抚率反映实际享受优抚待遇的人数占优抚对象人数的比重，从而说明优抚工作开展的程度，分析有多少优抚对象还没有得到国家和社会集体的优抚。

(3)优抚机构数

优抚机构数是指为需要治疗、康复、疗养、休养、养老的优抚对象而举办的各种优抚事业单位数总和。具体包括国家民政部门为家中无人照顾或照顾有困难的、生活不能自理的重残革命军人、孤老军人而举办的革命伤残军人疗养院，为在乡（即不在职）患有慢性疾病需要治疗或疗养的革命军人和复员军人而举办的慢性病疗养院，为纪念烈士而建立的烈士纪念建筑物管理机构，以及国家民政部门和社会集体为供养孤老优抚对象而举办的光荣院等。优抚机构数反映一个国家（或地区）在某一时点优抚事业的规模大小。通过对不同地区、不同类型优抚事业机构及其规模的调查，就可以为国家制定优抚事业发展计划提供依据，从而加强军民关系，促进部队建设。

第三节　社会保障经费调查

一、社会保障费用调查

社会保障费用总额是指实际用于各项社会保障事业的费用总额。社会福利保障费用的来源主要有国家、集体、个人等几种渠道，包括国家财政拨款、有收入单位和个人纳税、社会自筹、贷款回归，以及社会福利保障基金的存款利息等等。这些经费的使用，集中调查为社会保障费用总额。在我国的实际调查中，社会保障费用的构成内容可分为以下五个方面：社会保险费用、社会福利费用、优待抚恤费用、社会救济费用、自然灾害救济费用等。

二、社会保险费用调查

社会保险费用是指国家和社会用于劳动者在年才、疾病、丧失劳动能力或待业时，支付的费用总和。社会保险费用反映了国家和社会对劳动者承担保险义务的数量。社会保险费用总额的构成包括：国家和社会用于劳动者的离休、退休、退职金（包括劳动者因疾病、伤残提前离职的退职费用）和养老金的支出；国家和社会用于劳动者的医疗保险的支出；国家和社会用于劳动者待业保险的支付。

三、社会福利费用调查

社会福利费用是指用于改进和改善人民物质生活和精神生活以及为鳏寡孤独残疾者服务的费用

总额。社会福利费用的构成主要包括职工劳动保护费用,职工集体福利设施的费用,职工的各种特殊和特定的补贴费用,职工业余文化体育活动费用,举办无依无靠的老年人社会福利事业的费用,举办无依无靠的婴幼儿童社会福利事业的费用,举办无依无靠的残疾弱智社会福利事业的费用,兴办假肢工厂、殡葬机构、收容遣送站和其他福利事业单位的经费补贴,城市居民的生活补贴费用,举办各项公共福利设施的费用。

四、社会优抚费用调查

社会优抚费用是指我国的社会优抚基金来源于国家财政和社会集体筹集。社会优抚费用总额就是用于全部优抚对象的抚恤、补助、优待和安置的费用总和。社会优抚费用的构成有:牺牲病故抚恤费,烈军属和复员退伍军人补助费,退伍军人安置费,在职和在乡残废金,残废补助费(包括伤口复发医疗支出、安装假肢支出和分散供养支出),残废军人休养院经费,复员退伍军人疗养院经费,复退军人精神病院经费,光荣敬老院经费,烈士纪念单位经费,优抚慰问活动经费和其他优抚工作经费(包括接待优抚对象来访,烈士史料收集印刷支出等等)。

五、社会救济费用调查

社会救济费用是指国家和社会用于对无依无靠的孤、老、残、幼和其他原因引起生活困难的贫困户进行定期和临时救济,以及扶助其中有劳动能力的人实行生产自救所支付的费用总和。社会救济费用主要包括对城乡贫困户的生活救济费,对城镇散居“三无”的孤老、儿童、残疾人、精神病人的生活救济费,对精简退职的老职工的生活救济以及对因自然灾害破坏力的作用而造成困难的灾民的生活救济费等。还包括对城乡贫困户和灾民扶持发展生产的费用。

六、自然灾害救济费用调查

自然灾害救济费是指用于因自然灾害破坏力的作用(如旱灾、水灾、风雹灾、霜冻、病虫害、台风、地震等)造成生产和生活困难的灾民的费用总额。包括对灾民的生活救济费、扶持灾民生产自救的费用和紧急抢救、转移安置灾民的费用等。自然灾害救济费用总额一般包含在社会救济费用总额中,为了分析观察的需要,往往也单独调查。自然灾害救济费用总额的多少,取决于国家的财力和自然灾害的严重程度。国家财力情况好或自然灾害严重的年份,救济费就多支出;反之则少支出。

第八章　社会秩序与安全调查

良好的社会秩序与安全不仅是人们安居乐业的基本条件之一，而且也是社会文明进步与发展的重要标志之一。在我国的社会主义建设中，社会秩序与安全是保证社会稳定的重要前提，因此对社会秩序与安全进行调查在社会调查中就占据了很重要的地位。社会秩序与安全调查主要是围绕着社会成员的人身、财产以及其他的合法权益受到的保障程度大小上来反映社会和社会的进步。

第一节　社会秩序与安全调查概述

一、社会秩序与安全调查的概念与对象

社会秩序与安全的概念有广义和狭义之分：从广义上来说，社会秩序与安全是指建立在一定物质资料生产基础上的一定社会联系和社会关系的稳定性，具体包括政治秩序、经济秩序、生产秩序与安全，以及社会治安与国家安全等几个方面；从狭义上来说，社会秩序与安全仅指社会成员和社会团体的人身与财产安全不受外来侵害的保障程度，具体包括刑事违法与犯罪、民事纠纷与调解、火灾事故、交通事故、其他治安灾害事故等。本书所采用的是社会秩序与安全的狭义概念。

社会秩序与安全调查是以社会成员和社会团体的人身与财产安全遭受外来侵害的程度为中心，围绕着致害、受害与防治危害三个方面为观察主线，为了反映一个国家与地区居民进行正常生产、生活与交往的保障程度所进行的调查。

我国社会秩序与安全的调查资料，主要来自于各个司法、公安、检察院、法院等部门的业务定期报表。调查资料的基本内容分为刑事案件、治安案件、民事案件、治安事故的发生和查处情况。

二、社会秩序与安全调查的意义

随着社会进步程度的不同，社会秩序与安全问题也在不断的变化，所以，社会秩序与安全调查在研究处理社会治安、社会风气以及整个社会与经济发展中有着其他研究方法不具有的独特的意义，具体表现在以下几个方面：

1. 社会秩序与安全调查可以量化社会秩序与安全的状况

社会秩序与安全调查可以针对社会秩序与安全状况做出量化的描述，从而有助于对法律、政策的执行情况及公安、司法行政工作情况进行检查和监督，为某些社会问题做出决策和制定政策提供依据。

2. 社会秩序与安全调查可以反映社会秩序与安全的特点

社会秩序与安全调查有助于揭示社会生活与生产中各方面、各部分相互之间的关系,有助于维护社会秩序与安全各环节间的协调,与此同时,也就对各有关部门的调查自成体系提出了较高的要求。

3. 社会秩序与安全调查可以有效地防治社会秩序与安全的问题

要解决社会秩序与社会安全问题,不仅要注重治理,而且更要注重防治;不仅要抓治安问题本身,而且要动员社会各方面力量,开展遵纪守法教育,建立良好的社会风气。只有把社会秩序与安全调查中的标准与人口、经济、教育、文化等方面的有关标准联系起来,考察其数量之间的关系与变化,才能更好地采取恰当的综合治理措施。

4. 社会秩序与安全调查是社会调查标准体系的一部分

社会秩序与安全调查可以适应编制社会调查标准体系的需要。社会秩序与安全,既是社会经济正常发展的前提,又是各种社会经济活动交互作用的结果。因此,要想完整地反映整个社会发展的全貌,社会调查标准体系就离不开社会秩序与安全调查的内容,离不开社会秩序与安全调查的建立和完善。

5. 社会秩序与安全调查具有一定的研究价值

社会秩序与安全调查可以为各种社会问题的社会学方面的调查研究提供综合性的资料,从而有助于各种社会问题的典型调查、专题调查、个案分析等把握住正确的研究方向和获得正确的调查结论。

第二节 社会秩序与安全调查的内容

社会秩序与安全调查的范围非常广泛,归纳起来主要有六个方面:社会秩序与安全机构与人员数量调查;犯罪与受害调查;违反社会治安管理调查;治安事故调查;民事案件调查;社会秩序与安全工作成果调查。

一、社会秩序与安全机构与人员数量调查

社会秩序与安全机构与人员数量调查主要通过以下标准来反映:

1. 社会秩序与安全机构调查

社会秩序与安全机构数量调查主要有以下几类:

(1)法院调查

各级人民法院根据其性质和任务,以各类案件的审判工作为中心开展调查工作,从而形成调查资料。法院调查是社会秩序与安全调查的重要组成部分。由于法院判决是对刑事案件被告人是否有罪的最终确认,因而法院对刑事被告人做出的有罪判决数是反映刑事犯罪的重要数据。

(2)检察院调查

各级人民检察院根据其性质和任务,以法律监督检察为中心开展调查工作,从而形成调查资料。现行检察院调查是按照检察院组织系统,由各级检察院的业务机构填报后逐级汇总的。其任务是对法律监督活动及检察院自身建设情况进行调查、分析和预测,提供调查服务和监督。

(3)公安机关和派出所调查

公安机关和派出所调查有两个衡量标准:公安机关数是指在一个报告期末公安部所属的全部机构数量;派出所数是指各级公安机关在其辖区内设立的公安派出所的总数,主要包括户籍派出所和治安派出所等。

(4)基层人民调解委员会调查

基层人民调解委员会是指在我国城乡居民委员会、村民委员会及企事业单位中设立的、负责民间纠纷的调解、预防工作的组织。其职责是依照法律规定、根据自愿原则,用说服教育的方法调解民间有关民事权利和义务的争执,促成当事双方达成协议和谅解,以解决婚姻家庭、财产权益等纠纷。

2. 社会秩序与安全机构人员调查

(1)法院工作人员数。指各级人民法院年末固定工作人员数,包括审判人员。

(2)检察院工作人员数。指各级人民检察院年末固定工作人员数,包括检察人员。

(3)公安人员数。指所有公安机关在编人员的总和(不包括企业人员)。

(4)警察数。指公安人员中属于行政编制的人员数。包括户籍警察、交通警察。

二、犯罪与受害调查

犯罪与受害调查的标准主要有:

1. 刑事案件数

刑事案件数是指依法需追究刑事责任并由公安等司法机关立案处理的案件数。根据我国刑法规定,刑事案件主要包括危害国家安全罪;危害公共安全罪;破坏社会主义经济秩序罪;侵犯公民人身权利、民主权利罪;侵犯财产罪;妨害社会管理秩序罪;妨害婚姻、家庭罪;渎职罪等几大类。根据案件情况和危害后果的轻重又可分为一般、重大和特大刑事案件。

2. 刑事案件发生频率

刑事案件发生频率是指在一定报告期内刑事案件发生的频繁程度,它是反映社会治安状况的重要标准之一。一般以刑事案件发生数与人口数的比率或一定时期内刑事案件发生数与该时期的时间数的比率来表示。计算刑事案件发生频率的公式为:

$$\text{每 10 万人口中发生的刑事案件数} = \frac{\text{报告期内刑事案件发生数}}{\text{报告期内平均人数}} \times 100000$$

3. 作案人数

作案人数是指实施了犯罪行为并经公安部门及有关部门侦查或查证、查明和确认的人数,它反映在一定时期内一个国家或地区已掌握的实施犯罪行为者的总量,是衡量社会治安状况的基本标准之一。

4. 犯罪率

犯罪率是指作案人数与总人口数的比率,它是构成评价社会秩序与安全状况的最重要的标准。在调查中我们要用到以下公式:

$$\text{犯罪率} = \frac{\text{年内作案人数}}{\text{年平均总人口数}} \times 10000‱$$

5. 青少年犯罪率

青少年犯罪率是指青少年犯罪人数占全部青少年人口数的比重，它是反映青少年犯罪情况及犯罪分子年龄构成情况的重要标准。在我国通常把刑事作案成员中14周岁至25周岁年龄段作为青少年，在调查中我们要用到以下公式：

$$青少年犯罪率=\frac{14周岁至25周岁犯罪分子数}{14周岁至25周岁人口数}\times 10000‱$$

6. 人身受害数

人身受害数是刑事案件人身受害情况的基本标准，指因刑事案件造成的受害人数，指的是由司法部门查证确认的因刑事犯罪行为而造成的人身合法权利受到损害的人数，包括犯罪行为给受侵害人造成的死亡、人身健康、财产、人格、名誉及其他各种人身合法权利的损害。人身受害数通常用死伤人数占受害人数比重这一标准来衡量，在调查中我们要用到以下公式：

$$死伤人数占受害人数比重=\frac{死伤人数}{受害人数}\times 100\%$$

如果从被害人角度反映刑事案件对社会的危害程度，我们还可以用“每万人口中受害人数”和“被害死亡率”两个相对标准来表示人身受害的严重程度，其计算公式分别为：

$$每万人口中受害人数=\frac{年内受害人数}{年平均总人口数}\times 10000$$

$$被害死亡率=\frac{年内刑事案件受害人中死亡人数}{年平均总人口数}\times 1000‰$$

7. 受侵犯财产损失额

受侵犯财产损失额是指遭受犯罪行为侵犯，并经公安警察部门及有关部门侦查或查证确认的财产价值额。是从经济角度衡量和评价刑事犯罪行为对社会所造成的危害程度的重要标准。从受侵犯的对象上来看，既包括犯罪既遂的，也包括犯罪未遂的。其中，实际遭受损害的财产价值数额，即犯罪既遂造成的财产损失价值额，称为财产损失额。财产损失包括非法获取、占有、损坏或损毁。一般只计算直接损失，不计算间接损失。

8. 死刑率

死刑率是指因刑事犯罪而被法院判处死刑的人数占全部给予刑事处分的刑事被告人的比例。在调查中我们要用到以下公式：

$$死刑率=\frac{报告期内被判处死刑的被告人数}{同期被判处给予刑事处分的被告人数}\times 100\%$$

三、违反社会治安管理调查

违反社会治安管理调查主要包括以下内容：

1. 治安案件数

治安案件数是指经过治安管理部门及有关部门查证、查明和确认，属于违反国家治安管理处罚条例，应当给予治安处罚并符合治安案件标准的案件数量。

治安案件数量的变动情况，是反映社会治安状况，衡量和评价社会维护治安能力的一个重要标准。通常以一定年度的治安案件数与年平均人口数的比率来表示。在调查中我们要用到以下公式：

$$每万人口中治安案件数=\frac{年内治安案件数}{年平均总人口数}\times 10000$$

2. 治安案件构成

治安案件构成是指在全部治安案件中各类案件所占的比重。治安案件与刑事案件相比较，虽案情较轻，但发案数量大，危害面比较广。因此对治安案件构成的分析，并根据具体分析目的的需要进行一些交叉分组，对研究社会治安状况的变化趋势和规律，加强对社会治安的管理和控制是十分必要的。我国的治安案件查处属公安机关的管辖范围。治安案件的调查分类根据我国的治安管理处罚条例，可以分为扰乱公共秩序、殴打伤害他人、偷窃财物、赌博等共十余种。

3. 违反治安管理条例人数

指在一个报告期内，经过治安管理部门查证、查明和确认违反治安管理处罚条例的人数。

4. 违反率

违反率是指在一年内违反治安管理条例的人数同年平均总人口数的万分比，这一标准可以用来反映在总人口数中违反治安管理条例人数的分布状况。在调查中我们要用到以下公式：

$$违反率=\frac{某一年内违反治安管理条例人数}{该年平均人口数}\times 10000‱$$

5. 受害人数

受害人数是指在某一个报告期内，遭受违法行为侵犯，经过治安管理部门查证、查明或确认的实际引起或造成人身合法权利损害的人数。如果按照性质分类，可以为被打伤、被偷窃、私有财产被抢夺、被侮辱以及私有财产被骗取等几类。

四、治安事故调查

治安事故是指由于违反交通、消防及其他的治安行政管理法规、条例，或由于其他原因引起或造成人员死亡和财产损失的事故。治安事故调查是公安部门对社会治安调查的一部分。它与刑事案件调查和治安案件调查共同构成社会治安调查的最基本内容，反映影响社会治安稳定的最基本现象。治安事故调查主要有以下几个方面构成：

1. 交通事故调查

交通事故是指行驶在公共道路和通航线路上的交通工具因为种种原因直接造成人身、交通工作以及财物的损失，经公安机关的交通管理部门查证确认和处理的事故。

交通事故调查的标准主要有：交通事故起数；交通事故原因构成，例如道路交通事故可以分为车辆故障、驾驶员过失、驾驶员违法、行人过失或行人故意等等；交通事故伤亡人数；交通事故经济损失额；交通事故严重程度构成，包括一般事故、重大事故和特大事故等等。

2. 火灾事故调查

火灾事故是指经消防机关处理、查证和确认，造成人身或财产损失的燃烧现象，主要包括由于其他事故或刑事案件引起的火灾。由于火灾对社会安定和人民生命财产构成很大威胁，所以在人口密度程度越高的地方，消防工作的意义就越是重要。

火灾事故调查属于治安事故调查的组成部分。通过对不同地区、不同部位、不同时间、不同原因的火灾调查资料分析，可为提高预防水平和安排消防重点提供可靠依据。主要调查标准有以下四个：(1)火灾事故按其严重程度，分为一般火灾、重大火灾和特大火灾；(2)火灾事故按其发生的原因，分为放火、违反电器安装使用规定、违反安全操作规定、吸烟、生活用火不慎、小孩子玩火、自燃、其他、原因不明等类别;(3)火灾事故按其发生的部位,城市分为工业、交通邮电、商业财金、基建工地、文教体育卫生、机关团体、国营农牧场、街道工业企业、街道服务业、街道居民;乡村分为乡村集体、乡镇企业、供销社、专业户联合体、农民、集体山林草原;(4)火灾事故发生的频繁程度一般通过相对标准火灾事故频率来反映。其计算方法有平均每天发生的火灾事故起数和平均每两起火灾事故的间隔期两种。

3. 其他治安灾害事故调查

其他治安灾害事故调查指针对除了交通事故和火灾事故调查外,由于爆炸、剧毒物品中毒、公共秩序混乱引起的伤亡事故等进行的调查。

五、民事案件调查

人们在日常生活中,总是处于各种各样的社会交往之中,相互之间发生很多的联系,在这些交往和联系中会产生一些有关财产关系和人身权益方面的民事纠纷。民事案件就是指诉诸于法律来解决的各种民事纠纷。

民事案件调查是社会秩序与安全调查的重要组成部分,主要表现在以下两方面:从其性质上讲,发生于人民群众的日常生活交往之中,与群众的日常生活有着密切的联系;从数量上讲,民事案件数量总是几倍于刑事案件数,并且民事案件若不能得到及时妥善的处理,有些会激化成为刑事案件或治安案件,对社会秩序与安全产生危害。

六、社会秩序与安全工作成果调查

1. 犯罪案件破案成果调查

犯罪案件破案成果主要通过以下四个标准来衡量:

(1)破案数

破案数是指在报告期内经公安机关或其他侦查机关查证、查明并审理终结的全部案件数。按照破案的方式进行分类,可以分为:经公安机关或其他侦查机关侦查破案件数、群众扭送破案件数、人犯自首投案破案数以及其他破案件数等几类。

(2)破案率

破案率是指报告期内所侦破的在本期立案的案件数同本期立案的总件数之比,在调查中我们要用到以下公式:

$$\text{破案率}=\frac{\text{报告期内破案数}}{\text{报告期内立案数}}\times 100\%$$

(3)破案时效

破案时效是指侦破案件所用的平均时间长短。如果所用的平均时间长,则说明破案时效小;如果所用的平均时间短,则说明破案时效大。在调查中我们要用到以下公式:

$$\text{破案时效数(日/时/分)}=\frac{\text{报告期所破获案件的累计时间}}{\text{报告期所破案件总数}}$$

(4)制止犯罪件数

制止犯罪件数是指在报告期内,犯罪人已经开始实施犯罪行为,但是由于保卫工作使得犯罪目的未能达到，也就是说未造成犯罪后果的事件总数。

2. 治安管理成果调查

治安管理成果调查通过“制止违法行为的件数”这一标准来衡量。它是指在报告期内按照治安管理处罚条件定义的违法行为已经或准备开始实施，但由于保卫工作的及时而使得违法行为停止，也就是说未造成后果的事件总数。

3. 治安事故成果调查

治安事故成果调查通过“防止治安事故发生件数”这一标准来衡量。它是指在报告期内出现的治安事故隐患得到了及时消除，或者事故已经形成时但得到了及时制止，而免于发生的事件总数。

4. 民事案件成果调查

民事案件成果主要通过以下三个标准来衡量：

(1)民事案件和解率

民事案件和解率是指一定时期受理的民事纠纷案件中，用调解方式终结案件数的比重。在调查中我们要用到以下公式：

$$\text{民事案件和解率}=\frac{\text{和解案件数}}{\text{受理案件数}}\times 100\%$$

(2)民事案件判决率

民事案件判决率是指一定时期内受理民事纠纷案件中，用判决方式终结的案件数占受理案件总数的比重。在调查中我们要用到以下公式：

$$\text{民事案件判决率}=\frac{\text{判决案件数}}{\text{受理案件数}}\times 100\%$$

(3)强制执行率

强制执行率是指用强制执行方式实现判决内容的案件数占发生法律效力判决案件数的比重，在调查中我们要用到以下公式：

$$\text{民事案件判决率}=\frac{\text{强制执行判决数}}{\text{发生法律效力判决案件数}}\times 100\%$$

第十篇　农业调查

第一章　农业调查概述

第一节　农业概念及部门划分

一、农业的概念

农业是国民经济的基础,是国家的一个重要物质生产部门。狭义地讲,农业是人类利用自然界的动植物资源获得产品,以满足自身物质生活需要的一项产业。在农业物质生产活动中,人类通过自身的劳动去促进或控制动植物的生长和繁殖。这也就决定了农业具有生物自然再生产和人类社会再生产相互交织的基本特点。例如,种植农作物,从整地、播种、施肥到收获产品,既是动植物的自然再生产过程,又是人类的生产劳动过程。

二、农业的部门范围

依据农业的概念,不难发现农业部门界限划分的理论依据所在。按照狭义农业定义,采集野生植物、捕猎野生动物、捕捞天然的水生动植物均属于对自然资源的开采,而不属于农业范畴;磨面、碾米、轧花、牲畜屠宰、奶制品制造等,由于均属于动植物生命过程结束后,对农产品的再加工,故归到农产品加工工业,也不属于农业范畴。这样从理论上严格区分农业与非农产业的部门界限,对于深化对农业的特点和农业生产的客观规律的掌握,以及社会分工发展的认识,有着重要的实际意义。

但对于一个经济体而言,其产业部门如何划分,部门体系如何建构等均应在一定的理论指导下,结合该国家的社会经济发展状况而定,因为农业深受政治的、社会的和地理的因素的影响。中国是一个社会主义国家,建国以来,农业为国民经济的发展做出了重要的经济贡献,哺育了我国的工业化经济。国家统计部门从实际工作需要出发,根据我国农村一定时期的社会分工状况,对农业部门范围以及农业与工业的区别做出了一系列明确的规定。目前,现行的农业部门范围是在 1953 年、1960 年和 1984 年规定的农业部门范畴的基础上确定的。

1960 年国家统计局根据当时的农村经济的变化情况,规定农业部门范围包括:1. 农业,指农作物种植业;2. 林业,包括林木栽培和生产队、生产大队的竹木采伐,不包括生产大队以上及国营的森林采伐,这部分森林采伐属于森林工业;3. 牧业,包括家畜、家禽和其他动物饲养;4. 渔业,包括水生动植物的养殖和捕捞;5. 副业,包括野生植物采集、野生动物捕猎、生产队和生产大队工业性生产。

1984 年,国家统计部门对农业部门范围和工农业划分标准又做出了进一步规定,指出农村中村级以下工业,只要符合以下条件的均属于工业范畴,不再归属农业部门。1. 有固定(或相对固定的)

生产组织、场所、设备和从事工业生产的人员;2. 常年从事工业生产活动,或全年开工时间在三个月以上的季节性工业生产活动;3. 乡镇工业中属于独立核算单位,或虽非独立核算单位但有单独账目,能够同农业及其他生产行业分开核算的,以及自行核算的农村个体工业;4. 向当地工商行政管理部门领取了营业执照。具备上述条件的纳入工业统计范围,而对于农民家庭兼营的商品性手工业仍旧归属农业中的副业。

根据以上规定,不难理解,目前我国农业部门的范围包括原有的农业(指农作物种植业)、林业、牧业、渔业,而副业只是限于野生植物采集、野生动物猎捕以及农民家庭兼营的商品性手工业。应当注意,由于农业部门的范围在不同时期具有不同内涵,而且世界各国的部门范畴也有很大差异,所以农业调查中,在进行农业生产的纵向数据对比以及进行国际比较时,应严格区分农业部门的内涵范围,明确农业部门范围的差异,予以数据调整后再进行经济分析。

三、农业生产的特点及其与农业调查的关系

农业部门除了以上所讲的基本特点以外,受制于劳动对象和依托环境的不同,农业生产还有其自身独特的属性。

1. 农业生产季节性和区域性较为明显

有生命的动植物是农业生产的劳动对象,它们有着自身的生长、发育和繁殖规律,并与一定的环境条件息息相关。农业劳动要取得预期的结果,就必须遵循劳动对象生命过程的客观规律,并为之提供最大便利的环境条件。所以,受一年四季时间的影响,加之动植物生长所处区域所属气候带的影响,农业的生产过程表现出较为明显的季节性和区域性,这是不以人类主观意志为转移的客观规律。尽管农业科学技术的发展,极大提高了人类利用和适当控制自然规律的能力,但并未从本质上改变动植物生命过程的客观规律性。

2. 农业生产的生产时间和劳动时间不一致

所谓农业生产的生产时间指的是产品生产过程的全部时间,而劳动时间则是指人们为生产这种产品而实际进行操作的时间。其中,后者只是前者的一个组成部分,两者相差部分即为动植物自身的自然再生产时间。例如小麦的生产,从播种到收割,全部生产时间一般需要延续二百多天,但人们从事整地、播种、施肥、中耕、收割等全部劳作时间相加,总和也不过十多天,最多一个月。这种生产时间和劳作时间的不一致性,导致农业生产资料的使用表现出明显的季节性。

3. 土地在农业生产中居于重要的地位

对于农业生产而言,土地不仅为农业生产提供了必要的活动空间,而且还为植物生长提供了所需的营养物质来源。土地的面积、区位、地势坡度、土质等,直接决定着种植何种作物及其规模大小、产量的高低、生产费用的大小等等。所以,土地在农业生产中居于重要的地位,是农业生产的基本条件。发展农业生产要因地制宜,完善农田基本建设的意义也就在此。

4. 农业生产的综合性较强

农作物种植和林业、畜牧业之间在农业生产的内部存在着相互依赖、相互补充、相互利用的密切关系。农业生产时间和劳作时间的差别,为农业和副业的结合提供了自然基础。所以在农业生产中,为了提高劳动力的利用率和劳动生产率,合理利用土地,充分发挥农业机械化设备的技术效能,综合开发利用农副产品,就必须实行农林牧副渔等多种经营相互结合,进行全面综合生产,这也就决定了

农业生产的综合性特征。

以上所述是农业生产的主要特点，除此之外，农业生产还具有生产的广布性、不稳定性、生产周期长等特点。

上述农业生产的各项特点，是与农业利用动植物生命过程取得产品的基本属性相联系的，是农业生产的规律性反映。因此，农业调查一定要从农业生产的诸多特点出发，做到调查的内容和方法与之相适应。比如，根据农业生产具有明显的季节性和区域性，农业调查的项目和方法就应当因时制宜、因地制宜，切忌简单行事；由于农业生产的生产时间和劳动时间不一致，在农业生产的各个阶段予以调查，只能初步考核各项农业活动的劳动效率和作业费用，只有到了农产品收获以后，才能比较完全地计算农业劳动生产率和单位产品成本等经济指标；由于土地在农业生产中居于重要的地位，农业调查必须注意反映其数量和质量、各类土地的利用情况和效果，以促进土地资源的最大化利用；由于农业生产的综合性较强，农业调查就必须研究多种经营的组合比例问题及其与农业发展速度的关系等等。总的来看，农业调查的内容和方法，都要受到农业生产的特点制约，农业调查应该注意调查对象、调查内容和方法的统一。

第二节　农业调查内涵及组织实施

一、农业调查的对象和内容

农业调查的对象主要是农业经济现象的数量方面，其范围涉及农业（指农作物种植业）、林业、牧业、渔业和副业，其中副业只是限于野生植物采集、野生动物猎捕以及农民家庭兼营的商品性手工业。就调查内容而言，包括农业生产的条件、过程和结果的各种数量表现。其中，主要内容有：(1)农业生产条件状况，包括土地、农业固定资产、农业机械设备的数量、构成和利用情况以及劳动力的数量和质量、组成和利用状况。(2)农业生产及产值调查。(3)农业的经济效益和收入的具体分配情况。(4)农民家庭的收入、分配和生活消费状况。

二、农业调查的任务

农业调查的基本任务是通过对农业经济状况的调查、汇总分析、提供调查资料，并对农业生产进行调查监督，发挥农业调查在农业经济现代化建设中的作用。一方面，农业调查服务于从中央到地方的各级领导机关；另一方面，农业调查还要为涉农企业和广大的农民服务。

具体来看，农业调查的主要任务包括：

1. 真实全面反映农村经济和农业生产的发展水平、结构、规模、效益等，探索农业发展的客观规律，以便为国家各级政府部门制定科学、合理、正确的农业规划和相关政策服务。

2. 通过农业调查对现行的国家农业经济政策实施情况和农业计划的完成进度进行监督检查，发现现行农业政策执行过程以及农业生产经营中存在的问题，促进农业经济效益的提升。

3. 全面调查农业各方面资料，充分认识农业生产的潜力内涵，科学准确预测农业发展的情景。

4. 通过向社会全面公开农业调查资料，及时提供高水平的农业调查研究成果，逐步满足广大农村干部、农民等对农业生产、经营和技术进步等各方面信息的需求,鼓励他们为发展商品经济、实现农业现代化,提高农业经济效益,进行积极的创造性劳动和工作。

三、农业调查方案的设计

设计农业调查方案,是通过对农业调查研究的程序和实施过程中的各种问题进行详细、全面考虑的基础上,制定出总体调查计划和切实可靠的调查大纲。农业调查方案相当于一项工程的设计图和施工方案,如果事先有比较周密和精细的规划、比较全面地考虑各种问题,那么实施过程就会比较顺利。设计农业调查方案,一般是要制定农业调查计划,分解调查课题,将所要调查的概念具体化、便于操作化,并要具体说明研究中的各个细节以及所采取的各种策略。

(一)农业调查方案设计的基本原则

1. 全面性原则

如果农业调查方案考虑得不周到,就会给实际调研带来很大的困难。而且一旦调研工作开始,修改方案是很不容易的事,特别是涉及面广、牵涉人员较多的大型农业调查。因此,农业调查方案的设计必须全面、周到,兼顾和考虑各种可能出现的情况和问题,提出尽可能详细的解决办法。

2. 可行性原则

设计调查方案时,必须从农业以及调查本身的实际状况出发,根据调查活动的主客观条件,设计农业调查方案。只有符合实际的调查方案,才能在实地调研中真正发挥作用。从调查的主观条件来讲,农业调查方案要考虑到调查人员自身的业务水平、调查能力以及个人兴趣。如果调查人员调研经验丰富,则调查目标选择的难度可大些;但如果调查人员调研经验不足或很少,则调查题目不易太大,理论性也不易过强。从调查的客观条件讲,调查范围大小、调查对象的多少,均直接决定调查方案中对调查人员多少、调查时间长短及调查经费多少的考虑。另外,其他客观条件也会影响农业调查方案的设计,如被调查对象素质的高低、农村自然环境状况等。只有把这些主客观条件充分进行考虑,才能制订出切实可行的农业调查方案。

3. 经济性原则

设计农业调查方案时,还应体现经济原则。尽量充分发挥调查活动所支配的人力、财力和物力的效能,争取使用有限的成本支出,获得最大的调查效益,实现调查目标。从调查经费的安排、调查时间的部署等方面,方案设计者均要统筹兼顾、系统安排,力争使调查工作在有限的投入水平下,做得更好、更完善。

(二)农业调查方案内容设计的要点

具体说来,农业调查方案一般包括以下六项内容:

1. 确定调查目的及意义

任何一项调查工作都具有理论或应用价值,本次农业调查的目的和意义所在、在理论和应用方面有何价值等均应在农业调查方案中予以交代;同时,还要说明本方案要解决什么样的问题、这些问题是怎样形成的以及是从哪些角度出发提出来的、解答这些问题会导致哪些新的发现等等。此外,还要说明采用何种理论去解决这些问题,指明具体研究假设或研究设想和理论框架。

2. 确定调查范围和对象

农业调查方案必须对调查范围以及被调查对象予以说明,指明在哪些地区、城市或社区进行调查，分析被调查对象是个人，还是组织或群体、被调查对象数量的多少。同时还要说明调研类型是采取普查、抽样调查、个案调查或典型调查等。

3. 确定调查的内容和方法

农业调查方案中要对调查内容给予明确的说明，具体地确定所要调查的各个方面的农业问题。一般地，这些调查内容通过调查提纲(问题)和调查指标反映出来。同时，农业调查方案的设计还应将调查内容与调查方法结合起来。例如，针对不同的调查内容，采用问卷调查与采用实地访问调查方法的选择；资料分析是采用定性分析，还是结合定量分析的方法等，这些都需要在方案中加以说明。

4. 确定调查的时间、地点及进度

在确定农业调查范围的基础上，将具体的调查地点确定下来，如某村、某县或某省等，然后将其中具体的调查对象确定下来，再按照具体的调查方法进行调查。而每项调查活动均涉及到调查时间，因此调查方案中必须确定大致的调研起始和结束时间；这样，调查过程中每一阶段、每一步骤需要的时间，即构成了农业调查的进度。在制定进度计划时，应根据农业调查各个阶段以及每一具体步骤所需的时间进行统筹安排。一般来说，调查时间较短的，可以在一两天就完成问卷的发放和回收工作，然后很快就可以公布调研结果；而实地调查则需要的时间较长。如实地调查和蹲点调查，都需要较长或长期的实地调查生活，才能了解情况，发现和解决问题。

5. 调查经费和物质手段的计划与安排

在设计调查方案时，应详细地对调查经费的开支做出预算，特别是要对调查经费的使用范围做出明确规定，并对经费使用做出规划、安排。调查经费一般包括以下支出项目：调查人员的差旅费(包括交通、住宿、通讯、差旅补助等费用)；课题资料费(包括书籍、统计资料、文献购置费及复印费等)；调查问卷的印刷费；文具费；调查资料处理费(包括计算机使用费)；调查人员和协作人员的劳务费等。问卷调研一般需要设计和印刷问卷，而且需要大量调查人员或差旅费，因此所需调研经费较多。调研的物质手段，主要指调查工具、设备及资料加工整理的手段，如录音机、照相机、计算机等；在另外一些情况下，还可能需要卡片、表格等。

6. 调查人员的安排

根据农业调查任务的实际情况确定调查人员，并根据调查需要进行相关人员培训。选择调查人员时，一定要选择具有如下特点的调查人员：如工作责任心强，愿意到农村基层调研，不怕苦、不怕累，具有一定的科学理论知识或社会实践经验。同时，整体的调查队伍应该注意其人员结构。一个结构合理的调研队伍，要有能够谋划全局的领导者和组织者，要有具备相当理论水平和实践经验的研究人员，要有懂数学的数理统计人员和电子计算机专业人员，同时还要考虑男女性别搭配和年龄搭配问题。一旦调查人员选定，就要对这些人员进行必要的培训。培训可以采用集中讲课、阅读、讨论，以及示范和模拟等方法，培训内容包括一定的理论知识及调研方法、调查技巧等方面的讲解。总之，调查人员安排是农业调查任务能否完成、调查结果预期能否成功实现的一个关键影响要素。

四、农业调查的组织与管理

农业调查任务的完成，需要相应的调查组织和管理制度的支持。农村联产承包责任制的普遍推行，使得农业调查工作主要对象变为数以万计的农户。农业调查的内容，也逐渐由农、林、牧、副、渔调查扩展为农业经济调查，从而增加了农业调查的繁杂性和任务的艰巨性。所以，加强农业调查组织的建设、改革和完善农业调查方法制度，是适应新时期农业经济形势的客观需要。

(一)农业调查的组织

农业调查组织是整个国家调查组织的一个重要组成部分，是由我国政府各级经济机构的设置状况和管理体制共同决定的。目前农业调查组织包括以下三种类型：

1. 国家统计部门的农业调查组织

国家统计部门的农业调查组织指的是国家统计局和各级地方人民政府统计机构内的农业调查部门或调查人员。各级地方统计部门在国家统计局的领导下，统一组织和完成全国规定的农业调查任务，同时积极完成地方的农业调查任务。为了加强农业调查力度，国家还设立了农村抽样调查总队，省、市、自治区、市、县设立调查队，负责农产量和农业经济的调查工作。

2. 业务部门农业调查组织

业务部门农业调查组织指的是中央各农业主管部门及地方各级农业主管部门，包括农业、林业、牧业、水产、乡镇企业等业务主管部门的农业调查机构或调查人员。他们不但要完成国家规定的调查任务，还要完成上级和本部门业务需要的调查工作。

3. 基层农业调查组织

基层农业调查组织指的是农业的各种经济组织(如农业合作社等经济联合体)，以及国营企业、事业单位的农业调查机构或调查人员。这些基层单位既是整个农业生产过程的生产单位，又是经营成果的核算单位。加强基层农业调查工作，是保证农业调查任务及时完成、各项农业调查工作顺利结束的基本条件。

(二)农业调查的管理

农业调查管理体制指的是关于明确农业调查工作的管理权限、各级调查组织职责范围等内容的制度。其目的是为了调动和发挥各级调查组织的积极性，以便使其各负其责、相互协调、密切配合，共同做好农业调查工作。

根据现行调查管理体制，结合农业调查工作的特点，国家对农业调查管理做出了相应的具体规定：市(县)调查部门负责组织领导和协调本行政区内的农业调查工作，乡、镇调查员和有关人员负责农业基层调查工作，基层农业经济组织以及各企业事业单位为调查的起报单位。与农业有关的各业务主管部门，负责本系统的农业调查工作。各有关部门组织开展农业调查工作、制发农业调查报表应与统计部门紧密联系，并按规定报统计部门备案或审批，以保障调查工作有序稳定进行；来自各个渠道的主要调查数据资料，还应与统计部门数据核对验证，防止数出多门。相关的农业调查资料，由本部门调查机构或调查负责人核定，并依照国家规定的调查资料公布制度和保密制度予以办理。

第二章　农业生产条件调查

农业生产的开展必须具备一些基本的生产资料,需要相当水平的生产投入才能进行。农业生产条件是农业生产发展赖以生存的物质技术手段,是农业生产发展的基础。调查农业生产条件对加快我国农业迈向现代化的步伐具有重要的现实意义。就内容来看,农业生产条件主要包括三个组成部分:农业劳动力、农村土地和固定资产拥有量。

第一节　农业劳动力调查

一、农业劳动力调查及其任务

农业劳动力调查就是指对农业劳动力的质量、数量以及农业劳动生产率等情况进行调查。

1. 农业劳动力

劳动力是生产力中最活跃的生产要素,是整个社会财富的创造者。农业生产劳动过程中,调查研究农业劳动力的组成和利用变化,及时准确地反映农业劳动力的数量、结构和素质高低,以便采取相应的措施去调动广大劳动者的能动性和创造力,无疑对提高农业的生产效率,加快农业生产的迅速发展具有重要的作用。

农业劳动力主要指直接从事农业(主要指种植业)、林业、牧业、副业、渔业等生产活动的劳动力,包括以农业为主的兼营劳动者。但是,那些主要从事工业、建筑业、交通运输业、商业和服务业等专业农村劳动力不包含在农业劳动力的范围之内。整体来看,农业生产劳动力由乡村劳动力中的农业生产劳动力、国营农场农业职工和城镇居民中直接从事农业生产的劳动力三大部分构成,由此也构成了农业劳动力调查的范围。

2. 农业劳动力类型

根据目前我国农业的实际情况,农业劳动力的分类按照其内容的差异,一般分为四类:

(1)按照性别和年龄分类

按照性别和年龄的不同,农业劳动力分为男整劳动力和半劳动力、女整劳动力和半劳动力。一般地,男整劳动力为18岁至50岁,而女整劳动力为18岁至45岁。男半劳动力为16岁至17岁、51岁至60岁;女半劳动力则为16岁至17岁、46岁至55岁。一般来说,农业劳动力的强弱与年龄是相联系的,如果个别劳动力的体力状况与其年龄不服,调查时还应做适当调整。

(2)按文化程度分类

农业劳动力按照文化程度主要分为:大专程度、高中程度、初中程度、农中程度、小学程度、文盲以

要的地位,是农业生产的基本条件。发展农业生产要因地制宜,完善农田基本建设的意义也就在此。

土地具有总面积有限,但其构成、质量和生产力却可以变化的特点。科学合理地利用土地,可以使土地构成适应农业生产的需要,利于保持生态平衡;可以改善土质,提高土地的生产力,从而使有限的土地资源生产出更多的农产品去满足市场的需要。相反,如果不合理地开发利用土地,对土地进行掠夺式开发,生态平衡就会打破,造成水土流失、地力逐渐衰竭,从而给农业生产带来毁灭性的破坏。由于土地的特点及其在农业生产中的特殊地位,所以我们在研究农业生产和农村经济问题、制定农业生产计划和农业区域发展规划时,都必须对土地资源的总量和利用状况、土地所有及其使用的方式等进行全面详细地调查。

(二)农业土地资源的分类

根据研究任务的不同,土地资源可以按照不同的标志予以分类。常用的主要分类有:(1)按照主要经济用途分类;(2)按照自然状态分类;(3)按照土地所有及其使用的类型分类。

国民经济中,通常按照经济用途来进行土地类别划分。目前,我国农业土地资源主要划分为:耕地、园地、林地、草地、可养殖水面、宜垦荒地和其他农业可以利用以及未被利用的土地。其中,直接用于农产品生产的土地,即耕地、园地、林地、草地和可养殖水面等称做农业生产用地。具体而言,耕地指的是种植农作物并经常耕锄的田地,其是最重要的农业生产用地。农业生产用地就内容来看,又具体包括熟地、当年新开荒地、连续撂荒未满三年的耕地和当年休闲地、沿海和沿湖地区已围垦利用的“海涂”和“护田”等组成部分。园地是指专门用来种植果、茶、桑、橡胶和热带经济作物的土地。林地指的是种植各种林木的土地。包括天然林地、人工林地、疏林地、采伐迹地、火烧迹地、林间空地等等。后面几种土地虽然是疏地和无林地,但是它们都是原有的林地,使林业再生产中有待更新的面积。而草地是指生长草类可供放牧和收割饲草的土地。它也包括天然牧场、人工草场和未利用草地等。通常情况下,已经利用的草地被称为牧草场。

按照自然状态,土地又可划分为陆地和水面。按照地形不同,农用土地又可细分为山地、高原、平原、盆地和丘陵等,其按土质又可分为黄土、黑土、红土或黏土、盐碱土等。而水面又可细分为江河、湖泊、水库、港湾、海涂等。其中沿海和沿湖地区已围垦利用的“海涂”和“护田”是农业生产用地的重要组成部分。

从土地所有及其使用的类型来看,农业土地资源主要分为四种:(1)国营农业企业用地;(2)农村集体统一使用土地;(3)农民自留地、自留山;(4)其他用地。党的十一届三中全会以后,农村进行了经济体制改革,尽管土地占有主要是国家所有和集体所有(还有极少数的个体农民所有),但土地的实用形式发生了很大变化。除一部分土地仍有国营农业企业和农村集体经济统一经营外,大部分农业土地资源由农场职工和农民家庭承包经营,实现了农业土地所有权和使用权的分离,调动了广大人民群众的劳动积极性,有力促进了我国农业生产的发展。

(三)农业土地资源调查的任务

农业土地资源调查是指对农业土地资源的数量、质量和构成情况以及现有农业土地的利用情况等进行调查。由此,不难看出,农业土地资源调查的首要任务就是有计划地查明现有农业土地资源的数量、质量和构成情况,特别是要查明农业生产耕地以及宜垦荒地的情况。其次,农业土地资源调查还应对农业生产用地的分配使用情况进行调查,具体应对土地集体统一经营、农户承包和农户自营情况进行调查研究,并及时检查有关政策的执行情况。另外,为了研究如何科学合理利用现有土地资源、提高现有有限的土地利用效率,还应认真、详细地调查农业土地的利用情况。

二、农业土地资源调查的内容

农业土地资源调查的首要任务就是有计划地查明现有农业土地资源的数量、质量和构成情况，特别是要查明农业生产耕地以及宜垦荒地的情况。由此不难理解，农业土地调查的内容应该主要包括耕地面积调查和土地利用情况调查。

（一）耕地面积调查

耕地是最基本的农业生产用地，其面积和质量直接影响着农业生产的规模和产量，对农业生产的稳定具有重要的作用。做好耕地面积调查，对于耕地利用计划地制定和农田基本建设的顺利进行，以及合理规划农业生产和土地承包经营都有重要的现实意义。

1. 耕地面积

主要是指种植农作物，经常进行锄耕的田地。包括当年新开荒地、连续撂荒未满三年的耕地（熟荒地）和当年休闲地（轮歇地）、沿海和沿湖地区已围垦利用的“海涂”和“护田”等组成部分。另外，以种植农作物为主并附带种植桑树、茶树、果树和其他林木的土地也包括在内，而那些专业性的茶园、桑园、果园、林地、芦苇地、天然草原等均不包括在内。

耕地面积可按不同的分类标准进行分组调查：

（1）按照灌溉蓄水条件分为水田和旱地两类。前者主要是指有田埂（坎），可以经常蓄水，用来种植水稻等作物的耕地。其中灌溉水田是指有水源保证和灌溉设施的水田，其能保证在一般年景下，当年能够正常灌溉的耕地。而旱地是指不能蓄水，用来种植旱作物的耕地，包括水浇地。水浇地指的是有一定的水源和灌溉设施的旱地，其在一般年景下能够进行正常灌溉的耕地。

据此分类，可以调查现有耕地的水利化程度和旱地水利化程度。在调查中要用到以下公式：

$$耕地的水利化程度=\frac{水田和水浇地面积}{耕地面积}$$

$$旱地的水利化程度=\frac{水浇地面积}{旱地面积}$$

（2）土地所有和使用形式划分标准。其中按照所有制，耕地分为全民所有、集体所有和其他三类。通过对三类耕地面积的调查对比，可以发现我国农业经济的属性。已有调查资料表明，我国耕地面积基本上属于全民所有和集体所有。按照使用形式，耕地划分为：国营农场统一经营用地、国营农场农工家庭农场经营用地、农村集体统一经营用地、农民家庭承包经营用地、农民自留地和其他用地。此分类标准下的耕地面积调查，可以研究我国农业经济的多形式、多层次的发展状况和具体产出效益。

（3）按照常年产量的高低，现有耕地依据其生产力的高低可以分为高产田、平产田和低产田三类。通过对三类耕地面积的调查对比，可以科学地安排我国现有耕地的使用计划，从而提高现有耕地的总体产出效率。

2. 耕地面积变动情况调查

一个国家或地区的土地总面积一般是不变的，但其耕地面积确实经常处于变化之中。耕地面积的增加，主要来源于开垦荒地的增加。但现实中，更多的是耕地面积的减少，究其原因，主要由国家基建用地、农村建房占地、自然灾害（如沙化、泥石流等）摧毁的耕地，以及改作林业、牧业、渔业等使用的耕地。对于一个地区或单位而言，由于行政区划的调整，也会引起相应的耕地面积减少或增加，但对全国耕地面积总量没有影响。实践中,可以制定耕地面积变动平衡表来反映耕地面积变动的情况和原因。

表 10—2—1 耕地面积变动平衡表

项目名称	面积(亩)	项目名称	面积(亩)
期初耕地		期内减少耕地	
水田 其中灌溉水田		国家建设用地	
		集体建设用地	
旱地 其中水浇地		农村个人建房用地	
		农业结构调整用地	
期内增加耕地		自然灾害毁地	
开荒		期末耕地	
围垦		水田 其中灌溉水田	
废弃地利用			
其他		旱地 其中水浇地	

表格中各个项目关系:

期末耕地面积 = 期初耕地面积 + 期内增加耕地面积 - 期内减少耕地面积

根据表格调查资料,首先可以分析期初和期末耕地面积的变化情况,其中水田和水浇地面积的增加及其在耕地总面积中比重的扩大,反映了低质量的改善。另外,还可以根据表格中的具体项目的设置,分析现有耕地面积增减变动的原因。

(二)农业土地利用情况调查

人均耕地面积同比较少是我国的国情现实。为了满足广大人民群众的物质产品需要,未来农业生产必须充分发挥和合理利用全部农业土地资源效力。农业土地利用包含两方面内容:充分利用现有的农业土地面积和对农业土地实行集约经营。其中,后者主要是增加农业土地的投资,实行精耕细作,提高土地的生产力。据此,不难理解农业土地利用情况调查应由土地开发、利用、投资和效益等方面的内容组成。

1. 农业土地开发程度调查

农业土地开发程度具体可以通过计算农业土地开发比例、垦殖率、森林覆盖率和草原载畜量等来进行调查。具体如下:

(1)农业土地开发比例

农业土地开发比例指的是土地总面积中农业生产用地所占比例,它说明土地总面积中有多少土地已经用于农业生产。在调查中要用到以下公式:

$$\text{农业土地开发比例} = \frac{\text{农业生产用地面积}}{\text{土地总面积}}$$

(2)垦殖率

是指耕地面积在土地总面积中的比重大小。通常可以用于各国、各地区之间农业经济发展情况的比较。在调查中要用到以下公式:

$$垦殖率=\frac{耕地面积}{土地总面积}$$

(3)森林覆盖率

指的是土地总面积中森林面积的比例大小。其不仅能说明土地资源的开发情况，还能说明农业生态环境。森林面积少、覆盖率低，是造成水土流失、风沙和水旱灾害频繁的重要原因。在调查中要用到以下公式：

$$森林覆盖率=\frac{森林面积}{土地总面积}$$

(4)草原载畜量

指一定时期(年、季)实际放牧牲畜头数与草原面积(可利用面积)的比值，用以说明草原的开发程度。在调查中要用到以下公式：

$$每百公顷草原载畜量=\frac{各种牲畜总头数(标准畜)}{可利用草原面积(百公顷)}$$

2. 农业土地利用程度调查

农业土地资源利用程度指的是农业生产用地面积在农业土地资源总面积中的比例大小，它可以说明扩大农业生产规模的潜力大小。农业土地利用程度调查具体可以通过调查农业土地资源利用率、可耕地利用率、林地利用率、草地利用率、可养殖水面利用率等来表示。在调查中要用到以下公式：

(1)$农业土地资源利用率=\frac{农业生产用地面积}{农业土地资源总面积}$

(2)$可耕地利用率=\frac{耕地面积}{可耕地面积}$

其中，可耕地面积=耕地面积+可垦荒地面积。

(3)$林地利用率=\frac{森林面积}{宜林地面积}$

(4)$草地利用率=\frac{牧草场面积}{草地面积}$

其中，牧草场面积=已利用草地面积+牧场面积。

(5)$可养殖水面利用率=\frac{实际养殖的水面面积}{可养殖的水面面积}$

另外，对于不同地区或单位耕地的利用情况，还可以比较耕地复种次数进行展示。这里，耕地复种次数是指一年内平均种植作物的次数。

3. 农业土地投资调查

通过进行农业土地投资调查，可以反映我国耕地的集约经营程度。所谓集约经营是我国农业发展的未来道路，它指是单位土地面积上投入更多的活劳动和生产资料，旨在提高土地的生产能力，增加土地的产出效率。具体来看，农业土地投资调查可以通过调查单位面积(亩)耕地投入各种生产资料的数量(或价值)、农业固定资产总值、生产费用和每亩用工数量等来进行。在调查中要用到以下公式：

(1)$单位面积耕地投入各种生产资料的数量(或价值)=\frac{各种生产资料数量(或价值)}{耕地面积}$

(2)$每亩耕地投入农业固定资产总值=\frac{农业固定资产总值}{耕地面积}$

(3)每亩耕地(或播种面积)投入生产费用 $=\dfrac{\text{农业生产费用(元)}}{\text{耕地(或播种)面积}}$

(4)每亩用工数量 $=\dfrac{\text{用工总数}}{\text{播种面积}}$

4. 农业土地效益调查

应当注意,我们在研究集约化程度时,还要结合农业产出和经济效益联系起来,因为土地利用的目的就在于使土地能生产更多的农业产品,实现最大的市场受益。农业土地效益可以通过调查每亩耕地所带来的产出市场收益来进行。在调查中要用到以下公式:

$$\text{每亩耕地产出的市场收益}=\frac{\text{农业产出的市场总价值}}{\text{耕地面积}}$$

第三节 农业固定资产调查

一、农业固定资产调查及任务

农业固定资产调查是指对农业固定资产的数量、质量和构成情况,以及现有农业固定资产的变动情况等进行调查。

(一)农业固定资产概念及数量表示

农业生产的开展,除了需要劳动力和土地两个最基本的生产条件外,还离不开农业生产资料的投入。按照其再生产过程中的作用不同,农业生产资料又可分为劳动对象和生产手段两大类。其中,劳动对象属于流动资产,而农业生产手段就构成了农业固定资产的核心组成部分。所谓农业固定资产是指在农业生产过程中,长期、反复使用而未改变其实物形态的主要农业生产资料,其价值按照其磨损程度逐渐转移到农业产出物中。某种农业生产资料属于固定资产还是流动资产,取决于其在农业生产过程中的作用和性质。例如,拖拉机在制造厂是产品,属于流动资产,而它在农业生产中却属于固定资产,其价值在长期反复农业生产中,通过折旧提成转移到农产品价值中了。

农业固定资产的数量表示分为两类:实物量表示和价值量表示。前者能够比较形象具体地说明各种固定资产数量的多少,缺陷在于只能用来计算同类固定资产的数量,例如房屋用“间、平方米”、拖拉机用“台、马力”等量化表示。而后者能综合反映一个地区或生产单位固定资产的总量,并且根据研究任务的不同,农业固定资产的价值量表示分为四种:

1. 固定资产原值

固定资产原值指的是购买或建造各种固定资产时实际支付的全部费用。主要包括:

(1)购置的固定资产按购买时实际支付的全部费用计价,具体包含买价、运费和安装费等。

(2)自身制建的固定资产,原则上按照同类固定资产的国家牌价计价。如无牌价,则按照好用的原材料和支付的劳动费用合理计价。

(3)农户自繁自育的幼畜成龄后转作役畜、产品畜,可以按照市场同类牲畜的平均价格计价。

(4)国家奖励或外单位赠送,清点财物时发现未入账的固定资产,可以按照同类固定资产的价格并参照其新旧程度计价。

2. 固定资产净值

固定资产净值指固定资产原值减去历年提取的累积折旧额后的价值,其说明尚余多少价值的固定资产未磨损转移到生产物中,也从侧面说明了固定资产的新旧程度和磨损程度。

3. 固定资产完全重置价值

固定资产完全重置价值指在调查时按照当时的生产条件,估价重新购买或建造同样的固定资产所需的费用。

4. 固定资产保存重置价值

固定资产保存重置价值指从固定资产完全重置价值减去估价时已经磨损的价值后的余值。

应当注意的是,固定资产的计价和折旧是按不同时期购置的实际支出计算的,而在不同时期购买同一固定资产的价格相差可能很大,所以为便于在不同时期、不同地区或单位间进行比较,应按照不变价格进行计算,以便从动态上分析固定资产实物量的变化情况。

(二)农业固定资产的分类构成

农业固定资产种类繁多,用途各异,其在各部门、地区或单位之间的分配情况也不相同。为了明确农业固定资产的数量和构成,必须对农业固定资产进行分组。按照经济用途,农业固定资产可以分为生产用固定资产和非生产用固定资产。如此分组,对于研究农业的投资情况、生产用固定资产和非生产用固定资产的比例关系等均具有重要的意义。另外,按所有制形式,也可以对农业的固定资产进行分组。通过明确各种所有制固定资产的比重,可以说明农村经济成分的构成,动态地反映农村经济的发展变化情况。

二、农业固定资产调查的内容

农业固定资产的数量是不断变动的,既包括原有农业固定资产在使用中逐渐磨损、直至报废,也包含了随着生产的发展,不断购置、新建而增加的新的固定资产。农业固定资产的调查内容包括已有固定资产的数量和质量组合、变动利用情况。前者可以由农业固定资产平衡表表示,后者则通过固定资产折旧和固定资产磨损系数、保存系数、更新系数和拆除系数等表示。

(一) 农业固定资产平衡表

研究地区或生产单位的农业固定资产情况,主要通过编制固定资产平衡表进行,该表的编制是按照固定资产原值编制的。

表 10—2—2 农业固定资产平衡表

固定资产分组	年初固定资产原值	年内增加		年内减少		年末固定资产原值	年内固定资产折旧额	年末固定资产净值
		总计	其中基建转入	总计	其中清理报废			
甲类固定资产								
乙类固定资产								
……等等								
总计								

(二)固定资产折旧

农业固定资产在生产过程中是逐渐磨损的，提取折旧是用以补偿固定资产磨损部分的有效方法，折旧额可以根据固定资产原值、规定的折旧年限和净残值来进行调查。在调查中要用到以下公式：

$$固定资产折旧额=\frac{固定资产原值-净残值}{使用年限}$$

对于一些固定资产如拖拉机、汽车等，为了使其折旧额更加符合磨损程度，还可以按当年实际完成工作量或实际使用时间来进行折旧额调查。调查中要用到以下公式：

$$固定资产折旧额=(固定资产原值-净残值)\times\frac{当年实际完成的工作量}{使用期内完成的工作量}$$

或者，

$$固定资产折旧额=(固定资产原值-净残值)\times\frac{实际使用的总时间}{使用期内完成的工作总时间}$$

在固定资产年折旧额的基础上，可以调查固定资产折旧率。在调查中要用到以下公式：

$$固定资产折旧率=\frac{固定资产年折旧额}{固定资产原值}$$

（三）固定资产变动情况分析系数

根据固定资产平衡表资料和固定资产折旧额，可以计算反映固定资产变动情况的磨损系数、保存系数、更新系数和拆除系数。

1. 固定资产磨损系数和保存系数

这两个系数从不同角度说明了固定资产的新旧程度和价值转移情况。一般地，固定磨损系数越大，说明固定资产经过长期使用已经比较陈旧，其保存系数也就越小。反之，固定磨损系数越小，其保存系数也就越大。在调查中要用到以下公式：

（1）$固定磨损系数=\frac{固定资产累计折旧额}{固定资产原值}$

（2）$固定保存系数=\frac{固定资产净值}{固定资产原值}$

2. 固定资产更新系数和拆除系数

这两个系数中，前者说明了固定资产更新情况，后者则说明了由于固定资产拆除或报废而使原有固定资产减少的程度。在调查中要用到以下公式：

（1）$固定资产更新系数=\frac{期内新增固定资产价值}{期末固定资产原值}$

（2）$固定资产拆除系数=\frac{期内报废固定资产原值}{期初固定资产原值}$

第三章 农业生产调查

第一节 种植业调查

一、种植业调查概述

农作物种植业是最基本的农业生产部门,其不仅能够提供社会和广大人民赖以生存的基本物质资料,而且也为我国工业、建筑业、商业、交通运输业等产业的发展提供了必需的原材料和物资。为了制定合理的国民经济计划,正确分配使用农产品,也为了检查种植业生产计划地执行情况,进而分析种植业的发展速度和比例关系,都需要准确地掌握农作物各项产品的产量,这也是进行种植业调查的意义所在。种植业调查主要是对农作物的种植面积和产量(预计产量和实际产量)进行调查。

农作物的种类繁多,为了深入了解各种农作物的种植现状和发展变化趋势,同时也便于各项调查的顺利进行,有必要对农作物进行分类。

一般地,按照产品的经济用途,农作物可分为粮食作物、经济作物、其他农作物和特种作物四类。1. 粮食作物:具体包括小麦、稻谷、杂粮、薯类和大豆等。2. 经济作物:包括棉花、糖料、药材、烟叶、麻类、油料和其他经济作物。3. 其他农作物:包括蔬菜、瓜类(果用瓜)、饲料和绿肥作物等。4. 特种作物:包括茶叶、桑叶、果树以及亚热带作物等。

按照农产品的属性和具体用途,粮食作物可分为稻谷、小麦等细粮品种;玉米、高粱、薯类等粗粮品种;大豆等。油料作物可分为花生、芝麻、油菜籽等;而麻类则可分为黄、红麻,大麻(线)等。

按照农作物播种的季节不同,农作物分为冬播作物和春夏播作物。

而按照农作物收获季节的不同,农作物又可分为夏(春)收作物和秋收作物两类。

二、种植业调查的内容

种植业调查的内容具体包括:农作物面积调查、农作物产量以及单位面积产量调查、茶桑果生产调查。

(一)农作物面积调查

农作物面积是种植业生产规模的标志,指的是实际播种或移植有农作物的面积,分为播种面积、收获面积、受灾面积和成灾面积。

1. 播种面积调查

农作物播种面积指的是实际播种或移植有农作物的面积。其调查是按照播种季节或者作物进行的。具体调查时，对于一些特殊的情况应按照下列规定进行调查。

(1)补种、改种作物面积的调查

播种季节结束后，一些农作物遭受灾害而进行成片补种或改种的，原先种植的作物面积仍应计算为播种面积。同时，补种或改种的作物的面积要按照复种作物计算为播种面积。

(2)间种、混种作物面积的调查

同一亩耕地间种、混种不同作物时，各作物播种面积总和只算为一亩，并且按照作物各自所占面积比例来计算作物的播种面积。但是，对于在同一块地上，两种或两种以上作物种子同时混合播种，进而它们同时生长和收获，则最终只能算作一种作物的面积进行计算，而不必再细分。

(3)复种、套种作物面积的调查

复种指在同一年内，在同一块地上，连续种植两次或两次以上的作物。而套种指在同一年内，在同一块地上，先后种植两种不同的作物，而且第二种作物是在第一种作物即将收获之前播种下去的。但对于同一亩耕地复种或套种两种作物的，应该各算一亩播种面积进行计算。

(4)作物禾苗生长不全(不齐)时的面积调查

由于某种原因，一些作物的青苗生长不齐或缺苗断垄，不论补苗与否，均按照播过种的全部面积来调查播种面积。

(5)移植作物的面积调查

移植的作物应该按照移植后的面积来调查播种面积，而原先的秧田则不应算作为播种面积了。

(6)多年生作物的面积调查

多年生作物是指播种后连续生长多年的宿根性草本植物，如韭菜、大黄等。其播种面积等于本年新种植的面积(不含本年秋冬播)与去年以前种植而留存到本年成活的作物面积的总和。不论本年是否收获产量，均属于调查范围在内。

(7)再生作物面积的调查

再生作物指的是在作物收割后，留存的根茎再次生长发育的作物。如再生稻(二道谷)、再生烟(二茬烟)、再生高粱(二茬高粱)。正是因为再生作物仍然是原来播种的作物，并没有经过再次播种或移植工作，所以一般不另算一次播种面积。

(8)非耕地上种植农作物的面积调查

对于种植在园地、林地的空间地上的作物，其播种面积一般按照用种量估算或折算。

(9)蔬菜面积的调查

蔬菜播种面积应像一般大田作物一样进行调查，而对于专业性的固定菜地来说，其种植的蔬菜面积一般要单独计算。

(10)具有多种用途的农作物播种面积调查

对于具有两种或两种以上用途的作物，其播种面积应按照种植时的主要目的进行归类调查。

2. 季节播种面积与全年播种总面积的调查

为了全面衡量一个地区或生产单位的农业生产状况，通常把全年各个季节的播种面积相加求和，得到全年的总播种面积。在调查中要用到以下公式：

(1)全年收获作物播种总面积 = 本年夏收作物播种面积 + 本年秋(冬)收作物播种面积

或者

(2)全年收获作物播种总面积 = 上年秋冬播作物面积 + 本年春播作物面积 + 本年夏播作物面积

3. 复种面积和复种指数的调查

实际调查工作中要用到以下公式：

(1)复种面积 = 全年农作物的总播种面积 - 耕地面积

(2)复种指数 = $\frac{\text{全年农作物的总播种面积}}{\text{耕地面积}}$

4. 收获面积的调查

收获面积主要是指实际收获产品的农作物面积，在调查中要用到以下公式：

$$\text{收获面积} = \text{播种面积} - \text{无收面积}$$

其中，无收面积指的是那些由于自然灾害或基建等原因而造成的没有收获的农作物的播种面积。具体包括三种情况：(1)播种面积调查核实后，因基建或其他原因而被毁掉的面积；(2)遭受自然灾害减产九成以上的作物面积；(3)当年未收获产品的多年生作物的面积。对于某些一年内连续收获多次的作物产品，计算一次收获面积，如苜蓿、韭菜等。全年的总收获面积等于本年度内收获产品的各种作物收获面积之和。

5. 受灾面积和成灾面积

指的是农作物播种后，因遭受自然灾害而使农作物减产的播种面积。而成灾面积是指因遭受自然灾害，农作物产量与常年水平相比减产 30% 以上的播种面积。

(二)农作物产量以及单位面积产量调查

1. 农作物总产量调查

农作物总产量指的是本年度内耕地和非耕地上生产的所有农作物产量的总和，它衡量了农作物生产的效果，是反映农作物生产情况的重要标志。农作物总产量调查中需要注意以下三点：其一，农作物总量计算最终要以入库的收获量为准，具体指的是农作物收获后，经过碾打、脱粒、晒干、扬净、过称入库的产量，是最终能提供给社会需要的产量。其二，要规定农产品统一的形态标准和质量标准。如稻谷按带壳的谷粒计算，豆类按去豆荚后的干豆进行计算，棉花按照去籽后的皮棉计算，甜菜按照块根计算等。其三，还要注意某些农产品产量的一些特殊规定。如对薯类块根按照 5000 克鲜薯折合 1000 克粮食来计算粮食作物的总产量；而在计算麻类产量时，亚麻以麻秆计算、苎麻以剥皮后的干麻计算、苘麻和线麻以熟麻皮计算，其余的麻类作物则统一按照生麻皮计算，并且规定一般情况下，1000 克熟麻皮可以折合成 2000 克生麻皮。

实践中，农作物总产量调查可分为预计产量调查和实际产量调查。前者指农作物收获前，通过抽样调查对农作物产量进行推算而获得的一种产量预测数字。而后者指的是农作物收获后实际入库的产量，它是领导部门制定相关政策、检查生产计划执行情况、发表国民经济公报、编辑经济文献的重要根据。

2. 单位面积产量调查

单位面积产量不仅能反映现有土地的生产率，而且能反映各项技术的实施效果、农业工作的质量和生产水平的高低。基于我国地少人多、耕地有限的国情显示，提高农作物单位面积产量是有效解决我国未来粮食安全的重要途径。农作物单位面积产量具体可以按照播种面积、收获面积和耕地面积分别进行调查。在调查中要用到以下公式：

(1)按播种面积调查的亩产 = $\frac{\text{某农作物的总产量}}{\text{该农作物的播种面积}}$

(2)按收获面积调查的亩产 $=\frac{\text{某农作物的总产量}}{\text{该农作物的收获面积}}$

(3)按耕地面积调查的亩产:

(a) 直接调查法:主要适用于基层生产单位。

$$\text{每亩耕地平均粮食年产量}=\frac{\text{全年粮食总产量(千克)}}{\text{当年粮食生产实际占用的耕地面积(亩)}}$$

(b) 间接调查法:多适用于上级有关部门。

$$\text{每亩耕地平均粮食年产量}=\frac{\text{粮食总产量}}{\text{粮食作物占用耕地面积}}$$

其中,

$$\text{粮食作物占用耕地面积}=\frac{\text{全年粮食作物总播种面积}}{\text{复种指数}}$$

以上计算公式中,还蕴含着以下关系:

(1)按播种面积调查的亩产 $=$ 按收获面积计算的亩产 $\times\frac{\text{该农作物的收获面积}}{\text{该农作物的播种面积}}$

(2)单位面积产量 $=\frac{\text{农作物产量}}{\text{农作物种植面积}}$

(三)茶、桑、果生产调查

茶、桑、果生产调查的主要内容包括:

1. 茶叶产量与茶园面积

茶叶产量主要是指本年度内生产的茶叶总量。无论自己食用,还是作为商品出售的,都在调查之列。具体包括茶园、零星茶树,以及荒芜未进行垦荒的茶树上采摘的全部茶叶。

茶园面积主要是指成片种植的茶树的总面积,具体包含已有的、垦复的以及本年新种植的茶树面积,但不包括育苗的苗圃面积。零星种植的茶树也不折算面积,而茶园中间种植农作物的,茶园面积照算,农作物面积则可以进行折算。

2. 蚕茧产量、桑园与柞坡面积

蚕茧产量主要是指本年度内生产的全部蚕茧产量,包括土茧、种茧和改良茧。蚕茧的产量均按照鲜茧的重量计算,具体可以按照桑茧、柞蚕茧、蓖麻茧、木薯茧分别进行调查。

桑园面积主要是指成片种植的桑树的总面积,包括已有的、垦复的以及本年新种植的桑树面积。其中,桑园苗圃面积和零星种植的桑树面积不予计算,而以产桑椹为主而不用于养蚕的桑园面积却属于调查的范围。

柞坡面积主要是指成片种植、培育和管理的、适于放养柞蚕的柞坡面积,包括人工柞林面积和经过人工培育适于放养柞蚕的天然柞坡面积。另外,过去曾经放养过柞蚕,但在最近三年之内停止放养柞蚕的柞坡面积也属于本项调查之列。

3. 水果产量和果园面积

水果产量主要是指本年度内直接从果树上收获的全部水果的产量。无论自己食用,还是作为商品出售的,都在计算之列。但是,果用瓜和主要用作蔬菜的西红柿、藕等以及采集的野生水果除外。水果产量统一按鲜果计算,干枣、葡萄干、柿饼等均应统一折算成鲜果后再进行计算。

果园面积主要是指成片种植果树的面积,包括已有的、垦复的以及本年新种植的果树面积。调查时虽已荒芜,但稍加开垦、修整和培育后就能恢复生产的果园面积,不论树龄大小和当年有无收益,都包含在调查范围之内。但是,不包括育苗的苗圃面积,零星种植的果树也不折算面积,而果园中间种植农作物的,果园面积不应折算,农作物面积则可以进行折算。

三、种植业调查资料的利用

对于调查种植业所获得的资料,我们可以用来分析农作物的生产结构、农作物生产计划的完成情况,以及农作物产量增长的影响要素。

(一)农作物生产结构分析

对于农作物种植业生产结构的分析,主要通过粮食作物、经济作物和其他农作物种植面积在全部农作物种植面积中的比重,以及其变化情况来说明的。对于一个地区或生产单位而言,通过这些数据资料的比较,可以有效说明该地区或生产单位某一时期的生产方向、特点以及其生产优势的发挥程度。当然,为了反映粗细粮的发展变化和多种经营的发展,可以进一步对粮食作物以及经济作物内部比例关系进行分析。并且所有比例分析,不仅可以利用播种面积资料进行对比进行,还可以利用农业总产值和农产量资料来进行相关分析。

(二)农作物生产计划的完成情况分析

一般地,农作物生产计划有总产量、播种面积和单位面积产量三部分组成。其中,农作物总产量计划能否完成主要取决于播种面积和单产计划地完成情况。通常情况下,调查生产计划完成情况主要是用实际生产产量与计划产量对比,同时还要对耕作制度、生产条件等进行相关调查研究。具体方法有:

1. 通过对比本年度农产量与上一年度的农产量,计算本年度农产量的增减数量和幅度;同时通过对各地区以及各生产单位农产量的比较,可以了解本年度农产量增减的普遍程度和计划完成情况。

2. 把本年度的产量与历史最高记录以及关键年份产量进行比较,可以了解一个经济时期内农作物生产水平的变化情况,并据此可以对未来农作物的产量进行适当预测。

3. 计算一个经济时期内年平均增产量和平均增产速度,进而分析农产量增减变化的主要原因和特点,可以提出农业生产发展应注意的关键性问题和具有针对性的措施建议。

(三)农作物产量增长因素分析

农作物产量增长主要取决于农作物播种面积和单位面积产量两个因素,因而对农作物产量增长因素的分析,主要是分别对农作物播种面积和单位面积产量进行相关分析。为便于资料的分析,用有关符号表示以下指标数值:

(1)f_0 和 f_1 分别代表基期和报告期夏粮或秋粮的播种面积;

(2)x_0 和 x_1 分别代表基期和报告期夏粮或秋粮按照播种面积计算的亩产;

(3)L_0 和 L_1 分别代表基期和报告期粮食占用的耕地面积;

(4)M_0 和 M_1 分别代表基期和报告期全年粮食作物按照播种面积计算的平均亩产。

根据上面规定的符号所表达的经济意义,可以计算:

$$\text{全年粮食总产量指数}=\frac{\sum f_1x_1}{\sum f_0X_0}\times 100\%$$

$$\text{全年粮食播种面积指数}=\frac{\sum f_1}{\sum f_0}\times 100\%$$

$$\text{全年粮食平均亩产指数}=\frac{M_1}{M_0}\times 100\%$$

以上三个指数存在如下关系：

全年粮食总产量指数 = 全年粮食播种面积指数 × 全年粮食平均亩产指数

以上是对一个地区或生产单位全年粮食生产总量增长的简要分析，通过对调查资料进行分析，我们还可以对播种面积和平均亩产进行进一步深入分析。

1. 对粮食播种面积的分析

粮食播种面积的扩大，取决于耕地面积指数和复种指数的提高。具体为：

(1)粮食耕地面积指数 $= \frac{L_1}{L_0} \times 100\%$

(2)耕地复种指数的发展速度 $= \frac{\sum f_1 / L_1}{\sum f_0 / L_0} \times 100\%$

(3)扩大粮食耕地面积而增加的播种面积 $= (L_1 - L_0) \times \frac{\sum f_0}{L_0}$

(4)提高复种指数而增加的播种面积 $= L_1 \times (\frac{\sum f_1}{L_1} - \frac{\sum f_0}{L_0})$

以上数值中存在着如下的数量关系：

全年粮食播种面积指数 = 粮食耕地面积指数 × 耕地复种指数的发展速度

2. 对全年平均亩产量的分析

由于全年平均亩产主要取决于每种农作物亩产水平及其播种面积所占比例两个因素，全年平均亩产指数可以分解为夏秋粮亩产平均指数（即亩产固定组成指数）和夏秋粮播种面积结构影响指数。计算公式为：

(1)夏秋粮亩产平均指数 $= (\frac{\sum f_1 x_1}{\sum f_1} : \frac{\sum f_1 x_0}{\sum f_1}) \times 100\%$

(2)夏秋粮播种面积结构影响指数 $= (\frac{\sum f_1 x_0}{\sum f_1} : \frac{\sum f_0 x_0}{\sum f_0}) \times 100\%$

二者存在着以下数量关系：

全年粮食平均亩产指数 = 夏秋粮亩产平均指数 × 夏秋粮播种面积结构影响指数

即：

$$\frac{M_1}{M_0} = (\frac{\sum f_1 x_1}{\sum f_1} : \frac{\sum f_1 x_0}{\sum f_1}) \times (\frac{\sum f_1 x_0}{\sum f_1} : \frac{\sum f_0 x_0}{\sum f_0})$$

第二节 林业生产调查

一、林业生产概述

林业是一个以多年生、木本植物及其产品为主要生产对象的重要农业生产部门。林业生产调查主要是对林地和森林面积、森林蓄积量、林业再生产状况等进行调查，以便制定科学的林业发展规划，正确指导我国林业的健康发展。与农牧业相比，林业生产具有以下特点：

1. 生产周期较长，人工劳作的时间短，绝大部分的生产时间是自然生长期间，即生物自然生长的过程，此过程中，自然力发挥着重要的作用。

2. 森林是可再生资源，积极实行采育结合，能够实现林木的永续利用，维持良好的生态平衡。

3. 林木有自然成熟期和经济成熟期之分，前者需要的时间较长，多的长达几十年；后者则根据经济建设的需要，几年就可以采集使用了。

4. 林木的效用具有多样性。有些林木的皮层、枝叶、树液等均具有较高的经济或药用价值，拥有广阔的经济利用前景。

二、林业生产调查的内容

(一)林地和森林面积调查

1. 林地面积调查

林地，主要指的是林业生产用地，具体包括郁闭度0.3以上的乔木林地、疏林地、灌木林地、采伐迹地、火烧迹地、苗圃和国家规划的宜林地。其中，郁闭度指森林中树冠对林地的覆盖率，等于林地树冠的垂直投影面积与林地地面面积之比，完全覆盖值为1。

(1)乔木林地面积

郁闭度0.3以上的乔木林地面积指的是乔木群落郁闭度再0.3以上的天然树林和人工林的土地面积。

(2)疏林地面积

主要指郁闭度在0.1至0.3(含0.3)的林业用地的面积。

(3)灌木林地面积

主要指以培育灌木为目的、专门用作防护地、覆盖率大于0.4的林业用地的面积。

(4)采伐迹地面积

主要指森林采伐区内，经采伐后尚未得到更新的林业用地的面积。

(5)火烧迹地面积

主要指森林发生火灾后尚未更新的林业用地的面积。

(6)苗圃面积

主要指固定用作培育苗木的土地面积。

(7)国家规划的宜林地面积

主要指国家规划用作适合种植林木的土地的面积，是除去采伐迹地和火烧迹地以后，适宜种植林木的林中空地以及荒山荒地面积。

综合来看，林地面积调查主要是对目前生长有林木的土地面积和适宜种植林木的无林地面积进行调查。

2. 森林面积调查

主要是指计算调查日期内人工经营以及天然生成的森林的面积总和大小。具体来看，森林面积分成人工经营和天然生成两类森林面积，主要指有林地面积，是指乔木林地面积、经济林地和竹林地面积，但不包含灌木林地和疏林地面积。

(二)森林蓄积量调查

森林蓄积量主要指森林中林木的材积总量。其调查是通过专门调查进行的，通常每隔5年或者

10年进行一次森林资源抽样调查。一般地选择固定的地点,进行持续的调查。测树样本点面积为一市亩,林木起测径级一般定为4厘米至6厘米,然后按照规定的检尺计算蓄积量。一个地区或生产单位各类林木蓄积量的加总,就可以获得该地区或生产单位林木的总蓄积量。

(三)林产品产量调查

林产品产量调查主要是对无需砍伐竹木根本而从人工培育的竹木上获取的各种林产品产量进行调查。按照经济用途的不同,林产品大体分为三类:

1. 工业和手工业用原料

主要包括橡胶、生漆、棕片、五倍子、松脂、紫胶、白蜡、蒲葵叶、其他林木籽实和枝叶等。

2. 木本油料

包括油茶籽、油桐籽、乌桕籽、油橄榄、文冠果等。

3. 副产品

主要包括核桃、板栗、笋干、白果等。

而茶叶、桑叶、水果和野生林产品不包括在林产品产量调查范围之内。从农业生产的成果来看,林产品还应包括林木生长量、抚育采伐木材量以及竹木采伐量。另外,林产品产量要按照国家统一标准进行计算核对。其中,油茶籽、油桐籽、乌桕籽、核桃、文冠果等,以去掉外壳后的干籽计算产量;五倍子以干籽计算产量;橡胶和棕片则按照干胶片和干棕片计算产量;生漆、松脂则按照从树上新割下来的生漆、松脂计算产量;竹笋按笋干计算产量;紫胶(虫胶)按原胶计算产量。

(四)林业再生产调查

林业再生产调查具体包括采种和育苗调查、造林调查、林木抚育与改造调查、林木的采伐与损毁调查。

1. 采种、育苗调查

该项调查主要通过调查采种量和育苗面积来完成。其中,采种量指的是年内调查地区或生产单位为造林所采集的种子数量,不包括外地导入的种子量,也不包含已经计入林产品产量的果实,如核桃、板栗、油茶籽等。而育苗面积指的是调查日期上培育苗木而占用的苗圃面积,包括当年新育苗面积、留床面积和移植面积(指移植后继续培育苗木所占用的面积)。

2. 造林调查

该项调查主要是对成片营造的林木和零星植树进行调查。调查的内容具体包括:

(1)造林面积,是指对当年在荒山、荒地上成片种植林木,年末调查是成活率大于等于85%的林地面积。

(2)迹地更新面积,指在采伐迹地或林中空地上进行人工更新营造新林的面积。人工更新就是在采用直播或者植苗在采伐迹地或林中空地上进行成片造林,其要求当年的成活率不低于85%。

(3)零星植树,指利用村郊、宅旁、路边和水旁等零散土地进行的植树,其按年末树木成活的株数计算。

3. 林木抚育与改造调查

该项调查的内容主要有:

(1)幼林抚育面积,指的是对三五年内新造的幼林进行松土、除草、灌溉、施肥和整枝等各种抚育作业的林地面积。其又具体分为实际面积和作业面积两类。

(2)成林抚育面积,指的是对三五年以上的林木进行修枝、松土、间伐等各种抚育作业的林地面积。

(3)次生林改造面积。次生林指的是森林采伐或遭到破坏后,经过天然更新恢复再次生成的森林。次生林改造是指间伐掉材质低劣、生长不良和过密的林木,进行改种、补种优良树种,从而改善现有林木组成的活动。次生林改造面积按照改造的实际面积进行计算。

4. 林木的采伐与损毁调查

采伐林木获取木材是林业生产的目的之一,而森林损毁指的主要是火灾和病虫害等是森林资源遭受破坏。该项调查的内容主要有:

(1)森林采伐面积,主要指年内为获取木材而进行采伐活动的实际区域面积;

(2)采伐蓄积量,主要指年内为获得木材而实际采伐林木的材积量。其和森林采伐面积一起,能够有效反映森林现有采伐的规模。

(3)森林发生火灾的次数以及由此造成的受害森林面积和成灾面积。

(4)森林病虫害次数、虫害发生的面积及其防治面积。

第三节　畜牧业调查

畜牧业是农业的另一重要生产部门,其不仅为农业的发展提供大量优质的有机肥料和役畜,更能为人民群众提供丰富的肉、奶、蛋、毛绒等产品,直接影响着人民群众的生活水平。另外,畜牧业的发展状况对我国农业与国民经济的发展、少数民族地区经济的繁荣也具有十分重要的作用。为了准确掌握和研究我国的畜牧业发展状况,必须做好畜牧业生产的调查工作。具体看来,畜牧业调查的任务包括:

(1)全面及时地搜集牲畜头数和畜产品产量资料,以便准确掌握我国畜牧业的发展状况和水平;

(2)研究分析畜牧业生产的结构,以便因地制宜的制定和调整畜牧业生产规划;

(3)分析畜群再生产过程以及饲养管理过程中存在的问题,提出具体的提高畜牧业产出能力和经济效益的途径。

从内容上看,畜牧业调查的主要内容包括三个组成部分:牲畜头数调查、畜产量调查、饲料资源和利用调查。

一、牲畜头数调查

牲畜头数是反映和研究畜牧业生产规模和劳动成果的基本资料,增加牲畜头数是畜群扩大再生产的基础,更是增加畜产品产量的重要途径。要了解和研究畜牧业的发展情况,首先应该进行牲畜头数调查,以便掌握有关牲畜头数的具体数据资料。具体看来,牲畜头数调查主要是对牲畜的发展规模、结构、头数的变动及其引起变动的原因进行调查。

(一)牲畜的分类

为了深入研究畜牧业再生产情况,以便科学分析牲畜组成、畜群结构及其变化的规律,需要对牲畜进行分类,在此基础上再进行相关调查。

牲畜按照其所属种类划分为大家畜和小家畜两大类。前者主要指牛、马、骡、驴、骆驼等;后者主要指猪、羊等。

按照基本经济用途的不同,牲畜又可划分为役畜和产品畜两大类。这里,役畜是指提供畜力的各种大牲畜,具体包括役用的牛、马、骡、驴、骆驼等。产品畜指的是生产畜产品为主的大小牲畜,如奶牛、肉牛、生猪、绵羊、山羊等。此外,其他各种饲养动物,如家禽、家兔、驯养的鹿、貂等,也属于产品畜。

按照性别,牲畜一般分为公畜、母畜和去势畜(即骟畜)三个类别。而按照年龄,牲畜又可划分为成年畜、幼畜和仔畜三类。其中,成年畜是指发育成熟的牲畜;幼畜是指介于成年畜和仔畜之间的牲畜。而仔畜指的是出生后到断奶前需要特殊照料的小牲畜。现实中,各种牲畜发育程度和成熟早晚各不相同,所以各个年龄组的具体界限也不相同(见表10—3—1)。

表10—3—1 牲畜各个年龄组界限

牲畜名称	仔畜	幼畜	成年畜
马、骡	12个月以下	12个月至36个月	36个月以上
牛、驴	12个月以下	12个月至24个月	24个月以上
骆驼	12个月以下	12个月至48个月	48个月以上
羊	4个月以下	4个月至12个月	12个月以上
猪	2个月以下	2个月至9个月	9个月以上

实际工作中,为了综合分析畜群的再生产情况,通常把性别和年龄结合起来进行分组。

另外,还可以按照牲畜的品种进行分组,因为牲畜的品种直接影响着畜产率的高低和畜产品的质量,也影响着牲畜的发展和质量的改善。一般地,按照牲畜的品种,牲畜划分为纯种、改良种和当地土种三类。

(二)牲畜头数调查的内容

1. 存栏头数。指的是饲养单位在调查日期上实际拥有的牲畜头数,其主要用以表明调查时点牲畜饲养所达到的规模,为编制和检查牲畜头数发展计划、分析牲畜头数增长情况提供依据。

2. 平均头数。平均头数的调查能够了解一定时期内(如年、季、月)牲畜饲养的一般水平,满足饲养管理工作的需要。在调查中要用到以下公式:

$$\text{牲畜平均头数}=\frac{\text{报告期饲养头日数}}{\text{报告期日历日数}}$$

其中,报告期饲养头日数指的是报告期内饲养单位逐日饲养牲畜头数的总和。另外,还可以按照序时平均数法来调查牲畜平均头数。调查中要用到以下公式:

(1) $N=\frac{1}{2}m_1+m_2+m_3+\cdots+m_{n-1}+\frac{1}{2}m_n$

(2) $M=\frac{N}{n-1}$

其中,M表示年(或季、月)牲畜平均头数;m_1、m_2、m_3、$\cdots m_{n-1}$、m_n分别代表各个月初或月末(或季初、季末)的存栏头数;n代表时点数列的项数。

3. 标准头数。一般地,各种牲畜可以按照有关的折合系数者和为某种标准的成年畜来表示,其中折合系数是根据各种牲畜与标准牲畜之间的某一标志内容的比例确定的。调查中要用到以下公式:

全部牲畜的标准头数 = $\sum$(某种牲畜头数 × 该种牲畜的折合系数)

例如,已知奶牛对成年绵羊的折合系数为5,则现有1000头奶牛,折合成年绵羊的标准头数就为5000头。

4. 畜群再生产调查

畜群再生产调查可以通过具体调查畜群繁殖成活率、出栏率、淘汰率和死亡率、总增率和净增率、畜群再生产保证率等主要比率来完成。调查中要用到以下一些公式:

(1) 繁殖成活率 = $\dfrac{\text{当年出生成活的仔畜头数}}{\text{年内能繁殖的母畜头数}}$

(2) 出栏率 = $\dfrac{\text{年内出栏头数}}{\text{年初存栏头数}}$

(3) 淘汰率 = $\dfrac{\text{年内淘汰的牲畜头数}}{\text{年初牲畜总头数}}$

(4) 死亡率 = $\dfrac{\text{年内死亡的牲畜头数}}{\text{年平均牲畜头数}}$

(5) 牲畜总增率 = $\dfrac{\text{本期总增头数}}{\text{期初牲畜头数}}$

(6) 牲畜净增率 = $\dfrac{\text{本期净增头数}}{\text{期初牲畜头数}}$

(7) 畜群再生产保证率 = $\dfrac{\text{能繁殖的母畜头数}}{\text{畜群总头数}}$

以上各式中,还存在着以下关系:

牲畜总增率 = 牲畜净增率 + 牲畜出栏率

本期总增头数 = 本期净增头数 + 本期出栏头数

本期总增头数 = 期内繁殖头数 - 期内牲畜死亡头数

本期净增头数 = 期末牲畜头数 - 期初牲畜头数

本期出栏头数 = 期内出售(供屠宰用)头数 + 期内屠宰头数

另外,畜群再生产保证率还可以通过调查平均每头种公畜负担的能繁殖母畜的头数来求得。在调查中要用到以下公式:

$$\text{畜群再生产保证率} = \frac{\text{能繁殖的母畜头数}}{\text{种公畜头数}}$$

二、畜产量调查

畜牧业提供的畜产品产量是衡量畜牧业生产状况和绩效的重要标志。增加畜产品产量有两个现实途径:扩大畜群规模,增加牲畜头数;改良牲畜品种,改进饲养管理,科学饲养,提高畜产率。为了全面了解和掌握我国各种畜产品的生产水平和产量情况,必须进行畜产量和畜产率调查。

(一) 畜产量调查的范围

畜产品指的是通过饲养和放牧牲畜,人们所获得的各种动物性的原始产品。具体包括两类:其一,饲养家畜家禽所获得的仔畜和牲畜的增长、增重产品;其二,饲养活畜活禽所获得的奶、蛋、毛类等未经加工的原始产品。牲畜的繁殖、增长和增重产品,主要表现为牲畜重量的增加量或价值增加量。

应当注意的是，牲畜屠宰所获得的肉、皮、脂肪等属于屠宰工业的产品，不包含在畜产品产量之内，但其可以用作间接反映畜牧业生产的成果。

（二）畜产量和畜产率调查

畜产量的调查有两种方法：其一，将各生产单位某种畜产品产量直接相加求和获得；其二，根据牲畜总头数和畜产率资料调查获得。具体来看，

1. 肉用牲畜畜产量和畜产率调查

（1）肉用牲畜增重产量调查

指的是繁殖仔畜、对幼畜和育肥畜的养殖而使牲畜体重增加的产量，其是报告期内牲畜培育的生产成果。在调查中要用到以下公式：

牲畜总增重产量＝本期出生仔畜体重＋（从低年龄组转入高年龄组后牲畜体重－转出时的牲畜体重）－死亡损失牲畜体重

或者，

牲畜总增重产量＝（期末牲畜体重－期初牲畜体重）＋出售屠宰牲畜体重－购入牲畜体重。

另外，为了直接说明畜牧业向社会提供肉产品的总体情况，可以通过调查肉产量来表示。在调查中要用到以下公式：

全部肉产量＝出栏头数×平均每头胴体重

其中，胴体重指的是牲畜屠宰后的出肉量，具体是牲畜屠宰后除去毛、头、蹄、内脏后的带骨肉重。而平均每头胴体重可以通过有关部门的抽样调查获得。

（2）肉用牲畜畜产率调查

通常情况下，我们可以通过调查增重率、平均每头出栏牲畜的重量、出肉率（或屠宰率）等来了解肉用牲畜的畜产率高低。在调查中要用到以下公式：

$$\text{增重率（平均每头牲畜的增重量）}=\frac{\text{牲畜总增重量}}{\text{牲畜平均头数}}$$

$$\text{平均每头出栏牲畜的重量}=\frac{\text{本期出栏牲畜的总重量}}{\text{本期出栏牲畜总头数}}$$

$$\text{出肉率（或屠宰率）}=\frac{\text{平均每头屠宰牲畜的胴体重}}{\text{平均每头屠宰牲畜的活重}}$$

2. 奶类产品产量和挤奶率调查

奶产品产量又称挤奶量，它是指从乳牛或奶羊身上挤出的全部奶量。而挤奶率是用来说明牲畜产奶的生产率。实践中，计算挤奶率的主要是乳用畜群和奶牛场。挤奶率调查具体通过调查饲养乳牛挤奶率、产奶乳牛挤奶率、饲养乳牛利用程度、全年牛奶含脂率等工作来实现。在调查中要用到以下公式：

$$\text{饲养乳牛挤奶率}=\frac{\text{全年牛奶总产量}}{\text{饲养乳牛总头数}}$$

$$\text{产奶乳牛挤奶率}=\frac{\text{全年牛奶总产量}}{\text{产奶乳牛总头数}}$$

$$\text{饲养乳牛利用程度}=\frac{\text{产奶乳牛平均头数}}{\text{饲养乳牛平均头数}}$$

$$\text{全年牛奶含脂率}=\frac{\sum\text{（某月产奶量×该月的平均含脂率）}}{\text{全年牛奶总产量}}$$

以上各项还存在如下关系：

$$饲养乳牛利用程度 = \frac{饲养乳牛挤奶率}{产奶乳牛挤奶率}$$

3. 毛类制品产量调查

毛类产品是纺织工业的重要生产原材料，也是我国重要的出口换汇物资。毛类产品种类很多，具体包括羊毛、驼毛、马鬃、马尾、猪鬃、兔毛等，其中羊毛是最主要的。羊毛产量分别由绵羊毛、山羊毛、山羊绒调查汇总获得的。品种不同，价值各异，按照粗细程度，羊毛主要分为粗羊毛、半粗羊毛、半细羊毛和细羊毛。为了全面掌握绵羊的产毛水平和评价其饲养工作的优劣，通常调查剪毛率的大小。在调查中要用到以下公式：

$$绵羊剪毛率 = \frac{羊毛总产量}{绵羊头数}$$

4. 养禽业产品产量调查

该项工作具体通过调查禽蛋总产量、平均每只成年母禽产蛋量、家禽体重总产量等来实施。

(1)禽蛋总产量

农户零星饲养的家禽产蛋量，可以根据农村住户调查资料进行相关计算获得，或者根据收购部门的收购量和集市贸易的销售量和农户家庭自用量进行估算。而国有和集体养禽场、养禽专业户，则可以根据产蛋记录调查禽蛋总产量。

(2)平均每只成年母禽产蛋量

平均每只成年母禽产蛋量能有效反映母禽生产水平的高低和饲养工作质量的好坏。在调查中要用到以下公式：

$$平均每只成年母禽产蛋量 = \frac{禽蛋总产量}{成年母禽只数}$$

(3)家禽体重总产量

肉用类家禽肉产量主要以家禽体重总产量来反映，结合家禽饲养周期短、成熟快、变动大的特点，在调查家禽体重总产量中要用到以下公式：

家禽体重总产量 = [(年末家禽只数 - 年初家禽只数) + 年内出售和自己食用的家禽只数] × 平均每只家禽的体重

5. 畜产品的商品产量和商品率调查

为了有效满足广大人民群众生活不断增长的物质需要，不仅要提高畜产品的产量，更要增加畜产品的商品产量，提高畜产品的商品率。

畜产品的商品产量指的是扣除了畜产品生产单位内部生产消费和生活需要后，进入流通领域的畜产量，具体包括在城乡集市销售的畜产品和直接出售给国家部门的畜产品数量。而畜产品的商品率指的是畜产品的商品产量和总产量的比值。实践中，在缺少牲畜体重总产量资料的情况下，育肥性牲畜增重产品的商品率的调查中要用到以下公式：

$$C = \frac{A}{B} \times 100\%$$

其中，A 代表出售供屠宰用的牲畜头数 + 自宰后出售肉产品的牲畜头数；B = [0.5 × (期末头数 - 期初头数) + 出栏头数]；C 代表育肥性牲畜增重产品的商品率。实际工作中，考虑到净增牲畜头数中有大小畜之分，所以 B 中乘以 0.5，以便折算为净增的成年肥畜头数。

三、饲料资源和利用调查

饲料是畜产品生产的原材料，使牲畜所需能量和养分的源泉。为满足人民群众生活对畜产品的需要，就必须有效地利用饲料资源，进行科学饲养，合理放牧，逐步提高畜牧业的生产经济效果，正因为如此，就需要做好饲料资源及其利用情况的调查。

(一)饲料的分类

实践中，饲料的种类繁多，可以按照不同的标准进行分类。但通常用的较多的是按照饲料的特性和营养成分进行分类。据此标准，饲料分为：

1. 植物性饲料。可分为粗饲料、青饲料、精饲料和多汁饲料。其中，粗饲料指秸梗、干草和谷糠等；青饲料指专门从饲料生产基地和人工草场收割的青贮玉米、青贮燕麦、苜蓿草、青草以及各种水生植物饲料；精饲料是指各种谷物及豆饼、油饼和麸皮等；而多汁饲料指的是农作物的根、茎、果实，例如甜菜、胡萝卜、瓜类等。

2. 动物性饲料

主要指由畜产品加工而成的农副产品，比如鱼粉、骨粉、血粉、为养仔畜用的牛奶等。

3. 矿物性饲料

主要指利用矿物质补充养分的饲料，如食盐、磷酸钙等物质。

4. 添加饲料

主要指加添有各种维生素、微量元素、饲用酵母和生长促进剂等物质的饲料。实践中，配合饲料的使用日趋普遍。按照营养成分的不同，各种配合饲料又可分为全价配合饲料和配合添加剂饲料。前者是针对不同牲畜在不同生长阶段对各种营养成分的需要，进行科学配合加工而成的饲料；而后者则是根据畜禽不同生长阶段对某种营养成分的需要，特制而成的某种营养成分的添加剂。

(二)饲料资源和利用调查的内容

1. 饲料资源量调查

对于外购的商品饲料，其数量可以根据有关的购买凭证进行调查；对于自产自用的饲料，其数量的调查可以利用有关的数学知识计算进行。如对于某些青饲料，由于体积大、数量多，不便于称量，可根据草垛的体积或贮料窖的容积，与抽样获得的单位体积或容积的饲料重量的乘积来推算；当然，也可以根据这些作物的种植面积进行数量估算。生活中，饲料平衡表的编制能有效反映饲料资源和它的使用情况。

表10—3—2 饲料平衡表

种类	年初结存	各项来源				使用状况				年末结存
		小计	自产	购入	其他	小计	牲畜消耗	出售	其他	
精饲料										
粗饲料										
青饲料										
多汁饲料										
配合饲料										

表中各项的关系为：

饲料资源量 = 年初结存量 + 年内各项来源的饲料量 - 年内出售和其他使用量

另外，也可以把各种饲料折合成标准饲料单位进行核算。标准饲料单位通常是以一斤燕麦所含养分作为标准的。各种饲料按照技术测定的标准折合系数，与其饲料量的乘积，便得到折合的标准饲料资源量。在调查中要用到以下公式：

$$\text{标准饲料资源量} = \sum \times (\text{某种饲料资源量} \times \text{该种饲料的折合系数})$$

2. 饲草资源量调查

牧草场饲草资源量的调查，一般通过抽样调查方法进行计算。具体是在放牧期开始前抽取一定的面积样本，进行实割实测，进而推算单位面积产草量和放牧期可能的产草总量。

3. 饲料和牧草场利用情况调查

饲料和牧草场的利用情况，可以通过调查单位畜产品的饲料消费量、单位饲料消耗所生产的畜产品数量、单位畜产品投入的饲料费用、单位饲料费用提供的畜产品数量、单位面积的牧草场提供的畜产品数量等来表示。在调查中要用到以下公式：

(1) $\text{单位畜产品的饲料消费量} = \dfrac{\text{饲料总消耗量}}{\text{某种畜产品总产量}}$

(2) $\text{单位饲料消耗所生产的畜产品数量} = \dfrac{\text{某种畜产品总产量}}{\text{饲料总消耗量}}$

(3) $\text{单位畜产品投入的饲料费用} = \dfrac{\text{全年饲料费用}}{\text{畜产品总产量}}$

(4) $\text{单位饲料费用提供的畜产品数量} = \dfrac{\text{畜产品总产量}}{\text{全部饲料费用}}$

(5) $\text{单位面积的牧草场提供的畜产品数量} = \dfrac{\text{一定面积牧草场生产的畜产品总数量}}{\text{该牧草场的总面积}}$

第四节　渔业生产调查

一、渔业生产概述

渔业生产主要指为获得水产品而对水生动植物进行采集、捕捞和养殖的活动，具体包括采集捕捞渔业和养殖渔业两个组成部分。

(一)渔业生产特点

与农业生产部门相比，渔业生产具有以下特点：

1. 渔业生产以水域为生产场所，水域资源是渔业发展的前提和基础。

2. 水生动植物使渔业的生产对象，其具有自身繁衍生长的特性，其生长的环境—水域资源对渔业生产的开展具有重要的约束作用。

3. 渔业生产作业具有较大的流动性；

4. 水产品经济价值大，鲜活性质量要求较高，由此必须对其进行及时地销售、贮藏和加工。

(二)渔业的分类

1. 按照生产地域的不同,渔业分为海洋渔业和淡水渔业两类。前者指的是在海洋水域从事的渔业生产活动,具体包括海水养殖和海洋捕捞两部分内容,其又可进一步分为近海和外海远洋渔业;后者则指在内陆水域从事的渔业生产活动。相应地,水产品也划分为海水产品和淡水产品两个基本类别。

2. 按照产品生产性质的差异,渔业分为养殖渔业和捕捞渔业两类。前者是指人工控制下的水生动物和藻类产品的生产活动,包括海水养殖和淡水养殖两个方面;而后者则是指为采集捕捞天然生长的水产品进行的生产活动,其进一步可分为海洋捕捞和内陆捕捞。而且,海洋捕捞又可分为近海捕捞和远洋捕捞。

3. 按照水产品的种类不同,渔业可分为鱼类、虾蟹类、贝类、海水产品和海藻类等生产活动。此种类别的分类,可以使我们了解和掌握各种水产品的需求比重和变化状况。

二、渔业调查的内容与方法

(一)渔业产量调查

渔业水产品的产量直观地反映了渔业生产水平的高低,渔业产量的调查主要是对水产品总量和水产品生产率进行调查。

1. 水产品总量调查

水产品总量指的是一个地区或生产单位在本年度内捕捞人工养殖和自然生成的水产品的总数量。如果捕捞的水产品在出售前已经变质,则不论是改作饲料、肥料,还是其他用途,均不应该再作为水产品产量计算。因为水产品对鲜活性质量要求较高,主要用以满足人民生活消费的需要。另外,继续用作渔业再生产的水产品,如鱼种、鱼苗、亲鱼、鱼饵、转塘鱼以及存塘鱼等,不包括在水产品产量之内。实践中,水产品总量通常按照海水产品和淡水产品、天然生产和人工养殖、或水产品的种类进行分类调查。

2. 水产品生产率调查

水产品生产率反映了渔业的生产水平,按照人工养殖渔业和捕捞渔业分别进行调查。实际工作中,具体通过调查单位养殖面积产量、渔船生产率指标(平均每吨位捕捞量和平均每马力捕捞量)来具体实施水产品生产率调查工作的。在调查中要用到以下公式:

(1)单位养殖面积产量 $=\frac{\text{养殖产量}}{\text{养殖面积}}$

(2)平均每吨位捕捞量 $=\frac{\text{全年捕捞水产品总量}}{\text{年平均渔船总吨位}}$

(3)平均每马力捕捞量 $=\frac{\text{全年捕捞水产品总量}}{\text{年平均渔船总马力数}}$

(二)养殖面积调查

养殖面积主要指养殖水生动植物的水域面积,其反映了水生动植物的养殖规模大小。养殖面积调查包括海水养殖面积调查和淡水养殖面积调查两部分。

1. 海水养殖面积

主要是指利用海滩、浅海和港湾放养虾贝、鱼苗、海带等进行人工养殖的水域面积。

2. 淡水养殖面积

指已经放养鱼苗、鱼种和其他水生动植物苗种，并进行人工饲养管理的水域面积。具体包括池塘、水库、沟渠、湖泊和人工养鱼池等水面面积，不包括稻田养鱼的水面面积。

另外，我们还可以通过计算养殖面积和可养殖面积的比值来确定现有可养殖水面的利用程度。

（三）捕捞规模调查

通过调查参与渔业捕捞的渔船、渔具和劳动力数量多少，来进行捕捞规模调查，能有效地反映渔业的现代化发展水平。应当注意的是，用于科学调研的渔船不包括在调查范围之内。其中，渔船调查分为机动渔船和非机动渔船两类进行。机动渔船按照发动机功率大小又分为渔轮（发动机功率在200 马力以上）和渔船，其采用复合单位计量，如以“艘/吨/马力”表示。而非机动船用“艘/吨”来进行计算。

第四章　农业产值与经济效益调查

农业生产的最终目的在于获取大量的粮食、肉类、棉花和油料等农产品,用以满足人民生活和工农业生产的需要,由此农产品产量的高低就能有效衡量农业的生产状况。通过农产品产量调查,我们可以清楚地掌握现有农业生产的状况。但农业调查只调查农产品的实物量是远远不够的,还应对以货币形式表现的农业产值进行调查。用价值形态表示的农业产量,根据研究目的不同,具体包含农业总产值、农业净产值、农业商品产值和农业增加值。相应地,农业产值调查就具体包含了农业总产值调查、农业净产值调查、农业商品产值调查和农业增加值调查。

提高经济效益水平是我国经济发展的既定战略方针,也是农业经济发展的指导方针。认真做好农业经济效益调查,准确及时地反映各地农业经济效益提高的情况,科学地分析目前影响我国农业经济效益提高的关键因素,积极探索提高各地农业经济效益的有效途径,是现阶段我国进行农业经济效益调查的任务所在。从调查的内容来看,农业经济效益调查具体包括农产品成本调查、农业劳动生产率调查、农业土地利用经济效益调查以及农业资金占用经济效益调查等四部分。

第一节　农业总产值调查

一、农业总产值概念及包含范围

农业总产值能综合反映农业生产的总成果,是研究国民经济发展和人民生活水平变化的一个"晴雨表"。根据农业总产值,我们可以对农业的发展速度、生产结构和经济产出效益等进行分析。具体来看,农业总产值主要是指一定时期(通常是一年)的农业产品总量的货币表现,等于一年内农业各生产部门生产的各种农产品数量与其对应价格乘积的总和。

要正确地调查农业总产值,应首先对农产品的范围加以明晰。根据农业再生产的特点及社会分工发展的情况,目前我国农产品包含范围如下:

1. 农作物种植业产品:包括粮食作物、经济作物、其他农作物(蔬菜、果用瓜、饲料和绿肥作物等)以及特种作物(如水果、茶、桑、果树以及亚热带作物)等。

2. 林业产品:包括人造林木生产量、采集的各种林产品和为了竹木正常生长而采伐的竹木产品。而且,采伐的竹木产品仅仅包括村、村民小组和农民的竹木采伐部分。

3. 牧业产品:包括大小牲畜繁殖、增长和增重,其他动物饲养的产品,家禽的增重和其他畜禽提供的产品(如羊毛、奶、蛋等)。

4. 副业产品:包括采集的野生植物、捕猎的野兽、野禽以及作为农业副业的工业性产品。这部分工业性产品只包括农民家庭兼营的手工业商品，而村和村以下办的工业企业生产的工业性产品，都属于农村工业的范围。

5. 渔业产品：包括养殖的水生动物（鱼、虾、贝等）和海藻产品（如海带、紫菜等）、捕捞的天然水生动物和采集的天然海藻产品。

在进行农业总产值调查时，还要注意以下两个方面：

第一，农业总产值调查通常是按行政区划来进行的。所以，各行政区划内当年生产的所有农产品都应在调查范围之内。

第二，由于农产品的生产周期较长——整个农业生产基本上是一年一个周期，所以农业总产值调查常常是按照日历年度（1 月 1 日到 12 月 31 日）来进行的，具体来讲就是把一个年度内生产的全部农产品都列在调查范围之内。对于那些收获期延至下年年初的个别农产品（如甘蔗），仍然把延期收获的产量包含在本年度的农业总产值之内。

可见，农业总产值调查就是对本日历年度内各行政区划内所生产的农、林、牧、副、渔产品产值的总和进行调查。

二、农业总产值的调查方法

调查农业总产值的基本方法是"产品法"，具体是指先用价格乘以产量得出每种农产品的价值，然后再把它们相加分别求出各个农业产业部门的产值，最后把五个产业部门产值相加求和就得到了农业总产值。从内容上看，农业总产值包括了农业生产单位内部本期生产的、又用于生产消耗的中间产品（如饲料、绿肥等）。按照产品法进行调查的农业总产值能够有效地反映本年度内农业生产的产品总量、农业内部和各种产品生产之间的物质联系。

在确定了各种农产品产量的同时，调查农业总产值还需要对各种农产品的价格进行作价。因为只有在农产品价格明确的基础上，才能获得正确的农业总产值。对农产品价格的作价分为现行价格和不变价格两种方法。其中，农产品现行价格主要是指农产品生产地当年的实际价格，并且现行价格的确定还应遵循以下四个要求：第一，农产品生产地的价格是该产品生产地内国家收购部分的价格、农民在集市上出售的农产品价格和自产自用部分农产品价格的综合平均值。其中，国家收购的产品包含国家合同订购、议购、超购部分，由于它们的价格不同，所以通常按照收购的平均价格来计算现行价格；农民在集市上出售的产品的现行价格通常按照实际出售的平均价格计算；对于农民自产自用的产品，一般按照国家收购牌价来计算现行价格，如果没有国家收购牌价，则可以用初级市场上该产品大量上市时的平均价格作为其现行价格。第二，对于价格具有季节性波动特征的农产品，原则上以全年平均价格作为现行价格，但实在无法确定全年平均价格的情况下，也可用该产品大量上市时的平均价格进行计算。第三，对于那些在市场上没有价格的农产品，如绿肥、造林等，一般按照成本费用计算现行价格。第四，确定现行价格的地区应与调查产值的地区范围一致。对于同一地区内的不同价格，则应以该地区价格的综合平均值作为现行价格。

不变价格主要是指在较长时间内（如 5 年或者 10 年），用某一年度的农产品价格作为调查农业总产值的价格。按照不变价格调查的农业总产值能够消除不同年份价格变动和地区差价的影响，使得农业总产值在时间和空间上具有可比性。通过使用不变价格进行农业总产值调查，我们可以清楚地看到农业总产值的动态变化态势，以此我们能够准确地掌握整个农业生产的发展速度和水平、农业生产结构和国民经济发展需要之间的关系。应当注意的是,不变价格的确定应遵循以下要求:第一,一般选择农业生产发展比较正常的年份或国民经济发展中具有代表性的年份(如每个五年计划的最后一年)的农产品价格,作为进行农业总产值调查的不变价格。第二,每次确定的不变价格的使用时间不能太长,否则会因与各年实际价格相差太远而失去现实意义。第三,不变价格的确定还应参照当年全国各地现行价格的综合平均值进行。

三、农业总产值调查的内容

农业总产值调查主要是对农作物种植业产值、林业产值、牧业产值、副业产值和渔业产值等进行调查。

(一)农作物种植业产值调查

1. 粮食作物产值

主要包括各种粮食作物的主产品和副产品(如稻草、红薯藤、麦秸等)的产值,具体等于各种粮食作物主、副产品产量与各自价格乘积的总和。其中,我们可以从农业统计年报表获得各种粮食作物主产品产量数字,而副产品产量则一般是通过采取抽样调查的方法进行调查获得。具体而言就是,首先调查各种粮食作物单位收获面积的副产品产量,然后根据收获面积进行推算求得;或者通过调查各种粮食作物主、副产品的比例关系,再根据此比例数值和各种粮食作物主产品产量数字,计算出副产品的产量值。

2. 大豆产值

有时候,大豆也包括在粮食作物中,不单独划为一类。大豆产值具体包括大豆和豆秸的产值,调查方法和粮食作物产值的调查方法一致。

3. 经济作物产值

从内容上看,经济作物包括七类产品:棉花、糖类、麻类、油料、烟叶、药材和其他经济作物(如染料、香料)。经济作物的产值具体包括主产品产值和副产品产值两部分,在数值上均等于产量乘以价格再求总和。其中,副产品产量的调查方法与粮食作物的相同。

4. 蔬菜瓜类产值

其中,瓜类作物主要是指西瓜、甜瓜、哈密瓜等果用瓜,而黄瓜、葫芦和南瓜等菜用瓜却属于蔬菜一类。尽管如此,两类农产品产值的调查也是采取产量乘以价格再求总和的方法。

5. 饲料、绿肥作物产值

前者主要是指为取得青饲料而种植的作物,如用作青饲料用的玉米;后者则主要是指为获取植物的肥嫩茎叶用作肥田而种植的农作物,如稻田中种植的兰花草、红花草等。实践中,这两类作物一般没有价格和业务产量数字。其产值调查一般是按照播种面积与每亩种植成本的乘积来进行的。其中,种植成本指的是农作物种植的全部开销,具体包括耗用的种子、肥料、材料等物质费用、应摊的固定资产折旧费用、修理费、人工费和畜力费等。

6. 特种农作物产值

特种作物具体指茶叶、桑叶、果树以及亚热带作物等。其中,茶叶产值调查是按照各种毛茶(如绿茶、红茶、乌龙茶等)数量乘以价格的方法来展开的;桑叶产值调查则是采取饲养家蚕的桑叶量乘以相应价格的方法获得的,而饲养用的桑叶量则是根据生产每担蚕茧所耗用的桑叶量估计出来的;水果产值调查也是按照产量乘以相应价格的方法来进行的。

7. 其他农作物的产值

对于不属于以上各类的其他农作物产值的调查均采用产量乘以相应价格的方法进行。

(二)林业产值调查

根据林业产品的内容,林业产值调查要对三个组成部分进行详细调查,具体如下;

1. 人造林木生产量的产值

人造林木生产量主要是指林木当年新增的材积量,人造林木生产量产值调查是通过费用的计算来实现的。具体来看,由于林业生产中,人造林木生产量涉及育苗、造林、零星植树、迹地更新、幼林抚育和抚育采伐等六项生产活动,所以人造林木生产量的产值调查约等于六项生产活动费用总和。其中,各项费用是按照面积(其中零星植树按照株数)乘以单位面积成本的方法求得的。

2. 林产品产值

林产品主要是指人工栽培林木在生长期内提供的各种产品(如橡胶、油桐籽、油茶籽、棕片、竹笋、核桃、板栗等)、修剪竹木所获得的枝条(如荆条、蒲葵叶和柳条等)等。各种林产品产值调查也是按照产量与相应价格乘积的方法进行的。

3. 竹木产值

此类产值调查是按照所采伐的竹木数量与相应价格乘积的方法来进行的。

(三)牧业产值调查

根据牧业产品的内容,牧业产值调查主要是对大牲畜繁殖、增长和增重的产值,小牲畜繁殖、增长和增重的产值,家禽的繁殖、增长和增重的产值,活畜禽产品的产值和其他动物饲养的产值等五个组成部分进行调查。

1. 大牲畜繁殖、增长和增重的产值

大牲畜主要是指牛、马、骡、驴和骆驼等牲畜。由于其仔畜的繁殖和幼畜的成长均比较缓慢,所以繁殖仔畜的产值调查以及幼畜增重的产值调查应分别进行。在调查中要用到以下公式:

$$\text{繁殖仔畜的产值} = \text{年末仔畜头数} \times \text{每头仔畜的价格}$$

其中,年末仔畜头数指的是当年繁殖的、年末仍旧成活的仔畜头数。幼畜增长增重的产值是按照各个年龄组年末幼畜头数乘以该年龄组一年内所增加的价格计算。而且,某年龄组幼畜每头一年内增加的价格等于该年龄组幼畜的价格减去低年龄组幼畜价格所得的差额。

2. 小牲畜繁殖、增长和增重的产值

小家畜主要是指猪和羊。由于它们成熟较快,所以它们的繁殖、增长和增重的产值调查略有不同。在调查中要用到以下公式:

$$\text{猪的产值} = (\frac{\text{本年净增加的头数}}{2} + \text{年内出售给国家和自宰自食的肥猪头数}) \times \text{每头肥猪的价格}$$

其中,本年净增头数 = 年末存栏头数 - 年初存栏头数。另外,由于本年净增头数中,各个年龄的猪都有,所以采用任意两头猪折合成一头肥猪来进行具体的产值调查。

实际工作中,我们也可用以下公式进行简化计算:如果 M 代表年内出栏的肥猪头数;N 代表每头肥猪的平均毛重;P 代表每斤毛猪的单价;则可以得到:

$$\text{猪的产值} = M \times N \times P$$

羊的产值 = (本年净增只数 + 年内出售给国家和自宰自食的只数 + $\frac{\text{牧区冬季死亡只数}}{3}$) × 每只

成年羊价格

对于牧区冬季饿死、冻死的羊只，采取任意三只羊折合成一只成年羊来进行具体的产值调查。

实际工作中，我们同样可以用下面的公式进行简化计算：如果 R 代表年内肉羊出栏的只数；S 代表每只肉羊的平均毛重；T 代表肉羊每斤毛重的价格；则可以得到：

$$羊的产值 = R \times S \times T$$

3. 家禽的繁殖、增长和增重的产值

家禽的繁殖、增长和增重的产值调查一般是按照年末家禽只数乘以每只成年禽的价格的方法来进行的，或者采用下面的公式来进行具体调查：

家禽产值 =（本年度净增只数 + 年内出售及自宰只数）× 每只成年禽的价格

4. 活畜禽产品的产值

活畜禽产品主要是指诸如牛奶、羊奶、蛋类、兔毛、羊毛、驼绒等不需要屠宰畜禽就可获得的各种畜禽产品，其产值调查也是按照各类产品产量与相应的价格乘积再求总和的方法来进行的。

5. 其他动物饲养的产值

其他动物饲养，如养蚕、养鹿、养蜂、饲养毛皮兽等，它们的产值调查通常是按照产品数量乘以相应价格的方法来进行的。但是，对于那些生产的主要目的为获取毛皮的毛皮兽饲养业，其产值调查则通常按照毛皮产量与其价格的乘积的方法来进行的。

（四）副业产值调查

根据副业产品的内容，副业产值调查主要是对采集的野生植物的产值、捕猎的野兽和野禽的产值、农民家庭兼营的手工业商品产值等三个组成部分进行调查。

1. 采集的野生植物的产值

采集的野生植物的产值通常是按照所采集的各种野生药材、油料、纤维原料、淀粉原料和柴草等未进行加工的原产品的数量乘以相应价格的方法来进行具体调查的。

2. 捕猎的野兽、野禽的产值

捕猎的野兽、野禽的产值一般是按照捕猎所获得的诸如虎皮、狐皮、豹皮、鹿皮、鹿角、野鸡和野鸭等产品的数量乘以相应价格的方法来进行具体调查的。

3. 农民家庭兼营的手工业商品产值

实际工作中，对农民家庭兼营的手工业商品产值的调查工作具体细分为两类进行：

第一，对于农产品的简单加工（如碾米、膜棉、屠宰、轧花等）、缝纫、农具修理、家具修理等生产活动所获得的产品，具体进行产值调查时一律按照加工价值计算。这里，加工价值等于加工后的产品价格减去加工前的产品价格。

第二，对于诸如榨油、制糖、酿醋、造酒、制造农具和工具、编织等这类生产活动，由于它们一般是把原材料制造成为一种新产品，新产品中劳动新创造的价值较大，所以这类产值调查通常是按照新产品的全部价值来进行调查，即按照新产品产量乘以相应价格的方法来进行具体调查的。

（五）渔业产值调查

渔业产值调查主要是指对水生动物养殖和海藻养殖的产值、天然水生动物捕捞和天然海藻采集的产值等两部分分别进行调查。

1. 水生动物养殖和海藻养殖的产值

此类产值调查通常是按照海水养殖和淡水养殖水生动物的捕获量以及养殖海藻的采集量，乘以各自相应的价格的方法来进行的。

2. 天然水生动物捕捞和天然海藻采集的产值

天然水生动物捕捞和天然海藻采集的产值调查,一般是按照相应的捕捞量、采集量与各自价格乘积的方法来进行的。

四、农业总产值分析

(一)农业总产值的动态分析

农业总产值的动态分析主要是指依据时间顺序对各个年度的农业总产值及其构成比例进行对比,从中发现一定经济时期内农业生产的变化态势和规律性特征。具体分析时,通常以不变价格条件下调查的农业总产值资料为根据。如果用于比较的多个农业总产值数值是在相同的不变价格条件下调查获得的,则它们就可以直接进行比较。但是,若进行比较的数字是在不同的不变价格条件下调查获得的,我们则要用系数换算法或者环比指数连乘法来进行换算,然后再进行比较。

1. 系数换算法

该算法先计算交替年新、旧不变价格的换算系数,再用不变价格的换算系数,将原不变价格计算的农业总产值换算为按照新价格计算的农业总产值,然后再进行比较。在调查中要用到以下公式:

(1)换算系数 $=\frac{A}{B}$　　(2)$C=D\times\frac{A}{B}$　　(3)$E=\frac{F}{D\times\frac{A}{B}}$

其中,A 代表交替年按照新不变价格计算的农业总产值;B 代表交替年按照原不变价格计算的农业总产值;C 代表基期按照新不变价格计算的农业总产值;D 代表基期按照原不变价格计算的农业总产值;E 代表按照统一不变价格计算的农业总产值的发展速度;F 代表报告期按照新不变价格计算的农业总产值。

2. 环比指数连乘法

该算法是按照新、旧不变价格计算的两个环比指数相乘进行换算的。在调查中要用到以下公式:

$$H=\frac{F}{A}\times\frac{B}{D}$$

其中,H 代表按照新不变价格计算的农业总产值发展速度。按照此法计算的结果和按照系数换算法计算的结果是一致的。

(二)结构比例关系分析

一般地,农业生产结构指的是农业各部门生产在整个农业生产过程中所占比重及其相互关系。根据调查获得的农业各部门生产资料以及农业各个部门的产值,我们一方面可以计算得到农、林、牧、副、渔业等部门产值之间的比例关系,由此就可以观察农业内部的生产结构是否合理。通过对农业生产结构现状及变化态势的分析,提出合理的调整途径,就可以使各地的农业发展更好地适应地方经济发展的需要。另一方面,我们还可以计算各地农业总产值和工业总产值的比值,得到具体的工农业比例关系,据此我们可以考察地方经济发展是否平衡。

除了用作上述分析之外,农业总产值资料还可以计算反映农用土地生产率的单位面积农用土地产值;可以计算反映农业劳动生产率的每个农业劳动力的产值。在调查中要用到以下公式:

$$单位面积农用土地产值=\frac{农业总产值}{农用土地总面积}$$

$$每个劳动力产值=\frac{农业总产值}{农业劳动力总人数}$$

第二节　农业净产值调查

一、农业净产值概念及其调查的意义

政治经济学研究表明,从价值构成来看,农业总产值等于($C+V+M$)。其中,C 指的是农业生产过程中,被消耗掉的物质资料转移到产品中的价值;而 $V+M$ 指的则是农业的净产值,具体指农业生产过程中消耗掉的活劳动创造的新价值。所以,农业净产值可视为农业生产劳动在一定时期(通常是一年)创造的新价值,它是农业总产值的重要组成部分。只有提高农业经济效益,降低农业总产值中的消耗增加,才能增加农业净产值。所以,调查农业净产值能够有效分析农业经济效益水平的高低,同时对农民生活和农业部门的积累,以及国民收入的生产和分配研究等均具有非常重要的现实意义。

二、农业净产值的调查方法

实际工作中,农业净产值有“生产法”和“分配法”两种调查方法。其中,生产法主要是指从农业总产值中扣除农业生产过程中消耗掉的物质资料的价值后的余值,即农业净产值就等于 $V+M$。

(一)生产法

依据生产法来调查农业净产值时,不仅要正确调查农业总产值,还要调查清楚农业生产过程中所消耗的物质价值。由此,必须严格区分物质消耗与非物质消耗。从实践来看,二者区分的标志主要是看生产消耗的对象是否为社会产品、是否是社会产品价值的消耗。不管是否是农产品,只要消耗掉的是社会产品的价值,都可视为物质消耗。农业生产实践中,物质消耗的内容包括:(1)农业生产中消耗掉的劳动对象,如种子、农药、饲料、燃料、肥料、电力等;(2)用于农业生产的固定资产消耗,如农业生产中使用的设备、农机具、房屋等固定资产的磨损;(3)生产性劳动服务支出,如管理费、修理费、农业生产用邮电费以及外雇的运输费;(4)其他物质消耗等。

目前,我国农业净产值具体调查中,对于农业物质消耗具体划分为 13 项内容:(1)种子和种苗费;(2)饲料;(3)畜禽配种费;(4)畜禽防疫费;(5)肥料;(6)燃料;(7)农药;(8)用电量;(9)中小农具购置费;(10)生产用固定资产折旧;(11)副业生产原料消耗;(12)生产性劳动服务支出;(13)其他物质消耗。由于物质消耗的项目种类繁多,具体调查时就应该首先调查每种物质资料的实际消耗量,然后作价计算价值。对于生产用的固定资产磨损,按照一定的方法计算折旧额,这种方法通常称作项目法。还有一种调查农业物质消耗价值的方法——费用法,即利用农业企业财务报表,农村经济收益分配和农户调查获得的有关生产费用资料,做适当调整后再调查农业物质消耗的方法。比较而言,后者的不足在于有时候采用费用法调查时,由于生产费用的内容和实际物质消耗支出并不一致,导致农

业物资消耗价值的调查并不准确。

(二)分配法

从分配角度来看,农业生产净产值首先在生产领域中进行分配。其中,一部分用作农业劳动者的劳动报酬和农业内部的积累;一部分用作集体经济和国营农业企业提留的纯收入;另外一部分是以税收或利润形式上缴给国家统一支配使用,这就是农业净产值的初次分配。在此基础上再形成的各种派生收入的分配是再分配,派生收入是再分配收入。所以,分配法就是指根据农业净产值初次分配所形成的各种原始收入相加求和来调查农业净产值的方法,即农业净产值在数值上等于$V+m_1+m_2$,其中V代表农业劳动者的劳动报酬,m_1和m_2分别代表企业或集体经济提留和国家集中的纯收入。

应当注意的是,采用分配法调查农业净产值时应考虑不同所有制经济在分配上的差别。具体来看,全民所有制农业企业的农业净产值初次分配项目包括:职工工资、上缴国家的税金和利润、企业利润留成、利息等;而集体所有制经济的农业净产值初次分配项目包括:税金、集体提留(包括公积金、公益金和各种补贴等)、农民从集体统一经营中获得的劳动收入以及那些属于净产值分配的其他支出。另外,还包括农民家庭经营的纯收入。

按照“分配法”调查农业净产值,需要获取详细可靠的农业收入分配资料。但是,在实行农民家庭承包责任制的情况下,这些资料的收集就比较困难,所以目前我国主要采用“生产法”来进行农业净产值调查。

三、不变价格下的农业净产值调查

农业净产值不仅受农产品价格波动的影响,还受农用生产资料价格的影响。实践中,有两种计算方法可以消除价格因素对农业净产值的影响。

(一)按照不变价格调查的农业净产值

若A代表按照不变价格调查的农业净产值;B代表按照不变价格调查的农业总产值;C代表按照现行价格调查的农业净产值;D代表按照现行价格调查的农业总产值;则在调查中要用到以下公式:

$$A=B\times\frac{C}{D}$$

应当注意的是,此方法适用的前提是假定农用生产资料价格变动和农产品价格变动趋于一致,但生产实践中二者往往不一致。

(二)分别调查不变价格下的农业总产值和农业物质消耗,然后二者相减即可得出按照不变价格调查的农业净产值。在调查中要用到以下公式:

农业净产值=农业总产值-农业物质消耗(三者均按不变价格调查获得)

按照此法调查农业净产值时,需要编制农产品不变价格表和农用生产资料的不变价格表。实践中,常常编制农用生产资料的价格指数来代替农用生产资料的不变价格,在此基础上再用按照现行价格调查的物质消耗除以农用生产资料价格指数换算为按照不变价格调查的物质消耗。

四、农业净产值分析

农业净产值分析的内容和方法,类似于农业总产值的分析。例如我们可以根据农业净产值的动态数值变化来观察农业的发展速度；根据农业净产值的组成，分析农业内部的各种比例关系；根据农业净产值在工农业净产值中的比例，分析工农产业比例关系等。而且，由于农业净产值是扣除了用来补偿农业生产中物质消耗后当年创造的新价值，没有重复计算，所以用农业净产值反映的农业发展水平和速度、工农比例关系等更具有现实意义。实际工作中，为了加深对农业问题的研究和认识，我们还可以把根据农业净产值计算的各种指标和根据农业总产值计算的同种指标进行比照分析，及时发现存在的问题，从而指导农业生产的顺利进行。

第三节 农业商品产值调查

农业商品产值的调查要按照实际出售的原产品来进行。而且，对于那些出售的工业加工农产品，在调查其商品产值时，还应扣除相应的加工费用。调查农业商品产值，首先应该了解和掌握农业商品量、农业净商品产量、农业商品率等基本概念内涵。

一、农业商品量概念

调查农业商品产值时，首先应该对农业商品量有个清楚的认识。农产品生产出来后，一部分用于农业企业再生产，一部分用于农民家庭生活需要，但还有相当一部分要进入国民经济流通领域，成为农业商品产品，以满足一些涉及企业、生产单位、城市经济发展和国民经济其他部门发展的需要。一般地，农业商品量主要是指一定时期内农业企业和农户家庭生产的农产品产量中用于销售的农产品量。从数量关系上看，农业商品量等于扣除了用于农业生产的物质消耗（如种子、饲料等）和用于生活及储备的农产品后，剩余的农产品数量。

农业商品量的调查一般是针对某一类或某种农产品进行调查，它使用实物作为计量单位。并且，农产品商品量的调查是以农业企业和农户家庭为单位来进行的。凡是农业企业和农户家庭出售的农产品都算作农产品商品量，其中也包括了一部分用于农业内部流转的农产品商品。对于各个农业企业而言，某种农产品的商品产量就等于本年度内这个企业对外上交和出售的农产品数量的总和。农产品商品主要通过国家收购、集市贸易以及其他销售等方式进入流通领域的。其中，国家收购是农业商品产品进入流通领域的主要渠道，具体包括国家合同收购、议购以及超购部分。其中，国家收购农产品数量对于国家调节农产品市场、稳定农产品价格具有重要的现实意义。因为，只有出售给国家的农产品，国家才能拥有它，才能用于国民经济宏观调控计划。国家也只有掌握了足够数量的粮食、棉花、油料和其他农副产品，城乡市场供应才能得到保证，人民生活的水平才能保证获得持续提高。另外，从数量上看，国家收购的农产品在农产品的商品产量中占有绝大比重，所以掌握了国家征购的农产品数量的多少，就基本上了解了现阶段农产品的商品产量情况。

二、农业商品产值

对农产品的商品量调查通常是就某一种产品或同类产品（如粮食、蔬菜、瓜果等）进行的，如果要得到包含全部农产品商品产量在内的综合数字，我们就需要调查农业商品产值。

一般地,农业商品产值主要是指农业商品产量的货币表现,其具体反映了农业商品生产规模的大小。不难理解,农业商品产值是农业总产值的一部分,所以对其进行调查应注意以下两点:

第一,农业商品产值调查包括的范围应和农业总产值包括的范围保持一致。农业商品产值应按照农、林、牧、副、渔五个产业部门包含的范围进行调查,不包括上述范围以外的产值。同时,由于农业总产值是按照农作物和畜牧业的原产品作价进行产值调查的,所以农业商品产值的调查要按照实际出售的原产品来进行。而且,对于那些出售的工业加工农产品,在调查其商品产值时,还应扣除相应的加工费用。

第二,农业商品产值调查时的价格也应与调查农业总产值时的价格保持一致。无论农产品销售地点的远近、销售价格的高低,农业商品产值均按照农产品生产地的实际价格进行调查。应当明确的是,对于农产品在由产地运往外地进行销售过程中所增加的那部分产值,并不属于农业产值范围,而应属于商业和交通运输部门的产值。

目前,农业商品产值只规定按照现行价格进行调查。这样,农业商品产值受价格因素的影响就比较大。以粮食为例,由于相当一部分粮食是自给性产品,在调查农业总产值时是按照合同牌价来进行的,一般要低于商品价值调查时的实际价格,由此就造成了一定程度的偏差,就不能准确地反映我国农业的商品化程度。为了消除市场价格因素的影响,正确反映农业商品生产的增长和农业商品化程度,通常按照不变价格来调查农业商品产值。在实践中,通常用社会农副产品收购总额代替农业商品产值。但随着农村商品经济的发展,农民相互间用于交换的商品产品日趋增多,农业商品产值的调查应该是对社会农副产品收购总额、农业企业之间以及农民之间用于交换的农副产品的价值额的总和进行调查。

三、农业净商品产量与农业商品率

为了准确地反映我国农业的商品化程度,在进行农业商品产值调查时,还应该掌握农业净商品产量与农业商品率这两个概念,在此基础上我们就可以得到农业净商品产值,就能直接评价农业的商品化进程了。

(一)农业净商品产量

农业净商品产量是扣除了农业部门内部流转的商品产量之后,农业部门直接向城市和国民经济其他产业部门提供的商品产量。在调查中要用到以下公式:

农业净商品产量=农业商品产量-农业部门内部流转的商品产量

相应地,还存在以下关系:

农业净商品产值=社会农副产品收购总额-返销农村的农副产品总额

(二)农业商品率

农业商品率指的是农业商品总量与农业总产量的比值,其表明了各种农产品生产的商品化程度,反映了农产品生产中自给性产品与商品型产品生产的比例关系,反映了农业与国民经济整体的关系。一般而言,经济作物比粮食作物拥有更高的商品率。但随着农民人均占有农产品数量多少的变化,各种农产品的商品率也是处于不断变化之中的。在其他条件相同的情况下,农产品总产量越多,在扣除了内部需要量之后,余额的数量也就越多,从而可以提供更多的农产品商品量,相应地,农产品就拥有的更高的商品化率。实际工作中,通常只是调查对于国民经济发展具有重要意义的农产品的商品率,而对于诸如绿肥、饲料等只是用于农业内部生产和消费的产品，因实际意义不大而很少调查其商品率。在调查中要用到以下公式：

$$农业商品率 = \frac{农产品商品产量}{农产品总产量} \times 100\%$$

或者

$$农业商品率 = \frac{农业商品产值}{现价农业总产值} \times 100\%$$

另外，除了用全部农业商品产量或产值对农产品商品率进行调查以外，我们还可以根据农业净商品产量或净商品产值来调查农业净商品率。

在实际工作中，为了使农业商品率正确地反映农业生产的商品化程度，可以对农业总产值和农业商品产值先作如下调整，然后再进行对比研究：1. 从农业总产值中，扣除非商品性农产品产值（如绿肥、青饲料产值等）；2. 从农业总产值和农业商品产值中，分别扣除基本上不用作商品的农产品（如粮食作物和经济作物的副产品）的产值和相应的商品产值。

第四节 农业增加值调查

一、农业增加值的内涵

农业增加值主要是指农业生产在一定时期内增加的价值，也是最终可以供社会使用的农业产值。农业增加值包含了一部分用于补偿农业固定资产磨损的价值，但并不是本期新创造的全部价值。农业增加值的持续不断增长，是实现经济迅速增长和农业现代化实现的重要条件。

二、农业增加值的调查方法

调查农业增加值主要有两种方法：

（一）生产法

实际工作中，我们可以通过扣除农业总产值中的中间投入部分价值来调查农业增加值的大小，这种方法称作生产法。其中农业生产中，中间投入部分主要包括农业生产消耗的种子、肥料、饲料等原材料、燃料、生产用动力价值、向非物质生产部门支付的劳务价值，而农用固定资产折旧除外。在调查中要用到以下公式：

$$农业增加值 = 农业总产值 - A - B$$

其中，A 代表种子、肥料、饲料等原材料、燃料、生产用动力的价值；B 代表向非物质生产部门支付劳务的价值。由于存在以下关系：

$$物质消耗的价值 = 农业固定资产折旧价值 + A$$

$$农业净产值 = 农业总产值 - 物质消耗价值$$

所以，农业增加值的计算公式又可表示为：

$$农业增加值 = 农业净产值 - B + 农业固定资产折旧价值$$

（二）收入法

我们还可以根据农业企业以及农户分配中所形成的各种收入、农业固定资产折旧费用相加求和来调查农业增加值大小，这就是调查农业增加值的收入法的内容。其中，农业企业以及农户分配中所形成的各种收入主要包括以下内容：农业劳动者的劳动所得、农业职工福利基金、企业集体提留（包含公积金、公益金等部分）、经营利润、缴纳的税金、利息净支出、租金收入以及其他形式的收入等。在调查中要用到以下公式：

农业增加值 = 农业企业及农户分配形成的各种收入 + 农业固定资产折旧费用

应当注意的是，使用收入法调查的农业增加值和按照分配法调查的农业增加值有两点不同之处：（1）农业固定资产折旧费用包含在农业增加值之中，但是农业净产值不包括该部分费用；（2）农业净产值中包括了向非物质生产部门支付的各种劳务的价值，而农业增加值中却扣除了该部分价值。

另外，在 SNA（The System of National Accounts，简称国民经济账户体系）中，我们还可以依据农业增加值求得农业净增加值，它在数值上就等于农业增加值减去农业固定资产折旧费用。在调查中要用到以下公式：

$$农业净增加值 = 农业增加值 - 农业固定资产折旧费用$$

第五节 农业经济效益调查概述

一、农业经济效益的概念

所谓经济效益，主要是指社会生产和经济活动中生产性投入与获得的有效产出之间的比较；而提高经济效益就是指用尽量少的生产投入消耗获得尽可能多的生产效果。农业经济效益主要是指一定时期、一定生产条件下，农业投入与其产出效果之间的比例关系，其能够有效地反映一定阶段农业生产经济活动所达到的程度和状态，能够有效衡量既定生产目的的完成程度。在调查中要用到以下公式：

$$农业经济效益 = \frac{农业生产成果}{农业投入费用}$$

对于一项农业生产活动而言，其经济效益大小与其最终的生产成果成正比，而与农业劳动所耗用的投入费用成反比。

二、农业经济效益的表示方式

实际工作中，农业经济效益有多种表示方式。一般地，就投入而言，主要有劳动占用和劳动消耗两种。其中前者又可以细分为土地占用和资金占用，后者则可细分为活劳动消耗和物化劳动消耗。所以，从投入角度来看，农业经济效益可以用农业产出成果与占用的土地或资金的比值来分别表示土地占用和资金占用的经济效益；也可以用农业产出成果与活劳动消耗量或物化劳动消耗量的比值来分别表示活劳动消耗和物化劳动消耗的经济效益。

从农业产出角度来看，基于研究目的的不同，农业经济效益也存在多种表达方式，因为我们可以用农产品食物产量、农业总产值和总收入、农业净产值和盈利等来表示农业产出成果。由于较多的农业产出往往表现为多方面的生产成果，农业经济效益又可细分为直接经济效益和间接经济效益。前者主要是通过农业生产可能取得的直接成果与其投入的比值予以体现；后者则是通过农业生产派生的间接产出成果与其投入的比值予以体现。

三、农业经济效益调查体系的建立原则

全面、准确地考核、评价已有的农业生产经济效益，首先应该明确农业经济效益调查的内容体系。结合实际工作，建立一个完善的农业经济效益调查内容体系应坚持以下原则：(1)紧密结合农业生产的生物性特点，突出土地在农业生产中的重要地位。所以，在调查农业经济效益时，要全面准确地反映农业投入与产出的关系，除了用农业产出成果与各种劳动消耗或资金占用进行比较外，还应把农业产出成果与农业生产占用的土地多少进行比较。(2)坚持从实物产量和价值产量两个角度来调查农业经济产出效益。因为，社会主义农业生产的目的就是获得数量更多、质量更好的农产品以满足广大人民群众的需要。从实物产量和价值产量两个角度来审视比较农业产出，才能全面正确地反映农业经济效益的高低，据此才能进一步改善现有农业生产以提高人民群众的生活水平。(3)坚持便于管理、方便研究的原则。农业经济效益调查要结合国家对农业经济效益考核的实际需要，紧密与农业经济管理工作相结合，利于各农业生产地区或单位进行经济效益考核与评价。

第六节 农业经济效益调查的内容

农业经济效益调查的内容具体包括农产品成本调查、农业劳动生产率调查、农业土地利用经济效益调查以及农业资金占用经济效益调查等四部分。

一、农产品成本调查

(一)农产品成本的概念与内容

农产品成本主要是指农产品生产过程中物质消耗和劳动消耗的支出总和，也即是农产品生产过程中所消耗的各种必要劳动以及物化的劳动的总的货币表现，它是农产品价值的重要组成部分。

具体而言，农产品成本不仅包括生产消耗的生产资料的价值、劳动所创造的价值(相当于劳动者获得的工资)，还包括生产过程中所造成的各种损失、贷款利息和罚款等。全部农产品生产的费用之和就是农产品的总成本，除以农产品产量就得到单位农产品的成本。一般地，人们所说的农产品成本主要是指单位农产品成本。

(二)农产品成本的分类

依据费用范围的不同，农产品成本有生产成本和完全成本之分。前者主要是指农产品生产过程中发生的总的生产费用；而后者主要是指农产品在生产以及消费过程中所发生的总的费用之和。

依照研究目的的不同，农产品成本又可划分为个别成本和社会成本。其中，农产品个别成本反映的是各农业生产单位(企业或农户)经济活动的效果和工作质量，具体指的是各农业生产单位进行农

产品生产的实际费用，含物质费用和人工费用两部分。调查分析农产品个别成本旨在改善经营管理、节约资金的消耗、寻求成本降低的有效途径。农产品社会成本反映的是农产品生产过程中的社会劳动消耗，又可细分为农产品社会必要成本和社会平均成本。前者指的是在劣等土地上，在中等经营管理水平条件下，任何农产品生产的费用都是该农产品生产的社会必要费用，以此费用计算的成本即为农产品的社会必要成本。而且，农产品社会平均成本指的是全国或某个地区在不同的自然条件、经济环境和管理水平下平均的农产品生产劳动耗费，调查农产品社会平均成本能有效反映全国或地区农产品成本的平均水平。

（三）农产品成本的费用组成

究其构成，农产品成本主要由消耗的物质费用和人工费用两部分组成。前者包括消耗的劳动对象的费用、生产性作业费用以及农业固定资产折旧费用（具体组成参见农产品物质费用调查表）；后者则主要是指农业生产过程中所消耗的直接以及间接的用工酬劳（具体组成参见农产品人工费用调查表）。其中，直接用工指的是只与某种农产品生产有关，能够直接计入该农产品成本的用工量；而间接用工指的是与多种农产品生产有关，需经过分摊方能计入某种农产品成本的用工量。

1. 农产品物质费用调查表

表 10—4—1　农产品物质费用调查表

项目		计值单位	总金额
每亩物质费用合计		元	
直接费用	种子费	元	
	肥料费	元	
	植保费	元	
	机械作业费	元	
	排灌作业费	元	
	畜力作业费	元	
	其他直接费	元	
间接费用	农业共同费	元	
	管理费	元	
	其他间接费用	元	

其中，直接费用按照实际费用进行调查，对于外购的生产资料则按照实际支付费用进行调查，对于自有、自己生产的农业生产资料则一般是按照实际成本进行调查，如青饲料和绿肥等。而对于间接费用，则要在分摊到某种农产品成本以后才能进行调查。表中的农业共同费用主要包括农业固定资产折旧费、各种小型农具购置费、农具及其他生产型设备修理费等，具体是按照各种农产品产值的比例或者按照农作物的播种面积进行分摊，计入各种农产品成本后再进行调查的。而管理费与其他间接费则是按照各种农产品产值来进行分摊的。

2. 农产品人工费用调查表

$$农业劳动生产率=\frac{耗费的劳动时间}{农产品产量}$$

实际工作中，农业劳动生产率调查主要是对平均每个工日（时）生产的产量、每个工日（时）生产的产值、平均每个农业劳动力的年产量、平均每个农业劳动力的年产值等进行调查，然后再加以分析。在调查中要用到以下公式：

1. $平均每个工日（时）生产量=\frac{某种（类）农产品总产量}{耕费的总工日（时）}$

2. $每个工日（时）的生产值=\frac{农产品产值}{农产品生产所耗费的总工日（时）}$

3. $平均每个农业劳动力的年产量=\frac{某种（类）农产品总产量}{农业劳动力年平均人数}$

4. $平均每个农业劳动力的年产值=\frac{农产品产值}{农业劳动力年平均人数}$

（二）农业劳动生产率增长情况调查

提高农业劳动生产率，能有效保障广大人民群众日益增长的农产品需要，也是促进国民经济平稳健康发展的重要保证。科学分析农业劳动生产率的变化情况，主要是对农业劳动生产率的增长情况或者发展速度进行调查。一般地，应首先计算农业劳动生产率指数，然后再据此编制动态的农业劳动生产率数列，再进行比较分析。

农业劳动生产率指数是指不同时期农业劳动生产率的动态比值，通常采用农业劳动生产率实物量进行计算。在调查中要用到以下公式：

$$某种（或类）农产品的劳动生产率指数=\frac{\sum Q_1}{\sum t_1}:\frac{\sum Q_0}{\sum t_0}$$

其中，Q_0 代表基期实物产量；Q_1 代表报告期实物产量；t_0 代表基期生产某种农产品耗费的时间；t_1 代表报告期生产某种农产品耗费的时间。

实际工作中，在分析整个农业企业或部门的劳动生产率增长情况时，我们通常更多地使用价值量来计算农业劳动生产率指数。如果 P_n 代表各种农产品的不变价格（目的在于消除价格因素影响），$n=1、2、3\cdots m$，表示 m 种农产品，则在调查中要用到以下公式：

$$综合性的农业劳动生产率指数=\frac{\sum Q_1 p_n}{\sum t_1}:\frac{\sum Q_0 p_n}{\sum t_0}$$

为了满足社会经济发展的需要，农业生产的增长应保持以下关系：

$$农业生产发展速度>人口增长速度$$

$$农业生产发展速度=农业劳动生产率发展速度\times农业劳动力发展速度$$

从上面的式子，我们可以得到这样的关系：

$$农业劳动生产率发展速度>\frac{人口增长速度}{农业劳动力发展速度}$$

该不等式表明要提高按人口平均的农产品水平，必须保障农业劳动生产率的发展速度高于农业劳动力负担人口的增长速度。

三、农业土地利用经济效益调查

土地是进行农业生产最重要的生产资料，科学合理地利用土地，提高土地的生产效率，有利于农业生产的全面发展，满足广大人民群众对农产品的需要；有利于改善生态环境，促进社会经济的迅速发展。科学合理地利用土地，一方面要积极扩大农业生产用地，另一方面则要对已经利用的土地实行集约经营从而提高土地生产率。由此不难看出，农业土地生产率调查主要是对新垦荒地的经济效益和农业生产用地的经济效益进行调查。

（一）新垦荒地的经济效益调查

新垦荒地具有一次性开垦投资、长期多方面收益的特点。实际工作中，调查新垦荒地的经济效益，主要是对垦荒地生产率、垦荒地成本产值率、垦荒地成本纯收益率和垦荒地投资回收期进行调查。具体来看：

1. 垦荒地生产率：是指单位面积垦荒地的农产品产量（或产值），它能够有效反映新垦荒地的土地生产率和生产能力。在调查中要用到以下公式：

$$\text{垦荒地生产率}=\frac{\text{农产品产量（或者总产值）}}{\text{新垦荒地面积}}$$

2. 垦荒地成本产值率：是指垦荒地农产品总产值与生产这些农产品的总成本之间的比值，它能够直接反映新垦荒地的经济效益。一般地，比值越大，说明经济效益越好。在调查中要用到以下公式：

$$\text{垦荒地成本产值率}=\frac{\text{农产品总产值}}{\text{垦荒地农产品生产总成本}}$$

3. 垦荒地成本纯收益率：指的是垦荒地农产品盈利额与生产这些农产品总成本之间的比值，它反映的是垦荒地单位成本取得的纯收益。在调查中要用到以下公式：

$$\text{垦荒地成本纯收益率}=\frac{\text{农产品盈利额}}{\text{垦荒地农产品生产总成本}}$$

4. 垦荒地投资回收期：指的是垦荒投资总额与年盈利总额的比值。一般地，回收期越长，则说明垦荒地投资经济效益越差。在调查中要用到以下公式：

$$\text{垦荒地投资回收期}=\frac{\text{垦荒投资总额}}{\text{年盈利总额}}$$

其中，垦荒投资若是有息贷款，还应包括利息总额。

另外，更要注意的是，在实际调查新垦荒地的经济效益时，不仅要调查垦荒当年的经济效益，还要调查正常农业生产年份的经济效益，并且综合考察新垦荒地的社会效益和生态效益。

（二）农业生产用地的经济效益调查

调查农业生产用地的经济效益，主要是对农业生产用地生产率以及农业各组成部门的土地生产率等进行调查。具体如下：

1. 农业生产用地生产率调查

农业生产用地生产率主要是指一个农业生产单位或地区农业生产获得总值与全部农业生产用地的比值，该数值大小能够直接反映土地的利用效果。在调查中要用到以下公式：

$$\text{农业生产用地生产率}=\frac{\text{农业总产值}}{\text{农业生产用地面积}}$$

应当明确的是，农业生产用地的生产率受自然条件、生产条件、科学技术应用推广程度、劳动者的积极性和农业生产结构等因素的综合制约。

2. 农业各组成部门的土地生产率调查

调查农业各组成部门的土地生产率主要是调查耕地生产率、园地生产率、林地生产率、牧草场生产率和养殖水面生产率的大小。在调查中要用到以下公式：

$$(1)\text{耕地生产率}=\frac{\text{农作物总产值(或净产值)}}{\text{耕地总面积}}$$

$$(2)\text{园地生产率}=\frac{\text{园地上的农产品总产量(或产值)}}{\text{园地总面积}}$$

$$(3)\text{林地生产率}=\frac{\text{林地上的农产品总产量(或产值)}}{\text{林地总面积}}$$

$$(4)\text{牧草场生产率}=\frac{\text{牧草场总载畜量(或产值)}}{\text{牧草场总面积}}$$

$$(5)\text{养殖水面生产率}=\frac{\text{捕捞或采集的水产品总产量(或产值)}}{\text{水产养殖面积}}$$

其中，林地生产率通常用单位面积林木年平均生长量表示；水产养殖面积还可以按照淡水养殖面积和海水养殖面积分别进行计算。

四、农业资金占用经济效益调查

(一)农业资金的概念

农业资金主要是指农业在生产劳动过程中所占用的物质生产资料的货币表现，包括物资和货币两部分。农业生产的特点决定了农业资金占用与其他物质生产部门相比，具有资金用量较大、周转缓慢、资金需求具有季节性、缺乏稳定性等特点。另外，还有相当一部分农业资金在周转过程中，因产出的农产品不进入流通领域，如自产自用的种子、饲料等，就无法转化成货币，造成农业资金利用率较低。因此，实际工作中，我们要合理投放运用农业资金，充分发挥农业资金的经济效益，以促进农业与农村经济的快速发展。一个农业生产单位(企业或农户)拥有资金的多少是衡量其发展生产综合能力大小的重要标志。

(二)农业资金占用经济效益调查的内容

按照资金周转的性质，农业资金分为固定资金和流动资金。前者主要是农业固定资产的货币表现，后者则主要是农业劳动对象的货币表现。由此，不难理解农业资金占用经济效益调查主要是对农业资金生产率、农业固定资金生产率、农业流动资金生产率、农业流动资金周转次数、农业追加投资增产(或增值)率、农业追加投资净增值率、农业追加投资增益率、农业投资回收期、农业劳动生产率增长率等进行调查分析。在调查中要用到以下公式：

$$1.\ \text{农业资金生产率}=\frac{\text{农业总产值(净产值或利润额)}}{\text{农业资金占用总额}}$$

$$2.\ \text{农业固定资金生产率}=\frac{\text{农业总产值(净产值或利润额)}}{\text{生产性农业固定资产额}}$$

$$3.\ \text{农业流动资金生产率}=\frac{\text{农业总产值(净产值或利润额)}}{\text{农业流动资金年平均占用额}}$$

$$4.\ \text{农业流动资金周转次数}=\frac{\text{农业流动资金周转额}}{\text{农业流动资金年平均占用额}}$$

$$5.\ \text{农业追加投资增益率}=\frac{\text{投资后农产品产量}-\text{投资前农产品产量}}{\text{农业投资额}}$$

6. 农业追加投资增值率 $=\frac{\text{投资后农产品产值}-\text{投资前农产品产值}}{\text{农业投资额}}$

7. 农业追加投资净增值率 $=\frac{\text{农业净产值增加额}}{\text{农业投资总额}}$

8. 农业追加投资增益率 $=\frac{\text{投资后年利润额}-\text{投资前利润额}}{\text{农业投资总额}}$

9. 农业投资回收期 $=\frac{\text{某农业项目投资总额}}{\text{投产后每年利润和税金的增长总额}}$

10. 农业劳动生产率增长率 $=\frac{\text{投资后农业劳动生产率}}{\text{投资前农业劳动生产率}}$

第七节　农业经济效益评价方法

农业生产是社会生产的一个组成部分,农业生产的经济效益评价要从实际出发,要符合农业生产的特点和社会主义生产目的。所以,确定农业经济效益评价的标准时,应做到宏观经济效益与微观经济效益相统一,同时兼顾目前利益和长远经济效益;以直接经济效益为主,同时综合考察间接经济效益。从实践来看,农业经济效益评价有两种基本方法:单项经济效益比较法和多项经济效益综合比较法。

一、单项经济效益比较法

单项经济效益比较分析就是指把农业经济效益体系中的某项经济效益与上期比较、或者与计划比较、或者与不同生产地区(或单位)进行比较、或者与地区(或全国)平均水平进行比较,通过评定其经济效益水平、增长幅度,找出存在的问题和差距。具体又可以细分为动态比较和静态比较两种方法。

单项经济效益动态比较法,是把各经济效益进行不同时期的对比分析,以反映其在一段时期内的变动幅度。而单项经济效益静态比较法,则是指将各项农业经济效益达到的数值,在不同地区,或者生产单位,或者不同部门间进行对比,反映它们之间的差别,依此制定农业生产政策的依据。

二、多项经济效益综合比较法

主要包括经济效益动态指数平均法、经济效益动态评分法、经济效益静态定分评价法,改进功效函数法等。

1. 经济效益动态指数平均法

该法首先确定评价经济效益的各项数值,计算其动态指数,再求动态指数的平均数。在调查中要用到以下公式:

$$X=\sum\frac{M_{1i}}{M_{0i}}\times\frac{1}{N}$$

其中，X 代表多项经济效益数值的平均指数；M_{1i} 代表地 i 项经济效益报告期的数值；M_{0i} 代表地 i 项经济效益基期的数值；$i=1,2,3\cdots N$。根据上式计算的结果，如果 X 大于1，说明经济效益提高了，数值越大，说明经济效益提高越多；反之如果 X 小于1，说明经济效益降低了，数值越小，说明经济效益降低的幅度越大。

2. 经济效益动态评分法

具体是指按照各种经济效益报告期数值与上期数值进行比较来打分，然后根据总分综合评价各生产单位或地区提高经济效益的成绩。具体由多种打分方法：如把各种经济效益数值的动态指数分为提高、持平（通常指 ±0.5% 以内）和降低三类，打分分别为10、5、0分。当然也可以按照提高或者降低的幅度来打分，如每提高（或降低）1%，增计（少计）1分等。

3. 经济效益静态定分评价法

该方法以全国或地区水平为标准，按照各项经济效益的实际情况打分，与标准水平持平的打5分，高于标准水平的多记分，低于标准水平的少记分，再根据总分比较各个生产地区或单位之间农业经济效益的高低。

4. 改进功效函数法

该方法使用功效函数，把综合测定的经济效益各项实际值，转化为相应的经济效益分数，再加权求几何平均数。在调查中要用到以下公式：

$$d_i=\frac{X_{i1}-X_{i2}}{X_{i3}-X_{i2}}\times 40+60 \qquad (i=1、2、3\cdots N)$$

其中，d_i 代表第 i 项经济效益数值的分数；X_{i1} 表示第 i 项经济效益的实际值；X_{i2} 表示表示第 i 项经济效益的不容许值；X_{i3} 表示第 i 项经济效益的满意值。求加权几何平均数计算公式为：

$$D=\sqrt[p]{d_1p_1\cdot d_2p_2\cdots d_np_n}$$

其中，$p=p_1+p_2+\cdots+p_n$，D 表示一个农业生产单位或地区的农业经济效益分数。计算结果若平均分大于或等于60分，说明农业经济效益水平一般（或者称做及格）；分数越大，说明农业经济效益越好；反之若平均分小于60分，说明农业经济效益水平较差，并且分数越低说明农业经济效益越差。

第五章　农村经济收入分配调查

第一节　农村经济收入分配调查概述

一、农村经济收入分配调查的意义和任务

社会再生产的过程包括生产、分配、交换和消费等四个环节。其中生产是起主导作用的因素,没有生产便没有分配、交换和消费。但是分配又反作用于生产,分配是再生产过程中连接生产和交换、消费的重要环节,分配关系处理的好或坏,将促进或阻碍生产的发展。社会主义农村经济收入分配是在国家、集体和农民个人三者之间进行的。研究农村经济收入分配调查的目的和意义就是要协调三者之间的分配关系,研究协凋积累和消费的比例关系,分析农民收入的增长,贯彻社会主义的按劳分配原则,最终促进农村经济的发展。

我国农村的经济体制改革,推行了以联产承包为主的生产责任制形式,确实使分配较好地体现了国家、集体、农民个人之间的三兼顾原则,克服了平均主义,调动了农民的生产积极性。但是改革现在面临如何进一步深化的问题,在分配方面也需要进一步的研究。必须建立健全完善分配制度,否则也会出现“小河水满大河干”的问题,影响农村经济的发展。因此,对于农村经济收入分配调查的研究显得更加复杂也更为重要了。

农村经济收入分配调查的主要任务就是正确反映农村经济收入与分配情况,分析研究各种分配关系,为制定农村经济政策,正确处理各种分配关系提供依据。

二、农村经济收入分配调查的范围

农村经济收入分配的调查范围,是进行总收入、费用支出、纯收入和分配调查之前必须明确的问题。

根据目前农村经济体制的现状,我国农村经济收入分配的调查范围,包括以下四部分:

(一)乡村企业

乡村企业是指乡办企业、村办企业、村以下办企业,包括乡村办的各类企业,如农业、工业、建筑业、运输业、商业、饮食业、服务业等企业。

(二)集体统一经营

集体统一经营是指农业合作经济组织集体统一经营的部分,其中包括集体经济之间联合经营和集体承包经营部分。

(三)新经济联合体

新经济联合体是指改革开放以来农村中一部分农户自行联合的经济组织。但是它不包括个人和若干户联合承包集体企业或承包集体企业中某几个项目的,也不包括个体劳动所请帮工、带徒弟的个人企业。

(四)农民家庭经营

它包括农民家庭承包经营和自营两部分。

以上四部分是按农村经济的组织形式和经营形式划分的。随着农村经济的发展和变化,还需要进一步研究农村经济的科学分类问题。

第二节 农村经济总收入调查

一、农村经济总收入及其计算范围

(一)农村经济总收入

农村经济总收入指农民在年内从事所有的生产经营活动所获得的一切实际的总和,它用于抵偿本年内的各项费用并在国家、集体和个人三者之间进行分配,包括乡村企业收入,集体统一经营收入,新经济联合体收入和农民家庭经营收入。

农村经济总收入调查强调的是农民的一切实际收入。不管其是从事集体生产经营活动所获,还是从事家庭经营所获,是从事农业生产经营活动所获,还是从事非农业生产经营活动所获,都同于总收入调查的范畴。

农村经济总收入与农业总产值和农村社会总产值在调查过程中容易混淆,实际上总收入与总产值是完全不同的两个概念,前者是指一切所获得的实际收入的总和,后者则是指产品的价值量表现,两者有很大的差别。

总收入起源于农村合作经济组织的财务会计核算制度,它从收入角度说明生产单位全年从事生产经营活动所得到的实际收入。当年农村合作经济总收入,就是农村合作经济会计核算中各项生产经营收入与其他非借贷性收入的金额总计。农民家庭经营总收入的计算口径也与此相同。

总产值是社会经济调查中核算农村社会产品生产总成果的内容,它从生产角度说明农村物质生产部门全年生产出来的社会产品价值总量。

两者的主要区别是:

1. 核算的原则不同

总产值按所在地区(国土原则)计算,不包括农民进城生产的产值,总收入按所谓地区(国民原则)计算,农民进城经营的收入也要计算在内。

2. 调查的范围不同

总产值严格按物质生产部门的范围调查,不包括非物质生产部门取得的收入。总收入既包括物质生产部门取得的收入,也包括某些非物质生产经营活动(如旅客运输、服务业等)取得的收入。

3. 计算的对象不同

总产值不仅包括农村合作经济组织和农民家庭生产的产值,而且包括地区范围内国营农业企业生产的产值。总收入的计算对象是农村合作经济组织和农民家庭,不包括国营农业企业的收入。

4. 含义不同

总产值侧重于反映"已经生产出来",按照现行调查制度的规定,只要是物质生产部门当年已经生产出来的产品,不论是主产品还是副产品(牧业的厩肥除外),不论是产成品还是在产品(渔业的未捕捞水产品除外),都应计算产值。总收入侧重于反映"可以用于分配",它不包括虽然已经生产出来,但不能构成最终收入的产品价值,如生产中消耗的绿肥、青饲料和农作物副产品等的价值,生长中的林木蓄积量、畜禽活体重产量等的价值,当然更不包括牧业的厩肥、渔业的未捕捞水产品的价值。

与收入分配调查的范围相适应,农村经济总收入是由乡村企业收入、集体统一经营收入、新经济联合体收入、农民家庭经营收入四种经营方式的收入构成的。

(二)农村经济总收入的计算范围

农村经济总收入是由农民从事一切生产经营活动所获得的,所以其计算范围就包括农村社会内农民从事一切生产性或非生产性、农业和非农业生产经营活动所获的收入。总而言之,农村经济总收入调查的范围包含了农村社会一切经济活动所创造的收入。

二、农村经济总收入的内容及计算

农村经济总收入按其来源和经营方式可以分为不同的内容。

(一)按其来源分类

1. 农业收入

它包括农、林、牧、副、渔五业收入。

(1)种植业收入:指当年实际收获的农作物的收入。包括粮食作物、经济作物和其他作物主副产品的全部收入。但生产用的绿肥和青饲料不作为收入。

(2)林业收入:指人工经营材木所获得的果、叶、枝、液等林产品和采伐竹木出售树苗等所获的收入。

(3)牧业收入:指饲养畜禽所获的奶、蛋、毛等畜产品以及出售和屠宰家畜、家禽和其他小动物取得的收入。

(4)渔业收入:指捕捞天然的和人工养殖的鱼、虾、蟹、贝和藻类等淡水产品和海水产品的全部收入。

(5)副业收入:是指采集野生植物、捕猎野生动物以及农民家庭小手工业所获得的收入,与过去不同的是现在这部分收入不包括乡村工业等的收入。

2. 农村工业收入

它是指农村由农民兴办工业所生产的产品的全部价值计算的收入。如果是简单的农产品加工如碾米、磨面、榨油、饲料加工以及接受来料委托加工等,按收取的加工费计算收入。

3. 交通运输业收入

它是指农村集体和个人利用各种运输工具从事客货运输所得的收入。包括农民应用体力肩挑人驮搬运货物等所获收入。

4. 建筑业收入

它是指农村集体和个人从事各种土木建筑,修理建筑物和设备安装等所获收入。

5. 商业、饮食业、服务业收入

它是指农村集体和个人从事各种商品的批发零售业务食品制作和出售，以及提供各种不同形式的劳务服务如文化娱乐、洗衣、修理等所获的收入。

6. 其他收入

它是指除以上各项收入以外所得的其他收入如存款利息收入、租金收入、财产出售收入等。

(二)按经营方式分类

1. 乡村企业收入

它是指乡村兴办经营的农业、工业、建筑业、交通运输业、商业、饮食业和服务业等各类生产性和非生产性企业收入的总和。

2. 集体统一经营收入

它是指农村合作经济中仍实行统一经营、统一核算、统一分配的收入。

3. 农民家庭经营收入

它是指农民家庭通过承包集体经营以及各种自主经营所获得的收入。

4. 新经济联合体收入

它是指农民自行联合的各种经济组织从事各种生产性和非生产性经营所获的收入。

以上两种分类计算是当前农村经济总收入调查中应用比较广泛的。根据调查研究的目的不同。还可将农村经济总收入进行其他的分类调查计算。如为反映产业状况可将农村经济总收入分为生产性收入和非生产性收入；反映农村经济的商品化、专业化情况，可将总收入分为实物收入和现金收入。还可将专业户收入和出售产品收入单独列出。

第三节 农村经济总费用调查

一、农村经济总费用及计算原则

农村经济总费用，是指农村各种合作经济组织和农民家庭当年在进行生产经营活动、取得各项收入的过程中所支出的各项费用之和。总收入是分配的物质基础，但不是全部收入都能用来分配，只有纯收入才能用来分配。计算总费用，就是为了从总收入中扣除不能用来分配的各项费用，从而计算能够用来分配的纯收入，同时总费用也可以反映农村经济投入情况。

计算农村经济总费用应当遵循以下原则：

第一，符合计算农村经济纯收入的要求，即不能将属于纯收入分配性质的支出计入总费用。总费用是指总收入中不构成纯收入、不能用来分配的生产费用、管理费用等物质费用，不包括属于纯收入分配性质支出的劳动报酬等人工费用。支付给在农村劳动的非农村劳动者的劳动报酬，尽管性质上属于“纯收入”，但不能构成农村经济纯收入，则应该计入总费用。因此，在利用财务核算资料中的付方科目全额总计计算总费用时，必须从收入分配调查的要求出发，从中剔除农村内部劳动报酬支出。例如，乡村企业费用不能包括乡村企业支付给农村劳动者的工资总额，但是，乡村企业支付给非农村劳动者的工资，仍应包括在乡村企业费用之中。

第二，与农村经济总收入的计算范围相一致，即只计算当年总收入应该负担的各项费用。为了准确计算纯收入,总费用不是按费用发生额计算的,而是按总收入的范围计算的。当年总费用就是为实现当年各项收入应该由当年负担的各项费用,它包括当年支付、当年实现收入的费用,也包括上年(或以前)支付、应该由当年收入负担的费用。当年支付,但收入要到下年(或以后,下同)才能实现,需要下年收入负担的费用,则应结转下年计算。当年为下年预留的种子、饲料、饲草等,以及购入未用的物资,不能计入当年费用。对于固定资产和农田基本建设项目,只计算当年折旧部分。因此,在利用财务核算资料计算总费用时,应当从中剔除当年支出但未实现收入的费用,相应地加上上年(或以前)支出而在当年实列收入的费用。例如,当年秋冬播作物和当年没有收益的多年生作物的生产费用,应该结转下年或以后取得收入的年份计算,不能计入当年农业生产费用;相应地,当年收获的上年秋冬播作物和多年生作物的生产费用,则应计入当年农业生产费用。

从计算原则可以看出,农村经济总费用与农产品成本有着显著区别。首先,计算的范围不同。农产品成本仅仅是相对于农产品而言的;农村经济总费用既包括农业生产费用,也包括非农业生产费用和其他非生产性费用。其次,撇开计算范围的区别不论,更为重要的是两者的经济意义不同。农产品成本既包括物质费用,也包括人工费用。农村经济总费用一般是指物质费用,只有在存在支付给非农村劳动者劳动报酬的特殊情况下,才包括部分人工费用。

此外,农村经济总费用与农村社会总产值中用来计算农村社会净产值的物质费用也不一样。两者的主要区别在于计算的范围不同。总产值物质费用只是物质生产部门的费用,农村经济总费用除物质生产部门的费用外,还包括非物质生产部门的费用和其他非生产性费用。其次,两者的经济意义亦有所不同。总产值物质费用完全是由物质费用构成的。农村经济总费用尽管一般也是指物质费用,但可能包含部分人工费用,即支付给非农村人员的劳动报酬。此外,如同总产值与总收入的区别一样,总产值物质费用与农村经济总费用在核算的原则、计算的对象、调查内容的含义等方面也有着明显的区别。

二、农村经济总费用的构成

农村经济总费用是从费用支出的途径来计算的。费用支出途径包括生产费用、管理费用和其他费用。

(一)生产费用

它是指为实现当年各项生产经营收入而在生产方面支出的各项费用。包括农村经济各业生产的费用支出,主要有:

1. 农业生产费用

如种子费、肥料费、饲料费、燃料费、固定资产折旧费用、修理费、小农具购置费、耕作费、排灌费等生产费用支出。

2. 林业生产费用

3. 牧业生产费用

4. 副业生产费用

5. 渔业生产费用

6. 工业生产费用

7. 建筑业、交通运输业费用

8. 商业、饮食业、服务业和其他行业费用

如果生产费用支出后，当年没有获得收益，就不能计算在当年的生产费用中，获得收益时才能计算在内。

(二)管理费用

指当年经营管理方面的费用支出。如购买办公用文具、纸张、笔墨、书报、账册以及差旅费等支出总和。

(三)其他费用

它是指除生产费用、管理费用以外的各项支出，如利息支出、公共关系支出、科研支出、库存盘亏等。

乡村企业、集体统一经营、新经济联合体和农民家庭经营在计算费用支出时，原则上都应包括上述三个部分，但是由于经营形式和核算条件的不同，所以，在计算方法上各自存在不同的特点。乡村企业执行的是工业财务核算制度，它与计算农村经济收入分配的要求不完全一致，为此，从乡村企业财务核算中取得费用资料时，应做适当的调整，如从总费用中减去工资总额，再将乡村企业中外雇人员的工资也计入总费用，这是由于外雇人员非乡村合作企业的成员，他们不参加乡村企业纯收入的分配。此外，对于农民家庭经营的费用支出，应包括农民家庭的承包部分和自营部分的全部费用，但不应该包括承包部分由集体开支的费用。

综上所述，农村经济总费用可以表示为：

农村经济总费用 = 乡村企业费用 + 集体统一经营费用 + 新经济联合体费用 + 农民家庭经营费用

或农村经济总费用 = 生产费用 + 管理费用 + 其他费用

有了农村经济总收入和总费用后，就可以计算农村经济纯收入了。

第四节　农村经济纯收入与分配调查

一、农村经济纯收入及计算方法

(一)农村经济纯收入

它是指当年农村经济总收入中扣除当年总费用后的余额，也称为收益。

纯收入是农民经过一年的生产劳动以后真正实现的收益。生产的总费用低于总收入才可能有收益，收益和总费用之和就是总收入。如果生产的总费用高于总收入说明生产的经济效益为负效益。如果总收入高于总费用，多出的余额就是收益即纯收入。实现的收益将根据“三兼顾”原则，在国家、集体和农民三者之间进行分配。要增加纯收入，增加在国家、集体和个人三者之间分配的收益，就要努力降低总费用，要进行经常性的经济调查和分析，定期实行经济核算，从各种途径节约费用开支。

应当指出，农村经济纯收入与农村社会净产值是两个不同的概念。由于纯收入是根据总收入和总费用计算的，净产值是根据总产值和物质费用计算的，总收入与总产值的区别以及总费用与物质费用的区别，最终都会体现在纯收入与净产值的区别上来。具体地说，两者的区别主要表现在：

第一，在核算的原则上，净产值按所在地原则计算，纯收入按所属地原则计算。

第二，在调查的范围上，净产值只包括物质生产部门，纯收入则包括物质生产部门和部分非物质

生产部门。

第三,在计算的对象上,净产值包括农村合作经济组织、农民家庭和国营农业企业,纯收入则只包括农村合作经济组织和农民家庭。

第四,更为重要的是,净产值与纯收入两个调查内容的含义不同。一方面,由于总产值与总收入的含义不同,单纯从物质生产部门看,净产值与纯收入尽管都具有"新创造价值"性质,但净产值是"已经生产出来的新创造价值",纯收入是"可以用于分配的新创造价值",它不包含净产值中那部分年内作为中间产品消耗掉的产品和年末以在制品半成品形态存在的产品中的新创造价值。另一方面,由于物质费用与总费用的含义不同,使得净产值与纯收入的含义也不相同,在净产值中包含支付给非农村人员的劳动报酬,而纯收入则不包括在内。因此,从理论上说,如果不考虑两者在核算的原则、调查的范围、计算的对象上的区别,那么纯收入要小于等于净产值。

(二)计算方法

农村经济纯收入是由总收入扣除各项费用后的余额,计算纯收入的公式为:

农村经济纯收入 = 农村经济总收入 - 生产费用 - 管理费用 - 其他费用

计算农村经济纯收入首先计算出总收入,然后核算各项费用,二者相减便可。还可以根据农村经济纯收入的分配途径来计算。即:

农村经济纯收入 = 国家税收 + 集体提留 + 农民个人所得

二、农村经济纯收入的分配

农村经济纯收入的分配是按照社会主义分配原则,统筹兼顾国家、集体和农民三方面利益在三者之间进行分配。纯收入如一部分通过税收形式缴纳给国家,另一部分以提留的形式留归集体统一使用,余下的部分就是农民个人所得。因此反映农村经济纯收入分配情况的调查内容就包括:

(一)国家税收

指各级人民政府按照国家税法和有关税收政策向农村征收的各种税款。它是农民无偿提供给国家的积累资金。其内容包括乡村企业缴纳的,集体统一经营缴纳的,农民家庭经营缴纳的以及新经济联合体缴纳的四部分。农民有权利和义务按照税法规定向国家缴纳各种税金,如农业税、农林特产税、渔业税、屠宰税、工商税、车船牌照税等。税收的缴纳形式有货币也有实物,如我国农业税是以征收粮食为主,所以往往把"公粮"作为农业税的代名词,把缴农业税称为缴公粮。在目前农村实行生产责任制的情况下,国家的税收主要是根据经济合同所规定的责任所取得的。

(二)集体提留

指为了发展农村经济,由集体在纯收入中提留并归集体统一使用的部分,包括乡村企业提留、集体统一经营提留、农民家庭经营上缴提留和新经济联合体提留。在目前农村实行家庭承包生产责任制的情况下,集体提留主要是根据所订的承包合同所规定的缴纳方式和数目取得的。提留根据其使用的方向分为以下四个部分。

1. 公积金:是指为了扩大再生产从当年收入中提存的公共积累基金,如集体用于农田基本建设的资金,购置集体用生产性固定资产的资金等。

2. 公益金:是指为了兴办集体福利事业以及用于支付烈军属、五保户、困难户的优抚照顾费用、民办教师的报酬补贴等而从当年收入中提留的部分。

3. 干部报酬:指从当年收入中提取作为村干部劳动报酬和补贴的费用。

4. 其他提留;指除以上三项提留以外的部分,如办公费、差旅费等以及集体根据实际需要而提留的其他部分。

(三)农民个人所得

指纯收入扣除国家税收和集体提留两项农民负担后的剩余部分,即农民个人所得部分。包括农民从乡村企业所得的、集体统一经营所得、家庭经营所得和从新经济联合体所得。在实行家庭承包以后,农民个人所得是农民家庭经营扩大再生产和农民家庭生活消费的来源。

处理好国家、集体和农民个人三者的分配关系是十分重要的,在我国三者之间的根本利益是一致的。国家税收、集体提留的最终目的是创造更多的物质财富以满足广大人民不断增长的物质文化需要。但三者之间也有一定的矛盾,但是如果处理不当,片面强调某一方面,就会造成顾此失彼的情况。如果积累过多会影响农民的当年收入,降低农民的现实生活水平,挫伤农民的生产积极性。同样如果个人所得太多,则损害了国家和集体利益从而也将影响农民个人的长远利益。因此,在分配关系的处理上必须兼顾国家、集体和个人三者的利益。

第五节 农村经济收入分配分析

要搞好农村经济收入分配工作,处理好分配关系,使分配对社会再生产过程起促进作用,就要对农村经济收入分配进行调查分析。根据调查研究的过程,首先要对收入分配资料进行搜集整理,然后应用调查分析方法对分配资料进行具体分析。

一、农村经济收入分配调查资料的搜集

农村经济收入分配的调查,一般以乡为单位进行调查。乡以下的不同经济形式的乡村企业、集体统一经营单位、新经济联合体以及农民家庭经营可采用不同的调查形式来搜集资料。

(1)乡村企业一般都有比较健全的核算制度,可以从企业年报表中取得所需资料,所以对于乡村企业分配资料的搜集主要依靠报表的调查方式。

(2)集体统一经营单位一般也有较健全的核算制度,可以从会计核算资料和年终的收入分配报表取得分配资料,所以主要也是依靠报表调查。

(3)新经济联合体是当前农村出现的并有发展趋势的新的农村合作经济组织。虽然其会计核算制度和分配制度还不是十分完善,但相对稳定。因此也可以从会计核算和税收工商管理部门的报表来搜集分配资料。

(4)对于农民家庭经营,一般没有健全的核算资料可供利用。而且在实行家庭承包的情况下,分散经营的农户为数众多,不宜采用全面调查,可以采用抽样调查或典型调查资料来推算总体,也可以利用税收、工商管理部门和农村住户调查资料。

目前农村生产经营方式多以农民家庭承包经营为主,对收入分配调查资料的搜集采用抽样调查方式是比较科学和易行的,一般以乡为总体分阶段等距抽样,可以每个乡抽选几个村,每个中选村抽选两个村民小组,每个中选村民小组抽选几户进行调查,以取得的样本资料推算全乡总体资料。

二、农村经济总收入、纯收入资料分析

对农村经济收入分配资料调查的目的，旨在要对农村经济总收入和纯收入资料进行分析：

（一）农村经济总收入、纯收入构成分析

计算各种收入来源和各种经营方式的收入在总收入或纯收入中所占的比重，研究总收入和纯收入的结构状况。根据分析的结果了解农村经济的产业结构是否合理，是否需要调整以及怎样调整，还可以了解生产经营的特点和效益以及商品生产情况等。具体可以计算以下三方面的比重。

1. 各种收入来源占总收入和纯收入的比重

计算总收入和纯收入中农、牧、林、副、渔五业中各业所占的比重和整个农业收入所占比重，还有工业收入、建筑业收入、交通运输业收入、商业、饮食业、服务业以及其他收入所占的比重。通过这些内容的调查可以研究农村经济的产业结构。发展农村经济就是要建立合理的产业结构，改变单一的农业经济结构。

2. 各种经营方式收入占总收入和纯收入的比重

计算乡村企业所得收入、集体统一经营收入、新经济联合体收入和农民家庭经营收入占总收入和纯收入的比重。多种经营方式并存，并且结构合理对农村经济的发展十分有益。如果统得过死，或者片面强调分散经营对经济的发展是不利的。

3. 出售产品收入占总收入的比重

计算出售产品收入占总收入的比重反映了农村商品生产情况，比重越大，生产的商品化程度越高，能说明农村经济对国家的贡献大小。努力提高农村商品化程度，大力发展农村商品经济，才能搞活农村经济，为农村经济的发展创造更多的资金和物质条件。

（二）农村经济总收入和纯收入增长情况分析

通过计算不同时期的农村经济总收入和纯收入的增长量和增长速度，对总收入和纯收入的增长情况进行分析，表明农村经济发展的速度、潜力和趋势。以当年总收入或纯收入与往年情况相比计算逐期增长量和环比增长速度，分析逐年的增长情况，研究现实生产情况。以当年总收入或纯收入与某一固定年份收入相比计算累积增长量和增长速度，分析在一段时期生产的增长情况。在分析时还要分别计算总收入和纯收入中各种收入来源和各种经营方式收入的增长情况，充分发挥各方面的优势和潜力，促进生产发展。

（三）农村经济总收入和纯收入经济效益分析

提高农村经济效益，做到既增产又增收，是发展农村经济的核心问题。对经济效益的考虑也要注意眼前效益和长远效益相结合，局部效益和整体效益相结合，如果不这样做不利于经济的持续和协调发展。根据农村经济收入分析调查资料，可以通过调查以下两个内容来研究收入的经济效益大小：

1. 农村经济纯收益率

指农村经济纯收入占总收入的百分比，计算公式为：

$$\text{农村经济纯收入率} = \frac{\text{农村经济纯收入}}{\text{农村经济总收入}} \times 100\%$$

农村经济总收入包括总费用和纯收入两大部分，如果纯收入在总收入中所占的份额不断提高，即农村经济纯收益率提高，就表明经济效益提高。如果纯收入的增长速度大于总收入增长速度，说明经

济效益提高；如果纯收入的增长速度小于总收入说明经济效益下降。

2. 农村经济费用收益率

指农村经济纯收入与农村经济总费用之比。计算公式为：

$$农村经济费用收益率 = \frac{农村经济纯收入}{农村经济总费用} \times 100\%$$

如果农村经济纯收入的增长速度高于农村经济总费用的增长速度，农村经济费用收益率将提高，表明经济效益上升，反之则下降。要提高经济效益就要在一定的费用情况下增加纯收入或者说在获得一定的收入条件下尽量减少总费用支出。

把上述两个调查内容不同时期的数值进行动态比较就可以说明生产经营的经济效益变化的情况，从动态上来看经济效益是提高还是降低。还可以把各部门和各种生产以及不同地区之间的调查内容进行对比，说明各部门、各种生产以及不同地区之间经济效益的好坏和差别。

三、分配调查资料分析

根据收益分配调查资料，对分配可以进行以下几方面的分析：

（一）农村经济积累与消费的分析

农村经济内部的积累是指提存的公积金和农民家庭用于扩大再生产的资金。农民上缴的国家税收也属于积累，这是农民提供的社会积累。所以农村经济的总积累包括国家税收、公积金和农民家庭用于扩大再生产的资金。消费是指当年收入中用于农民衣、食、住、行等生活消费的部分，包括农民个人所得收入中用于消费的部分、集体提留中的公益金、干部报酬以及其他的福利筹资等。为了分析积累与消费的比例关系，正确处理好积累与消费这一对矛盾关系，就要计算积累率和消费率，公式如下：

1. 农村经济总积累率

它是指农村为国家提供的税金、合作经济所提留的公积金与农户用于扩大再生产资金三项积累总金额占农村经济纯收入的比率。其计算公式如下：

$$农村经济总积累率 = \frac{国家税收 + 公积金 + 农户扩大再生产资金}{农村经济纯收入} \times 100\%$$

2. 农村经济内部生产性积累率

它是指合作经济公积金，以及农户用于扩大再生产资金与农村经济纯收入的比率。计算公式如下：

$$农村经济内部生产性积累率 = \frac{公积金 + 农户扩大再生产资金}{农村经济纯收入} \times 100\%$$

3. 农村经济消费率

它是指合作经济组织个人所得、农户家庭经营个人所得用于消费的资金，以及合作经济用于公益福利事业的消费资金，这两部分资金的总额占农村经济纯收入的比重。计算公式如下：

$$农村经济消费率 = \frac{农民所得用于消费部分 + 公益金 + 其他福利资金}{农村经济纯收入} \times 100\%$$

通过积累率和消费率，可以清楚看出积累与消费的比例关系，只有正确处理好积累和消费的比例关系，才能保证国家、集体和农民个人三者的利益兼顾，从而使分配关系协调合理。

（二）国家集体和农民个人所得比例关系分析

农民负担情况调查是进行农业、农村调查的重要内容。农民负担通常是指纯收入中农民实际上缴给国家和集体的部分,即国家税收和集体提留。分析农民的负担情况要计算农民上缴的国家税收和集体提留占农村经济总收入或纯收入的比重,说明农村经济分配政策执行的情况。

（三）农民收入水平及其变动情况分析

农民收入水平可以用分配比例、平均每人分配收入、平均每劳力分配收入和平均每户分配收入等调查内容来反映。通过对这些内容的调查,综合地反映了农民分配收入水平和生活水平的高低,从而反映了农村经济达到的水平。

分析农民收入水平的变动情况,应计算不同时期农民收入水平的增长量和增长速度,可以逐期比较,也可以把调查内收入水平和某一稳定基期收入水平进行比较。为了准确反映收入水平的增长情况,应该考虑到价格因素的影响。要尽量避免由于价格变动对分析收入水平实际增长情况的影响,可以应用指数分析法按某一固定价格计算调查期比基期的收入水平的增长量和增长速度。

当前,各级领导干部在进行农村分配调查研究时,要针对农村分配工作所出现的一些新情况新问题,进行深入具体的研究,例如承包以后在分配中集体提留的征收方式与管理问题,收入水平增长以后出现的不合理消费甚至超前消费问题,农民对提供积累的思想认识问题等等,如果不按照实际情况分析研究解决,势必会影响农村经济的进一步发展。

第十一篇　工业调查

第一章　工业调查概述

第一节　研究对象和调查范围

一、工业调查研究的对象

(一)工业的概念

工业是什么呢?首先我们应该弄清工业与其他物质生产部门的区别。

1. 工业生产活动与农业生产活动的区别

(1)自然资源的开采与农业生产的区别

工业对自然资源的开采是对天然矿物和动植物资源的现成利用,这些资源是在没有人类劳动参加的情况下自然形成的。如煤层的形成、铁矿的形成、石油的形成等。而农业生产的特点是在人类劳动参与下培育和繁殖的动植物,如小麦、水稻的播种、收割;鸡、鸭、猪的饲养等。

(2)农产品加工与农产品生产之间的区别

农产品加工工业是对农产品进行机械的、热力和化学的加工过程,加工过程的开始就是动植物生命的终结。如把小麦磨成面、把油籽榨成油;把生猪宰了,变成猪肉。在这里农产品是作为一种新产品的原料。

农产品生产是在人类控制与调节下的动植物生产和繁殖过程的产物。如庄稼、鸡、鸭、猪等。农产品本身是将来再生产的手段,如将大豆、稻谷作为种子等。划分农产品加工工业与农业生产活动的主要标志是:生产过程是否与动植物的生产过程相结合。

2. 工业生产活动与建筑业生产活动的区别

建筑业也是国民经济中的一个重要的物质生产部门,是从工业中逐步分化出来的物质生产部门。二者有着密切的联系。建筑业为工业建造各种固定资产,工业向建筑业提供所使用的全部生产资料,如钢材、水泥、木材等。工业与建筑业的区别是:工业产品是可以移动的,而建筑业的产品是固定的;工业生产的场所一般来说是固定的,而建筑业活动的场所,则是随着其生产产品的完成而经常变动的。

3. 工业生产活动与货物运输业的区别

货物运输也是物质生产部门之一。其经济职能是实现物质产品由生产地到消费地的空间转移,从而使产品实现其使用价值。

它们的联系是:工业为货物运输提供大部分生产资料;货物运输业为工业运输原材料和产品,使工业生产得以不断进行。

它们的区别在于:货物运输业不创造新的物质产品,只是增加原有产品的价值;而工业生产活动的结果,则创造出新的物质产品,同时也创造了价值量。

4. 食品工业与饮食业的区别

公共饮食业与食品的生产和零售直接结合在一起,其产品为现场生产,现场销售,一般不进行储存;而食品工业的生产与消费不直接结合,一般都不进行现场消费,产品的储存性比较大。

5. 几个具体规定

(1)从事人民生活用品的修理单位,如钟表、钢笔、自行车、日用小五金、黑白铁、铝制品、家用电器的修理等,不列入工业调查范围。

(2)洗染、照相、裱糊、刻图章等单位不列入工业调查范围。

(3)一些商店和饮食店,以商业饮食业为主,也对一些商品进行加工,直接向消费者出售,如一些商店、超市除销售商品外,还制作一些面包、糕点、面条等,都不列入工业调查范围。

(二)工业调查的对象

工业调查的对象是构成工业生产条件及其结果的大量经济现象和过程。工业调查就是来研究这些现象的规律性和相互联系,并且用数量来把这种规律性和相互联系的性质表示出来。

工业调查的基本任务,是搜集、整理和分析工业生产经营等方面的调查资料,以反映国家和各地区有关工业经济政策的贯彻执行情况,反映工业生产计划的执行情况,反映工业经济活动过程及其成果的状况、取得的经济效益,为国家和地区各级领导制定宏观决策和宏观调控,提供科学的管理信息和有力的预测依据。

工业调查首先研究生产和销售的产品及其质量;工业劳动资源及其利用情况,工业工作人员的劳动生产率和工资,工业固定资产,特别是其中最积极的部分;动力设备和生产设备还有劳动对象,如原料、材料和燃料。同时工业调查也研究工业产品成本、工业流动资金和工业企业工作的主要财务成果——利润和盈利率。要通过现象的相互联系来研究各种现象,就必须在各个环节(从工业企业的车间到整个工业)进行调查分析。

工业调查是以辩证的认识方法为基础,它有着一些特殊的研究方法,这些研究方法有:大量观察、分组法、汇总、平均数法、相对数法、平衡法、指数法、相关法。

二、工业调查的范围

工业是国民经济的主导部门,工业调查是社会经济调查的重要组成部分。作为一种部门调查,工业调查的性质、理论基础和任务,一般地说,是与社会经济调查的性质、理论基础和任务相一致的,其不同之处在于工业调查有其特定的研究范围和内容。

工业调查的范围是《国民经济行业分类和代码》中划入工业门类的全部工业。包括城市各种经济类型的独立核算工业企业、非独立核算工业生产单位、城市个体工业单位和农村工业。

(一)从经济类型来看

从经济类型来看,全部工业包括全民所有制、集体所有制、全民与集体合营、全民与私人合营、集体与私人合营、中外合营、华侨或港澳工商业者经营、外资经营、个体经营和其他等10种类型。

1. 全民所有制

全民所有制是指生产资料和产品归全体人民所有的一种经济形式。包括中央和地方各级国家机关、部队、科研机构、学校、人民团体等举办的全民所有制的工业。

2. 集体所有制

集体所有制是指生产资料和产品收入归集体所有的一种经济形式。包括城市、县、镇以及城镇街道举办的集体所有工业和农村乡镇办工业、乡办工业等。

3. 全民与集体合营

全民与集体合营是全民所有制企业、事业单位和集体所有制企业、事业单位共同投资兴办，共同经营，其生产资料和产品收入归全民和集体共同所有的一种经济形式。包括中央和地方国有企事业单位同城乡集体所有制企事业单位合资兴办、实行独立核算、人财物统一管理、产供销统一经营的工业企业。

4. 全民与私人合营

全民与私人合营是指生产资料和产品收入归全民与私人共同所有的一种经济形式。包括全民所有制单位与华侨或港澳工商业者合资经营的工业企业，也包括全民所有制工业企业，还包括全民所有制工业企业吸收私人资金、统一经营、私人参加利润分配的工业企业。

5. 集体与私人合营

集体与私人合营是指生产资料和产品收入归集体与私人共同所有的一种经济形式。包括集体所有制企业同华侨或港澳工商业者合资经营的工业企业，也包括集体所有制企业吸收私人资金、统一经营、私人参加利润分配的工业企业。

6. 中外合营

中外合营是中国和外国公司、企业或个人共同投资兴办，共同经营，其生产资料和产品收入归我国和外国的投资者共同所有的一种经济形式。包括我国的政府机关、公司、企业或其他经济组织同外国的政府机关、公司、企业、其他经济组织或个人合资经营或合作经营的工业企业。

7. 华侨或港澳工商业者经营

华侨或港澳工商业者经营是指生产资料和产品收入归华侨或港澳工商业者所有的一种经济形式。包括由华侨或港澳工商业者在国内投资兴办或经营的，并经我国政府批准，依法办理注册登记的工业企业。

8. 外资经营

外资经营是指生产资料和产品收入归外国经营者所有的一种经济形式。包括外国的公司、企业、其他经济组织或个人在我国投资兴办和经营的，并经中国政府批准，在中国境内注册登记的工业企业。

9. 个体经营

个体经营是指个人参加生产劳动，生产资料和产品或收入归个人所有的一种经济形式。包括城镇个体经营工业和农村个体经营工业。

10. 其他

其他部分是指上述分类之外的其他工业企业。

(二)从管理形式上看

从管理形式上看，全部工业包括独立核算工业企业和非独立核算工业生产单位。

1. 独立核算工业企业

独立核算工业企业应以整个企业作为一个基层单位进行调查，它必须同时具备三个条件：

(1)行政上有独立的组织形式；

(2)经济上独立核算，自负盈亏，编制独立的资金平衡表(或资产负债表)；

(3)有权与其他单位签订合同，并在银行设立独立户头。

2. 非独立核算工业生产单位

非独立核算工业生产单位是指不具备独立核算工业企业条件而附属于其他工业企业、事业、机关、团体、学校、科研机构、部队等单位的工业生产单位。这些单位一般规模小，管理水平差，生产不稳定，若全部进行调查，既困难又没有必要。现行调查制度规定，非独立核算工业生产单位必须同时符合三个条件，才列入工业调查的范围：

(1)有固定的生产场所和固定的生产设备；

(2)有固定的生产工人和学徒10人以上；

(3)常年开工，季节性生产的单位每年开工至少在三个月以上。

机关、团体、学校、科研单位以及部队等非物质生产部门附属的工业生产单位，由于其产品多为自我服务性质，因此除了必备上面的条件外还必须有产品对外销售或对外承接工业性作业的，才纳入工业调查的范围。

另外，农村工业是指乡镇办工业和村办及村以下办工业，包括农村个体工业。农村工业同时具备下列四个条件，才能纳入工业调查范围：

(1)有固定的生产组织、场所、设备和从事工业生产的人员；

(2)常年从事工业生产活动，或全年开工时间三个月以上的季节性工业生产活动；

(3)乡镇工业中属于独立核算的单位，或虽非独立核算单位但是有单独的账目，能够同农业及其他生产行业分开核算的，以及自行核算的农村个体工业；

(4)向当地工商行政管理部门领取了营业执照。

城市个体工业单位，凡同时具备上述(1)、(2)、(4)三项条件者，也应纳入工业调查范围。

第二节　工业调查制度

工业调查的目的很明确，就是为了取得表明工业这个物质生产领域内所有生产经营活动的资料。只有准确及时地取得这些资料，才能为调查工作过程中的调查整理和调查分析提供可靠准确的数据基础。

一、工业调查的调查单位和填报单位

为了取得所需的调查资料，任何调查都必须有明确的调查单位。如果调查单位不明确，就会使调查的范围含混不清，影响调查资料的准确性和可比性。调查单位是指在工业调查中被登记其标志的单位。它随着调查研究的不同而有所不同。在工业调查中经常研究的对象是工业企业，如企业的类型、企业生产产品的性质、企业的产品生产能力、企业的职工人数、企业的产品生产和销售情况、企业的资金占用情况、企业的纯收入等。所以工业企业是工业调查的基本调查单位，也是在工业调查中负责提供各项工业调查资料的填报单位。为了准确、及时、完整、系统地搜集工业经济活动情况的调查

资料,必须对工业企业应具备的条件加以明确。

在国际上确定工业企业的概念有两种标准,一种是把行政上、经济上的独立性作为确定工业企业的标准,即工业企业是一个独立核算的工业企业;另一种是把技术上的统一性作为确定工业企业的标准,即工业企业是单独的自然场所,从事一种或基本上从事一种工业生产活动的经济单位。根据我国现行工业管理的实际情况,前一种标准同我国计划管理、业务管理和财务管理体制相适应,有利于取得生产、劳动、物资、财务等相互配套的各项工业调查资料。根据我国现行工业调查制度规定,独立核算的工业企业应同时具备三个条件。

1. 行政上具有独立的组织形式;

2. 会计上独立核算盈亏,独立编制资金平衡表或财务预决算表;

3. 有权与其他单位签订合同,并在银行有独立的户头。

需要说明的是,对大型联合企业,如果按照企业的主要产品把整个企业都划归某一行业,或者按照企业管理机构的所在地区把整个企业都包括在这个地区工业之内,势必难以确切地反映各行业、各地区工业发展速度和生产结构的实际情况。因此,对于跨行业、跨地区的大型联合企业,原则上把二级单位作为工业调查的调查单位,以便研究各行业、各地区工业的实际情况。

二、工业调查报表制度

工业调查报表制度是各工业企业、工业管理部门和地区通过调查报表的形式,按照国家调查制度的规定,向上级和国家反映工业经济活动情况的一种调查报告制度,也是国家取得工业调查资料的主要来源。

工业调查报表制度就其包括的总体范围来讲,属于全面调查。它一般是对总体所包括的全部单位进行调查;另一方面,就被登记事物的连续性来讲,它属经常调查。

我国工业调查报表制度是由工业基本调查报表制度和工业专业调查报表制度两类。基本调查报表制度是用来搜集工业经济各方面的基本调查资料。它可作为了解工业经济基本情况,决定政策,指导工作,编制和检查计划的可靠依据。专业调查报表制度是工业主管部门系统内的调查报表制度。它是由各工业部门结合本部门的生产特点制定的。它反映各工业部门内的生产技术、经营管理等各方面工作的情况,它为各部门实行统筹规划、组织领导、专业管理提供依据。基本调查报表制度,只反映工业生产和经营活动的一般情况,但不能满足各工业主管部门进行业务技术管理的具体需要。因此,有必要在各工业主管部门内部实行专业调查报表制度,以便在全国范围内取得各该专业部门系统的调查资料。

工业调查报表制度中,按报表调查期的时间长短,可分为日报、旬报、月报、季报、半年报和年报。日报、旬报,用以反映国家重点工作和国民经济中具有决定意义的重要工业产品数量,如钢铁、煤炭的产量。月报和季报则在于检查工业计划的执行情况和反映工业经济发展动态。年报的主要作用是为检查年度计划及编制长期计划提供全面的、准确的调查资料,据以研究历年工业的发展趋势及重要比例关系。由于这些报表的作用不同,所以对它们有不同的要求,月报与季报强调及时,因此调查内容数目要少,递送方法要尽量迅速。在保证及时和质量的条件下,也可以只对重点企业进行观察。日报对及时性要求更高,应以电传递送,年报更强调资料的准确性和全面性,故应要求计算精确,调查内容数目多,分组要细,包括的企业单位要全面。各种报表虽然要求不同,但它们之间的关系密切。季报基本上是企业月报资料的积累,年报也必须建立在月报、季报的基础上。若月报、季报的工作不好,年报就受影响,反之,通过年报工作,可以查清企业单位数及其基本情况,用以校正全年调查数字,也有助于下一年度调查报表工作的开展。

三、工业普查

工业普查是为了一定的目的而专门组织的一次性全面调查。调查报表制度基本上是属于经常调查,它主要用来搜集时期现象的资料,而普查则是一次性调查,它主要是用来搜集时点现象的资料,也可用来反映时期现象的量。

对于同样的总体,普查与调查报表制度相比,普查资料的内容更加丰富,调查内容及分组更加详尽、细致,包括的总体单位更加全面,数字资料的质量也比较高,普查的作用主要是搜集被调查对象全面准确的调查资料,为国家掌握国情国力、决定政策、制定规划、研究措施提供可靠依据。例如,我国1986年进行的全国第二次工业普查,目的是为了贯彻执行党的十二大提出的到20世纪末的战略目标和调整、改革、整顿、提高的方针,编制长远规划,有计划、有重点地进行技术改造服务。

工业普查的基本任务,一是要提供比较全面、系统、详细的工业经济基础资料。除了调查工业企业基本情况,反映工业经济全貌外,重点要摸清工业装备的技术水平、内部结构、经济效益和职工素质等状况;二是加强企业的调查、会计和经济核算等基础工作,提高企业经营管理水平。在组织普查时,应注意的问题有:

1. 确定统一的调查时点,作为标准时间。否则,易产生重复和遗漏。

2. 对普查范围内的各调查单必须同时进行调查,并尽可能在短期内完成,普查的方法步骤应保持一致,以保证普查资料的时效性和准确性。

3. 普查项目和调查内容必须有统一规定,禁止随意增减。同一的各次普查的项目和调查内容的规定,应力求一致,以保证资料的可比性。普查时间的规定和选择,应考虑普查的任务、特点和条件。

4. 有目的的普查,可按一定周期举行,以便观察研究现象发展变化的趋势及其规律性。

四、其他专门调查

在专门调查中,除了普查之外,还有其他种类,这里介绍重点调查、抽样调查和典型调查,这几种调查都是非全面调查。

(一)重点调查

重点调查是指从所研究的总体全部单位中,只选择在某些研究标志中占有较大比重的单位进行调查,以反映所研究现象的基本情况。被选取的重点单位有两种类型:

1. 从数量上看,它们在所研究的现象中占有绝大的比重。例如,要了解全国钢铁生产量,只要调查了解全国几大钢铁联合企业的情况,便可掌握全国钢铁生产的基本情况。又如,通过若干经济作物集中产区的调查,便可掌握棉、麻、丝、茶、烟的生产基本情况。

2. 从性质上看,它们在所研究的现象中占有重要地位。这些单位在所研究的现象中不一定占有绝大比重,但却处于举足轻重的位置。如有些重点建设的项目,它们的投资额并非占全国基本建设投资总额的绝大比重,但这些项目对于国民经济的发展具有重要意义。

重点调查的特点是它比全面调查所包括的单位数量要少得多,它可以花费较少的人力物力,及时取得有关研究对象的绝大部分或具有决定意义的资料。通常当调查的任务只要求掌握基本情况,而部分单位又能集中地反映这些情况时,采用重点调查为宜。

(二)抽样调查

抽样调查是按照随机原则,从总体中抽取部分单位进行调查,并据以推断总体的特征。这种调查为了使每个单位都有同等被抽选的机会,必须遵循随机原则,即每个单位被抽取的机会是均等的,它不受人们主观意识的影响。另外,为了能使抽选单位能够充分地反映全部总体的特征,在抽样时,必须抽取足够的数量,抽选的调查单位越多,就越接近全面调查,其调查内容的数值,也就越能准确地反映总体的特征。

抽样调查的作用,一方面它可以用抽选总体中部分单位的数值,来推断总体的特征。另一方面,它可以用抽样调查的资料检查全面调查资料的准确程度。在工业经济现象中,有许多现象既不可能进行全面调查,或者也不必要进行全面调查。例如,对工业产品质量的检验,有的产品必须进行破坏性试验才能做出判断,因此,只有使用抽样调查,抽取少量的样本进行检验,据以推断全部产品的质量。

(三)典型调查

典型调查是根据调查的目的,在对调查对象进行初步了解的基础上,有意识地从中选出具有代表性的单位,进行深入细致的调查研究,以达到认识事物一般特征的调查方法。

典型调查是一种科学的调查方法。它是以马克思主义辩证唯物论为基础的。事物的个别与一般、特殊与普遍都是客观事物的矛盾的对立统一。要认识矛盾的普遍性,就必须分析研究矛盾的特殊性,由认识个别的特殊事物,进而扩大到认识一般的事物,

典型调查的作用在于它可以通过对少数典型单位的调查,取得代表性较高的资料;可以对所调查的典型单位进行深入细致的剖析,可以认识事物的本质和规律性;可以研究工业经济范围内出现的新生事物、新情况和新问题;可利用典型调查资料验证全面调查资料。总之,典型调查也是一种节省人力、物力、时间,把资料的搜集与分析研究结合起来,机动灵活的一种调查方法。

第三节　工业调查的基本分组

一、分组标志的选择

在进行调查分组时,用来作为分组依据的标志就是分组标志。例如,工人按工种分组,人口按年龄分组,工业企业按所有制形式分组,“工种”、“年龄”、“所有制形式”就是分组标志。

任何一个调查总体,都可以采用许多分组标志分组。分组时所采用的分组标志不同,其分组的结果及由此得出的结论也不会相同。这是因为总体按某一分组标志分组时,总体在这个标志上的差异情况会表现出来,但同时又掩盖了其他标志的差异。如果分组标志选择错了,不但无法表现出总体的基本特征,甚至会把不同质的事物混在一起,从而掩盖和歪曲现象的本质特征。因此,分组标志的选择正确与否,决定着调查分组的价值,关系到能否实现调查研究的任务。

正确选择分组标志一般来说应遵循以下原则:

（一）要根据研究目的来选择分组标志

分组标志的选择，必须密切结合调查研究目的进行。例如，在工业调查中，为了正确地核算产量和产值，工业产品的表现形式应作为主要的分组标志之一。工业产品按其表现形式分为实物产品和工业性作业。实物产品计产量，工作性作业不计产量；实物产品按全价计算产值；工业性作业按加工价计算产值。又如为研究企业经营效果，应选择劳动生产率、成本、利润等作为分组标志。

（二）要选择能反映现象本质的标志进行分组

在总体的诸多标志中，有些是本质性的或主要的，有些是非本质的或次要的。因此，进行分组时，要从符合研究目的的若干个标志中，选择带有本质性的或主要的标志，这样才能反映出现象的本质特征。如上面两例中的分组标志，就是根据研究目的选择的能反映本质或主要的分组标志。

（三）要结合现象所处的具体历史条件选择分组标志

根据现象所处的具体时间、地点、条件来确定分组标志是十分重要的。社会经济现象随着时间、地点、条件的变化而变化，反映现象本质的或主要的标志，也随着时间、地点、条件的变化而变化，这就要求我们从客观实际出发来选择分组标志。例如，研究俄国农村资本主义的发展，划分农户的经济类型，采用耕地面积作为分组标志。但是，如果要研究美国 1910 年农业普查资料时，却应该按土地面积分组。为什么同样是研究农户的经济类型，按耕地面积分组在当时的俄国适用，而在美国就不适用呢？这是因为各自所处的历史条件不同。俄国当时农业是粗放式经营，耕地面积多少能说明农户的经营规模和农户的性质。而美国当时农业已经发展为集约化经营，农户的规模主要通过精耕细作，增加单位面积投资的办法来扩大。这样，土地面积相同的农户，其生产规模可能完全不一样。因此，列宁认为，根据当时美国的历史条件正确的分组标志应当是产品数量和雇佣劳动数量。又如，研究工业企业规模大小时，在技术条件不发达的情况下，一般采用职工人数作为分组标志，而在技术进步发达的条件下，则采用生产能力或固定资产价值作为分组标志。

二、调查分组的种类

（一）按品质标志分组和按数量标志分组

按分组标志的性质不同，可分为品质标志和数量标志两种，相应地，调查分组也分为按品质分组和按数量分组两种。

1. 按品质标志分组

按品质标志分组，即按事物的本质特征分组，可以反映总体质的差异情况。具体又分为两种情况：一种是分组比较简单。当分组标志确定之后，组数也随之确定，并且组数不多，组与组之间的界限也很明显。例如，人口按性别分组，只能分为男性和女性两组。又如，企业按所有制形式分组，也属于简单情况。

另一种是分组比较复杂。所谓复杂是当分组的品质标志确定之后，分组的界限和组数不易确定，或者是组数很多。例如，职工按职业分组，工业企业按行业分组，工业产品按经济用途分组等。对于比较复杂的调查分组，国家有关部门都制定了统一的分类标准。依据分类标准可以较为容易解决分组问题。

2. 按数量标志分组

按数量标志分组，即按事物的数量特征分组，可以反映总体数量或质的差异情况。按数量标志分组时,根据每组数量标志值的具体表现,又分为单项式分组和组距式分组两种。

单项式分组,就是总体按数量标志分组后,每一个具体数值表示一个组。例如,对某地区居民进行调查时,将居民户按家庭人口数分组,每组标志值分别为1、2、3、4、5、6、7人。

组距式分组,是将总体按数量标志分组后,每组是用两个标志值组成的区间来表示。例如,将某企业职工按工资水平分组,可分为50元以下、50元至60元、60元至70元、70元至80元、80元至90元、90元至100元、100元以上几组。

关于这两种分组形式,我们会在下面的分布数列中再详细介绍。

(二)简单分组和复合分组

按分组标志的多少不同,可分为简单分组与复合分组。

1. 简单分组和平行分组

简单分组是用一个分组标志对总体进行分组。例如,为了认识工业企业职工总体的基本情况,可分别按年龄、工龄、文化程度等标志分组,属于简单分组。

对同一总体选择两个或两个以上标志分别进行简单分组,并列起来就形成平行分组。例如,对工业企业工人分别按年龄、文化程度、工龄、技术等级和劳动岗位进行分组,便组成如下平行分组:

按年龄分组:20岁以下、21岁至35岁、36岁至50岁、51岁至55岁、56岁至60岁、60岁以上;

按文化程度分组:大学、中专、高中、初中、小学、识字不多或不识字;

按工龄分组:5年以下、6年至10年、11年至20年、21年以上;

按技术等级分组:一级工、二级工……八级工;

按劳动岗位分组:基本生产工人、辅助生产工人。

2. 复合分组

复合分组是指用两个或两个以上标志对总体进行层叠式分组。所谓层叠式分组是指按前一个分组标志分组的基础上,再按后一个分组标志分组。复合分组有两种形式:一种是按第一个分组标志分组后,各组都按第二个分组标志分组,然后各组都再按第三个分组标志分组等。另一种是按第一个分组标志分组后,各组按不同分组标志继续分组。例如将工人按劳动岗位和工龄分组属于前一种复合分组:

基本生产工人:5年以下、6年至10年、11年至20年、21年以上;

辅助生产工人:5年以下、6年至10年、11年至20年、21年以上。

又例如,工业企业职工按工作岗位分为六类:工人、学徒、工程技术人员,管理人员、服务人员和其他人员。在按劳动岗位分组的基础上,工人按工种、工龄和技术等级分组,工程技术人员按专业分组,管理人员按业务工作性质分组,属于后一种复合分组。

复合分组较简单分组更能深入研究问题,更能具体揭示总体内部各部分之间的关系,以便于认识总体的性质。例如,某居委会对已婚妇女进行调查,按年龄和居住情况进行复合分组。

三、分布数列的编制

我们通过分布数列的编制,进一步研究如何进行调查分组。

(一)分布数列的概念和种类

1. 分布数列的概念

况。为反映工业企业经营成果,评价企业经济效益,分析研究提高工业企业经济效益的潜力和途径提供依据。

第五节 工业企业内部调查资料

工业企业是进行工业生产的基层单位,也是工业调查的主要报告单位。工业企业调查,是整个工业调查的基础,而原始记录、调查台账和企业内部报表,又是做好企业调查的三个基本环节。

一、原始记录

(一)原始记录的主要内容

原始记录是按规定的表格形式,对企业生产经营活动所进行的最初记录。它是企业各项生产经营活动的客观反映,是未经加工的第一手材料。

原始记录对调查工作和企业管理有重要作用,是企业组织生产、实行科学管理和经济核算的基础。准确、及时和完整的原始记录,是企业进行调查核算、会计核算和技术业务核算的共同资料来源,是企业了解情况、制定计划、修订定额的依据。

原始记录具有涉及面广、内容具体、登记经常和群众性强的特点。它的内容和种类是很广泛的。在企业中,哪里有生产经营活动,哪里就会有原始记录。原始记录的主要内容有:

1. 产品方面:用来反映各种产品的数量、质量、半成品、在制品周转情况的记录。

2. 劳动方面:用来反映职工人数变动、工时利用、工资支付等情况的记录。

3. 生产资料方面:用来反映固定资产变动和利用、原材料消耗和利用等情况的记录。

4. 技术进步方面:用来反映设备改造、新技术、新工艺采用等情况的记录。

5. 财务成本方面:用来反映现金收支、银行结算等情况的原始凭证,等等。

原始记录按记录表内容的繁简,分为综合性原始记录和专用的原始记录。综合性原始记录是在一张记录表上登记几个方面生产经营情况,主要用来反映生产经营活动的过程和结果。例如机器制造企业中的施工票、加工线路单等。专用的原始记录是为了专门取得某项生产经营活动的情况而设置的,例如成品入库单、考勤表、废品报告单等。

原始记录的记录方式分为记录员制度和岗位记录制。记录员制度是由专职或兼职人员进行记录工作,岗位记录制则是由生产者或有关人员直接对所从事的经济活动进行记录。

由于原始记录具有广泛性和群众性的特点,必须对其实行统一管理、分工负责的管理原则。原始记录的制定、颁发和修改,应由企业调查部门或财务部门负责,经企业领导批准后执行,这是统一管理的内容。而分工负责是指对原始记录的日常管理工作,应按专业归口负责的办法,谁管什么业务,就管什么原始记录。

(二)原始记录的原则

工业企业在建立健全原始记录制度时,必须遵循下述几个原则:

1. 既要满足企业管理的需要,又要符合国家调查制度和会计制度。原始记录只有符合调查制度和会计制度,才能为企业执行国家和上级主管部门规定的调查任务和制度打下基础,把各项任务有机地联系起来。

2. 原始记录的设置应与企业生产经营的特点和企业管理水平相适应,并随着企业生产和管理水平的发展而提高。

3. 原始记录的制作方法、管理制度应力求简明易懂,便于群众掌握,只有这样才会有牢固的群众基础。

二、调查台账

调查台账是根据企业调查整理和调查分析的需要而设置的一种用来序时汇总和积累调查资料的记录表册。做好调查台账工作,能随时记录有关的原始资料,防止原始资料的散失,并能及时提供满足领导指挥企业生产经营需要的有关调查资料。登录调查台账的工作实质上是将编制调查报表的工作分散在日常来进行,既能避免由于繁忙而造成汇总的差错,又能及时满足进度调查和期末报表编制工作的需要。由于调查台账积累了历史资料,所以,又可为了解和分析企业生产发展的历史情况、制定长期规划提供依据。

调查台账按其内容繁简不同,分为综合性台账和专用台账。综合性台账是将各项有关调查内容序时综合登记在一个表册上,如个人、班组、车间以至厂部各项经济调查内容完成情况的台账。专用台账是将某一调查内容按时登记在一个表册上,如产品生产进度台账。此外,为系统整理和积累企业历史调查资料,企业还要设置历史资料的台账。

台账除了车间采用外,厂部有关职能部门也可根据各车间的日报、旬报或月报中有关调查内容设置台账,为编制全厂调查报表、掌握全厂生产进度积累调查资料。

三、厂内报表

厂内报表也叫内部报表,是根据原始记录和调查台账资料定期汇总编制的在企业内部使用的报表。厂内报表主要是为了企业各级领导了解情况、指挥生产的,同时它是完成国家和上级主管部门调查任务的重要工具。厂内报表的种类也很多,内容包括生产经营活动的各方面工厂内报表。按报送日期不同有日报、周报、旬报、月报等。按报送范围不同有小组、车间和全厂的报表。报表的内容包括生产进度、产品质量、生产定额完成情况、劳动时间使用情况、设备的运转和维修、原材料收支结存和成本利润及其他经济技术调查内容等。

原始记录、调查台账和厂内报表三者之间存在着密切的联系。调查工作所要搜集的基本数字资料归根到底来源于原始记录。台账是将原始记录所登记的数字资料加以整理使之系统化。厂内报表把经台账整理过的资料加以汇总、核算并用报表形式反映出来,以满足各方面的需要。在这三个环节上不论哪个环节做不好,都会影响调查资料的准确性和安全性。

第二章　工业产品调查

第一节　工业产品产量调查

工业产品产量，在这里是指工业产品的实物量，对于产品价值量的调查，将在第二节的工业产品产值调查中介绍。

一、工业产品产量调查概述

(一)工业产品产量的概念

工业产品的实物产量，是指用符合产品物理、化学性能或外部特征，并能体现出产品使用价值的实物单位来计量的产品产量，即产品的使用价值量。例如以台表示的机器产量，以吨表示的煤炭产量等。有些产品用单一的计量单位难以充分表示其使用价值量时，还要采用两种或两种以上的复合实物计量单位。如发电设备用“台/千瓦”表示，船舶用“艘/排水量/吨马力”表示，等等。

由于工业产品实物产量能直接、具体地反映工业产品的使用价值量，因此，它是最基本的产量计算方法。它是安排生产、研究产销平衡的基础，可用来编制各种物资平衡表和实物型投入产出表；主要工业产品的实物产量和人均产量是表明一个国家或地区的工业现代化程度和经济实力的重要标志，是进行国际间经济对比的重要内容，是计算和分析其他调查内容，如品种、实物劳动生产率、单位产品成本以及生产量价值等的基础。

(二)工业产品实物量调查的范围

工业生产的产品种类繁多，但从宏观经济管理的需要来看，不需要也不可能要求所有企业把全部产品都加以调查。因此，在进行工业产品实物量调查时，产品调查的范围以及这些产品的名称、计量单位、品种分组等必须要有统一的标准。因此，国家制定了《工业产品目录》，作为企业产品调查的依据。

《工业产品目录》中包括的产品范围，是由国家统一制定的。它包括列入国家计划和国务院各部计划的全部产品，以及由各地区分级管理的一部分重要产品。各省、市、自治区各业务部门可根据实际情况的需要进行适当补充，作为所属企业产品调查的依据。凡是《工业产品目录》中列有的产品，企业都应对其产量进行调查，而且应严格按照目录中统一规定的产品名称、品种分组、计算单位和计算方法进行调查，以保证产品产量调查的准确性、一致性，便于国家、地方和部门进行产量综合汇总和比较。

工业企业产品产量调查的具体范围包括：

1. 主要车间、辅助车间、附属车间或副产品车间的产品；

2. 已出售或准备出售的产品，及生产自用的产品；

3. 计划内的和计划外的产品；

4. 自备原材料生产的和订货者来料生产的产品；

5. 企业的主要产品或次要产品，成批生产或小量生产的产品；

6. 本系统内归口产品或非归口产品。

（三）工业产品实物量调查的基本原则

为了准确、及时地对工业产品实物量进行调查，必须遵守以下几项原则：

1. 严格按照《工业产品目录》的规定进行调查

《工业产品目录》是为适应各地区、各部门宏观管理的需要，由国家统一制定的工业产品实物产量调查的范围和内容的目录。凡是目录中的产品，企业只要进行生产，就要进入调查范围，不论生产数量的多少，是否是主要产品；不论是在主要车间还是在辅助车间里生产的产品；是作为商品出售，还是生产自用；是自备原材料生产的还是来料加工生产的：是正式生产的还是试制生产的。

2. 质量原则

计入工业产品实物量的产品，必须是符合规定质量标准的合格品。质量标准包括国家标准、部颁标准、订货合同的技术条件或者主管机关的规定。企业不得随意修改或降低质量标准。凡不符合质量标准的次品或等外品一律不得计入产量，也不计算产值。

3. 入库原则

入库手续是产品从生产领域转入流通领域的分界线。产品已入库或办完入库手续，表明产品可以随时提供社会需要，所以产品入库单是计算产品实物量的原始凭证。凡需包装的产品，必须包装完毕并入库后，才能计算产量。按合同规定带有配件、备件的产品，必须配套齐全后才能入库并计算产量。

二、工业产品实物量调查的内容

（一）混合产量和标准实物产量

表示不同产品实物总量的方法有两种：混合产量和标准实物产量。

1. 混合产量

混合产量是将产品名称、用途相同，但品种规格、含量不同的产品实物量直接相加所得的总和。如：不同支数的棉纱产量的总和，不同发热量的原煤产量的总和，不同型号的汽车产量的总和等。

混合产量的本质是按自然单位来说明产品的数量。其作用主要有：

第一，概括地说明某类产品的使用价值量；

第二，概括地反映企业生产规模，反映生产活动的总成果；

第三，它是企业进行产品调拨分配，保证生产按比例发展的依据。

2. 标准实物量

标准实物量是从经济用途相同，而品种、规格、含量不同的产品中，确定某种产品作为标准产品，将其他产品产量按一定比例折算成标准产品产量，又称折合量。其折算方法，在各工业部门中均有具体规定。如把各种发热量的煤折合为每公斤发热量 7000 千卡的标准煤，不同支数（号数）的棉纱折合为20支(29号)棉纱,不同型号的拖拉机折算为每台牵引能力为15马力的标准台,硫酸标准浓度含酸率为100%,氮肥标准含氮量为100%,等等。

标准实物量的实质在于所有产品的数量都用某一种标准单位来表示。其作用主要有:

第一,比较确切地反映某类产品的使用价值量;

第二,比较确切地反映企业生产规模和生产活动的总成果,便于评价企业绩效;

第三,能解决同一种类但不同品种、规格、花色等产品的综合问题,以便于核算产品生产能力并安排生产任务。

(二)标准实物产量的折算办法

折算标准实物产量的具体计算步骤为:

首先,要确定标准产品。标准产品可以是某种具体产品,即折成某一品种、规格或含量的产品,并以此来计算标准实物产量(如皮革工业把各种牲畜皮折成牛皮张数来计算;橡胶工业把各种型号的三角带折成A型三角带;冶炼工业把不同含量的硅铁折成含硅75%的硅铁来计算等)。另外,也可以把抽象产品作为标准产品,来计算标准实物产量(如把各种氮肥折成含氮100%计算,事实上含氮100%的氮肥是不存在的)。

其次,要确定各个不同品种、规格、含量的产品与标准产品之间的折合系数。产品间的折合系数,一般可以根据单位产品的使用价值量、生产单位产品所花费的劳动量或原材料消耗量来计算。在调查工作中,需要调查折合量的产品,一般各工业部门都有具体的规定。

最后,把各种不同规格或含量的产品乘以相应的折合系数,折算成标准产品产量,最后加总,即得该种产品的标准实物产量。

标准实物量 = ∑(实物量 × 折合系数)

在调查工作中需要注意的是,按不同的折算系数折合的标准实物产量,所反映的经济内容是不同的。计算标准实物产量的目的,在于能够比较确切地反映不同品种、规格、含量的产品的使用价值总量,其折算系数主要应按产品之间的使用价值量来确定。例如,把不同成分的化工产品折成纯品,把不同能源折成发热量为7000千卡的标准煤等。此外,种类相同,基本用途相同,而品种、规格、含量不同的产品,可以按照一定的标准折成标准实物量,但是不能代替混合产量。因为产品的分配是要按照混合产量计算的,所以在调查工作中,汇总大类产品产量时,更多地采用混合产量。

第二节 工业产品总产值调查

一、工业总产值调查的概念

为了观察和研究整个工业发展状况,加强宏观经济的管理,不仅需要掌握工业在调查期内生产的每一种主要工业产品产量,而且需要掌握全部工业产品的总量。但是,产品实物量和标准实物量,都不能综合反映全部的工业产品产量,而生产量劳动又不能包括产品的全部价值。在这种情况下,要核算各种不同产品的总量,就要利用各种不同产品所共有的价值量来计算。按产品的价格计算的总产值,就是适应这个目的的需要而产生的。

工业总产值,是指工业部门或企业在一定时期内生产的以货币表现的工业产品总量,它反映了工业劳动者进行工业生产活动的总成果。工业总产值有以下四个特点：

第一，它只包括工业活动的价值，凡是非工业性产品或服务的价值，都不能计入工业总产值。

第二，它反映工业产品总量，因此，既包括转移价值，又包括新创造的价值。

第三，它反映调查期内的工业产品总量，即反映调查期工业生产活动的总成果。因此，既不能包括前期生产活动的成果，也不能因某些产品尚未最后完成而不进行计算。

第四，它是以货币单位计算的工业产品总价值量。

二、计算工业总产值的价格问题

工业总产值以货币形式表现产品总量，因此，在计算工业总产值时，必须要解决其中的价格问题。

(一)工业产品的价格

从其计算对象看，有出厂价格和消费价格两种。

1. 出厂价格

出厂价格是指产品由生产领域进入流通领域时的价格，它包括产品的成本和工业中的积累(利润和税金)。

2. 消费价格

消费价格是产品由流通领域进入消费领域(包括生产消费和生活消费)时的价格。对于消费品来说，消费价格就是零售价格。在消费价格中，除了包括出厂价格的因素以外，还包括流通领域中的费用和积累。

所以，在计算工业总产值时，只能采用出厂价格。在实行送货制的情况下，则采用生产地出厂价格，不能采用交货地出厂价格。因为后者还包括途中运输费、堆栈费、途中损耗等与工业生产无关的费用。

在市场经济条件下，工业产品出厂价格由单一的计划调拨价格转化为多种价格并存的情况。目前，工业产品出厂价格大体上有三类，即：国家指令性价格(国家定价)、国家指导性价格(浮动价)和市场价格。在计算工业总产值时，原则上，工业产品出厂是哪种价格就按该价格计算，这样才能准确反映工业产品的价值。但是，在实际调查工作中，工业产品的实际出厂价格，只有当产品销售时才能确定，而产品一经生产就有了产量，不论是否销售都要计算产值指标。在这种情况下，确定工业产品的实际出厂价格，一般是采用调查期内的各种产品的平均实际销售单价计算；或者采用各种产品在调查期内经常使用的出厂价格计算。

(二)工业产品价格

按计算的时间进行划分，有现行价格和不变价格两种。

1. 现行价格

现行价格是指产品在调查期内实际的出厂价格。用现行价格计算的工业总产值，可以反映在调查期内生产产品的实际价值，是分析企业经济活动和财务状况的依据。但是现行价格的缺点是经常变动，因此，它是不能说明产品产量变动情况的。

2. 不变价格

不变价格是指工业产品在历史上的某一时期的出厂价格。它在一定时期内是固定不变的，因而也称固定价格。用不变价格计算的总产值，消除了各个时期价格变动的影响，可以用来研究工业产品产量变动的情况。

建国以来,工业调查工作中采用过六次不变价格:

(1)1950 年至 1952 年国民经济恢复时期,采用 1950 年 6 月各企业的平均出厂价格作为不变价格;

(2)1953 年至 1957 年第一个五年计划期间,采用 1952 年第三季度全国统一的平均出厂价格作为不变价格;

(3)1958 年至 1970 年第二、三个五年计划期间,以 1957 年 1 月 1 日的全国统一的加权平均价格作为不变价格;

(4)1971 年至 1980 年第四、五个五年计划期间,以 1970 年第四季度的产品出厂价格作为不变价格;

(5)1981 年至 1990 年第六、七个五年计划期间,以 1980 年 1 月 1 日的出厂价格作为不变价格;

(6)1991 年至今使用的是 1990 年的不变价格。

对于新产品,如果没有统一规定的不变价格,凡未正式投入生产的,可采用计划价格或合同价格,如果没有这两种价格,可参照类似产品的价格代替。正式成批投入生产的产品,应以实际价格作为正式不变价格,报上级主管机关备案。

对于没有规定不变价格的工业性作业,可按加工收入计算总产值。

三、工业总产值调查的内容

工业总产值包括的内容是由其经济性质所决定的。根据工业总产值的定义,工业总产值的内容应包括三个组成部分,即:成品价值、工业性作业价值和自制半成品、在制品期末期初结存的差额价值。

(一)成品价值

成品价值是指工业企业在调查期内生产的,经检验合格、包装入库的所有成品的价值总和。成品是工业企业工业生产活动的最终成果,其价值应按全价计入工业总产值中。成品价值具体包括的范围是:

1. 工业企业用自备原材料生产的成品,不论是否已经销售或准备销售,不论是计划内的或计划外的,不论是主要产品或次要产品,都应计入总产值中。

2. 工业企业用订货者原材料生产的成品,如果是本企业生产活动的成果,也应按全价计入工业总产值中。

3. 已经销售或准备销售的半成品价值。这部分半成品可以从企业进入流通领域,创造工业产值,应视同成品处理。

4. 企业自制的生产设备,如果已经构成了固定资产,应该转入财务账目的价值。

5. 供本企业非工业部门使用的成品价值。如供本企业基建部门、经营管理部门以及生活福利部门等使用的成品价值。这部分成品已不在工业生产范围,与对外销售的产品一样,并且是由专门费用开支的,因此应该包括在成品价值中,否则,企业就会漏掉一部分生产成果。

6. 新产品价值。新产品经检验合格入库后,即构成企业产品的一部分,因此,应计入总产值。

(二)工业性作业价值

工业性作业应按加工价值计入总价值，不包括被加工、修理对象本身的价值。这是由于工业性作业所加工、修理对象的价值，不能作为企业生产活动的成果。工业性作业价值一般只计算调查期已完工的工业性作业，船舶、车辆等少数作业属于例外情况。

工业性作业具体包括以下内容：

1. 已完成的对外（包括对本企业非工业生产部门）承做的工业品修理作业价值。比如，对机械设备、交通运输工具的修理等。

2. 已完成的对外承做的加工作业价值，包括对外来料和零件的个别工序的加工，如研磨、电镀、钻孔、印花、印字等；对外来产品所做的分包分装工作；对外来零部件所做的简单的装配工作等。但是，如果装配工作比较复杂，又需进行复杂的试车、校验（如无线电、复杂的仪器仪表等），则视同成品按全价计算。

3. 本企业生产工人完成的本企业机器设备和交通运输工具的大修理作业价值。这部分大修理作业是恢复设备已磨损掉的使用价值和价值。实质上是固定资产的简单再生产，等于是对本企业追加投资，与本企业自制设备后又交给本企业使用的性质几乎完全相同。因此应该把大修理价值计算在总产值内，否则，就不能正确反映企业在调查期内的生产活动总成果。

（三）自制半成品、在制品期末期初结存量差额价值

企业在调查期末结存留待下期加工复制的半成品、在制品结存的情况下，它是调查期内的生产成果，应将其价值直接计入总产值内。但在连续生产的条件下，期初常会有自制的半成品、在制品结存。期初结存的半成品、在制品是上期的生产成果，已经计入了上期的总产值内，它在调查期经过加工复制，有些成为产品，有些继续结转为调查期期末结存，其价值如又计入调查期总产值内，就会和上期发生重复计算，所以应从本期成品价值和期末结存半成品、在制品价值中减去。为了计算简便，期初结存半成品、在制品价值转为成品部分，不从成品价值中扣除，而统一从期末结存半成品、在制品价值中扣减，其总的结果是一样的。因此，对于连续生产条件下，计入调查期的半成品、在制品价值应为半成品、在制品期末期初结存差额价值，而不是半成品、在制品的期末价值。从下列公式中可以证明：

实物产品总产值 = 成品价值 − 期初结存半成品价值中转入成品中的价值 + 期末结存半成品价值 − 期初结存半成品价值中转入期末半成品中的价值

= 成品价值 +（期末结存半成品价值 − 期初结存半成品价值）

公式中右端的后两项，即为计入总产值的半成品、在制品期末期初结存量差额的价值。在一般生产周期不长的企业，期末期初半成品、在制品的结存差额价值变动不大，基本上可以视为一个常数，并且在总产值中所占比重不大，为了简化计算，可以忽略不计。而生产周期较长的企业，如制造船舶、重型机械、发电设备、机车车辆、大型机床、大型电子计算机等企业，其期末期初的半成品、在制品差额价值，变动很大，如仅按成品计算产值，就会出现一段时期没有产值，而在出成品时期，总产值却突然猛增的情况，这样不能准确地反映各个时期的生产成果。因此要求生产周期较长的企业计算半成品、在制品期末期初结存量的差额价值。

在工业总产值的各个项目中，如有不变价格和现行价格的，可分别按不变价格和现行价格计算产值。对没有不变价格和现行价格的，如自制设备提供本企业非工业部门使用的产品，可按其实际成本计算。有些工业性作业无加工费的，如设备大修理、对本企业非工业生产部门所做的工业性作业等，亦可按实际成本计算总产值。

第三节 工业产品品种调查

品种全、质量好、产量多是社会对产品使用价值的三大要求。因此,工业产品品种的多少和品种更新换代的时间长短,特别是产品成套性的水平,不但是衡量一个国家或地区经济实力大小与生产力发展水平高低的重要标志,而且是企业生存与发展的重要条件。因此,产品品种就成为工业产品调查的重要内容。

一、工业产品品种的分类

工业产品有种类、品种、规格、型号、花色等不同层次的划分标准。工业产品品种的划分处于中间层次,一方面要与产品的种类划分区分开,另一方面要与产品的规格、型号、花色的划分区分开。

产品的品种是和产品的使用价值紧密相联系的。因此,划分工业产品品种的主要标志是产品的基本使用价值的差异程度。凡是使用价值基本相同的产品都可归入同一种类;在同一种类的产品中,由于产品的结构、性能或化学成分的不同而引起的具体用途有不同程度的差异,当这些差异较大时,可视为不同的品种;当差异较小时,则应视为不同的规格、型号或花色。

举例来说,电视机和自行车,其使用价值不同,不能互相代替,分别属于不同种类的工业产品。在自行车这类产品中,按用途的不同又可以分为普通、轻便、载重、运动等不同的品种;而在轻便车这一品种中,按车架的结构可分为男式、女式,按车辆尺寸可分为28式、26式等型号,各式各型的车又可以按照不同的色彩进行划分。这便是轻便车的不同规格、型号和花色的区别。

二、工业产品品种调查的内容

(一)工业产品品种

按照计算范围的不同,工业产品品种的调查内容包括三个方面:

1. 企业生产品种数

企业生产品种数,是指工业企业在调查期内已经生产和正在生产的产品品种数,但不包括试制的品种。这一数值能够比较粗劣地反映品种的数量,它不管每种品种的产量多少,也不管是否完成了产量计划,只要企业投产了该品种,就算生产了一个品种。

2. 企业完成计划产量的品种数

企业完成计划产量的品种数,是指工业企业在调查期内已经完成了该品种计划产量的品种数。

3. 某一部门或地区生产的品种数

某一部门或地区生产的品种数,是指在企业生产品种数汇总的基础上,将企业间重复品种剔除之后的品种数。

产品品种数,是工业产品调查的重要内容,是进行品种分析的基础,是考核企业生产技术发展水平、品种计划完成情况以及进行地区或部门品种规划和产、供、销综合平衡的重要依据。将主要产品的实际生产品种数与社会需要的品种进行对比,可以研究某类产品满足社会需要的自给程度,通常称为自给率。在调查中要用到以下公式：

$$某类产品品种自给率=\frac{实际生产品种数}{社会需要品种数}\times100\%$$

（二）工业产品品种计划完成情况

考核工业企业品种计划完成情况的原则是以各种产品的产量计划完成情况为依据的。没有完成品种的产量计划或者生产计划外品种都不算完成品种数。反映品种计划完成的情况，主要调查两个内容：

1. 产品品种计划完成率

产品品种计划完成率，是调查期内实际完成计划产量的品种数与计划品种数的比率。在调查中要用到的公式是：

$$产品品种计划完成率=\frac{调查期内完成计划产量的品种数}{调查期计划品种数}\times100\%$$

由于品种计划的性质不同，产品品种计划完成率也有不同的计算范围。计划产品品种数有国家下达的指令性计划品种数，有地方主管部门下达的指导性计划品种数，也有企业自行制定的计划品种数。计算品种计划完成率时，可以按不同计划口径分别进行计算。

2. 产品品种计划完成程度

如果用完成产品计划的品种数所计算的品种计划完成率，只能反映没有完成计划产量的品种数，而没有反映出产量计划未完成的程度，这样等于是把已经完成产量计划99%的品种与只完成产量计划1%的品种同等对待了。为了反映这种差别，需要计算产品品种计划完成程度。其公式如下：

$$产品品种计划完成程度=\frac{各品种完成计划百分比的和}{计划内产品品种数}$$

其中，如果某品种超计划完成，超过的部分不计，也就是最大只能是100%。

第四节　工业产品质量调查

一、工业产品质量的概念

产品质量指的是产品满足社会生产和生活消费需要所具备的特征。这种特征使产品的使用价值不同，满足不同的需要和不同的程度。满足需要的程度越高，产品的质量也要求越好。例如，纺织品质量主要通过外观、疵点以及耐用、耐磨程度来表示；钢铁产品质量是以钢铁的化学成分、物理性能、规格尺寸、表面状况等来表示；而机电产品的质量特征则包括了效率、可靠性等更多的方面。

凡是由产品的使用目的所提出的各项要求都属于产品质量的范畴，它包括机械、物理及化学成分等内在质量特征，还包括产品的光洁度、造型、色泽、包装等外部质量特征。

（一）内在质量特征

内在质量特征是指产品的内在属性，是产品的主要质量特征。概括起来，主要有以下五个方面：

1. 性能

性能是指产品适合使用目的所具有的物理、化学或技术性能。如电子元件在温度、速度、振动等不同条件下使用的性能、特点、适合程度等，再如机床的功率、氮肥的含量等。

2. 寿命

寿命是指产品在正常情况下的使用期限。如轮胎的行驶里程数、灯泡的使用小时数等。

3. 可靠性

可靠性是指产品在规定的时间内、规定的条件下(一定温度、压力、振动等),使用过程中不发生故障。一般指产品精度的稳定性、性能的持久性、零部件的耐用性等。如钟表的走时精度、电子元件的失效率等。它是在产品的使用过程中表现出来的特征。

4. 安全性

安全性是指产品在操作或使用过程中安全保证的程度。如对使用、操作人员是否会造成伤害事故(如电视荧光屏的辐射性等),以及产生公害、污染环境的可能性。

5. 经济性

经济性是指产品寿命周期总费用的高低,包括因产品结构、用料、用工等生产费用形成的制造成本以及在使用中的动力燃料的消耗、保养维修等运转维持费用而形成的使用成本。如柴油机的油料消耗率、锅炉的燃煤消耗等使用成本,都是考核产品质量的重要标志。

(二)外观质量特征

外观质量特征是产品的外部属性,即产品在外观方面满足消费需要的能力。如产品的光洁度、造型、色泽、包装等。

与外观特性相比,产品质量内在特性是主要的,只有在保证内在特性的前提下,外观特征才有意义。

二、质量标准和质量分类

(一)工业产品的质量标准

根据产品生产的技术要求,需要对其主要的内在质量和外观质量从数量上(用技术参数表示)加以规定,形成技术文件,作为衡量产品质量的尺度,就是工业产品质量标准,或称技术标准。因此,质量标准也就是产品质量主要特性的定量表现,它是对产品的质量要求和检验方法、手段等所做的技术规定,是企业搞好产品质量工作的重要规范,也是进行产品质量调查的重要依据。

目前,我国的产品质量标准有以下四种:

1. 国际标准

国际标准是由一定的国际组织制定,并为世界各国所承认和采用的技术标准。国际标准主要是指由国际标准化组织(ISO)、国际电工委员会(IEC)等机构制定的标准,以及由国际地区性组织或由某一国家制定的先进标准,如经互会标准等。

2. 国家标准

国家标准(GB)是由国家标准局制定的,对全国经济、技术发展有重大意义的产品,在全国范围内统一采用的标准。

3. 部颁标准

部颁标准,又称专业标准,是由全国专业工业主管部门制定的,在全国性专业范围内统一采用的标准。如机械产品标准(JB)、冶金产品标准(YB)等。

4. 企业标准

企业标准是由企事业单位或上级机构批准发布的标准。凡是没有国家标准或部颁标准的产品，都要制定企业标准。为了满足出口需要，企业也可以直接采用国际标准。

此外，对于一些技术规格特殊的产品，需要根据企业和客户签订的合同上规定的技术要求作为质量标准。

在调查工作中，任何一种产品都必须有一个质量标准，被调查企业不得随意修改或降低。

（二）工业产品的质量三级分等法

为使我国工业产品质量标准按照国际通用技术标准来评定，摸清我国主要工业产品质量同国际上同类产品质量的差距，提高我国技术水平，并为制定价格政策和评优工作科学化、经常化提供依据，国家标准局会同其他有关部门制定了《主要工业产品质量三级分等办法》。其中，主要工业产品是指能代表本行业质量水平的量大面广的产品。主要工业产品质量，就是把各行业的主要产品按其使用价值和质量水平分为优等品、一等品和合格品。

1. 合格品

合格品是指产品质量达到国家标准和部颁标准或经过上级主管部门批准的企业标准的产品。

2. 一等品

一等品是指产品质量达到国际通用技术标准，居国内先进水平，达到或相当于国际上同类产品的较好水平的产品。

3. 优等品

优等品是指产品质量达到国际先进技术标准和国外同类产品近期（五年左右）的国际先进水平的产品。

在调查工作中，如果有国际标准和国内标准不一致的情况，在进行三级分等时，如果产品实际水平达到国际先进水平为优等品，达到国际一般水平为一等品。

关于三级分等的评价内容，各行业有所不同。比如机床行业按照十四项内容进行综合评定：(1)几何精度和工作精度；(2)结构和性能；(3)寿命；(4)可靠性；(5)噪声；(6)油水渗漏；(7)零件质量；(8)零件加工质量；(9)装配质量；(10)油漆和外观质量；(11)附件及工具；(12)随机技术文件；(13)包装质量；(14)用户评价。

（三）不合格品的分类

不合格品，是指不符合产品质量标准、技术要求的产品。

1. 次品（包括副品、等外品）

次品是指产品的某些次要的质量特性不合格，但仍可按原定用途使用和作为工业产品销售的产品。

2. 废品

废品是指产品的某些主要质量特性不合格，而且不能按原定用途使用的产品。其中又可分为可整废品和不可整废品。

(1)可整废品

可整废品，又称为返修品，是指有可能经过返修达到合格的废品。可整废品经过返修后，既可能达到合格品要求，也可能会变为不可整废品。

(2)不可整废品

不可整废品，是指无法返修而报废的废品。

三、工业产品质量调查的意义

任何工业产品都是具有一定品种、一定质量的劳动成果。工业产品都具有一定的属性,可以满足社会某种消费的需要。工业产品满足社会消费需要的程度越高,表明产品的质量越好。

工业产品的质量与数量是辩证统一的。提高产品质量,就意味着在消耗相同劳动量的情况下,增加了产品的使用价值,因而增加了产品的数量。产品质量是企业各项工作的综合反映,它受到企业生产技术、管理水平和其他种种内部条件及外部条件的制约,反过来产品质量又影响和制约着企业的各项工作。每个企业只有不断提高产品质量、降低生产成本,企业的产品才能参与市场竞争、提高市场占有率,既为国家和各地区创造物质财富,又给企业带来经济效益。反之,如果企业产品质量低劣,就没有销路,造成积压,或者产出大量废品,这样不仅不能为社会创造财富,而且造成人力、物力和财力的极大浪费。

当前,产品质量差、物质消耗高是我国工业生产的严重问题。与国外先进水平相比,差距非常大。这是我国工业发展的瓶颈所在。因此,提高产品质量是当前工业生产的一个基本内容。产品质量问题关系到企业的生存和发展,产品质量好坏体现了一个国家和地区的经济技术水平,也体现了一个国家和地区生存和发展的能力。因此,工业产品质量调查具有重大的现实意义。

工业产品质量调查的主要任务在于,反映企业产品质量水平,检查产品质量计划的执行情况,研究产品质量发展变化的趋势,找出同先进水平的差距,分析影响产品质量的原因,为企业进一步提高产品质量提出建议,为国家和各地区各级领导制定工业产品质量计划和工业生产发展政策提供科学和全面的依据。

四、工业产品质量调查的内容

反映工业产品质量的调查内容包括两大类:一类反映产品本身质量,如产品平均质量特性、产品质量分数等,这类内容能说明产品满足社会生产和生活消费需要的程度,因而能直接反映产品的质量水平;另一类反映生产工作质量,如产品合格率、废品率、返修率等,这类内容并不能直接反映产品质量的水平,只能说明生产工作的质量。由于生产工作质量是产品质量的保证,产品质量是生产工作质量的综合反映,因此,考察产品质量必须把两者结合起来。

(一)产品本身质量

1.产品平均质量特性

产品质量水平的高低,一般是用一系列的技术经济参数(也叫特性值)来表示的。有些产品用其中一个最重要的参数即可大体判定其质量高低。产品平均质量特性,是指产品某种主要技术经济参数的平均值。例如,轴承的平均寿命、原煤的热值、手表每昼夜走时误差、氮肥的含氮量等。计算产品平均质量特性的数值,一般采用抽样检验的方式,抽取定量样品,根据样本实测参数值资料,用样本代表的量加权平均,以样本的平均特性数值代表该批产品的平均特性数值。调查中使用的表达式为:

$$某产品平均特性=\frac{\sum(样本实际参数值\times样本数量)}{\sum样本数量}$$

有些产品可以通过其有用成分或杂质的平均含量来说明其质量水平。例如计算原煤含矸率时,在调查中要用到以下公式：

$$原煤含矸率=\frac{分批检验的含矸量之和}{分批检验的原煤产量之和}\times 100\%$$

2. 产品综合质量系数

在确定产品质量水平时，当用一个主要技术经济参数不能全面说明质量水平高低时，需要同时考虑几个技术经济参数，则可计算综合质量系数。

质量系数是指产品某一技术经济参数的实际值与质量标准规定的标准值的比率。

$$产品质量系数=\frac{产品某一技术经济参数的实际值}{产品某一技术经济参数的标准值}$$

综合质量系数，就是把产品的每个质量系数进行算术平均或者加权平均所得的平均数。

$$综合质量系数=\frac{\sum(某一质量系数\times 该系数的权数)}{\sum 各系数的权数}$$

例如，灯泡对消费者来说，其经济效率（用光能输出率表示）和使用时间（寿命）都很重要。但是对灯泡质量的这两种要求是互相矛盾的，因为可以用降低光能输出率来延长灯泡的寿命。为了对这类产品的质量水平进行综合评定，应该计算产品的综合质量系数。即把每个被检查质量参数的实际值与国家或其他标准所规定的标准值进行对比，求出每个质量参数系数作为局部系数，表示各参数对上述规定标准值的偏差。然后把几个质量参数的比值进行算术平均或加权平均，求出综合质量系数。

3. 产品质量分数

有些属于装配型的轻工和电子产品，包括的零件较多，而每个零件又都各有自己的质量标准。因此，用一个技术经济参数，就不能反映其质量水平，而用几个技术经济参数计算的产品质量综合系数，又不能对产品的质量做出总的评价，这时就应采用质量分数来表示。

产品质量分数是用多种质量参数评定产品质量的一种方法。它是按主管部门规定的一定数量的内在和外观质量考核项目，每项规定一定的质量分，全部项目满分为 100 分。产品经抽检测试后，逐项给分，凡符合技术标准的给该项目满分，低于技术标准的不给分。最后将各项质量得分相加，以得分多少评定产品质量的好坏。

4. 产品等级

为了区分合格品的质量差异，可以根据一系列技术经济参数，将合格品划分为若干个等级。在工业调查中一般把产品按照三级进行划分。

产品等级的主要内容有两个：

（1）等级率

等级率又称品级率，是指某种产品的某等级品产量占合格品产量的比例。比如：

$$优等品率=\frac{优等品产量}{合格品产量}\times 100\%$$

$$一等品率=\frac{一等品产量}{合格品产量}\times 100\%$$

产品等级率属于结构相对数，把实际等级率与计划等级率或基期等级率进行对比，可以反映产品等级的计划完成情况和变动情况。在合格品只分为两个等级的情况下，一级品率提高，则二级品率一定下降，从而说明产品质量有所提高。但当合格品分为三个以上等级时，往往某些等级率提高了，而另一些等级率降低了，难以综合表明合格品总的质量水平。这时就需要计算产品平均等级。

(2)产品平均等级

产品平均等级又称等级系数,就是按各个等级的产量加权计算的产品等级平均数。它能综合反映产品的质量水平,通过比较可以判定产品质量的变动情况,结合各等级品的价格,还可以分析由于产品质量的变化,给企业带来的收益或损失。在调查中要用到的公式是:

$$平均等级=\frac{\sum(产品等级\times 该等级产量)}{合格品总产量}$$

(二)产品生产工作质量

1. 产品合格率

产品合格率是指经检验确定为合格品的数量占全部被检验产品总量的比率。它是用符合产品质量标准的产品在全部送检产品中所占的比重来反映企业生产工作质量好坏的。在调查中要用到的公式是:

$$产品合格率=\frac{合格品数量}{全部送检数量}\times 100\%$$

在计算和应用产品合格率时应注意:

(1)产品合格率是一个结构相对值,分母为全部被检验产品数,包括合格品、次品和废品,分子是被检验产品中的合格品,是分母总量中的一部分。调查中必须保持分子、分母的口径一致。

(2)由于产品性质、加工工艺和检验方法不同,各工业部门应用时要按照本部门的具体规定。比如,有的工业部门返修率高,国家规定需要计算一次检验合格率,以反映生产过程的技术水平和生产工作质量。

所谓一次检验合格率,是指产品在生产过程全部结束后,进行第一次检验时符合质量标准的合格品产量占第一次送检总量的比率。如电子工业的一次交验合格率、化学工业的一次化验合格率、机械工业的成品装配一次合格率等。在调查中要用到的公式是:

$$一次检验合格率=\frac{第一次检验的合格品数量}{第一次送检的产品数量}\times 100\%$$

其中,第一次送检产品数量,是指产品完工后,首次送检的产品总量。在检验中发现问题,退回返修后再检验的产品不包括在内。第一次检验合格品数量,也不包括经过返修后达到合格品质量标准的产品数。

(3)由于所反映的生产工作质量的环节或侧重点不同,产品合格率可根据实物量、劳动量(完成定额工时量)、价值量等分别计算。

2. 废品率

废品率是指经过检验确定为废品的数量占全部送检产品数量的比率。在调查中要用到的公式是:

$$废品率=\frac{废品数量}{合格品数量+废、次品数量}\times 100\%$$

3. 返修率

返修率又称返工率,它是合格品率和废品率之外的又一种反映企业生产工作质量的内容。它是返修品数量占全部检验品数量的比重。在调查中要用到的公式是:

$$返修率=\frac{返修品数量}{全部检验品数量}\times 100\%$$

返修率一般按实物量计算,也可采用工时计算。在调查返修品数量时,有两种不同的处理方法:一种是每重复返修一次,在返修率的子项和母项中都要重复计算一次;另一种是一个产品不管返修几次,返修只计算一次,重复返修不再重复计算。在调查中需要计算返修率时,应按业务主管部门的统一规定计算。

4. 废品损失

废品损失是用来说明由于废品的产生而给企业带来的损失量。计算废品损失时要考虑到可整废品与不可整废品的情况。在调查中要用到的公式是:

废品损失金额 =(不可整废品全部费用 - 不可整废品的残值)+ 可整废品的追加费用

$$\text{废品损失率} = \frac{\text{废品损失金额}}{\text{全部产品总成本}} \times 100\%$$

第三章 工业劳动调查

第一节 工业劳动者调查

一、工业劳动者的概念

工业劳动者,是指劳动中已实际在工业企业中从事劳动的人员。更具体地说是指在工业企业中从事劳动,并由企业支付劳动报酬的人员。因此,工业劳动者亦可称为广义职工。它包括工业企业职工(狭义职工)和其他从业人员。

在对工业企业职工数进行调查时,遵循的基本原则是:职工由所在企业直接安排生产或工作;职工由所在企业支付工资;职工必须是中华人民共和国的公民。

我国目前存在着全民所有制、城镇集体所有制、全民与集体合营、集体与私人合营、中外合营、华侨或港澳工商业者经营、外资经营等多种经济类型并存的工业经济结构,在这些工业企业工作并由其支付工资的所有职工都应列入职工人数的调查范围。

(一)全民所有制工业企业职工

全民所有制工业企业职工,是指在全民所有制工业企业及其附属机构中工作,并由其支付工资的全体人员。具体包括:固定职工、合同制职工、其他职工三部分。

1. 固定职工

固定职工,是指经过国家劳动部门或组织部门正式分配、安排或批准招收为固定职工的人员。这部分人员无论何种情况,出勤与否,编制内外,或在试用期,或在国外工作及临时到其他单位,但仍由原单位支付工资,均包括在调查范围内。

2. 合同制职工

合同制职工,是指在市场化的用工制度中,通过签订劳动合同,考核录用的职工。

3. 其他职工

其他职工包括临时职工和计划外用工。临时职工,是指根据国家劳动计划,经各级劳动部门批准临时使用的,随时可以辞退的人员。包括季节性、临时性生产和服务工作的人员。

计划外用工,是指在国家劳动计划以外,企业通过各种形式吸收到工业企业,由企业直接组织安排生产和工作,并支付其工资的人员。这部分人员大多数都应划为临时工,只是由于未列劳动计划,一般单独列出。对于计划外用工,不论其工资经费来源及支付形式,也不论是否享受劳保福利待遇,都应列入调查范围内。计划外用工具体包括:

(1)全民所有制单位招收的职工家属,以及街道组织或劳动服务公司介绍到企业参加生产和工作的人员。

(2)以集体所有制劳动指标招收,或以集体所有制名义招收而实际分配到全民所有制单位顶岗的人员。

(3)由集体所有制抽调、借用、并入和委托代培的人员。

(4)名义上是发包工,实际上由全民所有制单位直接组织安排生产或工作的人员。

(5)其他在国家劳动计划以外招收的职工。

下列人员不包括在工业企业职工人数中:

第一,从企业领取原材料,在自己家庭中进行生产的家庭工。

第二,企业发包给集体所有制单位的半成品加工、装配、包装等工作以及拆洗缝补、房屋修缮、装卸、搬运、短途运输等工作所使用的人员。

第三,农村或城镇的建筑队、运输队、承包企业的工程项目或运输业务所使用的人员。

第四,参加企业生产劳动的军工和勤工俭学的在校学生。

第五,已经正式办理退休、退职、离休手续的人员。

(二)城镇集体所有制工业企业职工

城镇集体所有制工业企业职工,是指在城镇集体所有制工业企业工作,并由其支付工资的人员,包括固定职工、合同制职工、临时职工、季节工、轮换工等。集体所有制企业职工中不包括参加集体所有制工业企业生产和劳动的军工和学生,以及集体所有制单位聘用的离休、退休、退职人员,也不包括由全民所有制单位用集体指标招收的人员,及由集体所有制企业以各种名义(包括借调、协作、代培等)介绍到全民所有制企业中工作,并由全民所有制企业支付工资的人员。

(三)各种合营、华侨或港澳工商业者经营和外资经营的工业企业职工

这是指在全民与集体合营、全民与私人合营、集体与私人合营、中外合营、华侨或港澳工商业者经营、外资经营的工业企业中工作,并由其支付工资的人员。在调查中外合资、华侨与港澳工商业者经营和外资经营企业的职工人数时,不包括外籍职工和港澳职工。

二、工业企业职工的分类

工业生产是各类职工在不同生产和不同工作岗位上分工合作,密切联系,共同创造物质产品的过程。因此,各类人员在配备上必须结构合理,比例恰当,才能充分发挥职工的协同作用,才能实现高效益生产和科学的经营管理。

因此,必须根据不同的调查目的,按不同标志进行分类。

(一)按用工期限分类

1. 长期职工

长期职工是指用工期限在一年以上(含一年),包括固定职工、合同制职工、长期临时工以及国有企业使用的城镇集体所有制单位的人员和其他使用期限在一年以上(含一年)的原计划外用工。

2. 临时职工

临时职工是指用工期限不超过一年的职工,包括各企业根据国家有关规定招用的,签订一年以内的劳动合同或使用期不超过一年的临时性、季节性用工。

(二)按劳动岗位分类

1. 工人

工人是指在基本车间和辅助车间(或附属辅助生产单位)中直接从事工业性生产的工人及厂外运输与厂房建筑物大修理的工人。

2. 学徒

学徒是指在熟练工人指导下,在生产劳动中学习生产技术、领取相关待遇的人员。

3. 工程技术人员

工程技术人员是指担负工程技术和工程技术管理工作,并具有工程技术工作能力的人员,主要包括:

(1)取得工程技术职务资格,已被聘或任命工程技术职务,并担任工程技术工作的人员;

(2)无工程技术职务,但取得工程技术职务资格或从大学、中专理工科系毕业,并担任工程技术工作的人员;

(3)未取得工程技术职务资格或无学历,但实际担任工程技术工作的人员;

(4)已取得工程技术职务资格或大学、中专理工科系毕业,在企业中担任工程技术管理工作的人员。包括:总工程师、车间主任,以及在计划、生产、生产设备、检查、安全技术、设计、工艺、劳动定额、工具设备、动力、基建、环境保护等科室从事工程技术管理工作的人员。

工程技术人员中,不包括已取得工程技术职务资格或大学、中专理工科系毕业,但未担任任何工程技术和工程技术管理工作的人员。

4. 管理人员

管理人员是指企业的厂长、经理以及在各职能机构、基本生产车间和辅助车间(或附属辅助生产单位)中从事行政、生产、经济管理和政治工作的人员。包括长期(连续六个月以上)脱离生产岗位,从事管理工作的工人在内。

5. 服务人员

服务人员是指服务于职工或间接服务于生产的人员,主要包括:食堂工作人员;哺乳室、托儿所、幼儿园工作人员;文化教育(职工文化技术教育站、图书馆、俱乐部)工作人员;卫生保健(如医务室、保健室)工作人员;保安警卫和消防人员;住宅管理和维修人员;勤杂人员(与生产有关的车间的勤杂工算工人,不算服务人员),以及其他生活福利工作人员和社会性服务机构人员。

其中,社会性服务机构人员,是指某些与本企业生产无直接关系,但由企业举办的社会性服务机构中的工作人员。如企业办的大中专院校、技工学校、中小学、医院、商店、粮店、邮局、派出所等的工作人员。

6. 其他人员

其他人员是指由本企业开支工资,但所从事的工作与本企业生产基本无关的人员,主要包括:农副业生产人员;出国援外和出国劳务人员;长期(连续六个月以上,下同)学习人员;长期病伤产假人员;长期派出外单位工作人员;退养人员和厂内待业人员等。

(三)按年龄分类

在调查工作中,一般分为四组,即:20 岁及 20 岁以下;21 岁至 35 岁;36 岁至 50 岁;51 岁以上。其中年龄按照满周岁的年龄计算,计算方法为“当年年数”减本人出生年即可。

(四)按文化程度分类

调查中应以本人学历为依据,自学成才的则以经过考核取得各级教育部门颁发的证件的文化程度为依据。

1. 大专程度及以上:是指在大学本科、大学专科,或经上级正式批准开办的承认其大专学历的职工大学、电大、函授大学等毕业或肄业的。研究生和留学生(指大学以上的)也包括在这项内。在未经教育部门备案和企业主管部门批准,企业自行举办的职工大学、业余大学毕业或肄业的职工,不得按"大专程度"计算,仍按原文化程度计算。

2. 中专程度,技工程度:是指分别在中等专科学校、技工学校毕业或肄业的。职业中学可包括在中等专科学校内。

3. 高中程度,初中程度:是指分别在普通中学的高中、初中毕业或肄业的。

4. 小学程度及以下:是指在初小、高小毕业或肄业,以及文盲或半文盲的。

(五)按技术职务分类

技术职务包括国家已正式制定的各种技术业务职务。已评定技术职务的人员,是指其职务经过主管部门审批,并已批准的。不包括已评定但未批准的人员。

1. 高级技术职务:包括高级工程师、高级经济师、高级调查师、高级会计师以及相当于这一级的其他技术职务的人员。

2. 中级技术职务:包括工程师、经济师、调查师、会计师、讲师、助理研究员,以及相当于这一级的其他技术职务的人员。

3. 初级技术职务:包括助理工程师、助理经济师、助理会计师、助理调查师、技术员、经济员、会计员、调查员,以及相当于这一级的其他技术职务的人员。

(六)工人的再分类

工人是从事生产活动的基本力量,为了更具体地研究工人的构成情况,对工人作以下的分类:

1. 按工人与工业生产活动的关系不同,将企业全部工人分为工业生产工人与非工业生产工人两类。工业生产工人包括基本车间、附属工业生产单位进行生产工作的工人,以及在企业内部从事生产运输工作的工人等。非工业生产工人包括从事厂外运输和房屋建筑物大修理的工人等。

2. 按工人在工业生产过程中所起的作用不同,将工业生产工人分为基本工人和辅助工人两类。基本工人是直接从事产品生产的工人,辅助工人是间接参与产品生产、从事各种辅助工作的工人。

3. 按劳动技能不同,将工人划分为不同的工种。如机器制造企业将工人划分为铸工、锻工、车工、铣工、刨工、钳工等。

此外,还可按其他标志分类。

三、工业劳动者调查的内容

(一)职工人数调查

为了掌握工业企业在一定时期的劳动力数量,需要根据不同的研究目的,对职工人数进行调查,调查中通常计算期末职工人数和平均职工人数两方面的内容。

1. 期末职工人数

期末职工人数是指在调查期内最后一天的企业实有人数,如月末、季末、年末人数等。这是一个时点性的调查内容,必须在同一时点进行调查,才能防止由于人员增减变动造成职工人数的重复计算或遗漏。期末职工人数反映企业在调查期末该时点上拥有的劳动力数量,是编制和检查工业劳动力数量计划的依据,也是研究各企业、各部门、各地区工业劳动力数量分布状况的基础数据。

由于期末职工人数只能反映调查期内经过增减变动后,最后一天的实有数,而不能说明在调查期内可供使用的一般劳动力数量,因此,还需要计算企业在调查期内的平均职工人数。

2. 平均职工人数

平均职工人数是指一定时期内企业平均每天拥有的职工人数。它可以反映企业占用工业劳动力的一般水平,是计算劳动生产率和平均工资的主要依据。平均人数的计算通常是按月、季、年来计算的。在调查中通常使用的计算公式为:

$$平均职工人数=\frac{调查期每天职工人数之和}{调查期日历天数}$$

$$月平均人数=\frac{调查月每日实有人数之和}{调查月日历天数}$$

季平均人数的计算,是以季内各月平均人数之和除以3;半年平均人数,是以半年内各月平均人数之和除以6;年平均人数,是以年内各月平均人数之和除以12(或各季平均人数之和除以4)。为了简化计算,在人数变动不大的企业,月平均人数也可以用月初人数加月末人数之和除以2的方法计算求得。

(二)职工构成调查

职工人数可以反映职工队伍的规模。为了合理配备劳动力,分析劳动力的计划执行的情况,增强职工队伍的素质,进一步提高劳动生产率水平,必须研究职工人数的构成状况。这就要求根据不同的研究目的,选择不同标志,将职工加以分类。

在前面已经介绍过工业企业职工的分类方法,职工构成调查中主要是调查每类职工在职工总数中的比例。

(三)职工人数变动调查

由于种种原因,职工人数总是处于经常变动中。这些变化反映了国家和地区的劳动政策与劳动力计划贯彻执行情况,也为改进企业管理、合理分配使用劳动力资源提供依据。

职工人数变动调查的主要内容包括:

1. 反映职工人数变动的绝对数

本期增加人数和本期减少人数,分别反映在调查期内新参加本企业工作的职工人数和脱离本企业的职工人数。此外,还可以计算本期净增或净减人数。当本期增加人数大于本期减少人数(或本期末人数大于上期末人数)时,其差额是本期净增加人数。它可以说明职工人数变动的总趋势。

2. 反映职工人数变动的相对数

为了分析职工人数增加或减少的变动幅度,可以用本期净增(或净减)人数与上期末人数相比,计算职工增减百分比。其公式为:

$$职工人数增减百分比=\frac{本期增加人数-本期减少人数}{上期末人数}\times100\%$$

为了进一步反映职工人数增减变动情况,还可以计算职工人数增加程度和减少程度。计算公式如下:

$$职工增加程度=\frac{本期增加人数}{本期末人数}\times100\%$$

$$职工减少程度 = \frac{本期减少人数}{上期末人数} \times 100\%$$

职工增加程度,表明现有职工总数中新参加本企业工作的职工所占的比重,职工减少程度表明原有职工离开本企业的程度。二者结合起来就可反映职工变动的全面情况。

职工人数增减百分数也可以按平均人数计算,其公式如下:

$$职工平均人数增减百分比 = \frac{本期平均人数 - 上期平均人数}{上期平均人数} \times 100\%$$

职工平均人数增减百分数,可以反映两个时期内平均拥有的职工人数的变动程度和趋势。

第二节　工业劳动时间调查

在工业企业职工中,使现有的生产工人充分合理地利用其劳动时间,减少时间方面的浪费,是企业提高劳动生产率、增加产品产量的一项重大措施,也是反映企业管理水平的一个重要标志。

工业劳动时间利用,首先要准确调查各种劳动时间的数量,然后在此基础上计算出反映劳动时间利用情况的数据,并进一步分析利用状况的原因,为挖掘劳动时间潜力、提高管理水平提供依据。

一、生产工人劳动时间的核算

生产工人是在生产一线工作的劳动者,从事的劳动一般属于简单劳动。因此,生产工人的劳动量是用劳动时间来计算的,而劳动时间又是由一定的时间单位,如小时、日等作尺度。工业调查中最常用的劳动时间单位是工日和工时。工日是一个复合单位,它是工人数与以日为计算单位的劳动时间长度的乘积。一个工日就是指一个工人工作一天(一个轮班)。一个工时是指一个工人工作一小时,它是工人数与以小时为计算单位的劳动时间长度的乘积。

下面就生产工人劳动时间的构成及其核算方法,加以说明。

(一)日历工日数

日历工日数是指工人在调查期内所拥有的全部日历时间。它等于调查期内每日工人人数之和(或调查期内工人平均人数)与日历日数的乘积。其表达式为:

日历工日数 = Σ调查期内每日工人人数 × 日历日数

　　　　或 = 调查期内工人平均人数 × 日历日数

日历工日是企业工人劳动力资源的最大自然界限,表明工人在全部日历时间内全部用于进行工作所能达到的最大劳动总量。

根据国家劳动制度规定,工人享有节假日和公休日。日历工日又分为制度公休工日和制度工作工日两部分。

(二)制度公休工日数

制度公休工日数,是指国家(或企业)规定工人休息的节假日的工日数。在制度公休工日数中,工人实际休息的工日数,称为实际公休工日数。其表达式为:

调查期制度公休工日数 = 调查期平均工人数 × 调查期公休节假日数

由于某种原因,工人在公休日内未休息而进行加班(加满一个轮班)时,应算作加班工日数,计入实际工作工日数中。制度公休工日数减去公休日加班工日数,等于实际公休工日数。对于公休日加班未满一个轮班的,不作为加班工日,而应作为加点工时数,计入实际工作工时数中。

(三)制度工作工日数

制度工作工日数,是按照国家(或企业)规定,调查期内工人应该工作的工日数。其表达式为:

制度工作工日数 = 调查期平均工人数 × 调查期制度工作工日数

或 = 日历工日 - 制度公休工日数

它是调查期内按制度规定应该使用的劳动时间总数,是考核企业劳动时间利用情况的基础。制度工作工日数等于日历工日数减去制度公休工日数。也可以用调查期规定的工作天数乘以工人平均人数求得。

(四)出勤工日数与缺勤工日数

1. 出勤工日数

出勤是相对于工人上班而言。在轮班时间内,只要工人上了班,不管是否工作或工作时间长短,都算出勤。工人事先接到停工通知,或因公出差,虽未上班,也应视为出勤。

出勤工日数就是工人在制度工作时间内实际出勤的工日数。它等于制度工日数减去缺勤工日数,因为出勤工日数是按工日计算的,它包括非全日缺勤时间,为了精确地反映工人的出勤情况,还可以工时为单位计算出勤工时数。其表达式为:

出勤工日数 = 调查期制度工作日 × 每日出勤工人人数

或 = 制度工作工日数 - 缺勤工日数

2. 缺勤工日数

缺勤工日数,是指工人按制度应该到班参加生产,但由于工人本身的原因,未能到班参加生产的工日数。工人缺勤未满一个轮班,则应以工时为单位计算"非全日缺勤工时数"。全日缺勤可按工作日长度折算为缺勤工时数,但缺勤工时不能按工作日长度折算为工日数。

(五)停工工日数

停工工日数,是指工人出勤后,由于某种原因(如停电、停水、停气、待料、机器设备故障等)未能从事自己岗位工作的工日数。由于事先预知原因(如计划停电),企业将公休日与工作日调换使用,在这种情况下,工人在公休日工作不作加班,在工作日休息不算停工。工人停工不满一个轮班,可以工时为单位,计算"非全日停工工时数"。

"停工时间被利用时间",是指工人停工后被调作非本职的但仍属工业性生产工作的时间。

(六)公假工日数

公假工日数,是指执行国家或社会义务或经企业指示从事其他社会活动而未能从事生产的工日数。所以又称为非生产工日数。如参加党、团组织召集的会议、选举、参观、听报告、学习、群众性活动(如防汛)、打扫卫生、文体活动等。公假时间仍算出勤,但不算企业的实际工作时间。如公假未满一个轮班,可按工时为单位计算"非全日公假工时数"。

(七)实际工作工日数

实际工作工日数是指工人在调查期内实际参加生产的工日数。一个工人在一个轮班只要到班参加生产,不管时间长短,都算作一个实际工作工日。实际工作工日数等于日历工日数减去制度公休工日数、全日停工工日数、全日缺勤工日数和全日公假工日数,再加上加班工日数。其表达式为:

实际工作工日数＝制度内实际工作工日数＋公休加班工日数

制度内实际工作工日数，是指工人在制度规定的工作时间内实际工作工日数。它等于实际工作工日数减去加班工日数。其表达式为：

制度内实际工作工日数＝制度工作工日数－全日缺勤工日数－全日停工工日数－全日非生产工日数

(八)实际工作工时数

实际工作工时数，是指以工时为单位计算的在调查期内从事生产的时间数。它比实际工作工日数更能精确地反映工人实际用于生产活动上的劳动时间总量。它等于制度内实际工作工时数加上加班加点工时数。其表达式为：

实际工作工时数＝制度内实际工作工时数＋公休加班工时数＋加班加点工时数

1. 制度内实际工作工时数

制度内实际工作工时数，是指工人在调查期规定的工作时间内，实际从事生产的工时数。它等于从制度内实际工作工日数乘8小时，再减去非全日缺勤工时数、非全日停工工时数和非全日公假工时数。其表达式为：

制度内实际工作工时数＝制度内实际工作工日数×制度工作日长度－非全日缺勤工时数－非全日停工工时数－非全日非生产工时数

2. 加班加点工时数

加班加点工时数，是指工人在制度规定工作时间以外，实际参加生产的工时数。它包括工人节日、假日加班加点工时数及平日下班后又加点的工时数。

二、工业劳动时间利用情况调查

计算出各项劳动时间之后，需要进一步反映劳动时间的利用情况。对劳动时间利用情况进行调查，主要计算两方面的内容：出勤率和劳动时间利用率。

(一)出勤率

出勤率是出勤时间占制度时间的比重，它反映在制度规定的时间内工人实际出勤达到的程度。出勤率的基本计算公式为：

$$\text{出勤率}=\frac{\text{出勤时间}}{\text{制度时间}}\times 100\%$$

出勤率的具体计算方法有两种，一种是用工日计算，另一种是用工时计算。

$$\text{出勤率(按工日计)}=\frac{\text{出勤工日数}}{\text{制度工日数}}\times 100\%$$

由于以工日计算的出勤率只能反映由于全日缺勤时间对制度时间利用情况的影响，但不能反映非全日缺勤的影响。为了全面反映全日和非全日缺勤时间对制度时间利用情况的影响，还应计算以工时为单位的出勤率。

$$\text{出勤率(按工时计)}=\frac{\text{出勤工时数}}{\text{制度工时数}}\times 100\%$$

缺勤率是与出勤率相对应的内容，它是缺勤时间占制度时间的比重。和出勤率的计算方法相似，缺勤率也可以按照工日和工时两种方法分别计算。

出勤率与缺勤率之和等于100%,因此,出勤率和缺勤率两个内容,只要求计算其中的一种。

(二)劳动时间利用率

劳动时间利用率分为出勤时间利用率和制度时间利用率。

1. 出勤时间利用率

由于出勤率只能反映工人的出勤情况,但是对于出勤后劳动时间是否有效利用,则需要计算停工和非生产时间等未利用时间的情况。因此,有必要计算出勤时间利用率,以反映工人出勤后劳动时间直接用于生产的情况。出勤时间利用率又可分为出勤工日利用率和出勤工时利用率两种。

(1)出勤工日利用率

出勤工日利用率的计算公式为:

$$出勤工日利用率=\frac{制度内实际工作工日数}{出勤工日数}\times 100\%$$

出勤工日利用率表明出勤工日被利用的程度,其程度高低受非生产工日及停工工日中未被利用工日多少的影响。

(2)出勤工时利用率

出勤工时利用率的计算公式如下:

$$出勤工时利用率=\frac{制度内实际工作工时数}{出勤工时数}\times 100\%$$

出勤工时利用率表明出勤工时被利用的程度,它不仅受非生产工日及停工工日中未被利用工日多少的影响,还受非全日非生产工时及非全日停工中没被利用工时多少的影响。因此出勤工时利用率能准确地反映出勤时间的利用程度。

2. 制度时间利用率

制度时间利用率除受非生产时间、停工中未被利用时间多少的影响外,还受缺勤时间多少的影响。因此,它能够综合地反映劳动时间利用程度。制度时间利用率可分为制度工日利用率和制度工时利用率。计算公式如下:

$$制度工日利用率=\frac{制度内实际工作工日数}{制度工日数}\times 100\%$$

$$制度工时利用率=\frac{制度内实际工作工时数}{制度工时数}\times 100\%$$

制度工日利用率还受缺勤工日、非生产工日和停工工日中没被利用的工日多少的影响;制度工时利用率除受上述影响外,还受非全日缺勤工时、非全日非生产工时以及非全日停工中未被利用工时多少的影响。

制度时间利用率与出勤率、出勤时间利用率的关系是:

$$制度工日利用率=出勤率(按工日计)\times 出勤工日利用率$$

$$制度工时利用率=出勤率(按工时计)\times 出勤工时利用率$$

由此可见,提高出勤率与提高出勤时间利用率,都能使制度时间利用率提高。

另外,在工业劳动时间调查工作中,有时还需要计算加班加点系数和停工系数,也用来反映劳动时间利用情况。

3. 加班加点系数

前面介绍的劳动时间利用率是以制度时间(或制度内的出勤时间)为基础进行计算的。为了不使加班加点的工作时间弥补损失时间，各计算公式的分子采用的都是制度内实际工作时间。但是有时在实际调查工作中，必须计算加班加点时间的情况，因此，需要计算加班加点系数，其公式如下：

$$加班加点系数=\frac{加班加点工时数}{制度工时数}\times 100\%$$

4. 停工系数

在计算劳动时间利用率时，制度内实际工作时间中包括了停工中被利用的时间。这部分时间虽然用于工业性生产活动，但是从生产上来看，由于在工作时间内没有进行本岗位工作，就必然影响生产效率，使得这部分时间不能充分发挥作用。为了反映停工造成时间损失的程度，需要计算停工系数。在计算停工系数时，一般使用全部停工时间，即包括停工被利用的时间在内。

$$停工系数=\frac{停工工时数}{制度工作工时数}\times 100\%$$

上述各种反映劳动时间利用情况的内容，在计算时一般都按月计算，以便及时发现问题，采取措施。如果按季或年进行汇总计算，则可说明整个季度或全年劳动时间的利用程度。

第三节　工业劳动者素质调查

一、工业劳动者素质调查的意义

工业劳动者对工业企业生产具有支持作用，它不仅表现在工业劳动者的数量方面，而且更为重要地表现在工业劳动者素质方面。工业劳动者素质，对企业生产和经营管理水平及其发展，对提高经济效益，都具有决定性的作用。从一定意义上讲，科学技术的发展，经济的振兴，乃至整个社会的进步，都有赖于劳动者素质的提高和大量高素质人才的培养。我国工业劳动者素质调查是工业调查中最为薄弱的环节，自第二次全国工业普查开始，才开始得到加强。

工业劳动者素质调查的任务是：提供工业劳动者素质的调查资料，使国家和各地区各级领导了解工业劳动者素质的现状和存在的问题，以便采取有效的措施，促进工业劳动者素质迅速提高，使之能更加适应工业迅速发展的要求。

工业劳动者素质的基本内容，一般包括政治思想素质、文化素质、技术素质和身体素质。在调查中，主要对容易量化的文化素质、技术素质和身体素质进行调查。

二、工业劳动者身体素质调查

了解工业劳动者身体素质状况，主要是对年龄结构和体质结构的情况进行调查。

从工业劳动者年龄结构上，可以划分几个年龄组，调查各组的人数，然后计算年龄结构比例。年龄组的划分，一般可分成25岁以下、26岁至35岁、36岁至45岁、46岁至55岁、56岁以上几个年龄组。在划分年龄组的基础上，还可按老、中、青划分组，即前两组属青年，中间两组属中年，最后一组属老年。调查老、中、青各组人数，并计算出结构比例数值。这样，就可以反映出工业劳动者的年龄结构，特别是老、中、青的构成情况，对企业有计划地实行新老交替、保证企业活力是很重要的。

对于工业劳动者的体质结构，可以按体质强弱划分为健康、一般、体弱三个组，调查各组人数，并计算出结构比例数值。健康的身体，是做好一切工作的基本前提。有了工业劳动者的体质结构比例，便可从总体上掌握企业工业劳动者的身体健康情况。

三、工业劳动者文化素质调查

工业劳动者有较高的文化素质，是现代化大生产和科学管理的要求和必要条件。职工按其学历可分为大学本科毕业以上、大学专科、中专及高中、初中及其他五类。在分别调查其人数的基础上，可计算具有各种不同学历职工占职工总人数的比重，反映职工教育水平的构成情况。

此外，为了反映企业职工教育的先进水平，可以计算下面的数值：

$$\text{职工教育的先进水平}=\frac{\text{具备高中以上文化程度的职工人数}}{\text{企业职工总数}}$$

企业职工教育的先进水平的计算方法是会随着社会发展变化的，当社会劳动者整体文化素质提高后，要相应提高先进水平的文化程度基准。

有时为了综合反映工业劳动者的平均文化水平，还可计算工业劳动者平均文化水平。在调查中要用到的公式是：

$$\text{平均文化水平}=\frac{\sum(\text{在校学习年限}\times\text{人数})}{\text{总人数}}$$

公式中，在校学习年限，一般规定为：小学 6 年、初中 9 年、高中和中专 12 年、大学专科 15 年、大学本科 16 年、硕士研究生 19 年、博士研究生 21 年。

把不同时期的工业劳动者平均文化水平，进行前后对比，可以反映出工业劳动者文化素质的提高情况。

四、工业劳动者技术素质调查

随着生产技术的不断进步，新技术的创造和采用，对工业劳动者生产和专业技术的要求也越来越高。所以，专业技术水平，是工业劳动者素质的一个重要方面。

职工技术水平可按技术等级划分。技术等级标准是分产业、分工种而制定的。根据不同产业、不同工种的技术复杂程度、劳动繁简程度和工作责任大小，分别规定技术等级数目和各个技术等级的技术要求。

考察工业劳动者的技术素质状况，对不同工业劳动者的要求是不相同的，要分别加以反映。对技术人员和管理人员，可按职称分别调查取得高级职称、中级职称、初级职称和尚未取得职称各组的人数，并计算其结构比例。对工人则可按技术等级分组，调查各组人数及其结构比例。在此基础上，还可计算其平均技术等级，在调查中要用到的公式是：

$$\text{工人平均技术等级}=\frac{\sum(\text{技术等级}\times\text{工人人数})}{\text{工人总数}}$$

技术等级标准也不是一成不变的，随着技术的进步，确定职工技术等级的技术要求也会有所改进和提高。所以考察企业不同时期的职工技术水平时,应对数据进行必要的调整。

第四节 工业劳动生产率调查

一、工业劳动生产率的概念

工业劳动生产率是工业劳动者在单位时间内生产工业产品的能力。所以,工业劳动生产率是工业劳动者在一定时期内所生产的工业产品数量与相应的工业劳动消耗量的比值。

但是,计算工业劳动生产率的劳动消耗量是指活劳动消耗量还是指全部劳动(包括活劳动和物化劳动)消耗量,这个问题在理论界存在着争论。有人主张工业劳动生产率应按全部劳动消耗量计算,理由是工业劳动生产率不仅表明活劳动的节约,而且还应该反映物化劳动的节约。但也有人主张按活劳动消耗量计算,理由是只有活劳动才是生产性的,物化劳动不创造新的价值。不过尽管理论上存在分歧,但从国内外的计划调查实践看,都是按活劳动消耗量计算劳动生产率的。在工业中,采用工业产品产量与相应的活劳动消耗量对比计算的工业活劳动生产率,对于正确地测定活劳动生产率水平及其增长变动情况,对于合理安排工业劳动力计划、贯彻劳动工资政策、加强企业管理、促进企业现代化都有重要意义。

二、工业劳动生产率的表现形式

(一)单位劳动时间生产的产品数量

用单位劳动时间生产的产品数量表现工业劳动生产率,在调查中要用到的公式是:

$$\text{工业劳动生产率}=\frac{\text{工业产品数量}}{\text{工业劳动消耗量}}$$

单位时间生产的工业产品越多,表示工业劳动生产率越高;反之,则越低。因此,工业劳动生产率水平的高低,与单位劳动时间内的平均工业产品产量的多少成正比例关系。

(二)生产单位工业产品平均耗用的工业劳动量

用生产单位工业产品平均耗用的工业劳动量表现工业劳动生产率,在调查中要用到的公式是:

$$\text{工业劳动生产率}=\frac{\text{工业劳动消耗量}}{\text{工业产品数量}}$$

单位产品消耗劳动量越少,工业劳动生产率越高;反之,则越低。因此,工业劳动生产率水平的高低,与单位产品平均耗用的劳动量的多少成反比例关系。

工业劳动生产率的两种计算方法,是从两个不同角度反映工业劳动生产率水平的,各有不同的作用。前者广泛用来说明各车间、企业、地区、工业部门和整个工业的劳动生产率水平;而后者一般在企业内部使用,主要用来表现工业劳动效率,制定劳动定额。

三、工业劳动生产率的计算原则

(一)产品产量和劳动消耗量在时间上必须一致。例如,计算某时期的劳动生产率,其产量必须是该时期的产品产量,劳动消耗量亦必须是该时期的消耗量;月产量只能与月劳动消耗量对比,年产量只能与年劳动消耗量对比,等等。

(二)产品产量与劳动消耗量在空间上必须一致。例如,计算某单位的工业劳动生产率时,工业产品产量必须是该单位生产的工业产品产量,而劳动消耗量亦必须是该单位的劳动消耗量。

(三)工业产品产量与劳动消耗量要具有直接的依存关系。也就是说,工业产品产量应是相应的劳动消耗量所生产的全部工业产品数量;而劳动消耗量应是生产这些工业产品所消耗的全部劳动量。

四、工业劳动生产率调查的内容

根据不同的研究目的,劳动生产率可以有以下几种计算方法:

(一)按不同的人员范围计算

1. 基本生产工人劳动生产率

它反映直接从事产品生产的工人在一定时期内生产的效率,在调查中要用到以下公式:

$$基本生产工人劳动生产率=\frac{产品产量}{基本生产工人平均人数}$$

2. 工人劳动生产率

它反映在调查期内平均每个工人生产的效率,在调查中要用到以下公式:

$$工人劳动生产率=\frac{产品产量}{工人(包括学徒)平均人数}$$

3. 全员劳动生产率

它反映调查期内企业平均每个职工生产产品的效率,在调查中要用到以下公式:

$$全员劳动生产率=\frac{产品产量}{企业全部职工平均人数}$$

全员劳动生产率与工人劳动生产率之间存在如下关系:

$$全员劳动生产率=工人劳动生产率\times工人占职工的比重$$

全员劳动生产率的高低,不仅取决于工人劳动生产率的高低,还取决于企业职工构成的状况。在工业调查中,全员劳动生产率是主要的调查内容,其意义就在于它一方面可以反映企业全部人员的平均生产效率,另一方面它可以控制企业非生产人员的比重,提高企业的管理水平。

(二)按不同时间单位计算

1. 时劳动生产率

它反映生产工人纯工作时间的生产效率,在调查中要用到的公式是:

$$时劳动生产率=\frac{产品产量}{时间工作工时数}$$

2. 日劳动生产率

它反映工人在一个工日内的生产效率,在调查中要用到的公式是:

$$日劳动生产率=\frac{产品产量}{时间工作工日数}$$

日劳动生产率与时劳动生产率的关系为:

$$日劳动生产率=时劳动生产率\times平均工作日长度$$

由此可见,日劳动生产率的高低,一是受时劳动生产率的影响,二是受平均工作日长度的影响。日劳动生产率不仅可以反映生产工人纯工作时间效率的高低,还可以反映非全日缺勤、停工、非生产工时多少以及加班加点工时对平均工作日长度的影响。

3. 月(季、年)劳动生产率

它反映每个工人月(季、年)的生产效率,在调查中要用到以下公式:

$$月(季、年)劳动生产率=\frac{产品产量}{月(季、年)平均工人数}$$

(三)按不同产量计算

1. 劳动生产率的实物量

它是按工业产品的实物量(或标准实物量)计算的劳动生产率,在实际工作中通常采用工人实物劳动生产率,在调查中要用到的公式是:

$$工人实物劳动生产率=\frac{某产品实物量}{生产该产品的平均工人数}$$

该数值可以具体地反映企业平均每个工人在一定时间内生产实物产品的能力,也可以用来说明一些主要工业产品生产的劳动效率,还可以反映一个国家或地区的工业生产发展水平,是编制和检查产品实物量计划和生产定额完成情况的依据。它的缺点是只能对同类产品计算劳动生产率。

2. 劳动生产率的价值量

它可以综合地反映生产多种产品的劳动效率,通常用工业总产值或工业净产值计算。在调查中要用到的公式是:

$$劳动生产率价值量=\frac{工业总产值(工业净产值)}{劳动消耗量}$$

按总产值计算的劳动生产率反映调查期内企业平均每个工人或职工所生产的产品价值。按净产值计算的劳动生产率反映调查期内企业平均每个工人或职工新创造的产品价值。工业总产值和工业净产值自身固有的特点会影响劳动生产率的计算。

第五节　工 资 调 查

工资是根据按劳分配原则把个人消费品分配给职工的主要形式。工资问题关系到国家、集体和个人三方面利益。处理好工资问题,对于调动广大工业职工的积极性,对于正确计算产品成本,增进企业经济效益,解决好积累和消费的比例以及提高宏观经济效益,都有重大意义。

工资调查的主要任务是:正确调查工资总额,分析职工的工资水平,为制定和检查工资政策与计划提供依据。

一、工资总额调查

(一)工资总额的概念及核算原则

工资总额是工业企业根据国家的工资政策和有关规定,支付给职工的劳动报酬总额。

核算工资总额遵循的原则是:

1. 工作总额是支付给全部职工的劳动报酬总额。只要是工业企业职工,其工资都应计入工资总额,而不论是固定工、合同制职工、其他职工,也不论是否从事工业生产活动或定员编制内外。对不作为职工调查范围内的人员的生活津贴不应计算在内。

2. 工资总额是支付给职工的劳动报酬。凡不属于劳动报酬性质的开支,不应计入工资总额,如劳动保险费、福利费、劳动保护费以及由成本开支的一些费用。

3. 工资总额资金来源,不仅有工资科目开支的,还有由其他科目开支的,如搬运费、材料费、加工费、职工福利基金等。其发放形式可以是货币,也可以是实物,无论哪种形式都应计入工资总额。

4. 工资总额应与职工完成工作量的时间一致。在调查工作中,工费总额按调查期内实际支付数计算。对于提前预发的,按照应发时间计算,因故补发的,则应加以说明。

(二)工资总额的构成

工资总额主要由以下几部分组成:

1. 计时工资

计时工资,是指按计时工资标准发放的工资。包括已完成工作按计时工资标准支付的工资,因病、事、伤假或非生产、停工等原因按计时工资标准的比例支付的工资和学徒工的生活津贴。

2. 计件工资

计件工资是指对已做工作按计件单价发放的工资。包括定额内计件工资、超定额计件工资、实行工作量包干方法的包干工资。

3. 劳动报酬性奖金

劳动报酬性奖金,是指为了奖励先进,对在生产、工作中有优良绩效的职工,在标准工资以外支付给职工的劳动报酬。包括各种生产业务奖、节约奖、劳动竞赛奖等。

4. 工资性津贴

工资性津贴,是指补偿职工额外或特殊的劳动消耗,以及为保证职工工资水平不受特殊条件影响,而以津贴形式支付给职工的劳动报酬。如特殊工种津贴、技术性津贴、班组长津贴等。

5. 加班加点工资

加班加点工资是指对制度公休时间内工作的职工的劳动报酬。

6. 其他工资

其他工资是指根据国家其他特殊规定支付给职工的工资,如保留工资、附加工资等。

(三)工资总额调查的主要内容

1. 工资总额计划完成程度

通过计算工资总额计划完成程度,可以检查工资总额绝对节约(或超支)情况。即:

$$\text{工作总额计划完成程度} = \frac{\text{实际工资总额}}{\text{计划工资总额}} \times 100\%$$

$$\text{工资总额绝对节约(或超支)金额} = \text{实际工资总额} - \text{计划工资总额}$$

由于劳动报酬的支出应该与生产成果的多少相联系,因此,还应联系企业生产计划完成程度,反映工资总额计划相对节约(超支)状况。

$$\text{工资总额相对节约程度} = \frac{\text{实际工资总额}}{\text{计划工资总额} \times \dfrac{\text{实际总产值}}{\text{计划总产值}}} \times 100\%$$

$$工资总额相对节约金额=实际工资总额-计划工资总额\times\frac{实际总产值}{计划总产值}$$

2. 工资总额变动率

工资总额变动率是指调查期工资总额与基期工资总额的比率。在调查中要用到以下公式：

$$工资总额变动率=\frac{调查期工资总额}{基期工资总额}$$

二、平均工资调查

（一）平均工资的概念及其计算

前面所述工资总额，受平均工资和职工人数两个因素的影响。它只能说明一定时期全部职工工资收入的总额，为了分析研究职工的工资水平和生活水平，必须计算平均工资。

平均工资，是指一定时期内平均每个职工的工资额。它反映该时期职工的工资水平。在调查中要用到的公式是：

$$平均工资=\frac{工资总额}{职工平均人数}$$

平均工资可以按不同的空间范围计算，如按企业、部门、地区和全国计算；也可以按不同的时间单位计算，如按时、日、月（季、年）等计算。但是，不论采用何种范围和何种时间计算平均工资，都必须遵循平均数的一般计算原则，即要求分子、分母在时间上和包括范围上一致。也就是说分子、分母必须是同一时期的相适应的资料。例如，分子是工业企业全部职工的月工资总额，分母就应为工业企业全部职工的月平均人数，计算结果为企业全部职工的月平均工资；分子如果是某车间生产工人的月工资总额，分母就应为该车间生产工人的月平均人数，计算结果为该车间生产工人的月平均工资。

平均工资可以按不同的空间范围（企业、地区、部门）计算，也可以按不同的职工范围（全部职工或各类人员）计算。同时，根据具体对比的需要，可以计算月平均工资，也可以计算季或年平均工资。在工业企业内部，为了核算成本，如事假工资等，也要计算时和月的平均工资。

一定时期内的平均工资，可以大体上反映出职工的生活水平；平均工资的变动，也可以概括地表明职工生活水平的变化。因此，在研究工业职工的生活水平时，就要研究职工的平均工资的变动情况。反映平均工资的变动，一般计算平均工资变动率，在调查中要用到以下公式：

$$平均工资变动率=\frac{调查期平均工资}{基期平均工资}\times100\%$$

（二）实际工资的概念及其计算

实际工资，是职工用货币工资所能换得的生活资料和服务的数量。它是货币工资除以生活费指数得到的。因此，实际工资就是消除了消费品和服务价格的影响后的工资水平。实际工资的计算公式为：

$$实际工资=\frac{调查期平均工资}{生活费指数}$$

其中，生活费价格指数，是在零售物价总指数和服务性支出价格指数的基础上，加权计算的一种物价指数。

实际工资的变动是用实际工资指数来反映的。实际工资指数是把消除了价格变动影响的调查期实际工资与基期平均工资相比得到的。在调查中要用到以下公式：

$$实际工资指数 = \frac{调查期实际工资}{基期平均工资} \times 100\%$$

第四章　工业设备调查

第一节　工业设备调查概述

一、工业设备的概念和分类

工业设备是工业生产过程中的劳动手段,是工业生产资料中属于固定资产的部分。工业设备是工业劳动资料的主要组成部分,而工业设备的主体则是工业生产设备和动力设备。

(一)工业生产设备

工业生产设备是直接作用于劳动对象或者参加产品生产工艺过程的劳动手段。各种金属切削机床、织布机、炼钢炉、合成塔等,都属于这一类。工业生产设备在经济用途、性能结构和技术水平方面的表现是非常繁杂的。为了了解生产设备情况、安排生产经营计划、平衡产品生产能力、反映设备的技术进步状况、加强设备管理工作,还必须进一步将工业生产设备按不同标志分类。

(二)动力设备

动力设备是将自然界的各种潜在能量转化为生产和生活所需要的动力,并输入到消费单位的各种设备的总称。常见的蒸汽锅炉、发电机、电动机、内燃机及动力调整与传导装置都属于动力设备的范畴。动力的生产与消费同时发生在一个过程中,它的生产是以消费量为转移的。因此,在动力设备中一般没有产品的概念,也没有储存。另外,为了获得生产中直接消耗的某种动力,一般需要使能量在形式上发生一系列转变,将一种能改变为另一种能。例如火力发电,首先要把燃料的潜能变为热能,再把热能转变为机械能,然后把机械能转变为电能,最后通过导线把电能送到消费地点,又由生产单位的电动机将电能转变为机械能。根据在动力产生和改变过程中所起作用的不同,可将动力设备划分为不同类别。

二、工业设备调查的任务

一个企业的生产设备和动力设备的数量、构成、性能状况以及利用情况,在一定程度上决定着企业的生产能力和技术水平,也影响着企业的产品数量、质量和工人的劳动效率、劳动强度。因此,工业设备调查对工业生产设备和动力设备的各个方面进行调查和研究,是具有重要意义的。

生产设备和动力设备调查的主要任务是:

1. 反映工业生产设备和动力设备的数量、构成,并查明其现状,为各级业务管理、安排生产计划、调整产业结构、进行技术改造提供可靠资料。

2. 分析研究生产设备和动力设备的使用情况、利用程度及其影响因素。为提高企业生产能力和设备投入的经济效益提出措施和建议。

3. 测定主要产品生产能力,分析产品生产能力利用情况,为协调主要产品的比例关系和制定生产设备投资计划,提供科学的依据。

4. 计算用于工业生产过程的动力机械总能力和总动力,分析其构成情况。

5. 反映发电设备的利用程度,研究经济效益大小,挖掘未被利用的潜力。

第二节 工业生产设备调查概述

一、工业生产设备的概念和分类

(一)工业生产设备的概念

工业生产设备是指工业劳动资料中直接作用于劳动对象,改变劳动对象的物质形态或化学成分使之转化为一定工业产品的固定资产。如各种金属切削机床、熔炼炉等。

工业生产设备应同时具备两个条件:

首先,生产设备必须是直接作用于劳动对象的劳动资料。因此,凡在工业生产过程中不直接作用于劳动对象的劳动资料,如为生产过程提供条件的厂房、道路,为生产过程提供动能的动力设备等都不能作为生产设备。

其次,生产设备必须是直接作用于劳动对象的固定资产。有些劳动资料,虽然也是在工人操纵下直接作用于劳动对象,如低值易耗的简单工具,因它们不是主要劳动资料,没有列入固定资产,故不能作为生产设备。

(二)工业生产设备的分类

工业生产设备无论就其用途、构造或能力来看,都是极其复杂的。为了安排生产计划,平衡产品生产能力,加强设备管理,必须对生产设备进行分类。

1. 按作用到劳动对象的方式分类

(1)机械设备

机械设备是指对原材料进行机械加工的设备。如金属切削机床、纺纱机、印刷机等。此类设备只改变劳动对象的物理形态。

(2)热力设备

热力设备指对原材料进行加热处理的设备。如高炉、平炉、化铁炉及各种加热烘干设备等。

(3)化学及光电反应设备

化学及光电反应设备是指用化学及光电反应作用于劳动对象的设备。如化学反应塔、电解槽等。

这类设备作用于劳动对象的结果不仅改变了这些劳动对象的物质形态,而且也改变了它们的化学成分和性质。

(4)检测和信息处理设备

检测和信息处理设备既不改变劳动对象的物理形态,也不改变其化学成分和性质,但参加生产工艺过程,并发挥重要作用。例如电子计算机、电子示波器、信号发生器、投影仪、电子显微镜、用于生产过程的仪器仪表等。

这种分类方法对于反映企业工业生产的技术特点，核算企业生产能力，加强设备管理具有一定的意义。

2. 按生产设备的经济用途分类

(1)通用设备

通用设备是指各工业部门、各工业企业都使用的设备，主要是指金属切削机床和锻压设备。这类设备的类别、性能和数量等资料，可以反映一个企业金属加工能力的大小和工业技术发展水平。

(2)专业设备

专业设备是指各工业部门为组织生产本部门特定产品所需要的专业生产设备。例如，纺织工业用的纺纱机、织布机，化工行业生产化工产品的专门设备等。研究专用设备的数量、能力和技术水平，对计算企业产品生产能力、确定生产规模、制定生产规划有重要意义。

3. 按设备的技术状况分类

(1)国际水平的设备

国际水平的设备是指达到 20 世纪 70 年代末、80 年代初经济发达国家同类设备技术水平的设备。

(2)国内先进水平的设备

国内先进水平的设备是指达到国内同行业同类设备先进技术水平的设备。

(3)国内一般水平的设备

国内一般水平的设备是指设备的主要技术经济参数可适应当前生产需要的设备。

(4)国内落后水平设备

国内落后水平设备是指设备的主要技术经济参数比较落后，不适应生产需要，应当淘汰或更新的设备。

这种分类方法对掌握企业设备的技术状况，制定设备更新、改造计划，有重要意义。

4. 按设备的自动化程度分类

(1)自动化生产线

自动化生产线是指按照工艺过程，把一条生产线上的机器联结起来，形成包括上料、下料、装卸和产品加工等全部工序都能自动控制、自动测量和自动连续的生产线。

(2)半自动化生产线

半自动化生产线是指在一条生产线上，只有部分机器联结起来，实现了自动控制、自动测量和自动调节，另一部分作业仍由人工操作的生产线。

(3)自动化控制设备

自动化控制设备是指那些没有联成自动化或半自动化生产线，以单个自动设备进行生产的设备。

这种分类方法对于研究企业生产的自动化水平和企业设备的技术进步，有重要的意义。

此外，还可根据不同的研究目的，将生产设备按其他一些标志分类。如为了对陈旧设备分期分批更新换代，可将生产设备按技术状况分类；为了反映设备的新旧程度，可将生产设备按出厂年代分类；为了研究生产过程的自动化程度，可将生产设备按自动化程度分类等。

二、工业生产设备调查的任务

各种设备是工业生产活动的基本物质条件,其功能是把劳动者的劳动有效地作用到劳动对象上。要进行工业生产活动,必须有足够数量的生产设备、动力设备、运输设备、计量检测设备、信息处理设备、控制设备以及厂房和其他构筑物等必要的设施。在全部工业设备中,生产设备是主体。这类设备的技术水平对工业生产的发展有着举足轻重的作用。因此,生产设备是工业设备调查工作研究的主要对象。

工业生产设备调查的主要任务是:考查工业生产设备的数量、质量与构成;反映设备的能力;研究设备的利用情况、技术状况与运转情况并对工业企业和部门的工业产品生产能力进行测算、分析。为使用好设备,正确处理设备的使用与保养、维修与更新改造的关系,发掘生产的内在潜力提供基础数据。

第三节 工业生产设备的数量调查

一、工业设备数量调查的原则

工业设备数量是指设备的实物量。在对工业设备数量进行调查时应遵循以下几个原则:

首先,工业设备是指工业生产部门实际用于工业生产过程中的全部设备,对工业企业来说,是指生产车间、辅助车间、实验室的设备和服务于工业生产的主要交通工具。非工业生产单位,如基本建设、职工宿舍、食堂、浴室、附属农场、子弟学校等单位拥有的设备,不应包括在工业设备调查范围之内。至于某些既用于工业生产,又用于非工业生产的设备,如汽车、发电机组、蒸汽锅炉等,应视其主要用途而定。凡是主要用于工业生产的设备,其数量应包括在工业设备调查范围之中,反之则不进行工业设备调查。

其次,工业设备的拥有量,是按对设备的使用权,而不是按所有权进行计算,即,包括本单位所有并由本单位使用的设备,从外单位借入和租入的设备;不包括虽是本单位所有但已经借出或租出的设备。在实际调查工作中,各基层填报单位都应严格执行这一原则,以避免综合部门在汇总时出现设备数量的重复计算或遗漏现象。

再次,工业设备数量调查应该按照已安装在工作现场并经验收合格、交付使用的设备为总体。至于本单位拥有但尚未安装的设备,则应按照其安装完毕,交付使用后再进行调查。同理,已拆除的设备,无论其性能如何,均不应包括在工业设备数量调查范围。

二、生产设备的数量调查

生产设备的数量,根据其技术特点,一般以实物单位进行调查。按实物量调查的工业生产设备的范围,是指企业工业生产部门的设备,不包括非生产部门拥有的设备。企业工业生产部门的设备包括从外单位借入、租入的设备,但不包括借出、租出的设备。这样,才能比较确切地反映企业生产条件的实际情况。

生产设备数量的计算单位有“数量”和“能力”两种。设备的数量通常用台数、部数、套数、座数等表示。为了确切反映实际情况，可采用复合单位表示。如高炉用“座/立方米”表示，发电机用“台/千瓦”表示等。此外，现行调查工作中还要求同时列出某些生产设备的“能力”。机械设备的能力，通常以单位时间生产产品的数量、处理原材料的数量或其他某种机械效能表示，如车床的能力以最高车速或可能加工的最大尺寸表示。热力化学设备一般以单位时间生产的产品数量表示，如高炉以“吨/年”表示。

生产设备的数量，有两种表示方法：

1. 设备的时点数

设备的时点数，是指工业企业在调查期内某一时点上所拥有的设备数量。如工业调查中要求企业填报主要专业设备年末已安装数、工业普查要求企业填报1985年末已安装设备数等都是生产设备的时点数。

2. 设备的期内平均数

设备的期内平均数，是指工业企业在调查期内各个时点上拥有设备的平均数，反映调查期内平均拥有的设备数量。其计算公式如下：

$$设备期内平均数=\frac{调查期内每日拥有设备数量之和}{调查期内日历日数}$$

$$或=期初设备数量+\frac{调查期内增加设备台日数}{调查期内日历日数}-\frac{调查期内减少设备台日数}{调查期内日历日数}$$

如某一时期内设备数量变动不大，也可用期初数加上期末数之和除以2，求得期内设备平均数。

三、生产设备数量变动调查

工业企业经常有计划地增加新的生产设备，对现有设备不断进行技术改造和更新，因而生产设备的数量经常发生变动。设备数量调查可以从数量上反映企业生产设备变动情况，一般计算以下几个方面的内容：

1. 调查期内设备增加数

调查期内设备增加数，包括基本建设完成投入生产使用、新购入、上级机关由其他企业拨入、自制、借入、租入、借出租出归还的设备等。只要增加设备已运抵企业，不论是否安装与使用，都应包括在增加数之中。

2. 调查期内设备减少数

调查期内设备减少数，包括经批准报废、拨出、借出、租出、借入租入归还的设备等，都应包括在减少数之中。

3. 调查期内净增或净减数

调查期内净增或净减数是指调查期内增加数与减少数相抵后的差额。

第四节 工业生产设备现状调查

一、工业生产设备技术状况调查

对工业生产设备的技术状况,可以从设备的出厂年代、技术水平等几方面计算构成比例。

(一)工业生产设备出厂年代分类

对全部工业生产设备按出厂年代分类,是从年代特征上反映设备在技术上的新旧状况。因为年代本身在一定程度上可以反映设备的新旧程度。

在生产设备调查工作中,一般以10年为组距,确定工业设备的分类范围。比如:20世纪80年代出厂的设备,是指1980年1月1日至1989年12月31日出厂的各类设备。其他的依次类推。

对工业生产设备出厂年代的确定,可以按照这样的方法:凡是有铭牌的设备,一般以铭牌上标定的出厂日期为准,没有铭牌或者铭牌已失落的设备,则根据设备卡片等有关原始记录的记载确定设备的出厂年限。

有些设备在使用过程中,经过技术改造,使设备的结构和技术性能发生重大变化。在这种情况下,设备的年代水平可在企业技术部门正式鉴定后,按完成改造后的年份计算。

出厂年代只能粗略地反映工业生产设备的技术状况,为了更确切地考查工业生产设备的技术状况,还有必要对设备按技术水平情况作分类。

(二)工业生产设备技术水平分类

工业生产设备的技术水平,共划分为四个级别,即国际水平、国内先进水平、国内一般水平和国内落后水平。这部分内容在前面已经介绍过。

但是由于工业部门各行业设备种类比较多,结构复杂,而且很多企业不具备必要的测试手段,对设备实行技术分等要比按照出厂年代分类困难得多,实际工作中可以参考以下几种分等方法:

1. 按设备主要技术参数分等

所谓按主要技术参数分等,是按设备或装备的精度、效率、压力、耐力、温度、寿命、能耗等技术参数区分。例如加热炉按热效率,化工容器按高压、中压、低压等区分。

2. 按设备的型号、规格分等

有些设备的技术等级可以用设备的型号、规格来说明。例如石油工业专用设备中的AC—400型压裂车,如果按照四级分等,就列为国内落后水平。

3. 按设备能力情况分等

有些设备的能力可考查其日产量(日生产能力)、班产量、每小时甚至每分钟的产量,这类设备的能力状况就可作为确定其技术等级的依据。例如在卷烟机中,每分钟卷烟4000~5000支的,就列入国际水平等级之内。

4. 按设备的自动化程度分等

有的设备或装置,采用自动化控制系统,产量高,质量优,接近国际水平,则列入国际水平等级之内。

(三)对电子计算机的分类

自从世界上第一台电子计算机问世以来,近五六十年的时间里,电子计算机的研制、生产和应用范围迅速发展和扩大。电子计算机的运行速度每隔5年至8年提高十倍,而体积则缩小十倍,技术装备水平不断提高。电子计算机按技术状况可分为五代:第一代是电子管计算机,时间上大约处于20世纪40年代;第二代是晶体管电子计算机,时间上大约处于20世纪50年代末期;第三代是集成电路电子计算机,时间上大约处于20世纪60年代后期;第四代是大规模集成电路电子计算机,时间上则处于20世纪70年代初期;第五代是超大型集成电路电子计算机。

此外,为了考查电子计算机的使用状况,调查工作中还可以按用于生产、管理和其他等标志对其再进行分组。

1. 用于生产方面,是指直接用于生产过程中的电子计算机,如用于程控设备。

2. 用于管理方面,是指用于经营管理方面的电子计算机,如用于劳动工资管理和信息处理方面的计算机。

3. 用于其他方面,是指用于以上两种用途之外的电子计算机。

对于既用于生产,又用于科研和管理方面的电子计算机,可根据其使用时间的长短来确定其归属。

另外,也可以按电子计算机的大小分为大型、中型、小型和微型,一般是参考其运算速度和字长确定。

(四)自动化设备的自动程度分类

工业生产设备实现自动化,对生产力的发展有着重要意义。设备实现自动化,可以减轻生产工人的劳动强度,提高产品质量,增加产量,有效地提高劳动生产率。对自动化设备按自动程度的分类在前面也介绍过,不再赘述。

二、工业生产设备新旧程度调查

工业生产设备投入生产过程之后,随着使用年限的增长,其性能(精度、效率等)一般总会逐渐低于全新状态下的水平,伴随设备在使用过程中的磨损,其价值会以折旧的形式逐步转移到产品中。因此,生产设备的新旧程度,在一定程度上从价值方面反映设备的技术状况。

工业设备的新旧程度,是通过设备的原值扣除累计已提折旧额后的净值与原值相比,以相对数的形式表示的,它表明设备的新旧程度。在调查中,计算工业设备的新旧程度,一般使用下面的公式:

$$\text{某类设备的新旧程度}=\frac{\text{该类设备期末净值}}{\text{该类设备期末原值}}\times 100\%$$

很明显,工业生产设备的已提折旧额越少,磨损程度越小,说明设备越新。某类生产设备的新旧程度不仅取决于设备的磨损程度,还取决于新增设备在全部设备中所占比重的大小。

三、工业设备完好程度调查

工业生产设备投入使用后,随着生产过程的延续,设备本身会发生磨损,能力会降低,经过较长时间使用后,设备最终会报废。尽管如此,在设备生产过程中,为保证生产过程的顺利进行,最大限度地发挥设备的应有能力,必须强调严格执行操作规程,正确使用设备,并适时进行维修保养,使设备经常处于完好状态。因此,工业设备完好程度调查,对于提高生产设备使用效率、延长生产设备的使用寿命有重要意义。

(一)设备完好状况的标准

工业设备的完好状况一般可以分为三类:完好、带病运转和停机待修理。

完好设备是设备完好程度调查的重点内容,它是指设备的技术性能正常,不需要修理,随时可以开动的设备。为正确判定设备是否处于完好状态,必须明确设备的完好标准。

工业生产设备处于完好状态,必须同时符合以下三方面内容:

1. 设备性能良好。如设备的出力能够达到原设计标准(或上级生产主管部门批准的标准);机械设备的精度能够满足生产工艺要求,运转无超温超压现象。

2. 设备运转正常,零部件齐全,没有较大的缺陷,磨损与腐蚀程度不超过规定的技术标准,主要的计量仪器、仪表和润滑系统正常。

3. 原材料、燃料、油料等消耗正常,基本没有漏油、漏水、漏气、漏电现象。

各类设备参照上述基本标准,还可以分别制定若干条具体标准。

(二)设备完好率

工业企业和部门一般是通过计算设备完好率反映设备完好状况的。在实际调查工作中往往以主要设备为调查对象。在调查中,计算设备完好率通常使用下面的公式:

$$\text{工业生产设备完好率}=\frac{\text{工业生产设备完好台数}}{\text{全部工业生产设备台数}}\times 100\%$$

分母中的全部工业生产设备台数,包括本企业已经安装、在用、停用、正在检修、封存和机修部门所用的设备,但不包括基建部门管理的设备。正在检修的设备,按照检修前的实际技术状况进行分类;对于检修完毕的设备,则按照检修后的技术状况进行分类计算。

在工业生产设备完好程度调查中,除了要计算全部工业生产设备的完好率,还经常需要计算主要生产设备的完好率,用到的公式为:

$$\text{主要生产设备完好率}=\frac{\text{主要生产设备完好台数}}{\text{已安装主要生产设备台数}}\times 100\%$$

主要生产设备完好率,不但反映了企业使用设备的现状,也反映了企业设备的管理水平。因此,要加强对设备的日常管理和维修,提高设备的完好程度,不但要计算全部工业生产设备、主要生产设备的完好率,还要分别计算各类设备的完好率。

第五节 工业生产设备利用调查

提高设备的技术状况,使大多数设备经常处于完好状态,可以从生产手段方面为工业生产活动的正常进行创造必要的物质前提。为了不断提高工业企业和部门的经济效益,还应充分利用现有的工业设备。因此,工业企业还必须定期对设备的数量、时间及能力利用情况进行调查研究。

一、生产设备数量利用调查

(一)生产设备按利用情况分类

为了反映生产设备数量利用情况，首先应将生产设备按使用状况的不同加以分类，一般可分为：

1. 现有设备

现有设备，也称为实有设备，是指企业在调查期内实际拥有的可供企业调配使用的全部生产设备。包括企业自有、租用和借用的已安装和未安装的一切设备。不包括已经批准报废的设备、订购尚未运抵本企业的设备及租出或借出的设备。

2. 已安装设备

已安装设备，是指已安装完毕，经验收合格正式投入生产的设备。包括正常开动的设备、备用设备、封存和保管的设备、由于临时故障不能开动而待修理或正在修理和改装中的设备。对于移动使用，不需要安装在一定地点的设备，如煤炭工业中的刨煤机、截煤机，森林工业中的电锯、运材汽车等，也应包括在已安装设备内。

企业实有设备中未安装设备包括虽已安装但未正式验收投产的设备；仓库中储存的多余设备；因不需用已拆除的设备；已调入的未安装设备。

3. 实际使用设备

实际使用设备，是指在调查期内曾经开动过，不论开动时间长短，均作为实际使用设备。包括正在开动的设备、正常备用和替换使用的设备、因季节性生产或大修理等原因而停止使用的设备。

在已安装设备中的未使用设备，包括因生产任务变更已经正式停止使用的设备、正在进行技术改造中的设备、不使用的封存保管设备、本企业不需用并经正式确定处理的设备。

（二）生产设备数量利用调查的内容

将上述各类设备的数量进行对比，可以得到三个设备数量利用率，用来说明企业生产设备在数量上的利用程度，揭示未被利用设备的潜力。

1. 实有设备安装率

实有设备安装率，也叫做现有设备安装率，是将已安装设备数与实有设备数相比，用来说明已安装设备占现有设备的比重，它受未安装设备数量多少的影响。其计算公式为：

$$实有设备安装率 = \frac{已安装设备数}{实有设备数} \times 100\%$$

2. 安装设备使用率

安装设备使用率是将实际使用设备数与已安装设备数相比，计算的结构相对数。它反映实际使用设备占已安装设备数的比重。其数值大小受备用设备数、因故停开设备数及虽已安装但由于技术问题或配件问题等不能使用的设备数的影响。其计算公式是：

$$安装设备使用率 = \frac{实际使用设备数}{已安装设备数} \times 100\%$$

3. 实有设备使用率

实有设备使用率是将实际使用设备数与实有设备总数比较，用来说明实际使用设备占实有设备总数的比重。其数值受实有设备总数中未安装设备、不能使用的设备、备用设备、封存设备及因故停开设备数的影响。其计算公式是：

$$实有设备使用率 = \frac{实际使用设备数}{实有设备总数} \times 100\%$$

实有设备使用率也可以通过实有设备安装率和安装设备使用率的乘积求得，即：

实有设备使用率 = 实有设备安装率 × 安装设备使用率

上述三个反映工业设备数量利用程度的内容,可以就全部工业设备计算,也可以分别各类计算,反映不同类型设备数量的利用情况。在此基础上,再进一步对未安装设备、不能使用的设备、封存保管及其他因故停开设备进行分析,针对不同情况,采取相应措施,不断提高现有设备的数量利用水平。

二、生产设备时间利用调查

生产设备数量利用调查,只能粗略地反映生产设备利用情况,它不能具体地说明调查期内设备使用的班次情况以及各班的利用情况。因此,需要进一步对生产设备的时间利用情况进行调查研究。

研究生产设备的时间利用情况,应以生产设备的规定工作时间为基础,反映设备规定工作时间被利用的程度及其未能被充分利用的原因。因此,应用调查期内生产设备实际工作时间与规定工作时间进行对比,计算时间利用率。其计算公式如下:

$$生产设备时间利用率=\frac{调查期生产设备实际工作时间}{调查期生产设备规定工作时间}\times 100\%$$

由于各种设备的作业特点不同,生产设备有不间断连续作业和可间断作业之别。生产设备规定工作时间包括的范围不同,有的是按日历工作时间计算,有的是按制度时间计算。因此,各种生产设备时间利用率的具体计算方法也各不相同。

(一)日历时间利用率

电力、热力和化学生产设备,一般都是不间断连续作业的生产设备。如冶金工业的高炉、平炉,化学工业的氨合成塔、硫酸塔等,其规定工作时间为日历时间。反映这些设备的时间利用情况,要求计算日历时间利用率。其计算公式如下:

$$日历时间利用率=\frac{实际工作时间}{日历时间}\times 100\%$$

公式中,日历时间是调查期内全部时间,一般采用“昼夜”或“小时”为单位计算,它包括设备实际工作时间,设备大、中、小修理时间,临时故障时间,以及其他停产时间。实际工作时间是指日历时间中的实际工作时间。

日历时间利用率的高低,主要取决于修理时间和故障停工时间的长短。修理时间和故障时间越短,实际工作时间就越长,日历时间利用率就越高。

(二)日历工作时间利用率

有些热力、化学生产设备和连续作业的大型机械设备,使用一段时间后,必须进行大修,而大修时间较长,如高炉、平炉、轧钢机等,为了确切反映其时间利用程度,使设备在大修年份与没有大修年份的利用率具有可比性,其设备的规定工作时间,应以日历工作时间,即从日历时间中扣除大修理时间来计算时间利用率,其计算公式如下:

$$日历工作时间利用率=\frac{实际工作时间}{日历时间-大修理时间}\times 100\%$$

(三)制度(或计划)时间利用率

大多数机械设备都是可以间断作业的设备,如机械工业的各种金属切削机床、锻压设备,纺织工业中的纺纱机、织布机,煤炭工业中的采煤机、电铲等。这类设备启动比较容易,在生产工艺上可以允许有一定间隙,在制度上可以规定在节、假日不开动,或者在一个制度工作日内不开动二十四小时。

因此,这类设备的规定工作时间就是制度工作时间或计划工作时间,并以台时为单位计算设备的时间利用率。

对可间断作业的生产设备,一般可计算制度台时利用率和计划台时利用率,反映其时间利用情况。

1. 制度台时利用率

制度台时利用率的计算公式为:

$$制度台时利用率=\frac{班内实际开动台时数}{制度工作台时数}\times 100\%$$

在公式中:

制度工作台时数=已安装设备台数×调查期制度工作日数×每日按制度规定工作小时数

其中,已安装设备台数,不包括封存设备和备用设备。每日按制度规定工作小时数,是指每台设备一日内应工作的时间,通常一班制为8小时,两班制为15.5小时,三班制为22.5小时。

制度台时利用率受制度工作时间内设备计划停开台时、计划修理台时和实际停工台时多少的影响。为了挖掘设备的潜力,为组织生产和安排作业计划提供资料,需要对实际停开台时分类进行调查研究。造成设备实际停工的原因,大体有以下几种:无任务、缺乏劳力、待图纸、待工具、待原材料、设备发生故障、设备修理、动力供应中断或动能参数降低及其他原因等。

2. 计划台时利用率

计划台时利用率的计算公式为:

$$计划台时利用率=\frac{班内实际开动台时数}{计划工作台时数}\times 100\%$$

公式中,计划开动台时数是按调查期计划开动设备数量和计划开动时间计算的,即:

计划开动台时数=已安装设备制度工作台时数-计划停开台时-计划修理台时

计划停开台时是指封存、备用设备制度台时数。

计划台时利用率,受计划外实际停开台时多少的影响。因此,也应对计划外实际停开台时,按停开原因分类进行调查,作为分析设备利用情况的依据。

三、生产设备能力利用调查

工业设备数量和时间利用率可以在一定程度上反映设备利用情况。实际上各种工业设备还具备一定的生产能力,在设备使用过程中其生产能力的利用程度会存在一定差异。因此,分析设备的利用情况,除了从数量和时间方面进行研究外,还应从设备的能力上分析其利用情况。由于不同的设备的生产特点不同,因而反映能力利用情况的内容也不一样。有些是按设备在实际作业时间内达到的效率水平表示的,称为设备能力利用水平;有些是按设备实际达到的能力水平与理论能力水平的比值表示的,称为设备能力利用程度。

(一)生产设备能力利用水平

生产设备能力利用水平,一般称为生产效率,通常是用单台或单位设备在实际作业时间内的平均生产水平表示的。其计算公式如下:

$$生产设备能力利用水平=\frac{调查期产品产量}{设备实际作业时间总数}$$

5. 电气器械

电气器械包括电炉(电阻炉、电弧炉和感应电炉)、电解槽、电镀槽、电焊机等。不包括能力在0.5千瓦及0.5千瓦以下的电气器械。电气器械是将电能转化为热能、化学能和光能并直接进行作业的设备,但它是直接用电能来工作的机械,并且耗用大量的电力,所以列入动力设备内。

6. 变压器

变压器是变换电压的电器设备。包括升压变压器和降压变压器。不包括能力在5000伏安及5000伏安以下的变压器。

7. 整流设备

整流设备是指将交流电变为直流电或将直流电变为交流电的调整电流设备。包括整流器、电动发电机及整流电动机。

二、工业动力设备能力调查

(一)工业动力设备能力的概念

工业动力设备能力也叫做容量,计量单位时千瓦。工业动力设备的能力以设计能力(铭牌能力)或查定能力计算,当设计能力与实际能力不符合,且没有查定能力时,则以实际达到的能力计算。

(二)工业动力设备能力的分类

1. 按工业动力设备(原动机)本身动力损耗计算的不同口径可以分为理论能力、指示能力和有效能力

理论能力是指不计算热能损耗和机械能损耗时原动机的能力;指示能力是指以理论能力减去原动机内部热能损耗后的能力;有效能力是指以理论能力减去热能损耗和机械能损耗后的能力,是用来使工作机运转的能力。

有效能力与理论能力之比,就是有效作业系数,它可以用来说明原动机在构造上的完善程度和经济效果。其计算公式为:

$$有效作业系数=\frac{有效能力}{理论能力}\times 100\%$$

2. 按工业动力设备负荷的不同情况可以分为正常能力、最大长期能力和最大短期能力

正常能力也叫做经济能力,是指原动机在消耗燃料最经济时所具有的能力,也就是发出单位动力耗用最少燃料时的能力;最大长期能力是指原动机在不损坏机件的条件下,能保持长期运转的最大能力,一般大于正常能力,但是在发出单位动力时,消耗的燃料更多;最大短期能力是指原动机在极短时间内(通常是半小时)以最大的能力来工作,比最大长期能力还要高,达到了该原动机的极限能力,最大短期能力只能维持很短时间,否则会发生事故。

在对原动机能力进行调查时,一般综合上述两类能力,计算最大长期有效能力,也就是可以长期利用到生产上去的最大能力。这个能力就是铭牌能力,也就是设计能力。

(三)工业动力设备实际能力调查

工业动力设备实际能力调查中,一般使用平均数的形式,具体包括:

1. 平均实际能力

平均实际能力,是指原动机在一定时期内实际达到的能力的平均水平。其计算公式为:

$$平均实际能力=\frac{调查期发出的动力数量}{调查期实际作业时间}$$

2. 年平均能力

年平均能力，是在一年(日历小时数为8760小时)中的平均实际能力。其计算公式为：

$$年平均能力(千瓦)=\frac{全年发出动力数量(千瓦时)}{8760(小时)}$$

(四)工业动力设备总能力调查

企业工业生产所需动力的来源有两个：一是本企业自备原动机生产供应的，另一是从电网或其他企业输入的。从企业动力分配看，企业原动机产生的机械能一部分直接带动工作机和运输设备；另一部分传送给发电机用于发电。发电机把机械能转换成电能后，通过变压器一部分传送给电动机带动工作机，或直接用于电气器械；另一部分则供给企业照明及杂用或输出厂外。

计算工业生产过程动力设备总能力的要求有两个：一是直接服务于企业工业生产过程的动力设备能力，不管其动力来源，都应该计算；二是各种动力设备的能量转换不能重复计算。

根据以上要求，工业企业用于工业生产的动力设备总能力的计算公式如下：

$N=(N_1-N_2)+(N_3+N_4)$

N 为用于生产过程的动力设备总能力；

N_1 为用于生产的所有原动机的总能力；

N_2 为原动机服务于发电机的总能力；

N_3 为用于生产的电动机的总能力；

N_4 为用于生产的电气器械的总能力；

(N_1-N_2)为机械传导能力；

(N_3+N_4)为电力传导能力。

如果缺少原动机用于带动发电机的总能力的数据时，可以根据发电机的能力和有效作业系数(0.9)来推算。即原动机服务于发电机的总能力 $N_2=N_5\times\frac{1}{0.9}=1.11N_5$。上面的公式可改写为：

$N=(N_1-1.11N_5)+(N_3+N_4)$

这种动力机械总能力是潜在的，通过计算，可以了解能有多少动力可能提供给企业工业生产过程中使用。

(五)发电设备利用情况调查

发动机所发出的电量，一方面受到作业时间的限制，另一方面也受到设备能力的限制。所以，发电设备利用情况，也可以分别从时间和能力两个方面来表示。

1. 发电设备平均利用小时数

发电设备平均利用小时数，可以用来说明电机组(或发动机)每单位能力(千瓦)平均利用小时数。其计算公式为：

$$发电设备平均利用小时数=\frac{调查期发电总量(千瓦时)}{调查期平均发电设备总能力(千瓦)}$$

这个数值是按年为单位计算的，计算结果与8760小时进行比较，其差值就是未利用的潜力。

设备平均利用小时数除以调查期内的日历小时数，就可以达到设备利用率。计算公式为：

$$设备利用率=\frac{调查期发电设备平均利用小时数}{调查期日历小时数}\times100\%$$

设备利用率是发电设备的综合利用率，包含了时间利用和能力利用两个因素，即：

$$设备利用率 = 能力利用率 \times 时间利用率$$

这说明发电设备的利用程度，不但受到发电设备能力利用程度的影响，也受到发电设备使用时间利用程度的影响。

2. 发电设备负荷率

发电设备负荷率，是用来说明发电设备的负荷是否均匀，它将调查期内发电设备的最高负荷作为潜在的能力。其计算公式为：

$$发电设备负荷率 = \frac{调查期平均实际能力}{调查期最高负荷} \times 100\%$$

第五章　工业原材料和能源调查

第一节　工业原材料调查概述

一、工业原材料的概念

原材料是经过人类劳动而生产出来的劳动对象的总称。劳动对象有两种:一种是存在于自然界的各种矿物资源和动植物资源,如地下蕴藏的煤层、天然森林等;另一种是经过人类劳动生产出来的物质资料,如原煤、原木等。前者不属于原材料,而后者属原材料。原材料又分为原料、主要材料和辅助材料。原料和主要材料在生产过程中一般构成产品的实体,如炼钢用的铁矿石、纺纱用的棉花等;辅助材料只是在形成产品的过程中发挥其辅助作用,如金属切削机床在加工产品时用的冷却液、润滑油等。燃料的性质比较特殊,它既可作原料,也可作辅助材料,同时,它又是一种能源,将在能源调查中进行研究。

工业产品的生产过程,同时也是原材料的消耗过程。为了保证生产的正常进行,必须及时地、按时按量地供应生产产品所需要的原材料。工业生产必须合理地、节约地使用原材料,努力实现增产节约的要求。因此,工业原材料调查应经常掌握原材料的收入、消耗和储备情况,分析其对生产的保证程度;调查原材料的消耗和利用情况,分析原材料节约或超支的原因;研究原材料综合利用、代用,分析其经济效益。

二、工业原材料的分类

(一)原材料按其在产品形成过程中的不同作用分类

原材料可分为原料及主要材料和辅助材料两大类。

1. 原料及主要材料

原料及主要材料是经过加工后能构成产品实体的原材料,如制造机床的各种金属、制造家具的木材等。原料及主要材料在产品形成过程中并不消失,而只是改变其原有形态。

2. 辅助材料

辅助材料在产品过程中虽然发挥作用,但不能构成产品的实体。

原料及主要材料和辅助材料的划分,并不取决于物质资料本身的物理性能或化学性质,而是取决于它们在产品形成过程中所起的作用。例如:纯碱在肥皂厂生产肥皂时是主要材料,而在一般企业中供洗涤用时则是辅助材料。划分原料及主要材料和辅助材料与工业企业材料管理和成本调查工作有密切关系。原料及主要材料是工业企业组织物资供应的重点,一般都有严格的定额控制,在成本调查中,由于原料及主要材料构成产品的实体,它的费用要一次摊入产品成本中。

(二)工业生产所用的原材料按其来源不同分类

原材料可分为农业原料和工业原料两大类。农业原料又可分为动物原料与植物性原料,前者如牲畜、鱼、油性原料(如花生、大豆、油菜籽等)和其他植物原料。工业原料还可分为加工工业原料和采掘工业原料等,后者如各种金属矿、非金属矿、原木等。按原材料来源分类的标准是原材料的最初来源,例如,用棉纱织布,棉纱就应按其最初来源划归为农业原料。

将原料按其来源进行分类,可以用来研究工业和农业的关系、采掘工业和加工工业的关系,研究不同来源的原材料的生产和分配的关系,分析农业和采掘工业的发展对于整个工业发展的作用等问题。

应当指出,燃料和动力也是工业生产过程中消耗的一种劳动对象,但由于它们在工业生产中使用广泛、消耗量大,对经济发展起着制约作用,因而通常把它们作为“能源”从原材料中划分出来,单独进行调查。

三、工业原材料调查的任务

工业原材料是工业生产的劳动对象,是进行工业生产不可缺少的物质条件。为了加速国家和各地区的经济发展,必须加强工业原材料的调查。

工业产品的生产过程,同时也是原材料的消费过程。在一定的原材料供应水平下,节约使用原材料,提高原材料利用程度,不仅可以降低成本,增加积累,而且也为增加产量创造了条件。

根据这些情况,原材料调查有以下几项任务:

第一,反映原材料的购入情况,分析研究其对生产的保证程度,以便及时发现问题,寻求解决和合理地组织供应的办法。

第二,反映原材料的储备情况,分析研究其积压或不足的原因,合理地调剂余缺,使之达到合理储备。

第三,准确调查原材料的消费量,分析研究其在企业内的分配情况和使用方向,检查其消费计划的执行情况,为合理地、有计划地安排原材料消费提供依据。

第四,分析研究单位产品的原材料的消耗情况,及其利用程度和节约情况,促进节约活动的开展,发挥原材料的最大效益。

第五,研究原材料的综合利用和节约代用,分析其经济效果,以充分利用和开辟物质资源。

第二节 工业原材料收支和储备调查

一、原材料收入量调查

原材料收入量,也称进货量。是指工业企业在调查期内实际收到的原材料数量,即到达本企业并经验收入库的全部原材料数量。它反映企业所掌握到的物质资源,表明企业可以随时动用的原材料数量。

原材料收入量的计算原则是：只有在调查期内实际收到，经过验收，并办完入库手续的原材料，才能计算收入量。因为这样，这种原材料才属于企业所有，并能随时动用。所有在途物资，不能算作本期的收入量。已运到本企业但未办理入库手续的物资，在期末应作为“待验收入库量”处理。有时为了急用，未经验收就动用的，则动用部分应计入收入量和消费量中。在验收时，如发现有亏损或短缺，实收数量与发货单数量不符，则应以实收数量计入收入量。仓库收到车间退回同一调查期内发出的原材料，不应再次计算收入量，而在发料数量中扣除。

工业企业原材料收入量的来源，从物资供应渠道看，是多方面的，具体包括：

（一）国家合同直达到货

国家合同直达到货，是指根据国家物资分配计划和省、自治区分配计划签订合同，从生产厂、产品管理处（供货部分）、小额站、国家物资总局储运公司直达到货的原材料，以及从外贸部门直接调入的进口物资。凡是不从以上渠道直接供货而是经过中转环节供应的，不论是否按计划供应，都不应列入本项收入之内。

（二）上级机关调入

上级机关调入，是指各上级供应机构和地方物资部门供应的物资，不论是否有计划指标，均应计入。

（三）加工来料收入

加工来料收入，是指外单位委托本企业加工产品或配件而拨来的原材料，不论是否作价收入，均应计入。

（四）调度调剂收入

调度调剂收入，是指由上级机关组织企业之间互相调剂余缺，调换某些原材料，或从某企业调度给本单位的原材料。未经上级批准，企业之间自行串换、借入、求援等，均不能列入调度调剂收入量内。

（五）其他收入

其他收入，是指不属于以上各项来源的原材料收入，比如借入、协作、支援、委托外单位加工后收回的材料，自行采购、串换以及本企业自产自用等各种渠道收入的原材料。

二、原材料消费量调查

（一）原材料消费量的计算

原材料消费量是指工业企业在调查期内实际消费的全部各种原材料数量。原材料消费量调查是为了反映原材料的使用方向和使用数量，检查物资消费计划，为以后确定物资需要量和为上级机关编制物资分配计划提供资料。

核算原材料消费量必须搞清计算的时点和计算的范围。所谓消费就是将原材料实际投入生产加工使用，并逐步制造成新的产品的过程。因此，从计算时点来看，原材料消费量应当以其投入第一道工序的时间作为计算的时点。凡是原材料已投入生产工序，并改变其原有的形态或性能就作为消费。有些辅助材料的消费，并不改变其原有的形态或性能，且可多次回收使用，如已装入机电设备的润滑油等，则当新料第一次投入生产使用时就算作消费，以后反复使用时不重复调查。

从计算范围来看,消费量应以企业实际消费的原材料为准,即按"谁消费,谁调查"的原则进行调查,这样,能准确计算全社会的消费量。也就是说,不论原材料的来源和所有权如何,不论是企业自备的原材料还是订货者来料加工的原材料,只要原材料在那个企业消费,就由那个企业进行调查。相反地,所有权属于本企业但已拨出委托外单位加工消费的,以及已借出由外单位消费的原材料,都不应列入本企业消费量。基本建设用料也不应包括在内。因而,工业企业原材料消费量包括以下一些项目:

1. 用于生产本企业的产品、工业性作业和其他生产性活动消费的原材料数量;
2. 用于制造各种工艺性装备、各种非标准设备或专用设备消费的原材料数量;
3. 用于制造产品包装箱、容器等各种包装器材消费的原材料数量;
4. 用于技术更新改造措施、新技术研究和新产品试制以及科学试验等方面消费的原材料数量;
5. 用于经营维修及本单位机电设备、交通运输工具及建筑物等大修理消费的原材料数量;
6. 用于劳动保护及其他方面消费的原材料数量。

(二)计算原材料消费量时应注意的问题

为了准确计算原材料消费量,避免发生重复和遗漏,在计算时应注意以下几个问题:

首先,某些原材料,如钢材、木材等,在使用过程中经过多次加工改制,在形状、性能、使用价值等方面发生了一定的变化,如钢材重复轧制(即对已轧制成的钢材,再改轧一次,改轧以后还是钢材),原木加工成锯材,这样"材改材"重复的消费,应单独列出,便于上级机关汇总时扣除消费量的重复部分。

其次,企业自产自用原材料,凡是计算自产自用量的原材料在消费时都要计算消费量。

再次,有些化工原料,如硫酸等,可以回收提浓重复使用,重复使用时不得再计消费量,仅调查第一次消费量。同理,某些可供综合利用的原材料,主产品生产中已调查了其消费量,其残余部分又用作其他副产品,也不能再次调查消费量。

(三)原材料消费去向调查

原材料消费量调查不仅要反映各工业企业的原材料的消费情况,而且要从整个工业部门和各主管部门的角度来分析主要原材料的消费去向和比例关系。原材料消费去向调查中,通常按以下几个标准对原材料消费量进行分组:

1. 按用途分组

原材料按使用方向分组,主要分为用于支援农业、用于轻工市场、用于机械制造、用于经营维修、用于其他用途等。分别计算不同用途的原材料消费量及其占消费总量的比重,可以反映农、轻、重用料的比例关系及维修与制造用料的比例关系。

2. 按工业部门分组

通过这种分组可以表明原材料的消费量在各个工业部门之间的分配关系,并进行动态对比,作为分配物资、编制分配计划和消费计划的参考。

3. 按物资管理体制分组

按物资管理体制可以分为国家统一分配物资,中央各部部管物资,各省、市、自治区地方管物资。这种分组可以作为各单位编制和检查原材料消费计划的依据,也可用以观察原材料消费量在物资申请来源方面的分配情况。

三、工业原材料拨出量调查

原材料拨出量是指工业企业调查期内调拨出并已办理出库手续的原材料数量。它包括：

1. 拨出加工；

2. 因生产方向变动或生产技术改进等原因，致使一些原有材料不符合本企业需要而拨出的原材料；

3. 因限于技术条件，需要将原材料委托其他单位加工改制而拨出的原材料；

4. 调剂拨出的原材料；

5. 拨给本企业基本建设使用的原材料等。

拨出与消费不同，拨出材料是使用权的改变，拨出材料时本企业尚未进入消费过程；而消费量则是进入生产领域，用于本单位直接或间接生产产品的消费。主要原材料拨出量，反映企业之间的工艺协作、互通有无、平衡调剂以及减少物资积压和加速资金周转的情况。

原材料在同一企业内各车间、仓库之间的拨出转入，不能计算拨出量。原材料拨出量的调查时点，应以办理出库手续的时间为准。

四、原材料储备量调查

（一）原材料储备量的概念

原材料储备量，也叫做库存量，是指工业企业在调查期初或期末实际储备的全部原材料数量。

关于企业的实际的储备量，可以从两个不同的角度确定：一是不论原材料是否由本企业所有和支配，只要仓库实际存有的，就算企业实际储备；二是企业储备实际存有，并由本企业所有或支配的，才算企业实际储备。按照前一种办法，根据原材料实际存放的单位和处所调查储备量，可以避免重复和遗漏，有利于调查数字的准确性；按照后一种方法调查储备量，便于研究储备量对企业生产的保证程度，而且可以作为物资供应部门平衡调剂原材料的依据。

根据不同研究的目的可采用不同的核算方法。我国现行物资调查制度的规定，基本上是采用上述第二种方法调查储备量。具体地说，它包括：①存放在企业仓库和露天场地的原材料；②存放在外单位仓库的本企业原材料；③存放在车间或加工现场尚未进入第一道工序的原材料。以上几项均包括本企业自有的、借入和外单位委托加工送来的原材料。此外，由企业统一向供应方签订合同，到货后尚未分拨给有关企业的物资，超过储备定额的物资和清查出的账外物资，也应计入储备量。

下列情况不计入储备量：①已拨发给外单位加工及借出的原材料；②在途的，尚在车站、码头或已运到本企业但尚未办理验收入库手续的原材料；③代国家物资储备部门或物资供应机构保管的原材料，代外单位或上级机关保管的原材料；④销售单位错发到本企业的原材料。此外，已亏损、丢失的物资，不论是否销售，均不计入储备量。

储备量应该按实际储备原材料进行调查，通过盘点，当账面数与实物数不一致时，应将盈亏数作“盘盈或盘亏”进行处理。

调查期末已运抵企业或所在地的码头、车站，尚未检验办理入库手续的原材料，应作为“待验收入库量”处理，其计算方法如下：

(1)发货单和物资同时到达者,可按发货单所载数量填报;

(2)物资已到发货单未到者,可按运输部门的托运单所载数量填报;

(3)发货单已到物资未到,不算待验收入库量。如物资只到一部分,则只按实到数量填报;

(4)待验收入库物资,如因急需而投入使用者,可将动用部分计入收入量和消费量,并从待验收入库量中扣除。

(二)原材料储备量调查

工业企业原材料的消费是不断变动的,而原材料的供应一般是经过一定时期成批进行的。为了保证生产的持续进行,工业企业必须保持一定的原材料储备量。原材料储备量一般都制定储备定额。原材料储备量定额可以用原材料数量表示,也可以用天数来表示。

原材料储备量必须适当,否则,储备过多就会产生积压,造成企业流动资金周转困难;过少就会导致停工停产,影响企业生产的正常进行,造成生产能力的浪费。因此,必须对企业各种原材料的储备情况进行调查,分析其对生产的保证程度,检查其储备定额的执行情况。

原材料储备量调查中,一般计算原材料储备的生产保证天数:

$$\text{原材料储备的生产保证天数} = \frac{\text{原材料储备量}}{\text{调查期平均每日需求量}}$$

原材料储备的生产保证天数,可以直观地反映原材料储备量对生产的保证程度。为了分析各种原材料的储备量是否合理,需要把原材料储备量(或保证天数)与储备定额进行比较,计算原材料储备定额执行情况。调查中使用的计算公式为:

$$\text{原材料储备定额执行情况} = \frac{\text{原材料储备量的生产保证天数}}{\text{原材料储备定额(天数)}} \times 100\%$$

$$\text{或} = \frac{\text{原材料实际储备量}}{\text{原材料定额储备量}} \times 100\%$$

$$\text{原材料超储(或不足)量} = \text{原材料实际储备量} - \text{原材料定额储备量}$$

第三节 工业原材料消耗调查

一、原材料消耗量的计算方法

原材料消耗量是指生产某批产品自开始投料到制成成品的整个生产过程中实际消耗的全部原材料数量,包括合格品、次品和废品所耗用的原材料数量,以及生产过程中的工艺性损耗及边角残料、渣屑等的耗料量。

在计算原材料消耗量之前,先要明确几个不同的概念:

(一)消费量与消耗量

消费量不仅包括用于产品生产方面所消耗的原材料,还包括经营维修、包装消费、技术组织措施、劳动保护、科学试验等方面的用料在内。消耗量仅指用于产品生产的原材料,也就是说消费量所包括的面比消耗量广。

(二)领料量与投料量

领料量指车间向原材料仓库领用的原材料,投料量指投入生产的原材料数量。

如果领用的原材料全部投入生产，则本期投料量等于本期领料量。

如果在期末尚有领而未用的原材料，可以作价退料，则两者仍相等。否则，应结合上期末领而未用的原材料作如下调整：

本期投料量 = 本期领料量 + 期初领而未用存料量 - 期末领而未用存料量

（三）本期投料量与入库产品的原材料消耗量

原材料消耗量指本期入库产品所消耗的原材料。而在生产过程比较复杂、生产周期较长的工业企业，本月入库产品所耗原材料可能是以前月份投的料，而本月投料所生产的产品将在以后月份才能完成生产并入库。因而在生产周期较长的企业中，本期投料量与入库产品的原材料消耗量是不同的，在计算原材料消耗量时，必须结合在制品、半成品的原材料耗用量进行调整。本期总消耗量的计算公式如下：

本期总消耗量 = 本期领料量 + 期初领而未用存料量 - 期末领而未用存料量 + 期初结存在制品、半成品的原材料耗用量 - 期末结存在制品、半成品的原材料耗用量

二、单位产品原材料消耗量的计算方法

单位产品原材料消耗量，是指生产单位产品平均消耗的原材料数量，简称“单耗”。例如，生产每米棉布消耗多少棉纱；生产一吨铁消耗多少铁矿石、多少石灰石、多少焦炭；生产一个写字台消耗多少木材等。单耗的计算公式如下：

$$单耗 = \frac{生产该种产品所消耗的原材料总量}{该种产品产量}$$

由上式可以看出，计算单耗的基本原则是保持原材料消耗总量与产品产量的可比性。即原材料消耗总量应是生产这些产品所消耗的原材料数量。该种产品产量应是消耗公式分子中原材料数量而生产出来的。

公式中的产品产量，是指经验收合格办理入库手续的产品数量。废品和次品均不能包括在内。由此可见，如果生产的废品和次品越多，则单耗就越高；反之，则单耗就越低。所以，单耗的高低和产品质量的高低有密切的关系。

公式中的原材料消耗总量是指从原材料投料到产品制成所消耗的某种原材料数量。它既包括构成产品实体的原材料数量，又包括在产品生产过程中的工艺损耗，还包括废品、次品所消耗的原材料以及由于管理不善而浪费的原材料数量。

不同类型的企业各有不同的生产特点，其计算原材料总量的方法不同，因此计算单耗的方法也不相同。常用的方法有以下几种：

（一）投料法

投料法是指以投料量作为原材料总消耗量来计算单耗。

在生产周期比较短的企业中，半成品、在制品期末结存量很小，则投料量与消耗量几乎相等。这样投料量就可以作为原材料消耗量。在投料法中，单耗的计算公式如下：

$$单耗 = \frac{期初领而未用余料量 + 本期领料量 - 期末领而未用余料量}{合格品产量}$$

如果期末将领而未用余料实行退料的，则单耗的计算公式如下：

$$单耗=\frac{调查期领料量-退料量}{合格品产量}$$

(二)平衡法

对于生产周期比较长的企业,期末半成品、在制品结存量比较大,这就需要采用平衡法来推算原材料总消耗量。平衡法就是用调查期的投料量加上期初半成品、在制品及未入库成品的折料量,减去期末半成品、在制品、未入库成品的折料量。在调查中使用的计算公式为:

本期原材料总消耗量=本期投料量+期初半成品、在制品及未入库成品折料量-期末半成品、在制品及未入库成品折料量

半成品、在制品及未入库成品折料量=各工序在制品结存量之和×原材料消耗系数

$$原材料消耗系数=\frac{本期投料量}{调查期入库产品+期末-期初(各工序在制品结存量之和)}$$

用原材料消耗总量除以用此原料生产的产品产量,就可以得到单耗。

(三)构成法

构成法,是先按原材料总消耗量的各个构成部分逐项计算消耗量,然后加总求出总消耗量再求单耗。在连续投料、连续生产、产品不分批次,又不便于进行期末在制品盘点的企业,可以采用构成法。

原材料总消耗量的构成部分如下:

1. 入库合格成品净重;

2. 废品和次品净重;

3. 生产中损耗的原材料(包括边角料、中间废品以及格损等)。

生产中损耗的原材料不能按调查期发生的各种损耗计算。因为调查期发生的生产损耗,包括期末结存的半成品、在制品生产的损耗,不包括期初结存的半成品、在制品生产的损耗。故应求得一个与送验成品(包括入库成品、废品和次品)相适应的生产损耗量。其计算公式是:

原材料总消耗量=(入库产品净重+废品、次品净重)+分摊到送检产品的生产损耗量

=(入库产品净重+废品、次品净重)×(1+各种损耗率)

入库成品重量,废品和次品重量,可以直接从检验记录上取得。按构成法计算总消耗量的关键是如何计算应分摊到送检成品上的各种生产损耗量,亦即损耗率的测定问题。

企业的生产特点不同,在生产过程中所发生的损耗种类及各种损耗率的计算方法也不相同。一般的机械加工厂,在生产中发生的损耗大约有:中间废品损耗、切头损耗、火耗、加工损耗,其损耗率的计算公式如下:

各种损耗率=中间废品损耗率+切头损耗率+火耗率+加工损耗率

单位产品应分摊的火耗比较固定(根据实际测定求得),其他损耗均无固定比率,需要按期计算。

由于中间废品和切头损耗是在中间工序产生的,因此,每单位产品应分摊的损耗(即损耗率),应按中间合格品计算。其计算公式为:

$$中间废品损耗率=\frac{中间废品量}{中间合格品数量}\times 100\%$$

$$切头损耗率=\frac{切头损耗量}{中间合格品数量}\times 100\%$$

(四)零件法和定额比例分摊法

对某些结构简单、零件不多的机械产品可采用零件法计算单耗,先分别计算各个零件的单耗,然

后加总求得整件产品的单耗。对于一些产品结构复杂、零件种类多、投料时不分品种、几种产品同时生产的企业,还可使用定额比例分摊法计算单耗。它是按照某种产品原材料定额消耗量占全部产品原材料定额单耗量的比重摊算某种产品原材料消耗总量。其计算公式如下:

$$某种产品原材料消耗总量=本期全部原材料消耗总量\times\frac{某种产品原材料消耗定额\times某品种本期生产量}{\sum(各品种原材料消耗定额\times本期各品种生产量)}$$

第四节　工业原材料利用调查

一、原材料利用率调查

原材料利用率与单耗不同,它是从原材料的角度分析原材料的利用程度。

原材料利用率有两种不同的涵义,一种是从单位原材料制成产品数量的多少来表示原材料的利用程度。如食品工业、粮食加工工业中的出油率、出酒率、产糖率等。这种表示方法的计算公式为:

$$原材料利用率=\frac{产品产量}{原材料消耗总量}\times100\%$$

公式中的分子是产品数量,分母是投入的原材料。

另一种表示方法中原材料利用率的分子不是产品数量,而是产品中所包含的原材料数量或成分。其计算公式如下:

$$原材料利用率=\frac{产品中包含的原材料数量}{生产该产品的原材料消耗总量}\times100\%$$

第一种原材料利用率表示方法是单耗的倒数。第二种原材料利用率的表示方法,由于立足点是原材料,并且一般是考查构成产品实体或主要成分的主要原材料,因此对于不同品种原材料必须分别调查各自的利用率。

原材料利用率,在不同的行业要用不同的名称。在有色金属冶炼工业称"回收率",纺织工业称"制成率",化学工业称"收得率"或"提取率",医药工业称"收率",染料工业称"产率"等。计算结果用百分数表示。利用率的数值越大,说明原材料利用程度越高,表明原材料利用得越好。

计算利用率的原则与单耗一样,公式中的分子与分母必须相适应。跨期连续生产的企业,在原材料消耗量上要进行一些调整,如产品产量以本期入库量为准,则公母必须是与入库产品相适应的原材料总消耗量。

二、原材料利用定额执行情况调查

原材料利用率只能用来说明原材料的利用程度,为了进一步说明原材料利用程度的计划完成情况,需要把实际利用率和其他标准进行对比,计算利用率指数,并进一步分析原材料的节约情况和增产的产品数量。

$$利用率指数=\frac{实际利用率}{计划利用定额}\times100\%$$

利用率指数越高越好,可以大于100%,说明原材料利用程度超过了原计划。

由于利用率的提高而增产的产品数量的计算方法可以有内含和外延两种。内含的增产量表示为实际消耗的原材料数量中,由于利用率的提高而增产的产品数量,其计算公式为:

增产量=(实际利用率-利用定额)×实际消耗总量

第五节 工业能源消耗调查概述

一、工业企业能源消耗

工业企业能源消耗,采用单项能耗指标(如每吨生铁耗焦炭,每吨合成氨耗煤、耗电等),不能反映企业能源的部消费量,也不能反映不同能源之间互相替代和余热利用情况,既不能全面反映企业的能源利用效果,也无法反映工业企业内能源转换设备中的损失(如火电厂的原煤转换成焦炭,各种工业锅炉把煤转换成蒸汽等)。建立以综合能耗调查为主、单项能耗调查为辅的企业综合能耗调查才能全面反映并考核企业能耗水平。

二、工业企业综合能耗

工业企业综合能耗是评价和考核能源利用效果的,是以单位产品(产值)所表示的综合能源消费量,即企业投入能源与企业产出产品数量之比。调查中使用的计算公式如下:

$$\text{工业企业综合能耗}=\frac{\text{能源消耗总量(标准煤吨)}}{\text{净产值(或总产值)(万元)}}$$

或 $$\text{工业企业综合能耗}=\frac{\text{能源最终消耗量(标准煤吨)}}{\text{净产值(或总产值)(万元)}}$$

上述公式适用于所有工业企业。公式中用净产值比用总产值计算更为合理。因为净产值是企业新创造的价值,消除了与企业能耗无关的因素。能源消耗总量指的是总能耗,能源最终消耗量是指净能耗。此外,企业对比不同时期综合能耗时,要考虑产品结构和能源消费结构变化的因素。

生产单一产品的企业(如钢铁厂、化肥厂、水泥厂等)同时也需要计算单位产品的综合能耗。

$$\text{单位产品能源消耗}=\frac{\text{能源消耗总量}}{\text{该产品产量}}$$

能耗综合指标的数值与企业的生产构成有关。由于企业生产构成不同,生产每单位产品平均的总能耗也不同。因此,这一数值一般不适于企业之间的相互比较,它只能用来考核和分析本企业历年能耗水平的变化。

三、工业企业可比能耗

为了在同一行业不同企业之间比较综合能耗的高低,还应计算按标准工序计算“可比能耗”的大小,其计算公式如下:

$$企业可比能耗=\frac{按标准工序计算的能源消耗总量}{净产值(或主要产品产量)}$$

所谓标准工序是指某一行业所确定的基本工序。以大中型钢铁企业为例,包括烧结、焦化、炼铁、炼钢、轧钢等工序。如果一个企业的实际工序少于标准工序,其缺少工序的能耗必须予以补足。相反,实际工序多于标准工序的企业,则应剔除多余工序能耗计算。

四、工业企业节能量

企业节能量是指在生产具有可比的条件下,采取相应节能措施而减少的能源消耗量。根据企业综合能耗将实际数与计划数(或上年同期数)对比,就可算出节能量。调查中节能量的计算公式如下:

本期节能量 $=\sum$(上期－本期单位产品产量综合能耗)×本期产品产量

或 $=\sum$(上期－本期单位产品产量综合能耗)×本期产值

将上期单位综合能耗改为计划期单位综合能耗即可计算出计划节能量。

$$本期节能率=\frac{本期节能量}{上期单位综合能耗\times本期产值或产量}\times100\%$$

五、工业企业能源利用率

一个国家、一个地区、一个企业能耗水平的高低,能源经济效益的大小,归根到底取决于能源利用程度。

企业能源利用率是指有效利用的热能占供热能之比。它反映企业技术装备、工艺水平、能源管理水平和节能潜力的重要内容。计算企业能源利用率的公式为:

$$工业企业能源利用率=\frac{用能设备总有效利用能(热)+输出能(热)}{能源消耗总量(输入热)}\times100\%$$

用能设备总有效利用能是指企业消耗的能源被实际利用的能量(包括余热、余气中被回收利用的)。各种用能设备的有效利用热,可根据热力学的要求,用测试仪来分别测定。

对能源利用率进行分析,有助于企业的技术改造,挖掘节能潜力。

第六节　工业能源利用效率调查

一、工业能源利用效率调查

工业能源利用效率调查,反映能源的利用和由于技术因素(如用能设备的技术改造、改进工艺流程等)对生产与经济活动的直接影响而产生的经济效益。工业能源利用效率调查,主要包括以下内容:

(一)设备热效率

设备热效率是指输出某设备的有效热量与输入该设备的供给热量的百分比。它反映输入某设备

的能量有效利用的程度,表明设备利用能量的技术水平和经济效果。调查中使用的公式如下:

$$某设备热效率=\frac{有效热量}{供给热量}\times 100\%$$

对于石油、化工行业,要表示某套工艺装置的能量利用程度,通常使用下面的计算公式:

$$某装置能源利用率=\frac{有效热量}{全入热量}\times 100\%$$

上式中全入热量是指进入装置的全部能量,均按实际热值或热功当量计算。

(二)工业能源利用率

工业能源利用率,是用来考核整个工业用能水平的。计算工业能源利用率时,各种能源要按等值热量进行折算。调查中使用的计算公式为:

$$工业能源利用率=\frac{用能设备总有效热量+输出热量}{供给热量}\times 100\%$$

上式中工业的用能设备一般包括能源转换设备(如锅炉、煤气发生炉、焦炉)、输送管线和生产机器设备上的最终用能设备等。各种用能设备的有效利用热量,可根据热力学的要求,用测试仪器来分别测定。

(三)能源转换率

能源加工转换,是由专门用来进行能源加工转换的设备来完成的。为了反映这类设备的能量利用情况,可计算能源转换率。

能源加工转换率,可以反映能源在加工转换过程中能源利用效果。投入一定数量的能源,经过加工转换,产出一定数量的另一种能源。能源转换率,是能源加工转换设备能源产出量与能源投入量之比。调查中使用的计算公式为:

$$能源转换率=\frac{能源产出量(吨标准煤)}{能源投入量(吨标准煤)}\times 100\%$$

其中:能源产出量=能源投入量-能源转换损失量

(四)热能回收率

热能回收率是指已回收热量占全入热量的比率,是反映整个工业由于能量回收利用所带来节能效果的指标。其计算公式为:

$$热能回收率=\frac{调查期已回收热量}{调查期全入热量}\times 100\%$$

(五)吨标准煤产量(或产值)

吨标准煤产量(值),是指投入每吨标准煤所产出的产品数量(或产值)。它直接反映能源利用效益的大小,其计算公式为:

$$吨标准煤产量(或产值)=\frac{产品产量(或产值)}{综合能耗(吨标准煤)}$$

上式中,分子可以按实物表示,也可采用价值量(总产值或净产值)来表示。当需要调查某种耗能设备的利用效益时,分子一般用实物量表示,而当调查整个工业能源的利用效益时,则以工业总产值或净产值表示。

以上几个内容结合起来进行对比分析,可以考核工业耗能水平、用能水平、节能潜力,为提高工业能源消费的经济技术水平提供可靠的数据。

二、工业能源的经济效益

从工业经济的宏观角度考虑，可以通过下面的内容来反映工业能源的经济效益状况。

（一）单位能源消耗量提供的国民生产总值和社会总产品（或国民收入）

它可以反映整个国家和地区经济中的能源经济效益。调查中使用的计算公式为：

$$\text{每万吨能源提供的国内生产总值（亿元）}=\frac{\text{国内生产总值（亿元）}}{\text{国内能源消耗量（万吨标准煤）}}$$

$$\text{每万吨能源提供的社会总产品（亿元）}=\frac{\text{社会总产品（亿元）}}{\text{国内能源消耗量（万吨标准煤）}}$$

另外，也可以使用单位国民生产总值和社会总产品（或国民收入）的能源消费量反映能源经济效益。

（二）单位能源消耗量提供的产值

单位能源消耗量提供的产值，可以反映国民经济各部门能源使用的经济效益，其计算公式为：

$$\text{能源使用经济效益}=\frac{\text{国民经济部门产值（亿元）}}{\text{能源消耗总量（亿吨标准煤）}}$$

或　$$\text{能源使用经济效益}=\frac{\text{国民经济部门产值（亿元）}}{\text{能源消耗总量（亿吨标准煤）}}$$

另外，也可以使用单位产值的能源消耗量来表示能源使用的经济效益。在一定的技术水平和部门结构下，每万吨能源提供的产值越大，能源的利用效率就越高。

上述两种不同形式的能源利用效率的表示方法，如果按照各时期资料加以对比，可以综合地说明，随着国民经济的发展，工业能源的消费情况及其经济效益。这两个数值的变化受到国民经济结构、能源利用率、技术装备、各种产品产量、质量及其原材料、运输消耗以及人民生活的需要（包括人口增长和消费水平）等多种因素的影响。

第六章　工业产品成本和利润调查

第一节　工业产品成本调查

一、工业产品成本的概念

工业产品成本是指工业企业在一定时期内为生产和销售一定种类和数量的产品所支付的各种生产费用的总和。

工业产品成本不同于企业生产费用。企业生产费用是工业企业一定时期内所发生的生产耗费，是构成产品成本的基础。

工业产品成本和企业生产费用的主要区别是：

首先，用于工业产品生产所发生的费用，列入工业产品成本。否则不列入成本而列入生产费用，如房屋建筑大修理费用一般不计入成本，而计入生产费用。

其次，实际发生的生产费用，如待摊费用，不计入当期成本。但是也有的费用，如预提费用，要计入当期成本。所以一定时期实际发生的产品生产费用总和不一定等于该期产品成本总和。

再次，产品成本核算对象是已完工产品。已完工产品成本应包括前期生产的在制品、半成品的成本，但不包括期末结存的在制品、自制半成品成本。而一种产品的生产费用却不包括以前时期生产的未完工产品的生产费用。

工业产品成本是反映企业生产技术、生产组织状况和经营管理水平的一个极其重要的综合性内容，是衡量企业经济活动水平的尺度，也是企业实现经济调查的重要手段。

二、工业产品成本的构成

根据研究目的的不同，工业产品成本可按照不同的标志进行分类，其中最基本的是按成本项目分组和按费用要素分组。

（一）按成本项目分组

工业产品成本按成本项目分组，一般可以分为“直接材料”、“直接工资”、“其他直接支出”、“制造费用”四个项目。

1. 直接材料

直接材料是指企业生产经营过程中实际消耗的原材料、辅助材料、设备配件、外购半成品、燃料、动力、包装物、低值易耗品以及其他直接材料。

2. 直接工资

直接工资是指企业直接从事产品生产人员的工资、奖金、津贴和补贴。

3. 其他直接支出

其他直接支出是指从事产品生产人员的职工福利费等。

4. 制造费用

制造费用是指企业各个生产单位(分厂、车间)为组织和管理生产所发生的各项费用。其中包括车间(分厂)管理人员工资、职工福利费,生产单位房屋、建筑物、机器设备等的折旧费,原油储量有偿使用费,油田维护费,矿山维简费、租赁费(不包括融资租赁费),修理费,机物料消耗,低值易耗品摊销,取暖费,水电费,办公费,差旅费,运输费,保险费,设计制图费,试验检验费,劳动保护费,季节性、修理期间的停工损失以及其他制造费用。

(二)按费用要素分组

工业产品成本按费用要素分组可分为:①外购原材料;②外购燃料;③外购动力;④工资;⑤提取的职工福利基金;⑥折旧费;⑦提取的大修理基金;⑧利息支出;⑨其他。

这种分组可用来分析物质资料和劳动所占的比重。

(三)按费用与产量的关系分组

工业产品的成本还可按费用与产量的关系分组,可以分为变动费用和固定费用;按费用的分配方法可分为直接费用和间接费用。

三、工业产品成本的种类

(一)按计算产品成本时的核算对象不同,可分为总成本和单位成本

1. 产品总成本

产品总成本是指生产一种或多种产品所支付的成本费用总额。

在成批生产的情况下,一种产品的总成本是指生产一批产品的总成本,即一批已完工产品的材料费用、工资和其他费用的总和。

在连续生产情况下,一种产品的总成本是指一定时期内该种已完工的产品的生产费用总额。其计算公式如下:

一种产品总成本 = 本期支出的该种产品生产费用 + 期初在制品、自制半成品成本费用 - 期末在制品、自制半成品成本费用

多种产品的总成本,是指各种产品总成本之和。

2. 单位成本

单位成本是指每种产品每一单位产品的平均成本。

单位成本可以更准确地说明工业产品的成本水平,为降低成本、提高生产效率提供依据。单位成本的表达式如下:

$$单位成本 = \frac{产品总成本}{产品产量}$$

产品总成本和单位成本都是按制造成本计算。

(二)按是否有成本资料可比较,可分为可比产品成本和不可比产品成本

凡是在基期中正常生产过,调查期继续生产的产品,称为可比产品;调查期内如果不是初次生产,但是在基期内仅属试制,尚未正式投入生产,即没有成本资料可作比较,不作为可比产品。

可比产品有成本资料可作比较,故可比产品的成本,称为可比产品成本;不可比产品的成本,则称为不可比产品成本。两者之和称为全部产品成本。

(三)按成本费用内容的不同,可以分为工厂成本和全部成本

1. 工厂成本

工厂成本是指企业为生产产品所支付的费用,即从投入原材料开始到产品制成经验收合格入库为止,这一过程所支付的费用。因此,工厂成本也叫做产品生产成本。它反映的是已完成产品在生产过程中劳动和物资消耗的情况。

2. 全部成本

全部成本是指企业生产过程所支付的费用和销售工业产品所支出的销售费用之和,又叫做完全成本。它反映企业提供社会的产品的全部消耗情况。全部产品成本,可以按照全部商品或可比商品产品计算,也可以按照总产品计算。

把产品成本分为工厂成本和全部成本的意义在于,从两个不同的方面反映企业经济活动的质量。工厂成本反映的是企业生产活动的质量;全部成本反映的是企业全部经济活动的质量。

四、产品成本调查的内容

(一)成本价值量调查

工业产品成本调查中最基本的是对工业产品成本的价值量的调查,其中,分为价值总量和平均价值量两方面的内容。

1. 单位成本

前面已经介绍过单位成本的计算原则,这里介绍在工业产品成本调查中具体使用的计算方法:

$$单位成本=\frac{产品总费用-产品残值-可降价出售的不合格品价值}{合格产品产量}$$

其中产品残值可按材料估价计算;可以降价出售的不合格品价值可按下式计算:

$$不合格品估价=合格品计划单位成本\times\frac{不合格品单位售价}{合格品单位售价}$$

单位成本是最常用的产品成本调查内容,必须确定成本计算对象。成本对象必须包括下列三个因素:

(1)什么产品

如产成品、半成品、一类产成品、一类半成品、台分、辆分,或主产品及联付产品,这是确实成本计算的实体。

(2)什么时间范围

如一批产品的生产期(从开工到完工)或月份,此为确定“成本计算期”。

(3)什么空间范围

如全厂或车间,也就是人们常说的“车间成本”、“工厂成本”等概念。

由于生产特点与管理要求不同,就要以不同时空范围所生产的不同产品作为成本计算对象。

2. 总成本

成批生产情况下，一种产品的总成本是指生产一批产品的成本总额，即一批完工产品的材料费用、工资及其他费用的总和。

连续生产情况下，一种产品的总成本是指在一定时期内某种已完工产品的生产费用总额，其计算公式如下：

一种产品总成本 = 本期支出的该种产品的生产费用 + 期初在制品、自制半成品成本

（二）工业产品成本水平变动调查

在研究产品成本水平变动情况时，进行对比的产品必须是可比产品。对可比产品成本变动进行调查时，既可以按照一种可比产品进行，也可以对全部可比产品进行。

1. 可比产品成本变动

对工业企业一种可比产品成本变动进行调查，可以利用单位产品实际成本指数，其计算公式为：

$$单位产品实际成本指数 = \frac{Z_1}{Z_0} \times 100\%$$

Z_1 代表调查期单位产品实际成本；

Z_0 代表基期单位产品实际成本。

如果单位产品成本指数超过了 100%，则说明调查期实际成本要高于基期；反之，说明成本降低。

另外，还可以计算由于成本水平变动的降低率和降低额，其计算公式为：

$$单位成本降低率 = \left(\frac{Z_1}{Z_0} - 1\right) \times 100\%$$

$$单位成本降低额 = Z_1 - Z_0$$

$$成本降低总额 = (Z_1 - Z_0)Q_1$$

Q_1 代表调查期某种产品实际产量。

为了分析产品成本降低或升高的原因，还要对构成单位成本的各个项目进行分析，了解每个项目的增减变动情况，以便进一步挖掘潜力，降低成本。

2. 全部可比产品成本变动

研究全部可比产品成本总的变动情况，可以利用综合成本指数。其计算公式为：

$$全部可比产品综合成本指数 = \frac{\sum Q_1 Z_1}{\sum Q_1 Z_0} \times 100\%$$

如果综合成本指数超过 100%，则表示调查期内全部可比产品实际成本的基期升高；反之，则表示降低。

另外，还可以计算由于成本变动的降低率和降低额：

$$全部可比产品成本降低率 = \left(\frac{\sum Q_1 Z_1}{\sum Q_1 Z_0} - 1\right) \times 100\%$$

$$全部可比产品成本降低额 = \sum Q_1 Z_1 - \sum Q_1 Z_0$$

（三）工业产品成本计划完成情况

工业产品成本计划完成情况，是评价生产经营管理的重要依据。对工业产品成本计划的调查，可以分为主要产品单位成本计划完成情况、全部可比产品成本计划和全部产品成本计划完成情况。下面将分别加以说明。

1. 主要产品单位成本计划完成情况

工业企业的主要产品，一般是指产量大、总成本多、对企业成本的降低有重大影响的产品。主要

产品单位成本计划完成情况的调查，可以是可比产品，也可以是不可比产品，无论哪种产品，都按照下面的公式计算：

$$单位产品成本计划完成率=\frac{Z_1}{Z_n}\times 100\%$$

$$单位产品成本节约或超支额=Z_1-Z_n$$

Z_n 代表调查期单位产品计划成本

单位产品实际成本越低越好，因此，单位产品成本计划完成低于100%，表示成本降低，高于100%，表示成本升高。

2. 全部可比产品成本计划完成情况

工业企业产品成本计划，对不可比产品只规定计划单位成本，而对可比产品则除了规定计划单位成本外，还规定全部可比产品成本的计划降低率和计划降低额。因而，调查企业全部可比产品成本计划完成情况，就要分析全部可比产品成本计划降低率和计划降低额完成情况。

我国建国以来，在工业调查中，计划成本降低率的计算，是通过计划成本指数进行的，其公式为：

$$\frac{\dfrac{\sum Z_1Q_1}{\sum Z_0Q_1}}{\dfrac{\sum Z_nQ_n}{\sum Z_0Q_n}}=\frac{\dfrac{\sum Z_1Q_1}{\sum Z_0Q_1}}{\dfrac{\sum Z_nQ_1}{\sum Z_0Q_1}}\times\frac{\dfrac{\sum Z_nQ_1}{\sum Z_0Q_1}}{\dfrac{\sum Z_nQ_n}{\sum Z_0Q_n}}$$

计划成本降低额的公式为：$(\sum Z_1Q_1-\sum Z_0Q_1)-(\sum Z_nQ_n-\sum Z_0Q_n)$

但是，上述计算工业产品成本计划降低率和计划降低额的传统方法，存在一些不足之处：

第一，对计划降低率的计算，不是进行直接调查，而是通过计算计划成本指数完成情况进行间接调查。同时，计划降低率的分析中，只进行了相对分析，没有进行绝对分析。

第二，对计划降低额的分析，只进行了绝对分析，没有进行相对分析；同时分析超计划节约额原因的公式，比较复杂。

第三，计划降低率分析与计划降低额的分析不配套，有时候会与事实发生矛盾，比如有时计划降低率完成了计划，而计划降低额未完成计划。

3. 全部产品成本计划完成情况

全部产品可以分为可比产品和不可比产品，对它们分别进行计划完成情况调查时，需要计算全部产品成本计划完成情况指数，其计算公式为：

$$全部产品成本计划完成指数=\frac{\sum Q_1Z_1}{\sum Q_1Z_n}\times 100\%$$

全部产品成本节约额 $=\sum Q_1Z_1-\sum Q_1Z_n$

由于分子分母中都是按照实际产量进行计算，因此对比结果只能反映成本水平。如果结果数值等于或者小于100%，就是完成或超额完成成本计划；如果大于100%，就是完成或超额完成成本计划。

第二节 工业利润调查

一、工业利润的概念

工业利润是在工业企业销售收入中扣除产品成本和税金之后的余额。税金是国家按一定的规定向企业征收纯收入的一种形式,有固定性。企业销售产品时,不论成本高低,必须缴纳税金,以保证国家财政得到可靠的收入。利润和企业管理发生直接关系。它和成本一样也是反映工业企业生产经营活动质量的一个综合性内容。它反映工业企业劳动效率的提高、产品产量的增加、产品质量的改进、原材料节约、固定资产的有效利用以及有效地使用流动资金等。所以利润是考核工业企业生产经营活动经济效益的重要内容。

工业利润调查的基本任务,是根据调查资料,对利润额和利润率进行分析,以挖掘潜力,促进国家和各地区资金积累任务的完成。

二、工业利润额调查

工业利润额是工业企业在一定时期内所获得的收入,减去其相应的费用后,所剩余的金额。

工业利润额,按其包含的内容,可分为产品销售利润额、营业利润额和利润总额等不同层次的利润额。

(一)产品销售利润额

产品销售利润额,是指工业企业在一定时期内销售本企业的产品和对外工业性劳务两者所得利润额之和。它是工业企业进行工业生产经营活动取得的利润,是工业企业利润的主要部分。其形成过程可以表示为:

产品销售利润额=产品销售收入-产品销售成本-产品销售费用-产品销售税金、附加

在上面的表达式中,产品销售收入是指产成品、自制半成品、工业性劳务等所发生的收入;产品销售成本,是指企业在采购、生产各种产品过程中所发生的与本期产品销售收入相配比的各种直接和间接制造费用;产品销售费用,是指企业在产品销售过程中所发生的费用,包括运输费、装卸费、保险费、展览费、广告费以及为销售本企业产品而专设的销售机构的职工工资、福利费、业务费等经常性费用和按规定提取的教育费附加;产品销售税金,是指应由产品销售收入负担的销售税金,包括产品税、增值税、营业税和城市维护建设税等销售税金。

从表达式中还可以看出,产品销售收入是获取产品销售利润的基础,而产品销售成本、费用和税金,则是产品销售利润的减项,对产品销售利润具有反方向的影响。但产品销售税金是由国家税法规定,不由企业控制的项目,而产品销售成本、费用,则是由企业控制影响产品销售利润的因素。因此,企业在增强盈利能力时,一方面要不断扩大产品销售收入,另一方面就要采取提高企业产品生产的技术水平和管理水平的措施,不断降低产品生产成本水平和费用水平,从而获取更多的产品销售利润。

(二)营业利润额

营业利润是指企业从事生产经营活动所产生的利润。它既包括产品销售利润这种主营业务利润,也包括其他业务利润。调查中使用的计算公式为:

营业利润=产品销售利润+其他业务利润-管理费用-财务费用

公式中,其他业务利润是指企业从事销售产品和提供工业性劳务等主要业务以外的其他业务活动所产生的利润。具体包括材料销售、技术转让、固定资产出租、包装物出租、外购商品销售以及非工业性劳务等取得的利润。其他业务利润可以通过其他业务收入扣除其他业务成本、费用、税金后求得。

管理费用是指企业行政管理部门为组织和管理生产经营活动而发生的各项费用。包括工资和福

利费、折旧费、工会经费、业务招待费、房产税、车船使用税、土地使用税、印花税、技术转让费、无形资金摊销、职工教育经费、劳动保险费、待业保险费、研究开发费、坏账损失以及其他管理费用。

财务费用是指企业为筹集生产经营所需资金等而发生的费用。包括利息支出(减去利息收入)、汇兑损失(减去汇兑收益)以及相关的手续费。

(三)利润总额

利润总额是反映企业在一定时期内实现的全部利润。它是在营业利润基础上加减投资净收益和营业外收支而形成的。利润总额用公式表示为:

利润总额 = 营业利润 + 投资净收益 + 营业外收入 - 营业外支出

公式中,投资净收益是指企业对外投资(短期投资和长期投资)活动所获得利润、股利、利息等收入扣除投资损失后的净额。

营业外收支是指与企业生产经营活动无直接关系的各项收入和支出,与产品成本费用无关,只是利润总额形成的补充因素。

营业外收入包括固定资产盘盈和出售净收益、罚款收入、因债权人原因无法支付的应付款项等。

营业外支出有固定资产盘亏、报废、损失和出售的净损失,职工子弟学校经费、非常损失、公益性救济性捐赠、赔偿金、违约金等。

上述的销售利润和营业利润,是反映企业直接经营业务的财务成果,属于阶段性成果。利润总额则是企业财务最终成果的全面、综合的反映。

三、工业利润率调查

利润额受生产规模大小的影响,因此,为了对比分析企业间的经营成果和企业在不同时期的经营成果,就需要采用利润率。常用的利润率内容有以下几方面:

(一)成本费用利润率

成本费用利润率是指工业企业在一定时期内的利润总额与成本费用总额的比率。其计算公式为:

$$\text{成本费用利润率}=\frac{\text{利润总额}}{\text{成本费用总额}}\times 100\%$$

成本费用总额是指企业的产品销售成本、产品销售费用、管理费用和财务费用之和。

成本费用利润率与成本费用成反比关系。在产量、价格、税率不变的情况下,成本费用越低,成本费用利润率越高,说明劳动消耗所带来的经济效益越好;成本费用越高,则成本费用利润率越低,说明经济效益越差。用成本费用利润率考核企业,可促使企业降低成本费用,增加盈利。

(二)产品销售利润率

产品销售利润率是企业在一定时期内的产品销售利润与产品销售收入的比率。计算公式如下:

$$\text{产品销售利润率}=\frac{\text{产品销售利润}}{\text{产品销售收入}}\times 100\%$$

产品销售利润率越高,说明等量销售收入中的利润越多,经济效益越好。

(三)产值利润率

产值利润率是企业在一定时期内的利润总额与工业总产值的比率。其计算公式如下:

$$产值利润率 = \frac{利润总额}{工业总产值} \times 100\%$$

产值利润率越高，说明生产成果的盈利程度越大。当利润总额的增长幅度大于工业总产值增长幅度时，说明增产又增收，当利润总额的增长幅度小于工业总产值增长幅度时，说明增产不增收。

需要注意的是，产值利润率的分子与分母在调查的时间口径上并非完全一致。因为调查期生产出的产品并不一定在调查期内售出；调查期所实现的利润也不一定全部是调查期生产的产品的利润，可能包括前期生产的产品而在调查期出售所实现的利润；另外，工业总产值是工业生产的成果，而利润总额往往还包括非工业生产所获得的利润。因此，在运用产值利润率进行分析时，要注意这个问题。

根据实际需要，也可计算产值利税率，只要把公式中的利润总额改成利税总额即可，以反映生产成果总的盈利程度。

（四）资金利税率

资金利税率是企业在一定时期内的利润税金总额与全部资金（包括固定资金和流动资金）的比率，反映资金利用的效果。其计算公式如下：

$$资金利税率 = \frac{实现利税总额}{固定资产净值平均占用额 + 流动资金平均占用额} \times 100\%$$

实现利税总额是指企业的产品销售税金及附加和利润总额之和。

资金利税率越高，说明等量资金提供的利税额越多，经济效益越好。用资金利税率考核企业，可促使企业加速资金周转，减少资金占用，提高资金利用效果。

（五）投资利润率

投资利润率说明每一元投资额可以获得的利润，反映投资的效果。其计算公式为：

$$投资利润率 = \frac{利润总额}{投资额} \times 100\%$$

需要注意的是，分母的投资额仅指国家或地区的投资，不包括企业本身的投资。投资利润率只反映国家或各地区的投资效果。但企业资金的来源有国家投资和银行借款两个渠道，企业生产经营活动所获得的成果是全部资金运用的结果，因此，用资金利税率来考核比投资利润率更合适。

第三节　工业经济效益调查

一、工业经济效益的概念

（一）经济效益

经济效益，是从物质生产部门的角度来谈的，是指一定的生产和经营活动中人力、物力和财力的投入量，与经营成果的产出量相比的数量量度。它反映人们为实现某一经济目的，而对劳动时间与各种资源节约的程度。

可以从两种角度评价经济效益的好坏。一是从效益最大出发，即在相同投入的情况下，产出的成果越大，经济效益就越高；一是从投入最小出发，即在取得相同成果的前提下，投入越少，经济效益越高。工业经济效益调查，就是要对工业生产经营活动的各个方面和全部过程的经济效益状况，进行全面调查,从不同环节反映工业经济效益的实际水平,分析其变化速度和趋势;又要对工业经济效益作全面考核与综合评价,明确今后提高效益的方向;还要深入分析影响效益的因素及其影响程度,以便采取措施促进效益的不断提高。

(二)工业经济效益

明确经济效益的一般概念之后,工业经济效益就不难理解了。它是指工业生产经营活动中投入的人力、物力、财力与生产经营成果的比较。

工业投入,按投入的内容不同,分为劳动的投入与物质资料的投入。按投入的性质不同,分为劳动的消耗量和劳动占用量。前者是指生产经营中已经消耗掉的人力、物力、财力的数量;后者是指生产经营中占用的人力、物力、财力的数量。

工业产出是指工业生产经营的成果。按其表现形式不同,分为使用价值成果与价值成果。前者为产品产量、品种、质量等,称为有用性经营成果;后者为总产值、净产值、商品产值、销售收入、利税总额等,称为收益性经营成果。

工业企业在生产经营活动中,必须讲究经济效益。既要努力增加生产,又要厉行节约,降低成本,以较少的支出取得较多的收入,为社会提供更多的产品,为国家提供更多的资金,这样才符合社会主义工业企业生产的目的。因此,评价一个企业,更重要的是分析它生产活动的经济效益如何,工业企业经济效益调查也就成为工业调查中重要的组成部分。

二、工业经济效益调查的任务

工业经济效益调查的任务,总的来说,就是要对工业生产经营活动的各个方面和全部过程的经济效益状况,进行全面、正确的定量反映,并做出科学的、客观的评价。为此,要从以下几个方面进行研究:

首先,研究工业经济效益及其内容体系,正确反映和考察工业部门、企业的工业经济水平、变动速度和变动趋势。

其次,研究工业经济效益的全面考核内容和综合评价体系及其综合评价方法。

再次,对工业经济效益进行综合分析,寻求提高工业经济效益的措施和途径。

三、工业经济效益调查的原则

工业生产经营活动是一个复杂的经济过程。从投入看,它有多个方面;从成果看,也多种多样。因此,要考察工来经济效益的好坏,很难用一个内容来解决所有问题,往往需要建立评价体系,从多个角度和方面进行考察与分析,才能反映出经济效益的全貌。设置工业经济效益评价体系大体上要遵循这样几条原则:

第一,必须以马克思主义经济理论和哲学观点为指导,以社会主义初级阶段理论和党的方针、政策为依据,充分体现社会主义市场经济的特征,充分反映社会主义经济效益的基本要求。

第二,要根据经济效益的内涵,全面、系统、准确地建立评价体系。将当前效益和长远效益、局部效益和整体效益、微观效益与宏观效益、直接效益与间接效益、经济效益与社会效益等有机地结合起来。

第三,从需要出发,经济效益的调查内容应当完备,以利于从各个方面考察工业经济效益,但又要注意实际的可行性,并照顾各个层次、各个环节的不同要求,一般是上粗下细。全国一般只设计一些通用的基本调查内容;各部门可根据行业特点,适当补充一些在系统内实行;企业则除了按上级要求进行调查外,还应按照各职能部门和车间班组的职责,层层分解调查内容,落实到各岗位。

四、工业经济效益调查的内容

(一)反映工业劳动消耗(或占用)的经济效益

反映工业劳动消耗(或占用)的经济效益,是通过将工业生产经营成果量与工业劳动消耗量(或占有量)进行对比,一般的表达形式是:

$$\text{工业劳动消耗(或占用)经济效益} = \frac{\text{工业生产经营成果量}}{\text{工业劳动消耗量(或占用量)}}$$

反映工业劳动消耗(或占用)经济效益的调查内容,主要有以下几种:

1. 工人实物劳动生产率

工人实物劳动生产率是指每一工人在调查期内生产的产品产量或产值。

2. 全员劳动生产率

全员劳动生产率是指平均每个职工在调查期内生产的产品产量或产值。

3. 单位劳动量利润率

单位劳动量利润率,也叫做利税率,是指每百元工资在调查期内创造的利税总额。

4. 工资产值率或利润率

工资产值率或利润率是指每百元工资在调查期内创造的产值。

上述内容反映了劳动消耗为企业创造的产量、产值、利润和税金的效益。它们的数值越大,说明经济效益越好。提高劳动生产率和充分利用劳动工时,意味着劳动的节约。在生产等量的产品中,劳动消耗的节约表示经济效益的提高。由于劳动消耗的节约所取得的经济效益,可以计算如下:

由于工时利用率超过计划而增加的产值:

月增加的产值 = 工人数 ×(每人月内实际工作工时数 - 每人月内计划工作工时数)× 工人计划时劳动生产率

由于时劳动生产率超过计划而增加的产值:

月增加的产值 = 工人数 × 每人月内实际工作工时数 ×(工人实际时劳动生产率 - 工人计划时劳动生产率)

以上二者相加即得到节约劳动消耗而提高的经济效益:

节约工人数 = 月增产总额 ÷ 工人月计划劳动生产率

对以上其他内容也可作类似的分析。

(二)反映物质资料消耗(或占用)的经济效益

反映物质资料消耗(或占用)的经济效益,是通过工业生产经营成果量与工业物质资料消耗量(或占用量)进行比较的,即:

$$\text{物质资料消耗(或占用)经济效益} = \frac{\text{工业生产经营成果量}}{\text{工业物质资料消耗量(或占用量)}}$$

物质资料消耗(或占用)的经济效益,是说明原材料、燃料、动力、厂房、设备等劳动资料、劳动对象消耗(或占用)所提供的生产经营成果,其基本内容包括:

1. 各种单位产品原材料、燃料、动力消耗量

例如:高炉入炉焦化,吨钢耗铁量,吨钢耗电量,百米棉布用纱量,等等。这类内容的大多数是用物质资料消耗经济效益的逆形式表示,物质资料消耗越少,效益越好,是按"最小支出原则"考察和评价的。

2. 各种原材料利用率

包括成材率(或出材料)、回收率、回采率等。例如,原木成材率、钢材成材率、锯材出材率、焦炭结焦率、冶炼总回收率、煤炭回采率等。这类内容是用物质资料消耗量经济效益正形式表示的,是按"最大效果原则"考察和评价的。

3. 流动资金占用的经济效益

这类内容说明调查期内单位流动资金所提供的生产经营成果量。如:百元产值占用流动资金,即流动资金占用率;百元流动资金提供的利税额,即流动资金利税率;流动资金周转次数;流动资金周转天数,等等。除流动资金占用率与流动资金占用天数外,其他都用物质资料占用的经济效益的正形式表示,其值越大,效益越好,是按"最大效果原则"考察和评价的。

4. 固定资产占用的经济效益

这类内容说明调查期内单位固定资产占用额所提供的生产经营成果量。如:百元产值占用的固定资金,即固定资金占用率;百元固定资金提供的利税额,即固定资金利税额,等等。除固定资金占用率外,其他都是用物质资料占用经济效益正形式表示,是按"最大效果原则"观察和评价的。

5. 各种设备利用的经济效益

各种设备利用的经济效益,是说明调查期内单位设备所能提供的生产经营成果量。如:平炉利用系数,电炉利用系数,高炉利用系数,等等。这类内容是用物质资料占用经济效益的正形式表示的,其值越大,经济效益越好,是按"最大效果原则"观察和评价的。

(三)反映劳动占有与有用成果的对比

在产品生产过程中,除了消耗一定的劳动和物质资料外,还要占用相当大的一部分物质资料,如厂房、机器设备、原材料储备、在制品储备等。经济效益调查不仅要分析劳动消耗的效益,还应当分析劳动占有的效益。这类内容包括:

1. 主要生产设备生产量。

2. 主要生产设备综合利用率。

3. 产值资金率。它包括:(1)百元产值占用固定资产;(2)百元产值占用流动资金。

4. 资金产值率。它包括:(1)百元固定资金提供的产值(固定资金产值率);(2)百元流动资金提供的产值。

5. 流动资金周转次数。

以上内容反映了劳动占有的利用效益。如固定资金产值率说明单位固定资金提供的产值越多,固定资产利用的效益越好;单位产值占用的流动资金越少,说明生产过程中流动资金利用效果越好。流动资金周转的速度(次数或天数),是从流动资金的全部周转过程来反映流动资金利用的效果的。

(四)反映满足社会需要的经济效益

这类内容主要是从产品的使用价值方面观察的,如:产品的质量是否好,花色品种是否齐全,是否

适销对路,产品是否积压,等等。

1. 产品质量

如:产品合格率、废品率、等级率、一等品率、优等品率等。

2. 产品花色品种状况

通过产品品种自给率、产品品种计划完成率等,反映产品花色品种现状和提高及发展情况,这类内容是按"最大效果原则"观察和评价的。

3. 产品适销对路状况

通过产品实现率、产品库存率等内容反映适销对路状况。前一项反映本期产品生产量在本期的销售状况,其值越大,效益越好,是按"最大效果原则"观察和评价的;后一项反映本期产品生产量的库存状况,其值越小,效益越好,是按"最小支出原则"观察和评价的。

第十二篇　市场调查

第一章　市场调查概述

第一节　市场调查的基本问题

一、市场调查的概念

市场调查是运用科学的方法和技术，有目的、有计划、系统而客观地搜集、记录、整理有关市场经济运行状况及其变化规律的一项认识活动。因此，市场调查具有以下基本特征：

（一）市场调查具有明确的目标

市场调查的目的是了解市场经济现象和活动过程的有关信息资料，为宏观调控、微观经营决策提供科学依据。它不是人们对市场经济现象无目的的、随机的、一般的观察和了解，也不是人们对市场经济现象零散的、片面的观察和了解。

（二）市场调查具有系统的程序

市场调查活动涉及面广，是一项极其复杂而细致的工作。为了提高工作效率，市场调查必须按照先后顺序经过准备调查、正式调查和结果处理三个阶段进行，从而确保调查的质量，使其可靠有效。

（三）市场调查具有科学的方法

市场调查的方法是科学的，而不是主观臆测的。要正确认识市场经济发展规律，必须从市场经济的实际情况出发，坚持实事求是，克服主观片面性。科学的调查方法包括直接观察法、询问法以及实验法等。

二、市场调查的类型

根据市场调查研究问题的不同性质和目的，市场调查可分为以下四种类型：

（一）探测性调查

探测性调查也称为非正式调查，它是当调查者对需要调查的问题不太清楚，没法确定需要调查哪些具体内容时的试探性调查。它帮助查明问题产生的原因，找出问题的关键，确定进一步调查的重要内容，以便再采用其他类型的调查。

（二）描述性调查

描述性调查也称记忆性调查，是指为了描述事物状况特征而进行的调查。市场调查多属描述性调查。主要是实事求是地深入实际调查研究，搜集情况和整理有关实际情况和资料，并如实地加以描述和反映。如市场商品可供量调查、商品购买力调查、耐用消费品普及率调查等等。

（三）因果性调查

因果性调查也称解释性调查，是指为了要分析求证某一现象是否与特定的因素有关系，或者某一现象是否依赖于特定的因素而进行的调查研究，也就是为了弄清“为什么”的问题而开展的调查研究。例如，某消费品的需求量明显上升，可能是因为职工增加工资，发放奖金等。因果性调查就是要在描述性调查的基础上，收集有关市场变化的实际资料，并运用相关的分析方法，找出它们之间的因果关系，从而预见市场经济的发展变化趋势。

（四）预测性调查

预测性调查是为了预测事物今后某一特定时期内的发展变化状况而进行的市场调查。它是在描述性调查和因果性调查的基础上，对市场经济运行趋势所进行的估算、预计和推断。这种调查通常寻找当事人或有关决策者，请他们提供对未来时期的打算。例如，向有关方面调查了解作为市场体系培育重点的各要素市场发展变化趋势。

三、市场调查的基本方法

市场调查研究市场运行现象总体的数量表现，需要运用一系列的科学方法，主要包括：

（一）分组法

分组法是根据一定的分类标准将市场运行总体划分为若干个部分。由于市场经济活动是纷繁复杂的，不同领域、不同类型的市场经济活动，既有某些共同的特点，又有质或量上的种种差异。通过分组，可以揭示其类型特征，研究其内部结构，分析其相互之间依存关系，以便反映现象总体的本质属性和演变规律。

（二）对比分析法

对比分析法，就是运用辩证唯物主义的理论和原则，利用两个或更多的标准进行纵的或横的、时序的、空间的对比方法。由于市场经济活动不是孤立的、静止的，而是具有内在联系的动态发展过程，因此，通过对比分析，可以全面、系统地反映市场经济的发展速度、结构比例以及协调程度，以揭示市场运行过程中的必然联系和规律。

（三）因素分析法

市场运行过程中存在着许多主客观影响因素，他们之间相互联系、相互制约，交错地发生作用。这些因素组成的数量关系类型多种多样。因此，市场调查可以广泛地运用因素分析法，从数量方面分析市场经济现象变动中各种因素发生作用的影响程度，揭示影响市场经济发展规律中的基本因素和主要因素，为认识市场经济现象本质提供客观依据。

（四）模型分析法

模型分析法是根据某种经济理论和某些假设条件，用数学方程式模拟现实现象间相互关系的一种分析方法。运用这种方法，可以对复杂多变的市场经济现象运行过程中存在的依存关系进行量化描述，可以简化客观现象复杂的经济数量联系，以揭示市场运行中最本质的内在联系。运用模型分析法，对市场经济现象既可以进行模拟分析，也可以进行预测和决策分析等，从而有助于市场经济量化分析水平的提高。

（五）综合评价法

市场调查所研究的对象，大多是多因素、多变量构成的总体现象。要对这种复杂多变的现象进行定量描述,就要考虑构成总体的各种因素和变量,研究它们的发展变化情况,将这些情况综合后,方能从总体上对研究对象作出评价。然而,这种综合在实践中较为困难。由于反映复杂现象的多指标的性质不同及其变动幅度等差异,人们很难直观运用众多变量对现象作出实际的评价,只有借助于综合评价法。

综合评价法就是将不同性质的变量转化为能够进行对比的变量,进一步综合为一个具体的具有可比性的综合变量的方法。它可以从总体上展示分析对象的规模大小、水平高低及发展协调性、结构优化等,对深化认识市场经济现象及本质具有重要意义。

四、市场调查的组织形式

在进行市场调查时,根据所要搜集资料的特点,可以采取不同的组织形式:

(一)经常性的搜集、整理和积累

这种形式适用于搜集现成或第二手资料。现实中,各级政府机关、科研单位或企业内部,国内外的报刊杂志或广播、电视,每天都掌握和发布大量的信息和数据,只要有专人注意积累,并善于鉴别、加工,便可以从中获取许多有价值的情报。这种调查形式可以节省费用,能发挥电子计算机的功能,满足多种需要。

(二)结合有关市场经济活动随时搜集

这种形式耗费甚少,若组织得好,收效较佳。例如,结合大部分厂家购销活动记录各方面对商品需求的意向,就可以对市场商品的供需作出一定的调查。

(三)根据调查对象、任务的不同分别采用全面调查或非全面调查

它们适合于系统掌握第一手详细资料的要求。与此相应,这类组织形式的人力物资消耗也较多,需要妥善地组织和规划。其中,全面调查可以分为普查和定期的报表,非全面调查主要有重点调查、典型调查等。

五、市场调查的程序

市场调查的程序是指一项正式的市场调查,包括从调查准备到调查结束全过程的工作先后阶段和具体步骤。一般而言,市场调查可以分为三个阶段进行。

(一)准备阶段

准备阶段是调查工作的开始。为了保证市场调查的顺利进行和保证调查质量,必须充分周到地做好一切准备工作。在准备调查阶段必须着重解决调查目的、对象和范围等问题。为确保找准应该调查的问题,主要准备工作可包括初步状况分析和非正式调查两个步骤,以求确定调查主题。

(二)正式调查阶段

正式调查阶段是整个市场调查过程中的关键部分。该阶段工作的质量直接关系到市场调查能否达到正确、及时、完整、节约的基本要求。正式调查阶段基本上可以分为以下五个步骤:确定调查目的和内容、确定调查对象和方法、制定调查计划、抓好组织准备工作、进行实地调查。

(三)结束调查阶段

结束调查阶段是得出调查结果的阶段。这是调查全过程的最后一个环节,是市场调查能否充分

发挥作用的关键。这个阶段的工作分为整理分析资料和提出调查报告两个步骤。

第二节　市场运行中的市场调查

一、市场运行中的基本概念

市场运行是市场主体、客体等相互作用的过程。在各类市场的运行中,众多的流通机构、消费者通过商品买卖,实现了商品由生产领域向消费领域的转移,因此,市场的核心在交易,而交易的顺利进行,关键在于健全的市场体系。在此,我们首先对市场运行的一些概念予以说明。

(一)市场体系

市场体系是指从市场运行的客观实际出发而建立的普遍联系的市场系统。市场体系的构成,可以从不同的角度进行分类,形成纵横交错的市场网络。从市场主体的构成来看,有所有权市场、占有权市场、使用权市场;从市场客体构成看,有商品市场、金融市场、劳动力市场、技术市场、信息市场、产权市场、房地产市场;从市场时序构成看,有现货市场、期货市场;从市场地域构成看,有城市市场、农村市场、地方市场、全国市场和世界市场。在市场经济条件下,具有广泛联系的各类市场之间是协调统一的关系。它们在交换中相互联系、相互制约、相互作用,并由此形成有机组合的庞大系统。在这个庞大的系统中,各类市场都有自己的特点和作用。其中,商品市场是市场体系的基础,金融市场是市场体系的枢纽,劳动力市场是市场体系的动力。这三大市场是市场体系的三大支柱,离开了这三大市场,市场经济就不可能顺利运行,资源优化配置的目标也就难以实现,所以市场体系是市场运行的载体。

(二)市场机制

所谓市场机制,主要是指在市场交换过程中,价格、供求、竞争等各种要素对经济活动的制约机能或调节作用。市场机制主要有价格机制、供求机制、竞争机制、风险机制等。这些机制的相互联系和作用,构成市场运行的机制系统,在其运动中调节着社会生产和流通活动,而它们对于商品生产者的作用,又都与市场经济的基本规律即价值规律相联系。市场供求关系、市场竞争、市场价格等因素都是在价值规律的支配下发挥作用,无论商品市场,还是要素市场,都要按照等价交换、平等竞争的原则进行交换。在这些机制中,价格机制是市场经济的核心。要发展市场经济,使各个企业能够在大体相同的条件下开展竞争,就必须理顺价格关系,建立合理的价格体系。

(三)市场组织

市场组织,主要是指介于国家与企业之间或企业与市场之间的中介组织。市场中介组织包括商业、金融业等商品和货币的组织,信息、保险等为市场和流通服务的组织,以及科技、教育、文化、卫生等其他社会组织。这些中介组织是社会分工发展的必然产物,也是各类市场功能正常发挥的服务系统。市场中介组织的存在,有助于市场流通主体之间交易结算、商务代理、信息获取等,有利于简化交易程序和交易手续,提高交易效率,降低交易成本。

二、市场运行与市场调查

在现代市场经济条件下,作为市场经济主体的企业,是社会生活中的盈利性经济实体,其生存和发展所进行的活动必须遵循经济规律。它应根据社会需求和自身能力进行投资决策，组织市场和销售活动，让回流的资金带来利润和货币的增值，以维持企业生存，并进一步扩大生产经营规模，寻找企业发展的更大机遇。因此，政府为企业提供相关的信息平台是使市场良好运行的条件。

另外，现代市场经济是一种伴有政府宏观调控的由市场导向配置资源的新型市场经济。市场运行良好状态的标志是均衡、稳定、公平与高效率，其前提是国民经济总量平衡与内部结构的合理配置，并由此决定市场供求的均衡与稳定。这一切完全靠市场自身条件很难实现，必须依靠国家的干预，只有国家才具有这种调控的力量和条件。准确的宏观调控需要高效、迅速、完善的服务信息服务系统。这个系统既是宏观决策的参谋部和分析判断中枢，又是宏观调控运行中的资料库和信息处理中心，能为宏观调控决策提供认识、判断、分析、决策的科学依据。

从上可以知道，信息已经成为一种特殊的经济资源，市场经济的发展和完善离不开信息的采集、提炼和使用。调查作为信息采集的一个重要组成部分，处于社会经济信息系统的主导地位，必然随着社会主义市场经济体制的发展，发挥日益重要的作用。

三、市场调查的任务与作用

市场调查可以给我们提供有关市场各方面的真实情况，作为对市场运行的认识基础。具体来说，市场调查可以有信息、咨询和监督三个主要的任务和作用。

（一）提供市场信息

通过市场调查，获取第一手的调查资料，可以对市场运行过程进行系统的观测，其资料也为反映市场运行过程的全貌提供全面的、系统的市场经济运行信息，这些信息对于认识市场、管理市场等都具有重要的意义。

（二）进行市场咨询

市场经济调查通过科学的调查手段和分析方法，先进的数据处理技术，深入对市场活动的重大问题进行研究，为完善市场经济体制、实行科学决策提供可选择的咨询建议和对策方案。当前，我国正处于经济转型时期，有许多新问题需要解决，这就需要我们从实际出发，实事求是地进行调查，对我国市场经济活动进行分析研究，比较优劣，总结经验与教训，从中采纳合理的意见和可行的对策方案。

（三）实行市场监督

各级政府可以通过市场经济调查部门，根据搜集的信息资料，进行加工整理和分析研究，及时、准确地从总体上反映市场运行状况，并对其作全面系统的定量检查、监督和预警，以促使有关管理部门及时采取有效措施，保证市场经济健康发展。

市场经济调查的三种作用是相辅相成、互相联系的。市场调查及时准确地提供信息为市场咨询提供了可靠的依据，同时，信息和咨询职能有利于市场监督的实施。

第三节　市场调查中的测量问题

一、测量的含义

在市场调查研究中，往往需要把某种现象描述出来，而这种描述不能仅仅是纯理论的，同时调查过程还需要使大家对事物的认识程度转换为可以描述的数据。如消费者对某类商品的偏好,可以定义为消费者对某类商品的喜欢状况。但这种定义无法具体指明消费者对该类商品喜欢的程度,因而不是调查过程中操作化的定义。所谓操作化的定义是指定义可以改变成能够测量的过程,即由抽象到具体的过程。消费者偏好,可以通过设计问卷,并对若干问题回答的结果进行评判得到定义,这就把理论定义转化为了操作定义。

所谓测量,就是根据一定法则,给事物或事件分配一定的数字或符号。如测量消费者的偏好可以这样描述:根据对某类商品的喜好程度分配100~0的数字。很喜欢给100分,一点儿不喜欢给0分,介于二者之间的分配中间的数字。于是,0~100这些抽象的数字符号就依据上述规定的法则,表示消费者对某类商品的偏好。测量的作用在于准确的度量和比较。事物只有通过测量,才可能选择适当的方法,对调查结果进行相应的分析和计算,做到"心中有数"。

二、数据的层次

在实际调查过程中,许多经济现象必须转化到调查表格中,用来测量不同的经济问题,这种测量因为现象的性质不同,所采用的测量层次不同,相应地得到不同层次的测量数据。

(一)分类数据

只能归于某一类的非数字型数据,称为分类数据。分类数据是对事物进行分类的结果,数据则表现为类别,是用文字来表述的。例如,人口按照性别分为男、女两类;企业按照经济性质分为国有、集体、私营、合资、独资企业等,这些均属于分类数据。

在分类数据中,各类别之间是平等并列关系。无法区分优劣或大小,各类别之间的顺序可以任意改变。因此分类数据只具有等于或者不等于的数字特征。虽然分类数据只是表现为某种类别,但为了便于数据的处理,特别是为了调查以后的计算机处理方便,我们可以对不同类别用不同的数字或编码来表示。比如用"1"表示男性人口,"0"表示女性人口。这些数字只是给不同类别的一个代码,并不意味着这些数字可以区分大小或进行数学运算。

(二)顺序数据

只能归于某一有序类别的非数字型数据,称为顺序数据。顺序数据也是对事物进行分类的结果,但这些类别是有顺序的。比如将产品分为一等品、二等品、三等品、等外品等;考试成绩可以分为优、良、中、及格、不及格等;一个人受教育的水平可以分为小学、初中、高中、大学及以上等等,这些均属于顺序数据。

顺序尺度的计量结果虽然表现为类别,但这些类别之间是可以比较顺序的。很显然,顺序数据要比分类数据精确一些,它除了具有等于或不等于的数学特性以外,还具有大于或小于的数学特性。

(三)数值型数据

数字尺度测量的观察值,称为数值型数据。数值型数据是使用自然或度量衡单位对事物进行计量的结果,其结果表现为具体的数值。比如,收入用人民币元度量,考试成绩用百分制度量等,其结果都表现为具体的数值。因此数值型数据可以进行加、减、乘、除运算。

分类数据和顺序数据说明事物的品质特征。通常用文字来表述的,其结果均表现为类别,因而也可以统一称为定性数据。数值型数据说明的是现象的数量特征,通常用数值来表现,因此也可以称为定量数据。

在市场调查中，不同类型的数据，其数学性质不同，因而在调查表格设计、资料整理和分析过程中，往往采用不同的处理方法。我们必须注意调查整个过程中的方法和测量以及数据类型的对应关系。

第二章　市场运行条件调查

第一节　市场从业人员调查

一、市场从业人员调查的范围

要了解从事市场经营活动的劳动力多少，就必须调查市场从业人员数。市场经营活动人员，指在各类市场企业中从事一定的经营活动并取得劳动报酬或经营收入的全部劳动力，包括职工、再就业的离退休人员以及在各企业中工作的外方人员和港、澳、台人员。它由职工和其他从业人员两部分组成。

职工，是指在国有经济、集体经济等各种类型的企业中，从事经营活动并取得工资的各类人员，由合同制职工和企业使用的临时职工两类人员组成。所谓合同制职工，是指通过签订有固定期限劳动合同所使用的职工，包括实行全员劳动合同制单位的职工。企业使用的临时职工，则是指在各种经济类型所属的企业单位的职工中，保持的是临时的劳动合同关系的从业人员。

其他从业人员，是指各类市场中所有企业职工以外的全部参加企业经营、管理、服务工作并取得劳动报酬的人员，包括再就业的离退休人员以及在企业工作的外方人员和港、澳、台人员。

由此可见，确定市场从业人员的标志应以是否专门或主要从事市场经营活动为准。

二、市场从业人员调查的基本内容

市场从业人员调查的主要内容包括两个方面，即市场从业人员人数和市场从业人员平均人数。

（一）市场从业人员人数

市场从业人员人数是指计算期最后一天（例如年末最后一天）实际拥有的人数。这是了解市场从业人员的一个必要数据。为了防止遗漏或重复，在设计调查表格的说明中就必须详细说明填写的原则，一般采用“谁发工资谁填报”的原则，不论是否出勤，目前是否在本单位工作，只要在本单位领取工资，就应包括。将调查所得的各个单位从业人员加总，就是本地区的从业人员总数。

（二）市场从业人员平均人数

平均从业人数是指在整个调查分析时间内平均每天拥有的从业人员数，计算平均从业人数有利于不同时期、地区之间进行对比，也是计算劳动效率和平均工资的基础。

平均从业人数的计算，应按照长期从业人员和临时从业人员的不同情况，采用不同的方法。

长期从业人员变动一般比较少，掌握的资料比较齐全，所以可以直接采用调查时段的期初和期末平均数。

调查期平均从业人员数 =（调查期初实有从业人员数 + 调查末实有从业人员数）÷2

如果在调查期间开业的企业纳入到调查范围，就应该将上述公式中的期初实有从业人员换为开业时的从业人员，以避免重复计算等问题。如果调查的数据比较详细，可以利用更加精确的计算方法，但对于一般的市场运行，我们利用期初和期末的平均数了解即可。

有些市场从业人员流动比较大，在调查时必须计算临时从业人员平均数。如果临时从业人员在调查期间比较稳定，可以参照长期平均从业人数计算方法进行计算；如果在调查分析期间临时从业人员变动比较大，临时从业平均数可以使用以下方法进行计算：

临时从业人员平均数 = 调查期间临时从业人员总工日数 ÷ 工作日数

三、市场从业人员调查分析

取得从业人员调查的基本数据以后，我们可以利用其数据对市场运行的人的因素作大致分析。

（一）市场从业人员对比分析

要考察市场经营人员的多少，不能只看绝对数，还要考虑到其服务对象，其他行业人员等等。所以，可以计算平均每一市场经营从业人员为多少居民服务，或者说，市场经营从业人员占人口总数多大比例，看其是否合理。

此外，也可以计算商品市场从业人员与要素市场从业人员的比例关系，以及各类市场之间从业人员的比例关系等，用以考察研究市场体系发育过程中各类市场从业人员配置的合理数量界限。

（二）市场从业人员变动分析

市场经营从业人员，从目前我国总体趋势来讲，增加是比较快的，但从一时一地一单位来看，则会有增有减，故要具体分析其变动。

首先，要从总数上计算从业人员净增减数，根据不同调查目的，或者以期末平均从业人数减期初平均从业人数，或者以期末人数减去期初人数求得。

其次，为了掌握市场经营从业人员人数变化的原因，根据调查所取得的数据，可以通过如下平衡关系进行分析：

期初人数 + 期内增加人数 = 期内减少人数 + 期末人数

运用这种平衡关系方法，可以分析调查期内市场经营从业人员增加、减少的累计流动量及其占全部从业人员总数的比重，以此说明市场经营从业人员队伍的更新速度或稳定状况，进而对市场运行条件进行详细了解。

当然，利用从业人员的调查资料，结合市场商品销售额等资料，可以分析市场经营的劳动效率等一些问题，对此我们将放在劳动力市场中进行分析。

第二节　劳动力市场调查

市场从业人员调查只是对市场运行条件人的因素的一个大致了解，至于深入的分析，还需要结合劳动力市场情况进行分析。

一、劳动力市场概述

(一)劳动力商品的特点

劳动力是劳动者所具有的劳动能力,即劳动者全部体力和脑力的总和。劳动力是社会生产中最基本的资源,也是市场运行所需要的基本条件,在市场经济条件下,劳动力资源也可以作为一种商品,通过市场交换为各经济单位使用。与一般的商品比较,劳动力商品具有如下特点:

1. 劳动者是劳动力的惟一所有者。任何经济单位只能有偿使用劳动力,而不能占有劳动力,因此,劳动者是劳动力的惟一提供者。

2. 劳动力具有异质性。社会化大生产所形成的明细分工,劳动培训的高度定向,使劳动力存在本质的差别;受教育程度不同使劳动者的综合素质存在差异。这些差别是形成不同劳动力市场的基础。

3. 劳动力需求是一种派生需求,从属于其他商品的需求。一个国家或地区经济活跃,商品需求旺盛,就可以创造较多的就业机会。

(二)劳动力市场及其分类

劳动力市场是分配劳动力资源的一种方式。按照这种方式,企业和劳动者在价值规律指导下,进行自主的双向选择,形成劳动力在不同地区、不同部门和不同企业间的分配。

劳动力市场可按照不同的标准进行分类,如按照行政区划分为不同地区的劳动力市场,按照职业区分为不同职业的劳动力市场等等。我国劳动力市场尚处于发展阶段,目前,已形成的劳动力市场主要包括:劳务市场、就职市场和人才市场。劳务市场是一种服务型的劳动力市场,供给方提供劳务并取得报酬,需求方得到服务并支付报酬。就职市场即职业市场,其基本功能是解决劳动力就业问题,此外,可为在职人员流动提供正常渠道。人才市场指具有专门知识和技能的人通过市场媒介实现其流动的场所。

在市场调查中应该结合本地区的特点,对不同的市场调查有所侧重。

二、劳动力供需市场调查

(一)劳动力供给调查

劳动力市场供给量就是一定时期内、一个国家或地区劳动力市场上可供企业单位使用的劳动力数量。劳动力市场供给量主要由下列三个因素决定:第一,由劳动适龄人口决定的劳动力资源总数;第二,劳动适龄人口中自愿选择参与劳动的那部分人所占的比率,即劳动参与率;第三,参与劳动的人愿意选择提供的工作时间,即劳动工时数。劳动力供给调查可以调查上述三个指标。针对我国的具体情况,经常使用的或最主要的就是劳动力资源总数。

劳动力资源总数是指在劳动年龄内,具有劳动能力,可能或实际参加社会劳动的人口数。我国规定劳动年龄为:男的在16周岁以上,59周岁以下;女的在16周岁以上,54周岁以下。劳动年龄内的人口称为适龄劳动人口。在劳动年龄人口中不属于劳动力资源总数的有:(1)在押犯人;(2)丧失劳动能力的人员。

可见,劳动力资源总数是由人口规模,特别是适龄劳动人口数量决定的。如果人口年龄构成不变，人口规模越大，劳动力资源量越多；人口规模越小，劳动力资源越少。若人口规模不变，适龄人口越多，劳动力资源量越多；反之，则少。人口规模及适龄劳动人口的变化制约着劳动力资源总数的变化。所以地方政府应该对劳动力资源的各种情况有所了解，调节劳动力市场。

劳动力资源总数可分成经济活动人口和非经济活动人口。在我国，经济活动人口指在劳动年龄内而有劳动能力、参加或要求参加社会经济活动的人口，包括从业人员和失业人员；非经济活动人口，指在劳动年龄内虽有劳动能力而未参加或不要求参加社会经济活动的人口。包括(1)16周岁以上在校学生；(2)待学人员；(3)离退休不再要求就业的人员；(4)家务劳动者；(5)无就业意愿的其他人员。现实生活中，从业人员中还存在16周岁以下的从业人员，我国法律规定这属于非法用工，计算时不包括这部分人口。

根据上述可知，调查中，劳动力资源总数构成如下表12—2—1：

表12—2—1　劳动力资源总数构成

<table>
<tr><td colspan="5">16周岁以上人口(适龄劳动人口)</td></tr>
<tr><td colspan="3">劳动力资源总数</td><td rowspan="3">在押犯人</td><td rowspan="3">丧失劳动能力的人口</td></tr>
<tr><td>非经济活动人口</td><td colspan="2">经济活动人口</td></tr>
<tr><td>16周岁以上的在校学生
待学人口数
离退休不再要求就业人员
家务劳动者
无就业愿望的其他人员</td><td>失业人员</td><td>从业人员</td></tr>
</table>

由表可知，劳动力资源总数是潜在的劳动力供给量，或可供劳动力供给量。在一国或一个地区中，可供劳动力资源的相对数通常用劳动力资源总数占人口总数的比重来反映，具体计算如下：

劳动力资源占人口比重＝劳动力资源总数÷总人口数×100%

通过对劳动力资源总数的调查，可以了解市场运行中劳动力情况，以便制定相应的劳动力调控措施。

(二)劳动力需求量调查

劳动力需求分为现实需求和潜在需求。现实需求指通过在业人员或就业人数实际表现出来的需求。潜在需求指已存在而未能实现的需求。劳动的潜在需求不易掌握，一般需要根据专门的抽样调查推算。现实需求量可以通过调查在业人数即社会劳动者人数和就业人数两个数据，从不同角度加以反映。

在业人数是指从事一定社会劳动并取得劳动报酬或经营收入的全部劳动力总数。就业人数是指调查期内参加社会劳动或者重新参加社会劳动，加入到社会劳动者范围内的劳动力总数。两者的区别是：在业人数指调查时的某一个时点“已加入”社会劳动的劳动力总数；就业人数指调查期内“新加入”社会劳动的劳动力总数。在业人数可反映调查的某一段时间劳动力现实需求的总体格局；就业人数着重反映调查期间新增需求的情况。

另外，劳动力需求受到劳动生产率、投资率等的影响，所以，有些劳动生产率、资金等数据对劳动力需求作侧面的推算。同时,也有利用失业率和就业率等来反映需求状况的,这些本质上与劳动力市场的供求有关,所以,我们把其放在后面论述。

(三)劳动力市场供需平衡调查

劳动力市场供需的实现,则形成就业人口,若劳动力市场需求不足,会造成失业人口。劳动力就业和失业是各国或者各地区政府关心的一个重要问题,也是市场运行中考察劳动力供需平衡时常用的一个指标。

1. 劳动力就业调查

就业人员数表明就业人数规模的大小,就业规模又取决于劳动适龄人口的多少,为此,我们在此主要讨论就业率这个相对数。

调查经常需要取得的就业率指标有以下一些:

劳动力资源就业率 = 从业人数 ÷ 劳动力资源总数 × 100%

这一指标反映了劳动力资源的利用程度,即在调查分析时期内劳动力资源中实际被利用人员的比重。

经济活动人口就业率 = 从业人数 ÷(从业人数 + 失业人数)× 100%

这一指标反映了调查分析时期内可能参加社会劳动的人数中,实际从业人数的比重。

城镇就业率 = 城镇从业人数 ÷(城镇从业人数 + 城镇失业人数)× 100%

这一指标反映了调查分析时期内城镇可能参加社会劳动人数中,实际就业人数的比重。

2. 劳动力失业调查

失业有自愿失业和非自愿失业两种,一般自愿失业不在失业调查的范围之内,所以在计算失业率时也不包括自愿失业的人数。

我国1994年将失业人员正式纳入劳动力市场的调查指标。我国失业人员是指在劳动年龄内,有劳动能力,在调查期间无工作并以某种方式正在寻找工作的人员。目前我国一般公布的城镇失业人员,其定义是指具有非农业户口,在一定劳动年龄内(16岁以上及男50岁以下、女45岁以下),有劳动能力,无业而要求就业,并在当地就业服务机构进行求职登记的人员。在调查时,我们不仅要观察原始的一些失业率,还要察看一些新的现象。

失业率是分析市场运行的一个重要指标,也是反映劳动力配置的重要指标之一,其主要的取得方式如下:

失业率 = 失业人数 ÷(失业人数 + 就业人数)× 100%

　　　= 1 - 就业率

我国在调查中,主要使用的还有城镇失业率。其取得方式如下:

城镇失业率 = 城镇失业人数 ÷(城镇从业人数 + 城镇失业人数)× 100%

　　　　　= 1 - 城镇就业率

三、劳动力市场价格调查

劳动力市场价格的货币表现就是工资,它是劳动力市场上由供求双方根据市场供需状况、国家有关法规和政策要求,以协议形式确定的。这种以劳动力市场调节为基础形成的工资,即为市场工资。我国原来在计划经济体制下,受高度集中的工资管理体制约束,工资收入对劳动力市场价格的反映采取某种扭曲的方式。随着我国社会主义市场经济体制的建立,工资制度改革进一步深化,劳动合同制工人日益增加,劳动力市场价格调查在很大程度上可以用于分析市场运行的情况,并以此为产业的发展政策提供一定程度上的支持。在劳动力市场价格调查中,经常需要取得的是货币工资和实际工资等相关数据。

(一)货币工资调查

货币工资又称名义工资,是相对于实际工资而言的,通常包括正常工作时间的工资,超过工作时间的津贴,未工作时间的报酬(如节假日、病假津贴等),各种奖金等。在我国,货币工资的计算范围是:一定时期内职工从单位内得到的全部工资,包括计时工资、奖金、津贴和补贴、加班加点工资、特殊情况下支付的工资(如附加工资、保留工资等)。计算原则以直接支付给职工的全部劳动报酬为依据,不论是以货币形式支付的,还是以实物形式支付的,是记入成本还是不记入成本的,都列入计算范围。

在劳动力市场,为调查了解不同职业、产业以及地区的工资水平差异,确定劳动成本,协商劳动争议,都需要调查平均货币工资。平均货币工资是指在调查期内职工平均每人所得的货币工资额。具体计算方式如下:

平均货币工资 = 调查期内工资总额 ÷ 调查期内职工平均人数

在许多市场经济国家,平均货币工资常以小时、日、周计算,通常称以小时工资计算的平均货币工资为工资率,用以表示劳动力市场价格。所以,在调查时,我们对于流动性比较大的职业类别可以调查其工资率。

有时还需要调查研究不同时期工资水平变动情况,就需要计算平均货币工资指数:

平均货币工资指数 = 计算期平均货币工资 ÷ 对比时期平均货币工资 × 100%

(二)实际工资调查

实际工资是指扣除物价变动因素后的工资收入,实际工资可以反映劳动力得到的工资额的真实价值,即劳动力所得名义工资实际能够买到的商品和劳务的数量。

在大多数市场经济国家中都用消费价格指数来消除物价变动对工资收入的影响,计算平均实际工资。在我国调查中,平均实际工资是以职工生活费价格指数计算的,所以,在通过市场调查得到相应的货币工资以后,可以采用如下计算方法分析我国的平均实际工资和平均实际工资指数。

平均实际工资 = 调查期内平均货币工资 ÷ 同时期职工生活费价格指数

平均实际工资指数 = 调查期平均货币工资指数 ÷ 同时期职工生活费价格指数

四、劳动力市场交流调查

劳动力要素通过市场配置实现流动优化组合达到合理使用,在调查分析劳动力市场时,有必要调查劳动力交流方面的内容。劳动力交流方面调查的主要内容包括劳动力市场化程度、劳动力交流实现程度和劳动力供需适应程度等方面。

(一)劳动力市场化程度调查

在劳动力计划配置向市场配置转变过程中,合同制在业劳动者的存在,意味着将来在履行合同过程中重新进行劳动力交换的可能性,是劳动力市场得以生存发展的基础。合同制在业劳动者的增加,

表明劳动力要素市场化可能性程度增加。所以,可以调查劳动力要素市场化系数指标,分析劳动力市场化程度,其具体计算方法如下:

劳动力要素市场化系数=合同制职工人数÷全部职工

上述公式中劳动力要素市场化系数是从劳动力市场供给主体反映劳动力要素市场化程度的。如果调查中能够取得通过劳动市场实现就业的人数的话,我们也可以利用以下公式计算劳动力要素市场化系数:

劳动力要素市场化系数=通过劳动力市场实现就业的人数÷就业人数

上述计算结果表明:劳动力要素市场化系数越大,劳动力市场配置份额越大。

(二)劳动力市场交流实现程度调查

在调查中,还需要对劳动力市场交流实现程度进行调查,一般调查取得数据以后可以通过计算交流成功率指标来分析:

交流成功率=交流成功人数÷招聘人数×100%.

例如,通过市场调查,某地区劳动力交流市场2004年8月招工单位招工人数为1698人,进场登记人数共6941人,经现场双方洽谈及技能考核,最后交流成功人数为567人。则:

交流成功率=交流成功人数÷招聘人数

=567÷1698

=33.4%

通过调查所得数据,可以进一步分析交流成功率高低的原因,包括从年龄构成、层次构成及其专业技能构成等进行分析。

(三)劳动力市场供需适应程度调查

劳动力市场调查还需要调查分析供需适应程度,一般在分析时,可以利用取得调查的资料,计算如下指标,分析供需适应程度:

劳动力供需差额=调查期间全部求职登记人数-同期全部招聘人数

劳动力供需比例=调查期间全部求职登记人数÷同期全部招聘人数

劳动力供需差率=(调查期间全部求职登记人数-同期全部招聘人数)÷同期全部招聘人数

=劳动力供需比例-1

通过利用调查所得资料,对供需适应程度进行分析,有利于政府确定产业发展的主要类型等。

第三节 市场经营资金调查

企业往往进行市场经营资金调查,但其主要站在企业经营的角度进行。利用自身的财务报表一般就能够进行分析。在此,我们主要就与市场相关的一些项目进行说明,有利于政府对金融等政策进行调节。

一、市场经营资金占用调查

市场经营资金是各类市场经营企业为了从事商品销售所占有的固定资产和流动资产的货币表

现。它是实现市场经营工作职能的物质基础和必要条件,所有企业所占有资金总和就是某主体市场占有资金总额。

在调查市场经营资金占有情况时,经常调查分析使用的是以下两个指标:

(一)市场经营资金占用额

这是绝对数,也是调查的某一个时点的数值。由于调查间各个时点上市场经营资金占有额是变动的,所以,要说明整个调查期间占有资金的规模,必须用平均数的方法计算平均占用额。另外,由于整个市场固定资金变化较少,流动资金的变化较大,还可以对它们分别进行调查分析。

市场经营资金占用额如同耗费额一样,均可以通过调查所有企业的财务数据整理而得。

(二)市场经营资金占用率

市场经营资金是为商品市场销售服务的,故还应联系其服务对象来考察资金占用强度,这就需要调查市场上的商品销售额,从而计算市场经营资金占有率:

市场经营资金占用率 = 调查期市场经营资金平均占用额 ÷ 同期商品销售额

这个是相对数,便于对比。但也可以理解为:平均完成每百元商品销售额所占用的资金。

二、市场经营资金利用调查

市场经营资金利用得如何,需要通过调查其相关运行成果进行考察。

(一)流动资金周转速度

这是将流动资金与其所完成的商品销售额联系起来产生的一个分析指标。市场就必须以有限的流动资金去完成更多的商品流转额,以加快资金周转速度。调查资金流转速度常使用的数据为:

资金流转次数 = 调查期商品纯流转额 ÷ 调查期流动资金平均占用额

因为资金流转次数的多少与周转速度的快慢成正比,所以它是资金流转速度的正指标。资金流转次数可以理解为,平均每一元流动资金完成了多少商品销售额,但取得调查资料后,分析时要注意计算期的长短。

资金流转天数 = 调查期日历天数 ÷ 周转资金流转次数

= 调查期流动资金平均占用额 ÷ 同期平均每日商品销售额

因为资金流转天数的多少与周转速度的快慢成反比,所以它是资金周转速度的逆指标。资金周转速度加快,能缩短资金周转天数,也由此可见,该数据可以说明市场运行中时间的节约与否,从而涉及资金的成本。

(二)资金利税率

这是将市场经营资金与其所实现的利润、税金等联系起来而形成的分析指标。其计算方法如下:

资金利税率 = 利税总额 ÷ 市场经营资金平均占用额

在市场调查过程中,还可以调查与市场经营资金相联系的许多其他数据,如商品销售额、流动资金占全部市场经营资金的比重,这样既可以有针对性地采取措施,提高利税率,也可以对资金利税率已出现的变化进行多因素影响分析,对市场运行中的财力条件进行详细的分析。

三、市场商品流通费用调查

市场经营资金的耗费体现为支付商品流通费用。商品流通费用是指商品流通过程中所耗费的物化劳动和活劳动的货币表现,其调查的内容主要是:

(一)流通费用额

流通费用额是运杂费、保管费、包装费、手续费、贷款利息、工资、福利费、修理费、折旧费、低值易耗品摊销、自然损耗、保险费和其他费用等项之和,但不包括向国家缴纳的税款、附加费,与商品流转无关的费用,非商品流转正常需要的罚款、财产损失。整个市场流通费用是各个企业流通费用和与市场相关费用的总和。

流通费用按照其与商品销售额变化关系的密切程度,可以分为以下两类:

1. 直接费用。它包括运杂费、保管费、包装费、手续费、商品损耗、贷款利息等。这些开支与商品销售额的变化有直接关系,随着商品销售额的增减而增减,呈正相关,故又叫可变费用。但它不一定与商品销售额等比例变化,如改善经营管理,可变费用的增幅也可能小于商品销售额的增幅。

2. 间接费用。它包括管理人员的工资、福利费、折旧费、修理费、办公用具摊销、旅差费、广告费等,这些开支在企业规模或者市场规模变化不大的情况下,并不随商品销售额的变化而相应变化,故叫不变费用。但这是相对的,如果商品销售额变化很大,它也可能发生一些变化。

可变费用和不变费用的划分是从绝对数来看的,如果从费用率来看,情况则相反。可变费用的费用率相对不变,不变费用的费用率会随着商品销售额增减而改变。故从总体上说,扩大商品销售能降低费用水平。

(二)流通费用率

利用调查数据,将流通费用额和完成的商品销售额联系起来考察,可以计算流通费用率,计算方法如下:

流通费用率 = 流通费用额 ÷ 商品销售额

它又叫流通费用相对水平,本来是用百分比表示,但也可以通俗地解释为:平均每完成100元销售额开支多少费用。费用率越低越好,起逆指标的作用。

(三)流通费用率变化调查

市场对资金经营的状况进行调查,不仅要从静态角度进行,还要从动态角度进行。在调查过程中,我们经常要调查的流通费用率动态数据为以下两个:

流通费用率升降程度 = 调查期末费用率 - 调查期初费用率

它说明我们调查期间报告期费用率比基期费用率增减的幅度,也叫流通费率升降差。例如,根据某金融市场的营业机构相应资料算得:$10\% - 12\% = -2\%$,我们就可以说该金融市场的营业机构调查期间报告期的费用率比基期下降了两个百分点。

流通费用率升降速度 = 流通费用率升降差 ÷ 基期流通费用率

= 费用率指数 - 1

它说明流通费用率升降的快慢程度。同样,利用上述调查资料,我们自己可以计算流通费用率升降速度为－20%。

根据市场调查的分析目的,我们可以进一步取得相关的数据资料,分析流通费用率升降快慢的影响因素,它涉及指数分析法和连锁因素法等分析方法,在此不作详细叙述。

第四节　市场经营网点调查

一、市场经营网点调查的范围

市场经营网点就是全社会专门或主要从事各类市场商品销售业务活动的经营单位的总体,它是市场运行的一个基础。它遍布城乡,有如网络,故习惯上称之为市场经营网。构成这一网络的每一个经营单位,叫市场经营网点。市场经营网点调查的范围是所有的市场经营网点。它并不限于流通部门所属的市场经营单位,还包括非流通部门所属的市场经营单位。例如,为市场交易服务的运输、存储、保管等仓储运输机构,餐饮业网点等。

我们不将市场经营单位等同于市场经营网点,这是因为严格意义上的市场经营单位必须是会计上独立核算的,而实际上不具备这一条件的经营单位也能发挥市场经营网点的作用。另外,从市场运行的基本条件来看,市场经营网点调查往往是单个企业所要做的,我们的目标是对某一地区市场运行进行相应的调控。

二、市场经营网点的主要分类

市场经营网点总数是分类逐个调查、汇总得来的,而研究市场经营网点的构成,也需要对其进行分类。市场经营网点的分类可以选择不同的分类标准,以适应不同的分析需要。

(一)按照经济类型分类

最基本的是按照市场经营网点的所有制类型分类,以便观察不同所有制的经营网点在市场上的地位、作用及其变化,通常分为九大类,包括国有的经营网点、集体的经营网点、私营的经营网点、个体的经营网点、联营的经营网点、股份制的经营网点、外商投资的经营网点、港澳台投资的经营网点及其他等。

随着所有者形式的不断变化,在调查时按照所有制标准划分的网点时有变化,所以在具体调查的过程中,可以将有些合并或者拆分。

(二)按照市场性质分类

从调查研究分析市场体系发育、发展过程的需要出发,整个市场所有的经营网点可先划分为商品市场经营网点和要素市场经营网点,在此基础上,再细分为:消费品市场经营网点、投资品市场经营网点、金融市场经营网点、房地产市场经营网点、技术市场经营网点、产权市场经营网点、信息市场经营网点、中介市场经营网点、劳动力市场经营网点等。

(三)按照经营规模分类

这种分类能够调查不同经营能力的市场经营网点在市场上的作用及其经营管理特点。按照经营规模网点一般分为大、中、小型三类。区分规模大小的主要标准是交易额、从业人员、经营场地面积等。根据我国有关规定,全年销售额在500万元-3000万元,拥有职工130人-600人,经营面积$1000m^2-3000m^2$的网点为中型网点,高于整个标准的为大型网点,低于这个标准的为小型网点。

(四)按照经营商品的类别分类

这种分类旨在调查分析市场经营网点的行业结构是否适应市场需要。一般可以分为两大类:综合性经营网点和专业性经营网点。综合性经营网点可以经营各种类商品,专业性经营网点经营某一专门商品。例如,商品市场中,可以分为汽车、建材、家电、纺织品、化工原料等交易网点。

此外,还可以按照市场经营网点所在地区分类,以便观察其地区分布是否适当。在调查中,具体采用哪种标准进行分类要根据调查的具体目的而定。

三、市场经营网点调查的内容

市场经营网点调查的具体内容有以下两个:

(一)调查期末市场经营网点数

这是有关市场经营网点调查的时点指标,是基础数据。由于市场经营网点情况复杂,规模有大有小,人员有多有少,财务的核算方式有独立、半独立与不独立,经营场所有固定、不固定的,业务有专营、兼营的等等。因而,要准确调查市场经营网点数,必须结合各类网点的特点,遵循统一的原则,这就是:凡是具有独立固定的营业场所,配备一定的从业人员,不论单位大小,不论是否独立核算,均按照自然点计算,即有一个点就算一个网点。若有的单位有几个分支机构,则有几个分支机构就算几个网点。大型的综合性经营场所(如商品市场中的商场、商城、商店等),一般可以按其建筑来确定其网点数。一个整体建筑,各个销售部门之间相连通的,算一个网点;如果分割成互不连通的几个部分,就应算作几个网点。同一营业场所内各个柜组以及派出的流动摊销小组、流动售货车等,不论临时性的还是经常性的,均不作为网点进行调查。

(二)平均市场经营网点

市场经营网点虽然不是经常变化的,但从较长时间看,仍然是有变化的,所以调查时期的某一个时点的经营网点数并不能代表整个调查期间市场经营网点规模,还需要计算平均网点数。它更便于进行比较和分析。平均市场经营网点数通常是把各个调查所得的各个时点的网点数进行平均求得。

四、市场经营网点调查分析

根据上述市场经营网点调查的内容,我们应该进一步对市场经营网点资料进行分析整理,下面介绍分析的常用方法。

(一)市场经营网点充分程度分析

市场经营网点是否充分,需要联系其他服务的消费者或生产者,计算市场经营网点密度指标,进行纵、横对比。由于市场经营网点数与服务对象数对比方法不同,故一般可以计算两种市场经营网点密度,分析其充分程度:

市场经营网点密度正指标=调查期平均市场经营网点数÷同期服务对象数

市场经营网点密度逆指标=调查期服务对象数÷同期平均市场经营网点数

显然,当计量单位一致时,上述市场经营网点正、逆指标互为倒数。

在实际调查后运用过程中，不一定要同时计算正、逆指标，而是要结合各类市场经营网点业务与服务对象的特点，考虑习惯用法，加以具体化。

（二）市场经营网点变动原因分析

市场经营网点调查资料得到以后，还需要分析市场经营网点的变动，而分析市场经营网点变动时，不应只计算增加数或者减少数，还要具体掌握其原因，以便判断是否合理，并采取对策。为此，可以编制市场经营网点增减变动平衡表。这种平衡表不仅可以为调查搜集数据提供一定思路，还可以从总量上、分类型态上分析、比较市场经营网点增减的数量和原因。这种平衡表基本表示如表12—2—2：

表12—2—2

<table>
<tr><th rowspan="3">市场经营网点按经济类型分组</th><th rowspan="3">期初实有网点数</th><th colspan="7">本期增加网点数</th><th colspan="7">期内减少网点数</th><th rowspan="3">期末实有网点数</th></tr>
<tr><th rowspan="2">小计</th><th colspan="6">其中</th><th rowspan="2">小计</th><th colspan="6">其中</th></tr>
<tr><th>新设</th><th>复业</th><th>分点</th><th>外地迁入</th><th>系统接受其他</th><th>其他</th><th>撤销</th><th>歇业</th><th>合并</th><th>迁往外地</th><th>系统移交其他</th><th>其他</th></tr>
<tr><td></td><td></td><td></td><td></td><td></td><td></td><td></td><td></td><td></td><td></td><td></td><td></td><td></td><td></td><td></td><td></td><td></td></tr>
<tr><td>合计</td><td></td><td></td><td></td><td></td><td></td><td></td><td></td><td></td><td></td><td></td><td></td><td></td><td></td><td></td><td></td><td></td></tr>
</table>

表12—2—2中各个指标的平衡关系体现在：

期初实有网点数＋本期增加网点数＝本期减少网点数＋期末实有网点数

其中，本期增加或者减少的网点数为累计增加或者减少的网点数，在此基础上还可以计算净增加或减少网点数：

本期净增（减）网点数＝本期增加网点数－本期减少网点数

因为市场经营网点规模差别很大，所以最好能在调查并考察市场经营网点数变动的同时，结合分析因此而引起的经营能力的变化。

第三章 市场商品供需调查

第一节 市场商品需求调查

一、市场商品需求调查概述

(一)市场商品需求调查的意义

商品需求是商品供求关系的重要方面,也是市场经济调查的重要组成部分。在市场经济条件下,人们的物质生活资料基本上通过市场来供应,因而市场商品需求,特别是消费品需求,就直接反映着人们物质生活的需要。商品需求是商品消费的基础和必要条件,它决定着商品消费的数量规模。因此,了解市场需求变化、调查需求状况,就成为政府所关心的重要问题之一。

市场商品需求调查就是调查市场的商品需求量和商品需求构成,反映市场商品需求的变化,为研究市场商品供求关系等提供基础资料,同时进行一定程度的整理分析。商品需求的形成和实现,和国家财政收支、银行信贷和市场货币流通等有密切的关系。居民和社会集团的大部分货币收入,体现为国家财政支出和银行货币投放;居民和社会集团的大部分支出,体现为国家财政收入和银行货币的回笼。因此,通过市场商品需求调查,可以为政府制定财政金融政策提供基础性资料,还可以反映居民物质文化生活水平的提高程度,同时也能反映不同阶层居民的货币收入差别和变化情况。

(二)市场商品需求的概念和特点

在市场条件下,市场上的商品需求要以货币为媒介,通过作价、结算,商品交换才能得到满足。所谓商品市场的需求不是一般生理意义上的物质需要或心理上的物质欲望,而是指具有货币支付能力的商品需求。因此,市场商品的需求量一般被称为社会商品购买力。可见,市场商品需求量就是社会商品购买力。它是指一定时期内一定市场条件下,生活资料和生产资料消费者为了满足其生活或生产需要而通过市场购买商品(包括生活服务)的倾向支付能力。市场商品需求量具有如下几个特点:

1. 它首先表现为一定数量的货币额。因为,只有获得一定数量的货币收入,才能对市场提出相应的商品需求,所以计算购买力也就是从计算货币收支入手。

2. 它是消费者和生产者所持有的货币,不包括转卖者所持有的货币。

3. 它是用于商品市场购买商品的,故又称为商品市场的购买力。这里讲的商品市场,仅指传统的有形商品市场。至于用于非商品性的货币支出,即用于其他市场(如金融市场、技术市场、信息市场等)的货币支出,都不属于购买力计算范围。

4. 购买商品的目的是满足自身最终消费(包括生活消费和生产经营性消费),而不包括用于转卖;因为转卖只是满足社会消费的中介环节,而不是最终消费。

5. 这些货币是可能支付的全部货币，而不论它是否已经支付。

总之，凡是消费者和生产者持有的，为满足其生活或生产需要而已经用于或准备用于商品市场购买商品的货币，都是商品购买力；否则，不能算作商品购买力。

（三）市场商品需求调查的作用

市场商品调查的主要作用表现在以下三个方面：

1. 全面反映社会商品购买力的规模和水平，了解零售市场商品总需求，为研究商品购买力的实现情况，为分析商品供求关系，调控供求平衡提供依据。

2. 反映商品需求的构成和发展变化，为深入分析人民生活需求的满足程度提供依据。

3. 反映商品购买力的形成因素和变化转移，研究商品需求的变化特点和规律性，分析商品需求与各种影响因素的关系，为国家或地区的宏观调控提供依据。

二、市场商品需求调查的内容

市场商品需求的具体表现即商品购买力，这是个总概念，从其形成和实现的情况来看，通常又分为许多方面，所以我们在市场商品调查过程中，主要的调查内容有以下一些：

（一）期初节余购买力

期初节余购买力是由上期末的节余购买力转来的。它的形成不外乎两种原因：或者是有意积攒更多的钱，以备日后集中购买大批或贵重的商品，或者是因为市场商品短缺或货不对路，被迫推迟购买。节余购买力是消费者或生产者的上期末、本期初银行储蓄存款和手存现金中，准备用于购买商品的那一部分货币。故调查取得资料以后可以以下公式进行计算求得：

节余购买力 =（手存现金 + 银行储蓄存款）× 商品支出比重

（二）本期形成的购买力

本期形成的购买力是指消费者和生产者通过分配再分配所获得的、可能在商品市场上购买的那部分货币额。它的总额大小，主要取决于消费者和生产者本期货币收入和非商品支出两个因素的影响。因而，它可用本期消费者和生产者的全部货币收入减去非商品支出求得。这一数值反映了购买者在本期形成的有支付能力的商品需求总量，可以说是确定本期商品可供量的下限，是研究本期商品市场供需平衡的基本依据。其计算方法可以用公式表示如下：

本期形成的购买力 = 本期货币收入 – 本期非商品性货币支出

在调查中，为了具体了解本期形成购买力的形成过程，对本期货币收入与本期非商品支出，可以按其不同的货币来源和支出去向进行分组，调查分析各个因素对购买力形成的影响。

（三）本期全部商品购买力

从其形成来看，本期全部购买力是期初节余购买力与本期形成的购买力之和，反映了期内商品购买者对商品最大可能的需求，是确定本期全部商品可供量的主要依据。要实现商品市场的供需总量平衡的基本目标，就必须使全部商品可供量不少于全部商品购买力。若再考虑商品供需结构这一因素，则前者略大于后者，才比较合适。根据上述说明，本期全部商品购买力计算方式如下：

本期全部商品购买力 = 本期形成购买力 + 期初节余购买力

（四）本期已实现购买力

本期已实现购买力是指全部商品购买力在本期已实现的部分，也就是在市场上已实际购买商品所支付的货币额。该数据能说明在现有条件下购买者商品需求满足程度，是研究商品购买力实现程度和市场供需平衡状况的重要依据。不难理解，已实现的购买力不可能大于本期全部购买力，但可能大于本期形成的购买力。后者意味着动用了过去的节余购买力，表现为期末节余购买力比期初减少。根据数量关系，调查数据取得以后，我们可以根据下面公式计算本期已实现购买力：

本期已实现购买力 = 本期形成购买力 -（期末节余购买力 - 期初节余购买力）

= 本期全部购买力 - 期末节余购买力

（五）未实现的购买力

未实现购买力是指商品购买力中没有购买商品前而节余下来的货币额。这货币额仍然体现在消费者和生产者的本期期末储蓄存款和手存现金之中，也就是期末节余购买力，并转为下期初的节余购买力。

上述调查的各项内容，所得的数据，除了各有其独立的经济意义与作用外，相互之间也存在一定的经济联系，表现为：

期初节余购买力 + 本期形成的购买力 = 本期已实现购买力 + 期末节余购买力

由此可得：

本期全部购买力 = 期初购买力 + 本期形成的购买力

= 本期已实现购买力 + 期末节余购买力

本期形成的购买力 = 本期已实现购买力 + 期末与期初节余购买力之差（即本期未实现购买力）

上述各内容的基本关系，既适用于整个市场的商品需求量调查，也适用于其中各类商品需求量的调查。实际中，可以根据调查目的的需要从不同的角度搜集所需的调查数据。

为了更具体地调查商品需求，我们可以根据研究目的将商品购买力进行分组或者分类如下：

- 商品市场购买力
  - 消费资料购买力
    - 居民消费品购买力
      - 农业居民消费品购买力
      - 非农业居民消费品购买力
    - 社会集团消费品购买力
      - 城镇集团消费品购买力
      - 乡村集团消费品购买力
  - 生产资料购买力
    - 按商品用途分
      - 本期生产性中间产品购买力
      - 本期投资的生产资料购买力
        - 用于固定资产
        - 用于流动资产
    - 按产业部门分
      - 第一产业部门市场资料购买
      - 第二产业部门市场资料购买
      - 第三产业部门市场资料购买

三、市场商品需求分析

通过调查获取市场商品需求资料以后，对资料进行整理，可以从多方面进行分析，主要有：商品购买力形成来源分析、商品需求结构分析、商品需求动态分析、商品需求实现程度分析等等。下面简单介绍调查以后对资料的整理分析方法。

消费者和生产者具备了有支付能力的商品需求以后，重要的是这种需求必须得到满足。由于各种原因，这种需求可能全部满足，也可能只获得部分满足。因为满足的程度不一样，所以有必要进行量化分析，计算其满足程度等。

商品需求实行程度的调查分析，最基本的方法就是计算需求者满足率。其计算的基本方法如下：

商品需求满足率 = 已实现的商品购买力（商品销售额）÷商品购买力总额

上述公式中的分母，从不同角度可以使用不同的购买力，具体要根据我们的调查研究目的而定。要说明新增需求的满足程度，可以使用本期形成的购买力作分母，计算结果可能有三种情况：

第一，小于1，反映本期形成的购买力未全部实现，期末节余购买力比期初增加；

第二，等于1，反映本期形成的购买力全部实现，期末节余购买力与期初相等；

第三，大于1，反映不仅本期形成的购买力全部实现了，而且还实现了部分过去结转下来的购买力，故本期节余购买力比期初要减少。

若要说明本期全部需求满足程度，则用本期全部购买力作为分母。由于局部不可能大于整体，故其计算结果只可能有两种情况：

第一，小于1，表明本期全部购买力没有完全实现，期末有节余购买力；

第二，等于1，表明全部购买力都得到了实现，期末没有节余购买力。

商品需求满足率计算出来以后，还应该结合当时当地的实际情况，分析影响商品购买力因素及其大小。

考虑到已实现的购买力是商品量乘以价格加总起来的，其大小既受购买商品多少的影响，也受商品价格涨跌的影响，为了更确切地反映对商品量需求的满足程度，并便于动态比较，还可以用可比价格计算上述商品需求满足率，简便的做法一般是，用商品销售价格指数去除按现价计算的已实现的购买力或商品需求满足率。

第二节　市场商品供给调查

一、商品市场供给量的概念和特点

商品市场供给量是指在一定时期、一定地区市场上供应商品的数量。商品购买力要通过相应的商品供给量来实现。因此，这里的商品供给量应该与商品购买力的调查范围完全一致，即通过零售市场供应城乡居民和社会集团的消费品数量。根据调查目的的需要，商品供给量调查可以从价值量和实物量两个方面进行。

商品供给量的多少，首先取决于工农业生产。在一定的生产量下，商品可供给量的多少，又与生产者留用量的多少有关。一定时期投入市场的商品主要是当年市场的国内产品，此外还有进口和动用国家储备的商品。为了实现供需之间的平衡，在一定条件下，可以用某些措施调节商品购买力，但积极的办法则是大力发展生产力，增加市场的商品供给量。为此，加强对商品货源的规模、水平、商品构成以及来源形成与使用情况的调查与研究，是非常重要的，是研究市场商品供求关系的又一个重要方面。

商品供给量是需求实现的基础，其具有如下特点：

1. 商品可供量是能满足消费者和生产者的各种不同需要的；对购买者没有使用价值的东西，不应在调查和记入可供量范围之内。

2. 它是能够通过市场销售的,即在一定价格水平上愿意且能出售的商品量。因此,生产单位自产自用的产品与国家和地区储备的不算可供量。

3. 它是从供应角度即货源地角度进行调查和分析的,因此,凡是投放市场的商品,不论是否已经销售,均应进行调查和计算商品可供量。

二、商品市场供给调查的内容

为了比较全面地调查研究商品货源问题,同时,为了将商品供给量与商品购买力结合起来研究商品供求关系及有关重要的比例关系,所以在商品市场供给量调查中通常包括以下一些内容:

(一)期初节余商品可供量

期初节余商品可供量是由期末的节余可供量转入本期,可在本期投放市场的商品库存量,即未实现的商品可供量,包括市场单位已经生产、预计出售、尚未出售的商品,各批发零售企业及个人准备出售尚未出售的商品,具体体现为上期末、本期初的商品库存(包括市场单位的待售产品和销售环节的库存)。

期初与期末节余商品可供量的差额,在一定程度上反映着本期商品的供求状况,反映本期商品可供量的实现情况。

(二)本期形成的商品可供量

本期形成的可供量是指从各种渠道获得的,可以供应市场的商品量。本期形成的商品可供量来源主要是国内生产,其次还有从国外进口投放到市场的商品数量。这样,本期形成的商品可供量,等于国内商品可供量加进口商品可供量,这一数据反映了本期提供的能满足市场需求的物质实力。用公式表示如下:

本期形成的商品可供量 = 国内商品可供量 + 进口商品可供量

该数据从可供量的形成说明了产品生产所属关系。

(三)本期全部商品可供量

从来源看,本期全部商品可供量是期初节余可供量与本期形成可供量之和。即:

全部商品可供量 = 期初节余商品可供量 + 本期国内实际生产的商品可供量 + 进口商品可供量

全部商品可供量反映本期最大可能的市场货源,是满足全部商品需求实现程度的基本条件。

(四)本期已实现商品可供量

本期已实现商品可供量是指全部商品可供量在期内已售出的部分,也就是通过市场实际销售给生产者和消费者以满足其需要的那部分商品。已实现的商品可供量,从商品市场交易的角度看,就是商品销售额。不难理解,已实现的可供量不可能大于本期全部可供量,但可能大于本期形成的可供量。

(五)未实现的商品可供量

未实现的商品可供量是指商品可供量中尚未售出的部分,也就是本期末的节余可供量转为下期初的节余可供量,商品节余可供量的形成主要有两个方面:一方面,市场的买卖行为是一个过程,为了满足需求,总要有一定的库存,即节余可供量;另一方面,供大于求或者货不对路也可能产生节余,这是改进市场供应的主要依据。

通过调查获取上述各个方面的数据,在整理分析过程中,我们也能够使用上述各个数据之间的关系。即：

期初节余可供量 + 本期形成可供量 = 本期已实现可供量 + 期末节余可供量

= 全部可供量

本期形成可供量 = 本期已实现可供量 + 本期未实现可供量（期末期初节余可供量）

根据调查的目的不同，我们还可以对商品可供量进行如表 12—3—1 的分类：

表 12—3—1　商品可供量分类表

消费品可供量				生产资料可供量			
按来源分		按商品性质分		按来源分		按商品用途分	
国产商品	进口商品	工业品	农副产品	国产商品	进口商品	原材料燃料	设备工具

三、商品市场供给分析

商品可供量是满足市场商品需求的物质基础。因此，进行商品可供量调查以后同样应该对商品可供量进行整理分析，在此，我们对整理分析商品可供量作简要说明。

（一）分析商品可供量的来源构成

商品可供量的形成有不同的来源，而不同的来源又都有其不同的经济意义。分析商品可供量的来源构成的变化，对掌握市场商品可供量的变化趋势，制定相应的措施，促进商品平衡都具有积极的意义。

就本期全部商品可供量的形成来源看，它由期初商品库存、本期国内产出可供量和进口商品可供量等来源构成。分析时，我们可以参照表 12—3—2 进行整理分析：

表 12—3—2　商品可供量来源分析表

	绝对数	环比增长速度	比重(%)
全部商品可供量 其中：期初商品库存 本期国内产出可供量 进口商品可供量			100

根据上表可以分析：

1. 本期全部商品可供量变化趋势与速度。全部商品可供量的变化量是上升趋势，还是下降趋势？其变化速度如何？由于居民的货币收入是形成市场商品需求的主体，虽然随着居民货币收入的不断增长，他们在商品性支出和非商品性支出的比例方面会有所变化，但就我国实际情况来看，这种变化趋势是缓慢的和渐进的。所以，为了保证市场商品供求总量平衡，商品可供量的增长速度应接近于居民货币收入的增长速度。

2. 商品可供量各来源比重变化的情况。一是分析节余可供量的比重变化；二是分析国内产出可供量的比重变化；三是分析进口商品可供量的比重变化，看其调剂品种和丰富市场的作用。

（二）分析商品可供量的类别构成

对市场商品可供量进行分析，除了调查分析其总量的变化及其来源形成的变化以外，还需要对商品可供量中的商品类别及其主要商品品种的构成进行考察。如果只有商品可供量总量上的充足，而没有商品类别、品种的合理配置，势必出现某些商品脱销而另一些商品积压的现象，则不能最终实现市场上的供求平衡。一般来说，主要消费品可供量一定要充足，才能保证市场的稳定，因为主要消费品能够满足人民生活的基本需要，市场零售物价总水平就不会有大的波动。因此，随时调查和关注商品供给的类别构成，注意主要消费品的供给状况是十分必要的。

（三）商品可供量变动及其影响因素分析

考察商品可供量的变动，可根据需要运用各种动态分析方法。因为影响它变动的因素很多，故这里选择主要的进行分析。

首先，考察国内生产量的变化，尤其是第一产业和第二产业生产量的变化对商品市场可供量的直接影响。

其次，研究产品商品率的变化。只有产品的商品率提高了，产品的生产量才能更多地转化为可供量，这一点对农副产品特别明显。

再次，分析人口增长的因素。因为人多消费也多，而我国是一个人口众多的国家，人口过多过快的增长，必然会影响国内生产的增长，最终也会影响商品可供量的增长。

最后，还应注意价格波动的影响。价格对商品可供量的影响，发生在两个方面：一是价格涨跌会刺激生产发展或萎缩，导致产品产量增加或减少；二是价格涨跌会使商品可供量总额扩大或减少，在一定程度上起调节供需差的作用。

第三节　市场商品交易调查

商品市场的交易行为，是指以货币为媒介供需双方进行钱与物的交易过程。它是实现商品价值和使用价值必不可少的一个环节，也是市场经济条件下实现商品供需衔接的关键。商品市场的交易调查，就是从价值量和实物量方面对商品交易量进行调查分析，为研究商品交易规模和结构特征提供依据。

一、商品交易额调查

（一）商品交易额调查的范围

商品交易额，即商品交易总额，是指商品市场的经营者在一定时期内和一定地域范围内向本单位以外的企业事业单位和个人出售的商品总额。其实质就是商品市场上的商品销售总额，也就是本期实现的商品购买力，也即本期实现的商品供应量。

商品销售（交易）总额具体包括：

1. 售给城乡居民和社会集团消费用的商品和服务；

2. 售给工业、农业、建筑业、运输邮电业、批发零售业、餐饮业、服务业、公用事业等作为生产、经营使用的商品；

3. 售给批发零售贸易业作为转卖或加工后转卖的商品；

4. 对国(境)外直接出口的商品和劳务。

(二)商品交易额的计算

商品交易，从商品经营方来说，就是商品销售，所以，列入商品销售额调查的商品，应该是商品所有权已经转移给买方、卖方收到货款或取得收取货款的证据的那些商品。由于收款结算方式不同，对这类商品销售有不同的处理方式。采取直接收款方式的，在实际收到货款或取得收款的凭证时，作为商品销售。采取托收承付和委托银行收款结算方式的，在发出商品并办妥托收手续时，作为商品销售。采用分期收款方式的，应该按照合同规定的收款日期作为商品销售。采用预期收款方式的，在商品发出时作为商品销售。委托其他单位代销商品，在收到代销单位销售的代销清单时，作为商品销售。在交款提货情况下，如货款已经收到，只要账单和提货单已经交给买方，不论商品是否发出，都应作为商品销售。

根据上述有关商品交易额的含义以及交易额调查范围，可以得到商品交易额的计算方法如下：

本期商品交易额 = 本期消费品销售额 + 本期投资品销售额

= 本期批发商品销售额 + 本期零售商品销售额

= 本期商品销售总额 = 本期已实现的商品可供量

(三)商品交易额的分类

由于商品交易总额全面反映了商品的供应者和需求者的交换关系，为了满足不同调查目的需要，有必要对其进行各种分组。商品交易总额的分组主要有以下几种：

1. 按照经济类型分组，即按照商品供应方单位的所有制性质分组。我国现行的制度一般将其分为五种类型，即国有经济、集体经济、私营经济、联营经济、其他经济。这样分组可以反映商品市场上商品销售的经济类型及其发展变化情况。

2. 按照行业分组，即按照经营企业单位性质来划分。按这一分类法，商品交易额通常被划分为批发零售贸易业、制造业、餐饮业、服务业、其他行业等。这种分组可以反映各行各业在商品市场流通渠道中的作用。一般来说，批发零售贸易业为主要行业。

3. 按销售地域分组，即按照商品市场的空间范围分组。这类分组可以把销售市场分为国内市场和国际市场。国内市场又可以按照行政区域分为省市级市场，县级市场，县以下市场；也可以按经济区划分为东部地区市场，中部地区市场，西部地区市场；或者分为城市市场和农村市场。这种划分有利于调查研究商品市场空间结构特征。至于在实际调查中，需要根据调查的目的进行划分。

4. 按商品性能分组。按商品性能分组是指按照商品在社会再生产中的功能分组。这类分组可以把商品分为消费品、投资品，或者中间使用商品和最终使用商品，在这基础上还可以进行细分。这种分组有助于调查商品销售结构与国民经济发展和人民生活改善的关系。

5. 按商品具体用途分组。这类分组可以将销售商品分为：食品类、书报杂志类、文化体育用品类等等。这种分组可以反映各种商品销售变化情况，是观察分析市场需求状态及其变化趋势的重要依据。

根据上述各种分类，确定调查目的以后，就能够对应地选取一种或者几种分组，调查其交易额，对市场经济的交易进行调查。

二、商品交易量调查

商品交易量调查,主要用来描述商品市场中各种具体商品销售规模及其构成特征,可以具体反映有关国计民生的消费资料和生产资料的销售情况,为调查研究重要商品的供需关系提供详细资料。

在我国现行的调查制度中,经常是根据国家一些部门的基本准则进行。例如,国家统计局规定销售商品实物量目录,共包括63种商品,在此我们不详细叙述。

在实际的调查中,调查商品交易量的时候,往往具有专题调查的性质,所以调查的商品对象准确。例如,专门组织对石油销售量等的调查。对商品交易量的调查主要在于汇总,所以在此不作详细解释。

三、商品市场交易公平公正调查

商品市场交易的公平公正情况,主要是指进入商品市场的主体和客体的规范标准,商品交易行为的平等有序。如果在商品市场上,市场主体发展缺乏规范和统一,进出无序,行为短期化,市场客体质量低劣,假冒商品泛滥,市场交易不平等,作假舞弊行为盛行,市场管理不善,势必会严重影响市场秩序,降低商业信誉,损害消费者利益,阻碍市场经济的发展。因此,对商品市场交易的公平公正情况进行调查分析,可以为加强市场管理和监督提供依据。

在对公平公正调查中,可以通过调查投诉率和索赔率等进行分析,其具体计算方式如下:

投诉率 = 投诉商品量(额)÷商品交易总量(额)×100%

索赔率 = 索赔商品量(额)÷商品交易总量(额)×100%

上述两个数据,能够较正确地反映商品市场交易过程中不平等、不规范甚至欺诈行为的量化程度。一般地说,数值小,说明商品市场交易行为比较规范;反之,则表明商品市场交易行为尚存在较多问题,不够规范,有待进一步调查原因,加强市场管理。

第四节　市场商品供需关系调查

一、市场商品供需关系调查的意义

商品需求期待着商品供应,商品供应旨在满足商品需求,两者是相互对应的。对方要能实现,就必须在量上相适应。因此,供求平衡与否是商品供求关系调查分析的焦点。同时,对供求平衡及通常使用的供求平衡表需要辩证地理解。因为商品需求和供应受到许多条件、因素的影响、制约,而且是不断变化的,要求它们完全相等是不现实的,只能在动态中争取基本平衡。要达到这一目标,就要采取许多措施,而前提就是对供求平衡程度作了详细的调查,有了具体的了解。

对商品供求平衡状况,人们最关心的是有没有东西买,所以首先要从总量上来观察,并确定基本平衡的范围。其次,供求结构是否平衡也很重要,为什么供求总量是逆差时,还有商品积压呢?这不能不引起我们的深思。此外,供应和需求在不同时间、空间上是否适应,也不能忽视。从对商品供求的平衡程度来刻画到探索其原因,是调查和分析市场商品供需关系的深化过程。

二、市场商品供需关系调查的内容

商品供给量与商品购买力之间的平衡关系有三种可能:

1. 商品可供量大于商品购买力,其结果是当年商品库存增加;

2. 商品可供量等于商品购买力,即所谓的商品供求平衡;

3. 商品可供量小于商品购买力,其结果是商品供求关系紧张。

由于各种情况都有可能出现,所以要调查市场商品供需关系,一般需要调查以下内容:

(一)商品供求差额

商品供求差额的计算方法如下:

供求差额=商品可供量-商品购买力

这是绝对数,它说明供求差额有多大。此数据若为正值,称为顺差;若为负值,称为逆差;若为零,表示供求平衡。一般来说,商品供求平衡主要是指当年形成的商品供求平衡。如果没有当年的商品供求平衡,而是出现逆差,市场则失去持续稳定的基础。

上述公式通过调查数据之间的转换,还可以变化如下:

本期形成的供求差额=(已实现的可供量+未实现的可供量)-(已实现的购买力+未实现的购买力)

=未实现可供量-未实现购买力

=(期末可供量-期初可供量)-(期末购买力-期初购买力)

全部商品供求差额=(已实现的可供量+未实现的可供量)-(已实现的购买力+未实现的购买力)

=未实现可供量-未实现购买力

=期末可供量-期末购买力

(二)供求比率

调查商品供求平衡关系,除了考察绝对数量以外,还要考察其平衡状态的相对程度。为此,可以调查商品供求比率。商品供求比率计算方法如下:

商品供求比率=商品可供量÷商品购买力

这是相对数,说明商品可供量为商品需求的百分之几。从理论上来说,大于1表示供大于求,等于1表示供求完全平衡,小于1表示供不应求。这个数据也可以理解为:每一元购买力有多少商品作保证。

(三)供求差率

为了反映市场供求相差程度,还调查供求差率指标。供求差率指标计算方法如下:

供求差率=商品供求差额÷商品购买力

=(商品可供量-商品购买力)÷商品购买力

=供求比率-1

这也是相对数,说明商品可供量与商品需求相差的程度。若为正数,表示供大于求;等于0,表示供求完全平衡;若为负,表示供不应求。

(四)商品供求变动比率

调查上述三个内容都是从静态的角度反映市场供求平衡状况。除此之外,还有必要从动态角度调查商品供求关系。市场商品供给和需求的自身状态都在随着时间的变动而变动。从动态上调查,就是要揭示供给和需求共变的过程与结果,即两者在经济运行过程中的数量关系是朝着什么方向变动的,以及变动的程度如何。

为了体现商品供给和商品需求两个经济变量变动的比较,对商品供求关系的动态进行调查时我们经常采用商品供求变动比率:

商品供求变动比率 = 商品可供量变动率 ÷ 商品购买力的变动率

上述公式中,供给和需求的变动率在现实中主要表现为增长率。这既可以是调查研究的时间段的,也可以是其他年度增长的,还可以是年平均增长率。

商品供求变动比率的数值也会有三种可能性:大于 1、等于 1、小于 1,分别反映商品供给与商品需求平衡关系的三种状态:供大于求、供求平衡、供不应求。它说明了平衡状态在不同时期的转移方向。例如,当基期的商品供应小于商品需求时,报告期的商品供求变动比率大于 1,说明供不应求程度的缓解,供求变动比率小于 1,说明供不应求程度的加剧;当基期的商品供应大于商品需求时,报告期的商品供求变动比率大于 1,说明供求失衡程度加剧;供求变动比率小于 1,说明供求平衡程度在缓解。

调查时对上述数据进行分析,需要注意以下几点:

1. 除了就供需总量进行分析外,还可以分商品类别来进一步调查,比如分别调查消费品和投资品的供求差,看何者缓和,何者加剧,或者程度上各有什么特点。

2. 调查研究具体时空条件下供求差率在多大幅度内变动才算基本平衡? 这是需要经常对市场调查得到的经验性结果。例如,根据 1950 年至 1992 年间历史资料考察,我国商品供求平衡变化趋势大体是:

(1)供求比率小于 97%:市场供求严重失调,矛盾突出,商品脱销,库存猛跌,物价飞涨,人心不稳,社会动荡。

(2)供求比率在 97% 至 102% 之间:供应偏紧,物价飞涨,但人心基本稳定。

(3)供求比率在 102% 至 105% 之间:市场供求处于最佳平衡状态,物价稳定,货源略有节余,人心安定,社会稳定。

(4)供求比率在 105% 至 110% 之间:市场供应相当充裕,物价稳中有降,库存逐渐增大,企业之间竞争加剧。

(5)供求比率大于 110%:商品供应严重过剩,库存超储积压,资金周转缓慢,企业不得不大幅度削价处理商品。

需要注意的是,这种判断只是一种经验判断,具体需要结合调查的实际情况进行分析。

3. 调查分析本期形成的商品供求关系时,要联系期初节余商品供求状况。如果期初节余是供大于求较多,则本期形成的供不宜大于求而可适当小一点;如果期初小于求,则本期形成的供要大于求,使正差要能弥补前者的负差;如果期初节余供求基本平衡,则本期形成的供求也应基本平衡。

4. 依据调查中所调查的商品供求比率的原理,还可以从不同侧面直接、间接来调查分析商品供求关系。具体地说,可以调查这样一些重要的比例关系:农副产品收购与消费品购买力,轻工业产值与消费品购买力,重工业产值与投资品购买力,商品可供量与货币流通量,商品库存额与节余购买力的比例关系等等。

三、市场商品供需平衡关系分析

在市场商品供需调查得出一定的数据以后，我们可以分析商品供求的平衡关系。商品供求的平衡关系有总量平衡和结构平衡两个方面。在调查实际中，对于总量平衡我们清楚地调查得出其平衡状态，并且容易计算。根据整体由部分构成的原理，结构平衡是总量平衡的重要条件，所以我们调查时必须弄清楚它们之间的关系。供求总量平衡和结构平衡的关系，主要是以下三种类型：

1. 结构平衡，总量一定平衡；
2. 总量不平衡，结构一定也不平衡；
3. 即使总量平衡，结构也可能有不平衡，或者反过来，即使结构不平衡，总量也可能平衡。

商品供求总量差额以 C 表示。至于商品供求结构是否平衡，应对商品种类进行调查。失衡无非有两种情况：一种是供大于求，用金额表示时可将各种商品的供求差额加总，用 G 表示；另一种是供不应求，用金额也可将其差额加总，用 Q 表示。供求平衡可视之为 $G=0$ 和 $Q=0$。这样就可将上列三种类型具体化为如下六种组合，为进一步市场商品供需平衡调查分析提供思路：

表 12—3—3　供求总量平衡和结构平衡类型组合表

类型	C	G	Q	状态
A	$C=0$	$G=0$	$Q=0$	结构、总量都平衡
C	$C=0$	$G>0$	$Q>0$(但 $G=0$)	总量平衡、结构不平衡
B	$C>0$	$G>0$	$Q=0$	总量、结构都是供大于求
B	$C>0$	$G>0$	$Q>0$(但 $G>Q$)	总量供大于求，结构也不平衡
B	$C<0$	$G=0$	$Q>0$	总量、结构都是供不应求
B	$C<0$	$G>0$	$Q>0$(但 $G<Q$)	总量供不应求，结构也不平衡

一般来说，总量供求平衡与否，运用调查的结构能够直接判断，而结构平衡判断分析稍微复杂一些。在整理调查分析数据以后，应该对结构失衡进行原因分析。我国的供需失衡往往容易出现结构失衡。从发展中国家的结构失衡来看，一般表现在两个特征上：一是基础产业瓶颈；二是工业高速度增长，即突进式增长。当然，这两个方面也是相互联系、相互作用的。因此，我们可以从其中的一个方面，即基础产业瓶颈来说明结构失衡状态。基础产业与非基础产业的划分是相对的，随着时间的推移是要变化的。

当前，调查时，可以把农业、能源工业、原材料、交通运输、邮电部门作为基础产业。从调查的角度，就是通过对基础产业供给的调查，分析基础产业供给不足而影响国民经济总供给的程度，以此说明结构失衡状态。一般需要调查的指标有两个：一是由于基础产品不足使国民经济生产能力未发挥的百分比；二是满足国民经济各部门需要的基础产品供需缺口比率。

第四章　市场价格调查

第一节　市场价格调查概述

一、商品价格的类别

价格是商品价值的货币表现，是重要的经济杠杆之一，也是国民经济生活中一个十分敏感的问题。为了保证商品市场的顺利发展，就要正确认识和运用价值规律，合理制定商品价格，发挥价格监督、价格预警和调控作用。这不仅关系到生产、分配、流通、消费和积累，还关系到国家、集体和个人的利益，因此，对商品价格进行调查，搞好商品市场价格的整理分析具有十分重要的意义。

随着市场经济的发展，商品定价日趋灵活，种类也更加繁多。现在的价格种类主要有以下几类：

1. 国家指令价格

国家指令价格是指由国家统一规定的一种计划价格形态。根据我国的实际情况，它又包括中央管理的计划价格、省市自治区管理的计划价格、地县管理的计划价格三个层次。目前商品市场上的一些主要农副产品购销价格和重要的生产资料出产价格往往还采用计划价格，这主要是为了保证生产和市场的正常秩序，合理配置资源，稳定居民生活。在市场经济条件下的整个价格体系，计划价格所占的比例很少，一般不超过10%。

2. 国家指导价格

国家指导价格属于一种派生的计划价格，是由国家规定基价和浮动幅度，允许市场在一定范围内自由浮动的价格。指导价格目前在市场上主要有两种：(1)最高限价，即价格向上浮动的极限，作用主要是防止盲目提价；(2)最低限价，即价格向下浮动的极限，作用主要是为了保护经营者的利益。

3. 市场价格

市场价格是指交易双方本着自愿互利的原则，共同协商一定的价格。它完全受市场供求关系的支配，在整个商品市场价格体系中占有主导地位。一般90%以上的商品价格属于市场价格。

我们对市场价格的调查主要是针对市场价格，同时兼顾其他类型的价格，因为市场价格是指令价格和指导价格制定的基础，也是市场稳定的前提。

二、市场价格的涵义

随着我国市场经济的快速发展，市场价格的涵义在内涵和外延上都发生了相应的变化。从内涵上看,市场价格不仅是价值的货币表现,也是非价值的货币表现,这种价格与市场关系更加密切。这种变化了的价格包括物品价格、非物品价格、服务或劳务价格和非价值的货币表现的价格等四种类型。

1. 物品价格,也称有形物价。这种价格是物质产品的货币价值表现,也是传统上所说的物价。

2. 非物品价格,这类价格是指精神产品的货币表现。目前科学技术的发展突飞猛进,产品更新换代频繁,在生产和流通中指数产品、技术产品、文化产品和信息产品等知识形态产品所占的比重越来越大,这些产品也是商品,它们有价值,可以买卖。这样,在价格概念中,不但包括物品价格,而且包括非物品价格。

3. 服务和劳务价格。这类价格是指对服务或者劳务活动的收费。随着我国产业结构的调整,第三产业的比重越来越大,这就提出了服务业的服务和劳务价格问题。服务业的产品一般是无形产品(精神产品),它们也是商品,具有价值及其价值的货币表现价格,因此,在市场价格范畴中应该包括服务和劳务的价格。

4. 非价值的货币表现价格。这种价格是指非商品的价格。随着市场经济体制的完善和不同市场的建立,在我国已经出现了为数众多的非商品交换行为。如,资金买卖,债券买卖等等,这些东西在社会主义市场经济条件下,成为特殊的商品,可以买卖,有价格,这种价格超出原有价格的范畴,实际上是非价值的货币表现。

在外延方面,价格不再仅仅是指单一性的指令价格,而是指令价格、浮动价格(指导价格)、自由价格等多种价格的总体价格,这种价格的特点是多样性和复杂性。

在我们对价格的市场调查论述中,将不包括对非价值的货币表现的价格,因为其涉及许多金融市场的问题,而金融市场中的价格问题我们将在金融市场调查中论述。

三、市场价格调查的任务

在市场经济条件下,各种产品无论是物质产品还是劳务产品,都是为别人生产的,为交换别人的产品而生产的。有商品就有价格,生产者把自己生产的产品出售给别人,按照市场价格取得相应的收入。社会上有多少种用来交换的产品,就可能有多少种价格,各类产品间的联系,自然就要通过市场上的价格表现出来。建立和完善社会主义市场经济体系,意味着在国民经济各个方面和各个层次的广阔视野里把全部社会活动纳入市场的轨道,从而建立起广泛的多层次的和多方面的市场体系,充分利用市场价格的内在客观力量推动社会主义经济的发展。为了准确地认识与运用市场经济的价值规律,合理运用价格杠杆,加强市场的价格管理,就必须经常性地对物价进行调查、整理和分析,提供有关物价的资料和信息。市场价格调查的主要内容应该包括以下几个方面:

1. 搜集、积累和整理价格水平的资料,正确反映各种产品的市场价格水平。

2. 调查分析产品差价和比价,为合理定价、调价提供依据。

3. 为编制各种产品的市场价格指数提供基础性的数据资料,利用价格指数对市场价格进行调查,以反映市场价格的变动方向和变动幅度。

4. 分析市场价格变动的程度和趋势,研究市场价格变动的原因及其对人民生活和国民经济各方面的影响。

第二节 市场价格调查的内容

调查市场商品价格，通常是从商品比价和商品差价入手。商品比价是指同一市场、同一时间各种不同商品价格之间对比关系的客观数量表现。商品差价是指同一商品在流通过程中，由于商品环节不同、价格性质不同、地区不同、季节不同、商品质量不同等因素，所形成价格的客观数量差异。

商品比价和商品差价是全面考察市场价格情况、做好价格的定价和调价、分析物价政策执行状况的重要依据。商品比价和差价的调查，对分析价格间的数量关系、分析价格关系的变动情况等都具有重要意义。

一、商品比价调查

商品比价就是对有关商品的价格进行比较，反映不同商品之间交换价格比例的现状和发展，为调节生产结构和市场供求，为商品间价格关系的调整提供依据。在具体调查中，我们经常对以下几个方面的内容进行调查：

（一）农产品比价

农产品比价是指在同一市场上、同一时间内不同农产品价格之间的比例关系。其中主要是各种粮食之间、重要经济作物之间的比价。若以某一农产品为交换品，另一农产品为被交换品，我们调查时可以得到下述农产品比价数据：

农产品单项比价＝交换品价格÷被交换品价格

农产品综合比价＝交换品价格指数÷被交换品价格指数

上述调查计算所得结果，并不是反映同一时期交换品与被交换品价格之间的比例，而是说明调查期或者计算期比某一时期交换品与被交换品比价的扩大或缩小的程度。

（二）工业品比价

工业品比价是指同一市场、同一时期内各种工业品价格之间的比例。工业品比价，由于调查分析的目的不同，可以分别考察收购或者销售价格之间的比价，其中主要是工业品销售比价，特别是工业品零售比价。工业品零售比价一般只计算单项比价，其一般使用的方法如下：

工业品比价＝某种工业品价格÷对比工业品价格

（三）工农业产品比价

工农业产品比价是指同一市场、同一时期工业品农村零售价格与非农产品收购价格之间的比例，反映工业品价格与农产品价格的交换比例关系。工农业产品比价，可以计算单项比价，也可以计算综合比价。在调查中，使用以下方式进行计算：

工农业产品单项比价＝某种农产品价格÷某种工业品价格

工农业产品综合价格指数＝农产品收购价格指数÷农村工业品零售价格指数

工农业综合比价指数，反映多种农产品和多种工业品价格之间的交换比例变化的趋势。

（四）生产资料比价

生产资料比价是指同一市场、同一时期各种生产资料交换价格之间的比例。其计算方法如下：

生产资料比价 = 某种生产资料价格 ÷ 对比生产资料价格

生产资料比价形式很多，可以是互相替代的生产资料比价，主件和配件、整件和零件的比价，一般生产资料和新的生产资料的比价，进口生产资料和国产生产资料的比价等等。通过调查分析生产资料比价，对合理安排生产资料生产、充分利用资源、节约原材料、调节市场供求、正确指导消费等方面都有一定的作用。

（五）消费品资料比价

消费品比价是指同一市场、同一时期各种有联系的物质消费品价格之间的比例。物质消费品比价计算方法如下：

物质消费品比价 = 某种消费品价格 ÷ 对比消费品价格

消费品比价所用的价格，应根据调查研究的目的而定。一般来说，如果调查研究比价对有关消费品生产的影响，应该以消费品出产价格及性能进行对比；如果为了调节供需平衡，则应该以销售价格进行对比。

（六）消费劳务比价

劳务比价也称服务比价，是指同一市场、同一时间不同的劳务价格之间的比例。其计算方法如下：

消费劳务比价 = 某种服务价格 ÷ 对比服务价格

调查分析消费劳务比价，可以反映商品市场上提供各种劳务的满足需要程度，为调整劳务分配、改进服务质量、提高劳务集约化程度提供基础数据资料和理论依据。

此外，调查分析商品比价时，根据调查的目的不同，还可以计算生产资料与消费品比价、消费品与服务的比价等，以此调节生产和消费，促进市场经济按比例协调发展，实现国民收入的再分配，完成商品的最后运行。

二、商品差价调查

进行商品差价调查可以及时了解价格的变动情况，为科学合理地制定市场商品价格、组织好商品市场供应以满足需求提供数据资料。在实际的调查工作中，根据研究目的的不同经常需要调查以下一些内容：

（一）商品购销差价和批零差价

商品购销差价是指在不同市场上商品的进货价格与销售价格的差额，可以反映商品经营者的营利情况以及商品运行过程中所需费用大小。具体计算方法如下：

商品购销差价 = 商品进货价格 - 商品销售价格

为了调查分析商品购销价格的差异程度，还可以利用上述资料计算购销差率来反映商品价格变动的百分比：

商品购销差价比率 = 购销差价 ÷ 商品进货价格 × 100%

除调查商品购销差价以外，经常会需要调查批发与零售之间的价格差别，这时需要使用批零差价，即商品批发价格与零售价格之间的差额，其计算方法如下：

批零差价 = 零售价格 - 批发价格

批零差率 = 批零差价 ÷ 批发价格（或零售价格）

批零差率主要表示批零差价在批发或零售价格的基础上增加(或减少)的百分数。值得注意的是,批零差率使用不同的分母是依零售价格不同的作价方式而使用。在实际调查过程中,如果涉及各种作价的方式都有,可以选择其中的一种作价方式,但必须保证不同商品使用公式的一致性。

看批零差价是否合理,主要应从以下两个方面考虑:一方面要使零售企业正常支付的流通费用、税金得到补偿,并获得适当的利润;另一方面,要考虑到消费者的负担合理和物价稳定。

(二)商品地区差价

商品地区差价是从不同地区来调查分析商品价格的差异程度。地区差价可以是商品的不同销售地之间的价格差异,也可以是某种商品在产地与销地之间的价格差异程度。调查分析地区差价,可以为搞好整个商品市场的供需平衡服务。在调查中,经常需要调查的地区差价数据如下:

地区差价 = 销地商品市场价格 - 产地商品市场价格

或 地区差价 = 甲地商品市场价格 - 乙地商品市场价格

地区差率 = 地区差价 ÷ 产地商品市场价格 × 100%

地区差价的大小取决于商品的运输、保管等流通费用以及商业企业利润的多少,同时还要考虑到各地区之间的经济联系有利于活跃城乡物资交流,促进生产力和交通运输路线的配置。

(三)商品季节差价

商品季节差价是从不同季节反映同一商品、同一市场上商品销售或进货价格之间的差异。在调查中,有些产品,特别是农产品随着季节的变动有所变动,故调查中可以调查商品的季节差价,其计算方法如下:

季节差价 = 淡季价格 - 旺季价格

季节差价率 = 季节差价 ÷ 旺季价格 × 100%

商品的季节差价主要是由于生产的季节性十分明显而又常年消费,不易存储。保留适当的商品季节差价,有利于调节市场供求状况,保障产、供、销三者的利益。

(四)商品质量差价

商品质量差价是指同一种商品在同一市场、同一时间内,由于质量不同在价格间形成的数量差异。商品质量差异,由于质量差别所含内容不同,可以分为品质、品种、式样、花色、规格和等级等多种差价形式。

调查质量差价时,先要划分商品类别,确定标准品。标准品一般选择产销量大、生产正常、质量中等的商品。在调查时需要分析的质量差价的计算方法如下:

质量差价 = 非标准品价格 - 标准品价格

质量差价率 = 质量差价 ÷ 标准品价格 × 100%

质量差价一般都有一个基本原则:按质论价、分等论价、同质同价、优质优价。合理的质量差价,对生产者不断提高产品质量和商业部门改善经营管理均能起到促进作用,也能促使全社会节约资源,使资源得到有效配置,同时,维护了消费者的利益。

第三节 商品市场价格指数

商品市场价格指数是反映商品市场中各种商品价格的平均变动和综合变动的特殊的相对指标。

市场价格指数的编制，在调节市场经济活动、发展和完善市场体系方面具有重要的作用，同时，开展市场价格指数的调查，对宏观调控具有相当重要的作用。在实际调查过程中，经常可以搜集到相关的商品价格指数数据，但并没有给出指数编制的基本原理，所以在此主要阐述几种常用的商品价格指数，并简单介绍其编制原理。

商品市场价格指数按商品的用途分，可包括消费品价格指数、生产资料价格指数和服务项目价格指数；按商品的流通环节分，包括工业品出产价格指数、农产品收购价格指数、批发价格指数和零售价格指数；按照商品交易的国界分，又有进口商品价格指数和出口商品价格指数。以上价格指数有的相互交叉，有的相互补充，可以从不同角度较全面、完善地提出各商品市场的价格变动信号，满足商品价格监测和预警的需要。

一、消费品价格指数

消费品是指满足人们物质文化生活需要的实物产品，因而消费品价格的变动与人民生活有密切的关系。消费品价格指数编制的方法是：

1. 确定代表规格品

通过市场流通的消费品难以计数，编制指数不可能囊括全部。因此，首先必须将全部消费品分类，在各类中选择代表规格品。我国居民消费品分成食品、衣着、家庭设备及用品、医疗保健、交通和通讯工具、娱乐、教育、文化用品及居住七大类。在大类消费品中分中类，中类中分小类，各小类又细分为若干商品。确定规格品的原则是：应选择与人民生活密切相关的，价格变动趋势有代表性的商品作为规格品。

2. 搜集代表规格品的价格资料

在不同地点、不同时期购买消费品，其价格不尽相同。要反映全国一年的消费品价格变动，需要搜集不同地点、不同时期的消费品价格。一般采用专门的分层抽样方法，在全国抽选出具有代表性的大、中、小型城市和县城作为全国调查市县，各调查市县再定点定员直接调查，搜集代表规格品的价格资料。

3. 计算平均价格，编制单项指数

调查取得的价格资料是不同时间、不同地点甚至是不同形式的价格，因此，需要计算一定时期内某种消费品的综合平均价格，从而编制该种消费品的单项指数。综合平均价格的算法要使用专门的统计指数计算方法，在此不作详细阐述。单项指数就是报告期的综合平均价格与基期的综合平均价格之比。

4. 汇总编制价格总指数

由于各种消费品的性质不同，使用价值不同，所以不能由各单项消费品的价格指数简单平均而计算出类指数、总指数，必须根据各种类消费品的重要性进行加权平均。编制居民消费品价格指数时，要以居民家庭购买消费品的实际支出构成作为权数，采用加权算术平均指数公式，分层逐步计算各小类指数、中类指数、大类指数，以至消费品价格总指数。至于指数编制的详细方法需要参照专门统计指数知识，这里只是就价格调查中经常调查的指数说明其编制的基本原理。

一般在编制价格指数时可以采用计算表进行，以下表 12—4—1 就是消费品价格指数计算表。

表 12—4—1 消费品价格指数计算表

消费品类别及品类	代表规格品规格、等级牌号	计量单位	综合平均价格（元）		权数（%）	以上年为基期	
			上年	本年		指数	指数×权数
甲	乙	丙	（1）	（2）	（3）	（4）	（5）=4×3
总指数					100		1.1341
一、食品类					52	116.8	0.60736
1. 粮食					25	115.1	0.28775
2. 淀粉及薯类					15	112.3	0.16845
……							
6. 蛋类					10	115.1	0.1151
（1）鲜蛋		公斤	7.60	8.7	96	114.5	1.0992
（2）再制蛋		公斤	10.20	13.10	4	128.4	0.05137
7. 水产品类					15	130.6	0.1959
……							
17. 饮食类					4	122.4	0.04896
二、衣着类					14	100.7	0.14098
三、家庭设备及用品					13	102.9	0.13377
四、医疗保健					6	110.2	0.06612
五、交通和通讯工具					3	104.1	0.03123
六、娱乐、教育文化用品					4	105.6	0.04224
七、居住					8	140.5	0.1124

根据上述指数编制的基本原理，我们调查时就必须考虑调查商品等的针对性和分析价格变动时的特殊性。

二、服务项目价格指数

服务项目价格指数是反映非实物消费品价格变动的综合指数。随着社会的发展，人民生活水平的提高，居民日常生活中非实物消费品的消费支出——服务性支出的比重逐年提高。服务项目价格指数已成为居民消费价格指数的重要组成部分。服务项目价格指数具有地域性强、时间调节性强、项目和计算相对复杂等特征，因而，在价格采集上有一定难度。然而，服务项目价格指数的编制方法与消费品价格指数的编制方法有许多一致性：

1. 选择代表规格等级项目

编制服务项目价格指数也需要先将全部服务项目按其用途分类，然后在各类、各等级项目中选择代表规格等级项目。我国目前将居民消费的服务项目分为电信费、邮费、交通费、洗理美容费、文娱费、学杂保育费、修理及其其他服务费、医疗保健服务费等 8 类。各类项目下又包括若干规格项目，每项服务中，又选择具有代表性的规格等级的项目价格作为代表。

2. 计算服务项目单项价格指数

不同服务项目有不同的收费标准，其资料来源也不同。即使是同一服务项目，也会因为服务企业等级不同，存在质量上的差异。对不同服务项目选择其主要代表规格项目，按照报告期和基期市场上的收费标准分别计算其平均价格，两者之比即为各服务项目单项价格指数。如同一项目存在等级差价，则采用某一具有代表性的等级价格或采用混合平均法计算不同等级的平均价格，进而编制服务项目单项指数。

3. 编制服务项目价格总指数

我国服务项目价格总指数编制，是先根据城镇和农村的单项指数加权计算出全国的单项指数，然后采用相应的营业额，或城乡居民家庭生活消费支出的实际构成作为权数，用加权算术平均法，逐层加权汇总小类指数、大类指数和总指数。

消费品价格指数和服务价格指数可以分编，也可以汇编。在我国，将特定范围的消费品和服务项目价格指数进行汇编就可以编制出居民消费价格指数。

值得注意的是，我们公布的经常有消费价格指数，消费价格指数是从市场买方角度编制的消费品和服务项目的价格指数，反映的是居民购买消费品和劳务的价格动态变化，也即居民消费支出的动态变化。从市场卖方编制商品价格指数，就是零售商品价格指数，可以反映国家或地区零售商业网点出售商品的价格变动，研究零售商品价格变动对商品购买者的货币支出及国家财政支出的影响。

三、零售商品价格指数

零售商品价格指数是在实践中应用比较多的指数。零售商品物价指数是指市场上直接售给消费者的商品价格，是商品市场流通中最终环节的商品销售价格。我国编制的全社会零售价格指数主要反映各种经济类型的工业、商业、餐饮业和其他行业的零售商品以及农民对非农业居民出售商品的价格变动趋势和变动程度。零售价格指数与居民消费价格指数是我国编制的消费市场主要价格指数，零售商品价格指数的特征集中体现在它与消费价格指数的区别上。这些区别主要表现为：

1. 商品的分类不同

按照零售商品的经济用途分类，零售商品分为食品、饮料、烟酒、服装、鞋帽、纺织品、中西药、化妆品、书报杂志、文化体育用品、日用品、家用电器、首饰、燃料、建筑装潢材料、机电产品 14 大类。全国必报商品 353 种。居民消费价格指数则将居民消费的商品和服务项目分为 7 类和 8 类，共 325 种必报项目和服务项目，其中服务项目 36 种。

2. 反映购买者主体范围不同

零售价格指数既包括居民，同时也包括企事业单位等社会集团购买商品的价格变动，但不包括服务项目的价格变动；相反，居民消费价格指数只反映购买部分的价格变动，不包括社会集团购买部分的价格变动。

3. 反映的地区范围不同

零售价格指数是以市场商品零售价格变动为研究对象，因而，分地区编制时，该指数包括外地居民和企事业单位在本地区的购买商品的价格波动，但不包括本地居民和企事业单位在外地购买的商品价格变动。居民消费价格指数以当地常住居民购买商品与服务项目的价格变动为研究对象，除了反映本地居民在本地购买商品和服务项目的变动，还包括本地居民在外地购买商品和服务项目的价格变动。

4. 选择的权数不同

零售价格指数是用商业部门的商品零售额构成为权数，资料来源于商品流通部门的统计报表和典型调查。居民消费价格指数是以居民家庭的实际消费支出构成权数，资料通过城乡逐户调查取得。

除上述区别外，零售价格指数与居民消费价格指数在编制方法上基本相似，在此不作说明。

四、批发价格指数

编制批发价格指数旨在反映离开批发环节,进入零售或生产消费环节的各种商品价格的变动,为监控批发价格、计算批零差价率,并为生产者制定生产计划提供依据。

目前,我国主要编制的批发价格指数有工业品出厂价格指数和原材料、燃料、动力购进价格指数。

以下主要介绍工业品出厂价格指数。

工业品出厂价格指数又称工业生产者价格指数,主要反映生产者所得价格水平的变动。其编制方法如下:

1. 选择代表产品、代表企业

工业产品名目繁多,因此,编制工业品出厂价格指数是以代表产品价格变动来反映全部产品价格变动趋势的。代表产品通常采用划类主观法选择,即先确定工业产品的科学分类,再分别从每类产品中挑选有代表性的产品作为计算该类产品指数的代表性产品。选择代表性产品的原则是:首先,按工业行业选择产品,保证各主要行业都有足够的代表产品,适当兼顾次要行业,使价格指数能较好地反映各行业产品价格的变化。第二,选择对国计民生有重要意义的产品,一般来说,这些产品的销售额所占的比重较大。选择这些产品作为代表规格品,则按照加权法计算的价格指数也就比较有代表性。第三,有些产品与人民生活密切相关,人们对其价格变动反映敏感,即使该类产品销售额较小,也应列入。第四,对规格型号繁多、价差较大的产品,选择若干规格品作为代表,并尽可能照顾各种类型、各种档次以及各种型号。

代表产品的价格资料从代表企业中取得。每种产品(规格),在全国范围内至少选择两个企业调查,以避免产品的遗漏。代表企业选择的原则是:(1)分布的合理性。即要照顾各行业的代表产品都选有代表企业。(2)层次的完整性。即大、中、小型企业都应占有一定比例,避免各种类型企业价格水平和变动趋势的不同,造成指数上的偏差。(3)代表企业的稳定性。一是指要选择生产稳定的企业;二是指选择的企业要保持稳定。若个别企业由于生产情况变化失去代表性时,用同类企业代替。

2. 代表产品价格的搜集和缺价处理

我国现行编制的工业品出厂价格指数选择近八百种代表产品(包括一千五百多种规格),以30个省市、自治区和直辖市为综合调查单位,选择若干代表企业,调查搜集代表产品的价格资料。若遇到价格资料不全,则按照以下办法处理:

若某产品因基期月没有销售而缺价,企业可按照与基期月相近的一个月资料填报。

若对生产周期特长的产品,可按年计算,基期用上年平均价格。

若是新规格品替代淘汰、停产的旧规格品,则以用途相同的新规格品代替。

3. 平均单价计算和单项指数的编制

工业品出厂价格的平均单价是用不同价格销售的销售量加权计算的混合平均单价。调查计算方法如下:

某种产品(规格品)平均单价=该产品销售总金额÷该产品销售总量

代表产品(规格品)的单项价格指数的编制,只需要使用上述计算方法计算报告期和基期的平均单价,然后用报告期的平均单价除以基期的平均单价即可,用公式可以表示如下:

某种产品(规格品)价格指数=报告期平均单价÷基期平均单价

4. 确定权数和编制指数

工业品出厂价格指数的权数是工业品销售额比重。权数是按照行业分层分摊法计算的。各行业的权数是各行业销售额占总销售额的比重；各代表产品的权数是各代表产品的销售额占代表产品销售额之和的比重再乘以该行业占总销售额的比重，由于代表产品较多，一般用千分比表示。这种方法的实质就是将所有非代表产品的权数按比例分摊到各代表产品上；各行业权数之和或所有代表产品权数之和应为1000‰。

编制工业品出厂价格指数，各行业的价格指数及各种特定分组的价格指数均为加权算术平均指数。其计算方法如下：

$$k = \frac{\sum KW}{\sum W}$$

上式中：k 代表价格总指数或各种分组的价格指数；K 代表产品价格指数；W 代表各代表产品的权数。

根据调查的目的，我们根据指数编制的基本原则，还可以编制其他一些指数。

第四节　商品价格影响的调查分析

通过调查获取商品市场价格资料以后，应该对其进行一些整理分析，一般的整理分析主要是分析价格的波动和对居民的影响。

一、价格波动的分析

调查市场价格的稳定性及其变动规律性，查明价格的升降是否合理，需要对市场价格变动幅度及其变动原因进行分析。市场价格波动幅度初略描述可以使用涨跌幅度和涨跌率来表示。随着市场经济规律货币化程度的提高，通货膨胀成为市场价格波动测度的一个重要数据。

通货膨胀是指国民经济的货币供应量超过商品和劳务的货币需要量，从而引起商品和劳务的价格上涨，因此许多国家直接用价格指数测定通货膨胀。在我国，对通货膨胀数据的获得，可以用零售商品价格指数来反映，通过零售商品价格指数求得通货膨胀率，其计算方法如下：

通货膨胀率 = 报告期零售商品价格指数 ÷ 基期零售商品价格指数 × 100% − 1

在调查计算中的零售商品价格指数，都是以某一固定时期为基准计算的，有时也叫做定基价格指数。

测定结果表明：价格指数上涨率越高，通货膨胀也越大。根据通货膨胀率判别通货膨胀程度，国际上作了如下规定：

年通货膨胀率为1%，为统计调查误差；

年通货膨胀率为3%～6%，为温和的通货膨胀；

年通货膨胀率超过7%，为高通货膨胀；

年通货膨胀率超过10%，为危险的通货膨胀；

年通货膨胀率为20%以上,表示通货膨胀失控。

二、调查分析价格对居民生活水平的影响

商品市场价格指数对居民生活有很大影响,根据商品市场居民消费价格指数的变化,可以从两个方面分析价格对居民生活的影响。

(一)对居民购买力的影响

货币购买力是指一定时期内,单位货币实际能够购买到的商品和服务的数量。货币购买力大小直接受价格变动的影响,且它们之间呈反方向变动。因此,我们可以根据居民消费价格指数计算货币购买力指数,用以反映不同时期货币购买力变动趋势和程度,测定居民实际货币收入变动。货币购买力指数计算方法如下:

货币购买力指数 = 1 ÷ 居民消费价格指数 × 100%

货币购买力指数大于100%,表示货币购买力提高,即货币升值;如果小于100%,则表示货币购买力降低,即货币贬值。

在调查实践中,还可以计算不同口径的货币购买力指数,如城镇货币购买力指数即城镇居民消费价格指数的倒数,农村货币购买力指数是农村居民消费价格指数的倒数。

(二)对居民收入的影响

随着国民经济的发展,城乡居民货币收入都有较大幅度的提高,但以此来衡量城乡居民生活水平提高是不精确的,因为这些名义收入的增长,要受市场价格波动的影响。因此,剔出市场价格的变动,计算城乡居民的实际收入指数,才能衡量居民真实收入水平增长的变化。反映商品市场消费品和服务项目变动的居民消费价格指数通常被用作测算居民实际收入增长的剔出价格。具体的计算方法如下:

居民实际收入指数 = 计算期居民货币收入指数 ÷ 计算期居民消费价格指数 × 100%

= 计算期居民货币收入指数 × 计算期货币购买力指数 × 100%

由于城市和农村收入与消费水平不同,可以分别调查分析计算城市居民实际生活费收入和农民纯收入指数。

城市居民实际生活费收入 = 城市居民人均生活费收入指数 ÷ 城市居民消费价格指数 × 100%

农民实际纯收入指数 = 农民人均纯收入指数 ÷ 农村居民消费价格指数 × 100%

第五章　金融市场调查

第一节　金融市场调查概述

一、金融市场的概念

金融市场是指以金融资产为交易对象而形成的供求关系及其机制的总和。它包括如下三层含义:一是它是金融资产进行交易的一个有形和无形的场所;二是它反映了金融资产的供应者和需求者之间所形成的供求关系;三是它包含了金融资产交易过程中所产生的运行机制,其中最主要的是价格机制。这里,金融资产是指一切代表未来收益或资产合法要求权的凭证,也称为金融工具或证券。一类是债务性证券,代表其发行者在某一特定时期中要按约定条件支付一定回报给持有人的承诺,如债券、存款单等。另一类为权益性证券,要求发行者在支付债务性证券以后按收益对权益性证券的所有者进行支付,其中最典型的就是普通股。

金融工具作为特殊商品进入金融市场交易,必须具备以下特征:(1)规定偿还期。偿还期是指债权人与债务人借贷行为的起止期限。(2)流动性。流动性是指金融工具变成现金而不致亏损的能力。一般而言,流动性与债务人的信用成正比,与偿还期成反比。(3)安全性。安全性是指收回本金的保险程度。金融工具在金融市场可能遭致两类风险:违约风险和市场风险。(4)规定收益率。收益率是指净收益与本金的比率。投资者据此取得收益。

金融市场与要素市场和产品市场的差异在于:(1)在金融市场上,市场参与者之间的关系已不是一种单纯的买卖关系,而是一种借贷关系和委托代理关系,是以信用为基础的资金的使用权的暂时分离或有条件的让渡。(2)市场交易的对象是一种特殊的商品即货币资金。金融市场上之所以会发生货币资金的借贷和有条件的让渡,是因为当其转化为资本使用时能够带来增加的货币资金余额。(3)金融市场是一种抽象的市场,市场交易的场所除资本市场中的证券交易所有固定的场所外,在大部分情况下是无形的,通过电信及计算机网络等进行交易的方式已越来越普遍。

二、金融市场的类型

为了充分理解金融市场,尽可能地反映这个复杂市场的全貌,我们从多个角度对金融市场的类型作简单介绍。

(一)按标的物划分:货币市场、资本市场、外汇市场和黄金市场

货币市场是指以期限在一年以下的金融资产为交易标的的短期金融市场。这个市场的主要功能

是保持金融资产的流动性,以便随时转换为现实的货币。它的存在,一方面满足信贷者的短期资金需求,另一方面也为暂时闲置的资金找到了出路。

资本市场是指期限在一年以上的金融资产交易的市场。全面地看,资本市场包括两大部分:一是银行中长期存贷款市场,另一是有价证券市场。但是,由于两个原因,一般可将资本市场视同或侧重于证券市场。这两个原因是:(1)在世界各主要国家长期资本市场的两大部分中,证券市场最为重要;(2)从世界金融市场发展趋势看,融资证券化特别是长期融资证券化已经成为一种潮流,构成了当今世界融资活动的主要特征。

外汇市场有广义和狭义之分。狭义的外汇市场是指银行间的外汇交易,包括同一市场各银行间的交易、中央银行与外汇银行间以及各国中央银行之间的外汇交易活动,通常被称为批发外汇市场。广义的外汇市场是指各国中央银行、外汇银行、外汇经纪人及客户组成的外汇买卖、经营活动的总和,包括上述批发市场以及银行同企业、个人间外汇买卖的零售市场。

黄金市场是专门进行黄金买卖的交易中心或场所。目前,由于黄金仍是国际储备工具之一,在国际结算中占据着重要地位,因此,黄金市场仍被看做金融市场的组成部分。

(二)按中介特征划分:直接金融市场与间接金融市场

直接金融市场是指资金需求者直接从资金所有者那里融通资金的市场,一般是指通过发行债券和股票方式在金融市场上筹集资金的融资市场。而间接金融市场是指通过银行等信用中介机构作为媒介来进行资金融通的市场。在间接金融市场上,资金所有者将手中的资金贷放给银行等信用机构,然后再由这些机构转贷给资金需求者。在此过程中,不管这笔资金最终归谁使用,资金所有者都将只拥有对信用机构的债权而不能对最终使用者具有任何权利要求。直接金融市场与间接金融市场的差别并不在于是否有金融中介机构的介入,而主要在于中介机构特征的差异。在直接金融市场上也有金融机构,只不过这类公司不能像银行那样。它不是资金的中介,而大多数是信息中介和服务中介。

(三)按金融资产的发行和流通特征划分:初级市场、二级市场、第三市场和第四市场

资金需求者将金融资产首次出售给公众时所形成的交易市场称为初级市场、发行市场或一级市场。金融资产发行的方式主要有包销和代销两种。所谓包销是指金融资产的发行人与银行等金融机构协商,由银行等承销机构按照商定的条件把全部证券承接下来负责对公众销售。代销则是发行人自己承担全部发行风险,只将公开销售事物委托投资银行等办理的一种方式。

证券发行以后,各种证券在不同投资者之间买卖流通所形成的市场则为二级市场,又称流通市场或次级市场。它又可以分为两种:一是场内市场即证券交易所,另一是场外交易市场。证券交易所是指依照国家有关法律规定,经政府主管机关批准设立的证券集中竞价的有形场所。场外交易市场是指证券交易所之外进行证券买卖的市场。

此外,在发达的市场经济国家还存在第三市场或第四市场,它们实际上是场外市场。第三市场是原来在交易所上市的证券移到场外进行交易所形成的市场。第四市场是投资者和证券的出卖者直接交易形成的市场。

(四)按成交与定价的方式划分:公平市场与议价市场

公平市场是指金融资产的交易价格通过众多买主和卖主公开竞价而形成的市场。金融资产在到期偿付之前可以自由交易,并且只卖给出价最高的买者,一般在有组织的证券交易所进行。在议价市场上,金融资产的定价与成交是通过私下协商或面对面的讨价还价进行的。在发达的市场经济国家,绝大多数债券和中小企业的未上市股票都通过这种方式交易。

(五)按有无固定场所划分:有形市场与无形市场

有形市场即有固定交易所的市场,一般是指证券交易所等固定的交易场地。在证券交易所进行交易首先要开设账户,然后由投资人委托证券商买卖证券,证券商负责按投资者的要求进行操作。而无形市场则是指在证券交易所外进行金融资产交易的总称。它的交易一般通过现代化的电讯工具在各金融机构、证券商及投资者之间进行。它是一个无形的网络,金融资产及资金可以在其中迅速转移。在现实世界中,大部分的金融资产交易均在无形市场上进行。

(六)按市场交易主体划分:国内市场和国际市场

国内金融市场是指融通本国货币资金的场所。在国内金融市场上,银行同业资金的拆借、票据买卖、股票债券投资活动都是在本国居民和法人之间进行的。国际金融市场是指国际间接融通货币资金的市场。

三、金融市场调查的对象和范围

金融市场调查的对象是金融市场中大量金融现象的定性定量关系，并以此来认识金融现象的现状、问题及其发展规律。金融现象是指货币资金的融通现象，包括货币流通现象和各种信用现象。

关于金融市场调查的对象,可以从以下三个方面理解:(1)它研究的金融现象是在金融市场领域发生的。例如,在资金拆借市场中金融机构相互拆入拆出多少资金等。(2)它调查的是金融市场中金融现象的总体。在调查时,它从认识个别金融现象开始,达到对总体的认识。例如,调查资金拆借市场中的金融现象,不是要调查每一笔拆借的数量,而是通过对每一笔拆借资金数据资料的调查,来分析拆借总量、比例和平均利率等。(3)它不仅从定性方面调查,还需要对定量的许多方面进行调查。

金融市场调查的范围是金融市场中的全部金融活动。金融活动是指以货币等有价证券这种特殊商品为交易对象,买卖各种信用工具的融资活动。无论哪类资金交易,也无论交易期限长短等,所有的资金交易都属于金融市场活动的范畴,应该是调查的范围。

金融市场调查可以根据市场的不同类型进行,也可以根据金融市场不同的性质特征进行。在此我们主要按照金融市场的不同类型、结合其性质特征进行调查,即分为金融市场交易调查、金融市场价格水平调查和金融市场价格波动调查。对于搜集以后得到的数据整理分析内容,只是在说明调查内容中稍加阐释。

四、金融市场调查的内容

金融市场在市场经济发展中起着十分重要的作用,其具体的调查内容包括以下一些:

1. 金融市场交易调查:主要包括金融市场交易规模、金融市场交易结构、金融市场交易收益等调查;

2. 金融市场价格水平调查:主要包括货币市场价格、资本市场价格、外汇市场价格等调查;

3. 金融市场价格指数调查:主要包括股票价值指数编制和我国主要的价格指数等调查内容。

第二节　金融市场交易调查

金融市场的交易活动具体体现为各种金融工具的买卖,金融市场交易调查内容便包括金融工具交易的规模、结构和收益等。

由于各类金融市场有着不同的特点,因此金融工具的交易调查按各类市场分别调查。

一、金融市场交易规模调查

(一)货币市场交易规模调查

货币市场是短期资金融通的场所,偿还期在一年以内的证券属于货币市场的范围。货币市场的交易活动,具体由短期债券、同业拆借、票据贴现这三类交易组成。

1. 短期债券交易调查

短期债券可以分为短期国债和短期企业债券两类。要调查短期债券交易规模,一般需要调查的为短期债券发行量和短期债券市场交易量。

短期债券发行量是指调查时期内,一定地点和条件下在一级市场上销售的各种短期债券的总金额,在调查时使用计算方法如下:

短期债券发行量=调查期一级市场国债销售额之和+调查期一级市场企业债券销售额

短期债券市场交易额是指调查时期内,一定地点和条件下二级市场上流通转让的短期债券成交总金额,调查时计算方法如下:

短期债券市场交易额=调查期二级市场国债交易额+调查期二级市场企业债券交易额

短期债券发行量越高,表明其一级市场的规模越大;短期债券转让额越高,表明其二级市场的规模越大。

2. 同业拆借交易规模调查

同业拆借是指金融机构之间进行短期临时性资金调剂、资金融通的交易活动。对同业拆借市场规模进行调查使用的主要数据就是同业拆借成交额,它是指在调查期内,一定地点和条件下金融机构之间拆借资金的总额。

同业拆借成交额=调查期各金融机构拆入资金数

=调查期各金融机构拆出资金数

同业拆借成交额越高,表明拆借市场规模越大。

3. 票据承兑贴现交易规模调查

票据承兑贴现市场的交易活动体现为票据的签发、承兑、贴现、转贴现和再贴现活动。为调查这一交易规模,我们可以调查以下内容:

票据签发额:它指调查期和一定地点到期商业票据签发金额与承兑汇票签发金额之和。这里的签发额是指出票人签出票据的金额。

票据承兑额:它指调查期和一定地点到期商业票据支付金额与到期以后承兑金额之和。

票据贴现额:它是指持票人将其持有的未到期商业票据或汇票转让给以后并贴付利息,银行从票面金额中扣除利息，将余款支付给持票人的票据交易活动。双方当事人都是商业银行的票据贴现交易，称为转贴现。票据贴现额是指调查期和一定地点未到期商业票据额与未到期银行承兑贴现额和转贴现额之和。

票据再贴现额：再贴现是专指商业银行将未到期的票据到中央银行办理贴现的交易活动。票据再贴现额是指调查期和一定地点中央银行对未到期票据的贴现额。

（二）资本市场交易规模调查

偿还期在一年以上的证券市场称为资本市场，它由中长期债券市场和股票市场组成，习惯上我国通常称之为证券市场。在对证券市场进行调查时，需要调查以下内容：

1. 证券发行品种数。它是指调查期或一定时期，一定地点条件下在一级市场上发行的中长期债券和股票的品种数目。例如，我国发行的中长期债券有国债、金融债券等；发行股票有 A、B 股两大类。

2. 证券市场品种数。它是指一定时间、地点和条件下在二级市场上市流通交易的中长期债券和股票品种数。例如，我国目前上市公司数目截至 2003 年已经将近 1300 余家。

3. 证券发行额。它是指一定时期地点和条件下在一级市场上发行的各种中长期债券和股票总金额。在调查中，具体的计算方法如下：

证券发行额 = ∑（证券发行量 × 发行价格）

证券发行额从发行的角度反映资本市场的规模。近几年我国证券市场发行总量增长很快，1997 年以后筹资额最低都达到 841.5 亿元。

4. 证券交易额。证券交易额又称成交金额，它是指一定时期和条件下证券在二级市场上流通交易的成交金额。调查经常采用如下方法计算：

证券交易额 = ∑（各种证券成交量 × 市场交易价格）

证券交易额是从交易的角度反映资本市场规模的一个重要数据。我国证券二级市场在 20 世纪 90 年代初期交易规模迅速扩大，交易量迅速增长，市场容量急剧扩张，但到 20 世纪 90 年代末和 21 世纪初，由于监管的力度加大，使证券市场交易额增长并不明显，有时还有减少趋势。

5. 市价总值。市价总值是指一定时间、一定地点条件下按市场交易价格计算的上市证券总价值。一般采用的计算方法如下：

市价总值 = ∑（上市证券发行量 × 市场交易价格）

市价总值说明上市证券的现时价值，是计算股价指数的基础。

6. 上市总值。上市总值是指一定时间和地点上上市证券资本总数，是通过上市证券面值汇总而得到的。

上市总值 = ∑上市证券票面金额

上市总值反映了上市证券资本规模的大小。

（三）外汇市场交易规模调查

外汇市场不存在发行的问题，所以在调查外汇市场交易规模时，我们只需要调查一个数据即可，这个数据为外汇交易额。

外汇交易额是指一定时期，在一定地点条件下外汇在外汇交易市场上流通买卖的成交金额。在许多国家的外汇交易中，均采用美元计算。

中国由于外贸增长迅速、境内外美元利差扩大及本外币利差变化等原因，银行间外汇市场交易量显著增加，在2003年，各币种累计成交折合美元1511亿美元，同比多成交539亿美元，日均成交6.02亿美元，同比增长54.4%。

（四）保险市场交易规模调查

保险市场是一种特殊的金融市场，对保险市场规模调查时主要有以下内容：

1. 保险险种数。它是指一定时间、地点条件下保险公司向市场推出的保险商品品种数。这是反映保险市场广泛程度的一个数据。

保险险种数通常可以分类进行调查。我国的险种分为国内财产保险、国内人身保险、涉外业务保险三大类，每大类又分为若干小类，每小类又分若干险种。

2. 保险金额，简称保额。它是指一定时间、地点条件下保险人对被保险人承担损失补偿或给付的最高金额。

3. 保费收入，又称保险费。它是指一定时间和空间条件下被保险人投保时向保险机构缴付的费用，是按照各险种的保险费率计算的，在调查时使用的计算方法为：

保险费 = 保险金额 × 保险费率

保险公司承诺保额，被保险人或投保人缴纳保险费用，这就是保险活动最基本的内容。因此，保额与保费收入各从一个侧面反映了保险市场的规模。

保额与保费在调查中都可以分险种进行调查，按照小类、大类进行整理汇总，其中涉外保险调查还可以以美元计价。

4. 保险业务收入。它是指一定时间条件下国内外保险业务的总收入。这是从价值上反映保险市场总规模的一个数据。在调查中，我们通过如下方式取得：

保险业务收入 = 国内外（保费收入 + 保险储金收入）

当然，为了进一步了解保险市场的发展规模，我们可以对保险密度和保险深度等进行调查，得到更详细的资料。

5. 赔付金额。它是指在一定时间和地点条件下，当保险事故发生时，保险人向投保人支付的赔偿给付金额。在人身保险中，这一赔付称为给付，这是从理赔的角度调查保险活动规模的。

二、金融市场交易结构调查

金融市场交易结构调查可以按照各个金融子市场进行。

（一）有价证券结构

资本市场和货币市场的有价证券结构是指各类证券金融工具在整个市场中所占的比例，这一比例是我们需要调查的数据之一，其计算方法通过结构相对数得来，具体计算如下：

有价证券结构相对数 = 总体中某一部分有价证券数量 ÷ 有价证券总体数量 × 100%

例如：证券发行额结构相对数（%）= 某一证券发行量 ÷ 全部证券发行总额 × 100%

通过有价证券结构比例可以反映社会融资的主要渠道和金融市场在资源配置中的格局。

（二）市场份额结构

市场份额是反映市场全体竞争状况的重要相对数，我们可以调查各金融子市场参与市场竞争的情况，各参与市场竞争的主体占整个市场交易中的份额，就是其市场份额结构。在进行调查时，我们采用如下方法得到市场份额结构相对数。

市场份额结构相对数(%)=某一市场主体市场交易数÷市场交易总量×100%

通过调查市场份额结构相对数,可以分析各主体在市场竞争中所处的地位,同时,也可以通过这种调查,了解市场的结构情况。

三、金融市场交易收益调查

金融市场的参与者参加金融工具的交易活动,筹资也好,投资也好,投机也好,都是为了获取一定的收益。但是金融市场是一个充满风险的市场,投身其中,可能得到收益,也可能遭到损失,因此在对金融市场交易调查中,还需要对其交易的收益情况进行调查。

(一)货币市场收益调查

货币市场收益调查主要有以下内容:

1. 同业拆借收益调查。同业拆借收益就是拆借的金融机构通过拆出资金获取的拆息。调查时使用的计算方法如下:

拆息=拆借金额×拆借期限×拆借利率

值得注意的是,拆借利率应该与拆借期限使用相同的口径,即若拆借利率为年利率,则需要将拆借期限调整为以年为单位;或者,若拆借期限为日,则需将拆借利率调整为日利率。

2. 票据贴现收益调查。票据贴现收益就是指银行通过贴现获取的贴现利息。在调查中,采用的计算方式如下:

贴现利息=申请贴现票据面额×贴现时间×贴现利率

与拆息计算方法一致,上式中的贴现利率也应该与贴现时间具有相同的口径。

要调查转贴现与再贴现的利息,其计算方法与贴现利息一致。

短期债券的付息通常只有两种形式,所以在调查中,我们注意到以下两点就行:一是到期一次还本付息的,调查时其利息计算方法与拆借利息相同;二是贴现方式,在调查时其利息计算方式与贴现利息相同。

(二)资本市场收益调查

在对资本市场收益进行调查时,通常有以下内容需要进行调查:

1. 中长期债券收益调查

投资债券的收益由两部分组成:一为债券固定的利息收入;另一是因债券的收益价格变动带来的损益。中长期债券收益率是指单位投资本金在一定时期内带来的收益。由于债券的偿还期和利息率是发行时就确定并固定不变的,因此,中长期固定债券收益率在投资时就能准确地利用以下公式计算出来:

债券收益率=[票面年利息+(卖出价格-买入价格)÷持有年限]÷买入价格

一般调查使用的中长期债券收益率都是指年收益率。

实际调查过程中,还会碰到多种买入价和卖出价,也会有多种不同的持有年限,由此形成了多种具体的收益率。关于各种具体的收益率,我们可以参见一些专门论述资本市场的资料进行了解,在此不作详细说明。

2. 股票收益调查

投资股票的收益也由两部分组成:一是定期获得的股利,或者是股息,或者是红利,红利率的高低

不是固定的,完全决定于当年公司的盈利状况;二是因股价变动带来的损益。在股票收益调查中经常需要调查的内容有以下一些:

(1)本期股利收益率,也叫当期股利收益率。具体的计算方法如下:

本期股利收益率=每股股利÷本期股票价格

本期股利收益率表示以当期市价购买股票所能获得的股利收益大小,是以现价购买股票的预期收益率。

(2)市盈率,又叫本益率。市盈率是调查股票平均收益的一个重要指标,其具体的计算方法如下:

市盈率=每股市价÷每股盈利

市盈率通常用倍数表示,表示目前股票市价超出每股盈利的倍数。这样,若不考虑货币的时间价值,市盈率实际表明投资者投资股票的投资回收期。据此,我们调查所得数据在分析时就可以知道:市盈率越高,表明股票市价超出每股盈利的倍数越大,意味着投资回收期越长,潜在的收不回投资的风险越大,这时在调控金融市场时一定要注意投资者的投机心理。

(3)持有期收益率。

有时还需要调查股民持有股票期间的收益率,一般调查中使用的计算方法如下:

股票持有期收益率=[(卖出价格-买入价格)+股利]÷买入价格

调查该数据可以反映投资者持有一段时期股票,经历股价变动以后,在该期间获得收益的水平。该数据的意义与中长期债券的持有期收益率相同,两者的差别只是体现在债券有偿还期,而股票没有偿还期。因此,调查出该数据以后,经过整理不仅可以用于比较不同股票的持有期收益水平,也可用于比较股票和债券的收益水平。

第三节 金融市场价格水平调查

金融市场价格,是指作为特殊商品的货币资金的市场价格。在现代金融市场中,货币资金具体体现为各种金融工具,因此金融市场价格就是指各种金融工具的价格。

金融市场价格是经济活动的晴雨表,它反映各种金融工具的市场供求状况,折射出社会货币资金的相对稀缺程度,引导社会资金流向急需的和效益高的地方,促进社会资金的重新分布和合理配置。

从理论上讲,货币资金的价格就是它的到期现值收益率,即利率,但是金融工具的实际市场价格往往与货币资金的理论价格不一致,它的实际价格受到多种因素的影响,形成多种价格水平。我们对金融市场价格水平的调查主要有以下内容:

一、货币市场价格调查

货币市场价格调查有如下一些主要内容:

(一)拆借利率

同业拆借市场上拆借资金的价格就是拆借利率。拆借利率是由双方当事人根据中央银行的有关规定和当时市场资金的供求情况,以讨价还价的形式议定。我国人民银行法规定:同业拆借资金市场利率的最高限由中国人民银行总行根据社会资金的供求状况确定和调整，拆借各方只能在规定的限度内商定具体利率。

在最高限额以内，各笔拆借资金便有一个双方协商后的具体利率，称为成交利率。各笔成交利率不会完全一样。为了反映调查时期内各种拆借资金利率的一般水平，我们调查得到相关的数据资料以后，就可以利用下述公式计算加权平均拆借利率，计算的具体方法如下：

加权平均拆借利率 = ∑(成交利率 × 拆借款额) ÷ ∑拆借款额

（二）贴现率

票据贴现市场和银行承兑汇票市场都属于贴现市场，票据或汇票市场价格就是贴现率。在调查中，我们经常需要调查的主要有市场贴现率、转贴现率和再贴现率。

1. 市场贴现率

市场贴现率又简称贴现率，是指商业银行办理贴现时预扣的利息与票面金额的比率，在调查时使用的计算方法如下：

市场贴现率 = 预扣贴现利息 ÷ 票面金额

与利率一样，年贴现率通常以百分数表示，月贴现率通常用千分数表示，日贴现率通常用万分数表示。

从调查和整理分析的实践可以看出，要得到市场贴现率的关键是科学地确定贴现利息。从理论上讲，贴现与贷款都是一种融资活动，在同一市场进行并且融资条件相同的条件下，贴现利息与贷款利息应该有如下关系：

贴现利息 + 将该贴现利息作为贷款贷出所得的利息 = 贷款利息

因为只有在这个时候，贴现与贷款的融资成本才相等；否则融资者就会选择融资成本较低的融资方式，而放弃融资成本较高的方式。

要对其继续进行分析，可以将上述公式展开：

贴现利息 + 贴现利息 × 贷款利率 × 贴现期限 = 贷款利息

于是，便可以得到贴现成本与贷款成本一致条件下的市场贴现率公式：

市场贴现率 = 一般贷款利率 ÷ (1 + 贴现期限 × 一般贷款利率)

通过上述分析，我们在调查分析市场贴现率时可以根据不同的研究目的，采用不同的方式获取数据资料。

2. 转贴现率与再贴现率

转贴现率是专指银行将其已贴现的但尚未到期的票据向同行业再转卖、转向其他银行贴现时的贴现率。再贴现率又叫重贴现率，是指银行将已贴现的未到期票据，再转卖给中央银行或转向中央银行贴现时的贴现率。转贴现、再贴现与贴现的本质是相同的，只是贴现的主体对象有所不同，因此转贴现率与再贴现率在调查时所使用的计算原理完全一致。即：

转贴现率 = 商业银行预扣转贴现利息 ÷ 票面金额

再贴现率 = 中央银行预扣再贴现利息 ÷ 票面金额

中国人民银行规定，转贴现率与再贴现率按同档次贷款利率降低 5% 至 10%。在实际操作中，转贴现率通常由贴现双方按政策规定协商议定，也可以参照再贴现率执行，所以，调查中取得数据要注意现实中的情况。

在贴现市场健全的条件下，再贴现率是中央银行控制货币流通量的主要指标。中央银行可以通过降低再贴现率影响商业银行的融资成本和信用规模,从而抑止或刺激商业银行的资金需求和资金供给,达到相应的政策目的,所以,通过对该数据的调查,可以了解中央银行的政策,从而为地方政府制订相应的产业或金融政策提供基础性资料。

二、资本市场价格调查

资本市场是我国最具典型意义的金融市场。资本市场上交易的金融工具是政府债券、企业债券合股票。这些金融工具相对其他金融市场工具而言具有更完整的市场价格形态,这些价格形态包括票面价格、利率、发行价格、交易价格等指标,它们构成了反映资本市场价格运动全过程的内容,具体调查内容如下:

(一)票面价格

票面价格又叫面值或面额,是债券和股票上标明的金额。债券的票面价格是到期偿还本金的依据。股票的票面价格表示每一单位股份所代表的资本额。

债券和股票票面价格的大小,会对公众的认购产生一定的影响,比如太大的面额认购者会减少。除此之外,票面价格的作用也很有限,主要只起记账的作用。

(二)债券利息率

调查债券的利息水平时,就必须调查债券利息率。债券利息率的计算方法如下:

债券利息率 = 债券利息额 ÷ 债券本金

债券利息率是资本市场调查中的一个重要内容,不论对筹资者还是对投资者,债券利息率的高低都有重要作用。对筹资者即债券发行者来说,债券利息率的高低直接影响其未来利息的支付水平和偿还负担;对投资者即债券的购买者来说,将直接影响其投资收益,从而影响其是否购买、购买多少的决策。

(三)发行价格

债券和股票的发行价格是指它们在初级市场上的交易价格,即新发行的债券或股票由发行者出售给认购者的价格。根据债券和股票的发行价格与其票面价格的关系,共有三种发行价格:

1. 票面发行价格,即以票面价格作为发行价格,故也叫等值发行。

2. 溢价发行,即以高于票面金额发行的价格,高于票面价格的部分称为溢价额。

3. 折扣价格,即以低于票面金额发行的价格。

采取何种发行价格受当时的市场利率和证券市场供求关系的影响。溢价有利于筹资者降低筹资成本,但易失去对购买者的吸引力;折扣低,有利于证券的发行推销,但却增加了筹资成本。

我国的债券目前都采取面值发行,股票则多数为溢价发行,也有少量平价发行。折扣发行一般发生在发行公司和承销商之间。

(四)交易价格

债券和股票的交易价格又称市场价格,是指它们在二级市场上流通交易、买卖成交时的价格,因此又称行市。这是投资者最重视的价格。债券和股票的市场价格变动频繁,全面描述其市场价格需要调查许多相关的内容,才能系统地反映价格运动的全过程。具体的内容包括理论市场价格、开盘价与收盘价、最高价和最低价、平均价等等。由于这些价格涉及专门的资本市场的技术分析,所以在此不详细说明。

三、外汇市场价格调查

在外汇市场上,外汇买卖的价格就是货币汇率,简称汇率或汇价。从理论上说,汇率是两个国家货币价值的比率;从市场操作的角度看,汇率就是两种货币买卖的交换比率,即两种货币的比价。在对外汇市场价格调查中,主要调查的内容有以下一些:

(一)外汇的标价方法

外汇的标价方法是指以哪国货币为比价标准。目前国际上有两种标价方法:

1. 直接标价法,即以一定数量的本国货币来表示一个单位的外国货币。这种标价法以外国货币为核算标准,不论汇率如何变动,外国货币的量总是固定为1个单位,以本国货币单位量的变动来表示交换比率的变动。若本国货币的数额变大,即表明外汇汇率上涨,本国货币贬值。因此这种标价汇率又称外国货币汇率。

2. 间接标价法,以一定数量的外国货币来表示一个单位的本国货币。这是以本国货币作为折算标准的标价法,故又称本国货币汇率。

不论是直接标价法还是间接标价法,汇率等式总是左边固定为1个单位,变动的总是在等式右边。

(二)现汇汇率与现钞汇率

现汇汇率是指即期交易的汇率,也叫即期汇率。即期交易是指一笔外汇交易买卖成交后,在两日之内实行交割的外汇交易。

现钞汇率又叫外钞价,是指银行买卖外币现钞的价格。外币现钞一般不能在其发行国外流通,银行在买进外币现钞后只有将其运送到发行国内才能充当支付手段,而在运送过程中需要支付运费、保险费等费用。若外币现钞汇率的卖出价与电汇汇率等其他形式的汇率相同,那么现钞汇率的买入价就必然低于其他形式的外汇买入价。

对于外汇市场的价格调查,还涉及到许多其他调查内容,如买入汇率、卖出汇率、中间汇率等,由于它们对整个市场宏观分析影响不是很大,只是要分析特殊的专题才使用,故不作介绍。

第四节 金融市场价格波动调查

在金融市场价格波动调查中,股票价格指数调查是一个重要的内容,所以本节在阐述股票价格指数编制的基本原理基础上,对中国股票价格指数作出一定的归纳。为金融市场价格波动调查作理论基础,其本身也是金融市场价格波动调查的内容。

一、股票价格指数编制的基本方法

股票价格的上涨下跌与经济活动的变动趋势有密切的关系。一般来说,股票价格的上涨提前于经济周期的扩张;股票价格的下跌则提前于经济周期的收缩。因此,股票价格指数被视为反映经济活动的晴雨表和指示器。自1884年美国计算出道琼斯股票价格指数以来,各国根据不同情况编制了众多的股票价格指数,从不同角度反映股票市场价格变动情况。尽管世界上股票价格指数名目繁多,但其编制的方法基本类同,涉及以下几个方面:

(一)确定股价指数的计算范围

在股票交易市场,每时每刻都有成百上千种股票在进行交易,由于受基本因素和技术因素的影响,其价格此起彼落,变幻不定。一般在股票市场刚刚起步时,由于股票种数较少,股价指数计算范围通常包含所有上市交易的股票,但随着新股的不断上市,股票价格指数为更好地体现代表性和敏感性,不是对所有的股票都计算其价格指数,而是选择股票样本编制股票价格指数。最常用的是分类选择方法,通常将股票按行业分类。如分为工业、金融业、公用事业、运输业等。一般而言,股价指数计算范围包括的股票越多越好,越能全面反映股票市场的长期变化,但反映每日股市价格变化的敏感性差。

(二)确定股票价格指数的计算方法

股票价格指数的计算方法主要有:简单算术平均法,加权综合法。

1.简单算术平均法

这种方法就是先计算样本股票价格指数的个体指数,再加总后除以样本股票的总股数。

采用简单算术平均方法计算的股价指数,将样本股票价格变动的作用视为相同,而实际上各种股票在市场上的作用是不同的,因此,简单算术平均法在实际中应用较少。

2、加权综合法

由于股票成交量、流通量或发行量的不同,其价格变动在市场上的作用也不同。量大的股票价格变动对股市影响大;量少的股票价格变动对股市影响就小。加权综合法就是考虑成交量、流通量和发行量在股价变动中的影响,选择其一作为权数。为使量的结构变化不带入股价指数,人们通常选择为权数编制股价指数,但可以按照不同时期的权数加权。

(三)计算时间和发布次数

股价指数的编制既要求具有较高的代表性,能全面真实地反映股价的变动趋势,又要求能及时敏感地反映股市的变化,因此,缩短计算的间隔时间,迅速公布股价变动信息是编制股价指数的一大特点。随着计算机技术设备的发展,不少国家编制的股价指数由每周发布一次,改为每天计算发布一次;现在是几秒发布一次,已经成为即时股价指数了。

二、我国股价指数的编制

由于股价指数的编制方法基本一致,所以我们不具体阐述我国股价指数的编制,只是对目前编制的指数和沪深两个市场曾经编制的股价指数作一个简要的归纳。

(一)沪深300指数

2005年4月8日,星期五(周末)这一天,由上海证券交易所和深圳证券交易所联合编制的“沪深300指数”正式发布。它以2004年12月31日为基日,指数基点为1000点。

沪深300指数的诞生,至少具有三大标志性的历史意义:

第一,它是沪深两市首次联合编制的第一个股价指数。在股价指数的编制上,沪深两市第一次从分立走向联合。

第二,它标志着中国股市第一次拥有了一个统一的大市场指数。它没有市场界限地计算了中国大股市的统一股价指数，便于与国际惯例接轨。

第三，它有利于投资者全面把握市场运行状况，也进一步为指数投资产品的创新和发展提供基础条件。

众所周知，世界著名的股票价格指数，如道琼斯股价平均数(*DJIA*)、标准普尔500指数、*NASDAQ*综合指数、日经225指数、香港恒生指数、金融时报100指数等，它们之所以出名，并为世界市场所公认和重视，首先是因为这些地区市场具有大批世界一流的上市公司，是它们烘托了股市的重要投资价值和国际地位；其次，这些股票价格指数均由专业性的信息或传媒经营公司独立编制生成，有较强的技术性、代表性、科学性；最后，这些股价指数出名的原因还在于，这些指数历史悠久，具有极强的连续性、一致性和可比性，因此，它们拥有极好的口碑和价值品牌。

我国股市是一个新兴的、年轻的股市，总计只有十余年的历史。俗话说：年轻就是资本。中国的股市一日千里，从数量上看，中国用十余年的时间走过了市场经济发达国家需要一二百年走过的股市规模历程。当然，接着下来的任务就是要求质量、求规范、求发展。股市作为“经济晴雨表”，股价指数便是它的指示仪。股价指数是最重要的市场信号和宏观经济变量之一，它的准确与否，将直接关系着股市与经济的互动性，以及投资者的利益，因此，自从中国大陆股市创建以来，沪深两市在股价指数的编制上，各自独立地进行了不懈的探索，并取得了不菲的经验积累和改良教训。20世纪90年代初期以来，沪深两地的证交所各自独立计算本地市场的股价指数，相互模仿、相互借鉴，但始终不能从指数编制上统一中国大市场。这种局面一直维持至今日。现编制的“沪深300”股价指数，使其走向了统一。

(二)上海证券交易所编制的沪市股价指数

上海证券交易所自成立以来，一共编制了6批12个股价指数。

1. 综合指数类——上证综合指数。它以上交所全部A股、B股上市股票为样本，该指数自1991年7月15日起开始计算并实时发布。基日为1990年12月19日；指数基点为100点。此外，它还包括上证A股指数和上证B股指数两个分类指数。

(1)上证A股指数：1992年2月21日开始计算并发布，它以1990年12月19日为基日，指数基点为100点。它以上交所挂牌的全部A股为样本。

(2)上证B股指数：1992年2月21日开始计算并发布，它以1992年2月21日为基日，指数基点为100点。它以上交所挂牌的全部B股为样本。

2. 上证行业分类指数。1993年6月1日，上交所开始编制并发布了五个行业分类指数，它们分别是工业、商业、地产、公用、综合行业5个分类指数。基日均为1993年4月30日，5个分类指数的基点均为1358.78点。

3. 上证基金指数。2000年6月9日开始计算并发布。它以2000年5月8日为基日，指数基点为1000点。基金指数的成分股是所有在上海证券交易所上市的证券投资基金，反映基金的价格整体变动状况。

4. 上证180指数。2002年7月1日开始计算并发布。它是上海证券交易所对原上证30指数进行了调整并更名而成的，其样本股是在所有A股股票中抽取最具市场代表性的180种样本股票，它以2002年6月28日为基日，指数基点为3299.06点。作为上证指数系列核心的上证180指数的编制方案，目的在于建立一个反映上海证券市场的概貌和运行状况、具有可操作性和投资性、能够作为投资评价尺度及金融衍生产品基础的基准指数。

5. 上证 50 指数。2004 年 1 月 2 日开始计算并发布。它以 2003 年 12 月 31 日为基日，指数基点为 1000 点。该指数根据科学客观的方法，挑选上海证券市场规模大、流动性好的最具代表性的 50 只股票组成样本股，以便综合反映上海证券市场最具市场影响力的一批龙头企业的整体状况。其目标是建立一个成交活跃、规模较大、主要作为衍生金融工具基础的投资指数。

6. 红利指数。2005 年 1 月 4 日开始计算并发布。它以 2004 年 12 月 31 日为基日，指数基点为 1000 点。上证红利指数挑选在上证所上市的现金股息率高、分红比较稳定、具有一定规模及流动性的 50 只股票作为样本，以反映上海证券市场高红利股票的整体状况和走势。该指数是上证所成功推出上证 180、上证 50 等指数后的又一次指数创新，是满足市场需求、服务投资者的重要举措。上证红利指数是一个重要的特色指数，它不仅进一步完善了上证指数体系和指数结构，丰富了指数品种，也为指数产品开发和金融工具创新创造了条件。

（三）深圳证券交易所编制的深市股价指数

自从 1991 年 4 月 4 日起，深圳证券交易所开始计算第一个股价指数以来，14 年间，它一共推出了 7 批股价指数，林林总总包括 30 个指数。与上交所相比，深交所始终缺乏一个权威的、连续的指数，这多少让投资者有时感到有些无所适从。

1. 深证综合指数。1991 年 4 月 4 日开始计算并公布。它以 1991 年 4 月 3 日为基日，指数基点为 100 点。

2. 深证 A 股指数。1992 年 10 月 4 日开始计算并公布。同样以 1991 年 4 月 3 日为基日，指数基点为 100 点。

3. 深证 B 股指数。1992 年 10 月 6 日开始计算并公布。它以 1992 年 2 月 28 日为基日，指数基点为 100 点。

4. 深证成分指数。1995 年 1 月 23 日开始计算并公布。它以 1994 年 7 月 20 日为基日，指数基点为 1000 点。该指数共有 53 个样本股计算，分为两组：一组为成分 A 股指数，共有 40 个 A 股作样本；另一组为成分 B 股指数，共有 13 个 B 股作样本。

5. 深市基金指数。2000 年 7 月 3 日开始计算并公布。它以 2000 年 6 月 30 日为基日，指数基点为 1000 点。

6. 深证行业分类指数。2001 年 7 月 2 日开始计算并公布。共有 22 个行业分类指数，它们分别是农业、采掘、制造、食品饮料、纺织服装、木材家具、造纸印刷、石化塑胶、电子、金融非金属、机械设备、医药生物、水电煤气、建筑、运输仓储、信息技术、批发零售、金融保险、房地产、社会服务、传播文化、综合行业类等。它们均以 1991 年 4 月 3 日为基日，指数基点为 100 点。

7. 深圳 100 指数。2003 年 1 月 2 日开始计算并公布。它以 2002 年 12 月 31 日为基日，指数基点为 1000 点。

第六章　技术市场调查

第一节　技术市场调查概述

一、技术商品的概念和特点

(一)技术商品的概念

技术商品是指通过在生产实际中应用,能为应用者创造财富的具有独占性的用于交换的技术成果。它作为一种商品,具有商品的一般属性。它是人类劳动而且是复杂劳动的产物,具有使用价值和价值。技术成果能够成为商品必须满足两个条件,一是必须具有先进性,二是必须具有保密性。因为老化的技术已经不具有使用价值,已经普及的技术虽然有使用价值,但常可以无偿获得,使技术成果不具有交换价值。若技术成果不便于保密,则会被别人无偿获取,使技术成果所有者的所有权丧失,技术成果不能作为商品进行交换。由于某项技术成果的先进性,其应用会带来巨大的经济收益,从而形成一种对先进技术的广泛需求;又由于这种先进性的技术成果具有独占性,即为某个人或某集团所掌握,因此,要获得该项技术成果并将它实际应用,必须通过交易,于是这种技术成果就转化为商品。

(二)技术商品的特点

技术商品具有普通商品的基本属性,与普通商品相比,又具有一系列特点:

1. 使用的不灭性

普通商品在使用过程中会不断地消耗、磨损、毁坏及至消失。普通商品的生产者需要不断投入新的成本,才能制造出同类的商品。技术开发的投入却是一次性的,在使用过程中则无损耗。一项技术一经研制成功,持有者可以多次重复转让,而不必投入新的开发成本。技术买方可以长时期地使用该项技术,既不用维修,也不会损耗。即使该技术公诸于世,成为公有技术,失去了商业价值,但是仍然可以继续使用,直到新的技术取代它,使之退出历史舞台。

2. 交易价格的不确定性

技术商品的生产不同于普通商品生产。同一项技术没有必要“批量生产”;同一技术所采用的研制手段和研究条件不同,开发成本也不同;重复开发的技术,只有最先成功地得到社会承认和保护。此外还有智力投入和研制条件常常难以量化,使得技术价格形成的规律比较特殊。

技术的转让对象通常只是一二家、十几家、几十家,转让百次以上的技术极少。普通商品的产量,则数以千计、万计,其销售对象甚至可以是整个社会。技术商品由于投入大量复杂的劳动,转让次数少,因而与所生产的产品相比,技术的价格就非常之高。例如,一台彩色电视机的价格为数千元人民币,而生产这种电视机的成套技术及生产线,可能价值数百万美元。

3. 所有权的垄断性

技术商品的所有权往往只属于一家所有。技术持有者通过法律(专利)或保密措施实现垄断目的。国外的一项研究表明,国际市场上一项类似技术的卖主平均不超过5家。垄断的程度越高,技术买方选择的余地以及讨价还价的可能越小。技术卖方为了保持垄断,在洽谈过程中保守技术秘密。既要转让,又要保密,这本身就是一个矛盾。技术买方不可能像购买普通商品那样试用、试穿、品尝。在谈判初期可能看不到样品、图纸,不能进厂、进车间,不能看设备、看操作。一句话,接触不到核心技术,搞不清楚还要购买,这又是一个矛盾。上述情况大大增加了技术贸易洽谈和成交的难度。

4. 开发和持有的风险性

技术商品的开发是高风险投入。由于技术的快速发展和高度竞争,技术开发的成本越来越高。研制一种新型号轿车要投入数亿美元,而一种新药平均开发成本是10亿美元,平均耗时10年以上。一旦开发失败即血本无归。即使在技术上获得成功,如果转让不出去,也得不到回报。我国的科技成果积压率高达80%。如果在开发、转让、使用过程中稍有不慎就可能泄密,使技术商品失去固有价值。技术成果申请专利,要求把技术秘密公开,公开什么才能保护什么。但是公开之后,得不到有效保护,技术侵权时有发生,这对于技术持有者也是很大的风险。

决定技术价格高低的不仅是研制成本,更重要的技术市场对该技术的承认程度。很多高投入的技术成果在市场上受冷落,收不回开发成本,这也是一种风险。

5. 技术价值的时效性

现代科学技术发展日新月异,科技进步的速度加快,信息传播的速度越来越快。一项技术产生后,很快就有更先进的同类技术产生,技术的价格随着时间的推移可能大幅度下降。普通商品也有一定时效性,如保存期、保质期、保鲜期,为商品自身变化所决定。如果把一辆汽车封存几年,启封后仍然可以使用,因而其具有价值。但是一项技术,若转让得不及时,就可能完全失去转让价值,在技术市场上变得一文不值。另外,技术买方获得技术后使用不及时,或者迟迟掌握消化不了,可能丧失商品市场机会;专利技术在保护期内未能及时推出,过期后成为公知技术,其价值就失效了,等等。

普通商品都具有直接的使用价值,买到之后可以立即为持有者服务。而技术的使用过程是知识的物化过程,只有把它物化之后,才能显示其效能。技术使用价值是间接的,其效果不仅仅取决于技术本身的水平,还取决于技术买方的使用条件和使用水平,如买方消化吸收能力的强弱、物质条件的好坏以及相应管理水平的高低。同一技术转让给不同的买方,其经济效益和社会效益可能相差悬殊。这就是技术商品的使用价值的间接性。

这种"间接性",又可以理解为技术使用价值的潜在性,即有赖于社会进步和经济发展形成的市场需要,这种需求常常是潜在的,有待发掘。

6. 交易的不彻底性

技术的交易是一种信息的流动,知识产权的转移。技术买卖双方好像是师傅和徒弟的关系。技术买方可以买断技术的所有权和使用权,但是技术卖方在交易之后仍然拥有该技术,在对技术的了解和掌握方面比买方占有更大优势,甚至可能对技术买方留一手。买方不可能完全获得,卖方不可能完全失去,即交易的不彻底性,是技术商品的一大特点。交易的不彻底性使得技术买方不可能通过买断而彻底实现独家垄断,而且对技术卖方在很长时间内有不同程度的依赖。

二、技术市场概念及其形式

(一)技术市场的概念

市场有狭义和广义之分。狭义的市场是指有形市场,商品交换的场所。其核心是“场所”。广义的市场是指商品的流通领域,即商品交换关系的总和,体现的是一组规则、一批组织以及相应的活动。其核心是交换关系。它包括有形市场和无形市场。

技术作为特殊商品,其市场的含义不应仅仅是指交易的场所,应该是广义的。技术市场即技术商品交换关系的总和。由于技术商品交换对场所没有较强的依赖关系,因此技术市场具有无形市场的属性。另外,技术商品价值的实现,也就是人们常说的技术商品的转化,在其系统中又离不开展览、展示、宣传及实验和生产所必需的场所与设备的支撑,反映出技术商品价值的实现与场所又具有一定的依存关系,这一点体现出有形市场的特点。这就是业界常说的技术市场的有形和无形的二重性。

从内容上看,技术市场所体现的交换关系的总和包含从技术商品开发到技术商品应用的全过程。它涉及到与技术开发、技术转让、技术咨询、技术服务相关的技术交易活动及各相关主体之间的关系。近年来兴起的技术产权交易也是技术市场的内容之一。

从业务范围讲,它包括为科技成果向现实生产力转化、满足用户对技术商品的现实需求和潜在需求所进行的一系列业务活动。在我国目前设立的技术转移中心、技术交易机构、生产力促进中心、中小企业发展中心等机构,所从事的业务工作都是围绕促进科技成果向现实生产力转化而开展的,理论上属于技术市场的范畴。在这里,尤其要强调的是各级技术转移中心都是技术市场服务体系的组成部分。

(二)技术市场的形式

技术商品在技术市场上经营,一般有两种类型,一类是中介组织,通过中介组织将技术成果从持有者转移到需求者;另一类是无中介组织,由技术商品的持有者与需求者直接进行交易。随着技术成果转化的深入,我国技术市场的形式主要有以下几种:

1. 科技成果交易会。这是一种临时性的技术市场,由政府有关部门或中介机构组织,将科技成果的拥有者定期或不定期地集中在某一场所,按照预定的时间,进行集中的技术交易。它形成的主要是买方市场。这种形式规模较大,提供的信息量大,技术买卖双方直接见面,容易促进技术成果的交易。科技成果交易会在促进科技成果商品化、产业化方面发挥着十分重要的作用。这种经营形式,可以分为综合性和专业性两类。综合性是指以多种行业技术成果为内容的交易会。专业性是指以某一行业或某一类技术成果为内容的交易会。

2. 常设技术市场。这是一种有固定场所、常年对外营业、专门经营技术商品的商店或商场。用户通过市场可以及时、方便地购买所需要的技术。这种形式能够将技术成果定时定点或长期展示,从而及时沟通技术买卖双方,减少为多次参加交易会疲于奔波的问题,达到事半功倍的效果。这种形式对于促进技术成果商品化转换有着重要的作用。

3. 技术难题招标会。这是由有关部门或中介组织将生产单位急需解决的难题搜集起来,通过自由招标和投标形式,联系科研部门与生产部门进行技术成果的交易。这种形式有利于科研单位的竞争,也便于生产单位进行最佳选择。

4. 科研生产联营。这是技术商品交易的一种特殊方式。它不是通过技术商品上市进行买卖,而是将技术作为一种"资本"参与生产。科研生产联营常表现为长期固定联营和短期专项联营两种。

三、调查中常用的技术市场分类

技术市场调查,应该对其进行详细的分类,在实际中有许多对技术市场的分类方法,在此我们介绍按性质对技术市场的分类。

1. 技术开发。它是指由掌握技术的一方受另一方的委托,就某种技术项目所进行的研究、设计、试制、应用推广等项活动的经营业务。

2. 技术转让。它是指技术成果由一方转让给另一方的经营方式。所转让的技术包括获得专利权的技术、商标,以及非专利技术,如专有技术、传统技艺生物品种、管理方法等。

3. 技术承包。它是指一方根据另一方的要求,通过合同的形式,对某一工程技术项目的研究、开发、设计、生产、应用全面负责。在一般情况下,技术承包含有大量非技术性内容,如采购、运输、辅助劳力等。

4. 技术咨询。它是指掌握技术和知识的一方受另一方的委托,提供各种可供选择的决策依据的一种智力服务形式。技术咨询的内容主要包括:政策咨询、管理咨询、工程咨询等。

5. 技术服务。它是指拥有技术的一方为另一方解决某一特定技术问题所提供的各种服务。如进行非常规性的计算、设计、测量、分析、安装、调试,以及提供技术信息、改进工艺流程、进行技术诊断等。

6. 技术培训。它是指一方为另一方提供某种知识或技能培训的经营活动。职业上岗培训和继续工程教育等一般的成人教育,不能纳入技术市场的经营范围。

7. 技术入股。它是指一方以技术作为投资,与另一方合作,共同组成经济实体的技术交易形式。

四、技术市场调查的必要性

对技术市场进行调查,具有重要的功能,这些功能主要体现在以下几个方面:

一是实现和增加以科技成果为主的技术商品的价值和使用价值。技术商品的价值是生产该技术所花费的物化劳动和活劳动的总和。只有通过交易才能使技术生产者为此所付出的劳动得以补偿,也就是实现技术商品的价值。也只有通过交易才能实现技术商品的有效转移,并由无形转化为有形,进一步实现其使用价值。技术市场为技术商品价值、使用价值的实现提供了交易、展示、信息传播的平台,创造了良好的环境体系,使技术商品价值和使用价值的实现和增值成为现实。

二是通过市场机制配置技术商品资源。技术市场在配置技术商品资源上发挥着基础性作用。计划经济体制下的商品资源配置,虽然也是建立在大量的调查研究基础上进行的,但是不可避免地带有人为的主观意识的影响,重复建设、资源浪费的现象不胜枚举。而市场配置资源的原则是利益最大化、资源利用效益最大化。通过市场机制配置资源,可以有效地降低人为因素的影响,尤其是技术商品资源的配置更为重要。因为技术商品属于一种生产要素性商品,其转化为有形商品需要一个比较复杂的过程,对于实施者来说具有较高的经济风险,所以必须充分研究市场因素,通过市场机制配置技术商品资源。在这方面,技术市场通过体系内各种服务的有效结合,对营造良好的技术商品资源配置环境,起到保障与促进的作用。

三是通过市场主体的社会分工，提高技术商品交易的效益和效率。分工是人类社会进步的标志。在技术市场体系中，各相关主体分工不断细化、明确，专业化服务水平进一步提高，尤其是科技中介的形成与发展对技术商品的形成与交易起到了巨大的推动作用，有效地降低了交易成本，提高了交易效率。

四是为促进科技创新、推进技术商品产业化、提高科技竞争力等提供良好的市场环境（建立健全“统一、开放、竞争、有序、高效”的技术市场环境）。

五、技术市场调查的主要内容

技术市场在社会主义市场经济中具有十分重要的作用，技术市场调查的主要内容有：

1. 专利技术调查：包括专利总量、发明专利与非发明专利、国内专利与国外专利、向国外申请专利等调查；

2. 国内技术贸易调查：包括国内技术贸易总量、国内技术贸易构成、地区间技术水平输入和输出等调查；

3. 国际技术贸易调查：包括技术引进总量、技术引进内容和技术出口总量等内容。

另外，由于我国技术市场的发展比较落后，必须对我国技术市场发展中的问题等有所调查，故需要对技术市场发展速度、市场结构比例、市场地区间的关联等进行调查，同时需要详细了解我国目前技术市场存在的主要问题。

第二节　技术市场调查的内容

技术市场的交易活动反映在三个方面：技术商品的供给活动、需求活动和市场销售活动。所以，在技术市场调查中，其主要内容也是围绕这三个方面。

一、专利技术调查

专利是一种知识产权，是国家依法授予技术发明人对其首创的技术发明拥有的占有垄断权。在市场经济条件下，专利技术也是一种可供交易的技术商品，专利技术的数量可以从一个方面反映技术市场的供给规模和潜在容量。

（一）专利总量

要调查专利总量，主要的内容有专利申请受理量与专利授权量。

专利申请受理量：指报告期内国家专利部门按照专利法的要求，接受专利申请人申请登记并进行审理的发明创造数量。

专利授权量：指报告期内经国家专利部门受理审查，确认是否符合专利法规定，从而被授予专利权的发明创造数量。国家是否颁发专利证书并予以登记公告，是一项专利申请是否计入专利授权量的范围的界限，即要有专利局颁发专利证书并登记公告的发明创造，才能计入专利授权量。

根据调查的目的不同，还可以调查以下一些反映专利受理和授权情况的数据：

专利申请撤回量:指报告期内专利申请者自动撤回申请的专利数量。

专利申请驳回数量:指报告期内经专利部门审查驳回,不授专利权的发明数量。

专利的申请量和授权量,不仅从知识产权的角度反映了技术商品的市场供给量,还从一个侧面反映了一个国家或地区的创新活跃性及技术商品的竞争力。

(二)发明专利与非发明专利

发明专利,是指对产品、方法或对其改进所提出的新的技术方案;非发明专利,是指实用新型专利和外观设计专利。其中,实用新型专利是指对产品的形状、构造或其结合所提供的适合于实用的新的技术方案;而外观设计专利是指对产品的外形、图案色彩或其结合作出丰富有美感并适合工业上应用的新设计。

在这些专利中,发明专利的申请量和授权量是表明一个国家或地区科技水平、经济实力和技术商品市场竞争力的重要数据,具有国际可比性。

(三)国内专利与国外专利

国际上,专利的申请与授权是没有国籍限制的。现代技术市场,国家边界正在淡化和消失。我国规定,外国公民和组织可以依法在中国申请专利,我国公民与组织也可以依法在外国申请专利。因此,一国的专利申请量与授权量便都由国内和国外两部分组成。

国内专利申请量是指报告期内我国专利机关依法受理中国公民或组织申请专利的数量。

国外专利申请量是指报告期内我国专利机关依法受理外国公民或组织申请中国专利的数量。

国内专利授权量是指报告期内我国专利机关依法授予中国公民或组织的中国专利权的数量。

国外专利授权量是指报告期内我国专利机关依法授予外国公民或组织的中国专利权的数量。

根据上述定义,其各内容间具有如下关系:

一国(地区)专利申请量=国内专利申请量+国外专利申请量

一国(地区)专利授权量=国内专利授权量+国外专利授权量

(四)向国外申请专利

一般调查中国公民或组织向国外申请专利的内容有两个:

向国外申请专利量:它是指报告期内中国公民或组织向外国申请并被外国专利机构依法受理审查的专利数量。

外国授权专利量:它是指报告期内外国专利机构依法向中国公民或组织授予该国专利权的数量。

专利的国内外申请和授权情况,是分析一个国家的技术在国际上的地位和该国技术商品在国际市场上占有情况的基础指标。

二、国内技术贸易调查

由于技术商品的特点,技术贸易都以合同的方式进行,技术市场的规模、技术商品的市场交易量和交易额,都表现为合同数量与合同金额,因此国内技术贸易调查的主要内容有以下一些:

(一)国内技术贸易总量

技术贸易总量可以从实物量与价值量两个方面进行调查。

要调查国内技术贸易的实物总量,主要看国内技术贸易成交合同项目总数。它是指报告期内我国常住单位之间签订并生效的技术贸易合同份数,简称成交合同项目总数或技术合同成交项目总数。

要调查国内技术贸易的价值总量，主要看国内技术贸易成交合同总金额。它是指报告期内我国常住单位之间签订并生效的技术贸易合同中标定的价款总额，即与成交合同项目数对应的金额，简称成交合同总金额或技术合同成交总额。

成交合同金额又可以进一步细分为技术费和设备费两个部分。技术费为技术合同成交额中“纯”技术的价值，具体包括软件、图纸、资料、配方、技术经验等费用，它反映合同的技术含量；设备费为技术合同成交额中作为技术的物质基础载体的硬件、设备等费用。

（二）国内技术贸易构成调查

我国国内技术贸易总量由技术开发、技术许可、技术服务和技术咨询这四类贸易活动组成。其中，技术开发是指合作生产等依托于物质或者投资的技术服务的技术商品的交易活动；而技术许可贸易是指许可证贸易。

上述四类贸易活动同样也是以合同项目数和合同金额计入贸易量。所以在调查中有如下关系出现：

国内技术贸易成交合同项目总数＝技术开发成交合同项目数＋技术许可成交合同项目数＋技术服务成交合同项目数＋技术咨询成交合同项目数

国内技术贸易成交合同总金额＝技术开发成交合同金额＋技术许可成交合同金额＋技术服务成交合同金额＋技术咨询成交合同金额

（三）地区间技术商品输入输出调查

如果从地区的角度调查技术市场的交易，则每一份技术商品的交易合同，都可能在本地区的单位之间发生，也可能在不同地区的单位之间发生。这就产生了技术商品在地区内单位之间的输入输出运动和地区间的输入输出运动。技术市场，便是在市场机制的作用下，通过技术的输入和输出运动，实现技术的梯度转移和扩散。对这一内容进行调查主要使用自给技术、外购技术和输出技术。

自给技术是指本地区各单位之间买卖的技术商品。对一个地区来说，就是该地区自我提供、自我使用的技术。对购入单位而言是输入技术，可成为自给性输入技术；对卖方单位而言是售出技术，可称为自给性售出技术。其计算的方法如下：

自给技术量＝自给性输入技术量－自给性售出技术量

外购技术是指本地区单位向外地区单位购入的技术商品。

输出技术是输出外地区技术的简称，是指本地区单位向外地区单位售出的技术商品。

这样，一个地区的输入技术总量便由自给性输入技术和外购技术两部分组成；一个地区的售出技术总量便由自给性售出技术和输出技术两部分组成。

因此，对任何一个地区而言都有：

输入技术＝自给性技术＋外购技术

售出技术＝自给技术＋输出技术

输入技术、售出技术都以成交合同金额计算。

通常一地区外购技术合同金额不等于输出技术合同金额，因此，一地区的输入技术合同金额一般不等于售出技术合同金额。

但对全国而言有：

∑各地区外购技术合同金额＝∑各地区输出技术合同金额

所以又有：

$\sum$各地区输入技术合同金额 = $\sum$各地区售出技术合同金额

三、国际技术贸易调查

国际技术贸易是指一个国家和其他国家之间进行的技术商品贸易活动,它包括技术引进与技术出口两部分。与国内技术贸易一样,对国际技术贸易进行调查也是围绕着技术贸易合同展开的。

(一)技术引进总量

调查时,反映技术引进实物量方面的主要为技术引进成交合同项目数,简称技术引进合同数。反映技术引进价值量方面的主要为技术引进成交合同金额,简称技术引进金额。技术引进金额中,反映合同的技术含量的同样是技术费,技术费与设备费之和即为技术引进金额。我国技术引进的价值量均以美元为计量单位,上述各项指标的内涵均与国内技术贸易调查使用的指标一样,只是在其外延即其计算范围上,两者是不相同的:一个是“国外”,一个是“国内”。

(二)技术引进内容构成

我国技术引进总量由技术许可、技术服务、技术咨询、合作生产、成套设备(含生产线)和关键设备(含样机、租赁)等六类技术贸易引进量组成,这六类合同量与合同金额之和便是技术引进合同总量与总金额。

(三)技术出口总量和内容构成

与技术引进一样,调查技术出口实物量时,使用技术出口成交合同项目数,简称技术出口合同数。调查技术出口价值量时,使用技术出口成交金额,简称技术出口金额。反映合同技术含量的数据依然为技术费。技术出口总量也是由技术许可、技术服务、技术咨询、合作生产、成套设备(含生产线)和关键设备(含样机、租赁)等六类技术贸易出口组成的,这六类合同量与合同金额之和便是技术引进合同总量与总金额。

我国技术出口从无到有发展很快,但技术含量不高,出口技术商品的类别也不完全,还很少有以合作生产与技术咨询方式出口的技术商品。

第三节 技术市场调查中的基本分析

一、技术市场调查分析方法

(一)技术市场发展速度分析

一方面,可以对技术市场供给量、交易量的发展速度进行分析。

专利申请量和授权量是反映技术商品供给的一个重要方面,它们的增长情况主要反映技术市场供给规模的变动。技术市场交易量则一方面直接反映了技术商品的市场容量,另一方面又反映了全社会对技术商品已实现的需求。因此,技术商品交易量的增长状况是分析技术市场规模变动的主要依据,它从一个侧面反映了社会对技术的市场需求旺弱态势的演变。测定技术商品交易量的发展速度,对它进行动态分析,是调查技术市场后,对技术市场进行分析的一个重要内容。

另一方面,可以分析技术市场发展速度的影响因素。

任何事物的发展变动都有其动因,有其影响因素,因此,应对技术市场的发展速度进行进一步的分析,即分析技术贸易的增长速度受哪些因素影响,各因素影响的作用如何。

在进行分析时,我们可以采用统计学中的专门分析方法,即指数分析法。

根据指数原理,技术市场交易总量可以建立如下关系式:

成交技术合同总金额 = 成交技术合同项目数 × 平均每份成交合同金额

利用指数体系分析方法,我们就能够分析成交技术合同总金额的变化方向和程度,同时可以分析由于成交技术合同项目数的变化引起的成交技术合同总金额的变化方向和程度,由于每份成交合同平均金额变化引起的成交技术合同总金额的变化方向和程度。

(二)技术市场结构比例分析

技术市场的结构比例可以从以下几个方面分析:

1. 技术商品技术含量分析

由于有些技术以依托某种物质载体形成出现,如成套设备这样的技术商品,便由"纯"技术和物质材料两部分组成,物质材料表现为钢铁等"硬"材料,"纯"技术表现为附载在物质材料上的设计、工艺、专门技巧等"软"技术。显然,不同的技术商品技术和物质材料两部分的比重结构不会一样,因此,相同的成交合同数目和合同金额,其技术的含量也不会一样。这样有必要进一步对技术商品的技术含量进行分析。

在调查技术商品的技术含量时,我们可以使用成交合同金额中技术费所占的比重,其计算方法如下:

成交合同金额中技术费用所占比重 = 一项成交合同金额中的技术费 ÷ 该项成交合同金额

由于一项成交合同金额由技术费与设备费两个部分组成,因此成交合同金额中技术费所占比重能够反映该项成交技术商品中技术的含量。这一比重越大,说明该项技术商品的技术含量越高。

2. 被转让技术商品应用的社会经济领域结构分析

被转让购买的技术商品广泛地服务于社会经济各个领域,为我国各行业的发展,以及综合科技实力和综合经济实力的提高,发挥着十分重要的作用。计算技术商品在各个领域应用的分布结构,便于分析通过技术市场的作用,技术商品是如何配置在各领域,配置得是否合理。

3. 技术交易买方和卖方市场构成分析

技术商品的市场交易存在卖方和买方两个市场,分析参加技术交易的各主体单位,有助于了解技术商品在买方各单位的市场配置和卖方各单位的市场占有情况。一般在分析中采用专门的双向矩阵表,计算卖方结构系数和买方结构系数,至于具体计算涉及的专门方法,在此不作具体叙述。

(三)技术市场地区间的比例关系分析

技术市场地区间的比例关系分析主要有以下两个方面的内容:

一方面,分析各地区技术输入情况。

一个地区从外地区输入技术,能在较短的时间里提高本地区的技术水平,促进生产力的发展,增加国民经济实力。但任何一个地区从外地区输入技术,都需要具备两个基本条件:一是要有技术上的需求;二是要有购买的经济实力。因此,通过各地区技术输入有高有低的现象,可以分析各地区经济实力的强弱与对技术商品需求的大小。

另一方面,分析各地区技术输出情况。

一般而言,一个地区输出技术的多少,可以从一个角度反映该地区拥有的成熟技术和先进技术的情况,反映该地区技术创新的活力与科技攻关的能力。某一地区输出技术合同金额占全国各地区输出技术合同金额的比重可以反映出该地区技术输出能力。其具体计算方法如下:

输出技术合同金额占全国输出技术合同总金额的比重=某一地区输出技术合同金额÷全国输出技术合同金额总和

通常,一个地区的输出技术比重越高,说明其科技实力越强,且有相当的科技基础。

二、中国技术市场存在的问题

(一)环境建设跟不上技术市场快速发展的要求

1. 对技术市场的地位和作用,认识上存在误区。技术市场是科技体制改革的突破口,它的内涵是运用市场机制促进科技成果的转化和高新技术产业化。有人把技术市场仅仅理解为从事技术交易的场所,或把它看做一种单纯的商业活动,更有甚者把技术市场看成仅仅是技术合同认定登记,这些都是狭义的甚至是狭隘的简单化认识。技术市场作为重要的生产要素市场,是社会主义市场经济体系的重要组成部分。技术市场的发展,直接关系到科教兴国战略的实施,关系到我国全面建设小康社会目标的实现。因此,应该全面正确地认识技术市场,加大培育和扶植力度,把加快技术市场建设放在与其他要素市场同样的重要位置。

2. 技术市场的法制环境建设尚需优化,国家亟须制定有关技术市场方面的法律文件。我国技术市场从无到有、从小到大,已经走过近二十年的历程,市场体系已基本形成,技术合同成交额逐年攀升,2002年技术合同成交总金额达到884.17亿元,是1990年的十倍以上;技术市场合同成交额占全国研究开发经费(R&D)投入的比例和国内生产总值(GDP)的比例,分别从1990年的60%和0.42%,增长到2002年的76.15%和0.86%。这应该说是成绩辉煌。但法制环境建设方面仍远远滞后于市场发展的需要。目前与技术市场相关的法律法规框架虽已初步建立,全国各地的地方性法规基本形成,然而就国家来讲,缺乏针对规范技术市场主体、客体和交易行为以及保障和促进技术市场发展的专门法律、法规性文件,使得技术市场的法制环境建设在国家层面上缺位,导致全国各地的技术市场监管不统一、交易行为不规范、政策落实不到位等限制技术市场发展问题的存在。从深化改革的要求和建立完善技术市场体系的需要角度出发,亟须制定国家层面上的有关技术市场方面的法律文件。

3. 技术市场监督管理体系缺乏明确定位,呈弱化趋势。我国技术市场的形成与发展,是伴随着我国经济体制由计划经济向市场经济转化而进行的,在管理上,依旧带有计划经济体制留下的"胎印":如地区封锁、条块分割、部门所有等。"九五"期间,国家虽然发布了《"九五"全国技术市场发展纲要》,但由于部门"分割",政出多门,使诸多指标难以付诸实现;各类技术机构过多过滥,导致重复建设,分散投入,效益低下,资源浪费,人才流失。目前各级政府在金融市场、物资市场、劳动力资源等有形市场的建设规划上倾注了很大力量和资金投入,并把它作为提高区域或城市综合功能和市场经济环境的重点予以营造。但对技术市场在促进我国市场体系建设和繁荣我国社会主义市场经济中的后发优势重视不够,对技术市场的市场建设规划很弱、投入不足,制约了技术市场和技术中介的发展。此外,技术市场监管呈现弱化趋势,在国家层面上技术市场管理办公室名存实亡,各地技术市场管理部门多数被精简或者合并,人员减少,并且多为兼职,致使技术市场监管不到位,不规范的交易行为也普遍存在。

4. 技术市场优惠政策落实不到位，并有收缩的趋势。政策带有很强的导向性，过去10多年国家对技术交易的税收优惠和鼓励政策，极大地调动了广大科技人员的积极性，加快了科技成果向现实生产力转化的速度，促进了技术市场的发展。众所周知，当今世界经济的竞争，无疑就是科技创新与科技成果转化速度的竞争，技术市场自然成为了竞争的重点领域，自然也应该成为优惠政策重点倾斜的目标。但是，近年来技术市场优惠政策落实不能到位，并有收缩的趋势。

5. 技术产权交易受国家政策制约严重，尚处迟滞状态。近年来，随着技术入股，高新技术企业产权激励以及风险投资等高新技术产业发展中问题的出现，技术产权交易应运而生。自1999年底以来，上海、陕西、深圳、四川、山东等省市相继成立了技术产权交易所。北京于2003年3月1日成立了中关村技术产权交易所，以技术与资本结合为核心，对进入市场交易的技术项目进行专业化的价格评估、包装，以挂牌的形式向投资商推荐，为技术及产权交易双方提供洽谈场所、信息咨询和融通服务等。由于抓住了资本市场与技术市场结合的交汇点，抓住了技术项目转化及技术产权转移的关键需求，为风险投资提供了一个退出机制，因此，技术产权交易从一产生就显示出很强的生命力。但是，技术产权交易是个新生事物，在国家大法没有明确规定的情况下，其交易规则、运行模式、政策保障等方面仍带有很强的探索性。受政策方面的限制，柜台交易迟迟不能开放，民间资本难以进入，风险投资的进出通道闭锁，使得高成长性科技企业通过技术产权融资的渠道难以畅通，技术产权交易这样一个具有广阔前景的新生事物由于受国家政策制约，不得不处于迟滞状态。

（二）技术市场本身的发展尚需健全和完善

1. 市场化发展进程缓慢。由于我国技术市场的形成与发展，是伴随着我国经济体制由计划经济向市场经济转化而进行的，计划经济的成分还占有相当的比重，计划经济的意识在全国范围内还没有完全转变，政府部门还把握着大量的各类资源。因此说，我国的技术市场还不是完全竞争条件下的技术市场。在2001年北京对技术合同跟踪调查中发现，北京输出到上海、山东等地的技术项目中，成交额大于500万元的，几乎都是各级政府的计划项目或是政府机构购买。所有这些因素都将或正在对我国技术市场的市场化发展进程产生消极的影响。

2. 科技中介机构发展滞后，功能和结构亟须加强与调整。科技中介机构是促进技术成果直接参与市场交换，并加速转化的重要环节。目前我国科技中介机构发展水平存在较大的不平衡，滞后于技术市场的发展要求，并且职能交叉、结构不合理，一些科技中介机构的法律地位、经济地位、管理体制、运作机制不明确。相当一部分科技中介机构的服务水平、质量和人员素质偏低，缺乏竞争力。只能提供牵线搭桥、沟通信息、简单咨询等一般水平的服务，建立在市场调研基础上的、深入的、全面的理性化科技中介服务还不多。科技中介机构的组成也不符合市场化发展的要求。据北京技术市场管理办公室的调查，在技术中介机构构成中，国有企事业单位占有的比例较大，影响市场化发展进程。在调查的86家技术中介机构中，国有企事业单位和有挂靠单位的社团组织就有53家，占61%。这些机构有固定的经济来源，有上下贯通的业务渠道，在市场中占有较大优势，直接导致中介行业内竞争的不平等，并且由于国有企事业性质的技术中介机构大部分属于政府部门的附庸，不是在市场竞争中求生存、求发展，而是依靠政府的支持，其开拓市场、积极进取的精神远不如市场化运作的各类公司。技术中介机构中，高水平、专业化、复合型技术经纪人才严重不足。在调查的86家技术中介机构中，共有从业人员2264人，其中具有高级职称的人员744人，有技术经纪人资格的274人。由此看出，技术中介机构从业人员中，具有经过培训、取得技术经纪人专业资格的人员只占1/8，懂专业、会外语的复合型人才更少。所有这些问题在其他类型的科技中介机构中也不同程度地存在，不仅阻碍着科技中介业市场化发展进程，也缺乏参与国际竞争的实力。

3. 技术市场发展不平衡，中西部地区亟待加强。主要表现为农村和西部地区技术市场发育水平低。2002年进入技术市场的农业技术合同成交金额仅占总成交额的8.45%，西部地区技术合同成交金额只占全国的12.56%，农村和西部地区技术市场发展缓慢，限制了先进实用技术通过市场机制向当地转移扩散的进程，成为制约农民增收和当地科技、经济发展的重要因素。

4. 技术市场调查体系不健全，深层次分析不够，对政府决策的支撑略显乏力。目前，我国的科技调查体系虽然比较健全，但是其数据主要是围绕着*R&D*活动开展的，其内容的设计着重反映的是科技投入、科技项目的内容，而反映技术市场的数据尚不健全，尤其是科技成果转化、技术转移方面，对技术交易签约、履行情况的调查指标设计，还不够完整科学。科技调查数据中，有关科技成果转化的数据、技术交易情况的数据，尤其是科技成果转化产生经济效益的数据，应该成为社会发展宏观决策与科技管理工作的重要参考依据。随着市场经济的快速发展，社会各界对这些信息需求的不断增长，对信息的及时性、准确性、充分性也提出了越来越高的要求。这要求我们建立健全技术市场调查体系，并与国民经济发展的相关指标相结合，进行归纳分析，为政府决策提供支撑。

第七章　房地产市场调查

第一节　房地产市场调查概述

一、房地产市场的类型、特点与作用

（一）房地产的概念

房地产是房产和地产的合称。房产是指房屋的经济形态，即在一定的所有者关系下作为财产的房屋，不同于当作使用价值的建筑物这种意义上的房屋。房屋按其用途可分为住宅、市场经营用房和非生产经营用房。

地产是土地的经济形态，即在一定的土地所有制关系下作为财产的土地。

房产和地产各有相对独立的物质内容，但同时又是一个密不可分的整体，具有密切联系；在实物上，房屋终究要建筑在一定的地皮之上，不能是空中楼阁；在权属上，土地使用权往往依附于该地上的房屋所有权，土地使用权随着房屋所有权的转移而转移；在价格上，土地使用权的价格往往被包含在房屋的价格之中。由于房产和地产这种不可分割性，一般将房产与地产合称为房地产。

（二）房地产市场的概念

房地产市场的概念有狭义和广义之分。狭义的房地产市场是指房地产商品借以实现其使用价值和价值的交换的场所。房地产作为一种商品，同其他商品一样，也是使用价值和价值的对立统一体，它们之间的矛盾也必须通过市场交换来解决。

广义的房地产市场是指房地产商品流通全过程中各种交换关系的总和。它不仅包括房屋所有权的买卖、租赁、抵押和产权交换活动，以及土地使用权的有偿出让、转让、出租等活动，还包括中间商、代理商、金融信用、广告信息等一切构成房屋、土地交换关系的经营性活动。

在过去的很长一段时间里，我国实行的是产业经济运行方式，否认住宅是商品，不把房产作为商品来经营，对城市土地实行以无偿、无期使用为核心内容的管理体制，因此，城市房地产不是通过市场渠道来进行流通，而是通过计划来划拨和分配，这种状况严重阻碍了城市房地产经济的发展。改革开放以后，随着我国房地产市场的建立和扩大，房地产经济才真正地有其流通的渠道。

（三）房地产市场的类型

我国现阶段的房地产市场由三级市场组成。即：土地使用权的出让为房地产一级市场；土地出让以后的房地产开发经营市场为房地产二级市场；已有的存量房地产市场交易为房地产三级市场。

按房地产的组成要素，房地产市场可以分为地产市场、房产市场、房地产资金市场、房地产劳务市场和房地产技术信息市场五种类型。

1. 地产市场。地产市场即土地使用权市场,包括国家对城市土地使用权的有偿出让,一级获得土地使用权的土地使用者将开发了的土地的使用权进行的有偿转让、出租、抵押。

2. 房产市场。房产市场是指一切以房屋为标的物的权益让渡行为,均属于房产市场范畴。它包括房屋的现货和期货买卖、房屋的租赁、抵押、典当、调换等。

3. 房地产资金市场。房地产资金市场是指通过银行等金融机构用信贷、发行股票、债券等方式,开展住房储蓄业务,以及企业运用贷款和预售等方式,帮助房地产企业和购房者融通资金而形成的市场。

4. 房地产劳务市场。房地产劳务市场是指为房地产开发、经营、管理、服务活动提供劳务的市场。包括为住房户提供房屋的修缮、加固、改造等服务活动。

5. 房地产技术信息市场。房地产技术信息市场是指为房地产交易双方提供房地产业务、技术咨询、房地产交易、租赁行情以及房地产有关资料的市场。

各种类型的房地产是相互渗透、紧密联系的,在房地产经济运行中构成一个统一的有机整体。

(四)房地产市场的特点

房地产市场是一种特殊的商品,房地产市场除了具有一般市场的共性以外,还有其自身的特点,主要有以下一些:

1. 进行交易的房地产只能在观念上流通,没有物流的形态。在一般的市场中,商品交换都是以货币和商品的反方向流动为特征的,即货币从买方流向卖方,商品从卖方流向买方。而在房地产市场上,由于房地产是不动产,其位置固定,不可移动,因此当进行房地产交易时,只能交换房地产的所有权或者使用权,不会发生物质实体的空间移动。

2. 尽管房地产权益可以在全国市场,甚至是在国际市场上交易,但房地产市场主要是一种区域性市场。这是由房地产的固定性所决定的。

3. 地产市场具有垄断性,房产市场也不是一个完全竞争的市场。我国宪法规定了城市土地属于国家所有等内容,只是土地使用权可以依法转让。所以,作为商品出售的只能是土地的使用权,而所有权是不能转移的,仍然是国家所有。由于房产不可复制,即使采用标准化图纸建造,也会因地理位置不同而异,因而房产市场不是一个完全竞争的市场。

4. 由于房地产是人们生活、工作、生产的一种基本条件,且也是一笔价值巨大的财产,其价格一般呈向上波动,因而房地产市场的需求弹性较大。

5. 房地产市场交易的形式多样化。就房产交易而言,除了房屋的买卖、租赁两种主要形式外,还有抵押、信托、调换等。就地产而言,土地的使用权可以招标、拍卖或协议成交方式出让,还可以有转让、出租或抵押等多种形式。

6. 房地产市场通常需要经纪人作为房地产交易双方的中间媒介。房地产经纪人的中介作用可以使交易双方省时省力,减少双方因没有专业知识而承担的风险,促进房地产交易市场的繁荣发展。

(五)房地产市场的作用

房地产市场对房地产业的发展起着重要的积极调节作用,具体体现在以下几个方面:

1. 房地产市场使房地产商品交换得以实现。如果没有房地产市场,实际上也就是没有房地产业。在我国计划经济体制时期,房屋不算商品,不计入流通,土地无偿使用,致使"房地产业"处于萎缩枯竭状态。20 世纪 80 年代以后,随着房地产市场的建立和发展,我国房地产市场得到了飞速的发展。

2. 有利于土地的合理使用,促进城市房地产开发布局合理。实行土地有偿使用,可形成有力的经济杠杆,推动用地单位节约用地、合理用地,克服浪费土地的现象,使资源得到合理配置。

3. 有利于增加财政收入,为城市建设提供财源。城市房地产是掌握在国家手中的宝贵资源,国家利用对这一资源的理解,通过税收或拍卖土地等途径,增加财政收入,解决城市基础设施资金来源的问题。

4. 有利于市场竞争,有利于完善市场机制,为房地产企业提供良好的外部环境。通过市场竞争,可以促进企业改善经营,提高管理水平和房屋质量,降低成本,增加房产品种,使价格和品种趋于合理,以满足社会不同层次的需求,平衡供求关系。

5. 有利于促进银行信贷经营的发展。通过房地产市场,使房地产开发、经营与管理企业的房地产优势与银行的信贷金融优势很好地结合起来,这样不仅为房地产的发展提供资金,而且也为金融业发展创造了条件。

6. 建立房地产市场,能使社会主义市场体系更加完善,促进国民经济的协调发展,保证各类市场均衡发展。

二、房地产市场调查的作用

房地产市场调查是利用相应的社会调查方法对房地产市场进行的一种调查研究工作,是市场经济调查的一个重要组成部分。房地产市场调查的主要作用体现在以下几个方面:

1. 可以反映房地产市场的规模、水平和发展速度等,了解房地产产业发展的状况和房地产现有政策的影响,为国家或地区制定有关产业政策提供可靠的基础性依据。

2. 可以及时反映房地产市场的供求状况、价格的升降,预测市场的发展趋势,为房地产交易双方提供详细而又可靠的消息,使房地产市场的交易能够顺利进行。同时,对房地产进行详细的调查,了解市场的供需情况,有利于房地产市场的宏观调控,防范金融风险。

3. 通过对房地产市场的调查和整理分析,有利于房地产企业发现不足之处,努力提高经济效益和社会效益,节约土地资源,合理开发房地产,更好地满足人民的需要。

三、房地产市场调查的内容

由于房地产市场在社会主义市场经济中的重要作用,所以有必要对房地产市场开展调查。一般来说,对房地产市场开展调查,具体内容有以下一些:

(一)房地产市场供需调查

房地产供需调查主要是对房产市场和地产市场供应和需求以及平衡情况进行调查,包括房地产市场供应调查,即地产市场供应调查、房产市场供应调查;房地产市场需求调查,即地产市场需求调查、房产市场需求调查;房地产市场供求关系调查,即地产市场供求关系调查和房产市场供求关系调查。

(二)房地产市场交易调查

房地产交易是指有偿取得或转让房地产的所有权、使用权及其他权利的具有法律保证的买卖行为。在房地产市场交易调查中,应该包括房地产交易规模调查,即地产交易规模和房产交易规模调查;商品房交易规模调查,因为商品房交易与其他房产和地产交易有特殊的不同,所以对商品房交易应该详细调查;还有房地产交易变动调查,包括房地产交易变动率和房地产交易变动量调查。

(三)房地产市场价格调查

房地产市场价格调查内容主要包括房地产市场平均交易价格、房地产市场差价和房地产市场价格指数调查等。

第二节 房地产市场供需调查

房地产供需市场调查,主要内容有以下几个方面:

一、房地产市场供应调查

(一)地产市场供应调查

地产市场调查,主要由土地批租出让和已批租土地的转让两部分组成,调查的主要内容包括以下几个方面:

1. 规划内可供批租土地面积(一级市场供应量)

该项调查的内容是调查年底或某一时点上已列入规划、被批准可供批租的土地面积数,能反映土地批租的可能供应情况。

2. 已批租土地可转让面积数(二级市场供应量)

该项调查的内容是调查年底或某一时点已被批租出让但未被开发利用的可转让的土地面积数,能反映地产二级市场上土地供应的状况。

3. 批租土地完全可供量

该项调查的内容是规划内可供批租土地面积或批租土地可转让面积之和,即地产一、二级市场的可供应量总量。其具体的计算方法如下:

批租土地完全可供量 = 一级市场供应量 + 二级市场供应量

4. 土地批转比例

该项调查内容实际为可转让的已批租土地与规划的土地批租可供面积数之比,能反映批租土地与转让的比例以及地产一、二级市场的数量关系。其具体的计算方法如下:

土地批转比例 = 已批租土地可供转让面积数 ÷ 规划内可供批租土地面积数

= 地产二级市场供应量 ÷ 地产一级市场供应量

(二)房产市场供应调查

房产市场的供应形式分为出售与出租两类。房产市场按可供房产性质又可以分为出售(租)与转售(租)两类,属出售(租)性质的房产供应为二级房地产市场的供应者,基本上是房地产市场开发商,而属转售(租)性质的房产供应者为三级房地产市场的供应者,包括房地产经营商和存量房产产权者。因此,对房产市场进行调查,内容主要有以下几个方面:

1. 房屋竣工面积

该项调查内容为一定时期内按照设计要求已全部完工,经验收合格,能具备居住或其他使用条件的房屋建筑面积，能反映二级房地产市场在一定时期内的最大可供应的房产数量。

2. 房源可供出售（出租）量

该调查一般分住宅、非住宅两类进行，其内容是指年底或某一时点上可供出售（出租）的各类房产面积数，能反映二级房地产市场年末或截至某一时点的可能供应的房产数量。它能说明房产开发商可能供应的状况。

3. 房源可供转售（转租）量

该项调查一般也分为住宅、非住宅两类进行，其内容是指年底或某一时点上可供转售（转租）的各类房产面积数，能反映三级房地产市场年末或截至某一时点的可能供应的房产数量。

4. 房源完全可供量

该项调查可以按照出售与出租分类进行。其内容实际上就是房源可供出售（出租）量和房源可供转售（转租）量之和，也即房地产二、三级市场的房产可供应总量。其计算方法可以表示如下：

房源完全可供出售量＝房源可供出售量＋房源可供转售量

＝二级房产市场可供出售量＋三级房产市场可供出售量

房源完全可供出租量＝房源可供出租量＋房源可供转租量

＝二级房产市场可供出租量＋三级房产市场可供出租量

5. 可供房源售租比例

房产市场售和租的比例关系，可以通过调查房产市场可供房源售租比例数据来进行反映。其具体的计算方法如下：

可供房源售租比例＝房源完全可供量（售）÷房源完全可供量（租）

6. 可供房源售（租）与转售（转租）比例

调查房产二级市场与三级市场之间的关系，同样可以通过调查可供房源的售（租）与转售（转租）比例来反映。其具体计算方法如下：

可供房源售（租）与转售（转租）比例＝可供房源的售（租）量÷房源可供转售（转租）量

二、房地产市场需求调查

（一）地产市场需求调查

对房地产市场需求进行调查，主要有批租土地需求和其他征地需求等内容。其中批租土地需求调查的主要内容如下：

1. 批租土地需求面积数

该项调查内容主要是年底或某一时点上全国（地区）各类土地需求者欲求征用土地面积数，可按照各类土地登记的需求量分类进行调查，以反映各种土地的需求情况。该内容数据一般没有全面的资料，所以调查中可以采用重点调查、典型调查或抽样调查的方法加以推算。

2. 批租土地需求满足率

该项调查内容是指一定时间、地点条件下土地批租面积数与批租土地需求面积数之比率，能够反映批租土地需求满足程度，为规划土地批租面积提供依据。同时该内容也体现了地产供需的平衡。其具体的计算方法如下：

批租土地需求满足率＝规划内可供批租土地面积数÷同期批租土地需求面积数×100%

3. 批租土地需求完全满足比率

地产一级市场、二级市场均能产生土地供应者,地产二级市场的供应者主要为土地转让者,两个市场土地可供量之和即为批租土地完全供应量。地产一级市场、二级市场的土地需求者只有一种类型。因此,把批租土地面积数(完全供应量)与批租土地需求面积作比较,就得到批租土地需求完全满足率数据。其具体计算方法如下:

批租土地需求完全满足比率 = 批租土地面积数(完全供应量) ÷ 批租土地需求面积 × 100%

其中:批租土地面积数(完全供应量) = 土地批租面积数 + 转让的已批租土地面积数

由此可见,用批租土地需求完全满足率更确切地反映了地产市场的供需满足程度。

(二)房产市场需求调查

1. 各种类型房产求购量

该调查项目内容是指年底或某一时点上全国(地区)求购(求租)的房产面积数。该数据可以按照住宅、非住宅等各种类型分别进行调查。由于它也不容易取得全面的数据资料,应采取重点调查、典型调查或抽样调查的方法进行。

2. 各类房产需求满足率

该项调查内容主要是指一定时间、地点条件下的各种类型房产实际出售(出租)量与各类型房产求购(求租)量之比,是房产二级市场供需平衡的重要数据。其计算方法如下:

各类房产购需满足率 = 各类房产实际出售量 ÷ 各类房产求购量 × 100%

各类房产租需满足率 = 各类房产实际出租量 ÷ 各类房产求租量 × 100%

3. 各类房产需求完全满足率

房产二级、三级市场均能产生不同的房产供应者,其中房产三级市场的供应者主要为房产转售(转租)者。这两种房产供应者的供应量之和,称之为完全供应量。而房产二级、三级市场上房产需求者都只有一种类型。因此,把各类型房产的完全供应量与各类型房产求购(求租)量进行比较,就能得出房产需求完全满足率数据。它是房产二级、三级市场完全的供需平衡数据。其具体计算方法如下:

各类房产购需完全满足率 = 各类型房产完全出售供应量 ÷ 各类型房产求购量 × 100%

其中:各类房产完全出售供应量 = 各类型房产实际出售量 + 各类型房产实际转租量

各类房产租需完全满足率 = 各类型房产完全出租供应量 ÷ 各类型房产求租量 × 100%

其中:各类房产完全出租供应量 = 各类型房产实际出租量 + 各类型房产实际转租量

4. 各种类型房产租售需求比例

该项调查数据是指各类型房产求购量与求租量的比例。它能反映房产需求量与求租量的比例关系。具体计算方法如下:

房产租售需求比例 = 房产求购量 ÷ 房产求租量

三、房地产市场供求关系调查

房地产市场的供求关系调查主要包括地产市场供求调查和房产市场供求调查两个部分,同时在调查基础上进行适当的分析。

(一)地产市场供求关系调查分析

1. 地产市场土地供给调查分析

土地的供给分为自然供给和经济供给两类。自然供给是指自然界存在的可供使用的土地，这种供给不受人为因素或经济因素的影响，因此不存在弹性。经济供给，则是指在土地自然供给基础上，投入劳动力、资金、技术进行开发以后，成为可供直接用作房地产开发的土地。

一地区可供批租开发的土地数量即为土地经济供给的数量，土地经济供给量具有一定的弹性，随着土地价格的变动而变动。调查分析土地供给弹性，可以研究土地经济供应量的变化规律。

从土地供应角度看，城市中心区等地段较好的土地供给弹性较小，供应量并不会因价格的提高而增加；城市边缘地区、偏僻的郊区或农村的土地供给弹性相对较大，供应量随着价格的提高而增加，随价格的下降而减少。

2. 地产市场的土地需求调查

城市的土地需求量，取决于工商业的发展程度，取决于城市人口的数量、收入水平、消费结构以及相应的土地、房产方面的政策，而从根本上讲，取决于国家（地区）宏观经济的发展。经济发展包括经济规模的外延扩大和经济结构的调整，前者引起对土地总量的需求，后者导致对土地需求结构的变动。

从土地的需求角度来看，盈利用途的土地需求弹性系数较小，需求量并不会因价格的提高而大幅减少，而非盈利用途的土地需求弹性较大，需求量会因价格的提高而有较大幅度的下降。例如，非住宅的需求弹性较住宅的需求弹性为高。对于非住宅开发所需要土地的需求如能用降低土地价格来刺激需求量的增加，其效果要比住宅的好。

3. 地产市场的土地供需平衡调查

对于一个国家或地区而言，土地供需平衡是相对的、暂时的，而不平衡是绝对的。从实践看，土地供不应求是绝对的、普遍的，而土地供过于求则是个别的、暂时的现象，故而土地的价格会不断上升。根据土地的供需弹性规律，在土地价格暴涨时，增加土地供应量，从政策上抑止盈利用途的土地需求，可以有效地控制土地价格过度的增长。

适度调整土地需求的结构，可以采用低价、优惠政策保护公益性、福利性地产需求（如城市基础设施用地、居民住宅用地、某些扶植行业产业用地等）的方式。

（二）房产市场供求关系调查分析

房产按其用途可以分为住宅和非住宅。住宅与非住宅是两种不同性质的房产，应分别进行调查分析。

1. 城市住宅市场供求关系调查分析

城市住宅取决于人们的消费水平和消费倾向，而消费水平又受人们的可支配收入和银行利率的制约，因此可以调查房产的需求收入弹性来反映居民对高层房、多层房、底层房的需求选择，以及房地产企业开发三类房产的投资风险和利润。

一般而言，个人可支配收入水平是决定对住宅需求的重要因素。住宅的需求收入弹性为较高的正值，则说明个人可支配收入的增加会直接导致对住宅需求的增加。居民不同类型的收入弹性系数的具体计算方法如下：

收入弹性＝（需求量增加数÷需求量）÷（收入增加数÷收入）

2. 城市非住宅市场供求关系调查分析

城市非居住用房是除住宅以外的各类房屋的总称，包括工业生产用房、商楼、办公楼、商住楼、旅馆、文化娱乐建筑物等。城市非居住用房的供求总量和结构如何,直接关系到城市经济水平和城市功能以及城市经济结构优化程度。

城市非居住用房的供给有两种渠道,一是原有房产,二是新建房产。

城市非居住用房中原有房产的供需变动,很大程度上受经济形式变化的影响。经济高涨的时期,经营者的预期利润变高,期望原有房产增值而不愿意出卖,使原有房产供应量减少,此时市场对房产的需求量会大大增加,结果导致原有房产供需量背离,因此,经济高涨时期原有房产往往供不应求。经济衰退时期,经营者的预期利润下降,纷纷抛售原有房产,使原有房产供应量增加,而此时市场对房地产的需求量普遍减少,结果同样导致原有房产供应量背离,因此,经济衰退时期原有房产往往供过于求。

城市非居住用房中新建房产的供需变动,往往受房产开发成本和房产价值差额变动,即房产开发利润变动的影响。新建房产的开发利润越高,供应量就越大,但需求量反而因新建房产价格偏高而减少,形成供需量的背离,也就是说,房地产开发利润越高,供过于求的矛盾越大。新建房产的开发利润越低,供应量就减少,但需求量因新建房产接近成本价显得低廉而增加,同样使供需量背离,也就是说,房地产开发利润越低,供不应求的矛盾越大。

第三节 房地产市场交易调查

房地产交易是指有偿取得或转让房地产的所有权、使用权及其他项权利的具有法律保证的买卖行为。房地产交易不同于其他商品交易,除买卖成交外还须办理房地产产权证登记过户手续,获得法律认可后,才意味着结束买卖行为。由于这一特点,房地产市场中买卖交易活动调查资料就容易取得一些,且较完整,但租赁、抵押等其他交易活动就需要进行较系统的调查。

一、房地产交易规模调查

(一)地产批租交易量和交易额调查

地产市场交易规模调查,需要调查地产批租交易量和交易额,应按土地批租转让和已批租土地转让两种类型分别进行。其主要内容如下:

1. 批租土地出让量(出让额)

批租土地出让量(出让额)就是指年内或某一段时间内土地一级市场上由国家各级政府机构协议并完成交易的土地使用权批租出让量(出让额)。批租量数据用平方米计算,批租额以人民币或美元(涉外批租)计算。该数据系完成交易过程的土地批租出让量(出让额)。协议谈判中或规划中的土地批租将不进行调查。无偿土地划拨也不列入调查范围。

批租土地出让量(出让额)数据还可以按批租售让单位的所有制性质划分:向全民所有制单位批租、向集体所有制单位批租、向外商外资批租等分类数据。

此外,批租土地出让量(出让额)数据还可以按批租形式,如招标出让、拍卖出让等类型分别进行调查。

2. 批租土地转让量(转让额)

该项调查内容是指年内或某一时期内土地二级市场上由原土地批租受让单位转让的土地使用权并完成交易手续的批租土地转让量(转让额)。同样,批租量数据用平方米计算,批租额以人民币或美元(涉外批租)计算。该数据反映实际交易的土地批租转让量(转让额),故协议谈判中或规划中的土地批租转让将不进行调查。无偿土地转让使用权也不列入调查范围。

批租土地转让量(转让额)数据还可以按出让单位的所有制性质划分,也可以按出让形式划分。

(二)房产交易规模调查

房产交易规模调查,应调查房产交易量和交易额,分为住宅和非住宅调查,以反映交易活动中不同用途房产的交易规模。房产交易量和交易额调查,还可分售与租两种类型进行,以反映交易活动中不同交易形成的数量。其调查的主要内容如下:

1. 住宅买卖成交量(成交额)

住宅买卖成交量(成交额)数据是指年内或某一时期内住宅的实际成交数量和成交金额。成交量用平方米计算,成交额用人民币或美元计算。住宅买卖交易成交量(成交额)数据还可以按新建住宅、老住宅分类调查。其中城镇房改中已租住公房出售的成交量(成交额)应该单独调查,以反映城镇房改的进展情况。

2. 非住宅买卖成交量(成交额)

该项调查内容是指年内或某一时期内非住宅的实际成交数量和成交金额。非住宅买卖成交量(成交额)数据还可以按照非住宅用途,如办公综合楼、商务楼、其他经营用房屋等进行调查。

3. 住宅租赁成交量(成交额)

该项调查内容是指年内或某一时期内住宅的实际租赁成交数量和相应的同期租金总额。

4. 非住宅租赁成交量(成交额)

该项调查内容是指年内或某一时期内非住宅的实际租赁成交数量和相应的同期租金总额。

此外,房产交易量和交易额调查,还可以计算房地产二级市场的住宅(非住宅)交易量(交易额),房地产三级市场的住宅(非住宅)交易量(交易额)等分类数据,而且这些数据又可以按照买卖、租赁等类别进行调查,以全面反映各类房产交易的具体情况。

二、商品房市场交易规模调查

商品房是房产商或房产经营企业为获取利润而批租或征地建造的房地产,其价格随市场情况、供需情况而不断变动。商品房是房地产市场中比较活跃的部分。商品房按其交付的时间分为现货房和期货房。现货商品房的买卖交易等同于其他房产交易;期货商品房称为预售房产,其交付期一般是不确定的。商品房的用途以居住为主,兼有办公商住性质。绝大多数商品房交易时买卖房产产权,也有买卖房产使用权的情况,但一般不经营租赁业务。

商品房交易规模调查主要是调查商品房交易量和交易额。而商品房交易量和交易额是房产交易量(交易额)中的一部分。其调查的主要内容有以下一些:

1. 商品房买卖成交量(成交额)

该项调查的主要内容是指年内或某一时期内各类商品房出售成交数量(成交金额)。该数据只调查属于房地产二级市场的新建房产的交易数,房地产三级市场的转售房产不在其内。

商品房买卖成交量(成交额)数据可以分为住宅和非住宅两类进行调查,包括一定时期内的现货商品房和期货商品房。

2. 商品房现货买卖成交量(成交额)

该项调查的主要内容是指年内或某一时期内现货商品房出售成交数量(成交金额)。

3. 商品房期货买卖成交量(成交额)

该项调查的主要内容是指年内或某一时期内期货商品房出售成交数量(成交金额)。

随着房地产市场的发展壮大以及我国城镇住房制度改革的深化,商品房占房地产住宅交易市场中的比率越来越高,商品房的买卖交易形式也将越来越丰富。

三、房地产交易变动调查

房地产交易调查在房地产市场调查中占有重要的地位。房地产交易活动不仅应该从静态上反映其交易的规模、水平,还应从房地产交易活动的发展变化上揭示其发展变化的趋势。房地产交易变动调查的重要内容如下:

1. 房地产交易变动率

该项调查内容是指报告期房地产交易量(交易额)比基期房地产交易量(交易额)的变动程度。它可以按照住宅、非住宅、商品房等分类进行调查,同时还可以按照不同的基期计算定基或者环比变动率。

2. 房地产交易变动量

该项调查内容是指报告期房地产交易量(交易额)比基期房地产交易量(交易额)的变动差额。它可以按照住宅、非住宅、商品房等分类进行调查,同时还可以按照不同的基期计算逐期增长量(额)或者累计增长量(额)。

第四节　房地产市场价格调查

一、房地产市场价格特征和形式

价格是房地产市场运行的核心,房地产市场的交易活动是围绕房地产价格进行的,房地产价格的变动直接影响房地产交易行为的变化,因此,房地产市场价格调查是房地产市场调查的重要内容。

(一)房地产市场价格的特征

房地产商品的交易特殊性决定了房地产价格具有以下特征:

1. 房地产价格一般表现为具体的交易价格。房地产商品受到开发成本、地理环境、房屋质量、成新率、设备配套程度等因素的影响,价格差异较大。房地产价格一般是以某一具体的房地产标的物来定价的,不易形成市场的代表价格,这是房地产价格的具体性特征。

2. 房地产价格是高于房地产权利利益的价格。房地产价格随着交易标的物的权利让渡程度而定,房地产权利让渡程度的大小直接决定房地产价格的高低。具体有全部产权价格、部分产权价格、出让使用权价格等。其中出让使用权的租赁价格又随其使用权出让时间长短而异,这是房地产价格的权利利益性特征。

3. 房地产商品作为消费品和投资的兼有物，其价格的形成基于长远的变化，这是房地产价格的变动性特征。

（二）房地产市场价格的形式

房地产价格的交易特征使房地产市场价格表现为以下形式：

1. 房地产交易市场起点价。所谓起点价是指某一类型的房地产最低价格，以每平方米建筑面积售价，是交易的参考价格，这种价格在不同的交易市场具有可比性。

2. 房地产交易市场的平均价格。房地产平均价格是指同一市场或者不同市场全部实际交易的同类房地产的价格平均数，是分类计算的房地产代表价格，一般也以每平方米建筑面积售价表示。房地产交易市场的平均价格反映了房地产交易的一般价格水平。

3. 房地产市场实际成交价格。即在实际交易行为发生时所成交的房地产价格。在不同的交易市场上或者同一交易市场内部，这种价格一般不具可比性。其价格以成套房地产的总金额表示。

二、房地产市场价格调查

（一）房地产市场平均交易价格调查

房地产交易市场所表现的价格种类，就调查的角度而言，必须调查各种类型房地产的代表价格，这就是房地产市场的平均交易价格。

房地产市场平均价格是同一类型的房地产在一定时期内或一定地区（包括交易市场）中不同交易价格的平均数。它表明该类房地产市场价格的一般水平。其具体的计算方法如下：

某种（类）土地批租平均价格（元/平方米）= 土地实际批租总金额 ÷ 被批租交易土地面积数（平方米）

该数据调查时可以考虑土地等级、前期开发程度、批租期限等不同因素分类。

（二）房地产市场差价调查

差价是同一种类的房地产商品在不同市场、不同时间以及不同价格形式所作交易形式的差额。

房地产市场交易的差额调查不仅需要调查价格的绝对差额，还要调查其以相对数形式表示的差价率。差价率由房地产交易的差价与计算的基价对比而得。其具体的计算方法如下：

房地产交易差价率 = 房地产差价金额 ÷ 被比较的基价金额 × 100%

三、房地产价格指数

房地产价格也会经常出现波动，为了对房地产价格波动进行比较准确综合的度量，需要编制房地产价格指数。

房地产价格指数编制的基本原理与市场价格指数编制原理完全一样，所以在此不进行阐述，只是对中国房地产价格指数系统编制的几个方面内容作简单说明：

中国房地产价格指数系统编制涉及内容主要为以下几个方面：

1. 选择调查城市，确定调查方法；

2. 对样本数据进行整理和计算；

3. 确定权数编制总指数。

第八章　产权、信息和中介市场调查

第一节　产权市场调查

一、产权市场供求调查

在产权交易市场上，对进行交易的供求双方按不同的标志分门别类进行调查是十分必要的，这一调查的主要内容有以下两个方面：

（一）产权市场供求总量调查

产权市场供求总量，其内容是指一定时期内进入产权市场的供求双方的总量数，其计量单位可分为实物单位和价值单位两种。其中实物单位是指按照产权的自然状态直接而得的实物量；价值单位是指按照价格而得的金额。在产权市场，调查的供求总量的具体内容有以下一些：

1. 推出项数：指一定时期内供给方向某产权市场提供的总项数。

2. 推出金额：指一定时期内供给方向某产权市场所推出的产权底价总额。

3. 需求项数：指一定时期内某产权市场上有产权购买意向的总项数。

（二）产权市场供求结构调查

在产权市场上进行供求总量调查的同时，还必须对各总量数据按照产权类别、地区及所属产业等标准予以分组调查，以充分发挥产权市场的供给结构及需求结构。

1. 产权市场供求类别结构调查

产权市场主体双方的类别结构，主要是指供给、需求总量中企业整体产权与部分产权的结构和比例，此时的调查内容主要如下：

（1）企业整体产权供给项数；

（2）企业整体产权供给金额及其比例；

（3）企业部分产权供给项数；

（4）企业部分产权供给金额及其比例；

（5）企业整体产权需求项数；

（6）企业部分产权需求项数。

2. 产权市场供求地区结构调查

产权市场供求双方的地区结构调查，是指对产权供给总量、需求总量中的地区进行调查。这里的地区，既可以粗略地划分为沿海、内地和边远地区，又可以具体到各个省份、市县等。若采用前一种划分，调查内容如下：

(1)产权市场供给中沿海地区项数；

(2)产权市场供给中沿海地区金额；

(3)产权市场供给中内地项数；

(4)产权市场供给中内地金额；

(5)产权市场供给中边远地区项数；

(6)产权市场供给中边远地区金额；

(7)产权市场需求中沿海地区项数；

(8)产权市场需求中内地项数；

(9)产权市场需求中边远地区项数。

3. 产权市场供求产业结构调查

产权市场供求双方的产业结构,主要是指产权市场供求总量中各产业或各行业的结构。此时应调查的内容很多,也比较复杂,这里不作详细介绍。

二、产权市场交易调查

产权市场交易调查,也包括总量调查和结构调查两个部分。在结构调查中,还应包括流向结构调查。

(一)产权市场交易总量调查

产权市场交易总量调查有如下内容:

1. 交易项数:是指一定时期内供求双方同意成交并办完规定手续的总项数。

2. 交易金额:是指一定时期内供求双方同意成交并办完规定手续的总金额。

(二)产权市场交易结构调查

产权市场中的交易结构,也应包括类别结构、地区结构及产业结构几个部分。

1. 产权市场交易的类别结构调查

产权市场交易类别结构调查应包括以下一些内容:

(1)企业整体产权成交项数；

(2)企业整体产权成交金额及其比例；

(3)企业部分产权成交项数；

(4)企业部分产权成交金额及其比例。

2. 产权市场交易的地区结构调查

在产权市场交易地区结构调查中,主要有以下内容:

(1)产权市场成交中沿海地区项数；

(2)产权市场成交中沿海地区金额及其比例；

(3)产权市场成交中内地项数；

(4)产权市场成交中内地金额及其比例；

(5)产权市场成交中边远地区项数；

(6)产权市场成交中边远地区金额及其比例。

3. 产权市场交易中流向结构调查

产权市场交易中的流向结构调查，是指对产权市场交易过程中产权在地区行业等主体之间流动的状况进行调查。进行产权的流向调查，有助于充分反映产权在不同地区的转移状况及其在不同行业之间的流动状况，以供政府制定宏观经济政策时作决策参考。

(1)产权市场成交的地区流向调查

产权市场成交的地区流向是指产权在不同地区之间的流向状况，进行产权市场成交的地区流向调查，可以充分反映产权在不同地区之间的来源与去向，从而进一步分析各地区的产权流量。

产权市场成交的地区流向调查，可以采用对称矩阵平衡表的方法进行，其涉及的专门知识在此不详细阐述。

(2)产权市场成交的行业流向调查

产权市场成交的行业流向，是指产权在不同行业主体之间的流动状况。进行产权市场成交的行业流向调查，可以充分反映产权在不同行业主体之间的来源与去向，从而进一步分析不同行业主体之间由于产权交易而引起的产权流量。

产权市场成交的行业流向调查，同样可以使用对称矩阵平衡表形式。

三、产权市场价格调查

(一)产权市场交易中的计价标准

产权市场调查的计价标准是指在产权计价中沿用的一些公认的、约定俗成的惯例和准则。目前，国际上普遍采用的计价标准有以下四个：

1. 现行市价标准

现行市价标准是指以现行市价作为计价标准。采用此标准，其前提是存在一个比较发达的市场。在发达的市场中，商品的价格充分体现了竞争和供求的关系，此时产权的市场价格便充分体现了产权的内在价值。故在一个发达的市场中，可以产权的现行市场价格作为计价标准。

2. 资本现值标准

资本现值标准是指在恰当的贴现率下，以资产将来引起的全部现金流入的现值之和作为产权的计价标准，又称收益现值标准。采用此标准时，必须充分考虑由于风险而可能引起的贴现率的升高。

3. 重置成本标准

重置成本标准是指将在当前条件下重新购置某资产的全部投资和全部费用之和，作为产权的计价标准。在采用此标准时，要充分考虑该项资产已发生的损耗。

4. 清算价格标准

所谓清算价格是指在企业破产时资产的拍卖价格。以此价格作为计价标准，便是清算价格标准。一般来说，清算价格标准并不是一种常用的产权价格标准，只有在企业破产清算时，才应用此标准。

(二)产权市场交易的计价方法

根据产权市场的计价标准，产权价格可以有以下几种计价方式：

1. 现行市价法

现行市价法是指按照市场现行价格作为计价标准，以此确定产权的一种计价方法，它一般应用于部分产权的评估中，其计算方法如下：

某产权的现行市价 = 原价 × 评估月定基价格指数 - 贬值

上式只是一个近似计算方法，因为决定产权市场的基本因素有很多，它们分别是：

(1)基础价格

基础价格是指产权的初始价值，即原价，它是产权计价的基础。

(2)供需关系

商品的市价总是与需求成正比例关系，与供给成反比例关系，即需求量大于供给量时价格就高，反之价格就低。在产权计价时，要充分考虑市场供需关系的影响。

(3)质量因素

质量因素是指产权交易对象本身的功能、精度等技术参数，在产权计价时也必须对其充分考虑。

(4)地域因素

地域因素是指资产所在地区或地段条件对价格的影响差异，这个因素对房地产产权的计价来说更为重要。

2. 重置成本法

重置成本法是指在进行产权计价时按照被计价对象的现时完全重置成本(简称重置全价)减去应扣损耗或贬值来确定产权价格的一种方法，其具体计算方法如下：

计算对象的重置成本 = 重置全价 - 有形损耗 - 功能性损耗

决定重置成本的主要因素有以下一些：

(1)重置全价

重置全价是指用与原计价相同的材料、建造标准、设计结构和技术条件等，以现时价格再购置全新功能的相同对象所需要的成本。

(2)有形损耗

有形损耗是指计价对象在存放和使用过程中，由于物理或化学原因导致其实体发生变化的价值损耗。

(3)无形损耗

无形损耗是指由于科学技术进步与经济因素变化而带来的贬值。它一般分为两种情况：一种是生产同样对象的成本降低了，引起原对象的贬值，这种损耗已计入重置全价中，此时应排除；另一种是由于新功能对象的出现，使原对象的功能价值降低，这种由于新技术的发展导致功能陈旧而带来的贬值可称为功能性损耗，这是需要在产权计价时从重置成本中扣除的部分。

3. 收益现值法

收益现值法就是通过估算计价对象的未来收益并折成现值，以此确定计价对象价格的一种方法，其基本的计算方法如下：

收益现值 = Σ(各年预期收益 × 各年折现系数)

决定收益现值的主要因素有以下一些：

(1)预期收益。它是指一个企业或某部分资产在以后使用过程中可能带来的净收益。

(2)折现系数。它是指将未来价值折成现值的百分率，也称贴现率或折现率。

4. 清算价格法

清算价格法是指以清算价格标准作为产权计价的一种方法，它没有固定的计算方式，主要取决于以下几个因素：

(1)公平市价。指在一个有效、竞争的市场上买卖双方都比较满意的价格。

(2)参照物价格。它是指市场上出售相同或类似对象的价格，一般来说，市场参照物价格高，清算价格高。

(3)清理费用。它是指在破产时发生的费用，确定计价对象时应对清算费用予以充分考虑。

(4)拍卖时限。一般来说，拍卖时限长售价高，时限短售价低，这是由快速变现的原则所决定的。

四、产权市场结构和供求关系调查

产权市场结构是指产权市场中不同产权类别成交量的比例及不同地区、不同产业等主体成交产权量的比例，调查产权市场结构的目的在于了解其现状及变动趋势，研究合理调整的途径，使产权市场更好地适应国民经济发展的需要。

(一)产权市场结构调查

1. 产权类别结构调查

进行产权类别结构调查时，需要调查的内容主要有：

成交产权中整体产权比例 = 成交产权中整体产权项数(金额) ÷ 成交总项数(金额) × 100%

成交产权中部分产权比例 = 成交产权中部分产权项数(金额) ÷ 成交总项数(金额) × 100%

调查上述结构相对数，是从静态角度调查分析产权市场结构变动趋势。

2. 产权市场的产业结构调查

产权市场的产业结构，主要需要调查不同产业的产权流动状况。具体来说，需要调查以下内容：

某产业产权购买率 = 该产业产权购买总额 ÷ 产权市场成交总额 × 100%

某产业产权出售率 = 该产业产权出售额 ÷ 产权市场成交总额 × 100%

3. 产权市场的地区结构调查

产权市场的地区结构调查，主要调查不同地区的产权流动状况，从而进一步了解社会资源在不同地区之间的配置。此时，主要调查的内容有：

某地区产权购买率 = 该地区产权购买总额 ÷ 产权市场成交总额 × 100%

某地区产权出售率 = 该地区产权出售总额 ÷ 产权市场成交总额 × 100%

(二)产权市场供求关系调查

产权市场的供求关系调查，是指通过对产权市场供求状况的调查，然后计算相应的调查数据，从而分析产权市场中的供求状况。

产权是一种特殊的商品，它不像一般商品那样，具有一定的市场成本及品牌、规格等，因而对它的调查便不同于一般商品的供求调查，此时必须从“价”与“量”两个角度进行调查。

1. 从“价”的角度

在产权市场上，一般来说，推出价格便是评估价格，而成交价格，则既有可能高于这个价格，也有可能低于这个价格，因此可以调查产权的价格变动率来判断其供求状况：

某产权价格变动率 = 该产权成交价 ÷ 该产权评估价 × 100%

产权的综合价格指数 = 成交价之和 ÷ 评估价之和 × 100%

若产权的综合价格变动率大于 100%，说明产权市场基本处于供不应求状态；若产权的综合价格变动率小于100%,说明产权市场基本处于供过于求状态。

2. 从"量"的角度

对产权市场的供求状况进行调查,若从量的角度出发,应该调查以下内容:

整体(部分)产权售出率=整体(部分)产权交易成交项数÷整体(部分)产权推出项数×100%

综合产权售出率=产权成交总项数÷产权推出总项数×100%

整体(部分)产权供需比率=整体(部分)产权交易需求项数÷整体(部分)产权供给项数×100%

综合供需比率=需求总项数÷供给总项数×100%

第二节　信息市场调查

一、信息市场供需调查

(一)信息市场供给调查

社会主义市场体系中的信息市场供给,主要是指信息服务业的市场供给。信息服务业,是指以信息技术及其设备为手段,从事信息的采集、加工、存储、传递以及提供服务的行业,主要包括信息处理技术、信息提供服务、系统集成与服务、信息咨询服务以及数据库、软件开发市场服务等。

信息市场供给量就是在一定时期一定地域范围内信息服务业可以通过市场供应给信息用户的信息商品总量的货币额。

信息商品供给量按照其载体不同可以分为:以科学信息、图书、文献、档案、标准、专利图纸等形式提供的传统信息服务,以电话、无线电、电视广播等手段提供的近代信息服务,以充分运用现代计算机和通讯等技术手段提供的现代技术服务。因此,信息商品供给量的大小,主要取决于信息商品生产和经营规模的大小、现代化生产技术水平的高低和信息资源的丰富程度。信息资源根据其用途可以分为经济信息、政治信息、科技信息、社会信息、军事信息、文化信息以及其他各类有效信息。

根据信息资源的载体和构成的特点,在调查信息市场时就需要调查信息市场商品供给量。信息商品供给量是指一定时期一定区域范围内信息市场可以提供销售的以货币计算的信息商品总量。其具体的计算方法如下:

信息商品供给量=传统形式提供的信息商品量+近代手段提供的信息商品量+现代技术提供的信息商品量

=经济信息商品量+社会信息商品量+其他信息商品量

=信息处理服务业供给量+信息提供服务业供给量+系统集成服务业供给量+信息咨询服务业供给量+数据库软件开发业供给量

(二)信息市场需求调查

信息市场的需求,就是信息用户对信息商品具有货币支付能力的需求。在市场经济条件下,生产、经营以市场为导向,实质上也就是以用户为导向,只有需求旺盛,信息市场才会繁荣和兴旺。信息用户可以是个人,也可以是组织团体,包括企事业单位、各级政府机构、社会团体等。

信息市场的需求量，就是在一定时期一定地域范围内信息市场上的用户具有货币支付能力的信息商品需求总量。根据信息用户构成的特点，信息需求量调查的内容主要包括：

信息商品需求量 = 居民住户信息需求量 + 企事业单位信息需求量 + 政府机关团体信息需求量 + 其他机构单位信息需求量

（三）信息市场供需关系调查

1. 供需适应程度调查

信息市场供需适应程度调查，一般可以调查以下内容，从而分析其适应程度：

（1）信息商品供需差额 = 本期全部信息商品供给量 - 本期全部信息商品需求量

（2）信息商品供需比率 = 本期全部信息商品供给量 ÷ 本期全部信息商品需求量

（3）信息商品供需差率 = 信息商品供需比率 - 1

上述三种数据调查出的结果可出现以下情况：

第一，全部信息商品供给量等于全部信息商品需求量，则供需差额等于 0，供需比率等于 1，供需差率等于 0。

这种状态是最理想的，但是最难达到。

第二，全部信息商品供给量大于全部信息商品需求量，则供需差额为正，供需比率大于 1，供需差率大于 0。

无论从理论或实践的角度看，全部信息商品供给量只略大于全部信息商品需求量，才既有利于对信息需求的实现，又有利于信息服务业的资金周转和信息市场的发展。

第三，全部信息商品供给量小于全部信息商品需求量，则供需差额为负，供需比率小于 1，供需差率小于 0。

出现这种情况，特别是信息商品供给量过分小于信息商品需求量，表示信息需求旺盛。若这种需求增长过快，应采取适当宏观调控措施；若这种需求增长符合社会经济发展的需求，则应该采取有效措施促进信息服务业的发展，以使供需趋于大体平衡。

2. 需求实现程度调查

信息市场需求的实现程度调查，需要调查信息商品需求量实现程度数据来进行分析。

信息商品需求实现程度 = 本期已实现的信息商品供给量 ÷ 本期形成的信息商品需求量

如果该数据大于 1，表示本期形成的信息商品需求量完全实现，而且上期结转到本期的需求量也得到部分实现，一般说明信息商品供应充足；反之，如果该数据小于 1，则表示本期形成的需求量没有完全实现，需要未能得到很好满足，应该进一步分析原因，采取对策，解决供不应求的矛盾。

3. 需求结构状况调查

信息商品供需平衡关系的调查，除了需要调查总量的数据以外，还需要从结构特征方面进行调查。一般来说需求结构处于供需结构关系的主导地位，所以要着重调查研究需求结构问题。

从信息商品在社会再生产的不同功能来看，信息商品需求可以分为中间需求和最终需求。中间需求是指各经济部门对信息商品的生产需求，即生产过程中对投入信息资源的需求；最终需求是指满足居民个人和社会各阶层的非生产需求。

对信息需求结构的调查，应建立在开展对信息用户进行调查的基础上，所以在调查中可以通过设计如下表 12—8—1 进行：

表12—8—1　信息商品需求结构

信息用户分类	中间需求		最终需求	
	需求量	比重(%)	需求量	比重(%)
企业 行政事业单位 政府机构 社会团体 居民个人				
合计				

对信息商品的中间需求和最终需求进行结构调查时，应该根据上表所提供的方式，分两个层次进行。第一层次调查中间需求与最终需求的总体比例，以便从宏观上掌握两者构成的量的特征；第二层次调查中间需求和最终需求内部结构，以便掌握信息用户对这两类不同信息需求的特点，为调整信息商品供给结构提供客观依据。

二、信息市场交易调查

信息市场的交易活动是信息商品的经营者与信息商品的需求者之间，通过买卖实现的交换行为。它是信息商品完成流通过程的终点，也是使信息商品实现价值和使用价值的重要环节。

调查信息市场的交易活动，主要是描述、分析和得到信息商品交易的规模和结构以及相关因素，从而为培育和发展信息市场提供依据。

(一)信息市场交易规模调查

1. 信息商品销售量。信息商品销售量是指一定时期一定区域范围内信息服务业向信息用户出售的信息商品量。信息商品销售量，由各类信息商品组成。例如，可以按照信息商品载体不同，由传统信息商品销售量、近代信息商品销售量、现代信息商品销售量组成；也可以按照信息商品性质不同，由经济信息商品销售量、科技信息商品销售量、综合信息商品销售量等组成；还可以按照信息商品流通方式不同，由单向对应型信息商品销售量、网络咨询型信息商品销售量、大众传播媒介型信息商品销售量、通讯型信息商品销售量组成。

2. 信息商品销售额。信息商品销售额是指在一定时期一定区域范围内，信息服务业向信息用户出售的信息商品量的货币额。它是反映信息市场交易规模的综合性指标。在调查时可以通过调查信息服务业的各行业的销售额汇总得到。具体的计算方法如下：

信息商品销售额=信息处理服务销售额+信息提供服务销售额+系统集成服务销售额+信息咨询服务销售额+数据库软件开发服务销售额

信息商品销售额是指已经实现的信息商品供应量，是用于衡量信息市场发展规模、水平以及结构特征的重要数据。

(二)信息市场交易活动调查

1. 信息市场发展程度调查

信息市场发展程度是指市场发展规模、水平以及在整个国民经济中的地位。要对信息市场发展程度进行调查,必须讲究动态与静态相结合的原则,调查信息商品销售额占整个市场商品销售总额的比重。由于目前整个商品销售额调查还没有一个完整的体系,因此,可以用信息服务业的增加值占国内生产总值的比重来近似地替代,用以说明我国信息市场的发展程度。

2. 信息市场交易结构调查

信息市场交易结构调查主要是在分组的基础上对信息市场交易行业进行调查,同时得出结构相对数,用以揭示信息市场的数量特征。

三、信息市场价格调查

(一)信息市场水平价格

信息市场交易水平价格调查,包括信息商品价格、信息服务价格、信息商品成本价格、生产价格、平均价格等数据。信息商品平均价格是指在一定时期信息市场上单位交易量所支付的货币,其具体计算方法如下:

信息商品平均价格=一定时期交易量÷同期交易量

由于交易内容不同,所运用的资料各异,所以各类信息市场的计算方法也存在差异。信息商品市场平均价格等于一定时期销售额与销售量之比,信息服务市场平均价格等于营业收入与服务质量之比。

(二)信息市场价格影响因素调查

1. 信息市场开发部门价格的影响因素调查

影响信息开发部门信息商品价格的主要因素有信息开发劳动生产率、信息市场企业资金利税率和信息开发成本等。

(1)信息开发部门(企业)劳动生产率=信息开发成功总数÷开发过程劳动消耗量

在具体调查时,分子可以调查不同的产值,分母可以调查不同人员行为,这样可以计算出不同口径的劳动生产率

(2)信息市场企业资金利税率及成本利润率等。这些数据可以通过调查同类工业企业相关数据得到。

(3)信息开发总成本、平均单位成本。信息开发总成本调查可以参照其他行业的成本计算方法,对相关项目进行调查。平均成本调查可以在取得总成本等数据以后,由以下方法计算得出:

信息平均单位开发成本=信息开发总成本÷成功开发的经济信息项数

信息开发企业总成本、平均单位成本越低,劳动生产率越高,信息商品就越具有竞争能力,其定价就更为灵活,能更好地满足信息用户。

2. 信息市场应用部门价格影响因素调查

要调查各部门信息交易价格的重要影响因素,我们主要需要调查以下内容:

(1)信息应用带来的收益增加额。信息应用可以使产量和质量提高,因而售价提高,成本却降低,这些都会带来收益的增加,从而反过来影响信息市场需求、信息市场价格。调查信息应用带来的收益时,我们可以通过如下方式进行:

信息应用带来的收益增加额=(信息应用后产品平均价格-信息应用前产品平均价格)×报告期产量+(信息应用前产品单位成本-信息应用后产品单位成本)×报告期产量+信息应用使产量

增加数×基期单位产品盈利

（2）信息应用使原材料（能源）单耗降低率。调查中使用的计算方式为：

信息应用使原材料（能源）单耗降低率=1－信息应用后的单耗÷信息应用前的单耗×100%

（3）信息应用使产品（服务）质量提高率。调查中使用的计算方式为：

信息应用使产品（服务）质量提高率=信息应用后平均质量水平÷信息使用前平均质量水平×100%

在调查时，一般产品的质量可用平均等级等表示，服务行业可以用差错率降低、满意度提高等表示。

（4）信息应用的投资回收率。调查时使用的计算方法为：

信息应用投资回收期=引进应用信息的全部投资÷信息应用后每年收益增加额

在调查时，分子所得数据应该包括购买信息的投资和信息应用所追加的设备、流动资金等投入。

（5）信息的时间效益。时间就是效益，比如，企业获得某信息后，缩短产品开发时间，从而使产品提前投放市场，获得更多盈利。要调查信息的时间效益，我们可以通过如下方式获得：

信息时间效益=（基期某项工作所需日数－信息应用后所需日数）×基期平均每日成本

（6）信息效益综合指数。调查信息效益综合指数，我们可以通过如下方式获得：

信息效益综合指数=（直接收益+间接收益+隐含收益+潜在收益）÷（信息购买转让费+固定资产折旧费+流动资金占用费+培训分摊费+其他相关费用）

在上述公式使用中，直接收益是指为直接目的而作用于直接经济活动中所得到的收益，而作用于与直接经济活动相关的间接活动所得到的收益即为间接收益。如针对废品率提高引进其经济信息，使废品减少，从而降低成本，由此增加的盈利为直接收益。而废品率小，在同样生产任务条件下，必然降低原材料需求总量，由此减少的采购和存储费用即间接收益。隐含收益分为两种情况：一是原有亏损的减少；二是原有生产经营活动不确定性因素影响所造成的风险损失减少，如轮船配备新的导航信息系统，使撞船、触礁事故减少而避免的损失就是隐含收益。潜在收益是指有些经济信息应用后，会有部分或全部收益在未来某个时期表现出来。

四、信息市场效益调查

（一）信息市场经济效益调查

调查信息市场经济效益，可以从以下几个方面进行：

1. 失效信息数及其损失

失效信息就是超过有效期的信息。如果某信息有明确规定的有效期，则超过有效期还没有转让的就是失效信息。有些信息，特别是技术信息的失效明显。从理论上讲，从成果出来到被另一成果大部分或完全替代之前是有效期，即有效期没有绝对的时间界限。在这种情况下，失效与否可通过专家评定确定。失效损失可以失效信息开发成本表示。失效信息数及损失越小，表明信息市场交易越好。

2. 信息平均的失真度

失真是指不真实的信息。在目前条件下，失真与否可以通过对开发者和应用者两个方面开展调查而取得。失真度用百分数表示，完全失真用100%表示，其余根据失真程度确定相应的百分数。平

均失真程度可以采用以下方式得到:

信息平均失真度 =(∑失真信息数 × 相应的失真度) ÷ 失真信息总数

3. 出售转让信息的平均天数

调查信息出售转让的平均天数,可以采用以下方式:

信息出售或转让平均天数 = 成功开发的所有信息出售转让总天数 ÷ 同期成功开发信息总项数

4. 信息销售率

要调查信息销售率,要以成功开发的信息为基础,因为只有成功开发才能销售,所以具体计算方法如下:

信息销售率 = 报告期销售信息总数 ÷ 报告期成功开发信息项数 × 100%

如果信息销售率越高,市场运作效率越高,交易效益越大。

(二)信息市场社会效益调查

信息市场的发展必然促进整个社会信息化程度提高。信息市场的社会效益,一般通过调查信息社会化指数来分析。

信息社会化指数是从纵向测算一个国家、一地区的信息化程度和从横向比较不同国家和地区之间的信息化程度数据。它是从信息量、信息装备率、通信主体水平、信息消费系数四个侧面来体现信息化社会程度的。由于各数据的计量单位不同,无法直接比较,故都换算成为指数,然后计算组内平均数,进而计算组间平均数,最后将这些平均数通过纵向和横向比较来说明信息社会化的总体水平与结构。

第三节 中介市场调查

一、中介市场供给与需求调查

(一)中介市场供给调查

中介市场的供给,主要是指综合性的中介机构可以向市场提供的中介服务量。综合性的中介服务机构,主要由会计事务所、审计事务所、律师事务所、资产和资信评估所、公正和仲裁机构、质量检测和计量监测机构、商品检验中心、市场公正交易协会、消费者协会、商会、行业协会、公告中介机构等组成。

中介市场供给量,就是在一定时期一定地域内综合性的中介服务机构,通过市场可以供应给用户的中介机构服务总量的货币额。

由于中介服务活动的特殊性,在具体调查中介市场供给量时,可以根据中介机构的规模、效率水平等情况,采用推算的方法给予确定。

例如,审计事务所可供服务量的确定,首先,根据时间数列资料,核定审计事务所单位可供服务量,然后根据审计事务所的单位数来推算审计中介服务量,当然,也可以根据中介机构从业人员工作效率进行推算。

(二)中介市场需求调查

中介市场需求量是指一定时期一定地域范围内中介市场上对中介机构所提供的服务有着支付能

力的需求量。按照需求主体不同,可以分为企业需求、居民需求和政府需求等三个部分。

调查中介机构需求总量,必然充分考虑到影响中介机构需求的各种主要因素。现以会计事务所为例来说明。

影响会计事务所需求量的因素主要有:市场计价发展程度、国家有关经济政策、经济增长速度、国内经济环境、股份公司发展规模、“三资”企业规模、社会价值观念变化程度、所有权与经营权分离程度等。确定会计事务所需求量有如下两种方法:

第一种方法:首先由国家有关部门根据经济区域、“三资”企业规模、股份制企业规模确定出一个社会能认可的会计师事务所数量,再与实际事务所水平相比较,计算出缺量数,以此来确定对会计事务所的需求量。然后由每个会计事务所可能满足的服务需求来推算全社会对会计事务所所需要的中介服务量。

第二种方法:首先计算出国内生产总值和“三资”企业、股份制企业增加值,然后根据其增加值占国内生产总值的比重,对照国外与我国国情相似的国家的会计事务所的实际数量,参照国情及各类交易主体对会计事务所的有能力的支付需求,以此来确定会计事务所的需求量。在此基础上,由一个会计事务所能满足的服务需求,进一步推算出全社会所需的会计事务所的中介服务量。

二、中介市场交易调查

中介市场交易形式多种多样,如会计事务所对股份制公司、“三资”公司、新成立公司验资年审等,律师事务所对所接案件进行调查、立案等。中介市场交易调查应根据不同形式分别进行调查以反映市场交易规模和水平。一般来说,调查的重要内容如下:

1. 中介市场的营业量和营业额。该项内容反映中介市场上中介机构在一年内从事中介服务工作数量以及由此而获得的相应收入总额。

2. 验审机构数和收费额。该项调查内容是指会计师、审计师事务所一年内对送交报表企业、新办企业、公司进行验资年审的机构数以及由此获得的收入额。

3. 审计事务所承接业务项数和金额。其中承接业务金额包括为委托单位追回损失的金额,促进提高经济效益金额和核减虚假注册资金数。

4. 办案件数和受理法律咨询服务次数。前者又可以分为刑事办案件数和民事办案件数。

5. 公证个数。该项调查内容可以分为国内经济公证个数和国内民事公证个数以及国外经济、民事公证个数。

6. 受案金额和受案件数。受案件数分为经济案件数和一般案件数,是指仲裁机关一年内所处理的案件数。受案金额是指仲裁机关一年内受理案件所受理的金额总数。

7. 常年结案率。它是指仲裁机关一年内受案数同结案数的比例,反映仲裁机关的市场运作效率。

8. 制止不法行为起数,避免经济损失额,为国家调回非贸易外汇额。这是公证机构从事经济公证时所发生的反映一国公证业务发展的一个数据。

9. 公告营业额。广告营业额是指广告中介机构一年内提供公告服务的收入总额。

10. 培训人次和交流次数。它是指行业协会为本身会员所进行培训的人次和开展交流的次数。

三、中介市场调查分析

在市场经济发展过程中，中介市场的各种机构为参与市场活动的供求双方提供服务和监督，对维护市场经济运行时的公平、公开、公正的准则，起着不可替代的作用。因此，对中介市场活动进行调查分析，应着重围绕中介市场的发展程度和中介市场内部结构特征进行调查分析。

(一)中介市场发展程度调查分析

中介市场的发展程度调查分析，可以从静态对比和动态比较两个方面开展。

从静态角度分析中介市场的发展程度的基本方法就是通过如下方式，计算相关数据，进行比较分析：

中介服务需求的满足程度＝同一时空条件下中介服务供给总量÷同一时空条件下中介服务需求总量

该数据计算结果，若比值大于1，表明中介服务供大于求，从一个侧面说明中介市场比较发达；否则，则相反。当然，这应在市场经济比较规范的条件下，才可以作这样的结论。

此外，还可以计算中介服务业的增加值占国内生产总值的比重，来近似地反映中介市场的发育程度。还可以将我国中介服务业的交易额与发达国家的中介服务业的交易额进行对比，从对比中观察分析我国中介服务业的发展程度。

从动态角度分析中介市场发展程度的基本分析方法，其操作可以这样进行：将中介市场的各类机构的销售额(营业额、交易额)组成时间数列，然后计算各种时间数列的水平数或速度数，进行比较研究，以判断中介市场的发达程度。

(二)中介市场结构调查分析

中介市场结构调查分析，是指在中介市场经营网点分组的基础上，计算有关数据，进行剖析，以指示中介市场主要的数量特征。结构调查分析一般可以通过计算下面的数据进行：

中介市场结构相对数＝同一时空条件下某种中介市场交易额÷同一定时空条件下中介市场交易总额×100%

附表一　随机数表

10	09	73	25	33	76	52	01	35	86	34	67	35	48	76	80	95	90	91	17
37	54	20	48	05	64	89	47	42	96	24	80	52	40	37	20	63	61	04	02
08	42	26	89	53	19	64	53	90	03	23	20	00	25	60	15	95	33	47	64
99	01	90	25	29	09	37	67	07	15	38	31	13	11	65	88	67	67	43	97
12	80	79	99	70	80	15	73	61	47	64	03	23	66	53	98	95	11	68	77
39	29	27	49	45	66	06	57	47	17	34	07	27	68	50	36	69	73	61	70
00	82	29	16	65	31	06	01	08	05	45	57	18	24	06	35	30	34	26	14
35	08	03	36	06	85	26	97	76	02	02	05	16	56	92	68	66	57	48	18
14	43	62	76	59	63	57	33	21	35	05	32	54	70	48	90	55	35	75	48
02	17	17	68	33	73	79	64	57	53	03	52	96	47	78	35	80	83	42	82
65	81	33	98	85	11	19	92	91	70	98	52	01	77	67	14	90	56	86	07
86	79	90	74	39	23	40	30	97	32	11	80	50	54	31	39	80	82	77	32
73	05	38	52	47	18	62	38	85	79	83	45	29	96	34	06	28	89	80	83
28	46	82	87	09	83	49	12	56	24	88	68	54	02	00	86	50	75	84	01
60	93	52	03	44	35	27	38	84	35	99	59	46	73	48	87	51	76	49	69
22	10	94	05	58	60	97	09	34	33	50	50	07	39	98	65	48	11	76	74
50	72	56	82	48	29	40	52	42	01	52	77	56	78	51	80	12	43	56	35
13	74	67	00	78	18	47	54	06	10	68	71	17	78	17	74	35	09	98	17
36	76	66	79	51	90	36	47	64	93	29	60	91	10	62	69	91	62	68	03
91	82	60	89	28	93	78	56	13	68	23	47	83	41	13	09	89	32	05	05
17	46	85	09	50	58	04	77	69	74	73	03	95	71	86	40	21	81	65	44
17	72	70	80	15	45	31	82	23	74	21	11	57	82	53	14	38	55	37	63
77	40	27	72	14	43	23	60	02	10	45	52	16	42	37	96	28	60	26	55
66	25	22	91	48	36	93	68	72	03	76	62	11	39	90	94	40	05	64	18
14	22	56	85	14	46	42	75	67	88	96	29	77	8	22	54	38	21	45	98
91	49	91	45	23	68	47	92	76	86	46	16	28	35	54	94	75	08	99	23
80	33	69	45	98	26	94	03	68	58	70	29	73	41	35	53	14	03	33	40
44	10	48	19	49	85	15	74	79	54	32	97	92	65	75	57	60	04	08	81
12	55	07	37	42	11	10	00	20	40	12	86	07	46	97	96	64	48	94	39
63	60	64	93	29	16	50	53	44	84	40	21	95	25	63	43	65	17	70	82

续表 1

37	08	92	00	48	61	19	69	04	46	26	45	74	77	74	51	92	43	37	29
42	05	08	23	41	15	47	44	52	66	95	27	07	99	53	59	36	78	38	48
22	22	20	64	13	94	55	72	85	73	67	89	75	43	87	54	62	24	44	31
28	70	72	58	15	42	48	11	62	13	97	34	40	87	21	16	86	84	87	67
07	20	73	17	90	23	52	37	83	17	73	20	88	98	37	68	93	59	14	16
65	39	45	95	93	42	58	26	05	27	04	49	35	24	94	75	24	63	38	24
82	39	61	01	18	33	21	15	94	66	00	54	99	76	54	64	05	18	81	59
91	19	04	25	92	92	92	74	59	73	35	96	31	53	07	26	89	80	93	54
03	07	11	20	59	25	70	14	66	70	59	80	80	83	91	45	42	72	68	42
26	25	22	96	63	05	52	28	25	62	46	05	88	52	36	01	39	09	22	86
45	86	25	10	25	61	96	27	93	35	65	33	71	24	72	32	17	90	05	97
96	11	96	38	96	54	69	28	23	91	23	28	72	95	29	69	23	46	14	06
33	35	13	54	62	77	97	45	00	24	90	10	33	93	33	19	56	54	14	30
83	60	94	97	00	13	02	12	48	92	78	56	52	01	06	45	15	51	49	38
77	28	14	40	77	93	91	08	36	47	70	61	74	29	41	94	86	43	19	94
87	37	92	52	41	05	56	70	70	07	86	74	31	71	57	85	39	41	18	38
20	11	74	52	04	15	95	66	00	00	18	74	39	24	23	97	11	89	63	38
01	75	87	53	79	40	41	92	15	85	66	67	43	68	06	84	96	28	52	07
19	47	60	72	46	43	66	79	45	43	59	04	79	00	33	20	82	66	95	41
36	16	81	08	51	34	88	88	15	53	01	54	03	54	56	05	01	45	11	70
98	08	62	48	26	45	24	02	84	04	44	99	90	88	96	39	09	47	34	07
33	18	51	62	32	41	94	15	09	49	89	43	54	85	81	88	69	54	19	94
80	95	10	04	06	96	38	27	07	74	20	15	12	33	87	25	01	62	52	98
79	75	24	91	40	71	96	12	82	96	69	86	10	25	91	74	85	22	05	39
18	63	33	25	37	98	14	50	65	71	31	01	02	46	74	05	45	56	14	27
35	44	13	18	80	74	02	94	39	02	77	55	73	22	70	97	79	01	71	19
37	54	87	30	43	54	17	84	56	11	80	99	33	71	43	05	33	51	29	69
94	62	46	11	71	11	66	44	98	83	52	07	98	48	27	59	38	17	15	38
00	38	75	95	79	48	32	47	79	28	31	24	96	47	10	02	29	53	68	70
77	93	89	19	36	69	07	49	41	38	87	63	79	19	76	35	58	40	44	01

52	52	75	80	21	80	81	45	17	48	09	18	82	00	97	02	82	53	95	72
56	12	71	93	55	36	04	09	03	24	90	04	58	54	97	51	98	15	06	54
09	97	33	34	40	88	46	12	33	56	73	18	95	02	07	47	67	72	52	69
32	30	75	75	46	15	02	00	99	94	75	76	87	64	90	20	97	18	17	49
10	51	82	16	15	01	84	87	69	38	54	01	64	40	56	66	28	13	10	03
04	22	08	63	04	83	38	98	73	74	64	27	85	80	44	08	35	86	99	10
94	93	88	19	97	91	87	07	61	50	68	47	66	46	59	28	30	60	32	64
62	29	06	44	64	27	12	46	70	18	41	36	18	27	60	53	84	08	62	33
90	42	91	22	72	95	37	50	58	71	93	82	34	31	78	91	75	75	37	41
00	68	22	73	98	20	71	45	32	95	07	70	61	78	13	89	41	59	26	94
78	54	24	27	85	13	66	15	88	73	04	61	89	75	53	31	22	30	84	20
81	33	31	05	91	40	51	00	78	93	32	60	46	04	75	94	11	90	18	40
81	59	41	36	28	51	21	59	02	90	28	46	66	87	95	77	76	22	07	91
61	61	36	22	69	50	26	36	02	12	55	78	17	65	14	83	48	34	70	55
00	39	75	83	91	12	60	71	76	46	48	94	97	23	06	94	54	13	74	08
77	51	30	38	20	36	83	42	99	01	68	41	48	27	74	51	90	81	39	80
19	50	23	71	74	69	97	92	02	88	55	21	02	97	73	74	28	77	52	51
21	81	85	93	13	93	27	88	17	57	05	68	67	31	56	07	08	28	50	46
51	47	46	64	99	68	10	72	36	21	94	04	99	13	45	42	83	60	91	91
99	55	06	83	31	62	53	52	41	70	69	77	71	28	30	74	81	97	81	42
72	89	35	55	07	33	71	34	80	07	93	58	47	28	69	51	92	66	47	21
65	34	46	74	15	85	27	48	68	93	11	30	32	92	70	28	83	43	41	37
31	85	33	84	52	84	13	38	96	40	44	03	55	21	66	73	85	27	00	91
08	00	74	54	49	56	73	21	62	34	17	39	59	61	31	10	12	39	16	32
43	86	07	28	34	65	13	85	68	06	87	64	88	52	61	34	31	36	58	61
58	30	32	98	22	93	17	49	39	72	38	00	10	21	76	81	71	91	17	11
73	51	59	04	00	71	14	84	36	43	37	40	29	63	97	01	30	47	75	86
61	22	26	05	61	62	32	71	84	23	97	12	54	03	48	87	08	33	14	17
85	49	65	75	60	81	60	41	88	80	21	82	64	11	34	47	14	33	40	75
45	87	52	10	69	85	64	44	72	77	73	13	54	27	42	95	71	90	90	32

续表3

71	60	29	29	37	74	21	96	40	49	65	58	44	96	98	07	63	87	79	29
56	27	11	00	86	47	32	46	26	05	40	03	03	74	38	60	52	88	34	41
21	81	53	92	50	75	23	76	20	47	15	50	12	95	78	83	59	63	56	55
64	63	88	59	02	49	13	90	64	41	03	85	65	45	52	10	85	06	27	46
85	79	47	42	96	08	78	98	81	56	64	59	11	92	02	39	82	09	89	52
03	06	11	80	72	96	20	74	41	56	23	82	19	95	38	04	71	36	69	94
07	95	41	98	14	59	17	52	06	95	05	53	35	21	39	61	21	20	64	55
06	95	89	29	83	05	12	80	97	19	77	43	35	37	83	92	30	15	04	98
99	59	91	05	07	13	49	90	63	19	53	07	57	18	39	06	41	01	93	62
43	62	26	31	47	61	42	18	08	14	43	80	00	93	51	31	02	47	31	67
59	58	00	64	78	75	56	97	88	00	88	88	55	44	86	23	76	80	61	56
38	50	80	73	41	23	79	34	87	63	90	82	29	70	22	17	71	90	42	07
30	69	27	06	68	94	68	81	61	27	56	19	68	00	91	82	06	76	34	00
65	44	39	56	59	18	28	82	74	37	49	63	22	40	41	08	33	76	56	76
27	26	75	02	64	13	19	27	22	94	07	47	74	46	06	17	98	54	89	11
04	11	10	84	08	91	30	70	69	91	19	07	22	42	10	36	69	95	37	28
95	95	44	99	53	68	43	49	46	88	84	47	31	36	22	62	12	69	84	08
05	46	26	92	00	48	90	81	58	77	54	74	52	45	91	35	70	00	47	54
96	29	99	08	36	06	91	34	51	97	42	67	27	86	01	11	88	30	95	28
97	34	13	03	58	10	45	51	60	19	14	21	03	37	12	91	34	23	78	21
28	82	53	57	93	28	97	66	62	52	12	88	39	73	43	65	02	76	11	84
12	84	38	25	90	09	81	59	31	46	21	77	83	09	76	38	80	73	69	61
83	82	45	26	92	54	13	05	51	60	19	52	35	95	15	65	12	25	96	59
63	01	19	89	01	14	97	44	03	44	67	24	55	26	70	35	58	31	65	63
88	32	58	08	51	43	66	77	08	83	60	58	44	73	77	07	50	03	79	92
04	38	50	13	92	17	97	41	50	77	90	71	22	67	69	53	85	34	13	77
31	64	94	20	96	63	28	10	20	23	08	81	64	74	49	24	63	73	87	36
86	28	36	82	58	69	57	21	37	98	16	43	59	15	29	83	08	01	24	51
79	24	68	66	86	76	46	33	42	22	26	65	59	08	02	16	44	42	43	34
45	13	42	65	29	26	76	08	36	37	41	32	64	43	44	60	79	01	81	57

续表4

36	06	09	48	50	58	83	87	38	59	49	36	47	33	31	96	24	04	36	42
74	38	48	93	42	52	62	30	79	92	12	36	91	86	01	03	74	28	38	73
38	99	22	28	15	07	75	95	17	77	97	37	72	75	85	51	97	23	78	67
36	15	19	90	73	27	49	37	09	39	85	13	03	25	52	54	84	65	47	59
57	17	86	57	62	11	16	17	85	76	45	81	95	29	79	65	13	00	48	60
03	99	11	04	61	93	71	61	68	94	66	08	32	46	53	84	60	95	82	32
38	55	59	55	54	32	88	65	97	80	08	35	56	08	60	29	73	54	77	62
17	54	67	37	04	92	05	24	62	15	55	12	12	92	81	59	07	60	79	36
32	64	35	28	61	95	81	90	68	31	00	91	19	89	36	76	35	59	37	79
69	57	26	87	77	39	51	03	59	05	14	06	04	06	19	29	54	96	96	16
88	61	81	91	61	24	12	26	65	91	27	69	90	64	94	14	84	54	66	72
71	29	92	38	53	61	19	63	02	31	92	96	26	17	73	41	83	95	53	82
27	95	45	89	09	30	53	22	17	04	10	27	41	22	02	39	68	52	33	09
80	86	30	05	14	03	78	89	75	99	75	86	72	07	17	74	41	65	31	66
33	56	46	07	80	48	22	86	33	79	85	78	34	76	19	53	15	26	74	33
61	95	87	71	00	90	89	97	57	54	60	36	59	46	53	35	07	53	39	49
17	26	77	09	43	78	03	87	02	67	83	79	94	24	02	56	62	33	44	42
10	06	16	88	29	55	98	66	64	85	32	96	00	74	05	36	40	98	32	32
35	20	83	33	74	87	53	90	88	23	19	32	25	38	45	57	62	05	26	06
35	66	35	29	72	16	81	86	03	11	11	22	09	47	47	07	39	93	74	08
42	61	42	92	09	01	79	82	83	16	98	95	37	32	31	31	75	15	72	60
34	99	44	13	74	70	07	11	47	36	09	95	81	80	65	88	49	29	93	82
99	38	54	16	00	11	13	30	75	86	15	91	70	62	53	30	93	44	77	44
66	49	76	86	46	78	13	86	65	59	19	64	09	94	13	22	88	84	88	91
48	50	92	39	29	27	48	24	54	76	85	24	43	51	59	78	21	21	69	93
68	98	00	53	39	15	47	04	83	55	88	65	12	25	96	03	15	21	92	23
14	45	40	45	04	20	09	49	89	77	74	84	39	34	13	22	10	97	85	08
07	48	18	38	28	73	78	80	65	33	28	59	72	04	05	94	20	52	03	80
27	49	99	87	48	60	53	04	51	28	74	02	28	46	17	82	03	71	02	68
35	90	29	13	86	44	37	21	54	86	65	74	11	40	14	87	48	13	72	20

续表5

41	84	98	45	47	46	85	05	23	26	34	67	75	83	00	74	91	06	43	45
46	35	23	30	49	69	24	89	34	60	45	30	50	75	21	61	31	83	18	55
11	08	79	62	94	14	01	33	17	92	59	74	76	72	77	76	50	33	45	13
52	70	10	83	37	50	30	38	73	15	16	52	06	96	76	11	65	49	98	93
57	27	53	68	98	81	30	44	85	85	68	65	22	73	76	92	85	25	58	66
19	32	58	15	49	20	85	77	31	56	70	28	42	43	20	79	37	59	52	20
14	41	37	09	51	15	63	38	49	24	90	41	59	36	14	33	52	12	66	65
39	66	37	75	44	92	69	44	82	97	39	90	40	21	15	59	58	94	90	67
02	18	16	81	61	77	61	31	90	19	88	15	20	00	80	20	55	49	14	09
88	44	80	35	84	38	68	83	24	86	45	13	46	35	45	59	40	47	20	59
01	15	96	32	67	10	62	24	83	91	25	16	30	18	89	70	01	41	50	21
55	82	34	76	41	86	22	53	17	04	65	25	10	76	29	37	23	93	32	95
66	82	14	15	75	49	76	70	40	37	36	81	54	36	25	18	63	73	75	09
96	27	74	82	57	50	81	69	76	16	64	39	71	16	92	05	32	78	21	62
43	94	75	16	80	43	85	25	96	93	04	51	52	56	24	95	09	66	79	46
41	29	06	73	12	71	85	71	59	57	68	97	11	14	03	83	76	16	08	73
05	87	00	11	19	92	78	42	63	40	18	47	76	66	22	14	38	70	63	45
82	44	49	90	05	04	92	17	37	01	14	70	79	39	97	51	32	10	22	46
20	24	78	17	59	45	19	72	53	32	83	74	52	25	67	72	47	20	00	08
48	46	08	55	58	15	19	11	87	82	16	93	03	33	61	05	46	65	53	06
43	25	38	41	45	60	83	32	59	83	01	29	14	13	49	20	36	80	71	26
80	85	40	92	79	43	52	90	63	18	38	38	47	47	61	41	19	63	74	80
80	08	87	70	74	88	72	25	67	36	66	16	44	94	31	66	91	93	16	78
80	89	01	80	02	94	81	33	19	00	54	15	58	34	36	35	35	25	41	31
93	12	81	84	64	74	45	79	05	61	72	84	81	18	34	79	98	26	84	16
39	52	87	24	84	82	47	42	56	93	48	54	53	52	47	18	61	91	36	74
81	61	61	87	11	53	34	24	42	76	75	12	21	17	24	74	62	77	37	07
07	58	61	61	20	82	64	12	28	20	92	90	41	31	41	32	39	21	97	63
90	76	70	42	35	13	57	41	72	00	69	90	26	37	42	78	46	42	25	01
40	18	82	81	93	29	59	38	86	27	94	97	21	15	98	62	09	53	67	87

附表二　正态分布概率表

t	F(t)	t	F(t)	t	F(t)	t	F(t)
0.00	0.0000	0.32	0.2510	0.64	0.4778	0.96	0.6629
0.01	0.0080	0.33	0.2586	0.65	0.4843	0.97	0.6680
0.02	0.0160	0.34	0.2661	0.66	0.4907	0.98	0.6729
0.03	0.0239	0.35	0.2737	0.67	0.4971	0.99	0.6778
0.04	0.0319	0.36	0.2812	0.68	0.5035	1.00	0.6827
0.05	0.0399	0.37	0.2886	0.69	0.5098	1.01	0.6875
0.06	0.0478	0.38	0.2961	0.70	0.5161	1.02	0.6923
0.07	0.0558	0.39	0.3035	0.71	0.5223	1.03	0.6970
0.08	0.0638	0.40	0.3108	0.72	0.5285	1.04	0.7017
0.09	0.0717	0.41	0.3182	0.73	0.5346	1.05	0.7063
0.10	0.0797	0.42	0.3255	0.74	0.5407	1.06	0.7109
0.11	0.0876	0.43	0.3328	0.75	0.5467	1.07	0.7154
0.12	0.0955	0.44	0.3401	0.76	0.5527	1.08	0.7199
0.13	0.1034	0.45	0.3473	0.77	0.5587	1.09	0.7243
0.14	0.1113	0.46	0.3545	0.78	0.5646	1.10	0.7287
0.15	0.1192	0.47	0.3616	0.79	0.5705	1.11	0.7330
0.16	0.1271	0.48	0.3688	0.80	0.5763	1.12	0.7373
0.17	0.1350	0.49	0.3759	0.81	0.5821	1.13	0.7415
0.18	0.1428	0.50	0.3829	0.82	0.5878	1.14	0.7457
0.19	0.1507	0.51	0.3899	0.83	0.5935	1.15	0.7499
0.20	0.1585	0.52	0.3969	0.84	0.5991	1.16	0.7540
0.21	0.1663	0.53	0.4039	0.85	0.6047	1.17	0.7580
0.22	0.1741	0.54	0.4108	0.86	0.6102	1.18	0.7620
0.23	0.1819	0.55	0.4177	0.87	0.6157	1.19	0.7660
0.24	0.1897	0.56	0.4245	0.88	0.6211	1.20	0.7699
0.25	0.1974	0.57	0.4313	0.89	0.6265	1.21	0.7737
0.26	0.2051	0.58	0.4381	0.90	0.6319	1.22	0.7775
0.27	0.2128	0.59	0.4448	0.91	0.6372	1.23	0.7813
0.28	0.2205	0.60	0.4515	0.92	0.6424	1.24	0.7850
0.29	0.2282	0.61	0.4581	0.93	0.6476	1.25	0.7887
0.30	0.2358	0.62	0.4647	0.94	0.6528	1.26	0.7923
0.31	0.2434	0.63	0.4713	0.95	0.6579	1.27	0.7959

（续）

t	F(t)	t	F(t)	t	F(t)	t	F(t)
1.28	0.7995	1.61	0.8926	1.94	0.9476	2.54	0.9889
1.29	0.8029	1.62	0.8948	1.95	0.9488	2.56	0.9895
1.30	0.8064	1.63	0.8969	1.96	0.9500	2.58	0.9901
1.31	0.8098	1.64	0.8990	1.97	0.9512	2.60	0.9907
1.32	0.8132	1.65	0.9011	1.98	0.9523	2.62	0.9912
1.33	0.8165	1.66	0.9031	1.99	0.9534	2.64	0.9917
1.34	0.8198	1.67	0.9051	2.00	0.9545	2.66	0.9922
1.35	0.8230	1.68	0.9070	2.02	0.9566	2.68	0.9926
1.36	0.8262	1.69	0.9090	2.04	0.9586	2.70	0.9931
1.37	0.8293	1.70	0.9109	2.06	0.9606	2.72	0.9935
1.38	0.8324	1.71	0.9127	2.08	0.9625	2.74	0.9939
1.39	0.8355	1.72	0.9146	2.10	0.9643	2.76	0.9942
1.40	0.8385	1.73	0.9164	2.12	0.9660	2.78	0.9946
1.41	0.8415	1.74	0.9181	2.14	0.9676	2.80	0.9949
1.42	0.8444	1.75	0.9199	2.16	0.9692	2.82	0.9952
1.43	0.8473	1.76	0.9216	2.18	0.9707	2.84	0.9955
1.44	0.8501	1.77	0.9233	2.20	0.9722	2.86	0.9958
1.45	0.8529	1.78	0.9249	2.22	0.9736	2.88	0.9960
1.46	0.8557	1.79	0.9265	2.24	0.9749	2.90	0.9963
1.47	0.8584	1.80	0.9281	2.26	0.9762	2.92	0.9965
1.48	0.8611	1.81	0.9297	2.28	0.9774	2.94	0.9967
1.49	0.8638	1.82	0.9312	2.30	0.9786	2.96	0.9969
1.50	0.8664	1.83	0.9328	2.32	0.9797	2.98	0.9971
1.51	0.8690	1.84	0.9342	2.34	0.9807	3.00	0.9973
1.52	0.8715	1.85	0.9357	2.36	0.9817	3.20	0.9986
1.53	0.8740	1.86	0.9371	2.38	0.9827	3.40	0.9993
1.54	0.8764	1.87	0.9385	2.40	0.9836	3.60	0.99968
1.55	0.8789	1.88	0.9399	2.42	0.9845	3.80	0.99986
1.56	0.8812	1.89	0.9412	2.44	0.9853	4.00	0.99994
1.57	0.8836	1.90	0.9426	2.46	0.9861	4.50	0.999993
1.58	0.8859	1.91	0.9439	2.48	0.9869	5.00	0.999999
1.59	0.8882	1.92	0.9451	2.50	0.9876		
1.60	0.8904	1.93	0.9464	2.52	0.9883		

附表三　Z 检验表

常用的显著度(P)与否定域｜Z｜≥

P≤	｜Z｜≥	
	一端	二端
0.10	1.29	1.65
0.05	1.65	1.96
0.02	2.06	2.33
0.01	2.33	2.58
0.005	2.58	2.81
0.001	3.09	3.30